KB128470

러셀 서양철학사

A HISTORY OF WESTERN PHILOSOPHY
by BERTRAND RUSSELL
Copyright © 1996 The Bertrand Russell Peace Foundation Ltd.
Authorised translation from the English language edition published by Routledge,
a member of the Taylor & Francis Group,
copyright of The Bertrand Russell Peace Foundation
All rights reserved.

Korean translation copyright © 2020 by Eulyoo Publishing Co., Ltd.
This Korean edition was published by Eulyoo Publishing Co., Ltd. in 2009
by arrangement with Routledge, a member of the Taylor & Francis Group
through KCC(Korea Copyright Center Inc.), Seoul.

이 책의 한국어판 저작권은 (주)한국저작권센터(KCC)를 통해
저작권자와 독점 계약한 (주)을유문화사에 있습니다.
저작권법에 의하여 한국 내에서 보호를 받는 저작물이므로 무단전재와 무단복제를 금합니다.

러셀 서양철학사

A History of Western Philosophy

버트런드 러셀 지음 | 서상복 옮김

을유문화사

을유사상고전
러셀 서양철학사

발행일 2009년 10월 30일 초판 1쇄
2019년 3월 5일 초판 28쇄
2019년 4월 30일 전면개정판 1쇄
2020년 12월 30일 3판 1쇄
2024년 10월 15일 3판 7쇄

지은이 버트런드 러셀
옮긴이 서상복
펴낸이 정무영, 정상준
펴낸곳 (주)을유문화사

창립일 1945년 12월 1일
주소 서울시 마포구 서교동 469-48
전화 02-733-8153
팩스 02-732-9154
홈페이지 www.eulyoo.co.kr

ISBN 978-89-324-5271-5 03160

* 이 책의 전체 또는 일부를 재사용하려면 저작권자와 을유문화사의 동의를 받아야 합니다.
* 책값은 뒤표지에 있습니다. 잘못된 책은 구입하신 곳에서 바꾸어 드립니다.

옮긴이 서문

『러셀 서양철학사*A History of Western Philosophy*』는 한국에서 2009년에 정식 출간되어 독자들의 사랑을 꾸준히 받아왔다. 2500년의 서양 철학을 꿰뚫은 러셀의 해박한 지식과 지적 통찰력, 분석적 방법을 적용한 예리한 비판력이 이렇게 오랫동안 사랑받은 이유일 것이다. 러셀은 논리학, 인식론, 형이상학, 윤리학에 대해 전부 연구했을 뿐만 아니라, 현대 서양 철학의 주류로 자리 잡은 논리분석철학을 세우는 데도 크게 기여했다. 이러한 모든 철학적 성과가 『러셀 서양철학사』에 녹아들어 있다.

러셀은 이 책에서 고대와 중세, 근대와 현대까지 각 시대를 대표한 철학자를 꼽아 주제별로 명료하게 설명한 다음에 분석적 방법을 적용하여 비판한다. 어떤 철학자의 견해든 러셀이 설명하면 쉽고 재미있다. 러셀은 철학뿐만 아니라 종교와 과학에 대해서도 사심 없이 흥미롭게 논의한다. 분석적 방법을 적용하여 비판한 부분은 명료하고 객관적이다.

그런데 러셀의 분석적 방법에 의혹을 품고 러셀의 논의가 지나치게 주관적이라고 오해하는 사람들이 더러 있는 것 같다. 분석적 방법은 몇몇 사람의 오해와 달리 특정 학파가 주관적으로 선호하는 방법이 아니라, 마치 수학이 이성을 가진 모든 사람에게 타당하게 수용되듯, 철학적으로 생각하고 토론하는 모든 사람이 이성적으로 수용할 수밖에 없는 방법이다. 이 점을 인정하고 『러셀 서양철학사』를 읽으면 지적 기쁨은 몇 배로 커질 것이다.

전면개정판 『러셀 서양철학사』의 양장본(3판)을 출간하게 되어 기쁘다. 글자의 크기를 키워 가독성을 높였으며, 숨은 오역을 최대한 바로잡았다. 독자들이 이 책을 통해 편하고 즐겁게 서양 철학사와 만나고, 의심을 거쳐 진리를 추구하는 비판 정신도 습득하기를 희망한다.

2020년 12월
서상복

지은이 서문

『러셀 서양철학사』가 받을 만한 비판 이상으로 혹평을 받지 않으려면 몇 마디 변론과 설명을 해야 하겠다.

우선 여러 학파와 철학자를 연구하는 전문가에게 변론한다. 라이프니츠를 제외하면, 여기서 다루는 철학자들은 나보다 더 많이 아는 다른 학자가 분명히 있을 것이다. 그러나 광범위한 영역을 다루는 책을 저술하려면 피하기 어려운 일도 있다. 우리는 불멸하는 존재가 아니므로 책을 쓰는 사람은 한 저자나 짧은 시기에 집중하여 연구한 사람보다 더 많은 시간을 어느 한 부분에 할애하지 못한다. 학문의 엄격성을 고집하는 학자는 광범위한 영역을 다룬 책을 결코 저술하면 안 된다거나, 그런 책을 저술하려면 여러 저자의 전공 논문으로 구성해야 한다고 주장할지도 모른다. 그런데 여러 저자가 공동 작업을 할 경우에 잃어버리게 되는 것이 있다. 역사의 변화 과정에는 통일성이 있으며, 먼저 일어난 일과 나중에 일어난 일이 밀접하게 연관된다고 하자. 이 점을 밝혀내려면 앞선 시기와 나중 시기를 한 사람의 정신 속에서 종합해야 한다. 루소에 정통한 연구자가 플라톤과 플루타르코스가 서술한 스파르타와 루소의 연관성을 올바르게 평가하기 어려울 수도 있다. 또 스파르타를 연구한 역사가가 홉스와 피히테, 그리고 레닌을 의식하거나 예견하지 못할지도 모른다. 이러한 관련성을 드러내려면 폭넓게 개괄해야 할 터다.

철학사 서적이 많이 출간되었으나, 앞에서 설정한 목적을 염두에 두고 쓴 책은 내가 아는 한 아직 없었다. 철학자들은 어떤 일의 결과이자 원인이다. 그들은 각자 놓인 사회 상황과 각 시대의 정치와 제도의 결과물이자, (만일 그들이 운이 좋다면) 후대 정치와 제도의 근간이 될 만한 신념 체계의 형성에 기여하는 원인 제공자다. 대부분의 철학사에서 철학자는 저마다 진공 속에 있는 듯이 등장한다. 각 철학자의 견해는 고작해야 이전 철학자들이 내놓은 여러 견해와 아무 상관없이 나열될 따름이다. 이와 반대로 나는 진실에서 벗어나지 않는 한, 철학자를 자신이 몸담았던 사회와 문화 환경의 산물로서 자신이 속한 사회에서 공유되지만 모호하거나 산만하게 흩어진 사상과 감정을 구체적으로 표현하려 애쓰며 집중하는 한 인간으로 조명했다.

그래서 순수한 사회사를 다룬 몇 장을 덧붙였다. 누구도 헬레니즘 시대에 대해 어지간한 지식을 갖추지 못하면 스토아학파와 에피쿠로스학파를 이해하기 어려우며, 5세기에서 13세기에 이르는 교회의 성장에 대해 어느 정도 알지 못하면 스콜라 철학을 이해하기도 어렵다. 그래서 내가 보기에 철학 사상의 형성에 영향을 아주 크게 미친 역사적 개요를 일부나마 간략히 소개했다. 또 나는 일부 독자들이 생소하게 느낄 역사, 예컨대 중세 초기의 역사를 충분히 소개하려 최선을 다했다. 그러나 역사를 소개한 장에서도 당대나 후대의 철학과 거의 관련이 없거나 무관해 보이는 것은 가차 없이 배제했다.

지금 내가 쓰는 책에서 무엇을 선택하느냐는 아주 어려운 문제다. 상세히 다루지 않으면 빈약해져 흥미를 유발하지 못할 것이고, 상세히 다루다 보면 과도하게 길어질 위험이 있다. 나는 어느 정도 중요한 가치가 있는 철학자들만 다루면서, 근본적으로 중요하지 않더라도 실례나 생동감을 전하는 설명으로서 가치가 있는 내용은 상세하게 언급하는 타협점을 찾았다.

철학은 애초부터 학파들, 바꿔 말하면 소수 지식인들이 벌이는 논쟁의 문제에 불과한 것이 아니다. 철학은 공동체의 삶에 통합된 일부였고, 나는 바로 그런 점을 고찰하려 애썼다. 이 책에 장점이 있다면, 이러한 관점에서 유래한다.

이 책은 앨버트 반스 박사 덕분에 출간하게 되었다. 본래 펜실베이니아의 반스 재단에서 강연할 목적으로 기획했으며, 일부는 실제로 강연하기도 했다.

1932년 이후 여러 해 동안 그랬듯, 내 아내 퍼트리샤 러셀은 연구와 다른 여러 방면에서 나를 아주 많이 도와주었다.

버트런드 러셀

차례

제2권 가톨릭 철학

제3권 근현대 철학

일러두기

1. 본문에 원주는 숫자만 표기하고, 옮긴이의 주는 숫자와 *를 함께 달아 구분하였다.
2. 책이나 잡지, 신문에는 『 』을, 연극이나 노래, 한 편의 시 등에는 「 」을 사용하였다.
3. 인명은 국립국어원의 외래어 표기법에 따랐으나 일반적으로 굳어져서 사용된 명칭은 그에 준하였다.
4. 이 책에는 독자의 이해를 돕기 위해 원서에 없는 도판을 추가하였다.

서론

인생과 세계에 대해 주장하는 '철학' 개념은 두 가지 요소에서 생겨난다. 하나는 조상에게 물려받은 종교와 윤리이고, 다른 하나는 가장 넓은 의미의 '과학적' 탐구다. 두 요소가 각기 다른 철학자의 개념에 영향을 미치는 정도는 큰 차이가 있으나, 철학은 두 요소를 어느 정도 모두 포함한다.

'철학'은 넓든 좁든 여러 방식으로 써온 말이다. 나는 '철학'이란 말을 매우 넓은 의미로 사용하자고 제안하며, 이제 그 의미를 설명하려 한다.

내가 말하려는 철학은 신학과 과학의 중간에 위치한다. 철학은 신학과 마찬가지로 명확한 지식으로 규정하거나 확정하기 힘든 문제와 씨름하는 사변적 측면을 포함한다. 그러나 철학은 과학과 마찬가지로 전통을 따르든 계시를 따르든 권위보다 인간의 이성에 호소한다. 명확한 지식definite knowledge은 무엇이든 과학에 속하는 반면, 명확한 지식을 초월한 교리는 모두 신학에 속한다. 신학과 과학 사이에 자리 잡고 양측의 공격에 노출된 채, 어느 편에도 속하지 않는 영역이 있다. 이 무인지대No Man's Land가 바로 철학의 세계다. 사변적 정신의 소유자가 대체로 흥미를 느낄 만한 문제에 대해 과학은 거의 아무 대답도 하지 못하며, 신학자의 확신에 찬 대답도 이전 세기와 달리 확신을 주지 못하는 듯하다. 세계는 정신과 물질로 나뉘는가? 만일 그렇다면 정신은 무엇이고 물질은 무엇인가? 정신은 물질에 의존하는가, 아니면 독립된 힘을 가지는가? 우주는 통일성 혹은 목적을 가지는가? 우주는 어떤 목표를 향해 서서히 진화하는가? 자연 법칙은 정말로 존재하는가, 아니면 오직 질서에 대한 선천적 사랑 때문에 자연 법칙을 믿게 되는가? 인간이란 천문학자의 눈에 보이듯 작고 전혀 중요하지 않은 행성 위로 무력하게 기어 다니는, 불순물이 섞인 탄소와 물로 구성된 조그마한 덩어리에 불과한가? 그렇지 않으면 『햄릿』에 등장하는 고뇌에 찬 존재인가? 혹시 인간은 두 가지 면을 다 지닌 존재인가? 고귀한 삶의 방식과 비천한 삶의 방식이 따로 존재하는가, 아니면 모든 삶의 방식이 다 헛된 것에 불과한가? 만일 고귀한 삶의 방식이 있다면 무엇이 그러한 삶을 이루며, 우리는 어떻게 고귀한 삶을 성취하는가? 선善은 진가를 드러내려면 영원해야 하는가, 아니면 우주가 엄연히 종말을 향해 가도 선이란 추구할 만한 것인가? 지혜란 존재하는가, 아니면 지혜란 최고로 세련되게 포장된 어리석음에 불과한가? 이러한 질문에 대답하기 위해 실험실을 뒤져 봐야 소용없는 노릇이다. 신학 분야에서는 이러한 모든 질문에 명확한 답변을 주겠다고 공언했으나, 바로 명확성이야말로 근대정신으로 무장한 이들이 의혹을 품게 된 원인이었다. 정답이 없더라도, 앞서 열거한 질문에 대해 탐구하는 것이 철학의 일이다.

그러면 사람들은 왜 해결 불가능한 문제에 매달려 시간을 낭비하느냐고 물을지도 모른다. 이 질문에는 역사가로서 대답해도 되고, 우주 안에 혼자뿐이라는 공포에 직면한 개인으로서 대답해도 된다.

역사가의 답변은 내 능력이 닿는 한, 이 책의 내용을 써 내려가는 과정 속에 드러날 터다. 인간이 자유로이 사색하고 추론한 이래, 인간의 행위는 셀 수 없이 많은 중요한 점에서 세계와 인간의 삶에 대한 이론, 선과 악에 대한 이론에 좌우되었다. 이러한 상황은 이전 어느 때 못지않게 현재에도 적용된다. 한 시대와 한 민족을 이해하려면, 우리는 각각에 속한 철학을 이해해야 한다. 그리고 철학을 이해하려면, 우리는 어느 정도 철학자가 되어야 한다. 여기에서 인간과 환경의 상호 인과관계가 성립한다. 사람들이 살아가는 환경이 철학을 거의 결정하며, 거꾸로 사람들이 형성한 철학이 환경을 거의 결정한다. 수 세기에 걸친 철학과 환경의 상호작용이 앞으로 우리가 다룰 주제다.

하지만 좀 더 개인적으로 답변할 수도 있다. 과학은 우리가 무엇을 아는지 말해 주지만, 우리는 아주 조금만 알 따름이다. 또 만일 우리가 얼마나 많이 모르는지 망각한다면, 엄청나게 중요한 많은 일에 무감각해지고 만다. 다른 한편 신학은 사실상 무지의 영역까지도 안다는 독단적 믿음을 이끌어 냄으로써, 우주를 향한 일종의 주제넘고 오만한 태도를 양산한다. 생생한 희망과 공포 앞에서 맞닥뜨린 불확실성은 고통스럽지만, 위안을 주는 동화에 의지해 살고 싶지 않다면 우리는 그러한 고통을 감수해야 한다. 철학이 제기하는 질문을 망각해서도 안 되고, 철학적 질문에 대해 의심할 수 없는 답변을 찾았다고 자신을 설득해서도 안 된다. 확실한 진리는 없다고 주저하며 무기력한 상태에 빠지지 않고 의연히 살아가는 법을 가르치는 일이야말로, 우리 시대에 철학을 공부하는 사람들을 위해 철학이 지금도 해야 할 중요한 일이다.

신학과 구별되는 철학은 기원전 6세기에 그리스에서 시작되었다. 제1기 철학은 고대에 철학의 길로 들어선 후 그리스도교Christianity가 발전하고 로마가 몰락했을 때 신학의 영향으로 수면 아래로 가라앉았다. 11세기부터 14세기에 걸친 제2기 철학의 위대한 시기는 황제 프리드리히 2세를 비롯한 몇몇 위대한 반항아를 제외하면 가톨릭교회의 지배를 받았다. 이 시기는 종교개혁 운동이 일어나 절정에 이른 혼란 속에서 파국을 맞았다. 17세기부터 현대에 이르는 제3기 철학은 선대 철학자들이 활동한 이전 어느 시기보다 과학의 지배를 많이 받는 형국이다. 전통으로 자리 잡은 종교적 믿음은 계속 중요한 가치로 수용되지만, 정당화가 필요하다고 느껴지거나 과학이 정당화를 요구하는 것처럼 보이면 교정되거나 수정되어 왔다. 근현대 철학자 가운데 가톨릭교회의 관점에서 정통 신앙을 대변한 철학자는 거의 없으며, 철학자들의 세속화 경향에 큰 영향을 미치고 중요한 역할을 한 쪽은 교회보다 세속 국가였다.

종교와 과학이 그렇듯, 사회 결속과 개인의 자유는 전 시기에 걸쳐 갈등을 빚거나 불안정한 타협 상태를 유지한다. 그리스에서 사회 결속social cohesion은 도시국가에 대한 충성심으로 유지되었다. 당대 알렉산드로스 대왕이 도시국가를 구식이라고 폐기했는데도, 아리스토텔레스조차 다른 정치 조직에서 도시국가의 장점을 발견하지 못했다. 개인의 자유가 도시국가에 대한 의무로 구속받는 정도는 광범위하고 다양했다. 스파르타에서 개인은 근대 독일이나 러시아와 비슷한 정도로 자유를 미미하게 행사했을 뿐이다. 아테네의 경우 종교적 박해가 드문드문 발생했어도, 시민들은 가장 살기 좋고 안정된 시기에 도시국가가 부여한 제한에서 벗어나 놀라우리만치 색다른 자유를 누렸다. 아리스토텔레스에 이르는 시기까지 그리스 사상은 도시국가에 대한 거의 종교에 가까운 애국적 헌신의 영향을 크게 받는다. 그리스 사상의 특징인 윤리 체계는 시민들의 생활에 알맞았으며, 대부분 정치 활동과 관계가 있었다. 그리스인이 처음에는 마케도니아인에게, 다음에는 로마인에게 차례차례 복종하게 되면서 독립국가 시절에나 어울렸던 개념들은 무용지물이 되고 말았다. 그래서 한편으로 전통과 단절되면서 활기를 잃어버렸고, 다른 한편으로는 더 개인적이고 덜 사회적인 윤리 경향이 출현했다. 스토아학파 철학자들은 유덕한 삶을 시민과 도시국가의 관계가 아니라 영혼과 신의 관계로 생각했다. 이로써 그들은 그리스도교의 삶을 위한 길을 미리 준비하지만, 그리스도교는 스토아학파와 마찬가지로 원래는 정치적 성향이 없었기 때문에 초창기 3세기 동안 정치에 아무 영향도 끼치지 않았다. 알렉산드로스 대왕부터 콘스탄티누스 대제에 이른 6세기 반 동안 사회 결속은 철학이나 고대 그리스의 충성심이 아니라 무력에 의해, 처음에 군사력으로 다음에 조직화된 행정 권력으로 유지되었다. 로마 군대, 로마의 길, 로마법을 바탕으로 로마의 관료들은 역사상 최초로 강력한 중앙집권국가를 세우고 유지해 나갔다. 여기서 로마 철학에 돌릴 만한 공로가 전혀 없는 까닭은 사실상 로마 시대에 철학이 아무 역할도 하지 않았기 때문이다.

긴 시기 동안 자유 시대로부터 전해진 그리스 사상은 점차 변형되었다. 옛 시대의 사상 가운데 몇몇은, 특히 종교적 색채를 띤 사상은 상대적으로 중요한 가치를 획득했다. 합리적인 사상은 시대정신에 더는 어울리지 않는다는 이유로 배제되었다. 이 과정에서 로마 후기에 등장한 이교도는 그리스의 전통을 그리스도교 교리 속에 편입하려고 적정 수준까지 다듬고 수정해 나갔다.

그리스도교는 의미심장한 견해 하나를 대중에게 전파했다. 그것은 이미 스토아학파의 가르침 속에 들어 있었던 반면, 고대 그리스인이 일반적으로 수용한 사고방식에서 보면 낯선 사상에 속했다. 바로 인간의 신에 대한 의무가 국가에 대한 의무보다 더 중대한 명령이라는 생각이다.[1] 소크라테스와 그리스도교 사도의 말처럼 "우리는 인간보다 신에게 복종해야 한다"는 사상은 콘스탄티누스 대제의 개종 이후까지 살아남았는데, 이는 그리스도교를 인정한 초기의 황제들이 아리우스파 신도였거나 아리우스주의에 기울었기 때문이다. 이러한 사상은 황제들이 정통 교리를 따르면서 금지되었고, 비잔틴 제국과 이후 콘스탄티노플에서 그리스도교를 받아들인 러시아

1 이 사상은 고대 그리스 시대에도 생소한 것만은 아니었는데, 예컨대 소포클레스의 『안티고네』에 나타나 있다. 그러나 스토아학파 이전에 이러한 사상을 주장한 사람은 거의 없었다.

에서는 잠재된 상태로 남아 있었다.[2] 그러나 갈리아 일부를 제외한 거의 전 지역에 걸쳐 곧이어 야만족 출신 이교도 정복자들이 가톨릭 황제 자리를 차지한 유럽에서는 정치적 주장보다 종교가 우월한 지위를 차지하게 되었고, 지금까지 어느 정도 영향을 미친다.

6세기 동안 이어진 야만족의 침입은 서유럽 문명의 종말을 초래했다. 유럽 문명은 아일랜드에서 명맥을 유지했지만 그나마 9세기에 데인족의 침입으로 파괴되었다. 서유럽 문명이 완전히 사라지기 전 걸출한 인물 스코투스 에리우게나가 등장했다. 동로마 제국에서 그리스 문명은 생기를 잃은 형태로, 박물관에 보관된 유물처럼 1453년 콘스탄티노플이 함락되는 순간까지 보존되었다. 그런데 예술 전통과 유스티니아누스 황제의 로마법전을 제외하면 콘스탄티노플에서는 세계적으로 중요한 일이 하나도 일어나지 않았다.

5세기 말부터 11세기 중엽에 이르는 암흑기 동안, 서로마 세계는 꽤 흥미로운 변화를 겪었다. 그리스도교 때문에 발생한 신에 대한 의무와 국가에 대한 의무의 갈등은 교회와 왕이 벌이는 갈등 형태로 변모했다. 교황의 교회 지배권은 이탈리아, 프랑스, 스페인, 영국, 아일랜드, 독일, 스칸디나비아, 폴란드로 확장되었다. 처음에 이탈리아와 남부 프랑스 밖에서 주교와 대수도원장을 지배할 교황의 권한이 극히 미약했지만, 그레고리우스 7세 시대(11세기 후반)부터 현실적으로 효력을 나타냈다. 이후 서유럽 전역에서 성직자 계급은 로마의 지시를 받는 단일 조직을 형성했다. 성직자 조직은 1300년 이후까지 세속 국가의 지배자들과 갈등을 빚으면서 온갖 지식을 동원한 권력 투쟁을 집요하게 벌인 끝에 대부분 성공을 거두었다. 교회와 국가의 갈등은 성직자와 속인의 갈등이었을 뿐만 아니라 지중해 연안 국가

2 그것이 바로 현대 러시아인이 스탈린이 아니라 변증법적 유물론을 따라야 한다고 생각하지 않는 이유다.

와 북부 야만족 국가 사이에 빚어진 갈등의 재현이기도 했다. 교회의 통일은 로마 제국의 통일을 그대로 흉내 냈다. 교회의 전례 언어는 라틴어였으며, 교회의 지도층 인사는 대부분 이탈리아, 스페인 혹은 남부 프랑스 출신이었다. 교육이 재개되었을 때 성직자들의 교육은 고전에 치우쳐, 그들의 법사상과 정치사상은 당대의 군주들보다 마르쿠스 아우렐리우스가 더 잘 이해할 법했다. 교회는 과거의 전통을 계승한 곳이자 당대의 가장 뛰어난 문명을 대표하는 조직이 되었다.

반대로 세속 권력은 튜턴족의 혈통을 이어받은 왕과 귀족이 장악했는데, 이들은 독일의 삼림 지역에서나 통하는 법령과 제도를 보존하려 노력했다. 절대 권력이란 그러한 법령과 제도에 맞지 않아 낯설었으며, 원기 왕성한 튜턴족 출신의 정복자들에게 율법 준수란 멍청이에게나 적합하며 활기 없고 열의가 결여되어 내키지 않았다. 왕은 자신의 권력을 봉건 귀족들과 나눠 가졌고, 모두 이따금 전쟁과 살인, 약탈과 강탈로 주체하기 힘든 정열을 분출하려는 기대에 차 있기는 마찬가지였다. 군주들이 진정으로 경건하다면 후회하고 회개했을지도 모르지만, 결국 회개 자체가 정열을 표현했을 따름이다. 그러나 교회는 한 번도 오늘날 고용주가 피고용인에게 요구하여 통용되도록 만든 선행의 평온한 규칙과 질서를 군주들의 마음에 심어 주지 못했다. 마음이 움직이는 대로 술을 마시고 살인하고 사랑하지도 못한다면, 그들이 세상을 정복한들 무슨 소용이겠는가? 득의양양한 기사단을 거느린 그들이 학문에 열중하고 군대도 보유하지 않은 데다 독신생활을 하는 자들의 명령을 왜 따라야 하는가? 군주들은 교권이 승인하지 않았는데도 결투를 하고 잦은 전투를 벌였으며, 마상 시합과 궁정 연애를 즐겼다. 게다가 간혹 일시적 흥분에 사로잡혀 저명한 성직자를 살해하기도 했다.

모든 군대가 왕들 편에 섰는데도 교회는 마침내 승리했다. 교회가 승리한 이유는, 일부는 교회 성직자들이 교육을 거의 독점했기 때문이고, 일부는 왕들이 끊임없이 서로 전쟁을 벌였기 때문이다. 그러나 주된 이유는 극소수를 제외하면 지배자와 민중이 다 같이 교회가 바로 천국의 문을 여는 힘을 가졌다고 굳게 믿었기 때문이다. 교회는 왕이 영원한 시간을 천국에서 보내야 할지, 지옥에서 보내야 할지를 결정하기도 했다. 신하가 군주에게 충성할 의무를 면제해 주는 동시에 반기를 들도록 선동하기도 했다. 게다가 교회는 무정부 상태의 혼란 속에서 질서를 상징하는 대표 조직이었으므로, 떠오르는 신흥 상인 계급의 지지를 얻어 승리를 거두었다. 특히 이러한 이유는 이탈리아에서 결정적 역할을 했다.

최소한 일부나마 교회에서 독립하려던 튜턴족의 시도는 정치뿐 아니라 예술, 궁정 연애 소설, 기사도 정신, 전쟁을 통해 표현되었다. 그러한 시도가 지적 영역에서 거의 나타나지 않은 까닭은 교육의 기회가 대부분 성직자 계급에 국한되었기 때문이다. 중세의 공인된 철학은 시대를 비추는 정확한 거울이 아니라 한쪽의 생각만 비추었을 뿐이다. 그래도 정통 교회 신자들, 특히 프란체스코회의 탁발 수도자 가운데 다양한 이유로 교황과 사이가 좋지 않은 이들이 적지 않았다. 이탈리아에서는 알프스 이북 지역보다 몇 세기 먼저 속인에게도 문화가 보급되었다. 프리드리히 2세는 반反교황 문화의 극단을 대표한 인물로서 신흥 종교를 찾으려고 노력했다. 그런데 프리드리히 2세가 최고 통치권자였던 나폴리에서 태어난 토마스 아퀴나스는 오늘날까지도 로마 가톨릭교회의 철학을 해설한 고전적 대표 학자로 알려져 있다. 50년 후 단테는 두 극단의 문화를 종합하여 완벽한 의미에서 중세 사상계를 포괄한 유일하게 균형 잡힌 해설을 내놓았다.

단테 이후 정치적 이유와 지적인 이유 때문에 중세 철학은 더는 종합되지 않았다. 중세 철학이 계속 종합되는 동안에는 정연한 논리와 소규모의 완결된 체계로 정리되었다. 이러한 체계가 설명한 진리는 무엇이든 체계에 속한 극히 한정된 영역의 다른 내용과 맺는 관계 속에서 정확한 자리를 차지했다. 그러나 교회의 대분열과 공의회 운동, 르네상스기의 교황 제도는 종교개혁 운동을 초래했고, 이는 전全 그리스도교의 통일과 교황 중심의 스콜라식 통치 이론을 훼손했다. 르네상스기에 발견된 고대와 지구 표면에 대한 새로운 지식의 영향으로 사람들은 중세의 다양한 체계에 싫증이 난 나머지 중세의 체계를 정신의 감옥처럼 느꼈다. 지구와 인간의 지위는 코페르니쿠스가 내놓은 천문학의 영향으로 프톨레마이오스의 이론에서 차지한 지위보다 낮아졌다. 당대 지식인들은 추리하고 분석하고 체계를 세우는 데서 얻는 즐거움 대신, 새로운 사실을 발견하면서 얻는 즐거움을 추구했다. 르네상스기 예술은 여전히 질서와 규칙을 추구했지만, 사상은 오히려 무질서와 혼란을 추구함으로써 상대적으로 풍성한 열매를 맺었다. 이 점에서 몽테뉴는 르네상스 시대를 대표하는 전형적 인물이다.

예술을 제외한 모든 분야처럼 정치학 이론에서도 질서가 무너졌다. 중세는 현실의 삶에서 소용돌이에 휘말리듯 동요했어도, 사상의 측면에서 율법 준수의 열정과 명확한 정치권력 이론이 지배한 시대였다. 모든 권력은 궁극적으로 신에게서 유래한다고 믿었다. 신이 바로 교황에게 성스러운 일을 처리할 권한을, 황제에게 세속의 문제를 처리할 권한을 위임했다는 말이다. 그러나 15세기 동안 교황과 황제는 둘 다 비슷하게 중요한 가치와 위력을 상실했다. 교황은 그저 이탈리아 군주의 한 사람으로 전락하여 믿기지 않을 만큼 복잡다단하고 파렴치한 이탈리아의 권력정치 놀이에 뛰어들었다. 프랑스, 스페인, 영국에 등장한 신흥 국가의 군주는 자신의 영토 안에서 교황도 황제도 간섭할 수 없는 권력을 행사했다. 대개 화약의 힘에서 유래한 민족국가가 사람들의 사상과 감정에 전에 없던 영향력을 행사함으로써 문명의 통일을 믿은 로마인의 유산은 점차 파괴되어 사라졌다.

이러한 정치적 혼란과 무질서의 양상은 마키아벨리의 『군주론』에 나타나 있다. 사람을 지도할 원칙이 없어지면 정치는 적나라한 권력 투쟁으로 변모한다. 『군주론』은 이러한 정치 놀이에서 성공을 거둘 방법에 대해 예리하고 빈틈없는 충고를 아끼지 않는다. 위대한 그리스 시대에 일어났던 일이 이탈리아 르네상스기에 다시 한 번 일어났다. 전통에 따른 낡은 도덕의 구속력은 사라져 미신과 결합된 듯이 보일 뿐이고, 속박에서 풀려난 자유로운 분위기는 개개인에게 활력과 창의성을 부여함으로써 보기 드문 천재들의 전성기로 이어졌다. 그러나 도덕이 붕괴되면서 불가피하게 나타난 무정부 상태와 정치적 배반 행위로 이탈리아인은 총체적 무력감에 빠져들었다. 결국 이탈리아인은 그리스인과 마찬가지로 자신보다 문명은 뒤처지지만 사회 결속력이 강한 국가의 지배를 받기에 이르렀다.

이러한 지배의 결과가 그리스인의 경우보다 불운하지 않았던 까닭은 스페인을 제외한 신흥 강국이 이탈리아인에 버금가는 위대한 업적을 성취했기 때문이다.

16세기 이후 유럽 사상사는 종교개혁이 좌우한다. 종교개혁은 다방면에 걸친 복잡한 운동이었는데, 성공을 거두게 된 계기도 원인이 다양했기 때문이다. 종교개혁은 주로 다시 살아난 로마의 지배에 반대한 북부 유럽 민족의 반항이기도 하다. 종교는 유럽 세계를 복종시킨 힘이었지만, 정작 이탈리아에서는 종교가 붕괴되었다. 교황권은 제도로서만 명맥을 유지하며 독일과 영국에게서 막대한 조공을 우려냈다. 그런데 여전히 신앙심이 깊었던 독일과 영국은 사치와 부도덕한 행동에 허투루 썼던 만큼의 돈을 교회에 반환함으로써, 연옥에서 영혼을 구하겠다고 공언한 보르자 가문과 메디치 가문에 대해 털끝만큼도 존경심을 느끼지 않았다. 이들은 민족적 동기와 경제적 동기, 도덕적 동기를 한데 묶음으로써 로마 교황청에 강력히 저항했다. 게다가 군주들은 영토 내 교회가 민족적 색채를 띠게 되면 교회를 지배하기 쉬워져, 교황과 지배권을 나눠 가질 때보다 자기 영토 내에서 힘이 훨씬 강력해진다는 사실을 알아차렸다. 이러한 이유로 루터의 혁신적 신학 사상은 북유럽의 광대한 지역에 걸쳐 지배자와 민중에게 두루 환영을 받았다.

가톨릭교회는 세 가지 근원에서 유래한다. 성스러운 역사는 유대교에서, 신학은 그리스 사상에서, 지배 방식과 교회법은 최소한 간접적으로라도 로마 법제에서 유래한다. 종교개혁은 로마적 요소를 거부하고 그리스적 요소를 완화했으며 유대교적 요소를 강화했다. 따라서 종교개혁은 처음에 로마 제국이, 다음으로 로마 교회가 만들어 낸 사회 결속을 원상태로 돌려버린 민족국가 세력과 협력했다. 가톨릭 교리에 따르면 신의 계시는 성서에서 끝나지 않고 교회를 매개로 대대손손 이어지며, 교회의 가르침에 복종할 의무를 개인에게 부여했다. 반대로 개신교도는 교회가 계시의 매개자라는 설을 거부했다. 진리는 오로지 성서 속에서 찾아야 하며, 저마다 단독으로 성서를 해석해도 되었다. 사람들이 성서를 해석할 때 서로 차이가 나더라도 이러한 논쟁을 해결하도록 지명된 신성한 권위는 존재하지 않았다. 실생활에서는 국가가 이전에 교회에 속했던 권리를 주장했지만, 이것은 권리의 침해이자 남용에 불과했다. 개신교 이론에서 영혼과 신 사이에 어떤 매개자도 존재해서는 안 되었다.

이러한 변화는 심상치 않은 중대한 결과를 초래했다. 진리는 더는 권위자에게 묻지 않고 내면을 성찰함으로써 확인했다. 더불어 정치계에서는 무정부주의로, 종교계에서는 신비주의로 빠르게 발전하는 경향이 생겨났지만, 이러한 경향은 언제나 가톨릭교회의 정통 체계 속에 편입되기 어려운 점이 많았다. 또한 개신교는 하나로 통일되지 않고 여러 종파로 갈라졌다. 스콜라 철학에 대립하는 한 가지 철학이 아니라 철학자들 수만큼 많은 철학이 생겨났다. 13세기처럼 교황에 대립하는 황제가 한 사람이 아니라 수없이 많은 이교도 왕이 존재했다. 그리하여 문학과 마찬가지로 사상 면에서도 주관주의가 계속 심화되어, 주관주의는 초창기 다방면으로 정신적 노예 상태에서 벗어난 자유를 부여했지만, 결국 건전한 사회생활에 적대적이고 해로웠으며 개인을 사회에서 분리하는 데까지 거침없이 나아갔다.

근대 철학의 문을 연 데카르트는 그 자신과 그의 사유가 실존한다는 근본적 확신에 입각하여 외부 세계를 추론했다. 이것은 버클리와 칸트를 지나 피히테로 발전해 나가는 첫 단계일 뿐이며, 피히테에 이르면 모든 것이 단지 자아에서 유출될 따름이다. 이러한 경향은 분명히 불건전해 보이며, 이후 철학은 이러한 극단적 입장에서 벗어나 상식적 일상 세계로 탈출하려는 시도로 점철된다.

철학 분야의 주관주의와 정치학 분야의 무정부주의는 손을 맞잡고 나아간다. 루터가 살아 있는 동안 환영도 인정도 받지 못했던 그의 제자들은 재침례교의 교리를 발전시켰으며, 한동안 독일 뮌스터시의 분위기를 압도했다. 재침례교도가 법이란 법은 모조리 다 거부한 까닭은 선한 인간이 매 순간 고정된 형식의 구속을 받지 않는 성령의 인도를 받기 때문이다. 이러한 전제로부터 공산주의와 성적 난교에 이른 재침례교도는 영웅적 저항을 벌인 끝에 근절되었다. 하지만 그들의 교리는 온건한 형태로 네덜란드, 영국, 미국으로 퍼져 나갔으며, 역사를 따져 보자면 퀘이커교의 교리와 의식이 유래한 근원이 된다. 종교와 아무 관계가 없어진 더욱 격렬한 무정부주의는 19세기에 나타났다. 무정부주의는 러시아와 스페인에서, 더 작은 규모로 이탈리아에서 적지 않은 지지 세력을 확보했으며, 오늘날까지 미국 이민 당국이 경계하는 유령 같은 존재로 남아 있다. 현대적 형태의 무정부주의는 반종교적 성향을 띠지만 여전히 초기 개신교 정신에서 많은 부분을 이어받는다. 현대 무정부주의는 주로 루터가 교황에게 품었던 적대감을 세속 정부에게 돌렸다는 점에서 차이를 드러낸다.

주관성은 일단 고삐가 풀리자 끝장을 볼 때까지 제한될 수 없었다. 도덕 측면에서 개신교가 강조한 개인의 양심은 본질적으로 무정부주의와 일맥상통한다. 뮌스터에서 이따금 발생한 소요와 폭동을 제외하면 관습과 풍속의 힘이 너무 강한 나머지, 개인주의 윤리를 따르는 사람들조차 여전히 관습이 인정하는 덕에 따라 행동했다. 그러나 이것은 주의가 요구되는 불안한 평형 상태일 뿐이었다. '감수성'을 예찬하고 숭배한 18세기적 경향이 그러한 평형을 무너뜨리기 시작했다. 어떤 행동은 결과가 좋거나 도덕규범과 일치하기 때문이 아니라 그런 행동을 하도록 고취한 감정으로 인해 찬미되거나 칭찬의 대상이 된다. 이러한 태도에서 칼라일과 니체가 표현한 영웅 예찬과 어떤 종류든 바이런풍의 격렬한 정념을 숭배하는 경향이 발전했다.

예술과 문학, 정치에 나타난 낭만주의 운동은 인간을 공동체의 일원이 아니라 심미적 기쁨을 주는 응시의 대상으로 판단하는 주관적 방식과 밀접한 관계가 있다. 호랑이는 양보다 아름답지만, 우리는 오히려 창살 안의 호랑이를 좋아한다. 전형적 낭만주의자는 창살을 제거하고 호랑이가 양을 사냥할 때 보여 주는 비할 데 없이 멋진 도약을 즐기며 기뻐할 터다. 그래서 인간 자신이 스스로 호랑이라고 상상하도록 권하지만, 그럴 경우 나타날 결과가 전적으로 유쾌하지는 않다.

현대에 이르러 제정신을 잃어버린 극단적 형태의 주관주의에 반대하는 다양한 반동이 일어났다. 첫째, 중도적 타협 철학인 자유주의 학설은 정부와 개인에게 각각 영역을 정해 주려 했다. 현대적 형태의 자유주의는 로크와 더불어 시작되었으며, 로크는 절대적 권위와 전통에 대한 맹목적 복종을 배격했을 뿐만 아니라 '광신', 다시 말해 재침례교의 개인주의도 거부한 인물이다. 더욱 철저한 저항은 국가 숭배 학설을 탄생시켜 가톨릭교가 교회에, 혹은 때에 따라 신에게 부여한 지위를 국가에 돌렸다. 홉스와 루소, 헤겔은 국가 숭배 이론의 상이한 국면을 각각 보여 주며, 그들의 학설은 실제로 크롬웰과 나폴레옹, 현대 독일의 상황 속에 구현되었다. 공산주의는 이론상 국가 숭배 이론과 거리가 멀지만, 실제로는 국가 숭배에서 비롯된 유사한 공동 사회로 빠져버린다.

기원전 600년부터 현대에 이르기까지 발전을 거듭하면서 철학자들은 사회 결속을 강화하려는 자와 풀려는 자로 나뉘었다. 다른 이들은 이러한 차이와 연루되었다. 규율주의자는 구식이든 신식이든 상관없이 특정한 교의 체계를 지지하고 따라서 정도가 크든 작든 과학에 적대감을 가질 수밖에 없었다. 왜냐하면 규율주의자들이 받아들인 교의가 어쨌든 경험적으로 입증되지 않았기 때문이다. 그들은 거의 변함없이 행복은 선이 아니며 '고결함'과 '영웅적 행동'을 선호해야 한다고 가르쳤다. 인간 본성의 비합리적 측면에 공감하면서 이성이 오히려 사회 결속을 해친다고도 생각했다. 다른 한편 자유주의자들은 극단적 무정부주의자를 제외하면 과학과 공리주의, 합리주의로 기울었으며, 격렬한 정념에 냉담하고 심오한 종교라면 전부 반대했다. 이러한 갈등은 우리가 인정한 철학이 출현하기 전 그리스에서 생겨났으며, 그리스의 초기 사상 속에 벌써 분명하게 나타나 있다. 규율주의와 자유주의의 갈등은 모습을 달리하며 오늘날까지 이어졌고, 수세대에 걸쳐 오래도록 사라지지 않을 것이다.

이러한 논쟁에 참여한 양측은 긴 시간 지속적으로 나타난 모든 일에 대해 옳은 면도 그른 면도 보여 주었다. 사회 결속은 분명히 필요하지만, 인류는 합리적 논증만으로 결코 결속을 강화하지 못했다. 공동체를 이룬 사회라면 대립하는 두 가지 위험 요소에 노출되기 마련이다. 한쪽은 너무 강력한 규율과 전통에 대한 지나친 존경 때문에 경직될 우려가 있고, 다른 쪽은 개인주의 성향과 개인의 독립심 때문에 협동과 협력의 토대를 상실하고 결국 분열되거나 외부 세력에게 정복당할 위험이 도사리고 있다. 대체로 중요한 문명은 고정된 엄격한 미신 체계와 더불어 시작되어 그러한 미신 체계를 점차 완화하다가 어느 단계에 이르면 뛰어난 천재들의 시기를 맞이한다. 이 시기에는 과거 전통의 선한 면이 여전히 남아서, 전통 해체에 내재한 악한 면이 아직 나타나지 않는다. 그러나 악한 면이 수면 위로 떠올라서 무정부 상태에 이르고, 곧이어 새로운 전제 정권이 나타나 새로운 이론 체계에 의해 보장된 새로운 종합을 이루어 낸다. 자유주의 학설은 지금까지 말한 끝없이 반복된 동요 상태에서 탈출하려는 시도로서 등장한다. 자유주의의 핵심은 비합리적 교의에 기반을 두지 않으면서 사회 질서를 보장하는 동시에, 사회 질서 유지에 필요한 수준 이상으로 개인을 구속하지 않으면서 사회 안정을 확보하려는 시도다. 이러한 시도가 성공할지는 오직 미래에 일어날 일이 결정할 터다.

제1권
고대 철학

35쪽, 「아테네 학당」, 라파엘로 산치오, 1510~1511

제1부
소크라테스 이전

1.
그리스 문명의 발전

모든 역사를 통틀어 그리스 문명의 돌연한 발생만큼 놀랍고 설명하기 어려운 일은 없다. 문명의 형성에 필요한 요소는 수천 년 동안 이집트와 메소포타미아에 이미 존재했으며 이웃 나라로 퍼져 나갔다. 그러나 어떤 요소는 그리스인이 발명해 낼 때까지 드러나지 않았다. 그리스인이 예술과 문학에서 남긴 업적은 모두에게 익숙하지만, 순수하게 지적인 영역에서 남긴 업적은 훨씬 더 이례적이다. 그리스인은 수학mathematics[1]과 과학 그리고 철학을 처음 만들어 냈으며, 단순한 연대기가 아닌 역사를 최초로 기록했다. 그리스인은 조상에게서 물려받은 전통에 구속되거나 얽매이지 않고 세계의 본성과 인생의 목적에 대한 사유를 자유롭게 펼쳐 나갔다. 당시 이룩한 업적은 경이롭다는 찬사를 불러일으켰으나, 최근까지도 그리스의 정신과 분위기에 경탄하거나 신비롭다고 말하는 수준에 머물러 있다. 하지만 그리스 정신의 발전을 학문적으로 이해하는 일은 가능하며 정성을 쏟을 만한 가치가 있다.

---

1 산수와 몇몇 기하학의 체계는 이집트인과 바빌로니아인도 사용했으나 주로 어림짐작하는 형태를 벗어나지 못했다. 일반적 전제에서 연역적으로 추론하는 형식은 그리스인의 혁신적 상상의 결과였다.

철학은 탈레스Thales(기원전 624~545)와 더불어 시작되었다. 천문학자들이 기원전 585년에 일어났다고 말하는 일식日蝕을 탈레스가 예측한 사실에 비추어, 그가 살았던 연대를 추정할 수 있다. 그러므로 철학과 과학은 원래 분리되지 않은 상태로 기원전 6세기 초에 동시에 탄생했다. 기원전 6세기 이전 그리스와 인접한 나라에서 어떤 일이 벌어졌던 것일까? 어떤 대답을 하든 일부는 추측에 의존할 수밖에 없다. 다행스럽게도 금세기 고고학의 발전은 이전 세대가 소유했던 수준보다 훨씬 많은 지식을 우리 세대에 제공했다.

문자 기술은 기원전 4000년경 이집트에서 발명되었고, 얼마 지나지 않아 메소포타미아에서도 등장했다. 어느 나라든 문자는 뜻이 담긴 대상을 그림으로 표현하는 데서 시작되어, 이러한 그림들이 사회에서 약속으로 통용되면서 표의문자로 변모한다. 지금도 중국어에는 표의문자가 남아 있다. 이러한 번거롭고 어색한 문자 체계는 수천 년의 변천 과정을 거쳐 알파벳문자로 발전했다.

이집트와 메소포타미아에서 발달한 초기 문명의 연원은 나일강, 티그리스강, 유프라테스강이며, 강을 중심으로 농업이 발전하고 생산량도 늘어났다. 이집트와 메소포타미아 문명은 스페인인이 멕시코와 페루에서 발견한 문명과 흡사했다. 전제 권력을 소유한 신성한 왕이 존재하며, 이집트의 경우 왕이 온 나라 땅을 소유했다. 또한 다신숭배 종교의 정점에 위치한 최고신은 왕과 특히 친밀한 관계를 맺는다고 믿었다. 이 밖에 군사 계급에 속한 귀족과 사제 계급에 속한 귀족이 존재하여, 왕이 병약하거나 험난한 전쟁에 나가 교전 중일 때 사제 계급이 왕권을 찬탈하는 일이 흔히 발생했다. 토지를 경작하는 계급은 노예들로서 왕과 귀족, 사제에게 종속된 처지였다.

이집트 신화과 바빌로니아 신학의 차이는 컸다. 이집트인은 죽음 문제에 몰두해서, 죽은 자의 영혼은 지하 세계로 내려가 지상에서 어떻게 살았느냐에 따라 오시리스Osiris[2]의 심판을 받는다고 믿었다. 그들은 영혼이 결국 육신과 함께 지상으로 되돌아오리라는 것도 믿어 의심치 않았다. 그래서 시신을 미라로 보존하고 휘황찬란한 무덤을 축조했다. 피라미드는 기원전 4000년 말부터 3000년 초까지 여러 왕의 주도 아래 건설되었다. 이 시기를 거치면서 이집트 문명은 점점 고정관념에 사로잡혔고, 종교에 대한 보수주의 경향이 나타나 문명의 진보를 가로막았다. 기원전 1800년경에 이집트는 셈족인 힉소스 왕조에게 정복당한 후 약 2세기 동안 지배를 받았다. 힉소스 왕조는 이집트에 후세가 기릴 만한 흔적을 남기지 못했으나, 이집트 문명을 시리아와 팔레스타인에 전파했다.

바빌로니아의 발전 과정은 이집트보다 훨씬 호전성을 드러냈다. 최초의 지배 종족은 셈족이 아니라 수메르족인데, 기원은 거의 알려져 있지 않다. 수메르족은 설형문자楔形文字, cuneiform writing를 발명했으며, 셈족은 수메르족을 정복하면서 설형문자도 물려받았다. 독립된 여러 도시들이 서로 싸우다 마침내 바빌론Babylon[3]이 최고 지위를 차지함으로써 바빌로니아 제국이 세워졌다. 이로써 다른 도시들이 숭배하던 신들의 지위는 낮아지고 바빌로니아의 신 마르두크Marduk가 후대에 그리스 판테온Pantheon[4]의 제우스처럼 최고 지위를 획득했다. 이집트에서도 비슷한 변화가 일어났으나 시기는 훨씬 일렀다.

이집트와 바빌로니아의 종교는 고대의 다른 종교처럼 풍요제豊饒祭, fertility cult였다. 땅은 여성이고 태양은 남성이다. 흔히 황소는 남성 생식력의 화신으로 여겨졌고, 황소신은 서민들이 숭배하는 대상이었다. 바빌로니아에서

2 * 옛 이집트의 주신. 명계冥界의 신이며 이시스의 남편이다.

3 * 고대 바빌로니아어로 바빌루이고, 히브리어로는 바벨이라 부른다. 메소포타미아 지역에 있는 유명한 고대 도시로서 바빌로니아 제국의 수도였다.

4 * 만신전萬神殿을 뜻하며, 로마에 있는 신전을 가리킨다. 기원전 27년 아그리파의 주도로 창건했으나 불타 없어졌다가 하드리아누스 황제가 재건했다.

땅의 여신으로 추앙된 이슈타르Ishtar는 여성을 대표하는 최고 신이었다. 서아시아 전 지역에서 다양한 이름으로 대모신大母神, Great Mother을 숭배했다. 그리스의 식민지 이주민들은 소아시아에서 대모신의 신전을 발견하자, 아르테미스란 이름을 붙였다. 그리고 기존의 제례祭禮, cult를 고스란히 이어받았다. 여기에서 '에페소스인의 디아나Diana of the Ephesians'[5]가 출현한다. 그리스도교에서는 대모신을 동정녀 마리아로 변형시켰으며, 성모 마리아에 대해 '신의 어머니'라는 호칭을 써도 좋다고 허락한 곳도 에페소스 공의회였다.

종교가 제국의 통치권과 긴밀한 관계를 맺으면서 정치적 동기는 종교의 원시적 특징을 크게 바꾸어 놓았다. 신이나 여신은 국가와 결합되면서 풍작뿐만 아니라 전쟁에서 승리를 보장해 주는 존재가 되었다. 부유한 사제 계급은 제례와 신학을 정교하게 다듬고, 제국에 편입된 지역의 몇몇 신을 하나의 신전 안에 통합했다.

신들은 통치권과 결합되면서 도덕과도 밀접한 관계를 맺었다. 신이 입법자에게 법전을 부여했기 때문에 법 위반은 불경으로 간주되었다. 지금까지 알려진 가장 오래된 법전은 바빌론의 왕, 함무라비가 만든 법전이다(기원전 2067~2025). 함무라비는 법전을 최고신 마르두크가 전해 주었다고 주장했다. 고대 전반에 걸쳐 종교와 도덕의 관계는 점점 가까워졌다.

내세의 행복을 중요하게 여긴 이집트 종교와 달리 바빌로니아의 종교는 현세의 번영에 관심이 더 많았다. 마술과 점술, 점성술은 바빌로니아에서만 나타난 것은 아니지만 다른 어느 곳보다 바빌론에서 더욱 발전했기 때문에 고대 후기를 지배하게 되었다. 몇 가지 과학적 발견도 바빌론에서 비롯되었

---

5 라틴어 디아나는 아르테미스와 같은 말이다. 디아나라고 번역한 그리스어 성경에 언급된 여신이 바로 아르테미스다.

다. 하루를 24시간으로 나누었고, 원을 360도로 분할했으며, 월식은 확실하게 예측되지만 일식은 확률적으로 예측되는 식蝕 현상의 주기성도 발견했다. 앞으로 살펴보겠지만 바빌로니아의 과학적 지식을 습득한 철학자가 바로 탈레스다.

이집트와 메소포타미아의 문명은 농경을 바탕으로 발전했고, 주변의 종족들은 처음 목축 시대를 열었다. 상업의 발달에 따른 새로운 요소는 처음에 거의 전적으로 해상 무역에 의존했다는 점이다. 기원전 1000년까지 무기는 동銅으로 만들었기 때문에 자국의 영토 안에 금속이 매장되어 있지 않은 나라는 무역으로 조달하거나 해적질로 약탈할 수밖에 없었다. 그러나 해적질은 미봉책에 지나지 않았다. 사회 여건과 정치적 조건이 적당하게 안정된 곳에서는 상업이 더 많은 이득을 낸다는 사실도 드러났다. 상업 분야에서는 크레타섬이 개척자의 역할을 했던 듯하다. 기원전 2500년부터 1400년까지 약 11세기 동안 미노아 문명이라고 불린 예술이 발전한 문화가 크레타에 실제로 존재했다. 후대까지 살아남은 크레타 예술은 쾌활하고 거의 퇴폐적으로 보일 만큼 사치스러우며, 이집트 신전의 섬뜩한 침울함과 전혀 다른 인상을 준다.

아서 에번스Sir Arthur Evans(1851~1941)를 비롯한 고고학자들의 발굴로 유적이 발견되기 전까지 크레타 문명의 중요한 부분은 전혀 알려지지 않았다. 크레타 문명은 해상 무역을 바탕으로 발전했으며, 힉소스 왕조 시기를 제외하면 이집트와 친밀한 관계를 맺었다. 이집트의 생활상을 보여 주는 그림은 이집트와 크레타 간에 이루어진 대규모 상거래를 크레타의 선원들이 주도했다는 사실을 분명하게 보여 준다. 이러한 상업은 기원전 1500년경에 제일 번창했다. 크레타의 종교는 시리아와 소아시아의 종교 양식과 일부 유사한 면이 있으나, 예술은 이집트와 닮은 점이 더 많다. 그런데도 크레타 예술은 독창적 광경을 연출하며, 놀라우리만치 생명력이 충만했다. 크레타 문명의 중심은 크노소스의 이른바 '미노스의 궁전palace of Minos'이었으며, 이 궁전에 대한 회상memories은 고대 그리스의 전통으로 흡수되었다. 크레타의 궁전들은 아주 크고 화려하게 축조되었으나 기원전 14세기 말경에 그리스의 침입으로 파괴되었을 공산이 크다. 크레타 역사의 연대기는 크레타에서 발견된 이집트 유물과 이집트에서 발견된 크레타 유물을 근거로 추정할 수 있다. 여기까지 우리가 알게 된 지식은 모두 고고학적 증거에 의존한다.

크레타인은 한 여신이나 어쩌면 몇몇 여신을 숭배했을 것이다. 의문의 여지없이 두각을 나타낸 여신은 '동물의 여신Mistress of Animals'인데, 여성 사냥꾼이자 고대 그리스 아르테미스의 전신으로 알려졌다.[6] 동물의 여신은 분명히 어머니이기도 해서, 동물의 남신Master of Animals을 제외한 유일한 남성 신은 여신의 어린 아들뿐이다. 사후의 삶을 믿은 증거가 있으며, 이집트인과 마찬가지로 지상에 살면서 행한 일에 따라 보상이나 응보를 받는다고 믿었다. 그러나 예술의 특징을 보면, 크레타인은 전반적으로 쾌활한 민족으로 음울한 미신의 영향을 별로 받지 않은 듯하다. 그들은 투우를 즐겼으며, 여성 투우사는 남성 투우사 못지않은 놀라운 곡예를 부렸다. 에번스 경은 투우가 일종의 종교적 축제 의식이며 투우사들은 최고 귀족 계급에 속한다고 생각하지만, 일반적으로 수용되지 않는다. 어쨌든 현재까지 전해진 크레타인의 그림은 활기가 넘치며 현실을 중시하는 특징이 두드러진다.

크레타인은 선형문자線形文字, linear script를 사용했지만 아직 판독할 수 없는 상태다. 그들은 자기 나라에서 평화를 애호하여 도시에 성곽을 쌓지 않았으나, 분명히 해군력으로 도시를 방어했다.

미노아 문명은 멸망하기 전, 기원전 1600년경부터 그리스 본토로 퍼져 나

6 동물의 여신은 '동물의 남신'의 쌍둥이거나 배우자였으며, 남신은 여신보다 지위가 낮았다. 소아시아의 대모신과 아르테미스를 같은 신으로 취급한 것은 후대의 일이다.

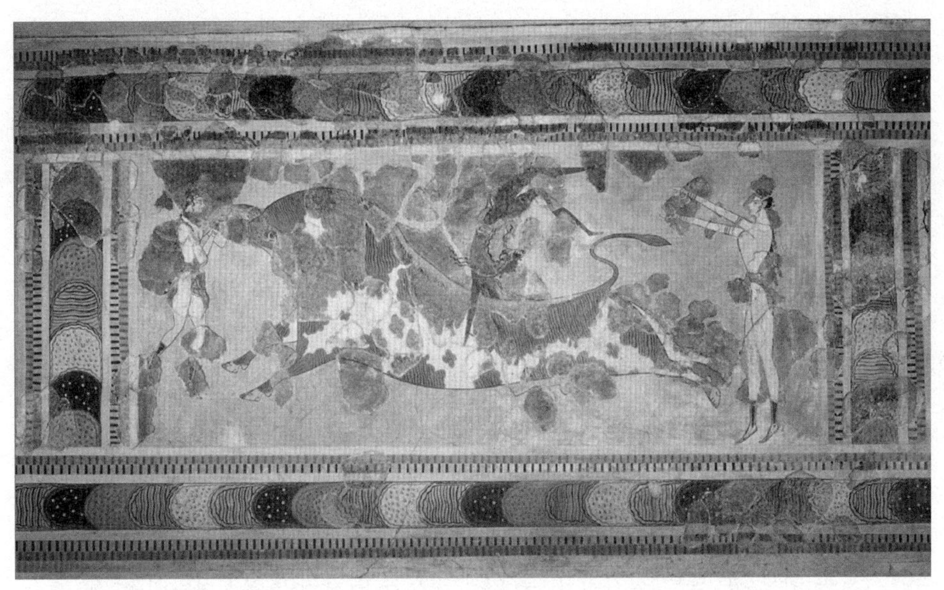

크레타섬의 크노소스 궁전에서 발견된 벽화, 기원전 1600년경

가 점차 변형되면서 기원전 900년경까지 명맥을 유지했다. 이렇게 본토에서 꽃피운 문명이 바로 미케네 문명이며, 왕의 죽음을 기린 무덤과 언덕 꼭대기에 세운 요새로 유명했다. 요새의 축조는 크레타의 경우보다 전쟁을 더 두려워했다는 사실을 보여 준다. 미케네 문명을 대표한 왕의 무덤과 요새는 고대 그리스인의 상상력에 깊은 인상을 남겼다. 궁전에서 발견한 오래된 예술품은 실제로 크레타의 장인에게 배운 솜씨이거나 크레타의 예술품과 흡사한 특징을 나타낸다. 막연한 전설로 알려진 미케네 문명은 대부분 호메로스Homeros[7]가 묘사해 전해 주었다.

미케네인에 대해 확실하게 알려진 것은 별로 없다. 그들은 크레타인에게 정복당함으로써 문명을 형성했을까? 그들은 그리스어로 말했을까? 아니면 훨씬 이전부터 자생한 토착민이었을까? 이러한 물음에 확실한 답을 할 수 없지만, 미케네인이 그리스어를 사용한 정복자이고 적어도 북방에서 내려온 금발의 침입자들이 귀족 계급을 형성했으며, 그들과 함께 그리스어도 유입되었을 개연성이 높다는 증거가 발견되었다.[8] 그리스인은 연이어 크게 일어난 세 파도를 이겨 내고서야 그리스에 닻을 내릴 수 있었다. 첫 번째 파도는 이오니아족의 침입이고, 두 번째 파도는 아카이아족의 침입이며, 세 번째 파도는 도리아족의 침입이었다. 이오니아족은 정복자의 위치에 있기는 했으나, 후대에 로마인이 그리스 문명을 그대로 수용했듯 크레타 문명을 거의 그대로 수용하는 태도를 보였다. 그들은 뒤이어 아카이아족의 침입으로 혼란을 겪은 끝에 대부분 추방당했다. 아카이아족은 보가즈쾨이BogazKöy[9]에서 발견된 히타이트족의 석판을 통해 전모가 드러나는데, 기원전 14세기

7 * 고대 그리스인들의 세계관과 사고방식이 드러난 두 편의 서사시 『일리아스 *Ilias*』와 『오디세이아 *Odysseia*』의 저자로 추정되는 시인이다.

8 닐슨이 쓴 『미노아·미케네 종교와 그리스 종교 속의 문화 잔여』의 11쪽 이하를 보라.

9 * 터키 앙카라 동쪽에 위치한 히타이트 왕조의 수도였다.

에 이미 조직을 갖춘 대제국을 형성했다. 이오니아족과 아카이아족이 벌인 전쟁으로 쇠퇴하기 시작한 미케네 문명은 그리스의 마지막 침입자 도리아족이 밀려들면서 와해되었다. 이전 침입자들은 대체로 미노아의 종교를 그대로 수용했으나, 도리아족은 조상이 물려준 독자적 인도·유럽식 종교를 간직했다. 그런데도 미케네 문명의 종교는 특히 하층 계급에 스며들어 명맥을 유지했으며, 고대 그리스 종교는 두 종교의 혼합으로 탄생했다. 사실 고대 그리스의 몇몇 여신은 미케네 문명에 뿌리를 두고 있다.

위에서 알기 쉽게 밝힌 내용은 그럴듯해 보이지만, 미케네인이 그리스인이었는지 우리는 모른다는 점을 반드시 기억해야 한다. 우리가 아는 것은 미케네 문명이 쇠퇴하여 멸망했을 무렵, 철이 청동을 대신하게 되고 한동안 해상 지배권이 페니키아인에게 넘어갔다는 점뿐이다.

미케네 시대의 후반기와 미케네 문명이 멸망한 이후 일부 침입자는 정착해 농사를 짓고, 일부는 이곳저곳 섬과 소아시아로 밀고 들어간 뒤 시칠리아와 남부 이탈리아까지 진출했다. 그리고 도시를 건설하여 해상 무역으로 살아갔다. 이렇게 형성된 해안 도시를 거점으로 그리스인은 문명의 형성 과정에서 이전과 확연한 차이를 보이며 새로운 방식으로 기여했다. 후대에 아테네는 해군력을 바탕으로 그리스 전역을 장악했다.

그리스 본토는 산악 지대로 대부분 메마른 불모지였으나, 계곡에는 비옥한 땅이 많았다. 계곡은 바다로 접근하기 쉬운 반면 산으로 가로막혀 있고, 계곡과 계곡을 이어줄 육상 교통로가 없었다. 이러한 계곡마다 독립적 공동체가 형성되고, 사람들은 바다에 인접한 마을을 중심으로 농사를 지으며 살았다. 이러한 상황 속에서 공동체마다 인구가 증가하고 내부 자원이 부족해지자, 상황을 더는 견디지 못하게 된 사람들이 자연스레 살길을 찾아 항해에 나섰다. 본토의 도시 주민들은 저마다 고향 땅보다 더욱 살기 좋은 곳에 식민지를 건설했다. 따라서 역사 초기 단계에 소아시아, 시칠리아, 이탈리아 등지에 정착한 그리스인은 그리스 본토 사람들보다 훨씬 풍족하고 부유하게 살았다.

그리스의 사회 체제는 지역에 따라 달랐다. 스파르타Sparta[10]에서는 소수 귀족 계급이 다른 종족 출신의 노예들을 억압하며 노예 노동에 의존해 살았다. 더욱 빈곤한 농업 지대의 사람들은 대부분 가족과 함께 자기 땅을 경작하는 자작농이었다. 그러나 상공업이 번성한 지역의 자유민은 광산업에서 남자 노예를, 방직업에서 여자 노예를 고용하여 부를 축적했다. 이오니아 지역의 노예들은 주변 지역 출신의 야만인들로, 초기에는 대부분 전쟁 중 붙잡힌 포로들이었다. 부의 증가에 따라 신분이 높은 여성들은 오히려 고립이 심해졌고, 스파르타와 레스보스Lesbos[11]를 제외하면 그리스 문명인의 생활에서 점점 멀어졌다.

그리스의 정치 체제는 일반적 경로로 발전하는데, 우선 군주정치에서 귀족정치로 나아간 다음 참주정치와 민주정치가 교대로 나타난다. 그리스의 왕은 바빌로니아와 이집트의 왕처럼 절대권을 행사하지 못하고, 원로회의의 자문을 받아야 했을 뿐만 아니라 형벌의 부담 탓에 관습과 관례를 마음대로 어길 수도 없었다. '참주정치tyranny'는 반드시 나쁜 정치를 의미하지 않고, 다만 권력의 세습이 허용되지 않는 지도자 한 사람의 지배를 의미했을 따름이다. '민주정치democracy'는 모든 시민에 의한 정치를 의미했지만 노예와 여성은 시민에서 제외되었다. 초기의 참주들은 메디치 가문과 마찬가지로 가장 부유하다는 이유로 권력을 획득했다. 이는 금광이나 은광을 소유한 데서 기인하고, 그들은 새로운 화폐 제도를 도입함으로써 더욱 큰 부를 창

10 * 그리스 펠로폰네소스 남동부에 위치한 도시국가로 기원전 9세기에 엄격한 과두정치를 확립하고 2인의 종신 공동 통치자를 두었다. 강력한 군대를 만들어 기원전 480년에 페르시아를 막아 냈고, 기원전 404년 아테네와 벌인 펠로폰네소스 전쟁에서 승리했다.

11 * 에게해에 있는 섬으로 고대 그리스에서 페르시아와 아테네, 스파르타에게 차례로 정복당했다. 고대 시인 사포Sappho가 살았던 곳으로 여성들의 동성애가 성행했다는 데서 레즈비언이라는 말이 생겼다.

사포와 그녀를 따르는 레스보스섬의 여인들이 그려진 그리스 도자기,
기원전 440~430

출했다. 화폐 제도는 이오니아와 인접한 리디아 왕국에서 유래했는데,[12] 기원전 700년 직전에 발명되었던 듯하다.

처음에 거의 구별되지 않던 상업과 해적질은 그리스인에게 가장 중대한 문자 기술의 획득이라는 결과를 가져왔다. 수천 년간 이집트와 바빌로니아에 존재했으며 미노아 문명을 건설한 크레타인도 지금 그리스어로 알려진 문자를 사용했는데, 그리스인이 알파벳문자를 언제 획득하게 되었는지는 확실치 않다. 그리스인은 페니키아인에게서 문자 기술을 배웠고, 시리아인처럼 이집트와 바빌로니아의 영향을 받은 페니키아인은 이오니아, 이탈리아, 시칠리아 등지에 그리스 도시가 출현하기 전까지 해상 무역을 지배했다. 기원전 14세기에 이크나톤(이집트의 이교도 왕)에게 서한을 보낼 때, 시리아인은 여전히 바빌로니아의 설형문자를 사용했다. 그러나 티레의 왕 히람Hiram of Tyre(기원전 969~936)은 페니키아의 알파벳을 사용했는데, 아마 이집트의 문자에서 발전했을 것이다. 이집트인은 처음에 순수한 상형문자象形文字, picture writing를 사용했는데, 그림이 점차 정형화된 약속으로 굳어 철자(그려진 사물 이름의 첫 철자)를 대표하게 되고, 마침내 'A는 개구리를 활로 쏘는 Archer(궁수)이다'라는 식의 원리에 따라 문자가 하나하나 형성되었다.[13] 이집트인은 완벽하게 수용하지 못했으나, 페니키아인은 마지막 단계를 거쳐 알파벳의 장점을 전부 갖추었다. 그리스인은 페니키아인의 알파벳문자를 빌려서 그들의 언어에 맞도록 수정했는데, 자음을 사용할 뿐만 아니라 모음을 추가하는 중요한 언어상 혁신을 이루었다. 이렇게 편리한 문자 쓰기 방법을 습득함으로써 그리스 문명의 발흥을 더욱 앞당길 수 있었다는 점은 의심할 수 없다.

---

12 유, 『참주정치의 기원』 참고.

13 예컨대 히브리 알파벳의 셋째 문자인 'Gimel'은 'camel'을 의미하며, 그것의 표지는 낙타의 그림을 양식화한 것이다.

고대 그리스Hellenic 문명에서 주목할 만한 첫 결실은 호메로스였다. 호메로스에 대해 전해진 이야기는 무엇이든 다 추측이거나 어림짐작일 뿐이지만, 호메로스가 한 사람이 아니라 여러 시인이라는 주장은 널리 수용된다. 이러한 견해에 따르면 『일리아스』와 『오디세이아』는 완성되기까지 약 200년이 걸렸다. '호메로스'는 기원전 750년부터 550년까지 완성되었다고 말하는 사람도 있고,[14] 기원전 8세기 말에 거의 다 완성되었다고 주장하는 사람도 있다.[15] 후대에 전해진 호메로스의 시들은 페이시스트라토스Peisistratos(기원전 6세기 초~527)[16]가 아테네로 가져왔는데, 그는 중간에 정치 일선에서 물러나기도 했으나 기원전 560년부터 527년까지 아테네를 통치했다. 그가 통치한 시대 이후 아테네의 젊은이들은 호메로스의 시를 암송하며 배우기 시작했고, 청년층 교육의 가장 중요한 부분을 차지했다. 호메로스는 그리스 일부 지역, 특히 스파르타에서 후대에 이르기까지 특별한 지위를 누리지 못했다.

호메로스의 시는 중세 후기의 궁정 소설과 마찬가지로 교양을 갖춘 귀족 계급의 관점을 대표하며, 민중 사이에 널리 퍼져 있던 온갖 미신을 서민적이고 비속하다고 무시한다. 훨씬 후대에 많은 미신이 다시 빛을 보았다. 현대의 많은 저술가들은 인류학의 발전 덕분에 다음과 같은 결론에 도달했다. 호메로스는 원시성과 거리가 먼 검열관의 위치에서 고대 신화들을 정리한 18세기식 합리주의 성향의 해석자이며, 상류층에 어울리는 도시풍의 세련된 계몽적 이상을 간직했다. 호메로스 작품에서 종교를 대표하는 올림포스의 신들은 당대나 나중에나 그리스인들이 숭배한 유일한 대상이 아니었다.

---

14 벨로흐, 『그리스 역사』, 12장.

15 로스토프체프, 『고대 세계사』, 1권, 399쪽.

16 * 아티카 지방을 통일하고 아테네의 급속한 번영의 기반을 닦아 이후 아테네가 그리스에서 지배적인 역할을 할 수 있게 만든 참주.

민중 종교 속에 스며든 어둡고 더욱 야만스러운 다른 요소들은 그리스 지성의 전성기에는 궁지에 몰려 드러나지 않았으나, 지적 활동이 약화되거나 공포에 사로잡힌 시기가 오면 언제든 등장할 태세였다. 쇠퇴기에 이르자 호메로스가 단호히 제거한 원시 신앙들은 고대 내내 절반만 묻힌 채 존속했다는 사실이 밝혀졌다. 이것은 달리 보면 여러 면에서 불합리하고 기이해 보이는 일을 설명해 준다.

원시 종교는 어느 곳에서나 개인보다 종족이나 부족을 위해 생겨났다. 일정한 종교 의식은 공감에 의한 마술적 힘을 불러일으켜 부족의 이익을 증진하려는 의도로 거행되었다. 특히 농작물의 풍작이나 동물과 인간의 다산을 기원했다. 동지冬至, winter solstice는 태양의 힘이 더는 감소되지 않도록 고무해야 하는 시기였다. 봄과 가을에도 절기에 맞는 의식이 필요했다. 종교 의식은 엄청난 집단적 흥분 상태를 흔히 불러왔는데, 개인은 분리된 개체 의식을 상실하고 스스로 전체 부족과 하나라는 일체감을 느꼈다. 전 세계 어느 종교든 특정한 발전 단계에 이르면 동물이나 인간을 제물로 바쳤으며, 종교 의식의 전례에 따라 죽이고 제물로 바친 고기를 먹었다. 이 단계에 이르면 종교는 발생한 지역에 따라 다른 양상을 드러냈다. 인간을 제물로 바치는 전례는 대개 인간 제물을 먹는 의식보다 오래 지속되었으며, 그리스에서도 역사 초기에는 근절되지 않았다. 인간을 제물로 바치는 잔인한 면이 사라진 풍요제는 그리스 전역에서 흔하게 거행되었다. 특히 엘레우시스 신비의식 Eleusinian Mysteries[17]은 본래 농업과 관련된 상징체계로 표현된다.

호메로스 작품 속의 종교가 전혀 종교적이지 않다는 점은 인정하지 않을 수 없다. 신들은 인간의 특성을 거의 전부 지녔는데, 불멸하고 초인적 능력을 소유한다는 점에서만 달랐다. 도덕적 측면에서도 신들에게 특이한 점이

17 * 그리스에서 곡식의 여신 데메테르를 받드는 의식.

전혀 없기 때문에, 어떻게 경외심을 불러일으켰는지 도무지 알 수 없는 노릇이다. 후대에 쓴 몇몇 구절은 신들을 볼테르처럼 불경한 태도로 다루었다. 호메로스의 작품에서 발견되는 진정한 종교심은 올림포스의 신들보다는 그림자처럼 따라다니는 숙명이나 운명, 필연 같은 존재와 관계가 더 깊은데, 제우스도 그것의 지배를 받는다. 숙명은 그리스 사상 전반에 엄청난 영향력을 발휘했을 뿐만 아니라 과학이 자연법칙에 대한 믿음을 도출하게 된 원천 가운데 하나였다.

호메로스의 신은 정복을 일삼는 귀족 계급의 신이고, 실제로 땅을 일구는 농부들에게 이로움을 주는 풍요의 신이 아니었다. 길버트 머리Gilbert Murray는 이렇게 말한다.

"거의 모든 나라에서 신이 세계를 창조했다고 주장한다. 올림포스의 신들은 그렇지 않다. 신들이 행한 일은 대부분 세계를 정복하는 것이었다. …… 그리고 그들은 자기들의 왕국을 수중에 넣었을 때 무슨 일을 하는가? 정치에 참여하는가? 농업을 증진하는가? 무역과 산업에 종사하는가? 일이라고는 전혀 하지 않는다. 그들이 왜 그런 정직한 일을 하겠는가? 올림포스의 신들은 세입으로 살면 더욱 쉽다는 사실을 알았으며, 세금을 내지 않는 민중에게 벼락을 쳐서 위협하면 만사형통이었다. 그들은 정복을 일삼는 족장이거나 왕권을 손에 넣은 해적들인데, 싸우고 축제를 벌이고 놀이를 즐기며 악기를 연주한다. 한껏 술을 퍼마시고 취해, 시중드는 절름발이 대장장이를 보고 요란스레 웃곤 한다. 또 그들은 자기들의 왕 말고는 아무도 두려워하지 않으며, 연애를 하거나 전쟁을 벌일 때를 제외하면 결코 거짓말을 하지 않는다."

호메로스의 인간 영웅도 신과 마찬가지로 선량하게 행동하지 않는다. 호메로스의 작품에서 주도적 역할을 하는 가문은 펠롭스 가家인데, 행복한 가정생활의 모범을 보여 주지 못했다.[18]

"아시아 왕조의 창시자 탄탈로스Tantalos[19]는 신들의 화를 돋우려 노골적으로 무례한 짓을 저질러서 끔찍한 인생의 첫발을 내디뎠다. 어떤 이는 탄탈로스가 신들을 속여 인육, 바로 자기 아들 펠롭스의 살을 먹이려 했다고 전한다. 이제 기적적으로 목숨을 건진 펠롭스가 죄를 저지를 차례다. 펠롭스는 피사의 왕 오이노마오스와 유명한 전차 경주를 벌였는데, 오이노마오스 편의 전차 경주자 미르틸로스와 공모해 승리를 조작하고, 보수를 주기로 약속한 공모자를 바다에 빠뜨려 제거했다. 저주는 펠롭스의 아들, 아트레우스와 티에스테스에게 그리스인이 말하는 아테Ate[20]의 형태로 이어지는데, 이는 실제로 저항할 수 없는 범죄 충동이 아니었다고 해도 강력했다. 티에스테스는 형수를 매수해 가문의 행운을 상징하는, 유명한 황금 양모 가죽golden-fleeced ram을 훔쳐 내려 공작을 꾸몄다. 이를 알게 된 아트레우스는 동생을 추방했다가 화해를 구실로 불러들여 동생 아이들의 인육으로 향연을 베풀었다. 저주는 이제 아트레우스의 아들 아가멤논에게 전해지는데, 그는 신성한 수사슴을 죽인 일로 아르테미스의 노여움을 샀다. 아르테미스 여신의 노염을 가라앉히기 위해, 아가멤논은 자신의 딸 이피게네이아를 제물로 바친 후에야 비로소 트로이로 안전하게 항해할 수 있었다. 다음에 그의 부정한 아내 클리템네스트라와 그녀의 정부이자 티에스테스의 살아남은 아들 아이기스토스가 아가멤논을 살해했다. 이어 아가멤논의 아들 오레스테스는 자기 어머니와 아이기스토스를 죽임으로써 자기 아버지의 원수를 갚았다."[21]

---

18 머리, 『그리스 종교의 다섯 단계』, 67쪽.

19 * 탄탈로스는 리디아의 시플로스나 프리지아의 왕으로서 신들과 가까워 신들의 만찬에 참석할 수 있었는데, 신들을 속인 죄로 끔찍한 벌을 받았다고 한다.

20 * 그리스 신화에서 아테는 신들과 인간을 나쁜 길로 인도하는 불행과 재앙의 여신이다. 여기서 '아테'는 '불행'이나 '재앙'을 뜻한다.

21 H. J. 로즈, 『그리스 초기 문화』, 193쪽.

더할 나위 없는 위업으로 평가되는 호메로스의 작품은 이오니아, 바로 그리스의 소아시아 일부 지역과 인접한 섬나라들을 배경으로 탄생했다. 호메로스의 시들은 늦어도 기원전 6세기 어느 시점에 오늘날의 형태로 고정되었다. 그리스의 과학과 철학, 수학도 바로 이 무렵에 형성되었다. 기원전 6세기에 문화의 근원이 된 중요한 사건들이 세계 곳곳에서 줄줄이 발생했다. 만일 실존했다면, 공자孔子, K'ungtzu; Confucius(기원전 551~479)[22]와 붓다Budda[23], 조로아스터Zoroaster(기원전 628년경~551년경)[24]도 이 시기에 속한 인물들일 것이다.[25] 기원전 6세기 중엽에 키루스가 페르시아 제국을 건설했다. 그 무렵 페르시아가 제한적으로 자치권autonomy을 허용한 이오니아의 그리스 도시들이 반란을 일으켰으나, 아무 성과도 없이 다리우스 왕에게 진압당하면서 각 도시의 유력 인사들은 망명자 신세가 되어 떠돌아다녔다. 일부 철학자들도 망명자 신세로 아직 정복되지 않은 그리스의 도시 이곳저곳을 유랑했다. 이들은 당시 주로 이오니아에 국한되었던 그리스 문명을 다른 지역에 전파했으므로 방랑생활 중에도 환영을 받았다. 기원전 6세기 후반에 활약한 철학자이자 망명자인 크세노파네스Xenophanes는 이렇게 말한다. "겨울철 난롯가에서 푸짐하게 먹은 뒤 달콤한 포도주를 마시고, 푹신한 의자에 편안히 누워 병아리콩을 아작아작 씹으며 이러한 질문에 대답해야 하지. '훌륭하신 선생님, 당신은 어느 고장 출신이고 몇 살이신가요? 메디아인이 나타났을 때 몇 살이셨나요?'" 이오니아를 제외한 그리스의 다른 지역은 페르시아에 맞서 싸운 살라미스 해전과 플라타이아 전투에서 승리

22 * 동아시아 전체 문명에 영향을 미친 대학자로 유교의 창시자다.

23 * 석가모니 釋迦牟尼, Sakyamuni라고 불리기도 하는 인도의 성자로 불교의 창시자다.

24 * 아베스타어로 자라투스트라Zaraϑuštra라고 쓰고 읽으며, 영어식으로 조로아스터, 독일어식으로 차라투스트라Zarathustra라고 불리는 이란 북부 지역 출신의 예언자로서 조로아스터교를 세웠다.

25 하지만 조로아스터의 생존 연대는 확정하기 어렵다. 어떤 책에서는 기원전 1000년까지 이르게 보기도 한다. 『케임브리지 고대사』, 4권, 207쪽을 보라.

함으로써 독립을 유지했으며, 이후 이오니아도 잠시 자유를 누렸다.[26]

그리스는 수많은 작은 독립 국가들로 나뉘어 있었고, 각 독립 국가는 농경지로 둘러싸인 도시였다. 문명의 수준은 그리스 세계 어느 지역에 속하느냐에 따라 많이 달랐으며, 그리스 전체 문명의 성취에 기여한 도시는 소수에 불과했다. 나중에 자세히 살펴볼 스파르타는 군사 측면에서 중요했으나 문화 측면에서 주목할 점이 없다. 코린트는 부유하고 번창한 대규모 상업의 중심지였으나 위대한 인물을 배출하지 못했다.

그 밖에 유명한 아르카디아Arcadia[27]처럼 농사만 짓는 촌락 공동체도 있었다. 도시 사람들은 그곳에서 전원생활의 낭만을 떠올렸지만, 실상은 고대의 야만적 공포로 가득했다.

촌락 주민들은 헤르메스Hermes 신과 판Pan 신을 숭배하며 풍요제도 많이 올렸는데, 신상神像을 두어야 할 자리에 사각 기둥만 세워놓는 일이 흔했다. 농민들은 너무 가난해 소를 소유할 수 없었기 때문에 소 대신 염소를 풍작의 상징물로 삼기도 했다. 그들은 식량이 떨어져 곤궁해지면 판 신상을 때려 부쉈다(먼 중국의 어느 마을에서는 아직도 이와 비슷한 일이 벌어진다). 상상의 늑대 인간들로 이루어진 부족도 있었는데, 아마 인간을 제물로 바치고 인육을 먹는 관습도 따랐을 것이다. 제물의 인육을 맛본 자는 누구든 늑대 인간이 된다고 생각했다. 제우스 리카이오스(늑대 제우스)를 모신 동굴 속에 들어갔던 사람은 1년 안에 죽었으며 아무도 흔적을 남기지 않았다고 한다. 이러한 미신은 모두 그리스·로마 시대에 계속 유행했다.[28]

---

26 아테네가 스파르타에 패배한 결과, 페르시아인이 소아시아의 해안을 모두 점령했고, 스파르타와 맺은 안탈키다스 평화조약(기원전 387~386)으로 소아시아에 대한 영유권을 인정받았다. 페르시아는 약 50년 후 알렉산드로스 제국에 합병되었다.

27 * 펠로폰네소스 반도의 중앙에 자리 잡은 고대 그리스의 산악 지대인데, 그리스·로마 시대의 전원시와 르네상스 시대의 문학에서 '낙원'으로 묘사되었다.

28 로즈, 『그리스 초기 문화』, 65쪽 이하.

판Pan은 원래 이름이 '파온Paon'이라고 말하는 사람도 있으나, 목자 혹은 양치기를 의미하다가 나중에 범신凡神, All-God이란 의미로 해석된 유명한 이름을 얻었다. 아테네인들은 페르시아 전쟁 후 기원전 5세기부터 판 신을 숭배했다.[29]

그런데 고대 그리스에는 우리가 이해한 의미로 종교라고 여길 만한 사례가 더 있었다. 올림포스의 신들이 아니라 디오니소스나 바쿠스와 관련된 종교다. 우리는 대부분 디오니소스를 다소 불명예스러운 주신酒神이자 만취의 신이라고 생각하곤 한다.[30] 주신 숭배로부터 후대 여러 철학자에게 지대한 영향을 끼친 심오한 신비주의神秘主義, mysticism가 발생하고, 그리스도교 신학의 형성에도 한몫을 하게 되는 도정은 충분히 주목할 만하다. 그리스 사상의 발전을 연구하는 사람이라면 누구나 이러한 경로를 제대로 파악해야 한다.

디오니소스, 바꿔 말하면 바쿠스는 원래 트라키아족의 신이었다. 그리스인은 문명이 훨씬 뒤떨어진 트라키아인을 야만인으로 여겼다. 초기 농민이 모두 그렇듯 트라키아인도 풍요제를 올렸으며 풍작을 촉진하는 신을 섬겼다. 그들이 섬긴 신의 이름이 바로 바쿠스였다. 바쿠스가 인간과 닮았는지 황소와 닮았는지 분명하게 알려지지 않았다. 트라키아인은 맥주 만드는 법을 발견했을 때 술에 취한 상태를 신성하게 여기고 영예를 바쿠스에게 돌렸다. 나중에 그들이 포도나무를 재배하게 되면서 포도주를 마시는 데 익숙해지자 바쿠스를 더욱 숭배했다. 일반적으로 포도와 포도주가 빚어내는 신성한 광기를 연결한 바쿠스의 기능은 중요해지고, 풍작을 촉진하는 바쿠스의 기능은 다소 부차적인 것으로 여겼다.

---

29 J. E. 해리슨, 『그리스 종교 연구 서설』, 651쪽.

30 * 술의 신을 그리스 신화에서는 디오니소스Dionysos라고 부르고, 로마 신화에서는 바쿠스Bacchus라고 부른다.

바쿠스 숭배 의식이 트라키아Thracia[31]에서 그리스로 넘어간 연대는 분명치 않지만, 역사 시대 직전이었던 듯하다. 바쿠스 숭배 의식은 전통 종교의 적대감에 부딪혔는데도 확고한 종교의 지위를 확보했다. 바쿠스 숭배 의식은 야생 동물을 갈기갈기 찢고 전부 날로 먹는 야만적 요소를 포함했다. 또한 기묘해 보이는 여성주의적 요소도 들어 있었다. 신분이 높은 여자들과 하녀들이 훤히 보이는 언덕에서 무리를 지어 황홀경에 이르려고 밤새껏 춤을 추었는데, 아마 일부는 술에 취했겠지만 주로 신비감에 도취되었을 터다. 남편들은 못마땅했으나, 아무도 종교 행사에 감히 반대하지 못했다. 바쿠스 숭배 의식의 아름다움과 야수성은 에우리피데스의 『바쿠스의 무녀들』에 잘 드러나 있다.

디오니소스 숭배가 그리스에서 성행한 현상은 놀라운 일이 아니다. 문명이 급속히 발전한 여느 사회와 마찬가지로 그리스인, 적어도 특정 부류의 그리스인은 원시성을 갈망하고, 당대의 도덕이 허용하는 수준 이상으로 본능에 충실한 더욱 정열적 삶의 방식을 동경했다. 강압에 의해 감정보다 행동이 훨씬 개화된 남녀에게 합리성合理性, rationality은 지루하기 짝이 없고, 덕德, virtue이란 부담스러운 예속으로 느껴질 따름이다. 그래서 사상과 감정, 행동을 비롯한 모든 면에서 반동이 일어난다. 사상 측면에 나타난 반동이 특별한 관심의 대상이지만, 우선 감정과 행동의 측면에서 일어난 반동에 주목해 보자.

문명인과 야만인을 구별하는 기준은 주로 **사려**prudence인데, 넓은 의미로 **예상**forethought이다. 문명인은 장래의 쾌락을 위해, 설령 장래의 쾌락이 꽤 먼 미래에 주어질지라도 현재의 고통을 기꺼이 참아낸다. 이러한 인내 습관은 농업의 발생과 더불어 중요한 의미를 갖기 시작했다. 동물과 야만인은 다

31 * 발칸반도 남동쪽 지역.

「바쿠스와 아리아드네의 만남」, 베첼리오 티치아노, 1522~1523

가올 겨울의 식량을 모으기 위해 봄에 일하지 않으며, 벌이 꿀을 만든다거나 다람쥐가 호두를 땅에 묻는 따위로 드물게 나타나는 행동도 순전히 본능에 따른 행동일 뿐이다. 이러한 행동은 문명인에게 나타나는 예상의 결과가 아니라 직접적 충동이 행동으로 드러난 결과이며, 나중에 이를 관찰한 인간이 유용하다고 설명한 데 지나지 않는다. 진정한 의미의 예상은 충동과 아무 상관없이 이성이 장래의 어느 날 이익을 가져다준다고 생각하기 때문에 행동하는 경우에만 일어난다. 사냥은 현재의 쾌락을 즐기려는 것이므로 예상할 필요가 없다. 그러나 경작은 노동이며 자연적 충동에 따라서는 경작을 할 수 없다.

문명사회는 자기 관리에 의한 견제 수단인 사려나 예상뿐만 아니라 법과 관습, 종교를 통해 충동을 억제한다. 이로써 문명사회는 야만 상태에서 물려받은 충동을 억제하고 본능이 점점 덜 드러나게 하면서 더욱 체계적으로 관리한다. 어떤 행동은 범죄로 분류해 처벌하고, 법에 의해 처벌할 수 없는 다른 행동은 사악한 행위로 분류해 사회의 승인을 받을 수 없도록 처리한다. 사유재산 제도는 여성을 예속시키며, 노예 계급을 만들어 낸다. 한편으로 사회의 공동 목적이 개인에게 강요되고, 다른 한편으로 자신의 인생을 전체 사회의 관점에서 바라보는 습관을 몸에 익힌 개인이 점점 자신의 미래를 위해 현재를 희생하는 현상이 나타난다.

이러한 과정은 수전노의 경우처럼 지나치게 멀리까지 나아가기도 한다. 극단에 치우치지 않더라도 사려하면 인생에서 맛보아야 할 아주 좋은 것 가운데 일부를 쉽게 잃어버릴지도 모른다. 디오니소스 숭배자는 사려에 맞선 반동 세력으로 등장한다. 그는 육체와 정신이 도취 상태에 들어가 사려 탓으로 훼손된 강렬한 감정을 회복한다. 그가 기쁨과 아름다움으로 가득한 세계를 알아보자마자, 상상력은 일상의 걱정이나 근심이라는 감옥에서 갑자기 해방되면서 자유로워진다. 바쿠스 종교 의식은 '종교적 열광enthusiasm'을 불러일으키는데, 어원을 따져 보면 신이 숭배하는 사람 속으로 들어온다는 의미다. 이를 통해서 신의 숭배자는 자신이 신과 하나가 되었다고 믿게 된다. 인간이 성취한 가장 위대한 업적에는 도취intoxication[32]의 요소, 바로 사려를 단번에 날려버리는 정념passion[33]의 요소가 어느 정도 들어 있다. 바쿠스 신과 관련된 요소가 없다면 인생에는 아무 재미도 없겠지만, 바쿠스의 요소가 들어오면서 우리의 인생은 위험에 빠지기도 한다. 사려와 정념의 대립이 빚어낸 갈등의 역사는 면면히 이어져 내려왔는데, 우리가 완전히 어느 한편에 서기를 강요하는 갈등이 아니다.

과장하지 않고 있는 그대로 보면, 사상의 영역에서 문명이란 대체로 과학과 동의어다. 그러나 순수 과학만으로 문명을 충분하게 설명할 수 없는데, 인간에게는 정념이나 열정에서 비롯된 예술과 종교도 필요하기 때문이다. 과학은 지식에 한계를 그을 수도 있지만 상상력에 한계를 그어서는 안 된다. 고대 그리스에는 후대와 마찬가지로 근본적으로 과학적 성향을 드러낸 철학자와 근본적으로 종교적 성향을 드러낸 철학자가 있었다. 종교적 성향이 강한 철학자는 직접적으로나 간접적으로나 바쿠스 종교 의식의 영향을 더욱 많이 받았다. 이러한 종교적 성향은 특히 플라톤에게도 적용되는데, 플라톤을 거치면서 이후 바쿠스를 숭배하는 종교가 발전할 뿐만 아니라 최종적으로 그리스도교 신학 속에서 구체적인 모습을 드러낸다.

디오니소스 숭배의 원형에는 야만적 요소가 스며들어 여러 면에서 혐오감을 불러일으켰다. 철학자들에게 영향을 준 디오니소스 숭배는 원래 형태가 아니라 오르페우스Orpheus의 영향으로 걸러져 정신적으로 변모한 형태였다. 정신적 디오니소스 숭배는 금욕적 성향을 띠며 육체적 도취를 정신적

---

32 술에 취한 도취가 아니라 정신의 도취 상태를 의미한다.

33 * 'passion'은 문맥에 따라 '정념'이나 '열정'으로 번역했다. 정념은 온갖 감정과 욕구, 욕망을 아우르는 말로 쓴다. '열정'은 어떤 순간에 특정한 정념에 몰입할 때 쓴다.

도취로 대체하는 특징이 있다.

오르페우스는 실존 여부가 분명치 않지만 매우 흥미로운 인물이다. 어떤 이는 그가 실제로 존재했던 인간이라고 주장하고, 어떤 이는 그가 신이거나 상상으로 만들어진 영웅이라고 주장하기도 했다. 전통에 따르면 오르페우스는 바쿠스와 마찬가지로 트라키아에서 전해졌다고 하지만, 오르페우스나 그의 이름과 결합된 운동은 크레타에서 생겨났을 개연성이 높아 보인다. 오르페우스교의 교리 가운데 이집트에서 처음 생겨난 교리가 많다는 사실만은 확실하다. 이집트는 주로 크레타를 경유하여 그리스에 영향을 주었다. 오르페우스는 종교개혁가로 바쿠스의 정통 신앙에 경도된 무녀들이 광란 상태에서 그를 찢어 죽였다는 전설이 전해진다. 그가 음악에 열중했다는 사실은 초기 전설 속에서 두드러지지 않았으나 나중에 중요한 사실로 부각되었다. 우선 그는 종교개혁가 이전에 사제이자 철학자였다.

오르페우스가 (실제로 존재했을 경우) 무엇을 가르쳤든, 오르페우스교도가 따른 교리는 잘 알려져 있다. 그들은 영혼이 윤회한다고 믿었으며, 영혼은 여기 지상의 생활 방식에 따라 내세에서 영원한 축복을 받기도 하고, 영원하거나 일시적 고통을 당하기도 한다고 가르쳤다. 그들은 '순수'를 목표로 삼았고, 일부는 정화 의식을 통해, 일부는 특정한 종류의 더러운 것을 피함으로써 깨끗해지려 했다. 정통 신자들은 성스러운 의식의 일부로서 고기를 먹는 경우를 제외하면 육식을 피했다. 그들의 주장에 따르면 인간은 지상에 속하기도 하고 천상에 속하기도 하는 존재다. 그래서 순수한 생활을 통해 정화를 거듭하면 천상의 요소가 증가하고 지상의 요소는 감소한다. 마침내 바쿠스와 일체가 된 사람을 가리켜 '바쿠스와 같은 사람a Bacchus'이라고 부른다. 정교하게 다듬어진 오르페우스교의 신학에 따르면 바쿠스는 두 번 태어났는데, 한 번은 어머니 세멜레에게서 태어나고 또 한 번은 아버지 제우스의 넓적다리에서 태어났다.

디오니소스 신화에는 여러 종류가 있다. 한 신화에 따르면 디오니소스는 제우스와 페르세포네의 아들로 등장하는데, 아직 소년이었을 때 티탄들 Titans[34]에게 찢겨 죽음을 당한 후 모조리 먹혀 버리고 심장만 남았다. 어떤 이는 제우스가 디오니소스의 심장을 세멜레에게 주었다고 하고, 어떤 이는 제우스가 심장을 삼켰다고 전하기도 한다. 어느 쪽이든 디오니소스의 두 번째 탄생을 설명해 주는 근원이다. 바쿠스 무녀들이 들짐승을 찢어 죽이고 날고기를 먹는 의식은 티탄들이 디오니소스를 찢어 죽이고 먹은 일을 재현한 셈이다. 또 의식에 바친 짐승은 어떤 의미로 보면 신의 화신이다. 티탄들은 땅에서 태어났으나, 신의 육신을 먹고 나서 신성의 기미를 갖게 되었다. 그래서 인간은 땅에 속하기도 하고 신에 속하기도 하는 존재다. 바쿠스 전례는 인간을 더욱 완벽하게 만들어 신성에 가까워지게 했다.

에우리피데스는 오르페우스 사제의 입을 빌려 교훈이 될 만한 다음과 같은 고백을 시로 지었다.[35]

에우로파의 티레 혈통을 이은 군주,
제우스의 소생인 그대,
발아래 크레타의 수십 수백 성城을 다스리고,
나 그대를 어두운 제단에서 찾는다네.

산사나무와 조각된 들보,

---

34 * 그리스 신화에서 하늘의 신 우라노스와 땅의 신 가이아 사이에서 태어난 자식들로, 올림포스 신들의 기원이 되는 거대한 존재들로 그려졌다. 이후 '티탄'은 거대한 것, 거인을 뜻하는 말로 사용되고 있다. 헤시오도스의 『신들의 계보』에 따르면 원래 열두 티탄들이 있었는데, 이들이 가이아의 부추김을 받아 우라노스에게 반란을 일으켰고, 우라노스를 몰아낸 다음 크로노스를 지도자로 세웠다. 그러나 크로노스의 아들 가운데 제우스가 다시 자신의 아버지에 대항하여 반란을 일으켰고, 티탄들은 대부분 크로노스 편에 가담했다. 제우스와 형제자매들은 10년 동안 격렬한 전투를 벌인 끝에 티탄족을 물리쳤다.

35 이 장에 인용한 시는 길버트 머리 교수가 번역한 것이다.

칼리브의 강철과 들소의 피로 지붕을 삼고,
삼나무 목재의 빈틈없는 이음매로 튼튼하게 만든
어둠침침한 제단에 순수한 강이 있다네.

나의 나날이 흘러갔네.
종이 된 내가 이다산의 조브[36]의 비법을 전수하고,
깊은 밤 자그레우스[37]가 배회하는 곳에서 서성이며,
나는 그의 우레와 같은 울부짖음을 참아냈다네.

그의 붉은 피로 물들인 축제를 벌이고
대모신의 산을 불꽃으로 밝히며,
나는 자유로워져 갑옷을 입은 사제들 중
바쿠스와 같은 사람으로 불린다네.

인간의 미천한 태생과 관에 들어갈 육신에서
깨끗한 나로 태어나게 할 새하얀 순수의 예복을 걸치고
생명을 가진 고기라곤 입에 대지 않고 멀리한다네.

무덤 속에서 발견된 오르페우스교의 석판들에는 죽은 사람의 영혼이 다음 세상에서 길을 찾는 방법과 스스로 구원받을 만한 존재임을 증명하기 위해 필요한 지침을 적어 놓았다. 깨져서 온전한 석판은 별로 없지만, 가장 온전한 석판(페텔리아Petelia 석판)에는 이러한 시구가 적혀 있다.

그대는 하데스Hades[38]의 집 왼편에서 샘물을 발견하리라.

---

36 신비의 차원에서는 디오니소스와 동일한 존재였다.
37 디오니소스의 여러 이름 가운데 하나다.

그 옆에 하얀 삼나무가 서 있으니
이 샘물에 가까이 다가서지 마라.
기억의 호숫가에서 또 한 샘을 발견하리라.
차가운 물이 솟아나고,
그 앞을 지키는 파수꾼에게 이렇게 말하라.
나 땅과 별 가득한 하늘의 아이,
나 홀로 하늘의 종족임을 그대도 아니,
보라, 나 목이 말라 죽게 되었는데,
어서 기억의 호수에서 솟아난 차가운 물을 달라.
그러면 파수꾼이 그대에게 신성한 샘물을 마시게 할 터이니,
다음에 그대는 영웅들 가운데 왕이 되리라.

다른 석판에는 이렇게 쓰여 있다. "만세! 고통을 참고 견디어 낸 그대 …… 그대는 인간에서 신이 되었네." 또 다른 석판에는 "행복하고 축복받은 그대는 죽지 않는 신이 되리라"라고 적혀 있다.

죽은 자의 영혼이 마시면 안 되는 샘물은 망각을 일으키는 레테Lethe[39]의 강물이다. 다른 샘물은 므네모시네Mnemosyne[40], 곧 기억의 강물이다. 영혼이 다음 세상에서 구원을 받으려면 망각해서는 안 되며, 반대로 자연의 한계를 넘어선 기억력을 유지해야 한다.

오르페우스교는 금욕적 종파였다. 말하자면 오르페우스교에서 포도주는 후대에 그리스도교의 성사聖事와 마찬가지로 상징이었을 따름이다. 그들이 추구했던 도취는 종교적 열광, 바로 신과 일체가 되는 것이었다. 그들은 평범한 수단으로 얻을 수 없는 신비로운 지식을 이렇게 획득할 수 있다

38 * 그리스 신화에서 죽음과 지하세계를 지배하는 신.
39 * 그리스 신화에 나오는 망각의 강.
40 * 그리스 신화에 나오는 기억의 여신. 뮤즈 신의 어머니.

고 믿었다. 이러한 신비적 요소는 피타고라스를 통해 그리스 철학에 유입되었는데, 오르페우스가 디오니소스교의 종교개혁가였던 것처럼 피타고라스는 오르페우스교의 종교개혁가였다. 오르페우스교의 특징은 피타고라스를 거쳐 플라톤의 철학에 유입되었고, 플라톤을 통해 어느 정도 종교적 색채를 띤 이후 대부분의 철학 속으로 스며들었다.

바쿠스를 숭배하는 종교 의식의 몇 가지 특징은 오르페우스교의 영향권에 속한 전 지역에서 나타났다. 한 가지 특징은 여성주의 색채인데, 여성주의는 피타고라스의 사상 속에 더욱 짙게 나타나며, 플라톤의 철학 속에서 여성들은 정치적 측면에서 남성과 완벽하게 동등한 권리를 가진다. 피타고라스는 "성sex의 측면에서 여자들은 천성적으로 경건과 더욱 가깝다"라고 말한다. 바쿠스교의 특징에 해당하는 다른 요소는 격렬한 감정을 존중하는 태도이며, 그리스 비극은 디오니소스교의 의식에서 생겨났다. 에우리피데스는 특별히 오르페우스교의 중요한 두 신, 바로 디오니소스와 에로스를 공경하며 두 신에게 모든 영광을 돌렸다. 그는 냉정하고 독선적이며 행실이 단정한 인간을 중요하게 다루지 않는데, 비극 속에서 그러한 인물은 미쳐버리거나 아니면 신성모독에 분개한 신들에 의해 비탄에 빠지고 만다.

관습적 전통에 따르면 그리스인들은 감탄할 정도로 침착성을 보여 주었다. 그들은 정념이나 열정을 바깥에서 관조할 수 있어서 열정이 드러낸 아름다움을 알아채면서도 침착하고 올림포스의 신처럼 위엄이 있었다. 이것은 한쪽으로 치우친 견해인데 호메로스, 소포클레스, 아리스토텔레스에게는 맞는 말일 수도 있다. 그러나 직접으로나 간접으로 바쿠스교와 오르페우스교의 영향을 받은 그리스인에게는 결코 해당되지 않는 말이다. 아테네 국교의 가장 신성한 면을 형성한 엘레우시스 신비의식이 거행되던 엘레우시스Eleusis[41]에서 이러한 찬가를 불렀다고 한다.

「오르페우스와 에우리디케」, 니콜라 푸생, 17세기경

그대의 포도주 잔을 높이 흔들고,
그대를 미치게 만드는 환락으로,
엘레우시스의 꽃으로 가득한 골짜기로
그대 바쿠스여 오소서, 찬가를 부르세, 만세!

에우리피데스의 『바쿠스의 무녀들』에서 무녀들의 합창은 침착함과 정반대로 시적 요소와 야만적 요소가 결합된 모습을 보여 준다. 무녀들은 들짐승의 사지를 갈기갈기 찢고 고기를 날로 먹는 기쁨을 축하하며 이렇게 노래한다.

오, 산마루 위에서 즐겁고 기쁘다네.
정력을 다한 제전에서 황홀해져,
성스러운 새끼 사슴의 황갈색 가죽이 착 달라붙을 때
그 밖의 모든 것은 깨끗이 사라진다네.
일순간 솟아나는 붉은 샘의 기쁨,
찢긴 산양의 피로,
들짐승을 맛보는 영광으로
산봉우리가 낮을 맞이하는 곳,
프리지아, 리디아의 산속으로
브로미오스가 길을 안내하는구나.

브로미오스는 디오니소스를 부르는 여러 이름 가운데 하나다. 산허리에서 바쿠스 무녀들이 추는 춤은 격렬한 감정을 발산하기 위한 몸짓만은 아니

41 * 엘레우시스 신비의식이 거행되던 고대 그리스의 도시. 아테네 서쪽 트리아의 비옥한 평원에 있고, 살라미스섬을 마주하고 있다.

었다. 그것은 문명생활의 부담과 보호에서 벗어나 인간 말고도 아름다운 것들이 넘실대는 세계로, 바람과 별의 자유로움 속으로 탈출하려는 춤이었다. 바쿠스의 무녀들은 광란의 정도가 이전보다 더 약해진 분위기로 이렇게 노래한다.

기나긴 춤이여,
어둠을 뚫고서 희미한 별들이 사라질 때까지
나에게 다시 한 번 오려나?
이슬로 목을 축이고 바람결이 머리카락에 스칠까?
우리의 하얀 발이
어두운 사위에 언뜻언뜻 빛날까?
오, 푸른 숲속으로 달아나는 새끼 사슴의 발이여,
홀로 숲속 사랑스러운 곳으로
사냥꾼을 피해 날듯이 뛰어 더는 두려움에 떨지 않고,
함정도 없고 죽음의 압박도 없어진다네.
여전히 멀리서 소리,
사냥개들이 짖는 소리와 공포에 질린 소리와 달음질치는 소리,
오, 거칠게 헐떡이며 맹렬히 재빠르게 달리는 소리,
저 앞 강변, 산골짜기에서 아직도 들려오는 그 소리는
기쁨의 소리인가, 공포의 울부짖음인가, 폭풍처럼 빠른 발걸음 소리인가?
인간이 흐트러지지 못하는 귀하고 쓸쓸한 땅,
아무 소리도 들리지 않는 곳,
그늘진 녹음의 한복판에
숲속 작은 생물들이 숨어서 사는 땅으로
달려가는 발걸음 소리인가!

그리스인들의 '침착성serenity'을 반복해서 말하기 전에 유진 오닐Eugene O'Neill(1888~1953)[42]이 쓴 희곡에서 침착하게 행동하는 필라델피아의 부인들을 상상해 보라.

오르페우스교도는 개혁 이전의 디오니소스 숭배자보다 '침착한' 모습을 보이지 않는다. 오르페우스교도에게 현세의 삶은 고통이고 따분하며 지루할 뿐이다. 우리는 태어나고 죽는 끝없이 반복되는 주기로 돌아가는 수레바퀴 아래 갇혀 산다. 우리의 진정한 삶은 도달하기 어려운 천상에 있지만 우리는 지상에 묶여 있다. 우리는 정화와 포기, 금욕생활을 통해서만 삶의 고단한 수레바퀴에서 벗어나 마침내 신과 일체가 되는 황홀경에 도달할 수 있다. 이것은 인생을 쉽고 즐거운 삶으로 여기는 사람들의 견해가 아니다. 오히려 다음과 같은 흑인 영가와 더 흡사하다.

나 고향으로 돌아가는 날에
신께 나의 모든 고통을 말하려네.

그리스인은 전부는 아니지만 대부분 열정적이고 불행했으며, 지성이 인도한 길과 열정이 인도한 길에 내몰려 자신과 싸우고, 천국을 생각하는 상상력과 지옥을 만들어 내는 고집 센 주장으로 갈등과 분열을 겪었다. 그들에게는 "어떤 일도 너무 지나치지 않게 하라"는 격언이 있었다. 그러나 실생활에서 그들은 순수 사유의 측면에서나, 시나 종교나 도덕적 죄 같은 모든 면에서 지나치게 행동했다. 위대한 업적을 남긴 경우에 한해, 그들은 바로 지성과 열정을 결합함으로써 위대해졌다. 어느 하나만으로는 그들이 변모시켰던 만큼 다가올 모든 시대에 이르도록 세계를 변화시키지 못했으리

42 * 미국 최고의 극작가로 꼽히며 1936년 노벨 문학상을 수상했다. 대표작으로 「느릅나무 아래의 욕망」, 「안나 크리스티」, 「얼음장수 오다」 등이 있다.

라. 그리스 신화에서 보면 원형 신화는 올림포스의 제우스가 아니라 불을 천상에서 훔쳐 내 인간에게 전해 준 대가로 영원한 고통을 받은 프로메테우스다.

그리스인의 전체적 특징을 살펴보자면, 방금 위에서 한 말도 그리스인이 '침착성'을 지녔다는 견해만큼이나 일방적이고 편협하다. 사실 그리스 문화를 지배한 두 가지 경향이 있었다. 하나는 열정을 중시하고 종교에 몰입하며 신비를 표방하고 내세를 믿는 경향이다. 다른 하나는 명랑하고 경험을 중시하며 합리주의를 내세우고 다양한 사실에 대해 지식을 획득하려는 경향이다. 헤로도토스Herodotos(기원전 480년경~420)[43]는 후자의 경향을 대표하는 역사가이며, 초기의 이오니아 자연 철학자들도 후자의 경향을 따랐고, 어느 선까지는 아리스토텔레스도 후자의 경향에 포함된다. 벨로흐Karl Julius Beloch(1854~1929)는 오르페우스교에 대해 묘사한 후 이렇게 말한다(『그리스 역사』, 1권 I, 434쪽).

"그런데 그리스라는 나라는 젊은 혈기로 가득해서 현세의 삶을 부정하고 현실의 삶을 저편 천상으로 옮긴다는 믿음을 거의 대부분 받아들이지 않았다. 따라서 오르페우스교의 교리는 수가 비교적 적은 교단에 국한하여 전해져, 국교에 조금도 영향을 미치지 못했을 뿐만 아니라 신비의식의 축제를 국가의 전례로 삼고 합법적으로 보호한 공동체에서도 영향은 미약했다. 천년 세월이 흐르고 나서야 오르페우스교의 교리는 색다른 신학의 옷을 입고 등장해 그리스 세계에서 승리를 거두었다."

앞에서 인용한 내용은 특히 엘레우시스 신비의식이 거행된 사실을 보면 지나친 주장으로 보이는데, 신비의식에 오르페우스교의 요소가 스며들었

43 * 서양 문화에서 역사학의 아버지로 불리며, 체계적으로 사료를 수집하고 기록했다. 그리스와 페르시아의 전쟁을 기록한 『역사』를 남겼다.

기 때문이다. 넓은 의미로 말하자면 종교적 기질이 두드러진 사람은 오르페우스교를 믿었던 반면, 합리적 성향을 지닌 사람은 혐오하거나 경멸했다. 오르페우스교의 지위를 18세기 말과 19세기 초에 나타난 그리스도교 감리교파의 경우와 비교하는 사람이 있을지도 모른다.

우리는 교육받은 그리스인이 아버지에게서 무엇을 배웠는지 어느 정도 알지만, 어린 시절 어머니에게서 무엇을 배웠는지는 거의 알 수 없다. 이는 당시 어머니들이 남자들이 즐겼던 문명에서 차단된 생활을 했기 때문이다. 전성기에도 교육받은 아테네인은 명백하게 의식하는 정신 작용으로 합리적 성향을 보였을지도 모르지만, 전통에 따라 어린 시절부터 더 원시적인 사고방식과 감정 표현방식을 배웠고, 이것은 압박을 받을 때 언제나 의기양양하게 드러났던 듯하다. 이러한 이유로 그리스인의 사고방식을 단순하게 분석하는 작업은 적절하지 않을 것 같다.

종교, 특히 올림포스와 무관한 종교가 그리스의 사유에 미친 영향은 최근에 이르기까지 충분히 주목받지 못했다. 제인 해리슨Jane Harrison은 발상의 전환을 보여 준 자신의 『그리스 종교 연구 서설*Prolegomena to the Study of Greek Religion*』에서 그리스인의 평범한 일상생활 속에 스며든 원시적 요소와 디오니소스 숭배를 강조했다. 콘퍼드F. M. Cornford는 『종교에서 철학으로*From Religion to Philosophy*』에서 그리스 철학 연구자들이 종교가 철학에 미친 영향을 의식하도록 공을 들였는데, 많은 해석상의 문제로 인해 전부 믿고 수용하기는 어렵다.[44] 또한 인류학 분야에도 같은 문제점이 발견된다. 내가 알고 있는 가장 균형 잡힌 주장은 존 버넷John Burnet의 『초기 그리스 철학*Early Greek Philosophy*』, 특히 「제2장 과학과 종교」에 나타난다. 그의 말을 들어 보자. 과학과 종교의 갈등은 기원전 6세기에 헬라스Hellas 전역에 휘몰아친 종교 부흥

44 다른 한편 콘퍼드가 저술한, 플라톤의 여러 대화편에 대한 주석서들은 충분히 찬사를 받을 만하다.

에서 비롯되었는데, 학문의 무대가 이오니아에서 서방으로 이동하면서 일어났다. 헬라스 대륙의 종교는 이오니아와 전혀 다른 방식으로 발전했다. 특히 호메로스가 거의 언급하지 않지만, 인간과 세계의 관계를 완전히 새롭게 바라볼 길을 열었다. 트라키아인이 대단히 고매한 견해를 믿었다는 평가는 확실히 잘못일 테지만, 황홀경 체험은 그리스인에게 영혼이 자아의 연약한 닮은꼴 이상이며 오직 '육신의 밖에 있을' 때만 본성을 적나라하게 보여 줄 수 있음을 암시했다.

"그리스 종교는 바야흐로 동방 종교가 이미 밟은 전철을 따라 똑같은 단계로 접어드는 듯했다." 그리고 과학의 발흥을 제외하고 무엇이 이러한 흐름을 저지했을지 이해하기 힘든 일이다. 사제 제도가 없었기 때문에 그리스인들이 동방 종교의 전철을 밟지 않고 그리스 종교를 지켰다고들 말한다. 그러나 이는 결과를 원인으로 놓는 오류에 해당한다. 사제 제도는 교리를 만들어 내지 않으며, 일단 만들어진 교리를 보존하는 데 힘쓰기 때문이다. 종교 발달의 초기 단계에는 동방 사람들도 여기서 말하는 의미의 사제 제도를 갖추고 있지 않았다. 그리스 종교는 사제 제도가 없었기 때문이 아니라 과학을 발달시킨 학파들이 존재했기 때문에 동방 종교의 전철을 밟지 않았다.

"어떤 면에서 새롭고 다른 면에서 인류만큼 오래된 신흥 종교는 오르페우스 공동체의 설립과 더불어 발전의 최고 정점에 다다랐다. 우리가 아는 한 이러한 공동체가 탄생한 근원지는 아티카였으며, 엄청난 속도로 퍼져 나가 특히 남부 이탈리아와 시칠리아까지 세력을 확장했다. 오르페우스 공동체는 처음에 모두 디오니소스 숭배를 목적으로 결성된 단체들이었다. 그러나 이러한 공동체는 헬레네스Hellenes[45]에게 새로운 두 가지 특징으로 구별되었다. 오르페우스 공동체는 계시를 종교의 기원으로 보았으며, 인위적으로 조직된 단체였다. 이들의 신학을 담은 운문은 트라키아의 오르페우스가 지은 것으로 생각되었다. 오르페우스는 스스로 하데스Hades[46]로 내려간 믿을 만한 안내자였으며, 육신에서 떠난 영혼이 내세에서 처한 위험을 이겨내도록 했다.”

버넷은 이어 오르페우스 신앙이 같은 시대에 인도를 풍미한 신앙과 매우 비슷하지만, 양자가 교류했거나 접촉한 흔적은 전혀 없다고 주장한다. 다음으로 ‘주신제orgy’라는 낱말의 본뜻을 다루는데, 오르페우스교도는 ‘신비의식’이라는 뜻으로 사용된 주신제가 영혼을 정화시켜 출생의 수레바퀴에서 벗어나게 한다고 믿었다. 오르페우스교도는 올림포스 전례를 거행하는 사제와 달리 우리가 ‘교회’라 불러도 좋을 만한, 인종과 성의 차별 없이 누구나 입회할 수 있는 종교 공동체를 세웠고, 그러한 공동체의 영향으로 철학은 삶의 방식way of life이라는 개념이 생겨났다.

45 * 헬레네스는 고대 그리스인이 자기 민족을 부르던 이름이다. 전설적 영웅 헬렌Hellen에서 유래했는데, 그리스인은 자기들이 모두 헬렌의 자손이라 생각했다.

46 * 그리스 신화에서 지하 세계를 다스리는 저승의 심판자를 가리키며, 여기서는 지하 죽음의 세계를 뜻한다.

2.
밀레토스학파

학생들을 위해 쓴 철학사 책마다 첫 부분에 철학은 "만물이 물로 이루어졌다"고 말한 탈레스와 더불어 시작되었다고 언급한다. 이러한 언급은 철학사 교과과정에서 철학에 대한 존경심을 느끼려 애쓰는 초심자에게 실망만 안겨 준다. 탈레스에게 존경심을 느낄 만한 이유는 충분히 있지만, 현대적 의미에서 보자면 아마도 철학자보다는 오히려 과학자로서 존경해야 할 것이다.

탈레스는 소아시아의 번성한 상업 도시, 밀레토스 출신이었다. 당시 밀레토스를 구성한 인구는 대다수가 노예였고, 자유민들은 부유층과 빈곤층으로 갈라져 격렬한 투쟁을 벌였다. "밀레토스에서 민중이 첫 승리를 거두고 나서 귀족층의 부인과 자녀들을 살해하는 사건이 벌어졌다. 이를 계기로 귀족층이 주도권을 잡은 데 이어 적대자들을 산 채로 화형에 처하면서 불타오른 횃불이 도시의 광장을 훤히 밝혔다."[47] 탈레스가 살았던 당시 소아시아의 도시 상황은 대부분 이와 비슷했다.

밀레토스도 이오니아의 다른 상업 도시와 마찬가지로 기원전 7세기부터

47 로스토프체프, 『고대 세계사』, 1권, 204쪽.

6세기에 이르는 동안 정치·경제적으로 발전했다. 처음에 토지를 소유한 귀족층이 정치권력을 장악했으나 점차 상인 계급에 의한 금권정치로 대체되었다. 이어 참주가 등장하여 상인들을 몰아내고 정권을 잡는데, 참주는 보통 민주파의 지지로 권력을 얻었다. 밀레토스는 니네베가 함락될 때까지(기원전 606) 그리스 해안도시 동쪽에 위치한 리디아 왕국과 우호적 관계를 유지했다. 이로써 리디아는 서방 세계로 관심을 돌릴 여유를 갖게 되었다. 밀레토스는 리디아와 유별난 우호 관계를 유지하며, 특히 기원전 546년 키루스에게 정복당한 리디아의 마지막 왕 크로이소스와 좋은 관계를 과시했다. 이집트와도 긴밀한 관계를 맺었는데, 이집트 왕은 그리스 용병들을 고용하여 권력을 유지했으며 그리스와 무역을 하기 위해 몇몇 도시를 개방하기도 했다. 그리스인이 최초로 이집트에 정착한 곳은 밀레토스의 주둔군이 점령한 요새였지만, 기원전 610~560년에 가장 중요한 정착지는 다프나이였다. 여기에서 예레미야를 비롯한 많은 유대계 망명자들이 네부카르데자 Nebuchadrezzar(기원전 630년경~562)[48]의 압제에서 도망쳐 피난처를 찾아다녔다(예레미야, 43장 5절 이하). 이집트는 틀림없이 그리스인에게 영향을 주었으나, 유대인의 영향은 찾아보기 어렵고 예레미야가 의심하던 이오니아인에 대해 공포감 말고 어떤 느낌을 받았을지 추측할 수 있는 입장도 아니다.

이미 살펴보았듯, 탈레스가 살았던 연대를 추정할 가장 좋은 증거는 천문학자들이 기원전 585년에 일어났다고 말하는 일식을 탈레스가 예측했다는 유명한 사실이다. 변변치 못한 다른 증거도 탈레스가 이 무렵 활동했다는 사실과 일치한다. 일식을 예측했다고 해서 그가 비범한 천재였다는 증거로 삼기는 어렵다. 밀레토스는 리디아와 동맹을 맺은 상태였고 리디아는 바

---

48 * 신바빌로니아, 곧 칼데아 제국의 왕으로 유대를 멸망시키고 유대인을 바빌로니아로 강제 이주시켰다. 우리말 성서 번역본에서는 느부갓네살 2세라고 부른다.

빌로니아와 문화 교류가 활발했는데, 바빌로니아의 천문학자들은 이미 일식이 약 19년 주기로 반복된다는 사실을 발견했다. 그들은 월식을 분명하고 완벽하게 예측하는 데 성공했으나 일식을 예측할 경우에는 일식을 특정한 장소에서는 볼 수 있고 다른 장소에서는 볼 수 없다는 사실로 인해 곤란해졌다. 따라서 그들은 다만 모월 모일에 일식을 주의해서 볼 수 있을지도 모른다는 사실만 알 수 있었고, 아마 탈레스가 알았던 사실도 그 정도였을 터다. 탈레스나 바빌로니아의 천문학자들이 일식에 주기가 생기는 이유를 정확히 알았을 리는 없다.

탈레스는 이집트를 여행한 이후 그리스에 기하학을 전해 주었다고 한다. 이집트인이 알았던 기하학은 주로 경험을 통해 발견한 규칙이므로, 탈레스가 나중에 그리스인이 발견한 연역적 증명에 도달했다고 믿을 어떤 이유도 없다. 그는 육지의 두 관찰 지점에서 바다 위에 떠 있는 배까지 이르는 거리를 계산할 수 있는 방법과 피라미드의 높이를 그림자 길이를 재어 어림하는 방법을 발견했던 듯하다. 이 밖에 탈레스가 기하학의 여러 정리를 발견했다고 전하지만, 틀렸을 공산이 크다.

탈레스는 그리스 일곱 현자 가운데 한 사람으로 유명하며, 일곱 현자는 저마다 지혜를 담은 격언 한마디로 특별한 주목을 받았다. 탈레스는 "만물의 근원은 물이다"라는 격언으로 유명하지만, 이 가정은 오류다.

아리스토텔레스에 따르면, 탈레스는 물이 근본 물질이며 물에서 만물이 형성된다고 생각했다. 탈레스는 땅이 물 위에 떠 있다고도 주장했다. 자석이 철을 움직이기 때문에 자석 안에 영혼이 있으며, 만물에 신들이 깃들여 있다고 말했다고도 전한다.[49]

만물이 물로 이루어져 있다는 진술은 과학적 가설로 간주해야 하며 결코

---

49 버넷은 『초기 그리스 철학』의 51쪽에서 마지막 말에 의문을 제기한다.

어리석은 주장으로 취급해서는 안 된다. 불과 20년 전까지만 해도 만물은 물의 3분의 2를 차지하는 수소로 이루어져 있다는 견해가 통용되었다. 그리스인은 경솔하게 여러 가설을 세웠지만, 밀레토스학파는 적어도 자신들이 세운 가설을 경험에 근거하여 시험할 준비가 되어 있었다. 탈레스에 대해 알려진 것이 거의 없어서 그의 생애와 사상을 만족스럽게 재구성하기 어렵지만, 그를 계승한 밀레토스의 후계자들에 대해서는 훨씬 많이 알려졌다. 그들의 사고방식은 어느 정도 탈레스에게서 이어받았다고 가정해도 아주 틀린 말은 아닐 터다. 탈레스의 과학과 철학은 모두 투박하고 불완전하지만, 사상의 형성과 관찰을 자극하는 역할을 했다.

그에 관해 전해지는 이야기는 많지만, 내가 이미 언급한 몇 가지 말고 더 있다고 생각하지 않는다. 탈레스에 대해 어떤 이야기는 유쾌하지만 우스꽝스러운 면도 있는데, 예컨대 아리스토텔레스가 『정치학*Politika*』(1259a)에서 전하는 이야기는 이렇다. "그는 가난했던 탓에 철학이 쓸모없다는 사실을 스스로 보여 주는 실례라는 핀잔과 비웃음을 샀다. 이야기에 따르면 그는 겨울에 별을 관측하는 기술을 이용해 이듬해 올리브 농사가 대풍작일 것이라고 예측했다. 그래서 얼마 안 되는 돈으로 키오스와 밀레토스의 모든 올리브 압착기의 사용권을 얻기 위한 공탁금을 걸었는데, 아무도 그와 경합을 벌이지 않아서 싼 가격에 사용권을 획득했다. 마침내 추수할 때가 되자 많은 사람들이 한꺼번에 부랴부랴 몰려와 압착기를 빌리려 법석을 떠는 가운데, 그는 원하는 가격에 올리브 압착기를 임대해 준 대가로 엄청난 돈을 벌었다. 따라서 그는 철학자들이 원하기만 하면 쉽게 부를 축적할 수 있음을 보여 주었지만, 정작 철학자들의 야심은 다른 것이다."

밀레토스학파의 둘째 철학자로 꼽는 아낙시만드로스Anaximandros는 탈레스보다 훨씬 더 흥미로운 인물로서 언제 태어나고 죽었는지 정확히 알 수 없으나, 기원전 546년에 64세였다는 사실은 진실에 가깝다고 볼 만한 이유가 있다. 그는 만물이 제일 실체primary substance에서 비롯되지만 그것은 탈레스가 주장한 물이 아니며, 우리가 아는 다른 어떤 실체도 아니라고 주장했다. 그것은 무한하고 영원하며 나이를 먹지도 늙지도 않는 실체로서 "여러 세계를 에워싸고 있다"고 말한다. 아낙시만드로스는 우리가 사는 세상이란 여러 세계 가운데 하나일 뿐이라고 생각했다. 제일 실체는 낯익은 다양한 물질 형태로 변하고 그러한 물질들은 서로 다른 모습으로 바뀐다. 여기서 그는 주목할 만한 중요한 주장을 펼친다.

"사물들이 정해진 대로 다시 한 번 발생한 근원으로 돌아가는 까닭은 사물들이 시간의 순서에 따라 부정의를 서로 상쇄하거나 충족시키기 때문이다."

정의라는 관념은 우주의 차원이든 인간의 차원이든 그리스의 종교와 철학 속에서 일정한 역할을 담당하지만, 현대인으로서 이해하기란 쉬운 일이 아니다. 사실 우리가 현재 사용하는 '정의正義, justice'란 말이 그리스인이 썼던 정의가 지닌 의미를 표현한다고 볼 수 없지만, 선호할 만한 다른 말을 찾기도 어렵다. 아낙시만드로스의 사상을 이렇게 표현할 수 있을 듯하다. 세계의 불, 흙, 물은 당연히 일정한 비율로 존재할 테지만, 신성한 것으로 생각되는 각 요소는 제각기 지배권을 확장하려는 시도를 끊임없이 반복한다. 그런데 각 요소가 영원히 균형을 유지하도록 작용하는 일종의 필연 또는 자연법칙이 있다. 예컨대 불이 있었던 곳에는 재가 남는데, 이것이 바로 흙이다. 영원히 고정된 한계를 넘지 못한다는 정의의 개념은 가장 심오한 그리스인의 신념 가운데 하나였다. 신들도 인간들과 마찬가지로 정의에 복종해야 하지만, 정의에 부여된 최고 권능은 인격적인 것도 최고신도 아니었다.

아낙시만드로스는 제일 실체가 물이나 이미 알려진 다른 어떤 요소일 수 없다는 논증을 펼쳤다. 만일 이미 알려진 요소 가운데 하나가 제일 실체라면, 제일 실체가 다른 요소들을 압도했을 것이다. 아리스토텔레스에 따르면 아낙시만드로스는 이렇게 알려진 요소들이 서로 대립하면서 존재한다고 말했다. 공기는 차고 물은 습하고 불은 뜨겁다. "그러므로 만일 그것들 가운데 어느 하나가 무한했다면, 나머지 요소들은 지금쯤 존재하지 않았을 것이다." 그러므로 제일 실체는 우주 차원의 투쟁 속에서 중립의 자리를 지켜야 한다.

세계들은 영원한 운동 속에서 최초로 발생했으며, 유대교나 그리스도교 신학에서 말하듯 창조되지 않고 진화를 거쳐 생겨났다. 동물의 왕국에서도 진화가 일어났는데, 생물은 습기가 태양의 열기로 증발하듯이 습한 요소에서 발생했다. 인간도 다른 모든 동물과 마찬가지로 어류까지 내려가는 계통에서 진화했지만, 다른 종류의 동물들에서 유래를 찾아야 한다. 왜냐하면 인간의 유아기는 다른 동물과 달리 무척 길어서 처음부터 지금과 같은 모습이었다면 살아남지 못했을 것이기 때문이다. 아낙시만드로스는 과학적 호기심이 왕성한 인물로서 최초의 지도 제작자로 알려졌다. 그는 지구가 원통과 같은 모양이라 주장했으며, 태양이 지구 크기만 하다거나 27배 크다거나 28배 크다는 등 여러 주장을 했다고 전해진다.

어떤 면에서 독창성을 드러내든 아낙시만드로스는 과학적 성향과 합리주의적 성향을 나타내는 철학자다.

아낙시메네스Anaximenes는 밀레토스학파의 3대 철학자 가운데 마지막 철학자로서 아낙시만드로스만큼 흥미로운 인물은 아니었으나 어떤 면에서 중대한 진보를 이룩한다. 언제 태어나고 죽었는지 분명치 않지만 아낙시만드로스의 후대에 속한다는 것과 기원전 494년 이전에 활약한 것은 확실하다. 바로 그해에 페르시아가 이오니아 지역의 반란을 진압하는 과정에서 밀레토스를 멸망시켰다.

그는 제일 실체가 공기라고 말했다. 영혼은 공기이며, 불은 희박해진 공기다. 공기가 처음에 응축되면 물이 되고, 더욱 응축이 일어나면 흙이 되고,

마지막 단계에 이르면 돌이 된다. 그의 이론은 서로 다른 물질들의 차이를 오로지 응축의 정도에 따른 양적 차이로 설명하는 장점이 있다.

그는 지구가 둥근 탁자 모양이고, 공기가 만물을 에워싼다고 생각했다. "공기로 이루어진 우리의 영혼이 우리를 결합시키는 것과 꼭 마찬가지로 숨과 공기가 전 세계를 에워싸고 있다." 세계가 숨을 쉬고 있다고 여긴 듯하다.

아낙시메네스는 고대에 아낙시만드로스보다 더한 감탄과 찬양을 받았으나 현대에 이르러 거의 정반대로 평가된다. 그는 피타고라스와 이후의 사색에 영향을 준 중요한 인물이었다. 피타고라스학파는 지구가 구형이라는 사실을 발견한 반면, 원자론자들은 지구가 원반형이라는 아낙시메네스의 견해를 고집했다.

밀레토스학파는 성취한 업적이 아니라 철학적 시도로 인해 중요한 자리를 차지한다. 이 학파는 그리스 정신이 바빌로니아와 이집트의 문화를 만나 빚어낸 성과였다. 밀레토스는 부유한 상업 도시로서 여러 나라와 교류하면서 원시적 편견이나 미신의 영향이 약해졌다. 이오니아는 기원전 5세기 초에 다리우스 대왕에게 정복당할 때까지 문화 측면에서 보자면 그리스 세계에서 가장 중요한 위치를 차지했다.

이오니아는 디오니소스나 오르페우스와 연관된 종교 운동의 영향을 거의 받지 않았으며, 이오니아의 종교는 올림포스교였지만 진지하게 받아들이지 않은 듯하다. 탈레스, 아낙시만드로스, 아낙시메네스의 사변적 이론은 과학적 가설로 보아야 하는데, 의인화하려는 갈망이나 도덕관념을 부당하게 끌어들인 부분을 좀처럼 찾아볼 수 없다. 그들이 제기한 문제는 대부분 충분히 제기할 만한 질문이었으며, 정력이 넘치는 활기찬 문제 제기는 후대의 탐구자들에게 영감을 불러일으켰다.

그리스 철학의 다음 단계는 남부 이탈리아에 위치한 그리스의 여러 도시와 관련이 있는데, 종교적 색채를 더 많이 드러내며 특히 오르페우스교의 영향이 더욱 짙게 나타난다. 이러한 경향은 어떤 면에서는 흥미를 더욱 자아내고 감탄할 만한 업적을 이룩했으나 과학 정신의 측면에서는 밀레토스 학파보다 뒤처진다.

3.
피타고라스

이 장에서는 피타고라스Pythagoras(기원전 580~500)가 고대와 현대에 미친 영향을 주제로 다루려 한다. 피타고라스는 현명했을 때나 현명하지 않았을 때나 둘 다 지적 측면에서 지금까지 살았던 중요한 인물 가운데 하나다. 증명 방법으로서 연역 논증을 뜻하는 수학은 피타고라스와 더불어 시작되며, 색다른 형태의 신비주의 사상 역시 그와 밀접한 관계가 있다. 수학이 철학에 미친 영향의 일부는 피타고라스에서 기인하며, 이후 심오하지만 유감스러운 방향으로 전개되었다.

거의 알려지지 않은 피타고라스의 생애부터 시작해 보자. 그는 사모스섬 출신으로 기원전 532년경에 활약했다. 어떤 이는 그가 므네사르코스라는 재산가이자 시민의 아들이었다고 말하고, 다른 이는 아폴로 신의 아들이었다고도 한다. 어느 쪽을 선택하느냐는 독자에게 맡긴다. 그가 살았던 당시의 사모스는 폴리크라테스라는 참주가 지배했는데, 어마어마한 부와 대규모 해군력을 거머쥔 늙고 사악한 자였다.

사모스는 상업에서 밀레토스의 경쟁 상대였다. 사모스의 상인들은 광산으로 유명한 스페인의 타르테수스까지 진출했다. 폴리크라테스는 기원전 535년 무렵 사모스의 참주가 되어 515년까지 군림했다. 폴리크라테스는 도덕적 측면에서 양심의 가책으로 주저하거나 괴로워하지 않는 성격이었다. 처음 참주정치를 할 때 자신을 도와준 두 형제를 제거했으며 해군력은 대부분 해적질에 활용하는 지경에 이르렀고, 밀레토스가 페르시아에게 항복하자 이득을 챙겼다. 그는 서방 세계로 뻗어가는 페르시아인의 영토 확장을 막으려 이집트의 왕 아모세와 동맹을 맺었다. 그러나 페르시아의 왕 캄비세스가 전력을 다해 이집트를 정복하려 했을 때, 폴리크라테스는 캄비세스가 승리를 거두리라 예상하고 캄비세스 편을 들었다. 폴리크라테스는 이집트를 공격하기 위해 자신의 정적들로 구성한 함대를 파견했지만, 선원들이 반란을 일으키고 되레 그를 공격하려 사모스로 뱃머리를 돌렸다. 폴리크라테스는 그들을 물리쳤으나 마침내 탐욕을 채우려는 자신의 배반 행위로 몰락했다. 사르데스의 페르시아 총독은 다리우스 대왕에 맞서 반란을 계획하는 과정에서 도와주면 거액을 지불하겠다는 제안을 폴리크라테스에게 전달했다. 그를 만나러 본토로 들어간 폴리크라테스는 붙잡혀 십자가형을 당했다.

폴리크라테스는 예술의 후원자로서 눈에 띄는 공공사업을 시작했으며 사모스의 미화에 힘썼다. 아나크레온도 그의 궁정 시인이었다. 하지만 피타고라스는 폴리크라테스 정권을 혐오한 나머지 사모스를 떠났다. 이때 피타고라스가 이집트를 방문해 거기서 많은 지혜를 배웠다고 전해지는데, 그럴듯한 말이다. 그랬을지도 모르지만, 피타고라스가 자신의 사상을 최후로 확립한 곳은 분명 남부 이탈리아의 크로톤이었다.

사모스나 밀레토스처럼 남부 이탈리아의 그리스 도시는 대부분 부유했으며 번창했다. 더욱이 페르시아인의 위협에 노출되지도 않았다.[50] 남부 이탈리아의 도시 가운데 가장 큰 두 도시가 바로 시바리스와 크로톤이었다.

---

50 시칠리아의 그리스 도시 국가들은 카르타고인의 위협을 받고 있었지만 이탈리아의 경우 그러한 위협이 임박했다고 느끼지 않았다.

시바리스는 사치와 호화로운 생활로 유명했으며, 디오도로스는 전성기의 인구가 30만 명에 달했다고 하지만 물론 과장된 것이다. 크로톤의 규모도 시바리스와 거의 같았다. 두 도시는 이오니아의 물품을 수입하여 살았는데, 도시 내에서 소비하기도 하고 유럽 서부 해안에서 갈리아와 스페인까지 다시 수출하기도 했다. 이탈리아의 여러 그리스 도시는 서로 격렬한 전투를 벌였다. 피타고라스가 크로톤에 도착했을 때는 바로 그곳이 로크리에게 패배할 무렵이었다. 하지만 그가 도착한 다음에 곧 크로톤이 시바리스를 상대로 벌인 전쟁에서 완벽한 승리를 거두었고, 시바리스는 기원전 510년 멸망했다. 시바리스는 밀레토스와 교역을 통해 밀접한 관계를 유지했으며, 크로톤은 의학으로 유명했다. 크로톤 출신으로서 신망이 두터웠던 데모케데스는 폴리크라테스의 시의侍醫를 거쳐 다리우스의 시의가 되었다.

피타고라스는 크로톤에서 제자들과 공동체를 설립해, 한동안 도시에서 영향력을 행사했다. 그러나 결국 크로톤의 시민들이 그를 적대하게 되자 메타폰티온Metapontion[51]으로 이주해 살다가 세상을 떠났다. 그는 기적을 행하고 마법의 권능을 지닌 신비한 인물로 추앙되었지만, 수학자들로 구성된 학파의 창시자이기도 했다.[52] 여기에서 그에 대한 기억을 둘러싼 두 가지 대립하는 이야기가 전해짐에 따라 어느 쪽 이야기가 진실인지 밝히기 어려운 지경에 이르렀다.

피타고라스는 역사상 가장 흥미롭고 수수께끼 같은 인물이다. 그에 관한 전설은 대부분 사실과 거짓이 복잡하게 뒤얽혀 혼란스러울 뿐만 아니라, 심지어 논쟁의 여지가 거의 없는 사실에 대한 이야기라도 대단히 기이한 심리 현상을 보여 준다. 그를 간단하게 아인슈타인과 에디 여사Mary Baker Eddy

51 * 역시 남부 이탈리아에 위치한 곳.

52 아리스토텔레스는 그에 대해 이렇게 말한다. 피타고라스는 "처음에 수학을 공부했지만, 나중에는 페레키데스가 행한 기적에 몰두하게 되었다."

(1821~1910)[53]를 뒤섞은 복잡한 인물로 묘사해도 좋으리라. 그가 창시한 종교의 주요 교리는 영혼이 윤회한다는 가르침[54]과 콩을 먹는 것은 죄라는 가르침이었다. 그의 종교는 교단이라는 구체적인 모습으로 나타나며, 곳곳에서 도시국가를 통제할 정도의 세력을 형성하고 성자saints가 되는 데 필요한 규칙을 만들어 지켰다. 그러나 갱생하지 못한 자는 콩에 대한 갈망을 이기지 못하고 곧바로 혹은 나중에 몸서리를 치며 교단을 이탈했다.

피타고라스 교단의 일부 규칙은 다음과 같다.

1. 콩을 먹지 마라.
2. 떨어뜨린 물건을 줍지 마라.
3. 흰 수탉을 건드리지 마라.
4. 빵을 쪼개어 나누지 마라.
5. 가로대를 넘지 마라.
6. 쇠붙이로 불을 휘젓지 마라.
7. 한 덩어리 빵을 전부 다 먹지 마라.
8. 꽃 장식을 잡아 뜯지 마라.
9. 액체 측정기quart measure 위에 앉지 마라.
10. 심장을 먹지 마라.
11. 큰길로 다니지 마라.

---

53 * 크리스천 사이언스의 창시자로서, 그리스도교가 상실한 정신적 치료의 법칙을 인간에게 적용하면 효능을 나타낸다고 주장했다.

54 셰익스피어의 『십이야』 중에 이런 대목이 나온다.
광대: 들새에 대해 피타고라스는 뭐라고 말하죠?
말볼리오: 우리 할머니의 영혼이 어쩌면 새에게 깃들어 있을지도 모른다고 하지.
광대: 당신은 피타고라스의 견해를 어떻게 생각하죠?
말볼리오: 나는 영혼을 고귀하게 생각한다네. 그래서 피타고라스의 견해를 인정할 수 없다네.
광대: 안녕히 가시길. 당신을 어둠 속에 계속 남겨 두시고요. 당신의 기지를 인정하느니 차라리 가서 피타고라스의 견해를 받아들이겠네요.

사모스에 있는 피타고라스 조각상

12. 제비가 지붕을 나눠 쓰게 하지 마라.
13. 냄비를 불에서 꺼냈을 때 자국을 재에 남기지 말고 휘저어 없애라.
14. 불빛 옆에서 거울을 보지 마라.
15. 잠자리에서 일어날 때는 침구를 말아서 몸이 있었던 흔적을 없애라.

이러한 계율은 전부 원시적 금기 사항에 속한다.

콘퍼드는 『종교에서 철학으로』에서 자기 의견을 이렇게 전한다. "피타고라스학파는 과학적 경향과 아주 다른 신비적 전통의 주요 흐름을 대표한다." 콘퍼드는 자신이 '논리학의 발견자'라고 명명한 파르메니데스를 "피타고라스주의에서 파생된 지류"로 여기며, "플라톤도 스스로 자기 영감의 주요 원천을 이탈리아 철학 속에서 찾았다"고 말한다. 콘퍼드에 따르면 피타고라스 사상은 오르페우스교의 개혁 운동이고, 오르페우스교는 디오니소스 숭배에 대한 개혁 운동이다. 역사를 관통하여 면면히 흘러온 합리주의와 신비주의의 대립은 처음 그리스인들 사이에 나타났는데, 올림포스 신들과 다른 덜 문명화된 지역에서 숭배한 신들이 대립하는 양상이다. 덜 문명화된 지역의 신들은 인류학자들이 다룬 원시 신앙과 밀접한 관계가 있었다. 이러한 구별이 유효하다면 피타고라스는 신비주의 편에 섰다. 피타고라스의 신비주의는 독특한 종류의 지성적 신비주의intellectual mysticism였다. 그는 자신에게 반쯤 신성한 성격을 부여하며 이렇게 말하기도 했다. "인간들과 신들, 그리고 피타고라스와 비슷한 존재들이 있다." 콘퍼드에 따르면 피타고라스에게서 영감을 받아 형성된 체계는 전부 "내세를 믿는 경향이 짙고, 모든 가치를 눈에 보이지 않는 신과 일체가 되고 조화를 이루는 데 두면서 눈에 보이는 세계를 허상, 환상, 혼탁한 매개물로 비난한다. 이 세계는 천상의 광선이 차단되고 안개와 암흑에 빨려들어 흐려지게 마련이다."

디카이아르코스는 피타고라스가 이렇게 가르쳤다고 전한다. "우선 영혼은 불멸하며 다른 생물로 탈바꿈한다. 더 나아가 존재하는 무엇이든 일정 주기로 순환하는 변화 속에서 다시 태어나므로 새로운 것은 있을 수 없는 법이다. 순환 주기의 변화 속에서 생명을 타고난 존재들은 모두 혈연관계로 맺어진다."[55] 피타고라스도 프란체스코 성인처럼 동물과 교감하며 대화를 나누었다고 전해진다.

피타고라스가 설립한 단체에는 남녀 모두 같은 규정에 따라 동등하게 가입했다. 재산은 공동으로 소유하고 공동생활 방식에 따라 살았다. 과학이나 수학 분야에서 발견한 사실들조차 공동체에 속했으며, 신비적 의미를 부여했고 피타고라스의 죽음 이후에도 그에게서 비롯되었다고 생각했다. 메타폰티온의 히파소스는 이 규정을 어겼기 때문에 불경에 분노한 신의 천벌을 받고 난파당해 파멸에 이르렀다.

그런데 앞서 말한 모든 이야기가 수학과 어떤 관계가 있는가? 수학은 사색적 생활을 찬미하는 윤리적 수단으로서 기능했다. 버넷은 그러한 윤리를 다음과 같이 요약한다.

> 우리는 이 세상에 다니러 온 손님이고 육체는 영혼의 무덤이다. 그렇지만 우리는 현세의 무덤에서 탈출하려 자살을 시도해서는 안 된다. 왜냐하면 우리는 목자인 신의 종복들로서 신의 명령이 없다면 무덤을 떠날 권리도 없기 때문이다. 이 세상에는 세 종류 인간이 있는데, 바로 올림픽 경기에 모인 세 종류의 사람들이다. 가장 낮은 계급은 물건을 사고팔기 위해 모인 사람들이며, 그 위의 계급은 경기 참가자들이다. 가장 높은 계급은 단지 구경하러 온 사람들이다. 그러므로 모든 정화 활동 가운데 최고 단계는 세속에 물들지 않은 공평한 학문이 제공하며, 그런 학문에 헌신하는 자는 가장 효율적으로 자기 자신을 '탄생의 수레바퀴'에서 해방시키는 철학자다.[56]

55 콘퍼드, 『종교에서 철학으로』, 201쪽.

낱말의 의미가 바뀌는 과정을 살펴보면 종종 매우 유익한 교훈을 얻는다. '주신제orgy'라는 낱말은 이미 다루었고, 이제 '이론theory'이란 낱말에 대해 알아보자. 이론이란 낱말은 원래 오르페우스교에서 쓴 말로, 콘퍼드는 '열정과 공감에 휩싸인 관조'로 해석한다. 콘퍼드에 따르면 관조 상태에서 "관조자는 수난을 겪는 신과 동일한 존재로 취급되며, 신의 죽음 속에서 죽음을 체험하고, 신의 새로운 탄생 속에서 다시 태어난다." 피타고라스에게 '열정과 공감에 휩싸인 관조'는 지성적 관조이며 결국 수학적 인식에 해당한다. 이로써 '이론'이라는 말은 피타고라스 사상을 거치면서 점차 현대적 의미를 획득했다. 그러나 피타고라스로부터 영감을 받은 모든 사람들에게 이론이란 낱말이 황홀경 속에 드러난 계시적 요소를 그대로 지녔다. 이는 학교에서 마지못해 수학을 배운 사람들에게는 이상해 보일지도 모른다. 하지만 갑자기 수학적 깨달음에 이르러 황홀한 기쁨을 맛본 사람이나 그러한 기쁨을 사랑하는 사람들이 볼 때, 피타고라스의 견해는 진리가 아니더라도 충분히 자연스러워 보일 터다. 경험만을 믿는 철학자는 자신이 수집한 자료에 매달리는 노예로 전락하기도 하지만, 순수한 수학자는 음악가처럼 질서정연한 미의 세계를 창조하는 자유로운 존재에 가깝다.

피타고라스학파의 윤리에 대한 버넷의 설명에서 현대적 가치와 대립하는 점을 발견하게 되는데 아주 흥미롭다. 현대인은 축구시합에서 단순한 구경꾼보다 선수가 더 근사하고 멋지다고 생각한다. 마찬가지로 현대인은 국가에 대해서도 구경꾼에 불과한 사람보다 시합의 출전자와 같은 정치가들을 더 높이 평가한다. 이러한 가치의 변화는 사회 체제의 변화에 따른 자연스러운 과정이다. 전사, 신사, 금권 정치가, 독재자 계급은 각자의 선과 진리의 기준을 마련한다. 신사 계급the gentleman은 오랜 기간에 걸쳐 철학 이론을

56 베넷, 『초기 그리스 철학』, 108쪽.

세우는 데 관여했다. 이것은 신사 계급이 그리스의 천재들과 교제하며 관조의 덕이 신학적 승인을 받았을 뿐만 아니라 사심 없는 공평한 진리의 이상이 학구적 삶을 고귀한 차원으로 격상시켰기 때문이다. 신사 계급은 노예노동에 의존하거나 적어도 의문의 여지없이 열등하다고 판단되는 자들의 노동에 의존하여 살아가는 동등한 권리를 소유한 사회의 일원으로 정의되어야 한다. 이러한 정의에 따라 성자나 현자들은 활동적 삶보다 관조적 삶을 사는 한에서 귀족에 포함된다는 점도 주목해야 한다.

실용주의나 도구주의처럼 관조보다 실천을 중시하는 현대적 진리의 정의는 귀족주의와 대립하는 산업주의의 영향으로 생겨난다.

노예제를 묵인한 사회 체제를 어떻게 생각하든 순수 수학의 출현은 위에서 말한 의미의 신사들 덕분에 가능했다. 관조적 삶의 이상은 순수 수학의 창조를 이끌었기 때문에 유익한 활동의 근원으로 작용했다. 이것이 관조의 특권을 더욱 부각시켰으며 신학, 윤리학, 철학 분야에서 관조적 삶의 이상이 성공을 거두었다. 그렇지 않았다면 관조적 삶의 이상은 아무 성과도 거두지 못했을지도 모른다.

지금까지 피타고라스의 두 측면, 종교 예언가와 순수 수학자의 면모를 살펴보았다. 피타고라스는 종교 예언가와 순수 수학자로서 영향을 크게 미쳤는데, 두 측면은 현대인이 생각하는 것과 달리 분리되지 않는다.

과학은 대부분 초기에 일종의 그릇된 신념과 결부되어, 허구적 가치를 부여하기 일쑤였다. 천문학은 점성술과 뒤섞였고, 화학은 연금술과 뒤얽혔다. 수학은 좀 더 세련된 오류 유형과 결합했다. 수학적 지식은 확실하고 정확하며 현실 세계real world에 적용될 수 있는 것처럼 보였다. 더욱이 수학적 지식은 관찰할 필요 없이 단지 사고를 통해 획득되었다. 따라서 수학적 지식이 일상의 경험적 지식에 결여된 이상적 지식을 제공한다는 사고가 출현했다. 또한 수학에 근거하여 사유가 감각보다 우월하고 직관이 관찰보다 우월하다고 가정했다. 만일 감각 세계가 수학에 적합하지 않으면, 감각 세계는 그만큼 더 나쁜 세계가 된다. 갖가지 방식으로 수학자의 이상에 더 가까워지려는 방법을 찾으려 했으며, 그 결과로 생겨난 제안들은 형이상학과 인식론 분야에서 빚어진 수많은 오류의 근원이었다. 이러한 부류의 철학은 피타고라스와 더불어 시작된다.

누구나 알듯이 피타고라스는 "만물은 수다"라고 말했다. 이 진술은 현대적 관점에서 해석하면 논리적으로 무의미하지만, 그가 정확히 무엇을 말한 것인지 알아보면 무의미하지 않다. 그는 음악에서 수가 차지하는 중요한 역할을 발견했으며, 음악과 수학 사이에 확립된 관계는 수학의 전문 용어인 '조화평균harmonic mean'이나 '조화수열harmonic progression'로 살아남아 사용된다. 그는 수를 주사위나 놀이 카드에 나타나는 모양으로 생각했다. 우리는 지금도 수의 입방이나 평방이라는 말을 사용하는데, 이것은 피타고라스에서 유래한 용어다. 그는 직사각형 수, 삼각형 수, 피라미드 수 같은 용어도 사용했는데, 해당되는 모양을 만들기 위해 필요한 자갈의 수(또는 더 자연스럽게 말한다면 어림수)로 표시되었다. 그는 세계가 원자들로 구성되며, 물체는 갖가지 모양으로 배열된 원자들로 이루어진 분자들에 의해 형성된다고 생각했던 듯하다. 그는 이렇게 수학을 물리학뿐만 아니라 미학에서도 필요한 기초 연구 분야로 만들기를 바랐다.

피타고라스와 직계 제자들의 가장 위대한 발견은 직각삼각형에 관한 정리, 바로 직각에 닿는 두 변의 제곱의 합은 나머지 변에 해당하는 빗변의 제곱과 같다는 진리다. 이집트인은 삼각형의 세 변이 3, 4, 5가 되면 직각을 이루게 된다는 사실을 알았다. 그러나 분명한 사실은 그리스인이 최초로 $3^2+4^2=5^2$임을 알아냈으며, 이 제안의 영향을 받아 앞에서 말한 직각삼각형에 관한 일반 정리의 증명방식을 발견했다는 점이다.

피타고라스에게는 불행하게도, 그의 정리는 곧 약분할 수 없는 수, 다시 말해 무리수의 발견으로 이어졌으며, 그것은 피타고라스의 철학 전체를 반증하는 것처럼 보였다. 직각이등변삼각형에서 빗변의 제곱은 직각을 이룬 두 변의 제곱과 같다. 직각을 이룬 각 변의 길이를 1인치라고 가정해 보자. 그때 빗변의 길이는 얼마가 될까? 빗변의 길이를 m/n인치라고 가정해 보자. 그러면 $m^2/n^2=2$이다. 만일 m과 n이 공약수를 가져서 나누어지면, m이나 n 가운데 하나는 반드시 홀수다. 이제 $m^2=2n^2$이므로 m^2은 짝수이고, 그러므로 m은 짝수다. 따라서 n이 홀수다. $m=2p$라고 가정하자. 그러면 $4p^2=2n^2$이므로 $n^2=2p^2$이다. 따라서 n은 짝수인데, 이것은 애초의 가정과 반대다. 그러므로 어떤 분수 m/n도 빗변의 길이를 재지 못할 것이다. 위의 증명은 실제로 에우클레이데스(유클리드)의 『기하학원론*Stoicheia*』 10권에 나와 있는 증명과 동일하다.[57]

이러한 논증은 우리가 길이의 단위를 무엇으로 취하든 그 단위와 정확한 수식 관계를 맺지 않는 길이가 존재한다는 사실을 입증했다. 그러니까 m에 해당 길이를 곱한 수가 n에 그 단위를 곱한 수가 되는 수식 관계가 성립하는 두 정수 m, n이 존재할 수 없다는 말이다. 이 때문에 그리스 수학자들은 기하학이 산수와 독립된 분야로 확립되어야 한다고 확신했다. 플라톤의 대화편 속에 기하학을 독립된 분야로 다루는 작업이 당대에 순조롭게 진행되었음을 입증하는 구절들이 등장한다. 그러한 작업은 에우클레이데스가 완성했다. 에우클레이데스는 『기하학원론』 2권에서 우리가 대수학에 의해 자연스럽게 입증해야 하는 $(a+b)^2=a^2+2ab+b^2$과 같은 많은 정리를 기하학적으로 증명했다. 그는 약분할 수 없는 수에 관한 난제에 부딪혔기 때문에 그러한 과정이 필요하다고 생각했다. 이와 같은 증명은 5권과 6권의 비례를 다

57 그러나 이 증명을 에우클레이데스가 발견한 것은 아니다. 히스의 『그리스 수학』을 참고하라. 위의 증명은 플라톤이 알아냈을 공산이 크다.

유클리드 조각, 니노 파사노, 1891

룬 부분에서도 응용한다. 전체 체계는 논리적으로 볼 때 매혹적인 면이 있어 19세기 수학자들의 엄격성을 예견할 수 있다. 약분할 수 없는 수에 적합한 산수 이론이 존재하지 않는 한, 에우클레이데스의 방법은 기하학에서 가능한 최선의 방법이었다. 데카르트는 좌표 기하학을 도입하여 다시 산수를 최상의 지위로 올려놓으면서, 당대에 해결책을 발견하지 못했지만 약분할 수 없는 수의 문제를 해결하는 일이 가능하다고 가정했다.

기하학이 철학과 과학의 방법에 미친 영향은 엄청났다. 그리스인들이 체계를 세운 기하학은 자명하거나 자명하다고 생각되는 공리로부터 시작해 연역추론을 통해 자명한 것과 거리가 먼 정리에 도달한다. 공리와 정리는 우리가 경험하는 실제 공간actual space에 들어맞는다고 생각된다. 이렇게 하여 먼저 자명한 공리를 알아낸 다음 연역법을 사용해 실제 세계actual world와 관련된 사태를 발견하는 일이 가능해 보였다. 이러한 견해는 플라톤과 칸트를 비롯한 대다수 철학자에게 영향을 미쳤다. 미국독립선언문의 "우리는 이러한 진리를 자명한 것으로 생각한다"는 말은 에우클레이데스의 기하학을 본보기로 삼고 있다.[58] 18세기 자연권 학설은 정치학에서 에우클레이데스식의 공리를 찾으려는 시도다. 뉴턴Isaac Newton(1642~1727)의 『자연철학의 수학적 원리*Philosophiae Naturalis Principia Mathematica*』는 경험할 수 있는 물질을 다룬다고 인정받지만, 형식은 전적으로 에우클레이데스의 방법을 따른다. 정확히 스콜라 철학의 형식에 해당하는 신학도 에우클레이데스 방법에서 표현 방식을 빌려 온다. 개인적 성향의 종교는 황홀경ecstasy에서 도출되고, 신학은 수학에서 도출된다. 그리고 황홀경과 수학은 둘 다 피타고라스에서 근원을 찾아야 한다.

나는 수학이 초감각적 지성계에 대한 믿음뿐만 아니라 영원하고 정확한

---

58 제퍼슨이 '신성하고 부정할 수 없는'이라고 쓴 것을 프랭클린이 '자명한'으로 바꾸었다.

진리에 대한 믿음을 발생시킨 주요 원천이라 생각한다. 기하학은 정확한 원을 다루지만, 감각 가능한 어떤 대상도 정확한 원 모양을 하고 있지 않다. 우리가 아무리 주의를 기울여 컴퍼스로 원을 그리더라도, 빗나가거나 고르지 못한 데가 조금이라도 생기게 마련이다. 이것은 정확한 추리란 오로지 감각 가능한 대상들과 대비되는 이상적 대상들에 적용될 뿐이라는 견해를 암시한다. 더 나아가 사유가 감각보다 더 고상하며, 사유의 대상이 감각·지각의 대상보다 더 현실적이라고 주장한 것은 당연한 결과다. 시간을 영원과 연결한 신비주의 학설도 순수 수학으로 강화되는데, 수 같은 수학적 대상들은 현실적으로 존재하더라도 영원한 존재여서 시간 속에 존재하지 않기 때문이다. 그러한 영원한 대상들은 신이 생각해 낸 것들이라고 말하기도 한다. 신이 기하학자라는 플라톤의 학설과 신이 수학에 빠져 있다는 제임스 진스 경의 믿음은 바로 앞에서 말한 사실에서 유래한다. 종말론적 예언 종교와 대비되는 합리주의 성향의 종교는 피타고라스 이래 특히 플라톤 이후부터 철저하게 수학과 수학적 방법의 지배를 받았다.

피타고라스에서 시작된 수학과 신학의 결합은 그리스와 중세를 거쳐 칸트에 이르는 근대 시기까지 종교철학의 특징을 형성했다. 피타고라스 이전의 오르페우스교는 아시아의 신비 종교와 유사했다. 그러나 플라톤, 성 아우구스티누스, 토마스 아퀴나스, 데카르트, 스피노자와 라이프니츠에서는 종교와 추리, 다시 말해 피타고라스에서 유래한 무시간적 영원한 존재를 향한 도덕적 염원과 논리적 동경이 정교하게 섞여 있다. 이러한 섞임이 피타고라스에서 유래한 유럽의 주지주의 신학과 훨씬 단순한 아시아의 신비주의를 구별하는 근거다. 최근에 이르러서야 피타고라스가 어떤 점에서 잘못을 범했는지 분명하게 지적되었다. 사상의 영역에서 피타고라스만큼 영향력이 큰 사람은 없을 터다. 플라톤 사상처럼 보이던 점이 분석을 거치고 나면 본질상 피타고라스 사상으로 드러난다. 지성에 드러나지만 감각에 드러나지 않는 영원불멸의 세계라는 개념 전체가 피타고라스에서 비롯된다. 피타고라스가 없었다면, 그리스도교도는 그리스도를 말씀으로 생각하지 못했을 테고, 신학자들은 신과 불멸에 대한 논리적 증명을 추구하지 않았을 것이다. 그런데 이러한 모든 내용은 피타고라스의 사상 속에 암시되어 있을 뿐이다. 암시된 내용이 어떻게 명확해지는지는 앞으로 이어질 장에서 드러날 것이다.

4.
헤라클레이토스

요즘 고대 그리스인에게 접근하는 두 가지 상반된 태도가 일반화되었다. 하나는 르네상스부터 최근에 이르기까지 실제로 취하던 보편적 태도로서, 그리스인이 최초로 아주 뛰어난 사상과 예술을 전부 창조했고, 현대인은 감히 꿈조차 꾸지 못할 초인적 천재성을 지녔다면서 미신 숭배에 가까울 정도로 그리스인을 추앙한다. 다른 하나는 과학의 승리와 낙관적 진보 사상에서 영감을 받은 태도로서, 고대인의 권위를 악몽으로 여기면서 이제 고대인이 이룬 공적들을 대부분 잊는 것이 최선이라 주장한다. 나는 두 극단적 견해 가운데 어느 한 쪽을 지지할 생각이 없다. 어느 쪽이든 일부는 옳고 일부는 그르다고 말해야 할 것이다. 세부 사항으로 들어가기 전에 우리가 그리스 사상을 연구함으로써 어떤 지혜를 이끌어 낼 수 있을지 말하고자 한다.

세계의 본성과 구조에 관해 다양한 가설을 세울 수 있다. 형이상학은 다양한 기존 가설을 점차 다듬어 합의를 끌어내고, 경쟁 가설의 지지자가 강력히 제기한 반론에 응수하기 위해 가설을 제각기 명확하고 체계적으로 표현하려 애쓰는 가운데 진보했다. 형이상학적 체계에 따라 우주를 이해하는 일이야말로 상상력을 자극하는 기쁨이며 독단에서 벗어나는 해독제다. 가설들 가운데 증명할 수 있는 것이 전혀 없더라도, 각 가설에서 모순을 없애고, 가설을 알려진 사실들과 일치하도록 만드는 것이 무엇인지 찾아내는 과정 속에서 진정한 지식을 얻을 수도 있다. 근대 철학을 지배한 가설들은 거의 대부분 그리스인이 처음 생각해 냈는데, 추상적 문제를 다루면서 그리스인이 보여 준 풍부한 상상력과 독창성은 아무리 높게 평가해도 지나치지 않다. 내가 그리스인에 관해 말해야 할 내용은 주로 이러한 관점에서 비롯한다. 나는 그리스인을 다양한 이론의 창시자로 생각한다. 그리스인이 만들어 낸 이론은 독자적으로 생명을 유지하고 성장했으며, 처음에는 다소 유치했지만 2000년이 넘는 긴 세월을 지나는 동안 줄곧 살아남아 발전된 이론으로 거듭났다.

사실 그리스인은 추상적 사유에 오래 지속되는 불변적 가치가 들어 있다는 사실을 입증했다. 수학과 연역추리 기술을 발견한 것이다. 특히 기하학은 그리스인의 독창적 발명품인데, 기하학이 없었다면 근대 과학은 성립될 수 없었을 것이다. 그러나 바로 수학과 더불어 그리스 정신의 일방적 측면이 드러난다. 말하자면 자명해 보이는 공리에서 시작하여 연역적으로 추론하지만, 관찰한 것에서 귀납적으로 추론해 나가지 못하는 한계가 있다. 연역적 방법의 사용으로 거둔 놀라운 성과는 고대 세계를 잘못된 길로 이끌었을 뿐만 아니라, 근대 세계를 주도한 사상도 대부분 잘못된 길로 이끌었다. 특수한 사실을 관찰하는 데서 시작해 귀납적으로 일반적 원리에 도달하는 과학적 방법이, 철학자의 정신에서 비롯된 명쾌한 공리에 근거한 연역적 방법을 믿는 그리스적 사고를 대체하는 변화는 서서히 오랜 시간을 두고 일어났다. 다른 이유는 별도로 치더라도, 바로 이러한 이유로 그리스인을 미신적으로 숭배하는 것은 잘못이다. 과학적 방법은 그리스인 가운데 몇 사람이 최초로 암시했으나 그리스인의 기질에 맞지 않는 낯선 방법이었다. 따라서 지난 4세기 동안 일어난 지성사의 발전을 과소평가하면서까지 그리스인에게 영광을 돌리려 한다면 근대적 사유를 이해하기 어렵다.

그리스인이든 다른 누구든 숭배하지 말아야 한다는 사실을 보여 주는 일반적 논증도 있다. 어떤 철학자에 대해 연구하는 올바른 태도는 숭상하지도 경멸하지도 말고 그 철학자의 이론을 믿는 것이 어떤 느낌일지 알 수 있을 때까지 일종의 가설로서 공감을 표현하는 것이다. 그래야만 비판적 태도를 회복할 수 있는데, 이제까지 주장하던 의견을 포기하는 사람의 정신 상태와 흡사하다. 경멸하면 가설로서 공감을 표현할 수 없고, 숭상하면 비판적 태도를 회복하지 못한다. 두 가지 점을 꼭 기억해야 한다. 연구할 만한 가치를 지닌 의견이나 이론을 내놓은 사람은 지성을 어느 정도 갖추었다고 할 수 있지만, 아무도 어떤 주제에 대해 완결된 최종적 진리에 도달할 수는 없다. 어떤 지성인이 우리에게 분명히 불합리해 보이는 견해를 밝힐 때, 우리는 그 사람의 견해를 어떻게든 참이라고 입증하려고 해서는 안 되고, 어떻게 **참인 것처럼 보이게** 되었는지 이해하려고 노력해야 한다. 이렇게 역사적 상상력과 심리적 상상력을 발휘하는 활동은 사고의 폭을 넓혀 주며, 우리의 마음속에 도사린 여러 편견이 다른 정신적 기질의 지배를 받는 시대에 얼마나 어리석어 보일지 깨닫게 한다.

피타고라스와 이번 장에서 관심을 두고 다루는 헤라클레이토스 사이에 중요도는 낮지만 크세노파네스Xenophanes라는 철학자가 살았다. 크세노파네스가 태어나고 죽은 연대는 확실치 않지만, 대체로 크세노파네스가 피타고라스를 언급하고 헤라클레이토스가 크세노파네스를 언급한 사실에 비추어 추정한다. 크세노파네스는 이오니아섬에서 태어났으나, 일생을 거의 남부 이탈리아에서 보냈다. 그는 만물이 흙과 물로 만들어졌다고 믿었으며, 신들에 대해서 단호하고 자유로운 견해를 표현한 사상가였다.

"호메로스와 헤시오도스는 인간들 사이에서 수치와 망신을 주는 도적질, 간통, 서로 속이는 행위를 신들도 행한다고 생각했다. …… 인간들은 신들도 자기들처럼 아버지가 낳은 존재들이며, 자기들과 같은 옷을 입고 목소리와 형체를 가진 존재라고 생각한다. …… 게다가 황소나 말이나 사자가 사람처럼 손이 있어 그림으로 예술 작품을 창작하게 된다면, 말은 말처럼 신의 형상을 그리고 황소는 황소처럼 그릴 것이며, 자신들의 몇 가지 특징을 본떠서 신의 몸을 만들 것이다. …… 에티오피아 흑인은 신을 검은 피부에 넓적코로 만들고, 트라키아인은 파란 눈에 붉은 머리로 만들 것이다." 그는 형상이나 생각이 사람과 다르고, '애써 수고하지 않아도 만물을 정신의 힘으로 움직이고 지배하는' 유일신을 믿었다. 또 피타고라스의 윤회설을 한껏 비웃었다. "한번은 피타고라스가 길을 가다가 학대당하는 개를 보았다고 한다. 그때 그는 '그만, 그만 때리시오! 친구의 영혼일세! 개가 짖는 소리를 듣고 알았다네'라고 말했다." 그는 신학적 문제에 대해 진리를 찾아 확정하는 일은 불가능하다고 생각했다. "신들이나 내가 신들에 대해 말한 모든 내용에 관해, 확실한 진리를 아는 사람은 아무도 없으며 앞으로도 없으리라. 설령 어떤 사람이 아주 우연히 옳은 말을 하게 되더라도, 그 말이 옳은지 알지 못하며 추측할 뿐이다."[59]

크세노파네스는 피타고라스를 비롯한 다른 사상가들의 신비주의 경향에 반대한 합리주의 계열에 속하지만, 독자적 사상가로서 일급 수준에 미치지 못한다.

우리가 이미 살펴보았듯, 피타고라스의 학설은 제자들의 학설들과 뒤엉켜서 피타고라스의 고유한 학설을 풀어내기가 결코 쉽지 않다. 또한 피타고라스는 초기에 속한 인물인 데 반해, 피타고라스학파는 주로 다른 여러 고대 철학자의 세력이 차례로 영향을 미치고 난 다음에야 위세를 떨쳤다. 다른 여러 철학자들 가운데 지금도 영향력이 상당한 첫째 인물이 기원전 500년경에 활약했던 헤라클레이토스Heracleitos(기원전 540년경~480년경)다.

---

59 에드윈 베번, 『스토아학파와 회의주의학파』, 121쪽에서 인용.

그는 에페소스의 귀족 출신 시민이라는 사실을 제외하면 생애에 대해 거의 알려진 것이 없다. 헤라클레이토스는 주로 만물이 유전한다는 학설로 당시 유명인사가 되었는데, 앞으로 보겠지만 만물유전설은 그가 세운 형이상학의 한 측면일 따름이다.

헤라클레이토스는 이오니아섬 출신이었으나, 밀레토스학파의 과학적 전통에 속하지 않았다.[60] 그는 아주 독특한 신비주의자였다. 그는 불을 근본 실체로 생각했으며, 만물은 불 속의 불꽃처럼 다른 존재가 죽음으로써 탄생한다고 말한다. "죽어야 할 자는 불멸하는 자이고, 불멸하는 자는 죽어야 할 자다. 한 존재는 다른 존재가 죽음으로써 살고 다른 존재를 살림으로써 죽으리라." 세계에는 통일성이 있으나, 대립물의 결합으로 형성되는 통일이다. "만물은 일자一者, the one에서 비롯되고, 일자는 만물에서 비롯된다." 그러나 만물은 일자, 곧 신보다 현실성reality의 정도가 낮다.

후대까지 전해진 헤라클레이토스의 저술을 보면, 그는 온화한 사람이 아니었다. 남을 경멸하는 일에 중독되어 있었으며, 민주주의자에 반대되는 인물이었다. 그는 동포에 대해 이렇게 말한다. "성년에 이른 에페소스인은 도시를 풋내기에게 맡기고 목매달아 죽어 마땅하다. 그들은 가장 훌륭한 에페소스인 헤르모도로스를 추방하며, '우리들 가운데 가장 훌륭한 사람은 결코 두지 않으리라. 그런 자가 있다면, 다른 나라 사람들 사이에 있게 내버려 두자'라고 말했다." 그는 단 한 사람을 제외하고 저명한 선대 사상가들을 전부 혹평한다. "호메로스는 선대 사상가의 명단에서 제외해야 하며 호된 비판을 받아 마땅하다." "담론을 펼쳤던 사람들 가운데 지혜란 모든 담론과 별개로 존재한다는 점을 이해한 자는 아무도 없다." "만물에 대해 안다고 해

60 콘퍼드, 『종교에서 철학으로』, 184쪽. 콘퍼드는 이 점을 강조하는데, 나는 옳은 주장이라 생각한다. 헤라클레이토스는 다른 이오니아 자연 철학자들과 비슷한 사상가로 취급되어 오해를 받는다.

서 이치를 깨닫게 되지는 않는다. 아니면 헤시오도스와 피타고라스, 크세노파네스와 헤카타이오스Hekataios[61]도 깨달았을 것이다.” “피타고라스는 …… 스스로 자신을 지혜롭다고 여겼으나, 그저 만물에 대한 지식이요 익살을 부리는 기술에 지나지 않는 주장을 했을 따름이다.” 헤라클레이토스의 신랄한 비난을 모면한 유일한 예외는 테우타모스인데, ‘나머지 인물보다 훨씬 나은 설명을’ 한다고 평한다. 이러한 칭찬의 근거를 찾아보면, 테우타모스는 “인간은 대부분 악하다”고 말했다는 점이다.

인류를 경멸한 헤라클레이토스는 오로지 강제력을 동원해야만 사람들이 자신들의 선을 위해 행동하게 할 수 있다고 생각한다. 그는 이렇게 말한다. “가축들은 매로 쳐서 목초지로 몰아가야 한다.” “당나귀는 금보다 짚이나 먹는 것을 좋아할 것이다.”

예상한 대로 헤라클레이토스는 전쟁을 좋게 여기며 이렇게 말한다. “전쟁은 만물의 아버지요 만물의 제왕으로, 어떤 존재는 신이 되게 하고 어떤 존재는 인간이 되게 하며, 어떤 자는 노예가 되게 하고, 어떤 자는 자유민이 되게 한다.” 이렇게 말하기도 한다. “호메로스가 ‘소망컨대, 신들과 인간들 사이에 벌어진 투쟁이여 사라질진저!’라고 말한 것은 잘못이다. 그는 자신이 우주의 파멸을 기도하고 있었음을 알지 못했다. 호메로스의 기도가 이루어졌더라면 만물도 소멸했을 테니 말이다.” 또 이렇게도 말한다. “전쟁은 만물에 공통된 것이고 투쟁이 정의이며, 만물은 투쟁을 통해 생성하고 소멸한다는 사실을 알아야 한다.”

헤라클레이토스의 윤리는 일종의 거만한 금욕주의로 니체의 윤리와 흡사하다. 그는 영혼이란 불과 물이 혼합된 존재이며, 불은 고귀하고 물은 비천하다고 생각한다. 거의 불로만 이루어진 영혼은 마르고 밝다. “마르고 밝

---

61 * 밀레토스 출신의 그리스 최초의 역사가로, 크세노파네스와 같은 시대 사람이다.

은 영혼은 가장 지혜롭고 가장 선한 영혼이다.” “영혼이 젖으면 쾌락을 느낀다.” “술에 취한 사람은 비틀거리고 어디로 발을 디뎌야 할지도 모르고 자기 영혼을 젖어들게 하면서 풋내기 녀석에게 끌려 다닌다.” “영혼이 물로 변하면 죽게 된다.” “누구나 자신의 가슴에서 솟아나는 욕망에 맞서 싸우기는 어렵다. 그러나 욕망하는 것이 무엇이든 영혼의 대가를 치르게 마련이다.” “사람들이 바라는 바를 모두 얻는 것이 그들에게 좋지만은 않다.” 어떤 이는 헤라클레이토스가 극기로 얻은 힘에 가치를 두고, 사람이 자신의 가장 중요한 야망에 집중하지 못하게 만드는 정념을 경멸한다고 말할지도 모른다.

당대 종교들, 적어도 바쿠스교를 대하는 헤라클레이토스의 태도는 적의로 가득한데, 과학적 합리주의자가 품을 만한 적대감이 아니었다. 그는 자신만의 종교를 믿으면서, 당시 유행하던 신학을 얼마간 자신의 학설에 맞추어 해석하기도 하고, 상당한 조소를 보내며 거부하기도 한다. 콘퍼드에 따르면 헤라클레이토스는 바쿠스 숭배자이고, 플라이더러Otto Pfleiderer (1839~1908)[62]에 따르면 신비의식의 해석자다. 나는 헤라클레이토스와 관련된 단편들에서 이들의 견해를 뒷받침하는 근거를 찾아내지 못했다. 예컨대 그는 “사람들 사이에 퍼진 신비의식은 신성하지 못하다”고 말한다. 이것은 헤라클레이토스가 ‘신성함을 결여하지’ 않으면서도 기존의 종교와 아주 다른 신비의식이 가능하다고 생각했다는 뜻이다. 선동하려고 민중을 지나치게 조롱하지만 않았어도, 그는 종교개혁가가 되었을 법하다.

다음은 현재까지 전해지는 헤라클레이토스의 주장들인데, 당대 신학을 대하던 그의 태도와 관계가 깊다.

델포이 신탁을 지배하는 신은 자신의 의도를 말하지도 숨기지도 않고 징조로

62 독일의 개신교 신학자.

보여 줄 따름이다.

그리고 시빌Sibyl[63]은 화려하게 치장하거나 향료를 쓰지도 않은 채, 미쳐 날뛰는 입으로 음울한 일들을 쉴 새 없이 쏟아내어 목소리가 천년을 넘어 퍼져나가게 하고, 그녀가 모시는 신에게 감사한다.

영혼은 하데스의 냄새를 맡는다.

더욱 위대한 죽음은 더욱 큰 몫을 받는다. (죽음의 고통을 맛본 자들은 신이 된다.)

밤에 떠돌아다니는 자들[64], 마법사, 바쿠스 사제, 그리고 포도주 축제의 무녀들[65], 비전의 전파자들.

사람들 사이에 퍼진 신비의식은 신성하지 못하다.

마치 어떤 사람의 가족과 대화를 나누듯, 사람들은 신이나 영웅이 무엇인지 알지도 못하면서 신상이나 영웅상에 대고 기도한다.

그들은 제의 행렬을 지으며 부끄러운 남근숭배의 찬가를 디오니소스에게 바치는 행위가 아니었더라면, 가장 수치스럽고 풍기를 문란하게 하는 짓을 벌였을 것이다. 그런데 하데스는 그들이 미쳐서 숭배하고 포도주 축제를 벌이는 디오니소스와 같은 신이다.

그들은 부질없이 피로 자신들을 더럽혀 영혼을 정화하려 든다. 이것은 마치 진흙탕 속에 빠진 사람이 진흙탕에다 발을 씻으려는 짓이나 마찬가지다. 그런 짓거리를 보는 사람이라면 누구나 그를 미쳤다고 생각할 것이다.

헤라클레이토스는 만물을 발생시킨 태초원소primordial element가 불이라고 생각했다. 독자들이 기억하겠지만, 탈레스는 만물이 물로 이루어졌다고 생각했으며, 아낙시메네스는 공기를 원시원소primitive element라 생각했고, 헤라

63 아폴로 신을 모시던 무녀.

64 조로아스터교의 사제들을 가리킨다.

65 디오니소스교의 여신도들을 가리킨다.

클레이토스는 오히려 불이 원시원소라 생각했다. 마침내 엠페도클레스는 흙, 공기, 불, 물을 네 가지 원소로 허용함으로써 정치가에게나 어울릴 법한 타협안을 내놓았다. 이를 기점으로 고대 화학은 갑자기 멈추고 쇠퇴의 길을 걸었다. 이슬람교도인 연금술사들이 현자의 돌philosopher's stone, 곧 생명의 영약과 값싼 금속을 금으로 바꾸는 법을 찾아 나설 때까지 화학은 단 한 발짝도 앞으로 나가지 못했다.

헤라클레이토스의 형이상학은 가장 정력적으로 활동한 근대인까지도 만족할 정도로 충분히 역동적이다.

"이 세계는 만물에 대해 똑같으며, 신이든 인간이든 어느 누구도 창조하지 않았다. 하지만 세계는 일찍이 불이었으며 지금도 불이고 앞으로도 언제나 살아 움직이는 불로서 법칙에 따라 타고 꺼지기를 반복한다."

"불이 변형되어 최초로 나타난 존재가 바다이며, 바다의 절반은 땅이고 절반은 회오리바람이다."

이러한 세계에서는 끊임없는 변화를 기대할 수 있는데, 헤라클레이토스는 바로 영원히 계속되는 변화를 믿었다.

그런데 만물이 끊임없는 흐름 속에 있다는 학설보다 훨씬 중시한 학설이 하나 더 있었는데, 대립물의 혼합 학설이다. 헤라클레이토스는 이렇게 말한다. "사람은 다양하게 변하는 존재가 어떻게 자신과 일치하여 조화를 이루는지 알지 못한다. 조화는 활과 리라lyra[66]처럼 대립하는 힘의 긴장을 조율하는 것이다." 투쟁이 중요하다는 그의 신념이 대립물의 조화 이론과 연결되는 까닭은 대립물이 투쟁 속에서 조화를 이루기 위해 운동하는 가운데 결합하기 때문이다. 세계는 통일되지만, 통일은 바로 이질성에서 비롯된다.

---

66 * 고대 그리스의 현악기다. 고대 그리스 전설에 따르면 아폴로 신이 오르페우스에게 첫 번째 리라를 주었으며, 오르페우스의 노래와 연주가 너무 아름다워서 동물뿐 아니라 나무와 바위까지도 춤을 추었다고 한다.

“쌍을 이루는 사물은 온전하면서 온전하지 않고, 함께 모이면서 떨어지며, 조화로우면서 조화되지 않는다.”

그는 이따금 마치 통일성이 이질성보다 더 근본적인 것인 양 말하곤 한다.

“선과 악은 하나다.”

“신에게는 모든 일이 공평하고 선하고 옳지만, 인간이 어떤 일은 그르고 어떤 일은 옳다고 주장한다.”

“오르막길과 내리막길은 똑같은 길이다.”

“신은 낮이자 밤이며, 겨울이자 여름이며, 전쟁이자 평화이며, 배부름이자 굶주림이다. 그런데 불이 향료와 섞일 때 제각기 내는 향기에 따라 여러 이름으로 불리듯, 신은 다양한 모습으로 나타난다.”

그런데도 결합되어야 할 대립물이 없다면 통일도 없을 것이다. “대립물은 우리에게 좋은 것이다.”

이러한 학설은 대립물의 종합으로 나아가는 헤겔 철학의 씨앗을 품고 있다.

아낙시만드로스의 경우처럼 헤라클레이토스의 형이상학은 우주적 정의라는 개념의 지배를 받는데, 우주적 정의에 따라 대립물의 투쟁은 어느 한 쪽의 완전한 승리로 끝나지 않고 언제까지나 계속된다.

“만물은 불과 교환되고 불은 만물과 교환되는데, 상품이 금과 교환되고 금이 상품과 교환되는 것과 같은 이치다.”

“불은 공기가 멸해야 살고 공기는 불이 멸해야 살며, 물은 흙이 멸해야 살고 흙은 물이 멸해야 산다.”

“태양신도 한도를 넘지 않을 것이다. 태양신이 한도를 넘으면, 정의의 여신을 섬기는 시녀, 에리니에스Erinyes[67]가 그를 찾아낼 것이기 때문이다.”

“우리는 전쟁이 만물에 공통된 것이며 투쟁이 정의라는 것을 알아야 한다.”

헤라클레이토스는 '신God'은 '신들gods'과 구별된다고 거듭 주장한다.

"인간이 하는 일은 지혜롭지 못하지만, 신이 하는 일은 지혜롭다. …… 신은 인간을 어른이 아이를 부르듯 아기라고 부른다. …… 가장 아름다운 원숭이가 인간에 비하면 추하기 짝이 없듯, 가장 뛰어난 현자도 신에 비하면 한 마리 원숭이에 지나지 않는다."

신이란 따져볼 것도 없이 우주적 정의의 화신이다.

만물이 유전한다는 학설은 헤라클레이토스가 제시한 가장 유명한 학설로서, 플라톤이 『테아이테토스*Theaetetos*』에서 묘사했듯 헤라클레이토스의 제자들이 매우 강조했다.

"너는 같은 강물에 두 번 발을 담글 수 없다. 늘 새로운 강물이 너에게 흘러들기 때문이다."[68]

"태양은 날마다 새로워진다."

흔히 변화의 보편성에 관한 헤라클레이토스의 신념은 "만물은 유전한다"는 구절로 표현되었다고 생각한다. 그러나 이 구절은 워싱턴이 했다는 "아버지, 저는 거짓말을 할 수 없습니다"라는 말이나 웰링턴이 했다는 "병사들이여, 일어나 저들을 공격하라!"라는 말처럼 헤라클레이토스가 직접 한 말이 아닐 개연성이 높다. 플라톤 이전에 살았던 철학자들이 모두 그렇듯, 헤라클레이토스가 했다는 말도 단지 인용을 통해 알려졌으며, 그것도 플라톤과 아리스토텔레스가 논박의 수단으로 인용한 내용이 대부분이다. 근대의 어떤 철학자가 경쟁자들과 벌인 논쟁을 통해서만 알려졌다면 어떤 일이 벌어졌을지 생각해 볼 때, 소크라테스 이전 철학자들이 얼마나 훌륭하

---

67 * 그리스 신화에서 저주와 복수를 지배하는 세 여신을 가리킨다. 지하 세계에 살면서 죄를 지은 사람들에게 심판을 내린다고 한다.

68 그런데 다음 주장과 비교해 보라. "우리는 같은 강물에 발을 담그면서 발을 담그지 못한다. 우리는 존재하면서 존재하지 않는다."

고 경탄할 만한 인물들인지 짐작할 수 있을 터다. 왜냐하면 그들은 적들이 퍼뜨린 악의에 찬 어두운 과거가 가로막았는데도 여전히 위대해 보이기 때문이다. 그렇더라도 플라톤과 아리스토텔레스는 헤라클레이토스가 "어떤 존재도 항상 똑같지 않고 만물은 생성하며"(플라톤의 평가), "아무것도 고정불변한 상태로 존재하지 않는다"(아리스토텔레스의 평가)고 가르쳤다는 일치된 견해를 보여 준다.

나는 이 학설의 논박에 관심을 더 많이 가졌던 플라톤과 연결하여 고찰하려 한다. 지금은 철학적 관점에서 탐구하지 않고, 시인들이 무엇을 느꼈고 과학자들이 무엇을 가르쳤는지 탐구하겠다.

인간을 철학으로 이끄는 깊은 본능 가운데 하나가 영원한 존재를 추구하는 본능이다. 이러한 본능은 당연히 고향을 그리는 마음이나 위험을 피하려는 욕망에서 비롯된다. 따라서 재앙에 가장 많이 노출된 사람들에게서 영원한 존재를 추구하는 본능이 가장 열정적으로 나타난다. 종교는 신과 영혼불멸이라는 두 형태로 영원을 추구한다. 신에게는 변화 가능성도 변전의 기미도 없으며, 사후 생명 역시 영원하고 변하지 않는다. 19세기의 쾌활한 분위기는 인간이 정지 개념에 반대하도록 만들었다. 이를 배경으로 발전한 현대 자유 신학은 천국도 진보하며, 신의 머리에서 진화가 일어난다는 믿음을 퍼뜨렸다. 그런데 이러한 사상 속에도 영원한 요소, 바로 진보 자체와 진보의 내적 목적이 그대로 들어 있다. 인간은 재앙을 겪고 나면 예전의 초지상적 형상의 세계로 되돌아가려는 희망을 품기 쉽다. 지상의 삶에 절망하게 되면, 평화를 구할 곳은 천국뿐인 셈이다.

시인들은 사랑하는 것들을 모조리 휩쓸어 가는 시간의 힘을 한탄했다.

시간은 젊음을 부추기는 화려한 몸짓을 못박아 고정하고,
미인의 이마를 주름지게 하며,

진귀한 자연의 진실을 먹고 사니,
시간의 낫이 베어버릴 것 말고 아무것도 서 있지 않다.

그들은 늘 그렇듯 자신들의 시는 파괴되지 않을 것이라고 덧붙인다.

그런데도 시간 속에서 나의 시는 희망을 품고 서 있다.
시간의 잔인한 손아귀에서도 너의 가치를 찬미하며.

그런데 이것은 관례로 굳은 문학적 속임수에 지나지 않는다.

철학적 성향이 강한 신비주의자는 시간 속에 있는 것은 무엇이든 덧없음을 부인할 수 없어서, 끝없는 시간을 거친 영속이 아니라 전체 시간 과정 밖에 있는 영원이라는 개념을 발명했다. 몇몇 신학자, 예컨대 윌리엄 잉William Ralph Inge(1860~1954)[69]에 따르면 영원한 생명은 미래의 매순간 줄곧 존재한다는 의미가 아니다. 영원한 생명이란 시간과 전적으로 독립하여 존재하며, 이전도 없고 이후도 없으므로 변화의 가능성이 논리적으로 배제된다. 본Henry Vaughan은 이러한 견해를 시로 표현했다.

나는 어느 날 밤 영원을 보았다.
순결하고 끝없이 이어진 빛의 커다란 고리와 같으니,
빛이 환해지자 모든 것이 잠잠하고,
그 밑에 시간이 둥글게 시hours와 날days과 해years로 구형을 이루며
거대한 그림자처럼 움직였다.
세계와 모든 행렬이 그 시간 속에 던져졌다.

69 * 런던 세인트폴 성당의 주임사제를 역임한 신학자.

가장 유명한 철학 체계 가운데 몇 가지는 이러한 사상을 과장 없는 산문체로 나타내려 했는데, 끈기를 가지고 근거를 찾다 보면 결국 믿게 될 수밖에 없을 것이라고 말한다.

헤라클레이토스는 스스로 만물이 변한다고 생각했지만 **어떤 것**something이 영속한다는 점도 인정했다. 끝없는 지속endless duration과 대립되는 영원eternity이라는 개념은 파르메니데스에서 유래하고 헤라클레이토스에서 발견되지 않는다. 그러나 헤라클레이토스의 철학 중심에 자리 잡은 불은 결코 꺼지지 않는다. 세계는 '일찍이 불이었고, 지금도 불이고 앞으로 언제까지나 살아 움직이는 불'이다. 그런데 불은 계속 변하므로, 불이 영원하다는 말은 실체가 영원하다는 뜻이 아니라 과정이 영원하다는 뜻이다. 물론 이러한 해석을 헤라클레이토스의 견해로 돌려서는 안 될 말이다.

과학은 철학과 마찬가지로 끊임없는 흐름의 학설에서 벗어나기 위해 변하는 현상 가운데서 영구불변하는 기체permanent substratum를 찾아내려 했다. 화학이 이러한 갈망을 충족시키는 것처럼 보였다. 타서 없어지는 듯 보이는 불이 모양만 바뀔 뿐이라는 사실이 밝혀졌다. 그러니까 원소들이 재결합되지만, 연소가 일어나기 전에 존재했던 각 원자는 연소 과정이 끝났을 때도 여전히 존재한다는 말이다. 그래서 원자들은 파괴되지 않고 물리계 안의 모든 변화는 오로지 불변하는 원소들이 재배열됨으로써 일어난다고 가정했다. 이러한 견해는 방사선이 발견됨으로써 원자들도 분해될 수 있음이 밝혀질 때까지 유력한 이론으로 널리 퍼졌다.

물리학자들은 굴하지 않고 전자와 양자라는 더 작은 새로운 단위 물질을 고안했는데, 이것들이 원자를 구성하며 수년간 이전에 원자의 성질이던 파괴 불가능성을 가진다고 가정했다. 불행히도 양자들과 전자들은 결합하고 폭발하며 형태를 바꾸는 새로운 물질이 아니라 빛의 속도로 우주로 퍼져나가는 에너지의 파장wave of energy을 형성하는 것처럼 보였다. 에너지가 불변하는 물질을 대체했다. 그러나 에너지는 물질과 달리 상식적 '사물' 개념을 세련되게 표현한 것이 아니라, 물리적으로 일어나는 과정의 한 단계일 따름이다. 공상에 빠져 에너지를 헤라클레이토스가 말한 불과 동일시하는 사람이 있을지도 모르지만, 에너지는 연소 과정과 동일하기 때문에 연소하는 물질이 아니다. '연소하는 물질'이란 개념은 현대 물리학에서는 사라진 지 오래다.

미시세계에서 거시세계로 넘어가 보면, 천문학이 발전하면서 천체들을 영속하는 사물로 간주하지 않게 되었다. 행성들은 태양에서 나왔고, 태양은 성운에서 나왔으며, 태양은 이미 얼마 동안 존속했고 얼마 동안 더 존속할 것이다. 더 빠를 수도 더 느릴 수도 있겠지만, 아마 약 1조 년 후에 태양이 폭발하면서 모든 행성은 파괴될 것이다. 그래서 적어도 천문학자들은 아마 지구 종말의 날이 더 가까워질 때 자신들이 계산한 대폭발의 시기에 착오가 있음을 알게 될 것이라고 말한다.

헤라클레이토스가 가르친 끝없는 흐름의 학설은 두통거리인데, 이미 보았듯 과학은 이러한 학설을 논박하기 위해 아무것도 할 수 없다. 철학자들이 전력을 다해 이루려는 야망 가운데 하나는 과학이 소멸시킨 듯 보였던 희망을 되살리는 것이었다. 따라서 철학자들은 대단한 끈기로 시간의 제국에 종속되지 않는 어떤 것을 찾아 나섰다. 이러한 탐구는 바로 파르메니데스와 더불어 시작된다.

5.
파르메니데스

그리스인들은 이론이든 실천이든 온건한 입장에 만족하지 않았다. 헤라클레이토스는 **모든 것**이 변한다고 주장했고, 파르메니데스는 **아무것도** 변하지 **않는다**고 맞받아쳤다.

파르메니데스Parmenides(기원전 515년경~445년경)는 이탈리아 남부에 위치한 엘레아 출신으로 기원전 5세기 전반기에 활약했다. 플라톤에 따르면 소크라테스는 젊은 시절(기원전 450년경)에 당시 노인이었던 파르메니데스와 대담을 나누며 많은 것을 배웠다. 두 철학자의 대담이 역사적 사실이든 아니든, 플라톤이 파르메니데스의 영향을 받았다는 엄연한 사실을 추론해도 틀리지 않을 것이다. 남부 이탈리아와 시칠리아 섬 출신의 철학자들은, 전반적으로 과학적 탐구에 몰두하고 회의적 경향을 보인 이오니아 철학자들보다 신비주의와 종교 쪽으로 많이 기울었다. 수학은 피타고라스의 영향 아래 이오니아보다 마그나 그라이키아Magna Graecia[70]에서 더욱 발전했는데, 당시 수학은 신비주의와 뒤엉켜 있었다. 파르메니데스는 피타고라스의 영향을 받았으나, 영향의 정도는 추측할 수 있을 따름이다. 파르메니데스는 형

---

70 * 이탈리아 남부에 있던 고대 그리스의 도시국가들을 총칭하는 말.

이상학적 논증 형식을 고안했기 때문에 역사적으로 중요한 인물로 평가되며, 그의 논증은 후대에 등장한 헤겔을 비롯한 형이상학자들에게서 대부분 발견된다. 파르메니데스가 논리학을 고안했다고 자주 말하곤 하지만, 실제로 논리학에 근거한 형이상학을 고안했을 뿐이다.

파르메니데스의 학설은 운문으로 쓴 「자연에 관하여On Nature」에 나온다. 파르메니데스는 감각이 우리를 속인다고 생각하고, 수많은 감각 가능한 것들이 환상일 뿐이라고 매도했다. 유일하게 참된 존재는 '일자'로서 무한하며 분할할 수 없다. 일자가 헤라클레이토스가 말한 것처럼 대립물의 통일로 이루어지지 않는 까닭은 일자 안에 어떤 대립물도 존재하지 않기 때문이다. 예컨대 '차갑다'는 단지 '뜨겁지 않다'를, '어둡다'는 단지 '밝지 않다'를 의미할 뿐이라 생각했던 듯하다. 파르메니데스는 우리가 신을 생각하듯 '일자'를 표현하지 않는다. 그는 일자를 물질적이고 연장된 존재로 생각한 듯한데, 일자를 구형이라고 말하기 때문이다. 그런데 일자는 전부 모든 곳에 있기 때문에 나뉠 수도 없다.

파르메니데스는 자신의 가르침을 둘로 나누고, 각각 '진리를 따르는 길'과 '의견을 따르는 길'이라고 부른다. 우리는 후자에 관심을 가질 필요는 없다. 진리를 따르는 길에 관해 후세까지 살아남은 핵심 논점에 해당되는 내용은 다음과 같다.

"너는 비존재를 알 수도 없고 발언할 수도 없다. 비존재는 불가능하다. 왜냐하면 사유될 수 있는 것과 존재할 수 있는 것은 같기 때문이다."

"그러면 존재하는 것은 어떻게 미래에 존재하게 될 것인가? 혹은 존재하는 것은 어떻게 존재할 수 있었는가? 만일 존재하게 됐다면, 그것은 존재가 아니다. 또 만일 그것이 미래에 존재하게 될 것이라면, 그것 역시 존재가 아니다. 이렇게 **생성**becoming은 무효가 되며 **소멸**passing away도 성립하지 않는다."

"사유될 수 있는 것과 그러한 사유가 있다는 것은 같다. 왜냐하면 너는 존재하는 어떤 것이 없는 사유를 찾지 못하고, 그것에 대해 발언하지도 못하기 때문이다."[71]

파르메니데스가 펼친 논증의 핵심은 이렇게 정리된다. 너는 생각할 때 어떤 것에 대해 생각한다. 그러니까 네가 어떤 이름을 사용할 때, 그 이름은 어떤 것에 대한 이름일 수밖에 없다. 그러므로 사유와 언어는 그것들 말고 대상들이 꼭 필요하다. 너는 어떤 사물에 대해 이때나 저때나 생각하거나 말할 수 있으므로, 생각되거나 말할 수 있는 것은 무엇이든 모든 시간에 실존해야 한다. 결론적으로 변화는 일어날 수 없다. 왜냐하면 변화는 존재하게 되거나 존재하지 않게 되는 것들에서 일어나기 때문이다.

이것은 사유와 언어에서 시작해 세계 전체로 나아가는 논증이 철학사에 등장한 첫 사례다. 물론 타당한 논증이라고 보기 어렵지만, 진리의 요소를 포함하고 있는지 살펴볼 만한 가치는 있다.

우리는 이렇게 논증을 펼칠 수 있다. 만일 언어가 그냥 무의미한 헛소리가 아니라면, 낱말은 어떤 것을 의미해야 하고, 일반적으로 낱말은 다른 낱말을 의미하는 데 그쳐서는 안 되고, 우리가 그것에 대해 말하든 않든 존재하는 어떤 것을 의미할 수밖에 없다. 예컨대 네가 조지 워싱턴에 대해 말한다고 가정해 보자. 조지 워싱턴이라는 이름을 가진 인물이 역사 속에 존재하지 않았다면 조지 워싱턴이라는 이름은 무의미할 테고(무의미해 보일 테고), 그 이름을 포함한 문장도 무의미할 것이다. 파르메니데스의 주장에 따르면 조지 워싱턴이 과거에 실존했어야 하며, 우리가 그의 이름을 유의미하게 사용하기 때문에 어떤 점에서 지금도 실존해야 한다. 이러한 주장은 분명히 사실이 아닌 듯한데, 어떻게 해야 우리는 그 논증을 잘 피할 수 있을까?

---

71 버넷은 이러한 주를 달았다. "내 생각에 그 의미는 이렇게 해석할 수 있다. …… 현실적으로 존재하는 어떤 것의 이름이 아닌 이름에 상응하는 사유는 있을 수 없다."

예컨대 셰익스피어의 희곡에 등장하는 햄릿이라는 상상의 인물을 예로 들어 "햄릿은 덴마크의 왕자였다"라는 진술을 고찰해 보자. 앞 진술은 어떤 점에서 참이지만 있는 그대로 역사적 사실에 비추어 보면 참이 아니다. 참이라고 할 수 있는 진술은 "셰익스피어는 햄릿이 덴마크의 왕자였다고 말한다" 더 명확하게 표현하면 "셰익스피어는 '햄릿'이라고 불리는 덴마크의 왕자가 있었다고 말한다"라는 것이다. 셰익스피어와 덴마크와 '햄릿'이라는 소리는 모두 다 현실에 존재하지만, '햄릿'이라는 소리는 현실적으로really 이름이 아니다. 왜냐하면 현실적으로 아무도 '햄릿'이라 불리지 않기 때문이다. 만일 네가 "'햄릿'은 상상의 인물에게 붙인 이름이다"라고 말한다면, 엄밀한 의미로 정확한 진술이 아니다. 다시 말해 "'햄릿'이 현실로 존재하는 사람의 이름이라는 것은 상상이다"라는 것이다.

햄릿은 상상의 개체이고, 일각수도 상상으로 만든 종이다. '일각수'란 낱말이 나오는 어떤 문장은 참이고 어떤 문장은 거짓이다. 그러나 어느 문장이든 참인지 거짓인지 직접적으로 말할 수 없다. "일각수는 뿔이 하나 달렸다"라는 진술과 "젖소는 뿔이 두 개 달렸다"라는 두 진술을 고찰해 보자. 둘째 진술을 입증하려면, 젖소를 자세히 보고 뿔이 몇 개인지 확인해야 한다. 그러니까 어떤 책에 젖소는 뿔이 두 개 달렸다고 쓰여 있다고 말하는 것만으로 충분하지 않은 셈이다. 그런데 일각수가 뿔이 하나 달렸다는 증거는 책 속에서만 찾을 수 있으므로, 사실상 이렇게 하면 정확한 진술이 될 수 있겠다. "어떤 책에서는 '일각수'라고 불리는 뿔이 한 개 달린 동물들이 있다고 주장한다." 일각수들에 관한 모든 진술은 현실적으로 '일각수'라는 **낱말**에 관한 진술이며, 이는 햄릿에 관한 모든 진술이 현실적으로 '햄릿'이라는 **낱말**에 관한 진술인 것과 마찬가지다.

그런데 우리는 대부분의 경우 낱말에 대해 말하지 않고 낱말이 의미하는 대상에 대해 말한다. 그래서 우리는 파르메니데스의 논증으로 돌아가게 된다. 그의 논증은 이렇다. 낱말은 유의미하게 사용될 수 있으려면, 아무것도 아닌 것nothing이 아니라 **어떤 것**something을 의미해야 한다. 그러므로 낱말이 의미하는 것은 어떤 의미로 실존하지 않으면 안 된다.

그러면 조지 워싱턴에 대해서는 어떻게 말해야 하는가? 우리가 선택할 대안은 두 개뿐인 듯하다. 하나는 조지 워싱턴이 여전히 실존한다고 말하는 대안이다. 다른 하나는 우리가 '조지 워싱턴'에 들어간 낱말을 사용할 때 현실적으로 그러한 이름을 가진 사람에 대해 말하고 있지 않다는 대안이다. 양자 모두 역설처럼 보이는데, 후자의 역설이 덜 심각하므로 후자의 대안이 어떤 의미로 참이 되는지 보여 주려 한다.

파르메니데스는 낱말이 불변하는 일정한 의미를 가진다고 가정하는데, 이것이 현실적으로 파르메니데스가 펼친 논증의 근거이지만 어떤 이의도 제기하지 않는다. 그러나 사전이나 백과사전에 어떤 낱말에 대해 공식적으로나 사회적으로 승인된 의미가 실려 있더라도, 같은 낱말을 쓰는 두 사람이 마음속에 똑같은 생각을 품지는 않는다.

조지 워싱턴은 스스로 자기 이름과 '나'라는 말을 동의어로 쓸 수 있었다. 그는 자신의 생각과 자기 신체 운동을 지각할 수 있으므로, 다른 누구보다 풍부하고 충실한 의미로 자기 이름을 사용했을 것이다. 조지 워싱턴이 앞에 있을 때 친구들은 그의 신체 움직임을 지각하고 나서 그의 생각을 알아맞힐 수 있었을 것이다. 그들에게 '조지 워싱턴'이라는 이름은 여전히 그들이 경험할 수 있는 어떤 것을 구체적으로 지시했다. 조지 워싱턴이 죽은 다음 친구들은 지각을 기억으로 대체해야 했고, 이는 그들이 조지 워싱턴이라는 이름을 사용할 때 일어나는 심리 과정에 변화를 일으켰다. 조지 워싱턴과 알고 지낸 적이 전혀 없는 우리에게 일어나는 심리 과정과는 더욱 다를 수밖에 없다. 우리는 조지 워싱턴의 초상화를 보고 "아, 저 사람이구나!"라고 혼잣말을 할 수도 있고, '미국의 초대 대통령'을 떠올릴 수도 있다. 만일 우리가 아주 무식하다면, 그는 그저 "'조지 워싱턴'이라고 불리는 사람"에 지나지 않을 수도 있다. '조지 워싱턴'이란 이름이 우리에게 생각나게 한 것이 무엇이든, 우리가 그 사람과 한 번도 알고 지낸 적이 없으므로, 그 사람 자체가 아니라 지금 감각이나 기억이나 사유에 떠오르는 것일 수밖에 없다. 이것이 바로 파르메니데스의 논증이 오류라는 점을 보여 준다.

이렇게 낱말의 의미가 끊임없이 바뀌는 현상은 일반적으로 그러한 의미 변화가 낱말들이 포함된 명제의 참이나 거짓에 아무 차이도 만들어 내지 않는다는 사실 때문에 숨겨졌다. 네가 '조지 워싱턴'이라는 이름이 들어간 참 문장을 어떤 문장이든 하나 안다고 가정하자. 일반적으로 네가 그 자리에 '미국의 초대 대통령the first President of the United States'이라는 구를 대체하더라도 여전히 참일 것이다. 이러한 규칙에도 예외는 있다. 대통령 선거 이전에 어떤 사람이 "나는 조지 워싱턴이 미국의 초대 대통령이 되기를 바라네"라고 말했을 수 있다. 그러나 동일률을 지키려는 별난 열정을 품고 있지 않는 한, 그는 "나는 미국의 초대 대통령이 미국의 초대 대통령이 되기를 바라네"라고 말하려 하지는 않았을 터다. 그런데 이러한 예외들을 배제할 규칙을 세우기는 쉽지 않으며, 나머지 경우들에서는 '조지 워싱턴'의 자리에 그에게만 적용되는 어떤 기술구descriptive phrase든 대체할 수 있을 것이다. 우리는 그러한 기술구를 사용해 조지 워싱턴에 관한 지식을 얻을 수 있다.

파르메니데스는 우리가 흔히 과거라고 여기는 것을 지금 알 수 있기 때문에, 그것은 현실적으로 과거일 수 없는데, 어떤 의미로 지금 실존해야 한다고 주장한다. 이로부터 그는 변화가 존재하지 않는다고 추론한다. 우리가 조지 워싱턴에 관해 말하던 내용을 이 논증에도 알맞게 적용할 수 있다. 어떤 의미로 우리는 과거에 대한 지식을 전혀 갖지 못한다고 말할 수도 있다. 우리가 기억을 떠올릴 때, 상기想起, recollection는 지금 일어나는 일이며 상기되는 사건과 동일하지 않다. 그러나 상기는 과거 사건에 대한 어떤 기술구

a description of the past event를 제공하며, 대부분의 실용적 목적을 위해 기술구와 기술한 과거 사건을 구별하는 것은 불필요하다.

앞의 논증은 언어에서 형이상학적 결론을 도출하는 일이 얼마나 쉬운지, 이러한 종류의 오류 논증을 피하는 유일한 길은 대다수 형이상학자보다 언어에 대한 논리적 연구와 심리적 연구에 더욱 매진하는 것임을 보여 준다.

그렇지만 파르메니데스가 살아 돌아와 내가 주장한 내용을 읽을 수 있다면, 내가 아주 피상적으로 주장한다고 평할 터다. 그는 이렇게 물을 것이다. "당신은 조지 워싱턴에 관한 진술이 과거 어느 때를 지칭하는지 어떻게 압니까? 당신의 설명에 따르면 지금 나타나는 대상들만 직접적으로 지칭할 수 있습니다. 예컨대 당신의 상기도 당신이 상기한다고 생각한 때에 일어나지 않고 바로 지금 일어나는 것입니다. 만일 기억을 지식의 원천으로 받아들인다면, 과거는 **지금** 정신에 나타나야 하므로 어떤 점에서 여전히 존재해야 한다는 말입니다."

나는 앞에서 제시한 논증에 당장 응수하지 않으려 한다. 그렇게 하려면 기억에 대한 논의를 해야 하는데, 이것은 아주 어려운 주제다. 여기에 논증을 제시한 의도는, 철학 이론이 중요하다면 최초에 진술된 형태가 반박된 다음에도 다시 부활할 수 있다는 일반적 사실을 독자에게 일깨우려는 것이다. 철학에서 최후의 반박은 좀처럼 찾아보기 힘들며, 대부분의 경우 반박은 철학 이론의 정교화를 촉진하는 서곡일 따름이다.

이후 철학이 상당히 현대에 이른 시기까지도 파르메니데스에게서 수용한 개념은 역설의 극단을 보여 준 모든 변화의 불가능성이 아니라 **실체**substance의 불멸성이었다. '실체'라는 낱말은 바로 뒤를 이은 후계자들이 분명하게 사용하지 않았지만, 실체라는 **개념**concept은 이미 그들의 사변speculation 속에 드러나 있다. 실체는 다양한 술어들의 주어로 있다고 가정되었다. 실체는 있는 그대로 2000년 이상 존속하면서 철학, 물리학, 심리학, 신학의 근본 개념 가운데 하나가 되었다. 이에 대해 나중에 자세히 말할 기회가 있을 터다. 당장은 그저 명백한 사실을 부정하지 않으면서 파르메니데스의 논증을 공정하게 다루는 방법으로서 실체를 도입했다는 점에 주목하기를 바랄 뿐이다.

6.
엠페도클레스

이미 파르메니데스에서 철학자, 예언자, 과학자, 돌팔이 의사를 혼합한 특징을 확인했지만, 엠페도클레스Empedocles(기원전 490년경~430)는 그러한 특징을 거의 완벽하게 갖춘 전형적 인물이다. 그는 기원전 440년경에 활약한 인물로 파르메니데스보다 나이는 어리지만 같은 시대에 살았다. 그러나 엠페도클레스의 학설은 여러 가지 점에서 헤라클레이토스와 유사한 면이 더 많다. 그는 시칠리아 남부 해안에 위치한 아크라가스의 시민으로 민주주의를 지지한 정치가였으며, 동시에 자신을 신이라고 주장하기도 했다. 대부분의 그리스 도시국가, 특히 시칠리아의 도시국가에서는 민주정치와 참주정치 간에 갈등이 끊이지 않았다. 어느 당파이든 일순간에 정권을 잃은 지도자들은 사형을 당하거나 추방되었다. 추방당한 자들은 그리스의 적국들과 교섭하는 일도 서슴지 않아서, 동쪽의 페르시아나 서쪽의 카르타고와 손을 잡았다. 엠페도클레스도 정해진 수순을 밟아 국외로 추방되었는데, 추방되어 유형에 처해진 후 망명자로서 흥미진진한 경력을 쌓기보다 차라리 현자로서 사는 길을 선택한 듯하다. 그는 젊은 시절 얼마간 오르페우스교로 기울었으며, 국외 추방 이전에는 정치와 학문을 결합하려 했고, 이후 국외로 추방된 말년에는 예언자로 살았다.

엠페도클레스에 대한 많은 이야기는 전설로 전해졌다. 그는 기적이나 기적처럼 보이는 일을 때로는 마법을 써서, 때로는 과학적 지식을 수단으로 삼아 행했다. 그는 바람의 방향을 조정하는 능력이 있었다고 하며, 30일간 죽은 듯 보였던 한 여인을 소생시켰다고도 한다. 최후에는 자신의 신성을 증명하기 위해 에트나 화산의 분화구에 뛰어들어 죽었다고 한다. 한 시구가 전해진다.

위대한 엠페도클레스, 저 불타는 영혼의 임자는,
에트나에 뛰어들어, 전신을 불태웠다네.

매슈 아널드Matthew Arnold(1822~1888)[72]는 이를 주제로 시 한 수를 지었는데, 그의 졸작 가운데 하나이지만 위에서 인용한 두 행의 시구가 들어 있지는 않다.

엠페도클레스는 파르메니데스처럼 운문으로 글을 썼다. 엠페도클레스의 지대한 영향을 받은 루크레티우스는 그에 대해 시인으로서 높은 자질을 지녔다며 칭찬을 아끼지 않았다. 그러나 이러한 평가에 대해 의견이 분분하다. 저술 가운데 단편만 전해졌기에 그의 작품이 지닌 시적 가치는 의문의 대상으로 남을 수밖에 없다.

엠페도클레스가 제안한 과학과 종교는 서로 일관되지 않아서 분리해 다룰 필요가 있다. 나는 우선 엠페도클레스의 과학을 고찰하고 철학을 다룬 다음 마지막으로 종교에 대해 고찰하려 한다.

엠페도클레스는 공기가 분리된 실체substance임을 발견함으로써 과학 분야에 지대한 공헌을 했다. 그는 양동이나 비슷한 그릇을 엎어서 물속에 집어

72 * 영국의 시인이자 평론가로 「에트나 화산 위의 엠페도클레스」라는 시를 썼고, 『교양과 무질서』 『문학과 독단』 같은 비평서를 출간했다.

넣으면 그릇 안에 물이 꽉 들어차지 않는다는 사실을 관찰했고, 이를 바탕으로 공기가 분리된 실체임을 증명했다. 그는 이렇게 말한다.

"여자아이가 번쩍이는 놋쇠 물시계를 갖고 놀다가, 관의 목에 딱 맞는 고운 손을 얹은 다음 은빛으로 빛나는 부드러운 물속에 담그면, 그릇 내부의 공기 덩어리가 빽빽한 구멍에 압력을 주어 물이 흘러들지 못한다네. 그대로 있다가 여자아이가 막았던 손을 떼면 공기가 빠져나가고, 공기가 빠져나간 만큼 물이 흘러들어 간다네."

이 구절은 호흡에 대해 설명하는 단편에 포함되어 있다.

그는 원심력을 입증하는 적어도 한 가지 사례, 바로 물잔에 줄을 달아 돌리면 물이 쏟아지지 않는다는 사실도 발견했다.

그는 식물에도 암수 구별이 있다는 사실을 알아냈고, 진화론(다소 공상적이라는 점은 인정해야 하겠지만)을 세웠으며 적자생존을 주장했다. 처음에는 "이 세상에 무수한 종의 생물들이 온갖 형태로 경이로운 특징을 부여받고 널리 퍼졌다." 목 없는 머리, 어깨 없는 팔, 이마 없는 눈, 서로 떨어진 팔과 다리가 합쳐지기를 바라며 존재했다. 이것들이 우연히 만날 때마다 함께 결합했다. 그래서 셀 수 없이 많은 손을 가진 생물, 반대편으로 향한 얼굴과 가슴을 가진 생물, 황소의 몸과 인간의 얼굴을 한 생물, 황소의 얼굴과 인간의 몸을 가진 생물이 어물대고 있었다. 남성과 여성이 결합되었으나 불임인 자웅동체도 있었다. 결국 일정한 형태의 생물들만 살아남았다.

그는 천문학에 관해서 달이 반사광으로 빛을 낸다는 사실을 알아냈지만, 태양도 그렇다고 생각했다. 그는 빛이 여행하는 데 시간이 걸리지만, 우리가 관찰할 수 없을 정도로 짧은 시간이라고 주장했다. 일식은 달이 태양과 지구 사이에 놓이면서 생기는 현상이라는 사실도 알았지만, 이것은 아낙사고라스에게서 배웠던 듯하다.

엠페도클레스는 이탈리아 의술 학교의 창시자였으며, 그가 권위를 세운 의술 학교는 플라톤과 아리스토텔레스에게 영향을 주었다. 버넷(『탈레스에서 플라톤까지』, 234쪽)에 따르면, 엠페도클레스의 의술 학교는 과학과 철학 분야의 사고 경향 전반에 걸쳐 영향을 미쳤다.

이 모든 사실은 당시 과학 활동이 왕성했음을 보여 주지만, 그리스 후반기의 활동에 필적하지는 못했다.

이제 그의 우주론으로 넘어가 보자. 이미 말했듯 흙, 공기, 불, 물을 4원소(그가 '원소'란 말을 쓰지는 않았지만)로 확립한 사람이 바로 엠페도클레스다. 각 원소는 영원히 지속하지만 각기 다른 비율로 혼합되기도 했다. 그래서 우리가 세계에서 발견하는 변화를 겪는 복합 실체들이 생겨날 수 있었다. 복합 실체들은 사랑의 힘으로 결합하고 다툼의 힘으로 분리되었다. 엠페도클레스에게 사랑과 다툼은 흙, 공기, 불, 물과 같은 수준에 속한 근원적 실체였다. 사랑이 상승하는 시기가 있는 반면에 다툼이 강성해지는 시기가 있으며, 사랑이 완전히 승리를 거둔 때가 바로 황금시대였다. 황금시대에는 사람들이 키프로스의 아프로디테 여신만을 숭배했다(단편, 128). 세계에서 일어나는 변화는 목적의 지배를 받지 않고 단지 우연과 필연으로 변할 따름이다. 거기에 주기가 있어서 원소들이 사랑으로 완전히 결합하면 다툼이 점차 원소들을 다시 분리하고, 다툼이 원소들을 다 분리하면 사랑이 원소들을 재결합시킨다. 이리하여 복합 실체는 제각기 일시적으로 존속하며, 원소들만이 사랑과 다툼과 더불어 영원히 지속한다.

이러한 견해는 헤라클레이토스와 유사하지만, 변화를 일으키는 작용을 다툼이 홀로 하지 않고 다툼과 사랑이 함께 하기 때문에 더 유연한 입장이다. 플라톤은 『소피스트』(242)에서 헤라클레이토스와 엠페도클레스를 묶어서 다룬다.

두 가지 원리(일자와 다자의 원리)를 통일하는 것이 더욱 안전하다는 결론에 이른 이오니아 출신 시인들, 더 최근에 시칠리아 출신 시인들이 있었다. 그들은 존재는 일자이면서 다자이고, 더 격렬한 뮤즈 신들이 역설하듯 두 원리가 적의와 우호에 따라 늘 갈라지고 모이면서 결합된다고 말한다. 다른 한편 더 유연한 시인들은 전쟁과 평화가 영속한다고 주장하지 않고, 이완과 교체를 거듭한다고 말한다. 때로는 아프로디테 여신의 권세 아래서 평화와 통일이 만물을 지배하고, 다음에는 다시 다툼의 원리에 따라 많은 신과 전쟁이 지배한다.

엠페도클레스는 물질세계가 구형이라 주장했는데, 황금시대에는 다툼이 구형의 바깥에 존재하고 사랑은 구형의 안에 존재했다. 그러다가 다툼이 점차 안으로 들어오고 사랑이 쫓겨나, 최악의 상태에서는 다툼이 구형 안을 온통 차지할 테고 사랑은 완전히 구형 바깥으로 내몰릴 것이다. 어떤 이유인지 분명치 않기는 해도 바로 그때 황금시대가 돌아올 때까지 반대 운동이 일어나기 시작하지만, 황금시대 또한 영원히 계속되지 않는다. 그래서 전체 주기는 반복된다. 누군가는 한쪽 극단이 안정되어 변하지 않는다고 생각할지도 모르지만, 엠페도클레스의 견해는 그렇지 않다. 그는 파르메니데스의 논증을 참작하면서 운동을 설명하려 했으나, 어느 단계에서도 변하지 않는 우주에 도달하기를 바란 적은 없었다.

엠페도클레스가 종교에 대해 내놓은 견해는 피타고라스의 견해와 일치한다. 아마 피타고라스를 언급한 듯 보이는 단편에서 이렇게 말한다. "그들 가운데 진귀한 지식을 소유한 사람, 온갖 지혜로운 일을 제일 능숙하게 처리하는 사람, 최고로 풍부한 지혜를 깨달은 사람이 살았다네. 그는 온 마음을 바쳐 애쓸 때는 언제나 수월하게 열 사람, 아니 스무 사람의 생애에 일어난 일을 전부 보기도 했다네." 이미 말했듯 황금시대에 사람들은 아프로디테 여신만을 숭배했기 때문에 "제단은 순종의 황소 피로 악취를 풍기지 않았으며, 사람들이 황소를 둘러싸고 산 채로 찢어 죽인 후 맛 좋은 사지를 뜯어 먹는 가증스러운 행위는 금지되었다."

그는 어떤 때에는 자신이 신이라고 열광적으로 주장한다.

> 저 위 요새 옆 아크라가스의 노란 바위에서 내려다보이는 큰 도시에 거주하는, 훌륭한 일로 바쁜 동포여, 이방인을 위한 영광의 항구여, 야비한 행동에 익숙하지 않은 사람들이여, 만세! 나는 여러분 사이에서 불멸하는 신으로 이제 죽을 운명에서 벗어나, 만나는 모든 이의 존경을 받으며 띠와 꽃으로 장식한 화관을 머리에 쓰고 돌아다니노라. 보자마자 나를 따르는 남녀들과 열을 지어 번화한 도심지로 들어갈 때마다 사람들이 나에게 존경을 표한다. 그들은 수많은 군중 틈에서 나를 쫓아다니며 어떻게 해야 자기들이 구하는 바를 얻을 수 있는지 물어본다네. 어떤 사람은 신탁을 갈망하고, 기진맥진한 나날 속에서 온갖 질병으로 쓰라린 격통에 사무친 어떤 사람은 내게 치유의 말을 들려달라고 청한다네. …… 그런데 나는 어찌하여, 마치 죽어 없어질 운명의 인간들을 능가해야 할 위대한 사명이 있는 듯, 이러한 일들을 되풀이하여 말하고 있는가?

그는 다른 때에는 자신이 큰 죄인이라 생각하고 자신의 경건치 못한 삶을 속죄하며 이렇게 말한다.

> 필연의 신탁, 바로 고대 신들의 법령이 영원 속에 굳은 맹세와 함께 단단히 봉인되어 있었네. 낮 시간을 몫으로 받은 신령들 가운데 한 신령이 자신의 손을 피로 더럽히고 다툼을 일으킨 다음 맹세코 부인하며 벌 받을 짓을 저지를 때마다, 1만 년을 세 번 거치는 동안 축복받은 땅에서 쫓겨나 방랑했다네. 그동안 내내 죽어 없어질 온갖 형상으로 태어나 한 번의 고단한 삶을 또 한 번의 고단한 삶으로 바꾸는 여정이 이어졌다네. 강력한 공기의 힘이 그를 바다로 처넣고 나면, 바다는 그를 메마른 땅 위로 토해 내지. 다음에 땅이 그를 타오르는

태양 빛 속으로 던져 버리면, 태양은 그를 다시 공기의 소용돌이 속으로 던져 넣어 원래 자리로 되돌려 놓았다네. 한 신이 다른 신에게서 그를 받지만 모두 그를 거부한다네. 지금 나는 그러한 신들 가운데 한 신으로서 신들에게서 추방당한 방랑자가 되어 비정한 다툼 속에 놓여 있다네.

우리는 그가 무슨 죄를 지었는지 모르지만, 혹시라도 아주 중대하게 생각할 만한 죄를 짓지는 않았으리라. 그는 이렇게 말한다.

"아, 내 입으로 게걸스럽게 먹어 치우는 악행을 저지르기 전에 무정한 죽음의 날이 찾아와 나를 파괴하지 않는 것이 비통할 뿐이로다!"

"월계수 잎사귀 하나라도 삼가라!"

"가련한 자, 진정 가련한 자여, 너의 손으로 콩을 만지지 마라!"

위의 말을 들어 보자면 그가 혹시라도 월계수 잎사귀를 우적우적 씹어 먹거나 콩을 게걸스럽게 먹어 치우는 일보다 더 나쁜 짓을 하지는 않았으리라.

플라톤이 이 세상을 동굴로 비유하며 우리는 동굴 속에서 저 위 밝은 세상에 속한 실물들의 그림자만 본다고 말한 유명한 구절을 엠페도클레스가 미리 말한 셈이다. 동굴의 비유에 담긴 사상의 근원은 오르페우스교의 가르침 속에 들어 있다.

추측하건대 여러 번 인간으로 태어나면서 죄를 저지르지 않게 된 일부 사람들은 마침내 신들의 일행에 끼어 영생의 축복을 얻을 것이다.

그런데 최후의 날, 그들[73]은 죽어야 할 사람들 가운데서 예언자, 시인, 의사, 왕으로 등장한다네. 그때부터 그들은 영광 속에 칭송받는 신으로 승격되어 다른 신들의 난로와 식탁을 함께 쓰면서 인간의 고뇌에서 벗어나 운명의 장난에 휘둘리지 않으며 더는 상처를 입지 않아도 되리라.

---

73 '그들'이 누구인지 나타나 있지 않지만, 누구나 순수한 사람들이라 추측할 수 있을 것이다.

이러한 모든 이야기 가운데 오르페우스교와 피타고라스학파의 가르침 속에 들어 있지 않은 것은 거의 없는 듯하다.

엠페도클레스가 과학 분야 밖에서 보여 준 독창성은 4원소설을 내놓고 사랑과 다툼이라는 두 가지 원리를 이용하여 변화를 설명한 데서 찾을 수 있다.

그는 일원론을 거부했으며, 자연의 변화 과정은 목적이 아니라 우연과 필연의 지배를 받는다고 생각했다. 이러한 점에서 보면 그의 철학은 파르메니데스, 플라톤, 아리스토텔레스의 철학보다 더 과학적이었다. 다른 점에서 보면 그는 당시 유행하던 미신을 묵인하기도 했다. 그러나 엠페도클레스가 이것에 관해 최근 여러 과학자들보다 더 큰 잘못을 저지르지는 않았다.

7.
아테네의 문화

아테네가 펼쳐 나간 위대한 여정은 두 차례 페르시아 전쟁(기원전 490년과 480~479년)이 일어난 시기에 시작된다. 전쟁이 일어나기 전 이오니아와 마그나 그라이키아가 위대한 인물들을 배출했다. 아테네가 마라톤에서 페르시아의 다리우스 왕에게 대항하여 거둔 승리(기원전 490)와, 연합한 그리스 함대가 아테네의 주도 아래 다리우스의 아들이자 후계자인 크세르크세스에게 대항하여 거둔 승리(기원전 480)로 아테네는 무소불위의 특전을 누리게 되었다. 여러 섬과 소아시아 본토의 각 지방에 흩어져 살던 이오니아인도 페르시아에 저항하여 반란을 일으켰으며, 그들의 해방도 페르시아인이 그리스 본토에서 쫓겨난 다음 아테네인이 이룩한 업적이었다.

이러한 격변 속에서도 스파르타인은 그저 영토의 안위를 걱정했을 뿐 개입하지 않았다. 그래서 대 페르시아 동맹을 결성할 때 아테네가 최고 자리를 차지하게 되었다. 대 페르시아 동맹의 규정에 따라, 동맹을 맺은 국가는 예외 없이 일정 수의 선박이나 그에 해당하는 비용을 제공할 의무가 있었다. 대부분의 국가가 비용을 대는 쪽을 선택했기 때문에, 아테네가 다른 동맹국들보다 더 우월한 위치에서 해상권을 장악했다. 따라서 동맹 체제는 점차 아테네 제국으로 변모했다. 아테네는 부강한 나라가 되었으며, 페리클레스Pericles(기원전 495~429)의 영도 아래 번영을 누렸다. 페리클레스는 시민들의 자유로운 선거권에 힘입어 기원전 430년 실각할 때까지 약 30년 동안 아테네를 지배했다.

페리클레스 시대는 아테네 역사상 가장 행복하고 영광스러운 시대였다. 페르시아 전쟁에 참가해 싸웠던 아이스킬로스Aeschylos(기원전 525/524~456/455)는 그리스 비극의 막을 열었다. 그의 비극 가운데 『페르시아인』은 호메로스의 주제를 택하는 관례대로 시작하지만, 크세르크세스의 패배를 다루고 있다. 소포클레스Sophocles(기원전 496~406)가 바로 뒤를 잇고, 에우리피데스Euripides(기원전 484~406)가 소포클레스의 뒤를 이었다. 소포클레스와 에우리피데스는 둘 다 페리클레스의 실각과 죽음에 뒤따라 일어난 펠로폰네소스 전쟁(기원전 431~404)의 암흑시대까지 관심 영역을 넓혔는데, 에우리피데스는 희곡들 속에 페리클레스 시대 후반기에 대한 회의적 시각을 담아 보여 주었다. 동시대에 활동한 희극 시인, 아리스토파네스Aristophanes(기원전 446~385)는 거칠고 제한적인 상식의 관점에서 모든 주의주장을 비웃는다. 특히 소크라테스가 제우스의 실존을 부정하고 신성하지 못한 사이비 과학적 비전秘傳, mysteries을 장난삼아 퍼뜨린다고 비방하며 웃음거리로 만들었다.

아테네가 크세르크세스에게 점령당하면서 아크로폴리스의 신전들이 화재로 파괴되었지만, 페리클레스는 신전들을 재건하는 데 헌신했다. 파르테논 신전을 비롯해, 옛터로 남아 우리 시대에 이르기까지 깊은 인상을 주는 다른 신전들이 바로 페리클레스에 의해 복원되었다. 조각가 페이디아스는 국가에 고용되어 거대한 신상과 여신상을 제작했다. 페리클레스 시대가 끝날 무렵 아테네는 고대 그리스 세계에서 가장 아름답고 화려한 도시였다.

역사의 아버지 헤로도토스는 소아시아의 할리카르나소스Halicarnassus[74] 출신이었으나 아테네에서 살았으며, 아테네 제국에 고무되어 아테네의 관점

그리스 아테네의 파르테논 신전 남동쪽

에서 페르시아 전쟁을 서술했다.

페리클레스 시대에 아테네가 이룩한 성취와 업적은 아마도 온 역사를 통틀어 가장 놀라운 일일 것이다. 페리클레스 시대까지 아테네는 그리스의 다른 여러 도시국가보다 뒤처져서, 최초의 입법가인 솔론Solon(기원전 630~560년경)을 제외하면 예술에서나 문학에서나 위대한 인물을 배출하지 못했다. 갑작스러운 전쟁의 승리와 부의 축적과 재건의 필요에 자극을 받아, 현대에도 능가할 자가 없는 건축가, 조각가, 극작가들이 현대에 이르는 미래까지 압도할 만큼 걸작들을 쏟아냈다. 이것은 인구 규모가 작다는 점을 고려하면 더욱 놀라운 일이다. 기원전 430년경 아테네의 규모가 가장 컸을 때 노예를 포함한 인구가 약 23만 명으로 추산되며, 시골 아티카Attica[75] 주변의 영토에는 아마 더 적은 인구가 살았을 것이다. 이전이든 이후이든 어떤 지역의 그만한 인구수로 착수한 일이 그토록 뛰어난 업적을 남긴 적은 단 한 번도 없었다.

아테네는 위대한 두 철학자, 소크라테스와 플라톤의 이름을 남김으로써 철학에 이바지했다. 플라톤은 조금 더 후반기에 살았지만, 소크라테스는 청년시절과 장년시절 초반기를 페리클레스의 통치 아래서 보냈다. 아테네인은 철학에 대한 관심이 많아서 다른 도시국가 출신 교사들의 말도 열심히 경청할 줄 알았다. 논쟁술을 배우고 싶은 젊은이들은 소피스트들을 열심히 찾아다녔다. 플라톤의 대화편 『프로타고라스*Protagoras*』에 등장하는 소크라테스는 아테네 외부 출신의 유명한 교사의 말에 열렬히 매달리는 학생들을 재미나게 풍자적으로 묘사한다. 앞으로 보겠지만 페리클레스는 아낙사고라스를 초빙했으며, 소크라테스는 창조 과정에서 정신이 탁월한 지위를 차

74 * 지금의 터키 케르메만 연안에 있던 카리아 지방의 고대 그리스 도시.

75 * 그리스 중부에 있는 반도로 기원전 8세기에 아테네에 통합되었다.

지한다는 사실을 그에게서 배웠다고 고백했다.

플라톤의 대화편에서 다룬 내용은 대부분 페리클레스 시대에 소크라테스가 일으킨 논쟁들로 추정되며, 부호들의 생활에 기꺼이 동의하며 유쾌하게 묘사한다. 플라톤은 아테네의 귀족 가문 출신인 데다 전쟁과 민주정치가 상류층의 부와 안전을 깨뜨리기 이전 시대의 전통 속에서 성장했다. 노동할 필요가 없었던 젊은이들은 여유 시간의 대부분을 과학, 수학, 철학 연구에 썼다. 그들은 거의 암기할 정도로 호메로스의 시에 능통했으며, 직업적 시 낭송가의 가치와 장점을 비판하는 전문가들이었다. 연역 추리 방법은 후기에 발견되었는데, 참이든 거짓이든 지식의 전 분야에 걸쳐 새로운 이론들에 호기심을 갖고 접근하도록 자극했다. 극소수에게 국한되었지만, 그 시대에는 지성과 행복을 겸비하고 지성을 통해 행복해지는 일이 가능했다.

이러한 황금시대를 출현시킨 힘의 균형은 위태로워서 안팎으로 위협을 받았다. 안에서는 민주정치가 밖에서는 스파르타가 호시탐탐 노리고 있었다. 페리클레스 시대 이후에 무슨 일이 벌어졌는지 이해하려면, 아티카의 초기 역사를 간단히 고찰할 필요가 있다.

역사가 시작된 초창기의 아티카는 자급자족하는 작은 농업 지역이었다. 수도 아테네의 규모는 크지 않았으나 장인이나 숙련공의 수가 증가하여, 이들이 만든 제품을 외국에 내다 팔기를 원했다. 점차 곡물보다 포도와 올리브를 재배하고, 주로 흑해 연안에서 곡물을 수입하면 더 큰 이윤이 남는다는 사실도 알게 되었다. 포도와 올리브 재배는 곡물을 재배하는 경우보다 더 큰 자본이 필요했고, 결국 소규모 농가들은 빚을 지게 되었다. 아티카는 그리스의 다른 도시국가들처럼 호메로스 시대에는 군주제였으나, 군주는 다만 종교 의식의 대리자일 뿐 정치권력을 행사하지는 못했다. 정권은 귀족 계급의 수중에 있었고, 귀족들은 지방의 농부들과 도시의 장인들을 모두 억압했다. 기원전 6세기 초에 솔론이 민주주의 방향으로 타협점을 찾았으며,

그가 거둔 민주적 성과는 뒤이어 등장한, 페이시스트라토스와 그의 아들들 치하에서 자행된 참주정치 시대를 거치면서도 대부분 계승되었다. 이 참주정치 시대가 끝났을 때, 귀족들은 참주정치의 반대자로서 민주정치에 호감을 갖고 일신을 내맡길 수 있었다. 페리클레스가 실각할 때까지 민주정치의 변천 속에서 19세기 영국처럼 권력은 귀족 계급에게 넘어갔다. 그러나 페리클레스 생애 말년에 아테네 민주정치를 이끈 지도자들은 정치권력에 참여하여 더 큰 몫을 요구하기 시작했다. 동시에 아테네 경제의 번영과 밀접하게 관련된 그의 제국주의 정책이 스파르타와 점점 갈등을 빚으면서, 결국에는 펠로폰네소스 전쟁이 터지고 아테네는 전쟁에서 완패했다.

정치 체제가 붕괴했는데도 아테네의 특권은 유지되어, 거의 천 년간 아테네는 철학의 중심지로서 역할을 다했다. 알렉산드리아Alexandria[76]는 수학과 과학 분야에서 아테네를 능가했지만, 아테네는 플라톤과 아리스토텔레스의 활약으로 철학 분야에서 최고 권위를 자랑하는 도시가 되었다. 플라톤이 가르쳤던 아카데메이아Akadēmeíā[77]는 다른 모든 학파보다 오래 살아남아, 로마 제국이 그리스도교로 개종한 후에도 200년간 이교사상이 허용되는 섬처럼 존속했다. 기원후 529년 유스티니아누스 대제가 편협한 종교적 신앙심 때문에 아카데메이아를 폐쇄하고 나서, 암흑시대는 불시에 유럽 전역에 들이닥쳤다.

---

76 * 지금의 이집트 북부 지역으로 기원전 332년 알렉산드로스 대왕이 도시를 건설한 후 수도로 삼아 고대 헬레니즘 학문과 과학의 중심지가 되었다.

77 * 아카데메이아는 고대 그리스 아테네 서북쪽 교외에 위치한 지역으로, 플라톤이 이곳에 학교를 세우고 지역 이름을 그대로 따서 '아카데메이아'라고 불렀다. 후대에 아리스토텔레스가 세운 학교인 리케이온과 더불어 고대 그리스 철학의 산실로 유명하다.

8.
아낙사고라스

아낙사고라스Anaxagoras(기원전 500년경~428)는 피타고라스, 헤라클레이토스, 파르메니데스에 필적하지 못하지만 상당히 중요한 역사적 가치를 지닌 철학자다. 그는 이오니아인으로 이오니아의 과학과 철학 전통을 이어받았다. 아테네인에게 처음 철학을 소개한 인물이자 물리적 변화의 제일 원인이 정신이라고 제안한 첫 인물이기도 하다.

그는 기원전 500년경 이오니아의 클라조메나이에서 태어났지만, 대략 기원전 462년부터 432년까지 30년간 아테네에서 살았다. 아마도 동포 시민의 개화와 교양 교육에 열심이던 페리클레스의 초빙을 받았을 것이다. 어쩌면 밀레토스 출신의 아스파시아Aspasia[78]가 그를 페리클레스에게 소개했을지도 모른다. 플라톤은 『파이드로스』에서 이렇게 말한다.

페리클레스는 "과학자인 아낙사고라스에게 마음이 쏠렸던 듯하다. 그는 천체에 대해 설명하는 이론에 질릴 정도로 빠져들어 지성과 우둔의 참된 본성을 알게 되는데, 바로 아낙사고라스의 담론에서 주로 다루는 문제였다. 그는 이

78 * 페리클레스의 정부로 아테네 사교계에서 영향력을 발휘했다.

를 바탕으로 화술을 익히는 데 유익한 특징을 이끌어 냈다."

아낙사고라스가 에우리피데스에게 영향을 주었다고도 전해지지만, 이는 더욱 분명치 않다.

아테네의 시민들은 다른 시대, 다른 대륙, 다른 도시국가의 시민들처럼 자기들에게 익숙한 문화보다 수준이 더 높은 문화를 도입하려는 사람들에게 적개심을 품었다. 페리클레스가 늙어가면서 정적들은 그가 초빙한 친구들을 공격함으로써 반대 운동을 벌이기 시작했다. 그들은 페이디아스Pheidias(기원전 480년경~430)[79]가 조각상 제작에 써야 할 금의 일부를 착복했다고 고발한 데 이어, 기존 종교 의식에 참여하지 않거나 '천체'에 대한 이론을 가르치는 사람들을 탄핵하도록 허가하는 법을 통과시켰다. 새로 만든 법에 따라 아낙사고라스를 태양이 뜨겁고 붉은 돌덩어리이며 달은 땅이라고 가르쳤다는 죄목으로 기소했다(소크라테스를 기소한 자들도 같은 이유로 고발했는데, 소크라테스는 시대에 뒤떨어진 그들의 행동을 비웃었다). 아낙사고라스가 아테네를 떠나게 되었다는 사실을 제외하면, 무슨 일이 벌어졌는지 확실하게 알려진 것은 없다. 페리클레스가 그를 감옥에서 빼내 탈출하도록 조처했던 듯하다. 아낙사고라스는 이오니아로 돌아와 학파를 세웠고, 유지에 따라 그가 죽은 날을 기념일로 정해 문하생들이 쉴 수 있게 했다.

아낙사고라스는 만물은 무한히 나뉠 수 있으며, 물질의 가장 작은 부분이라도 네 원소의 일부를 포함한다고 주장한다. 사물은 가장 많은 부분을 차지하는 원소의 모양으로 나타난다. 그래서 예컨대 만물은 얼마간의 불을 포함하지만, 불 원소의 양이 더 많은 경우에만 불이라고 부른다. 그는 엠페도

79 * 고대 최고 조각가이자 건축가로 유명하다. 페리클레스 시대에 예술 전반에 걸친 공무를 처리하는 직위에 발탁되어 활동했고, 아크로폴리스 언덕 위에 파르테논 신전을 재건했다.

「아낙사고라스」, 조반니 바티스타 란제티, 1660년경

클레스처럼 진공의 존재를 부정하며, 클렙시드라klepsydra[80]나 부풀어 오른 가죽부대 속에 아무것도 없는 듯이 보이지만 공기가 들어 있다고 말한다.

그는 선대 철학자들과 달리 정신nous이 생물의 일부로 들어가 죽은 물질과 구별시켜 주는 실체라 생각했다. 만물에 정신을 제외한 모든 원소의 일부가 들어 있으며 어떤 것들에는 정신도 들어 있다고 말한다. 정신은 살아 있는 모든 것을 지배하는 힘으로서 무한하고 자기조절 능력이 있으며, 어떤 것과도 혼합되지 않는다. 정신에 대해서는 예외지만, 만물은 아무리 작더라도 뜨거우면서 차가운 것, 희면서 검은 것처럼 대립하는 모든 것의 일부를 포함한다. 그는 눈은 희지만 눈의 일부는 검다고 주장하기도 했다.

아낙사고라스에 따르면 정신은 모든 운동의 근원이다. 정신이 회전 운동을 일으켜 점차 세계 이곳저곳으로 퍼져 나가다가 가장 가벼운 것들은 경계선 주위로 흩뜨리고, 가장 무거운 것들은 중심으로 모은다. 정신은 한결같아서 인간에게나 동물에게나 똑같이 완전한 것이다. 겉으로는 인간이 동물보다 우월해 보이지만, 이것도 인간이 손을 사용할 수 있기에 생긴 결과다. 겉으로 드러난 지능의 차이는 모두 실제로는 신체의 차이에서 기인한다.

아리스토텔레스와 플라톤의 대화편 속 소크라테스는 둘 다 아낙사고라스가 정신을 도입한 다음 철학적 용도로 거의 사용하지 않았다고 불평한다. 아리스토텔레스는 아낙사고라스가 다른 내용은 전혀 모른 채 그저 정신을 원인으로 도입했을 따름이라고 지적한다. 그는 가능한 경우에는 언제나 기계적 설명을 하고, 필연과 우연이 사물이 발생하게 된 기원이라는 사실을 부인했지만, 그의 우주론에 '섭리'가 들어설 자리는 없다는 것이다. 아낙사고라스는 윤리나 종교에 대해 그리 많은 사색을 하지 않았던 듯하다. 아

---

80 * 고대 그리스에서 사용한 물시계로 관 아래쪽에 작은 구멍이 있어 빠져나가는 물의 양에 따라 시간을 측정할 수 있었다.

마도 그는 자신을 기소한 자들이 주장했듯 무신론자였을 것이다. 아낙사고라스보다 앞서 활동했던 선대 철학자들이 전부 그에게 영향을 주었으나 피타고라스만은 예외였다. 파르메니데스의 영향은 아낙사고라스의 경우에도 엠페도클레스와 동일했다.

아낙사고라스는 과학 분야에서 큰 공적을 남겼다. 그는 최초로 달이 반사광으로 빛을 낸다는 사실을 발견했으나, 파르메니데스도 그러한 사실을 알았다고 암시하는 모호하고 비밀스러운 단편도 있다. 아낙사고라스는 일식을 정확히 예측하는 이론을 세웠으며, 달이 태양보다 아래쪽에 있다는 사실을 알아냈다. 태양과 별은 불타는 돌덩이들이지만, 너무 멀리 있어 열기를 느낄 수 없을 뿐이라고 말하기도 했다. 그는 태양이 펠로폰네소스 지역보다 더 크며, 달에도 산과 거주민이 있다고 생각했다.

아낙사고라스는 아낙시메네스학파라고 전해지며, 확실히 이오니아의 합리주의 전통과 과학적 전통을 계승하고 발전시켰다. 그에게는 윤리와 종교에 열중한 자취를 찾을 수 없지만, 이러한 자취는 피타고라스에서 소크라테스로, 소크라테스에서 플라톤으로 넘어가면서 그리스 철학 속에 반反계몽주의적 편견을 심어 놓는다. 그는 일급 철학자라고 보기 어렵지만, 처음으로 아테네에 철학을 전파하고 소크라테스의 사상을 형성하는 데 영향을 준 철학자로서 중요한 가치를 지닌다.

9
원자론자들

원자론의 창시자는 레우키포스와 데모크리토스 두 사람이었다. 두 철학자는 대체로 묶어서 언급되는 데다 데모크리토스가 레우키포스 철학 사상의 일부를 분명히 이어받았기 때문에 떼어 놓고 다루기는 어렵다.

레우키포스Leucippus는 기원전 440년경[81]에 활약했다고 전해지며 밀레토스 출신으로서, 역시 밀레토스에서 연상되는 합리적 과학 전통을 이어받았지만 파르메니데스와 제논의 영향도 아주 많이 받았다. 레우키포스에 대해서는 에피쿠로스(나중에 데모크리토스를 추종했던 철학자)가 그의 존재를 전면 부인했다는 생각이 퍼질 정도로 조금밖에 알려져 있지 않아서, 근대에 이르러 몇몇 사상가도 같은 주장을 반복했다. 아리스토텔레스의 저술 속에 레우키포스의 존재를 넌지시 말하는 곳이 여러 군데 나오는데, 레우키포스가 단지 신화 속 인물에 불과했다면 많은 말(레우키포스의 원전 인용을 포함하여)을 했을 리가 없다.

데모크리토스Democritos(기원전 460년경~370년경)는 레우키포스보다 훨씬

81 베일리, 『그리스 원자론자들과 에피쿠로스』. 베일리는 레우키포스가 기원전 430년경이나 더 이른 시기에 활약한 것으로 추정한다.

명확하게 알려진 인물이다. 데모크리토스는 트라키아의 압데라Abdera[82] 출신이었다. 그는 자신이 활동한 연대에 대해 아낙사고라스가 노년기에 접어들 무렵 자신은 젊었다고 말했고, 이 말을 했을 때가 기원전 432년경이므로 기원전 420년경에 가장 왕성하게 활동했을 것이다. 데모크리토스는 지식을 얻으려 남방과 동방의 여러 나라를 두루 여행했다. 그는 아마 이집트에서 꽤 오랜 기간 머물렀을 것이고, 분명히 페르시아를 방문했다. 그런 다음 압데라로 돌아와 여생을 보냈다. 첼러Eduard Zeller(1814~1908)[83]는 데모크리토스에 대해 "학식이 넓고 아는 것이 많다는 점에서 이전과 동시대의 모든 철학자들보다 우수하고, 사고의 예리함과 논리적 정확성은 대부분의 철학자들보다 우수하다"라고 평했다.

데모크리토스는 소크라테스나 소피스트들과 동시대에 살았고, 연대기만 고려하면 우리의 철학사에서 조금 뒤에 다루어야 한다. 난점은 데모크리토스와 레우키포스를 분리해 다루기가 너무 어렵다는 데 있다. 그래서 나는 소크라테스나 소피스트들보다 앞서 데모크리토스를 다루고 있지만, 데모크리토스의 철학의 일부는 동포 시민이자 가장 유명한 소피스트였던 프로타고라스에게 응수하는 과정에서 형성되었다. 프로타고라스는 아테네를 방문했을 때 열광적으로 환영받았다. 한편 데모크리토스는 "내가 아테네에 갔지만 아무도 나를 알아보지 못했다"고 말한다. 데모크리토스의 철학은 오랫동안 아테네에서 무시되었는데, 버넷은 이렇게 말한다. "플라톤이 데모크리토스에 대해 조금이라도 알았는지 분명치 않다. …… 다른 한편 아리스토텔레스가 데모크리토스를 잘 알게 된 까닭은 그도 역시 북부 출신 이오니아인이었기 때문이다."[84] 플라톤은 대화편에서 데모크리토스를 단 한 번

---

82 * 그리스 북부에 위치한 이오니아의 식민지.

83 * 고대 그리스 철학에 조예가 깊은 독일 철학자이자 개신교 신학자로, 유명한 『그리스 철학사*The Philosophie der Griechen*』를 남겼다.

도 언급하지 않지만, 디오게네스 라에르티오스는 플라톤이 데모크리토스를 너무 싫어해서 그의 책들을 전부 불태우고 싶어 할 정도였다고 전한다. 히스Thomas Little Heath(1861~1940)는 데모크리토스를 수학자로서 높이 평가한다.[85]

레우키포스와 데모크리토스의 철학에 공통된 근본 사상은 레우키포스에게서 비롯되었지만, 사실을 밝혀내려 해도 두 사람을 떼어서 다루기가 거의 불가능하고, 우리의 목적을 위해 그러한 시도가 중요하지도 않다. 데모크리토스가 아니라면 레우키포스가 파르메니데스와 엠페도클레스로 각각 대표되던 일원론과 다원론을 중재하기 위해 원자론을 앞장서서 이끌었다. 그들의 관점은 놀라우리만치 근대 과학의 관점과 흡사했으며, 그리스 사상이 범하던 대부분의 과오를 피할 수 있었다. 그들은 만물이 원자들로 이루어진다고 생각했는데, 원자는 기하학적 차원에서는 아니지만 물리적으로는 분할될 수 없다. 원자와 원자 사이에는 빈 공간이 있으며, 원자는 파괴될 수도 없다. 원자들은 늘 운동했고, 운동을 하며, 앞으로도 운동을 계속할 것이다. 또 원자의 수와 종류도 무한하고, 모양과 크기는 차이를 보인다. 아리스토텔레스는 원자론자들을 따라 원자도 열을 일으키는 현상에서 차이를 드러내어, 구형 원자가 가장 뜨거운 불을 구성한다고 주장한다.[86] 무게에 대해서 "분할할 수 없는 원자는 한도를 넘을수록 더 무거워진다"는 데모크리토스의 말도 인용한다. 그러나 원자론자의 이론에서 원자들이 처음부터 무게를 갖는지는 논란거리다.

원자들이 늘 운동했다고 하지만, 처음에 운동이 어떻게 일어났는지는 주석가마다 의견이 다르다. 어떤 주석가는, 특히 첼러는 원자들이 늘 떨어지

84 버넷, 『탈레스에서 플라톤까지』, 193쪽.

85 히스, 『그리스 수학의 역사』, 1권, 176쪽.

86 아리스토텔레스, 『생성과 소멸에 관하여』, 316^{a}.

며 더 무거울수록 더 빨리 떨어진다고 생각했다고 주장한다. 그래서 더 무거운 원자가 더 가벼운 원자의 속도를 따라잡아 충돌이 일어나면서 당구공처럼 비껴나가게 된다. 이것은 확실히 에피쿠로스의 견해였다. 에피쿠로스는 대부분의 경우 데모크리토스의 이론에 근거하여 자신의 이론을 세웠는데, 아리스토텔레스의 비판에 맞서 원자론을 설명하려다 우둔한 짓을 저지르고 말았다. 그런데 레우키포스와 데모크리토스의 원자론에서, 무게는 원자가 처음부터 가진 속성이 아니라고 생각해야 할 상당한 이유가 있다. 두 원자론자의 견해에 따르면, 현대 기체역학 이론에서 그렇듯 원자들은 처음부터 일정한 규칙 없이 운동하고 있었다고 보는 것이 유망한 해석일 듯하다. 데모크리토스는 무한한 공간에는 위도 아래도 없다고 주장하면서 영혼을 구성하는 원자들의 운동을 바람이 없을 때 햇빛 속에 떠다니는 티끌의 운동에 비유했다. 이것은 에피쿠로스의 견해보다 훨씬 재기 넘치는 설명이며, 내 생각에는 그것이 레우키포스와 데모크리토스의 견해였다고 봐도 무방할 듯하다.[87]

충돌이 일어나면서 원자들의 무리가 소용돌이를 형성했다. 나머지는 아낙사고라스의 견해와 동일하게 진행되지만, 소용돌이를 정신의 활동보다 오히려 기계적으로 설명하려 한 점은 진일보했다고 할 수 있다.

고대에 원자론자들이 모든 것을 우연으로 돌렸다고 해서 비난을 받는 일이 흔했지만, 반대로 원자론자들은 엄격한 결정론자로서 모든 일이 자연법칙에 따라 일어난다고 생각했다. 데모크리토스는 어떤 일이든 우연히 일어날 수 있다는 주장을 명백하게 부인했다.[88] 레우키포스는 역사적으로 생존했는지조차 의문스럽지만, 이렇게 말했다고 전한다. "아무것도 헛되이 일

---

87 버넷은 이러한 해석을 수용하며, 적어도 레우키포스에 관한 한 베일리(『그리스 원자론자들과 에피쿠로스』, 83쪽)도 이러한 해석을 따른다.

88 베일리, 『그리스 원자론자들과 에피쿠로스』. 데모크리토스의 결정론에 관해서는 121쪽을 보라.

어나지 않으며, 모든 것은 어떤 근거가 있어 필연적으로 일어난다." 사실 그는 세계가 왜 처음에 있던 그대로 존재했어야 하는지 설명해 줄 아무 이유도 대지 않았는데, 아마 우연에 돌렸을지도 모른다. 그러나 세계가 언젠가 존재하게 되었던 때 이후, 세계의 진행은 기계적 법칙에 의해 바꿀 수 없게 고정되었다. 아리스토텔레스와 다른 주석가들은 레우키포스와 데모크리토스를 원자들의 최초 운동을 설명하지 않았다고 해서 비난했지만, 바로 이 점에서 원자론자들은 그들을 비판한 자들보다 더 과학적인 태도를 지녔다고 평가할 수 있다. 인과관계는 어떤 것에서, 어디에서 시작하든 초기 자료에 어떤 원인도 할당될 수 없다. 조물주가 세계를 창조했을지도 모르지만, 그때조차도 조물주 자체는 설명되지 않는다. 사실 원자론자들의 이론은 고대에 제안된 다른 어떤 이론보다 현대 과학 이론에 근접한 견해였다.

원자론자들은 소크라테스, 플라톤, 아리스토텔레스와 달리 **목적**purpose이나 **목적인**final cause 같은 개념을 끌어들이지 않고 세계를 설명하려 했다. 발생한 어떤 일occurrence의 '목적인'은 그 일이 발생시킬 미래에 일어날 사건event이다. 이러한 개념은 인간의 일상사에 적용할 수도 있다. 제빵사는 왜 빵을 굽는가? 사람들이 배가 고플 테니까. 철로를 왜 놓을까? 사람들이 여행을 떠나고 싶어 하니까. 이러한 경우에 일어나는 사건은 그러한 사건이 이바지하는 목적으로 설명된다. 우리가 어떤 사건에 관해 '왜?'라고 질문할 때 둘 가운데 하나를 의미할 수 있겠다. "이 사건은 어떤 목적에 이바지했는가?"를 뜻하거나 "이전에 주어진 어떤 조건이 이 사건을 야기했는가?"를 뜻한다. 앞 질문에 대한 답은 목적론적 설명이나 목적인에 의한 설명이고, 나중 질문에 대한 답은 기계론적 설명이다. 나는 두 가지 질문 가운데 어느 쪽이 과학이 물어야 할 진일보한 질문인지, 혹은 과학이 두 가지 질문을 다 해야 하는지 잘 모르겠다. 그러나 경험적으로 볼 때, 기계론적 설명이 과학적 지식의 진보를 주도한 반면에 목적론적 설명은 그렇지 못했다. 원자론자들은 기계론적 질문을 했고 기계론적 설명을 시도했다. 그들의 뒤를 이은 철학자들은 르네상스기가 도래할 때까지 목적론적 설명에 더욱 관심을 갖고 활동했기 때문에 과학은 막다른 골목에 이르렀다.

두 가지 질문에서 종종 무시되지만, 대중적 사고방식과 철학적 사유 둘 다 한계가 있기는 마찬가지다. 현실 전체(신을 포함하여)에 관해서 어느 쪽도 이해할 수 있는 방식으로 질문할 수 없으며, 현실의 일부에 대해서만 질문할 수 있다. 목적론적 설명을 하다 보면 흔히 얼마 지나지 않아 조물주Creator 혹은 적어도 세계의 제작자Artificer에 이르게 되는데, 조물주의 목적이 자연의 과정 속에 실현된다고 말하게 된다. 그런데 어떤 사람이 집요하게 목적론적 설명을 이어가면서 조물주가 어떤 목적에 이바지하는지를 따져 묻게 되면, 그의 질문은 경건하지 못하다는 평을 듣게 마련이다. 게다가 이러한 질문은 아무 의미도 없다. 질문이 이해되도록 하려면 조물주는 이전의 목적에 따라 창조에 이바지했던 초조물주가 창조했다고 가정해야 하기 때문이다. 그러므로 목적론적 설명은 현실 전체에 적용할 수 없고, 그저 현실 안에서 일어나는 일들에 적용될 따름이다.

기계론적 설명에도 위와 다르지 않은 논증을 펼칠 수 있다. 한 사건은 다른 사건이 야기하고, 다른 사건은 제3의 사건이 야기하는 방식으로 계속 진행된다. 그런데 우리가 인과 연쇄 전체를 야기한 원인이 무엇인지 묻게 되면 다시금 조물주 개념에 빠져들게 되지만, 조물주 자신은 어떤 원인도 가져서는 안 된다. 그러므로 모든 인과적 설명은 마음대로 정한 독단적 시초에서 시작할 수밖에 없다. 이로써 원자들의 최초 운동을 설명하지 않은 채 남겨 두었다는 점이 원자론만의 결점이 아니라는 사실을 알 수 있다.

원자론자들이 원자론을 지지하기 위해 제시한 이유들이 **전적으로**wholly 경험에 근거한다고 가정해서는 안 된다. 원자론은 근대에 화학과 관련된 사실들을 설명하기 위해 부활했지만, 그리스인은 화학적 사실을 알지도 못했다.

고대에는 경험으로 관찰한 성과와 논리적 논증을 분명하게 구별하지 않았다. 사실 파르메니데스는 관찰된 사실을 무시하고 경멸했던 반면, 엠페도클레스와 아낙사고라스는 형이상학의 많은 부분을 물시계나 회전하는 양동이를 관찰한 결과와 연결시켰다. 소피스트들이 활동을 시작할 때까지, 형이상학과 우주론은 많은 추리와 얼마 되지 않는 관찰을 결합해 완성할 수 있다는 사실에 의문을 제기한 철학자는 없었던 듯하다. 원자론자들은 행운으로 2000년 이상 지나서야 증거가 발견될 가설을 적중시켜 생각해 냈지만, 당시에는 확실한 증거가 없었다.[89]

레우키포스는 당시 다른 철학자들처럼 파르메니데스의 논증을 운동과 변화라는 명백한 사실과 조화시킬 수 있는 길을 찾으려 했다. 아리스토텔레스는 이렇게 말한다.[90]

> 이러한 견해(파르메니데스의 견해)가 변증법적 논의를 거쳐 논리적으로 도출되는 듯 보이지만, 그렇게 믿는 것은 사실에 비추어 볼 때 거의 미친 짓에 가깝다. 정말로 미친 사람도 불과 얼음이 '하나'라고 여길 정도로 미친 것처럼 보이지 않으니 말이다. 그러한 차이를 분간하지 못할 정도로 미친 일부 사람들만 습관적으로 올바른 일과 올바른 것처럼 보이는 일 사이에서 헤맬 것이다.
>
> 하지만 레우키포스는 감각 지각과 조화를 이루고 생성과 소멸이나 운동과 사물의 다양성을 없애지 않을 이론이 있다고 생각했다. 그는 지각의 사실들에 맞추어 이러한 양보를 했다. 다른 한편 그는 일원론자들에게 빈 공간이 없으면 운동이 일어날 수 없다고 양보했다. 그 결과로 다음과 같은 이론을 세운다.

---

89 원자론자들이 제안한 이론들의 논리적, 수학적 근거에 대해서는 가스통 미요의 『그리스의 기하학 철학』, 4장을 보라.

90 아리스토텔레스, 『생성과 소멸에 관하여』, 325ª.

빈 공간은 **비존재**not-being이며, 존재what is의 어떤 부분도 **비존재**가 아니다. 왜냐하면 존재는 엄밀한 의미로 절대적으로 꽉 찬 것이기 때문이다. 그런데 이렇게 꽉 찬 것은 **하나**one만 있지 않고 수가 무한에 이를 만큼 **여럿**many인데, 크기가 아주 작아서 볼 수 없을 뿐이다. **여럿**은 빈 공간 속에서 (거기 빈 공간이 있기 때문에) 운동한다. 여럿이 합침으로써 **생성**coming-to-be이 일어나는 반면, 여럿이 분리됨으로써 **소멸**passing-away에 이른다. 더욱이 여럿은 **하나**가 아니기에 접촉할 기회가 올 때마다 작용을 가하고 작용을 받으며, 함께 모여 서로 뒤엉키면서 생성한다. 다른 한편 진정한 **하나**로부터는 결코 **다양성**multiplicity이 생겨날 수 없었으며, 진정한 여럿으로부터는 **하나**가 생길 수 없었을 것이다. 그것은 불가능한 일이다.

여기에는 누구나 동의한 하나의 논점이 있었다. 바로 꽉 찬 것plenum 속에서 운동이 일어날 수 없다는 것이다. 그런데 이러한 논점에 대해 모두 비슷한 오류를 범했다. 꽉 찬 것 속에서도, 그것이 언제나 존재했다면 **회전**cyclic 운동이 일어날 수 있다. 어떤 사물은 오직 빈 곳으로 움직여 들어갈 수 있을 뿐이며, 꽉 찬 것 속에 빈 곳이라곤 없다고 생각한 탓에 사람들은 오류에 빠졌다. 어쩌면 꽉 찬 것 속에서 결코 운동이 **시작**begin될 수 없다고 타당하게 주장할 수 있을지 몰라도, 그 안에서 운동이 결코 일어날 수 없다고 타당하게 주장할 수는 없다. 하지만 그리스인은 파르메니데스의 변하지 않는 세계를 묵인하든지 빈 공간을 허용해야 한다고 생각했던 듯하다.

이제 비존재에 반대한 파르메니데스의 논증은 빈 공간에 반대하는 논증으로서 논리적 관점에서 반박할 수 없어 보였으며, 아무것도 없는 듯 보이는 곳에 공기가 있다는 사실을 발견함으로써 더욱 강력해졌다(이것은 논리적 사고와 경험적 관찰을 구별하지 못하고 뒤죽박죽 혼합한 견해의 전형을 보여 준 흔한 사례다). 우리는 파르메니데스의 입장을 이렇게 대변할 수도 있다. "너는 빈 공간이 **있다**고 말하므로, 빈 공간은 아무것도 아닌 것이 아니다. 그러므로 빈 공간은 없다." 원자론자들은 이러한 논증에 **답변했다**고 말하기 어렵다. 그들은 그저 운동은 경험적 사실이므로, 이해하기 힘들더라도 빈 공간이 **반드시 있어야 한다**는 근거에 입각해 파르메니데스의 논증을 무시하자고 선언했을 따름이다.[91]

이후 위에서 말한 문제가 전개된 역사를 고찰해 보자. 논리상 난점을 피하게 해 줄 가장 분명한 첫째 방법은 **물질**matter과 **공간**space을 구별하는 것이다. 이러한 견해에 따르면 공간은 아무것도 아닌 것이 아니라 그릇의 특징을 가지며, 물질로 채워질 부분이 주어질 수도 있고 그렇지 않을 수도 있다. 아리스토텔레스는 『자연학』(208^{b})에서 이렇게 말한다. "빈 공간이 있다는 이론이 장소의 존재를 포함하는 까닭은 누구나 공간을 물체가 없는 장소로 정의할 것이기 때문이다." 이러한 견해를 최대한 명료하게 진술한 뉴턴은 절대 공간absolute space이 존재한다고 주장하고, 따라서 절대 운동과 상대 운동을 구별한다. 코페르니쿠스에 관한 논쟁에서 양측(이 사실을 거의 깨닫지 못했을지도 모르지만)이 이러한 견해를 수용한 까닭은, 그들이 '천체들이 동쪽에서 서쪽으로 회전한다'는 말과 '지구가 서쪽에서 동쪽으로 자전한다'는 말이 다르다고 생각했기 때문이다. 만일 모든 운동이 상대적으로 일어난다면, 앞에서 말한 두 진술은 그저 "존은 제임스의 아버지다"와 "제임스는 존의 아들이다"와 마찬가지로, 같은 것을 말하는 다른 방식에 지나지 않을 것이다. 그러나 만일 모든 운동이 상대적으로 일어나고 공간이 실체가 아니라면, 우리는 빈 공간에 반대하는 파르메니데스의 논증에 맞서야 하는 부담

---

91 베일리(『그리스 원자론자들과 에피쿠로스』, 75쪽)는 반대로 레우키포스가 '지극히 미묘한' 답변을 했다고 주장한다. 답변의 핵심은 물질적인 것이 아닌 어떤 것(빈 공간)의 실존을 인정하는 것이었다. 버넷도 유사한 점을 지적하며 이렇게 말하고 있다. "흔히 고대의 위대한 유물론자들이라고 여겨지는 원자론자들이 실제로 어떤 사물이 물체가 아니면서 현실에 존재할 수도 있다고 뚜렷하게 주장한 제1세대였다는 것은 기이한 일이다."

에서 벗어날 수 없다.

데카르트René Descartes(1596~1650)는 초기 그리스 철학자들과 똑같은 논증을 펼치는데, 연장延長, extension은 물질의 본질이므로 물질은 어디에나 존재한다고 주장했다. 그에게 연장은 속성을 나타내는 형용사이지 존재를 나타내는 명사가 아니다. 그러니까 연장을 갖는 실체는 물질이고, 연장은 그것을 갖는 실체 없이 존재할 수 없다는 말이다. 그에게 빈 공간은 행복을 느끼는 존재가 없는 행복만큼이나 불합리하다. 라이프니츠Gottfried Wilhelm Leibniz(1646~1716)도 약간 다른 근거로서 꽉 찬 공간이 존재한다고 믿었지만, 공간이 단지 관계들의 체계일 뿐이라고 주장했다. 이 주제를 둘러싸고 라이프니츠와 뉴턴 사이에 유명한 논쟁이 벌어졌는데, 뉴턴 측을 지지한 대표자가 클라크Samuel Clarke(1675~1729)였다. 두 사람의 논쟁은 아인슈타인Albert Einstein(1879~1955)의 시대까지 미결로 남았다가, 상대성 이론이 라이프니츠의 견해에 결정적 승리를 안겨 주었다.

현대 물리학자들은 지금도 물질이 어떤 의미로 원자라고 믿지만 빈 공간이 존재한다고 믿지는 않는다. 물질이 없는 곳에도 **어떤 것**, 특히 빛의 파동이 여전히 존재한다. 물질은 철학 분야에서 파르메니데스의 논증을 통해 획득한 당당한 지위를 더는 누리지 못한다. 물질은 불변하는 실체가 아니며, 그저 사건들이 무리를 짓는 방식일 따름이다. 어떤 사건들은 물체로 여겨지는 집합체들이고, 빛의 파동 같은 다른 사건들은 물체가 아니다. 세계를 채우는 **재료**stuff는 사건들이며, 사건은 제각기 짧은 기간 지속한다. 이렇게 보면 현대 물리학은 파르메니데스의 주장에 반대하고 헤라클레이토스 편에 선다. 그러나 아인슈타인과 양자 이론이 나타날 때까지 파르메니데스 편에서 있었다.

공간에 대한 현대적 견해에 따르면, 공간은 뉴턴이 주장했고 레우키포스와 데모크리토스가 주장해야 했던 실체나 데카르트가 생각했던 연장된 물체들의 형용사가 아니라, 라이프니츠가 주장했던 관계들의 체계다. 이러한 현대적 견해가 빈 공간의 존재와 양립할 수 있는지는 분명치 않다. 어쩌면 추상적 논리학의 문제로 접근하면, 그러한 견해와 빈 공간이 조화를 이룰지도 모르겠다. 우리는 어떤 두 사물 사이에 더 크거나 더 작은 일정한 **거리**distance가 존재하고, 거리는 중간에서 매개하는 것들의 존재를 함의한다고 말할지도 모른다. 하지만 이러한 관점은 현대 물리학에서는 소용없는 일이다. 아인슈타인 이후 거리는 **사물들**things이 아니라 **사건들**events 사이에 생기며 공간뿐만 아니라 시간과도 밀접한 관계를 맺는다. 거리는 본질적으로 인과성과 관련된 개념이지만, 현대 물리학에서는 원거리 작용을 인정하지 않는다. 하지만 이러한 견해는 모두 논리적 근거보다 오히려 경험적 근거에 기초한다. 게다가 현대 물리학의 견해는 미분 방정식을 사용하지 않고는 진술하기 어렵기 때문에 고대 철학자들은 이해할 수 없었을 것이다.

그리하여 원자론자들의 견해를 논리적으로 발전시킨 결과가 뉴턴의 절대 공간 이론이고, 절대 공간 이론은 비존재에 현실성reality을 부여하는 난점에 부딪히는 것처럼 보인다. 절대 공간 이론에 맞선 **논리적** 반론은 없지만, 주된 반론은 절대 공간을 전혀 알 길이 없으므로 경험 과학에 필수적 가설이 되기 어렵다는 주장이다. 더 쓸모 있는 반론은 물리학이 절대 공간 없이도 진척될 수 있다는 주장이다. 그러나 원자론자들의 세계는 논리적으로 여전히 가능하며, 고대의 다른 어떤 철학자가 내놓은 세계보다 실제 세계actual world와 흡사하다.

데모크리토스는 자신의 이론을 아주 자세하게 공들여 다듬었고, 세부 주장 가운데 몇몇은 아주 흥미롭다. 그는 각 원자에는 빈 공간이 없기 때문에 관통되지도 분할되지도 않는다고 주장했다. 칼로 사과를 자를 때, 사과에는 칼이 관통할 빈 공간이 있어야 한다. 만일 사과에 빈 공간이 없다면, 사과는 측정이 불가능할 정도로 단단해서 물리적으로 분할되지 않을 것이다. 원자는 제각기 내부에서는 아무런 변화도 일어나지 않아서, 사실상 파르메니데스의 일자라고 할 수 있다. 원자들이 유일하게 하는 일은 운동하다가 서로 부딪치는 일이며, 때로는 우연히 맞물릴 수 있는 모양이 되어 결합하기도 한다. 원자들의 모양은 여럿인데, 불은 구형의 작은 원자들로 이루어지며 영혼도 그렇다. 원자들은 충돌하면서 소용돌이 운동을 하고, 여기에서 물체들이 생겨나고 최후에는 세계가 형성된다.[92] 여러 세계가 존재하는데, 어떤 세계는 성장하고 어떤 세계는 파괴되어 간다. 어떤 세계에는 해도 달도 없을지 모르지만, 어떤 세계에는 몇 개씩이나 있을 수도 있다. 각 세계는 더 큰 세계와 충돌하면서 파괴될지도 모른다. 이러한 우주론은 셸리Percy Bysshe Shelley(1792~1822)의 시로 요약할 수도 있다.

세계 위에 세계가 언제까지나 돌고 있네.
창조에서 파괴로,
강물 위 물거품처럼
반짝이다 꺼지며 흘러 내려가네.

생명은 태곳적 진흙에서 생겨나 발전했다. 생물 안에는 어디에나 필요한 만큼 불의 요소가 깃들어 있지만, 뇌나 가슴에 가장 많다(이에 대해서는 권위자마다 의견이 다르다). 사유도 일종의 운동이기 때문에 그 밖의 다른 것에 운동을 일으킬 수 있다. 지각과 사유는 신체에서 일어나는 과정이다. 지각에는 두 종류가 있는데, 감각의 지각과 지성의 지각이다. 지성의 지각은 지각되는 사물에 의존할 뿐이지만, 감각의 지각은 감각에도 의존하므로 속기 쉽다. 데모크리토스는 로크처럼 따뜻함, 맛, 빛깔 같은 성질은 물체가 실제로

92 이러한 일이 일어나는 방식에 대해서는 베일리의 『그리스 원자론자들과 에피쿠로스』, 138쪽 이하를 보라.

「데모크리토스와 헤라클레이토스」, 피테르 파울 루벤스, 1603

갖지 않고 우리의 감각기관에서 비롯되는 반면에 무게, 밀도, 굳기 같은 성질은 물체가 실제로 갖는다고 주장했다.

데모크리토스는 철저한 유물론자였다. 이미 보았듯 데모크리토스에 따르면 영혼도 원자들로 구성되며, 사유도 신체에서 일어나는 과정이다. 우주에 목적이란 없으며, 기계적 법칙에 지배받는 원자들만 존재했다. 그는 대중의 인기를 모은 종교를 믿지 않았을 뿐만 아니라, 아낙사고라스가 운동의 근원으로 제시한 **정신**nous에 반대하는 논증을 펼치기도 했다. 그는 유쾌함을 인생의 목표로 생각하여, 온화한 마음가짐과 지적 활동을 목표에 이르는 최선의 수단으로 여겼다. 그는 폭력과 정념이나 열정이 관련되면 전부 혐오했다. 특히 성욕을 못마땅하게 여겼고, 성적 쾌락이 의식을 어지럽히기 때문이라고 말했다. 그는 우정의 가치는 인정했으나 여성을 혐오했으며, 아이들의 교육에 대해서는 철학에 방해가 된다는 이유로 호감을 갖지 않았다. 이러한 모든 점에서 그는 제러미 벤담과 흡사한데, 그리스 민주주의에 호의를 가진 점에서도 그렇다.[93]

데모크리토스는 적어도 내 생각으로는 그리스 철학자들 가운데 고대 후기와 중세 사상을 타락시킨 특이한 결점을 보이지 않은 마지막 철학자다. 우리가 지금까지 다룬 철학자들은 모두 세계를 이해하기 위해 사심 없이 노력했다. 그들은 세계를 이해하는 일을 실제보다 더 쉽게 생각했지만, 이러한 낙관주의가 없었던들 그들은 감히 시작할 엄두도 내지 못했을 것이다. 그들은 주로 당대의 편견을 그저 답습하지 않을 때는 언제나 진정으로 과학적 태도를 보였다. 그런데 그들은 **단지** 과학적 태도를 지닌 것이 아니라, 상상력이 넘치고 원기 왕성했으며 지적 모험에서 얻는 기쁨으로 충만했다. 그

93 데모크리토스는 "자유가 노예 상태보다 더 나은 만큼 민주주의 안에서 가난하게 사는 것이 전제 군주 치하에서 누리는 번영보다 더 낫다"고 말한다.

들은 일식과 월식, 물고기, 회오리바람, 종교, 도덕을 비롯한 모든 것에 흥미를 느꼈으며, 날카로운 지성과 아울러 아이들 같은 호기심도 지녔다.

이후 철학은 이전에 성취한 비길 데 없는 업적에도 불구하고 최초로 파멸의 씨앗이 몇 개 뿌려지고 나자 점차 타락했다. 데모크리토스 이후 가장 우수한 철학조차 우주보다 인간을 지나치게 강조하는 잘못을 저질렀다. 우선 소피스트들과 더불어 회의주의가 등장하는데, 이들은 새로운 지식을 얻으려고 하기보다 우리가 **어떻게** 알게 되는지에 대한 연구로 관심을 돌린다. 다음에는 소크라테스가 나타나 윤리를 강조하고, 플라톤은 스스로 창조된 순수한 사유의 세계를 지지하기 위해 감각 세계를 거부한다. 이후 아리스토텔레스는 목적이 과학에 필요한 기본 개념이라고 믿어 의심치 않는다. 플라톤과 아리스토텔레스는 천재성을 갖추었지만, 그들이 각각 구축한 개념 체계는 후대에 해악을 크게 미친 결점도 드러냈다. 그들의 시대 이후 철학의 활력은 사라지고, 점차 미신이 대중의 인기를 얻는 상황이 재연되었다. 가톨릭 정통 신앙Catholic orthodoxy이 승리를 거두면서 부분적이지만 새로운 사고방식이 출현했으나, 철학은 르네상스기에 이를 때까지 소크라테스 이전 철학자들의 활력과 독립성을 회복하지 못했다.

10.
프로타고라스

우리가 살펴본 소크라테스 이전 위대한 체계들은 기원전 5세기 후반 회의주의 운동에 직면했는데, 이 운동의 중심에서 활동한 인물이 바로 소피스트들Sophists의 수장 격인 프로타고라스다. '소피스트'란 말은 원래 나쁜 의미를 포함하지 않고, '교수'나 '교사'라는 말과 거의 비슷한 뜻으로 쓰였다. 소피스트는 실생활에 유용한 지식을 젊은이들에게 가르치며 수업료를 받아 살아가는 사람이었다. 교육을 위한 공공 기관이 전무한 상태에서 소피스트들은 사유 재산을 소유한 사람이나 사유 재산을 소유한 부모를 둔 사람들만 가르쳤다. 이로써 그들은 당시 정치 정세와 맞물려 점차 강해지던 계급적 편견을 갖기 쉬웠다. 아테네를 비롯한 다른 여러 도시에서 민주주의가 정치적으로 승리했는데도, 예전 귀족 가문에 속한 부유층의 재산이 줄어드는 일은 결코 없었다. 부유층이 주로 우리가 아는 그리스 문화를 구체적으로 실현했다. 그들은 교육을 받을 수 있었고 여유로운 생활을 즐겼다. 여행은 그들을 지배하던 전통적 편견의 기세를 무디게 해 주었으며, 토론에 열중하며 보낸 시간은 그들의 지력을 예리하게 다듬어 주었다. 민주정치가 노예 제도에 손을 대지 못했던 까닭은 노예 제도가 바로 부유층이 자유 시민 계층을 억압하지 않으면서 부를 향유할 수 있는 토대였기 때문이다.

하지만 여러 도시, 특히 아테네에서는 빈곤층 시민들이 부유층 시민들에게 이중으로 적개심을 표출하기 시작했는데, 하나는 선망에서 비롯된 것이고 다른 하나는 전통을 고수하는 데서 비롯되었다. 종종 부유층이 고대의 신앙을 전복시키고 민주주의를 파괴할 수도 있어 불경하고 부도덕하다고 정당하게 추정했다. 따라서 정치적 민주주의는 문화적 보수주의와 결합되었던 반면, 문화의 혁신을 추구한 사상가들은 정치적으로는 반동세력으로 취급받기 쉬웠다. 어느 정도 유사한 상황이 현대 미국사회에서도 벌어진다. 가톨릭 주요 단체 가운데 하나인 태머니파Tammany[94]는 계몽 진영의 비난에 대항하기 위해, 전통 신학 교리와 전통 윤리 신조를 방어하는 데 열을 올린다. 그런데 개혁 사상가들이 아테네보다 미국 내에서 정치적 힘이 미약한 까닭은 부유층과 제휴하는 데 실패했기 때문이다. 하지만 부유층을 변호하려는 관심과 더불어 대단한 지성 능력을 갖춘 중요한 계층이 바로 법인 변호사 계층이다. 그들이 맡은 **몇몇** 직무는 아테네에서 소피스트들이 수행하던 역할과 비슷하다.

아테네 민주주의는 노예와 여자를 배제한 점에서 심각한 한계를 지녔으나, 현대 민주주의 체제보다 더욱 민주적인 특징이 몇 가지 있었다. 배심원을 비롯한 대부분의 행정 관리는 추첨으로 선출되었으며, 짧은 기간 직무를 이행했다. 이렇게 뽑힌 사람들은 오늘날의 배심원처럼 보통 시민들로서, 보통 시민들의 편견을 고스란히 지닌 데다 전문성도 갖추지 못했다. 대체로 소송을 참관하는 배심원들은 다수였다. 원고와 피고나 기소자와 피의자는 직업적 변호사를 동반하지 않고 개인 자격으로 출두했다. 당연히 소송에서 이기고 지는 결과는 대중적 편견에 호소하는 웅변술에 좌우되었다. 소송 관련자는 스스로 변호하는 연설을 해야 했지만, 자신을 위해 연설문을 써 줄

94 * 뉴욕의 태머니 홀을 본거지로 하는 민주당의 단체.

전문가를 고용할 수 있었다. 혹은 많은 사람이 선호했듯, 수업료를 지불하고 법정에서 이기는 데 필요한 기술을 배울 수 있었다. 소피스트들이 바로 그러한 기술을 가르쳤다.

아테네 역사에서 페리클레스 시대가 차지하는 비중은 영국 역사에서 빅토리아 왕조 시대가 차지하는 비중과 유사하다. 아테네는 부유했고 잦은 전쟁으로 곤란을 겪지 않을 만큼 강했을 뿐만 아니라 귀족 계급이 다스리는 민주 제도를 갖추고 있었다. 우리가 아낙사고라스를 다룬 부분에서 이미 알아보았듯, 민주주의는 지지하지만 페리클레스에게 적대감을 표출하던 정적들의 힘이 점차 커지면서 페리클레스의 측근들이 한 사람씩 공격을 받았다. 펠로폰네소스 전쟁이 기원전 431년[95] 일어났을 무렵, 아테네(다른 여러 도시와 마찬가지로)에 역병이 퍼져 많은 사람들이 희생되었다. 그리하여 약 23만 명에 이르던 인구가 대폭 감소해, 다시 이전 수준을 회복하지 못했다 (베리, 『그리스의 역사』, 1권, 444쪽). 페리클레스는 스스로 장군의 직위에서 물러난 데 이어 공금을 횡령한 죄목으로 벌금형을 선고받았지만 곧 복권되었다. 이후 적자로 태어난 두 아들이 역병으로 죽었고, 이듬해(기원전 429년)에 그도 세상을 떠났다. 페이디아스와 아낙사고라스는 탄핵되었고, 아스파시아는 불경하고 문란한 가정생활을 했다는 이유로 기소되었지만 기각되어 풀려났다.

아테네 사회에서 민주주의를 지지하는 정치가들의 눈 밖에 날 처지에 있던 자라면 누구나 법정 변론 기술을 당연히 배우고 싶었을 것이다. 아테네가 현대 미국사회보다 덜 편협해 보이는 한 가지는, 불경하다거나 젊은이를 타락시켰다는 이유로 기소된 자에게도 자신을 변호하고 항변할 기회를 주었다는 것이다.

---

95 전쟁은 기원전 404년에 아테네의 완전한 패배로 끝이 났다.

이는 소피스트들이 한 계급에게는 인기를 얻었으나 다른 계급에게는 인기를 얻지 못했던 사실을 설명해 준다. 그러나 그들은 스스로 더욱 객관적인 목적에 이바지한다고 생각했으며, 다수가 진심으로 철학에 관심이 있었다는 사실도 분명하다. 플라톤은 소피스트들을 풍자하고 비방하는 데 몰두했지만, 그가 제기한 반론만 보고 소피스트들을 판단해서는 안 된다. 이제 플라톤이 『에우티데모스』에서 소피스트를 가볍고 재치 있게 풍자한 구절을 인용해 보자. 여기서 두 소피스트, 바로 디오니소도로스와 에우티데모스는 클레시포스라는 어수룩한 사람을 당황하게 만든다. 디오니소도로스는 이렇게 말한다.

"자네, 개가 한 마리 있다지?"
"네, 말썽쟁이 녀석이 하나 있습니다"라고 클레시포스가 말했다.
"개에게 강아지들이 있는가?"
"네, 강아지들이 개와 아주 비슷하게 생겼습니다."
"자네의 개가 강아지들의 아비겠군."
"네, 그 녀석과 강아지들의 어미가 교미하는 걸 제가 분명히 보았지요"라고 그는 말했다.
"개는 자네 식구인가?"
"물론 그렇습니다."
"그러면 자네의 개는 아비이고, 자네 식구지. 그러므로 자네의 개는 자네의 아버지이고, 강아지들은 자네의 형제들이겠군."

더욱 진지하게 소피스트들을 비판한 대화편 『소피스트』를 보자. 여기서 정의definition가 무엇인지 밝히기 위해 논리적으로 토론하는데, 소피스트를 사례로 들어 설명한다. 현재로서는 『소피스트』의 논리를 따져 볼 생각이 없으며, 당장 언급하고 싶은 대목은 마지막 결론뿐이다.

"모순을 만드는 기술은 우쭐대며 흉내를 내고 겉모습을 꾸미는 불성실한 태도에서 유래하고, 인상 만들기에서 파생하며, 허황된 언어의 유희를 보여 주는 연출의 일부로서 두드러지게 신성하지 못한 인간적 특징이다. 이것이 바로 명실상부한 소피스트 혈통의 특징이며 사실에 정확히 부합한다(콘퍼드의 번역 인용)."

대중의 사고 속에서 소피스트와 법정이 어떻게 관련되는지 보여 주는 프로타고라스에 대한 이야기가 전해지는데, 물론 전거는 의심스럽다. 프로타고라스가 한 젊은이를 가르쳤는데, 젊은이에게 첫 소송에서 이기면 수업료를 받고 지면 받지 않겠다는 조건을 걸었다고 한다. 젊은이의 첫 소송은 자신의 수업료를 돌려받기 위해 프로타고라스를 상대로 제기한 소송이었다고 전한다.

서론은 여기서 마치고, 프로타고라스에 대해 실제로 알려진 바를 알아보도록 하자.

프로타고라스Protagoras(기원전 485년경~414년경)는 기원전 500년경에 데모크리토스가 출생한 도시 압데라에서 태어났다. 그는 두 번 아테네를 방문했으며, 두 번째 방문 시기가 기원전 432년보다 더 늦지는 않았다. 그는 기원전 444년에서 443년 사이에 그리스 남부의 도시국가 가운데 하나인 투리Thurii에서 법전을 편찬했다. 프로타고라스가 불경죄로 기소된 적이 있다는 말이 전하여 내려오지만, 사실은 아닌 듯하다. 그는 『신들에 관하여*On the Gods*』라는 저술의 서두에서 이렇게 말한다. "나는 신들이 존재하는지 존재하지 않는지, 어떤 모습인지에 대해 확신할 수 없다. 신들에 대해 확실한 지식을 얻지 못하게 만드는 여러 가지 사정이 있기 때문인데, 신에 관한 주제는 모호하고 인생은 짧다."

프로타고라스가 두 번째로 아테네를 방문한 상황은 플라톤의 『프로타고라스』에서 다소 풍자적으로 묘사되는데, 프로타고라스의 학설은 『테아이테토스』에서 진지하게 논의된다. 그는 주로 "인간은 만물의 척도, 곧 존재하는 것들에 대해서는 존재한다는 척도이고 존재하지 않는 것들에 대해서는 존재하지 않는다는 척도다"라는 학설로 주목받는다. 이것은 사람이 **제각기** 만물의 척도며, 사람들의 의견이 다를 때 한 사람이 옳고 다른 사람은 그르게 만드는 객관적 진리는 존재하지 않는다는 말이다. 프로타고라스의 학설은 본질적으로 회의주의이고, 감각의 '속기 쉬운 성질'에 근거한다.

실용주의pragmatism를 창시한 세 사람 가운데 실러Ferdinand Canning Scott Schiller(1864~1937)[96]는 자신을 프로타고라스의 제자라 부르는 버릇이 있었다. 내 생각에 이것은 플라톤이 『테아이테토스』에서 어떤 의견이 다른 의견보다 **더 참될**truer 수는 없지만 **더 나을**better 수 있다고 해석했기 때문이다. 예컨대 황달에 걸린 사람에게는 모든 것이 노랗게 보인다. 사물이 진짜로 노랗지 않으며, 사물의 빛깔은 건강한 사람이 보는 색이라고 말해 보아야 소용없는 일이다. 그렇지만 우리는 건강이 질병보다 더 낫기 때문에 건강한 사람의 의견이 황달에 걸린 사람의 의견보다 더 낫다고 말할 수 있다. 바로 이러한 관점이 실용주의와 유사하다.

객관적 진리를 불신하게 되면 무엇을 믿어야 하는지는 다수가 결정하게 된다. 따라서 프로타고라스는 법과 관습과 전통 도덕을 옹호한다. 이미 보았듯 그는 신들이 존재하는지 존재하지 않는지 알 수 없는 반면, 신들이 숭배를 받아 마땅하다고 확신했다. 이것은 분명히 이론적 회의주의를 철저하고 논리적으로 고수한 사람이 지닐 만한 올바른 관점이다.

프로타고라스는 성년기 삶을 그리스의 여러 도시국가를 두루 돌며 일종

---

96 * 독일계 영국 철학자로 미국 대학교에서 철학을 가르쳤다. 실러의 철학은 윌리엄 제임스의 실용주의와 유사했지만, 실러는 자신의 철학을 인본주의humanism라고 칭했다.

의 종신 강의 여행을 하며 보냈는데, "실생활에 필요한 능력을 기르고 수준 높은 정신훈련을 받고 싶어 하는 자라면 누구든" 수업료를 받고 가르쳤다 (첼러, 『그리스 철학사』, 1299쪽). 플라톤은 소피스트들이 (현대식으로 표현하자면) 신사인 체하며 돈을 받고 가르친 행동을 마땅찮게 여기며 비난한다. 플라톤은 충분한 사유재산을 소유했기에, 자신처럼 행운을 타고나지 못한 사람들에게 필요한 것이 무엇인지 깨닫지 못한 듯하다. 오늘날 어떤 이유로도 봉급을 거절하지 않는 대학 교수들이 플라톤의 비난을 자주 답습하는 것은 정말로 기이한 일이다.

그런데 소피스트들이 당대 대부분의 철학자들과 다르게 평가되는 논점이 하나 더 있었다. 소피스트들을 제외한 철학 스승들은 흔히 일종의 형제애로 뭉친 학파를 세웠다. 수가 많든 적든 학원에서 공동생활을 했기 때문에 많은 경우 수도원의 규칙서와 닮은 규칙을 만들어 지키게 했다. 으레 대중에게 공개되지 않고 비밀스럽게 전하는 학설도 있었다. 이러한 특징은 모두 철학이 오르페우스교에서 비롯된 경우에 당연히 나타나는 현상이었으나, 소피스트들에게는 전혀 나타나지 않았다. 그들이 가르쳐야 한다고 생각한 지식은 종교나 덕과 관련이 없었다. 그들은 논쟁술이나 논쟁술에 도움이 되는 지식을 가르쳤다. 대체로 그들은 오늘날의 변호사들처럼 어떤 의견에 대해서든 찬성하거나 반대하며 논증하는 방법을 보여 줄 채비는 갖추었으나, 자신들이 이끌어 낸 결론을 실제로 지지할 것인지에 대해서는 신경 쓰지 않았다. 철학을 삶의 방식으로서 종교와 밀접하게 연결한 사람들에게는 당연히 충격을 안겨 주었을 터다. 그들에게 소피스트들은 경박하고 부도덕한 자들로 보였다.

소피스트들이 일반 대중뿐만 아니라 플라톤과 뒤를 이은 철학자들에게 불러일으킨 반감은, 어느 정도인지 정확히 알 수 없으나 소피스트들의 지적 우수성에서 비롯되었다. 전심전력을 다해 진리를 추구하다 보면 도덕적 고려를 무시할 수밖에 없다. 그러니까 우리는 특정한 진리가 주어진 사회에서 덕성을 높이고 교화하는 역할을 하게 되리라는 점을 미리 알 수 없다는 말이다. 소피스트들은 논증이 그들을 어디로 이끌든 따라갈 준비가 되어 있었다. 그들은 논증을 따라가다가 종종 회의주의에 빠지기도 했다. 소피스트 가운데 고르기아스Gorgias(기원전 약 487~376)는 이렇게 주장했다고 전한다. "아무것도 실존하지 않고, 어떤 것이 실존하더라도 그것은 알려질 수 없으며, 그것이 실존하고 어떤 사람에게 알려질 수 있더라도 그는 그것을 다른 사람에게 결코 전달할 수 없을 것이다." 논증이 있는 그대로 어떠했는지 알 수 없으나, 나는 고르기아스의 논증에 반대자들이 교화edification에서 도피처를 찾을 수밖에 없도록 만든 논리적 힘이 있었음을 쉽게 상상할 수 있다. 플라톤은 늘 자신이 생각한 덕을 사람들에게 함양할 견해를 지지하는 데 관심을 가졌다. 플라톤이 지적으로 정직하지 않은 까닭은 학설을 사회적 귀결과 연관시켜 판단하기 때문이다. 이것에 관해서도 그는 정직하지 못하다. 그는 논증을 전개하면서 순수한 이론적 표준에 따라 판단하는 척하지만, 사실은 덕을 함양하는 결론에 이르도록 논의를 왜곡한다. 이렇게 플라톤이 철학에 끌어들인 악습은 이후로도 지속적으로 나타났다. 그의 대화편 여기저기에 나타나는 악습은 아마 소피스트들에 대한 과장된 적대감에서 비롯되었을 공산이 크다. 플라톤 이후 모든 철학자들이 지닌 결함 가운데 하나는, 윤리적 탐구를 할 때 도달해야 할 결론을 이미 안다고 가정한다는 점이다.

기원전 5세기 말엽에 아테네에는 동시대 사람들에게 부도덕하게 보였고 오늘날 민주주의 국가에서도 그렇게 보일 만한 정치 학설을 가르친 자들이 많았던 모양이다. 『국가*Politeia*』 1권에서 트라시마코스는 강자의 이익 말고 정의란 없고, 강자의 이익을 위해 국가 조직이 법을 만들기 때문에, 권력 다툼을 벌일 때 사심 없이 호소할 객관적 기준은 없다고 주장한다. 플라톤(『고르기아스*Gorgias*』에서)에 따르면 칼리클레스가 유사한 학설을 주장했다. 칼리클레스는 자연법은 강자의 법이지만, 편의를 위해 인간이 강자의 힘을 제한할 제도와 도덕규범을 확립했다고 말했다. 이러한 학설은 고대보다 오늘날 우리 시대에 이르러 찬성하는 무리가 더 많아져 널리 퍼졌다. 그러한 학설에 대해 어떻게 생각하든 소피스트들의 전형적 특징은 아니다.

기원전 5세기 동안 소피스트들이 변화를 일으키는 데 어떤 역할을 했든, 아테네 사람들은 무너져 가는 정통 신앙을 우둔하고 잔혹하게 방어하려는 노력과 갈등을 빚으면서 청교도처럼 단순한 사람들에서 약삭빠르고 잔혹한 냉소주의자들로 변신했다. 기원전 5세기 초 아테네는 페르시아에 맞선 이오니아 도시국가들을 이끌어 승리를 거두고, 기원전 490년에는 마라톤 전투에서 승리한다. 기원전 5세기 말 아테네는 404년에 스파르타에게 패배하고, 399년에 소크라테스에게 선고된 사형을 집행한다. 이후 아테네는 정치적 측면에서 더는 중요한 자리를 차지하지 못했으나, 문화적 측면에서 최고 지위를 확실하게 누리며 군림했다. 아테네의 문화적 지위는 그리스도교가 승리를 거둘 때까지 유지되었다.

기원전 5세기에 아테네 역사 가운데 어떤 점은 플라톤이나 이후 전개된 모든 그리스 사상을 이해하는 핵심이다. 제1차 페르시아 전쟁에서 최고 영예는 아테네인에게 돌아갔는데, 아테네가 마라톤 전투에서 당당히 승리했기 때문이다. 10년이 지나 제2차 페르시아 전쟁에서 아테네인은 해상에서 여전히 그리스 최고의 지위를 누렸지만, 지상에서는 주로 스파르타인이 승리를 거두어 그리스 세계의 지배자로 공인되었다. 하지만 스파르타인은 시야가 매우 좁고 자기 나라에만 한정된 생활을 했기 때문에 페르시아인이 유럽 그리스 지역에서 쫓겨나자 그들과 더는 대적하지 않았다. 그리하여 아테네가 아시아 지역 그리스인의 승리를 이끌고 페르시아에게 정복당했던 여러 섬들을 해방시키는 대업을 이루어 냈다. 이를 계기로 아테네는 해상권을 장악하고 이오니아의 여러 섬에 대해 상당한 제국주의적 지배권을 획득했다. 온건한 민주주의자이자 제국주의자였던 페리클레스의 지도력 아래 아테네는 번성했다. 지금도 유적지로 남아 아테네의 영광을 빛내 주는 거대한 신전들은 크세르크세스가 침입했을 때 파괴된 신전을 페리클레스의 주도로 재건한 것이었다. 도시는 급속하게 부를 늘렸고 문화도 성장했으며, 이러한 때에 늘 그렇듯 특히 부가 해외 무역에서 기인할 때 전통 도덕과 신앙은 쇠퇴한다.

기원전 5세기 동안 아테네에 비범한 재능을 가진 천재들이 많았다. 위대한 극작가 아이스킬로스, 소포클레스, 에우리피데스는 모두 기원전 5세기에 활동했다. 아이스킬로스는 마라톤 전투에 참가해 싸웠으며 살라미스 해전을 목도했다. 소포클레스는 여전히 정통 종교를 존중했으나, 에우리피데스는 프로타고라스와 당대 자유사상의 영향을 받아 신화를 회의적 시각으로 다루며 타도하고자 했다. 희극 시인 아리스토파네스Artistophanes(기원전 450년경~388년경)는 소크라테스와 소피스트들, 철학자들을 싸잡아 풍자했으나, 자신이 풍자한 사람들의 무리에 속한 인물이었다. 플라톤은 『향연 *Symposium*』에서 아리스토파네스를 소크라테스와 아주 친한 사이로 묘사했다. 이미 보았듯 조각가 페이디아스는 페리클레스가 주도한 무리에 속했다.

기원전 5세기에 아테네인은 지성 분야보다 오히려 예술 분야에서 탁월한 업적을 남겼다. 소크라테스를 제외하면 위대한 수학자나 철학자 가운데 아테네 출신은 한 사람도 없었다. 그러나 소크라테스는 저술가가 아니라 구술 토론에 전념한 철학자였다.

기원전 431년에 펠로폰네소스 전쟁이 터지고, 기원전 429년에 페리클레스가 세상을 떠나면서 아테네 역사에 어두운 그림자가 드리워졌다. 아테네는 해상에서 우세한 반면, 스파르타는 지상에서 패권을 장악했다. 이어 그해 여름 동안 스파르타가 아티카 지역(아테네를 제외하고)을 점령하게 되면서, 아테네는 수많은 피난민으로 가득한 데다 역병까지 퍼져 심한 타격을 입었

「페리클레스의 장례 연설」, 필리프 폰 폴츠, 1852

다. 기원전 414년에 아테네인은 스파르타와 동맹을 맺은 시라쿠사Siracusa[97]를 점령하기 위해 시칠리아에 대규모 원정대를 파견했으나 실패했다. 아테네인은 전쟁을 겪으면서 사나워졌고 박해를 일삼았다. 기원전 416년에 그들은 멜로스섬을 정복했을 때 징병 연령대의 남자들을 모두 학살하고 나머지 주민들을 노예로 삼았다. 에우리피데스의 『트로이아 여인들*Troiades*』은 당대 야만적 행위에 맞선 저항 정신을 담고 있다. 이러한 갈등에 이념적 대립도 한몫을 했는데, 스파르타가 과두정치를 지키는 투사였다면 아테네는 민주정치를 지키는 투사였기 때문이다. 아테네 시민들이 아테네 귀족층의 정치적 배신을 의심할 만한 이유도 있었는데, 기원전 405년에 아이고스포타미 전투에서 패한 것이 귀족층의 배신행위 탓이라는 소문이 일반 시민 사이에 퍼졌다.

전쟁이 끝나자 스파르타는 아테네에 30인 참주정치로 알려진 과두 정권을 세웠다. 30인 가운데 수장 격인 크리티아스를 포함한 몇 사람은 소크라테스의 제자들이었다. 그들은 당연히 인기를 얻지 못했으며 1년도 못 가서 타도되었다. 스파르타의 승인으로 민주정치는 회복했으나, 격분에 사로잡힌 빛바랜 민주주의였다. 아테네 민주정치는 특별사면을 통해 내부 정적들끼리 정면으로 맞서 보복하는 것을 막았으나, 서로 기소하기 위해 온갖 구실을 지어내곤 했다. 이러한 정세 속에서 소크라테스는 아테네 법정에 기소되어 사형선고를 받고 죽었다(기원전 399년).

97 * 고대 그리스 시칠리아의 도시국가로, 펠로폰네소스 전쟁 동안 아테네의 오랜 포위 공격(기원전 415~413)을 견뎌 냄으로써 아테네 침략군을 시칠리아섬에서 몰아내고 아테네의 지배력을 약화시켰다.

제2부
소크라테스, 플라톤, 아리스토텔레스

11.
소크라테스

소크라테스Socrates(기원전 469~399)는 역사가들이 다루기 어려운 인물이다. 철학사에는 조금밖에 알려지지 않은 사람이 여럿 존재하며 많이 알려진 사람도 있다. 그런데 소크라테스는 우리가 조금 아는지 많이 아는지부터 불확실하다. 그는 틀림없이 아테네의 중간 계층 시민이었고, 일생을 논쟁하며 보냈으며 젊은이들에게 철학을 가르쳤으나 소피스트들과 달리 돈을 받지 않았다. 그는 확실히 재판을 받았고 그에게 사형선고가 내려졌으며, 기원전 399년에 대략 70세에 사형이 집행되었다. 아리스토파네스가 『구름』에서 풍자적으로 묘사한 내용을 보면, 소크라테스가 아테네의 유명 인사였다는 점도 의심할 여지가 없다. 그러나 이 지점을 넘어서게 되면 모든 것이 논란의 대상이 되고 만다. 소크라테스의 두 제자, 바로 크세노폰과 플라톤은 스승에 관해 방대한 저술을 남겼으나, 소크라테스에 대해 전혀 다르게 이야기한다. 버넷은 그들의 의견이 일치할 때조차 크세노폰이 플라톤의 저술을 베꼈다고 해석했다. 두 사람의 의견이 일치하지 않을 때, 어떤 이는 크세노폰을 믿지만 다른 이는 플라톤을 믿고, 또 어떤 이는 둘 다 믿지 않는다. 이러한 위험천만한 논쟁 속에서 나는 어느 쪽에 가담하는 모험을 하지 않겠지만 다양한 관점을 간략히 설명하려 한다.

우선 크세노폰Xenophon(기원전 431년경~350년경)에 대해 알아보자. 그는 군인 출신으로서 뛰어난 지력을 타고나지 못했을 뿐만 아니라 시야도 관습에 얽매인 답답한 인물이었다. 크세노폰은 소크라테스가 불경하며 젊은이를 타락시킨다는 죄목으로 고발당한 현실에 고통스러워하면서, 기소장의 내용과 정반대로 주장한다. 소크라테스는 신앙심이 깊기로 유명했으며, 그의 명망을 듣고 모여든 사람들에게 건전하고 유익한 영향만 끼쳤다고 전한다. 이러한 변호가 지나친 까닭은 당시 아테네 시민들이 소크라테스에게 보인 적대감을 설명해 주지 못하기 때문이다. 이에 대해 버넷(『탈레스에서 플라톤까지』, 149쪽)은 이렇게 평한다. "크세노폰은 소크라테스를 변호하는 데 지나치게 성공했다. 소크라테스가 그러한 사람이었다면 사형을 당하는 일도 없었을 것이다."

크세노폰은 실제로 일어나지 않은 이야기를 꾸며 낼 만큼 지력이 뛰어나지 않았다는 이유로, 그가 말한 내용을 모두 사실로 여기는 풍조가 퍼졌다. 이것은 한마디로 타당하지 않은 논증이다. 총명한 사람의 말을 우둔한 사람이 전하게 되면 도무지 정확하게 전달할 수 없다. 왜냐하면 우둔한 사람은 자신이 들은 내용을 무의식적으로 자신이 이해할 수 있게 바꾸어 말하기 십상이기 때문이다. 나는 철학을 전혀 이해하지 못하는 친구보다 차라리 철학자들 가운데 나를 가장 호되게 비판하는 철학자가 나의 사상을 전달해 주기를 바란다. 그러므로 철학의 어려운 논점을 포함하든 소크라테스가 부당하게 유죄판결을 받았음을 입증하는 논증의 일부든 크세노폰이 한 말을 액면 그대로 수용해서는 안 된다.

그렇더라도 크세노폰이 소크라테스에 대해 회상한 일부 내용은 충분히 설득력이 있다. 크세노폰은 (플라톤도 말하듯이) 소크라테스가 유능한 사람을 권력자로 만드는 문제에 얼마나 끊임없이 몰두했는지 전한다. 소크라테스는 "내가 구두를 수선하고 싶다면 누구를 고용해야 하는가?"라는 식으로 질문한다. 이 질문에 영리한 청년이 "소크라테스 님, 그야 구두장이지요"라고 대답한다. 이어서 목수와 구리 세공인 등에 대해 질문하고, 마지막으로 "국가라는 배는 누가 고쳐야 하는가?"라고 질문을 던진다. 30인 참주정치와 갈등을 빚을 무렵의 일이다. 소크라테스 문하에서 공부한 적이 있어 그를 잘 알던, 참주들의 수장인 크리티아스Critias는 소크라테스에게 젊은이들을 가르치지 말라고 위협하며 이러한 말을 덧붙였다고 한다. "당신의 구두장이, 목수, 구리 세공인 이야기도 이젠 그만두는 게 더 나을 거요. 당신이 거기서 전한 내용을 보면, 지금까지 우려먹을 대로 우려먹어 더는 전달할 가르침도 없을 것이오(크세노폰, 『소크라테스 회상*Memorabilia*』, 1권 2장)."

크세노폰이 전한 사건은 펠로폰네소스 전쟁이 끝나고 스파르타가 잠시 아테네를 지배한 참주정권 시절에 일어났다. 그러나 아테네를 지배한 정치형태는 대부분 민주주의였는데, 장군들마저 추첨으로 선출할 정도였다. 소크라테스는 장군이 되고 싶어 하는 청년을 만나면, 그에게 전술을 배우라고 설득했다. 청년이 충고대로 바로 가서 단기 전술 교육과정을 밟고 돌아오자, 소크라테스는 비꼬는 식으로 몇 마디 칭찬하는 말을 던지고 상위 교육과정에서 더 배우라고 돌려보냈다(크세노폰, 『소크라테스 회상』, 3권 1장). 다른 청년에게는 재무 원리를 배우도록 설득했다. 그는 국방장관을 비롯한 여러 사람을 그렇게 계획에 따라 가르치려 했다. 그런데 당시 아테네 정권은 소크라테스가 불만스럽게 여긴 악습vices을 고치기보다는 오히려 헴록hemlock[98]을 마시게 하여 그를 침묵하도록 만드는 것이 더 쉽다고 여긴 모양이다.

플라톤이 소크라테스에 대해 설명한 경우에 크세노폰과 전혀 다른 난점이 발생하는데, 플라톤이 말한 어디까지가 역사 속의 인물 소크라테스를 그

98 * 미나리과의 독초로 소크라테스가 사형 집행 과정에서 마신 독약의 재료다.

린 것인지, 어디까지가 대화편들 속에 나온 소크라테스를 그저 플라톤 자신의 견해를 대변한 인물로 삼은 것인지 좀처럼 판단하기 어렵다. 플라톤은 위대한 철학자이자 상상력이 풍부할 뿐만 아니라 문학적 재능이 탁월한 매력 넘치는 작가다. 아무도 그렇게 생각하지 않지만, 그는 대화편 속에 이어진 대화들이 자신이 기록한 그대로 일어난 듯 가장하는 무모한 짓은 결코 한 적이 없다. 어쨌든 초기 대화편의 대화는 전혀 가공된 느낌이 들지 않아 자연스러울 뿐만 아니라 등장인물들도 충분히 수긍할 수 있는 편이다. 플라톤은 바로 허구를 창작하는 작가로서 보여 준 탁월한 능력 때문에 역사가로서 지닌 재능을 의심받게 된다. 플라톤이 창작한 소크라테스는 일관성을 유지하면서도 비상하게 흥미를 자아내는 인물이어서 보통 사람의 능력으로는 도저히 지어낼 수 없다. 나는 플라톤이 완벽한 소크라테스를 지어**낼 수 있었다**고 생각하지만, 정말 그렇게 했는지는 물론 다른 문제다.

일반적으로 역사적 사건을 기록했다고 생각되는 대화편은 『소크라테스의 변론』[99]이다. 『변론』은 소크라테스가 재판에서 자신을 변호하며 연설한 내용으로 구성되는데, 물론 법정 속기 기록이 아니라 소크라테스의 재판이 벌어지고 몇 년이 지나서 플라톤이 기억한 내용을 문학적 기교로 다듬었다. 플라톤은 확실히 소크라테스의 재판에 출석했기 때문에 플라톤이 소크라테스의 연설을 기억하여 서술했으며, 의도 역시 대체로 역사를 기록하는 데 있었다고 보아야 공정한 평가일 듯하다. 한계는 있겠지만 『변론』을 통해 소크라테스란 인물을 꽤 명확하게 그려볼 수 있다.

소크라테스의 재판에 대한 주요 사실은 의심할 여지가 없다. 소크라테스는 "사악한 자이며 땅 아래에 있는 것과 하늘 위에 있는 것을 탐구하는 괴상한 사람이고, 나쁜 명분을 좋은 명분처럼 보이게 하는 기술에 능한 데다 그

99 * 이하 『변론 *Apologia*』이라고 한다.

소크라테스를 묘사한 벽화, 에페수스 박물관, 1~5세기경

런 기술을 다른 사람에게 가르치기까지 한다"라는 고소장에 따라 기소되었다. 소크라테스에 대한 적대감을 초래한 실제 이유는 그가 귀족층을 지지하는 당파와 연루되었을 것이라는 추측에서 비롯되었다. 그의 제자는 대부분 귀족 출신인 데다 권력자의 지위에 있던 일부 제자는 악독한 지배로 아테네 시민을 괴롭혔다. 그러한 근거도 당시 재판 결과에 대해 특별사면을 베풀었던 관례를 보면 분명치 않다. 배심원 가운데 다수가 소크라테스에게 유죄판결을 내렸으나, 그때 소크라테스도 아테네 법률에 따라 사형보다 낮은 형량을 제시할 기회가 있었다. 배심원은 피고에게 유죄판결을 내렸더라도 원고 측이 요구한 형량과 피고 측이 제시한 형량 가운데 어느 한쪽을 선택해야 했다. 재판부에서 수긍할 만한 적당한 형량을 제시하면 소크라테스에게 유리했다. 하지만 소크라테스는 30미나mina[100] 벌금형을 제시했고, 그의 친구 몇 사람(플라톤을 비롯해)이 기꺼이 보증을 섰다. 이것이 너무 가벼운 처벌이어서 배심원들이 분노했고, 그 결과 실제로 유죄판결을 내리지 않았을 배심원까지 자극하여 사형을 선고했던 것이다. 틀림없이 그는 재판 결과를 미리 알고 있었다. 당시 재판부가 허용한 특권에 따라 사형을 면하려 하지 않았다는 점도 분명한데, 특권을 이용하면 자신의 유죄를 인정하는 것처럼 보일 수도 있었기 때문이다.

소크라테스를 기소한 자들은 민주주의 당파에 속한 아니토스Anytos, '머리카락을 길게 늘어뜨리고 수염은 듬성듬성한 데다 매부리코가 두드러진 세상에 알려지지 않은 젊은' 비극 시인 멜레토스Meletos, 우중충하고 모호한 웅변가 리콘Lykon이었다(버넷, 『탈레스에서 플라톤까지』, 180쪽). 이들은 소크라테스가 국가에서 받드는 신들을 숭배하지 않고 다른 신을 새로 들여와 젊은 이들에게 가르쳤기 때문에 유죄라고 주장했다.

---

100 * 고대 그리스의 화폐 단위로, 1미나는 약 4파운드에 해당한다.

플라톤이 창작한 소크라테스와 실제 소크라테스의 관계를 따지는 문제는 어차피 해결할 수 없을 테니 더 고생할 필요 없이, 플라톤이 전하는 대로 소크라테스의 답변을 들어 보기로 하자.

소크라테스는 그를 기소한 자들의 웅변을 꾸짖고 자신에게 적용된 고소 내용을 조목조목 반박한다. 그는 자신이 할 수 있는 웅변은 진실을 말하는 것뿐이라고 말한다. 또 "때에 알맞은 법정 용어나 관용구로 꾸며진 정식 연설"[101]을 하지 않고 평소처럼 말하더라도 화내지 말고, 70세가 되도록 법정에 단 한 번도 출두한 적이 없으니 법정 변론의 형식에 맞추어 말하지 않더라도 관대하게 봐달라고 당부한다.

이어서 그는 자신을 법정에 고발한 자들 말고도 비공식적으로 비난하는 자들이 더 많은데, 이들은 배심원들이 어렸을 적부터 "동일한 소크라테스이자 동일한 현자에 대해, 하늘 위에 있는 것에 관해 사색하고 땅 아래 있는 것을 탐구하며, 나쁜 명분을 좋은 명분처럼 보이게 한다는 소문을 퍼뜨리며 돌아다녔다"고 말한다. 그는 바로 그렇게 소문을 퍼뜨리는 자들이 신들의 존재를 믿지 않는다고 생각한다. 여론을 등에 업은 이러한 해묵은 비난이 공식적 고발보다 더 위험하며, 아리스토파네스[102]를 제외하면 그렇게 비난한 자들이 누구인지조차 모르기에 더욱 위험하다. 소크라테스는 사람들이 자신에게 적의를 품게 된 더 해묵은 동기를 밝히면서, 자신은 과학자가 아니라고 지적하며 이렇게 말한다. "나는 물질에 대한 사색에 전혀 관심이 없습니다." 자신은 교사가 아니므로 가르친 대가로 돈을 받지 않는다고 말한다. 이어서 소피스트들은 그들이 공언한 지식을 가질 수 없다고 조롱한다. 그러면서 "나 소크라테스는 어찌하여 현자로 불리게 되었으며 세간의 악평

101 플라톤의 책에서 인용한 것인데, 자우엣Benjamin Jowett(1817~1893)의 번역을 사용했다.

102 『구름』에서 소크라테스는 제우스의 존재를 부정하는 인물로 묘사되어 있다.

을 얻게 되었는가?"라고 묻는다.

일찍이 델포이 신전에 소크라테스보다 더 지혜로운 자가 있는지 물었더니 더 지혜로운 자는 없다는 신탁이 나왔다고 말한다. 소크라테스는 자신은 아무것도 모르는데 신이 거짓말을 할 리는 없기 때문에 무척 당황했다고 고백한다. 그래서 그는 신의 잘못을 입증할 수 있는지 알아보려고, 지혜롭다고 소문난 사람들을 찾아 돌아다닌다. 먼저 어떤 정치가를 찾았는데, 정치가는 '여러 사람이 지혜롭다고 생각하지만 자기 자신이 더 지혜롭다고 생각하는' 자였다. 소크라테스는 곧 정치가가 지혜롭지 않음을 알아차리고 단호한 어조로 친절하게 설명해 주었는데, "그 결과 정치가들이 나를 증오하게 되었다"고 말한다. 다음에 그는 시인들을 찾아가서 시에 들어 있는 구절을 설명해 달라고 청하지만, 그들은 설명해 줄 수 없었기에, "그때 나는 시인들이 지혜가 아니라 비범한 재능과 영감으로 시를 쓴다는 사실을 알았다"고 말한다. 다음에는 장인들을 찾아갔으나 똑같이 실망했을 뿐이었다. 그렇게 찾아다니면서 위험한 적들이 많이 생겼을 것이라고 말한다. 마지막으로 그는 이렇게 결론을 내린다. "오로지 신만이 지혜롭습니다. 신은 신탁을 통해 인간의 지혜란 가치 없다는 점을 보여 주려 합니다. 소크라테스에 대해 말한 것이 아니라 단지 나의 이름을 사례로 써서 이렇게 말하려 했던 것뿐입니다. 오, 인간들이여, 소크라테스처럼 자신의 지혜가 사실은 가치 없다는 것을 아는 자가 바로 가장 지혜로운 자라고 말입니다." 소크라테스는 지혜를 사칭하는 자들의 거짓을 폭로하는 일에 일생을 바쳤기 때문에 절대 빈곤 속에서 살았지만, 신탁을 입증하며 살아야 한다는 의무감을 더 중시했다.

소크라테스는 부유층 젊은이들이 많지는 않아도 사람들의 과오를 드러내 보이는 그의 논쟁을 즐겨 경청하고 본받아 비슷하게 행동하다 보니, 그를 적대하는 사람들의 수가 점점 많아졌다고 말한다. "그들은 자신의 지식에 포함된 가식이 간파되어도 사실을 인정하려 들지 않기 때문이다."

소크라테스를 고발한 첫째 부류에 대한 이야기는 이것으로 끝내자.

이제 소크라테스는 자신을 기소한 '선한 사람이자 진정한 애국자로 자칭하는' 멜레토스의 비난을 검토하는 단계로 접어든다. 소크라테스는 젊은이를 **선하게 만드는** 사람은 누구냐고 묻는다. 멜레토스는 먼저 배심원이라고 대답한 다음, 소크라테스의 질문에 몰려 한걸음 한걸음 나아가다 소크라테스를 빼고 모든 아테네 사람이 젊은이를 선하게 만들 수 있다고 말하게 된다. 이에 대해 소크라테스는 아테네는 행운의 도시라며 축하를 보낸다. 다음에 그는 선한 사람들과 더불어 사는 것이 악한 사람들과 함께 사는 것보다 더 낫기 때문에, 자신이 동포를 **의도적으로** 타락시킬 만큼 어리석을 리가 없는 데다 부지불식간에 타락시킨다 하더라도 멜레토스가 자신을 가르쳐 주어야지 기소해서는 안 된다고 지적한다.

고발장에는 소크라테스가 국가에서 받드는 신들을 부정할 뿐더러 자기만의 다른 신을 들여왔다고 쓰여 있었다. 하지만 멜레토스는 소크라테스가 철저한 무신론자라는 주장에 이어서 "그는 태양이 돌이며 달은 땅이라고 말한다"고 덧붙인다. 소크라테스는 멜레토스가 아낙사고라스를 기소하고 있는 것으로 착각한 모양이며, 아낙사고라스의 견해는 1드라크마drachma를 내면 극장에서(추측건대 에우리피데스의 희극을 공연할 때) 들을 수 있다고 응수한다. 소크라테스는 당연히 철저한 무신론자라는 새로운 비난이 고발장의 내용과 모순을 일으키며, 그러면 더욱 복잡한 논쟁으로 넘어가야 한다고 지적한다.

『변론』의 나머지 내용은 본질적으로 논조가 종교적이다. 소크라테스는 군인으로서 명령을 받았을 때 맡은 자리에서 직분을 다했다. 이제 "신이 나 자신과 다른 사람들을 탐구하는 철학자의 사명을 다하라고 명하니," 철학자의 직분을 버린다면 전쟁터에서 도망치는 짓만큼이나 부끄러운 일이 아니겠는가. 죽음을 두려워하는 사람이 지혜롭지 않은 까닭은 죽음이 삶보다 더 좋은 일이 아닌지 아는 사람이 아무도 없기 때문이다. 만일 지금까지 해 오던 대로 사색하지 않는다는 조건으로 목숨을 약속받았다면, 그는 이렇게 응수했을 것이다. "아테네 시민 여러분, 나는 여러분을 존경하고 사랑하지만, 여러분의 말보다는 신께 순종하렵니다.[103] 목숨이 붙어 힘을 쓸 수 있는 동안 철학을 가르치는 일을 결코 그만두지 않고, 만나는 사람이 누구든 그에게 철학을 권하겠습니다. …… 이것이 바로 신이 명령한 임무이고, 신의 뜻에 봉사하는 일이 국가에 봉사하는 일보다 더 선한 일이라 믿기 때문입니다." 그는 이어서 이렇게 말한다.

> 여러분이 고함칠지도 모르지만 한마디 더 하겠습니다. 하지만 내 말을 들으면 여러분에게도 좋으리라 생각하니 고함치지 말아 주시기 바랍니다. 나는 여러분이 나를 죽이면 나를 해치는 것보다 여러분 자신을 더 많이 해친다는 점을 아셨으면 합니다. 아무도 나를 해칠 수 없을 것입니다. 멜레토스도 아니토스도 나를 해칠 수는 없습니다. 악한 사람은 자신보다 더 선한 사람을 해칠 수 없는 법이니까요. 아마 아니토스는 자신보다 선한 사람을 죽이거나 추방하거나 시민권을 박탈할 수도 있겠지요. 그런 다음 다른 이들은 선한 사람을 몹시 해친다고 상상할지도 모릅니다. 그러나 나는 동의할 수 없습니다. 아니토스가 저지른 악행, 다른 사람의 생명을 부당하게 빼앗는 악행이 훨씬 더 악한 짓이기 때문입니다.

그는 자신이 아니라 바로 배심원들을 위해 변론을 펼치며, 자신은 신이 아테네에 보내 준 등에[104] 같은 존재로서 자신과 닮은 다른 사람을 찾기는 쉽지 않을 것이라고 말한다. "여러분은 아마 (잠자다 갑자기 깨어난 사람처럼)

103 사도행전 5장 29절 참고. "사람보다 하느님께 순종하는 것이 마땅하리라."

104 * 파리와 비슷한 곤충으로 동물의 피를 빨아 먹는다.

버럭 화가 나서 아니토스의 충고대로 나를 쉽게 때려죽일 수 있다고 생각할지도 모릅니다. 그러면 신이 여러분을 돌보기 위해 등에 역할을 하게 될 사람을 한 번 더 보내지 않는 한, 여러분은 일생 동안 잠자면서 보내게 될 것입니다."

그는 왜 그저 개인적으로만 사람을 만나고 돌아다닐 뿐 공적인 일에 대해 조언하지 않았는가? "여러분은 어느 때 어느 장소든 내게 내리는 신탁oracle이나 징조sign에 대해 들어 본 적이 있을 텐데, 멜레토스가 고발장에서 비웃은 바로 그 신을 말하는 것입니다. 징조는 일종의 목소리로서 내가 아이였을 적 처음으로 나타났지요. 징조는 늘 금지를 명할 뿐, 나에게 무엇을 하라고 명령하는 법은 없었습니다. 바로 그 목소리가 정치가는 되지 못하도록 막았습니다." 이어서 그는 정치판에서는 정직한 사람이 오래 버틸 수 없다고 말하고, 공적인 일에 참견할 수밖에 없었던 두 가지 사례를 든다. 첫째로 민주 정권에 저항하고 둘째로 참주 정권에 저항했는데, 두 경우에 모두 아테네 당국은 불법적 행동을 일삼고 있었다.

그는 법정에 나온 사람 가운데 이전 제자이거나 제자의 아버지나 형제가 많은데, 아무도 자신이 젊은이를 타락시킨 사실을 입증하기 위해 원고 측 증인으로 출두하지 않았다고 지적한다(이것은 『변론』에서 오늘날 변호사도 인정할 만한 거의 유일한 논증이다). 그는 배심원의 마음을 누그러뜨리려고 우는 아이를 법정에 출두시키는 관습에 따르지 않을 텐데, 그러한 장면은 피고 측과 국가를 싸잡아 웃음거리로 만드는 짓이며, 자신의 과제는 배심원의 동정을 얻어내는 일이 아니라 설득하는 일이라고 말한다.

평결이 내려지고, 사형 대신 제시한 30미나 벌금형(소크라테스가 플라톤을 보증인 가운데 한 사람으로 지목한 것을 보면 플라톤이 법정에 나와 있었을 것이다)도 기각된 다음, 소크라테스는 마지막 연설을 한다.

오, 내게 유죄판결을 내린 여러분! 기꺼이 한 가지 예언을 하겠습니다. 나는 곧 죽을 텐데, 임종이 가까워진 사람은 예언 능력을 얻는다고들 합니다. 내게 사형을 선고한 살인자 여러분! 나의 사형을 집행한 다음 곧 여러분이 내게 저지른 것보다 훨씬 무거운 형벌이 여러분을 기다리고 있을 겁니다. …… 만일 여러분이 사람을 죽이는 방법으로 어떤 이가 여러분의 악한 삶을 꾸짖지 못하게 할 수 있다고 생각한다면 오산입니다. 그것은 악한 삶에서 벗어나는 적절한 방법도 아니고 명예로운 방법도 아닙니다. 가장 쉽고 고결한 방법은 다른 사람의 힘을 빼앗고 해치는 것이 아니라 여러분 자신을 선하게 만드는 것입니다.

다음으로 그는 배심원 가운데 자신이 무죄라는 쪽에 투표한 사람들을 향해, 다른 때에는 종종 연설하는 도중 멈추라는 신탁이 내렸지만 그날 법정에서 연설할 때는 멈추라는 신탁이 내리지 않았다고 말한다. 그것이 바로 "나에게 일어난 일이 선한 일이며 오히려 죽음을 악으로 여기는 사람이 오류에 빠져 있다는 암시"라고도 말한다. 왜냐하면 죽음은 꿈꾸지 않고 잠자는 것처럼 분명히 좋은 일이거나 영혼이 다른 세계로 옮아가는 것이기 때문이다. "만일 어떤 이가 오르페우스, 무사이오스[105], 헤시오도스, 호메로스와 대화를 나눌 수도 있다면 어떤 대가라도 치르지 않겠습니까? 그렇지요, 그게 사실이라면 나는 몇 번이고 흔쾌히 죽으렵니다." 그는 내세에서 부당하게 죽음의 고통을 겪었던 사람들과 대화를 나누고, 무엇보다 계속해서 참된 지식을 탐구하리라. "내세에서 사람들은 질문하는 일을 즐긴다는 이유로 어떤 사람에게 사형을 선고하지는 않겠지요. 확실히 그렇지 않을 겁니다. 왜냐하면 전해지는 이야기가 사실이라면, 그들은 우리보다 더 행복할 뿐더러 죽지도 않는 불멸의 존재들이기 때문입니다."

105 * 오르페우스의 아들이라고 여겨지기도 하는 아티카의 예언자이자 시인.

「소크라테스의 죽음」, 자크 루이 다비드, 1787

“떠날 때가 되었으니, 나는 죽기 위해, 여러분은 살기 위해 우리 각자의 길을 갑시다. 어느 쪽이 더 좋은 길인지 신만이 알 것입니다.”

『변론』은 특정한 유형에 속한 인간의 초상을 선명하게 그린다. 그는 자기 확신에 찬 고매한 품성을 갖추었고, 세속적 성공에 무관심하며, 신의 목소리에 인도받는다고 믿고, 명료한 사고야말로 옳은 삶에 필요한 가장 중요한 요소라고 설득하는 사람이다. 마지막에 말한 것만 빼면 그는 그리스도교의 순교자나 청교도와 흡사하다. 『변론』의 끝부분에서 사후의 삶에 대해 고찰하는데, 소크라테스는 영혼이 불멸한다고 확고하게 믿어서 확실하지 않다는 공언은 단지 가정에 지나지 않는다는 느낌을 지울 수 없다. 소크라테스가 그리스도교도와 마찬가지로 괴로운 고통이 영원히 이어질지도 모른다는 공포로 괴로워하지 않는 까닭은, 내세의 삶이 행복한 삶이 되리라고 믿어 의심치 않기 때문이다. 플라톤의 『파이돈*Phaidon*』에서 소크라테스는 영혼불멸을 믿는 이유를 몇 가지 제시하지만, 역사 속에 존재했던 소크라테스에게 실제로 영향을 끼쳤던 이유였는지 말하는 것은 불가능하다.

역사 속에 존재했던 소크라테스가 신탁 혹은 **다이몬**daimon의 지도를 받았다는 주장을 의심하기는 어려울 듯하다. 이것이 어떤 그리스도교도가 양심의 소리라고 부른 것인지, 그에게 실제 목소리로 나타난 것인지는 알 수 없다. 잔 다르크Jeanne D'arc(1412년경~1431)[106]도 목소리로 영감을 받았다지만 이러한 목소리는 정신이상의 공통 징후로 간주되기도 한다. 소크라테스는 강직증성 혼수상태에 빠지곤 했다고 전한다. 이는 적어도 일찍이 소크라테스가 군복무를 할 때 일어난 사건을 자연스럽게 설명해 주는 것 같다.

---

106 * 성령의 부름을 받았다고 주장하면서 프랑스 군대를 이끌고 오를레앙 전투에 참전해 잉글랜드 군대를 물리쳤다. 출정하고 1년 뒤에 이단으로 몰려 화형을 당했으나 나중에 프랑스의 최고 영웅으로 추앙받았다.

어느 날 아침 소크라테스님은 잘 풀리지 않는 문제를 생각하고 있었지요. 단념하지 않고 이른 새벽부터 정오까지 계속 못 박힌 듯 제자리에서 골똘히 생각했습니다. 정오 무렵 이목이 집중되면서, 소크라테스님이 동틀 녘부터 서서 무언가를 생각한다는 소문이 부대에 퍼졌습니다. 급기야 저녁밥을 먹은 다음, 호기심 많은 이오니아 사람 몇몇이 침낭을 가지고 나와 바깥에서 자면서 밤새도록 소크라테스님이 서 있는지 지켜보았습니다(겨울이 아니라 여름에 일어난 일이었다). 소크라테스님은 다음날 아침까지 거기 그대로 서 있었고, 날이 밝자 태양을 향해 기도한 다음 자리를 떠났지요(『향연』, 220쪽).

이러한 일은 소크라테스에게 정도는 약해도 자주 일어났다. 『향연』 첫 부분에서 소크라테스와 아리스토데모스가 함께 연회에 가는 도중 소크라테스에게 발작이 일어나 넋을 잃고 뒤처지는 일이 생긴다. 아리스토데모스가 도착하자 연회를 연 아가톤이 "소크라테스와 같이 오지 않았습니까?"라고 묻는다. 아리스토데모스는 소크라테스가 같이 오지 않은 것을 알고 깜짝 놀랐다. 노예를 보내 이웃집 주랑 현관에 있는 그를 찾았다. 노예는 돌아와서 "생각에 빠져 그대로 서 계셨습지요. 제가 여쭈었지만 꼼짝도 하지 않으셨습니다요"라고 전한다. 그를 잘 아는 사람들이 "그는 어디서나 멈추어 특별한 이유 없이 넋을 잃곤 하지요"라고 설명을 덧붙인다. 그들은 소크라테스를 내버려 두기로 하지만, 축연이 반쯤 지날 무렵 소크라테스가 들어온다.

누구나 소크라테스가 추하게 생겼다는 데 동의한다. 그는 들창코에 배가 불룩 나와, "사티로스 연극[107]에 등장하는 실레노스들보다 더 못생겼다(크세노폰, 『향연』)." 그는 늘 허름하고 낡은 옷을 입었으며 어디든 맨발로 다녔고, 더위와 추위, 배고픔과 목마름에 하도 무관심해서 경탄하지 않는 이가 없었다. 알키비아데스는 『향연』에서 소크라테스가 전쟁터에서 복무할 때

107 * 그리스 비극과 희극을 합한 극형식으로, 음주와 성性을 주제로 만들었다.

의 모습을 이렇게 묘사한다.

> 소크라테스님의 인내심은 정말 기적에 가까울 정도였지요. 군수품 공급이 끊겨 모두 식량 없이 지낸 시기였습니다. 전쟁 중 이러한 일이 종종 일어나는데, 그때 소크라테스님은 저뿐 아니라 어느 누구보다 인내심이 강해서 비교할 만한 사람이 아무도 없었어요. …… 추위를 견디는 꿋꿋한 의지도 놀라웠습니다. 한번은 혹한이 닥쳤을 때 그곳 날씨가 지독하게 추워져 모두 막사 안에 머물거나 밖에 나가려면 옷을 몇 겹씩 껴입고 발을 천으로 감싸고 양모 가죽을 댄 신을 신었지요. 그런데도 소크라테스님은 빙판길을 맨발과 평소 옷차림으로 신발 신은 병사들보다 더 당당하게 행군했습니다. 병사들은 자기들을 경멸하는 듯 느껴져 소크라테스님을 노려보곤 했습니다.

소크라테스는 신체에서 비롯되는 모든 정욕을 극복하려 끊임없이 노력한다. 그는 좀처럼 술을 마시지 않았으나, 마실 때는 어느 누구보다 더 많이 마시기도 했다. 그러나 아무도 소크라테스가 취한 모습을 보지 못했다. 플라톤의 말이 진실이라면, 소크라테스는 유혹이 거세게 몰아칠 때조차 '플라톤식' 사랑에 머물렀다. 그는 완벽한 오르페우스교의 성자와 다름없었던 셈이다. 하늘에 속한 영혼과 땅에 속한 신체가 분리된 이원적 세계에서, 그는 영혼의 힘으로 신체를 완벽하게 제어했다. 소크라테스가 마지막 순간에 보여 준 죽음에 무관심한 태도는 영혼의 제어 능력을 최후로 입증한 것이다. 그렇더라도 소크라테스는 정통 오르페우스교도가 아니었다. 오르페우스교의 기본 교리를 수용할 뿐 미신적 요소나 정화 의식은 받아들이지 않았기 때문이다.

플라톤이 그려낸 소크라테스는 스토아학파와 키니코스학파를 예상하게 만든다. 스토아학파는 최고선이 덕이며 외부 원인으로 덕을 잃어버릴 수 없다고 주장한다. 이 학설은 배심원들이 자신을 해칠 수 없다던 소크라테스의 주장 속에 암시되었다. 키니코스학파는 세속에서 추구하는 선을 경멸하고, 문명생활의 안락함을 피함으로써 경멸감을 표현했다. 이것은 바로 소크라테스가 맨발에다 허술한 옷차림새로 다니게 했던 관점이다.

소크라테스가 과학 문제보다 윤리 문제에 더 몰두했다는 점도 거의 확실해 보인다. 이미 보았듯 『변론』에서 그는 "나는 자연에 대한 사변과 아무 관계도 없습니다"라고 말한다. 플라톤의 초기 작품은 일반적으로 소크라테스의 사상에 가장 가까운 것으로 생각되며, 주로 윤리에 관한 용어를 정의하는 일에 몰두한다. 『카르미데스*Charmides*』는 절제를, 『리시스*Lysis*』는 우정을, 『라케스*Laches*』는 용기를 정의하려고 한다. 이러한 작품 속에서 아무 결론도 내리지 못했으나, 소크라테스는 자신이 윤리 문제를 중요하게 생각하고 있음을 분명하게 각인시킨다. 플라톤이 그려낸 소크라테스는 자신이 아무것도 모르며 아무것도 모른다는 것을 알기 때문에 다른 사람보다 지혜로울 뿐이지만, 지식을 얻을 수 없다고 생각하지 않는다고 일관되게 주장한다. 반대로 그는 오히려 지식을 찾는 일이 가장 중요하다고 생각한다. 아무도 고의로 죄를 짓지는 않으므로, 지식만 있다면 모든 사람이 덕을 갖추게 된다고 주장하기도 한다.

덕과 지식의 밀접한 관계는 소크라테스 철학과 플라톤 철학의 공통된 특징이다. 이러한 관계는 모든 그리스 사상에 어느 정도 나타나지만, 그리스도교와 반대되는 입장이다. 그리스도교 윤리에서 순수한 마음은 본질에 속한 것이므로 유식한 자들뿐만 아니라 무지한 자들 사이에서도 발견된다. 그리스 윤리와 그리스도교 윤리의 이러한 차이는 현대까지 이어졌다.

변증법dialectic, 곧 질의응답을 거쳐 지식을 탐구하는 방법은 소크라테스가 고안하지 않았다. 변증법은 파르메니데스의 제자 제논이 처음 체계적으로 사용한 듯하다. 플라톤의 대화편 『파르메니데스』에서 제논은, 플라톤의 다른 대화편에서 소크라테스가 다른 사람들을 대하듯 능수능란하게 소크라테스를 대한다. 그러나 소크라테스가 변증법을 사용하고 발전시켰다고 생각할 만한 이유는 충분하다. 이미 보았듯 소크라테스는 사형선고를 받았을 때, 내세에서는 영원히 질문을 제기할 수 있고 불멸하는 존재가 되며 사형에 처해질 염려도 없을 것이기에 더 행복할 것이라고 생각한다. 만일 소크라테스가 『변론』에서 묘사된 방식으로 변증법을 구사했다면, 그를 향한 아테네 시민의 적대감도 분명하게 설명될 것이다. 아테네의 아첨꾼들이 그에게 대항하려고 연합했을 테니 말이다.

변증법은 어떤 문제를 다룰 때는 적합하지만, 다른 문제를 다룰 때는 부적합할 수 있다. 어쩌면 이것이 플라톤의 탐구에 나타난 특징을 결정하는 데 기여했을 텐데, 그의 탐구는 대부분 변증법으로 다룰 수 있다. 플라톤의 영향 탓으로 뒤이은 대부분의 철학은 변증법에서 유래한 한계로 제한받아 왔다.

예컨대 경험과학을 변증법으로 다루면 분명히 부적합하다. 갈릴레오가 자신이 세운 이론을 옹호하기 위해 대화체를 사용하지만, 그것은 편견을 극복하기 위한 수단이었을 따름이다. 그가 발견한 사실을 실증해 주는 근거를 제시할 경우 부자연스럽게 꾸미지 않고서 대화체로 표현할 수 없었다. 플라톤의 작품 속에서 소크라테스는 늘 질문을 받게 될 사람이 이미 소유한 지식을 끌어낼 뿐이라고 짐짓 가장한다. 이를 근거로 그는 자신을 산파에 비유한다. 소크라테스는 『파이돈』과 『메논*Menon*』에서 기하학 문제에 변증법을 응용할 때 유도심문을 하는데, 어떤 재판관도 유도심문은 용납하지 않을 것이다. 소크라테스의 변증법은 상기설想起說과 조화를 이루는데, 상기설에 따르면 우리는 전생에 살면서 알았던 내용을 기억해 냄으로써 배우게 된다. 이러한 견해와 대비되는 현미경의 발달로 발견한 사실, 예컨대 박테리아가 질병을 퍼뜨린다는 사실을 보자. 이전에 아무것도 몰랐던 사람이 질의응답으로 경험적 지식을 이끌어 낼 수 있다고는 도저히 주장할 수 없을 것이다.

올바른 결론에 도달할 만큼 충분한 지식을 이미 가졌지만 사고하는 도중 혼란에 빠지거나 제대로 분석하지 못해서, 다시 말해 이미 아는 지식을 논리적으로 능숙하게 이용하지 못해서 발생한 문제들은 소크라테스의 문답법을 활용해 적합하게 다룰 수 있다. 이를테면 "정의란 무엇인가?"라는 질문은 플라톤의 대화법으로 토론하기 적합한 문제로 유명하다. 우리는 모두 '정의롭다'는 말이나 '정의롭지 못하다'는 말을 자유롭게 사용하면서, 말이 쓰이는 방식을 검토하고 귀납추론을 함으로써 쓰임에 맞는 정의에 도달하게 된다. 이러한 경우 해당 낱말이 어떻게 쓰이는지 아는 과정이 필요할 뿐이다. 그런데 앞서 진행한 탐구의 결론은 윤리와 관련된 사실이 아니라 언어와 관련된 사실일 뿐이다.

하지만 앞에서 말한 변증법을 약간 넓은 부류에 적용하면 유익한 결과를 얻기도 한다. 논쟁의 대상이 사실이 아닌 논리와 관련된 경우라면 언제든 토론이 바로 진리를 이끌어 내는 좋은 방법이다. 예컨대 어떤 사람이 민주주의는 좋은 제도이지만, 특정한 의견을 표명하는 사람들에게 투표권을 허용해서는 안 된다고 주장한다고 가정해 보자. 이때 우리는 그의 주장에 대해 일관성이 없다고 설득하거나 적어도 두 가지 주장 가운데 하나에 거의 틀림없이 오류가 있다고 증명해 보여 줄 수도 있다. 논리적 오류를 분별하는 능력은 사람들이 일반적으로 생각하는 수준보다 실생활에서 훨씬 중요하다. 왜냐하면 논리적 오류는 오류를 저지르는 사람들이 주제를 다룰 때마다 단지 자기 마음에 드는 의견만 주장하도록 조장하기 때문이다. 논리적으로 일관된 어떤 학설이든 부분적으로 현재 퍼진 편견에 맞서려 애쓰며 반대하는 것은 확실하다. 변증법이나 일반적으로 말해 족쇄를 채우지 않은 자유로운 토론 습관은 논리적 일관성을 증진하기 때문에 유용하다. 그러나 새로운 사실을 찾아내는 것이 목적이라면 아무 소용도 없다. 어쩌면 '철학'은 플라톤의 방법으로 추구하는 탐구 활동의 총합으로 정의될지도 모른다. 그런데 만일 이러한 정의가 적합하다면, 그것은 플라톤이 후대 철학자들에게 영향을 미친 탓이다.

12. 스파르타의 영향

플라톤과 후대 여러 철학자를 이해하려면 스파르타에 대해 조금 알 필요가 있다. 스파르타는 그리스 사상에 이중으로 영향을 끼쳤는데, 현실과 신화가 각각 중요한 역할을 했다. 현실 측면에서 아테네와 전쟁을 벌여 승리했으며, 신화 측면에서 플라톤의 정치 이론과 후대에 등장한 수많은 저술가의 정치 이론에 영향을 미쳤다. 충분히 발전한 신화는 플루타르코스의 『리쿠르고스의 생애』에 등장하는데, 스파르타의 신화가 추구한 이상은 후대에 루소와 니체의 학설을 비롯해 국가사회주의[108]의 형성에도 큰 역할을 했다. 스파르타의 신화는 역사적으로 스파르타의 현실보다 훨씬 중요하지만, 현실부터 다룰 것이다. 바로 현실이 신화의 원천이었기 때문이다.

라코니아Laconia는 스파르타 혹은 라케다이몬Lacedaemon의 수도이며, 펠로폰네소스 반도 남동부 지역을 가리켰다. 지배층을 형성한 스파르타인은 도리아족으로, 북방에서 침입하여 라코니아를 정복하고 원주민을 모두 노예로 삼은 다음 헬리오타이heliotai라고 불렀다. 역사의 기록에 따르면 스파르타인이 땅을 전부 소유했으나, 노동은 품위를 떨어뜨리고 언제든 자유롭게 군

108 토머스 아널드 박사와 영국 공립학교를 언급하려는 것이 아니다.

복무가 가능해야 한다는 이유로 손수 경작하는 일은 법률과 관습에 따라 금지했다. 노예는 사고팔 수 없고 토지에 부속되었으며, 토지는 여러 구역으로 분할되어 성인 스파르타 남자가 제각기 한 구획 이상을 소유했다. 부지lot, 敷地는 노예처럼 사고팔 수 없었으나 법률에 따라 아버지가 아들에게 넘겨줄 수 있었다(하지만 유언으로 증여할 수 있었다). 지주는 부지에서 농사를 짓는 노예에게서 70메딤노이medimnoi(약 105부셸bushel)어치 곡식을 자기 몫으로 받고 12메딤노이를 아내 몫으로 받았으며, 그 밖에 정해진 비율에 따라 매년 포도를 비롯한 과일을 거두어들였다.[109] 이를 초과한 양은 모두 노예가 소유했다. 헬리오타이, 바로 노예는 스파르타인처럼 그리스인이었기 때문에 노예 처지를 더욱 비통하게 느끼며 분개했다. 그들은 기회만 오면 반란을 일으켰다. 스파르타인은 반란의 위험을 방지하려 비밀조직을 두는 한편, 철저히 경계할 다른 수단도 강구했다. 그들은 1년에 한 번씩 노예들에게 전쟁을 선포하고 젊은 노예 가운데 누구라도 반항하는 듯 보이면 죽일 수 있었고, 법률상 살인죄에 저촉되지도 않았다. 노예는 국가가 허락한 경우에 해방되지만 주인이 해방시킬 권리는 없었다. 노예는 아주 드물게 전쟁터에서 특별히 용감하게 싸워 혁혁한 전공을 세우면 자유민이 되기도 했다.

스파르타는 기원전 8세기 무렵 언젠가 이웃 나라인 메세니아를 정복하고 주민들을 대부분 노예 신분으로 강등시켰다. 이때 스파르타는 주거 공간이 모자란 형편이었기 때문에 새로운 영토를 확보함으로써 한동안 주거 공간에서 비롯된 불만은 해소되었다.

부지는 스파르타의 평민에게 분할되었다. 귀족층은 각자 부동산을 소유한 반면, 국가가 할당한 부지는 공유지의 일부였다. 라코니아의 다른 지역에 거주한 자유민은 '페리오이코이perioikoi'라고 불렀는데 참정권은 없었다.

---

109 베리, 『그리스의 역사』, 1권, 138쪽. 스파르타 남자는 아내보다 거의 6배 더 먹었던 것 같다.

스파르타의 시민들은 오로지 전쟁과 관련된 일을 할 뿐이며, 태어나면서부터 훈련을 받아야 했다. 각 부족장이 검사한 후 병약한 아이는 내다 버렸으며, 건강한 아이들만 기르도록 허가했다. 20세가 될 때까지 모든 소년은 대규모 학교에서 함께 훈련을 받았다. 훈련의 목적은 강인하고 고통에 무심하며 훈육에 복종하도록 만드는 것이었다. 문화교육이나 과학교육을 가치 없다고 여기지 않았으나, 교육의 목표는 국가에 완벽하게 헌신하는 훌륭한 군인을 배출하는 데 두었다.

스파르타의 시민들은 20세부터 실제 군 복무를 시작했다. 20세 이상이면 누구나 결혼을 할 수 있었으나, 30세까지 '남자 기숙사'에서 살면서 마치 부정하고 은밀한 일인 양 결혼생활을 했다. 30세가 지나야 훌륭하게 성장한 시민다운 시민으로 대우받았다. 시민은 각자 속한 식당에서 다른 구성원들과 모여 밥을 먹었는데, 각자 부지 내에서 재배한 농산물에서 똑같은 양을 거두어 음식을 마련했다. 국가가 정한 준칙에 따르면 스파르타의 시민들은 궁핍해서도 안 되고 부유해서도 안 된다. 그들은 각자 부지에서 생산한 농산물로 살아갔으며, 부지는 자유 증여를 제외하면 타인에게 양도할 수 없었다. 스파르타 시민이라면 누구든 금이나 은을 소유하지 못하기 때문에, 돈을 철로 만들었다. 스파르타인의 검소한 생활은 널리 알려졌다.

스파르타에서 여자들의 지위는 특이했다. 그들은 그리스 다른 지역의 신분이 높은 여자들과 달리 격리된 생활을 하지 않았다. 소녀는 소년과 똑같은 체육 과정을 이수했다. 게다가 소년과 소녀가 모두 벌거벗은 채 함께 체력 단련을 했다는 사실에 더욱 놀라지 않을 수 없다. 그것은 다음과 같은 이유로 바람직했다(노스Thomas North(1535~1604)[110]가 번역한 플루타르코스의 「리

110 * 영국의 치안 판사이자 육군 장교로 플루타르코스의 『영웅전』을 영어로 번역했다. 셰익스피어가 자신의 희곡에 노스의 번역문을 인용해서 유명해졌다.

쿠르고스」에서 인용한다).

> 소녀들은 달리기, 씨름, 창던지기, 활쏘기로 신체를 단련해서, 나중에 임신할 태아에게 강하고 왕성한 신체의 자양분을 공급함으로써 우수한 자손을 낳고 퍼뜨려야 한다. 운동으로 체력이 강해지면 당연히 출산의 고통도 줄어들 것이다. …… 그래서 소녀들이 나체를 공공연하게 드러내더라도 불성실한 태도나 저항의 기세는 찾아볼 수 없었다. 경기마다 놀이와 장난이 많았지만 발랄한 면이나 방종한 태도를 드러내지도 않았다.

결혼하지 않으려는 남자들은 '법률상 불명예 죄'를 범했다고 하여, 아무리 추운 날씨에도 벌거벗은 채 젊은이들이 운동하고 춤추고 있는 장소 **바깥에서** 억지로 왔다갔다 걷게 했다.

여자들은 국가에 이롭지 않은 감정을 겉으로 드러내지 못하지만 비겁한 자에게는 경멸감을 표현해도 되었으며, 특히 아들의 비겁한 행동을 꾸짖으면 칭찬받았다. 그러나 여자들은 갓 태어난 아이가 허약해서 죽을 지경에 이르거나 아들이 전쟁터에서 죽었더라도 비통한 모습을 보여서는 안 되었다. 그리스의 다른 지방 사람들은 스파르타 여자들이 유난히 정숙하다고 생각했지만, 아이를 낳지 못한 스파르타 여자는 남편보다 생식력이 뛰어난 다른 남자를 찾아 장차 시민이 될 아이를 낳으라는 국가의 명령에 이의를 제기하지 않았다. 법률로 아이 낳는 일을 장려했기 때문이다. 아리스토텔레스에 따르면 아들 셋을 둔 아버지는 군복무를 면제받았고, 넷을 둔 아버지는 국가가 부과한 모든 의무에서 면제되었다.

스파르타의 정치 체제constitution는 복잡했다. 다른 두 가문 출신의 세습된 두 왕이 지배하는 이원왕정 체제였다. 두 왕 중에 한 명이 전쟁이 일어나면 군대를 지휘했지만, 평화 시기에 왕의 권한은 제한을 받았다. 공동 연회에서 그들은 다른 사람이 먹는 양만큼 두 번 먹을 수 있었으며, 왕이 죽으면 모든 사람이 애도했다. 왕들은 30인(왕들을 포함한)으로 구성된 원로 회의의 일원이었고, 다른 28인은 60세 이상으로서 시민 전체가 참여해 종신직으로 선출했으며, 귀족 가문 출신만 원로 회의의 일원이 될 수 있었다. 원로 회의gerousia, Council of Elders는 형사 소송을 심리했으며, 민회에 의제로 제출할 안건을 준비했다. 민회appela, Assembly는 시민 전체로 구성되며 안건을 발의할 수 없었으나, 제출된 법안의 통과 여부를 투표로 결정하는 권한을 행사했다. 민회의 동의 없이는 어떤 법안도 효력을 갖지 못했다. 그러나 민회의 승인은 필요조건이지 충분조건은 아니었다. 원로들과 행정 장관들이 민회의 결정을 공포해야 법적 효력이 발생했다.

두 명의 왕, 원로 회의, 민회에 더하여 스파르타 정치 체제를 구성하는 고유한 넷째 요소가 있다. 바로 5인 감독관ephor[111]이다. 시민 전체가 참여한 민회가 아리스토텔레스의 말로는 '너무 유치한' 방법으로, 베리John Bagnell Bury (1861~1927)[112]의 말로는 사실상 추첨으로 5인 감독관을 선출했다. 감독관은 스파르타 정치 체제의 '민주적' 요소[113]로서 분명히 왕의 권력을 견제하며 균형을 맞추려는 대안이었다. 왕들은 스파르타의 정치 체제를 지키겠다고 맹세했으며, 다음에 5인 감독관은 두 왕이 서약을 진실로 이행한다면 왕을 보호하겠다고 맹세했다. 어느 왕이든 전쟁 임무를 수행하기 위해 원정을 떠나게 되면 두 감독관이 왕의 행동거지를 감시하기 위해 따라갔다. 감독관은 최고 민사 법정을 구성했으며 왕에 대한 형사 재판권도 가졌다.

스파르타의 정치 체제는 후기 고대의 입법자 리쿠르고스Lycurgos가 확립한

---

111 * 원로 회의와 민회를 주재하고 시민 생활을 검열한 뿐만 아니라 국가 전반의 일을 관리하고 감독했다.

112 * 아일랜드 출신의 역사가이자 고전학자, 언어학자로 『그리스의 역사』와 『자유사상의 역사*A History of Freedom ofThought*』를 펴낸 저술가로 유명하다.

113 스파르타 정치 체제의 '민주적' 요소에 대해 말할 때, 스파르타의 시민들 전체가 지배 계급으로서 노예 계급을 지독하게 억압하고 자유민 계급에게 아무 권한도 주지 않았다는 점을 기억해야 한다.

것으로 추정되며, 기원전 885년에 법률을 공포했다고 전한다. 사실상 스파르타의 체제는 점진적으로 성장했으며, 리쿠르고스는 신화 속의 인물로 원래는 신이었다. 그의 이름은 '늑대를 쫓는 자'를 뜻하며, 아르카디아 출신으로 알려졌다.

스파르타는 다른 그리스인 사이에서, 우리의 관점에서 보면 다소 놀라울 정도로 감탄을 불러일으켰다. 처음에 스파르타도 그리스의 다른 도시와 별반 다른 점이 없었으나 나중에 달라졌다. 초창기 스파르타는 다른 지역과 마찬가지로 시인과 예술가들을 배출했다. 그러나 기원전 7세기경, 아니 더 오래 전 스파르타의 정치 체제(이것을 리쿠르고스에게 돌리는 것은 잘못이다)는 우리가 고찰한 형태로 확고하게 자리를 잡았다. 전쟁에서 승리하기 위해 다른 모든 것은 희생되었기 때문에, 그리스가 세계 문명에 이바지한 업적을 남기는 데 스파르타는 아무 역할도 하지 못했다. 오늘날 우리에게 스파르타는 나치가 승리했더라면 이룩했을 법한 국가의 축소판처럼 보인다. 그런데 그리스인에게는 달리 보였던 모양이다. 베리는 이렇게 말한다.

> 기원전 5세기에 아테네와 밀레토스에서 온 이방인이 성벽에 둘러싸이지 않은 꾸밈없는 도시의 여기저기 흩어진 마을을 방문하면, 인간이 더 용감하고 선량하고 순박하고 부로 망가지지 않고 사상으로 방해받지 않던 오래전 옛 시대로 돌아간 느낌을 분명히 받았을 것이다. 정치학에 대해 사색한 플라톤 같은 철학자에게 스파르타는 이상에 가장 근접한 것처럼 보였다. 평범한 그리스인도 스파르타를 수수하고 단순한 아름다움을 지닌 조직, 도리아풍 신전만큼이나 당당한 도리아풍 도시, 자신의 거처보다 훨씬 고귀하지만 살기가 그렇게 편안하지만은 않은 도시로 바라보았다.[114]

114 베리, 『그리스의 역사』, 1권, 141쪽.

다른 지역의 그리스인이 스파르타에 대해 경탄을 금치 못한 한 가지 이유는 스파르타의 안정성이었다. 그리스의 다른 도시들은 전부 혁명을 겪었으나, 스파르타의 정치 체제는 수 세기 동안 변하지 않고 유지되면서 감독관들의 권력이 점차 강화됐을 뿐인데, 그것도 폭력이 아닌 합법적 수단을 통해 일어났다.

오랜 기간 스파르타인들이 자신들의 주요 목표인 무적의 전사 종족 육성에 성공했다는 점을 부정하면 곤란하다. 아마도 테르모필라이 전투battle of Thermopylae(기원전 480)는 스파르타 전사들의 용맹을 보여 준 가장 좋은 본보기일 것이다. 테르모필라이는 산을 통과하는 협곡으로, 거기서 페르시아 군대를 저지하려 했다. 스파르타 전사 300인이 보조병사와 함께 정면에서 공격해 오는 페르시아군을 전부 격퇴했다. 그러나 결국 페르시아 군대가 언덕으로 통하는 우회로를 찾아냈고 이어서 양측에서 동시에 공격했다. 스파르타 전사들은 한 사람도 빠짐없이 각자 자신의 위치에서 전사했다. 전투에 참여하지 않은 두 사람은 눈병이 심해서 일시적 실명 상태에 이르러 병가로 전투지를 이탈했었다. 한 사람은 자신의 노예에게 전투지로 데려다 달라고 우겨 결국 거기서 죽음을 맞이했다. 다른 한 사람인 아리스토데모스는 병이 너무 심각해 전투에 참가하지 않기로 결심하고, 전쟁터로 돌아가지 않았다. 그가 스파르타로 돌아오자 아무도 그에게 말을 걸지 않았고, '겁쟁이 아리스토데모스'라고 불렀다. 아리스토데모스는 수년 후 스파르타 군대가 승리를 거둔 플라타이아 전투battle of Plataea에서 용감하게 전사함으로써 불명예를 씻었다.

전쟁이 끝난 다음 스파르타인들은 격전지 테르모필라이에 기념비를 세우고, 이렇게 새겨 놓았다. "낯선 이여, 스파르타인에게 전해 주시오. 우리 명령에 복종하여 여기 누워 있노라."

오랫동안 스파르타 군대는 지상에서 무적의 강자로 군림하며, 레욱트라

「테르모필라이 전투의 레오니다스」, 자크 루이 다비드, 18세기경

전투battle of Leuctra에서 테베 군대에 패배한 기원전 371년까지 패권을 장악했다. 이 전투에 패배한 뒤로 스파르타 군대가 누린 위대한 시대는 막을 내렸다.

전쟁은 차치하고, 스파르타의 현실은 이론과 동떨어져 있었다. 스파르타의 전성기에 생존한 헤로도토스는 뇌물에 저항할 수 있는 스파르타인이 아무도 없었다는 놀라운 이야기를 전한다. 스파르타식 교육을 통해 주입한 중요한 내용 가운데 하나가 부를 경멸하고 소박한 삶을 추구하라는 것이었는데도 이러한 일이 벌어졌다. 스파르타의 여자들은 정숙했다고 하지만, 왕위계승자로 일컬어지는 왕자가 왕의 아들이 아니라는 이유로 배제되는 사건도 몇 번 발생했다. 스파르타인의 애국심이 꿋꿋하고 약해지는 법이 없었다고 하지만, 플라타이아 전투의 승자인 파우사니아스 왕은 크세르크세스의 하수인이 되어 반역자로 최후를 맞았다. 이렇게 악명 높은 사건은 별도로 치더라도 스파르타의 정책은 언제나 협소했으며 지방색을 벗어버리지 못했다. 아테네가 소아시아의 그리스인을 해방시키고 인근 섬나라들을 페르시아인의 손아귀에서 해방시켰을 때도, 스파르타인은 초연하기만 했다. 펠로폰네소스 반도가 안전하다고 생각되는 한, 다른 지역 그리스인의 운명에 조금도 관심을 갖지 않았다. 그리스 세계가 동맹을 맺으려 할 때마다 스파르타의 지역주의가 걸림돌이 되어 실패했다.

스파르타가 멸망한 다음 시대에 살았던 아리스토텔레스는 스파르타의 정치 체제를 설명하면서 적대감을 표현했다.[115] 그가 전하는 말은 다른 사람들의 말과 너무 달라 같은 나라에 대해 말하는 것인지 믿기 어려울 정도인데, 예를 들면 이렇다. "입법자는 나라 전체가 강건하고 절제하기를 바랐지만, 그 계획은 남자들만 실행에 옮겼다. 그들은 갖가지 무절제와 사치 속

---

115 아리스토텔레스, 『정치학』, 2권, 9쪽(1269B~1270A).

에 살던 여자들을 소홀히 여겨 그 계획에 포함시키지 않았다. 그 결과 부를 지나칠 정도로 높게 평가하게 되었다. 이는 대부분의 호전적 종족을 지배한 풍습으로, 시민이 부인의 지배 아래 놓이면 더욱 두드러지는 현상이다. …… 일상생활에서는 무용지물이고 전쟁에서만 필요한 용기에 대해서도 스파르타 여자들의 영향은 해롭기 그지없었다. …… 스파르타 여자들의 방종에 가까운 자유는 아주 옛날부터 인정되었기 때문에 당연한 권리로 여길 뿐이었다. 그 까닭은 …… 전설에 따르면 리쿠르고스가 여자들도 스파르타의 법에 따르게 하려 했으나 여자들이 저항하자 포기하고 말았기 때문이다.”

이어서 아리스토텔레스는 스파르타인의 탐욕을 고발하는데, 이러한 탐욕을 재산의 불평등한 분배 탓으로 돌린다. 아리스토텔레스에 따르면 부지를 파는 일은 불가능했지만 증여하거나 양도할 수 있었으며, 전체 토지의 5분의 2는 여자들의 소유였다. 그 결과 시민의 수가 급감했다. 한때 1만 명에 달했던 시민의 수가 테베 군대에게 패배할 당시에는 1천 명도 채 되지 않았다고 한다.

아리스토텔레스는 스파르타 정치 체제의 문제점을 낱낱이 비판한다. 그는 감독관이 너무 가난한 경우가 흔해서 매수되기 쉬웠다고 말한다. 감독관의 권한이 너무 세기 때문에 왕조차 그들의 비위를 맞추지 않을 수 없게 되면서, 정치 체제가 민주 체제로 전환되었을 정도였다고 말하기도 한다. 감독관들은 지나치게 많은 특권을 누리며 스파르타 정치 체제의 정신과 정반대로 살았으나, 평범한 시민들은 엄격한 통제를 도저히 견딜 수 없게 되자 불법적으로 은밀하게 관능적 쾌락에 탐닉했다.

아리스토텔레스는 퇴폐기로 접어든 스파르타에 대해 썼지만, 어떤 점에서 자신이 언급한 악폐가 초기부터 존재했다고 분명하게 말한다. 아리스토텔레스의 말투가 워낙 건조하고 사실을 묘사하는 형식이어서 믿지 않을 수 없으며, 논조는 법률을 너무 가혹하게 적용한 결과가 빚어낸 현대의 모든 경험과도 일치한다. 그러나 사람들의 상상 속에 면면히 이어진 스파르타는 아리스토텔레스가 묘사한 스파르타가 아니라 플루타르코스Plutarchos(46년경~119)가 『영웅전*Bioi Parallēloi*』에서 묘사하고 플라톤이 『국가』에서 철학을 통해 이상적으로 그려낸 스파르타다. 수 세기에 걸쳐 젊은이들은 『영웅전』과 『국가』를 읽으며 리쿠르고스가 되거나 철인 왕이 되려는 야심을 불태웠다. 이상주의와 권력애가 통합된 결과로 인간은 몇 번이고 길을 잃었으며, 오늘날도 여전히 헤매고 있다.

중세와 근대의 독자들에게 알려진 스파르타의 신화는 주로 플루타르코스가 정리해서 고정시킨 것이었다. 그가 『영웅전』을 썼을 당시, 스파르타는 낭만적 과거에 속해 있었다. 스파르타의 전성기는 콜럼버스Christopher Columbus(1451~1506)[116]가 우리 시대와 멀듯 플루타르코스가 살았던 시기보다 훨씬 이전 시대였다. 그가 전한 스파르타는 제도를 연구하는 역사가라면 주의 깊게 다루어야 할 주제이지만, 신화를 연구하는 역사가에게도 매우 중요한 자료다. 그리스는 언제나 정치권력을 통한 직접적 방식이 아니라 인간의 상상력과 이상, 희망에 미친 효과를 통해 세상에 영향을 주었다. 로마는 지금까지도 대부분 남아 있는 길을 닦고 여러 근대 법전의 기원이 된 법률을 제정했지만, 길과 법률을 중요하게 만든 일등공신은 로마 군대였다. 그리스인이 감탄할 만한 투사였는데도 정복을 거의 하지 못한 까닭은 그리스 도시국가들끼리 군사력을 앞세워 다투었기 때문이다. 헬레니즘Hellenism[117]을 근동 전역에 퍼뜨리고, 이집트와 시리아와 소아시아의 내륙 지방에서 그

116 * 콜럼버스는 초기 신대륙을 발견하는 데 중요한 역할을 했다. 1492년부터 1504년에 걸쳐 신대륙을 4회 항해했다. 이로써 유럽인이 신대륙에 정착하는 동시에 원주민을 착취하는 역사가 시작되었다.

117 * 헬레니즘은 그리스의 고유문화와 오리엔트 문화가 융합한 세계주의적 예술, 사상, 정신 들을 특징으로 하는 문화다. 역사적으로 알렉산드로스의 죽음부터 로마 제국이 이집트를 합병한 시점까지 대략 3세기에 걸친 시기에 형성·발전했다.

리스어를 문학 언어로 만드는 과업은, 반은 야만인이었던 알렉산드로스가 맡게 되었다. 그리스인은 이러한 과업을 결코 수행할 수 없었는데, 군사력이 부족했기 때문이 아니라 정치적 결속을 다지는 측면에서 무능했던 탓이다. 헬레니즘 전파의 매개 역할을 한 정치 조직은 언제나 헬레니즘에 속해 있지 않았다. 그러나 낯선 민족들이 정복한 나라의 문화를 퍼뜨릴 만큼 감명을 준 사람들은 바로 그리스의 천재들이었다.

세계사를 연구하는 역사가에게 중요한 주제는 그리스 도시들 사이에 벌어진 소규모 전쟁이나 지배권을 획득하려는 야비한 당파 싸움이 아니라, 짧은 기간 동안 지속된 역사적 사건이 종결되었을 때 인류에게 남은 기억들, 이를테면 눈보라 치는 고된 하루를 견뎌야 했던 산악인에게 떠오르는 알프스 산맥의 눈부신 해돋이 광경의 회상 같은 것들이다. 이러한 기억은 점차 희미해지면서 사람들의 마음속에 아침 햇살을 받아 색다른 빛을 내던 몇몇 산봉우리의 영상을 남길 뿐만 아니라 구름 저 너머에 광휘가 아직 남아 있어 어느 순간이든 빛을 내는 경험이 계속 살아 있게 했다.

이러한 기억 속에서 플라톤은 초기 그리스도교에서 가장 중요한 인물로 기억되었으며, 아리스토텔레스는 중세 교회에서 말할 수 없이 중요한 인물이었다. 그러나 르네상스 시대 이후 사람들이 정치적 자유에 가치를 부여하기 시작하면서 무엇보다 플루타르코스에게 관심을 돌렸다. 플루타르코스가 18세기 영국과 프랑스의 자유주의자들, 미국을 세운 선구자들에게 미친 영향은 의미심장했다. 그는 독일의 낭만주의 운동에 영향을 끼쳤을 뿐만 아니라 주로 간접적 경로로 현재에 이르기까지 독일 사상에 계속 영향을 미쳤다. 플루타르코스의 영향은 여러 가지 점에서 좋기도 하고 나쁘기도 했다. 리쿠르고스와 스파르타에 관해서는 나쁜 결과를 초래했다. 플루타르코스가 리쿠르고스에 대해 꼭 말해야 했던 면은 중요하기 때문에 몇 가지를 반복되더라도 간단히 설명하겠다.

플루타르코스가 전하는 바에 따르면, 리쿠르고스는 스파르타의 법을 제정하기로 결심하고 갖가지 법령을 연구하기 위해 여러 나라를 돌아다녔다. 그는 "매우 공명정대하고 가혹한" 크레타의 법은 마음에 들었지만,[118] "없어도 되는 내용과 허황한 내용"이 들어 있는 이오니아의 법은 좋아하지 않았다. 그는 이집트에서 군인과 백성을 분리하는 관습의 장점을 배웠고, 나중에 여행을 마치고 돌아온 뒤, "그러한 관습을 스파르타에 들여와 상인 계급, 기술자 계급, 노동자 계급에게 각각 역할을 정해 줌으로써 고상한 정치 공동체noble Commonwealth를 세웠다." 스파르타의 모든 시민에게 토지를 공평하게 분배함으로써 "도시에서 파산과 선망, 탐욕, 맛과 향의 즐거움을 전부 몰아낼 뿐만 아니라 빈부격차도 없애려 했다." 금화와 은화를 쓰지 못하게 하고 철로 만든 주화를 사용하게 했는데, 주화의 가치가 너무 낮아 "철로 만든 돈으로 10미나를 모으려면 어느 집의 창고 하나를 다 채울 정도였다." 이렇게 학문을 연구하는 자들에게 지불할 돈이 충분하지 않다는 이유로 '남아도는 무익한 학문을 전부' 몰아냈다. 같은 법 때문에 대외 교역을 전혀 할 수 없게 되었다. 철로 만든 주화를 싫어하는 웅변가, 뚜쟁이, 보석 상인은 스파르타를 떠났다. 다음으로 그는 시민이 모두 함께 같은 음식을 먹어야 한다고 명했다.

리쿠르고스는 다른 개혁가들처럼 아이들의 교육이 법률 개혁가가 확립해야 할 '중차대한 문제'라고 생각했다. 그는 군사력의 증강을 주요 목표로 삼은 모든 사람이 그렇듯 출생률을 유지하려고 고심했다. "소녀들이 젊은 남자들 앞에서 벌거벗은 채 하는 놀이와 운동, 춤은 젊은 남자들이 결혼하고 싶도록 꾀어내는 도발적 자극이다." 플라톤이 말한 기하학적 이유로 설득된 것이 아니라 좋아하는 마음, 바로 사랑에 이끌린다. 처음 몇 년 동안 결

118 플루타르코스를 인용할 때는 토머스 노스의 번역본을 사용한다.

혼생활을 은밀하게 취급하는 습관은 "여자와 남자 양쪽의 불타는 사랑을 지속시켰고, 상대에 대한 새로운 욕망을 불러일으켰다." 적어도 플루타르코스의 견해는 이러하다. 이어서 그는 어떤 남자가 늙어서 젊은 아내를 얻게 되면 아내가 젊은 남자를 만나 아이를 갖도록 허락해도 나쁘지 않다고 설명한다. "다른 남자의 아내를 사랑하는 남자가 정직하게 그 여자와 동침하고 싶다고 남편에게 청하는 것도, 비옥한 땅을 갈아 잘생긴 자식의 씨를 집 밖으로 퍼뜨리는 일도 법률에 저촉되지 않았다." 어리석은 질투를 하면 안 되는 까닭은, "리쿠르고스가 자식들이 개인 소유가 아닌 공공복리를 위한 공동의 소유라고 생각하는 쪽을 좋아했기 때문이다. 그래서 모든 남자가 아니라 제일 정직한 남자들만 시민이 되어야 할 아이들을 낳게 해야 한다." 이것이 바로 농부가 가축에 적용하는 원리라고 리쿠르고스는 설명한다.

자식이 태어나면 아버지는 가문의 연장자 앞에 데려 가서 검사를 받았다. 만일 아이가 건강하면 부친에게 돌려주어 양육하도록 하고, 건강하지 않으면 깊은 물구덩이에 던져 버렸다. 자식들은 처음부터 가혹할 정도로 힘든 과정을 이겨내야 했으나, 엄한 감시를 받지 않는 좋은 점도 있었다. 일곱 살이 된 소년들은 집을 떠나서 기숙학교에 들어가며, 조별로 나뉘고 각 조는 분별력과 용기가 있어 선출된 대표 소년의 명령을 따라야 했다. "학습에 관해 간단히 언급하면 소년들은 필요한 만큼 배웠다. 나머지 시간은 복종하는 법과 고통을 없애는 법, 노역을 참는 법, 싸움에서 이기는 법을 배우며 보냈다." 소년들은 대부분의 시간을 벌거벗은 채 놀았다. 열두 살이 지나면 겉옷을 입지 못했을 뿐만 아니라 늘 '더럽고 허름한' 행색으로 지냈으며, 한 해에 몇 번을 빼고는 목욕도 하지 않았다. 그들은 짚으로 만든 침상에서 잤는데, 겨울에는 엉겅퀴를 섞었다. 소년들은 훔치는 법도 배웠는데, 훔치다가 붙잡히면 도둑질을 했기 때문이 아니라 아둔하게 붙잡혔기 때문에 처벌을 받았다.

여자들의 동성애는 그렇지 않지만, 남자들의 동성애는 스파르타에서 공식적으로 인정했고, 사춘기 소년의 교육 과정에 포함할 정도로 공인된 풍습이었다. 소년의 행동에 따라 동성 애인이 신임이나 불신을 받았다. 플루타르코스가 전하는 바에 따르면, 한번은 어떤 소년이 싸우다 다쳐 울자 비겁한 행동 때문에 소년의 동성 애인이 벌금을 물었다.

스파르타의 시민들은 일생 동안 어느 단계에서도 자유라고는 거의 누리지 못했다.

> 소년들이 어른이 된 다음에도 생활의 규율과 질서가 그대로 유지된 까닭은, 누구든 하고 싶은 대로 사는 것이 법률로 인정되지 않고, 스파르타의 시민은 마치 제각기 무엇을 고려해야 살 수 있는지, 점호가 있을 때 무슨 일을 해야 하는지 알아야 하는 전쟁터의 막사에서 사는 것처럼 도시에 머물러야 했기 때문이다. 요컨대 그들은 모두 자기 자신이 아니라 나라에 봉사하기 위해 태어난 사람들이었다. …… 리쿠르고스가 자신이 다스리던 도시에 일찍이 받아들인 다행스럽고 좋은 일 가운데 하나는, 다만 시민들이 더럽고 천한 직업을 가져서는 안 된다고 금지함으로써 넘치는 휴식과 여유를 즐기게 했다는 점이다. 그들은 재산이 유용하지도 높이 평가되지도 않는 곳에 살았기 때문에 큰 부를 축적하려 애쓸 필요도 없었다. 왜냐하면 전쟁으로 노예가 된 헬리오타이들이 시민들의 땅까지 경작하고, 해마다 그들에게 일정한 세금을 냈기 때문이다.

이어 플루타르코스는 게으른 탓에 비난을 받게 된 어느 아테네인의 이야기를 듣고, 한 스파르타인이 이렇게 외쳤다는 이야기를 전한다. "신사처럼 고귀하게 살았다고 해서 비난을 받은 그 사람을 만나게 해 주시오."

리쿠르고스는 (플루타르코스가 말을 계속한다) "시민들이 혼자 살려고 하지도 않고 살 수도 없었지만, 사람들이 서로 결합하여 조직을 이루어 마치 벌들이 왕벌 주위에 모이듯 언제나 동료들과 함께 살도록 길들였다."

스파르타의 시민은 용무가 없다면 여행이 허락되지도 않았고, 외국인이 들어오는 것도 용납되지 않았다. 외국의 낯선 풍습이 스파르타 시민들의 덕을 타락시킬까 두려웠기 때문이다.

플루타르코스는 스파르타 시민이 내키는 대로 노예를 죽여도 된다고 허용하는 법률에 대해 이야기하지만, 그토록 혐오스러운 법이 리쿠르고스에서 유래했을 리 없다면서 이렇게 말한다. "나는 리쿠르고스가 일찍이 그토록 사악하고 고약한 법령을 제정했다고는 믿을 수 없다. 리쿠르고스가 다른 모든 행동에서 보여 준 온정적 조치와 정의에 비추어 볼 때, 나는 그의 본성이 상냥하고 자비롭다고 상상할 수밖에 없으니 말이다." 이 문제를 제외하면, 플루타르코스는 스파르타의 정치 체제를 찬양할 따름이다.

스파르타가 이제 곧 우리가 각별히 논의할 플라톤에게 미친 영향은 다음 장의 주제인 플라톤의 이상 국가에 대해 설명하면서 명백해질 것이다.

13.
플라톤 사상의 근원

플라톤과 아리스토텔레스는 고대나 중세, 근대에 속한 모든 철학자에게 영향을 가장 크게 미쳤다. 두 철학자 가운데 후세에 영향을 더 많이 준 인물은 플라톤이다. 이렇게 말하는 데는 두 가지 이유가 있다. 하나는 아리스토텔레스의 사상이 플라톤의 영향으로 형성되었다는 것이고, 다른 하나는 그리스도교 신학과 철학이 적어도 13세기까지 아리스토텔레스보다 플라톤 사상의 영향을 더 많이 받았다는 것이다. 따라서 철학사에서 아리스토텔레스의 비중이 조금 낮지만, 플라톤과 아리스토텔레스를 선대나 후대에 속한 어떤 철학자보다 충분히 논의할 필요가 있다.

플라톤 철학에서 가장 중요한 문제는 다섯 개다. 첫째는 이상향Utopia으로, 기나긴 이상향의 역사 속에 최초로 등장한다. 둘째는 이상론theory of ideas인데, 지금까지도 해결되지 않은 보편자 문제를 다룬 선구적 시도로 평가된다. 셋째는 영혼 불멸을 지지하는 논증이고, 넷째는 우주론이며, 다섯째는 지각이 아닌 상기로 여긴 지식 개념이다. 그런데 방금 말한 주제를 다루기 전에 플라톤이 살았던 시대의 상황과 그의 정치적 견해나 철학적 견해를 결정했던 영향에 관해 몇 마디 하겠다.

플라톤Plato(기원전 428년경~347년경)은 펠로폰네소스 전쟁 초기 기원전

428년과 427년 사이에 태어났다. 그는 부유한 귀족 가문 출신이었으며, 친척 가운데 30인 참주정치의 지배에 관여한 인물이 여럿 있었다. 아테네가 스파르타에게 패배했을 당시 플라톤은 젊은 나이였고 패배의 원인을 민주주의 탓으로 돌렸는데, 자신의 귀족 신분과 가족 관계로 인해 민주주의를 경멸했을 가능성이 높다. 플라톤은 소크라테스의 제자로서 스승을 무척 사랑하고 깊이 존경했다. 그런데 소크라테스는 바로 민주주의 때문에 사형선고를 받고 죽었다. 그러므로 플라톤이 이상 국가의 모습을 그리는 데 스파르타의 정치 체제를 참조했다는 점은 전혀 놀랍지 않다. 플라톤은 후세 사람들이 속아 넘어갈 정도로 편협한 제안을 치장하는 기술이 뛰어났기 때문에, 사람들은 플라톤이 『국가』에서 제안한 내용을 미처 제대로 파악하지도 못하고 숭배하는 일이 벌어졌다. 플라톤에 대한 칭찬은 언제나 옳다고 받아들여졌으나 그에 대한 평가는 제대로 되지 않았다. 이는 위대한 인물들이 공통으로 놓이게 되는 운명이다. 나의 목적은 정반대다. 나는 플라톤을 이해하고자 하는데, 거의 숭배하지 않고 플라톤이 현대 영국이나 미국에서 전체주의를 지지하는 사람인 것처럼 다룰 것이다.

순전히 철학적으로 플라톤에게 영향을 준 철학자들도 플라톤이 스파르타를 지지하기 쉽게 만들었다. 대체로 말하면 피타고라스와 파르메니데스, 헤라클레이토스, 소크라테스가 플라톤에게 영향을 주었다.

소크라테스를 거쳤든 거치지 않았든, 플라톤은 자신의 철학에 스며든 오르페우스교의 요소를 피타고라스로부터 이끌어 냈다. 종교적 경향과 영혼 불멸에 대한 믿음, 내세관, 사제 같은 어조, 동굴의 비유에 포함된 모든 가르침뿐만 아니라 수학을 중시하는 성향, 지성과 신비주의가 뒤섞인 특징이 피타고라스에서 유래했다.

파르메니데스로부터 현실reality은 영원하고 시간을 초월하며 논리적 근거에 입각해 모든 변화가 환상에 불과하다는 믿음을 이끌어 냈다.

헤라클레이토스로부터 감각 세계에 영원한 것이 하나도 없다는 부정적 학설을 이끌어 냈다. 이러한 부정적 학설은 파르메니데스의 학설과 결합되어, 지식은 감각에서 도출되지 않으며 오로지 지성을 통해 얻어야 한다는 결론에 이르게 했다. 이것은 결국 피타고라스의 사상과 잘 어울린다.

소크라테스로부터 윤리적 문제에 몰두하는 성향과 세계를 기계론이 아니라 목적론으로 설명하는 경향을 배웠을 것이다. '선'은 소크라테스 이전 철학자들보다 플라톤의 사유에서 큰 비중을 차지했는데, 이것은 어렵지 않게 소크라테스의 영향으로 귀착된다.

앞서 언급한 모든 사고방식은 어떻게 정치적 권위주의와 연결되는가?

첫째, 시간을 초월한 선성Goodness과 현실성Reality을 지닌 최선의 국가는 천상의 원형을 가장 가깝게 모사한 국가이며, 변화는 최소로 일어나고 정적인 완벽한 특징은 최대로 지녀야 하므로 영원한 선을 최대로 이해한 사람들이 통치자가 되어야 한다.

둘째, 신비주의자들이 모두 그렇듯 플라톤의 신념 체계 안에도 삶의 방식을 공유하지 않으면 본질적으로 소통하기 어려운 확신이 중심에 놓여 있다. 피타고라스학파는 입회자가 지켜야 할 규칙을 세우려 노력했는데, 이것은 근본적으로 플라톤이 바라는 것이기도 하다. 어떤 사람이 유능한 정치가가 되려면, 선이 무엇인지 알아야 한다. 그는 지적 훈련과 도덕적 훈련을 겸비할 경우에만 선이 무엇인지 알 수 있다는 말이다. 이렇게 이중으로 훈련을 받지 않은 자들이 정치에 참여하도록 허락한다면 국가는 반드시 부패한다.

셋째, 플라톤의 원리에 따라 유능한 통치자를 길러 내려면 많은 교육이 필요하다. 현재 우리의 시각에서 보자면 시라쿠사의 참주 디오니시오스 2세를 훌륭한 왕으로 만들기 위해 기하학을 가르쳐야 한다는 주장이 지혜롭지 않아 보이지만, 플라톤의 관점에서는 본질적 요소였다. 그는 수학을 알지 못하면 참된 지혜에 이를 수 없다고 생각할 정도로 피타고라스의 사상에 흠뻑 빠져 있었다. 이러한 견해는 과두정치를 암시한다.

넷째, 플라톤은 대부분의 그리스 철학자와 마찬가지로 여유가 지혜의 본질적 요소라는 견해를 받아들였으므로, 지혜는 생계를 위해 노동해야 하는 사람들이 아니라 자립할 생계 수단이 있거나 국가의 구제로 생계를 걱정하지 않아도 되는 사람들 사이에서만 발견될 것이다. 이러한 관점은 본질적으로 귀족정치의 특징이다.

플라톤과 현대 사상을 비교해 보면 두 가지 일반적 질문이 제기된다. 첫째, '지혜' 같은 덕이 있는가? 둘째, 지혜가 있다면 정치권력이 지혜를 실현할 정치 체제를 고안해 낼 수 있는가?

플라톤이 가정한 '지혜'의 의미는 구두장이나 의사나 군사 전략가가 소유하는 특수한 기술이 아닐 것이다. 지혜가 특수한 기술이 아니라 일반적인 기술이어야 하는 까닭은, 지혜를 소유함으로써 지혜롭게 통치할 수 있는 사람이 된다고 생각하기 때문이다. 나는 플라톤이 지혜란 선에 대한 지식에서 성립한다고 말했으며 이러한 정의를, 어느 누구도 고의로 죄를 짓지 않으므로 선이 무엇인지 아는 사람은 옳은 일을 행한다는 결론이 도출된다는 소크라테스의 학설로 보충했으리라고 생각한다. 현대를 사는 우리에게 플라톤의 견해는 현실과 동떨어져 보인다. 우리는 당연히 다양한 이해관계가 존재하기 때문에 정치가는 유효한 최선의 타협안을 찾아야 한다고 말한다. 한 계급에 속한 구성원이나 한 나라의 국민은 공통 이익을 추구할 수도 있지만, 흔히 다른 계급이나 다른 나라의 이익과 갈등을 빚기 마련이다. 인류 전체를 위한 몇 가지 이해관계가 분명히 존재하지만, 정치적 행동을 유발하기에는 역부족이다. 아마 인류를 위한 이해관계의 조정은 미래의 어느 날에 실현될 수도 있겠지만, 여러 주권 국가가 존재하는 한 확실히 실현될 수 없다. 그날이 오더라도 일반 이익을 추구할 때 가장 어려운 문제는 상호 적대적 특수한 이해관계들 사이에서 타협점을 찾는 일이다. 그런데 '지혜' 같은 덕이 있다고 가정하더라도 정권을 지혜로운 자에게 맡길 만한 정치 체제가 있는가? 총 공의회에서 드러나듯 다수는 오류를 범할 수도 있으며, 사실상 분명히 오류를 범했다. 귀족 계급이 언제나 지혜롭지는 않으며, 왕이 어리석은 경우도 흔하고, 교황은 오류를 범하지 않는 존재라고 했지만 극악한 오류를 저질렀다. 어느 누가 정권을 대학 졸업자들, 아니 신학 박사들에게 맡기는 일을 지지하겠는가? 아니면 가난하게 태어났지만 큰 재산을 모은 사람에게 맡기는 일을 지지하겠는가? 합법적으로 선출된 한정된 시민들이 실제로 시민 전체보다 더 현명하지 않을 개연성도 높다.

사람들이 적합한 훈련을 받으면 정치에 필요한 지혜를 얻을 수 있다고 제안할지도 모른다. 하지만 다음과 같은 질문이 제기될 것이다. 무엇이 적합한 훈련인가? 적합한 훈련이란 결국 정당과 연루된 문제라는 사실도 드러난다.

따라서 '지혜로운' 사람의 무리를 찾아 통치를 맡기는 문제는 해결이 불가능한 과제다. 그것이 바로 민주주의를 지지하는 궁극적 이유다.

14.
플라톤의 이상향

『국가』는 플라톤의 가장 중요한 대화편이며 대략 세 부분으로 구성된다. 첫 부분(5권의 거의 끝부분까지)에서 이상 국가의 구조를 설명하는데, 이상향理想鄕, Utopia이 역사 속에 등장한 최초 형태에 속한다.

이상 국가론에서 통치자가 철학자가 되어야 한다고 주장한다. 6권과 7권에서 '철학자philosopher'라는 말을 정의한다. 철학자를 정의하는 문제는 바로 둘째 부분에서 논한다.

셋째 부분은 주로 여러 형태의 실제 정치 체제의 장점과 단점에 대해 논의한다.

『국가』의 명목상 목적은 '정의正義, justice'라는 말을 정의定義, definition 내리는 것이다. 그런데 모든 일은 첫 단계부터 소규모보다 대규모로 살펴보면 더 쉽게 이해할 수 있기 때문에, 개인보다 국가를 정의롭게 만들기 위한 조건이 무엇인지 탐구하는 방법이 더 낫다고 결정한다. 또 정의는 상상할 수 있는 최선의 국가가 지닌 속성 가운데 포함되어야 하므로, 우선 최선의 국가가 어떤 모습인지 묘사한 다음 구비한 완벽한 특징 가운데 어떤 특징을 '정의'라고 부를지 결정하게 된다.

먼저 플라톤의 이상향을 폭넓게 대강 묘사하면서 그때그때 나타나는 논점들을 고찰해 보자.

플라톤은 시민을 세 계급, 바로 평민 계급the common people과 군인 계급the soldiers, 수호자 계급the guardians으로 나눈다. 수호자 계급만 정치권력을 가지며, 수호자 계급은 다른 두 계급보다 수가 훨씬 적다. 우선 입법자legislator가 수호자 계급을 선택한 이후에 흔히 세습되지만, 드물게 열등한 계급에 속한 장래성 있는 아이가 수호자 계급으로 올라가기도 하고 수호자 계급에 속한 아이나 젊은이가 수호자로서 자격을 충족하지 못하면 낮은 계급으로 내려가기도 한다.

플라톤이 알아챘듯, 입법자가 의도한 목적을 수호자 계급이 실행에 옮길지 어떻게 보장하느냐가 중요한 문제다. 그는 수호자 계급의 실행을 보장하기 위해 교육, 경제, 생물학, 종교와 관련된 다양한 의견을 제시한다. 그의 제안이 수호자 계급이 아닌 다른 계급에 어느 정도 적용되는지는 분명치 않다. 몇몇 제안은 분명히 군인 계급에도 적용되지만, 플라톤이 주로 관심을 기울인 수호자 계급은 오래전 파라과이에서 선교활동을 벌인 예수회 수도자들이나 1870년 이전 교회 국가의 성직자 계급, 현대 소련의 공산당처럼 다른 계급과 별개로 존재하는 특수 계급이다.

우선 교육 문제를 고찰해 보자. 교육은 음악과 체육으로 나뉘는데, 제각기 현재 받아들이는 의미보다 훨씬 넓은 범위를 포괄한다. '음악music'은 뮤즈 신이 관장하는 모든 영역을 가리키고, '체육gymnastic'은 체력 훈련과 건강에 관한 모든 영역을 가리킨다. '음악'은 우리가 '문화culture'라고 불러야 할 정도로 넓은 의미로 쓰이며, '체육'은 우리가 '운동 경기athletic'라 부르는 의미보다 조금 넓게 쓰인다.

문화는 사람들을 대체로 플라톤에서 유래한 이래 영국에서 친숙해진 의미로 **신사 계급**the gentlemen으로 만든다. 플라톤이 살던 당시 아테네는 한 가지 점에서 19세기 영국과 비슷했다. 아테네와 19세기 영국에는 제각기 부와 사회적 특권을 누리는 귀족 계급이 존재했지만 정치권력이 독점되지 않았다. 또 귀족 계급은 힘이 닿는 만큼 감동을 주는 행동으로 권력을 유지하려고 노력해야 했다. 하지만 플라톤의 이상향에서 귀족 계급은 아무 견제도 받지 않으면서 통치한다.

엄숙gravity, 예절decorum, 용기courage는 주로 교육을 받아야 길러지는 자질인 듯하다. 아주 어릴 적부터 엄격한 검열을 실시하여 젊은이가 읽어도 되는 문학작품과 들어도 좋은 음악을 제한한다. 어머니와 유모는 아이들에게 당국이 허용한 이야기만 들려주어야 한다. 호메로스와 헤시오도스의 작품은 여러 가지 이유로 허용하지 않는다. 첫째, 그들은 경우에 따라 신들을 악하게 행동하는 존재로 묘사하기 때문에 덕을 함양하지 못한다. 악이 결코 신에게서 비롯되지 않는다고 젊은이들에게 가르쳐야 하는 까닭은, 신이 만물이 아니라 선한 사물만 창조하기 때문이다. 둘째, 호메로스와 헤시오도스의 작품 속에는 독자들에게 죽음에 대한 두려움을 불러일으키는 사태가 화제로 자주 등장하는데, 모든 일은 교육을 통해 젊은이들이 전쟁터에 나가 죽음도 마다하지 않도록 처리해야 한다. 소년들이 죽음보다 노예 상태가 더 나쁘다고 생각하도록 가르쳐야 하기 때문에 친구의 죽음을 대할 때조차 흐느끼거나 통곡하는 선량한 사람들의 이야기를 들어서는 안 된다. 셋째, 큰 소리로 웃으면 안 된다는 예법을 지켜야 하는데 호메로스는 '축복받은 신들의 억제할 수 없는 웃음'에 대해 이야기한다. 만일 소년들이 호메로스의 시구를 인용하게 된다면, 교사가 어떻게 희희낙락하는 행동을 효과적으로 꾸짖겠는가? 넷째, 호메로스의 작품 속에는 부유한 축제를 찬양한 시구와 신들의 정욕을 묘사한 시구도 들어 있기 때문에 절제를 방해한다(신학자 윌리엄 잉은 진정한 플라톤주의자로서 유명한 성가의 한 소절, "승리한 자들의 함성, 축연을 즐기는 자들의 노래"를 마땅찮게 여겼는데, 천국의 기쁨을 묘사한 부분이었다). 그렇다면 사악한 자가 행복하게 살고 선한 자가 불행하게 사는 이야기를 해서는 안 된다. 마음이 약한 자들에게 도덕적으로 아주 불행한 결과를 초래할 수 있기 때문이다. 이러한 이유로 두 시인은 비난을 받아 마땅하다.

플라톤은 연극에 대한 기이한 논증을 전해 준다. 그는 선인이 악인을 모방하려 해서는 안 된다고 주장한다. 그런데 대부분의 연극에는 악한이 등장하기 때문에 극작가와 악역을 맡은 배우는 온갖 범죄자를 모방할 수밖에 없다. 우월한 인간은 범죄자뿐만 아니라 여자, 노예, 열등한 인간을 모방해서도 안 된다(엘리자베스 여왕 시대의 영국처럼 그리스에서도 여자 역할을 남자 배우가 했다). 그러므로 연극이 허용된다 하더라도, 좋은 가문 태생의 결점이 없는 남자 영웅들을 제외한 어떤 인물도 등장시켜서는 안 된다. 이러한 부류의 연극은 분명히 불가능하기 때문에 플라톤은 이상 국가에서 모든 극작가를 추방하기로 결정한다.

> 영리하게 무엇이든지 무언극으로 모방하는 능력을 갖춘 신사들 가운데 어느 누구든 도시로 들어와 무언극이나 시를 선보이겠다고 제의한다면, 감미롭고 지순하며 경이로운 그에게 머리를 숙여 경배할 테지. 그런데 우리는 또 그에게 이상 국가에서 연극배우는 살 수 없으며 법률에 따라 머물지 못한다고 알려 주어야 하지. 그래서 무언극을 하는 신사에게 향유를 바르고 머리에 양모 화환을 씌워 주어서라도 반드시 다른 도시로 보내야 한단 말일세.

다음으로 그는 음악에 대한 검열(현대적 의미에서) 문제를 다룬다. 리디아와 이오니아식 화성이 금지되어야 하는 까닭은 리디아식 화성은 슬픔을 표현하고, 이오니아식 화성은 정신의 긴장을 풀기 때문이다. 도리아식은 용기를 북돋고, 프리지아식은 절제를 돕기 때문에 허용한다. 이렇게 허용하는 율동rhythm은 단순하며, 단순한 율동은 용감하고 조화로운 삶을 표현한다.

신체 훈련은 매우 엄격하게 실시해야 한다. 아무도 굽지 않은 생선이나 고기를 먹지 말아야 하고, 양념이나 사탕 과자류도 먹어서는 안 된다. 플라톤은 자신이 제안한 섭생법을 지키며 성장한 이상 국가 주민들에게 의사는 필요 없다고 주장한다.

아이들은 일정한 나이가 될 때까지 추한 모습이나 악행을 볼 수 없게 해야 한다. 그러나 적당한 시기에 이르면 두려워해서는 안 되는 공포와, 의지를 부추겨서는 안 되는 나쁜 쾌락이라는 두 가지 '마력'에 노출될 수밖에 없다. 그들은 두 가지 시험을 이겨낸 후에야 수호자 계급에 적합하다는 판정을 받게 되었다.

어린 소년은 다 자라기 전에 전쟁을 참관해야 하지만 직접 싸워서는 안 된다.

경제에 대해 살펴보자. 플라톤은 수호자 계급에게 철저한 공산주의를 제안하며, 내 생각에 군인 계급에게도 아주 분명하지는 않지만 같은 제안을 한다. 수호자들은 작은 집에서 살며 간소한 음식을 먹는다. 그들은 군대 막사에서 사는 경우처럼 동료들과 공동으로 밥을 먹으며 생활해야 한다. 최소 필요한 이상으로 사유 재산을 소유해서도 안 된다. 금과 은을 소유하는 것은 당연히 금지된다. 부유하지 않더라도 그들이 행복하지 못할 이유는 없다. 그런데 이상 국가의 목적은 전체 국가의 선이지 한 계급의 행복이 아니다. 부와 가난은 둘 다 해롭기 때문에 플라톤의 이상 국가에는 어느 것도 존재하지 않을 것이다. 전쟁에 대해서는 이상 국가가 승리의 전리품을 전혀 원하지 않기 때문에 동맹국을 얻기 쉽다는 기이한 논증도 제시한다.

플라톤이 묘사한 소크라테스는 마지못해 공산주의를 수호자 계급에 이어 가족에게도 적용한다. 그는 일가가 여자와 자식들을 포함한 모든 것을 공동으로 소유해야 한다고 주장한다. 여기에 난점이 있음은 인정하지만, 극복할 수 없는 문제는 아니라고 생각한다. 우선 소녀들도 소년들과 똑같이 음악과 체육, 전술을 함께 배우게 되어 있다. 여자는 모든 점에서 남자와 완

플라톤 아카데미를 표현한 모자이크 그림, 기원전 1세기경

전히 동등하다. "남자를 훌륭한 수호자로 키우는 교육은 여자도 똑같이 훌륭한 수호자로 성장시킬 것인데, 이는 남자와 여자의 본성이 같기 때문이다." 물론 남자와 여자는 차이가 있지만, 정치적 업무 수행과 무관하다. 어떤 여자는 철학적 능력이 뛰어나서 수호자로서 적합하고, 어떤 여자는 호전성을 지니기 때문에 훌륭한 군인이 되기도 한다.

입법자는 여자와 남자를 일정한 수에 맞춰 수호자 계급으로 선출하여 공동 숙소에 살면서 음식도 같이 먹도록 규정한다. 우리가 알듯 결혼의 형태는 근본부터 바뀐다.[119] 정기적으로 열리는 연회에서 신부와 신랑은 인구수를 일정하게 유지하기 위해 필요한 수만큼 추첨으로 맺어지며, 그렇게 믿도록 가르친다. 그러나 사실은 국가의 통치자가 우생학적 원리에 준하여 추첨을 조작하기 마련이다. 통치자는 혈통이 가장 우수한 아비가 가장 많은 자식을 낳도록 조정할 수 있다. 아이들은 전부 출생하자마자 부모와 떨어져 대규모로 양육되기 때문에, 부모는 자식이 누구인지 모르고 자식도 부모가 누구인지 모른다. 기형아나 열등한 부모가 낳은 아이들은 "그들이 마땅히 있어야 할 곳, 바로 아무도 모르는 비밀 장소에 버려진다." 국가의 허가를 받지 않고 남녀가 결합하여 낳은 아이들은 서출로 낙인찍힐 운명도 타고난다. 어머니의 나이는 20세에서 40세 사이여야 하고, 아버지의 나이는 25세에서 55세 사이여야 한다. 정해진 나이를 제외한 남녀 간에 성관계는 자유롭지만, 임신한 경우에 강제로 낙태시키거나 낳으면 유아 살해를 강요한다. 국가가 조정하는 '결혼 연회'에 참석한 사람들은 자기 목소리를 내지 못한다. 말하자면 그들은 추방된 시인들이 찬미하던 통속적 감정이 아니라 국가에 대한 의무만 생각하며 행동해야 한다.

아무도 부모가 누구인지 모르기 때문에 아버지가 될 만한 나이에 속한 모

119 "여자들은 예외 없이 남자들의 공동 아내가 될 것이므로 아무도 자신만의 아내를 두지 못할 것이다."

든 사람을 '아버지'라 부르고, 마찬가지 기준에 따라 '어머니'와 '형제,' '자매'라 부른다. 이러한 일은 몇몇 야만족에게도 일어나서 선교사들이 당황하기도 한다. '아버지'와 '딸' 혹은 '어머니'와 '아들' 사이의 결혼은 용납되지 않는다. '형제'와 '자매' 간의 결혼은 절대로 금지되는 것은 아니지만 일반적으로 금지된다. 플라톤이 이 점에 대해 더 주의 깊게 생각했더라면, 드물게 일어나고 예외로 생각된 '형제자매' 결혼을 제외한 **모든** 결혼을 금지했다는 사실을 알아냈으리라고 생각한다.

현재 '아버지', '어머니', '아들', '딸' 같은 낱말에 부여하는 정서적 특징은 플라톤이 새로 조정한 낱말에도 여전히 부여될 특징으로 생각한다. 예컨대 젊은이가 노인을 때리면 안 되는 까닭은 자신의 아버지를 때리는 짓일지도 모를 일이기 때문이다.

물론 공산주의가 추구하는 이점은 사적인 소유 감정이 아주 약해지게 함으로써, 사유 재산제의 폐지를 묵인하거나 공공 정신에 따른 지배에 방해가 되는 요소를 제거한다는 데 있다. 성직자 계급을 독신 생활로 이끈 동기도 대체로 이와 유사했다.[120]

마지막으로 이상 국가 체제의 신학적 측면을 다루어 보자. 나는 당대에 수용된 그리스 신들이 아니라 국가가 되풀이하여 가르친 몇 가지 신화에 대해 생각해 보려 한다. 플라톤은 마치 약을 처방하는 일이 의사의 특권이듯, 속이는 일이 국가의 특권이라고 명백하게 주장한다. 이미 보았듯 국가는 추첨으로 결혼을 조정하는 것처럼 연회 참석자들을 속이지만, 이것이 종교의 문제는 아니다.

플라톤이 통치자조차 속아 넘어가기를 바라고, 어쨌든 통치자를 뺀 도시 국가의 전체 주민을 속여 넘길 '충성심에서 우러나 꾸며 낸 거짓말'이 있다.

---

120 헨리 리, 『사제 독신생활사』를 보라.

그는 이 '거짓말'에 대해 상세하게 설명한다. 거짓말의 가장 중요한 부분은 신이 인간을 세 종류로, 바로 금으로 빚은 최고 계급과 은으로 빚은 둘째 계급, 동과 철로 빚은 평민 계급으로 창조했다는 가르침이다. 금으로 빚은 자들은 수호자 계급에 적합하고, 은으로 빚은 자들은 군인 계급이 되어야 하며, 동과 철로 빚은 자들은 수공업에 종사해야 한다. 늘 그렇지는 않지만 대개 아이들은 부모와 같은 계급에 속하기 마련이다. 부모와 같은 계급에 속하지 않은 아이들은 자격에 따라 승격되거나 강등되었음이 분명하다. 현 세대가 이러한 신화를 믿도록 만들기는 좀처럼 어렵겠지만, 다음 세대와 이어질 모든 세대가 신화를 의심하지 않도록 교육하는 일은 가능하다.

플라톤은 두 세대가 지나면 신화에 대한 신앙이 형성될 수 있다고 생각한 점에서 옳았다. 일본인은 1868년 이후 일왕이 태양 여신의 후예이며, 일본이 세계 어느 나라보다 일찍 창건되었다는 가르침을 받았다. 학문을 연구할 때조차 이러한 가르침에 의문을 던지는 대학 교수는 누구든 일본에 반하는 행동을 한다는 이유로 해고되었다. 플라톤은 이러한 신화를 강제로 수용하도록 교육하는 일이 철학과 양립할 수 없으며 지성의 성장에 오히려 방해가 된다는 사실을 미처 깨닫지 못한 듯하다.

『국가』의 전반에 걸쳐 다룬 명목상의 목표인 '정의'를 정의 내리는 작업은 4권에서 한다. 정의는 모든 사람이 각자 자기 몫을 하고 남의 일에 참견하지 않는 데서 실현된다고 한다. 국가는 상인 계급, 보조 계급, 수호자 계급이 각각 자기 몫을 하고 다른 계급의 일에 간섭하지 않으면 **정의롭다**.

모든 사람이 각자 자기 몫으로 정해진 일을 해야 한다는 교훈은 분명히 칭찬할 만하지만, 현대인이 자연스럽게 받아들이는 '정의' 개념과 대응하기 어렵다. 이러한 의미의 정의로 번역된 그리스어는 그리스식 사유에서 가장 중요한 개념에 대응하지만, 의미가 정확히 일치하는 번역어가 없다. 아낙시만드로스가 말한 다음 구절은 생각해 볼 만하다.

만물은 다시 한 번 정해진 운명에 따라 발생한 근원으로 돌아간다. 만물이 서로 정해진 시간에 따라 불의를 보상하고 충족시켜 주기 때문이다.

철학이 시작되기 전부터 그리스인은 우주에 대한 이론이나 느낌을 표현했는데, 이것은 종교나 윤리라고 부를 수도 있다. 그리스 우주론에 따르면 인간과 사물은 어느 것이나 다 정해진 자리가 있으며 정해진 기능을 수행한다. 이러한 운명이 제우스의 명령에 의존하지 않는 까닭은, 제우스도 다른 사물과 동일한 법칙의 지배를 받기 때문이다. 우주론은 숙명이나 필연의 사상과 연결되며, 당연히 천체에도 적용된다. 그런데 활력이 존재하는 곳에는 바로 한도를 넘으려는 경향이 존재하기 때문에 투쟁이 벌어진다. 일종의 비인격적 초올림포스 법super-Olympian law이 **오만**hubris을 응징함으로써 오만한 행동이 파괴하려던 영원한 질서를 회복한다. 이러한 사고방식은 처음에 부지불식간에 철학 속으로 들어왔을 터다. 헤라클레이토스나 엠페도클레스 같은 투쟁의 우주론과 파르메니데스 같은 일원론에서 유사한 사고방식을 찾아볼 수 있다. 그것은 자연법과 인간법에 대한 믿음의 원천으로서 분명히 플라톤이 세운 정의 개념의 기초가 된다.

법률 분야에서 지금도 사용하는 '정의justice'라는 말은 정치에 관한 사변speculation에서 쓰는 정의보다 플라톤의 개념과 더 유사하다. 우리는 민주주의 이론의 영향으로 정의와 평등을 결합하지만, 플라톤의 정의 개념은 그러한 결합을 함의하지 않는다. '법'과 거의 동의어로 쓰는 '정의'는 '정의의 법정'이라고 말하는 경우처럼, 주로 재산권과 관계가 있으며 평등과 아무 관계도 없다. 『국가』의 서두에서 첫째로 '정의'는 빚을 갚는 데서 성립한다고 정의를 내리자고 제안한다. 이러한 정의는 곧 부적합한 정의라서 포기하지만, 거기에 포함된 어떤 점은 끝까지 살아남는다.

플라톤의 정의定義에서 주목해야 할 논점을 몇 가지 짚어 보자. 첫째, 그것은 정의正義가 아닌 권력과 특권의 불공평한 분배를 가능하게 만든다. 수호자 계급은 공동체 안에서 가장 지혜롭기 때문에 모든 권력을 독점한다. 플라톤의 정의定義에 따르면 수호자 계급에 속한 몇몇 사람보다 더 지혜로운 사람들이 다른 계급에 속할 경우에만 불의가 발생할 것이다. 플라톤은 이 때문에 시민들의 승격과 강등을 고려하지만, 출생과 교육이라는 이중 혜택을 누림으로써 수호자 계급에 속한 자녀가 다른 계급에 속한 자녀보다 대부분 우월하리라고 생각한다. 정치에 대한 엄밀한 학문이 존재해서 거기에 포함된 교훈을 따르는 사람들이 더욱 확신을 갖는다면, 플라톤의 체제를 지지하는 말을 더 많이 하게 될 것이다. 어느 누구도 축구 선수단을 최고 기량을 갖춘 선수들로 구성하는 일을 불의라고 생각하지 않고, 그렇게 할 때 대단히 우수한 성적을 낸다. 만일 축구를 아테네 정치처럼 민주주의 절차에 따라 운영한다면, 대학 축구 선수단을 추첨으로 뽑아야 할 것이다. 그런데 정치 문제에서는 가장 훌륭한 재간을 지닌 자가 누구인지 알기 어려우며, 정치가가 정치적 재간을 자신의 이익이나 자신이 속한 계급이나 당파나 신념에 유리하게 사용하지 않고 공공 이익을 위해 사용하려 할 것인지도 확실치 않다.

다음 논점은 '정의justice'에 대한 플라톤의 정의definition가 전통적 노선을 따르든 플라톤 자신의 노선을 따르든 전체의 윤리적 이상을 실현하도록 조직된 국가를 전제한다는 것이다. 정의는 모든 사람이 각자 자신에게 주어진 몫의 일을 하는 데서 이루어진다고 한다. 그런데 어떤 사람이 해야 할 일은 무엇인가? 고대 이집트나 잉카 제국처럼 세대가 바뀌어도 계급의 변화가 일어나지 않는 국가에서 어떤 사람이 하는 일은 바로 부친이 하던 일이기 때문에 문제가 발생하지 않는다. 그러나 플라톤의 국가에서는 아무도 법적 아버지를 갖지 않는다. 그러므로 어떤 사람이 하는 일은 자신의 취향이나 국가가 판단한 적성에 따라 결정해야 한다. 플라톤은 분명히 후자를 바랄 것이다. 그런데 어떤 종류의 일은 고도의 재간이 요구되지만 해로운 행위로 생각되기도 한다. 플라톤은 시 쓰는 일을 해로운 행위로 생각하지만, 나로서는 나폴레옹의 행위가 해롭다고 말하고 싶다. 그러므로 정치의 가장 중요한 목적은 어떤 사람이 해야 할 일을 결정하는 것이다. 통치자는 모두 철학자가 되어야 하지만, 혁신적 변화는 일어나지 않는다. 왜냐하면 철학자는 언제나 플라톤의 사상을 이해하고 동조하는 사람이기 때문이다.

플라톤에게 국가를 통해 무엇을 성취하려 하느냐고 물으면, 대답은 오히려 단조롭고 지루하다. 국가는 대체로 같은 인구를 가진 나라와 맞선 전쟁에서 승리함으로써 특정한 소수 사람을 위한 생계를 보장하려 한다. 플라톤의 국가에서는 엄격성 탓에 예술작품을 창작하지도 학문을 체계적으로 확립하지도 못한다. 다른 점과 마찬가지로 이것도 스파르타와 유사하다. 온갖 미사여구를 갖다 붙이더라도 전쟁 기술과 충분한 식량이 성취하게 될 전부다. 플라톤은 아테네가 기근과 패전으로 고통을 겪던 시기에 살았기 때문에, 아마 무의식적으로 그러한 악을 피하는 일이야말로 정치적 수완을 다해 성취할 수 있는 최선이라고 생각했을 것이다.

진지하게 의도했을 경우 이상향은 분명히 창안한 사람의 이상理想, ideal을 구현할 수밖에 없다. 이제 잠시 '이상'이 무엇을 의미하는지 고찰해 보자. 이상은 욕구하기는 하지만, 먹을거리나 살 곳 같은 개인의 안락을 욕구하는 경우와 같은 방식으로 바라게 되지 않는다. '이상'과 일상적 욕망의 대상을 구별하는 차이는 이상이 개인과 관계가 없는 객관적 대상이라는 점이다. 적어도 이상은 표면상 욕구를 느끼는 사람의 자아와 특별한 관련이 없는 대상이기 때문에 이론상으로는 모든 사람이 바랄 수 있다. 따라서 '이상'은 자기중심적 사고가 아니라 욕구하는 사람이 다른 누구나 욕구하기를 바라는 욕구의 대상이라고 정의해도 좋다. 나는 누구나 넉넉하게 먹고 서로 친절하게 대하기를 바랄 수 있는데, 내가 이렇게 바란다면 남들도 그렇게 바라기 마련이다. 이렇게 개인과 무관한 윤리로 보이는 견해를 형성할 수 있지만, 이렇게 보이는 견해도 사실은 나 자신의 욕구라는 개인적 근거에 의존한다. 왜냐하면 욕구의 대상이 나 자신과 무관할 때도 욕구는 나의 욕구이기 때문이다. 예컨대 어떤 사람은 누구나 과학을 이해하기를 바라고, 다른 사람은 누구나 예술의 가치를 인정하기를 바랄 수도 있다. 이러한 욕구는 두 사람의 개인차로 생긴다.

논쟁을 하게 되면 개인적 요소가 분명하게 드러난다. 어떤 사람이 이렇게 말한다고 가정해 보자. "당신이 모두 행복하기를 바란다면 잘못입니다. 당신은 독일인이 행복하고 다른 모든 사람은 불행해지기를 바라야 합니다." 여기서 '해야 한다ought'는 말은 화자가 나에게 욕구하기를 바라는 것을 의미한다고 생각되기도 한다. 나는 독일인이 아니므로 정서적으로 독일인이 아닌 모든 사람의 불행을 바랄 수 없다고 되받아칠 수도 있다. 그러나 이러한 답변은 적절치 않아 보인다.

다른 한편 순수하게 비개인적 이상들impersonal ideals을 두고 갈등이 생길 수도 있다. 니체의 영웅은 그리스도교의 성인과 다르지만, 둘 다 비개인적으로 숭배를 받아서, 전자는 니체 추종자가 숭배하고 후자는 그리스도교도가 숭배한다. 우리 자신의 욕구를 수단으로 삼지 않는다면 둘 사이에서 어떻게 결정을 내리겠는가? 게다가 욕구 말고 더는 아무것도 없다면, 윤리적 불일치가 발생할 경우 정서에 호소하거나 무력에, 최후의 수단으로 전쟁에 호소함으로써 어느 한쪽을 선택하게 된다. 사실의 문제는 과학과 과학적 관찰 방법에 호소해서 해결하지만, 윤리의 궁극적 문제는 유사한 방식으로 해결하기 어려울 듯하다. 그렇다면 윤리 논쟁은 선전선동을 포함한 권력 투쟁으로 해결할 수밖에 없다.

『국가』 1권에서 앞서 말한 관점을 서툴게 주장한 트라시마코스Thrasymachos는 플라톤의 대화편에 등장하는 대부분의 인물처럼 실존했던 사람이다. 그는 칼케돈 출신의 소피스트이자 웅변술을 가르쳐 이름을 떨친 교사로, 기원전 427년에 아리스토파네스의 첫 희극에 등장했다. 소크라테스가 한동안 화기애애한 분위기 속에서 케팔로스라는 노인, 플라톤의 형 글라우콘, 아데이만토스와 정의에 대해 토론했는데, 가만히 듣던 트라시마코스가 더는 참을 수 없다는 듯 유치하고 무의미한 주장에 강력히 반대하며 끼어든다. 그는 강한 어조로 "정의란 강자의 이익 말고 아무것도 아닙니다"라고 선언한다.

소크라테스가 트라시마코스의 견해를 궤변으로 몰아붙인 까닭은 당당하게 정면으로 맞서지 않은 탓이다. 트라시마코스의 견해는 윤리·정치와 관련된 근본적 질문을 제기한다. '선'이나 '악'이라는 말을 사용하는 사람이 바라는 것 말고 선악의 기준이 있는가? 만일 없다면 트라시마코스가 끌어낸 많은 귀결을 피하기 어려울 듯하다. 그런데 우리는 어떻게 선악의 기준이 있다고 말하게 되는가?

여기서 종교는 일견 단순해 보이는 답변을 제공한다. 신이 선은 무엇이고 악은 무엇인지 결정하며, 자신의 의지를 신의 의지와 조화시키는 사람이 선한 인간이다. 그런데 이러한 답변은 정통 신앙과 전혀 맞지 않는다. 신이 선하다는 신학자들의 주장은 신의 의지에 의존하지 않는 선의 기준이 있음을 함의한다. 따라서 우리는 다음과 같은 질문에 직면할 수밖에 없다. "쾌락은 선이다"라는 진술은 "눈은 희다"라는 진술과 동일한 의미로 객관적 진리이거나 객관적 허위인가?

앞에서 제기한 질문에 대답하려면 긴 토론이 필요할 것이다. 어떤 이는 실천적 목적을 위해 근본적 질문을 회피하면서 이렇게 말해도 좋다고 생각한다. "나는 '객관적 진리'가 무엇을 의미하는지 모르지만, 탐구에 참여한 사람이 모두 혹은 거의 모두 어떤 진술을 지지하는 데 동의한다면 '참' 진술로 간주하겠다." 이러한 의미로 눈은 희다는 진술, 카이사르는 암살당했다는 진술, 물은 수소와 산소로 구성된다는 진술은 '참'이다. 그러면 다음과 같은 사실의 문제와 마주한다. 윤리 영역에서도 유사한 방식으로 동의를 얻는 진술이 있는가? 만일 그러한 진술이 있다면, 개인의 사적 행동 규칙과 정치 이론의 기초를 형성할지도 모른다. 만일 없다면, 우리는 철학적 진리가 무엇이든 상관없이 권력 집단 간에 화해하기 어려운 차이가 발생할 때마다 실천 영역에서는 무력이나 선전선동, 혹은 둘 다에 의존한 경쟁으로 내몰릴 수밖에 없다.

플라톤에게 앞서 말한 문제는 현실적으로 발생하지 않는다. 플라톤이 극적 연출 감각으로 강하게 진술하지만, 트라시마코스의 견해가 지닌 강점을 전혀 파악하지 못하고 있으며, 전반적으로 불공평하게 반대 논증을 펼친다. 플라톤은 선 자체가 존재하며 선의 본성을 식별할 수 있다고 확신한다. 사람들이 선에 관해 의견이 일치하지 않을 때 적어도 한 사람은 지적인 면에서 오류를 범한 셈이며, 마치 사실의 문제에 관해 일어나는 과학적 불일치인 양 취급한다.

플라톤과 트라시마코스의 차이는 대단히 중요하지만, 철학사 연구자로서 주의를 환기할 뿐 어느 편이 낫다고 결정할 처지는 아니다. 플라톤은 자신의 이상 국가가 선하다고 **입증**할 수 있다고 생각한다. 그러나 윤리학의 객관성을 수용하는 어떤 민주주의자는 이상 국가가 악하다고 **입증**할 수 있다고 생각할지도 모른다. 그런데 트라시마코스의 견해에 동의하는 사람은 누구든 이렇게 말할 것이다. "증명하거나 반증할 문제는 없습니다. 유일한 문제는 플라톤이 바란 국가를 좋아하느냐 싫어하느냐는 것입니다. 당신이 플라톤의 국가를 **좋아한다면** 그것은 당신에게 선하고, 싫어한다면 악한 셈입니다. 만일 여러 사람이 좋아하는 동시에 또 여러 사람이 싫어한다면, 플라톤의 국가가 선한지 악한지는 이성이 아닌 실제로 행사되든 은폐되든 무력으로 결정할 수밖에 없습니다." 이것은 철학에서 생겨난 쟁점 가운데 하나로 여전히 미결로 남아 있다. 쟁점을 둘러싼 양측에 존경받을 만한 사람들이 있지만, 플라톤이 주창한 견해가 아주 오랫동안 거의 논박되지 않은 채 주류를 차지했다.

더 나아가 의견의 일치를 객관적 기준으로 대체한 견해가 거의 아무도 수용하지 않는 결과로 이어진다는 점에도 마땅히 주의를 기울여야 한다. 거의 아무도 동의하지 않지만 마침내 거의 모든 사람의 지지를 얻은 의견을 주창한 갈릴레오 같은 과학 분야의 혁신적 사상가에 대해 뭐라고 말해야 하는가? 그들은 논증을 수단으로 지지를 얻어내지, 감정에 호소하거나 선전 선동을 일삼거나 무력을 사용하지 않는다. 이것은 일반적 의견과 다른 판단 기준이 있음을 함축한다. 윤리적 문제에는 종교계의 위대한 스승의 경우와 유사한 어떤 것이 있다. 그리스도는 안식일에 곡식의 이삭을 자르는 일은 나쁜 짓이 아니지만, 원수를 미워하는 일은 나쁜 짓이라고 가르쳤다. 이렇게 혁신을 동반한 윤리는 분명히 다수의 의견과 다른 판단 기준이 있음을 함축하지만, 그러한 기준이 무엇이든 과학적 문제와 관련된 객관적 사실은 아니다. 이것은 난해한 문제이므로 해결할 수 있다고 공언하지 않겠다. 지금은 문제를 언급하는 데서 만족하기로 하자.

플라톤의 국가는 근대에 등장한 이상향과 달리 아마도 실제로actually 세우려고 계획되었을 것이다. 플라톤의 국가 건립은 우리에게 당연하게 보이듯 공상에 그치거나 불가능한 일이 아니었다. 스파르타는 우리가 보면 당연히 실천할 수 없다고 생각했던 몇 가지를 비롯해, 이상 국가에 필요한 여러 조건을 실제로 갖추었다. 피타고라스가 철인 통치를 꿈꾼 이후, 플라톤 시대에는 피타고라스학파에 속한 아르키타스가 타라스(현재의 타란토)의 정치에 영향을 미쳤는데, 플라톤이 시칠리아와 이탈리아 남부를 방문할 무렵이었다. 당시에 도시국가들은 법률을 제정하게 되면 관례에 따라 현자를 고용했다. 솔론은 아테네를 위한 법률을 제정했고, 프로타고라스는 투리를 위한 법을 제정했다. 당시 식민 도시들은 모국 도시국가의 통제에서 완전히 벗어나 자유를 누렸기 때문에, 플라톤을 추종하는 무리가 스페인이나 갈리아의 해안가에 이상 국가를 실제로 건설할 수 있었을 것이다. 불행하게도 플라톤이 우연히 가게 된 시라쿠사는 거대한 상업 도시였는데, 카르타고와 가망 없는 전쟁을 벌이고 있었다. 전운에 휩싸인 분위기에서 철학자가 성취할 일은 많지 않았다. 다음 세대에는 마케도니아가 패권을 장악하면서 소규모 도시국가들은 전부 구시대의 유물로 전락했고, 소규모 정치 실험은 모두 무용지물이 되어 버렸다.

15.
이상론

플라톤은 『국가』의 중간에 해당되는 5권 뒷부분부터 7권 끝까지 주로 정치 문제와 대조되는 순수한 철학 문제를 다루는데, 비약이 심한 다음과 같은 구절로 시작한다.

> 철학자가 왕이 되거나 현세의 왕이나 군주가 철학 정신과 능력을 갖추어 탁월한 정치력과 지혜가 하나로 합쳐질 때까지, 서로 배제하려는 세속적 철학자나 왕들이 억지로라도 물러나지 않으면 도시국가는 악에 젖어 결코 편안해지지 않고 내 생각에 인류도 편안치 않을 텐데, 철학자가 왕이 되거나 왕이 철학 정신을 갖출 때 비로소 우리 국가는 살아나 햇빛을 볼 수 있다네.

이러한 주장이 사실이라면, 철학자를 철학자이게 만드는 요소는 무엇이며 '철학'의 의미는 무엇인지 밝혀내야 한다. 이어 진행된 논의는 『국가』에서 유명한 부분으로, 어쩌면 후대에 미친 영향이 제일 컸을지도 모른다. 군데군데 문학작품처럼 아름답고 멋진 특징이 드러나, 독자들도 나처럼 『국가』에서 주장한 내용에 동의하지 않을지 몰라도 감동받지 않을 수 없을 것이다.

플라톤의 철학은 현실reality[121]과 현상appearance의 구별에 의존하는데, 파르메니데스가 처음 구별하자고 제안했다. 지금 우리가 관심을 두는 논의에서 파르메니데스의 글귀와 논증은 도처에 나타난다. 그렇지만 현실에 관해 말할 때 풍기는 종교적 경향은 파르메니데스의 논조보다 피타고라스의 논조를 띤다. 또한 수학과 음악에 관한 내용은 대부분 피타고라스의 제자들까지 직접 거슬러 올라간다. 이렇게 파르메니데스의 논리는 내세나 오르페우스교와 결합하면서 지성과 종교적 정서를 둘 다 만족시키는 학설을 만들어 냈다. 이로써 두 요소가 아주 강력하게 종합된 체계가 형성되고, 갖가지 형태로 변모하면서 헤겔을 비롯한 후세의 위대한 철학자들에게 영향을 미쳤다. 그런데 철학자들만 플라톤에게 영향을 받은 것은 아니다. 청교도들이 왜 가톨릭교회의 호화로운 전례, 교회 음악, 교회 미술에 반대했겠는가? 『국가』의 10권에서 해답을 찾게 될 것이다. 아이들은 왜 학교에서 수학을 꼭 배워야 하는가? 그 이유는 7권에 나와 있다.

다음 단락에서는 플라톤의 이상론theory of ideas[122]을 요약한다.

우리의 문제는 이것이다. 철학자는 무엇을 하는 사람인가? 우선 어원에 따라 철학자는 지혜를 사랑하는 사람이라고 대답한다. 그런데 철학자는 탐구심이 강한 사람이 지식을 추구한다는 의미에서 지식을 사랑하는 사람은 아니다. 통속적 호기심만으로 철학자가 되지 못하는 법이다. 그러므로 철학자에 대한 정의를 이렇게 고친다. 철학자는 '진리에 대한 통찰'을 사랑하는

---

121 * 'reality'는 문맥에 따라 현실이나 현실성으로 옮겼다. 현실은 개인이나 우리가 만들어 내는 것이 아니라, 나와 우리에게 들이닥치고 영향을 미치면서 생생하게 존재하는 것들 혹은 일어난 일들의 총합을 뜻한다. 'realism'은 실재론으로 옮겼는데, 실재론은 어떤 특징을 갖든 현실 전체나 일부가 객관적으로 혹은 의식이나 정신과 독립적으로 존재한다는 입장을 표명한 견해다.

122 * 이데아idea는 '이상理想'으로 번역했는데, 이상은 원리나 법칙 같은 역할을 하며 이성으로 직관할 수 있는 일종의 개념이고 사물을 분류하는 데 사용된다. 플라톤은 이상들이 모든 사물의 원형이자 본질로서 이상계에 객관적으로 존재하며, 현상계의 사물들은 이상계의 원형을 불완전하게 모사한 것들이라고 주장했다.

사람이다. 그런데 진리를 통찰한다는 것은 무엇인가?

아름다운 사물을 사랑하는 마음이 깊어 새로 연출된 비극과 새로 전시된 미술품을 꼭 관람하고 새로 나온 음악을 꼭 감상하는 사람을 생각해 보자. 이러한 사람은 아름다운 사물만을 사랑하기 때문에 철학자가 아닌데, 철학자는 사실 아름다움 자체를 사랑하기 때문이다. 그저 아름다운 사물만 사랑하는 사람은 꿈을 꾸고 있지만 절대적 아름다움을 인식하는 사람은 완전히 깨어 있다. 전자는 의견opinion을 가질 뿐이지만 후자는 지식knowledge을 가진다.

'지식'과 '의견'은 어떻게 다른가? 지식을 가진 사람은 **어떤 것**, 다시 말해 실존하는 어떤 것에 대해 지식을 가지는데, 실존하지 않는 것은 아무것도 아니기 때문이다(여기서 파르메니데스가 떠오른다). 지식은 틀릴 수 없는데, 논리적으로 잘못된 것일 수 없기 때문이다. 그러나 의견은 잘못된 것일 수 있다. 어떻게 이럴 수 있는가? 의견은 비존재에 대한 것일 수 없다. 왜냐하면 그것은 불가능한 일이기 때문이다. 의견은 존재에 대한 것일 수도 없다. 그러면 의견은 지식이 되기 때문이다. 그러므로 의견은 존재이면서 비존재인 것에 대한 것일 수밖에 없다.

이것은 어떻게 가능한가? 특수 사물particular things은 언제나 반대되는 성질을 가진다고 대답한다. 아름다운 사물도 어떤 점에서 추하고, 정의로운 일이 어떤 점에서 정의롭지 못하다는 것이다. 플라톤이 주장하듯 감각할 수 있는 특수 대상particular sensible objects은 모두 이렇게 모순된 성질을 가진다고 주장한다. 따라서 감각할 수 있는 특수 대상은 존재와 비존재의 중간자로서 지식이 아니라 의견의 대상이다. "그러나 절대, 영원, 불변의 존재를 보는 사람은 의견만 갖지 않고 인식한다."

따라서 의견은 오감에 나타난 세계에 대한 것이고, 지식은 영원한 초감각적 세계super-sensible eternal world에 대한 것이라는 결론에 이른다. 예컨대 의견은 아름다운 특수 사물에 관여하지만, 지식은 아름다움 자체에 관여한다.

진일보한 유일한 주장은 어떤 사물이 아름다우면서 아름답지 않을 수 있거나 정의로우면서 정의롭지 않을 수 있다고 가정하면 자기모순에 빠지는데도, 특수 사물이 이러한 모순된 성질을 가진 것처럼 보인다는 것이다. 그러므로 특수 사물은 현실적으로 존재하지 않는다. 헤라클레이토스는 "우리는 같은 강물에 들어가면서 들어가지 못하고, 우리는 있으면서 있지 않다"라고 말했다. 헤라클레이토스의 주장과 파르메니데스의 주장을 결합하면 플라톤의 결론에 이른다.

그렇지만 플라톤의 학설에는 선대 철학자에게 돌릴 수 없는 아주 중요한 것, 바로 '이상理想, ideas' 혹은 '형상形相, forms'에 대한 이론이 있다. 이상론의 일부는 논리에 관한 것이고, 일부는 형이상학에 관한 것이다. 논리적 부분은 일반명사의 의미와 관계가 있다. "이것은 고양이다"라는 진술을 참으로 만드는 개별 동물은 여럿이다. '고양이'라는 낱말은 무엇을 의미하는가? 분명히 특수 고양이와 다른 어떤 것을 의미한다. 어떤 동물은 고양이고 그렇게 보일 텐데, 그 동물이 모든 고양이가 공통으로 지닌 일반적 본성에 참여하기participate 때문이다. 언어는 '고양이' 같은 일반명사가 없다면 제대로 기능하지 못하기 때문에 일반명사들은 분명히 무의미하지 않다. 그러나 만일 '고양이'라는 낱말이 무엇이든 의미한다면, 이 고양이나 저 고양이가 아닌 어떤 종류의 보편 고양이universal cattiness에 해당하는 어떤 것을 의미한다. 보편 고양이는 특수 고양이가 태어날 때 태어나지 않으며, 개별 고양이가 죽을 때도 죽지 않는다. 사실 보편 고양이는 공간과 시간을 차지하지 않는데, '영원한' 존재이기 때문이다. 여기까지가 이상론의 논리적 부분이다. 논리적 부분을 지지하기 위해 제시한 논증은 궁극적으로 타당하든 않든 강력해서 이상론의 형이상학적 부분에 의존하지 않는다.

이상론의 형이상학적 부분에 따르면, '고양이'라는 낱말은 어떤 이상적 고양이, 바로 **그** 고양이the cat를 의미하며, 신이 창조한 유일한 고양이다. 특수 고양이들은 고양이 **자체**의 본성에 참여하지만, 더하든 덜하든 불완전하게 관여한다. 바로 이러한 불완전함 때문에 특수 고양이가 여럿 존재하게 된다. **그** 고양이는 현실이지만, 특수 고양이들은 **현상**일 뿐이다.

『국가』의 마지막 권에서 화가를 비난하기 위한 예비 논의로 이상ideas 혹은 형상forms에 대한 학설을 아주 명료하게 설명한다.

여기서 플라톤은 여러 개체가 공통된 이름을 가질 때는 언제나 공통된 '이상'이나 '형상'도 가진다고 설명한다. 예컨대 침대는 여럿이지만 침대의 '이상'이나 '형상'은 하나만 존재한다. 거울에 비친 침대의 모습이 현상일 뿐 현실이 아니듯, 다양한 특수 침대들은 현실적으로 존재하지 않는다. 특수 침대들은 신이 만든 현실적으로 존재하는 하나의 침대, 바로 그 '이상'의 복사물들copies일 뿐이다. 신이 만든 침대 하나에 대해서는 **지식**을 얻지만, 목수가 만든 여러 침대에 대해서는 **의견**을 가질 따름이다. 철학자는 철학자답게 감각계에 나타난 여러 침대가 아니라 이상적 침대 하나에 흥미를 느낀다. 그는 일상에서 벌어지는 세속적인 일에 무관심한 태도를 보일 것이다. "위대한 정신의 소유자이자 모든 시간과 모든 존재의 관망자인 철학자가 어찌 인간살이에 대해 많이 생각하겠는가?" 철학자가 될 만한 젊은이는 정의롭고 점잖고 즐겁게 배우고 좋은 기억을 소유하고 조화로운 정신을 타고나서 동료 젊은이 사이에서 두각을 나타낼 터다. 이러한 자질을 갖춘 젊은이는 철학자나 수호자가 되도록 가르치고 길러야 한다.

여기서 아데이만토스Adeimantus of Collytus(기원전 432년경~382)[123]가 항의하며 끼어든다. 그는 소크라테스와 논증을 주고받으면 토론이 진행되는 단계마다 약간 잘못된 길로 들어선다고 느끼다가 결국 이전에 품었던 생각이 전

---

123 * 플라톤의 형으로 알려진 인물로, 플라톤의 주요 대화편에 등장해 소크라테스와 토론한다.

부 뒤집힌다고 말한다. 그런데 소크라테스가 무슨 말을 하든, 누구나 알게 되듯 철학을 위해 부단히 노력하는 사람들은, 사실은 뻔뻔한 악당이라고 말하지 않더라도 이상한 괴물 같은 존재가 되어 버린다. 그들 가운데 최고 능력자조차 철학 때문에 쓸모없는 사람이 되었다.

소크라테스는 지금 있는 세계에서는 그렇다고 인정하지만, 비난을 받을 사람은 철학자들이 아니라 다른 사람들이라고 주장한다. 지혜롭게 돌아가는 공동체community에서 철학자는 바보로 보이지 않고, 바보만 현자에게 지혜가 없다고 생각할 테니 말이다.

이러한 진퇴양난에서 빠져나오려면 어떻게 해야 할까? 우리의 국가를 새로 여는 길은 두 가지다. 바로 철학자가 통치자가 되는 길과 통치자가 철학자가 되는 길이다. 첫째 길은 이미 철학과 동떨어진 도시국가에서 철학자들이 인기가 없기 때문에 처음부터 갈 수 없다. 그러나 타고난 군주가 철학자는 될 수 있으며, "군주는 한 사람이면 충분하다. 도시국가를 자신의 의지에 복종하게 만들고 세상 사람들이 의심스럽게 생각하는 이상적 정치 조직을 실현할 능력을 갖춘 한 사람의 군주를 만들자는 말이다." 플라톤은 시라쿠사의 참주였던 젊은 디오니시오스가 이러한 군주가 되기를 바랐으나, 디오니시오스는 기대에 어긋난 인물로 밝혀졌다.

『국가』의 6권과 7권에서 플라톤은 두 가지 질문에 관심을 둔다. 첫째, 철학이란 무엇인가? 둘째, 어떻게 가르쳐야 적합한 기질을 소유한 어린 남녀를 철학자로 길러낼 수 있는가?

플라톤에게 철학은 일종의 통찰, 곧 '진리를 통찰하는 것'이다. 철학은 **순수하게**purely 지적인 활동이 아니다. 다시 말해 철학은 지혜일 뿐만 아니라 지혜를 **사랑**하는 것이며, 이러한 사유와 감정의 긴밀한 통합은 스피노자가 말한 '신에 대한 지적 사랑'과 거의 같다. 어떤 종류든 창작한 사람은 정도가 크든 작든 오래 애쓴 끝에 진리truth나 미beauty가 한순간 훤히 드러나거나 나타나는 것처럼 보이는 체험도 했다. 그러한 체험은 그저 사소한 문제에 관한 것일 수도 있고, 우주에 관한 것일 수도 있다. 순간의 체험은 너무 확실해서 나중에 의혹이 생기더라도 그러한 순간의 확실한 느낌은 그대로 남는다. 나는 예술, 과학, 문학, 철학 분야의 뛰어난 창작물이 대부분 이러한 순간의 체험이 빚어낸 결과였다고 생각한다. 한순간에 훤히 깨닫는 체험이 나에게 나타나는 것처럼 다른 사람들에게도 일어나는지 말할 수는 없다. 나로서는 어떤 주제로 책을 쓰고 싶으면 우선 주제와 관련된 상이한 내용 하나하나에 친숙해질 때까지 세부 사항을 차근차근 알아 나간다. 그러던 어느 날 운이 좋으면 각각 다른 내용이 서로 알맞게 연결되면서 전체 윤곽을 파악하게 된다. 다음에 파악한 내용을 적어 내려갈 따름이다. 꼭 닮은 비유를 들자면, 우선 안개 속에서 산책로와 산등성이와 산골짜기에 따로따로 익숙해질 때까지 구석구석 산을 돌아다녀 보고 나서, 멀리서 밝은 햇빛에 드러난 산 전체를 보는 체험과 비슷하다.

내 생각에 이러한 체험이 탁월한 창작물을 내는 데 필요한 조건이지만, 체험만으로는 충분하지 않다. 사실 체험에서 비롯한 주관적 확신은 치명적 오류에 빠지기도 한다. 윌리엄 제임스William James(1842~1910)는 웃음 가스에 취한 사람의 경험에 대해 묘사한다. 웃음 가스에 취할 때마다 우주의 비밀을 알았지만, 깨어나면 모조리 잊어버렸다. 마침내 필사적 노력 끝에 우주에 대한 통찰이 희미해지기 전에 비밀을 적을 수 있었다. 그는 완전히 깨어나자마자 적은 글을 급히 읽었다. "석유 냄새가 사방에 가득하다"는 문장이었다. 순간적으로 통찰했다고 생각하지만 착오일 수도 있기 때문에, 신성한 도취 상태가 지나간 다음에는 반드시 맑은 정신으로 검토해야 한다.

플라톤이 『국가』를 저술하던 때에 완전히 신뢰했던 통찰의 본질을 독자에게 전달하려면 결국 동굴의 비유를 들어야 한다. 그런데 동굴의 비유는 이상 세계가 반드시 있어야 한다는 점을 독자가 알도록 고안한 다양한 예비 논의를 거쳐 서서히 등장한다.

첫째, 지성계와 감각계를 구별하고 나서 지성과 감각 지각을 차례로 각각 두 종류로 나눈다. 감각 지각에 속한 두 종류에 관심을 둘 필요는 없으며, 지성에 속한 두 종류는 각각 '이성reason'과 '오성悟性, understanding'이라고 부른다. 둘 가운데 이성이 더 뛰어난 능력으로 순수한 이상들에 관여하며 변증법을 사용한다. 오성은 수학에서 쓰는 지성 능력으로서 진위가 가려지지 않는 가설들을 사용한다는 점에서 이성보다 열등하다. 예컨대 우리는 기하학에서 "ABC가 직선으로 둘러싸인 삼각형이라고 가정하자"라고 말한다. ABC가 정말 직선으로 둘러싸인 삼각형인지 물으면 규칙에 어긋난다. 설령 우리가 삼각형을 그리더라도 완벽한 직선을 그릴 수 없기 때문에 모양이 직선으로 둘러싸인 삼각형이 아니라고 해도 말이다. 따라서 수학은 존재하는 것에 대해 결코 말해 주지 않으며, 그저 만일 어떠하다면 **가능한 것**what would be을 말해 줄 따름이다. 감각계에는 완벽한 직선이 존재하지 않는다. 그러므로 만일 수학에 가설적 진리 이상이 있다면, 감각을 초월한 세계에 초감각적 직선이 실존한다는 증거를 찾아야 한다. 오성으로는 이러한 일을 하지 못하는데, 플라톤에 따르면 그것은 이성이 할 일이다. 이성은 천상에 있는 직선으로 둘러싸인 삼각형을 알아보며, 그러한 삼각형이 있어야 기하학 명제를 가설적 명제가 아닌 정언 명제로서 긍정할 수 있다.

여기에서 플라톤이 주목했고 근대 관념론으로 기운 철학자들에게 명백히 드러났던 난점이 생긴다. 우리는 신이 침대를 하나만 만들었다는 사실을 알았기에 당연히 직선도 한 개만 만들었으리라고 생각할 터다. 그러나 만일 천상의 삼각형이 있다면, 신은 직선을 적어도 세 개는 만들어야 한다. 기하학적 대상은 이상적 대상이더라도 여러 실례로 존재해야 한다. 다시 말해 두 원이 교차할 가능성을 비롯한 여러 가능한 대상들이 필요하다. 이것은 플라톤의 이론에 근거한 기하학이 궁극적 진리의 자격을 갖추지 못하고 현상에 대한 연구의 일부일 수밖에 없음을 암시한다. 플라톤은 이러한 논점에 대해 조금 모호하게 답변하지만, 그냥 넘어가겠다.

플라톤은 명료한 지성의 통찰과 혼란스러운 감각 지각상의 차이를 시각의 비유를 통해 설명한다. 시각은 눈과 물체뿐만 아니라 빛이 필요하기 때문에 다른 감각들과 다르다. 우리는 태양이 비치면 물체를 더 또렷하게 본다. 어두워질 무렵에는 물체를 보긴 하지만 혼동하고, 캄캄해지면 아무것도 보지 못한다. 이상계는 물체들이 햇빛에 드러날 때 보게 되는 세상인 반면, 일시적 사물의 세계는 어둑어둑해서 물체를 혼동하게 되는 세상이다. 눈은 영혼에 비유되고, 태양은 빛의 근원으로서 진리나 선에 비유한다.

> 영혼은 눈과 같다네. 영혼은 진리와 존재가 훤히 드러난 곳을 응시할 때 지각하고 판단하면서 지성 능력을 발휘하지. 그러나 생성하고 소멸하는 불확실한 곳을 볼 때면 영혼은 더듬더듬 먼저 의견을 하나 내놓았다가 다음에 다른 의견을 내놓게 되어 지성 능력을 발휘하지 못한다네. …… 이제 자네가 인식된 것을 진리가 되게 만들고 인식 주체에게 인식 능력을 주는 바탕은 선의 이상이라고 부르고 학문의 근원이라고 생각하기 바라네.

여기서 차츰 유명한 동굴의 비유로 넘어가는데, 이에 따르면 철학을 모르는 사람은 앞만 보도록 사슬에 묶인 채, 뒤쪽에서 모닥불이 비쳐 앞에 가로놓인 벽에 그림자가 생기는 동굴 속에 갇힌 죄수에 비유된다. 죄수들과 벽 사이에는 아무것도 없다. 그들이 보는 사물은 전부 뒤에 놓인 물체가 모닥불의 불빛을 받아 벽에 비친 그림자다. 죄수는 어쩔 수 없이 그림자를 현실로 여기기 때문에 그림자를 드리우게 만든 물체가 있으리라고는 꿈에도 생각하지 못한다. 마침내 몇 사람이 드디어 동굴에서 벗어나 햇빛 속으로 나가게 된다. 동굴에서 벗어난 사람은 난생 처음 실물real things을 보고서 이제

플라톤의 동굴 비유, 피터르 얀스 산레담·크르넬리스 판 하를럼, 1604

까지 그림자에 속았다는 사실을 깨닫는다. 그렇게 깨달은 사람이 수호자에 적합한 부류의 철학자라면, 이전에 함께 지낸 동료 죄수를 만나러 동굴로 되돌아가서 진실을 깨우치고 동굴 밖으로 나오도록 알려 주어야 한다고 느낄 것이다. 그러나 깨달은 사람이 죄수를 설득할 때 어려운 상황에 놓이는데, 햇빛으로 나오면서 죄수보다 그림자를 능숙하게 알아보지 못하게 되었기 때문에 전보다 더 바보처럼 보이는 탓이다.

> "그럼 이제 우리의 본성이 얼마나 계몽되었고 계몽되지 않았는지 보여 주는 비유를 한 가지 들어 보겠네. 보게! 지하 동굴에 사는 사람들이 있단 말일세. 모닥불 쪽으로 입구가 나 있고 빛은 동굴을 따라 깊숙이 퍼져 나가지. 그들은 어릴 적부터 여기서 살았고, 다리와 목이 사슬에 매여서 움직이지 못한 채 머리를 돌릴 수 없으니 앞만 볼 수밖에 없지. 뒷쪽에 위로 멀리 모닥불이 활활 타고 불빛과 죄수들 사이에 길이 솟아 있다네. 자네가 동굴 안을 들여다본다면 그 길을 따라 나직하게 서 있는 담이 보일 텐데, 인형극 놀이꾼이 인형 그림자가 비치게 앞쪽에 쳐 놓은 영사막 같은 거라네."
>
> "알겠습니다."
>
> "담을 따라 갖가지 그릇, 나무나 돌이나 다른 재료로 만든 조각상과 동물상을 나르는 사람들이 담에 비친다는 말인데, 상상이 되는가? 어떤 사람은 말을 하면서 지나가고 다른 사람은 아무 말 없이 지나가기도 하지."
>
> "좀 이상야릇한 비유인 데다 정말 이상한 죄수들이군요."
>
> "죄수가 바로 우리와 비슷하다는 말일세. 그들은 불빛 맞은편에 비친 자기 그림자나 서로 다른 사람의 그림자만 보는 셈이라네."

플라톤 철학에서 선善, the good이 누리는 지위는 독특하다. 플라톤은 학문science과 진리truth는 선과 **비슷**하지만, 선의 지위가 더 높다고 말한다. "선은 본질이 아니지만, 존엄dignity과 권능power의 측면에서 본질을 훨씬 능가한다.” 변증법이 지성계의 목적인 절대 선을 지각[124]하도록 이끈다. 선을 통찰함으로써 변증법은 수학자들이 사용하는 가설들을 제거할 수 있다. 이러한 주장의 바탕에는 현상과 대립되는 현실이 완결적으로 완벽하게 선하다는 가정이 놓여 있다. 그러므로 선을 지각하는 것은 현실을 지각하는 것이다. 피타고라스주의에서 그렇듯 플라톤의 철학 전반에 걸쳐 지성과 신비주의가 융합되지만, 앞서 말한 최종 목적에 도달하면 신비주의mysticism가 우위를 차지한다.

플라톤의 이상론은 몇 가지 명백한 오류를 포함한다. 하지만 오류가 있더라도 이상론은 철학에서 아주 중요한 진전을 보여 준 표시다. 왜냐하면 이상론은 보편자 문제를 최초로 강조한 이론이며, 형태가 다양하게 바뀌면서 오늘날까지 전해졌기 때문이다. 이에 대해 설명할 때 초기 이론이 조잡하더라도 독창성을 간과해서는 안 된다. 보편자 이론에 필요한 수정을 모두 마친 다음에도 플라톤이 했던 주장은 여전히 가치가 있다. 플라톤에게 적대감을 드러낸 사람들의 관점에서도 절대로 사라지지 않을 최소한의 주장은 다음과 같다. 우리는 고유명사만 포함한 언어로 자신의 의사를 표현할 수 없으며, ‘사람’과 ‘개’, ‘고양이’ 같은 일반명사도 있어야 한다. 일반명사가 없다면 ‘유사한’, ‘앞에’ 같은 관계어가 있어야 한다. 이러한 낱말은 무의미한 소음이 아니다. 세계가 고유명사가 가리키는 특수 사물로만 이루어져 있다면, 일반명사와 관계어가 어떻게 의미를 지니는지 알기 힘들다. 용케 피할 길이 있을 지도 모르지만, 이러한 주장은 어쨌든 보편자를 지지할 때 **첫눈에 분명해 보이는**prima facie 논거를 제공한다. 나는 임시로 플라톤의 논증을 어느 정도 타당하다고 인정하겠다. 그런데 여기까지 인정하더라도, 플라톤의 나

124 * 여기서 지각perception은 근대 경험주의자들이 말하는 감각을 동반한 지각이 아니라 지성의 통찰이나 이성적 직관을 뜻한다.

머지 주장은 도출되지 않는다.

우선 플라톤은 철학 언어의 구문에 대해 이해하지 못한다. 나는 "소크라테스는 인간이다Socrates is human," "플라톤은 인간이다Plato is human"와 같은 문장을 말할 줄 안다. 이러한 진술에 포함된 '인간이다'라는 말이 정확히 같은 의미를 지닌다고 가정되기도 한다. '인간이다'라는 낱말은 무엇을 의미하든 소크라테스와 플라톤을 비롯해 인류를 구성한 나머지 개체들individuals과 같은 종류에 속한 어떤 것을 의미하지 않는다. '인간이다'는 형용사이므로 "인간은 인간이다"라고 말하면 무의미한 소리가 될 것이다. 플라톤은 "인간은 인간이다"라고 말하는 경우와 유사한 실수를 저지른다. 플라톤은 미가 아름답다고, 보편자 '인간'은 신이 창조한 원형 인간a pattern man의 이름이고, 원형에 비해 실제 인간들actual men은 불완전하며 조금 비현실적인 복사물unreal copies이라고 생각한다. 그는 보편자universals와 특수자particulars의 격차가 얼마나 큰지 전혀 깨닫지 못한다. 플라톤의 '이상들'은 현실적으로 일상적 종류보다 윤리적으로나 심미적으로 우월한 다른 특수자들일 뿐이다. 『파르메니데스』에 나타나듯, 플라톤은 나중에 이러한 난점을 알아채기 시작했는데, 『파르메니데스』는 철학자가 시도한 자기비판의 역사 속에서 가장 주목할 만한 본보기로 꼽힌다.

『파르메니데스』는 파르메니데스와 제논, 소크라테스 사이에 오간 대화를 기억하는 안티폰(플라톤의 의붓동생)이 혼자서 풀어나간 이야기인데, 안티폰은 말을 돌보는 일에만 관심이 있다. 사람들이 마구馬具를 옮기는 그를 찾아 어렵게 설득한 끝에 세 철학자가 벌인 유명한 토론에 대해 말하게 만든다. 파르메니데스는 노년(65세 정도)이고 제논은 중년(40세 정도)이며 소크라테스는 아주 젊었을 적에 유명한 토론을 벌였다고 한다. 소크라테스는 이상론에 대해 설명한다. 그는 유사성, 정의, 미, 선의 이상들이 있다고 자신 있게 말한다. 그러나 인간의 이상이 있다고는 자신 있게 말하지 못한다. 또 그는 분개하며 머리카락이나 진흙이나 먼지의 이상이 존재할 수 있다는 제안을 거부한다. 물론 이상이 없다면 아무것도 존재하지 못한다고 생각할 때가 있다고 덧붙인다. 그가 앞서 제안된 견해를 버리는 까닭은 바닥을 알 수 없는 무의미한 함정에 떨어질까 두렵기 때문이다.

파르메니데스는 소크라테스의 설명을 듣고 이렇게 말했다. "그렇군, 소크라테스. 그것은 자네가 아직 젊은 탓이네. 내가 잘못 안 것이 아니라면 말이지, 철학을 계속하다 보면 자네가 빈틈없이 확실하게 파악하는 경지에 이르고, 그러면 하찮아 보이는 사물도 경멸하지 않게 될 걸세."

소크라테스는 파르메니데스의 다음과 같은 견해에는 동의한다. "다른 모든 사물이 참여하는 확실한 이상들이 있으며, 사물은 이상이 있기 때문에 이름을 갖게 된다네. 예컨대 유사한 사물들은 유사성의 이상에 참여하니까 유사해지고, 커다란 사물들은 큼의 이상에 참여하니까 크게 된다는 말이지. 또 정의로운 사물들은 정의의 이상에 참여하니까 정의롭고, 아름다운 사물들은 아름다움의 이상에 참여하니까 아름답다는 말이네."

파르메니데스는 이어서 이상론의 난점을 다음과 같이 제기한다. (a) 개체들individuals은 이상 전체whole idea에 참여하는가, 아니면 이상의 일부에만 참여하는가? 두 견해 다 반론에 부딪힌다. 전자라면 한 사물이 여러 곳에 동시에 있게 되는 문제가 생긴다. 후자라면 이상이 분할 가능해져서 작음이란 이상의 일부를 갖는 어떤 사물이 절대적 작음보다 더 작아지는데, 이것은 불합리하다. (b) 한 개체가 하나의 이상에 참여하면, 그 개체와 그 이상은 유사하다. 그러므로 특수자particulars와 원본 이상original idea을 둘 다 포함하는 또 다른 이상이 있어야 할 것이다. 더욱이 개체들과 앞에서 말한 두 이상을 포함한 다른 이상이 또 있어야 할 테고, 끝도 없이 이어질 것이다. 따라서 모든 이상은 각각 무한히 이어지는 이상들의 연쇄가 된다. 이것은 아리스토텔레스의 '제3인간' 논증과 같다. (c) 소크라테스는 어쩌면 이상은 생각된 내용, 곧 사유thoughts일 뿐이라고 암시하지만, 파르메니데스는 사유란 어떤 것something에 대한 것이어야 한다고 지적한다. (d) 이상은 (b)에 주어진 이유로 이상에 참여하는 특수자들과 닮아서는 안 된다. (e) 이상들은 있더라도 우리에게 알려지지 않을 것임이 분명한데, 우리의 지식은 절대적인 것이 아니기 때문이다. (f) 만일 신이 절대적 지식을 가진다면, 신은 우리를 알지 못할 것이므로 우리를 지배하지도 못할 것이다.

그런데도 이상론을 완전히 포기하지 않는다. 소크라테스는 이상이 없다면 정신이 의지할 곳이 없어지기 때문에 추리도 하지 못하게 된다고 말한다. 파르메니데스는 소크라테스가 부딪힌 골칫거리가 예비 훈련이 부족한 탓이라고 말하지만, 정확한 결론에 도달하지 못한다.

나는 감각할 수 있는 특수자들의 현실성에 맞서 제기한 플라톤의 논리적 반론이 검토를 견디어 낼 것이라고 생각하지 않는다. 예컨대 그는 아름다운 것은 어떤 점에서는 추하고, 두 배는 절반이기도 하다고 주장한다. 그러나 우리가 어떤 예술 작품을 보고 어떤 점에서 아름답고 다른 점에서 추하다고 말할 때, 언제나 적어도 이론적 차원에서 “이 부분이나 측면은 아름답지만 저 부분이나 측면은 추하다”라는 주장으로 분석하기 마련이다. 또 ‘두 배’와 ‘절반’은 관계어이기 때문에 2는 1의 두 배이면서 4의 절반이라는 사실에 아무런 모순도 없다. 플라톤은 관계어를 이해하지 못한 탓에 끊임없이 곤경에 빠진다. 그는 A가 B보다 크고 C보다 작다면 A는 동시에 크기도 하고 작기도 한데, 바로 그것이 모순이라고 생각한다. 이러한 부류의 골칫거리는 철학 유년기의 고질병에 속한다.

현실과 현상의 구별은 파르메니데스와 플라톤, 헤겔이 말한 결과로 이어지지 않는다. 현상이 현실적으로really 나타나면, 현상은 아무것도 아닌 것nothing이 아니므로 현실의 일부다. 이것은 정확하게 파르메니데스를 따라 펼친 논증이다. 현상이 현실적으로 나타나지 않는다면, 우리가 왜 현상을 두고 골머리를 앓겠는가? 그런데 어쩌면 이렇게 말하는 사람이 있을지도 모르겠다. "현상은 현실적으로 나타나지 않고, 나타나는 것으로 보인다." 이러한 주장은 도움이 되지 않을 것이다. 우리는 다시 이렇게 물을 테니 말이다. "현상은 현실적으로 나타난 것으로 보이는가, 아니면 **현상적으로**apparently 나타난 것으로 보일 뿐인가?" 현상이 나타나는 것으로 보이더라도, 머지않아 우리는 **현실적으로**really 나타나서 현실의 일부가 되는 어떤 것에 도달할 수밖에 없다. 플라톤은 하나뿐인 현실적 침대, 다시 말해 신이 만든 하나뿐인 침대가 있지만, 여러 침대가 존재하는 현상을 부정할 생각은 꿈에도 하지 않았다. 그러나 그는 여러 현상이 존재하고 다수성이 현실의 일부라는 사실이 갖는 함축에 직면하지 않았던 듯하다. 세계를 부분으로, 한 부분이 다른 부분보다 더 '현실적'이라고 주장하려는 어떤 시도이든 실패할 운명에 놓인다.

이와 관련된 플라톤의 다른 기묘한 견해는 지식과 의견이 서로 다른 주제subject-matter에 관여한다는 것이다. **우리는** 이렇게 말해야 한다. 내가 눈이 올 것이라고 생각하면 그것은 의견이다. 나중에 내가 내리는 눈을 보면 그것은 지식이다. 그런데 두 경우에 주제는 같다. 하지만 플라톤은 언제라도 의견의 문제일 수 있는 것이 결코 지식의 문제일 수 없다고 생각한다. 지식은 확실하고 틀릴 수 없다. 의견은 틀릴 수 있을 뿐만 아니라 필연적으로 잘못된 것일 수밖에 없다. 이는 모두 파르메니데스가 말했던 내용을 되풀이해서 말한 것이다.

플라톤의 형이상학은 겉보기에 파르메니데스의 형이상학과 다른 점이 한 가지 있다. 파르메니데스에게는 일자가 있을 뿐이지만, 플라톤에게는 여러 이상ideas이 있다. 아름다움의 이상, 진리의 이상, 선의 이상이 있을 뿐만 아니라 우리가 앞서 보았듯 신이 창조한 천상의 침대도 있다. 지상의 암수 생물을 모두 태운 노아의 방주 덕분에 천상의 인간, 천상의 개, 천상의 고양이 따위도 있다. 그렇지만 앞서 말한 모든 문제는 『국가』 안에서 숙고를 거쳐 적합하게 해결하지 못했던 듯하다. 플라톤이 말하는 이상 혹은 형상은 사유의 대상일 수도 있지만 사유는 아니다. 이상은 시간을 초월한 존재이기 때문에 신이 어떻게 이상을 창조했는지 이해하기 어렵다. 신이 창조할 때 플라톤이 생각한 바로 그 침대를 사유의 대상으로 삼지 않았다면 침대를 창조하겠다고 결심하지도 못했을 것이다. 시간을 초월한 존재는 분명히 창조되지도 않아야 마땅하다. 여기서 철학에 조예가 깊은 여러 신학자를 괴롭혔던 난점이 발생한다. 우연의 지배를 받는 세계, 곧 시간과 공간 속에 존재하는 세계만 창조되었다는 것이다. 이러한 세계는 환상일 뿐만 아니라 악하다고 비난을 받았던 일상 세계다. 그러므로 조물주造物主, the Creator는 환상과 악을 창조한 것처럼 보인다. 몇몇 그노시스파Gnostics[125]는 바로 이 견해를 채택할 만큼 일관성을 유지했다. 그러나 플라톤의 경우 앞에서 말한 난점은 아직 표면 아래 숨어 드러나지 않으며, 『국가』에서 그러한 난점을 의식조차 하지 못했던 듯하다.

플라톤에 따르면 수호자의 운명을 타고난 철학자는 동굴로 돌아가 진리의 태양을 한 번도 보지 못한 사람과 살아야 한다. 만일 신이 자신의 창조를 바로잡고자 한다면 스스로 철학자처럼 행동해야 한다. 그러니까 그리스도교를 믿는 플라톤주의자는 육화肉化, incarnation[126]를 바로 그렇게 해석한다. 그러나 신이 왜 이상계에 만족하지 않았는지 속 시원하게 설명할 길은 없다. 철학자는 동굴이 존재한다는 사실을 알고 자비심 때문에 동굴로 돌아가게 되었다. 그러나 어떤 사람은 조물주가 만물을 창조했다면 동굴이 아예

---

125 * 그노시스주의를 따르는 사람들을 그노시스파 혹은 그노시스주의자라고 부른다. '그노시스gnosis'를 '영지靈知'로 옮겨서 그노시스주의를 '영지주의'라고도 부른다. 그노시스주의는 신에 대한 참된 지식을 얻음으로써 구원받을 수 있다는 신비주의 사상으로 이단 논쟁을 불러일으켰다.

126 * 라틴어 'caro'에서 유래한 말이다. 신이 육신을 가지고 인간이 되었다는 뜻을 담고 있다. 성육신成肉身으로 번역하기도 하지만 '육화'가 본래 의미를 더 잘 전달한다.

생겨나지 않도록 막을 수도 있었다고 생각할지도 모른다.

어쩌면 앞에서 말한 난점은 그리스도교가 수용한 조물주 개념에서 생겨날 뿐이고, 신이 만물을 창조하지 않고 선한 존재만 창조했다고 말한 플라톤이 책임져야 할 일은 아닐 수도 있겠다. 이러한 견해에 따르면 감각할 수 있는 세계에 나타난 다양성은 신이 아닌 다른 어떤 존재에서 유래한다. 어쩌면 이상도 신의 본질을 구성하는 요소들과 마찬가지로 신이 창조하지 않았을지도 모른다. 따라서 이상의 다양성과 연루되어 겉으로 드러난 다원주의는 최종 결론이 아닌 셈이다. 신, 곧 선 자체만 궁극적으로 존재하고 다른 이상들은 형용사 역할을 한다. 여하튼 이것은 플라톤에 대해 가능한 해석 가운데 하나다.

이어서 플라톤은 수호자의 운명을 타고난 젊은이가 받는 독특한 교육을 흥미롭게 묘사한다. 영예를 누릴 젊은이는 지성 능력과 도덕적 자질을 겸비했는지 평가받아 선발되었다. 그는 정의롭고 점잖고 즐겁게 배우고 좋은 기억을 소유하고 조화로운 정신을 타고나야 한다. 앞서 말한 장점을 지녀서 선발된 젊은이는 20세부터 30세까지 피타고라스학파에서 유래한 네 가지 학문, 곧 산수, 기하학(평면 기하학과 입체 기하학), 천문학, 화성학을 공부하면서 보낸다. 이러한 학문은 공리적 의도가 아니라 선발된 젊은이가 영원한 이상을 통찰하기 위한 준비 과정으로 공부한다. 예컨대 천문학을 공부할 때, 젊은이는 현실의 천체에 대해 고심하지 말고 이상적 천체 운동을 다루는 수학에 몰두해야 한다. 이러한 견해는 현대인에게 불합리하게 들리는 이상한 말이지만, 경험적 천문학에 관한 한 풍성한 열매를 맺은 관점이라는 점이 밝혀졌다.

행성들의 겉보기 운동은 치밀하게 분석하기 전까지는 규칙이 없고 복잡해 보이기 때문에 이를테면 피타고라스학파에 등장한 조물주가 결코 선택하지 않았을 법하다. 모든 그리스인에게 천체는 수학적 아름다움을 보여 주는 실례이며 행성들이 원운동을 할 경우에만 그렇게 된다는 사실은 명백했다. 이것은 특히 선 자체를 강조한 플라톤에게도 자명한 사실로 보였을 터다. 따라서 다음과 같은 문제가 생겨난다. 겉으로 질서가 없어 보이는 행성 운동을 질서정연하고 아름답고 단순한 운동으로 바꿀 가설이 있는가? 이러한 가설이 있다면 선의 이상은 가설을 주장할 때 정당성을 부여해 줄 것이다. 사모스 출신의 아리스타르코스Aristarchos(기원전 310~230)[127]는 지구를 비롯한 행성이 모두 태양을 원궤도로 돈다는 가설을 세웠다. 그의 견해는 2000년 동안 받아들여지지 않았는데, 일부는 유사한 가설을 오히려 '피타고라스학파'에 돌린 아리스토텔레스의 권위 탓이었다(『천체론』, 293a). 코페르니쿠스Nicolaus Copernicus(1473~1543)가 아리스타르코스의 가설을 되살려 냄으로써 거둔 성공은 천문학에서 드러난 플라톤의 심미적 편견을 정당화하는 것처럼 보였을지도 모른다. 그런데 불행하게도 케플러Johannes Kepler(1571~1630)는 행성이 원운동이 아니라 타원운동을 하며, 태양은 중심이 아니라 초점이라는 점을 발견했다. 다음에 뉴턴이 천체가 정확한 타원운동조차 하지 않는다는 사실을 발견했다. 이렇게 볼 때 플라톤이 찾으려 했고 사모스 출신의 아리스타르코스가 현상적으로apparently 찾아낸 기하학적 단순성은 결국 환상에 지나지 않았다.

이러한 과학사는 다음과 같은 일반적 행동 규칙에 따른 실례를 보여 준다. 불합리한 점이 있더라도, 어떤 가설이든 사물을 새로운 방식으로 이해할 힘을 발견자에게 준다면 과학에서 사용해도 좋다. 그러나 운이 좋아서 가설이 이러한 목적에 기여할 경우에도 진보에 오히려 장애가 될 가능성이 높다. 천문학이 발전해 나가는 특정 단계에서 선 자체를 믿는 태도가 세계

127 * 고대 그리스의 천문학자로, 지구의 일주日周 운동과 지동설을 처음으로 제창했으며, 지구에서 태양과 달까지 거리의 비比를 측정하여 19 대 1이라고 주장했다.

를 과학적으로 이해하는 열쇠로서 유용했지만, 이후에는 매 단계에서 해로운 영향을 주었을 따름이다. 플라톤이 윤리와 미학 측면에서 드러낸 편견과 아리스토텔레스의 편견은 더욱더 그리스 과학의 기세를 꺾는 데 큰 몫을 했다.

플라톤이 산수와 기하학에 헤아릴 수 없을 정도로 중요한 의미를 부여했을 뿐만 아니라 산수와 기하학이 플라톤의 철학에 크나큰 영향을 주었는데도, 몇 사람을 제외하면 현대 플라톤 연구자들이 수학에 무지하다는 점은 주목할 만하다. 이것은 전문화의 폐해를 보여 주는 대표적 사례다. 다시 말해 누구든 플라톤이 중요하게 생각했던 것들에 마음 쓸 겨를조차 없이 그리스어를 공부하느라 젊은 시절을 다 보내지 않았다면 플라톤에 관한 글을 써서는 안 된다고 말하는 지경에 이르렀다.

16.
플라톤의 영혼불멸설

파이돈의 이름을 따서 지은 대화편은 몇 가지 점에서 흥미롭다. 『파이돈』은 소크라테스 생애의 마지막 순간, 바로 독배를 마시기 직전부터 마신 다음 의식을 잃은 순간까지 나눈 대화를 묘사한다. 여기서 가장 지혜롭고 선하며 죽음을 조금도 두려워하지 않는, 플라톤의 이상적 인간형이 등장한다. 플라톤이 묘사한 죽음 직전의 소크라테스는 윤리적 측면에서 고대에나 근대에나 위대하다고 평가했다. 복음에 나타난 그리스도의 수난과 그리스도를 십자가에 못 박은 사건에 대한 설명이 그리스도교도를 위한 이야기라면, 『파이돈』은 이교도 철학자나 자유사상을 표방한 철학자들을 위한 이야기다.[128] 그런데 소크라테스가 마지막 순간에 보여 준 침착함은 영혼불멸 신앙과 밀접한 관련이 있으며, 『파이돈』은 순교자 한 사람의 죽음뿐만 아니라 나중에 그리스도교에 스며든 많은 학설을 설명하기 때문에 중요한 가치를 지닌다. 성 바울로와 교부 신학은 직접이든 간접이든 대체로 『파이돈』의 사상에서 유래하기 때문에, 플라톤을 무시하면 도저히 이해할 수 없다.

128 수많은 그리스도교도에게도 소크라테스의 죽음은 그리스도의 죽음에 버금간다. "고대에나 근대에나 모든 비극을 통틀어 보거나 시와 역사를 뒤져 보아도 한 경우를 제외하면 플라톤이 묘사한 소크라테스의 마지막 순간과 같은 장면은 나타나지 않는다." 이것은 벤저민 자우엣 목사의 말이다.

초기 대화편 『크리톤*Kriton*』에 친구와 제자 몇 사람이 소크라테스를 테살리아로 탈출시킬 계획을 세웠다는 이야기가 나온다. 아마 아테네 당국도 소크라테스가 탈출했다면 반겼을 터라 계획은 거의 성공할 뻔했다고 한다. 그렇지만 소크라테스가 탈출 계획을 받아들이려고 하지 않았다. 그는 정당한 법 절차에 따라 유죄 판결을 받았으므로 형벌을 피하기 위해 저지르는 불법 행동은 잘못이라고 주장했다. 그는 최초로 산상설교를 연상케 하는, "우리는 누구에게 어떤 고통을 당하든 악을 악으로 갚아서는 안 된다"는 원칙을 선포했다. 다음에 그는 아테네의 법률을 대표하는 목소리와 대화를 나눈다고 상상하는데, 대화 속에서 법률을 대표한 목소리는 소크라테스가 아테네 법률에 대해, 아들이 아버지에게 혹은 노예가 주인에게 품는 것처럼 존경을 아주 많이 표해야 한다고 주의를 환기시킨다. 게다가 아테네 시민은 누구나 아테네가 싫다면 얼마든지 떠나면 된다고도 지적한다. 아테네 법률을 대표한 목소리는 긴 연설을 이렇게 마무리한다.

> 소크라테스, 이제 그대를 키운 우리 아테네 법률의 말에 귀를 기울이게. 생명과 자식들을 먼저 생각한 다음에 정의를 생각하지 말고, 우선 정의를 생각해야 저승의 제왕 앞에서 떳떳할 수 있겠지. 만일 그대가 크리톤의 계획에 따른다면, 그대를 비롯해 그대에게 속한 어느 누구도 이승의 삶을 더 행복하게 더 성스럽게 더 정의롭게 살지 못할 것이고, 저승에서도 행복하지 못할 텐데. 죄를 짓지 말고 악행을 저지른 자가 아닌 순교자로서 떠나게나. 그러나 만일 그대가 악을 악으로 갚고 위해를 위해로 갚고 우리와 맺은 계약과 합의를 깨서, 무엇보다 그대가 잘못해서는 안 되는 사람들, 곧 그대 자신, 그대의 벗들, 그대의 조국과 우리에게 잘못을 저지르게 된다면, 우리는 그대가 살아가는 동안 화를 낼 테고 우리 형제인 저승의 법률이 그대를 적으로 삼게 되겠지. 저승의 법률은 그대가 우리 아테네 법률을 기어코 어겼다는 사실을 알 테니까.

소크라테스는 이 목소리에 대해 "신비주의자의 귓전에 울리는 피리 소리처럼 내 귓전을 울리는 듯하네"라고 말한다. 그는 목소리의 충고에 따라 아테네에 남아 사형을 받기로 결심한다.

『파이돈』에서는 소크라테스의 마지막 순간을 이렇게 묘사한다. 그는 사슬을 풀고 친구들과 자유롭게 대화를 나눈다. 그는 울먹이는 아내를 멀리 보내 비통해하는 넋두리가 토론을 방해하지 않게 한다.

소크라테스는 철학 정신을 갖춘 사람이라면 누구나 죽음을 두려워하지 않고 반대로 환영할 테지만, 스스로 목숨을 끊지 않는 까닭은 법에 어긋나기 때문이라고 주장하며 대화를 시작한다. 벗들은 자살이 왜 법에 어긋나는지 묻고, 오르페우스교의 교리에 따른 소크라테스의 대답은 그리스도교도가 할 법한 말과 조금도 다르지 않다. "인간이란 문을 열고 도망칠 권리조차 없는 죄수라는 설이 은밀하게 퍼져 있지. 이해하기 조금 어려운 무척이나 신비스러운 가르침이라네." 소크라테스는 인간과 신의 관계를 송아지와 주인의 관계에 비유한다. 만일 소가 길에서 벗어나 멋대로 날뛰면 주인이야 당연히 화가 날 것이고, 마찬가지로 "인간은 지금 나를 부르듯 신이 부를 때까지 자살하지 말고 기다려야 한다는 말에 까닭이 있을지도 모른다네." 소크라테스가 죽음을 앞두고도 비탄에 빠지지 않는 까닭은 다음과 같이 확신하기 때문이다. "우선 나는 지혜롭고 선한 다른 신들에게로 간다고 확신합니다(이와 같은 일에 대해 확신할 수 있는 만큼 확신한다). 둘째, (이에 대해서는 확실치 않지만) 내가 죽은 뒤에 남은 사람들보다 더 선한, 이미 죽은 사람들에게로 간다고 확신합니다. 나는 죽은 자들을 위한 어떤 것, 악한 자들보다는 선한 자들을 위해 훨씬 더 나은 것이 존재하리라는 선한 희망을 품고 있지요."

소크라테스는 죽음이란 영혼과 육체가 분리되는 현상이라고 말한다. 여기서 우리는 플라톤의 이원성, 말하자면 현실과 현상, 이상과 감각할 수 있는 대상, 이성과 감각 지각, 영혼과 육체를 구별하는 이원성의 영향 아래 놓이게 된다. 이렇게 쌍을 이루는 개념은 제각기 앞에 놓인 개념이 뒤에 놓인 개념보다 현실성reality과 선goodness이라는 두 측면에서 우월하다. 이러한 이원성에서 금욕주의 도덕이 자연스럽게 파생한다. 그리스도교는 금욕주의 도덕을 일부만 받아들이고 전체를 다 수용하지 않았다. 전부 수용하지 못하게 만든 요소가 두 가지 있었다. 한 가지 요소는 플라톤의 사상이 옳다면 눈에 보이는 세계의 창조가 악한 행위였던 것처럼 보이기 때문에 조물주가 선하지 않을 수 있었다는 점이다. 다른 요소는 정통 그리스도교가 독신생활을 더 고상하다고 주장하기는 했지만 결코 결혼을 비난하는 데까지 이르지 않았다는 점이다. 마니교도는 두 가지 점에서 더 일관성을 유지했다.

철학과 과학, 대중의 생각 속에 흔히 나타나는 정신과 물질의 구별은 종교에서 유래하고, 영혼과 육체를 구별하면서 시작되었다. 앞에서 보았듯 오르페우스교도는 자신을 땅과 빛나는 하늘의 자식이라고 선언한다. 육체는 땅에서 오고 영혼은 하늘에서 온다는 말이다. 플라톤은 앞에서 말한 오르페우스교의 이론을 철학 언어로 표현하려 한다.

소크라테스는 『파이돈』에서 곧이어 자신의 학설에 포함된 금욕주의적 요소를 밝혀내는데, 온건하며 신사에게 어울릴 법한 금욕주의다. 철학자가 일상생활에서 추구하는 쾌락을 전부 피해야 한다고 주장하지 않고, 쾌락의 노예가 되지 말아야 한다고 주장할 따름이다. 철학자는 먹고 마시는 일을 걱정해서는 안 되지만, 물론 필요한 만큼 먹어야 한다. 그래서 단식을 권하지도 않는다. 또 소크라테스는 포도주를 좋지도 나쁘지도 않게 생각했지만, 가끔 술을 누구보다 많이 마셔도 취한 적이 없었다고 한다. 그는 술 마시는 일이 아니라 술 마시며 얻는 쾌락을 비난했다. 마찬가지로 철학자는 사랑의 쾌락이나 값비싼 의복이나 신발, 사람을 치장하는 장신구에 대해 걱정해서도 안 된다. 철학자는 육체에 관심을 갖지 말고 한결같이 영혼만을 돌보아야 한다. "철학자는 가능한 한 육체에서 멀어지고 영혼으로 돌아가고 싶어 할 것이다."

이러한 학설이 대중에게 퍼지면서 금욕주의 경향이 나타나게 되었음이 분명하지만, 정확히 말하면 본래 의도는 금욕이 아니었다. 철학자는 감각에 따른 쾌락을 애써 피하려 하지 않고, 오히려 다른 문제에 관심을 기울일 것이다. 나는 끼니를 잊었다가 결국 책을 읽으며 밥을 먹는 철학자들을 많이 보았다. 이들은 플라톤이 말하듯 마땅히 해야 하는 대로 행동하고 있었다. 그들은 도덕적 노력을 기울여서 식탐을 피한 것이 아니라, 다른 문제에 관심이 더 있었다는 말이다. 보아 하니, 철학자들은 딴 데 정신이 팔린 채로 결혼하고 자식을 낳아 길러야 하는데, 이는 여성의 해방으로 더 어려워졌다. 크산티페가 바가지를 긁는 아내였다는 것은 놀랄 일이 아니다.

소크라테스는 이어서 철학자는 육체와 교섭하는 상태에서 영혼을 분리하려 애쓰지만, 인생이란 '쾌락을 느끼지도 못하고 육체가 느끼는 쾌락에 관심도 없는' 사람에게는 살 만한 가치가 없다고 생각한다고 말한다. 앞에서 말한 구절에서 플라톤은 아마 주의를 기울이지 않았기 때문에 특정한 도덕주의자의 견해, 곧 육체가 느끼는 쾌락만 쾌락이라는 견해를 묵인하는 듯 보인다. 이 부류에 포함된 도덕주의자는 감각에 속한 쾌락을 추구하지 않는 사람이 쾌락을 전부 피해야만 유덕하게 살게 된다고 주장한다. 이 주장은 밝혀지지 않았으나 해로운 결과를 초래한 오류다. 정신과 신체가 분리되어 있다는 견해를 수용하게 되면 최선의 쾌락뿐만 아니라 최악의 쾌락, 예컨대 선망이나 여러 형태의 잔혹한 행위와 권력욕도 정신에 속할 것이다. 밀턴의 『실낙원』에 등장한 악마는 육체의 고통을 초월해서 온전히 정신에 속한 쾌락을 얻기 위해 파괴 행동을 일삼는다. 유명한 여러 성직자는 감각에 속한 쾌락은 포기하지만 다른 쾌락을 경계하지 않아서 권력욕에 사로잡혔고, 결국 종교라는 허울 좋은 이름으로 끔찍하고 잔혹한 행위와 박해를 저질렀다.

우리 시대에 히틀러가 바로 그러한 유형에 속하는 인물인데, 누구 말을 들어봐도 감각에 속한 쾌락을 아주 하찮게 여겼다. 육체의 폭정에서 해방되는 것은 위대해지는 데 기여하지만 덕이 커지는 바로 그만큼 죄가 커질 수도 있다.

하지만 이러한 내용은 본론에서 벗어난 이야기이므로 소크라테스로 돌아가자.

이제 옳든 그르든 플라톤이 소크라테스에게 돌린 종교의 지성적 측면에 대한 논의로 넘어가자. 육체는 지식을 얻는 과정에서 방해가 되며 시각과 청각은 정확한 증거를 제공하지 못한다고 말한다. 참된 실존true existence은 적어도 영혼에 드러났다면, 감각이 아닌 사유 속에 드러난다. 잠시 이러한 학설이 어떤 함축含蓄, implication을 갖는지 살펴보자. 이 학설은 역사와 지리를 비롯해 경험을 통해 얻는 지식을 전부 거부한다. 우리는 아테네 같은 장소나 소크라테스 같은 사람이 있었다는 사실을 알지 못한다. 그러니까 소크라테스의 죽음과 죽어가면서 보여 준 용기는 현상계에 속한다는 말이다. 우리가 시각과 청각을 통해서만 이러한 모든 것에 관해 무엇이든 알지만, 참된 철학자는 시각과 청각을 무시한다. 그러면 참된 철학자에게 무엇이 남는가? 우선 논리학과 수학이 남지만 가설에 관한 학문이므로 현실계에 관한 정언적 주장의 정당성을 어떤 경우에도 보여 주지 못한다. 다음 단계는 아주 중요한 결정적 단계로서 선의 이상the idea of the good에 의존한다. 참된 철학자는 선의 이상에 도달했기 때문에 선한 것이 현실적인 것임을 인식하게 되어 있고, 따라서 이상계가 곧 현실계라고 추론할 수 있다. 후대 철학자들은 현실적인 것the real과 선한 것the good의 동일성을 입증하는 논증들을 펼쳤지만, 플라톤은 양자의 동일성을 자명한 진리로 가정했던 듯하다. 플라톤에 대해 이해하고 싶다면, 우리는 이러한 가정을 가설적으로 정당하다고 인정하지 않으면 안 된다.

정신이 자신에게 집중하여 소리나 시각, 고통이나 쾌락으로 방해받지 않고 육체에서 떠나 참된 존재true being를 열망할 때, 사유는 최선의 상태에 이른다고 소크라테스는 말한다. "그래서 철학자는 육체를 수치스럽게 여긴다." 소크라테스는 여기서 이상이나 형상 혹은 본질로 나아간다. 절대 정의와 절대 미, 절대 선은 있지만 눈에 보이지 않는다. "나는 이러한 것들뿐만 아니라 절대 크기, 절대 건강, 절대 세기, 만물의 본질 또는 참된 본성에 대해서도 말한다." 이러한 것은 모두 오로지 지성으로 통찰해야 보인다. 그러므로 영혼이 육체에 갇혀 육체의 악에 물든 동안 진리에 도달하려는 우리의 욕구는 충족되지 않을 것이다.

이러한 관점은 과학적 관찰과 실험이 지식을 얻는 방법은 아니라고 배제한다. 실험에 참여한 사람의 정신은 '자신에게 집중하지' 못하며 소리나 시각을 피하지도 못한다. 플라톤이 권장하는 방법에 따라 수행 가능한 두 가지 정신 활동은 수학 활동과 신비적 통찰이다. 이로써 두 정신 활동이 플라톤과 피타고라스학파에서 얼마나 밀접하게 결합되는지 설명된다.

경험주의자에게 육체는 우리가 외부의 현실계와 접촉하는 통로이지만, 플라톤에게 육체는 이중으로 악해서 망원경을 통하듯 희미하게 보이도록 사물을 왜곡하는 매체인 동시에 지식 추구와 진리 통찰에 집중하지 못하도록 만드는 정욕lusts의 근원이다. 이것을 명료하게 보여 주는 꽤 긴 인용문은 다음과 같다.

> 육체는 단지 양분이 필요하기 때문에 끝없이 말썽을 일으키는 근원이며, 병에 걸리면 마음을 온통 빼앗아 참된 존재true being를 추구하지 못하게 방해만 하지. 육체는 우리를 사랑과 정욕, 공포와 온갖 공상으로 가득 채우고 어리석은 짓을 끝없이 하게 만들어, 사람들이 흔히 말하듯 생각할 수 있는 능력을 아예 빼앗아 버리기도 한다네. 전쟁과 투쟁, 당쟁은 왜 일어나는가? 육체나 육

체의 정욕이 아니라면 어디에서 생기겠는가? 돈 욕심 때문에 싸움이 일어나는데 돈은 육체를 위해, 바로 육체를 돌보기 위해 필요하지. 이러한 방해물 때문에 우리는 철학할 시간을 내지 못한다네. 최악의 경우에는 사색에 몰두할 여유가 생기더라도, 육체가 훼방을 놓아 우리의 탐구 활동에 혼란과 혼동을 일으켜서 진리를 보지 못하게 한다네. 경험에 비추어보면 말이지, 우리가 무엇이든 참된 지식을 얻으려면 육체를 떠나야 하고, 그래야만 영혼이 자신 안에서 사물 자체를 바라보게 된다네. 그러면 우리가 바라고 사랑하는 지혜에 이르게 되겠지. 살아 있는 동안이 아니라 죽은 다음에나 지혜에 이른다는 말일세. 그러니까 육체와 얽혀 있는 동안 영혼이 순수한 지식을 얻지 못하지만, 적어도 죽은 다음에는 지식을 얻게 된다는 말이지.

요컨대 육체의 아둔함을 제거하면 우리는 순수해지고 순수한 존재와도 맞닿게 되기에 어디에서나 저절로 진리의 빛과 다름없는 밝은 빛을 알아보게 된다네. 불순한 존재는 순수한 존재에 다가가지 못하기 때문이지. …… 정화purification는 영혼이 육체에서 분리되는 현상 말고 무엇이겠는가? …… 이렇게 영혼이 육체에서 분리되어 풀려나는 현상을 바로 죽음이라고 한다네. …… 참된 철학자들만 늘 영혼을 육체에서 풀어놓으려 하지.

만물을 다 바꿀 수 있는 진짜 화폐는 바로 지혜라네.

신비의식의 창시자들은 어떤 현실적 의미a real meaning를 파악했던 듯하고, 정화되지 않고 종교에 입문하지 않은 채 저승에 간 사람은 타락의 수렁에 빠지게 되지만, 종교에 입문하여 정화된 다음 저승에 간 사람은 신들과 살게 된다면서 오래전 비유를 들어 암시할 때 헛소리를 하지 않았다는 말이지. 그러니까 신비의식 속에서 말하듯 바쿠스의 지팡이를 든 자들은 많지만, 내가 이해한 참된 철학자라는 뜻의 신비주의자는 거의 없다는 말이네.

위에서 말한 신비한 이야기는 신비의식에서 유래한다. '순수purity'는 오르페우스교의 개념으로 처음에 전례典禮를 의미했으나, 플라톤에서는 육체와 육체의 욕구에 얽매인 노예 상태에서 벗어난 자유를 의미한다. 돈 욕심 때문에 싸움이 일어나는데 돈은 육체를 돌보기 위해 필요할 따름이라는 주장은 흥미롭다. 이러한 견해의 전반부는 마르크스의 주장과 같지만, 후반부는 전혀 다른 사고방식에 속한다. 플라톤은 인간이 욕구를 최소로 줄이면 아주 적은 돈으로도 살 수 있다고 생각하는데, 이것은 의심할 여지없이 참이다. 그런데 그는 철학자가 육체노동을 면제받아야 하기 때문에 다른 사람들이 창출한 부에 의존해서 살아갈 수밖에 없다고 생각하기도 한다. 아주 가난한 나라에는 철학자들이 단 한 사람도 없을 법하다. 페리클레스 시대에 발전한 아테네 제국주의를 바탕으로 아테네인은 철학을 연구할 수 있었던 셈이다. 대체로 말하면 지적 재화도 물질로 만든 상품만큼 비용이 들기 때문에 경제 상황에서 독립하기 어렵다. 과학은 도서관과 실험실, 망원경과 현미경 따위가 필요하며, 과학자는 다른 사람들이 들인 노동의 지원을 받아야 한다. 그러나 신비주의자에게 이 모든 일은 어리석은 짓에 지나지 않는다. 인도나 티베트의 성자는 기구가 필요 없고 허리에 간단한 옷만 두른 채 쌀만 먹으며, 지혜롭다고 생각되기에 받는 최소한의 보시로 살아갈 따름이다. 이것이 플라톤의 관점을 논리적으로 전개한 이야기다.

『파이돈』의 이야기로 되돌아가면, 케베스Cebes는 사후의 영혼불멸에 의문을 제기하면서 소크라테스에게 논증을 제시하라고 촉구한다. 소크라테스는 계속해서 논증을 제시하지만 대단히 빈약하다.

첫째 논증은 대립물을 가진 만물은 대립물에서 생겨난다는 것이고, 우주적 정의에 대한 아낙시만드로스의 견해가 떠오른다. 이제 삶과 죽음은 대립물이기 때문에 제각기 서로 생겨나게 만든다. 여기에서 죽은 자의 영혼이 어딘가에 존재하다가 예정된 경로를 따라 지상으로 되돌아온다는 결론이 도출된다. 성 바울로의 "씨앗은 썩지 않고서 싹을 틔우지 못한다"라는 진술이 이러한 견해에 속할 듯하다.

둘째 논증은 인식이 상기recollection이므로 영혼은 출생 전에 실존했어야 한다는 것이다. 지식이 상기라는 이론은, 주로 경험에서 유래할 수 없는 정확한 같음exact equality을 비롯한 이상들ideas을 우리가 가지고 있다는 사실의 지지를 받는다. 우리는 근접한 같음approximate equality을 경험할 뿐이고 감각할 수 있는 대상들 가운데서 절대적 같음을 결코 찾을 수 없지만, '절대적 같음absolute equality'이 무엇을 의미하는지 안다. 우리는 절대적 같음의 의미를 경험으로 배우지 않았기 때문에 절대적 같음에 대한 지식을 전생에 가졌음에 틀림없다. 그는 유사한 논증이 다른 이상들에도 다 적용된다고 말한다. 따라서 본질들이 실존한다는 것과 우리에게 본질들을 파악할 능력이 있다는 것은 영혼이 전생에 지식을 소유했음을 입증한다.

모든 지식이 상기라는 개념은 『메논』(82절 이하)에서 더 길게 논의한다. 여기서 소크라테스는 "가르치지 않고 상기시킬 따름이다"라고 말한다. 그는 메논을 시켜서 노예 소년을 불러들인 다음 기하학 문제에 관한 질문을 함으로써 자신의 논점을 입증하겠다고 선언한다. 노예 소년이 이제까지 기하학에 대해 전혀 몰랐지만, 소크라테스의 질문에 따른 소년의 대답은 현실적으로 기하학을 안다는 사실을 보여 주었다. 『파이돈』과 마찬가지로 『메논』에서도 영혼은 전생에서 지식을 얻는다는 결론이 도출된다.

이것에 대해 누구든 우선 앞에서 제시된 논증이 경험적 지식에 아예 적용될 수 없다고 말할 수도 있다. 노예 소년은 사건이 일어난 당시에 살지 않았다면 피라미드가 언제 건설되었는지, 트로이가 정말로 함락되었는지 '기억'할 수 없을 테니 말이다. **선험적**a priori 지식만, 특히 논리학과 수학은 경험과 독립적으로 모든 사람에게 실제로 있다고 생각할 수 있다. 사실상 선험적 지식은 신비스러운 통찰을 제외하면 플라톤이 현실적으로really 지식이라고 인정한 유일한 지식에 속한다. 위에서 제시한 논증이 수학에 관해서 얼마나 만족스럽게 펼쳐지는지 알아보자.

같음equality이라는 개념을 다루어 보자. 우리는 감각할 수 있는 대상들 가운데 정확한 같음을 경험하지 못한다는 점을 인정해야 한다. 근접한 같음을 보게 될 뿐이라는 말이다. 그러면 우리는 어떻게 절대적 같음이라는 이상에 도달하는가? 혹시 이러한 이상은 없는 것일까?

구체적 사례를 들어 보자. 미터metre는 파리에서 일정한 온도일 때 잰 일정한 막대의 길이로 정의한다. 다른 어떤 막대에 대해 우리가 정확히 1미터라고 말할 때 무엇을 의미해야 하는가? 나는 무엇을 의미해야 한다고 생각하지 않는다. 우리는 이렇게 말할 수 있다. 현대 과학에 알려진 고도의 정확한 측정 과정도 임의로 선택한 막대가 파리에 있는 표준 막대보다 더 긴지 짧은지를 보여 주지 못한다. 우리가 경솔하다면 측정법이 아무리 정교해져도 이러한 결과를 바꾸지 못할 것이라고 예언prophecy을 덧붙일지도 모른다. 그러나 이러한 예언도 언제 어느 때나 경험적 증거가 발견되면 **반증**될 수 있다는 의미로 경험적 진술이다. 나는 우리가 플라톤이 소유한다고 가정한 **절대적** 같음이라는 이상을 가지고 있다고 생각하지 않는다.

설령 우리가 절대적 같음이라는 이상을 가진다 하더라도, 아이는 일정한 나이를 먹을 때까지 절대적 같음이란 이상을 소유하지 못하며, 분명히 그러한 이상을 경험에서 직접적으로 도출하지 못하지만 경험으로 **이끌어 낸다**. 더욱이 우리가 전생에서도 감각하고 지각하는 능력을 지녔더라면, 이승에서 그렇듯 절대적 같음이란 이상을 얻을 수 없었을지도 모른다. 만일 우리의 전생에 초감각적 능력이 일부나마 있었다면, 우리의 현생에 초감각적 능력이 있다는 동일한 가정을 왜 하지 못하겠는가? 이러한 모든 근거에 비추어 볼 때 지식이 상기라고 주장하는 논증은 타당하지 않다.

앞에서 고찰한 상기설이 확립되자 케베스는 이렇게 말한다. "필요한 증명의 절반, 정확히 말해 우리의 영혼이 태어나기 전에 존재했다는 점이 밝혀졌습니다. 아직 증명이 필요한 다른 절반은 영혼이 태어나기 전과 마찬가지로 죽은 다음에도 생존할 것이란 점입니다." 이에 따라 소크라테스는 다른 절반의 증명에 전념한다. 이 증명은 만물이 대립물의 작용으로 생겨나기 때문에 생명이 죽음을 낳는 바로 그만큼 죽음도 틀림없이 생명을 낳게 된다는 주장에서 도출된다고 소크라테스는 말한다. 그러나 그는 철학에서 더 긴 역사를 자랑하는, 복합체만 분해될 수 있고 영혼은 이상처럼 단순해서 부분으로 구성되지 않는다는 논증을 하나 더 제시한다. 단순 존재에는 시작도 끝도 없고 변화도 생기지 않는다. 이제 본질들은 변하지 않기 때문에, 예컨대 절대 미는 언제나 동일성을 유지하지만 아름다운 사물들은 계속 변화한다. 따라서 눈에 보이는 사물은 잠시 존재하지만 눈에 보이지 않는 사물은 영원히 존재한다. 육체는 눈에 보이지만 영혼은 눈에 보이지 않기 때문에 영원한 사물 가운데 하나로 분류해야 한다.

영혼은 영원한 존재로서 영원한 사물, 곧 본질을 관조하는 데 능통하지만, 감각하거나 지각할 때처럼 변하는 사물들의 세계를 관조할 때는 길을 잃고 혼란에 빠진다.

> 영혼이 육체를 지각의 도구로 사용할 때, 말하자면 시각이나 청각을 비롯한 감각 기관을 사용할 때, 육체를 통한 지각은 감각기관을 통한 지각을 의미하기 때문에 …… 그때 영혼은 육체에 이끌려 변화를 겪는 세계로 들어가 방황하며 혼란에 빠지고 만다네. 세계가 영혼 주위를 빙빙 돌기 때문에 영혼이 변화를 겪을 때면 술주정뱅이 꼴이 되는 셈이지. …… 하지만 영혼이 자신에게로 돌아가 반성하게 되면, 그때 영혼은 내세로, 영혼과 유사한 순수, 영원, 불멸, 불변의 세계로 넘어가서 홀로 있을 때면 줄곧 그것들과 더불어 살기 때문에 아무 훼방도 받지 않는다네. 그러면 영혼이 더는 길을 잃지 않게 되어 불변하는 존재와 소통함으로써 불변하는 존재가 되는 법이라네. 영혼이 이렇게 불변하는 상태를 지혜라고 부른다네.

참된 철학자의 영혼은 사는 동안 육체의 속박에서 벗어나 해방감을 맛보고, 죽은 다음에는 눈에 보이지 않는 세계로 떠나 신들과 더불어 천국의 기쁨을 누리려 할 것이다. 육체의 욕망을 추구해서 더럽혀진 영혼은 성품에 따라 무덤가를 떠도는 유령이 되거나 나귀, 이리, 매 같은 동물의 육체로 들어가게 된다. 철학자는 아니지만 덕성을 갖춘 사람은 벌이나 말벌이나 개미, 또는 군집생활을 하거나 군거생활을 하는 다른 동물로 태어나게 된다.

참된 철학자만 죽어서 천국에 간다. "철학을 배우지 않아서 세상을 떠나는 순간에 완전히 순수해지지 못한 사람은 신들의 회합에 참여하지 못하고, 지식을 사랑하는 사람만 신들과 합류한다." 그래서 진정으로 철학을 신봉하는 사람들은 육욕을 멀리한다. 그들은 가난과 불명예를 두려워하기 때문이 아니라 "영혼이란 단지 육체에 붙잡혔거나 달라붙었다고 의식하기 때문에, 영혼은 철학을 받아들일 때까지는 감옥의 창살을 통해 진짜 실존real existence을 볼 수 있을 뿐 자신 안에서 자신을 통해 보지 못하며 …… 정욕 탓에 육체의 제일 공범자로서 포로 신세가 되었다." "쾌락과 고통은 각각 영혼이 육체와 비슷해져 육체가 참이라고 인정한 것을 참이라고 믿을 때까지 육체에다 영혼을 붙잡아 매어 고정하는 못이기" 때문에, 참된 철학자는 절제할 것이다.

여기서 심미아스Simmias가 영혼은 조화라고 말한 피타고라스학파의 견해를 내놓으며, 리라가 부서져도 조화를 유지할 수 있느냐고 몰아 부친다. 소크라테스는 조화는 복잡하고 영혼은 단순하기 때문에 영혼은 조화가 아니라고 대답한다. 게다가 영혼이 조화라는 견해는 상기설로 증명한 영혼에게 전생이 있다는 견해와 양립하지 않는다고 말한다. 그 까닭은 리라가 만들어지기 전에는 조화도 생기지 않았기 때문이다.

소크라테스는 이어서 자기 철학의 발전 과정을 설명하는데, 매우 흥미롭지만 주요 논증과 밀접한 관계를 맺지 않는다. 그는 계속 이상론에 대해 설명하면서 "이상이 실존하고, 다른 사물은 이상에 참여함으로써 이름을 이끌어 낸다"는 결론에 이른다. 마침내 그는 죽은 다음 영혼의 운명을 이렇게 묘사한다. 착한 영혼은 천국에 가고 나쁜 영혼은 지옥에 가며 착하지도 나쁘지도 않은 영혼은 연옥에 간다.

『파이돈』의 끝부분은 소크라테스의 최후와 작별을 묘사한다. 소크라테스는 마지막으로 이렇게 말한다. "크리톤, 아스클레피오스 신에게 닭 한 마리를 빚졌으니, 갚아 주겠나?" 사람들은 병이 들었다가 나으면 아스클레피오스 신에게 닭 한 마리를 바치곤 했는데, 소크라테스는 목숨이 위태로운 발작성 열병에서 회복된 적이 있었다.

파이돈은 "소크라테스님은 당대에 살았던 모든 사람 가운데 가장 지혜롭고 정의로우며 최고 선한 사람이었습니다"라고 결론짓는다.

플라톤의 대화편에 나타난 소크라테스는 여러 세대에 걸쳐 후대 철학자들에게 추앙받은 모범이다. 소크라테스의 어떤 면을 윤리적이라고 평가해야 할까? (나는 플라톤이 묘사한 인간 소크라테스에 관심이 있을 뿐이다.) 소크라테스의 장점은 분명하게 드러난다. 그는 속세에서 추구하는 성공에 관심이 없었으며, 임종의 순간에도 평온하고 품위가 있었으며 기지를 발휘하여 다른 무엇보다 자신이 진리라고 믿는 것을 더 염려했다. 하지만 그에게 아주 심각한 결함도 몇 가지 있다. 그는 논증을 펼칠 때 부정직하고 궤변을 부리며, 사심 없는 지식 탐구가 아니라 사적 사고로 자신이 동의할 만한 결론을 증명하기 위해 지성을 쓴다. 그를 보면 점잔 빼고 겉으로만 감동을 주는 나쁜 성직자의 전형이 떠오르기도 한다. 소크라테스가 죽음을 앞두고 보여 준 용기는 신들의 회합에 합류하여 영원한 천국의 기쁨을 누리리라고 믿지 않았더라면 더욱 비범해 보였을 것이다. 소크라테스는 선대 철학자들과 달리 사고가 과학적이지 않고 우주가 자신의 윤리적 기준과 일치한다고 증명하기로 굳게 결심했다. 이것은 진리를 배반하는 태도이며 철학자가 저지르는 가장 큰 죄다. 우리는 소크라테스가 한 인간으로서 성인들의 성찬에 참석하도록 허락받았다고 믿을 수도 있지만, 소크라테스는 철학자로서 학자들이 가는 연옥에 오래 머물러야 마땅하다.

17.
플라톤의 우주론

플라톤의 우주론이 등장하는 『티마이오스*Timaeos*』[129]는 키케로Marcus Tullius Cicero(기원전 106~43)가 라틴어로 번역했는데, 중세 서유럽에 알려진 유일한 대화편이다. 중세와 신플라톤주의가 유행한 초창기, 다른 대화편보다 『티마이오스』의 영향이 더욱 컸던 점이 호기심을 자아내는 까닭은 다른 저술들보다 단순하고 어리석어 보이는 주장이 훨씬 많이 들어 있기 때문이다. 『티마이오스』는 철학으로서는 중요하지 않지만, 역사 속에서 영향을 크게 미쳤기 때문에 자세히 고찰할 필요가 있다.

『티마이오스』에는 소크라테스가 초기 대화편에서 차지한 지위를 피타고라스가 이어받으며, 수가 세계를 설명하는 원리라는 견해를 어느 정도까지 포함한 피타고라스학파의 학설이 주로 채용된다. 우선 『국가』의 앞부분 5권까지 서술된 내용을 요약하고 나서, 헤라클레스의 기둥Pillars of Hercules[130] 사이 멀리 떨어진 곳에 있으며 리비아와 소아시아를 합친 규모보다 더 큰 섬이라 전해지는 아틀란티스의 전설을 이야기한다. 다음에 피타고라스학

129 이 대화편에 모호하고 주석가들 사이에 논쟁을 불러일으킨 부분이 많이 들어 있다. 전체적으로 보면, 나는 콘퍼드의 훌륭한 책 『플라톤의 우주론*Plato's Cosmology*』에서 말한 내용에 대부분 동의한다.

130 * 지브롤터 해협 동쪽 끝에 솟아 있는 바위 두 개를 가리킨다.

파 출신 천문학자인 티마이오스가 인간 창조에 이르기까지 세상의 역사를 말한다. 그가 말한 내용은 대략 다음과 같다.

지성intelligence과 이성reason으로 불변하는 것을 파악하고, 의견으로 변화하는 것을 파악한다. 감각할 수 있는 세계는 영원할 수 없지만 틀림없이 신이 창조했다. 신은 선하기 때문에 영원한 존재의 원형에 따라 세계를 만들었고, 질투심이 없어 만물이 가능한 한 자신과 닮기를 원했다. "신은 만물이 선하기를 바라고 가능한 한 악한 존재가 하나도 없기를 바랐다." "눈에 보이는 세계 전체가 쉬지 않고 규칙도 질서도 없이 운동한다는 사실을 발견하고 무질서한 세계를 질서 있는 세계로 만들었다." (따라서 플라톤의 신은 유대교나 그리스도교의 신과 달리 무nothing에서 세계를 창조하지 않고 이전에 존재하던 물질material을 재배열했을 따름이다.) 신은 영혼 속에 지성을, 육체 속에 영혼을 불어넣었고, 세계 전체를 영혼과 지성을 갖춘 생물a living creature로 만들었다. 세계는 **하나**뿐이고, 소크라테스 이전 많은 사상가의 가르침과 달리 세계가 여럿 존재하지 않는다. 세계가 하나 이상 존재하지 못하는 까닭은, 신이 파악한 영원한 원본과 가능한 일치되게 설계하여 창조하고 모사한 세계이기 때문이다. 세계 전체는 눈에 보이는 하나의 생물로서 다른 모든 생물을 전부 자신 안에 품고 있다. 세계가 구형인 까닭은 **유사성**이 **비유사성**보다 더 공평하고 구체球體만은 어디에서 보나 비슷하기 때문이다. 세계가 회전하는 까닭은 원운동이 가장 완벽한 운동이기 때문이다. 이러한 원운동이 세계의 유일한 운동이기 때문에 손과 발은 필요치 않다.

4원소인 불, 공기, 물, 흙은 제각기 겉보기에 따라 수로 나타내며, 연비례 관계를 맺는다. 예컨대 불과 공기의 비는 공기와 물의 비와 같고 물과 흙의 비와 같다. 신은 세계를 창조할 때 4원소를 모두 사용했으므로 세계는 완벽하게 만들어져 나이를 먹지도 병들지도 않는다. 비례관계에 따라 조화를 이룬 세계는 우애 정신으로 결속되므로 신이 아니고서는 조화로운 비례를 깨지 못한다.

신은 먼저 영혼을 만들고 나서 육체를 만들었다. 영혼은 나뉘지 않으면서 변하지 않는 부분과 나뉘면서 변하는 부분이 혼합된 존재이며, 제3의 본질로서 중간에서 매개하는 역할을 한다.

여기서 시간의 기원을 설명하는 피타고라스학파의 행성 이야기를 따라가 보자.

> 아버지이자 조물주는 자신이 움직이고 살아 있게 만든 피조물과, 영원한 신들의 창조된 모상模相, image을 보자 기뻐했으며, 기쁨에 넘쳐 복사물을 원본과 훨씬 더 닮게 만들기로 결심했다. 조물주는 원본이 영원하듯 우주를 가능한 한 영원한 존재로 만들려 했다. 그런데 이상적 존재의 본성은 영원성을 지녔으나, 영원한 속성을 완전하게 피조물에게 부여하는 일은 불가능했다. 그래서 조물주는 움직이는 영원한 모상을 만들기로 결심하고, 하늘을 질서정연하게 정돈할 때 수적 비례에 따라 움직이는 영원한 모상을 만들었으니 영원성 자체는 그대로 불변한다. 이렇게 움직이지만 불변하는 모상을 시간이라고 부른다.[131]

시간이 만들어지기 전에는 낮도 없었고 밤도 없었다. 우리는 영원한 본질에 대해 **있었다**거나 **있을 것**이라고 말해서는 안 되며, **있다**고만 말해야 맞는다. 이것은 '움직이는 영원한 모상'에 대해 있었다거나 있을 것이라고 말하는 것이 맞는다는 뜻이다.

시간과 천체는 동시에 실존하게 되었다. 조물주Creator가 태양을 만들어서 생명이 셈하는 방법을 배우게 되었고, 누구나 생각하듯 낮과 밤의 연속이

131 헨리 본Henry Vaughan(1621~1695)은 "나는 지난 밤 영원을 보았다네"로 시작하는 시를 쓸 때 바로 이 구절을 읽었음이 틀림없다.

없었더라면 수를 생각해 내지 못했으리라. 낮과 밤, 달과 해를 보면서 수에 대한 지식을 창안했으며, 우리에게 시간 개념이 생겨났고, 여기에서 철학이 유래했다. 철학은 우리 시력의 덕택으로 얻은 크나큰 혜택이다.

세계 전체는 별문제로 하고, 생명체animals는 네 종류가 있는데 신, 새, 물고기, 육상 동물이다. 신들은 주로 불로 이루어지며, 고정된 별들은 신성한 존재로서 영원한 생명체다. 조물주는 신들에게 자신이 그들을 멸할 수 있었지만 그렇게 하려 하지 않는다고 말했다. 조물주는 죽지 않는 신성한 부분을 만들고 나서 다른 모든 생명체의 죽을 부분을 만드는 일은 신들에게 맡겼다. (이 구절은 플라톤 철학에 나타나는 신에 관한 다른 구절과 마찬가지로 혹시라도 너무 진지하게 받아들여서는 안 될 듯하다. 티마이오스는 처음부터 신에 관해서 개연성을 추구할 뿐 확실하게 말하기 어렵다고 못박았다. 신에 대해 상세하게 말한 많은 부분은 분명히 상상력이 만들어 낸 공상의 산물이므로 문자 그대로 해석해서는 안 된다.)

티마이오스는 조물주가 별마다 영혼을 하나씩 만들어 주었다고 말한다. 영혼은 감각하고 사랑하고 두려워하고 분노할 줄 안다. 영혼은 감각 같은 성향을 극복한다면 올바르게 살지만, 극복하지 못한다면 올바르게 살지 못한다. 인간은 잘 살면 죽은 다음에 자신의 별에서 행복하게 살 것이다. 그러나 악하게 살면 다음 생에 여자로 태어날 것이다. 남자(혹은 여자)는 악행을 거듭하면 다음 생에 짐승이 되어 마침내 이성이 승리를 거두는 날까지 윤회를 거듭한다. 조물주는 영혼들을 일부는 지구 위에 놓고, 일부는 달 위에 놓고, 일부는 다른 행성이나 별들 위에 놓고서, 제각기 영혼에 맞는 육체를 빚으라고 신들에게 명했다.

원인에는 두 종류가 있는데, 하나는 지성적 원인이고 다른 하나는 다른 것들에 따라 움직이게 된 다음에 다른 것들을 움직이지 않을 수 없는 원인이다. 전자는 정신이 갖추고 있어 공정하고 선한 일을 만들어 내는 작용인이다. 후자는 질서나 계획 없이 우연히 결과를 산출한다. 원인의 두 종류를 모두 연구해야 하는 까닭은 창조가 바로 필연과 정신이 혼합되어 일어나기 때문이다. (필연이 신의 권능에 따르지 않음을 알게 될 것이다.) 다음에 티마이오스는 필연[132]이 기여하는 부분을 다룬다.

흙, 공기, 불, 물은 제일 원리도 아니고 기본 문자도 아니고 기본 요소도 아니다. 4원소는 심지어 음절이나 최초 합성물도 아니다. 예컨대 불은 **이것**이 아니라 **이러한 것**, 말하자면 실체가 아니라 오히려 실체의 상태라고 불러야 마땅하다. 여기서 한 가지 의문이 생긴다. 지성이 파악한 본질essences은 이름names일 뿐인가? 답은 정신mind이 참된 의견true opinion과 같으냐 아니냐에 달렸다. 만일 정신이 참된 의견과 같지 않다면, 지식은 본질에 대한 지식임이 분명하므로 본질은 단지 이름일 뿐이다. 그런데 정신과 참된 의견이 확실하게 차이를 나타내는 까닭은, 전자가 신의 명령으로 주입되는 반면에 후자는 설득으로 주입되기 때문이다. 또 전자는 참된 근거를 동반하지만, 후자는 그렇지 않다. 모든 인간이 참된 의견을 공유하지만, 정신은 신들의 속성이며 극소수 인간만 지니는 속성이다.

이러한 논의는 공간이 본질의 세계와 감각할 수 있는 덧없는 사물들의 세계의 중간에 자리 잡은 어떤 것으로서 있다는 조금 기이한 공간 이론으로 이어진다.

> 언제나 같고 창조되지 않았으며 파멸하지도 않는 존재가 있는데, 외부에서 자신 안으로 아무것도 받아들이지 않고 다른 어떤 것이 되지도 않지만, 눈에 보이지 않고 어떤 감각으로도 지각될 수 없기 때문에 지성의 관조를 통해서

132 콘퍼드(앞의 책 인용)는 '필연'을 근대 과학의 결정론적 법칙 지배와 혼동해서는 안 된다고 지적한다. '필연'에 따라 일어나는 일들은 목적에 따라 일어나지 않는다. 목적에 따라 일어나는 일들은 혼란스러우며 법칙의 지배를 받지 않는다.

> 만 파악된다. 이러한 존재와 같은 이름을 지니며 그것과 닮은 또 다른 자연이 있는데, 감각으로 지각되며 창조되었고 언제나 움직이면서 한 장소에 있다가 사라지기 때문에 의견이나 감각으로 파악된다. 다음으로 공간이라는 제3의 자연이 있는데, 영원하며 파멸하지 않고 창조된 모든 사물의 거처가 되며, 감각의 도움 없이 일종의 가짜 이성으로 파악되기 때문에 현실이라고 하기 어렵다. 우리가 꿈속에서 바라보듯 실존하는 모든 것이all existence 필연적으로 어떤 장소에 있어야 하고 어떤 공간을 차지할 수밖에 없다고 말하지만, 하늘에도 땅에도 없는 것은 실존하지 않는다.

나는 위에서 인용한 아주 어려운 구절을 완벽하게 이해한 척할 생각은 추호도 없다. 내가 생각하기에 여기서 말한 이론은 틀림없이 기하학적 반성에서 생겨났으며, 기하학적 반성은 산수처럼 순수 이성의 문제로 드러나지만 감각계에 속한 공간과 관계가 있었다. 대개 후대 철학자들과 유사한 점을 찾아내는 일은 공상에 지나지 않지만, 누구나 자신의 것에 친근감을 느끼듯 칸트가 앞서 말한 공간 이론을 틀림없이 좋아했으리라고 생각하지 않을 수 없다.

티마이오스의 주장에 따르면, 물질계를 구성하는 참된 요소는 흙, 공기, 불, 물이 아니라 두 가지 직각삼각형인데, 하나는 정사각형의 절반인 직각삼각형이고 다른 하나는 이등변삼각형의 절반인 직각삼각형이다. 원래 만물은 혼돈 속에 있었고, "여러 요소는 우주를 형성하도록 배열되기 전에는 각각 다른 곳에 있었다." 위에서 말한 두 종류의 삼각형은 모두 가장 아름다운 형상이므로, 신은 삼각형의 형상을 이용해 물질을 빚었다고 한다. 가장 아름다운 두 삼각형으로 다섯 가지 정다면체 가운데 네 가지 정다면체를 구성하는 일이 가능하며, 4원소 각각을 구성하는 각 원소도 정다면체다. 흙을 구성하는 원소는 정육면체이고, 불을 구성하는 원소는 정사면체이며, 공기를 구성하는 원소는 정팔면체이고, 물을 구성하는 원소는 정이십면체다. (정십이면체는 곧이어 다루겠다).

에우클레이데스의 『기하학원론』 13권에서 설명한 정다면체 이론은 플라톤 시대에는 최신 발견에 속했다. 바로 테아이테토스가 정다면체 이론을 완성했으며, 그의 이름을 딴 플라톤의 대화편에 청년으로 등장한다. 구전에 따르면 그는 최초로 정다면체가 다섯 가지 종류밖에 없음을 입증했고, 정팔면체와 정이십면체를 발견했다.[133] 정사면체, 정팔면체, 정이십면체는 각 면이 정삼각형이다. 정십이면체는 면이 정오각형이므로 플라톤이 말하는 삼각형 두 개로 구성될 수 없다. 이러한 이유로 플라톤은 4원소와 관련해 정십이면체를 활용하지 않는다.

플라톤은 정십이면체에 대해 "신이 우주의 본을 뜰 때 다섯 번째 조합을 사용했다"고 말할 따름이다. 플라톤의 말은 모호한데, 우주가 정십이면체임을 암시한다. 그러나 다른 곳에서는 우주가 구형이라고 말한다. 오각형은 언제나 마력을 지닌 형상으로 널리 알려졌고, 겉보기에 이러한 견해는 오각형을 '건강'이라고 부르며 종교 단체의 회원을 알아보는 상징으로 사용했던 피타고라스학파에서 기인한다.[134] 오각형의 속성은 정십이면체의 각 면이 오각형이고 어떤 의미로 우주의 상징이라는 사실에서 기인한다는 말인 듯하다. 이 주제에 마음이 끌리지만 명확하게 확인할 수 있는 내용은 별로 없다.

티마이오스는 감각에 대해 논의한 다음, 이어서 인간이 지닌 두 가지 영혼을 설명하는데, 하나는 죽지 않는 영혼이고 다른 하나는 죽는 영혼이다. 죽지 않는 영혼은 조물주가 창조했고 죽는 영혼은 신들이 창조했다. 죽는 영혼은

133 두 진술을 조화시킨 입장에 대해서는 콘퍼드의 『플라톤의 우주론』, 219쪽을 보라.
134 히스, 『그리스 수학의 역사』, 161쪽.

"억제하기 힘든 가혹한 애착들, 첫째로 악행을 쉽게 저지르게 만드는 쾌락, 다음으로 선행을 가로막는 고통, 성급함과 두려움이라는 어리석은 조언자와 좀처럼 달래기 어려운 분노, 쉽게 길을 잃고 마는 희망의 지배를 받는데, 신들은 필연적 법칙에 따라 이러한 애착들을 비이성적 감각이나 모든 걸 감수하는 사랑과 섞어서 인간을 만들었다."

죽지 않는 영혼은 머리에 있고, 죽는 영혼은 가슴에 있다.

예컨대 소화기관은 음식물을 저장함으로써 폭식을 막으려는 목적으로 생겼다는 조금 기이한 생리학적 주장을 하고서, 윤회에 대한 설명을 하나 더 제시한다. 비겁하게 살거나 바르게 살지 못한 남자는 다음 생에 여자로 태어나게 된다. 수학을 알지 못해도 별을 관찰하기만 하면 천문학을 배울 수 있다고 생각한, 다시 말해 죄를 짓지 않았지만 경박한 인간은 새가 된다. 철학을 배우지 않은 사람은 육상 동물이 되고, 어리석기 그지없는 인간은 물고기가 된다.

『티마이오스』의 마지막 부분에서 앞 내용을 이렇게 요약한다.

> 지금 우주의 본성을 둘러싼 이야기가 끝난다고 말해도 좋다. 세계는 죽는 생명체와 죽지 않는 생명체를 맞아들여 차고 넘쳐서, 눈에 보이는 세계를 포함한 눈에 보이는 생명체가 되었고, 지성, 위대, 최선, 공정, 완전의 모상인 감각 가능한 신, 유일하게 생겨난 하늘이 되었다네.

『티마이오스』에서 어떤 부분을 진지하게 받아들이고 어떤 부분을 공상적 유희로 간주해야 할지 알기는 어렵다. 나는 혼돈에 질서를 부여하는 창조에 대한 설명은 아주 진지하게 받아들여야 하며, 4원소의 비례나 4원소를 비롯한 정다면체들과 정다면체의 구성 요소인 삼각형들의 관계도 그래야 한다고 생각한다. 플라톤도 시간과 공간에 대한 설명은 분명히 믿었으며,

창조된 세계가 영원한 원형의 모상이라는 견해도 믿었다. 세계 속에 필연과 목적이 혼합되어 있다는 믿음은 철학이 생겨나기 오래 전부터 그리스인이 모두 실제로 공유한 일반적 믿음이다. 플라톤은 일반적 믿음을 수용함으로써 그리스도교 신학을 괴롭힌 악의 문제를 회피했다. 나는 플라톤이 세계생명체world-animal의 의미를 진지하게 받아들였다고 생각한다. 하지만 윤회에 관한 세부 내용이나 신들에게 부여한 역할을 비롯한 다른 필요 없는 내용은 그럴싸해 보이도록 구체성을 부여하려 덧붙인 말에 지나지 않는다고 생각한다.

앞서 말했듯 『티마이오스』의 전체 이야기는 고대와 중세 사상에 미친 영향이 크기 때문에 연구해 볼 만한 가치가 있다. 이러한 영향은 가장 덜 환상적인 것에 국한되지 않는다.

18.
플라톤의 지식과 지각

현대인은 대부분 경험적 지식이 지각에 의존하거나 지각에서 유래한다는 사실을 당연하게 받아들인다. 하지만 플라톤이나 다른 특정 학파에 속한 철학자들 사이에서 '지식'이라고 부를 만한 앎은 감각에서 유래하지 않으며, 유일한 현실적 지식real knowledge은 개념과 관계를 맺어야 한다는 전혀 다른 학설이 존재한다. 이러한 견해에 따르면 "2+2=4"는 진정한 지식genuine knowledge이지만, "눈은 희다"는 진술은 너무 모호하고 불확실해서 철학자의 진리 체계 안에서 어떤 자리도 차지하지 못한다.

이러한 견해는 아마 파르메니데스까지 거슬러 올라가겠지만, 분명한 틀이 잡힌 견해는 플라톤의 덕택으로 철학계에 등장한다. 나는 이번 장에서 『테아이테토스』의 전반부를 차지하는, 지식은 지각과 같은 것이라는 견해에 대한 플라톤의 비판을 다루려고 한다.

여기서 '지식知識, knowledge'에 대한 정의를 찾으려고 하지만, 부정적 결론 말고 어떤 결론도 이끌어 내지 못한 채 끝난다. 결국 몇 가지 정의를 제안하고 거부하지만, 만족스러운 정의는 제시되지 않는다.

제시된 정의 가운데 첫째 정의이자 내가 고찰하게 될 유일한 정의는 테아이테토스가 이렇게 제안한다. "어떤 것을 안 사람은 자신이 안 그 사물을 지각하는 것이고, 현재 제가 보기에 지식은 지각 말고 다른 것이 아닌 듯합니다."

소크라테스는 이러한 견해를 "인간은 만물의 척도다"라는 프로타고라스의 학설과 동일시한다. 다시 말해 주어진 어떤 사물이든 "그것은 나에게는 나에게 나타난 대로 존재하고, 너에게는 너에게 나타난 대로 존재한다"라는 것이다. "그러면 지각은 존재하는 어떤 것이고, 존재하는 지식으로서 틀릴 수 없을 테지"라고 소크라테스는 덧붙인다.

뒤따르는 논증은 대부분 지각의 특성을 밝히는 것과 관계가 있다. 일단 이 작업이 완료되면, 존재하는 것으로 드러난 지각은 지식일 수 없다.

소크라테스는 프로타고라스의 학설에 모든 것이 언제나 변한다는 헤라클레이토스의 학설을 추가한다. 헤라클레이토스의 학설은 바로 "우리가 '존재한다are'고 기꺼이 말하는 사물은 모두 현실적으로really 생성하는 과정 속에 있다"는 주장이다. 플라톤은 이러한 학설이 감각의 대상에 대해 참이지만 현실적 지식의 대상에 대해서는 참이 아니라고 생각한다. 하지만 플라톤의 이러한 적극적 견해는 대화편에서 처음부터 끝까지 배경 정보로만 남아 있다.

감각의 대상에 적용될 뿐이더라도 헤라클레이토스의 학설에 지식이 지각이라는 정의를 추가하면, 지식은 **존재**what is가 아니라 **생성**what becomes에 대한 것이라는 결론이 도출된다.

여기서 아주 초보적 수준의 몇 가지 수수께끼가 생긴다. 6은 4보다 크지만 12보다 작기 때문에 크면서 동시에 작은데, 이것은 모순이다. 소크라테스는 아직 다 성장하지 않은 테아이테토스보다 키가 크지만, 몇 년이 지나면 테아이테토스보다 작아진다. 그러므로 소크라테스는 크면서 동시에 작게 된다. 관계 명제라는 착상 자체가 플라톤을 당황스럽게 했던 듯하며, 헤겔에 이르기까지(헤겔을 포함해서) 위대한 철학자들도 대부분 골머리를 앓았다. 하지만 이러한 수수께끼는 지식과 관련된 논증에 적합하지 않기 때문에 여기서는 무시해도 좋다.

지각 문제로 돌아가면 지각知覺, perception은 대상과 감각 기관 사이에서 일어나는 상호작용의 결과로 여겨지며, 헤라클레이토스의 학설에 따르면 지각 대상과 감각 기관은 늘 변하고, 변화 속에서 지각 표상知覺表象, percept 역시 변한다. 소크라테스는 건강할 때 포도주 맛이 달콤하지만 병이 났을 때 시큼하다고 말한다. 여기서 지각하는 사람에게 일어난 변화가 지각 표상에 변화를 일으킨 원인이다.

프로타고라스의 학설에 단호히 반론을 제기하고, 이어서 어떤 반론은 철회한다. 프로타고라스는 돼지나 개코원숭이도 인간과 마찬가지로 지각하는 동물이므로 만물의 척도로 보아야 한다고 역설한다. 꿈을 꾸거나 미쳤을 때 지각의 타당성 문제가 제기된다. 만일 프로타고라스가 옳다면, 이는 어느 누구도 다른 사람보다 더 많이 알지 못함을 암시한다. 그러니까 프로타고라스는 신들만큼 지혜로울 수도 있지만, 더욱 심각한 문제는 그가 바보만큼도 지혜롭지 못할 수 있다는 것이다. 더 나아가 한 사람의 판단이 맞는 만큼 다른 사람의 판단도 맞는다면, 프로타고라스가 잘못을 저지른다고 판단한 사람은 똑같은 이유로 자신의 생각이 맞는다고 여긴다.

소크라테스는 잠시 프로타고라스의 견해에서 여러 반론에 대응할 답변을 찾으려고 한다. 꿈에 대해 말하자면, 꿈속의 지각 표상은 지각 표상 그대로 존재한다. 돼지와 개코원숭이를 다룬 논증은 비속한 오용 사례로 처리한다. 사람이 제각기 만물의 척도라면 어느 누구든 다른 사람만큼 지혜롭다는 논증에 대해 소크라테스는 프로타고라스를 대신해 아주 흥미로운 답변을 추천한다. 어떤 판단이 다른 판단보다 **더 참될**truer 수 없지만 더 나은 결과를 낸다는 의미로 **더 나을**better 수 있다는 것이다. 이것은 바로 실용주의를 시사한다.[135]

그렇지만 이러한 답변은 소크라테스가 고안했지만 그를 만족시키지 못한다. 소크라테스는 예컨대 의사가 병의 경과를 예견할 때, 실제로actually 나의 미래에 대해 나보다 더 많이 **안다**고 역설한다. 사람들이 국가의 법령 포고가 지혜로운지를 두고 의견 차이를 보일 때, 쟁점은 몇 사람이 다른 사람들보다 더 탁월한 지식을 지녔음을 보여 주는 것이다. 따라서 우리는 지혜로운 사람이 바보보다 나은 척도라는 결론을 회피해서는 안 된다.

이것은 모두 인간은 제각기 만물의 척도라는 학설에 제기한 반론이고, 간접적으로만 '지식'은 '지각'을 의미한다는 학설에 대한 반론이 될 수 있는데, 전자의 학설이 후자의 견해로 이어질 경우에 한하여 그렇다. 하지만 직접적 논거가 하나 있다. 기억도 지각과 마찬가지로 지식이라고 허용할 수밖에 없다는 것이다. 이러한 논거를 허용하면 지식이 지각이라고 제안한 정의는 수정된다.

다음으로 헤라클레이토스의 학설에 대해 비판한다. 먼저 헤라클레이토스의 학설은 에페소스의 명민한 젊은이 가운데 제자를 훈련하던 대로 극단에 몰린다. 사물은 두 가지 방식, 곧 장소 이동이나 성질의 변화로 바뀔 수 있으므로, 만물 유전설은 모든 것이 언제나 두 가지 방식으로 변한다고 진술한 것이다.[136] 더불어 만물은 언제나 **어떤**some 성질의 변화를 겪을 뿐만 아니라 언제나 자신의 **모든**all 성질을 변화시키고 있으므로, 똑똑한 사람은 에페소스를 기억한다고 말한다. 이것은 난처한 결과로 이어진다. 우리는 "이

135 추측건대 실러가 처음 프로타고라스에게 감탄한 계기가 바로 이 구절이었을 것이다.

136 플라톤도, 에페소스의 정력적인 젊은이들도 극단적인 헤라클레이토스 학설에 근거하면 장소 이동이 불가능하다는 사실을 알아채지 못한 듯하다. 운동이 가능하려면 주어진 사물 A가 지금 여기에 존재하는 동시에 지금 거기에 존재해야 한다. 사물은 운동하는 동안 여전히 동일한 사물로 남아 있어야 한다는 말이다. 플라톤이 검토한 헤라클레이토스 학설에서 성질의 변화와 장소의 이동은 있지만, 실체의 변화는 없다. 이러한 점에서 현대 양자물리학은 헤라클레이토스의 제자들이 플라톤 시대에 나아간 극단적 입장보다 더 나아간다. 플라톤은 이러한 극단적 입장이 과학에 치명적 해를 입힌다고 생각했을 테지만 증명하지는 못했다.

것은 희다"라고 말하지 못하는데, 말하기 시작했을 때 희더라도 발언을 마치기도 전에 더는 않을 것이기 때문이다. 우리가 어떤 사물을 본다는 말이 옳지 않은 까닭은, 봄seeing이 끊임없이 보지 않음not-seeing으로 변하기 때문이다.[137] 만일 만물이 온갖 방식으로 변한다면, 봄을 보지 않음이 아니라 봄이라 부를 권리가 없으며, 지각perception을 비지각not-perception이 아니라 지각이라 부를 권리도 없다. "지각은 지식이다"라고 말한다면, 꼭 마찬가지로 "지각은 지식이 아니다"라고 말해도 된다.

위에서 제시한 논증의 결론은 다음과 같다. 다른 어떤 것이든 영속적 흐름 속에 있더라도, 낱말의 의미는 한 시점에서 고정되어야 한다. 그렇지 않으면 어떤 주장도 명확하지 않고, 거짓이 아니라 참이라고 말하지도 못하기 때문이다. 담론과 지식이 가능하려면 조금이라도 불변하는 **어떤 것**이 있어야 한다. 나는 이것을 인정해야 한다고 생각한다. 그런데 수많은 흐름flux은 이것을 인정하는 것과 양립할 수 있다.

이 논점에 이르러 파르메니데스가 너무 위대하고 훌륭해서 그에 관해 논의하지 않겠다고 말한다. 파르메니데스는 '고귀하고 경외할 만한 인물'이다. "그에게는 모든 면에서 고귀한 깊이가 있었다." 그는 "내가 어느 누구보다 존경하는 사람이다." 이러한 말 속에서 플라톤은 정적 우주에 대해 애정을 표현하고, 논증을 펼치기로 한 헤라클레이토스의 만물 유전설에 혐오감을 드러낸다. 그런데 플라톤은 존경심을 표현한 다음에도 헤라클레이토스에게 파르메니데스가 내놓을 만한 대안을 제시하지 않는다.

이제 우리는 지식과 지각을 동일하게 보는 견해에 맞선, 플라톤의 마지막 논증에 이르렀다. 그는 우리가 눈이나 귀와 **함께**with 지각하지 않고 눈과 귀를 **통해**through 지각한다고 지적하며, 이어서 우리가 획득한 어떤 지식은 감

137 "현재의 셸, 과거의 셸입니다."라는 광고 문구와 비교해 보라.

각 기관과 아무 관련도 없다고 주장한다. 예컨대 우리는 소리와 색이 닮지 않았다는 점을 알지만, 어떤 감각 기관도 소리와 색을 둘 다는 지각하지 못한다. '실존과 비실존, 유사성과 비유사성, 동일성과 차이성, 단일성과 수를 일반적으로' 파악하는 특수 기관은 없다. 마찬가지로 명예와 불명예, 선과 악을 파악하는 특수 기관도 없다. "정신은 자신을 도구로 삼아 어떤 사물을 관조하고, 육체가 갖춘 능력을 통해 다른 사물을 관조한다." 우리는 촉각으로 딱딱함과 부드러움을 지각하지만, 딱딱함과 부드러움이 실존하고 반대되는 성질이라고 판단하는 것은 바로 정신이다. 정신만 실존에 이를 수 있고, 우리는 실존에 이르지 못하면 진리에 도달하지도 못한다. 우리는 감각을 통하는 것만으로는 사물을 알 수 없다. 왜냐하면 감각만으로는 사물이 실존한다는 것을 알 수 없기 때문이다. 그러므로 지식은 인상들이 아니라 반성 속에 있으며, 지각은 지식이 아니다. 왜냐하면 '지각은 실존을 파악할 때 아무 역할을 하지 못해서 진리를 파악할 때도 아무 역할을 하지 못하기" 때문이다.

지식과 지각을 동일시하는 입장에 맞선 논증에서 거부해야 했던 주장 가운데 수용할 만한 점을 풀어내는 작업은 결코 쉽지 않다. 플라톤이 논의한 서로 연관된 세 논제는 다음과 같다.

(1) 지식은 지각이다.
(2) 인간은 만물의 척도다.
(3) 모든 것은 흐름의 상태에 있다.

(1) 첫째 논제는 지식과 지각을 동일시하는 입장에 맞선 논증과 일차적으로 관계를 맺지만, 바로 위에서 말한 마지막 구절을 제외하고 어디에서도 좀처럼 논의하지 않는다. 여기서 비교, 실존에 대한 지식, 수에 대한 사고는

지식을 얻는 데 본질적 요소이지만, 지각과 관련이 없는 까닭은 어떤 감각 기관을 통해서도 파악되지 않기 때문이라는 논증이 제시된다. 이에 관해 말해야 할 것들은 다르다. 유사성과 비유사성을 가지고 논의를 시작해 보자.

내가 지금 보는 색의 두 색조가 경우에 따라서 유사하거나 유사하지 않다는 점은 사실 '지각 표상'이 아니라 '지각 판단'으로 수용해야 하는 사항이다. 지각 표상은 지식이 아니라 그저 우연히 일어나서 물리학의 세계에 속함과 동시에 심리학의 세계에도 속하는 어떤 것일 따름이다. 우리는 당연히 플라톤과 마찬가지로 지각을 지각 주체와 대상의 관계로 생각하기 때문에, "나는 탁자를 본다"라고 말한다. 그러나 여기서 '나'와 '탁자'는 논리적 구성체다. 가공하지 않은 그대로 발생한 사건의 핵심은 그저 특정한 색의 반점들일 따름이다. 이러한 색의 반점들이 촉각 인상과 연합하여, 낱말이 만들어지기도 하고 기억의 기원이 되기도 한다. 촉각 인상으로 채워진 지각 표상은 물리적인 것으로 생각되는 '대상'이 되고, 낱말과 기억으로 채워진 지각 표상은 '주체'의 역할로 생긴, 정신적인 것으로 생각되는 '지각'이다. 지각 표상은 바로 발생한 사건이기 때문에 참도 거짓도 아니다. 낱말들로 채워진 지각 표상은 판단으로서, 참이거나 거짓이 될 가능성을 가진다. 나는 이러한 판단을 '지각 판단'이라고 부른다. "지식은 지각이다"라는 명제는 "지식은 지각 판단이다"라는 의미로 해석하지 않으면 안 된다. 이러한 형식으로 표현해야 "지식은 지각이다"라는 명제가 문법에 맞는 문장일 수 있다.

유사성과 비유사성으로 돌아가서, 내가 두 가지 색조를 동시에 지각할 때 두 색조의 유사성likeness이나 비유사성unlikeness이 지각 자료의 일부가 되어 지각 판단 속에서 주장되는 일은 전적으로 가능하다. 유사성과 비유사성을 지각하는 어떤 감각 기관sense-organ도 없다는 플라톤의 논증은 대뇌피질을 무시하고 모든 감각 기관이 육체의 표층에 있음이 틀림없다고 가정한 셈이다.

유사성과 비유사성을 가능한 지각 자료로 포함한다고 주장하는 논증은 다음과 같다. 우리가 두 가지 색조 A와 B를 보면서, "A는 B와 유사하다"고 판단한다고 가정해 보자. 더 나아가 플라톤처럼 그러한 판단이 대개 맞으며, 특히 우리가 고찰하는 경우에 맞아 떨어진다고 가정하기로 하자. 그러면 A와 B 사이에 유사성의 관계가 성립하여, 우리 측에서만 유사하다고 주장하는 판단이 아니게 된다. 그저 우리의 판단이 존재할 따름이라면, "A와 B가 유사하다"는 지각 판단은 임의적 판단으로서 참이거나 거짓이 될 수 없는 판단일 것이다. 앞서 말한 지각 판단은 분명히 참이거나 거짓일 수 있으므로, 유사성 관계는 A와 B 사이에 성립할 수 있고 그저 '정신에 속한' 것일 수 없다. "A가 B와 유사하다"는 판단이 참이라면 '사실'에 비추어 참이 되며, 꼭 마찬가지로 "A는 붉은색이다"라는 판단이나 "A는 둥글다"라는 판단도 참이 된다. 정신은 유사성에 대한 지각과 관련이 없듯 색에 대한 지각과도 관련이 없다.

이제 플라톤이 무척이나 강조한 **실존**實存, existence 문제로 넘어가자. 그는 우리가 소리와 색에 대해 양자를 동시에 포함하는 사유, 말하자면 소리와 색이 실존한다는 사유를 가진다고 말한다. 실존은 모든 것에 속하고, 정신이 홀로 파악한 것들 가운데 있다. 그러니까 실존에 이르지 못하면 진리에 도달하는 것은 불가능하다.

여기서 플라톤에 맞서 펼칠 논증은 유사성과 비유사성의 경우에 펼친 논증과 아주 다르다. 지금부터 플라톤이 실존에 관해 말한 모든 내용이 틀린 문법, 다시 말해 차라리 틀린 구문론에 근거한다는 논증을 펼칠 것이다. 이 논점은 플라톤뿐만 아니라 신Deity의 실존에 찬성하는 존재론적 논증 같은 다른 문제와 관련해서도 중요하다.

네가 어떤 아이에게 "사자는 실존하지만, 일각수는 실존하지 않아"라고 말한다고 가정하면, 사자에 대해 아이를 동물원에 데려가서 "보렴, 저게 사자야"라고 말함으로써 너의 논점을 입증하면 된다. 철학자가 아니라면, "그러면 너는 저 사자가 실존한다는 사실을 아는 셈이지"라고 덧붙이려 하지 않을 것이다. 만일 네가 철학자로서 말을 덧붙이더라도 무의미한 발언을 하는 셈이다. "사자가 실존한다"라는 말은 "사자가 있다", 다시 말해 "'x는 사자다'라는 진술이 어떤 적합한 대상 x에 대해 참이다"라는 진술을 뜻한다. 그런데 우리는 적합한 대상 x에 대해 그것이 '실존한다'라고 말할 수 없다. 우리는 실존동사를 완전하든 불완전하든 기술구에 적용할 따름이다. '사자'가 불완전 기술구인 까닭은 이 낱말이 여러 대상에 적용되기 때문이다. 반면에 '동물원에서 가장 큰 사자'라는 어구가 완전 기술구인 까닭은 그러한 기술구가 오로지 한 대상에만 적용되기 때문이다.

이제 내가 밝고 붉은색 반점을 바라본다고 가정해 보자. 나는 "이것은 현재 나의 지각 표상이다"라고 말할 수도 있다. 또한 "나의 현재 지각 표상이 존재한다"라고 말해도 된다. 그러나 내가 "이것이 실존한다"라고 말하면 안 되는 까닭은 '실존한다'는 말은 이름과 대비되는 기술구에 적용했을 경우에만 유의미하기 때문이다.[138] 이것은 **실존**을 정신이 대상들 속에서 의식하는 중요한 것들 가운데 하나로 처리한다.

다음에 나는 수에 대한 사고를 다루려 한다. 여기서 고찰해야 할 아주 다른 문제가 두 가지 있다. 한편으로는 산수 명제를 다루고, 다른 한편으로는 경험적 셈 명제를 다루어야 한다. "2+2=4"는 산수 명제이고, "나는 손가락이 열 개다"는 셈 명제다.

나는 산수와 순수 수학이 일반적으로 지각에서 유래하지 않는다는 플라톤의 견해에 당연히 동의한다. 순수 수학은 "인간은 인간이다"와 비슷하지만 흔히 더 복잡한 동어반복명제들로 이루어져 있다. 수학 명제가 올바르다는 것을 알기 위해, 우리는 세계에 대해 탐구할 필요가 없으며 기호들이 갖

138 이 주제는 『테아이테토스』의 마지막 장을 참고하라.

는 의미만 공부하면 된다. 단지 약어abbreviation를 만드는 정의들을 제외하면, 기호들은 '또는or'이나 '아니다not'와 '모든all'이나 '어떤some' 같은 낱말들로 밝혀지고, 소크라테스처럼 실제 세계actual world에 있는 어떤 것도 지시하지 않는다. 수학 방정식은 기호들로 이루어진 두 항이 같은 의미를 가진다고 주장한다. 순수 수학에 한정할 경우, 방정식의 의미는 지각될 수 있는 것에 관해 알지 못해도 이해될 수 있는 의미일 수밖에 없다. 그러므로 수학적 진리는 플라톤이 주장하듯 지각과 독립된 것이다. 그런데 수학적 진리는 아주 독특한 종류의 진리로 기호들에 관한 문제일 따름이다.

"나는 손가락이 열 개다"와 같은 셈 명제는 전혀 다른 범주에 속하며, 적어도 일부는 분명히 지각에 의존한다. '손가락'이라는 개념은 분명히 지각에서 추상되었지만, '열'이라는 개념은 어떠한가? 여기서 우리가 참된 보편자 혹은 플라톤의 이상에 도달한 것처럼 보일 수도 있다. 우리는 '열'이 지각에서 추상되었다고 말할 수 없다. 왜냐하면 어떤 종류의 사물을 열 개로 보는 지각 표상은 얼마든지 달리 보일 수 있기 때문이다. 한 손의 손가락을 전부 합쳐서 '다섯 수'라는 이름을 붙인다고 가정해 보자. 그러면 "내게 다섯 수 두 개가 있다"고 말해도 되며, 이 진술은 앞에서 열이라는 수의 도움으로 기술한 것과 같은 지각된 사실을 기술한다. 따라서 "나는 손가락이 열 개다"라는 진술에서 지각이 하는 역할은 "이것은 붉다"라는 진술에서 하는 역할보다 더 작고, 개념이 하는 역할은 더 크다. 그렇더라도 그것은 정도의 문제일 따름이다.

'열ten'이라는 낱말이 나오는 명제에 관한 한, 이러한 명제는 올바르게 분석될 때 '열'이라는 낱말에 대응하는 어떤 구성 요소도 포함하지 않음이 밝혀진다는 것이 완전한 답변이다. 열처럼 큰 수의 경우 이렇게 설명하면 복잡해질 것이다. 그러므로 "나는 손이 두 개다"로 대체하여 다루기로 하자. 이 진술의 의미는 다음과 같다.

"a와 b가 같지 않은 그러한 b가 있고, 어떤 x가 있든 'x는 나의 한 손이다'가 되는 그러한 a가 있다"라는 진술은, x는 a이거나 x는 b일 때 그리고 오로지 그럴 때만 참이다.

여기서 '둘two'이라는 낱말이 나오지 않는다. 사실 a와 b라는 두 문자가 나오지만, 우리는 문자들이 흰색인지 검은색인지 혹은 어떤 색이든 색을 알 필요가 없듯 둘이라는 것을 알 필요가 없다.

요컨대 정확한 의미를 따지자면 수는 **형식**이다. 다양한 소장품이 각각 두 개의 품목을 가진다고 주장하는 다양한 명제를 참으로 만드는 사실은, 구성요소가 아니라 형식을 공통으로 가진다는 점이다. 여기서 수가 나오는 명제는 자유의 여신상이나 달이나 조지 워싱턴의 동상에 관한 명제와 다르다. 이러한 명제는 시간과 공간 속의 특정한 부분을 가리킨다. 바로 이것이 자유의 여신상에 관해 할 수 있는 모든 진술의 공통점이다. 그러나 "두 개의 이러저러한 것이 있다"와 같은 명제들에서는 공통 형식을 빼면 공통점이 하나도 없다. '둘'이라는 기호가 그것이 나오는 명제의 의미와 맺는 관계는, '붉다'는 기호가 그것이 나오는 명제의 의미와 맺는 관계보다 훨씬 더 복잡하다. 우리는 어떤 점에서 '둘'이라는 기호가 아무것도 의미하지 않는다고 말할 수도 있다. 왜냐하면 '둘'이라는 기호가 참 진술 속에 나올 때 진술의 의미 속에 대응하는 구성 요소가 없기 때문이다. 좋아하면 수가 영원하고 변치 않는다고 계속 말할 수도 있지만, 우리는 수가 논리적 허구logical fictions라고 덧붙이지 않을 수 없다.

더 나아간 논점은 이렇다. 플라톤은 소리와 색에 관하여 "두 감각은 합하면 **둘**이고 각각은 **하나**다"라고 말한다. 우리는 둘에 대해 이미 살펴보았다. 이제 **하나**에 대해 살펴봐야 한다. 여기서도 실존에 관하여 범한 오류와 흡사한 오류가 발견된다. '하나'라는 술어는 사물에 적용해서는 안 되며, 단위를 구성하는 집합들에 적용될 따름이다. "지구에는 위성이 하나 있다"라고 말해도 되지만, “달은 하나다”라는 말은 구문에 맞지 않는다. 이러한 주장은 무엇 때문에 의미를 가지게 되는가? 마찬가지로 너는 “달은 여럿이다”라고 말할 수도 있는데, 달은 여러 부분을 가지기 때문이다. “지구는 위성을 하나 가진다”는 말은 ‘지구의 위성’이라는 개념에 속한 속성, 말하자면 다음과 같은 속성을 부여하는 것이다.

“‘x는 지구의 위성이다’라는 진술이 x는 c일 때, 그리고 그럴 때만 참이 되는 그러한 c가 있다.”

이것은 천문학에 관한 진리다. 그러나 만일 ‘지구의 위성’을 ‘달’이나 다른 고유명사로 대체하면, 그 결과로 만들어진 진술은 무의미하거나 동어반복에 지나지 않는다. 그러므로 바로 ‘열’이 ‘나의 손가락’이라는 개념의 속성이듯, ‘하나’는 특정한 개념들의 속성이다. 그런데 “지구가 하나의 위성, 다시 말해 달을 가지므로 달은 하나다”라고 논증하는 것은 “그리스도의 사도는 열둘이었고 베드로는 사도들 가운데 한 사람이었으므로, 베드로는 열둘이다”라고 논증하는 것만큼이나 잘못이다. 후자의 논증은 ‘열둘’을 ‘흰 옷을 입은’으로 대체하면 타당할 것이다.

앞선 고찰은 지각에서 유래하지 않는 형식적 지식, 바로 논리학과 수학은 있지만, 다른 모든 지식에 관한 플라톤의 논증은 오류라는 점을 보여 주었다. 물론 이것이 플라톤의 결론이 거짓임을 입증하지는 못한다. 플라톤은 자신의 결론이 참이라고 가정할 타당한 이유를 대지 못했음을 증명할 따름이다.

(2) 이제 인간이 만물의 척도라거나, 자주 해석되듯 인간은 **제각기** 만물의 척도라고 주장한 프로타고라스의 입장을 다루어 보자. 여기에서 핵심은 논의를 진행하는 수준을 결정하는 문제다. 우선 지각 표상percept과 추론inference을 구별해야 한다는 점은 명백하다. 인간은 제각기 불가피하게 자기 지각 표상의 제한을 받는다. 어떤 사람이 다른 사람의 지각 표상에 대해 안 것은

듣고 읽어서 얻은 자신의 지각 표상들로부터 추론한 것이다. 꿈꾸는 사람이나 미친 사람의 지각 표상도 지각 표상으로서 보면 다른 사람의 지각 표상만큼 좋은 것이다. 지각 표상에 맞선 유일한 반론은, 표상이 생기는 맥락이 여느 때와 다를 때 오류 추론이 일어나기 쉽다는 것이다.

그런데 추론은 어떠한가? 추론은 똑같이 개인적이고 사적인 활동인가? 우리는 어떤 점에서 그렇다고 인정할 수밖에 없다. 나는 내가 믿는 것을, 내게 호소력을 갖는 어떤 이유로 믿지 않고는 못 배긴다. 사실 나의 근거가 다른 어떤 사람의 주장일 수도 있는데, 예컨대 내가 증거를 경청하는 판사라면 충분히 적합한 근거일 수도 있다. 내가 프로타고라스를 추종하더라도, 처음에 회계사와 나의 의견이 달랐지만 조금 더 주의를 기울이면 회계사가 옳은 것으로 드러난 경험을 여러 차례 했을 수도 있기 때문에, 일련의 계산을 할 경우에 나의 의견보다 회계사의 의견을 수용하는 것이 합리적이다. 이러한 의미로 나는 다른 사람이 나보다 더 지혜롭다고 인정해도 괜찮다. 프로타고라스의 입장을 올바르게 해석하면, 내가 결코 실수하지 않는다는 견해가 아니라 그저 내 실수의 증거가 **나에게** 드러나야 한다는 견해만 포함한다. 과거의 나 자신은 다른 사람을 판단할 수 있듯 판단의 대상이 되기도 한다. 그러나 이러한 모든 주장은 지각 표상과 대조되는 추론에 관하여 개인적 차원을 넘어선 어떤 올바름의 기준이 있음을 전제한다. 만일 내가 우연히 이끌어낸 어떤 추론이든 다른 어떤 추론과 꼭 마찬가지로 좋은 추론이라면, 사실상 플라톤이 프로타고라스에서 연역한 지적 무정부 상태에 이른다. 그러므로 중요한 논점에 대해서 플라톤이 옳은 주장을 한 듯하다. 그러나 경험주의자는 지각이 경험적 자료에 따른 추론의 올바름을 판정하는 시금석이라고 주장할 것이다.

(3) 만물 유전설은 플라톤이 풍자적으로 표현한 설이기 때문에 누가 플라톤이 말한 극단적 형식으로 주장했다고 가정하기는 어렵다. 예컨대 우리가

보는 색이 계속 변한다고 가정해 보자. '붉다'는 말은 붉은색의 여러 색조에 적용되며, 내가 "나는 붉은색을 본다"라고 말한다면 내가 말하는 동안 걸린 시간 내내 진술이 참이 아니게 될 이유는 어디에도 없다. 플라톤은 계속되는 변화 과정에 지각과 비지각, 인식과 비인식 같은 논리적 대립항을 적용함으로써 자신의 결론을 이끌어 낸다. 하지만 이러한 대립항은 변하는 과정을 적합하게 기술하지 못한다. 안개가 자욱한 날, 네가 길을 따라 멀어져가는 어떤 남자를 바라본다고 가정해 보자. 그 남자가 점점 흐릿해져 더는 분간하지 못하는 순간에 이르지만, 보일 듯 말 듯 의심스러운 중간 시기가 있기 마련이다. 논리적 대립항은 편의를 위해 고안되었고, 계속되는 변화는 정량 장치quantitative apparatus가 필요하지만 플라톤은 그러한 가능성을 무시한다. 그러므로 플라톤이 계속 일어나는 변화에 대해 말한 것은 대체로 정량 장치가 필요하다는 기준에서 벗어나 있다.

동시에 말의 의미가 어느 정도 고정되어 있지 않다면, 담론이 불가능해진다는 사실도 인정해야만 한다. 하지만 여기서 다시 한 번 지나치게 절대적 견해에 빠져들기 쉽다. 말의 의미는 바뀐다. 예컨대 '이상'이란 말을 들어 보자. 우리는 상당한 기간의 교육 과정을 거쳐야만 이 말에 플라톤이 부여한 의미와 같은 어떤 의미를 부여할 수 있다. 말이 겪는 의미의 변화는 말이 기술하는 변화 자체보다 더 느려야 할 필요가 있다. 그러나 말의 의미 변화가 전혀 일어나서는 안 될 필요까지는 없다. 아마 이러한 주장은 논리학과 수학에서 사용하는 추상적인 말에 적용되지 않을 테지만, 이러한 추상어는 이미 보았듯 명제의 내용이 아니라 형식에 적용될 따름이다. 여기서 논리학과 수학이 독특한 학문 분야라는 점을 다시 한 번 확인한다. 플라톤은 피타고라스학파의 영향을 받아 다른 지식을 지나칠 정도로 수학과 비슷하게 만들어 버렸다. 플라톤은 다른 위대한 철학자들처럼 실수를 저질렀을 뿐이지만, 그렇더라도 실수는 실수였다.

19.
아리스토텔레스의 형이상학

중요한 철학자의 저술을 읽을 때, 무엇보다 아리스토텔레스의 저술을 읽을 때는 두 가지 방식으로 연구할 필요가 있다. 선대 철학자들을 참조하는 방식과 후대 철학자들을 참조하는 방식이다. 전자의 측면에서 아리스토텔레스의 장점이 두드러지게 나타나고, 후자의 측면에서는 단점이 두드러진다. 하지만 아리스토텔레스의 단점은 아리스토텔레스보다 후대 철학자들의 책임이 더 크다. 아리스토텔레스는 그리스 사상을 꽃피운 가장 창조적인 시기에 성장했고, 그가 죽은 다음 필적할 만한 철학자가 세상에 나타나기까지 2000년이 걸렸다. 긴 시기가 끝날 무렵, 아리스토텔레스의 권위는 교회의 권위만큼이나 이의를 제기하기 어려운 무소불위의 지위를 누렸기 때문에, 철학뿐만 아니라 과학에서도 진보를 가로막는 심각한 장애 요소였다. 17세기가 시작된 이래 지성사에 중요한 획을 그은 거의 모든 사상이 아리스토텔레스의 학설을 공격하면서 시작되었다. 논리학의 경우 이러한 경향은 오늘날에도 여전히 나타난다. 그러나 아리스토텔레스의 선대 철학자들 가운데 누가(아마 데모크리토스를 제외하면) 동등한 권위를 얻게 되었더라도 재앙의 수준은 비슷했을 터다. 아리스토텔레스를 공정하게 다루려면 애초부터 과도하게 추앙된 사후의 명성뿐만 아니라 반동으로 나타난 과도한 비난도 잊어야 한다.

아리스토텔레스Aristoteles(기원전 384~322)는 기원전 384년, 트라키아의 스타게이라stageira; stagia에서 태어났을 개연성이 높다. 부친은 마케도니아 왕의 가족 시의侍醫 지위를 물려받았다. 아리스토텔레스는 18세가 되었을 무렵에 아테네로 가서 플라톤의 제자가 되었다. 그리고 플라톤이 기원전 348년에서 347년 사이에 죽을 때까지 거의 20년 동안 아카데메이아에 머물렀다. 한동안 여행을 했으며, 헤르미아스라는 참주의 여동생이나 조카와 결혼했다. (풍문에 따르면 아리스토텔레스와 결혼한 여인이 헤르미아스의 딸이거나 첩이었다고 하지만, 두 가지 소문 모두 헤르미아스가 고자였다는 사실이 알려지면서 거짓으로 드러났다.) 아리스토텔레스는 기원전 343년 당시 13세였던 알렉산드로스의 가정교사가 되었고, 필리포스 국왕이 16세의 알렉산드로스를 성년이라 선언하고 나라를 비운 동안 대신 통치할 섭정으로 지명할 때까지 가르쳤다. 누구나 알고 싶어 하는 알렉산드로스와 아리스토텔레스의 관계는 모두 확인할 길이 없으며, 두 사람의 관계는 이를 둘러싼 풍문이 더 많이 떠돌아 전설처럼 전해졌다. 두 사람이 주고받았다는 편지가 있지만 대개 위조문서로 보인다. 두 인물을 숭배한 사람들은 위대한 교사가 위대한 제자에게 영향을 주었다고 가정한다. 헤겔은 알렉산드로스의 경력이 현실에서 철학이 발휘한 유용성을 보여 준다고 생각한다. 이에 대해 벤Alfred William Benn(1843~1915)은 이렇게 말한다. "철학이 오만, 만취, 잔혹, 복수, 지독한 미신 같은 알렉산드로스의 성격보다 더 나은 증거를 보여 주지 못한다면 불행한 일일 것이다. …… 그는 스코틀랜드 고지대를 질주하던 족장의 잔혹한 특징과 동양 전제군주의 광포한 특징을 합쳐 놓은 인물에 지나지 않았다."[139]

나로서는 알렉산드로스의 성격을 묘사한 벤의 견해에 동의하지만, 그래

139 벤, 『그리스 철학자들』, 1권, 285쪽.

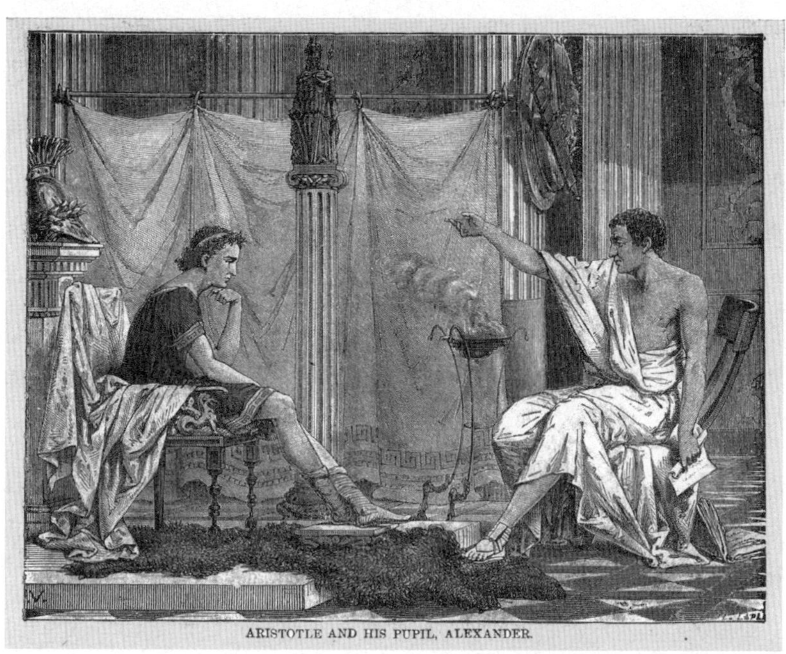

알렉산드로스를 가르치는 아리스토텔레스, 샤를 라플랑트, 1866

도 알렉산드로스의 업적이 더할 나위 없이 중요하며 유익했다고 생각한다. 왜냐하면 그가 없었다면 헬레니즘 문명의 전통도 당연히 모두 사라졌을 것이기 때문이다. 아리스토텔레스가 알렉산드로스에게 미친 영향에 대해, 가장 그럴듯해 보이는 것을 무엇이든 자유롭게 추측할 수 있다. 나는 아무 영향을 미치지 않았다고 가정하겠다. 알렉산드로스는 야망과 정열이 넘치는 소년으로 부친과 서먹한 사이였으며, 추측건대 학교 수업을 참아내지 못했으리라. 아리스토텔레스는 어떤 국가도 시민의 수가 10만 명을 넘어서는 안 된다고 생각했으며,[140] 중용사상을 설파했다. 아리스토텔레스를 자신이 못된 짓을 하지 못하도록 아버지가 붙여 준 늙고 지루한 현학자로만 여긴 알렉산드로스가 아리스토텔레스의 제자였다고 상상하기는 어렵다. 사실 알렉산드로스는 아테네 문명에 어느 정도 속물근성을 드러냈는데, 이것은 야만인이 아님을 입증하고 싶었던 알렉산드로스 왕조 전체의 공통된 특징이었다. 이러한 풍조는 19세기 러시아 귀족들이 파리에 대해 지녔던 정서와 유사했다. 그러므로 이 점은 아리스토텔레스의 영향으로 돌리기 어렵다. 또 나는 알렉산드로스에게서 아리스토텔레스의 영향이라고 볼 만한 점은 하나도 찾아내지 못했다.

알렉산드로스가 아리스토텔레스에게 미친 영향이 너무 적다는 점은 더욱 놀라운데, 아리스토텔레스는 정치에 관해 사색할 때 도시국가 시대가 제국 시대에 길을 내어 주었다는 사실을 덤덤히 망각했다. 나는 아리스토텔레스가 결국 알렉산드로스를 '결코 철학을 이해하지 못할 게으르고 고집 센 놈'으로 생각했으리라는 의혹을 지우기 어렵다. 전반적으로 보아 두 위대한 인물의 접촉은 마치 두 사람이 다른 세상에서 살았던 양 아무 성과도 내지 못한 듯하다.

---

140 아리스토텔레스, 『니코마코스 윤리학』, 1170B.

기원전 335년부터 323년(알렉산드로스가 죽은 해)까지, 아리스토텔레스는 아테네에서 살았다. 그는 12년 동안 리케이온Lykeion 학원을 세우고, 거기서 대부분의 책을 썼다. 알렉산드로스가 죽고 나자, 아테네인이 반란을 일으키면서 아리스토텔레스를 포함한 알렉산드로스의 측근이 공격을 받았다. 아리스토텔레스는 불경 혐의로 기소를 당했으나, 소크라테스와 달리 형벌을 면하려고 피신했다. 그는 다음 해(기원전 322)에 세상을 떠났다.

아리스토텔레스는 철학자로서 여러 가지 점에서 모든 선대 철학자들과 달랐다. 오늘날의 교수처럼 글을 쓴 첫 인물이다. 그가 쓴 논문은 체계를 갖추어 토론 내용이 항목별로 분류되어 있다. 이러한 점에서 그는 영감을 받은 예언자가 아니라 전문 교사다. 그의 저작은 비판하는 내용이 많으며, 주도면밀하고 산문체로 쓰여 있어 바쿠스풍 열광의 흔적이 나타나지 않는다. 플라톤에게 스며들었던 오르페우스교의 요소가 아리스토텔레스에서는 희석되어 상식이라는 강력한 요소와 혼합되었다. 아리스토텔레스가 플라톤의 색채를 나타내는 곳에서는, 누구나 그가 받은 가르침으로 인해 타고난 기질이 압도당했다고 생각한다. 그는 정념이나 열정에 좌우되지 않고, 뜻을 더 깊이 새겨 보자면 종교에 기울지 않은 인물이다. 선대 철학자들이 범한 오류는 청년이 불가능한 일에 도전할 때 범하기 쉬운 영광스러운 오류인 반면, 아리스토텔레스가 범한 오류는 습관이 형성한 편견에서 자유로울 수 없는 시대적 한계에서 비롯됐다. 그는 상세한 서술이나 비판의 측면에서 최고 수준을 자랑하지만, 기본적 명료성과 티탄의 광휘가 부족하기 때문에 거대한 체계를 구축하는 데 실패한다.

아리스토텔레스의 형이상학을 어떤 논점에서 설명할지 결정하기 어렵지만, 설명하기 가장 좋은 지점은 아마 플라톤의 이상론을 비판하고 보편자 이론을 대안으로 제시한 부분일 것이다. 그는 이상론에 반대한 매우 뛰어난 논증을 많이 내놓는데, 대부분 플라톤의 『파르메니데스』에 이미 나와 있다. 가장 강력한 논증은 '제3인간' 논증으로 다음과 같다. 만일 어떤 인간이 이상적 인간과 유사하기 때문에 인간이라면, 일상적 인간과 이상적 인간을 유사하게 만든 한층 더 이상적인 인간이 존재해야 한다. 게다가 소크라테스는 인간이면서 동물이고, 이상적 인간이 이상적 동물이냐는 문제가 발생한다. 다시 말해 만일 이상적 인간이 이상적 동물이라면, 동물 종만큼 많은 이상적 동물들이 존재해야 한다. 이 문제를 하나하나 따라가며 연구할 필요는 없다. 아리스토텔레스는 다음과 같은 점은 분명하게 보여 준다. 여러 개별자가 하나의 술어를 공유하는 일은 개별자들과 같은 종류에 속한 어떤 것과 관계를 맺기 때문이 아니라 더 이상적인 어떤 것과 관계를 맺기 때문에 가능하다. 이것만큼은 입증되었다고 할 수도 있으나, 아리스토텔레스 자신이 제시한 학설은 조금도 명료하지 않다. 바로 이러한 명료성의 부족 탓으로 중세에 유명론자들과 실재론자들이 논쟁을 벌였다.

대략 말하면 아리스토텔레스의 형이상학은 상식으로 희석된 플라톤 사상이라고 평할 수도 있다. 아리스토텔레스의 형이상학은 플라톤 사상과 상식이 쉽게 섞이지 않기 때문에 이해하기 어렵다. 누구나 아리스토텔레스를 이해하려면, 그가 철학에 무지한 사람의 평범한 견해를 표현한 때와 플라톤 사상을 새로운 어휘로 진술한 때를 잘 분별해야 한다. 어떤 한 구절이든 지나치게 강조하면 안 되는 까닭은 뒤에 나오는 다른 구절에서 그것을 교정하거나 수정하기 쉽기 때문이다. 대체로 아리스토텔레스의 보편자 이론과 질료·형상 이론을 둘 다 이해하는 가장 쉬운 방법은, 우선 아리스토텔레스 이론의 절반을 차지하는 상식적 학설을 설명한 다음에 그가 상식적 학설을 플라톤식으로 수정한 내용에 대해 고찰하는 것이다.

보편자 이론은 특정 지점까지 아주 간단하다. 언어에는 고유명사와 형용사가 있다. 고유명사는 '사물들things'이나 '사람들persons'에 적용되며, 해당 고유명사가 적용되는 사물이나 사람은 하나뿐이다. 태양, 달, 프랑스, 나폴레옹은 각각 유일한 사물이다. 그러니까 고유명사에 해당되는 이름을 적용할 사물은 여럿이 아니라는 말이다. 다른 한편 '고양이', '개', '인간' 같은 낱말은 상이한 여러 사물에 적용된다. 보편자 문제는 이러한 일반명사와 '희다', '딱딱하다', '둥글다' 같은 형용사의 의미와 관계가 있다. 아리스토텔레스는 "'보편자universal'는 여러 주어들의 술어가 되는 본성이 있음을 뜻하는 용어이고, '개체individual'는 그렇게 술어가 되지 않음을 뜻하는 용어다"라고 말한다.[141]

고유명사가 나타내는 것은 '실체substance'인 반면, '인간이다'나 '인간' 같은 형용사나 집합명사가 나타내는 것은 '보편자'라고 부른다. 실체는 '이것this'이지만, 보편자는 '이러함such'에 해당하므로, 실제 특수 사물actual particular thing이 아니라 사물의 **종류**sort를 가리킨다. 보편자는 '이것'이 아니기 때문에 실체가 아니다. (플라톤이 말한 천상의 침대는 그것을 지각할 수 있는 사람들에게는 '이것'일 테지만, 이 문제에 대해 아리스토텔레스는 플라톤과 의견을 달리한다.) 아리스토텔레스의 주장에 따르면 "보편자를 나타내는 어떤 명사든 실체를 나타내는 이름이 되지 못할 듯하다. 왜냐하면 각 사물의 실체는 그 사물에 고유한 것으로서 다른 어떤 사물에도 속하지 않기 때문이다. 그러나 보편자는 하나 이상의 사물에 속하게 되어 있으므로 사물들에 공통된 것이다." 지금까지 논의한 문제의 요지는 보편자가 홀로 실존할 수 없고, 오로지 개별 사물들 **속에** 실존할 것이라는 점이다.

겉으로 보면 아리스토텔레스의 학설은 그런 대로 분명해 보인다. 내가 "축구 경기가 있다"고 말한다면, 사람들은 대부분 뻔한 소리로 넘겨 버린다. 그러나 만일 내가 축구는 축구 선수들 없이 실존할 수 있다고 추론한다면, 헛소리하는 사람 취급을 받아도 할 말이 없을 것이다. 마찬가지로 '어버

---

141 아리스토텔레스, 『해석론』, 17^a.

이임parenthood'은 오로지 부모가 있기 때문에 있다고, 달콤함은 오로지 단 것들이 있기 때문에 있다고, 붉음은 오로지 붉은 것들이 있기 때문에 있다고 주장될 것이다. 이러한 의존관계는 상호 간에 성립하지 않는 관계로 생각된다. 설령 축구를 한 번도 한 적이 없었더라도 축구 선수들은 실존할 테고, 흔히 단맛을 내는 것들은 신맛으로 변할 수도 있고, 평소에 붉은빛이 도는 내 얼굴이 여전히 내 얼굴이면서도 창백해지기도 한다. 이렇게 형용사의 의미가 고유명사의 의미에 의존하지만, 그 역은 성립하지 않는다는 결론에 이른다. 나는 이것이 바로 아리스토텔레스가 의도한 바라고 생각한다. 이에 관한 아리스토텔레스의 학설은 다른 많은 논점과 관련된 학설이 그렇듯 현학적으로 표현된 상식적 편견일 따름이다.

그런데 아리스토텔레스의 이론을 정확하게 표현하기는 쉽지 않다. 축구는 축구 선수들 없이 실존하지 못하더라도, 이 축구 선수나 저 축구 선수가 없어도 완벽하게 실존할 수 있을 것이다. 어떤 사람은 축구를 하지 않으면서 실존할 수 있더라도, **어떤 일**something을 하지 않으면서 실존할 수 없다. **붉음**이라는 성질은 **어떤** 주체some subject가 없이 실존하지 못하지만, 이 주체나 저 주체가 없어도 실존할 수 있다. 마찬가지로 한 주체는 **어떤** 성질을 가지지 않고서 실존하지 못하지만, 이 성질이나 저 성질이 없어도 실존할 수 있다. 따라서 사물과 성질을 구별하려고 가정한 근거는 착각의 산물인 것처럼 보인다.

사실 사물과 성질을 구별하는 진짜 근거는 언어와 관계가 있고, 구문론에서 유래한다. 언어에는 고유명사, 형용사, 관계어가 있다. 우리는 "존은 현명하다, 제임스는 어리석다, 존은 제임스보다 키가 더 크다"고 말해도 된다. 여기서 '존'과 '제임스'는 고유명사고, '현명하다'와 '어리석다'는 형용사며, '키가 더 크다'는 관계어다. 아리스토텔레스 이후 줄곧 형이상학자들은 이러한 구문의 차이를 형이상학적으로 해석했다. 말하자면 존과 제임스는 실체이고, 현명함과 어리석음은 보편자라는 것이다. (관계어는 무시되거나 진가를 알아보지 못했다.) 충분히 주의를 기울이면 형이상학적 차이는 이러한 구문의 차이와 관계가 있음을 확인할 수도 있다. 그럴 수 있더라도 철학에 부수적으로 필요한 인공 언어의 창안을 포함한 긴 과정을 거쳐야만 가능한 일이다. 또 인공 언어는 '존'이나 '제임스' 같은 고유명사, '현명하다'나 '어리석다' 같은 형용사를 포함해서는 안 된다. 말하자면 일상 언어에 속한 낱말들은 전부 분석을 거쳐 의미가 덜 복잡한 낱말들로 대체될 것이다. 이러한 과제를 애써 수행하기 전에는 개별자와 보편자의 문제를 적절하게 논의할 수 없다. 막상 그 문제를 논의하게 될 때에도 처음에 가정한 내용과 전혀 다르다는 점을 알게 될 것이다.

그러므로 내가 아리스토텔레스의 보편자 이론을 명료하게 설명하지 못했다면, 그것은 아리스토텔레스의 이론 자체가 명료하지 않기 때문이다. 그러나 아리스토텔레스의 보편자 이론은 플라톤의 이상론에서 한 단계 진보한 이론이라고 확신하며, 철학의 진정한 문제를 다룬 매우 중요한 이론이다.

아리스토텔레스와 그를 추종한 스콜라 철학자들에게 중요한 용어가 하나 더 있는데, 바로 '본질'이라는 용어다. '본질本質, essence'은 '보편자'와 동의어가 아니다. 너의 본질은 '네가 바로 너의 본성에 따라 있는 것what you are by your very nature'이다. 본질은 너의 속성들 가운데 너 자신이 아니게 되지 않고서는 잃어버릴 수 없는 속성이며, 개별 사물뿐만 아니라 종species도 본질을 지닌다고 말할 수도 있다. 종의 정의는 그것의 본질을 언급해야 할 수 있다. 아리스토텔레스의 논리학에 관해 논의하면서 '본질' 개념을 다시 다룰 것이다. 지금은 정확성이 부족한 지리멸렬한 개념으로 보인다는 점만 말해 둔다.

아리스토텔레스의 다음 논점은 '형상形相, form'과 '질료質料, matter'의 구별이다. ('형상'과 반대되는 의미의 '질료'는 '정신'과 반대되는 '물질'과 다르다는 점을 반드시 이해하고 넘어가야 한다.)

여기서도 아리스토텔레스의 이론은 상식에 기반을 두지만, 플라톤식의 수정은 보편자 문제를 다루는 경우보다 더욱 중요하다. 대리석 조각상을 사례로 들어 시작해 보자. 여기서 대리석은 질료이지만 조각가가 틀을 잡은 모양은 형상이다. 아니면 아리스토텔레스의 사례를 들어, 만일 어떤 사람이 청동제 공을 만든다면 청동은 질료이고 둥근 모양은 형상이다. 잔잔한 바다의 경우, 바닷물은 질료지만 잔잔함은 형상이다. 지금까지 든 사례들은 모두 단순하다.

이어서 질료는 형상의 효력으로 어떤 한정된 사물이 되기 때문에 형상이 사물의 실체라고 말한다. 아리스토텔레스가 의미한 것은 평범한 상식인 듯하다. 그러니까 '사물'은 한계가 정해져야 하고, 그러한 한계the boundary가 바로 사물의 형상을 구성한다는 말이다. 물을 예로 들어 말해 보자. 물의 일부를 그릇에 담으면 나머지 물과 구분할 수 있어서 그릇에 담긴 부분은 사물이 되지만, 물의 일부를 나머지 동질의 덩어리와 구분할 방법이 없다면 물의 일부는 '사물'이 아니다. 조각상은 '사물'이며, 조각상을 구성하는 대리석은 어떤 점에서 큰 대리석 덩어리의 일부로서 또는 채석장 면적의 한 부분으로서 존재하기 때문에 변함이 없다. 우리는 당연히 실체성substantiality을 주는 것이 형상이라고 말해서는 안 되는데, 그것은 원자 가설이 우리의 상상 속에 배어들었기 때문이다. 하지만 원자가 '사물'이라면, 각 원자는 다른 원자들로부터 한계가 정해짐으로써 어떤 점에서 '형상'을 지녀서 그러한 사물이 된다.

우리는 이제 첫눈에 보아도 난해한 새로운 진술에 이른다. 영혼은 육체의 형상이다. 여기서 '형상'은 분명히 '모양'을 의미하지 않는다. 나는 나중에 영혼이 육체의 형상이라는 말의 의미를 따지는 문제로 돌아가서 논의하겠다. 지금은 아리스토텔레스의 체계 안에서 영혼이란 육체를 '유기체 organism'라는 말로 우리가 연상하는 특징들과 목적이 통일된 하나의 사물one thing로 만드는 것이라는 점만 말하겠다. 눈의 목적은 보는 것이지만, 눈은 육체와 분리되면 더는 보지 못한다. 사실상 보는 것은 영혼이다.

그러면 '형상'이란 질료의 일부를 통일하는 무엇이며, 이러한 통일은 언제나 그렇지는 않지만 목적론과 일치되는 듯하다. 그러나 '형상'은 이것보다 더 복잡한 의미를 지니며, 그 의미를 이해하기는 무척 어렵다.

어떤 사물의 형상은 그것의 본질이자 제일 실체다. 형상은 실체지만, 보편자는 실체가 아니다. 어떤 사람이 놋쇠 공을 만들 때, 질료와 형상은 둘 다 이미 실존하고 있었고, 해야 할 일은 질료와 형상을 결합하는 것뿐이다. 놋쇠 공을 만드는 사람은 놋쇠 공의 형상을 만들지 않을 뿐만 아니라 놋쇠라는 질료도 만들지 않는다. 모든 사물이 각각 질료를 갖는 것도 아니다. 영원한 사물들이 있는데, 공간 속에서 움직이는 사물들을 제외하면 질료를 갖지 않는다. 사물들은 형상을 획득함으로써 실제로 구현된 현실태actuality[142]가 증가한다. 말하자면 형상이 없는 질료는 잠재태potentiality일 따름이다.

형상은 실체이고 실체는 형상이 예시되는 질료와 독립적으로 실존한다는 견해는 플라톤의 이상론에 반대하는 아리스토텔레스의 논증을 웃음거리로 만드는 것처럼 보인다. 아리스토텔레스에게 형상은 보편자와 다른 점이 꽤 있으나, 보편자와 같은 특징도 많이 가진다. 그는 형상이 질료보다 더 현실적이라고 말한다. 이것은 이상들만 갖는 현실성reality을 떠오르게 한다. 아리스토텔레스가 플라톤의 형이상학에 일으킨 변화는 생각보다 훨씬 작

142 * 'actuality'는 시간과 공간 속 지금 여기에 실제로 있는 성질이나 상태를 뜻하는 말이고, 'reality'에는 'actuality'라는 의미뿐 아니라 넓은 의미의 정신으로 생생하고 명료하게 파악되어 참되게 존재한다고 생각되는 성질이나 상태라는 의미도 들어 있다. 'actuality'는 '현실태'로 옮기고, 'reality'는 '현실성'이나 '현실'로 옮겼다. .

은 듯하다. 첼러가 이러한 견해를 피력하는데, 질료와 형상 문제에 대해 이렇게 말한다.[143]

> 이 주제에 관한 아리스토텔레스의 논의가 명료하지 않다는 점을 최종적으로 설명해 줄 근거는 앞으로 보겠지만, 아리스토텔레스가 이상을 실체화하는 플라톤의 경향에서 절반만 자유로웠다는 사실에서 찾아야 한다. 플라톤에게 이상이 그랬듯, 아리스토텔레스에게 '형상'은 모든 개별 사물의 조건으로서 형이상학적으로 실존한다. 아리스토텔레스는 이상이 경험에서 생겨난다고 했을 만큼 명민하지만, 이상은 특히 경험과 직접적 지각에서 떨어져 멀리 이동한 지점에 이르면, 결국 인간적 사유의 논리적 산물은 초감각적 세계에 대한 직접적 표상과 지적 직관의 대상으로 변형된다.

아리스토텔레스가 첼러의 비판에 맞서 어떻게 답변을 찾아냈을지는 알 수 없는 노릇이다.

내가 상상할 수 있는 유일한 답변은 두 사물이 **같은** 형상을 지닐 수 없다고 주장했으리라는 것이다. 어떤 사람이 놋쇠 공brass spheres을 두 개 만든다면, 각 놋쇠 공은 실체와 관련된 특수한 자신만의 특별한 구형special sphericity, 곧 보편적 '구형'universal 'sphericity'의 사례를 가지는데, 이러한 보편적 구형의 사례는 보편적 구형과 동일하지 않다. 나는 이미 인용했던 구절에서 아리스토텔레스가 했던 주장이 이러한 해석을 쉽게 지지해 주리라고 생각하지 않는다. 아리스토텔레스의 견해에 함축된 특수 구형the particular sphericity이 인식될 수 없다는 주장은 반론의 여지가 있지만, 아리스토텔레스가 세운 형이상학의 진수는 형상이 많아지고 질료가 적어질수록 사물들을 점점 더 많이 인식할 수 있다는 주장이다. 이러한 주장은 형상이 여러 특수 사물에 구현되

143 첼러, 『아리스토텔레스』, 1권, 204쪽.

지 않는 한, 아리스토텔레스의 나머지 견해와 일관되지 않는다. 아리스토텔레스가 구형의 사물이 있는 만큼 구형의 사례인 여러 형상이 있다고 말하면, 그는 자신의 철학을 근본적으로 아주 철저히 수정해야 할 것이다. 예컨대 형상이 본질과 동일하다는 아리스토텔레스의 견해는 위에서 암시된 탈출구와 양립할 수 없다.

아리스토텔레스의 질료·형상 이론은 잠재태潛在態, potentiality와 현실태現實態, actuality의 구별과 관계가 있다. 맨질료bare matter는 형상의 잠재태다. 그러니까 모든 변화는 변화를 겪은 다음 해당 사물이 이전보다 더 많은 형상을 지닌다는 점에서 '진화'라고 부를 만하다. 형상을 더 많이 지닌 존재는 '현실태'를 더 많이 지녔다고 생각한다. 신은 순수 형상이자 순수 현실태다. 그러므로 신 안에서 변화는 결코 일어나지 않는다. 이 학설은 낙관론과 목적론을 포함하는 것처럼 보일 것이다. 우주와 우주 안의 만물은 이전보다 더 좋거나 더 나은 쪽으로 계속 발전한다는 말이다.

잠재태 개념은 우리가 그것이 나타나지 않는 형식으로 번역해 사용하면, 어떤 점에서 편리하다. "대리석 덩어리는 잠재적으로 조각상이다"라는 진술은 "대리석 덩어리로부터 적절한 작용에 의해 조각상이 만들어진다"라는 진술을 의미한다. 그러나 잠재태를 환원 불가능한 근본 개념으로 사용하면, 언제나 사유의 혼란을 감추고 있다. 아리스토텔레스가 사용한 잠재태라는 개념은 그의 체계에 포함된 단점 가운데 하나다.

아리스토텔레스의 신학theology은 흥미롭고 형이상학의 나머지 부분과 밀접한 관계가 있는데, '신학'은 우리가 '형이상학'이라고 부르는 학문을 아리스토텔레스가 부르는 이름이다. (『형이상학』이라고 우리에게 알려진 책의 이름을 아리스토텔레스가 붙인 것은 아니다.)

그는 세 종류의 실체가 있다고 말한다. 바로 감각되고 소멸하는 실체와 감각되지만 소멸하지 않는 실체, 감각되지도 소멸하지도 않는 실체다. 첫째 부류에는 식물과 동물이 포함되고, 둘째 부류에는 천체(아리스토텔레스는 운동을 제외한 어떤 변화도 겪지 않는다고 믿었다)가 포함되며, 셋째 부류에는 인간의 이성혼rational soul을 비롯한 신이 포함된다.

신을 지지하는 주된 논증은 제일 원인 논증이다. 말하자면 운동을 처음 일으킨 어떤 것이 분명히 있고, 이렇게 운동을 처음 일으킨 것은 운동해서는 안 되며, 영원한 실체이자 현실태여야 한다. 아리스토텔레스는 욕망의 대상과 사유의 대상이 바로 이렇게 자신은 운동하지 않으면서 운동을 일으킨다고 말한다. 그래서 신은 사랑받는 존재이기에 운동을 일으키지만, 운동을 일으키는 다른 온갖 원인은 당구공처럼 스스로 운동함으로써 작용한다. 신은 순수 사유인데, 사유가 최선이기 때문이다. "생명도 신에게 속하는데, 사유의 현실태가 생명이고, 신이 그러한 현실태이기 때문이다. 신의 자존하는 현실태God's self-dependent actuality는 가장 선하고 영원한 생명이다. 그러므로 우리는 신이 살아 있는 영원하고 가장 선한 존재이고, 그러한 생명과 지속이 영원히 신에게 속한다고 생각한다. 이것이 신**이다**(1072b)."

"그러면 지금까지 말했던 것으로부터 영원하고 운동하지 않으며 감각할 수 있는 사물들과 분리된 어떤 실체가 있다는 것은 분명해진다. 이러한 실체가 어떤 크기도 갖지 않고, 부분들이 없고 나뉠 수도 없다는 점이 드러났다. …… 그러한 실체는 고통을 느끼지 않고 불변한다는 점도 밝혀졌다. 왜냐하면 다른 변화는 모두 장소의 변화 이후에 일어나기 때문이다(1073a)."

여기서 신은 그리스도교의 섭리에 해당되는 속성들을 갖지 않는다. 왜냐하면 완벽한 것, 바로 신 자신 말고 어떤 것이든 생각하는 것은 신의 완벽성을 훼손하기 때문이다. "신의 사유가 생각하는 것(그것이 가장 탁월하기 때문에)은 신 자신에 대한 것이어야 하고, 신의 생각은 생각에 대한 생각이다(1074b)." 여기서 우리는 신이 우리가 사는 달 아래 세계의 실존에 대해 알지 못한다고 추론해야 한다. 아리스토텔레스는 스피노자와 마찬가지로 인간은 신을 사랑해야 하지만, 신이 인간을 사랑해야 하는 일은 불가능하다고 주장한다.

신은 '부동의 원동자the unmoved mover'로 **정의할** 수 없다. 반대로 천문학적 고찰은 부동의 원동자가 마흔일곱이나 쉰다섯 있다는 결론으로 이끈다(1074a). 이러한 부동의 원동자와 신의 관계는 분명치 않다. 사실 신이 마흔일곱이나 쉰다섯 있다는 해석이 자연스럽다. 왜냐하면 아리스토텔레스는 위에서 인용한 구절에 이어 "우리는 이러한 실체가 하나라고 가정해야 할지 하나 이상이라고 가정해야 할지에 대한 문제를 무시해서는 안 된다"고 말하고 나서, 곧바로 부동의 원동자 마흔일곱 또는 쉰다섯을 도출하는 논증에 착수하기 때문이다.

부동의 원동자 개념은 난해하다. 근대정신으로 무장한 사람들에게 변화의 원인은 먼저 일어난 변화여야 하며, 우주가 일찍이 완전히 정지되어 있었다면 영원히 그렇게 정지되었을 것처럼 보인다. 아리스토텔레스가 말한 의도를 이해하려면 그가 말한 원인에 대해 설명하지 않으면 안 된다. 아리스토텔레스에 따르면 원인에는 네 종류가 있는데 질료인, 형상인, 작용인, 목적인이라고 불렀다. 조각상을 조각하는 사람의 예를 다시 들어 보자. 조각상의 질료인은 대리석이고, 형상인은 제작될 조각상의 본질이며, 작용인은 대리석을 끌로 쪼는 행동이고, 목적인은 조각가가 마음에 떠올린 목적이다. 현대의 용어법에 따르면 '원인'이라는 말은 작용인에 한정될 것이다. 부동의 원동자는 목적인으로 간주될지도 모른다. 그러니까 부동의 원동자는 변화가 향하는 목적을 제공하며, 변화는 본질적으로 신과 닮아가는 진화로 나타난다.

앞에서 내가 아리스토텔레스는 기질적으로 종교심이 깊지 않다고 말했지만, 단지 일부만 맞는 말이다. 어쩌면 아리스토텔레스가 가진 종교심의 한 측면을 다음과 같이 조금 자유롭게 해석할 수도 있겠다.

신은 순수한 사유이자 행복, 완전한 자기충족 상태로 실현되지 않은 목적이 하나도 없이 영원히 실존한다. 반대로 감각할 수 있는 세계는 불완전한데, 불완전한 종류의 생명과 욕망, 사유를 가져서 완전한 것을 열망한다. 모든 생물은 정도가 크든 작든 신을 의식하기에, 신을 찬미하고 사랑함으로써 움직이고 행동한다. 따라서 신은 모든 활동의 목적인이다. 변화는 질료에 형상을 줄 때 일어나지만, 감각할 수 있는 사물이 관련된 경우 질료라는 기체는 언제나 남아 있다. 신만이 질료 없는 형상으로 이루어진다. 세계는 등급이 더 높은 형상으로 진화하기 때문에 신과 더 많이 닮은 단계로 계속 진보한다. 그러나 이러한 과정이 완성되지 못하는 까닭은 질료가 완전히 제거될 수 없는 탓이다. 이것이 진보와 진화의 종교인데, 바로 신의 정적 완벽성static perfection은 유한한 존재들이 신에 대해 느끼는 사랑을 통해서만 세계를 움직이기 때문이다. 플라톤은 수학에 기울었지만, 아리스토텔레스는 생물학에 기울었다. 이러한 차이가 바로 그들이 제시한 종교의 차이를 설명해 준다. 하지만 앞선 설명은 아리스토텔레스의 종교에 대한 일면적 견해일 텐데, 그는 그리스인답게 정적 완벽성을 사랑하고 행동보다 관조를 선호하는 성향도 드러낸다. 아리스토텔레스의 영혼론은 이러한 철학적 측면을 구체적으로 보여 준다.

아리스토텔레스가 어떤 형태든 영혼불멸에 대해 가르쳤느냐는 문제는 주석가들 사이에서 논의가 활발하다. 아리스토텔레스가 영혼불멸에 대해 가르치지 않았다고 주장한 아베로에스Averroes[144]는 여러 그리스도교 국가에서 추종자들을 거느렸는데 극단주의자들을 에피쿠로스학파라고 불렀으며, 단테Alighieri Dante(1265~1321)[145]는 그들이 지옥에 떨어진 것으로 묘사했다.

---

144 * 이슬람 철학자 이븐 루슈드Ibn Rushd(1126~1198)를 영어권에서 부르는 이름이다. 이슬람 전통과 그리스 사상의 종합을 꾀했으며, 아리스토텔레스의 저술을 대부분 이슬람어로 번역하고 플라톤의 『국가』를 간추린 요약본과 주석서를 저술해 중세 서유럽에 영향을 크게 미쳤다.

사실 아리스토텔레스의 학설은 복잡해서 오해를 받기도 쉽다. 아리스토텔레스는 자신의 저서 『영혼론*De Anima*』에서 영혼이 육체와 밀접한 관계가 있다고 보기 때문에 피타고라스학파의 윤회설을 조롱한다(407[b]). 영혼은 육체와 함께 소멸하는 것처럼 보인다. 그러니까 "의심할 여지없이 영혼은 육체와 분리될 수 없다는 결론이 도출된다(413[a])." 그러나 곧바로 "어쨌든 영혼의 일부는 육체와 분리될 수 있다"고 덧붙인다. 육체와 영혼은 질료와 형상으로 설명한다. "영혼은 잠재적으로 생명을 안에 품은 육체의 형상이라는 의미로 실체임이 분명하다. 그런데 실체는 현실태이므로, 영혼은 위에서 말한 특성을 갖는 육체의 현실태이다(412[a])." 영혼은 "사물의 본질이라는 한정된 공식에 상응하는 의미로 실체다. 그것은 영혼이 방금 말한 특징을 지닌 (곧 생명을 품은) 육체의 '본질적 무엇임essential whatness'이다(412[b])." 영혼은 잠재적으로potentially 생명을 안에 품은 자연물의 최고 현실태actuality이다. 이렇게 서술된 육체는 유기체다(412[a]). 영혼과 육체가 하나이냐는 물음은 밀랍과 밀랍에 찍힌 도장 모양이 하나이냐는 물음만큼이나 의미가 없다(412[b]). 자가 영양self-nutrition은 식물이 유일하게 지닌 영혼의 힘이다(413[a]). 영혼은 육체의 목적인이다(414[a]).

아리스토텔레스는 『영혼론』에서 영혼soul과 정신mind을 구별하는데, 정신이 영혼보다 등급이 더 높아서 육체와 맺는 관계가 덜 밀접하다. 그는 영혼과 육체의 관계에 대해 이야기한 다음, 이렇게 말한다. "정신의 경우는 다르다. 정신은 영혼 속에 불어넣어진 독립된 실체로서 파괴되지 않는 것처럼 보인다(408[b])." 이렇게도 말한다. "아직까지 정신이나 생각하는 능력에 관한 어떤 증거도 없다. 정신은 종류가 전혀 다른 영혼으로서 영원한 존재처

145 * 중세 이탈리아의 위대한 시인이자 서유럽 문학의 거장으로 추앙받는다. 성직자가 아니라 세속인의 관점에서 그리스도교와 인간의 운명을 통합한 『신곡 *La divina commedia*』을 써서 널리 알려졌다.

럼 소멸하는 존재와 구별되는 것 같다. 정신만이 다른 모든 영혼 능력과 분리되어 존재할 법하다. 몇몇 반대 진술이 있지만 영혼의 다른 부분은 모두 분리되어 존재할 수 없다(413b).” 정신은 우리의 일부로서 수학과 철학을 이해한다. 정신의 대상은 시간의 제약을 받지 않으므로 정신 자신도 시간의 제약을 받지 않는다. 영혼은 육체를 움직이고 감각할 수 있는 대상들을 지각한다. 영혼은 자가 영양, 감각, 감정, 원동력motivity이라는 특징을 지닌다(413b). 그러나 정신은 더 수준 높은 사고 기능으로 육체나 다섯 감각과 아무 관계도 맺지 않는다. 따라서 정신은 불멸하지만 영혼의 다른 부분은 불멸할 수 없다.

아리스토텔레스의 영혼론을 이해하려면, 영혼이 육체의 ‘형상’이며 공간을 차지하는 모양은 ‘형상’의 한 종류라는 점을 기억해야 한다. 영혼과 모양에서 찾을 수 있는 공통점은 무엇인가? 내 생각에 공통점은 양이 일정한 질료에 통일성을 준다는 것이다. 나중에 조각상이 될 대리석 덩어리의 일부는 아직까지 대리석의 나머지 부분과 분리되어 있지 않다. 대리석 덩어리의 일부는 아직 사물이 아니라서 통일성을 갖지 못한다. 조각가가 조각상을 만든 다음 통일성이 나타나며 이러한 통일성은 조각상의 모양에서 비롯된다. 이제 영혼의 본질적 특징은 육체의 ‘형상’이 됨으로써, 육체를 단일체로서 목적을 가진 유기적 통일체로 만든다. 유기체를 구성하는 기관 하나하나의 목적은 기관 밖에 놓여 있다. 유기체에서 분리된 눈은 보지 못한다는 말이다. 따라서 동물 하나, 식물 하나는 통일체로서 실체라고 말해도 되지만, 그것의 어느 한 부분에 대해 실체라고 말할 수 없다. 이러한 점에서 조직화organization 혹은 형상이 실체가 되도록 만든다. 아리스토텔레스는 식물이나 동물이 실체가 되게 만드는 알맹이를 ‘영혼’이라고 부른다. 그러나 ‘정신’은 다른 어떤 것으로서 육체와 맺는 관계가 덜 밀접하다. 어쩌면 정신은 영혼의 일부일 테지만, 생물living beings 가운데 극소수만 정신을 소유한다(415a).

정신은 사색 능력으로서 운동의 원인일 수 없는데, 실천할 수 있는 것에 관해 결코 생각하지 않으며, 무엇을 피해야 하고 무엇을 추구해야 하는지도 결코 말하지 않기 때문이다(432b).

아리스토텔레스는 『니코마코스 윤리학*Ethika Nikomacheia*』에서 비슷한 학설을 용어만 살짝 바꾸어 제시한다. 영혼은 이성적 요소와 비이성적 요소로 이루어져 있다. 비이성적 요소는 두 부분으로 나뉜다. 살아 있는 모든 것에서 심지어 식물에서도 발견되는 생장하는vegetative 부분과 모든 동물에게 있는 욕구하는appetitive 부분이다(1102b). 이성혼의 삶은 관조하는 데 있으며, 관조觀照, contemplation는 충분히 도달하기 힘들지만 인간이 완전히 행복한 상태다. "이렇게 관조하는 삶은 인간이 도달하기에는 너무 높은 수준일 것이다. 왜냐하면 관조하는 삶은 그렇게 살려는 자가 인간이 아니고 인간 속에 신성한 면이 있는 한에서 가능하기 때문이다. 이러한 신성한 면이 우리가 합성체로서 갖는 본성보다 우월한 만큼 그 활동도 다른 종류의 덕(실천적 덕)을 실행하는 경우보다 우월하다. 만일 이성이 인간보다 신성하다면, 이성에 따르는 삶은 인간적 삶보다 신성하다. 그런데 우리는 인간으로서 인간적인 것들에 대해 생각하고 죽는 존재로서 죽는 것들에 대해 생각하라고 충고하는 사람들을 추종해서는 안 되고, 할 수 있는 만큼 우리 자신을 죽지 않는 존재로 만들어야 하기에 우리 안의 가장 좋은 것에 따라 살려고 전력을 다해야 한다. 왜냐하면 가장 좋은 것은 작더라도, 힘과 가치에서 모든 것을 훨씬 능가하기 때문이다(1177b)."

앞에서 말한 구절에 비추어 보면 개체성, 그러니까 어떤 사람을 다른 사람과 구별시켜 주는 것은 육체와 영혼의 비이성적 측면과 관계가 있지만, 이성혼이나 정신은 신성하며 개인과 무관한 듯하다. 어떤 사람은 굴을 좋아하고 다른 사람은 파인애플을 좋아한다면, 이러한 사실이 두 사람을 구별시켜 준다. 그러나 두 사람이 곱셈표에 대해 생각할 때는 곱셈을 맞게 한다고 가정하면 전혀 차이가 없다. 비이성적 측면은 우리를 분리하고, 이성적 측면은 우리를 통합한다. 따라서 정신 또는 이성의 불멸은 분리된 인간 개인의 불멸이 아니라 불멸하는 신의 일부다. 아리스토텔레스는 플라톤이 가르치고 나중에 그리스도교에서 가르친 **개인의** 영혼 불멸을 믿었던 것처럼 보이지 않는다. 그는 그저 인간이 이성을 지니는 한 불멸하는 신성에 참여한다고 믿었을 따름이다. 자신의 본성 속에 깃들인 신성한 요소를 늘리는 일은 인간에게 열려 있으며, 신성한 요소의 증대가 바로 최고 덕이다. 그러나 만일 인간이 신성한 요소를 완벽하게 늘린다면, 그는 분리된 개인으로서 존재하지 않게 되리라. 아마 이러한 설명이 아리스토텔레스가 벌인 논쟁에 대해 유일하게 가능한 해석은 아닐 테지만, 내 생각으로는 가장 자연스러운 해석이다.

20.
아리스토텔레스의 윤리학

아리스토텔레스의 전집 가운데 윤리학 관련 저술 셋이 한자리를 차지하지만, 둘은 일반적으로 지금은 제자의 저술로 여긴다. 세 번째 저술 『니코마코스 윤리학』은 대부분 출처의 확실성에 대해 의문을 제기하지 않지만, 이 저술에 대해서도 일부(5, 6, 7권)는 제자들이 쓴 것을 끼워 넣었다고 주장하는 사람도 많다. 하지만 나는 논란을 불러일으키는 문제는 무시하고, 『니코마코스 윤리학』 전체를 아리스토텔레스의 저술로 간주한다.

아리스토텔레스가 윤리학에서 제시한 견해는 주로 당시 교양 있고 경험이 풍부한 사람들에게 널리 보급된 의견을 대표한다. 그의 견해는 플라톤과 달리 신비 종교가 스며들어 있지 않으며, 『국가』의 재산과 가족에 대한 논의처럼 정통에서 벗어난 이론을 장려하지도 않는다. 『니코마코스 윤리학』에서 예의바름의 정도가 떨어지지도 않고 지나치지도 않은 사람, 곧 품행이 바른 시민의 행동을 규제하는 원칙을 체계적으로 설명하는 내용을 보게 될 터다. 그 이상을 바라는 사람은 실망할 것이다. 『윤리학』은 품행이 건실한 중년층의 호감을 사며, 특히 17세기 이래 젊은이의 열정과 열광을 억압하는 데 이용되었다. 이 책은 아마 깊은 데서 우러난 강렬한 감정을 느끼는 사람에게는 반감을 불러일으킬 것이다.

선은 행복이며 **행복**幸福, happiness은 영혼의 활동이라고 한다. 아리스토텔레스는 플라톤이 영혼을 두 부분, 곧 이성적 부분과 비이성적 부분으로 나눈 점에서 옳았다고 말한다. 그는 비이성적인 부분을 생장(식물에서도 발견되는)과 욕구(모든 동물에서 발견되는)로 나눈다. 욕구는 추구하는 선이, 예컨대 이성이 허용하는 경우에 어느 정도 이성적 특징을 나타내기도 한다. 이러한 점이 덕에 대한 설명에서 본질적 요소인 까닭은, 아리스토텔레스의 경우 이성만이 홀로 순수하게 관조하는 능력이고, 욕구가 개입되지 않으면 어떤 실천 활동도 불가능하기 때문이다.

덕에는 두 가지 종류, 곧 영혼의 두 부분에 상응하는 **지적인**intellectual 덕과 **윤리적**moral[146] 덕이 있다. 지적인 덕은 가르쳐서 얻고, 윤리적 덕은 습관을 키워서 얻는다. 시민들이 좋은 습관을 길러서 선량해지도록 만드는 일은 입법자의 직무다. 우리는 정의로운 행동을 함으로써 정의로워지며, 다른 덕들도 행동함으로써 얻는다. 아리스토텔레스는 강제로라도 좋은 습관을 들이면 때에 맞추어 좋은 행동을 할 경우 기쁨을 느끼게 된다고 생각한다. 누군가는 햄릿이 어머니에게 말한 다음 대사를 떠올린다.

미덕이 없다면 있는 척이라도 하셔야죠.
습관이란 괴물은 온갖 감각을 먹어 치우는지라,
악마 같은 습관들도 이 점에서는 천사죠.
정당하고 착한 행동을 버릇 삼아 행하면
똑같이 성직자복 또는 제복을 주어
어울리도록 입혀 주니 말입니다.

---

146 * 도덕과 윤리의 어원은 둘 다 관습이다. 관습 가운데 공동체 생활에 유익한 규칙을 이성적으로 가려낸 가치들이 도덕이나 윤리학의 내용을 이룬다. 'moral'은 '도덕적'으로 번역하는 것이 관례지만, 뒤에 나오는 덕과 중복을 피하기 위해 이 대목에서는 '윤리적'으로 번역했다.

우리는 이제 유명한 중용 학설에 이르렀다. 모든 덕virtue은 양극단의 중용이며, 양극단은 악습vice에 속한다. 이 학설은 갖가지 덕을 검토한 끝에 입증된다. 용기는 비겁과 만용의 중용이다. 후함은 방탕과 인색함의 중용이며, 적당한 긍지는 허영과 비굴의 중용이고, 재빠른 기지는 저속한 익살과 상스러움의 중용이며, 겸손은 수줍음과 파렴치함의 중용이다. 그러나 어떤 덕은 양극단의 중용이라는 도식과 맞아떨어지지 않는데, 예컨대 진실성truthfulness이 그렇다. 아리스토텔레스는 진실성이 허풍과 거짓 겸손의 중간이라고 말하지만(1108[a]), 이 말은 단지 자신에 관한 진실성에만 적용된다. 넓은 의미의 진실이 어떻게 양극단의 중용이란 도식에 맞추어지는지는 모를 일이다. 한때 아리스토텔레스의 중용 학설을 채용한 시장이 살았다고 한다. 그는 시장 임기를 마치는 자리에서, 한편의 불공평과 다른 한편의 공평무사 사이 좁은 선로를 따라 방향을 조종하려 애썼다는 내용으로 연설을 했다. 진실성을 중용으로 설명하는 견해는 시장의 연설 못지않게 불합리해 보인다.

아리스토텔레스가 도덕적 문제에 대해 제시한 견해는 언제나 당대의 관습에 따랐다. 몇 가지 점에서 아리스토텔레스의 견해는 주로 일종의 귀족정치가 행해지는 우리 시대의 견해와도 다르다. 우리는 적어도 윤리 이론에서 인간이 모두 동등한 권리를 가지며, 정의가 평등을 포함한다고 생각한다. 그런데 아리스토텔레스는 정의란 평등이 아니라 **가끔씩**만 평등을 수반하는 정확한 비례를 뜻한다고 생각한다(1131[b]).

주인이나 아버지에 속한 정의가 시민에게 속한 정의와 다른 까닭은, 노예나 아들은 재산으로서 자신이 소유한 재산에 대해 불의란 있을 수 없기 때문이다(1134[b]). 하지만 노예에 대해서 어떤 사람이 자신의 노예와 친구가 될 수 있느냐는 문제와 관련하여, 앞서 말한 학설을 약간 수정한다. "양자 사이에는 공통점이 하나도 없다. 노예는 살아 있는 도구다. …… 그렇다면 노예**로서** 그와 친구가 될 수 없다. 그러나 인간**으로서** 친구가 될 수 있다. 왜냐하면 하나의 법 체계 안에서 함께 살거나 동의하여 같은 당파에 소속될 수 있는 사람들 사이에 어떤 정의가 존재하는 것처럼 보이기 때문이다. 그러므로 노예가 인간인 한에서 우정을 맺을 수도 있다(1161b).”

아버지는 아들이 사악한 행동을 일삼으면 의절할 수도 있으나, 아들이 자기 아버지와 의절하지 못하는 까닭은 아들이 어떻게든 갚을 수 있는 한도를 넘어 특히 생존을 아버지에게 신세지고 있는 탓이다(1163b). 불평등한 관계에서는 누구든지 각자의 가치에 비례하여 사랑받아야 하기 때문에, 열등한 사람은 우월한 사람이 열등한 사람을 사랑하는 정도보다 우월한 사람을 더 많이 사랑해야 옳다. 아내, 어린이, 신하는 남편, 부모, 군주가 그들을 사랑하는 정도보다 더 많이 남편, 부모, 군주를 사랑해야 한다는 말이다. 좋은 결혼 관계에서 “남자는 그의 가치에 따라 남자가 해야 하는 일들을 지배해야 하지만, 여자에게 어울리는 일들은 아내에게 맡겨야 한다(1160b).” 남편은 아내의 영역까지 지배하려 해서는 안 된다. 더욱이 아내는 이따금 상속녀일 경우에 일어나듯 남편의 영역을 지배하려고 해서도 안 된다.

아리스토텔레스가 생각한 가장 훌륭한 개인은 그리스도교의 성인과 아주 다른 사람이다. 가장 훌륭한 개인은 적당한 긍지를 지녀야 하며 자신의 공적을 낮추어 평가해서도 안 된다. 또 경멸받을 만한 사람은 누구든지 경멸해야 한다(1124b). 긍지에 찬proud 또는 대범한magnanimous 사람[147]에 대한 서술은 이교도 윤리와 그리스도교 윤리의 차이, 니체가 그리스도교를 노예 도덕으로 평가한 의미의 정당성을 확보해 주기 때문에 매우 흥미롭다.

---

147 여기에 해당하는 그리스어는 문자 그대로 ‘위대한 영혼을 지닌’이라는 뜻으로, 보통 ‘대범한’으로 번역되지만, 옥스퍼드판 번역은 ‘긍지에 찬’으로 해석한다. 현대 용법을 따른다면 어느 번역어도 아리스토텔레스가 말한 의미를 완전하게 표현하지 못하지만, 나는 ‘대범한’이란 번역어를 선호하기 때문에 옥스퍼드 번역본에서 가져온 위의 인용문에서 ‘긍지에 찬’이란 번역어를 ‘대범한’으로 대체했다.

대범한 사람은 큰일을 할 만하기 때문에 최고로 선할 수밖에 없다. 왜냐하면 한층 더 유능한 사람은 한층 더 뛰어난 일에 알맞고, 가장 훌륭한 사람은 가장 큰 일에 알맞기 때문이다. 그러므로 진정으로 대범한 사람은 틀림없이 선하다. 온갖 덕을 탁월하게 지녔다는 점이 대범한 사람의 특징인 듯 보인다. 또 위험한 상황을 피하려 팔을 휘저으며 도망치거나 다른 사람에게 나쁜 짓을 하는 일은 대범한 사람에게는 전혀 어울리지 않을 터다. 아무도 자기보다 위대하지 않은데 무슨 목적으로 불명예스러운 행동을 하겠는가? …… 그렇다면 대범함은 덕들을 더욱 빛나게 하는 일종의 왕관인 듯하다. 왜냐하면 대범함은 덕들을 한층 위대하게 하며, 덕들이 없다면 발견되지 않기 때문이다. 그러므로 참으로 대범해지기는 어렵다. 성격이 고결하고 선하지 않으면 대범할 수 없는 까닭이다. 그런데 대범한 사람이 주로 명예와 불명예에 관심을 기울인다. 그는 위대하며 선한 사람에게 부여되는 명예에 대해 자신이 받아야 마땅한 명예이거나 심지어 받아야 할 명예에 미치지 못한다고 생각하지만 삼가 기뻐할 것이다. 완벽한 덕에 알맞은 명예는 있을 수 없지만, 대범한 사람은 어쨌든 그에게 부여될 더 큰 명예가 없기에 그러한 명예를 받아들일 것이다. 그러나 그는 보통 사람들이 얻는 명예나 사소한 이유로 얻는 명예는 자신이 얻을 만한 명예가 아니기 때문에 경멸할 테고, 불명예도 자신의 경우에는 정의로울 수 없기 때문에 경멸할 터다. …… 권력과 부는 명예를 위해 바람직한 덕이지만, 명예조차 하찮게 여기는 그에게 다른 덕들은 두말할 나위도 없다. 따라서 대범한 사람은 거드름 부리는 사람으로 생각되기도 한다. …… 대범한 사람은 사소한 위험 속으로 뛰어들지 않고 …… 큰 위험에 대적하려 하며, 위험에 처할 경우 생명을 부지할 가치가 없어지는 상황이 있다는 사실을 알기에 목숨을 아끼지 않는다. 그는 이익을 주는 사람이지만 이익을 얻는 일은 수치로 여긴다. 왜냐하면 전자는 우월한 사람의 특징이고 후자는 열등한 사람의 특징이기 때문이다. 또 그는 이익을 얻더라도 더 큰 이익을 돌려주는 사람이다. 그래서 애초에 이익을 제공한 사람은 돌려받은 것을 제외하고는 그에게 빚을 지기 마련이다. …… 대범한 사람의 특징은 아무런 요구도 하지 않거나 거의 아무 요구도 하지 않으며 서슴없이 도와주고, 지위가 높은 사람들을 엄하게 대하고 중간 계층의 사람들을 건방지지 않은 태도로 대한다는 점이다. 지위가 높은 사람 앞에서 당당해지기는 어렵기 때문에 고상한 일이고 지위가 낮은 사람 앞에서 당당해지기는 쉽기 때문에, 지위가 높은 사람에게 당당한 태도는 버릇없이 자란 사람의 특징이 아니지만 비천한 사람들 사이에서 당당한 태도는 약자 앞에서 강한 태도만큼이나 비속하다. …… 또한 대범한 사람이 미워하고 사랑하는 자신의 감정을 그대로 드러내는 까닭은 자신의 감정을 숨기는 일, 다시 말해 진리보다 대중의 생각을 더 염려하는 일이 비겁한 사람의 몫이기 때문이다. …… 그가 말에 얽매이지 않는 까닭은 사람을 경멸하며 빗대서 평민에게 말하는 경우를 제외하면 진실을 말하는 버릇이 있기 때문이다. …… 그는 숭배에 빠지는 일도 없는데, 그에게는 아무것도 위대해 보이지 않기 때문이다. …… 그는 험담의 대상도 아닌데, 칭찬을 받는 일도 남이 비난을 받게 되는 일도 개의치 않기에 자신에 대해서도 남에 대해서도 말하려 하지 않기 때문이다. …… 그는 이익이 되고 유용한 것이 아니라 아름다우며 유용성과는 거리가 먼 것을 성취하려는 자다. …… 게다가 대범한 사람에게는 느린 걸음과 깊은 목소리, 차분한 발언이 어울린다. …… 이러한 자가 바로 대범한 사람이다. 대범한 사람에 미치지 못하는 사람은 지나치게 비천해지고, 대범한 사람의 범위를 넘는 사람은 자만에 빠진다(1123b~1125a).

자만에 빠진 사람이 어떠할지 생각하면 누구나 몸서리친다.

대범한 사람에 대해 무슨 생각을 하든지 한 가지 분명한 사실은, 그에게 속한 여러 특성이 사회에 나타나기 어렵다는 점이다. 일반적 의미로 덕을 실현하기 힘들기 때문에 유덕한 사람이 많지 않아 보인다는 뜻만은 아니다. 대범한 사람의 덕이 대체로 그가 누리는 특별한 지위에 의존한다는 뜻이다. 아리스토텔레스는 윤리학을 정치학의 한 갈래로 생각하기 때문에, 그가 자긍심의 가치를 치켜세우고 나서 군주제를 최선의 정치 형태로 간주하고, 귀족정치를 다음가는 정치 형태로 간주한 사실을 알게 되어도 놀랍지 않다. 군주와 귀족은 '대범한' 사람일 수도 있겠지만, 평범한 시민들이 대범한 사람의 본을 따라 행동하려 한다면 우스꽝스러울 터다.

이러한 상황에서 반은 윤리에 속하고 반은 정치에 속한 질문이 생겨난다. 우리는 본질적 구조 탓으로 최선의 것은 소수에게만 제한적으로 부여하고, 다수에게는 차선의 것에 만족하도록 요구하는 사회에 과연 만족할 수 있을까? 플라톤과 아리스토텔레스는 그렇다고 대답하며, 니체도 이에 동조한다. 스토아 철학자와 그리스도교도, 민주주의자는 아니라고 말한다. 그런데 그들이 아니라고 말하는 방식에는 큰 차이가 있다. 스토아 철학자와 초기 그리스도교도는 최고선이란 덕이며, 외부 상황이 덕을 실현하려는 사람에게 방해가 되지 않는다고 생각한다. 그러므로 사회에 상존하는 불의injustice는 그저 하찮은 문제에 영향을 미칠 뿐이므로 정의로운 사회 체제just social system를 추구할 필요가 없다는 결론에 이른다. 반대로 민주주의자는 으레 적어도 정치 상황과 연관되는 한에서, 가장 중요한 선은 권력과 재산이라고 주장한다. 그러므로 민주주의자는 권력이나 재산에 관한 불의를 초래한 사회 체제를 묵인할 수 없다.

스토아학파와 그리스도교의 견해가 아리스토텔레스와 전혀 다른 덕 개념을 요구하는 까닭은, 주인이 덕을 실현할 수 있는 만큼 노예도 덕을 실현할 수 있다고 주장해야 하기 때문이다. 그리스도교 윤리는 아리스토텔레스가 덕이라 생각한 긍지를 덕으로 받아들이지 않고, 그가 악습이라고 생각한 겸손을 칭찬한다. 플라톤과 아리스토텔레스가 다른 어떤 덕보다 가치를 부여한 지적인 덕은, 가난하고 비천한 사람이 다른 누구만큼 유덕해질 수 있으려면 덕의 목록에서 아예 빠져야 한다. 그레고리우스 대교황은 어떤 주교가 문법을 가르쳤다는 이유로 엄숙하게 꾸짖기도 했다.

최고 덕이 소수를 위해 존재한다는 아리스토텔레스의 견해는 윤리학을 정치학에 논리적으로 종속시키는 문제와 관계가 있다. 윤리학의 목표가 선한 개인이 아니라 선한 사회라면, 선한 사회는 종속관계를 포함하는 사회가 될지도 모른다. 관현악단에서 제일 바이올린과 오보에는 둘 다 탁월한 연주를 위해 필요하지만, 제일 바이올린이 오보에보다 더 중요한 역할을 한다. 고립된 개인으로서 각자에게 최선이라고 판단되는 역할을 부여하라는 원칙에 따라 관현악단을 조직할 수는 없는 노릇이다. 민주주의 체제이기는 하지만 오늘날 거대 국가에도 같은 일이 적용된다. 현대 민주정치는 고대 민주정치와 달리 선택된 특정한 개인, 곧 대통령이나 국무총리에게 큰 권력을 부여하고, 평범한 시민이 갖지 못한 장점을 그들은 지녔으리라고 기대하는 수밖에 없다. 대중은 종교나 정치 논쟁에 대해 생각하지 않을 때, 유능한 대통령이 유능한 벽돌공보다 더욱 명예로운 직업이라고 주장할 것 같다. 민주정치 아래에서는 대통령이 아리스토텔레스의 대범한 사람과 전적으로 비슷하기를 바라지 않지만, 그래도 평균 수준의 시민과 달라야 하며 신분에 걸맞은 장점이 있으리라고 기대한다. 이러한 장점은 아마 '윤리적ethical' 장점으로 생각되지 않을 텐데, 이것은 '윤리적'이란 형용사를 아리스토텔레스가 사용한 의미보다 더 좁은 뜻으로 사용한 탓이다.

그리스도교 교리가 미친 영향의 결과로 도덕적 장점과 다른 장점은 그리스 시대보다 훨씬 선명하게 구별되었다. 위대한 시인이나 위대한 작곡가나 위대한 화가에게 어떤 장점이 있겠지만, 그것은 **도덕적**moral 장점이 아니다. 우리는 그러한 사람이 이러한 소질을 지녔다는 이유로 더욱 유덕하다거나 천국에 갈 개연성이 높다고 생각하지 않는다. **도덕적** 장점은 오로지 의지 활동, 말하자면 **가능한**possible 행동 방향 가운데 올바르게 선택하는 활동과 관련될 따름이다.[148] 내가 오페라를 작곡하지 못한다고 해서 비난을 듣지 않는 까닭은, 오페라 작곡법을 모르기 때문이다. 일반적으로 인정되는 정통 견해에 따르면 가능한 행동 방향이 둘인 어떤 경우든 양심은 나에게 어느 쪽이 옳은지, 다른 쪽을 선택하면 죄가 되는지에 대해 말해 준다. 덕은 주로 적극적으로 어떤 일을 할 때보다 죄를 피하는 데서 얻는다. 교육받은 사람이 교육받지 못한 사람보다, 또는 총명한 사람이 우매한 사람보다 **도덕적으로** morally 더 나은 사람이라고 생각할 이유는 어디에도 없다. 이렇게 사회에서 대단히 중요한 가치를 지닌 수많은 장점들은 윤리학의 영역에서 배제된다. '비윤리적이다unethical'라는 형용사는 현대의 용법에 따르면 '바람직하지 않다undesirable'라는 형용사보다 적용 범위가 훨씬 더 좁다. 의지박약은 바람직하지 않지만 비윤리적인 경우는 아니다.

그렇지만 많은 현대 철학자들은 위와 같은 윤리관을 수용하지 않았다. 그들은 누구든지 먼저 선을 정의하고, 우리의 행위가 이를테면 그러한 선을 실현하려는 경향을 나타내야 마땅하다고 생각했다. 이러한 관점은 행복이 선이라고 주장한 아리스토텔레스의 윤리관과 더욱 흡사하다. 사실 최고 행복은 오로지 철학자에게, 그것도 행복이 선이라는 이론에 어떤 이의도 제기하지 않은 아리스토텔레스에게만 열려 있는 경지다.

윤리 이론은 덕을 목적으로 보느냐 수단으로 보느냐에 따라 두 부류로 나뉘기도 한다. 전반적으로 보면 아리스토텔레스는 덕이 목적, 말하자면 행복을 위한 수단으로 보는 관점을 받아들인다. "목적, 우리가 바라는 것, 우리가 숙고해서 선택하는 수단, 수단과 관련된 행위는 선택이나 자유의지에 따르지 않으면 안 된다. 이제 덕의 실행은 수단과 관련된다(1113[b])." 그런데 행위의 목적과 연루된 덕의 또 다른 의미가 있다. 그러니까 "인간의 선은 완전한 삶 속에서 덕과 일치하는 영혼의 활동이다(1098[a])"라는 말이다. 나는 아리스토텔레스가 지적 덕은 목적이지만 실천적 덕은 수단일 뿐이라고 말했

148 아리스토텔레스가 이러한 말을 한 것은 사실이지만(1105[a]), 그가 의도한 결과는 그리스도교가 해석한 수준만큼 멀리 나아가지 않는다.

으리라고 생각한다. 그리스도교 윤리학자는 유덕한 행동의 결과는 일반적으로 선하지만 유덕한 행동 자체만큼 선하지 않으며, 유덕한 행동은 결과 때문이 아니라 그 자체로 가치가 있다고 주장한다. 다른 한편 쾌락이 선이라고 생각한 사람은 덕을 단지 수단으로 여길 따름이다. 선이 곧 덕이라는 정의를 제외하면, 선에 대해 내리는 다른 정의가 무엇이든 덕은 덕이 아닌 다른 선을 위한 수단이도록 하는 동일한 결과에 이르기 마련이다. 앞에서 말했듯 이러한 문제에 대해 아리스토텔레스는, 윤리학의 첫째 과제가 선을 정의하는 것이고, 덕은 선을 산출하는 경향이 있는 행위로 정의해야 한다는 사람들의 견해에 전폭적으로는 아니라도 대부분 동의한다.

윤리학과 정치학의 관계는 상당히 중요한 윤리 문제를 하나 더 제기한다. 옳은 행위right action가 목표로 삼아야 마땅한 선이 공동체 전체 또는 궁극적으로 인류 전체의 선이라면, 이러한 사회적 선은 개인들이 누리는 선의 총합인가, 아니면 본질적으로 부분들이 아니라 전체에 속한 어떤 것인가? 이 문제는 인간의 육체와 유비하여 설명되기도 한다. 쾌락은 대부분 육체의 각 부분과 관련되지만, 우리는 이런저런 쾌락이 어떤 사람 전체에 속해 있다고 생각한다. 우리는 좋은 냄새를 맡을 수 있지만 코 하나만 가지고 그러한 냄새를 즐길 수 없다는 사실도 잘 안다. 어떤 사람은 육체와 사회를 유비시켜 잘 조직된 사회에도 전체에 속하지만 부분에는 속하지 않는 탁월한 점이 있다고 주장한다. 형이상학자들은 헤겔처럼 선한 성질이 무엇이든 우주 전체의 속성이라고 주장할지도 모른다. 그런데 그들은 일반적으로 개인이 아니라 국가에 선한 속성을 부여하는 것이 실수를 덜 하게 된다고 덧붙인다. 이러한 견해는 논리적으로 다음과 같이 진술할 수도 있다. 우리는 분리된 개개의 구성원에게 부여할 수 없는 다양한 속성을 국가에 부여할 수 있다. 예컨대 인구밀도가 높다, 거대하다, 강하다 같은 술어를 국가에 부여한다. 우리가 고찰한 견해는 윤리적 속성을 국가와 같은 집합에 부여하며, 파생된 의미로만 개인에게 적용할 따름이다. 개인은 인구밀도가 높은 국가나 좋은 국가에 소속될 수도 있지만, 인구밀도가 높다거나 좋은 국가에 쓰인 '좋다'는 술어를 개인에게 적용할 수 없다. 독일 철학자들이 널리 퍼뜨린 이러한 견해는, 그럴 가능성이 어느 정도 있다는 것을 제외하면 아리스토텔레스의 정의관에 포함되어 있지 않다.

『니코마코스 윤리학』은 적지 않은 부분이 우정에 대한 논의로 채워지며, 애정 관계를 모두 망라한다. 완벽한 우정은 선한 사람들 사이에서만 가능하며, 여러 사람과 친구가 될 수 없다. 누구든 자신이 받은 존경의 정당성을 입증해 주는 고결한 덕을 갖추고 있지 않다면 자신보다 지위가 높은 사람과 친구가 되지 못하는 법이다. 이미 살펴보았듯 불평등한 관계, 예컨대 부부관계나 부자관계에서는 우월한 자가 더 많은 사랑을 받게 되어 있다. 신과 친구가 될 수 없는 까닭은 신이 우리를 사랑할 수 없기 때문이다. 아리스토텔레스는 어떤 사람이 자기 자신과 친구가 될 수 있는지에 대해서도 논의하며, 선한 사람일 경우에만 가능한 일이라 결론짓는다. 사악한 사람은 흔히 자기 자신까지도 증오하곤 하기 때문이다. 선한 사람은 당연히 자신을 사랑할 텐데, 고상하게 사랑할 법하다(1169a). 친구는 불행할 때 위안을 주지만, 여자가 여성스러운 남자처럼 동정심을 유발함으로써 친구를 불행에 빠뜨려서는 안 된다(1171b). 친구가 바람직한 존재가 되는 순간이 불행할 때만이 아닌 까닭은 행복한 사람도 자신의 행복을 같이 나눌 친구가 필요하기 때문이다. "혼자 살아야 한다는 조건부로 세계를 전부 준다 해도 아무도 그런 세계를 선택하지 않을 텐데, 인간이란 정치적 동물이고 타인과 더불어 사는 본성을 타고났기 때문이다(1169b)." 우정에 대해 말한 내용은 상식 수준을 넘어선 주장은 한마디도 하지 않는다.

아리스토텔레스는 플라톤이 약간 금욕주의적 관점에서 바라보았던 **쾌락**에 대해 논의하면서 다시 한 번 자신의 양식을 표현한다. 아리스토텔레스가 사용한 쾌락이란 말은 행복과 구별되지만 쾌락이 없다면 행복도 없다. 그는 쾌락을 바라보는 세 가지 관점이 있다고 말한다. 첫째는 쾌락이 결코 선하지 않다는 관점이고, 둘째는 어떤 쾌락은 선하지만 대부분의 쾌락은 악하다는 관점이며, 셋째는 쾌락이 선하지만 최선은 아니라는 관점이다. 그는 고통이 확실한 악이라는 근거로 첫째 관점을 거부하므로, 쾌락은 선한 것일 수밖에 없다. 사람이 고문을 당하면서도 행복해질 수 있다는 말은 헛소리에 지나지 않는다는 아리스토텔레스의 주장은 더없이 정당하다. 행복해지기 위해 어느 정도 외적 조건에 따른 행운이 필요하다는 말이다. 그는 모든 쾌락이 육체와 관련이 있다는 견해도 폐기한다. 그 까닭은 모든 사물에는 신성한 면이 있어 고결한 쾌락을 수용할 자질도 타고나기 때문이다. 선한 사람은 불운하지 않다면 쾌락을 느끼며, 신은 언제나 유일하고 단순한 쾌락을 즐길 따름이다(1152~1154).

『니코마코스 윤리학』 후반부에서 쾌락에 대해 한 번 더 논의하는데 전반적으로 위에서 말한 견해와 일치하지 않는다. 후반부에서는 나쁜 쾌락이 있지만 선한 사람들에게는 쾌락이 아니며(1173^{b}), 아마 쾌락도 종류별로 다를 것이라고 주장한다(1173^{b}). 이어서 쾌락은 선한 행동과 관련되느냐 악한 행동과 관련되느냐에 따라 좋은 쾌락이 되거나 나쁜 쾌락이 된다고 주장한다(1175^{b}). 쾌락보다 가치를 지닌 것들이 있다. 아이의 지적 수준으로 살아가는 일이 설령 쾌락을 주더라도 아무도 그러한 삶에 만족하지 않을 터다. 동물은 저마다 고유한 쾌락을 느끼는데, 인간에게 고유한 쾌락은 이성과 관련이 있다.

이러한 견해는 『니코마코스 윤리학』에 포함된, 단지 상식에 지나지 않는 것만이 아닌 유일한 학설로 안내한다. 행복은 유덕한 행동에 달려 있고, 완벽한 행복은 최선의 활동인 관조에 달렸다. 관조가 전쟁이나 정치나 다른 어떤 실천 경력보다 더 나은 까닭은 삶에 여유를 주기 때문이며, 여유는 행복의 본질적 요소이다. 실천적 덕은 이차적 행복을 제공할 뿐이다. 최고 행복은 이성을 발휘하는 것인데, 다른 어떤 것보다 이성이 인간**이기**is 때문이다. 인간은 **온통**wholly 관조만 하며 살 수 없지만 관조하는 한 신성한 삶에 참여한다. "은총 속에서 다른 모든 것을 능가하는 신의 활동은 관조일 수밖에 없다." 모든 인간 가운데 철학자는 신과 가장 비슷하게 활동하므로 최고로 행복하고 선하다.

> 이성을 발휘하고 계발하는 사람은 최선의 정신 상태에 이르며, 신들이 가장 소중하게 여기는 존재인 듯하다. 왜냐하면 흔히 생각하듯 신들이 인간의 일에 관여한다면, 당연히 최선에 속하며 자신들과 가장 닮은 존재(말하자면 이성적 존재)를 보고 기뻐하기 때문이다. 또한 신들과 가장 닮은 존재를 사랑하며 명예로 여기는 사람들은 소중한 것을 돌보며 올바르고 고결하게 행동했기 때문에, 틀림없이 신들이 보상을 베풀게 된다고 해야 이치에 맞을 터다. 또 이러한 속성이 전부 무엇보다도 철학자에게 속한다는 사실은 명백하다. 그러므로 철학자는 신들이 가장 소중하게 여기는 존재다. 다음으로 철학자는 추측건대 가장 행복한 사람이기도 할 텐데, 그래서 철학자는 이러한 방식으로 다른 누구보다 더욱 행복해지려고 한다(1179a).

위에서 인용한 구절이 『니코마코스 윤리학』에서 펼친 장광설의 결론이나 다름이 없다. 다음에 이어진 몇 구절은 정치학으로 옮겨가기 위한 글이다.

이제 우리가 『니코마코스 윤리학』의 장점과 단점에 대해 생각해 보아야 할 것이 무엇인지 알아보자. 그리스 철학자들이 다루었던 다른 여러 주제와 달리 윤리학은 발견된 사실을 확인한다는 측면에서 보자면 명확한 진보를 이룩하지 못했다. 윤리학의 어떤 주장도 과학적 의미로 **인식된** 것은 아니라는 말이다. 그러므로 고대에 쓰인 윤리학 관련 논문이 현대에 쓰인 논문보다 열등하다고 볼 이유는 전혀 없다. 아리스토텔레스가 천문학에 관해 이야기한 경우에 우리는 명확하게 틀렸다고 말할 수 있다. 그러나 그가 윤리학에 관해 이야기한 경우에는 천문학의 경우와 같은 의미로 틀렸다거나 옳다고 말할 수 없다. 대체로 말하자면 아리스토텔레스의 윤리학이든 다른 어떤 철학자의 윤리학이든 윤리학에 관해 세 가지 질문을 제기할 수 있다. (1) 내적으로 일관성이 있는가? (2) 저자의 나머지 저술에 나타난 견해와 일관되는가? (3) 우리의 윤리적 감정과 일치하는 윤리 문제에 대한 답을 제시하는가? 첫째 질문과 둘째 질문에 대한 대답이 부정으로 나오면, 해당 철학자는 어떤 지적 오류를 저질렀던 셈이다. 그러나 셋째 질문에 대한 답변이 부정으로 나오더라도, 해당 철학자가 오류를 저질렀다고 말할 권리는 없다. 우리는 그저 해당 철학자의 윤리학을 좋아하지 않는다고 말할 권리만 있을 따름이다.

위에서 던진 세 가지 질문을 『니코마코스 윤리학』에서 밝힌 윤리 이론과 관련지어 순서대로 검토해 보자.

(1) 『니코마코스 윤리학』은 별로 중요하지 않은 몇 가지 점을 제외하면 대체로 자기모순이 없는 일관된 저작이다. 선이 행복이며 행복은 결과가 좋은 활동에서 얻게 된다는 학설은 짜임새가 있다. 모든 덕이 양극단 사이의 중용이라는 학설은 아주 정교하게 전개되었지만, 모든 활동 가운데 최선의 활동인 지성의 관조에는 적용되지 않기 때문에 성공한 학설이라 보기 어렵다. 그렇지만 중용의 학설을 실천적 덕에 적용하려 할 뿐 지적인 덕에 적용하려 하지 않았다고 주장되기도 한다. 아마 다른 관점에서 보면 입법자의 지위가 조금 모호해질 것이다. 입법자는 어린이나 젊은이가 선하게 행동하는 습관을 길러, 결국 덕을 실천할 때 쾌락을 느끼며 법으로 강제하지 않아도 유덕하게 행동하도록 이끌어야 한다. 마찬가지로 입법자는 분명히 젊은이에게 **나쁜** 습관을 길러 줄지도 모른다. 이러한 결과를 피하려면 입법자는 플라톤의 수호자가 지닌 지혜를 모조리 소유해야 한다. 그러한 결과를 피하

지 못한다면 유덕한 삶이 쾌락을 준다는 논증은 타당성을 잃을 것이다. 하지만 이 문제는 어쩌면 윤리학이 아니라 정치학과 더 밀접한 관계가 있을지도 모른다.

(2) 아리스토텔레스의 윤리학은 모든 점에서 자신의 형이상학과 모순되지 않는다. 사실 그의 형이상학 이론은 윤리적 낙관론을 표현한다. 그는 목적인이 과학에서도 중요한 가치가 있다고 믿으며, 이것은 목적이 우주의 발전 과정을 지배한다는 믿음을 함축한다. 그의 생각에 따르면 주로 변화란 이를테면 유기조직 또는 '형상'의 증가를 구체적으로 나타내며, 근본적으로 유덕한 행동은 이러한 경향을 촉진한다. 사실 아리스토텔레스가 말한 실천 윤리학의 많은 부분은 특별히 철학에 속한다고 보기 어려우며, 인생살이를 관찰한 결과물일 따름이다. 그러나 아리스토텔레스 윤리학설의 실천적 부분은 그의 형이상학과 관계가 없을지는 몰라도 모순되지 않는다.

(3) 아리스토텔레스의 윤리적 취향과 우리 시대의 윤리를 비교해 보면, 우선 이미 언급했듯 현대화가 훨씬 많이 진행된 우리의 정서에 맞지 않는 불평등 관계를 수용한다는 점이 드러난다. 노예제나 남편과 아버지의 우월성에 대해 반대하지 않을 뿐만 아니라, 최선의 것은 본질적으로 소수 대범한 사람들과 철학자들을 위해 존재할 따름이다. 대다수 사람들은 주로 소수 통치자와 현자들의 탄생을 위한 수단이라는 결론이 도출될 듯하다. 칸트는 인간이 누구나 목적 자체라고 주장했다. 이러한 주장은 그리스도교의 견해를 표현한다고 생각할 수도 있겠다. 하지만 칸트의 견해에 포함된 논리적 난점은 두 사람의 이익이 충돌할 경우에 결정할 방법을 제공하지 못한다는 것이다. 만일 제각기 목적 자체라면, 우리는 어떻게 어느 편이 양보해야 하는지 결정할 원리에 도달하게 되는가? 이러한 원리는 개인보다는 공동체와 관계가 있음이 틀림없다. 그 원리는 가장 넓은 의미의 '정의'의 원리가 되어야 할 것이다. 벤담과 공리주의자들은 '정의'를 '평등'으로 해석한다. 그

러니까 두 사람의 이익이 충돌할 경우 올바른 결정 방향은 전체의 최대 행복을 산출하는 쪽이며, 어느 쪽이 행복을 누리는지 그들에게 어떻게 분배할지는 따지지 않는다. 좋은 사람이 나쁜 사람보다 더 행복하다면, 그것은 일반의 행복이 장기적으로 덕을 보상하고 악습을 처벌함으로써 증가되기 때문이지 선이 악보다 더 가치가 있다는 궁극의 윤리 학설 때문은 아니다. 이러한 윤리 학설에 따르면 '정의'는 어떤 개인이나 계급을 다른 개인이나 계급에 대비시켜 편들지 않고 오로지 연루된 행복의 양만을 고려할 때 실현된다. 플라톤과 아리스토텔레스를 비롯한 그리스 철학자들은 공리주의 학설과 다른 정의 개념을 제시했으며, 오늘날까지도 널리 퍼져 있다. 그들은 원래originally 종교에서 도출된 근거로 사물이나 사람이 각각 고유한 영역을 차지하며 그러한 영역을 넘어서는 일은 '불의'라 생각했다. 어떤 사람은 자신의 성격과 소질 덕분으로 다른 사람들보다 더 넓은 영역을 차지하기 때문에, 그들이 더 많은 몫의 행복을 누려도 불의가 아니다. 아리스토텔레스는 이러한 견해를 당연하게 받아들였지만, 원시종교에서 도출된 견해의 근거는 초기 철학자들에게 명명백백하게 드러난 반면 아리스토텔레스의 저술에서는 더는 겉으로 드러나지 않는다.

아리스토텔레스의 윤리학에는 자비나 박애라고 부를 만한 요소가 아예 없다고 보아야 한다. 인류가 겪는 여러 가지 고통을 의식하더라도 아리스토텔레스의 감정에는 동요가 일어나지 않는다. 그는 지성의 관점에서 인류가 겪는 이러저러한 고통이 악이라고 주장하지만, 자신의 친구에게 일어난 경우가 아니라면 인류가 겪는 고통 때문에 불행을 느꼈다는 증거는 아무 데도 없다.

전체적으로 보자면 『니코마코스 윤리학』은 초기 철학자들에게 발견되지 않는 정서적 빈곤을 드러낸다. 아리스토텔레스가 인간살이를 관찰하고 사색한 면면은 지나치게 잘난 체하며 안일하게 대처한 느낌을 준다. 사람들이 서로 열정과 흥미를 느끼게 되는 것이 무엇이든 모조리 잊어버린 듯하다. 우정에 대한 설명조차 열의가 느껴지지 않는다. 그는 제정신을 잃은 경험이 전혀 없는 기색이다. 그래서 도덕적 삶의 훨씬 깊은 측면은 하나도 분명하게 인식하지 못한다. 그는 종교에 관해 인간이 체험하는 전체 영역을 저버리고 무시했다고 말할 수도 있겠다. 그의 주장은 열정 없이 안락하게 사는 사람들에게 유익한 견해다. 그러나 아리스토텔레스는 우상이나 악마에게 사로잡힌 사람들, 혹은 외적 불행이 겹쳐 절망으로 내몰린 사람들에 대해 아무 말도 하지 않는다. 이러한 이유로 내가 판단하건대 아리스토텔레스의 『니코마코스 윤리학』은 명성이 높은데도 본질적으로 다루어야 할 중요한 내용을 빠뜨렸다.

21.
아리스토텔레스의 정치학

아리스토텔레스의 『정치학』은 흥미로우면서도 중요한 가치를 지니는데, 당시 교육받은 그리스인의 공통된 편견을 보여 주기 때문에 흥미롭고, 중세 말기까지 영향을 미친 여러 원리의 근원이 되기 때문에 중요한 가치를 지닌다. 『정치학』 속에 현대 정치가가 실제로 이용할 만한 교훈이 많지 않지만, 여러 가지 점에서 고대 그리스 세계 곳곳에서 벌어진 파벌 갈등의 해명에 기여한다. 하지만 그리스 외부 지역 국가들의 통치 방법에 대해 별로 의식하지 않는다. 사실 이집트, 바빌로니아, 페르시아, 카르타고에 대해 언급한 경우에도 카르타고를 제외하면 다소 성의 없이 다루어 피상적 수준에 머문다. 알렉산드로스를 한 번도 언급하지 않을 뿐만 아니라 그가 그리스 세계에 영향을 미쳐 완전히 변모된 상황을 아예 모른 체한다. 『정치학』의 전체 논의는 도시국가와 관련이 있으나 도시국가의 쇠퇴를 내다보는 선견지명이 드러나지도 않는다. 그리스는 독립된 도시들로 분할된 탓에 정치 실험을 하는 시험 장소였다. 그러나 정치 실험과 관련된 기미는 아리스토텔레스 시대부터 중세 이탈리아 도시들이 출현할 때까지 나타나지 않았다. 여러 가지 점에서 아리스토텔레스가 호소한 경험은 『정치학』을 쓴 다음 1500년 동안 존재한 세계보다 비교적 현대에 속한 세계와 더 관계가 깊다.

『정치학』에는 지엽적이지만 유쾌한 풍문이 여럿 실려 있는데, 몇 가지 풍문은 정치 이론으로 들어가기 전에 특별히 언급해도 좋겠다. 에우리피데스가 마케도니아의 왕 아르켈라오스의 궁정에 머물던 때, 직설적으로 말하는 것으로 유명한 데캄니코스가 입 냄새가 심하다며 에우리피데스를 비난했다고 한다. 왕이 에우리피데스의 노여움을 가라앉히기 위해 데캄니코스를 채찍으로 때려도 좋다고 허락하자, 에우리피데스는 데캄니코스를 정말 채찍으로 때렸다. 데캄니코스는 여러 해를 기다린 끝에 왕의 살해 음모에 가담하여 마침내 성공을 거두었는데, 에우리피데스가 이미 죽은 뒤였다. 임신은 겨울에 바람이 북쪽에 머물 때 해야 하며, '상스러운 말은 상스러운 행동으로 이어지기' 때문에 추잡한 말을 하지 않도록 주의해야 하고, 음담은 상스러운 농담조차 율법에 따라 허락되는 신전을 제외하면 결코 관용해서는 안 된다는 풍문도 전한다. 사람들은 너무 어린 나이에 결혼해서는 안 되는데, 어린 나이에 결혼하면 태어날 아이가 허약하거나 여아일 테고, 어린 아내는 방종해지며 어린 남편의 발육은 부진할 것이기 때문이다. 결혼 적령기는 남자는 37세이고 여자는 18세다.

우리는 가난해서 조롱을 받던 탈레스가 어떻게 올리브 압착기를 전부 할부로 매점하여, 독점 사용료를 받았는지 이미 살펴보았다. 그는 철학자도 돈을 벌 수 있으며, 만일 철학자가 여전히 가난하게 살게 되어도 그것은 부유함보다 더 중요하게 여겨야 할 것이 있기 때문이라는 사실을 보여 주려고 실제로 돈을 벌었다. 그렇지만 이러한 이야기는 모두 재미를 느끼게 하려는 말이고, 훨씬 진지한 문제로 넘어갈 차례다.

『정치학』은 국가의 중요한 가치를 지적하며 시작한다. 국가는 최고 단계에 이른 공동체로서 최고선의 실현을 목표로 삼는다. 시간 순서로 보면 가족이 처음에 생기는데 가족은 근본적으로 두 관계, 곧 남자와 여자의 관계, 주인과 노예의 관계로 형성되고 둘 다 본성에 따라 정해진다. 가족이 몇 가구 결합하면 마을이 생긴다. 마을이 몇 개 모여 자족할 만큼 충분히 커지면 국가가 형성된다. 국가는 시간 순서로 보면 가족보다 나중에 형성되지만, 본성의 측면에서 가족에 우선하고 심지어 개인보다 우선한다. 왜냐하면 우리는 각 사물이 충분히 발전했을 때 갖게 되는 성질을 사물의 본성이라 부르고 충분히 발전한 인간사회가 국가이며, 국가 전체는 부분에 우선하기 때문이다. 여기서 관계가 깊은 개념은 **유기체**organism 개념이다. 말하자면 손은 몸이 죽으면 더는 손의 기능을 하지 못한다. 이것은 손을 목적, 말하자면 잡으려는 목적에 따라 정의해야 한다는 뜻으로, 손의 목적은 살아 있는 육체와 연결될 경우에만 이룰 수 있다. 비슷한 방식으로 개인도 국가의 일원이 아니라면 자신의 목적을 성취하지 못한다. 아리스토텔레스의 주장에 따르면 국가를 세운 사람은 은혜를 최대로 베푼 자였다. **법**이 없다면 인간은 극악한 동물이 되며, 법의 존립이 국가에 달려 있기 때문이다. 국가는 단지 교환을 하거나 범죄를 막기 위한 사회만은 아니다. "국가의 목적은 선한 생활이다. …… 또 국가는 여러 가족과 여러 마을이 완벽하게 자족적 생활을 할 수 있도록 연합된 조직이며, 우리는 이를 통해 행복하고 명예로운 생활을 꾀한다(1280b)." "정치 사회는 그저 교제나 하려는 조직이 아니며, 고결한 행동을 위해 실존한다(1281a)."

국가를 이루는 각 세대는 한 가족으로 구성되기 때문에 정치학의 논의는 당연히 가족에서 시작한다. 가족에 대한 논의의 절반은 노예 제도가 차지하는데, 고대 그리스에서 노예들은 언제나 가족의 일원으로 생각되었던 탓이다. 노예 제도는 편의를 제공할 뿐만 아니라 정당한 제도로서, 노예는 **자연적으로** 주인보다 열등하게 태어난 존재였다. 어떤 사람은 날 때부터 복종할 운명을 타고나고, 어떤 사람은 지배할 운명을 타고난다. 본성에 따라 자기 자신이 아닌 타인의 소유물인 사람은 본성에 따라 노예가 된다. 그리스인은 노예가 되어서는 안 되며 정신 능력이 낮은 열등한 인종은 당연히 노예가 되어야 한다(1255a와 1330a). 길들여진 동물은 인간의 지배를 받을 때 훨씬 행복하며, 자연적으로 열등한 사람은 우월한 사람의 지배를 받을 때 훨씬 행복하다. 전쟁 포로를 노예로 삼은 일이 과연 정당하냐는 의문이 제기될지도 모르겠다. 이를테면 전쟁에서 승리를 이끌어 내는 힘이 우월한 덕이라는 함축이 숨어 있는 듯하지만, 언제나 그렇지는 않다. 하지만 전쟁은 본성에 따라 지배받도록 정해졌는데도 복종하려 하지 않는 자들을 상대로 감행할 경우에 정당하다(1256b). 이러한 경우 피정복자를 노예로 삼을 권리가 있음을 함축한다. 그러면 이제까지 살았던 모든 정복자의 행위는 정당화될 터다. 왜냐하면 어느 나라도 자연에 의해 지배받도록 예정되었다고 인정하려 들지 않으며, 자연의 목적을 드러내는 유일한 증거는 전쟁의 결과에서 도출될 수밖에 없기 때문이다. 그러므로 모든 전쟁에서 승리한 자들은 옳고, 패한 자는 그르게 된다. 만족스러운 결과가 아닌가!

다음에는 스콜라 철학의 결의론決疑論, casuistry[149]에 크게 영향을 미친 장사에 대한 논의로 넘어간다. 사물의 쓰임은 두 가지로, 하나는 적합한 쓰임이고 다른 하나는 부적합한 쓰임이다. 예컨대 신발은 신어 닳게 되면 적합하게 쓰인 것이고, 팔리게 되면 부적합하게 쓰인 것이다. 여기에서 신발을 팔아 생계를 꾸려야만 하는 구두장이는 품위를 잃게 된다는 결론이 도출된다. 소매업은 부를 얻는 자연스러운 방법이 아니라고 한다(1257a). 부를 얻는 자연스러운 방법은 집과 토지를 요령껏 관리하는 것이다. 이러한 방식으로 얻게 되는 부에는 한계가 있지만, 장사로 얻게 되는 부에는 한계가 없다. 장사는 돈money과 관계가 있지만, 부는 주화를 획득하는 일과 관련이 없다. 장사로 얻은 부는 자연스럽지 않기 때문에 마땅히 혐오해야 한다. "돈에 상응하는 물건이 아니라 돈 자체에서 이득을 얻는 고리대금usury은 혐오스럽기 짝

149 * 양심의 문제나 행위의 선악을 경전이나 도덕에 비추어 규정하려는 학설.

이 없으며 혐오할 만한 근거도 충분하다. 왜냐하면 돈이란 교환을 위한 수단이지 이율을 높이기 위한 수단이 아니기 때문이다. …… 부를 얻는 모든 방법 가운데 고리대금이 제일 부자연스럽다(1258).”

이러한 아리스토텔레스의 공식 의견에서 나오는 결론을 토니Richard Henry Tawney(1880~1962)[150]의 저서 『종교와 자본주의의 발흥*Religion and Rise of Capitalism*』에서 읽어낼 수도 있겠다. 그런데 토니의 역사 서술은 신빙성을 지닌 반면, 그의 논평은 자본주의 이전의 역사를 지지하기 때문에 편견을 드러내기도 한다.

『종교와 자본주의의 발흥』에서 말하는 ‘고리대금’이란 오늘날처럼 터무니없는 이율로 돈을 빌려 주는 사업뿐만 아니라 이자를 받고 돈을 빌려 주는 행동을 통틀어 이르는 말이다. 그리스 시대부터 현대에 이르기까지 인류는, 다시 말하면 적어도 경제를 발전시킨 인류는 채무자와 채권자로 나뉘었다. 채무자는 이자에 대해 불만을 나타냈고, 채권자는 이자에 찬성했다. 대부분의 경우 지주들은 채무자가 되었던 반면, 상업에 종사한 사람들은 채권자가 되었다. 이와 관련해 철학자들이 내놓은 견해는, 극소수 예외는 있지만 그들이 속한 계급의 금전상 이익과 일치했다. 그리스 철학자들은 지주 계급에 속하거나 고용된 처지였기 때문에 이자에 대해 불만을 나타냈다. 중세 철학자들은 성직자들이고 교회의 재산은 주로 토지였으므로, 아리스토텔레스의 의견을 수정할 이유가 전혀 없었다. 고리대금에 반대한 중세 철학자들의 입장은 반유대주의로 강화되는데, 유동성 자금 대부분을 유대인이 소유했던 탓이었다. 성직자와 영주 사이에 다툼이 일어나 때로는 심각한 불

150 * 영국의 경제 사학자이자 사회 비평가, 사회주의 개혁가다. 그가 내놓은 의무교육 기간 연장, 노동자 교육 확대, 최저임금제 실시 같은 사회 개혁안들이 실제로 정책에 반영되었다. 열렬한 그리스도교도이자 사회주의자로서 건전한 사회는 단순히 제도를 바꾸는 것만이 아니라 선한 사람들이 힘을 합쳐야 건설할 수 있다고 주장했다.

화를 빚기도 했다. 그러나 흉작을 극복하도록 대부금을 빌려 주었기 때문에 자신의 검약에 대해 보상을 받아야 한다고 생각했던 사악한 유대인에 맞설 때면 성직자와 영주는 합심해 대처할 수 있었다.

종교개혁기로 접어들면서 상황은 바뀌었다. 독실한 개신교도 가운데 다수는 돈을 빌려 주고 이자를 받는 일을 주업으로 삼는 사업가들이었다. 따라서 우선 칼뱅Jean Calvin(1509~1564)을 시작으로 다른 개신교 신학자들이 이자를 인정하기에 이르렀다. 마침내 가톨릭교회도 선례를 따를 수밖에 없었는데, 과거의 금기가 근대 세계에 어울리지 않았던 탓이다. 대학의 투자 자금에서 수입을 얻게 된 철학자들은 더는 성직자가 아니고 토지 소유와 아무 관계도 없어졌기 때문에 이자에 대해 호의를 나타냈다. 어느 역사 단계에서나 경제면에서 편리한 의견을 지지하는 이론적 논증이 아주 많이 제시되었다.

아리스토텔레스는 여러 근거를 들어 플라톤의 이상 국가론을 비판했다. 첫째로 가장 흥미로운 논평은 플라톤의 이론이 국가에 대해 지나치게 통일성을 부여한 나머지 국가를 개체로 만들어 버렸다는 것이다. 다음으로 어느 독자에게나 자연스러워 보이는 가족 제도를 철폐하자는 제안에 맞선 논증이 등장한다. 플라톤은 부자 관계가 가능한 연령대에 속한 누구든 '아들'이란 호칭으로 부르면 어떤 남자가 수많은 아들에게 오늘날 사람들이 친아들을 대할 때 느끼는 감정을 갖게 될 테고, '아버지'란 호칭에 대해서도 마찬가지라고 생각한다. 아리스토텔레스는 반대로 최대 다수가 공동으로 책임져야 할 경우 최소로 돌보게 되는 결과를 초래하며, '아들'을 여러 '아버지'가 공동으로 책임져야 한다면 아무도 돌보지 않게 될 것이라고 말한다. 플라톤이 말한 아들보다는 차라리 현실 속의 사촌이 더 낫다. 플라톤의 계획은 사랑을 싱거운 일로 만들 것이다. 다음에 나오는 이상한 논증에 따르면, 간통하지 않는 것이 덕이기 때문에 이러한 덕과 서로 의존하는 악습을 철폐하는 사회제도의 도입은 유감천만일 것이다(1263b). 그러면 우리는 다음과 같은 질문을 받는다. 여자들을 공유하면, 누가 살림을 할 것인가? 나는 예전에 쓴 「건축양식과 사회제도Architecture and Social System」란 논문에서 공산주의communism와 가족 철폐를 결합시킨 사람들은 모두 공동 취사장, 식당, 탁아 시설을 갖춘 다수를 위한 공동 가족을 지지한다고 지적했다. 공동 가족 제도는 독신 생활을 하지 않는 수도원으로 묘사되기도 한다. 이러한 제도는 플라톤의 계획을 완수하기 위해 꼭 필요하지만, 플라톤이 권고한 여러 다른 것들 못지않게 확실히 불가능하다.

아리스토텔레스는 플라톤의 공산주의를 불쾌하게 여긴다. 그는 공산주의가 게으른 사람들을 향한 분노로 이어지고, 길동무 사이에 흔히 나타나는 다툼을 일으킬 것이라고 말한다. 각자 자기 일에 마음을 쓰는 편이 더 나은 법이다. 재산은 개인의 소유여야 마땅하지만, 사람들이 재산을 널리 사회 일반에 걸쳐 사용하도록 자비의 덕을 갖추게끔 훈련해야 한다. 자비와 관대함은 덕이며, 사유 재산이 없다면 실현할 수 없다. 마지막으로 만일 플라톤의 계획이 좋은 대안이었더라면, 누가 곧바로 그 계획에 대한 사색을 이어갔을 것이라고 한다.[151] 나는 플라톤의 계획에 동의하지 않는데, 내가 동의할 수 없는 요인은 바로 플라톤에 반대한 아리스토텔레스의 논증이었을 터다.

노예 제도를 다루면서 보았듯 아리스토텔레스는 평등의 신봉자가 아니었다. 하지만 노예와 여성의 종속을 당연하게 받아들이더라도, 모든 **시민**이 정치활동 면에서 평등해야 하느냐는 문제는 여전히 남는다. 아리스토텔레스의 말에 따르면 어떤 사람들은 혁명이란 모름지기 재산을 규제하는 쪽으

151 시드니 스미스가 쓴 「바보의 연설」을 참고하라. "플라톤의 제안이 건전하다면, 색슨족이 그 제안을 지나쳐 버렸을까요? 데인족이 그러한 제안을 무시했을까요? 그러한 제안이 노르만족의 지혜를 피해 갔을까요?" (내 기억에 의존해 인용한다.)

로 흘러가기 마련이라는 근거로 시민의 정치적 평등을 바람직한 일로 생각한다. 아리스토텔레스는 이 논증을 거부하면서 가장 큰 죄악은 결핍이 아니라 과잉에서 비롯된다고 주장한다. 말하자면 어느 누구도 추위를 피하려 폭군이 되지 않는다.

정치 체제가 공동체 전체의 이익을 목표로 삼으면 좋은 정치 체제이고, 정치 체제 자체만 돌본다면 나쁜 정치 체제다. 좋은 정치 체제에 속한 세 종류는 군주정치, 귀족정치, 입헌정치(또는 시민정치)다. 나쁜 정치 체제에 속한 세 종류는 참주정치, 과두정치, 민주정치다. 이 밖에도 혼합된 중간 형태의 정치 체제가 여럿 존재한다. 정치 체제의 형태가 아니라 집권자의 윤리적 성품으로 좋은 정치 체제나 나쁜 정치 체제를 정의한다는 점에 주목할 필요가 있겠다. 그러나 이것은 일부만 참이다. 귀족정치는 덕망 높은 자가 지배하는 정치 형태이고, 과두정치는 부유한 자가 지배하는 정치 형태이므로, 아리스토텔레스는 덕과 부를 엄밀한 의미에서 동의어로 생각하지 않는다. 아리스토텔레스는 중용 학설에서 적당한 수입a moderate competence이 덕과 가장 잘 결합될 것 같다고 주장한다. "인류는 외적 재화external goods의 도움으로 덕을 얻거나 유지하지 못하지만, 쾌락에서 비롯되든 덕에서 비롯되든 둘 다에서 비롯되든 덕과 행복에 따라 외적 재화를 얻는다. 쓸모없는 정도까지 외적 재화를 소유하지만 고상한 품성이 결여된 사람들보다 정신과 성격을 고상하게 계발하고 알맞은 몫의 재화만 소유한 사람들에게서 덕이 훨씬 자주 나타난다(1323[a]와 [b])." 그러므로 최고 선한 자는 오로지 적당한 재산을 소유할 법하기 때문에, 최고 선한 자의 지배(귀족정치)와 최고 부자의 지배(과두정치) 사이에 엄연한 차이가 있다. 민주정치democracy와 시민정치polity 사이에 윤리적 차이 말고 다른 차이가 더 있다. 아리스토텔레스가 말한 시민정치가 과두정치에 속한 요소를 지니고 있는 탓이다(1293[b]). 그러나 군주정치와 참주정치 사이에 나타나는 유일한 차이는 윤리적 차이이다.

아리스토텔레스는 과두정치와 민주정치의 차이가 집권당의 경제적 지위에서 비롯된다고 강조한다. 부유층이 빈곤층을 고려하지 않고 통치하면 과두정치가 되고, 권력이 궁핍한 사람들의 손에 넘어가서 부유층의 이익을 무시하면 민주정치가 된다.

군주정치는 귀족정치보다 더 좋은 정치 형태이고, 귀족정치는 시민정치보다 더 좋은 정치 형태다. 그런데 최선의 정치 형태가 타락하면 최악의 정치 형태로 변모한다. 따라서 참주정치가 과두정치보다 더 나쁜 정치 형태이고, 과두정치가 민주정치보다 더 나쁜 정치 형태다. 이렇게 아리스토텔레스는 민주정치를 조건부로 옹호하는 입장에 도달한다. 왜냐하면 실제 정부 actual governments는 대부분 악하고, 따라서 민주정치가 최선이 되는 경향이 나타나기 때문이다.

그리스의 민주정치 개념은 여러 면에서 우리 시대의 개념보다 훨씬 극단에 치우쳤다. 예컨대 아리스토텔레스는 행정장관을 선거로 선출하면 과두정치이고, 추첨으로 지명하면 민주정치라고 말한다. 극단으로 치우친 민주정치에서는 민회가 법 위에 군림했으며, 각 문제를 독자적으로 결정했다. 아테네 법정은 추첨으로 뽑은 다수 시민으로 구성되었으며, 어떤 재판관의 보조도 받지 않았다. 물론 법정의 시민들은 웅변이나 당파심에 좌우되기 쉬웠다. 민주정치가 비판을 받는 경우 방금 말한 종류에 해당된 의미를 이해하지 않으면 안 된다.

혁명의 원인에 대해서도 길게 논의한다. 그리스에서도 이전에 라틴 아메리카만큼 자주 혁명이 일어났기 때문에, 아리스토텔레스는 추론에 필요한 경험을 충분히 할 수 있었다. 혁명의 주요 원인은 과두파와 민주파의 갈등이었다. 아리스토텔레스는 민주정치란 동등하게 자유를 누리는 인간이 모든 면에서 동등해야 마땅하다는 신념에서 생겨난다고 말한다. 과두정치는 몇 가지 점에서 우월한 인간이 지나치게 많은 권리를 주장하는 데서 비롯된다. 두 정치 체제 모두 일종의 정의를 구현하지만 최선의 정의는 아니다. "그러므로 두 당파는 정치 체제 안에서 자신들의 몫이 선입견과 일치하지 않을 때마다 혁명을 일으킨다(1301[a])." 민주 정치가 과두정치보다 혁명이 덜 일어날 것 같은 까닭은 과두정치를 이끄는 권력자들이 서로 싸우게 될 수도 있기 때문이다. 몇몇 도시에서 과두정치를 이끄는 권력자들은 이렇게 맹세했다고 한다. "나는 장차 민중의 적이 되어 가능한 모든 수단을 동원해 민중에게 해를 입힐 것이다." 오늘날 반동 보수주의자들은 이처럼 솔직하게 말하지 않는다.

혁명을 막기 위해 필요한 세 가지 사항은 교육을 통해 정권을 선전하고, 작은 일에서조차 법을 지키며, 법과 행정 분야에서 정의, 다시 말해 "비례에 따른 평등을 실현해 각자 자신의 몫을 누리게 하는 것이다(1307[a], 1307[b], 1310[a])." 아리스토텔레스는 '비례에 따른 평등'의 난점을 결코 깨닫지 못했던 듯하다. 이것이 참된 정의라면 비례는 틀림없이 **덕**에 속한다. 이제 덕은 측정하기 어렵고 당파적 논쟁의 문제다. 그러므로 실제 정치 현장에서 덕은 수입에 따라 측정되는 경향이 나타난다. 다시 말해 아리스토텔레스가 시도한 귀족정치와 과두정치의 구별은 안정된 세습 귀족이 있는 곳에서만 가능하다. 그때조차 귀족층이 아닌 부유층이 다수 계급을 형성하면, 부유층이 혁명을 일으킬지도 모른다는 공포 때문에 곧바로 그들에게도 권력을 나눠주기 마련이다. 세습 귀족은 토지가 부를 획득하는 거의 유일한 원천인 곳을 제외하면 권력을 오래 유지할 수 없다. 모든 사회적 불평등은 길게 보면 수입의 불평등이다. 이것이 바로 민주정치를 지지하는 논증의 한 부분이다. '비례적 정의'를 부가 아닌 다른 어떤 장점을 끌어들여 정초하려는 시도는 확실히 실패로 돌아갈 수밖에 없다. 과두정치의 옹호자는 수입이 덕에 비례하는 것처럼 가장한다. 성경의 시편 작가는 의로운 사람이 구걸하는 모습을 결코 본 적이 없다고 말했으며, 아리스토텔레스는 선한 사람이 아주 많지도

플라톤과 아리스토텔레스 조각, 루카 델라 로비아, 1437~1439

아주 적지도 않은 수입을 정당하게 얻는다고 생각한다. 그러나 이러한 부류의 견해는 불합리하다. 절대적 평등이 아닌 다른 종류에 속한 어떤 '정의'든 실제로는 덕과 전혀 다른 어떤 자질에 따라 보상할 것이기 때문에 비난을 받기 마련이다.

참주정치tyranny에 대해 서술한 부분에서도 흥미로운 곳이 있다. 참주는 재물을 원하지만 왕은 명예를 원하며, 참주는 용병들의 호위를 받지만 왕은 시민들의 호위를 받는다. 참주는 대개 민중선동가로 지배층의 저명인사들에 맞서 민중을 보호하겠다고 약속함으로써 권력을 획득한다. 아리스토텔레스는 얄궂게도 마키아벨리의 논조로 참주가 권력을 유지하기 위해 반드시 해야 할 일을 설명하기도 한다. 참주는 뛰어난 공로를 세운 인물의 입신을 막기 위해, 필요한 경우 처형이나 암살도 서슴지 말아야 한다. 공동 식사와 사교 모임을 비롯해 적대감을 불러일으킬 소지가 높은 교육도 금지해야 한다. 문학 모임이나 문학 토론을 허용해서도 안 된다. 참주는 민중이 서로 잘 알지 못하도록 해야 하며, 자신이 다스리는 거리에서 공개적으로 살게 해야 한다. 시라쿠사의 여자 염탐꾼 같은 정보원도 고용하는 것이 좋다. 또 분쟁의 씨를 뿌리고 백성들을 피폐한 지경에 이르게 해야 한다. 이집트의 왕 파라오가 피라미드를 건설했듯 백성들이 대공사에 몰두해 일하게 해야 한다. 그래서 여자와 노예들에게도 권력을 위임해 주어 정보원으로 이용해야 한다. 무엇보다 참주는 백성들에게 일자리를 만들어 주고 언제나 지도자의 필요에 따라 살아가도록 전쟁을 일으켜야 한다(1313ª, 1313ᵇ).

방금 인용한 구절이 『정치학』의 전체 내용 가운데 현대에 가장 적합한 부분이라는 사실을 알면 우울해진다. 아리스토텔레스는 참주의 사악함에는 끝이 없다는 결론을 도출하지만, 참주정치를 유지할 다른 방법으로 유화책이나 허울뿐인 종교도 있다고 말한다. 그러나 어떤 방법이 성공률이 높다는 결정은 내리지 않는다.

아리스토텔레스는 많은 사람이 제국주의 관점에 경도되어 있다는 사실을 보여 주면서, 외국을 정복하는 일이 국가의 목적은 아니라고 입증하는 긴 논증도 제시한다. 사실 '타고난 노예들'의 정복은 올바르고 정의로운 일이라고 예외를 인정했다. 아리스토텔레스의 견해에 따르면, 이러한 예외는 야만인들에 맞선 전쟁의 정당성을 확보해 주지만, 그리스인은 아무도 '타고난 노예'가 아니기 때문에 그리스인에 맞선 전쟁을 정당화하지 못한다. 대체로 전쟁은 수단일 뿐 목적이 아니다. 그래서 정복이 불가능한 고립된 곳에 자리 잡은 도시가 행복할 수도 있다. 고립된 상태로 존립하는 국가라고 해서 활기차지 않으란 법도 없으니 말이다. 신과 우주는 외부에서 정복할 수 없지만 활기가 넘친다. 그러므로 국가가 추구해야 할 행복은 전쟁**이어서는**is 안 되고, 평화 활동이어야 한다. 때때로 전쟁이 행복에 필요한 수단이 되기도 하지만 말이다.

여기서 다음과 같은 질문이 제기된다. 국가의 규모는 얼마나 커야 하는가? 너무 많은 군중은 질서정연할 수 없기 때문에, 큰 도시국가는 잘 다스리지 못한다. 국가는 얼마간 자급자족이 가능한 정도로 커야 하지만, 입헌정치를 하려면 지나치게 커서도 안 된다. 국가의 규모는 시민들이 서로 성격을 알 수 있을 정도로 작아야 하는데, 그렇지 않으면 선거와 소송에서 권리를 행사하지 못하게 될 것이다. 영토는 언덕 꼭대기에서 전체가 다 보일 만큼 작아야 한다. 국가는 자급자족해야 하는(1326b) 동시에 수출과 수입 무역을 해야 한다고(1327a) 말하지만, 이것은 자기모순처럼 보인다.

생계를 유지하려 일하는 사람을 시민으로 인정해서는 안 된다. "시민들이 직공이나 상인의 생활을 하지 말아야 하는 까닭은 이러한 삶이 비천할 뿐만 아니라 덕과 조화되지 않기 때문이다." 시민이 집사여서는 안 되는 까닭은 여유leisure가 필요하기 때문이다. 시민들은 자기 재산을 소유해야 하지만, 집사 역할은 이민족 출신 노예가 맡아야 마땅하다(1330a). 북방 민족은 활기차고, 남방 민족은 지력이 뛰어나다. 따라서 노예들이 활기차면 불편하므로 노예는 남방 민족이 되어야 한다. 그리스인만이 활기찬 동시에 지력이 뛰어나다. 그들은 야만인보다 다스리기가 더 쉬우며, 만일 통일을 이룬다면 세계를 지배하고도 남을 것이다(1327b). 여기서 알렉산드로스 대왕을 언급하지 않을까 기대할지도 모르지만 아무 말도 하지 않는다.

아리스토텔레스는 국가의 크기에 대해 규모의 차이는 있지만 많은 현대 자유주의자들처럼 실수를 저지른다. 국가는 전쟁이 일어났을 때 스스로 방어할 능력이 있어야 하고, 심지어 어떤 자유주의 문화든 존속하려면 전혀 어렵지 않게 스스로 방어할 능력을 갖추지 않으면 안 된다. 국가가 얼마나 커야 하느냐는 전쟁의 기술과 산업에 달려 있다. 아리스토텔레스가 살았던 시대에 도시국가가 구시대의 유물이 되어 버린 이유는, 바로 마케도니아에 맞서 스스로 자신을 지켜내지 못했기 때문이다. 최근 입증되었듯 우리 시대에 마케도니아를 포함한 그리스 전체는 앞서 말한 의미로 보면 구시대의 유물인 셈이다.[152] 그리스나 다른 어떤 작은 나라이든 완전한 독립을 주장하는 입장은, 높은 곳에서 영토 전체가 다 보이는 단독 도시국가의 완전한 독립을 주장하는 견해만큼이나 쓸데없다. 한 국가나 동맹이 자체 노력으로 외세의 정복 시도를 모두 물리칠 정도로 충분히 강한 경우를 제외하면 진정한 독립이란 헛꿈에 지나지 않는다. 미국과 영국의 연합체보다 더 작은 어떤 나라도 이러한 필요조건을 충족하지 못할 것이다. 아마 이것조차 너무 작은 단일체일 터다.

『정치학』은 우리가 입수한 판본으로 보자면 완결되지 않은 채 교육에 관한 토론으로 끝난다. 교육은 물론 장차 시민이 될 아이들만을 위한 것이다. 노예들이 유용한 기술을 배우기도 하지만 그것은 교육의 일부가 아니다. 시

152 이 대목은 1941년 5월에 썼다.

민들의 성격은 그들이 살고 있는 정치 체제에 맞게 형성되어야 하기 때문에, 도시국가가 과두체제냐 민주체제냐에 따라 차이가 날 수밖에 없다. 이에 관해 논의하면서 아리스토텔레스는 시민들이 모두 정치권력을 나눠 가질 것이라고 가정한다. 장차 시민이 될 아이들은 자신들에게 무엇이 유용한지 배워야 하지만 비속해져서는 안 된다. 예컨대 아이들은 신체가 추해지는 돈벌이 기술을 배워서는 안 된다. 아이들은 운동경기에 참여해 적당히 훈련해야 하지만 전문 기술을 획득하는 수준까지 연습할 필요는 없다. 올림픽 경기에 참가하기 위해 훈련하는 소년들은 건강 문제로 고통을 겪기 마련인데, 소년 시절에 승자였던 선수들이 어른이 되어서도 승자가 되는 일은 좀처럼 없다는 사실로 입증된다. 아이들은 인간 형상의 아름다움을 감상하기 위해 그림을 배워야 하고, 도덕적 이상을 표현하는 그림과 조각상을 감상하기 위해서도 배우지 않으면 안 된다. 그들은 노래를 배우고 악기 연주를 배우기도 하지만, 음악을 비평하고 즐기는 정도까지 배워야지 숙련된 연주가의 수준까지 배울 필요는 없다. 자유 시민이라면 어느 누구도 술에 취하지 않고서는 연주를 하거나 노래를 부르지 않을 테니 말이다. 아이들은 당연히 유용한 기술인데도 읽기와 쓰기를 배워야 한다. 그러나 교육의 목적은 '덕'이지 유용성이 아니다. 아리스토텔레스가 말하는 의미의 '덕'은 『윤리학』에 나와 있으며, 『정치학』에서도 자주 언급한다.

아리스토텔레스가 『정치학』에서 제시한 근본 가정들은 어떤 현대 저술가와 비교해도 차이가 뚜렷하다. 그의 견해에 따르면 국가의 목적은 교양을 갖춘 신사, 말하자면 귀족다운 심성과 아울러 지식과 예술에 대한 사랑도 지닌 인간을 길러내는 것이다. 페리클레스 시대의 아테네에 두 가지 속성을 완벽하게 겸비한 인물들은 일반 시민이 아니라 부유층 시민 가운데 있었다. 두 속성의 결합은 페리클레스 시대 말기부터 깨지기 시작했다. 문화를 향유하지 못하던 서민층은 반역과 암살, 불법적 전제정치를 비롯해 어느 면에서나 신사답지 않은 온갖 방법으로 부유층의 특권을 열심히 옹호하던 페리클레스의 측근들을 적대하게 되었다. 소크라테스가 죽은 다음, 아테네 민주정치의 편협한 측면이 줄어들었기 때문에 아테네는 여전히 고대 문화의 중심지로 남았지만, 정치권력은 다른 곳으로 넘어갔다. 고대 후기 내내 권력과 문화는 으레 분리되어, 권력은 거친 군인들의 손아귀로 넘어갔고, 문화는 권력을 잃은 그리스인, 종종 노예에게 속했다. 이것은 로마의 위대한 시기에 속한 일부 기간에만 나타난 현상으로, 키케로 이전과 마르쿠스 아우렐리우스 이후에 뚜렷하게 나타난다. 야만인들의 침입 이후 '신사 계급 the gentlemen'은 북방계 야만인들이었고, 교양을 갖춘 사람들은 명민한 남방계 성직자들이었다. 이러한 상황은 더하든 덜하든 르네상스 시대에 평민 계급이 문화를 향유하기 시작할 때까지 지속되었다. 르네상스 시대 이후, 교양을 갖춘 신사 계급에 의한 정치라는 그리스식 개념이 점점 퍼져 나가 18세기가 되면서 절정에 달했다.

다양한 힘들이 작용하여 이러한 상황에 종지부를 찍었다. 첫째 원인은 프랑스 대혁명의 여파로 구현된 민주정치다. 교양을 갖춘 신사 계급은 페리클레스 시대 이후와 마찬가지로 서민층에 맞서 자기들의 특권을 옹호해야 했고, 이러한 과정 속에서 신사가 되거나 교양인이 되지 못했다. 둘째 원인은 전통 문화와 판이한 과학 기술에 기반을 둔 산업주의의 등장이다. 셋째 원인은 대중 교육인데, 읽고 쓰는 능력을 길러 주기는 했지만 문화를 가르치지는 못했다. 그래서 독재정권에서 드러난 새로운 유형의 대중 선동가가 등장해 새로운 유형의 정치 선전을 벌였다.

그리하여 좋은 면에서나 나쁜 면에서나 교양을 갖춘 신사 계급의 시대는 지나갔다.

22.
아리스토텔레스의 논리학

아리스토텔레스는 여러 학문 분야에 영향을 크게 미쳤지만 논리학 분야에서 더욱 두드러졌다. 형이상학 분야에서 플라톤이 여전히 최고 권위를 누리던 고대 말기에 아리스토텔레스는 논리학 분야의 권위자로 인정받았으며, 중세 내내 지위를 유지했다. 13세기에 이르러서야 그리스도교 철학자들은 형이상학 분야에서도 아리스토텔레스에게 최고 권위를 부여했다. 대개 르네상스 시대 이후 아리스토텔레스의 형이상학은 권위를 잃었지만, 그의 논리학은 최고 권위를 누렸다. 오늘날에도 가톨릭 철학 교사 전부와 다른 많은 사람이 여전히 현대 논리학이 발견한 성과를 완강하게 거부하며, 프톨레마이오스의 천문학만큼 낡은 논리학 체계에 이상할 정도로 끈덕지게 집착한다. 이러한 이유로 역사적 측면에서 아리스토텔레스를 공평하게 다루기는 어려워진다. 오늘날까지 이어진 그의 명망이 명료한 사고를 방해하여, 그가 플라톤을 비롯한 이전 철학자들의 사상에 근거해 이룬 진보가 얼마나 컸는지, 만일 그가 시작한 논리학 연구가 사실상 그랬듯 궁지에 몰려 2000년 이상 침체기에 빠지지 않고 계속 진행되었다면 얼마나 감탄할 만한 업적을 이룩했을지는 상상조차 하기 힘든 일이다. 아리스토텔레스 이전 철학자들을 다룰 경우 독자들에게 그들의 말에 감명을 받지 말라고 주의를 환기할 필요가 없다. 그리하여 누구든 그들이 내놓은 학설 전부에 찬동하지 않으면서도 그들의 능력을 마음껏 칭찬할 수 있다. 반대로 아리스토텔레스는 아직도 특히 논리학 분야에서는 논쟁의 대상이기 때문에 순수하게 역사 속 인물로 다룰 수 없다.

아리스토텔레스가 논리학에서 이룩한 가장 중요한 업적은 삼단논법 학설이다. 삼단논법은 대전제, 소전제, 결론 세 부분으로 구성된 논증이다. 삼단논법에는 여러 종류가 있는데, 각각에 스콜라 철학자들이 붙인 이름이 있다. 가장 친숙한 삼단논법은 '바르바라Barbara'라고 부르는 형식이다.

모든 인간은 죽는다. (대전제)
소크라테스는 인간이다. (소전제)
그러므로 소크라테스는 죽는다. (결론)

또는,

모든 인간은 죽는다.
모든 그리스인은 인간이다.
그러므로 모든 그리스인은 죽는다.

(아리스토텔레스는 위에서 제시한 두 형식을 구별하지 않는다. 나중에 보겠지만 이것은 잘못이다.)

다른 형식은 다음과 같다. "어떤 물고기도 이성을 지니지 못한다. 모든 상어는 물고기다. 그러므로 어떤 상어도 이성을 지니지 못한다." (이 형식은 '켈라렌트Celarent'라고 부른다.)

"모든 인간은 이성적이다. 어떤 동물은 인간이다. 그러므로 어떤 동물은 이성적이다." (이 형식은 '다리이Darii'라고 부른다.)

"어떤 그리스인도 흑인이 아니다. 어떤 인간은 그리스인이다. 그러므로 어떤 인간은 흑인이 아니다." (이 형식은 '페리오Ferio'라고 부른다.)

앞에서 말한 네 형식이 제1격을 구성한다. 아리스토텔레스는 제2격과 제3격을 추가하고, 스콜라 철학자들은 제4격을 추가했다. 나중에 추가된 세 가지 격은 다양한 논리 장치에 따라 제1격으로 환원할 수 있다는 점이 밝혀진다.

전제 하나로 구성된 추론도 있다. 우리는 "어떤 인간은 죽는다"에서 "어떤 죽는 것은 인간이다"를 추론할 수 있다. 아리스토텔레스에 따르면 "어떤 죽는 것은 인간이다"는 "모든 인간은 죽는다"에서 추론할 수 있다. 우리는 "어떤 신도 죽지 않는다"에서 "어떤 죽는 것도 신이 아니다"를 추론할 수 있지만, "어떤 인간은 그리스인이 아니다"로부터 "어떤 그리스인은 인간이 아니다"라는 결론을 도출하지 못한다.

이러한 추론을 별도로 치더라도, 아리스토텔레스와 추종자들은 연역 추론을 엄밀하게 진술하면 모두 삼단논법으로 바꿀 수 있다고 생각했다. 삼단논법의 타당한 형식을 전부 나열하고, 어떤 논증을 펼치든 삼단논법 형식으로 설명해 냄으로써 모든 오류를 피할 수 있어야 한다.

이러한 삼단논법 체계는 형식 논리학의 시작이었고, 그 자체로 중요한 의의를 가지며 경탄할 만한 업적이다. 그러나 형식 논리학의 시작이 아니라 목적을 고려한다면, 세 가지 비판을 면하기 어렵다.

(1) 삼단논법 체계 자체 안에 포함된 형식상의 결함

(2) 삼단논법을 다른 연역 논증 형식에 비해 과대평가한 점

(3) 연역법을 논증 형식으로서 과대평가한 점

앞의 비판할 세 가지에 대해 각각 설명할 필요가 있다.

(1) 형식상 결함

"소크라테스는 인간이다"와 "모든 그리스인은 인간이다"라는 두 진술을 가지고 시작해 보자. 두 진술은 분명하게 구별할 필요가 있지만, 아리스토텔레스의 논리학에서 구별하지 않는다. "모든 그리스인은 인간이다"라는 진술은 대개 그리스인들이 있다는 사실을 함축한 것으로 해석된다. 이러한 함축이 없다면 아리스토텔레스의 삼단논법 가운데 어떤 것들은 타당하지 않다. 예를 들어 보자.

"모든 그리스인은 인간이다. 모든 그리스인은 백인이다. 그러므로 어떤 인간은 백인이다." 이 삼단논법은 그리스인들이 있다면 타당하고, 그렇지 않으면 타당하지 않다. 내가 이렇게 말했다고 해 보자.

"모든 황금산은 산이다. 모든 황금산은 황금으로 만들어졌다. 그러므로 어떤 산은 황금으로 만들어졌다." 그러면 어떤 점에서 내가 제시한 전제들이 참이더라도, 내가 내린 결론은 거짓일 것이다. 명백하게 표현하면, "모든 그리스인은 인간이다"라는 하나의 진술을 두 진술로 나눠, 한 진술은 "그리스인들이 있다"고 말하고 다른 진술은 "만일 무엇이든 그리스인이라면, 그것은 인간이다"라고 말해야 한다. 나중 진술은 순수하게 가설적 진술로서 그리스인들이 있다는 사실을 함축하지 않는다.

요컨대 "모든 그리스인은 인간이다"라는 진술은 "소크라테스는 인간이다"라는 진술보다 훨씬 더 복잡한 형식을 가진다. "소크라테스는 인간이다"에서 '소크라테스'는 주어가 되지만, "모든 그리스인은 인간이다"에서 '모든 그리스인'은 주어가 되지 않는다. 왜냐하면 "그리스인들이 있다"라는 진술도, "만일 무엇이든 그리스인이라면, 그것은 인간이다"라는 진술도 '모든 그리스인'에 관해 아무것도 말하지 않기 때문이다.

앞에서 말한 순수한 형식적 오류가 형이상학과 인식론에 나타난 오류의 근원이었다. 두 명제, "소크라테스는 죽는다"와 "모든 인간은 죽는다"에 관한 우리의 인식 상태를 고찰해 보자. 우리는 대부분 "소크라테스는 죽는다"는 명제가 진리인지 알기 위해 증언에 의존하는 것으로 만족한다. 그러나 증언이 믿을 만한 것이 되려면, 소크라테스를 알고 죽음을 목격한 어떤 사람까지 거슬러 올라가야 한다. 지각된 한 가지 사실, 바로 소크라테스의 시신은 소크라테스로 불렸다는 지식과 더불어 소크라테스의 죽을 수밖에 없는 성질을 우리에게 충분히 확신시켜 준다. 그러나 "모든 인간은 죽는다"는 명제에 이르면 문제는 다른 양상을 나타낸다. 이러한 일반 명제를 어떻게 아느냐는 문제는 아주 어려운 문제다. 때때로 일반 명제는 단지 언어의 문제일 뿐이다. "모든 그리스인은 인간이다"라는 진술은, 인간이 아니라면 아무것도 '그리스인'이라고 불리지 않기 때문에 알려지는 명제다. 이러한 일반 진술은 사전에서 확인할 수 있지만, 낱말의 사용 방식을 제외하면 세계에 관해 아무것도 말하지 않는다. 그러나 "모든 인간은 죽는다"는 명제는 이러한 종류의 진술이 아니다. 인간이 죽지 않는다는 주장이 논리적으로 자기모순을 일으키지 않는다는 말이다. 우리는 그러한 명제를 귀납에 근거하여 150세 이상 산 인간이 있었다고 증명된 사례가 없기 때문에 믿는다. 그러나 이것은 그러한 명제의 확실성이 아니라 개연성만을 보여 줄 뿐이다. 살아 있는 인간이 실제로 존재하는 한, 확실한 명제가 될 수 없다.

형이상학적 오류는 '소크라테스'가 "소크라테스는 죽는다"라는 명제의 주어가 되는 경우와 같은 의미로 '모든 인간'이 "모든 인간은 죽는다"라는 명제의 주어라고 가정했기 때문에 발생했다. 어떤 점에서 '모든 인간'이 '소크라테스'가 지시하는 것과 같은 종류의 독립체entity[153]를 지시한다고 주장하도록 조장되었다. 이것이 아리스토텔레스가 어떤 점에서 종species이 실체substance라고 말하도록 이끈 계기였다. 아리스토텔레스는 일반 진술의 자격을 주의 깊게 따졌지만, 추종자 가운데 특히 포르피리오스는 거의 주의를 기울이지 않았다.

아리스토텔레스가 앞에서 저지른 실수가 빚은 다른 오류는 술어에 대한 술어가 원래 주어의 술어가 될 수 있다고 생각한 점이다. 만일 내가 "소크라테스는 그리스인이고, 모든 그리스인은 인간이다"라고 말한다면, 아리스토텔레스는 '인간이다'가 '그리스인'의 술어지만 '그리스인'은 '소크라테스'의 술어이기 때문에 분명히 '인간이다'가 '소크라테스'의 술어라고 생각한다. 그러나 사실 '인간이다'는 '그리스인'의 술어가 아니다. 이렇게 이름과 술어의 구별, 말하자면 형이상학적 언어로 표현할 경우 개별자와 보편자의 구별이 흐려짐으로써 철학에 대재앙을 초래한다. 여기서 생긴 혼란 가운데 하나는 오직 한 원소를 갖는 집합이 바로 그 원소 하나와 동일하다고 가정한다는 점이다. 이러한 이유로 수 1에 대해 올바른 이론을 세울 수 없게 되었으며, 단일성unity에 관한 나쁜 형이상학이 끝없이 생겨났다.

(2) 삼단논법에 대한 과대평가

삼단논법은 연역논증의 한 종류일 뿐이다. 전체가 연역논증으로 이루어진 수학에서 삼단논법은 좀처럼 등장하지 않는다. 당연히 수학 논증을 삼단논법 형식으로 다시 쓸 수는 있겠지만, 이것은 매우 인위적이고 더는 설득력 있는 논증으로 만들지 못할 터다. 산수를 예로 들어 보자. 만일 내가 16실링 3펜스에 상품을 사려고 1파운드 지폐를 낸다면, 거스름돈을 얼마나 받아야 할까? 이러한 간단한 계산을 삼단논법 형식으로 고치는 일은 우스꽝스러우며, 논증의 진짜 본성real nature을 감추기 쉽다. 게다가 논리학에도 예컨대 "말

---

153 * 'entity'는 존재자 또는 있는 것을 뜻하는 라틴어 'ens'에서 유래한 영어 단어다. '대상object'이나 '사물thing'과 바꿔 쓸 수 있지만, 분명한 정체성이나 동일성의 기준을 가져서 다른 사물과 별개로 존재하는 것을 가리킨다. 그래서 '독립체'로 옮겼다.

은 동물이기 때문에 말의 머리는 동물의 머리다"와 같은 비非삼단논법 추론이 있다. 사실 타당한 삼단논법은 타당한 연역논증의 일부에 지나지 않기 때문에 다른 연역논증보다 논리적으로 우월하지도 않다. 연역체계 안에서 삼단논법에 우월한 지위를 부여하려는 시도가 철학자들이 수학적 추리의 본성을 오도하도록 이끌었다. 수학이 삼단논법으로 구성되지 않는다는 사실을 자각한 칸트는 수학이 별도의 논리 원리들을 사용해서 추론하며, 논리학의 원리만큼 확실하다고 가정했다. 그는 다른 길을 찾았으나 선대 철학자처럼 아리스토텔레스에 대한 존경이 지나쳐 길을 잃었다.

(3) 연역법에 대한 과대평가

그리스인은 일반적으로 현대 철학자보다 연역법을 지식의 원천으로서 더욱 중요하게 생각했다. 이 점에 관한 한 아리스토텔레스는 플라톤보다 허물이 적다. 그는 귀납법의 중요한 가치를 여러 차례 인정했으며, 우리는 어떻게 연역법이 시작되는 최초 전제들을 아느냐 같은 질문에 적지 않은 주의를 기울였다. 그런데도 그는 다른 그리스인처럼 지식 이론에서 연역법을 과도하게 돌출시켰다. 우리는 스미스 씨가 죽는다는 명제에 기꺼이 동의하며, 느슨하게 말하면 우리가 모든 인간은 죽는다는 명제를 알기 때문에 그러한 사실을 안다고 말할 수도 있다. 그러나 우리가 정말로 아는 명제는 "모든 인간은 죽는다"가 아니다. 우리는 오히려 "150년 전에 태어난 모든 인간은 죽었으며, 100년 전에 태어난 거의 모든 인간이 죽었다" 같은 명제를 안다고 말해야 한다. 이것이 스미스 씨가 죽을 것이라고 생각하는 이유다. 그러나 이 논증은 연역법이 아니라 귀납법에 해당한다. 귀납법은 연역법보다 설득력이 약하며 확실성이 아니라 개연성만 제공한다. 그러나 다른 한편 귀납법은 연역법이 주지 못하는 **새로운** 지식을 제공한다. 논리학과 순수 수학의 범위를 넘어선 중요한 추론은 모두 연역 추론이 아니라 귀납 추론이다. 유일한 예외인 법률과 신학은 각각 제일 원리를 의문의 여지가 없는 원본, 바꿔 말하면 법령집이나 성서에서 끌어낸다.

삼단논법을 다룬 『분석론 전서*Analytica priora*』 말고도 아리스토텔레스의 다른 논리학 관련 저술들도 철학사에서 상당히 중요하다. 중요한 저술 가운데 하나가 『범주론*Categoriae*』이라는 짧은 저작이다. 포르피리오스Porphyrios(234~305년경)는 신플라톤주의자로서 『범주론』의 주석서를 썼는데, 중세 철학에 미친 영향은 주목할 만하다. 그러나 지금은 포르피리오스를 제쳐 두고 아리스토텔레스에 국한하여 논의하기로 하자.

나는 '범주category'라는 말의 정확한 의미를 아리스토텔레스를 읽든 칸트나 헤겔을 읽든 한 번도 이해한 적이 없었다고 고백하지 않을 수 없다. 나로서는 '범주'라는 용어가 철학을 할 때 명료한 관념을 표상하는 용어로서 어떤 식으로도 유용하다고 생각하지 않는다. 아리스토텔레스에게 범주가 열 가지 있는데, 실체, 양, 질, 관계, 장소, 시간, 위치, 상태, 능동, 수동이다. '범주'라는 용어에 대한 유일한 정의는 이렇다. "어떤 방식으로도 혼합되지 않은 표현들을 나타낸다." 이어서 앞에서 말한 목록을 나열한다. 이것은 의미가 다른 낱말과 의미가 혼합되지 않은 모든 낱말이 각각 실체나 양 따위를 나타낸다는 뜻인 듯하다. 열 가지 범주의 목록을 모은 원칙은 어디에서도 암시하지 않는다.

'실체substance'는 일차적으로 주어에 대한 술어일 수 없고, 주어로 나타나지도 않는 것이다. 어떤 것은 주어가 없으면 실존할 수 없을 때 주어의 일부가 아니지만 '주어로 나타난다.' 전자의 사례는 정신에 나타난 문법적 지식의 일부이고, 후자의 사례는 육체에 나타날 수도 있는 일정한 흼whiteness이다. 앞에서 말한 일차적 의미의 실체는 개체인 사물이나 사람이나 동물이다. 그러나 이차적 의미에서 종이나 유, 예컨대 '인간'이나 '동물'을 실체라고 부르기도 한다. 이차적 의미의 실체는 변호하기 어려워 보이며, 후대 저술가들에게 훨씬 나쁜 형이상학의 문을 열어 주었다.

『분석론 후서*Analytica posteriora*』는 대체로 어떤 연역이론이든 곤경에 빠뜨릴 만한 문제, 말하자면 제일 전제를 어떻게 얻느냐는 문제에 관한 연구서다. 연역은 어딘가에서 출발해야 하므로, 우리는 증명이 아닌 다른 방식으로 알게 될 수밖에 없는 어떤 명제에서 시작해야 한다. 나는 아리스토텔레스의 이론이 **본질** 개념에 의존하기 때문에 상세히 다루지 않겠다. 그는 정의란 어떤 사물의 본질적 성질에 대한 진술이라고 말한다. 본질은 아리스토텔레스 이후 오늘날까지 모든 철학과 관계가 깊은 개념이다. 내 생각에 어찌할 도리가 없을 만큼 혼란스러운 개념이지만, 역사적 중요성을 지니기 때문에 본질 개념에 관해 조금이나마 말하지 않을 수 없다.

어떤 사물의 '본질essence'은 '그것의 속성 가운데 동일성을 잃지 않고서 바뀔 수 없는 속성'을 의미했던 듯하다. 소크라테스는 때로는 행복하기도 하고 때로는 슬프기도 하며, 때로는 건강하고 때로는 병에 걸리기도 한다. 이러한 속성은 소크라테스가 아니게 되지 않고서도 바뀔 수 있기 때문에 소크라테스의 본질을 이루는 부분이 아니다. 그러나 윤회를 믿는 피타고라스학파는 인정하려 들지 않을 테지만, 인간이란 속성은 소크라테스의 본질에 속한다고 생각되었다. 사실 '본질'에 대한 문제는 낱말의 사용에 관한 문제다. 우리는 같은 이름을 온갖 경우에, 우리가 단 하나의 '사물'이나 단 한 '사람'이 나타나는 조금씩 다른 사건들에 적용한다. 하지만 사실 이것은 언어상의 편의일 따름이다. 따라서 소크라테스의 '본질'은 없으면 우리가 소크라테스라는 이름을 사용해서는 안 되는 속성들로 이루어진다. 문제는 순수하게 언어와 관련되어 있다. 낱말은 본질을 가질지도 모르지만 사물은 그럴 수 없다.

실체 개념은 본질 개념처럼 언어상의 편의에 지나지 않는 것을 형이상학에 옮겨 놓은 결과물이다. 세계를 기술할 때 일정한 수의 사건은 소크라테스의 생애에 속한 사건들로 기술하고, 일정한 수의 다른 사건은 스미스 씨의 생애에 속한 사건들로 기술하면 편리하다. 이것이 '소크라테스'나 '스미스 씨'가 특정 시기 동안 여러 해에 걸쳐 지속적으로 살아남은 존재를 지시하며, 어떻게든 그에게 일어나는 사건들보다 더욱 '견고하다solid'고 더욱 '현실적real'이라고 생각하도록 만든다. 우리는 소크라테스가 병에 걸리더라도 다른 때에 건강하므로, 소크라테스를 그가 걸린 병과 독립적으로 존재한다고 생각한다. 다른 한편 병은 병에 걸린 어떤 사람이 있어야 존재한다. 그런데 소크라테스가 병에 걸리지 않더라도 그가 실존한다고 여기려면, 그에게 **어떤 일**something이 일어나지 않으면 안 된다. 그러므로 소크라테스는 현실적으로 그에게 일어난 일들보다 더는 '견고하지' 않다.

'실체'는 진지하게 다룰 경우 난점에서 벗어나기 힘든 개념이다. 실체는 속성들의 주체이며 그러한 모든 속성들과 별개의 어떤 것으로 생각된다. 그러나 우리가 속성들을 제거하고 실체를 단독으로 상상하면, 아무것도 남아 있지 않는다는 것이 밝혀진다. 문제를 다른 방식으로 이렇게 진술해 보자. 무엇이 한 실체를 다른 실체와 구별하게 만드는가? 속성의 차이가 아닌 까닭은 실체 논리학에 따르면 속성의 차이는 관련된 실체들의 수적 다양성numerical diversity을 전제하기 때문이다. 그러므로 두 실체는 어떤 식으로든 구별될 수 없지만 **바로** 둘이지 않으면 안 된다. 그러면 도대체 우리는 어떻게 실체들이 둘**이라는** 것을 알아 내는가?

사실은 '실체'란 사건들을 묶음으로 모으는 편리한 방식일 뿐이다. 우리는 어떻게 스미스 씨를 알 수 있는가? 그를 볼 때 색을 띤 형체를 보고, 그의 말을 들을 때 일련의 소리를 듣는다. 우리는 그가 우리처럼 사유와 감정을 가진다고 믿는다. 그런데 이러한 모든 사건을 제외하면 스미스 씨는 무엇인가? 사건들을 거는 상상의 갈고리일 뿐이라고 말할 수 있지 않겠는가. 지구를 떠받치고 있는 코끼리[154]가 필요 없듯 사건들을 거는 갈고리는 사실은 없어도 된다. 지도 위의 구역도 유사한 경우인데, 누구든 '프랑스' 같은 말은 언어상의 편의일 뿐이며, 다양한 부분을 넘어서 '프랑스'라고 불리는 어떤 **사물**thing이 존재하지 않는다는 점을 알아볼 수 있다. '스미스 씨'에 대해서도 같은 주장을 할 수 있다. 그러한 이름은 일련의 사건들에 붙인 집합명사다. 이름은 무엇이든 집합명사 이상으로 생각하면 전혀 알 수 없어져서, 우리가 아는 것을 표현하는데 필요가 없는 어떤 것을 지시한다.

'실체'는 한마디로 주어와 술어로 구성된 문장 구조를 세계 구조로 옮겨 놓은 데서 기인한 형이상학적 착오의 산물이다.

나는 이번 장에서 관심을 가졌던 아리스토텔레스의 학설이 그다지 중요하지 않은 삼단논법의 형식에 관한 이론을 빼고 전부 거짓이라고 결론짓는다. 오늘날 논리학을 배우고 싶어 하는 사람이 아리스토텔레스나 그의 제자들이 남긴 저술을 읽게 되면 시간을 낭비하게 될 터다. 그렇지만 아리스토텔레스의 논리학에 관한 저술은 대단한 기량을 보여 주며, 지성인의 독창적 연구가 여전히 활발하던 시기에 세상에 나왔더라면 인류에게 유익했을 것이다. 안타깝게도 그의 저술들은 그리스 사상의 창조적 시기가 끝날 무렵에 세상에 나왔기 때문에 권위 있는 학설로 수용되고 말았다. 논리학 분야에서 독창적 연구가 부활될 때까지, 아리스토텔레스의 논리학이 2000년 동안 군림하면서 아리스토텔레스를 권좌에서 몰아내는 일은 대단히 어려워졌다. 실제로 근대 전반에 걸쳐 과학, 논리학, 철학은 전부 아리스토텔레스 신봉자들의 반대에 맞서면서 진보했다.

154 * 고대 그리스인은 코끼리가 지구를 떠받치고 있다고 생각했으며, 옛날 인도인도 지구가 코끼리 백 마리의 등에 올라앉아 있다고 믿었다.

23.
아리스토텔레스의 자연학

나는 이번 장에서 아리스토텔레스의 저작 가운데 『자연학』과 『천체론』에 대해 고찰하려 한다. 두 책은 밀접한 관계가 있는데, 『천체론』의 논증은 『자연학』에서 다루다 남겨 둔 논점에서 시작한다. 둘 다 후대에 영향을 크게 미쳐 갈릴레오 시대에 이르기까지 과학을 압도했다. '제5원소'나 '달 아래' 같은 말은 두 저술에 나온 이론에서 유래한다. 따라서 철학사를 연구하는 사람은, 현대 과학에 비추어 보면 두 책에 들어 있는 한 문장도 받아들이기 어렵지만 공부할 수밖에 없다.

자연학physics에 관한 아리스토텔레스의 견해를 이해하려면, 대부분의 그리스인과 마찬가지로 아리스토텔레스가 상상한 배경을 파악해야 한다. 철학자마다 세상에 발표한 정식 체계에 더하여 의식조차 못하는 훨씬 단순한 다른 체계를 가진다. 철학자가 단순한 체계를 의식하면, 아마 이대로는 안 된다고 깨달을 것이다. 그러므로 그는 단순한 체계를 감추고 더욱 세련된 체계를 제시하고, 자신의 조잡한 체계와 비슷하기 때문에 믿는다. 그런데 세련된 체계를 반증될 수 없는 체계로 구성했기 때문에 다른 사람들이 수용하도록 요청한다. 세련된 체계는 반박하는 방식으로 구성되지만, 이것만으로 결코 긍정적 결과를 내놓지 못할 것이다. 그것은 기껏해야 어떤 이론이

참일지도 모른다는 점을 보여 줄 뿐, **참일 수밖에 없다**는 점을 보여 주지는 못한다. 철학자가 미처 깨닫지 못할 수도 있겠지만, 긍정적 결과는 자신의 상상이 만들어 낸 선입견, 혹은 산타야나가 '동물적 신앙animal faith'이라고 부른 것에서 기인한다.

자연학에 관해 아리스토텔레스가 상상한 배경은 근대 물리학자의 경우와 전혀 달랐다. 오늘날 물리학을 공부하는 소년은 기계를 암시하는 역학에서 시작한다. 그는 자동차와 비행기에 익숙해졌기 때문에 잠재된 어렴풋한 상상 속에서조차 자동차 안에 어떤 종류이든 말이 들어 있다거나 비행기가 마법의 힘을 지닌 새의 날개를 달고서 난다고 생각하지 않는다. 생명체는 우리가 상상하는 세계관 속에서 중요한 가치를 상실했고, 인간은 주로 생명이 없고 대체로 보조 수준에 머무는 물질적 환경의 주인으로서 비교적 홀로 떨어져 서 있다.

운동을 과학적으로 설명하려던 그리스인은 데모크리토스나 아르키메데스Archimedes(290년경~212년경)[155] 같은 극소수 천재를 제외하면 순수하게 역학적 견해를 생각해 내지 못했다. 두 가지 현상이 중요하게 취급되었던 듯한데, 동물의 운동과 천체의 운동이다. 근대 과학자에게 동물의 몸은 엄청나게 복잡한 물리·화학적 구조를 지닌 대단히 정교한 기계로 보였다. 새로운 사실이 발견될 때마다 동물과 기계의 겉으로 드러난 간격은 줄어들었다는 말이다. 그리스인들은 겉으로 생명과 무관해 보이는 운동을 동물의 운동과 동화시키는 것이 더욱 자연스러웠던 듯하다. 오늘날에도 어린아이는 스스로 움직일 수 있다는 사실로 동물과 사물을 구별한다. 많은 그리스인, 특히 아리스토텔레스는 동물의 고유한 특징이 일반 자연학 이론의 바탕이라

155 * 구와 구에 외접하는 원기둥의 표면적과 부피의 관계, 아르키메데스의 원리, 물을 끌어올리는 장치인 아르키메데스의 스크루펌프로 유명하다. 시라쿠사에서 살면서 이론역학과 유체정역학에 관한 연구서를 집필했다.

고 생각했다.

그러나 천체는 어떠하겠는가? 천체는 규칙적으로 운동한다는 점에서 동물과 다르지만 이러한 차이는 천체 운동의 뛰어난 완벽성에서 기인한다. 그리스 철학자라면 누구나 어른이 되어서 어떻게 생각하든 어린 시절에는 해와 달이 신이라고 배웠다. 아낙사고라스가 불경죄로 기소를 당한 까닭도 해와 달이 살아 있지 않다고 생각했기 때문이다. 천체를 더는 신성한 존재로 여길 수 없었던 철학자는 천체가 그리스인이 사랑한 질서와 기하학적 단순성을 지닌 신성한 존재의 의지에 따라 운동한다고 생각할 수밖에 없었다. 따라서 모든 운동의 궁극 기원은 의지다. 지상에서는 인간과 동물의 변덕스러운 의지가 운동의 기원이고, 천상에서는 변화를 겪지 않는 최고 조물주의 의지가 운동의 기원이다.

나는 이러한 견해가 아리스토텔레스의 주장에 세세하게 적용된다고 말하지는 않겠다. 이것이 아리스토텔레스가 상상할 수 있는 배경이었으며, 탐구하기 시작할 때 참이 되리라고 기대한 것을 나타낸다고 말할 뿐이다.

이제 예비적 고찰은 마치고, 아리스토텔레스가 실제로 무슨 말을 했는지 검토해 보자.

아리스토텔레스의 자연학은 그리스인이 '피시스physis'라고 불렀던 것에 대한 학문이며, 피시스는 '자연'으로 번역되지만 정확하게 자연이라는 말을 의미하지 않는다. 지금도 '자연과학'이나 '자연사'란 말을 사용하지만, '자연'이란 말을 아주 모호하게 사용하더라도 '피시스'란 의미로 사용되는 경우는 극히 드물다. '피시스'는 성장과 관련이 있다. 도토리의 '본성'은 도토리나무로 성장하는 것이며, 그럴 경우 아리스토텔레스는 '피시스'란 말을 사용한다. 아리스토텔레스의 주장에 따르면 사물의 '본성'은 사물의 목적이며, 사물은 바로 목적을 위해 존재한다. 따라서 '피시스'란 말은 목적론을 함축한다. 어떤 사물은 본성에 따라 존재하고, 어떤 사물은 외부 원인에 따라 존재한다. 동물, 식물, 단순 물체(원소)는 본성에 따라 존재하기 때문에 운동의 원리를 내부에 지니고 있다('운동'이나 '동작'으로 번역되는 말은 '위치 운동'보다 더 넓은 의미를 가진다. 위치 운동에 더하여 성질이나 크기의 변화도 포함한다). 본성은 운동과 정지의 기원이다. 사물이 이러한 종류의 내적 원리를 지니고 있다면 '본성을 가진다.' '본성에 따라서'라는 구는 본성을 가진 사물과 그것의 본질적 속성에 적용된다. (바로 이러한 관점 때문에 '부자연스럽다'는 표현이 비난의 의미를 포함하게 되었다.) 본성은 질료보다 오히려 형상 속에 있다. 잠재적으로 살이나 뼈인 것은 아직 그것의 본성을 획득하지 못했고, 어떤 사물은 실현되었을 때에 있는 것 이상의 존재다. 생물학이 이러한 관점을 온전하게 보여 주는 듯하다. 도토리는 '잠재적으로potentially' 도토리나무다.

자연은 어떤 것을 위해 작용하는 원인들의 집합에 속한다. 이것이 자연은 필연에 따라 아무 목적 없이 작용한다는 견해에 대한 논의로 이끌며, 이와 관련하여 아리스토텔레스는 엠페도클레스가 가르친 형식으로 적자생존에 대해 논의한다. 아리스토텔레스는 엠페도클레스의 견해가 옳을 수 없다고 말한다. 사물의 운동은 고정된 방식으로 일어나며, 한 계열의 완성에 앞서 일어난 모든 과정은 바로 그러한 완성을 위해 존재하기 때문이다. '내적 원리에서 기원하는 연속 동작을 거쳐 완성에 이른' 사물은 '자연스럽다(199b).'

이러한 '자연' 개념은 동물과 식물의 성장에 대해 설명할 때 당연히 경탄이 나올 만큼 적합해 보이겠지만 결과적으로 과학의 진보를 가로막은 커다란 장애물이었고, 윤리학 분야에서 훨씬 나쁜 결과를 초래한 원천이었다. 윤리학에 관한 한, 자연이나 본성이라는 개념은 오늘날에도 유해하다.

운동은 잠재적으로 실존하는 것이 실제로 드러나는 실현이다. 이러한 견해는 다른 결점을 별도로 치더라도 위치운동의 상대성과 양립할 수 없다.

A가 B와 상대적으로 운동할 경우, B는 A와 상대적으로 운동하기 때문에 두 사물 가운데 하나는 운동하고 다른 사물은 정지해 있다는 말은 의미가 없다. 개가 뼈다귀를 물 경우에 뼈다귀는 물리게 될 때까지 정지해 있고 개가 움직인다고 보는 것이 상식일 듯하다. 그러나 이러한 관점을 죽은 물질에 적용할 수 없으며, 과학적 물리학을 위해서라면 '목적'이란 개념이 전혀 유용하지 않고, 과학적 엄밀성의 측면에서 보면 운동은 상대적 운동과 다른 것으로 취급될 수 없다는 점이 사실로 드러났다.

아리스토텔레스는 레우키포스와 데모크리토스가 받아들인 빈 공간을 거부한다. 다음에 그는 시간에 대한 좀 기이한 논의로 넘어간다. 시간이 실존하지 않을지도 모르는데, 시간은 과거와 미래로 이루어지며 과거는 더는 존재하지 않고 미래는 아직 존재하지 않기 때문이다. 하지만 아리스토텔레스는 이러한 견해를 거부한다. 그는 시간이란 세는 법numeration을 가능하게 하는 운동이라고 한다. (그가 세는 법을 필수로 생각한 이유는 분명치 않다.) 이어서 우리가 당당하게 시간이란 영혼이 없어도 존재할 수 있는지 물어볼 수 있는 까닭은, 셈을 하는 누가 없다면 세는 활동이 일어날 수 없고, 시간은 세는 법과 관련되기 때문이라고 한다. 그는 시간을 일정한 시, 날, 해로 생각한 듯하다. 그는 어떤 사물은 시간 속에 존재하지 않는다는 점에서 영원하다고 덧붙인다. 추측건대 그는 수數 같은 사물을 생각하고 있다.

운동은 늘 일어났으며 언제까지나 일어날 것이다. 왜냐하면 운동이 일어나지 않으면 시간이 존재할 리 없고, 플라톤을 제외하면 모두 시간이 창조되지 않았다는 점에 동의하기 때문이다. 이 점에 관한 한 아리스토텔레스를 따른 그리스도교 추종자들이 반대해야 하는 까닭은, 성경에서는 우주에 시초가 있다고 말하기 때문이다.

『자연학』은 『형이상학』과 관련지어 고찰했던 부동의 원동자에 대한 논증으로 마무리된다. 부동의 원동자 하나가 존재하고, 이것이 직접적으로 원운동을 일으키는 원인이다. 원운동은 제일 운동으로서 무한히 계속 일어나는 유일한 운동이다. 제일 원동자는 부분도 크기도 없으며 세계의 둘레에 존재한다.

이러한 결론에 도달했으니, 이제 천체의 문제로 넘어가자.

아리스토텔레스는 『천체론』에서 우스꽝스럽고 단순한 이론을 제안한다. 달 아래쪽 사물은 생성하고 소멸할 수밖에 없지만, 달 위쪽에 존재하는 만물은 생성하지도 소멸하지도 않는다. 지구는 구형이며 우주의 중심이다. 달 아래쪽에서 만물은 4원소, 그러니까 흙, 물, 공기, 불로 구성된다. 그러나 제5원소가 존재하며 이것이 천체를 구성한다. 지상의 사물을 이루는 원소들의 자연스러운 운동은 직선운동이지만, 제5원소의 운동은 원운동이다. 천체는 완벽하게 구형이며 상층부에 있는 천체가 하층부에 있는 천체보다 더 신성하다. 별과 행성은 불이 아니라 제5원소로 구성되어 있으며, 운동은 그것들이 부속되어 있는 원운동에서 기인한다(이 모든 이야기는 단테의 『신곡』「천국」 편에 시로 표현된다).

지상의 사물을 이루는 네 원소는 영원하지 않지만 서로서로 생성시킨다. 불은 자연스러운 운동이 위로 향하기 때문에 절대적으로 가벼우며, 흙은 절대적으로 무겁다. 공기는 상대적으로 가벼우며, 물은 상대적으로 무겁다.

이러한 이론은 후대에 갖가지 말썽을 불러일으켰다. 혜성들은 소멸하기 때문에 달 아래 세계에 속해야 했지만, 17세기에 이르러 혜성들이 태양 주위를 궤도 운동하며 달만큼 지구에 접근하는 일은 극히 드물다는 사실이 밝혀졌다. 지상에 존재하는 물체들의 자연스러운 운동은 직선운동이기 때문에, 수평으로 발사된 물체는 한동안 수평으로 움직이다가 갑자기 수직으로 떨어질 것이라고 주장했다. 발사체가 포물선을 그리며 운동한다는 갈릴레오의 발견은 아리스토텔레스학파에 속한 동료들에게 충격이 아닐 수 없었다. 코페르니쿠스와 케플러, 갈릴레오는 지구가 우주의 중심이 아니라 하루에 한 번 자전하고 한 해에 한 번 태양 주위를 공전한다는 견해를 확립하기 위해, 아리스토텔레스뿐만 아니라 성서와도 맞서 싸워야 했다.

훨씬 일반적 문제로 넘어가 보면, 아리스토텔레스의 자연학은 갈릴레오가 최초로 선언한 뉴턴의 '제1 운동 법칙'과 양립할 수 없다. 제1 운동 법칙에 따르면 모든 물체는 그대로 둘 경우에 이미 운동을 하고 있다면 일정한 속도로 직선운동을 계속하게 된다. 따라서 외부 원인은 운동이 아니라 운동의 속도나 방향 **변화**를 설명하기 위해 필요한 것이다. 아리스토텔레스가 천체의 자연스러운 운동으로 생각했던 원운동은 운동 방향의 연속 변화와 관련되기 때문에 뉴턴의 중력 법칙처럼 원의 중심으로 향하는 힘이 필요하다.

결국 천체가 영원하며 파괴되지 않는다는 견해는 포기할 수밖에 없었다. 태양과 별은 오래도록 존속하지만 영원히 존속하지는 못한다. 태양과 별은 성운에서 탄생하며, 결국 폭발하거나 냉각되어 버린다. 가시 세계의 아무것도 변화와 파멸을 면치 못한다. 정반대를 믿는 아리스토텔레스학파의 신념은 중세 그리스도교도가 수용했더라도 태양과 달과 행성을 숭배하는 이교도의 산물이다.

24.
초기 그리스의 수학과 천문학

나는 이번 장에서 수학, 그러나 수학 자체가 아니라 그리스 수학, 특히 플라톤과 밀접하게 관련된 수학에 관심을 쏟으려 한다. 그리스인의 걸출함은 다른 분야보다 수학과 천문학에서 분명히 나타난다. 그리스인이 예술과 문학, 철학에서 이룩한 업적은 취향에 따라 더 낫다거나 더 나쁘다고 판단할 수도 있겠지만, 기하학 분야에서 이룩한 업적은 확고부동하며 의문의 여지가 없다. 그리스인은 수학의 일부를 이집트에서 도입했으며, 바빌로니아에서는 오히려 적게 받아들였다. 그러나 그들이 이러한 출처에서 얻은 지식은 수학 분야에서는 단순한 규칙일 뿐이고, 천문학 분야에서는 오랜 기간에 걸쳐 이어져 내려온 관찰의 기록에 지나지 않는다. 수학적 증명 방법의 기원은 거의 다 그리스인에게서 시작한다.

여러 가지 유쾌한 이야기가 전해지는데, 아마 역사적 근거는 없겠지만 실생활에서 제기된 문제가 어떻게 수학적 탐구를 자극했는지 보여 준다. 최초로 제기된 간단한 문제는 탈레스와 관계가 있는데, 그가 이집트에 머물 때 왕이 피라미드의 높이를 알아내라고 명령했다. 그는 낮 동안 자신의 그림자 길이가 키와 같아지는 때를 기다렸다. 그때 피라미드의 그림자 길이를 쟀고, 그림자의 길이는 당연히 피라미드의 높이와 같았다. 원근법은 아가타르코스Agatharcos라는 기하학자가 아이스킬로스의 연극 상연에 필요한 무대 도면을 그리기 위해 처음 연구했다고 한다. 바다에 떠 있는 배까지 거리를 알아내는 문제도 탈레스가 연구했다고 전해지며 초기 단계에 정확히 해결되었다. 그리스 기하학자들을 사로잡은 굉장한 문제 가운데 하나는 정육면체를 두 배로 만드는 문제로 어떤 신전의 사제가 받은 신탁에서 유래하는데, 신탁에 따르면 신이 이전에 만든 것보다 두 배가 되는 신상을 원했다. 처음에 사제들은 신상의 모든 면을 두 배로 만들면 되겠다고 간단하게 생각했지만, 그러면 원래의 신상보다 여덟 배가 커지며, 비용도 신이 요구한 것보다 훨씬 더 들게 된다는 점을 깨달았다. 그래서 그들은 플라톤에게 대표단을 보내 아카데메이아에서 공부하는 누가 문제를 풀 수 있는지 물었다. 기하학자들이 문제를 맡아 여러 세기 동안 연구를 거듭하면서 부수적으로 경탄할 만한 성과물이 많이 나오게 되었다. 당연히 2의 세제곱근을 구하는 문제다.

2의 제곱근은 최초로 발견된 무리수이고 초기 피타고라스학파에게 알려졌으며, 그것의 근사치를 구하는 기발한 방법들도 찾아냈다. 가장 독창적인 방법은 다음과 같다. 우리가 a와 b라고 부를 두 수열을 만들라. 제각기 1로 시작하라. 각 단계에서 다음 a는 전항의 a와 b를 더해서 만들며, 다음 b는 이전 b에 이전 a를 두 번 더해 만든다. 그렇게 얻은 처음 여섯 쌍은 (1, 1), (2, 3), (5, 7), (12, 17), (29, 41), (70, 99)이다. 각 쌍에서 $2a^2-b^2$은 1 또는 -1이다. 따라서 b/a는 거의 2의 제곱근에 가까우며, 새로 만들어진 각 단계에서 b/a는 2의 제곱근에 더 가까워진다. 예컨대 독자들은 $\frac{99}{70}$의 제곱이 2와 거의 같다는 사실에 만족할 수도 있다.

피타고라스는 늘 정체가 조금 분명치 않은 인물로 여겨지지만, 프로클로스는 기하학을 교양교육으로 확립한 첫 인물로 묘사한다. 토머스 히스 경[156]을 비롯한 많은 권위자들은 아마도 피타고라스가 피타고라스의 정리를 발견했으리라고 믿는데, 정리에 따르면 직각삼각형에서 직각과 마주하는 빗변의 제곱은 다른 두 변의 제곱의 합과 같다. 어쨌든 피타고라스의 정리는 초창기부터 피타고라스학파에게 알려져 있었다. 또한 그들은 삼각형의 내각의 합이 180도라는 사실도 알고 있었다.

소크라테스와 동시대 사람이었던 테오도로스는 2의 제곱근 말고도 다른 무리수에 대해 각론으로 들어가 연구한 반면에, 대략 플라톤과 같은 시대 사람이지만 나이가 더 많았던 테아이테토스는 훨씬 일반적인 방법으로 연구했다. 데모크리토스도 무리수론을 썼다고 전해지지만 내용은 거의 알려져 있지 않다. 플라톤은 무리수 문제에 깊은 관심을 가졌으며, 대화편 『테아이테토스』에서 테오도로스와 테아이테토스의 연구 성과를 언급하기도 했다. 그는 『법률』(819~820)에서 무리수 문제의 일반적인 내용을 모른다면 수치스러운 일이라 말하는데, 이것은 그가 말년에 이르러서야 무리수 문제에 대해 알게 되었음을 함축한다. 무리수 문제는 물론 피타고라스학파의 철학과 중요한 관계가 있었다.

무리수 발견의 중대한 결과 가운데 하나는 에우독소스Eudoxos(기원전 408년경~355년경)의 기하 비례론이다. 이전에는 산술 비례론만 있었다. 산술 비례론에 따르면, a 곱하기 d가 b 곱하기 c와 같다면, a와 b의 비는 c와 d의 비와 같다. 이러한 정의는 산술 무리수 이론을 결여하고 있기 때문에 유리수에만 적용된다. 하지만 에우독소스는 이러한 제한을 받지 않는 새로운 정의를 제시하는데, 오늘날의 해석 방법을 암시하는 식으로 만들었다. 에우독소스의 이론은 에우클레이데스(유클리드) 이론으로 확장되며, 논리의 아름다움을 탁월하게 보여 준다.

에우독소스는 '착출법搾出法, method of exhaustion'도 고안했거나 완성했으며, 뒤이어 아르키메데스가 이 방법을 사용해 큰 성공을 거두었다. 착출법은 적

156 히스, 『그리스 수학의 역사』, 1권, 145쪽.

분을 예상하게 한다. 예를 들어 원의 면적을 구하는 문제를 보자. 너는 원 안에 정육각형이나 정십이각형이나 변이 수천수만 개인 정다각형을 그려 넣을 수 있다. 이러한 다각형의 면적은, 변이 몇 개이든 원의 지름의 제곱에 비례한다. 다각형의 변이 더 많아질수록 다각형의 면적은 원에 더 가까워진다. 다각형의 변을 충분할 정도로 많이 그려 넣는다 해도, 다각형의 면적은 이전에 구한 면적보다 원의 면적과 차이가 더 작기는 하지만 아무리 작더라도 차이가 날 수밖에 없다는 점이 증명된다. 이것을 증명하기 위해 '아르키메데스의 공리'가 사용된다. 이 공리를 조금 단순하게 표현하면, 두 양 가운데 큰 양을 반으로 나눈 다음에 그 반을 다시 반으로 계속 나누면, 결국은 원래 주어진 두 양 가운데 작은 양보다 더 작은 양에 도달한다는 것이다. 달리 말하면, 만일 a가 b보다 크다면 2^n 곱하기 b가 a보다 커지는 어떤 정수 n이 있다.

착출법은 때때로 포물선의 면적을 구하는 경우처럼 아르키메데스가 냈던 정확한 결과에 이르기도 한다. 때로는 원의 면적을 구하는 경우처럼 계속 근사치만 나오기도 한다. 원의 면적을 구하는 문제는 지름에 대한 원주의 비를 구하는 문제인데, 그 비를 파이π라 부르고 아르키메데스는 계산할 때 $\frac{22}{7}$를 근사치로 사용했다. 그는 정구십육각형을 내접시키고 외접시킴으로써 π가 $3\frac{1}{7}$보다 작고 $3\frac{10}{71}$보다 크다는 점을 입증했다. 이 방법을 사용하면 필요한 만큼 근사치를 구할 수 있지만, π의 값을 구하는 문제에 관한 한 어떤 방법을 사용하든 근사치를 구하게 될 뿐이다. π의 근사치를 구하기 위해 원에 내접하는 다각형과 외접하는 다각형을 사용하는 방법은 소크라테스와 같은 시대에 살았던 안티폰까지 거슬러 올라간다.

내가 어렸을 때까지만 해도 에우클레이데스Eukleides(기원전 365년경~275년경)의 『기하학원론』이 소년에게 적합한 기하학 교과서로 인정받은 유일한 책이었다. 에우클레이데스는 기원전 300년경 알렉산드로스와 아리스토텔레스가 죽은 다음 몇 년간 알렉산드리아에서 살았다. 『기하학원론』에 포함된 이론은 대부분 에우클레이데스가 독창적으로 구성한 것은 아니지만, 명제들의 배열 순서와 논리 구조는 대체로 그가 만들어 낸 것이다. 누구라도 기하학을 공부하면 할수록 『기하학원론』에 더욱 경탄하게 된다. 유명한 평행선 공리를 써서 평행선을 다루는 방법에는 두 가지 장점이 있는데, 연역의 엄밀성을 보여 주고 최초 가정에 대해 의심을 숨기지 않는다는 점이다. 에우독소스를 추종한 비례론에서 바이어슈트라스Karl Weierstrass(1815~1897)[157]가 19세기 해석학으로 소개한 것과 유사한 방법으로 무리수와 관련된 모든 난점을 피한다. 다음에 에우클레이데스는 일종의 대수학으로 넘어가 10권에서 무리수 문제를 다룬다. 이후 입체 기하학으로 옮겨가서 정다면체의 구성으로 마무리하는데, 입체 기하학은 테아이테토스가 이미 완성했으며 플라톤도 『티마이오스』에서 가정했다.

에우클레이데스(유클리드)의 『기하학원론』은 위대한 저술 가운데 하나로 그리스인의 지성이 보여 준 기념비적 업적이다. 물론 그리스인의 전형적 한계도 보여 준다. 기하학의 방법은 순수한 연역적 방법으로, 안에 포함된 최초 가정들을 시험할 길이 없다. 이러한 가정들은 의문의 여지없이 자명하다고 생각되었지만, 19세기에 출현한 비非에우클레이데스 기하학에서는 일부 가정이 틀렸**을지도 모르며**, 관찰만이 틀린지 맞는지 결정할 수 있게 한다는 점을 보여 주었다.

에우클레이데스에게도 실천적 유용성practical utility을 경멸하는 태도가 나타나는데, 플라톤이 이미 가르친 적이 있었다. 한 제자가 증명 과정을 다 들은 다음 기하학을 배워서 무엇을 얻게 되느냐고 묻자, 에우클레이데스는 노예를 불러 이렇게 말했다고 한다. "저 젊은이는 배움에서 이익을 얻어야 할

157 * 현대 함수이론의 창시자 가운데 한 사람으로 현대 해석학의 아버지로 불린다.

테니 3펜스를 주어라." 실천에 대한 이러한 경멸적 태도는 실용성의 측면에서도 정당한 것이었다. 그리스 시대에는 어느 누구도 원뿔곡선이 쓸모가 있으리라고 상상하지 못했다. 17세기에 이르러 마침내 갈릴레오가 발사체가 포물선을 그리며 운동한다는 것을, 그리고 케플러는 행성들이 타원궤도로 공전한다는 것을 발견했다. 이때부터 그리스인이 순수하게 이론을 사랑하면서 이룩한 업적은 갑자기 전쟁과 천문학의 열쇠가 되었다.

실용적 기질의 소유자였던 로마인들은 에우클레이데스 기하학의 진가를 올바르게 평가하지 못했다. 에우클레이데스를 언급한 최초의 로마인은 키케로인데, 당시에 라틴어 번역본이 없었을 것이다. 정말로 보이티우스 이전(서기 480년)에 라틴어 번역본이 있었다는 **기록**은 없다. 아랍인은 진가를 알아보았다. 서기 760년경 비잔틴 황제가 칼리프에게 『기하학원론』의 사본을 전했고, 하룬 알 라시드(아바스 왕조의 제5대 칼리프)가 통치하던 서기 800년경에 아랍어 번역본이 나왔다. 지금까지 남아 있는 최초의 라틴어 번역본 역시 애덜라드Adelard of Bath[158]가 1120년에 아랍어 번역본을 번역한 것이다. 이후 서방에서도 점차 기하학 연구가 부활하기 시작했지만 르네상스 시대 말까지 중요한 진전은 없었다.

이제 기하학만큼 그리스인의 업적이 두드러진 천문학을 살펴보자. 이전에 바빌로니아인과 이집트인은 수 세기에 걸친 관측을 통해 천문학의 토대를 마련했다. 행성의 겉보기 운동을 기록했지만, 샛별과 개밥바라기가 같은 금성을 가리킨다는 것은 알려지지 않았다. 바빌로니아에서 일식과 월식의 주기를 확실히 발견하고 아마 이집트에서도 그 주기를 발견하게 되면서, 월식은 상당히 믿을 만하게 예측할 수 있었지만 일식은 주어진 지점에서 늘

158 * 12세기 초에 활동한 영국의 스콜라 철학자로 아랍 과학 지식에 대한 해석의 선구자다. 에우클레이데스의 아랍어판 『기하학원론』을 라틴어로 번역했다. 이 책은 수 세기 동안 서유럽에서 중요한 기하학 교과서로 사용되었다.

보이지는 않았기 때문에 예측하기 어려웠다. 직각을 90도로 나누고 1도를 60분으로 나누는 전통은 바빌로니아인에게서 유래한다. 그들은 60이란 숫자를 좋아해서 셈법도 60진법을 사용했다. 그리스인은 선구자들의 지혜를 이집트 여행에서 찾고 싶어 하지만, 그리스인 이전에 이룩한 업적은 거의 없었다. 그러나 탈레스가 했다는 일식 예측은 외국의 영향을 보여 준 사례였다. 그가 이집트와 바빌로니아에서 배운 지식에 무엇을 추가했다고 생각할 이유가 전혀 없으며, 예측도 뜻밖의 행운으로 증명되었기 때문이다.

몇 가지 최초 발견과 정확한 가설에서 시작하기로 하자. 아낙시만드로스는 지구가 자유로이 떠다니며 무엇이 떠받치고 있지 않다고 생각했다. 아리스토텔레스[159]는 당대 최고의 가설을 자주 거부하곤 했으며, 중심에 놓인 지구는 어느 한 방향으로 움직일 이유가 없기 때문에 운동하지 않고 멈춰 있다는 아낙시만드로스의 이론에도 반대했다. 그는 만일 아낙시만드로스의 이론이 타당하다면, 원의 중심에 자리 잡은 사람은 원의 주변 여기저기에 놓인 음식 가운데 어느 한 가지를 선택할 이유가 없기 때문에 굶어 죽게 될 것이라고 말했다. 이러한 논증은 천문학이 아니라 자유의지 문제와 연결되면서 스콜라 철학에 다시 등장한다. 양쪽 똑같은 거리에 놓인 두 건초 더미를 두고 한쪽을 선택하지 못해 굶어 죽은 '뷔리당의 당나귀'[160]의 형식으로 다시 등장한다.

피타고라스는 아마 지구가 구형이라고 생각한 첫째 인물이겠지만, 제시한 근거는 누구나 인정하듯 과학적 근거보다 미학적 근거였다. 하지만 곧 과학적 근거가 발견되었다. 아낙사고라스는 달이 반사광 때문에 빛난다는 사실을 발견했으며, 정확한 일식 이론과 월식 이론을 내놓았다. 그는 지구

---

159 아리스토텔레스, 『천체론』, 295b.

160 * 중세 철학자 장 뷔리당Jean Buridan이 말했다고 전해지는 가설이다.

가 평평하다는 생각을 하기도 했지만, 월식에 나타난 지구 그림자의 모양은 피타고라스학파에게 지구가 구형이라는 사실을 지지하는 결정적 논거를 제공했다. 피타고라스학파는 더 나아가 지구를 행성 가운데 하나로 간주했다. 피타고라스 자신이 말했다고 전해지는 샛별과 개밥바라기가 동일한 금성을 가리킨다는 사실을 알고 있었으며, 지구를 비롯한 행성은 전부 태양 주위가 아니라 '중심의 불' 주위를 원궤도로 운동한다고 생각했다. 피타고라스학파는 달이 언제나 지구를 향해 같은 면을 보이며, 지구도 '중심의 불'을 향해 같은 면을 보인다고 생각했다. 지중해 지역은 중심의 불과 반대편에 있기 때문에 중심의 불이 전혀 보이지 않았다. 중심의 불은 '제우스의 집'이라 부르거나 '신들의 모신'이라 불렀다. 태양은 중심의 불에서 나온 반사광 때문에 빛난다고 생각했다. 지구에 더하여 중심의 불에서 동일한 거리에 또 다른 천체, 대對지구the counter-earth가 존재한다고도 생각했다. 이에 대해 두 가지 근거를 제시하는데, 하나는 과학적 근거이고 다른 하나는 산수 신비주의arithmetical mysticism에서 유래한 근거다. 과학적 근거는 태양과 달이 둘 다 지평선 위에 걸렸을 때 이따금 일어나는 월식에 대한 정확한 관찰에 바탕을 둔다. 피타고라스학파는 이러한 현상의 원인이 빛의 굴절이라는 사실을 아직 몰랐기 때문에, 이때 월식이 지구가 아닌 다른 천체의 그림자에서 기인한다고 생각했다. 다른 근거는 태양과 달, 행성 다섯 개, 지구와 쌍둥이 지구, 그리고 중심의 불로 이루어진 열 천체인데, 피타고라스학파에게 10은 신비한 수였다.

위에서 말한 피타고라스학파의 이론은 기원전 5세기 말에 살았던 테베인 필로라오스Philolaus[161]가 세웠다고 한다. 그의 이론은 환상으로 가득하며 일

161 * 기원전 475년경에 활동한 피타고라스학파의 철학자로 수 분류의 중요성을 강조한 피타고라스의 수 이론을 배웠다. 10, 그러니까 처음 네 수의 합이 지닌 성질에 특별한 관심을 가졌다.

부는 조금 비과학적이지만, 대부분 코페르니쿠스의 가설을 세우는 데 필요한 상상력 넘치는 노력을 포함하기 때문에 중요한 가치가 있다. 지구는 우주의 중심이 아니라 행성 가운데 하나이며, 영원히 고정된 천체가 아니라 우주 공간을 떠도는 천체라는 이른바 인간중심적 사고방식에서 해방된 색다른 경우를 보여 준다. 이렇게 인간의 자연스러운 우주관이 한 번 충격을 받자, 과학적 논증으로 더 정밀한 이론을 만들어 내는 일은 어렵지 않았다.

다양한 관찰이 과학 이론을 정밀하게 만드는 데 기여했다. 아낙사고라스보다 조금 후대에 속한 오이노피데스Oenopides of Chios[162]는 황도의 경사각을 발견했다. 곧이어 태양이 지구보다 엄청나게 크다는 것이 명백해졌고, 이 사실은 지구가 우주의 중심이란 주장을 부정했던 사람들을 지지하는 근거가 되었다. 피타고라스학파는 플라톤의 시대가 지나자 곧바로 중심의 불과 대지구 개념을 포기했다. 헤라클레이데스Heracleides Ponticus(살았던 연대는 기원전 388년경에서 315년까지로, 아리스토텔레스와 같은 시대 사람이었다)는 금성과 수성이 태양의 주위를 공전한다는 사실을 발견했으며, 지구가 지축을 중심으로 24시간마다 한 번씩 자전한다는 견해를 받아들였다. 마지막 단계는 이전 어떤 철학자도 밟지 않은 매우 중요한 단계였다. 헤라클레이데스는 플라톤학파에 속했으며 위대한 인간이었음이 틀림없지만, 기대만큼 존경할 만한 인물은 아니었다. 그는 뚱뚱한 멋쟁이로 묘사되기도 했다.

아리스타르코스Aristarchos of Samos는 대략 기원전 310년부터 230년까지 살았기 때문에 아르키메데스보다 스물다섯 살 정도 나이가 많았고, 고대의 모든 천문학자 가운데 가장 흥미로운 인물로 평가된다. 왜냐하면 아리스타르코스가 지구를 비롯한 모든 행성이 태양 주위로 원을 그리며 운동하고 지구가 지축을 중심으로 24시간에 한 번씩 자전한다는 코페르니쿠스의 가설

162 * 기원전 450년경에 살았던 그리스의 기하학자이자 천문학자다.

과 완벽하게 들어맞는 학설을 세웠기 때문이다. 아리스타르코스의 현존하는 유일한 저술인 『태양과 달의 크기와 거리에 대하여*The Sizes and Distances of the Sun and Moon*』에서 지구중심설을 고수하는 부분을 보면 약간 실망스럽다. 사실 앞서 말한 저술에서 다룬 문제에 대해 어떤 이론을 채택하든 차이가 나지 않기 때문에 천문학자들의 일반적 견해와 쓸데없이 대립하면서까지 자신의 계산에 부담을 주는 일은 현명하지 않다고 생각했을지도 모른다. 또는 이 책을 다 쓴 후에 코페르니쿠스의 가설에 도달했을 수도 있겠다. 토머스 히스 경은 책의 원문과 번역본을 모두 실은 아리스타르코스에 대한 저술[163]에서 후자의 견해로 기운다. 어쨌든 아리스타르코스가 코페르니쿠스의 견해를 시사했다는 주장에는 어느 정도 결정적 증거가 있다.

이미 보았듯 아리스타르코스보다 젊은 동시대인이었던 아르키메데스가 처음 최선의 증거를 찾아 제시했다. 아르키메데스는 시라쿠사의 왕 겔론에게 쓴 편지에서 아리스타르코스가 '몇 가지 가설을 담은 저술'을 내놓았다면서 계속해서 이렇게 말한다. "그의 가설에 따르면 항성fixed stars과 태양은 움직이지 않고 정지해 있으며, 지구는 태양 주위를 원궤도로 공전하고 궤도의 중심에 태양이 놓여 있습니다." 플루타르코스의 『영웅전』의 한 대목에서도 클레안테스가 "아리스타르코스가 우주의 심장(말하자면 지구)을 움직이게 했기 때문에 그를 불경죄로 고발하는 것이 그리스인의 의무이며, 이것은 하늘이 정지한 채 지구가 타원 궤도로 운동하면서 지축을 중심으로 자전한다고 가정함으로써 지구가 운동하는 현상을 지키려 한 결과로 빚어진 일이라 생각했다"고 전한다. 클레안테스는 아리스타르코스와 같은 시대 사람으로 기원전 232년경에 죽었다. 플루타르코스는 다른 대목에서 아리스타르코스가 이러한 견해를 단지 가설로 제안했을 뿐이지만, 후계자 셀레우코

163 히스, 『사모스의 아리스타르코스, 고대의 코페르니쿠스』. 다음 내용은 이 책에서 비롯한다.

스는 명확한 견해로 세웠다고 한다(셀레우코스는 기원전 150년경에 활약했다). 아에티오스와 섹스토스 엠피리코스도 아리스타르코스가 태양중심설을 내놓았다고 주장하지만, 이 견해를 단지 가설로서 제안했다고 말하지 않는다. 설령 그렇다 치더라도 아리스타르코스는 어쩌면 2000년 후의 갈릴레오처럼 종교적 편견에 맞서는 데서 오는 두려움, 위에서 언급한 클레안테스가 보인 태도로 명백히 알 수 있는 두려움을 피하려 했을지도 모른다.

아리스타르코스가 코페르니쿠스의 가설을 적극적 가설로든 시험적 가설로든 주창한 이후 셀레우코스에 의해 분명히 계승되었지만, 고대 천문학자 가운데 아무도 그 가설을 수용하지 않았다. 이렇게 고대사회에서 일반적으로 아리스타르코스의 가설을 거부하게 된 것은 주로 기원전 161부터 126년까지 활약한 히파르코스의 탓이었다. 히스는 그를 가리켜 '고대 최고의 천문학자'[164]로 묘사한다. 히파르코스는 삼각법을 다룬 체계적 저술을 낸 첫 인물이었고, 춘분점과 추분점의 세차를 발견했다. 그는 음력달의 길이를 1초 이하의 오차로 계산했으며, 아리스타르코스가 어림한 태양과 달의 크기와 거리의 오차를 줄였다. 또 그는 850개 항성 목록을 작성하고, 각각의 경도와 위도를 기록하기도 했다. 히파르코스는 무엇보다 아리스타르코스의 태양중심설에 반대하면서, 기원전 220년경에 활약한 아폴로니오스가 고안해 낸 주전원설을 채택하고 수정했다. 이 주전원설이 발전하여 만들어진 체계가 나중에, 서기 2세기 중엽에 활약한 천문학자 프톨레마이오스 이후에 프톨레마이오스 체계로 알려지게 되었다.

코페르니쿠스는 어쩌면 거의 망각된 아리스타르코스의 가설에 대해 많지 않더라도 조금 알게 되었고, 자신의 혁신적 가설을 지지해 주는 고대의 권위자를 발견하고 용기를 얻었을지도 모른다. 그렇지 않았다면 아리스타

164 히스, 『그리스 수학의 역사』 2권, 253쪽.

르코스의 가설이 후대 천문학에 미친 효과는 거의 없었다.

고대 천문학자들은 지구, 달, 태양의 크기와 달과 태양까지 이르는 거리를 잴 때 이론상 적합한 방법을 사용했지만, 정확한 측정에 필요한 도구가 없었기 때문에 제한을 받을 수밖에 없었다. 정밀한 도구가 없었던 시대 상황을 감안하면 그들이 측정한 결과 가운데 놀라우리만큼 근접한 것이 많다. 에라토스테네스는 지구의 지름을 7,850마일로 추정했는데, 실제 지름보다 겨우 50마일가량 짧았을 따름이다. 프톨레마이오스는 달까지 이르는 평균 거리를 지구 지름의 29½배로 추정했는데, 정확한 거리는 약 30.2배다. 고대 천문학자 가운데 아무도 태양의 크기와 태양까지 이르는 거리에 근접하지 못했으며, 모두 실제보다 낮은 수치로 추정했다. 그들은 지구의 지름으로 태양까지 이르는 거리를 다음과 같이 추정했다.

아리스타르코스 180배
히파르코스 1,245배
포세이도니오스 6,545배

정확한 수치는 11,726배다. 앞에서 제시한 추정치들은 계속 더 정확한 수치에 가까워졌음을 알 수 있을 것이다(그러나 프톨레마이오스의 추정치는 오히려 퇴보했음을 보여 준다). 포세이도니오스Posidonius(기원전 135년경~51년경)[165]의 추정치는 정확한 수치의 절반 정도밖에 되지 않는다. 전체적으로 보아 그들이 그린 태양계는 진실과 많이 다르지 않았다.

그리스 천문학은 역학이 아니라 기하학과 관계가 있었다. 고대 그리스인은 천체가 등속운동을 하며 원운동하거나 복합 원운동을 한다고 생각했다.

165 포세이도니오스는 키케로의 스승이었다. 그는 기원전 2세기 후반에 활약했다.

그들에게는 **힘**force 개념이 없었다. 전체가 움직이며 가지각색의 천체가 고정되어 있는 천구가 존재할 따름이다. 뉴턴의 중력법칙이 등장하면서 기하학적 요소가 덜 드러난 새로운 관점을 도입하게 되었다. 아인슈타인의 일반 상대성 이론에서 뉴턴이 말하는 의미의 힘 개념이 사라지고 기하학적 관점으로 돌아간 사실을 보면 기이한 느낌마저 든다.

천문학자의 문제는 바로 천구 위 천체의 겉보기 운동apparent motions이 주어질 때, 그러한 현상을 가능한 한 단순하게 서술하기 위해 제3 좌표, 곧 깊이를 도입하는 것이다. 코페르니쿠스 가설의 장점은 진리성이 아니라 단순성에 있다. 운동의 상대성이란 관점에서 보면 **진리** 문제가 개입될 필요가 없다. 그리스인은 '현상을 구해 내는' 가설을 찾는 과정에서 의도하지 않았지만 과학의 측면에서 보면 결과적으로 정확하게 천체의 운동 문제를 다루었다. 이전 천문학자들이나 코페르니쿠스까지 이르는 후대 천문학자들을 비교해 보면, 어느 연구자든 그리스 천문학자들의 참으로 놀라운 천재성에 압도당할 것이다.

기원전 3세기에 가장 위대한 두 학자, 아르키메데스와 아폴로니오스는 그리스의 일급 수학자 명단에 마지막으로 이름을 올린다. 아르키메데스는 아마 사촌이었을지도 모르는 시라쿠사의 왕 히에론 2세와 아주 친한 사이였으며, 기원전 212년 로마 군대가 시라쿠사를 점령했을 때 살해당했다. 아폴로니오스는 젊은 시절부터 알렉산드리아에서 살았다. 아르키메데스는 수학자일 뿐만 아니라 물리학자로서 유체 정역학을 연구했다. 아폴로니오스는 주로 원뿔곡선 연구로 주목을 받는다. 두 사람은 너무 늦게 나타나 철학에 미친 영향이 미미하기 때문에 더는 다루지 않겠다.

아르키메데스와 아폴로니오스 이후에도 알렉산드리아에서 훌륭한 연구가 이어졌지만 위대한 시대는 막을 내렸다. 로마 군대의 지배 아래서 그리스인은 정치적 자유를 누리는 데 필요한 자신감을 잃게 되었고, 마비된 듯 무력하게 이전 학자들을 존경할 뿐이었다. 아르키메데스를 살해한 로마 병사는 로마가 그리스 세계 전체에 초래한 독창적 사상의 죽음을 상징적으로 보여 준 인물이 되었다.

제3부
아리스토텔레스 이후 고대 철학

25.
헬레니즘 세계

고대 그리스어 문화권 세계의 역사는 세 시기로 나눌 수 있다. 첫 시기는 자유 도시국가 시대다. 이 시기는 마케도니아의 필리포스 왕과 알렉산드로스 대왕의 등장으로 멸망했다. 둘째 시기는 마케도니아 통치 시대다. 이 시기의 마지막 잔재는 클레오파트라가 죽은 다음 로마가 이집트를 합병하면서 소멸했다. 마지막 시기는 로마 제국 시대다. 첫 시기의 특징은 자유와 무질서이고, 둘째 시기의 특징은 복종과 무질서이며, 마지막 시기의 특징은 복종과 질서다.

앞에서 구별한 세 시기 가운데 두 번째 시기가 헬레니즘 시대Hellenistic age로 알려진다. 이 시기에 과학과 수학 분야의 성과는 예전과 다름없이 그리스인의 업적이며 최고 수준을 자랑한다. 철학 분야에서는 에피쿠로스학파와 스토아학파의 기초를 놓았을 뿐만 아니라 회의주의를 명확한 형식의 학설로 정립한다. 그러므로 헬레니즘 시대는 철학사의 관점에서 플라톤과 아리스토텔레스가 활동하던 시기보다 덜 중요할지 몰라도 여전히 중요하다. 기원전 3세기 이후 그리스 철학에 새로운 경향은 현실적으로 나타나지 않다가, 서기 3세기에 신플라톤학파가 등장한다. 그러는 사이에 로마 세계는 그리스도교의 승리를 준비하고 있었다.

알렉산드로스의 짧은 생애로 그리스 세계가 급변했다. 기원전 334년부터 324년까지 10년 동안 알렉산드로스는 소아시아, 시리아, 이집트, 바빌로니아, 페르시아, 사마르칸트, 박트리아, 펀자브 지역을 정복했다. 가장 큰 나라로 알려진 페르시아 제국은 세 차례 전투 끝에 멸망했다. 이로써 고대부터 전승된 바빌로니아인의 지식과 고대의 미신이 호기심 많은 그리스인에게 잘 알려지게 되었다. 조로아스터교의 이원론을 비롯해 정도는 덜하지만 불교가 최고 지위를 차지한 인도의 갖가지 종교에도 익숙해졌다. 알렉산드로스가 침입한 곳이라면 어디나, 아프가니스탄의 산 속이든 작사르테스강의 기슭이든 인더스강의 지류든 그리스 도시가 들어섰으며, 자치정부의 법령과 더불어 그리스 제도를 재현하려 했다. 알렉산드로스가 이끄는 군대가 대부분 마케도니아인으로 구성되고 유럽의 그리스인이 거의 마지못해 그에게 복종했더라도, 알렉산드로스는 처음에 그리스 문화의 사도로 자처했다. 하지만 점차 정복 지역을 확장하게 되자, 알렉산드로스는 그리스인과 야만인의 우호적 제휴를 촉진하는 정책으로 선회했다.

알렉산드로스가 이러한 정책을 펼치게 된 동기는 다양했다. 한편으로 규모가 크지 않은 자신의 군대가 거대한 제국을 단지 무력으로 영구히 장악할 수 없을 뿐만 아니라 장기적으로 점령지 주민들에 대한 회유에 의존할 수밖에 없음도 명백해졌다. 다른 한편으로 동양은 신성한 왕이 지배하는 정치를 제외한 정치 형태에 익숙하지 않았으며, 알렉산드로스는 자신이 신성한 왕의 역할을 수행할 자격이 충분하다고 생각했다. 그가 자신을 신이라 믿었는지, 아니면 정책을 위한 동기로 신성을 부여했는지는 역사적 증거가 뚜렷하지 않기 때문에 심리학자가 대답할 문제다. 어쨌든 알렉산드로스는 분명히 이집트에서 파라오의 후계자로 대우받거나 페르시아에서 대왕으로 대우받던 아첨의 순간을 즐겼다. 마케도니아 출신의 '동지들'이라고 부르던 명장들은 서유럽 귀족들이 입헌 군주를 상대하던 태도로 알렉산드로스를 대했다. 그들은 그의 앞에 꿇어 엎드리려고 하지 않고 생명의 위협을 무릅쓰더라도 증거를 들이대며 비판을 서슴지 않았으며, 결정적 순간에 그의 행동을 통제함으로써 갠지스강 지역을 정복하려고 행군하지 않고 인더스강에서 고향으로 회군하게 했다. 동양인은 훨씬 고분고분해서 그들의 종교적 편견을 존중해 주기만 하면 만사형통이었다. 이러한 일은 알렉산드로스에게 아무 문제도 되지 않았다. 아몬이나 벨을 제우스와 동일시하고 자신을 신의 아들로 선언하는 일이 필요했을 따름이다. 심리학자들은 알렉산드로스가 부왕 필리포스를 미워했으며, 아마도 아버지의 암살에 은밀히 관여했으리라고 말하기도 한다. 그는 어머니 올림피아스가 그리스 신화 속의 여인처럼 신의 사랑을 받았다고 믿고 싶었을 것이다. 알렉산드로스의 생애는 기적에 가까울 만큼 대단해서, 그가 자신의 비범하고 놀라운 성공을 멋지게 설명하기 위해 불가사의한 출생을 떠올렸던 것도 당연한 일이다.

그리스인은 야만인에 대해 우월감을 아주 강하게 느꼈다. 아리스토텔레스가 북방 민족은 기운차고 남방 민족은 문명화되었으며, 그리스인만이 기운차면서도 문명화되었다고 말할 때 아마 일반적 관점을 표현했을 것이다. 플라톤과 아리스토텔레스는 그리스인을 노예로 삼는 일은 옳지 않다고 생각했지만 야만인에 대해 그렇게 생각하지 않았다. 원래 그리스인이 아니었던 알렉산드로스는 그리스인의 우월감을 타파하려 했다. 그는 야만족 출신 공주 둘과 결혼했으며, 유력한 마케도니아 인사들이 귀족 태생의 페르시아 여인들과 강제로 결혼하게 했다. 누구나 인정하듯 알렉산드로스가 정복한 수많은 그리스 도시의 식민지 이주자들은 여자들보다 남자들이 더 많았기 때문에, 이주한 남자들은 알렉산드로스의 모범을 따라 식민지 출신 여자들과 결혼했다. 이러한 정책의 결과로 생각이 깊은 사람들의 마음속에 인류 전체라는 개념이 떠오르게 되었다. 도시국가에, 정도가 덜하기는 해도 그리스 민족에게 바치는 오랜 충성심은 더는 적절해 보이지 않았다. 철학 분야에서 이러한 세계주의 관점cosmopolitan point of view은 스토아학파와 더불어 시작되지만, 실제로는 일찍이 알렉산드로스와 함께 시작되었다. 그리하여 그리스인과 야만인의 상호작용이 호혜적 결과를 낳았다. 야만인은 그리스 과학을 조금 배웠지만, 그리스인은 야만인의 미신을 많이 배웠다. 넓은 지역을 포괄하는 그리스 문명은 그리스의 순수성을 점차 잃어 갔다.

그리스 문명은 본질적으로 도시 문명이었다. 물론 많은 그리스인이 농업에 종사했으나, 고대 그리스 문화Hellenic culture에 뚜렷한 흔적을 거의 남기지 않았다. 밀레토스학파 이후 과학과 철학, 문학에서 두각을 나타낸 그리스인들은 종종 야만인들로 둘러싸인 부유한 상업 도시들과 관계가 깊었다. 이러한 유형의 문명은 그리스인이 아니라 페니키아인이 시작했다. 티레와 시돈과 카르타고에서는 손으로 하는 집안일은 노예에게 맡겼으며, 용병을 고용해서 전쟁에 투입했다. 이러한 도시들은 현대의 수도가 그렇듯 같은 핏줄로 이어져 동등한 정치적 권리를 갖는 대다수 농민에게 의존하지 않았다. 현대에 접어들면서 가장 유사한 도시는 19세기 후반기 극동 지역에서 발견된다. 싱가포르와 홍콩, 상하이와 중국의 다른 조약 항구treaty port는 유럽풍의 작은 섬들이었으며, 거기서 백인들은 쿨리[166]의 노동으로 유지되는 상업 귀족 체제를 형성했다. 북아메리카, 그러니까 메이슨 딕슨 선의 북부 지역에서는 이러한 노동력이 확보되지 않아 백인들이 직접 농사를 지을 수밖에 없었다. 이러한 이유로 북아메리카에서 백인의 지배력은 극동에서 백인의 지배력이 이미 급격하게 약해지는 동안에도 무너지지 않고 있지만, 한꺼번에 쉽게 끝나 버릴지도 모를 일이다. 그러나 백인 문화의 상당 부분, 특히 산업주의는 살아남을 것이다. 이러한 유사 도시는 알렉산드로스 제국의 동방 지역에서 그리스인이 차지한 지위를 이해하는 데 도움이 된다.

---

166 * 인도와 중국의 하급 노동자. Coolie 또는 cooly, kuli, quli, koelie 등으로 쓴다.

알렉산드로스는 아시아의 상상력에 오래도록 대단한 영향을 미쳤다. 알렉산드로스가 죽은 다음 수 세기의 역사를 기록한 『마카베오 1서*first Book of the Maccabees*』는 그의 생애를 설명하는 것으로 시작한다.

"사건은 이래서 일어났다. 필리포스의 아들이자 마케도니아인이었던 알렉산드로스가 키팀 땅에서 와서 페르시아인과 메데 부족의 왕 다리우스를 쳐서 물리치고, 다리우스 왕을 대신해 그리스 전역을 지배하는 최고 통치자로 군림했으며, 온갖 전쟁을 일으켜 강한 요새를 숱하게 점령하고 지상의 여러 왕을 살해하며 땅 끝까지 가서 수많은 나라에서 전리품을 차지하니 온 세상이 알렉산드로스 앞에 무릎을 꿇고 조용해졌다. 이에 의기양양하고 기운이 넘쳐 우쭐해진 알렉산드로스는 막강한 군을 조직하여 여러 나라와 민족과 임금을 지배하며 조공을 바치게 했다. 이후 앓아눕게 되자 그는 곧 죽으리라는 사실을 알아챘다. 그래서 그는 명예를 알고 어린 시절부터 동고동락한 부하들을 불러 살아 있는 동안 자신의 왕국을 그들에게 나누어 주었다.[167] 결국 알렉산드로스는 12년 동안 군림하다가 죽었다."

알렉산드로스는 이슬람교에서도 전설적 영웅으로 남았으며, 오늘날까지도 히말라야 산지의 족장들은 자신들이 알렉산드로스의 후예라 주장한다.[168] 역사 속에 실존했던 영웅 가운데 어느 누구도 알렉산드로스만큼 신화 형성에 적합한 능력을 완벽하게 갖춘 사람은 없었다.

알렉산드로스가 죽자 제국의 통일을 유지하려는 시도가 있었다. 그러나 두 아들 가운데 한 아들은 아직 어렸고, 다른 아들은 어머니의 뱃속에 있었다. 두 아들에게 각각 지지자들이 생겨나면서 내란이 일어나고, 두 아들은 권력 쟁탈전에서 밀려나고 말았다. 결국 알렉산드로스의 제국은 세 장군 가

---

167 이것은 역사적으로 사실이 아니다.

168 아마도 이러한 주장은 더는 사실이 아닐 텐데, 그렇게 주장하는 자들의 아들들이 영국의 이튼 공립학교에서 교육을 받았기 때문이다.

문이 알렉산드로스가 점령한 영지를 분할해 통치하게 되었는데, 대충 말하자면 한 사람이 유럽 지역을 차지했고, 다른 한 사람이 아프리카 지역을 차지했으며, 셋째 사람이 아시아 지역을 차지했다. 유럽 지역은 최후로 안티고노스의 후손들 수중에 들어갔고, 이집트를 차지한 프톨레마이오스는 알렉산드리아를 수도로 삼았다. 여러 해 동안 전쟁을 치른 다음 아시아를 차지한 셀레우코스는 출정이 잦아 고정된 수도가 없었으나 후에 안티오크를 셀레우코스 왕조의 제일 도시로 삼았다.

프톨레마이오스 가문과 셀레우코스 왕조라고 불리던 셀레우코스 가문은 그리스인과 야만인을 융화시키려던 알렉산드로스의 시도를 포기하고, 처음부터 그리스인 용병들로 더욱 강력해진 마케도니아 군대에 기초한 군부 참주정치를 확립했다. 프톨레마이오스 가문은 이집트를 공명정대하고 안정되게 지배했지만, 아시아 지역에서는 2세기 동안 거듭된 왕조 전쟁이 로마군의 정복으로 비로소 종식되었다.

2세기 동안 파르티아인이 페르시아를 정복했으며, 박트리아 왕국을 세운 그리스인의 고립은 심화되었다. 급격히 쇠퇴의 길로 접어든 기원전 2세기, 박트리아의 그리스인들에게 메난드로스라는 왕이 있었는데, 그의 인도 제국은 아주 넓었다. 메난드로스 왕과 불교 성자가 나눈 대화 두 편이 팔리어로 전해졌으며, 일부는 중국어로 번역되었다. 탄Tarn 박사는 1편이 그리스어 원본에 바탕을 두었다고 암시한다. 메난드로스가 왕위를 버리고 불교 성자가 되었다는 내용으로 끝나는 2편은 그리스어 원본이 없는 것이 확실하다.

불교는 기원전 2세기 무렵 활발하게 전파되었다. 불교 성자이자 왕인 아소카Ashoka Maurya(기원전 264년경~228년경)[169]는 지금도 현존하는 비문의 기

169 * 인도 마가다국 제3왕조인 마우리아 제국의 세 번째 임금으로 인도사상 최초의 통일국가를 이룬 왕이다. 불교를 전파함으로써 전쟁을 피하고 도덕적 통치를 실현하고자 했다.

록에 따르면 마케도니아의 모든 왕에게 불교를 전파하기 위해 사절단을 파견했다고 한다. "황제의 의견에 따르면 사절단 파견이 가장 중요한 정복, 바로 율법the Law에 따른 정복이다. 이러한 정복은 황제가 영토 내부뿐만 아니라 600리그에 달하는 인근 지역까지, 그리스의 왕 안티오코스가 거주하는 곳을 넘어 프톨레마이오스, 안티고노스, 마가스, 알렉산드로스라 부르는 네 왕이 거주하는 곳까지, 여기 왕의 영토와 마찬가지로 요나들(펀자브 지역의 그리스인들) 사이에서도 영향을 미친다."[170] 안타깝게도 이 사절단에 대해 서방측에서 설명한 기록은 전해지지 않았다.

헬레니즘 시대의 문화는 바빌로니아에 훨씬 깊숙이 영향을 미쳤다. 이미 보았듯 코페르니쿠스의 체계를 앞서 주장했던 사모스 출신 아리스타르코스를 추종한 유일한 고대인은 티그리스 강변에 있는 셀레우키아 출신 셀레우코스로, 기원전 150년경에 활약했다. 타키투스Publius Cornelius Tacitus(56년경~12년경)[171]는 서기 1세기 셀레우키아가 파르티아인의 야만스러운 풍습에 빠지지 않고 여전히 셀레우키아의 그리스인 창건자 셀레우코스[172]가 만든 제도를 유지했다고 전한다. 재물이나 지혜를 기준으로 선발된 시민 300인이 원로원을 구성하며, 일반 주민도 권력을 나누어 가진다.[173] 더 먼 서방처럼 메소포타미아의 전 지역에 걸쳐 그리스어는 문학과 문화를 표현하는 언어가 되었으며, 이슬람교도가 정복할 때까지 그대로 유지되었다.

유대를 제외한 시리아의 도시들은 언어와 문학에 관한 한 헬레니즘에 완전히 동화되었다. 그러나 시골에 거주하는 민중은 보수 성향이 훨씬 강해서 그들에게 익숙한 종교와 언어를 계속 유지했다.[174] 소아시아 해안에 있는

---

170 베번, 『셀레우코스 왕가』, 1권, 298쪽.

171 * 로마 제국의 정치가이자 역사가로 『게르마니아*Germania*』, 69년부터 96년까지 로마 제국의 역사를 기록한 『역사*Historiae*』, 14년부터 68년까지 로마 역사를 다룬 『연대기 *Annals*』를 썼다.

172 천문학자가 아니라 왕을 가리킨다.

173 타키투스, 『연대기』, 6권, 42장.

그리스 도시들은 수 세기 동안 인접한 야만인들에게 영향을 미쳤다. 영향력은 마케도니아의 정복으로 더 강해졌다. 헬레니즘 시대와 유대인 사이에 빚어진 첫 갈등은 『마카베오 서』에 기록되어 있다. 첫 갈등을 다룬 이야기는 마케도니아 제국 어느 지역에서도 찾아보기 힘들어 대단히 흥미롭다. 나는 그 이야기를 그리스도교의 기원과 성장으로 옮겨가는 다음 단계에서 다룰 생각이다. 다른 지역에서 그리스의 영향은 이토록 완강한 반대에 부딪히지 않았다.

헬레니즘 문화의 관점에서 기원전 3세기에 가장 빛나는 성공을 거둔 도시는 알렉산드리아다. 이집트는 마케도니아의 영토로 편입된 유럽 지역과 아시아 지역보다 전쟁에 휩싸이는 일이 드물었기 때문에, 알렉산드리아는 상업 도시로서 보기 드물게 혜택을 받는 위치에 있었다. 프톨레마이오스 가문은 학문의 후원자로서 수도에 당대 최고의 인재들을 많이 끌어들였다. 수학은 알렉산드리아에서 발전하게 되었으며, 로마가 함락되는 순간까지 여전했다. 사실 아르키메데스는 시칠리아 사람으로, 시칠리아는 그가 죽는 순간까지 독립을 유지한 그리스 도시국가 세계의 일부에 속해 있었다. 그러나 그는 알렉산드리아에서도 연구했다. 에라토스테네스는 유명한 알렉산드리아 도서관의 도서관장이었다. 기원전 3세기에 알렉산드리아와 관계가 좀 더 밀접했던 수학자와 과학자들은 이전 세기에 활동한 여느 그리스인 못지않게 유능했으며, 같은 수준의 중요한 연구 성과를 냈다. 그러나 그들은 이전 학자들과 달리 연구 분야의 모든 지식을 섭렵함으로써 보편적인 철학을 세우지는 못했다. 그들은 근대적 의미로 전문가들이었다. 에우클레이데스, 아리스타르코스, 아르키메데스, 아폴로니오스는 수학자가 되는 것으로 만족했기 때문에 철학 분야에서는 독창성을 보여 주지 못했다.

---

174 『케임브리지 고대사』, 7권, 194~195쪽을 보라.

전문화는 학문의 세계뿐만 아니라 모든 분야에 걸쳐 당대를 다른 시대와 구분하는 특징이었다. 기원전 5세기부터 4세기에 그리스 자치도시들의 경우 유능한 사람이란 모든 면에서 능력을 갖춘 인재였다. 유능한 사람은 경우에 따라 군인, 정치가, 입법자가 되거나 철학자가 되기도 했다. 소크라테스는 정치를 혐오했지만 정치 논쟁에 연루되기도 했다. 그는 젊은 시절에 군인이었고, 『변론』에서 부정한다 해도 자연을 연구하는 과학자이기도 했다. 프로타고라스는 신기한 일을 탐색하며 귀족 청년들에게 회의주의를 가르치면서도 짬을 내어 투리Thurri를 위해 법전을 편찬했다. 플라톤 역시 성공하지 못했지만 시험 삼아 정치에 뛰어든 적이 있었다. 크세노폰은 소크라테스에 대한 글을 쓰거나 지방의 신사로 지내는 시간을 제외하면 남은 시간을 장군 직무를 수행하며 살았다. 피타고라스학파의 수학자들도 도시의 지배권을 획득하려 했다. 누구나 배심원으로 봉사하며 다양한 공적 의무를 수행해야 했다. 그러나 기원전 3세기에 이르자 모든 상황이 바뀌었다. 사실 옛 도시국가들에서도 정치는 여전히 존재했지만, 그리스가 마케도니아의 처분에 맡겨졌기 때문에 옛 도시국가들은 일개 지방으로서 비중이 낮은 위치로 전락하고 말았다. 실제로 심각한 권력 투쟁은 마케도니아 군인들 끼리나 가능했다. 권력 투쟁은 원리의 문제와 상관없이 경쟁관계에 있는 모험가 군인들 사이의 영토 배분과 관련되었을 따름이다. 이렇게 행정 분야나 전문기술을 요구하는 문제에서 교육을 거의 받지 못한 무식한 군인은 전문가로 인정받은 그리스인을 고용했다. 예컨대 이집트에서는 그리스인 전문가를 고용함으로써 관개 사업이나 배수 사업에서 탁월한 업적을 남겼다. 당시에 군인, 행정가, 의사, 수학자, 철학자가 있었지만, 어느 누구도 모든 분야를 한꺼번에 아우르는 사람이 되지 못했다.

당대에 돈을 가졌으나 권력을 탐하지 않는 사람은, 약탈을 일삼는 군대가 언제까지나 자신을 치는 일이 없을 것이라고 가정하는 한에서 더없이 즐거운 삶을 누렸다. 군주의 총애를 받는 학자들도 약삭빠른 아첨꾼이 되어 기꺼이 무지한 왕이 떠벌리는 재담의 표적이 될 마음만 있다면 호화로운 사치를 누릴 수 있었다. 그러나 안전한 삶은 보장되지 않았다. 궁정 혁명이 일어나면 아첨하는 현자의 보호자가 추방될 수도 있었고, 갈라티아인이 부유한 현자의 별장을 부숴버릴 수도 있었으며, 왕조 전쟁에 잇따라 도시가 약탈당할 수도 있었다. 이러한 환경 속에서 사람들이 운명의 여신이나 행운의 여신 같은 여신들을 숭배하게 된 것도 이상한 일은 아니다. 인간이 하는 일에 대해 명령하고 규제할 합리적 요소는 전혀 없었던 듯하다. 어디에선가 합리성을 찾아야 한다고 완고하게 주장하던 사람들은 자기 자신 속으로 피해 들어가서 밀턴John Milton(1608~1674)[175]의 사탄처럼 이렇게 판단하는 수밖에 없었다.

> 마음이 머물 곳은 마음뿐, 마음먹기에 따라
> 지옥이 천국이 되기도 하고, 천국이 지옥이 되기도 하는 법이지.

모험심이 가득한 이기주의자들이 아니라면 공적인 일에 관심을 쏟을 만한 유인이 더는 존재하지 않았다. 알렉산드로스의 찬란한 정복의 시간이 지난 다음, 헬레니즘 세계가 혼돈에 빠져버린 까닭은 안정된 지배권을 행사할 만큼 강한 참주가 나타나지 않은 데다 사회 결속을 다질 만큼 강력한 원리를 확립하지도 못했기 때문이다. 그리스인의 지성은 새로운 정치 문제에 직면하자 무능력한 모습을 여실히 드러냈다. 로마인이 그리스인보다 둔하고

---

175 * 셰익스피어 다음으로 영국 문학사에서 영향력 있는 작가, 시인이자 사상가, 민주주의를 지지한 혁명가다. 영국 시민혁명과 왕정복고를 거치는 격동의 세월을 살면서 정치와 언론, 종교적 자유에 관한 논설들을 집필하여 유럽 전역에서 논객으로 명망이 높았으며, 말년에 쓴 『실낙원』은 르네상스 정신과 그리스도교 사상을 거의 완벽하게 융합시켰다는 평을 받으며 단테의 『신곡』과 더불어 최고 종교 서사시로 꼽힌다.

난폭하다는 점은 두말할 나위가 없지만, 로마인은 적어도 질서는 확립했다. 과거 자유 시대를 풍미한 무질서는 시민 개개인이 자유 시대에 참여했기 때문에 견딜 만했다. 그러나 마케도니아 시대에 등장한 새로운 무질서는 무능한 통치자들이 시민들에게 강요한 것이기에 도저히 참아낼 수가 없었으며, 후대의 로마 복종 시대보다 견디어 내기가 훨씬 힘들었다.

사회 불만이 넘치고 혁명에 대한 공포가 널리 퍼졌다. 자유노동자의 노임은 추측건대 동방의 노예 노동과 경쟁하면서 내려가는 동안, 생활필수품 가격은 올라갔다. 알렉산드로스가 출정 초기에 빈민층을 가난한 상황 속에 묶어 둘 조약을 맺기 위해 지체한 사실은 누구나 안다. "기원전 335년 알렉산드로스와 코린트 동맹국이 맺은 조약의 규정에 따르면, 동맹국과 알렉산드로스의 대표로 구성된 평의회는 동맹에 가입한 도시는 어느 도시이든 혁명을 목적으로 사유재산을 몰수하거나 토지를 분할하거나 부채를 말소하거나 노예를 해방해서는 안 된다고 승인했다."[176] 헬레니즘 세계에서는 은행이 하는 일을 신전에서 했다. 신전은 금을 비축했으며 신용대부를 관리했다. 기원전 3세기 초에 델로스의 아폴론 신전은 10부 이자를 받고 돈을 빌려 주었다. 이전에는 이율이 더 높았다.[177]

노임으로 간신히 연명할 생필품조차 충분히 사기 힘든 자유노동자들은 아직 젊고 기력이 있다면 용병이 되는 수밖에 없었다. 용병 생활은 고난과 위험으로 점철되기 마련이었지만, 장래성이 높은 직업이기도 했다. 부유한 동방 도시에서 전리품을 챙기거나 폭동이 일어나면 돈벌이 기회를 잡는 수도 있었다. 이러한 상황에서 지휘관이 부대를 해산하려 한다면 위험에 빠

---

176 여러 저자가 저술한 책인 『헬레니즘 시대 *Hellenistic Age*』(케임브리지판)에 수록된 탄William Woodthorpe Tarn의 「기원전 3세기의 사회 문제」란 논문은 굉장히 흥미로우며, 이미 알려진 다른 저술에서는 찾아보기 힘든 사실이 많이 기록되어 있다.

177 탄, 「기원전 3세기의 사회 문제」.

질 수밖에 없었는데, 이것이 전쟁이 끊이지 않은 이유 가운데 하나였다.

그리스의 옛 도시에 과거의 시민 정신이 어느 정도 남아 있었지만, 알렉산드로스가 세운 새 도시에서는 찾기 어려웠고 알렉산드리아도 예외가 아니었다. 이전 시대에 새 도시란 언제나 어느 옛 도시에서 옮겨 온 이주민들로 구성된 식민지였기 때문에 모국과 정서적 유대감이 돈독했다. 이러한 유대감은 예컨대 기원전 196년 헬레스폰투스helespontus[178]의 람프사코스Lampsacos[179]에서 펼쳐진 외교 활동이 보여 주듯 생명력이 아주 길었다. 람프사코스시市 당국은 셀레우코스의 왕 안티오코스 3세에게 정복당할 위기를 맞게 되자 로마에 보호를 요청하기로 결정했다. 외교 사절단을 파견했으나 곧장 로마로 향하지 않고 먼 거리를 무릅쓰면서 마르세유로 갔는데, 마르세유는 람프사코스처럼 포카이아의 식민지였을 뿐만 아니라 로마인들과 우호관계를 유지하고 있었다. 마르세유의 시민들은 람프사코스 외교 사절단의 연설을 듣고 나서 곧바로 자매 도시를 지원하기 위한 외교 사절을 로마에 보내기로 결정했다. 마르세유 내륙에 거주하던 갈리아인도 소아시아의 친족인 갈라티아인에게 친서를 보내 람프사코스와 우호관계를 맺으라고 권고했다. 로마는 소아시아의 정세에 간섭할 구실을 주는 요청을 기꺼이 받아들였고, 로마의 개입으로 람프사코스는 로마인이 불편하게 느끼기 전까지 자유를 보장받았다.[180]

일반적으로 아시아의 통치자들은 '그리스 애호가'로 자처했으며, 정책과 군사에 필요한 선에서 그리스의 옛 도시들을 도왔다. 이러한 도시들은 여건

178 * 다르다넬스 해협을 가리키는 옛 그리스의 이름.

179 * 다르다넬스 해협의 아시아 쪽 해안에 있으며, 기원전 499년에 페르시아에 대항한 이오니아의 반란에 참가했고 나중에는 델로스 동맹에 가담했다. 아테네 제국이 무너진 다음 페르시아의 지배를 받았고 기원전 334년 알렉산드로스 대왕이 페르시아를 점령했을 때 다른 그리스 도시국가들과 함께 해방되었다.

180 베번, 『셀레우코스 왕가』, 2권, 45~46쪽.

이 허락된다면 정당한 민주 자치정부가 되기를 원하고 또 요구했으며, 조공도 바치지 않고 왕실 주둔군의 철수를 요구하기도 했다. 이 도시들을 회유하는 일은 그만한 가치가 있었는데, 부유한 도시여서 용병 공급이 가능했으며, 거의 다 주요 항구가 입지해 있었다. 그러나 내란이 일어날 경우, 로마와 반대편에 서면 무자비한 지배를 받았다. 대체로 점차 세력을 키워가던 셀레우코스 왕조를 비롯한 다른 왕조들은 도시들을 관대하게 다루었으나 예외도 발생했다.

새 도시들은 자치정부의 법령을 갖추었지만, 옛 도시들과 같은 전통을 따르지 않았다. 새 도시의 시민들은 출신지가 다르고 그리스 각처에서 모여든 사람들이었다. 그들은 초기 그리스의 식민지 이주자나 뉴잉글랜드의 개척자 같은 경건한 순례자가 아니라 요하네스버그의 **정복자**conquistadores나 개척자처럼 전력을 바치는 모험가들이었다. 그 결과 알렉산드로스가 세운 도시 가운데 강력한 정치 단체를 형성한 도시는 하나도 없었다. 이러한 경향은 왕권의 관점에서 유리했지만, 헬레니즘의 전파라는 관점에서는 취약성을 드러냈다.

그리스 외부의 종교와 미신이 헬레니즘 세계에 미친 영향은 대개 좋지 않았으나 전적으로 나쁘지는 않았다. 이러한 상황은 달라졌을 수도 있었다. 유대인, 페르시아인, 불교도는 모두 그리스의 대중적 다신교보다 훨씬 우월한 종교를 가지고 있었으며, 그리스의 최고 철학자들이 연구했다면 오히려 유익했을 것이다. 불행하게도 바빌로니아인과 칼데아인이 그리스인의 상상력에 깊은 인상을 남겼다. 무엇보다 전설상의 고대가 존재하며, 사제의 기록이 수천 년 전까지 거슬러 올라가고 다시 수천 년 전까지 거슬러 올라간다고 공언했다. 게다가 진정한 지혜라고 할 만한 지식도 있었는데, 바빌로니아인은 그리스인이 알지도 못한 일식과 월식을 오래전부터 어느 정도 예측했다. 그러나 이러한 요소는 단지 수용을 자극한 원인이었을 뿐이고, 주로 점성술과 마법적 요소를 수용했다. 길버트 머리 교수의 말에 따르면, "점성술은 신종 질병이 외딴섬에 사는 사람들을 덮치듯 헬레니즘 정신을 급습했다. 디오도로스가 묘사한 오지만디아스의 무덤은 점성술을 보여주는 상징으로 뒤덮여 있으며, 콤마게네에서 발굴된 안티오코스 1세의 무덤도 같은 특징을 나타냈다. 군주가 별이 자신을 지켜본다고 믿는 행동은 당연해 보인다. 그런데 누구나 점성술이라는 병균에 감염되기 쉬웠다."[181] 점성술astrology은 알렉산드로스 시대에 베로수스Berosus[182]라는 칼데아인이 처음 그리스인에게 가르쳤던 것으로 보이는데, 베로수스는 코스Cos[183]에서도 가르쳤으며, 세네카에 따르면 벨Bel[184] 신의 통역사였다고 한다. 머리 교수의 말에 따르면 "이것은 '벨의 눈', 아시리아의 왕 아슈르바니팔Assurbanipal(기원전 686~626)의 왕궁 도서관에서 발견되었지만 기원전 2000년대에 사르곤 1세를 위해 지었던 70개 서판으로 이루어진 서적을 그리스어로 번역했다는 뜻으로 받아들여야 한다(머리, 『그리스 종교의 다섯 단계』, 176쪽)."

앞으로 보겠지만 최고 철학자 가운데 다수가 점성술에 빠져들었다. 점성술은 미래를 예언할 수 있다고 가르쳤기 때문에 필연이나 숙명의 신앙과 연결되지만, 이러한 신앙은 널리 퍼졌던 운명 신앙과 대립하기도 했다. 물론 사람들은 대부분 필연과 운명을 둘 다 믿으면서도 두 신앙 사이에 내재한 모순을 결코 알아채지 못했다.

---

181 머리, 『그리스 종교의 다섯 단계』, 177~178쪽.

182 * 기원전 290년경 활동한 바빌로니아의 신, 벨을 믿는 칼데아인 사제였다. 그리스어로 바빌로니아의 역사와 문화에 대한 글을 써서 그리스인들에게 영향을 미쳤다. 반인반어인 오안네스를 비롯한 다른 신들이 바다에서 나와 바빌로니아에 문명을 전달해 준 이야기, 토속전설로 내려오는 창조 이야기, 칼데아 점성술에 대해 소개했다.

183 * 터키 남서 연안 그리스 도데카니소스 제도에 위치한 섬.

184 * 메소포타미아의 세 신神 중 하나인 대기의 신을 가리키는 아카드어이며, 수메르어로는 엔릴이다. 바람의 신이자 농업의 신인 엔릴의 속성을 다 가진 벨은 점차 통치자의 성격을 갖게 되어 질서와 운명의 신으로 생각되었고, 아카드 신화에서 인류에게 대홍수 징벌을 내렸다고 한다.

이러한 총체적 혼란은 지성의 쇠약보다 더욱 심각한 도덕적 부패를 초래하기 마련이었다. 길게 이어진 불확실성의 시대는 뛰어난 덕을 겸비하여 성인의 경지에 이른 극소수 사람의 삶에 영향을 주지 않았겠지만, 평범한 일상의 덕을 갖춘 훌륭한 시민들에게 해롭게 작용했다. 네가 저축해 둔 돈이 내일 전부 없어질지도 모른다면 검약이란 소용이 없어진다. 네가 정직하게 대한 사람이 너를 속인 게 확실하다면 정직이란 어떤 이득도 주지 않는다. 대의가 전혀 중요하지 않거나 안정된 상황에서 승리할 기회를 잡지 못한다면, 단호하게 대의를 고집하는 일도 전혀 이익이 되지 않는다. 비위나 맞추는 변절만이 생존과 행운을 가능하게 만든다면 진실을 놓고 벌이는 논증이란 공론에 지나지 않는다. 순수하게 세속적 사려를 제외한 어떤 것도 덕이라고 생각하지 않는 사람은 용기가 있다면 불확실한 세상에서 모험가가 될 테고, 용기가 없다면 세상에 알려지지 않은 미천하고 비겁한 사람이 될 것이다.

당시에 살았던 메난드로스Menandros(기원전 342년경~292년경)[185]는 이렇게 말한다.

그리하여 나는 알게 되었다네.
타고난 악당은 아니었지만,
불운이 겹쳐 악당이 될 수밖에 없었던
수많은 사람들을.

이는 몇 안 되는 비범한 사람들을 제외하면, 기원전 3세기를 지배한 도덕관을 요약해 보여 주는 말이다. 이러한 몇 안 되는 사람 가운데서도 공포심

185 * 고대 아테네에서 마지막으로 꽃을 피운 무대 희극인 그리스 신희극을 대표한, 탁월한 시인으로 평가받는 인물이다.

이 희망을 대체했다. 인생의 목적은 적극적 선의 성취가 아니라 오히려 불행의 회피였다. "형이상학은 배경으로 가라앉고 개인 윤리가 최고 중요한 분야로 등장한다. 철학은 이제 용맹한 소수 진리 탐구자 앞에서 길을 인도하는 불기둥이 아니었다. 오히려 철학은 생존 투쟁의 흔적을 뒤따르며 병약자와 부상자를 치료하는 야전병원 같은 역할을 하게 된다."[186]

186 『케임브리지 고대사』, 7권, 231쪽에 있는 앵거스의 글. 위에서 인용한 메난드로스의 말도 같은 장에서 발췌한 것이다.

26.
키니코스학파와 회의주의학파

걸출한 지식인들이 당대 사회와 맺은 관계는 시대에 따라 아주 달랐다. 행운이 따른 시대의 걸출한 지식인은 대체로 주변 환경과 조화를 이루었기 때문에, 당연히 필요하다고 생각한 개혁안을 제안하면서 그들의 제안이 환영받을 것이라고 확신할 뿐만 아니라 개혁되지 않더라도 세상을 혐오하지 않았다. 그러나 행운이 따르지 않은 시대의 걸출한 지식인은 혁명적 성향을 나타내기 때문에 근본적 변화가 필요하다고 생각하며, 일부는 자신들이 지지한 결과로 가까운 장래에 변화가 일어나리라고 기대했다. 이도 저도 아닌 시대의 걸출한 지식인은 세상에 절망한 나머지 무엇이 필요한지 알지만 변화가 일어날 가망은 없다고 체념했다. 이러한 분위기에서는 쉽게 절망감을 느끼고 현세의 삶이 본질적으로 악하다는 생각에 빠져듦으로써, 오로지 내세나 신비스러운 변용에서 선을 구하고 희망을 찾게 된다.

어떤 시대에는 위에서 말한 삶의 태도가 같은 시대에 사는 서로 다른 사람에게 한꺼번에 나타났다. 예컨대 19세기 초를 살펴보자. 괴테Johann Wolfgang von Goethe(1749~1832)는 현실에 만족한 편이고, 벤담Jeremy Bentham(1748~1832)은 개혁가며, 셸리Percy Bysshe Shelley(1792~1822)는 혁명가이고, 레오파르디Giacomo Leopardi(1798~1837)는 비관주의자다. 그러나 거의 어느 시대에나 위대한 작가 사이에 널리 퍼진 우세한 경향이 있게 마련이다. 영국의 위대한 작가들은 엘리자베스 치하 18세기에는 현실에 만족한 편이었다. 프랑스의 위대한 작가들은 1750년 무렵에 혁명가가 되었다. 독일의 위대한 작가들은 1813년 이후 민족주의자나 국가주의자가 되었다.

5세기부터 15세기에 이르는 교권 통치 시대에, 이론적으로 믿었던 것과 실제로 느꼈던 것 사이에 갈등이 있었다. 이론적으로 믿은 세상은 눈물의 골짜기이며, 시련 가운데 내세를 준비하는 곳이었다. 그러나 실제로 책을 쓴 작가들은 거의 모두 성직자였고, 교회권력으로 짜릿한 기분을 느끼지 않을 수 없었다. 그들은 유용하다고 여긴 분야에서 충분히 활동할 기회를 잡았다는 말이다. 따라서 그들은 낯선 세상의 망명자라고 느낀 사람들이 아니라 지배 계급의 심리를 드러냈다. 이러한 심리가 중세 전체를 관통한 기이한 이원주의 세계관의 일부가 되었다. 교회가 내세 신앙에 바탕을 두었는데도 일상 세계를 지배한 가장 중요한 제도였기 때문이다.

그리스도교의 내세관을 예비한 심리 구조는 헬레니즘 시대에 시작되며, 도시국가의 쇠퇴와 관계가 있다. 그리스 철학자들은 아리스토텔레스에 이르기까지 이런저런 불평불만을 늘어놓았지만, 대체로 우주 전체를 절망적으로 바라보거나 정치적으로 무력하다고 느끼지 않았다. 그들은 가끔 패배한 당파에 속하기도 했는데, 그렇더라도 패배는 현자들의 피할 수 없는 무능이 아니라 갈등으로 빚어진 형세 탓이었다. 피타고라스와 플라톤처럼 현상계를 비난하고 신비주의로 도피하려던 철학자들조차 지배 계급을 성자나 현자로 변모시킬 실천 계획을 세우곤 했다. 정치권력이 마케도니아인의 손으로 넘어가자, 그리스 철학자들이 정치 일선에서 물러나 개인의 덕이나 구원 문제에 더욱 몰두한 것은 당연한 결과였다. 그들은 인간이 어떻게 좋은 국가를 세울 수 있느냐는 물음을 던지지 않고, 다음과 같은 질문을 던졌다. 인간은 어떻게 사악한 세상에서 덕을 갖출 수 있는가, 또는 고통으로 점철된 세상에서 행복해질 수 있는가? 사실 이러한 변화는 정도의 차이일 뿐이다. 이러한 질문은 이전에도 했고, 나중에 스토아학파도 한동안 다시 그리스의 정치 상황이 아니라 로마의 정치 상황에 관심을 가졌다. 그렇지만 그러한 변화는 엄연히 현실에서 일어났다. 로마 시대에 스토아 철학이라는 제한된 범위를 제외하면, 진지하게 생각하고 느끼던 사람들의 사고방식은 마침내 그리스도교가 개인 구원의 복음을 발전시켜 선교에 열의를 불어넣고 교회를 세울 때까지 주관주의와 개인주의로 점점 더 기울었다. 그리스도교가 발전한 시기에 이르기까지 철학자들이 마음을 온통 바쳐 신봉할 만한 제도가 없었기 때문에 권력욕을 합법적으로 추구할 적당한 배출구도 없었다. 이러한 이유로 헬레니즘 시대의 철학자들은 도시국가가 여전히 충성을 고취하던 시대에 살았던 사람들보다 인간으로서 제한을 훨씬 많이 받았다. 철학자들은 생각하지 않을 수 없기 때문에 계속 생각하지만, 좀처럼 자신들의 사상이 세상의 일과 연계되어 열매를 맺게 되리라는 희망을 품지 못한다.

철학의 네 학파는 알렉산드로스 시대 즈음에 세워졌다. 가장 유명한 두 학파인 스토아학파와 에피쿠로스학파는 다음에 이어질 두 장의 주제가 될 것이다. 이번 장에서는 키니코스학파와 회의주의학파에 관해 다루려 한다.

두 학파 가운데 키니코스학파는 디오게네스Diogenes(?~기원전 320년경)가 창시자였지만, 플라톤보다 20세쯤 연상인 소크라테스의 제자 안티스테네스Antisthenes(기원전 445년경~365년경)에서 유래한다. 안티스테네스는 비범한 성격의 소유자로, 어떤 면에서 톨스토이Lev Tolstoy(1828~1910)[187]와 흡사했다. 그는 소크라테스의 죽음 후에도 소크라테스의 제자들로 구성된 귀족 사회에 소속되어 살았으며, 비정통의 기미를 보이지 않았다. 그러나 아테네

187 * 세계적으로 유명한 러시아의 소설가이자 시인, 개혁적 도덕 사상가다. 『전쟁과 평화』(1869), 『안나 카레니나』(1877)가 대표적 작품이고, 19세기 러시아의 정치를 비롯한 문화 전반에 영향을 크게 미쳤다.

가 전쟁에서 패배해서든, 소크라테스가 죽어서든, 철학적 공론을 혐오해서든 어떤 연유로 그는 더는 젊지 않은 나이가 되자 이전에 가치를 부여했던 것들을 경멸하기 시작했다. 그저 단순한 선만을 추구하려 했다. 노동자들과 교제하며 노동자처럼 옷을 입기도 했다. 그는 야외 설교를 즐겨 하곤 했는데, 교육을 받지 못한 사람들도 이해할 수 있게 가르쳤다. 그가 세련된 철학을 전부 무가치하다고 주장했던 까닭은, 알려질 가능성이 있는 지식은 평범한 사람에게도 알려지는 법이기 때문이다. 그는 '자연 회귀'를 믿었으며, 이 믿음을 아주 멀리 밀고 나간다. 그래서 행정권도 없어야 하고, 사유재산도 없어야 하며, 결혼도 해서는 안 되고, 확립된 종교도 존재해서는 안 된다고 믿게 된다. 안티스테네스는 노예 제도를 비난하지 않았지만 그의 추종자들은 노예 제도까지 비난했다. 그는 분명히 금욕주의자는 아니었으나, 사치와 인위적으로 자극한 감각적 쾌락 추구를 전부 경멸했다. 그는 "감각의 쾌락을 즐기는 것보다 차라리 미치광이가 되는 편이 낫다"고 말했다.[188]

안티스테네스의 명성은 제자인 디오게네스의 명성에 가려졌다. 안티스테네스는 "흑해 연안에 있는 도시 시노페 출신의 젊은이를 처음 보았을 때 문하에 받아들이려고 하지 않았다. 화폐 제도를 훼손한 죄목으로 감옥살이를 하기도 했던, 평판이 좋지 않은 환전상의 아들이었기 때문이다. 안티스테네스는 디오게네스에게 즉각 떠나라고 명령했으나, 젊은이는 들은 척도 하지 않았다. 그가 지팡이로 젊은이를 때렸으나 결코 움직이려 하지 않았다. 젊은이는 '지혜'를 원했고, 안티스테네스가 바로 지혜를 지닌 사람이라고 생각했다. 디오게네스의 삶의 목적은 아버지처럼 '화폐 제도를 훼손하는' 것이었지만, 규모는 훨씬 더 컸다. 그는 세상에 유통되는 모든 화폐 제도를 결딴내려고 했다. 인습과 약정에 따른 날인은 전부 가짜다. 장군과 왕으

188 벤, 『그리스 철학자들』, 2권, 4~5쪽; 머리, 『그리스 종교의 다섯 단계』, 113~114쪽.

로서 날인된 사람, 명예와 지혜와 행복과 부로 날인된 사물은 모두 가짜 수취인 주소와 성명이 붙은 비금속base metal에 지나지 않는다."[189]

디오게네스는 개처럼 살기로 결심했기 때문에 '개'를 의미하는 '견유犬儒, cynic'로 불리기도 했다. 그는 종교든 예절이든 옷차림이든 집이든 음식이든 체면이든 인습이라면 전부 거부했다. 그가 통 속에서 살았다는 말이 전해지지만, 길버트 머리에 따르면 와전된 것이 확실하다. 통으로 전해진 것은 사실 원시시대에 시신 매장을 위해 쓰던 커다란 독이었다.[190] 그는 인도의 고행자처럼 구걸하며 살았지만, 전 인류뿐만 아니라 동물도 형제처럼 사랑해야 한다고 선언했다. 그의 생애에 대해서도 많은 일화가 전해진다. 알렉산드로스가 디오게네스를 찾아가 무엇을 원하는지 묻자, "햇빛만 가리지 말아 주시오"라고 대답했다는 일화는 너무나 유명하다.

디오게네스는 우리가 지금 '냉소적이다synical'라고 말하는 것과 정반대 학설을 가르쳤다. 그는 '덕'을 성취하려는 열정으로 불탔으며, 덕에 비해 현세의 좋다는 것들은 가치가 없다고 주장했다. 그는 욕망에서 해방됨으로써 덕과 도덕적 자유를 얻으려 했다. "행운이 따라야 얻게 되는 좋은 것들에 냉담해져라. 그러면 두려움을 떨치고 해방되리라." 스토아학파는 이 점에 관해 디오게네스의 학설을 채택했지만, 문명의 혜택을 거부한 면까지 따르지 않았다는 사실을 다음 장에서 알게 될 것이다. 프로메테우스Prometheus[191]는 인간의 삶을 복잡하고 부자연스럽게 만든 불의 사용 기술을 인간에게 전해 주었기 때문에 처벌받아 마땅했다고 디오게네스는 생각했다. 이 점에서 그는 도가나 루소, 톨스토이와 닮았지만 그들보다 훨씬 일관된 태도를 보였다.

---

189 머리, 『그리스 종교의 다섯 단계』, 117쪽.

190 머리, 『그리스 종교의 다섯 단계』, 119쪽.

191 * '미리 생각하는 자'라는 뜻을 가진 그리스 신화 속에 등장하는 신으로, 제우스를 속이고 인간에게 불을 전해 줌으로써 인류의 문명을 발전시킨 계기로 해석되기도 한다.

디오게네스는 아리스토텔레스와 같은 시대에 살았지만, 제시한 학설에서 풍기는 기질은 헬레니즘 시대에 속했다. 아리스토텔레스는 세상을 밝게 바라본 그리스의 마지막 철학자다. 이후 철학자들은 모두 이런저런 형태로 은둔 철학을 내놓았다. 세상은 악하니 세상에 의존하지 않는 법을 배우라고 가르친다. 외부의 좋은 것들은 위태로운 행운의 선물이지 우리 자신이 노력한 끝에 얻은 보상이 아니다. 주체의 노력으로 성취한 좋은 것, 바로 덕이나 체념으로 얻은 만족은 잃어버릴 염려가 없기 때문에, 현명한 사람은 자신이 노력해서 얻은 것의 가치만 인정할 것이다. 디오게네스는 활기가 넘치는 성격의 소유자였으나, 그의 학설은 헬레니즘 시대의 모든 학설과 마찬가지로 실망감 때문에 자연스러운 정념이나 열정마저 잃어버린 기진맥진한 사람에게나 호소력을 갖는 학설이었다. 이것은 강력한 악의 세력에 맞서 저항할 경우가 아니라면 예술이나 과학이나 정치적 수완이나 다른 어떤 유용한 활동도 증진할 만한 학설이 아닌 것이 확실했다.

키니코스학파가 대중의 인기를 끌었을 무렵 가르친 학설에 주목하면 흥미롭다. 기원전 3세기 초에 키니코스학파가 한창 인기를 끌었는데, 특히 알렉산드리아에서 유행했다. 키니코스학파는 작은 훈계 책자를 발간하여, 물질을 소유하지 않고 살아가면 얼마나 마음이 편한지, 간소한 음식만으로도 얼마나 행복해질 수 있는지, 값비싼 옷을 걸치지 않아도 겨울에 얼마나 따뜻하게 지낼 수 있는지(이집트에서나 가능한 일이다!), 본국에 애착을 느끼거나 누구의 아이나 친구가 죽었다고 해서 애도하는 일이 얼마나 바보 같은 짓인지 가르쳤다. 이렇게 대중화된 키니코스학파의 교사였던 텔레스Teles(?~기원전 235)는 이렇게 말했다. "내 아들이나 아내가 죽었다고 해서 이것이 아직 살아 있는 나 자신을 돌보지 않고 내 재산을 살피지 않을 이유가 된단 말인가."[192] 여기에 이르면 너무 고지식해 보이는 단순한 삶에 공감하기 힘들어진다. 누가 이 학파의 훈계를 즐겁게 들었을지 궁금하다. 가난한 사

「디오게네스」, 장 레옹 제롬, 1860

람들의 고통을 상상으로만 생각하고 싶어 했던 부자들이었을까? 또는 성공한 사업가를 경멸하던 신빈곤층이었을까? 또는 자신들이 받았던 자선이 하찮아서 중요하지 않다고 확신했던 아첨꾼들이었을까? 텔레스는 어떤 부자에게 이렇게 말한다. "그대는 후하게 베풀고 나는 서슴없이 받지만, 비굴하게 아첨하지 않고 품위를 잃어 천해지지도 않고 불평불만을 떠벌리지도 않는다네."[193] 편리하기 그지없는 학설이다. 통속적 키니코스학파의 사상은 현세의 좋은 것을 피하라고 가르치지 않고 그저 냉담하라고 가르쳤을 뿐이다. 이러한 가르침은 채권자에게 빚을 갚아야 할 채무자의 의무감을 약화시킬지도 모른다. 여기서 우리는 '견유cynic'란 말이 일상생활에서 어떤 뜻으로 사용되는지 알게 된다.

키니코스학파의 최고 수준에 이른 학설이 스토아학파로 흘러들어가 완전하고 원숙한 철학으로 발전했다.

회의주의는 회의주의학파가 내놓은 학설로, 알렉산드로스의 군대에 소속되어 인도까지 출정을 떠난 적이 있었던 피론Pyrrhon(기원전 360년경~270년경)이 처음 공표했다. 그는 출정 경험으로 여행 취미를 충분히 살리게 되었고, 여생을 본국 도시 엘리스에서 보냈던 듯하며 기원전 275년에 세상을 떠났다. 그의 학설은 신선하다는 평가를 들을 만한 점이 별로 없으며, 예전에 제기된 의문들을 체계화하고 형식화한 것에 지나지 않는다. 감각능력에 대한 회의주의 경향은 초창기부터 그리스 철학자들을 괴롭혔다. 파르메니데스와 플라톤처럼 지각의 인지적 가치를 부정하고 지성주의 독단론을 발전시킬 기회로 삼은 철학자들은 예외였다. 소피스트들, 특히 프로타고라스와 고르기아스는 감각 지각의 모호성과 겉으로 나타난 모순된 점들 때문에 흄

192 『헬레니즘 시대』, 84~85쪽 이하.
193 『헬레니즘 시대』, 86쪽.

과 흡사한 주관주의로 나아갔다. 책을 전혀 쓰지 않을 만큼 현명했기 때문에 추측일 뿐이지만, 피론은 감각능력에 대한 회의주의에 도덕과 논리에 대한 회의주의를 추가했던 것으로 보인다. 그는 어떤 행동을 다른 행동보다 더 좋거나 더 낫게 볼 합리적 근거는 없다고 주장했다. 실제로 이러한 주장은 인간이 어느 나라에 살든 그 나라의 관습을 따라야 한다는 뜻이다. 오늘날 예수를 따르는 신도는 일요일이면 교회에 나가 바른 자세로 공손히 무릎을 꿇겠지만, 이러한 행동을 하도록 고무한 종교적 신앙심은 그리 깊지 않으리라. 고대 회의주의학파는 다신교 종교의식을 있는 그대로 샅샅이 조사했는데, 그들 가운데 사제들도 섞여 있었다. 그들은 회의주의적 견해를 받아들임으로써 이러한 종교의식이 그르다고 입증할 수 없고, 그들의 철학보다 더 오래 살아남은 상식에 근거하여 다신교 종교의식이 편리하다고 확신했다.

회의주의는 자연스럽게 철학 정신과 거리가 먼 많은 사람들의 호감을 얻었다. 사람들은 다양한 학파 사이에 벌어진 신랄한 논쟁을 지켜보며, 모두 비슷하게 사실은 도달할 수 없는 지식을 가진 양 가장한다고 단정했다. 회의주의가 게으른 사람에게 위안을 준 까닭은, 무지한 사람도 평판이 좋은 지식인 못지않게 지혜롭다는 점을 보여 주었기 때문이다. 복음이 필요한 사람은 회의주의에 만족하지 못하겠지만, 회의주의는 헬레니즘 시대에 출현한 여느 학설과 마찬가지로 근심을 떨쳐버리는 해독제로서 권장되었다. 앞날에 일어날 일을 왜 걱정하겠는가? 미래는 불확실할 따름이다. "무슨 일이 일어날지 불확실하니" 차라리 현재를 즐기는 편이 낫다. 이러한 이유로 회의주의는 대중 사이에서 상당한 인기를 누렸다.

회의주의는 철학으로서 단지 의심하는 데 그치지 않고, 독단적으로 의심한다는 점에 주의를 기울여야 한다. 과학자는 "나는 이렇게 생각하지만 확실치 않다"고 말한다. 지적 호기심이 강한 사람은 "나는 어찌해서 그렇게 되었는지 모르겠지만 알아내고 싶다"고 말한다. 철학적 회의주의자는 "아무도 모르며, 어느 누구도 알 수 없으리라"고 말한다. 회의주의 체계는 이러한 독단론적 요소 때문에 취약성을 드러낼 수밖에 없다. 회의주의자들은 물론 지식이 불가능하다는 주장을 독단적으로 하지 않는다고 말하지만, 독단적 주장이 아니라는 말은 전혀 설득력이 없다.

그렇더라도 피론의 제자 티몬Timon(기원전 320년경~230년경)은 그리스 논리학의 관점에서 답변하기 아주 어려운 몇 가지 지적인 논증을 내놓았다. 그리스인은 연역법만을 논리학으로 인정했고, 모든 연역법은 에우클레이데스의 기하학처럼 자명하다고 여긴 일반 원리에서 시작했다. 티몬은 일반 원리의 발견 가능성을 부정했다. 그러므로 모든 것은 다른 어떤 것을 수단으로 증명되어야 하며, 모든 논증은 순환성을 지니거나 어떤 것에도 의존하지 않는 끝없는 연쇄가 될 것이다. 어느 경우든 증명은 불가능하다. 앞으로 살펴보겠지만, 이러한 논증은 중세를 지배했던 아리스토텔레스 철학의 근간을 뒤흔들어 놓았다.

오늘날 모든 면에서 회의주의적 견해를 받아들인 적이 결코 없는 사람들이 지지하는 회의주의의 몇몇 형태는 고대 회의주의자들에게는 나타나지 않았다. 고대 회의주의자들은 현상을 의심하지 않았고, 현상에 관한 직접적 지식을 그저 의견으로 표명할 뿐인 명제에 대해 의문을 제기하지도 않았다. 티몬의 저작은 거의 다 분실되었으나 후대까지 전해진 두 단편이 이러한 점을 잘 보여 줄 것이다. 한 단편에서 "현상은 언제나 타당하다"고 말한다. 다른 단편에서는 "꿀이 달다는 주장은 거부하지만, 꿀이 단맛을 낸다는 주장은 기꺼이 수용한다"라고 말한다.[194] 현대 회의주의자는 현상이란 발생할occurs 뿐이어서, 타당하거나 부당하다고 말할 수 없다고 지적하려고 할 것

194 베번, 『스토아학파와 회의주의학파』, 126쪽에서 인용.

이다. 왜냐하면 타당하거나 부당하다고 말할 수 있는 대상은 진술일 수밖에 없는데, 어떤 진술도 거짓이 될 가능성이 없을 정도로 현상과 밀접하게 연결될 리가 없기 때문이다. 현대 회의주의자는 같은 이유로 "꿀은 단맛이 난다"는 진술이 개연성이 높을 뿐, 절대로 확실하지 않다고 말할 것이다.

티몬의 학설은 어떤 점에서 흄의 학설과 아주 비슷했다. 티몬은 결코 관찰한 적이 없는 어떤 것, 예컨대 원자들을 타당하게 추론할 수 없지만, 두 가지 **현상**現象, phenomenon이 자주 함께 관찰되었을 경우에 한 현상을 다른 현상에서 추론할 수 있다고 주장했다.

티몬은 긴 생애의 후반기 내내 아테네에서 살다가 기원전 235년에 세상을 떠났다. 티몬이 죽으면서 피론학파는 종말을 맞게 되는데, 플라톤의 전통을 대표했던 아카데메이아가 조금 수정된 티몬의 학설을 채택한 일은 이상하게 보일 수도 있다.

이렇게 놀라운 철학적 혁명에 영향을 미친 철학자는 티몬과 같은 시대에 살았던 아르케실라우스Arcesilaus(기원전 316/5~240/1)인데, 기원전 240년경에 늙어 죽었다. 사람들은 대부분 플라톤의 사상에서 초감각적 지성계에 대한 믿음과 죽어 없어지는 육체보다 죽지 않는 영혼이 우월하다는 믿음을 받아들였다. 그러나 플라톤은 다재다능한 학자이기 때문에 어떤 점에서 회의주의를 가르쳤다고 생각될 수도 있겠다. 플라톤의 대화편에 등장한 소크라테스는 아무것도 모른다고 공언한다. 우리는 이 주장을 당연히 역설로 취급하지만, 진지하게 받아들여도 된다. 많은 대화편은 결론이 명확하지 않으며, 독자의 의문이 해소되지 않은 채 막을 내리고 만다. 어떤 대화편, 예컨대 『파르메니데스』의 후반부는 어느 문제이든 양쪽 주장이 똑같이 그럴듯해 보일 수 있다는 점을 보여 주는 것 말고 다른 목적은 없는 듯 보인다. 플라톤의 변증법은 수단이 아니라 목적으로 취급되기도 하는데, 변증법 자체가 목적이 되면 회의주의를 지지하는 데 놀라우리만치 쓸모가 있었다. 아르케실라우스는 이렇게 해석했기 때문에 플라톤을 추종한다고 여전히 공언했던 듯하다. 플라톤의 머리를 베어 버리고 몸통만 남겨 놓은 꼴이었다.

아르케실라우스가 가르쳤던 방법은 그에게 가르침을 받은 젊은이들이 배운 방법에 마비되지 않았더라면 훨씬 권할 만했을 것이다. 그는 어떤 논제도 주장하지 않았으며, 제자가 구성한 논제라면 무엇이든 논파하려고 했다. 가끔 모순된 두 명제를 연달아 내놓으며 어느 쪽 명제이든 설득력 있게 지지하는 논증을 구성해내곤 했다. 스승의 권위에 대항할 만큼 활기가 넘치는 제자는 논증 기술과 오류를 피하는 기술을 배웠을지도 모르지만, 사실은 교묘한 논증 솜씨와 진리에 무관심한 태도 말고 아무것도 배우지 않았던 듯하다. 아르케실라우스의 회의주의 사상의 영향이 너무 커서 아카데메이아는 대략 200년 동안 회의주의 경향을 나타냈다.

회의주의 시대 중반에 재미난 사건이 발생했다. 아카데메이아의 수장이자 아르케실라우스의 손색없는 후계자인 카르네아데스Carneades는 기원전 156년에 아테네가 로마에 외교사절로 파견한 세 철학자 가운데 한 사람이었다. 그는 절호의 기회를 잡는다고 해서 외교사절의 품위가 떨어질 리 없다고 생각했기 때문에 로마에서 강연회를 개최했다. 당시에 그리스의 풍습을 열심히 흉내 내며 그리스의 문화를 동경하고 습득하려던 젊은이들이 강연을 듣기 위해 구름처럼 모여들었다. 그는 첫 강연에서 플라톤과 아리스토텔레스의 정의론에 대해 설명했는데, 처음부터 끝까지 교훈적인 강연이었다. 하지만 두 번째 강연에서는 첫 강연의 내용을 전부 논박하면서, 반대 결론을 내리지도 않은 채 어떤 결론이든 정당화되지 않는다는 점을 보여 줄 뿐이었다. 플라톤의 대화편에 등장하는 소크라테스는 불의를 행하는 일이 불의로 고통을 당하는 피해자보다 불의를 행하는 가해자에게 훨씬 더 해롭다고 주장했다. 카르네아데스는 두 번째 강연에서 소크라테스의 주장을 비웃었다. 그는 큰 나라는 약한 이웃 나라들을 부당하게 침략함으로써 큰 나라가 되었으며, 로마의 경우에도 부정할 수 없는 사실이라고 지적했다. 타고 가던 배가 난파했을 때 너는 약자를 희생시키고 자기 목숨을 구해도 되며, 그렇게 하지 않으면 어리석은 자다. 그는 '여자와 어린이 먼저'라는 격률이 개인의 생명을 건지는 데 아무 도움도 되지 않는다고 생각한 듯하다. 만일 네가 승리해서 의기양양한 적군을 피해 달아나던 도중 말을 잃어버렸는데, 말을 타고 가는 부상당한 전우를 본다면 어떻게 하겠는가? 지각 있는 사람이라면 정의가 뭐라고 명하든 개의치 않고 그를 말에서 끌어내리고 말을 빼앗지 않겠는가. 전혀 교훈적이지 않은 이러한 논증이 전부 명목상이라도 플라톤의 추종자의 입에서 쏟아져 나왔다는 사실이 놀라울 뿐이지만, 최신 유행을 좇던 로마 젊은이들의 마음에 들었던 모양이다.

카르네아데스의 강연이 마음에 들지 않았던 사람이 바로 원로원 의원 카토Marcus Porcius Cato(기원전 95~46)[195]였다. 그는 로마가 카르타고와 싸워 승리를 거두게 했던, 엄격하고 단호하며 우직하고 냉혹한 도덕규범을 대표한 인물이었다. 그는 젊은 시절부터 노년에 이르기까지 검소하게 살면서 일찍 일어나고 힘든 육체노동을 하며 간소한 음식만 먹고 100펜스보다 비싼 겉옷은 한 번도 입은 적이 없었다. 그는 국가에 대한 충성심이 철저해서 뇌물을 수수하지 않고 횡령하지도 않았다. 그는 자신이 실천한 모든 덕을 로마인들도 지키라고 강요하며, 사악한 자들을 책망하고 쫓아내는 일이야말로 정직한 사람들이 해야 할 최선의 과제라고 주장했다. 그는 힘이 닿는 데까지 과거 로마의 엄격한 풍습을 지키려 했다.

"카토는 차기 집정관이 될 가능성이 높았던 마닐리우스도 단지 대낮에 딸 앞에서 아내에게 너무 다정하게 입맞춤을 했다는 이유로 원로원에서 축

195 * 카이사르를 비롯한 권력자들에 맞서 로마의 공화정을 수호하려고 애쓴 보수적 원로원 귀족들의 지도자로서 영향력을 행사한 인물이다.

출했다. 카토는 마닐리우스를 비난하면서 자기 아내는 천둥이 칠 때를 빼고 결단코 입맞춤을 한 적이 없다고 말했다."[196]

카토는 권력을 잡자 사치와 축제를 억제했다. 그는 같은 젖을 먹고 자라면 노예의 아이들이 자기 아이들을 사랑하게 되리라고 기대하여, 친자식들뿐만 아니라 노예의 아이들에게도 아내의 젖을 먹였다. 노예들이 너무 늙어 일을 하지 못하게 되면 인정사정없이 팔아치웠다. 그는 노예란 언제나 일을 하거나 잠을 자고 있어야 한다고 주장하기도 했다. "그는 노예들이 서로 친구가 되는 꼴을 두고 볼 수 없기 때문에" 그들이 서로 싸우도록 조장하기도 했다. 노예가 심각한 실수를 저지르면, 다른 노예를 불러서 과실을 저지른 노예에게 사형 판결을 내리도록 유도한 다음, 유족이 보는 앞에서 자기 손으로 직접 사형을 집행했다.

카토와 카르네아데스는 극명한 대조를 보였다. 카토는 너무 엄격하고 전통적인 도덕성 때문에 잔인무도한 반면, 카르네아데스는 너무 해이하고 헬레니즘 세계의 사회 분열을 초래할 만큼 타락한 도덕성 때문에 천박해 보였다.

"마르쿠스 카토는 심지어 젊은이들이 그리스어를 배우면서 로마에서 그리스어의 가치가 점점 높아지던 초기부터 싫은 감정을 노골적으로 표현했다. 로마의 젊은이들이 학문과 웅변을 배우고 싶어 하다가 병역의 영광과 명예를 완전히 망각하지나 않을까 두려웠던 것이다. …… 그래서 그는 어느 날 외교사절이 원로원에 오래 머물면서 직무를 신속하게 수행하지 않고, 교활해서 자신들이 원하는 대로 우리를 쉽게 설득할 수 있을 것이라 생각한다며 비난했다. 그들에게 비난할 점이 달리 없더라도 이에 대한 답변만을 재촉하여 고국의 학원으로 돌려보내 그리스의 아이들을 가르치게 하고, 로마

196 노스가 번역한 플루타르코스의 『영웅전』, 「마르쿠스 카토」 편.

의 아이들은 이전처럼 로마의 법과 원로원에 복종하는 태도를 배우게 하면 좋겠다는 것이다. 그런데 카토가 이렇게 말한 까닭은 몇몇 사람이 생각하듯 카르네아데스에게 사적 악의나 적의가 있었던 것이 아니라 대체로 철학을 혐오했기 때문이다."[197]

카토의 견해에 따르면 아테네인은 법을 지키지 않는 열등한 종족이었다. 그들이 지식인들의 얄팍한 궤변으로 타락하든 말든 상관하지 않지만, 로마의 젊은이들은 엄격하고 제국주의를 지향하며 무정하고 우직해야 한다. 하지만 카토의 노력은 실패로 돌아갔다. 후기 로마인은 카토의 여러 악습을 이어받지만, 카르네아데스의 악습도 이어받았다.

카르네아데스(기원전 180년경~110년경) 이후 아카데메이아의 다음 수장은 카르타고 사람으로, 실명이 하스드루발Hasdrubal이었다. 하지만 그리스인들과 교제할 때는 클리토마쿠스Clitomachus라고 부르면 더 좋아했다고 한다. 강연만 하던 카르네아데스와 달리 클리토마쿠스는 400권이 넘는 책을 저술했으며, 페니키아어로 쓴 책도 몇 권 있다. 클리토마쿠스가 따른 원칙은 카르네아데스의 원칙과 같았던 듯하다. 어떤 점에서 보면 그러한 원칙은 유용했다. 두 회의주의자는 당대에 점점 널리 퍼지고 있었던 신성, 마법, 점성술을 믿는 경향에 대항했다. 그들은 개연성의 정도에 관한 구성적 학설도 발전시켰는데, 이렇게 주장했다. 우리는 결코 확실성에 도달했다고 느낄 만큼 정당화할 수 없지만, 어떤 것은 다른 것보다 참이 될 개연성이 더 높은 것 같다. 개연성이 실제 삶 속에서 안내자가 되어야 하는 까닭은, 가능한 가설 가운데 개연성이 가장 높은 가설에 따라 행동하는 것이 이치에 맞는 법이기 때문이다. 현대 철학자는 대부분 이러한 견해에 동의할 것이다. 불행하게도 개연성 이론을 제시한 저작들이 분실되어, 후대에 전해진 암시들만으로 온

---

197 노스가 번역한 플루타르코스의 『영웅전』, 「마르쿠스 카토」 편.

전한 학설을 재구성하기 어렵다는 것이 유감스러울 따름이다.

클리토마쿠스 이후 아카데메이아는 회의주의 경향을 더는 나타내지 않았고, 안티오코스Antiochos of Ascalon(기원전 69년 사망) 시대부터 아카데메이아에서 나온 학설은 수 세기 동안 스토아학파의 학설과 실제로 구별되지 않았다.

그렇지만 회의주의는 완전히 사라지지 않았다. 크노소스 출신인 크레타인 아이네시데모스Aenesidemos가 회의주의를 부활시켰는데, 잘은 모르지만 2000년 전 크노소스에 회의주의자들이 있었을지도 모르며, 동물 여신의 신성에 대해 의혹을 제기하여 방종한 궁정 신하의 환심을 샀다고 한다. 아이네시데모스의 시대는 불확실했다. 그는 카르네아데스가 지지한 개연성 학설을 저버리고 초기 회의주의로 되돌아갔다. 그의 영향은 무시하지 못할 정도로 컸다. 서기 2세기에 풍자 시인 루시안이 아이네시데모스를 추종했고, 조금 뒤에 섹스투스 엠피리쿠스도 추종자가 되었는데, 그는 후대에 저작을 남긴 유일한 고대 회의주의 철학자였다. 예를 들어 「신에 대한 믿음에 반대하는 논증」이란 짧은 논문이 있다. 에드윈 베번은 『후기 그리스 종교』의 52~56쪽에 이 논문을 번역해 실었고, 아마 섹스투스 엠피리쿠스가 클리토마쿠스에 의해 전해진 카르네아데스로부터 회의주의를 받아들였을 것이라고 말했다.

이 논문은 **행동**의 차원에서 회의주의자들도 전통을 따른다고 설명하면서 시작한다. "우리 회의주의자들은 실천할 경우에는 세상의 관습을 따르지만 세상에 관해 어떤 의견도 주장하지 않을 뿐이다. 우리는 신들이 실존하는 것처럼 말하고 신들을 숭배하며 신들이 섭리대로 행한다고 말하지만, 이렇게 말할 때도 믿지 않고 독단주의자들의 무모한 확신을 피하려고 할 따름이다."

이어서 그는 사람들이 생각하는 신의 본성이 각양각색이라고 주장한다. 예컨대 어떤 사람은 신이 형체가 있다고 말하고 어떤 사람은 형체가 없다고 생각한다. 우리는 신에 대해 어떤 경험도 한 적이 없기 때문에 신의 속성도 알 수 없다. 신의 실존은 자명한 사실이 아니므로, 증명이 필요하다. 이러한 증명이 결코 가능하지 않다는 점을 보여 주는 조금 혼란스러운 논증도 제시한다. 다음으로 악의 문제를 다루며 이렇게 결론을 내린다.

"신이 실존한다고 적극적으로 긍정하는 사람들은 불경에 빠질 수밖에 없다. 그 까닭은 만일 신이 만물을 지배한다고 말하면 신을 악의 창조자로 만들게 되고, 만일 신이 일부 사물만 지배한다거나 아무것도 지배하지 않는다고 말하면 신을 인색하거나 무능한 존재로 만들어 버릴 수밖에 없으니, 이렇든 저렇든 명백한 불경을 저지르는 짓이기 때문이다."

회의주의는 서기 3세기 무렵까지 교양을 갖춘 일부 사람들의 마음을 계속 끌었지만, 점점 독단적 종교와 구원의 교리로 기울어지던 시대의 추세와 반대되는 경향이었다. 회의주의는 교육받은 사람들이 국가 종교에 불만을 느끼게 할 만한 힘은 지녔으나, 순수하게 지적인 영역에서도 국가 종교를 대신할 만한 적극적 요소는 하나도 제공하지 못했다. 르네상스 시대 이후 신학에 대한 회의주의는 앞장서서 주장한 사람들이 과학을 열렬히 믿음으로써 보완되었다. 그러나 고대에는 의심에 대한 보완책이 없었다. 고대 세계는 회의주의자들의 논증에 응답하지 않고 길을 비켜 주었다. 올림포스의 신들을 믿지 않게 되면서 길은 동양의 종교들이 침투하도록 활짝 열렸고, 그리스도교가 승리할 때까지 미신에 사로잡힌 사람들의 마음에 들려고 경쟁을 벌였다.

27.
에피쿠로스학파

헬레니즘 시대에 새로 출현한 중요한 두 학파, 스토아학파와 에피쿠로스학파는 같은 시대에 사상의 기초가 세워졌다. 창시자는 제논과 에피쿠로스이며, 거의 같은 시대에 태어나 몇 년 차이로 각자 학파의 수장으로 아테네에 정착했다. 그러므로 어느 학파를 먼저 살펴보느냐는 취향의 문제다. 여기서 에피쿠로스학파를 먼저 고찰하려는 까닭은 이 학파의 창시자가 학설을 한꺼번에 세웠던 반면, 스토아학파는 마르쿠스 아우렐리우스 황제가 죽은 서기 180년까지 오랜 발전 과정을 거쳤기 때문이다.

에피쿠로스Epicuros(기원전 341년경~270년경)의 생애에 관하여 믿을 만한 권위자는 서기 3세기에 살았던 디오게네스 라에르티오스Diogenes Laertios다. 그러나 두 가지 난점이 있다. 첫째 난점은 디오게네스 라에르티오스가 역사적 가치가 거의 없거나 전혀 없는 전설을 기꺼이 받아들였다는 점이다. 둘째 난점은 전기의 일부가 에피쿠로스에 대해 스토아학파가 제기한 중상모략을 들은 대로 전하는 식이며, 그런 내용을 통해 라에르티오스가 무엇을 주장하려는 것인지 단지 중상모략을 언급한 것뿐인지 분명치 않다는 점이다. 스토아학파가 꾸며낸 추문은 고상한 도덕이 칭송되는 때를 기억해야 할 스토아학파에게는 사실이겠지만, 에피쿠로스에 관한 사실은 아니다. 예컨대 에피쿠로스의 어머니가 엉터리 여성 사제였다는 전설에 대해 디오게네스 라에르티오스는 이렇게 말한다.

"스토아학파에 따르면, 에피쿠로스는 어머니와 함께 정화 주문을 외우며 집집마다 돌아다니곤 했으며 형편없이 적은 수입을 위해 초보 교사 노릇을 하여 아버지를 도왔다."

위에서 인용한 글에 대해 베일리는 이렇게 주석을 달아 놓았다.[198] "만일 에피쿠로스가 시종으로 어머니와 함께 주문을 외우며 돌아다녔다는 이야기가 사실이라면, 나중에 그가 가르친 학설에 두드러진 미신에 대한 증오심이 일찍부터 생겨난 것은 당연하다." 이러한 가설은 흥미를 돋우지만, 고대 후기까지도 지극히 비양심적으로 추문을 날조한 점에 비추어 보면 추문에 근거가 있다는 말로 받아들일 수 없다.[199] 에피쿠로스가 어머니에게 유별나게 강한 애정을 드러냈다는 사실이야말로 추문에 반하는 근거다.[200]

그렇지만 에피쿠로스 생애에 대한 중요한 사실들은 꽤 확실한 듯하다. 그의 아버지는 사모스에 정착한 가난한 아테네 이주민이었다. 에피쿠로스는 기원전 342년이나 341년에 태어났는데 출생지가 사모스인지 아티카인지는 알려지지 않았다. 어떤 경우든 그는 소년기를 사모스에서 보냈다. 그는 자신이 14세에 철학을 공부했다고 말한다. 18세가 되던 해 알렉산드로스가 죽었을 무렵 시민권을 얻기 위해 아테네로 갔던 듯한데, 아테네에 머무는 동안 아테네 이주민들이 사모스에서 추방되었다(기원전 322). 에피쿠로스의 가족도 소아시아로 피난을 떠나야 했고, 에피쿠로스는 거기서 가족과 재회

198 베일리, 『그리스 원자론자들과 에피쿠로스』, 221쪽. 베일리 선생은 에피쿠로스를 전공 분야로 삼았으며, 그의 저술은 전공자들에게 매우 귀중한 자료다.

199 스토아학파는 에피쿠로스에 대해 매우 공평치 못했다. 예컨대 에픽테토스Epiktetos는 에피쿠로스에게 이렇게 말한다. "당신이 가치가 있다고 공언한 삶이란 이러한 것이죠. 먹고 마시고 성교하고 배설하고 코를 골며 잠이나 자는 삶이란 말입니다(에픽테토스, 『어록』, 2권, 20장)."

200 길버트 머리, 『그리스 종교의 다섯 단계』, 130쪽.

했다. 이때 아니면 더 이른 시기에 그는 타오스에서 데모크리토스의 추종자가 확실한 나우시파네스Nausiphanes에게 철학을 배웠던 것 같다. 에피쿠로스는 자신의 철학을 완전하게 발전시키는 과정에서 다른 어떤 철학자보다 데모크리토스의 덕을 많이 입었지만, '연체동물 같은 인간'이라고 넌지시 말하기도 했던 나우시파네스에 대해 경멸하는 태도로 일관했다.

에피쿠로스는 기원전 311년 처음 미틸레네에서 학파를 세운 다음, 람프사코스에 이어 307년 이후 아테네에서 학파를 세웠고, 기원전 271년 또는 270년에 아테네에서 죽었다. 그는 청년 시절을 힘들게 보냈지만 이후 아테네에서 평온하게 살았다. 다만 건강이 나빠서 고생했을 따름이다. 그에게는 집 한 채와 분명히 따로 떨어진 정원이 하나 있었고, 정원에서 사람들을 가르쳤다. 처음에는 학파의 회원이 에피쿠로스의 형제 셋을 비롯한 몇 사람밖에 되지 않았으나, 아테네에서 철학을 배우는 제자들뿐만 아니라 친구들과 그들의 자식들, 노예들, **헤타이라**hetaera[201]들이 들어오면서 공동체의 규모가 커졌다. 에피쿠로스의 적들이 헤타이라들의 입회를 빌미로 이따금 추문을 퍼뜨렸는데, 분명히 공평치 않은 처사였다. 에피쿠로스는 순수하고 인간적인 우정을 맺는 아주 비범한 재능을 타고난 인물로, 공동체에 소속된 회원들의 어린아이들에게도 상냥하고 유쾌한 편지를 쓰곤 했다. 그는 감정을 표현할 때도 고대 철학자들에게 예상되는 점잔 빼는 행동과 자제하는 행동을 하지 않았다. 그의 편지는 놀라우리만치 자연스럽고 꾸밈이 없었다.

에피쿠로스학파의 공동체 생활은 매우 단순하고 소박했는데, 한편으로 원칙을 지켰기 때문이고 다른 한편으로 돈이 부족했기 때문이다. 음식은 대체로 빵과 물이었지만, 에피쿠로스는 매우 만족스러워했다. 그는 "나는 빵과 물로 살 때 몸이 쾌락으로 충만하며, 내가 사치스러운 쾌락에 침을 뱉는

201 * 고대 그리스 시대 고급 창녀로 지식과 예능과 미모를 겸비했다.

까닭은 사치스러운 쾌락 자체가 나쁜 탓이 아니라 그것에 뒤따르는 불편한 느낌이 싫기 때문이다"라고 말한다. 공동체는 재정적으로 일부는 자발적 기부에 의존했다. 그는 "저장용 치즈를 조금 보내 주게. 좋은 때 연회를 열려고 하네"라는 내용이 담긴 편지를 썼다. 다른 친구에게 보낸 편지에서는 "자네와 자식들을 위해 우리 성스러운 공동체의 살림에 필요한 물자를 보내 주게"라고 말했다. 그리고 다시 이렇게 썼다. "내가 요구하는 유일한 기부금은 제자들이 상춘국常春國[202] 주민들Hyperborean 사이에 있더라도 내게 보내라고 요구한 것이라네. 나는 각각의 제자에게 해마다 220드라크마[203]를 받을 뿐 더 많은 것을 결코 바라지 않는다네."

에피쿠로스는 평생 건강이 좋지 않아 병에 시달렸지만, 불굴의 정신력으로 이겨내는 법을 터득했다. 인간이 고통 속에서도 행복해질 수 있다는 주장을 최초로 한 사람은 스토아학파가 아니라 바로 에피쿠로스였다. 에피쿠로스에게 이렇게 주장할 만한 권리가 있다는 사실을 보여 주는 편지가 두 장 전해지는데, 하나는 그가 죽기 며칠 전에 쓴 것이고 다른 하나는 사망한 당일에 쓴 것이다. 그는 첫 번째 편지에서 이렇게 말한다. "이 편지를 쓰기 7일 전 몸의 기능장애가 극에 달해 임종의 날에나 당할 만한 고통을 겪었다네. 내게 무슨 일이 생기면 메트로도로스의 아이들을 4, 5년 돌봐 주게. 그러나 지금 자네가 나에게 보내 주는 비용 이상을 지불할 필요는 없네." 두 번째 편지에서는 이렇게 말한다. "내 일생에서 참으로 행복한 오늘, 죽음을 눈앞에 둔 순간, 자네에게 이 편지를 쓰고 있다네. 내 방광 질환과 위장 질환이 진행되어 평소에 느끼던 격렬한 고통이 이어지고 있다네. 그러나 이 모든 증세와 반대로 자네와 내가 나눈 대화를 떠올리면 마음이 기쁨으로 가득 차

202 * 그리스 신화에서 북풍 너머 존재하는 항상 따뜻한 나라.

203 약 5파운드.

는 게 아닌가. 어릴 적부터 자네가 철학과 나에게 보여 준 헌신에 비추어 보면 메트로도로스의 아이들을 잘 돌봐 주리라고 기대해도 되겠지." 에피쿠로스의 첫 제자들 가운데 한 사람이었던 메트로도로스는 이미 세상을 떠났고, 에피쿠로스는 유언에 따라 그의 아이들을 키우고 있었다.

에피쿠로스는 사람들에게 대체로 신사답고 친절했지만, 철학자들 가운데 특히 사상적으로 신세를 졌다고 생각되는 철학자들에 관하여 성격의 다른 면을 드러냈다. 그는 이렇게 말한다. "불평이나 늘어놓는 자들은 내가 연체동물 같은 인간(나우시파네스)의 제자이며, 술을 좋아하는 몇몇 젊은이들과 어울려 그의 학설에 귀를 기울였다고 믿을 것이라고 나는 생각한다. 정말로 그자는 나쁜 인간이었고, 그의 습관은 결코 지혜로 이끌 수 없었기 때문이다."[204] 에피쿠로스는 데모크리토스에게 신세졌다는 점을 결코 인정하지 않았으며, 레우키포스에 대해서는 그런 철학자가 아예 존재하지도 않는다고 주장했는데, 물론 그런 사람이 실제로 존재하지 않았다는 뜻이 아니라 철학자가 아니라는 뜻이다. 디오게네스 라에르티오스는 에피쿠로스가 가장 뛰어난 이전 철학자들에게 붙인 것으로 생각되는 모욕적 별명을 빠짐없이 적은 목록을 작성했다. 그는 다른 철학자들을 관용하지 않는 태도 때문에 또 다른 중대한 과오, 바로 오만하고 전제적인 독단주의에 빠지는 과오를 저지르고 만다. 에피쿠로스의 추종자들은 그가 가르친 학설을 담은 일종의 신경信經을 배워야 했는데, 의문 제기는 용납되지 않았다. 추종자들 가운데 에피쿠로스의 신경에 무엇이든 덧붙이거나 수정한 사람은 끝까지 나타나지 않았다. 루크레티우스Titus Lucretius Carus(기원전 99~55)[205]가 200년 후에

---

204 오츠, 『스토아학파와 에피쿠로스학파의 철학자들』, 47쪽. 나는 가능한 곳에서 오츠 선생의 번역을 이용했다.

205 * 고대 로마의 시인이자 철학자다. 에피쿠로스의 철학을 시로 적은 『사물의 본성에 관하여』라는 저술을 남겼다.

에피쿠로스의 철학을 시로 바꾸어 표현했을 때도, 스승의 가르침에 이론상 아무것도 덧붙이지 않았다. 어느 부분을 비교하든 루크레티우스의 사상은 에피쿠로스의 원래 사상과 세세한 부분까지 일치하며, 300권이 넘는 에피쿠로스의 저작이 모두 분실되어 생겨난 공백을 메웠으리라는 것이 일반적 주장이다. 에피쿠로스의 저술들 가운데 편지 몇 통과 짤막한 글 몇 편, 『주요 학설』이라는 명제집이 남아 전해졌을 따름이다.

일부 회의주의 철학을 예외로 두면 당대에 유행한 모든 철학과 마찬가지로, 에피쿠로스의 철학도 일차적으로 마음의 평정tranquility을 유지하려는 목적으로 기획되었다. 그는 쾌락을 선이라고 여기고, 이러한 견해에서 나올 만한 모든 결론을 놀라우리만치 일관성 있게 고수했다. 그는 "쾌락은 축복받은 삶의 시초이자 목적이다"라고 말했다. 디오게네스 라에르티오스는 『삶의 목적*The end of Life*』이라는 책에서 에피쿠로스의 말을 인용한다. "미각의 쾌락을 버리고, 사랑의 쾌락과 청각과 시각의 쾌락을 버린다면, 나는 선이 무엇인지 알 도리가 없다." 게다가 이렇게 말하기도 한다. "모든 선의 시초이자 근원은 위胃와 관련된 쾌락이며, 지혜와 문화도 이러한 쾌락에 돌리지 않으면 안 된다." 정신의 쾌락은 신체의 쾌락을 관조하는 활동이라는 말도 한다. 정신의 쾌락이 신체의 쾌락보다 나은 점은, 우리가 고통보다 쾌락을 관조하는 법을 배워서 신체의 쾌락보다 정신의 쾌락을 더 많이 통제할 수 있다는 것뿐이다. '덕'은 '쾌락 추구 과정에서 발휘되는 사려'가 아니라면 공허한 이름에 지나지 않는다. 예컨대 '정의'란 다른 사람의 원한을 두려워하는 일이 생기지 않도록 행동하는 것이다. 이러한 견해를 사회계약론과 다르지 않은 사회기원설로 이끈다.

에피쿠로스는 **능동적** 쾌락과 **수동적** 쾌락, **동적** 쾌락과 **정적** 쾌락을 구별한 점에서 이전의 몇몇 쾌락주의자들과 다르다. 동적 쾌락은 바라는 목적을 달성하고, 고통이 동반되던 이전의 욕망을 충족시킬 때 얻는다. 정적 쾌락은 없으면 바라는 사태의 실존에서 비롯되는 평형 상태equilibrium에서 얻는다. 배고픔의 충족이 진행 중이라면 동적 쾌락이지만, 배고픔이 완전히 충족되어 도달할 활동이 없는 상태는 정적 쾌락이라 말할 수도 있겠다. 에피쿠로스가 두 가지 쾌락 가운데 정적 쾌락을 추구하는 것이 더 현명하다고 주장하는 까닭은, 정적 쾌락이 순수해서 욕망을 자극하는 고통과 얽히지 않기 때문이다. 육체가 평형 상태에 있으면 고통도 없으므로, 우리는 격렬한 기쁨보다 평형 상태와 온화한 쾌락을 추구해야 마땅하다. 에피쿠로스는 가능하면 늘 적당히 먹는 상태를 유지하고, 결코 식욕이 왕성해진 적이 없었던 듯하다.

에피쿠로스는 실제로 현자의 목표는 쾌락을 주는 것이 아니라 고통을 없애는 일이라고 생각한다.[206] 위胃는 사물의 근원이며 위통의 고통은 탐식의 쾌락을 능가한다. 따라서 에피쿠로스는 빵만 먹고 살았으며 잔칫날에도 치즈를 조금만 먹었다. 부와 명예 같은 욕망이 무익하고 헛된 까닭은 만족할 수 있는 때에도 인간을 불안하게 만들어 쉬지 못하게 하기 때문이다. "모든 일에서 최고선은 사려이며, 사려는 심지어 철학보다 더욱 값진 것이다." 철학은 에피쿠로스가 이해한 대로 행복한 삶을 보장하기 위해 계획된 실천 체계였다. 그래서 철학에는 상식이 필요할 뿐, 논리학이나 수학이나 플라톤이 규정한 정교한 훈련은 전혀 필요치 않다. 에피쿠로스는 젊은 제자이자 친구인 피토클레스에게 '어떤 형태의 문화이든 다 피하라'고 열심히 권고한다. 이러한 권고는 어떤 사람이 권력을 성취하는 정도에 비례하여 부러워하고 해치려드는 사람들의 수도 늘어나는 법이니 공적 생활을 하지 말라고 충고한 에피쿠로스의 원칙에서 나온 당연한 결론이었다. 설령 외부로 드러난 불

206 베일리, 『그리스 원자론과 에피쿠로스』, 249쪽. 에피쿠로스에게는 "고통이 없다는 것 자체가 쾌락이며, 그의 최종 분석에 따르면 참다운 쾌락이다."

행을 피하더라도, 그러한 상황에서 마음의 평화를 얻기는 불가능한 일이다. 따라서 현자는 적이 생기지 않도록 눈에 띄지 않게 조용히 살아가려 할 것이다.

성적性的 사랑은 눈에 띄는 동적 쾌락 가운데 하나로 당연히 금지되었다. 에피쿠로스는 "성교는 결코 인간을 선하게 만들지 못하며, 성교가 인간을 해치지 않았다면 운이 좋은 셈이다"라고 선언한다. 그는 아이들(남의 자식들)을 좋아했는데, 이러한 취향을 즐기고 기쁨을 맛보기 위해 자신의 충고를 따르지 않은 타인들에게 의존했던 듯하다. 사실 그가 더 훌륭한 판단을 위배하면서까지 아이들을 좋아했던 듯이 보이는 까닭은, 결혼과 자식이란 훨씬 진지한 탐구 생활에 방해가 될 뿐이라고 생각했기 때문이다. 사랑을 비난하며 에피쿠로스를 추종한 루크레티우스는 정념이나 열정에 사로잡히지 않은 성교에 해악은 전혀 없다고 여긴다.

에피쿠로스의 의견에 따르면 사회생활을 통해 얻는 쾌락 가운데 제일 안전한 것은 우정이다. 에피쿠로스는 벤담처럼 인간은 모두 언제나 때로는 지혜롭게 때로는 지혜롭지 못하게 오로지 자신의 쾌락을 추구할 따름이라고 생각한 사람이다. 그는 벤담과 마찬가지로 본성이 친절하고 애정이 넘쳐서, 자신의 이론에 따르면 당연히 해서는 안 되지만 칭찬받을 만한 행동을 끊임없이 할 수밖에 없었다. 그는 친구들과 분명히 사심 없는 우정을 나누었지만, 자신의 철학에서 모든 인간이 이기적 존재라고 주장하는 만큼 자신도 이기적 존재라고 확신했다. 키케로Marcus Tullius Cicero(기원전 106~43)[207]에 따르면, 에피쿠로스는 "우정이란 쾌락과 떼어놓을 수 없고, 우정이 없다면 우리는 안정적으로 살지도 못하고 두려움 없이 살지도 못하며 심지어 유쾌하게 살 수도 없기 때문에 우정을 갈고 닦아야 한다"라고 주장했다. 그렇지만

---

207 * 로마 시대의 정치가이자 웅변가, 작가이자 철학자다.

가끔 그는 자신의 이론을 많든 적든 망각하곤 했다. 그는 "모든 우정은 그 자체로 바람직하다"라고 말하고, "도움이 필요해서 시작된 우정이라도"라고 덧붙인다.[208]

에피쿠로스의 윤리가 도덕적 고양의 측면에서 다른 사람들에게 돼지 같고 부족한 듯했지만, 에피쿠로스는 진지한 면이 훨씬 더 많았다. 앞에서 살펴보았듯 그는 정원에 본거지를 둔 공동체를 '우리 신성한 단체'라고 부른다. 그는 『신성함에 대하여*On Holiness*』란 책을 썼는데, 종교개혁가의 열정을 전부 보여 주었다. 그는 고통을 당하는 인류에게 연민을 강하게 느끼고, 사람들이 자신의 철학을 받아들이게 되면 고통이 많이 줄어들 것이라는 확고부동한 신념을 갖고 있었다. 이러한 사상은 모험 가득한 행복을 좀처럼 얻을 수 없는 세계에나 어울릴 법한 병약자의 철학이었다. 소화불량에 걸리지 않으려면 적게 먹으라. 다음 날 아침이 걱정된다면 과음하지 말라. 정치와 사랑과 격렬한 정념을 동반하는 모든 활동을 삼가라. 결혼하고 자식을 낳아 운명의 인질이 되지 말라. 그대의 정신생활 속에서 스스로 고통보다 쾌락을 관조하는 법을 배우라. 육체의 고통은 확실히 큰 악이지만, 격심한 고통은 짧은 법이고, 긴 고통은 정신훈련을 하거나 고통 속에서 행복한 일을 생각하는 습관을 들임으로써 참아낼 수도 있다. 무엇보다 두려움을 피하기 위해 살라.

에피쿠로스는 두려움을 피하는 문제 때문에 이론 철학에 이끌렸다. 그는 공포를 불러일으키는 강력한 두 근원이 종교에 대한 두려움과 죽음에 대한 두려움인데, 종교가 죽음이 불행이라는 견해를 장려하기 때문에 서로 연관될 수밖에 없다고 말한다. 그러므로 그는 신들이 인간의 일에 간섭하지 않

208 우정을 비롯해 에피쿠로스의 일관성 없는 상냥하기 이를 데 없는 태도를 다룬 주제에 대해서는 베일리, 『그리스 원자론자들과 에피쿠로스』, 517~520쪽을 보라.

으며 영혼이 육체가 죽으면서 소멸한다는 점을 입증하는 형이상학을 모색했다. 현대인은 대부분 종교를 위안으로 삼지만, 에피쿠로스에게는 정반대였다. 그에게는 초자연적 존재가 자연 과정에 간섭하는 현상이 공포의 근원으로 보였고, 영혼 불멸은 고통에서 벗어나리라는 희망에 치명적 장애처럼 보였다. 따라서 그는 공포를 불러일으키는 믿음을 가진 사람들을 치유할 정교한 학설을 구성했다.

에피쿠로스는 유물론자였으나 결정론자는 아니었다. 그는 데모크리토스를 추종하여 세계가 원자들과 텅 빈 공간으로 이루어져 있다고 믿었다. 그러나 데모크리토스와 달리 원자들이 언제나 완전히 자연 법칙의 지배를 받는다고 믿지 않았다. 그리스에서 필연 개념은 이미 살펴보았듯 종교에서 비롯되었으며, 아마도 필연 개념을 남겨 두게 되면 종교에 대한 공격이 불완전할 수밖에 없으리라고 생각한 점에서 옳았을 것이다. 에피쿠로스가 말한 원자들은 무게를 지니며 계속 아래로 떨어지고 있었다. 지구의 중심을 향해 떨어지지 않고, 절대적 의미로 아래로 떨어졌다. 그런데 때때로 자유의지 같은 어떤 힘을 받아 활성화된 원자 하나가 직선 하향 경로에서 조금 벗어나[209] 다른 어떤 원자와 충돌을 일으키게 되었을 것이다. 이렇게 충돌한 순간부터 소용돌이들이, 데모크리토스가 일어난다고 말한 것과 같은 방식으로 훨씬 많이 발생했다. 영혼도 물질이기 때문에 숨과 열을 이루는 것과 같은 입자들로 이루어져 있다(에피쿠로스는 숨과 바람이 단지 운동하고 있는 공기가 아니기 때문에 공기와 실체가 다르다고 생각했다). 영혼 원자들은 육체에 두루 퍼져 있다. 감각은 육체가 발산하는 얇은 막들이 이동하여 영혼 원자들과 부딪칠 때 발생한다. 이러한 얇은 막들은 육체가 분해되어 사라졌을 때 실존할 수도 있다. 이러한 현상이 꿈을 설명해 준다. 죽게 되면 영혼은 흩어

209 우리 시대에 에딩턴이 비결정성 원리를 해석하는 과정에서 유사한 견해를 주장했다.

져 없어지고, 영혼이 흩어진 다음에도 당연히 남게 되는 영혼의 원자들은 육체와 더는 연결되지 않기 때문에 감각 능력을 갖지 못한다. 에피쿠로스의 표현을 빌리자면, 죽음이란 우리에게 아무것도 아니라는 결론이 도출된다. 왜냐하면 분해된 육체는 감각하지 못하고, 감각하지 못하는 육체는 우리에게 아무것도 아니기 때문이다.

에피쿠로스가 신들의 실존을 굳게 믿은 까닭은, 그러지 않으면 신들에 대한 관념이 널리 퍼진 현상을 설명할 도리가 없기 때문이다. 그러나 그는 신들이 인간 세상의 일을 걱정하며 괴로워하지 않는다고 확신했다. 신들은 그들의 계율을 따르고, 공적 생활을 피하는 합리적 쾌락주의자들이다. 통치는 완전히 축복받은 삶을 누리는 신들이 전혀 유혹을 느끼지 않는 불필요한 노동일 터다. 물론 예언을 하거나 점을 치는 행위 같은 풍습은 모두 미신에 지나지 않으며, 섭리 신앙도 미신이기는 마찬가지다.

그러므로 신들의 분노를 사지 않을까 두려워하거나 죽은 다음 저승에 가서 고통을 당하지 않을까 두려워할 이유도 없다. 과학적으로 연구되기도 하는 자연의 지배력에 복종하지만, 우리에게 아직 자유의지가 있으며, 우리는 일정한 한계 안에서 운명의 주인이 된다. 죽음을 피할 수 없겠지만, 우리가 올바로 이해하면 죽음도 나쁜 일만은 아니다. 에피쿠로스의 처세훈에 따라 사려 깊게 살아가면, 우리는 아마 고통에서 어느 정도 해방될 것이다. 이러한 복음은 온건해 보이지만, 인간의 비참한 고통을 깊이 새긴 사람들에게 광신을 불러일으킬 만한 요소가 충분하다.

에피쿠로스는 과학 자체에 관심을 갖지 않는다. 미신에 따라 신들의 작용으로 돌리는 현상들을 자연 법칙으로 설명해 주는 과학의 가치를 인정할 뿐이다. 그는 몇 가지 자연주의적 설명이 가능할 경우, 어느 설명이 더 나은지 결정하려 애써 보아야 아무 의미도 없다고 주장한다. 예컨대 달의 위상을 여러 가지 다른 방식으로 설명했는데, 어느 설명이든 신들을 끌어들이지만 않으면 다른 설명만큼 만족스럽기 때문에 어떤 설명이 참된 것인지 결정하려는 시도는 호기심을 채우려는 쓸데없는 짓일 따름이다. 에피쿠로스학파가 실제로 자연에 대한 지식의 확장에 공헌하지 못했다는 사실은 조금도 이상하지 않다. 에피쿠로스학파는 후대에 이교도가 마법magic, 점성술astrology, 점술divination에 점차 빠져드는 경향에 맞서 저항함으로써 유용한 목적에 기여했다. 그러나 에피쿠로스학파는 창시자와 마찬가지로 독단과 한계를 드러냈고, 개인의 행복과 관계없는 일에 진정으로 관심을 보이는 일이 없었다. 그들은 진심으로 에피쿠로스의 신경을 배워서 익혔을 뿐, 학파가 수 세기에 걸쳐 존속하는 동안 어떤 학설도 추가하지 않았다.

에피쿠로스의 출중한 제자는 율리우스 카이사르Gaius Julius Caesar(기원전 100~44)[210]와 동시대에 살았던 시인 루크레티우스Lucretius(기원전 99~55)뿐이다. 로마 공화정 말기 자유사상이 유행하면서 교육받은 사람들 사이에서 에피쿠로스의 학설이 인기를 끌었다. 율리우스 아우구스투스Gaius Julius Caesar Augustus(기원전 63~서기 14)[211]가 의고주의擬古主義, archaism를 도입하여 고대의 덕과 고대 종교를 부활시키면서 루크레티우스의 시詩『사물의 본성에 관하여』는 인기가 없어졌으며 르네상스 시대까지 그러했다. 시의 필사본 한 부가 유일하게 중세 이후까지 전해졌고, 완고한 고집쟁이들에게 파괴될 뻔한 순간을 가까스로 모면했다. 어떤 위대한 시인도 인정받는 날까지 그토록 오래 기다린 경우는 별로 없지만, 현대에 이르러 루크레티우스의 가치는 거의 보편적으로 승인되었다. 예컨대 루크레티우스와 벤저민 프랭클린Benjamin Franklin(1706~1790)[212]은 셸리가 가장 좋아하는 작가였다.

---

210 * 고대 로마의 정치가, 장군, 작가다. 그는 로마 공화정을 제정으로 변화시키는 데 결정적 역할을 했으며, 공화정을 지지하던 일군의 정적들에게 암살당했다.

211 * 로마 제국의 초대 황제로 로마의 행정과 시설을 개혁하고 제국의 기틀을 닦았다. 이후 모든 황제들의 명칭 뒤에 아우구스투스라는 이름을 붙일 만큼 위대한 인물로 추앙되었다.

루크레티우스의 시는 운문으로 쓴 에피쿠로스의 철학이다. 두 사람은 같은 학설을 주장하지만 기질은 전혀 다르다. 루크레티우스는 열정이 넘쳤기 때문에 에피쿠로스보다 사려의 권고가 더욱 절실하게 필요한 사람이었다. 그는 자살했으며 주기적 정신이상으로 고통을 겪었던 것으로 보이는데, 어떤 사람이 단언했듯 사랑의 아픔이었거나 사랑의 묘약이 일으킨 예기치 못한 효력 탓이었다. 루크레티우스는 에피쿠로스를 마치 구세주처럼 느끼면서 종교적 색채가 짙은 언어를 종교의 파괴자로 생각한 그 사람에게 적용한다.[213]

인간 생명이 땅에 엎드려
종교의 잔혹성 아래
무참히 짓밟혀 처참하게 부서지고,
잠시 종교가 저 위 하늘나라에서 얼굴을 내밀어
끔찍한 모습으로
죽어야 할 인간을 짓누를 때,
처음으로 한 그리스인이 용감히
종교에 맞서 도덕의 눈을 치켜떴네.
분연히 일어나 종교에 도전한 최초의 인간이었네.
신들에 대한 숱한 이야기에도, 번갯불에도,
하늘에서 들려오는 위협에도 굴복하지 않았네.
오, 모든 것이 그의 영혼 속 대담한 용기를 더욱 북돋아
자연의 굳게 잠긴 문을 헤치고 들어간
최초의 인간이 되기를 간절히 바랐네.

212 * 18세기 저명한 지식인이자 정치가로 미국 건국의 아버지 가운데 한 사람으로 평가받는 인물이다. 특별한 공식적 지위에 오르지 않았으나, 미국이 독립하는 데 중요한 역할을 했다.

213 트리벨리언이 번역한 『사물의 본성에 관하여』, 1권, 60~79쪽의 번역을 인용한다.

그리하여 정신의 강렬한 기운이 널리 퍼져,
그 사람은 앞으로 나아가 세계의 불타는 성벽을 넘어
저 멀리 여행을 떠나
정신과 영혼이 아득히 멀리 넓고도 넓게
측량할 길 없는 우주 구석구석까지 미쳤네.
그때 이래 우리에게 정복자로 개선하여
일어날 수 있는 일과 일어날 수 없는 일에 대한 지식을
둘 다 가져와서,
어떤 원리에 근거해 사물이 제각기 제한된 힘을 갖고
깊숙한 곳에 숨은 경계석을 갖게 되는지 가르쳤네.
그리하여 이제 종교는 인간의 발 아래 내던져져 짓밟히게 되었네.
그 사람의 승리가 우리를 하늘 높이 드높이네.

그리스 종교와 전례를 유쾌한 것으로 설명하는 관례를 따른다면, 에피쿠로스와 루크레티우스가 종교에 대해 표현한 증오심은 이해하기 쉽지 않다. 예컨대 키츠John Keats(1795~1821)[214]의 「그리스 항아리에 부치는 송가」에서 찬양한 종교 의식은 인간의 마음을 어둡고 침울한 공포로 가득 채우지 않는다. 나는 민간 신앙은 아주 과장해서 말하면 유쾌한 종교가 아니라고 생각한다. 올림포스 신들을 숭배한 종교는 그리스의 다른 종교들보다 잔혹한 미신적 요소를 덜 나타냈지만, 기원전 7세기나 6세기까지 올림포스의 신들도 이따금 인간의 희생을 요구했고, 이러한 습속이 신화와 희곡으로 기록되었다.[215] 에피쿠로스가 살던 시기까지도 야만족의 세계 전역에서 인간을 제물

214 * 영국의 낭만주의 시인으로 짧은 생애 동안 뛰어난 시적 감수성으로 고대의 전설을 낭만적으로 노래한 시를 썼다.

215 루크레티우스는 이피게네이아의 희생을 종교가 만든 해악의 사례로 든다. 『사물의 본성에 관하여』, 1권, 85~100쪽.

로 바치는 일을 공식적으로 인정했다. 로마인이 정복할 때까지, 포에니 전쟁 같은 위기 시대가 도래하면 문명이 가장 발달한 야만족조차 인간을 제물로 바치는 잔혹한 행위를 서슴지 않았다.

제인 해리슨이 가장 설득력 있게 보여 주었듯, 그리스인은 제우스와 그의 일족을 섬기는 공식적 전례 말고도 다소 야만적인 종교 의식과 결합된 아주 다른 원시신앙을 가지고 있었다. 이러한 원시신앙이 어느 정도까지 오르페우스교로 구체화되어 종교적 기질이 강한 사람들이 널리 받아들인 신앙으로 자리를 잡았다. 때로는 그리스도교에서 지옥을 고안했다고 생각되기도 하지만, 이러한 생각은 잘못이다. 그리스도교는 지옥에 관한 이전의 민간 신앙을 체계화했을 뿐이다. 플라톤이 쓴 『국가』의 초반부에 나타나듯, 사후 형벌에 대한 두려움은 기원전 5세기에 아테네에서 흔히 나타났고, 소크라테스에서 에피쿠로스에 이르는 동안 더 약화되었을 것 같지 않다(나는 교육받은 소수가 아니라 일반 서민들을 생각하고 있다). 전염병, 지진, 전쟁의 패배를 비롯한 대재앙을 신의 진노나 전조들을 무시한 탓으로 돌리는 일이 흔했던 것도 확실하다. 나는 그리스의 문학과 예술도 아마 민간 신앙을 오도하는 측면이 충분히 있다고 생각한다. 만일 귀족주의 색채가 짙은 책과 그림들만 남았다면, 18세기 감리교에 대해 어떻게 알 수 있겠는가? 감리교 세력은 헬레니즘 시대의 종교와 마찬가지로 아래로부터 발생했다. 감리교의 교세는 보스웰James Boswell(740~1795)과 조슈아 레이놀즈Joshua Reynolds(1723~1792)가 살던 시기에 이미 강력했으나, 두 사람이 언급을 회피하기 때문에 감리교의 교세가 얼마나 강력했는지 분명하게 드러나지 않는다. 그러므로 우리는 「그리스 항아리에 부치는 송가」의 묘사나 시인들과 귀족 철학자들의 저작들을 가지고 그리스의 민중 종교를 판단해서는 안 된다. 에피쿠로스는 출생으로 보나 학파에 소속된 동료들로 보나 귀족사회와 거리가 멀었다. 아마 그래서 유달리 종교에 적개심을 품었을 것이다.

에피쿠로스의 철학은 주로 루크레티우스의 시를 통해 르네상스 시대 이후 독자들에게 알려졌다. 독자들은 전문적 철학자들이 아니었는데도 유물론, 섭리의 부정, 영혼 불멸의 거부 같은 문제에서 그리스도교 신앙과 극명한 대조를 이룬다는 사실에 강렬한 인상을 받았다. 오늘날 일반적으로 침울함과 의기소침을 유발한다고 생각되는 견해가 두려움의 짐을 벗고 해방을 주는 복음으로 제시되었다는 점은 독자에게 충격을 주지 않을 수 없다. 루크레티우스는 종교 문제에서 그리스도교도 못지않게 참된 신앙의 가치를 굳게 믿었다. 그는 인간이 내면 갈등에 희생되어 장소가 바뀌는 데서 헛되이 구원을 찾을 때, 어떻게 자기 자신을 피해 달아나는지 묘사한 다음 이렇게 말한다.[216]

인간은 제각기 자신을 피하려 하지만,
사실은 자신을 피해 달아날 힘도 없다네.
인간이 경멸 속에서도 자신에게 매달려
자신을 지겨워하는 까닭은 병들었는데도
질병의 원인을 모르기 때문이라네.
인간이 그 원인을 올바로 알았더라면
만사를 제쳐두고 우선 세계의 본성을 배우려 힘썼을 텐데.
세계의 본성은 그저 한 시간 동안이 아니라
영원무궁하게 이어지는
당연히 죽어야 할 존재들이 지나가야 하는 상태라네.
그들의 사후에도 기다리는 시간 내내 이어지리.

에피쿠로스가 살던 시대는 고난의 시대였기 때문에 소멸이 정신의 고뇌

216 『사물의 본성에 관하여』, 3권, 1068~1076쪽. 트리벨리언 선생의 번역을 다시 인용한다.

에서 벗어난 즐거운 휴식처럼 보였을 것이다. 반대로 로마 공화정 말기는 로마인에게 대부분 환멸의 시기가 아니었다. 티탄들처럼 기운이 넘치는 사람들이 혼란스러운 사회 속에서 마케도니아인이 이루지 못한 새로운 질서를 창조하고 있었다. 그러나 정치 일선에서 물러나 권력이나 약탈에 아무 관심도 없던 로마 귀족은 세상일이 흘러가는 방향에 크게 낙담했음이 틀림없다. 여기에 반복되는 정신이상의 고통이 더해졌으니, 루크레티우스가 비실존non-existence의 희망을 구원으로 받아들였다는 사실이 조금도 놀랍지 않다.

그러나 인간의 본능 속에 죽음에 대한 두려움이 너무 깊게 뿌리박혀 있기 때문에 에피쿠로스의 복음은 어느 시기든 대중의 마음을 폭넓게 사로잡을 수 없었다. 에피쿠로스의 복음은 언제나 교양을 갖춘 소수 사람들의 취향에 맞는 신경으로 남았다. 아우구스투스 시대 이후 철학자들도 일반적으로 스토아 철학을 지지하고 에피쿠로스의 복음을 거부했다. 에피쿠로스의 복음은 사실 활기를 잃어가지만, 에피쿠로스 사후 600년 동안 명맥을 유지했다. 그런데 사람들은 지상의 삶이 주는 비참한 고통 때문에 더욱 압박을 받게 될수록, 철학과 종교에서 더욱 강력한 처방을 계속 요구했다. 철학자들은 몇 사람을 예외로 두면 신플라톤주의에서 피난처를 찾았다. 교육을 받지 못한 무지한 서민은 동방의 온갖 미신에 현혹되었다가 그리스도교로 기우는 경우가 점점 더 많아졌는데, 초기 그리스도교는 선이 모두 무덤 저편의 삶에 있다고 보았기 때문에 에피쿠로스와 정반대 복음을 사람들에게 전파했다. 그렇지만 18세기 말 프랑스의 계몽철학자들이 에피쿠로스와 유사한 학설을 부활시켰고, 벤담과 그의 추종자들이 영국에도 도입했다. 이러한 경향은 그리스도교에 의식적으로 반대하면서 나타났으며, 계몽철학자들은 에피쿠로스가 당대의 종교를 적대적으로 대한 태도 못지않게 그리스도교를 적대시했다.

28.
스토아학파

스토아학파Stoicism는 에피쿠로스학파Epicureanism와 동시대에 출현하지만, 역사가 더 길고 학설을 끝까지 고수하려는 성향이 더 약했다. 기원전 3세기 초에 스토아학파를 창시한 제논의 가르침은 서기 2세기 후반 마르쿠스 아우렐리우스의 가르침과 전혀 달랐다. 제논Zenon(기원전 335년경~263년경)은 유물론자였으며, 주로 키니코스학파의 철학과 헤라클레이토스의 철학을 결합한 학설을 내놓았다. 그러나 스토아학파는 점차 플라톤주의와 혼합되면서 유물론을 포기하고, 결국 유물론의 흔적이 거의 사라져 조금밖에 남지 않았다. 사실 그들의 윤리 학설은 약간 바뀌었고, 대부분 윤리 학설에 중요한 가치를 부여했다. 그렇지만 여기서도 어느 부분을 강조하느냐에 따라 약간의 차이가 생긴다. 세월이 흐르면서 스토아학파의 다른 측면에 대해 말하는 경우는 계속 줄어들고, 윤리학이나 윤리학과 가장 관련이 깊은 신학의 일면을 배타적으로 강조하는 경우가 계속 늘어났다. 초기 스토아 철학자들에 관한 저작은 단편만 몇몇 남아 있기 때문에 연구에 제한을 받지 않을 수 없다. 서기 1, 2세기의 세네카, 에픽테토스, 마르쿠스 아우렐리우스만 온전한 책을 후대에 남겼다.

스토아학파는 지금까지 관심을 두었던 어떤 철학의 학파보다 그리스 색채가 적게 나타난다. 초기 스토아 철학자들은 대부분 시리아인이고, 후기 스토아 철학자들은 대부분 로마인이었다. 탄Tarn은 저서 『헬레니즘 문명』 287쪽에서 칼데아인이 스토아학파에 영향을 미쳤다는 사실에 의혹을 제기한다. 야만인의 세계를 헬레니즘으로 동화시키는 과정에서 그리스인이 입맛에 맞는 요소만 전해 주었다는 위버베크Friedrich Ueberweg(1826~1871)[217]의 말이 옳다. 스토아학파는 초기 순수한 그리스 철학과 달리 정서적 측면에서 편협하고 어떤 점에서 광신적 특징을 나타냈다. 그러나 스토아학파는 당대 세계에 필요하다고 생각했으나 그리스인이 제공하기 힘들어 보였던 종교적 요소도 포함하고 있었다. 특히 스토아학파는 통치자들의 호감을 샀다. "우리가 제논 이후 세대에 생존한 중요한 모든 왕이라고 말할 수도 있는 알렉산드로스의 후계자들은 거의 전부 스토아학파로 자처했다"라고 길버트 머리 교수는 말한다.

제논은 페니키아인으로 기원전 4세기 후반 무렵에 키프로스의 키티움에서 태어났다. 그의 집안은 상업에 종사한 듯하며 처음 아테네를 방문한 이유도 사업상 용무였을 것으로 보인다. 그러나 그는 아테네에 갔을 때 철학 공부가 간절히 하고 싶어졌다. 키니코스학파의 견해가 다른 어떤 학파의 견해보다 더 마음에 들었고, 어느 정도 절충주의 철학자의 특징을 보였기 때문이다. 플라톤의 추종자들은 제논이 아카데메이아의 사상을 표절했다고 비난했다. 소크라테스는 스토아학파의 역사가 이어지는 처음부터 끝까지 으뜸가는 성인이었다. 재판을 받을 때 보여 준 당당한 태도, 탈출 권고를 거절한 일, 죽음과 마주하여 보여 준 침착한 태도, 불의를 행하는 자가 불의를 당하는 자보다 자신을 더 해치게 된다는 주장은 모두 스토아학파의 가르침과 완벽하게 일치했다. 더위와 추위에 무관심한 태도, 간소한 음식과 검소

---

217 * 독일의 철학자이자 철학사가.

한 옷차림, 육체의 안락에 현혹되지 않는 자립정신도 스토아학파의 가르침과 조화를 이루었다. 그러나 스토아학파는 플라톤의 이상론theory of ideas은 결코 받아들이지 않았으며, 스토아학파는 대부분 플라톤의 영혼 불멸 논증을 거부했다. 다만 후기 스토아학파는 영혼을 비물질적인 것으로 여긴 점에서 플라톤을 추종했을 뿐, 초기 스토아학파는 영혼이 물질적인 불로 이루어져 있다는 헤라클레이토스의 견해에 동조했다. 언어상으로는 이러한 학설이 에픽테토스와 마르쿠스 아우렐리우스에서도 발견되지만, 그들이 말하는 불은 문자 그대로 자연의 사물을 구성하는 4원소 가운데 한 원소로 간주해서는 안 된다.

제논은 형이상학의 미묘하고 세밀한 요소를 참아낼 만한 끈기가 없었다. 그는 덕을 가장 중요한 것으로 생각하여, 자연학과 형이상학의 가치도 덕에 기여할 경우에만 인정했다. 그는 상식을 수단으로 삼아 당대의 형이상학적 경향에 맞서 싸우려고 했는데, 그리스에서 상식은 유물론을 의미했다. 그는 감각능력의 신뢰성trustworthiness에 흠집을 내는 의심들이 성가시고 귀찮아 정반대 학설을 극단까지 밀고 나갔다.

"제논은 현실 세계의 실존existence of real world을 주장하면서 시작했다. 회의주의자가 '현실적이다real'란 무슨 뜻입니까?'라고 물었다. '현실적인 것은 단단한 물질이라는 뜻이지요. 이 탁자는 단단한 물질입니다.' 회의주의자가 '신과 영혼도 단단합니까?'라고 반문하자, 제논은 '더할 나위 없이, 오히려 탁자보다 훨씬 더 단단하죠'라고 대답했다. '덕이나 정의, 규칙이나 3이라는 수도 단단한 물질이란 말인가요?' 제논은 '당연히 아주 단단합니다'라고 말했다."[218] 여기서 제논도 다른 여러 사람처럼 반反형이상학적 열정이 지나쳐서 성급하게 자신만의 형이상학에 빠져들고 말았다.

---

218 길버트 머리, 『스토아 철학』, 25쪽.

스토아학파에서 처음부터 끝까지 변치 않은 주요 학설은 우주에 관한 결정론과 인간의 자유에 관한 것이다. 제논은 우연이란 존재하지 않으며, 자연의 경로는 자연 법칙에 따라 고정되어 있다고 믿었다. 원래 불이 있었을 뿐이다. 다음에 다른 원소들, 공기와 물과 흙이 차례로 생겨났다. 그러나 이윽고 우주에 대화재가 일어나 만물이 다시 불로 변하게 될 것이다. 대부분의 스토아 철학자들에 따르면, 우주의 대화재는 그리스도교 교리에 나타나는 세상의 멸망과 같은 최후의 종말이 아니라 한 주기의 마지막 단계일 따름이다. 전체 과정은 주기적으로 끝없이 되풀이된다. 일어난 모든 일은 이전에도 일어났고, 앞으로 다시 일어날 테고, 단 한 번으로 그치지 않고 수없이 되풀이될 것이다.

여기까지 스토아학파의 학설은 음산하고 어두우며, 데모크리토스의 유물론 같은 견해가 흔히 주는 것 이상의 위안을 전혀 주지 않는 것처럼 보일지도 모른다. 그러나 이것은 스토아학파가 내놓은 철학의 일면일 따름이다. 스토아학파에서 자연의 행로는 18세기 신학에서 주장하듯 자비로운 섭리beneficent Providence라고 부른 입법자Lawgiver가 정해 놓은 것이었다. 아주 사소한 세부에 이르기까지 전부 자연적 수단으로 특정한 목적을 달성하기 위해 마련되었다. 신들gods이나 악마들demons과 관련된 경우를 제외하면, 이러한 목적은 인간의 삶 속에서 드러난다. 만물에는 인간과 연결된 목적이 있게 마련이다. 어떤 동물은 식용에 좋고, 어떤 동물은 용기가 있는지 시험할 기회를 제공한다. 심지어 빈대조차 아침에 잠을 깨워 늦잠을 자지 못하게 하기 때문에 쓸모가 있다. 최고 권력자를 때로는 신이라고 부르고 때로는 제우스라고 부르기도 한다. 세네카는 이러한 제우스를 민간 신앙의 대상인 제우스와 구별하는데, 민간 신앙의 대상인 제우스도 현실적으로 존재하지만 최고 권력자인 제우스보다 하위에 놓인다.

신은 세계와 분리되어 있지 않다. 다시 말해 신은 세계영혼soul of the world

이며, 우리는 각자 신성한 불의 일부를 품고 있다. 만물은 자연Nature[219]이라고 부르는 단 하나의 체계를 이루는 부분들이다. 개별 생명은 자연과 조화를 이룰 때 선하다. 어떤 점에서 **모든** 생명은 자연과 조화를 이룰 때 선한데, 자연의 법칙 자체가 각각의 생명이 존재하도록 야기했기 때문이다. 다른 점에서 인간적 생명, 곧 인간의 삶은 개인의 의지가 자연의 목적들로 향할 때만 자연과 조화를 이룬다. **덕**virtue은 자연과 일치하는 **의지**will 속에 있다. 사악한 자들은 강제로 신의 법칙에 복종하지만, 자유의지에 따라 복종하지 않는다. 클레안테스Cleanthes(기원전 331년경~232년경)의 비유에 따르면 사악한 자들은 수레에 묶인 개와 같아서 수레가 가는 곳으로 끌려가게 마련이다.

개인의 삶에서 덕은 유일한 선이다. 건강, 행복, 재산 같은 것들은 결코 선하지 않다. 덕은 의지 속에 있으므로, 어떤 인간의 삶 속에서 현실적으로 선하거나 악한 모든 일은 그 사람 자신에게 달려 있을 따름이다. 그는 가난해질 수도 있겠지만 그것이 어떻단 말인가? 가난해지더라도 덕이 높은 사람일 수 있다. 폭군이 감옥에 가둔다고 할지라도, 자연과 조화를 이루며 살아갈 수 있다. 사형선고를 받는다고 할지라도 소크라테스처럼 고귀하게 죽을 수 있다. 남들은 외부 사정만을 마음대로 할 뿐이다. 참으로 선할 뿐인 덕은 완전히 개인에게 달려 있다. 그러므로 인간은 저마다 세속적 욕망에서 해방되면 완벽하게 자유로워진다. 세속적 욕망에 압도되는 현상은 단지 거짓 판단을 하기 때문에 나타난다. 판단을 참되게 하는 현자가 스스로 가치가 있다고 판단하는 모든 경우에 자기 운명의 주인이 되는 까닭은, 어떤 외부의 힘도 그에게서 덕을 빼앗지 못하기 때문이다.

이러한 학설에는 명백한 논리적 난점이 있다. 덕이 현실적으로really 유일

219 * 스토아학파에서 '자연'은 단순히 물리적 체계가 아니라 살아서 움직이는 거대한 물리적 체계를 뜻한다.

한 선이라면 자비로운 섭리는 오로지 덕을 이루기를 바라야 하는데도, 자연의 법칙은 무수한 죄인을 양산한다. 덕이 유일한 선이라면, 잔혹한 행위와 불의가 피해자에게 덕을 실천하는 최선의 기회를 제공하기 때문에 반대할 이유도 없어진다. 스토아학파는 이러한 난점을 지적하려 애쓴 적이 한번도 없다. 만일 세계가 완전히 결정되어 있다면, 자연 법칙들이 내가 유덕한 존재가 될지 부덕한 존재가 될지 결정할 것이다. 만일 내가 사악하다면, 자연이 강제로 나를 사악해지게 한 것이고, 덕이 준다고 가정된 내게 가능한 것이 아니다.

현대인은 유덕한 삶을 통해 아무것도 이루지 못할 경우 덕을 갖추기 위한 삶에 열성을 다하기 어렵다고 느낀다. 우리가 전염병이 유행할 때 생명의 위협을 무릅쓰는 의사를 칭찬하는 까닭은, 병을 악이라고 생각하고 병의 발생빈도가 줄어들기를 바라기 때문이다. 그런데 병이 악이 아니라면, 의사는 집에서 편안히 쉬는 편이 나을 것이다. 스토아학파에게 덕은 그 자체로 목적이지 선을 행하는 어떤 것이 아니다. 긴 안목으로 보면 최종 결과는 어떨까? 현재 세계가 불로 파멸되고나서 전 과정이 되풀이될 따름이다. 이보다 황폐하고 허무한 일이 가능할까? 한동안 여기저기서 진보가 일어나기도 하지만, 장기적으로 보면 반복이 일어날 뿐이다. 우리는 참을 수 없을 만큼 고통스러운 일을 보게 되면 장래에 그런 일이 일어나지 않기를 희망하는 법이다. 그러나 스토아학파는 지금 일어나고 있는 일이 몇 번이고 일어날 것이라고 확신한다. 신은 그렇게 반복되는 전체 과정을 보고 절망에 지쳐 결국 틀림없이 권태로워지지 않을까.

스토아학파의 덕 개념은 이렇게 냉담한 측면과 확실히 어울린다. 나쁜 정념뿐만 아니라 모든 정념을 비난한다. 현자는 동정심을 느끼지 않는다. 아내와 자식이 죽더라도, 현자는 처자의 죽음이 자신의 덕에 방해가 되지 않는다고 생각하기 때문에 그다지 괴로워하지 않는다. 에피쿠로스가 높이 평가한 우정은 아주 좋은 것이지만, 너의 친구가 겪는 불행이 너의 신성한 고요를 깨는 정도까지 빠져들어서는 안 된다. 공적 생활은 정의와 강인함을 실현할 기회를 제공하기 때문에 관여하는 것이 너의 의무일 수도 있다. 그러나 너는 인류를 이롭게 하겠다는 바람으로 행동하면 안 된다. 왜냐하면 네가 가져올 평화와 더 나은 식량 공급 같은 혜택은 진정한 혜택이 아니며, 어떤 경우에도 너 자신의 덕 말고 아무것도 중요하지 않기 때문이다. 스토아 철학자는 선을 행하기 위해 덕을 얻으려 하지 않고, 덕을 얻기 위해 선을 행한다. 그에게 이웃을 자신의 몸처럼 사랑하는 일은 생기지 않는다. 사랑이 피상적 의미가 아니라면 스토아학파의 덕 개념에는 결여되어 있다.

이렇게 말할 때 나는 사랑을 원리가 아니라 감정이라고 생각한다. 스토아학파는 보편적 사랑을 원리로서 가르쳤다. 보편적 사랑의 원리는 세네카와 그의 후계자들에게서 발견되며, 아마도 초기 스토아학파에서 받아들였을 것이다. 스토아학파의 논리는 지지자들의 인간성이 영향을 미쳐서 유연한 학설들을 이끌어 냈는데, 지지자들이 일관성을 유지했더라면 훨씬 나은 학설을 내놓았을 수도 있었을 터다. 이들과 닮은 점이 많은 칸트는, 좋아하기 때문이 아니라 도덕 법칙이 친절해지라고 명하기 때문에 너의 형제에게 친절해야 한다고 말한다. 그러나 칸트가 사생활에서도 이러한 계율에 따라 살았을지는 의심스럽다.

이제 개론 수준의 논의는 마치고 스토아학파의 역사로 넘어가기로 하자.

제논[220]의 저작은 단편 몇 점만 남아 있다. 단편들을 보면, 제논은 신을 불타는 세계정신으로 정의하고, 신은 신체가 있는 실체이며, 우주 전체가 신의 실체를 형성한다고 말했다. 제논에 따르면 테르툴리아누스는 꿀이 벌집을 타고 흐르듯 신이 물질계를 통과해 흐른다고 말한다. 디오게네스 라에르

220 뒤따라 나오는 인용의 출처는 베번, 『후기 그리스 종교』, 1쪽 이하다.

티오스에 따르면 제논은 옳은 이성Right Reason으로 만물에 고루 미치는 일반 법칙the General Law이 제우스 같은 우주의 최고 통치권이며 신, 정신, 운명, 제우스는 하나라고 주장했다. 운명은 물질을 움직이는 힘이고 '섭리'와 '자연'은 운명을 가리키는 다른 이름이다. 제논은 신들을 위한 신전이 있어야 한다고 생각하지 않는다. "신전을 세울 필요는 없을 것이다. 신전이 대단한 가치가 있다거나 거룩한 어떤 것이라고 주장해서는 안 되기 때문이다. 건축업자나 기술자의 작업에 대단한 가치나 거룩한 것이라고는 하나도 없다." 제논은 후기 스토아학파처럼 점성술astrology과 점술divination을 믿었던 듯하다. 키케로는 제논이 별들에게 신령한 힘을 귀속시켰다고 전한다. 디오게네스 라에르티오스는 이렇게 말한다. "스토아학파는 온갖 종류의 점술을 유효한 것으로 남겨둔다. 그들은 섭리 같은 것이 존재한다면 점술도 존재해야 한다고 말한다. 점술의 현실성을 제논이 주장하듯 스토아학파는 예언이 들어맞는 수많은 사례를 제시하여 입증했다." 크리시포스는 이러한 주제에 대해 명백한 견해를 제시했다.

스토아학파의 덕에 대한 학설은 후세에 남은 제논의 단편들 속에 나타나지 않지만, 그도 주장했던 듯하다.

아소스 출신인 클레안테스는 제논의 직계 후계자이며 주로 두 가지 일로 주목을 받는다. 첫째, 이미 살펴보았듯 그는 사모스 출신인 아리스타르코스가 지구 대신 태양을 우주의 중심으로 만들었기 때문에 불경죄로 기소당한 일은 당연한 일이라고 주장했다. 둘째, 그가 쓴 『제우스에게 바치는 송가』에는 교황이나 뉴턴 이후 교육받은 그리스도교도가 썼을 법한 내용이 많이 들어 있다. 심지어 클레안테스의 짧은 기도문은 그리스도교의 색채가 더욱 짙게 나타난다.

오, 제우스여, 오, 운명이여,

나를 당신에게 이끌어 주소서.
당신이 내게 어떤 일을 명하시든
나를 당신에게 이끌어 주소서.
나 두려워하지 않고 따르겠나이다.
나 의혹이 생겨 지체하고 마음이 내키지 않더라도
반드시 따르겠나이다.

클레안테스의 뒤를 이은 크리시포스Chrysippos(기원전 280~207)는 저서가 많은 작가로 705권이나 되는 책을 썼다고 전한다. 크리시포스는 스토아철학을 체계적으로 정리하고 현학적으로 윤색했다. 그는 제우스, 곧 최고의 불이 불멸할 뿐이고, 태양과 달을 비롯한 다른 신들은 태어나고 죽는다고 주장했다. 그가 신이 악을 야기하는 데 아무 역할도 하지 않는다고 생각했다지만, 이러한 생각과 결정론을 어떻게 조화시켰는지는 분명치 않다. 다른 곳에서 그는 악의 문제를 헤라클레이토스의 방식대로 다루어, 대립물은 서로 함축하고 악이 없는 선은 논리적으로 불가능하다고 주장했다. “선이 악의 실존 없이 실존할 수 있다고 가정한 사람들보다 더 어리석은 자는 없을 것이다. 선과 악은 정반대되는 존재이므로 언제까지나 서로 대립한다.” 그는 이러한 학설을 지지할 때 헤라클레이토스가 아니라 플라톤에 호소한다.

크리시포스는 선한 인간은 언제나 행복하고 악한 인간은 불행하며, 선한 인간의 행복이 신의 행복과 결코 다르지 않다고 주장했다. 영혼이 사후에도 살아남느냐는 문제에 대해서는 의견이 분분했다. 클레안테스는 모든 영혼이 우주의 다음 대화재의 순간(만물이 신 속에 흡수되는 때)까지 살아남는다고 주장했다. 그러나 크리시포스는 지혜로운 사람의 영혼만 살아남는다고 주장했다. 윤리학에 대한 그의 관심은 후기 스토아학파보다 배타성을 훨씬 덜 나타냈다. 사실 그는 논리학을 기초 학문으로 삼았다. 가언 삼단논법과 정언 삼단논법은 '선언disjunction'이란 말과 마찬가지로 스토아학파에서 유래한다. 문법 연구와 어형 변화에서 '격'의 발견도 스토아학파에서 유래한다.[221] 크리시포스를 비롯해 그의 저작에 감명을 받은 다른 스토아 철학자들은 주로 경험적이고 지각에 근거한 정교한 인식론을 내놓았지만, **인류의 합의**consensus gentium에 따라 확립된다고 주장되는 특정한 이상과 원리도 인정했다. 그러나 제논은 로마 스토아 철학자들과 마찬가지로 이론적 연구를 전부 윤리학에 종속된 연구로 간주했다. 그는 철학이란 과수원과 같아서, 논리학은 울타리이고 자연학은 나무이며 윤리학은 열매라고 한다. 또는 달걀과 같아서 논리학은 껍데기이고 자연학은 흰자이며 윤리학은 노른자라고 말하기도 한다.[222] 크리시포스는 이론적 연구의 독자적 가치를 훨씬 많이 인정했던 듯하다. 스토아학파 가운데 상당수가 수학을 비롯해 다른 여러 과학에서 진보를 이루었던 사실은 크리시포스의 영향으로 설명할 수 있을지도 모르겠다.

스토아학파는 크리시포스 이후 중요한 두 사람, 바로 파나이티오스와 포세이도니오스의 영향으로 적지 않은 변화를 겪었다. 파나이티오스는 플라톤주의를 상당 부분 도입하면서 유물론을 포기했다. 그는 젊은 스키피오의 친구였으며 키케로에게 영향을 주었다. 스토아학파의 철학은 주로 키케로를 거쳐 로마인에게 알려졌다. 키케로는 로데스에서 포세이도니오스의 문하에서 공부하면서 영향을 더 많이 받았다. 포세이도니오스는 기원전 110년경에 죽은 파나이티오스에게 배웠다.

포세이도니오스Poseidonios(기원전 135년경~51년경)는 시리아계 그리스인으로, 셀레우코스 제국이 멸망하던 때에 아이였다. 아마도 그는 시리아의 무

221 바르트, 『스토아학파』(4판) 참조.

222 바르트, 『스토아학파』(4판) 참조.

정부 상태를 겪었던 탓에 서방으로 여행을 떠났을 것이며, 처음에 아테네로 가서 스토아철학을 흡수했고, 다음에 더 멀리 로마 제국의 서쪽까지 갔다. "그는 이미 알고 있는 세계의 끄트머리를 넘어 대서양에서 석양을 감상했고, 스페인 맞은편 아프리카 해안가에서는 원숭이들로 가득한 나무를, 마르세유 내륙 야만족의 마을에서는 집집마다 전리품으로 매달아놓은 사람의 머리를 날마다 보았다."[223] 그는 과학적 주제를 다룬 책을 많이 저술했으며, 여행을 한 진짜 이유는 지중해에서 불가능했던 조수潮水, tide에 대한 연구를 하고 싶었다는 것이다. 그는 천문학 분야에서 우수한 연구 업적을 남겼으며, 24장에서 보았듯 태양까지 거리의 추정치는 고대에서 가장 정확했다.[224] 포세이도니오스는 폴리비오스를 이은 저명한 역사가이기도 했다. 그러나 주로 절충주의 철학자로 알려졌다. 그는 아카데메이아가 회의주의로 기운 단계에서 망각한 것처럼 보인 플라톤의 많은 가르침을 스토아학파 철학과 결합시켰다.

플라톤에게 보인 친근감은 영혼과 사후 삶에 관한 포세이도니오스의 가르침 속에 나타난다. 파나이티오스Panaetios(기원전 185년경~110년경)는 대부분의 스토아학파와 마찬가지로 영혼이 육체와 함께 소멸한다고 말했다. 반대로 포세이도니오스는 영혼이 공기 중에 계속 살며, 대부분 다음 세계 대화재의 순간까지 변하지 않은 채 그대로 남아 있다고 말한다. 지옥은 없지만 사악한 사람이 선한 사람만큼 운이 좋지는 않은데, 죄가 영혼의 증기를 탁하게 만들어 선한 영혼만큼 높이 올라가지 못하기 때문이다. 아주 사악한 영혼은 지상 가까이 머물다 다시 육체 속으로 들어가고, 참으로 덕이 있는 영혼은 별들의 영역까지 올라가 별들이 도는 광경을 지켜보며 소일한다. 유

---

223 베번, 『스토아학파와 회의주의학파』, 88쪽.

224 그는 카디스에서 서쪽으로 항해하여 7만 스타데를 가면 인도에 도착할 것이라고 추산했다. "이 말이 콜럼버스의 확신에 결정적 토대가 되었다." 탄, 『헬레니즘 문명』, 249쪽.

덕한 영혼은 다른 영혼을 도와줄 수 있는데, 그는 이것이 점성술이 진실이라는 점을 설명해 준다고 생각한다. 베번은 포세이도니오스가 오르페우스교의 개념과 혼합된 신피타고라스학파의 신앙을 부활시킴으로써 그노시스주의로 향하는 길을 닦았을 수도 있다고 암시한다. 그는 아주 정확하게 포세이도니오스의 철학을 위협하는 치명타는 그리스도교가 아니라 코페르니쿠스의 이론이었다고 덧붙인다.[225] 클레안테스가 사모스의 아리스타르코스를 위험한 적으로 지목한 것은 지당한 일이었다.

철학 측면이 아니라 역사 측면에서 초기 스토아학파의 철학자들보다 훨씬 중요한 로마와 관련된 세 사람이 있었다. 세네카와 에픽테토스, 마르쿠스 아우렐리우스이고, 각각 행정장관, 노예, 황제였다.

세네카Seneca(기원전 3년경~서기 65년경)는 스페인 사람으로 부친은 로마에 사는 교양인이었다. 세네카는 정치가로서 경력을 쌓기로 결심했는데, 어느 정도 성공을 거둘 무렵 메살리나 황후의 원한을 사게 되면서 클라우디우스 황제가 그를 코르시카로 추방했다(서기 41). 클라우디우스의 둘째 부인 아그리피나가 서기 48년에 추방된 세네카를 다시 불러들여 여덟 살 된 아들의 가정교사로 임명했다. 세네카는 네로 황제를 제자로 둔 점에서 아리스토텔레스보다 운이 더 나빴다. 세네카는 스토아학파로서 표면상 부를 경멸했지만 막대한 재산을 축적했는데, 재산이 자그마치 3억 세스테르티우스sestertius(약 300만 파운드)에 달했다고 전한다. 재산은 대부분 영국에 돈을 빌려주어 늘렸다. 디오Dio에 따르면 세네카가 가차 없이 거둔 과도하게 비싼 이자는 영국에서 반란이 일어난 원인 가운데 하나였다. 이것이 사실이라면 영웅의 풍모를 보여 준 보아디케아 여왕은 금욕을 가르친 철학의 사도가 대표한 자본주의에 맞서 반란을 지휘하고 있었던 셈이다.

225 포세이도니오스에 대한 설명은 주로 에드윈 베번의 『스토아학파와 회의주의학파』 3장에 근거한다.

네로의 난폭한 행동이 심각한 수준에 이르면서 세네카는 점점 총애를 잃었다. 마침내 정당하든 부당하든 세네카는 네로를 암살하고 새 황제를 황제의 자리에 앉히려는 음모에 가담했다는 이유로 기소되었다. 어떤 사람은 새 황제가 세네카 자신을 가리킨다고 말하기도 한다. 네로는 세네카의 이전 공직 수행을 참작해 자비를 베풀어 자살해도 좋다고 허락했다(서기 65년).

세네카의 최후는 교훈이 되고도 남았다. 처음에 네로 황제의 결정을 통보받고, 유언장을 작성하려 했다. 유언장을 작성할 만큼 시간이 많지 않다는 말을 듣자, 그는 슬퍼하는 가족들을 향해 이렇게 말했다. "걱정하지 마라. 지상의 부보다 훨씬 더 가치 있는 덕이 높은 삶의 본보기를 남긴다." 또는 그러한 뜻으로 말했다. 다음에 그는 혈관을 끊고 비서를 불러 유언을 받아 적게 했다. 타키투스에 따르면 세네카의 웅변은 마지막 순간까지 계속되었다. 그의 조카이자 시인이었던 루카누스도 동시에 비슷하게 죽임을 당했는데, 마지막 숨을 거둘 때까지 자신의 시를 읊었다고 한다. 세네카는 후대에 얼마간 의혹을 불러일으킨 행적이 아니라 감탄을 자아내는 교훈들로 평가를 받았다. 몇몇 교부들은 세네카가 그리스도교도라고 주장했고, 히에로니무스 같은 사람들은 그가 성 바울로와 서신 왕래를 했다는 가정을 그대로 받아들였다.

에픽테토스Epiktetos(서기 60년경~100년경)는 철학자에 아주 가깝지만 색다른 사람이다. 그는 그리스인으로 원래 에파프로디투스의 노예였다가 네로의 자유민이 되어 행정장관까지 지냈다. 그는 절름발이였는데 당시 노예에게 내리던 잔혹한 형벌 탓이었다고 한다. 그는 도미티아누스 황제가 지식인은 쓸모가 없다면서 철학자를 모두 추방한 서기 90년까지 로마에서 살며 가르쳤다. 이후 에픽테토스는 에피루스의 니코폴리스에서 칩거하며 몇 해 동안 저술하고 가르치다가 죽음을 맞았다.

마르쿠스 아우렐리우스Marcus Aurelius(서기 121~180)는 사회 계급의 다른 끝에 있었던 사람이다. 그는 숙부이자 장인이기도 했던 훌륭한 안토니누스 피우스 황제의 양자가 되어 서기 161년에 제위를 계승했고 선왕을 기념했다. 그는 황제로서 스토아학파의 덕을 실천하는 데 헌신했다. 그에게 불굴의 의지력이 더욱 필요했던 까닭은 치세 동안 지진과 역병, 길고 힘들게 지속된 전쟁, 군사 반란 같은 참화가 끊이지 않았기 때문이다. 발표하려는 분명한 의도 없이 독백 형식으로 쓴 『명상록』은 마르쿠스 아우렐리우스가 공적 의무에 부담을 느꼈으며 권태로 몹시 괴로워했다는 사실을 보여 준다. 그를 계승한 외아들 콤모두스Commodus(177~192년 재위)는 나쁜 황제들 가운데서도 가장 악독한 인물로 판명이 났지만, 부친이 살아 있는 동안 포악한 성벽을 잘 숨기고 살았다. 황제 철학자인 마르쿠스 아우렐리우스의 배우자 파우스티나는 필시 부당하게 추잡하고 부도덕하다는 비난을 들었겠지만, 그는 한 번도 의심한 적이 없었고, 그녀가 죽은 다음 신격화하는 일에도 수고를 아끼지 않았다. 그는 정치적으로 필요하다고 생각한 국가 종교를 거부한다는 이유로 그리스도교도를 박해했다. 모든 행동을 양심에 따라 했지만, 대부분의 경우 성공을 거두지 못했다. 그는 연민을 불러일으키는 인물이다. 저항해야 할 세속적 욕망의 목록에서 가장 매혹을 느낀 것은 은퇴하여 조용한 전원생활을 하고 싶다는 소망이다. 이 소망을 이룰 기회는 결코 오지 않았다. 『명상록』의 어떤 부분은 먼 출정 중 막사에서 쓴 것이며, 전쟁의 고난이 결국 그를 죽음으로 몰아가고 말았다.

에픽테토스와 마르쿠스 아우렐리우스가 거의 동시에 철학의 모든 문제를 다룬다는 점은 주목할 만한 일이다. 이것은 사회 상황이 한 시대의 철학에는 영향을 미치지만, 개인이 처한 상황이 개인의 철학에 생각보다 크게 영향을 주지 않는다는 점을 암시한다. 철학자들은 사생활 속에서 빚어지는 우연한 사건들을 대체로 도외시함으로써 마음의 여유를 찾은 사람들이다. 그러나 철학자들조차 자신이 살고 있는 시대에 문제가 되는 훨씬 큰 선이나 악에 무심할 수 없는 법이다. 철학자들은 난세에는 위안을 찾고, 태평 시대에는 훨씬 순수하고 지적인 연구에 관심을 쏟는다.

기번Edward Gibbon(1737~1794)[226]은 콤모두스Commodus(161~192)[227]의 악정을 상세한 역사로 기록하기 시작하면서, 안토니네스Antonines[228]의 통치 기간이 전성기라는 18세기 대다수 저술가의 의견에 동의하며 이렇게 말한다. "만일 어떤 사람이 세계사에서 인간 종족의 사정이 가장 행복하고 번성한 시기를 말해 보라는 부탁을 받는다면, 주저 없이 도미티아누스 황제가 죽은 다음부터 콤모두스가 즉위하기 전까지라고 말할 것이다." 이러한 판단에 완전히 동의하기는 어렵다. 노예제도의 폐단은 이루 헤아릴 수 없는 고통을 양산했을 뿐만 아니라 고대 세계가 활력을 잃게 했다. 검투사들이 야수들과 벌인 공연과 혈투는 견딜 수 없을 만큼 잔혹했으며, 구경거리를 즐겼던 시민들의 품성을 틀림없이 타락시켰을 것이다. 마르쿠스 아우렐리우스가 검투사들이 무딘 검을 가지고 싸워야 한다는 포고령을 내린 것은 사실이지만, 이러한 개혁 조치의 효력은 오래가지 않았고 야수와 벌이는 혈투에 대해 아무 조치도 취하지 못했다. 경제 체제도 매우 나빴다. 이탈리아는 경작을 하지 않게 되었기 때문에 로마 시민은 지방에서 올라온 양곡의 자유 분배에 의존해 살았다. 주도권은 전부 황제와 황제가 임명한 행정장관들에게 집중되었기 때문에, 이따금 반기를 드는 장군을 제외하면 누구나 거대한 제국 구석구석에 이르기까지 복종하는 일밖에 할 수 없었다. 사람들은 태평성대를 이루었던 과거 시절을 돌아보며, 미래란 기껏해야 권태로울 뿐이고 최악

226 * 영국의 역사가로 2세기부터 1453년 콘스탄티노플의 멸망까지 로마 역사를 다룬 『로마 제국 쇠망사』를 펴냈다.

227 * 마르쿠스 아우렐리우스의 아들로 왕위를 계승했으나, 잔혹한 정치로 84년간 로마 제국이 누려온 안전과 번영의 시대가 끝났다.

228 * 서기 138년부터 180년까지 연속 통치한 두 로마 황제를 가리킨다. 두 황제는 안토니우스 피우스와 마르쿠스 아우렐리우스다.

의 경우에 공포에 휩싸일 것이라는 느낌을 받았다. 마르쿠스 아우렐리우스의 어조와 베이컨, 로크, 콩도르세의 어조를 비교하면 암울한 시대와 희망의 시대 사이에 나타나는 차이가 드러난다. 희망의 시대에는 현재 겪는 끔찍한 악행들도 지나갈 것이기에 견딜 만하다. 그러나 암울한 시대에는 심지어 현실적 선조차 좋은 기미를 잃어버리고 만다. 스토아학파의 윤리가 에픽테토스나 마르쿠스 아우렐리우스 시대에 적합한 까닭은 스토아학파의 복음이 희망보다 인내의 윤리이기 때문이다.

일반적 행복의 관점에서 보자면 안토니네스 시대가 이후 르네상스 시대까지 이르는 어느 시대보다 훨씬 더 나았다는 사실은 의심할 여지가 없다. 그러나 면밀히 연구해 보면, 당대 건축 유적들에서 추측해 볼 수 있듯 그다지 번창하지 않았다는 사실도 알 수 있다. 그리스와 로마 문명은 농촌 지역에 거의 아무 영향도 주지 못한 채 실제로 도시 지역에 국한되었다. 심지어 도시에도 극심한 가난으로 고통을 겪는 무산자 계급과 거대한 노예 계급이 있었다. 로스토프체프Mikhail Ivanovich Rostovtsev(1870~1952)[229]는 당대 도시의 사회 상황과 경제 여건에 대해 논의하면서 이렇게 요약한다.[230]

"여러 도시의 사회 상황에 대한 이러한 서술은 외부로 드러난 모습만큼 매력적으로 보이지 않는다. 우리가 입수한 출처에서 받은 인상에 따르면, 도시의 호화로운 외관은 오히려 극소수 시민이 주축이 되어 건설했고 바로 극소수를 위해 존재했으며, 이렇게 극소수의 복지조차 상대적으로 허약한 토대 위에 놓여 있었다. 또 도시 인구의 대다수가 보통 이하의 수입으로 살았거나 극빈 상태로 연명했다. 한마디로 우리는 당대 도시의 부를 과대평가

229 * 러시아 출신으로 러시아 혁명기에 고국을 떠나 옥스퍼드 대학교를 거쳐 미국에서 학자로서 입지를 다졌다. 고대 그리스와 로마의 역사, 특히 경제사와 사회사의 최고 권위자로 꼽힌다. 고고학적 관찰을 바탕으로 광범위한 시각, 생동감 넘치는 묘사, 과감한 해석으로 유명하다. 예컨대 로마 제국은 농민들이 도시에 맞서 일으킨 반란 때문에 쇠퇴했다는 해석을 내놓았다.

230 로스토프체프, 『로마 제국의 사회경제사』, 179쪽.

해서는 안 된다. 외적으로 드러난 도시의 모습이 오해를 불러일으킨다는 말이다."

에픽테토스는 우리가 지상의 죄수들이며 지상의 육체 속에 갇혀 있다고 말한다. 마르쿠스 아우렐리우스에 따르면, 에픽테토스는 "너희는 송장을 메고 다니는 작은 영혼이다"라고 말하곤 했다. 제우스는 우리를 육체에서 자유롭게 할 수 없었지만 우리에게 신성의 일부를 나누어 주었다. 신은 인간의 아버지이기에 우리는 모두 형제가 된다. 그러니 "나는 아테네 사람이지요"라거나 "나는 로마 사람이지요"라고 말해서는 안 되고, "나는 우주의 시민이지요"라는 말이 어울린다. 만일 그대가 카이사르의 친척이었더라면 그대는 안전하다고 느꼈을 텐데, 신의 친척이 되면 얼마나 더 안전하다고 느끼겠는가? 덕이야말로 유일하게 참된 선이라는 것을 이해한다면, 우리에게 나쁜 일은 결코 생기지 않으리라는 점도 알게 될 것이다.

> 나는 죽을 수밖에 없다네. 그렇다고 끙끙거리고 괴로워하며 죽어야 하는가? 내가 감옥에 갇혔다고 하세. 그렇다고 내가 흐느끼며 푸념까지 늘어놓아야 하겠는가? 내가 국외 추방이라는 벌을 받았다고 치세. 그렇다고 내가 미소를 지으며 당당하고 용감하게 조용히 떠나는 걸 어느 누가 막을 수 있겠는가? "비전秘傳을 말하라." 말하느냐 마느냐는 내 권한이니 거절하네. "그러면 당신을 사슬로 묶을 것이오." 여보게, 무슨 말을 하는가? 나를 사슬로 묶는다고? 내 다리는 자네가 사슬로 묶을 것이네. 맞네, 그러나 나의 의지를 묶지는 못할 것이네. 제우스조차도 그렇게 하지 못할 테지. "나는 당신을 감옥에 가둘 것이오." 내 작은 몸을 감옥에 가둔다는 뜻이군. "나는 당신을 참수형에 처할 것이오." 글쎄, 언젠가 자네에게 나라는 사람이 세상에서 목을 베어 죽일 수 없는 유일한 인간이란 말을 한 적이 있었던가?
> 이러한 이야기는 철학을 추구하는 사람들이 깊이 새겨야 할 소신이며, 매일 매일 적어 두어야 하는 교훈이며 스스로 실행해야 할 것이네.[231]

모두 똑같이 신의 아들이므로 노예도 다른 사람과 동등한 인간이지.

우리는 훌륭한 시민이 법에 복종하듯 신에게 복종해야 한다네. "병사들은 카이사르 말고 어느 누구도 존경하지 않겠다고 맹세하지만, 우리는 무엇보다 먼저 우리 자신을 존경하겠다고 맹세해야 하지 않겠는가."[232] "여러분이 지상의 강자들 앞에 설 때는 저 위에서 다른 존재가 무슨 일이 벌어지고 있는지 지켜본다는 것, 현세의 인간보다 그분을 기쁘게 해 드려야 한다는 것을 기억하시오."[233]

그러면 스토아학파의 철학자는 어떤 사람인가?

페이디아스의 기술로 제작된 조각상을 페이디아스의 조각상이라 부르듯, 발언하는 판단 양식에 따라 형성된 사람을 만나게 해 주시오. 병에 걸렸지만 행복하고, 위험에 처했지만 행복하고, 죽어 가지만 행복하고, 추방되었지만 행복하고, 명예를 잃어도 행복한 삶을 만나게 해 주시오. 신들에게 맹세코 나는 기꺼이 스토아학파 철학자를 만나게 해 줄 것이오. 아니, 여러분은 완전한 스토아학파의 철학자를 만나게 해 주지 못할 것이오. 그러면 도야 과정에 있는 사람, 완성의 길에 발을 내디딘 스토아학파의 철학자를 만나고 싶소. 내게 이러한 친절을 베풀어, 나 같은 늙은이에게 전에 한 번도 만나 본 적 없는 사람을 만나게 해 주는 일에 인색하게 굴지 마시오. 설마! 여러분은 페이디아스의 제우스나 페이디아스의 아테나, 상아와 금으로 주조된 조각상을 보여 주려 합니까? 나는 영혼을 원한다오. 여러분 가운데 신과 더불어 살기를 소망하고, 신이나 인간을 더는 책망하지 않으며, 무슨 일을 하든 실패하지 않고, 불운을 느끼는 법이 없으며, 분노와 부러움과 질투에서 자유로워진 사람, 자신의 인간성을 바꾸어 신성을 이루려 하며(왜 나의 뜻을 숨기겠는가), 가련한 육체 안에서 신과 소통하는 데 마음을 기울이는 사람을 만나게 해 주시오. 내가 그 사람을 만날 수 있게 해 주시오. 아니, 여러분은 만나게 해 줄 수 없을 것이오.

---

231 오츠, 『스토아학파와 에피쿠로스학파의 철학자들』, 225~226쪽에서 인용.

232 오츠, 『스토아학파와 에피쿠로스학파의 철학자들』, 251쪽.

233 오츠, 『스토아학파와 에피쿠로스학파의 철학자들』, 280쪽.

에픽테토스는 불운한 일을 어떻게 처리해야 하는지 보여 주는 데 결코 지치는 법이 없으며 자주 친숙한 대화체로 서술한다.

에픽테토스는 그리스도교도와 마찬가지로 우리가 원수를 사랑해야 한다고 주장했다. 그는 대체로 다른 스토아학파의 철학자들과 공통적으로 쾌락을 경멸하지만, 경멸하지 않아도 되는 행복도 있는 법이다. "아테네는 아름답지요. 그래요, 그러나 감정과 근심에서 벗어난 자유로운 행복과 그대의 일이 아무에게도 의존하지 않는다는 의미는 훨씬 더 아름다운 법입니다(오츠, 『스토아학파와 에피쿠로스학파의 철학자들』, 428쪽)." 인간은 저마다 연극 속의 배우이고, 신이 배역을 정해 놓았기 때문에 배역이 무엇이든 배역을 훌륭하게 연기하는 것이 우리의 의무다.

에픽테토스의 가르침이 담긴 어록은 대단히 진지하고 단순하다. (어록은 그의 제자 아리아노스의 강의록에 근거한 것이다.) 에픽테토스의 도덕은 고상하며 속세를 떠나 있다. 한 사람의 중요한 의무가 포악한 권력에 저항하는 것이어야 했던 상황에서 이보다 더 요긴한 도덕을 찾기는 어려웠을 터다. 어떤 점에서, 예컨대 인간의 형제애를 인정하고 노예의 평등을 가르친 점에서, 플라톤이나 아리스토텔레스나 도시국가에서 영감을 받아 사상을 세운 다른 어떤 철학자의 도덕보다 우월하다. 에픽테토스가 살았던 시기의 실제 세계actual world는 페리클레스 시대의 아테네보다 훨씬 열악한 상황에 놓여 있었다. 그러나 실존했던 악이 에픽테토스의 포부를 한껏 펼치게 한 결과, 에픽테토스가 대면한 실제 세계가 기원전 5세기 아테네보다 열등한 만큼 에픽테토스의 이상계는 플라톤의 이상계보다 우월했다.

마르쿠스 아우렐리우스의 『명상록』은 할아버지, 아버지, 양아버지, 여러 선생님들과 신들의 은혜에 감사하는 말로 시작된다. 그가 나열한 은혜 가운데 이상해 보이는 항목도 몇 가지 있다. 그는 디오그네투스에게 기적을 행하는 자들의 말에 귀를 기울이지 말라고 배웠고, 루스티쿠스에게 시를 쓰지 말라고 배웠으며, 섹스투스에게 꾸밈없이 침착한 태도를 배웠고, 문법학자 알렉산드로스에게 다른 사람들의 문법 실수를 고치지 말고 나중에 바른 표현을 사용하라고 배웠다. 플라톤주의자인 알렉산드로스에게 편지의 회답이 늦어졌을 경우 일이 바빴다는 핑계를 대지 말라고 배웠고, 양아버지에게 소년과 사랑에 빠지지 말라고 배웠다. 할아버지의 첩에게 너무 오래 보살핌을 받지 않았던 것, 남자의 생식력을 너무 이른 시기에 증명하지 않아도 되었던 것, 자식들이 아둔하지 않고 불구가 아닌 것, 아내가 온순하고 정답고 검소한 것, 철학을 하게 되었을 때 역사나 삼단논법이나 천문학에 시간을 낭비하지 않은 것은 신들의 덕분이라고 말한다.

『명상록』에서 개인의 삶과 상관없는 견해는 에픽테토스와 아주 흡사하다. 마르쿠스 아우렐리우스는 영혼의 불멸에 의혹을 품으면서도 그리스도교도와 마찬가지로 이렇게 말한다. "네가 바로 이 순간에 죽음을 맞이할 수도 있으니, 매 순간 행동과 사고를 바르게 하라." 삶은 우주와 조화를 이루게 될 때 선하며, 우주와 조화를 이룬 삶은 신의 의지에 복종하는 삶과 같다.

"모든 것은 당신, 오, 우주와 일치된 나와 조화를 이룹니다. 당신을 위한 예정된 시간 속에 있는 일들 가운데 아무것도 저에게 너무 이르거나 너무 늦지 않습니다. 모든 것은 당신의 계절이 제게 가져오는 열매입니다. 오, 자연이여 만물이 당신에게서 나오고, 당신 안에 존재하고, 당신에게 돌아갑니다. 시인은 케크롭스Cecrops[234]의 그리운 도시를 노래하니, 제우스의 그리운 도시를 노래하지 않으렵니까?"

성 아우구스티누스가 『신국*De Civitate Dei*』의 내용 가운데 일부를 이교도 황제로부터 넘겨받은 사실을 누구나 알고 있다.

234 * 고대 그리스 아티카의 최초의 왕. 피를 흘리지 않는 제물을 전례에 사용하게 하고, 사체 매장과 서법書法 발명에 이바지하기도 했다. 상반신은 인간의 모습, 하반신은 뱀의 모습이었다고 한다.

마르쿠스 아우렐리우스는 신이 누구에게나 특별한 수호신을 안내자로 정해 주었다고 확신하는데, 그리스도교의 수호천사로 다시 등장하는 믿음이다. 그는 우주가 촘촘하게 짜여 굳게 결합된 전체라 생각하면서 편안해하며, 우주가 살아 있는 존재로서 하나의 실체이자 하나의 영혼을 지니고 있다고 말한다. 그의 격률 가운데 하나는 이것이다. “항상 우주 안의 만물이 연결되어 있다고 생각하는 습관을 들여라.” “네 안에서 일어나는 무슨 일이든 영원무궁한 존재에서 시작하여 너를 위해 준비되어 있었다. 영원한 존재에서 시작되어 여러 원인이 복잡하게 얽히며 네가 존재하기 위한 생명의 실을 자아내고 있었다.” 마르쿠스 아우렐리우스가 로마 국가에서 차지한 지위에도 불구하고 인류가 하나의 공동체라는 스토아학파의 믿음과 조화를 이룬다. “내가 안토니누스인 한에서 나의 도시이자 나의 나라는 로마이지만, 내가 인간인 한에서 나의 도시이자 나의 나라는 세계다.” 누구나 스토아학파의 철학자들이 모두 결정론과 자유의지를 조화시키기 어렵다는 사실을 알 수 있다. 마르쿠스 아우렐리우스는 통치자로서 져야 할 의무를 생각할 때 “인간은 서로 도우며 살아간다”라고 말한다. 같은 곳에서 그는 유덕한 의지만이 선하다는 학설을 생각할 때 “한 인간의 악의가 다른 인간을 해치지 못한다”라고 말한다. 그는 한 인간의 선함이 다른 인간에게 선한 것이 아니고, 인간이 네로 같은 나쁜 황제였더라도 자신 말고 아무도 해치지 못할 것이라고 추론하지 않았다. 그런데도 다음과 같은 결론이 도출될 듯하다.

마르쿠스 아우렐리우스는 이렇게 말한다. “잘못을 저지르는 사람들조차도 사랑하는 것이 인간의 고유한 특징이다. 그들이 잘못을 저지를 때도 친척이라는 것, 그들이 무지하거나 무심코 잘못을 저질렀다는 것, 잘못을 저지른 자와 피해를 입은 자가 둘 다 곧 죽으리라는 것, 무엇보다 잘못을 저지른 사람들이 너의 통제력을 이전보다 약화시킬 수 없기에 그대를 해치지 못한다는 것을 네가 떠올린다면, 잘못을 저지른 사람들도 사랑하게 된다.”

다시 이렇게 말한다. “인류를 사랑하라. 신을 따르라. …… 또 법칙이 만물을 다스린다는 사실을 기억하는 것으로 충분하다.”

이러한 구절들은 스토아학파의 윤리학과 신학에 내재한 모순을 아주 분명하게 드러낸다. 한편 우주는 엄밀하게 결정된 유일한 전체이고, 우주 안에서 일어나는 모든 사건은 앞선 원인들의 결과다. 다른 한편 개인의 의지는 완벽하게 자율성을 지니기 때문에 어떤 사람도 외부 원인들의 강요로 죄를 짓게 되지 않는다. 이것이 한 가지 모순이고, 이것과 긴밀히 연결된 둘째 모순이 있다. 의지는 자율성을 지니며 유덕한 의지만이 선하기 때문에 어떤 사람도 남에게 좋은 일을 하지도 못하고 남을 해치지도 못한다. 그러므로 자비란 환상에 지나지 않는다. 이러한 모순점에 대해 무슨 말이든 하지 않으면 안 될 것이다.

자유의지와 결정론의 모순은 철학이 생겨난 초기부터 우리 시대에 이르기까지 형태를 다양하게 바꾸면서 철학사를 관통하여 나타난다. 지금 우리가 관심을 두고 있는 대상이 스토아학파의 모순이다.

나는 어떤 스토아학파의 철학자가 소크라테스의 심문을 받게 할 수 있다면, 자신의 견해를 다음과 같이 얼마간 옹호하게 될 것이라고 생각한다. 우주는 우리가 신이나 이성이라고 부르기도 하는 영혼을 지닌 단 하나의 살아 있는 존재a single animate Bing다. 이러한 존재는 완전체로서 자유롭다. 신은 처음부터 정해진 일반 법칙에 따라 행동하지만, 결과가 최선이 되는 법칙들을 선택하기로 결심했다. 이따금 특별한 경우에 결과가 전부 바람직하지는 않지만, 이러한 불편은 입법권의 안정을 위해 인간의 법체계에 나타나는 불편을 감수하듯 참아낼 만한 가치가 있다. 인간의 일부는 불이고, 일부는 낮은 단계의 흙이다. 어쨌든 불이 최고 선한 성질일 때 인간은 불인 한에서 신의 일부다. 인간의 신성한 일부가 의지를 유덕하게 발휘하도록 만들 때, 이러한 의지는 신의 자유로운 의지의 일부다. 이러한 상황에서 인간의 의지도 자유롭다.

이것은 어느 정도 좋은 답변이지만, 우리에게 생기는 의욕volitions의 원인을 고려할 때 더는 좋은 답변이 아니다. 우리는 모두 경험적으로 소화불량이 사람의 덕에 나쁜 영향을 미치고, 적합한 약물도 과도하게 투약하면 의지력이 파괴될 수 있음을 안다. 에픽테토스가 애용하는 사례로 폭군 탓에 부당하게 감옥에 갇힌 사람을 생각해 보자. 이러한 실례는 인류의 역사상 어느 시기보다 최근에 훨씬 많았다.[235] 감옥에 갇힌 어떤 사람은 스토아학파의 영웅주의에 따라 행동했지만, 다른 사람은 그렇게 행동하지 않았다. 심한 고문은 어떤 사람의 불굴의 정신도 거의 무너뜨릴 뿐만 아니라 모르핀이나 코카인은 사람을 온순해질 정도로 쇠약하게 만든다는 사실이 명백해졌다. 사실상 폭군이 과학적 지식에 어두울 때만, 의지는 폭군과 독립하여 존재한다. 이것은 극단적 사례다. 그러나 무생물의 세계에서 결정론을 지지하기 위해 제시된 동일한 논증이 인간적 의욕의 영역에도 일반적으로 적용된다. 나는 이러한 논증이 결정적 논증이라 말하지 않으며 그렇게 생각하지도 않는다. 결정론을 지지하는 논증이 무생물의 영역과 의욕의 영역에서 동등한 설득력을 지니며, 한 영역에서는 수용하면서 다른 영역에서는 거부할 이유가 충분치 않다고 말할 따름이다. 스토아학파의 철학자는 죄인을 너그럽게 관용하는 태도를 권고할 때 죄인의 의지가 앞선 원인의 결과라고 자신을 설득할 것이다. 그에게 자유로워 보이는 의지는 유덕한 의지일 뿐이기 때문이다. 하지만 이러한 주장은 일관성이 없다. 마르쿠스 아우렐리우스는 자신의 덕을 부모, 조부모, 스승의 좋은 영향 덕분이라

235 * 러셀은 『러셀 서양철학사』를 1940년부터 집필에 들어갔고, 1930년대부터 1945년까지는 이탈리아의 무솔리니, 독일의 히틀러 같은 독재자들이 폭정을 일삼았다. 그 결과 유럽인은 일반적으로 억압에 시달렸고, 감옥에 부당하게 갇힌 사람들도 많았을 것이라고 추론할 수 있다.

고 설명한다. 그러니까 선한 의지도 악한 의지와 꼭 마찬가지로 앞선 원인의 결과일 뿐이라는 말이다. 스토아학파의 철학자는 자신의 철학이 그것을 받아들인 사람들이 덕을 갖추게 되는 한 원인이라고 진심으로 말할 수도 있겠지만, 어떤 지적 오류가 혼합되지 않고서 이렇게 바람직한 결과가 나오지 않는 것 같다. 덕과 죄가 다 같이 앞선 원인의 피할 수 없는 결과(스토아학파의 철학자들이 주장했듯)라는 깨달음은 도덕적 노력을 얼마든지 마비시키는 결과를 초래할 듯하다.

이제 스토아학파가 자비를 설교하면서 유덕한 의지만이 선하고 덕을 갖춘 의지는 외부 원인에 의존하지 않기 때문에, 이론상 어떤 인간도 남에게 좋은 일을 하지도 못하고 해를 끼치지도 못한다고 주장한 둘째 모순으로 넘어가기로 하자. 둘째 모순은 첫째 모순보다 훨씬 명백하며, 스토아학파의 철학자들(몇몇 그리스도교 도덕주의자들을 포함한)에게 훨씬 두드러지게 나타난다. 그들이 이러한 모순을 알아채지 못한 것은 다른 많은 사람처럼 두 가지 윤리 체계, 그러니까 자신들을 위한 최고 윤리 체계와 '무법한 낮은 종족'을 위한 열등한 윤리 체계를 세웠기 때문이다. 스토아학파의 철학자는 자신에 대해 생각할 때는 행복과 다른 모든 세속적 차원의 이른바 좋은 것들이 가치가 없다고 주장한다. 심지어 행복을 바라는 것이 본성에 반하고, 신의 의지에 복종하겠다는 의지의 결여를 포함한다고 말하기도 한다. 그러나 마르쿠스 아우렐리우스는 로마 제국을 통치하는 실무 경험이 풍부하고 노련한 사람으로서 이러한 종류의 윤리가 실제 삶 속에서 쓸 만하지 않다는 사실을 아주 잘 알고 있다. 그의 의무는 아프리카에서 곡식을 싣고 떠난 배가 제시간에 로마에 도착하는지, 어떤 조치를 취해야 역병으로 고통을 당하는 사람들의 수를 줄일 수 있는지, 야만족 적군이 국경지대를 침입했는지에 대해 아는 것이다. 말하자면 그는 자신의 신민 가운데 실제로든 잠재적으로든 스토아학파로 여기지 않은 사람들을 대할 때 선과 악을 세속적으로 구별하는 일상적 기준을 받아들인다. 이러한 기준을 적용함으로써 그는 행정가로서 져야 할 자신의 의무에 이른다. 이상한 점은 이러한 의무가 스토아학파의 현자가 근본적으로 잘못이라고 여긴 윤리에서 도출되지만, 스토아학파의 현자가 이행해야 할 더 높은 영역에 속한다는 것이다.

내가 이러한 난점에 대해 상상할 수 있는 유일한 답변은 아마 논리적으로 공격할 수 없겠지만 아주 그럴듯하지도 않다. 나는 그러한 답변을 칸트가 줄 것이라 생각하는데, 칸트의 윤리 체계는 스토아학파의 윤리 체계와 흡사하다. 참으로 선의지 말고 좋은 것은 아무것도 없지만, 의지가 일정한 목적으로 향하되 목적 자체에 무관심할 때 좋다고 칸트는 말할지도 모른다. A선생이 행복한지 불행한지는 전혀 문제될 것이 아니고, 내가 덕을 갖춘 사람이라면 나는 그를 행복하게 만들 것이라고 믿는 방식으로 행동할 것인데, 그것은 도덕법칙이 명하는 것이기 때문이다. 나는 A선생이 덕을 갖추도록 만들 수 없는데, 그의 덕은 오로지 그 자신에 달렸기 때문이다. 그러나 나는 그를 행복하거나 부자되게 하거나, 박식하거나 건강하게 만드는 어떤 일을 할 수 있다. 그러므로 스토아학파의 윤리는 다음과 같이 진술될지도 모른다. 어떤 것은 세속적으로 고려된 좋은 것이지만 이는 착오라는 것이다. 다시 말해 선은 다른 사람에게 이렇게 가짜로 좋은 것을 보장해 주려는 쪽으로 나아가려는 의지다. 이러한 학설은 논리적 모순을 포함하지 않는다. 그러나 우리가 흔히 좋은 것이라고 여기는 것을 진정으로 무가치하다고 믿는다면, 그 학설은 그럴듯한 점을 모두 잃고 만다. 그럴 경우에 유덕한 의지는 전혀 다른 목적으로 향해도 되기 때문이다.

사실 스토아학파의 철학에는 지기 싫어하는 마음으로 버티는 약간의 오기sour grapes가 들어 있다. 우리는 행복해질 수 없지만 선해질 수는 있다. 그러니까 우리가 선한 사람이라면 불행은 문제될 것이 없는 척해 보자는 말이다. 이러한 학설은 영웅적이며 악한 세계에서 유용하지만, 참되지도 않고 근본적으로 성실하지도 않다.

스토아학파는 윤리에 중요한 가치를 부여했는데, 그들의 가르침이 다른 분야에서 열매를 맺은 경우는 둘이다. 하나는 인식론이고 다른 하나는 자연법과 자연권 학설이다.

플라톤이 지각은 지식이 아니라고 주장했는데도 스토아 철학자들은 지각을 인식론에 중요한 요소로 수용했다. 그들의 주장에 따르면 감각의 속임은 현실적으로 거짓 판단이고, 조금만 주의를 기울이면 피할 수 있다. 스토아학파의 스파이로스Sphaeros(285년경~210년경)는 제논의 직계 제자로 언젠가 프톨레마이오스 왕의 만찬에 초대받은 적이 있었는데, 그의 학설에 대해 들어본 적이 있던 왕이 밀랍으로 만든 장식용 석류를 식탁에 놓았다. 그가 장식용 석류를 먹으려 손을 내밀자 왕이 보고 껄껄 웃었다. 스파이로스는 그것이 진짜 석류라는 **확신**certainty은 없었지만 궁중 식탁에 못 먹는 음식이 놓일 것이라고는 생각할 수 없었다고 대답했다.[236] 이렇게 답변할 때 그는 지각에 근거해 확실하게 알 수 있는 것과 개연성만 갖는 것을 구별한 스토아학파의 견해에 호소한다. 전반적으로 이러한 학설은 건전하고 과학적이었다.

스토아학파가 인식론 분야에서 내놓은 다른 학설은 영향력이 훨씬 강했으나 의문을 품을 여지가 더 많았다. 그들은 생득 관념과 생득 원리innate ideas and principles가 있다고 믿었다. 그리스 논리학은 단지 연역 논리일 뿐이었으므로 제일 전제에 대해 의문이 제기될 수밖에 없었다. 제일 전제는 적어도 일부는 일반 명제인데 일반 명제를 입증할 방법은 실제로 없었다. 스토아학파는 지성의 빛에 따라 명백한 만인이 인정하는 어떤 원리가 있다고 주장했다. 이러한 원리는 에우클레이데스(유클리드)의 『기하학원론』에 나타

236 디오게네스 라에르티오스, 『그리스 철학자 열전』, 7권.

나 있듯 연역법의 기초 명제로 쓰일 가능성이 있었다. 생득 관념도 비슷하게 정의의 출발점으로 사용될 수 있었다. 중세 내내 이러한 관점을 용인했고 심지어 데카르트도 받아들였다.

16, 17, 18세기에 걸쳐 나타난 **자연권 학설**은 스토아학파의 학설을 부활시킨 결과였으나 중요한 수정 작업을 거쳤다. 바로 스토아학파가 **자연법**jus naturale과 **만민법**jus gentium을 구별했다. 자연법은 모든 일반적 지식의 기초를 이루는 제일 원리에서 도출되었다. 스토아학파는 자연에 따라 만인이 동등하다고 주장했다. 마르쿠스 아우렐리우스는 『명상록』에서 "만인을 위해 같은 법이 존재하는 정치 체제, 동등한 권리와 언론의 자유를 존중하면서 통치하는 정치 체제, 무엇보다 피지배자의 자유를 존중하는 왕정체제"에 호의를 보인다. 이것은 로마 제국에서 시종일관 실현하기 어려운 이상에 가까웠으나, 법률 제정에 영향을 주어 특히 여자와 노예의 지위를 개선하는 데 기여했다. 그리스도교는 이러한 스토아학파의 가르침을 나머지 많은 점과 더불어 물려받았다. 그리고 마침내 17세기에 전제정치에 맞서 효과적으로 전투를 벌일 기회가 왔을 때, 스토아학파의 자연법 학설과 자연권 학설은 그리스도교의 옷으로 갈아입고, 고대의 어떤 황제도 결코 부여하지 못한 실천력을 획득했다.

29.
로마 제국의 문화

로마 제국은 다방면에 걸쳐 각각 다른 방식으로 문화사에 영향을 미쳤다.

첫째는 로마가 헬레니즘 사상에 미친 직접적 영향이다. 이 영향은 별로 중요하지 않고 깊숙이 파고들지도 못한다.

둘째는 그리스와 동방 세계가 로마 제국의 절반을 차지한 서방 지역에 미친 영향이다. 이 영향은 그리스도교를 포함했기 때문에 깊고도 지속적이었다.

셋째는 문화를 널리 보급하고 사람들이 단일 정치와 결합된 단일 문명이란 생각에 익숙해지는 데에 기여한 로마의 오랜 평화기가 갖는 중요한 가치다.

넷째는 헬레니즘 문명을 이슬람교도에게 전하고, 마침내 서유럽에 전달한 역할이다.

로마 제국의 이러한 영향을 고찰하기 전에 로마 정치사의 아주 짤막한 개요를 소개하면 유익할 것이다.

알렉산드로스는 서부 지중해 지역까지 정복하지 못했다. 이 지역은 기원전 3세기 초에 강성한 두 도시국가, 바로 카르타고와 시라쿠사가 통치했다. 제1차 포에니 전쟁(264~241)과 제2차 포에니 전쟁(218~201)에서 로마가 시라쿠사를 정복함으로써 카르타고도 대수롭지 않은 도시로 전락했다. 2세기에 로마는 마케도니아의 군주국들을 정복했는데, 사실 이집트는 클레오파트라Cleopatra VII Philopator(기원전 69~30)[237]가 죽을 때까지 속국으로 남아 있었다. 스페인은 한니발Hannibal Barca(기원전 247~183/181)[238]과 맞선 전쟁 때 일어난 사변 때문에 정복당했다. 프랑스는 카이사르가 기원전 1세기 중엽에 정복하고, 약 100년 후에 영국도 정복했다. 전성기 로마 제국의 변경은 유럽의 라인강과 도나우강, 아시아의 유프라테스강, 북아프리카의 사막까지 이르렀다.

로마 제국주의는 아마도 북아프리카(교회사에서 성 키프리아누스와 성 아우구스티누스의 고향으로서 중요한 의미를 갖는다)에서 가장 번성했을 것이다. 로마 시대 이전과 이후에는 개간하지 않은 북아프리카의 광대한 구역이 비옥했기 때문에 인구가 조밀한 도시에 식량을 공급해 부양하는 역할을 하기에 충분했다. 로마 제국은 아우구스투스의 즉위(기원전 30)부터 3세기 대재난의 시기 전까지 200년 이상 전반적으로 안정과 평화를 유지했다.

그동안 로마 국가의 정치 체제는 중요한 발전을 이룩했다. 로마는 원래 작은 도시국가로 그리스의 다른 도시와 별로 다르지 않았으며, 특히 스파르타처럼 외국 무역에 의존하지 않았다. 로마의 왕위는 호메로스가 그린 그리스의 왕들처럼 귀족 공화정에 의거하여 계승되었다. 점차 원로원으로 구현된 귀족주의적 요소가 강력한 영향력을 발휘한 반면, 민주주의적 요소도 추가되었다. 스토아학파의 파나이티오스(그의 견해를 폴리비오스와 키케로가 물려받는다)는 그렇게 이룬 타협을 군주정치와 귀족정치, 민주정치의 이상적

---

237 * 이집트의 프톨레마이오스 왕조의 여성 파라오다. 로마 제국의 실권자들을 이용해 고대 이집트의 고유한 언어와 종교를 지키고자 노력한 지도자였다.

238 * 고대 카르타고의 군사 지도자로 역사상 위대한 군사령관 가운데 한 사람으로 평가된다. 로마에 맞서 제2차 포에니 전쟁에서 한때 승리했으나, 로마 장군 스키피오의 반격으로 궁지에 몰리면서 전쟁에서 패했다.

결합으로 간주했다. 그러나 정복 사업이 불안한 평형상태를 깨뜨렸다. 정복 사업은 원로원 계급을 비롯하여, 정도는 약간 덜하지만 상류 중간 계급이라 부르는 '기사 계급'에게 막대한 부를 새롭게 가져다주었다. 자신과 가족의 노동으로 곡식을 재배하는 소농들의 손에 맡겨졌던 이탈리아의 경작지는 로마 귀족 계급이 거대 부동산의 일부로 소유하게 되었고, 이제 이곳에서 노예 노동으로 포도와 올리브를 경작했다. 그 결과 원로원이 사실상 무소불위의 힘을 갖게 되었지만, 수치스럽게도 그 힘을 국가의 이익이나 피지배자의 복지가 아니라 개인의 부를 축적하는 데 사용했을 따름이다.

기원전 2세기 후반에 그라쿠스 형제가 개시한 민주주의 운동은 일련의 내란을 불러왔으며, 최후에 그리스에서 자주 나타났듯 '참주 정치'의 수립으로 일단락되었다. 그리스에서 작은 지역에 국한되었던 정치의 발전 과정이 이렇게 거대한 규모에서도 반복되는 현상은 호기심을 자아낸다. 아우구스투스는 율리우스 카이사르의 계승자이자 양자로서 기원전 30년부터 서기 14년까지 제국을 통치하면서 내란을 종식시켰고, 극소수의 예외는 있지만 외국 정복 전쟁에 종지부를 찍었다. 고대 세계는 그리스 문명이 시작된 이래 처음으로 평화와 안정을 누렸다.

그리스의 정치 체제가 몰락한 원인은 두 가지였다. 첫째는 도시마다 절대 주권을 주장한 것이고, 둘째는 대부분의 도시 내부에서 부자와 빈자가 벌인 가혹하고 피비린내 나는 투쟁이었다. 카르타고와 그리스 왕국들이 정복된 후 로마에 맞선 효과적 저항이 불가능했기 때문에, 두 원인 가운데 첫째 원인은 더는 그리스 세계를 괴롭히지 못했다. 내란이 일어나면 어떤 장군은 원로원의 투사로 자처하고, 다른 장군은 민중의 투사로 자처하곤 했다. 승리는 병사들에게 최고 보수를 지불한 장군 쪽으로 넘어가는 일이 다반사였다. 병사들은 보수와 약탈품의 분배를 원했을 뿐만 아니라 토지 하사를 요구했다. 그리하여 내란이 일어날 때마다 승자의 군대에게 나누어 주기 위해 명목상 국가의 차지인이던 기존의 많은 토지 소유주를 공식적으로 법에 따라 추방하곤 했다. 전쟁 비용은 전쟁 중에 부자들을 처형하고 그들의 재산을 몰수함으로써 충당했다. 이러한 체제는 재앙에 가까웠으며 끝날 줄을 몰랐다. 그러나 마침내 아우구스투스가 완벽한 승리를 거두어 그의 권력에 도전할 경쟁자가 모조리 사라졌다는 점이 놀라울 따름이다.

로마 세계에서 내란의 종식은 원로원의 소수당을 제외하고 모두 환호할 만한 놀라운 사건이었다. 그리스인이나 마케도니아인이 헛되이 추구하고 아우구스투스 이전의 로마도 이루지 못했던 안정과 질서를 아우구스투스의 통치 아래서 마침내 이룩했을 때, 모두 깊은 안도감을 느꼈다. 로스토프체프에 따르면 로마 공화정은 그리스에 궁핍과 파산과 자주적 정치 활동의 전면 중단을 제외하면 새로운 것을 아무것도 들여오지 않았다.[239]

아우구스투스가 로마 제국을 통치한 시대는 행복한 시기였다. 지방 행정은 약탈을 목적으로 삼는 체제가 아니라 주민의 복지를 어느 정도 고려해서 조직을 정비했다. 아우구스투스는 사후에 공식적으로 신격화되었을 뿐만 아니라 지방의 여러 도시에서 그를 신으로 섬기려는 움직임이 자발적으로 일기도 했다. 시인은 그를 찬양하고 상인 계급은 사회 전체가 평화로워야 장사하기에 편리하다는 점을 알게 되었으며, 원로원조차도 아우구스투스가 외면상 모든 예의를 갖추어 대했기 때문에 그에게 기꺼이 경의와 호의를 표했다.

로마 세계는 행복했지만 모험보다 안전을 선호했기 때문에 삶의 맛이나 재미가 사라졌다. 초기에 자유로운 그리스인들이 저마다 모험할 기회를 잡기도 했으나, 필리포스와 알렉산드로스가 이러한 기회를 차단하면서 마케도니아의 세습 군주들만이 무정부 상태에 가까운 자유를 누렸다. 그리스

239 로스토프체프, 『고대 세계사』, 2권, 255쪽.

세계는 활기를 잃고 냉소주의에 빠지거나 종교로 기울어졌다. 지상의 제도 속에 이상을 구현하겠다는 소망이 희미해짐에 따라 최고선을 추구하는 사람들도 열정을 잃어 갔다. 소크라테스에게 천국은 논증의 대상이 될 수 있는 곳이었다. 그러나 알렉산드로스 이후 철학자들에게 천국은 여기 아래 세상의 생존과 훨씬 동떨어진 곳으로 여겨졌다.

나중에 로마에서도 유사한 일이 발생했으나 그리스와 달리 고통스러운 방식으로 전개되지 않았다. 로마는 그리스와 달리 정복당하지 않았고 정반대로 성공 가도를 달린 제국주의의 자극을 받았다. 내란이 거듭되던 내내, 무질서의 책임은 로마인에게 있었다. 그리스인은 마케도니아인에게 복종함으로써 평화와 질서를 확보하지 못했으나, 그리스인과 로마인은 아우구스투스에게 복종함으로써 평화와 질서를 확보했다. 로마인은 대부분 아우구스투스가 로마인이었기 때문에, 단지 그의 우월한 권력이 두려워 복종한 것이 아니라 기꺼이 복종했다. 게다가 그는 자신이 세운 정권의 기원이 군사력이라는 사실을 숨기려고 애쓰며 원로원의 포고에 근거하여 세운 정권으로 비치기를 바랐다. 아마 원로원이 아우구스투스에게 보여 준 아첨은 대부분 진심에서 우러난 것이 아니었을 테지만, 원로원 계급에 속하지 않은 사람들이라면 아무도 굴욕감을 느끼지 않았다.

로마인의 분위기는 19세기 프랑스에서 연애의 모험을 즐긴 다음 이성에 따라야 하는 결혼 생활에 정착한 듬직한 청년의 분위기와 비슷했다. 이러한 분위기는 만족스러운 면도 있지만, 결코 창조성을 발휘하게 만들지는 못한다. 아우구스투스 시대의 위대한 시인은 훨씬 불안정한 시대에 살면서 단련을 받았다. 호라티우스Quintus Horatius Flaccus(기원전 65~8)는 필리피 전투에서 패해 도망쳤고, 호라티우스와 베르길리우스Publius Vergilius Maro(기원전 70~19)는 둘 다 승리한 용사들에게 하사한다는 명목으로 농장을 몰수당했다. 아우구스투스는 안정을 위해서, 약간 위선적으로 고대의 신앙심을 복원하는 일에 착수했기 때문에 자유로운 탐구 활동에 어느 정도 적대감을 나타낼 수밖에 없었다. 이렇게 로마 세계는 고정관념에 사로잡히기 시작했고, 틀에 박힌 사회로 변하는 과정은 후대 황제들의 치하에서도 계속 이어진다.

아우구스투스의 후계자들은 원로원 의원들과 왕권을 노리는 경쟁자들을 해치기 위해 끔찍하고 잔혹한 행동도 서슴지 않았다. 이 시기의 악정惡政은 지방까지 어느 정도 미쳤으나, 주로 아우구스투스가 창설한 행정기구는 맡은 직무를 계속 공정하게 잘 수행했다.

이보다 좋은 시기는 서기 98년 트라야누스Marcus Ulpius Nerva Traianus(53~117)의 즉위부터 180년 마르쿠스 아우렐리우스가 죽을 때까지 이어졌다. 이 기간 동안 로마 제국은 여느 전제정치보다 나은 정치를 베풀었다. 반대로 3세기는 끔찍한 재난의 시기였다. 군대는 조직의 힘을 알아채면서 때로는 현금을 받고, 때로는 교전 중이 아닌 때에도 생활비를 지불한다는 약속의 답례로 황제를 즉위시키기도 하고 내쫓기도 했으며, 그 결과 실제 전쟁에 동원할 수 있는 전투 병력의 기능조차 상실하고 말았다. 야만족은 북방과 동방에서 침입하여 로마 영토를 약탈했다. 군대는 사리사욕과 내정 불화에 마음을 빼앗겨 방어 능력이 없는 상태였다. 제국 전체의 재정 체계는 재원이 크게 감소하는 동시에 불운한 전쟁과 군대 내부의 횡령에 따른 비용 증가로 파탄 지경에 이르렀다. 전쟁뿐만 아니라 역병이 겹쳐 인구도 많이 감소했다. 로마 제국의 몰락이 임박한 듯 보였다.

정력이 넘치는 두 황제, 디오클레티아누스Diocletianus(286~305년 재위)와 서기 312년부터 337년까지 군림한 것이 분명한 콘스탄티누스Flavius Valerius Constantinus(280년경~337년경)가 제국의 몰락을 막아냈다. 두 황제 때문에 로마는 동쪽과 서쪽으로 나뉘었고, 이는 대략 그리스어권과 라틴어권의 구별에 상응했다. 콘스탄티누스는 동쪽 절반 지역의 수도를 비잔티움에 세우고, 콘스탄티노플이란 새로운 이름으로 불렀다. 디오클레티아누스는 한동안 군대의 지위 체계를 바꿈으로써 군대를 제어했다. 디오클레티아누스 시대 이후 가장 유능한 전투 병력은 야만족, 주로 게르만족으로 구성되었으며 이들에게도 모두 최고 지휘관 자리가 개방되었다. 이러한 군대 개혁 조치는 분명한 위험 요소를 포함하고 있었고 5세기 초부터 당연한 결과가 나타났다. 야만족은 로마의 주인보다 자신들을 위해 싸우는 편이 이득이 더 크다는 점을 알게 되었다. 그렇더라도 디오클레티아누스가 취한 조치는 한 세기 이상 소기의 목적을 달성하는 데 이바지했다. 디오클레티아누스의 행정 개혁은 한동안 군사 개혁조치와 똑같이 성공을 거두었지만, 결국 똑같이 재난을 초래했다. 로마의 행정 체제는 도시들의 지방 자치를 허용하는 형태로 지방 관리들이 세금을 걷게 했고, 각 도시가 내야 하는 총액만 중앙 정부가 정해 주었다. 이러한 체제는 번성기에는 순조롭게 돌아가지만, 원기가 거의 소진된 당시의 제국에서 중앙 정부가 요구한 세금을 부담하기 위해 치른 고생은 실로 엄청났다. 자치도시의 당국자들은 세금 징수를 개인별로 책임져야 했기 때문에 지불 책임을 면하려 달아나기도 했다. 디오클레티아누스는 부유한 시민들에게 자치도시의 관리직을 맡도록 강요하고, 그들의 도피를 불법으로 간주했다. 그는 비슷한 동기로 농촌 주민을 농노로 삼아 농지에 묶어두고 이주하지 못하게 했다. 후대 황제들은 디오클레티아누스 체제를 그대로 유지했다.

콘스탄티누스의 역사상 중대한 혁신은 그리스도교를 국가 종교로 공인한 조치였는데, 표면상의 이유는 병사들이 대부분 그리스도교도였기 때문이다.[240] 그리스도교를 공인한 결과, 5세기에 게르만족이 서로마 제국을 폐허로 만들었을 때 게르만족은 서로마의 위세에 압도되어 그리스도교를 받아들이게 되었고, 이로써 서유럽은 교회가 흡수한 만큼 고대 문명을 보전했다.

240 로스토프체프, 『고대 세계사』, 2권, 332쪽 참고.

로마의 동쪽 지역 절반은 발전 상황이 달랐다. 동로마 제국은 6세기 유스티니아누스 황제의 일시적 정복을 제외하면 영토가 계속 줄어들었지만, 1453년 콘스탄티노플이 튀르크족에게 정복당할 때까지 존속했다. 그러나 서쪽 지역의 아프리카와 스페인도 포함하여 로마의 동쪽 지역은 대부분 이슬람교도가 차지했다. 아랍인은 게르만인과 달리 자신들이 정복한 사람들의 종교를 거부했지만 문명을 수용했다. 동로마 제국은 라틴 문명이 아니라 그리스 문명에 속했다. 따라서 7세기부터 11세기까지 그리스 문학을 비롯해 라틴 문명과 대조되는 그리스 문명에서 살아남은 무엇이든 아랍인이 보존했다. 서로마는 11세기 이후 처음에는 무어인의 영향으로 그리스의 유산 가운데 잃어버렸던 부분을 점차 되찾아 나갔다.

이제 로마 제국이 문화사에 미친 네 가지 영향을 정리해 보자.

I. 로마가 그리스 사상에 미친 직접적 영향

이러한 영향은 기원전 2세기 두 역사가, 바로 폴리비오스와 스토아학파의 파나이티오스와 함께 시작된다. 그리스인은 로마인을 대할 때 자연스럽게 경멸과 두려움이 뒤섞인 양상을 보였다. 그리스인은 자신들이 훨씬 문명화되었지만 정치적으로 힘이 약하다고 생각했다. 그러나 로마인이 정치에서 훨씬 성공을 거두었더라도 정치는 그저 미천한 일이란 점을 보여 주었을 따름이다. 기원전 2세기에 그리스인은 흔히 쾌락을 추구하고, 약삭빠르고, 업무를 영리하게 처리하고, 모든 일에서 비양심적으로 행동했다. 그렇지만 여전히 철학적 역량을 갖춘 사람들은 있었다. 이들 가운데 일부는, 특히 카르네아데스 같은 회의주의학파는 영리함이 진지함을 파괴하도록 허용했다. 에피쿠로스학파와 스토아학파의 분파 같은 일부는 조용한 사생활로 완전히 물러났다. 그러나 아리스토텔레스가 알렉산드로스에 대해 보여 주었던 것보다 깊은 통찰력을 타고난 몇 사람은 로마의 위대한 면이 그리스인에게 없는 어떤 장점에서 기인했다는 것을 깨달았다.

역사가 폴리비오스Polybios(기원전 200년경~118년경)는 기원전 200년경에 아르카디아에서 태어났으며, 죄수로 로마에 압송되었다가 소小 스키피오 Publius Cornelius Scipio(?~기원전 211)[241]와 친구가 되는 더할 나위 없는 행운을 만나 여러 번 함께 출정에 나서기도 했다. 당시에 교육받은 로마인이 대부분 그리스어를 알았지만 그리스인으로서 라틴어를 아는 경우는 흔하지 않았다. 그런데 폴리비오스는 처음부터 끝까지 라틴어와 친숙해질 수밖에 없는 상황에 놓였던 것이다. 그는 그리스인을 위해 로마가 세계를 정복할 토대를 마련한 후기 포에니 전쟁사를 기록했다. 로마 정치 체제에 대한 찬양은 저술하는 동안 이미 시대에 뒤떨어진 이야기가 되었지만, 그가 살았던 당시까지 로마의 정치 체제는 안정성과 효율성의 측면에서 대부분의 그리스 도시국가의 끊임없이 변하는 정치 체제와 아주 호의적으로 비교되었다. 로마인은 당연히 그의 역사서를 즐겨 읽었다. 그러나 그리스인이 즐겨 읽었을지는 의심스럽다.

스토아학파의 파나이티오스가 세운 학설은 앞에서 이미 고찰했다. 파나이티오스는 폴리비오스의 친구였으며, 마찬가지로 소 스키피오의 정치적 보호를 받았다. 파나이티오스는 스키피오가 살아 있는 동안에 자주 로마를 방문했으나 스키피오가 죽은 다음 스토아학파의 수장으로 아테네에 머물렀다. 로마는 여전히 그리스가 잃어버렸던 것, 정치 활동의 기회를 잡으려는 희망을 품었다. 따라서 파나이티오스의 학설은 초기 스토아학파의 학설보다 정치에 많은 관심을 가졌으며, 키니코스학파의 학설과 닮은 점이 훨씬 적었다. 아마 교육받은 로마인이 공감한 플라톤 숭배의 영향으로 이전 스토

241 * 로마의 장군으로 기원전 218년에 집정관을 지냈으며, 이후 로마와 카르타고 사이에 벌인 제2차 포에니 전쟁이 일어났을 때는 속주 총독을 지냈다.

아학파의 독단적 편협성을 포기했을 것이다. 파나이티오스와 그의 후계자인 포세이도니오스가 훨씬 폭넓은 형태의 학설을 내놓음으로써, 스토아학파는 진지한 성향을 가진 로마인의 마음을 강하게 끌어 당겼다.

나중에 에픽테토스도 그리스인이면서 생애의 대부분을 로마에서 보냈다. 그는 자신이 들었던 실례를 대부분 로마에서 얻었다. 언제나 현자는 황제 앞에서도 두려움에 떨어서는 안 된다고 훈계하는 실례를 들고 있다. 우리는 에픽테토스가 마르쿠스 아우렐리우스에게 미친 영향에 대해 알지만, 그리스인에게 미친 영향을 추적하기는 쉽지 않다.

플루타르코스Plutarchos(서기 46년경~120년경)는 『영웅전』에서 두 나라의 뛰어난 인물들 사이에 발견되는 평행 관계를 추적했다. 그는 적지 않은 시간을 로마에서 보냈으며, 하드리아누스 황제와 트라야누스 황제는 그에게 관직을 주기도 했다. 그는 『영웅전』 말고 철학과 종교, 역사와 도덕에 관한 수많은 저술을 남겼다. 그의 『영웅전』은 분명히 사람들의 생각 속에서 그리스와 로마가 융화되기를 바라며 쓴 책이다.

이렇게 비범한 인물들을 제외하면 로마는 대체로 그리스어권 지역에 어두운 그림자를 드리웠다. 사상과 예술은 똑같이 쇠퇴했다. 서기 2세기 말엽까지 부유층의 생활은 유쾌하고 태평스러웠으며, 삶의 분투를 위한 자극도 없고 위대한 업적을 남길 기회도 거의 없었다. 공인된 철학 학파들, 아카데메이아 학원, 페리파토스 학원, 에피쿠로스 학원, 스토아 학원은 유스티니아누스 황제가 폐쇄할 때까지 존속했다. 하지만 어느 학파도 마르쿠스 아우렐리우스 이후 활기를 띠지 못했다. 3세기에 출현한 신플라톤주의자들은 예외였는데 다음 장에서 다룰 것이다. 이들은 로마의 영향을 '거의' 받지 않았다. 라틴어를 쓰는 서로마와 그리스어를 쓰는 동로마는 점점 멀어져 서로마에서 그리스어를 아는 경우가 희소해졌고, 콘스탄티누스 황제 이후 동로마에서 라틴어는 그저 법률 용어나 군대 용어로만 사용되었을 따름이다.

II. 그리스와 동방 세계가 로마에 미친 영향

여기서 아주 다른 두 가지 영향을 고찰해야 한다. 첫째는 그리스의 예술과 문학, 철학이 대부분의 교육받은 로마인들에게 미친 영향이고, 둘째는 그리스가 아닌 나라에서 믿는 종교와 미신이 서방 세계 전체에 퍼져 나간 현상이다.

(1) 로마인은 처음 그리스인과 접촉하게 되었을 때 자신들이 그리스인보다 야만스럽고 투박하다는 사실을 스스로 의식하게 되었다. 그리스인은 헤아릴 수 없을 만큼 여러 방면에서, 이를테면 제조업과 농업 기술, 좋은 관리에게 필요한 지식, 대화와 삶을 즐기는 기술, 예술과 문학, 철학에서 우월했다. 로마인이 뛰어난 능력을 발휘할 수 있는 일은 군사 전략과 사회 결속뿐이었다. 로마인과 그리스인의 관계는 1814년과 1815년에 프로이센인과 프랑스인이 맺은 관계와 비슷했다. 그러나 프로이센인과 프랑스인의 관계가 일시적 현상이었던 반면, 로마인과 그리스인의 관계는 오래도록 지속되었다. 포에니 전쟁 후, 로마의 젊은이들은 그리스인을 동경하게 되었다. 그들은 그리스어를 배우고 그리스의 건축 양식을 모방하고, 그리스인 조각가를 고용했다. 로마의 신들을 그리스의 신들과 동일시하기까지 했다. 로마인의 기원이 트로이라는 전설도 호메로스의 신화와 관련시키려는 의도로 고안한 것이었다. 라틴어로 시를 쓰는 시인들도 그리스어 운율을 사용했으며, 로마의 철학자들은 그리스의 철학 이론들을 그대로 받아들였다. 결국 로마는 문화적으로 보면 그리스에 기생하는 신세를 면하지 못했다. 로마인은 고유한 예술형식을 고안하지 못했고, 독창적인 철학 체계도 세우지 못했으며, 새로운 과학적 발견을 하지도 못했다. 그들은 최상의 도로를 닦고 체계적인 법전을 편찬하고 유능한 군대를 육성했으나, 나머지는 그리스에 의지했다.

로마의 그리스화는 풍속을 누그러뜨렸고, 이것은 카토에게 혐오스러운 일이었다. 포에니 전쟁 때까지 로마인은 농부의 덕과 악습이 몸에 밴 농경 민족이었다. 로마인은 엄격하고 부지런하고 야성적이고 완고하면서 우둔했으며, 가정생활은 **조국의 권력**Patria potestas 위에 안정되고 견고했다. 여자들과 젊은이들은 복종하는 습관이 배어 있었다. 이러한 모든 상황은 갑작스러운 부의 유입으로 역전되었다. 소농은 사라지고, 점차 거대 소유지가 등장하면서 새로운 과학 농업을 실행하기 위해 노예 노동을 이용하게 되었다. 대규모 상인 계급이 성장했으며, 많은 사람들이 18세기 영국의 대부호처럼 식민지를 수탈함으로써 막대한 부를 축적했다. 정숙한 노예로 취급되던 여자들은 자유를 누리면서 방탕한 생활에 빠져들었다. 이혼은 흔한 일이 되었고, 부유층은 자식을 낳지 않게 되었다. 수 세기 전에 비슷한 과정을 거친 그리스인이 본보기가 되어 역사가들이 말하는 도덕적 타락을 촉진했다. 로마 제국이 가장 타락한 시대에도 평균적 로마인은 로마가 그리스의 퇴폐적 타락에 비하면 훨씬 순수한 윤리 기준을 지지하는 나라라고 생각했다.

그리스가 서로마 제국의 문화에 영향을 미친 서기 3세기 이후 문화는 대체로 타락하면서 급격히 약해졌다. 여기에 원인이 많지만, 한 가지 원인에 대해 특별히 언급하지 않을 수 없다. 서로마 제국 후반기에 정치 체제는 이전보다 훨씬 공공연한 군부 전제정치로 변모하여, 대개 군대가 전쟁에서 공을 세운 장군을 황제로 선출했다. 군대는 최고 계급조차도 교양을 갖춘 로마인이 아니라 변경 출신의 야만인으로 구성되었다. 이렇게 거친 군인들에게 문화는 아무 쓸모가 없었고, 문명화된 시민은 그저 세금의 원천일 따름이다. 일반 서민은 너무 가난해서 교육의 측면에서 많은 지원을 받지 못했고, 국가도 교육이 필요 없다고 생각했다. 그 결과 서로마에서는 예외적으로 교육을 받은 소수의 사람들만이 그리스어를 계속 읽을 수 있었다.

(2) 반대로 그리스가 아닌 다른 나라의 종교와 미신은 당시 서로마에서 점점 위세를 부렸다. 우리는 이미 알렉산드로스의 정복이 어떻게 그리스 세계에 바빌로니아와 페르시아, 이집트의 종교적 믿음을 들여오게 되었는지

살펴보았다. 비슷하게 로마의 정복은 서유럽 세계가 앞서 말한 종교적 믿음들뿐만 아니라 유대교와 그리스도교의 믿음에도 친숙해지게 만들었다. 나는 나중에 유대교와 그리스도교에 대해 고찰하겠다. 지금은 가능한 한 이교도의 미신만 다루려 한다.[242]

온갖 종파와 예언자가 로마에 등장했으며, 때로는 최고위 정치권의 총애를 받기도 했다. 당대에 경박하게 믿는 경향이 나타났는데도 분별 있는 회의주의 견해를 지녔던 루키아노스Lucianos(120~80)는 알렉산드로스라고 불리는 파플라고니아 출신의 예언가이자 기적을 행하는 자에 대해 일반적으로 명백한 사실로 알려진 재미난 이야기를 전한다. 이 남자는 병자를 치유하고 미래를 예언했으나, 공갈과 갈취로 탈선하기도 했다. 그의 명성은 도나우강 유역에서 마르코만니족과 교전 중이던 마르쿠스 아우렐리우스의 귀까지 닿았다. 황제는 어떻게 하면 전쟁에서 이길 수 있는지 알렉산드로스에게 물었고, 그는 도나우강에 사자 두 마리를 던지면 대승하게 되리라고 예언했다. 황제는 예언가의 충고대로 따랐지만, 대승을 거둔 쪽은 마르코만니족이었다. 이러한 불상사가 있었는데도 알렉산드로스의 명성은 점점 커져만 갔다. 유명한 로마인 집정관 루틸리아누스는 그와 여러 가지 상의를 하던 끝에 마침내 어떤 여인을 아내감으로 골라야 하는지 물었다. 알렉산드로스는 엔디미온Endymion[243]처럼 달의 여신의 총애를 받다가 달의 여신 때문에 딸을 하나 갖게 되었으며, 그 딸을 루틸리아누스의 아내로 주라는 신탁이 내렸다고 했다. "당시 예순이었던 루틸리아누스는 곧 신탁의 명령을 따랐으며, 천상의 장모에게 제물로 한 마리도 빼지 않고 황소 100마리를 바침으로써 결혼식을 축하했다."[244]

---

242 퀴몽, 『로마 이교 사상에 나타난 동방 종교』.

243 * 그리스 신화 속 인물로, 삶의 대부분을 영면永眠으로 보냈던 미소년.

244 벤, 『그리스 철학자들』, 2권, 226쪽.

파플라고니아 출신의 예언자인 알락산드로스의 출세보다 더 중요한 사건은 엘라가발루스 또는 헬리오가발루스 황제의 통치(서기 218~222)였는데, 그는 로마군의 추대로 등극하기 전까지는 시리아의 태양신을 모시는 사제였다. 그는 시리아에서 로마까지 이르는 느린 행차 중에 먼저 자신의 초상화를 원로원에 보냈다. "그는 메디아인과 페니키아인이 좋아하는 헐렁하고 늘어진 유행을 따라 비단과 금으로 장식된 사제복을 입은 모습으로 그려져 있었다. 그는 머리에 우뚝 솟은 삼중관을 쓰고 있었고, 목걸이와 팔찌는 값을 매길 수 없는 보석들로 장식되어 있었다. 눈썹은 검게 물들였고, 뺨은 부자연스럽게 붉은색과 흰색으로 칠했다. 근엄한 원로원의 의원들은 탄식하며 로마는 지금까지 동족의 가혹한 참주 치하에서 오래도록 시달리던 끝에 마침내 연약하고 사치스러운 동방 전제군주 아래서 치욕을 당하게 되었다고 고백했다."[245] 이방인 출신 황제는 로마 군대가 대부분 열렬히 지지하는 가운데 광신에 가까운 열성으로 동방의 종교 관습을 소개하기 위해 로마로 갔다. 에메사 지역에서 숭배하는 태양신의 이름으로 불린 그는 그곳의 제사장이었다. 실질적 지배자였던 어머니 또는 할머니는 그가 극단에 치우쳤다는 사실을 알고, 황제 자리에서 물러나게 하고 동양적 기질을 지닌 훨씬 온건한 조카 알렉산데르(222~235년 재위)를 황제 자리에 앉혔다. 당시에 가능했던 교리의 혼합은 그의 개인 예배당으로 설명되는데, 거기에는 아브라함 상, 오르페우스 상, 티아나의 아폴로니우스 상, 그리스도 상이 놓여 있었다.

미트라스Mithras 종교는 페르시아에 기원을 두고 있는데, 특히 서기 3세기 후반에 그리스도교의 가까운 경쟁자였다. 군대를 제어하려다 좌절한 황제들은 종교가 절실하게 필요한 안정을 가져다줄지도 모른다고 생각했다. 그

245 기번, 『로마 제국 쇠망사』, 1권, 6장.

런데 군인들의 마음에 드는 종교란 새로운 종교였기 때문에 새로운 종교 가운데 하나를 받아들여야 했을 것이다. 그 종교를 로마로 들여왔고, 그 종교는 군인들의 마음에 드는 요소가 많았다. 미트라스도 태양신이었지만 시리아의 태양신과 달리 유약한 신이 아니었다. 미트라스는 전쟁, 바로 조로아스터 이후 페르시아 신경의 일부가 된 선과 악의 큰 전쟁과 관계가 있었다. 로스토프체프는 독일의 헤데른하임의 지하 성소에서 발견된 미트라스의 숭배의식을 묘사한 양각의 복사를 떴는데, 미트라스의 신도들 가운데 동로마의 병사들뿐만 아니라 서로마의 병사들도 포함되어 있었음이 틀림없다.[246]

콘스탄티누스의 그리스도교 공인은 정치적으로 성공을 거두었던 반면, 새로운 종교를 들여오려던 초기 시도는 실패했다. 그러나 초기의 시도 역시 정치적으로 콘스탄티누스의 시도와 흡사한 것이었다. 새로운 종교를 들여오려는 시도는 모두 로마 세계의 불운과 권태에서 성공의 가능성을 이끌어 냈다. 그리스와 로마의 전통 종교는 지상의 세계에 관심이 많고 지상의 행복을 희망하는 사람들에게 적합했다. 절망의 경험에 더 오래 시달렸던 아시아는 저세상의 희망을 담은 종교 속에서 훨씬 효과가 좋은 해독제를 서서히 만들어 냈다. 이러한 종교 가운데 그리스도교가 위안을 이끌어내는 데 효과가 가장 큰 종교였다. 그러나 그리스도교는 로마의 국교가 될 때까지 그리스에서 많은 요소를 흡수했고, 이러한 요소를 유대교의 요소와 함께 후대의 서유럽에 전달해 주었다.

III. 정치와 문화의 통일

그리스의 전성기에 이룩한 업적이 미노아 시대의 업적과 달리 세계에서 사

246 로스토프체프, 『고대 세계사』, 2권, 343쪽.

라져 버리지 않게 만든 공로는 우선 알렉산드로스 대왕에게 돌리고 다음으로 로마에 돌려야 한다. 기원전 5세기에 칭기즈 칸이 등장했더라면 그리스 세계에서 가장 중요한 모든 것을 쓸어버렸을 수도 있었으리라. 크세르크세스의 능력이 조금만 더 뛰어났어도 그가 격퇴당한 다음에 번성한 그리스 문명보다 훨씬 열등한 문명을 형성했을지도 모를 일이다. 아이스킬로스부터 플라톤에 이르는 시기를 고찰해 보면, 이 시기에 성취한 문화는 모두 몇몇 상업 도시의 소수 시민들이 이루어냈다. 도시국가들은 장래에 드러났듯 외국의 정복을 막아낼 만한 역량은 전혀 갖추지 못했지만, 뜻밖에 찾아온 이상한 행운으로 도시국가를 정복한 마케도니아인과 로마인은 그리스 문화를 애호했기 때문에, 크세르크세스나 카르타고라면 파괴했을 테지만, 정복한 도시들을 파괴하지 않았다. 우리가 그리스인의 예술과 문학, 철학과 과학에 익숙하다는 사실은 서양의 정복자들이 선보였던 안정성에서 기인한다. 이들은 문명을 알아보고 감탄할 양식good sense이 있어, 지배하면서도 최선을 다해 보존했다.

정치와 윤리 면에서 알렉산드로스와 로마인은 그리스인이 자유 시대에 공언했던 것보다 더 나은 철학의 대의를 마련했다. 스토아학파는 이미 살펴보았듯, 인간의 형제애를 믿었을 뿐만 아니라 그들이 공감한 대상은 그리스인에 한정되지 않았다. 로마의 오랜 통치는 사람들이 단일 정치 아래 단일 문화라는 생각에 익숙해지게 했다. **우리**는 로마의 지배를 받지 않았던 세계의 중요한 지역, 특히 인도와 중국이 있었음을 안다. 그러나 로마인은 제국 밖에는 많든 적든 야만족이 있을 뿐이고, 노력할 가치가 있을 때는 언제든 정복할 수도 있다고 여겼던 듯하다. 본질적이든 관념적이든 로마인의 정신 속에서 제국은 세계로 뻗어 있었다. 이러한 개념이 교회 조직에 전해져, 불교도와 유교도, 나중에 이슬람교도가 있는데도 '가톨릭Catholic'[247] 교회라 부르게 되었다. **세계의 판단은 확고하다**Securus judicat orbis terrarum는 금언은 후기 스토아학파의 학설을 구현한 성 아우구스티누스의 말이다. 이 금언은 분명히 로마 제국의 보편성에 호소하고 있다. 샤를마뉴 대제 시대 이후 중세기 내내 교회와 신성 로마 제국은, 누구나 현실 속에서는 세계적 조직이 아니라는 것을 알았으나 관념적으로는 세계적 조직이었다. 한 인간 가족, 한 가톨릭교, 한 보편 문화, 한 세계 국가라는 개념은 로마가 거의 실현한 단계에 이른 때부터 내내 여러 사상가의 사고를 지배했다

문명이 미치는 영역을 확장하는 과정에서 로마는 참으로 중요한 역할을 했다. 북부 이탈리아, 스페인, 프랑스, 또 독일 서부의 일부 지역은 로마 군단이 강압적 수단을 동원하여 정복함으로써 문명화되었다. 이 지역들은 전부 로마와 수준이 같은 문화를 수용할 만한 역량을 가졌다는 점이 입증되었다. 서로마 제국의 말기에 갈리아 지역은 적어도 예전 문명에 필적할 만한 인물들을 배출했다. 야만족이 일시적으로 빛을 볼 수 없었을 뿐 영원한 어둠 속에 놓이지 않았던 것은 로마의 문화 확산에서 기인했다. 문명의 수준과 질이 페리클레스 시대의 아테네만큼 다시 높아지지 않았다고 주장할지도 모른다. 그러나 전쟁과 파괴의 시대에는 결국 양이 질만큼이나 중요한데, 바로 양이 로마의 덕택으로 채워졌다.

IV. 헬레니즘의 매개자 이슬람교도

7세기에 예언자인 무함마드Muhammad(570~632)[248]의 사도가 시리아와 이집트, 북아프리카를 정복했다. 다음 세기에 그들은 스페인까지 정복했다. 그

247 * '보편적이다'라는 뜻을 가진다.

248 * 이슬람교의 창시자로 '마호메트'라고도 불린다.

들은 쉽게 승리를 거두었고 전투도 시시한 편이었다. 아마 처음 몇 해 동안을 빼고 그들은 열성을 다해 종교생활을 하지도 않았다. 그래서 그리스도교도나 유대인이 공물만 바치면 그들을 괴롭히지도 않았다. 아랍인은 아주 일찍 동로마 제국의 문명을 몸에 익혔지만 쇠퇴기의 권태에서 벗어나 떠오르는 정치 조직에 대한 희망을 품었다. 지식인들은 그리스어 저술가들의 작품을 번역해 읽었으며 주석서를 내기도 했다. 아리스토텔레스에 대한 세간의 평판은 주로 아랍 지식인들에서 비롯되는데, 고대에 아리스토텔레스는 플라톤과 수준이 같은 철학자로 생각되지 않았다.

아랍어에서 파생된 낱말 가운데 대수algebra, 알코올alcohol, 연금술alchemy, 증류기alembic, 알칼리alkali, 방위azimuth, 천정zenith 같은 몇 가지를 살펴보면 유익할 것이다. 마실 것이 아니라 화학에서 사용하는 물질을 의미하는 '알코올'을 제외하면, 이러한 낱말은 아랍인에게서 기인한 몇 가지를 알려주는 좋은 예시가 될 것이다. 대수는 알렉산드리아의 그리스인이 고안했지만 이슬람교도가 한층 더 확장시켰다. '연금술'과 '증류기', '알칼리'는 비금속을 금으로 바꾸려는 실험과 관련이 있는데, 아랍인은 연금술에 대한 지식을 그리스인에게서 물려받았고 연금술을 추구하는 과정에서 그리스 철학에 호감을 갖게 되었다.[249] '방위'와 '천정'은 천문학 용어로 아랍인은 주로 점성술과 관련하여 유익하게 사용했다.

어원을 연구함으로써 그리스 철학에 대한 우리의 지식이 아랍인의 덕택이라는 점이 드러나지 않는 까닭은, 유럽에서 그리스 철학을 다시 연구할 때 전문 용어를 그리스어와 라틴어에서 차용했기 때문이다. 철학 분야에서 아랍인은 독창적 사상가라기보다 훌륭한 주석가였다. 우리가 그들을 중요하게 생각하는 이유는, 동로마 제국에서만 명맥을 유지하던 그리스 전통

249 홉킨스, 『연금술, 그리스 철학의 소산』 참고.

의 일부분이나마 직접 계승한 자들이 그리스도교도가 아니라 바로 아랍인이었기 때문이다. 스페인에서 이슬람교도와 접촉하고, 정도는 조금 약하지만 시칠리아에서 접촉하게 되면서 서유럽에서도 아리스토텔레스의 존재를 비롯하여 아라비아 숫자와 대수와 화학도 알게 되었다. 이러한 접촉을 통해 11세기 지식의 부흥이 시작되어 스콜라 철학에 이르렀다. 사람들이 그리스어를 배워서 플라톤과 아리스토텔레스와 고대 그리스의 다른 작가의 원전에 직접 다가가게 된 것은 훨씬 나중인 13세기 이후였다. 만일 아랍인이 그리스 전통을 보존하지 않았더라면, 르네상스인은 고전 지식의 부활로 얻을 것이 얼마나 많은지에 대해 의문을 제기하는 일조차 없었을지도 모른다.

30.
플로티노스

플로티노스Plotinos(서기 204~270)는 신플라톤학파Neoplatonism의 창시자로서 마지막 위대한 고대 철학자였다. 그의 일생은 로마 역사상 가장 끔찍한 재난의 시기와 거의 일치한다. 그가 태어나기 직전, 로마 군대는 조직의 힘을 의식하게 되면서 현금 보상을 대가로 황제를 선출하고, 나중에 제국을 다시 팔기 위한 기회를 잡으려 선출한 황제를 암살하는 책략을 꾀했다. 이러한 일에 몰두한 결과 군인들이 변경 지역의 방어 능력을 상실함에 따라, 북쪽 변경에서는 게르만인의 침입이 더욱 빈번해지고 동쪽 변경에서는 페르시아인이 자주 침입했다. 전쟁과 역병으로 제국 인구가 약 3분의 1 수준으로 감소하는 한편, 세금은 늘어나고 재원이 줄어들었기 때문에 적군이 침입하지 않던 지역까지도 재정이 무너지는 지경에 이르고 말았다. 문화를 지탱하고 전파하던 도시들은 특히 타격이 심했다. 자산이 있는 시민들은 대부분 세리를 피해 달아나기 일쑤였다. 디오클레티아누스와 콘스탄티누스가 강력하게 조치하여 질서를 회복하고 일시적이나마 제국을 안전하게 유지하게 된 것은 플로티노스가 죽은 다음의 일이었다.

이러한 일들은 플로티노스의 저작에서 하나도 언급되지 않는다. 그는 실제 세계actual world의 황폐하고 비참한 광경을 외면하고 선하고 아름다운 영원한 세계를 관조하는 쪽으로 관심을 돌렸다. 이 점에서 그는 당대의 가장 진지한 사람들과 다름이 없었다. 그리스도교도와 이교도를 막론하고 그들에게 실리를 추구하는 세상은 아무 희망도 없어 보였으며, 내세Other World만이 추구할 가치가 있는 것처럼 보였다. 그리스도교도에게 내세는 사후에 즐겁게 지내게 될 천국이었다. 플라톤학파에게 내세는 영원한 이상계, 곧 착각을 일으키는 현상계와 대립하는 현실계real world였다. 그리스도교 신학자들은 플라톤학파의 이러한 관점들을 결합했으며 플로티노스의 철학을 많이 구현했다. 신학자이자 사제인 잉Inge은 플로티노스를 다룬 자신의 아주 귀중한 책에서 그리스도교가 플로티노스에게 신세를 지고 있다고 옳게 강조한다. 그는 이렇게 말한다. "플라톤학파는 그리스도교 신학의 지극히 중요한 구조의 일부이며, 다른 어떤 철학도 그리스도교 신학과 마찰을 빚지 않고서 작업할 수 없을 것이라고 감히 단언한다." 잉 사제는 "그리스도교를 분해하지 않고서는 플라톤학파의 철학을 그리스도교에서 제거하는 일은 불가능하다"고 말하기도 한다. 성 아우구스티누스가 플라톤의 체계를 "모든 철학 가운데 가장 순수하고 밝은 철학"이라고, 플로티노스를 "플라톤이 되살아난" 인물이자 조금 나중에 태어났더라면 "몇 군데 말과 구절을 바꾸어 그리스도교도가 되었을" 인물이라고 지적하기도 한다. 잉 사제에 따르면 성 토마스 아퀴나스는 "현실주의자인 아리스토텔레스보다 플로티노스와 훨씬 더 많이 닮았다."

이러한 역사적 측면에서 플로티노스는 중세와 가톨릭 신학의 그리스도교를 형성하는 데 영향을 미친 중요한 인물이다. 그리스도교에 대해 말하는 역사가들은 그리스도교가 겪었던 아주 큰 변화뿐만 아니라 어느 시기에 그리스도교가 나타낼 수도 있는 다양한 외형도 인지하도록 주의를 기울여야 한다. 공관복음Synoptic Gospels의 그리스도교는 형이상학적 특징이 거의 나타나지 않는다. 이러한 점에서 오늘날 미국의 그리스도교는 원시 그리스도교와 유사하다. 플라톤학파의 철학은 미국의 대중적 사고와 정서에 어울리지 않는 낯선 학설이며, 미국의 그리스도교도는 대부분 지상의 모든 일이 절망을 암시할 때 인간에게 위안을 주는 초월적 희망보다는 여기 지상의 삶에 맞는 의무나 일상 세계에서 이루어야 할 사회적 진보에 관심을 더 많이 기울인다. 나는 교리의 변화가 있었다고 말하는 것이 아니라 강조점과 관심의 차이를 말하는 것뿐이다. 오늘날 그리스도교도가 강조점과 관심의 차이가 얼마나 큰지 깨닫지 못한다면 과거의 그리스도교를 이해하지 못할 터다. 우리는 역사를 연구하고 있기 때문에 지난 세기에 효력을 가졌던 믿음을 다루며, 지난 세기의 믿음과 관련하여 잉 사제가 플라톤과 플로티노스의 영향에 대해 말한 의견에 동의하지 않을 수 없다.

그렇지만 플로티노스는 역사적 측면에서만 중요한 인물이 아니었다. 그는 다른 어떤 철학자보다 훌륭하고 아주 중요한 유형의 이론을 하나 내놓는다. 철학 체계는 다양한 다른 종류의 이유로 중요하다고 판단되기도 한다. 첫째로 가장 명백한 이유는 우리가 철학 체계를 참일 수도 있다고 생각한다는 것이다. 오늘날 철학을 연구하는 많은 사람들은 플로티노스의 체계를 참일 수도 있다고 생각하지 않을 텐데, 이 점에서 잉 사제는 보기 드문 예외라 할 수도 있다. 그러나 진리는 형이상학이 가질 수 있는 유일한 장점이 아니다. 형이상학은 아름다울 수도 있는데, 아름다움은 플로티노스의 형이상학 체계에서 확실히 발견되는 가치다. 그의 형이상학 체계에는 단테의 『신곡』에 나오는 「낙원」 편의 마지막 시 가운데 하나를 떠오르게 하며, 더욱이 다른 문헌에 거의 나타나지 않는 구절이 들어 있다. 그는 자주 영원한 영광의 세계를 이렇게 묘사한다.

우리의 오묘한 환상 속에 드러나는
저 평정하고 순수한 조화의 노래

청옥 빛깔 왕좌에 앉은
그분을 영원히 찬미했네.

게다가 어떤 철학은 특정한 분위기나 상황에서 사람들이 믿고 싶어 하는 것을 잘 표현하기 때문에 중요할 수도 있다. 복잡하지 않은 기쁨과 슬픔은 철학의 주제가 아니라 훨씬 단순한 영역인 시와 음악의 주제다. 우주에 관한 반성reflection에 동반되는 기쁨과 슬픔만이 형이상학적 이론을 낳는다. 인간은 명랑한 비관주의자가 되기도 하고 우울한 낙관주의자가 되기도 한다. 아마 새뮤얼 버틀러Samuel Butler(1835~1902)가 명랑한 비관주의자의 본보기가 될 수도 있겠다. 반면에 플로티노스는 우울한 낙관주의자로 찬사를 받을 만한 본보기다. 플로티노스가 살던 시대에 불행은 직접적이고 절박한 반면, 행복은 마침내 도달하더라도 감각적으로 느끼는 인상들과 거리가 먼 사물에 대한 반성을 통해 찾을 수밖에 없다. 이러한 행복은 언제나 정신적 긴장이라는 요소가 내포되어 있기 때문에 아이의 단순한 행복과 전혀 다르다. 그러한 행복은 우리가 사는 일상 세계everyday world가 아니라 사고와 상상 속에서 얻기 때문에 오감에 의존한 삶을 무시하고 경멸하는 능력도 요구한다. 그러므로 초감각적 세계super-sensible world의 현실성에 대한 믿음에 의존한 형이상학적 낙관주의를 처음으로 만들어 낸 자는 본능적 행복을 즐기는 사람들이 아니다. 플로티노스는 세속적 의미에서 불행했지만, 이론 영역에서 더 높은 행복을 찾기로 단호하게 결심했던 사람 가운데 단연 최고 자리를 차지한다.

플로티노스의 순수하게 지적인 장점은 어떤 식으로도 경시해서는 안 된다. 그는 여러 가지 점에서 플라톤의 가르침을 명료하게 설명했으며, 다른 여러 사람과 함께 자신도 지지한 동일한 유형의 이론을 가능한 수준까지 일관되게 발전시켰다. 플로티노스가 유물론에 반대하여 펼친 논증은 훌륭하며, 영혼과 육체의 관계에 대한 온전한 개념은 플라톤이나 아리스토텔레스의 개념보다 훨씬 명료하다.

플로티노스는 스피노자처럼 도덕적 순수함과 고결함을 갖추어 대단히 감명을 주는 인물이다. 그는 언제나 진지하고 결코 신랄하거나 검열관 같은 비판적 태도를 보이지 않으며, 끊임없이 할 수 있는 만큼 간단한 방식으로 중요하다고 생각한 믿음을 독자에게 전하고자 한다. 우리가 이론철학자로서 그를 어떻게 생각하든 그를 인간으로서 사랑하지 않을 수 없다.

플로티노스의 생애는 친구이자 제자인 포르피리오스Porphyrios(서기 234년경~305년경)가 쓴 전기를 통해서 알려지는데, 포르피리오스는 유대인으로 본명은 말코스Malchos[250]였다. 하지만 이러한 설명은 기적의 요소도 포함하여 훨씬 신뢰할 만한 부분도 완전히 믿기 어렵다.

플로티노스는 시간과 공간 속에 나타난 외양appearance이 중요하지 않다고 생각해 생존 시에 일어난 사건들에 대해 말하기를 꺼렸다. 하지만 그는 자신이 이집트에서 태어났다고 말했고, 젊은 시절 알렉산드리아에서 공부하며 39세까지 살았으며, 자주 신플라톤학파의 창시자로 간주되는 암모니우스 사카스Ammonius Saccas(?~243)가 스승이었다는 사실이 알려졌다. 이후 그는 황제 고르디아누스 3세의 페르시아 원정에 합류했는데, 동방의 종교를 연구하려는 의도로 떠났다고 한다. 황제는 아직 젊었으나 로마 군부가 당시의 관례에 따라 그를 살해했다. 서기 244년 메소포타미아 출정 중에 일어난 사건이었다. 플로티노스는 즉시 동방 종교를 연구하려던 계획을 포기하고 로마에 정착하자마자 강의를 시작했다. 그의 청강생 가운데 유력한 인사들이 많았는데, 갈리에누스Gallienus 황제가 그를 총애했다.[251] 플로티노스는 언젠가 캄파니아 지방에 플라톤의 국가를 세울 목적으로 신도시를 건설하여 플

250 * 왕을 의미하는 히브리어에서 유래.

라토노폴리스라고 부를 계획을 세웠다. 황제는 처음에 호의를 보였으나 끝에 가서 허가를 철회했다. 로마와 가까운 곳에 신도시를 건설할 만한 여유 공간이 있었을까 이상하게 여길 수도 있겠지만, 아마도 그곳은 이전에는 아니었지만 당대에 말라리아가 창궐했을 것이다. 그는 49세까지 전혀 저술하지 않았으나, 이후에 많은 저작을 남겼다. 플로티노스의 저작은 포르피리오스가 편집하고 정리했는데, 그는 플로티노스보다 피타고라스학파와 더 가까웠고, 신플라톤학파가 플로티노스를 더 충실하게 추종했다면 그러했을 수준보다 더 초자연주의적 경향을 띠게 만든 원인 제공자였다.

플로티노스는 플라톤을 대단히 존경하면서 플라톤을 '그분He'이라고 부른다. 일반적으로 '축복받은 고대인들'을 존경하여 공손한 태도로 대했으나 원자론자들까지 존경하지는 않았다. 당시 왕성하게 활동하던 스토아학파와 에피쿠로스학파에 대해서도 논의하는데, 스토아학파는 단지 유물론적 요소 때문에 부정할 따름이고 에피쿠로스학파의 경우에는 철학 전체를 모두 부정했다. 아리스토텔레스의 역할은 플로티노스가 그에게서 차용한 이모저모를 자주 인정하지 않지만 생각보다 훨씬 컸다. 파르메니데스의 영향은 여러 가지 점에서 나타나 누구나 알아챌 수 있다.

플로티노스가 그려낸 플라톤은 진짜 플라톤만큼 혈기 왕성하지 않았다. 『엔네아데스*Enneades*』(플로티노스의 저술을 부르는 말)는 이상론과 『파이돈』과 『국가』 6권에 나오는 신비주의 학설, 『향연』의 사랑에 대한 토론이 혼합되어 플라톤의 전체 철학을 구성한다. 정치에 대한 관심과 덕에 대한 정의 찾기, 수학에서 얻는 즐거움, 개인에 대한 극적이고 완고한 평가, 무엇보다 플

251 기번은 갈리에누스에 대해 이렇게 말한다. "그는 호기심을 자아내지만 쓸모없는 몇 가지 학문을 섭렵했으며, 즉석 연설가이자 우아한 시인, 능숙한 정원사이자 솜씨 좋은 요리사, 경멸받아 마땅한 한심한 군주였다. 국가에 중대한 비상사태가 벌어져 황제가 나타나 처리해야 할 때, 철학자 플로티노스와 대화를 나누느라 바빴으며, 경박하고 방종한 쾌락으로 시간을 허비하거나, 그리스의 신비의식을 전수하거나, 아테네 최고 재판소의 한 자리를 뇌물로 간청했다(『로마 제국 쇠망사』, 1권, 10장)."

라톤의 흥겨운 말잔치는 플로티노스에게 전혀 나타나지 않는다. 플라톤은 칼라일이 말했듯 '시온 산[252]에서 아주 편하게 살고' 플로티노스는 정반대로 늘 최선을 다해 행동한다.

플로티노스의 형이상학은 성삼위일체Holy Trinity, 바로 일자the One, 정신Spirit, 영혼Soul과 함께 시작한다. 세 위격은 그리스도도교에서 말하는 삼위일체의 위격과 달리 동등하지 않다. 일자는 최고 존재이고, 정신이 다음에 오고, 영혼은 마지막에 있다.[253]

일자the One는 그림자가 여러 개 생기는 조금 어렴풋한 개념이다. 일자는 때로는 신God이라고 부르고 때로는 선 자체the Good라고 부른다. 일자는 일자에서 비롯되는 최초의 필연적 결과인 존재Being를 초월한다. 우리는 일자에 속성을 부여해서는 안 되고, 그저 "그것이다"라고 말할 따름이다(이 말은 파르메니데스를 떠올린다). 신을 '모두the All'라 말하는 것도 잘못일 텐데, 신은 모두를 초월하기 때문이다. 신은 모두를 꿰뚫어 현존한다. 일자는 생성이 없어도 현존할 수 있다. "일자는 아무데도 없지만 어디에나 있다"는 말이다. 일자는 때로는 선 자체라고 말하지만 선the Good과 미the Beautiful에 앞선다고 말하기도 한다.[254] 이따금 일자는 아리스토텔레스의 신과 닮은 모습으로 등장한다. 신은 자신의 파생물이 전혀 필요치 않기 때문에 창조한 세계를 무시한다. 일자는 정의내릴 수 없기 때문에 신에 대해서 침묵이 어떤 말보다 훨씬 진리에 가깝다.

이제 플로티노스가 **누스**nous라고 부르는 제이 위격에 대해 살펴보자. 누스를 표현하는 영어 낱말을 찾는 일은 늘 어렵다. 표준 사전의 번역어는 '마음

252 * 하늘의 예루살렘, 바로 천국을 의미한다.

253 플로티노스의 동시대인이자 같은 철학 교사였던 오리게네스는 제일 위격이 제이 위격보다 우월하고, 제이 위격은 제삼 위격보다 우월하다고 가르쳤는데, 이 점에서 플로티노스와 의견이 일치한다. 그러나 오리게네스의 견해는 결국 이단 선고를 받았다.

254 플로티노스, 『엔네아데스』, 5집, 5권, 12장.

mind'이지만, 이 번역어는 특히 종교 철학에서 사용할 때 정확한 의미를 표현하지 못한다. 만일 플로티노스가 마음을 영혼 위에 두었다고 말한다면, 완전히 잘못된 인상을 주고 말 것이다. 플로티노스의 저작을 번역한 매케나 Stephen Mackenna(1872~1934)는 '지성원리Intellectual-Principle'란 용어를 사용하지만 어색하고 종교적 숭배에 적합한 대상을 암시하지도 않는다. 잉 사제는 '정신spirit'이란 용어를 사용하는데, 아마 번역어로 쓰기에 가장 좋은 용어일 것이다. 그러나 이 용어는 피타고라스 이후 그리스의 종교 철학에서 가장 중요한 가치를 지닌 지성의 요소를 버려두는 문제를 안고 있다. 피타고라스와 플라톤, 플로티노스에게 수학과 이상계, 그리고 감각할 수 없는 것에 관한 모든 사유는 신성한 것이다. 그것들은 **정신**nous의 활동이나, 적어도 우리가 개념적으로 생각할 수 있는 정신의 활동에 가장 가깝다. 플라톤 철학에 포함되어 있는 바로 이러한 지성의 요소 때문에, 그리스도교도는 그리스도 christ와 **말씀**Logos을 동일시했다. '로고스logos'는 이러한 문맥에서 '이성reason'으로 번역되어야 마땅하지만, 바로 이러한 점 때문에 '이성'을 '누스nous'의 번역어로 사용하지 못한다. 나는 잉 사제를 따라 '정신spirit'을 번역어로 사용하겠지만, 누스가 보통 사람들이 이해하는 '정신'에 결여된 지성의 의미를 포함한다는 조건으로 사용할 것이다.[255]

정신nous은 일자의 모상the image이라고 한다. 그러니까 **정신**은 일자가 자신을 탐색하는 과정에서 통찰력을 갖게 되어서 생겨나며, 이렇게 보는 활동이 **정신**이다. 이것은 이해하기 어려운 개념이다. 플로티노스는 부분들이 없는 존재being가 자신을 인식할 수도 있다고 말한다. 이러한 경우에 보는 자와 보이는 것은 하나다. 플라톤과 마찬가지로 태양의 비유에 근거하여 표현된 신

---

255 * 우리말에서 '정신'과 '이성'은 의미가 겹쳐서 바꿔 쓸 수 있는 말이다. 정신은 영적 측면이 강조되고 이성은 지성적 측면이 강조되는 것을 빼면, 둘 다 영성과 지성을 포함한 정신력을 뜻하는 말이다. 그래서 '누스'는 '정신'으로 옮기는 경우도 있고, '이성'으로 옮기는 경우도 있다.

안에서 빛을 내는 자와 빛을 받는 자가 같다. 태양의 비유에 따르면 정신은 일자가 자신을 보는 빛으로 생각되기도 한다. 우리가 아집과 방자함 때문에 잊어버렸던 신성한 정신Divine Mind을 인식하는 일은 가능하다. 신성한 정신을 인식하려면, 우리는 자신의 영혼이 신과 가장 비슷해지는 때를 찾아 배우고 익혀야 한다. 우리는 육체를, 영혼 가운데 육체를 형성한 부분들을, 욕망과 충동을 비롯한 온갖 무익한 것에 휘둘리는 감각을 걷어내야 한다. 그때 남은 것이 신성한 지성Divine Intellect의 모상이다.

"신성에 홀리고 감동한 사람들은 적어도 그들 안에 더욱 위대한 어떤 것을 품고 있음을 인식한다. 그들을 휘젓는 운동들과 그들에게서 나오는 발언들로부터, 그들 자신이 아니라 그들을 움직이는 권능을 지각한다. 이처럼 순수한 **정신**을 간직할 때, 우리는 분명히 최고 존재를 향해 서 있다. 그러니까 우리는 내부에서 신성한 정신을 인식하며 신성한 정신은 존재being와 그 밖에 다른 모든 질서를 낳는다. 그러나 우리는 다른 것, 바로 신성한 정신이 이러한 것들 가운데 어떤 것도 아니고 우리가 존재로 인식한 어떤 것보다 고귀한 원리임을 인식한다. 고귀한 원리는 더욱 충만하고 위대하고 이성과 정신, 감정보다 위에 있어 이러한 능력들을 주지만 이것들과 결코 혼동되지 않는다."[256]

이렇게 '신성에 홀리고 감동할' 때 우리는 **정신**뿐만 아니라 일자도 본다. 이렇게 신과 접촉한 순간에 통찰을 말로 판단하거나 표현할 수 없다. 이것은 나중에 하는 일이다. "신과 접촉하는 순간에 무엇이든 긍정할 힘도 없고 여유도 없다. 통찰에 대해 따지는 일은 나중 일이다. 영혼the Soul이 불현듯 빛을 받을 때 통찰하게 되었음을 인식할 수도 있다. 이러한 빛은 최고 존재the Supreme에게서 나오는 빛이자 최고 존재다. 우리는 어떤 인간이 부르는 소리

256 『엔네아데스』, 5집, 3권, 14장. 매케나의 번역본.

에 응답하는 다른 신처럼, 최고 존재가 빛을 내며 올 때 신의 현존을 믿기도 한다. 그러한 빛은 신의 강림을 보여 주는 증거다. 따라서 빛을 받지 못한 영혼은 신을 통찰하지 못한 채 머물고, 빛을 받은 영혼은 자신이 찾으려던 신을 통찰한다. 이것은 영혼 앞에 놓인 참된 목적이다. 영혼은 다른 어떤 원리의 빛이 아니라 최고 존재에 의해 최고 존재를 보기 위해, 통찰의 수단이기도 한 최고 존재를 보기 위해 그러한 빛을 받으려 한다. 왜냐하면 태양 자체의 빛으로 우리가 태양을 보듯, 영혼을 비추는 것은 영혼이 보는 그것이기 때문이다.

그러나 이러한 일은 어떻게 이루어지는가?
모든 것을 끊어 버려라.[257]

자기 육체 밖에 서 있는 '황홀경' 체험은 플로티노스에게 자주 일어났다.

이러한 일은 여러 번 일어났다. 육체에서 벗어나 자신을 향해 올라가, 다른 모든 것을 외부에 두고 자기에게 집중하다가 놀랍도록 아름다운 존재를 바라보매, 그때 이전 어느 때보다 높은 최고로 고상한 사회의 일원이 되어 고귀한 삶을 살며 신과 합일했네. 그러한 활동에 이르러 신 안에 머무니, 지성 속에 있는 것은 무엇이든 최고 존재보다 아래에 있다. 그런데도 지성의 단계에서 추리의 영역으로 내려오는 순간이 오고, 신 안에 잠시 머문 후에 나는 어떻게 내려올 수 있고 어떻게 영혼이 언젠가 내 육체 속으로 들어오게 되었는지 자신에게 물으니, 육체 속에 있어도 영혼은 스스로 고상한 존재임을 보여 주었다네.[258]

---

257 『엔네아데스』, 5집, 3권, 17장.
258 『엔네아데스』, 4집, 8권, 1장.

여기서 우리는 영혼, 곧 삼위 가운데 제일 낮은 제삼 위격으로 넘어간다. 영혼은 **정신**nous보다 열등하지만 살아 있는 모든 것의 조물주다. 영혼은 태양과 달, 별들을 비롯한 눈에 보이는 전 세계를 만들었다. 영혼은 신의 지성에서 생겨난 자식이다. 영혼은 이중성을 가지는데, 하나는 **정신**에 열중한 내적 측면이고, 다른 하나는 외부로 향한 측면이다. 외부로 향한 영혼은 하향운동과 결합되고, 하향운동 속에서 자신의 모상을 만들어 내는데, 이렇게 생겨난 것이 바로 자연이자 감각의 세계다. 스토아학파는 자연과 신을 동일시했지만, 플로티노스는 자연을 제일 낮은 영역, **정신**을 우러러보는 활동을 잊은 영혼에서 흘러나온 영역으로 생각했다. 플로티노스의 생각은 보이는 세계는 악하다는 그노시스파의 견해Gnostic View를 암시할지도 모르지만, 플로티노스는 그러한 견해를 받아들이지 않는다. 보이는 세계는 아름답고 축복받은 정신의 거처이며 지성계보다 덜 선한 영역일 따름이다. 우주와 우주의 조물주가 악하다는 그노시스파의 견해에 대한 아주 흥미롭고 논란의 여지가 많은 논의에서 플로티노스는 그노시스파의 학설 가운데 물질에 대한 혐오 같은 일부가 플라톤에서 기인할 수도 있다고 인정하지만, 플라톤에서 유래하지 않은 다른 일부는 참이 아니라고 주장한다.

그노시스주의Gnosticism에 맞선 플로티노스의 반론은 두 종류다. 한편으로 플로티노스는 영혼soul은 물질계를 창조할 때 신에 대한 기억에 의존하여 창조하지만 타락했기 때문이 아니라고 말한다. 그는 감각계가 가능한 정도만큼 선하다고 생각하며 오감으로 지각한 사물들의 아름다움을 강하게 느낀다.

> 지성계Intellectual Realm의 조화를 참되게 지각한 사람이 음악을 좋아한다면서 감각되는 소리의 조화에 응하지 않을 수 있겠는가? 기하학자나 산술학자가 보이는 사물들 속에서 관찰되는 대칭, 대응, 순서의 원리를 보고 어떻게 즐거움을 맛보지 않을 수 있는가? 그림을 감상할 경우도 살펴보라. 미술 작품을 육체의 감각으로 보는 사람들은 미술 작품을 한 가지 방식으로만 보지 않는

다. 그들은 시각에 그려진 대상들 속에서 이상계의 표상을 인식함으로써 깊은 감동을 받는데, 이것을 진리의 상기이자 사랑love이 솟아나는 체험이라고 부른다. 이제 어떤 얼굴에 탁월하게 재현된 아름다움을 보고, 마음을 재촉하여 감각계에 넘쳐나는 사랑스러움, 이러한 장대한 질서, 별들이 머나먼 곳에 펼쳐진 형세를 보지 못한 채 저 다른 영역에 이르더라도, 아무도 이 모든 것을 보고 상기하지 못할 만큼 둔하고 무감동할 리가 없고, 저 위대함에서 흘러나온 위대한 이 모든 것을 생각하면서 경외심을 갖지 않을 수 없다. 따라서 감각계에 응하지 않고서 이 세계를 간파했다고도, 저 다른 세계를 통찰했다고 할 수 없으리라(『엔네아데스』, 2집, 9권, 16장).

그노시스파의 견해를 거부하는 또 다른 이유가 있다. 그노시스파는 신성한 어떤 것도 태양과 달, 별들과 결합되지 않고, 그것들을 어떤 악령an evil spirit이 창조했다고 생각한다. 지각되는 사물 가운데 인간의 영혼만이 선하다. 그러나 플로티노스는 천체가 신과 닮은 존재이며, 인간보다 헤아릴 수 없을 정도로 우월하다고 확고하게 믿었다. 그노시스파에 따르면 "그들 자신의 영혼, 바로 인류에 속한 가장 보잘 것 없는 자의 영혼은 죽지 않고 신성하다. 그러나 온 하늘과 하늘에 펼쳐진 별들은 그들 자신의 영혼보다 훨씬 순수하고 사랑스러워도 영생 원리Immortal Principle와 교감하지 못했다(『엔네아데스』, 2집, 9권 5장)." 플로티노스의 견해를 뒷받침하는 전거는 『티마이오스』이며 몇몇 그리스도교 교부, 예컨대 오리게네스가 채택했다. 『티마이오스』는 상상력이 넘치며 마음을 끄는 힘이 있다. 이 책은 천체가 자연스럽게 영감을 불러일으킨다는 정서를 표현하고, 인간이 물리적 우주Physical Universe 안에 홀로 던져져 있다는 생각을 덜 하게 만든다.

플로티노스의 신비주의는 아름다움에 시큰둥하거나 적대감을 드러내지 않는다. 그런데 그는 수 세기에 걸쳐 이렇게 말할 수 있는 최후의 종교적 스승이다. 이후로 아름다움과 관련된 모든 즐거움은 악마the Devil에게 속한 것으로 생각되었다. 이교도 역시 그리스도교도와 마찬가지로 추함과 더러움을 찬양했다. 배교자 율리아누스Flavius Claudius Iulianus(331~363)[259]는 당대 정통 성인처럼 자기 턱수염 때문에 사람들이 많이 모여든다고 자랑했다. 이러한 점이 플로티노스에게는 전혀 나타나지 않는다.

물질은 영혼이 창조한 것이며 독립된 현실성reality을 갖지 못한다. 영혼은 저마다 고유한 시간을 가진다. 영혼의 시간이 울리면 내려가 알맞은 육체 속으로 들어간다. 육체 속으로 들어가는 동기는 이성이 아니라 성적 욕망과 훨씬 유사한 어떤 것이다. 영혼이 육체를 떠날 때 죄를 지었으면 정의가 처벌을 요구하기 때문에 다른 육체 속으로 들어가야 한다. 누구든 세상에 살면서 어머니를 살해한다면, 다음 생에 여자로 태어나 아들의 손에 죽음을 당하게 될 것이다(『엔네아데스』, 3집, 2권, 13장). 죄에는 반드시 처벌이 따르는 법이다. 그러나 처벌은 죄를 짓는 자의 끊임없는 잘못을 통해 자연스럽게 따라온다.

우리는 죽은 다음에 현세의 삶을 기억할까? 완벽하게 논리적으로 답변을 제시하지만 오늘날 대부분의 신학자들이 말할 만한 것은 아니다. 기억은 시간 속에서 이어지는 우리의 삶에 관한 것이지만, 우리의 최선의 참다운 삶은 영원 속에 있다. 그러므로 영혼이 영원한 삶을 향해 성장할수록 영혼이 기억하는 것은 점점 줄어든다. 친구와 자식, 배우자에 대한 기억은 점점 망각 속으로 사라진다. 궁극적으로 우리는 현세의 사물에 대해 아무것도 알려 들지 않고, 오로지 지성계만 관조하리라. 인격personality에 대한 기억도 사라질 테고, 관조적 통찰 속에서 인격은 의식되지 않는다. 영혼은 **정신**nous과 하

259 * 361년부터 363년까지 로마 황제를 지냈으며, 그리스도교도가 아닌 최후의 로마 황제로서 쇠락하는 제국의 부흥을 위해 로마의 전통을 부활시켜 개혁하려고 했다고 하여 후세에 그리스도교 쪽에서 '배교자 율리아누스'라고 불렀다.

나가 되어 파멸에 이르지 않을 것이다. 정신과 개별 영혼은 둘인 동시에 하나가 되리라(『엔네아데스』, 4집, 4권, 2장).

영혼을 다루는 『엔네아데스』 4집, 7권의 한 장에서 영혼 불멸에 대해 논의한다.

합성된 육체는 분명히 불멸이 아니다. 이때 육체가 우리의 일부라면 우리는 결코 불멸하는 존재가 아니다. 그런데 영혼과 육체는 어떤 관계를 맺고 있는가? 이름을 명시하지 않지만 아리스토텔레스가 영혼이 육체의 형상이라고 말했는데, 플로티노스는 영혼이 육체의 형상이라면 지성의 활동이 불가능할 것이라는 근거로 아리스토텔레스의 견해를 거부한다. 스토아학파는 영혼도 물질이라고 생각하지만, 영혼의 단일성unity은 스토아학파의 견해가 불가능하다는 사실을 입증한다. 더욱이 물질은 수동적이므로 자신을 스스로 창조할 수 없다. 영혼이 물질을 창조하지 않았다면 물질은 존재했을 리가 없고, 더욱이 영혼이 존재하지 않았다면 물질은 순식간에 사라져버렸을 것이다. 영혼은 어떤 물체의 질료도 아니고 형상도 아니지만, 어떤 물체의 본질essence이고 본질은 영원하다. 영혼은 이상들이 영원하기 때문에 불멸한다는 플라톤의 논증에 이러한 견해가 암시되어 있다.

영혼은 어떻게 초연히 존재하는 지성계에서 떨어져 나와 육체 속으로 들어가는가? 욕망appetite에 따라 육체 속으로 들어간다고 대답한다. 그런데 욕망은 간혹 멸시를 받을 만하더라도 비교적 고귀할 수도 있다. 영혼은 기껏해야 '지성원리(정신) 속에서 보았던 존재의 모형에 따라 질서를 세우려는 욕망을 갖게' 되었다. 말하자면 영혼은 내적 본질의 영역을 관조하고 나자, 가능한 한 자신과 닮은 어떤 것을 생산하고 싶어 하는데, 그것은 내면이 아니라 외면으로 시선을 돌려야 볼 수 있다. 처음 음악을 상상 속에서 구상한 작곡가가 관현악단이 연주하는 소리로 듣고 싶어지는 것과 비슷하다고 말할 수 있겠다.

그러나 창조하려는 영혼의 욕망은 불행한 결과를 낳았다. 영혼이 순수한 본질의 세계에 사는 한, 영혼은 같은 세계에 사는 다른 영혼들과 분리되지 않았다. 그러나 영혼이 육체와 결합하자마자 영혼은 자신보다 낮은 육체를 다스려야 하는 과업을 떠안게 되었고, 이러한 과업 때문에 영혼은 다른 육체들과 결합한 다른 영혼들과도 분리되었다. 극소수 사람들에게 아주 극히 드문 순간을 제외하면, 영혼은 육체의 사슬에 묶인 삶을 살았다. "육체가 진리를 가려 어둡게 하지만, 거기에there[260] 모든 것이 분명하게 드러나 있다네(『엔네아데스』, 4집, 9권, 5장)."

이러한 학설은 플라톤의 학설처럼 창조가 잘못된 일이었다는 견해를 피하기 어렵다. 최선의 상태에서 영혼은 정신, 곧 본질의 세계에 만족한다. 영혼이 언제나 최선의 상태에 있었다면, 창조하려 하지 않았을 테고 관조하기만 했을 것이다. 창조 행위는 어쩌면 창조된 세계가 주요 계열에서 논리적으로 가능한 최선의 세계라는 근거로 정당화되는 것처럼 보인다. 그러나 창조된 세계는 영원한 세계의 복사본이고, 복사된 세계는 복사본에 가능한 아름다움을 지닐 따름이다. 플로티노스는 그노시스파에 관한 글에서 아주 명확하게 진술한다(『엔네아데스』, 2집, 9권, 8장).

> 영혼이 왜 우주를 창조했느냐고 물으려면, 영혼은 어찌 존재하고 조물주는 어찌 창조하느냐고 물어야 한다. 질문은 영원한 세계의 시초도 함축할 뿐만 아니라 창조를 여기저기로 옮겨 다니는 가변적 존재의 행위로 보게 한다.
> 그렇게 생각한 사람은 교정을 참아낸다면, 천상의 존재들이 지닌 본성에 따

260 플로티노스는, 그리스도교도가 다음과 같은 구절에서 사용하듯 '거기에'라는 말을 사용하는 습관이 있다.

결말을 알 수 없는 인생,
눈물 없는 삶이 거기에 있다네.

라 배워서 자신에게 쉽게 온 위풍당당한 권능을 모독해서는 안 되고, 모두 경건하게 양심의 가책을 느껴야 마땅하다.

우주의 주재Administration of the Universe와 관련해서도 공박할 근거가 없는데, 그 까닭은 우주의 주재가 바로 지성 종Intellectual Kind의 위대한 특징을 명백히 보여 주기 때문이다.

생명으로 떠올랐던 모두는, 넘치는 활력에서 밤낮으로 태어난 훨씬 낮은 형상들forms처럼 형태가 확실하지 않은 구조가 아니다. 우주는 유기적이고 유효하며 복잡하고 모든 것을 포용하는 생명이어서 그지 없는 지혜를 드러낸다. 그러면 누구든 우주가 아름답게 형성되어 지성계의 신성한 것들Intellectual Divinities을 닮은 분명한 모상image임을 어찌 부정할 수 있겠는가? 물론 우주는 복사본copy이지 원본original은 아니다. 그것이 바로 우주의 본성이다. 우주는 상징인 동시에 현실일 수 없다. 그러나 우주가 부적합한 복사본inadequate copy에 불과하다는 주장은 거짓이다. 물리적 질서 안에 포함될 수 있는 아름다운 표상은 하나도 버려지지 않았다.

이러한 재생reproduction은 필연적으로 일어나며 숙고와 계획에 따르지 않는다고 생각되지 않는다. 지성은 사물의 마지막이었을 리가 없고, 분명히 자신의 내면으로 향한 활동과 외면으로 향한 활동을 포함한 이중적 행위를 하기 때문이다. 그렇다면 신성한 것보다 나중에 오는 어떤 것이 있을 수밖에 없다. 오로지 모든 권능이 자신으로 끝나는 존재는 어떤 것을 저절로 아래로 보내지 못하는 까닭이다.

위에 인용한 구절은 아마 플로티노스의 원리에 근거해 그노시스파에게 할 수 있는 최선의 답변일 것이다. 그리스도교 신학자들은 이러한 창조의 문제를 말만 조금 바꾼 형태로 이어받았다. 그들도 창조에 앞서 조물주에게 부족한 점이 있었다는 신성모독의 결론을 허용하지 않으면 창조에 대해 설명하기 어렵다는 사실을 알았던 것이다. 정말로 그리스도교 신학자들이 부딪힌 난점은 플로티노스의 경우보다 더욱 해결하기 어렵다. 왜냐하면 플로티노스가 정신의 본성이 창조를 불가피하게 만들었다고 말한 반면, 그리스도교도는 세계가 아무 구속도 받지 않는 신의 자유의지에서 비롯되었다고 주장하기 때문이다.

플로티노스는 특정한 종류의 추상미Abstract Beauty에 대해 아주 생동감 넘치는 감각을 보여 준다. 그는 지성의 위치를 일자와 영혼 사이 중간자로 묘사하면서 갑자기 보기 드문 웅변조의 구절을 토해낸다.

> 최고 존재는 행차할 때 결코 영혼이 없는 수레를 타고 나타날 리가 없고, 영혼에 직접 의지하여 나타날 리도 없으니, 형언할 수 없는 아름다움으로 도래를 예고하리라. 위대한 왕의 행차 중 맨 앞에 작은 행렬이 서고 난 다음, 지위가 더 높고 훌륭하며 신분이 높은 사람이 서고, 왕과 가까운 데에 더욱 위엄 있는 사람이 오며, 다음에 그의 명예로운 벗들이 오고, 장관을 이루는 행렬 가운데 드디어 최고 군주가 홀연히 나타나자, 정말로 군주의 등장과 퇴장에 앞선 광경을 실컷 구경한 사람들은 아니지만, 모든 사람이 꿇어 엎드려 예를 갖추고 환호하며 군주를 맞아들인다네(『엔네아데스』, 5집, 8권).

이러한 종류의 감정을 보여 주는 지성미Intellectual Beauty에 관한 글에서 이렇게 말한다(『엔네아데스』, 5집, 8권).

> 신들은 확실히 모두 위엄이 있고 형언할 수 없는 아름다움을 지니고 있으니. 무엇이 신들을 그렇게 아름다운 존재로 만드는가? 지성, 특히 신들(신성한 태양과 별들) 안에서 볼 수 있도록 작용하는 지성이…….
>
> '안락한 삶'이 거기에 있지. 이러한 신성한 존재들에게 진리verity는 어머니이자 유모이고 실존이자 양식이니, 그들은 과정 중에 있지 않고, 진정한 존재에 속한 모든 것을 보고 모든 것 속에서 자신들을 본다네. 모든 것이 투명하게 보

> 여 어두운 데라곤 하나도 없고 가로막는 것도 하나 없지. 존재는 저마다 다른 존재에게 폭에서나 깊이에서나 투명하게 드러나니, 빛이 빛을 통해 흐른다. 존재들은 제각기 자신 안에 모든 존재를 포함하고, 동시에 다른 존재 안에서 모든 것을 보아서, 어디에나 모든 것이 있고, 모든 것이 모든 것이며, 제각기 모든 것이고 영광은 무한하니라. 존재들은 제각기 위대하고 작은 것도 위대하다네. 거기에서 태양은 모든 별들이고, 별들은 저마다 다시 모든 별들과 태양이라네. 어떤 존재 양식이 각 존재 안에서 우세하지만, 모든 것이 다른 모든 것 속에 반영되어 있다네.

세계가 복사본이므로 불가피하게 지닐 수밖에 없는 불완전성에 더해, 그리스도교도뿐만 아니라 플로티노스에게도 죄에서 비롯된 적극적 악의 문제가 있다. 죄는 자유의지가 있기에 생겨나는 결과인데, 플로티노스는 결정론자들의 견해에 반대할 뿐만 아니라 점성가의 입장에 반대하기 위해 자유의지를 특히 더 지지했다. 그는 감히 점성술의 유효성을 전면적으로 부정하지 않지만, 점성술에 한계를 두어 자유의지와 양립할 수 있게 하려고 한다. 그는 마법에 대해서도 같은 견해를 내놓는데, 성자란 마법사의 능력을 없앤 자라고 말한다. 포르피리오스는 경쟁 관계에 있던 한 철학자가 플로티노스에게 악마의 저주를 걸려고 애썼으나 플로티노스의 성스러움과 지혜 때문에 악마의 주문이 오히려 경쟁자에게 되돌아갔다는 이야기를 전한다. 포르피리오스와 플로티노스의 추종자들은 모두 미신적인 면을 플로티노스보다 훨씬 더 많이 지니고 있다. 플로티노스의 경우 미신적 요소는 당시의 수준에 비해 적게 나타난다. 이제 플로티노스가 가르쳤으며 그리스도교 신학에서 주로 수용한 학설에 대해 체계를 갖춘 지적인 학설로서 지닌 장점과 단점을 요약해 보기로 하자.

무엇보다 먼저 플로티노스가 이상과 희망을 위한 가장 안전한 피난처가 있다고 믿었을 뿐만 아니라 도덕적 노력과 지성적 노력을 둘 다 포함했던 학설을 구성해 보자. 3세기 야만족의 침입 이후 이어진 세기에 서양 문명은 거의 완전히 파괴되었다. 신학이 거의 유일하게 살아남은 정신 활동이었던 동안에 수용된 체계가 순전히 미신적이지 않고, 때로는 깊이 묻혔더라도 그리스 지성의 작업과, 스토아학파와 신플라톤학파가 공통으로 이룬 도덕적 발전을 많이 구현한 학설을 보존한 것은 행운이었다. 이것이 스콜라 철학의 발전을 가능하게 만들었고, 나중에 르네상스 운동과 더불어 플라톤을 비롯한 다른 고대인에 대한 새로운 연구를 자극했다.

다른 한편 플로티노스의 철학은 사람들이 외면이 아니라 내면을 들여다보도록 북돋우는 결함이 있다. 우리는 안을 들여다볼 때 신성한 **정신**nous을 보고, 바깥을 바라볼 때 감각계의 불완전한 점을 본다. 이러한 종류의 주관성subjectivity은 점진적 성장의 결과물인데, 프로타고라스와 소크라테스, 플라톤뿐만 아니라 스토아학파와 에피쿠로스학파에서도 발견된다. 그러나 애초에 주관성은 학설과 관계가 있었을 뿐, 타고난 기질의 문제는 아니어서 오랫동안 과학적 호기심을 억누르지 못했다. 우리는 이미 포세이도니오스가 기원전 100년경 조수潮水에 대해 연구하려고 스페인과 아프리카의 대서양 해안까지 여행했다는 사실을 살펴보았다. 하지만 주관주의subjectivism는 점차 학설로만 그치지 않고 사람들의 감정 속으로 침투해 들어갔다. 과학은 더는 장려되지 않고 오로지 덕만 중요하게 생각했다. 플라톤이 생각한 덕은 당대 정신이 성취할 수 있는 모든 것을 포함했던 말이었다. 그러나 이후 수세기에 걸쳐 덕은 점점 유덕한 의지만을 포함한 말로 생각되어, 물리적 세계physical world를 이해하거나 인간 세상의 제도들을 개선하는 것과 아무 상관도 없어졌다. 그리스도교는 실천 차원에서 그리스도교 신앙을 퍼뜨린 중요한 믿음이 더는 자기 완성에 국한되지 않았던 도덕 활동을 위한 실행 가능한 목표를 제시했지만, 윤리 학설의 측면에서 이러한 결점으로부터 자유롭지 못했다.

플로티노스는 끝이자 시작이다. 그리스인의 관점에서는 끝이고 그리스도교 세계의 관점에서는 시작이다. 수 세기에 걸쳐 반복된 실망에 지치고, 절망으로 기력이 쇠퇴한 고대 세계에서 플로티노스의 학설은 수용할 만했으나, 활기를 불어넣을 수 없었다. 한층 투박한 야만적인 세계에서는 차고 넘치는 정력을 자극하기보다 억제하고 규제할 필요가 있었고, 맞서 싸워야 할 악이 권태가 아니라 야만적 행위였으므로 플로티노스의 가르침은 유익했다. 플로티노스의 철학을 후대에 전하는 일은 로마 말기의 그리스도교 철학자들이 해냈다.

제2권
가톨릭 철학

489쪽, 「그리스도의 변용」, 라파엘로 산치오, 1519~1520

제2권 서론

내가 여기서 사용할 가톨릭 철학이라는 용어는 아우구스티누스부터 르네상스Renaissance까지 유럽 사상을 지배한 철학을 의미한다. 1000년의 기간을 전후로 동일한 대규모 학파에 속한 철학자들이 존재했다. 아우구스티누스 이전에 오리게네스를 비롯한 초기 교부들이 있었고, 르네상스 이후에도 얼마간 중세 체계, 특히 토마스 아퀴나스의 체계를 오늘날까지 고수하는 정통 가톨릭 철학 교사들을 포함한 수많은 철학자가 있었다. 그러나 중세의 위대한 철학자들이 가톨릭 철학을 종합하거나 완성하는 데 관여한 시대는 아우구스티누스부터 르네상스까지다. 아우구스티누스 이전 그리스도교Christianity[1]를 믿었던 수 세기 동안, 스토아학파와 신플라톤학파에 속한 철학자들의 능력은 교부들의 능력을 능가했다. 르네상스 이후 걸출한 철학자들은 정통 가톨릭교도조차 스콜라 철학이나 아우구스티누스의 전통을 그대로 계승하려고 하지 않았다.

이 1000년의 기간은 철학뿐만 아니라 다른 여러 가지 점에서 이전이나 이후 시대와 확연히 다르다. 가장 두드러진 차이점은 교회 권력이다. 400년

1 * 기독교, 크리스트교, 예수교로도 불린다. 기독교의 '기독'은 그리스어 'Χριστός', Christos의 중국어 음역으로 한국어에서도 쓰고 있으나, 우리 발음으로 '그리스도'가 더 자연스럽기 때문에 그리스도교로 표기한다.

경부터 1400년경까지 중세 교회는 철학적 믿음 체계와 사회·정치 상황이 이전이나 이후보다 밀접한 관계를 맺도록 주도했다. 교회는 일부는 철학과 관계가 있고, 일부는 성스러운 역사와 관계가 있는 신경信經, creed에 근거하여 형성된 사회 제도다. 교회는 바로 신경을 매개로 권력을 쟁취하고 부를 축적했다. 교회와 자주 갈등을 빚던 세속 통치자들은 자신을 비롯한 대다수 사람들이 가톨릭 신앙의 진실성을 깊이 확신했기 때문에 교회의 힘에 굴복하지 않을 수 없었다. 교회는 로마 전통이나 게르만 전통과도 맞서 싸워야 했다. 로마 전통은 이탈리아에서 특히 법률가들 사이에서, 게르만 전통은 야만인의 정복으로 발흥한 봉건 귀족 계급 내에서 강력한 힘을 발휘했다. 수 세기 동안 두 전통 가운데 어느 편도 교회에 대적할 만큼 강성하지 못했다. 이것은 대체로 두 전통이 철학의 힘을 적절하게 빌려 구체화되지 못한 탓이었다.

우리가 관여하는 사상사는 중세를 다룰 경우 어쩔 수 없이 한쪽으로 치우칠 수밖에 없다. 극소수의 예외는 있겠지만 당대 지성계에 공헌한 사람들은 모두 성직자였다. 속인도 중세 기간 동안 느리지만 강력한 경제 체제와 정치 체제를 형성했으나, 속인의 활동은 어떤 점에서 맹목성을 드러냈다. 중세 후기로 접어들면서 교회 문학과 전혀 다른 중요한 세속 문학이 출현했다. 이러한 세속 문학은 일반적 역사 연구를 통해 철학 사상사에서 요구되는 수준보다 훨씬 더 깊게 연구될 것이다. 우리는 단테에 이르러 비로소 당대 교회 철학을 충분히 이해하고 나서 저술한 속인을 만나게 된다. 성직자 계급은 14세기까지 사실상 철학을 독점하면서 교회의 관점에서 저술했다. 이러한 이유로 중세 사상은 교회 제도, 특히 교황 제도의 성장에 관해 상당히 넓은 범위에 걸쳐 설명을 덧붙이지 않으면 제대로 이해하기 어렵다.

고대 세계와 대조를 이루는 중세 세계의 특징은 가지각색의 이원성이 등장한다는 점이다. 성직자와 속인의 이원성, 라틴족과 튜턴족의 이원성, 신의 왕국과 현세의 왕국으로 나뉜 이원성, 정신과 육체의 이원성이 나타난다. 갖가지 이원성은 교황과 황제의 이원성으로 설명되기도 한다. 라틴계와 튜턴계의 이원성은 야만인이 침입함으로써 빚어진 결과이지만, 다른 이원성의 기원은 더 오래 전으로 거슬러 올라간다. 성직자와 속인의 관계는 중세에 사무엘과 사울의 관계라는 모범에 맞추어졌다. 성직자의 우월한 지위에 대한 요구는 아리우스파 또는 반半아리우스파semi-Arian 황제들과 왕들이 지배하던 시기에 생겨났다. 신의 왕국과 현세의 왕국이 대비되는 이원성은 신약에서 발견되지만, 성 아우구스티누스가 『신국』에서 체계적으로 설명했다. 정신과 육체의 이원성은 플라톤에게서 발견되며, 신플라톤학파의 철학자도 강조했다. 정신과 육체의 이원성은 성 바오로Paulos[2]의 가르침에서도 중요한 의미를 지니는데, 4~5세기에 등장한 그리스도교의 금욕주의를 지배한 특징이었다.

가톨릭 철학은 서유럽에서 지적 활동이 거의 자취를 감춘 암흑기를 분기점으로 두 시기로 나뉜다. 콘스탄티누스Flavius Valerius Constantinus(280~337)가 개종한 때부터 보이티우스가 죽은 시점까지 그리스도교 철학자들의 사상은 현실로든 최근의 기억으로든 로마 제국의 지배를 받는다. 이때 야만인은 그리스도교 세계Christendom의 독립된 일부가 아니라 성가시고 귀찮은 존재로 생각되었을 따름이다. 그래도 부유층에 속한 사람은 모두 읽고 쓸 수 있는 문명사회가 존재했으며, 철학자들은 성직자 계급뿐만 아니라 속인 계급의 마음에도 들려고 노력했다. 이 시기와 암흑기 사이, 6세기 말에 즉위한 그레고리우스 대교황은 비잔티움 제국[3]을 다스리는 황제의 신하로 자처하지만

2 * 초기 그리스도교의 포교와 신학에 주춧돌을 놓은 사도. 천주교에서는 바오로, 개신교에서는 바울, 성공회에서는 바오로라고 부른다.

3 * 610년 이후부터 오스만튀르크에 의해 팔라이올로구스 왕조의 마지막 황제가 퇴위한 1453년까지를 일컫는 중세 그리스의 동로마 문화권을 가리킨다.

야만인 왕들에게는 주군으로 행세한다. 그레고리우스 대교황의 시대 이후 서로마 그리스도교 세계 전역에 걸쳐 성직자와 속인을 분리하는 현상이 점차 분명하게 나타난다. 세속 귀족 계급은 봉건 제도를 새롭게 수립하여 당대를 압도하던 난폭하고 무질서한 무정부 상태를 약간이나마 진정시킨다. 성직자 계급은 그리스도교의 겸손을 설교만 할 뿐이고 실천은 하층 계급의 몫이었다. 이교도의 자만은 결투와 결투 재판, 마상 시합, 사적 복수라는 구체적인 형태로 드러나고, 교회는 이를 탐탁지 않게 여기면서도 막지 못한다. 11세기 초 교회는 고난을 겪은 끝에 어렵게 봉건 귀족 계급의 영향에서 벗어나 자유로워지며, 교회의 해방은 유럽 세계가 암흑기에서 빠져나오게 만든 원인 가운데 하나다.

가톨릭 철학의 위대한 제1기는 성 아우구스티누스와 이교도의 대표 격인 플라톤이 지배한다. 제2기는 토마스 아퀴나스가 지배하는데, 토마스 아퀴나스와 그의 후계자들에게는 아리스토텔레스가 플라톤보다 훨씬 중요하다. 하지만 『신국』에 나타난 이원성은 충분히 위력을 발휘하며 후대에 전해진다. 교회가 『신국』을 대표하고 철학자는 정치 측면에서 교회의 이익을 대변한다. 철학의 관심사는 신앙을 옹호하는 것이었으므로, 그리스도교에서 인정하는 계시의 정당성을 수용하지 않는 이슬람교도 같은 부류의 사람들과 맞서 논쟁하기 위해 이성을 불러냈다. 이렇게 이성을 발휘함으로써 가톨릭 철학자들은 단순한 신학자가 아니라, 어떤 신경에 대해서든 사람들의 호감을 얻으려 계획적으로 체계를 고안해 내는 사람으로서 비판에 대적했다. 긴 안목으로 보자면 아마 이성에 호소하는 비판이 잘못되었다고 해야겠지만 13세기의 결과는 아주 좋았던 듯하다.

13세기 가톨릭 철학의 종합은 완벽한 최후의 형태로 자리 잡은 듯 보였으나, 다방면의 원인이 영향을 미쳐 파괴되기 시작했다. 아마 가장 중요한 원인은 부유한 상인 계급의 성장일 텐데, 이탈리아에서 최초로 등장하고 이후 다른 곳에서도 나타났다. 봉건 귀족은 대체로 무지하고 우둔했으며 야만적 특징을 드러냈다. 그래서 평민 계급은 지성과 도덕성, 무정부 상태에 대처하는 능력이 귀족 계급보다 뛰어난 교회의 편에 섰다. 그러나 신흥 상인 계급은 성직자 계급만큼 지적 능력이 뛰어났고, 세속적 문제에 특히 박식할 뿐만 아니라 귀족 계급에 대처하는 능력도 훨씬 뛰어났기 때문에 도시 하층 계급이 시민적 자유를 위해 싸울 대변자로 받아들일 가능성이 더욱 높았다. 이렇게 민주주의 성향을 띤 세력은 교황이 황제에게 맞서 승리를 거두게 한 다음, 교회의 통제에서 벗어나 경제생활의 자유를 쟁취하는 일에 착수했다.

중세 말에 가톨릭 철학의 종합을 파괴한 다른 원인은 프랑스와 영국, 스페인에 강력한 민족군주국들이 발흥한 것이었다. 군주국의 왕은 내부의 무정부 상태를 진정시키고 귀족 계급에 맞서기 위해 상인 계급과 연합하면서 국가의 이익을 위해 교황에게 맞서 싸울 만큼 강해졌다.

한편 교황 제도는 11, 12, 13세기에 걸쳐 그동안 누려왔고 대체로 누릴 만한 자격이 있다고 인정받던 도덕적 특권을 상실했다. 우선 교황들은 아비뇽 유수 기간 동안 프랑스의 왕에게 굴복한 이후, 교회의 대분열Great Schism을 겪으면서 견제받지 않는 교황의 절대 권력은 가능하지도 않고 바람직하지도 않다는 믿음을 부지불식간에 서로마 제국에 확산시켰다. 15세기로 접어들면서 교황들은 그리스도교 세계의 통치자에서 사실상 이탈리아 군주의 지위로 전락하여, 이탈리아의 복잡다단하고 파렴치한 권력정치 놀음에 휘말려 들었다.

르네상스와 종교개혁은 정연하고 완전한 체계로 성장하지 못한 중세적 종합을 붕괴시켰다. 중세적 종합의 성장과 붕괴가 제2권의 주제다.

중세 전반에 걸쳐 사려 깊은 사람들은 현세의 고난을 겪으며 불행에 빠져드는 경향이 매우 강했고, 더 나은 내세에 대한 희망으로 견디어 나갈 따름이었다. 이러한 불행한 의식은 서유럽 전역에 걸쳐 일어난 사건들을 반영한 결과였다. 3세기는 사회 일반의 복지 수준이 급격히 낮아진 재난 시기였다. 잠잠한 4세기를 거쳐 5세기에 이르러 서로마 제국이 멸망하면서 야만인이 서로마 제국의 영토 이곳저곳을 차지했다. 문명화된 도시의 부유층은 후기 로마 문명의 운명을 짊어지고 있었으나, 대부분 궁핍한 피난민의 신세로 전락하고 남은 사람들은 시골 사유지에 의지해 생계를 이어갔다. 서기 1000년경까지 충격적 사건이 연이어 새로 발생했기 때문에, 회복할 시간을 얻기 위해 숨을 돌릴 겨를조차 없었다. 비잔티움 제국과 롬바르드족 사이에 벌어진 전쟁은 명맥을 유지해 오던 이탈리아 문명을 대부분 파괴했다. 아랍인은 동로마 제국의 영토를 대부분 정복하고 아프리카와 스페인에 정착했으며, 프랑스를 위협하고 심지어 로마를 한 번 약탈한 적도 있었다. 데인인과 노르만인은 프랑스와 영국, 시칠리아, 이탈리아 남부에서 파괴를 일삼아 대혼란을 야기했다. 파괴로 점철된 수 세기 동안 삶은 위험에 노출되어 불안정하고 가혹한 고난으로 채워졌다. 좋지 않은 현실 상황에 더해 암울한 미신들이 유행하면서 상황은 더욱 악화되었다. 그리스도교도 가운데 태반이 지옥에 갈 것이라는 생각이 팽배했다. 사람들은 순간순간 온갖 악령에 둘러싸여 있을 뿐만 아니라 마법사와 마녀의 책동에 노출되어 있다는 느낌에 사로잡혔다. 드물게 운이 좋은 순간 말고, 어린애처럼 생각 없는 사람이 아니라면 생활 속에서 누리는 기쁨은 꿈조차 꾸지 못할 일이었다. 비참한 상황이 사회 전반에 퍼져 나감에 따라 종교 감정은 더욱 강렬해졌다. 지상에서 선을 추구하는 삶은 하늘나라에 이르는 순례로 여길 뿐이었다. 달 아래 지상에서는 마지막 순간에 영원한 축복으로 이끌 확고부동한 덕을 제외하면 아무것도 가치가 없었다. 반면에 그리스인은 위대한 나날 속에서 일상 세계의 기쁨과 아름다움을 찾아냈다. 엠페도클레스는 동포를 외치며 이렇게 말한다. "저 위 요새 옆 아크라가스의 노란 바위에서 내려다보이는 큰 도시에 거주하는 훌륭한 일로 바쁜 동포여, 이방인을 위한 영광의 항구여, 야비한 행동에 익숙하지 않은 사람들이여, 만세!" 나중에 르네상스 운동이 일어나기 전까지 사람들은 눈에 보이는 세상의 단순한 행복을 알지 못한 채 눈에 보이지 않는 영적인 세상을 희망할 뿐이었다. 아크라가스는 황금의 성 예루살렘을 향한 사랑으로 대체되었다. 마침내 지상의 행복이 다시 찾아오자 내세를 갈망하는 격정은 점차 누그러졌다. 사람들은 똑같이 내세를 갈구하는 말을 사용했으나 마음 깊숙한 데서 우러나는 진심은 이전의 갈망에 미치지 못했다.

나는 가톨릭 철학의 기원과 의의를 이해하려면, 고대 철학이나 근대 철학을 다룰 때보다 일반적인 역사를 더 많이 다룰 필요가 있다고 생각했다. 가톨릭 철학은 본질적으로 특정한 제도, 바로 가톨릭교회의 철학이다. 말하자면 근대 철학은 정통 가톨릭 철학과 거리가 멀 때도 대체로 도덕법칙에 대한 그리스도교의 견해, 교회와 국가의 관계에 대한 가톨릭 교리에서 갈라져 나온 문제에 관여한다. 특히 윤리학과 정치이론 분야에서 두드러진다. 그리스와 로마의 이교사상 속에는 처음부터 그리스도교가 신과 카이사르에게, 정치학의 용어로 말하면 교회와 국가에 바쳐야 할 이중의 충성심 같은 것이 없다.

중세의 특징인 이러한 이중의 충성심으로 야기된 문제는 대체로 철학자들이 필요한 이론을 제공하기 전에 실천적으로 해결되었다. 이러한 과정은 두 단계로 뚜렷이 나뉘는데, 서로마 제국이 멸망하기 이전과 이후다. 성 암브로시우스에서 정점에 달한 긴 시간 동안 역대 주교들이 만들어 놓은 관례가 성 아우구스티누스 정치 철학의 기초를 제공했다. 이후 야만족이 침입하면서 기나긴 혼란과 점증하는 무지의 시대가 뒤따랐다. 보이티우스와 성 안셀무스 사이 5세기가 넘는 동안 저명한 철학자는 요한네스 스코투스밖에 없었는데, 아일랜드인이어서 대체로 서로마 제국의 형성에 영향을 미친 다방면의 변화를 겪지 않았다. 비록 철학자들을 배출하지 못했어도 지적 발전이 전혀 없었던 것은 아니었다. 혼란이 거듭되면서 시급히 해결해야 할 실질적 문제들이 생겨났고, 이러한 문제는 스콜라 철학을 지배했을 뿐만 아니라 대부분 오늘날까지도 중요하게 받아들이는 제도나 사고방식으로 처리되었다. 이론가들이 아니라 갈등을 겪으면서 압박감에 시달린 실천가들이 이러한 제도와 사고방식을 세상에 내놓았다. 11세기에 일어난 교회의 도덕 개혁은 스콜라 철학을 직접 이끈 서곡이며, 교회가 봉건 제도에 점차 흡수되어 가는 현상에 맞선 반동이었다. 스콜라 철학자들을 이해하려면 힐데브란트(그레고리우스 7세)를 이해하지 않으면 안 되고, 힐데브란트를 이해하려면 그가 어떤 악과 맞서 싸웠는지를 이해하지 않으면 안 된다. 우리는 신성 로마 제국이 유럽 사상에 미친 영향도 무시할 수 없다.

이러한 이유로 독자들은 앞으로 이어질 장에서 철학 사상의 발전과 직접 관련이 없어 보이는 교회사와 정치사를 많이 발견하게 될 것이다. 관심을 갖는 시기가 모호하고 고대사와 근현대사에 정통한 많은 사람에게 낯선 만큼 이러한 역사에 대한 이야기는 더욱 필요하다. 전문 철학자 가운데도 성 암브로시우스와 샤를마뉴, 힐데브란트만큼 철학 사상에 영향을 크게 미친 이는 거의 없다. 그러므로 우리의 주제를 적절히 다룰 때 세 사람과 그들이 살았던 시대에 관한 가장 중요한 이야기를 빠뜨려서는 안 된다.

제1부
교부 철학

1.
유대교의 발전

후기 로마 제국에서 야만인에게 넘어간 그리스도교는 세 요소로 이루어졌다. 첫째, 확실한 철학적 믿음은 주로 플라톤과 신플라톤학파에서 비롯되지만 부분적으로 스토아학파에서도 유래했다. 둘째, 도덕이나 윤리 개념과 역사는 유대인에게서 유래했다. 셋째, 전반적으로 그리스도교에 새롭게 더해진 확실한 이론, 특히 구원에 대한 이론은 부분적으로 오르페우스교와 근동 지역의 유사한 숭배 의식에서 유래했다.

내가 보기에 그리스도교 안의 대단히 중요한 유대교적 요소는 다음과 같다.

1. 창조와 더불어 시작하여 장차 완성되어 종말에 이르고, 신이 인간에게 행한 일들이 정당함을 보여 주는 성스러운 역사.
2. 신[4]이 특별히 사랑하는 소규모 인간 집단이 실제로 있다는 것. 소규모 집단

---

4 * 히브리어 엘로힘은 신성을 나타내는 말이다. 한국어 성경에서 천주교와 성공회와 그리스정교회는 '하느님'으로, 개신교와 이슬람교는 '하나님'으로 번역한다. 철학계에서는 '하느님'이나 '하나님'이란 용어를 쓰지 않고 '신'이란 용어를 쓰기 때문에, 'God'는 '신'으로 'gods'는 '신들'로 번역했다. 「제2권 가톨릭 철학」 편에 한하여 성경과 직접 관련된 경우에만 '하느님'이란 용어를 병용했다.

이 유대인에게 야훼Yahweh의 선택을 받은 민족이고, 그리스도교도에게 하느님의 선택을 받은 사람이었다.

3. '의로움righteousness'이라는 새로운 개념. 예컨대 자선이라는 덕은 후기 유대교에서 이어받았다. 세례에 중요한 가치를 부여하는 경향은 오르페우스교나 동방의 이교적 신비 종교에서 유래했을지도 모르지만, 실천하는 박애는 그리스도교의 덕 개념에 중요한 요소로 유대인에게서 유래한 듯하다.
4. 율법. 그리스도교도는 히브리 율법의 일부, 예컨대 십계를 지켰으나 히브리 율법에 따른 종교 의식이나 전례는 거부했다. 그런데 실제로 그리스도교도는 유대인이 히브리 율법에 대해 느낀 것과 같은 감정을 사도신경을 대할 때 많이 느꼈다. 이것은 올바른 믿음이 적어도 유덕한 행위만큼 중요하다는 학설, 바로 본질적으로 그리스 정신을 반영한 학설을 포함했다. 유대교에서 유래한 것은 신에게 선택받은 사람들의 배타성이다.
5. 메시아Messiah. 유대교도는 메시아가 현세의 번영을 가져다줄 뿐만 아니라 여기 지상의 적들에 맞서 승리를 거둘 것이라고 믿었다. 더욱이 메시아는 장차 나타날 분으로 남아 있었다. 그리스도교도에게 메시아는 역사 속에 등장한 예수로 그리스 철학의 로고스Logos와 동일시되기도 했다. 메시아를 따르는 자들이 적들에게 승리를 거둘 곳도 지상이 아니라 천국이었다.
6. 천국. 내세는 유대교도와 그리스도교도가 후기 플라톤 철학과 어느 정도 공유한 개념이지만, 유대교도와 그리스도교도는 그리스 철학자들보다 내세 개념을 훨씬 구체적으로 표현한다. 그리스의 내세 이론은 그리스도교 철학에 많이 나타나지만 대중적 그리스도교에서는 발견되지 않는데, 시간과 공간 속에 나타나는 감각계는 환영에 지나지 않기 때문에 인간은 지성을 통해 수양하는 가운데 덕을 갈고 닦음으로써 홀로 현실적인 영원한 세상에서 사는 법을 배울 수 있다. 다른 한편 유대교와 그리스도교의 교리에서 내세는 현세와 **형이상학적으로** 차원이 다른 개념이 아니라, 유덕한 자는 장차 영원한 축복을 누리고 사악한 자는 영원한 고통을 겪게 되는 세상이라는 점에서만 현세와 다르다고 생각했다. 이러한 믿음은 복수의 심리를

구체적으로 표현해 주기 때문에 너 나 할 것 없이 모두 이해할 수 있었으나, 그리스 철학자의 학설은 쉽게 이해하지 못했다.

이러한 믿음의 기원을 이해하려면 유대 역사에서 중요한 몇 가지 사실을 설명해야 한다. 이제 몇 가지 사실에 대해 주목하기로 하자.

구약성서 말고는 이스라엘 민족의 초기 역사를 말해 주는 출처가 없으며, 더욱이 순수한 전설이 아닌 역사적 사실이 시작되는 지점이 어디인지 알아내는 일은 불가능하다. 다윗과 솔로몬은 역사상 실존한 왕이라고 해도 좋으며, 확실한 역사가 시작된 최초 시점에 이미 이스라엘 왕국과 유대 왕국으로 나뉘어 있었다. 구약성서에서 언급한 인물 가운데 따로 기록이 남아 있는 최초의 인물은 아합Ahab으로 기원전 853년 아시리아 말로 쓴 편지에서 이스라엘의 왕이라고 전한다. 아시리아인들은 결국 기원전 722년 북부 이스라엘 왕국을 정복하고 백성을 대부분 죽이거나 포로로 잡아갔다. 이후 유대 왕국만 이스라엘의 종교와 전통을 보전했다. 유대 왕국은 기원전 606년 바빌로니아인과 메디아인이 니네베를 점령함으로써 아시리아가 멸망한 직후까지 존속했다. 그러나 기원전 586년 바빌로니아의 왕인 네부카드네자르 Nebuchadnezzar(기원전 605~562년경)가 예루살렘을 점령하고 성전을 파괴한 다음 유대 왕국의 백성을 대부분 포로로 삼아 바빌론으로 끌고 갔다. 바빌로니아 왕국은 메디아인과 페르시아인의 왕인 키루스Cyrus가 바빌론을 정복함으로써 멸망했다. 키루스는 기원전 537년 유대인이 팔레스타인으로 돌아가도 좋다고 허락하는 칙령을 발표했다. 많은 유대인이 느헤미야와 에즈라의 통솔 아래 고국으로 돌아가 성전을 재건하고 유대인의 독특한 정통 신앙을 구체적으로 확립했다.

유대교는 바빌론 유수 시기와 이 시기를 전후로 아주 중요한 발전 과정을 거쳤다. 원래 이스라엘 부족과 주변의 다른 부족 사이에 종교적 관점의 차이는 크지 않았던 듯하다. 우선 야훼는 이스라엘 백성을 각별히 보살피는 부족 신이었을 뿐이고, 다른 신의 존재를 부정하지 않았으며 다른 신을 숭배하는 관습도 인정했다. "나 말고 다른 신을 섬기지 말라"는 첫째 계명은 바빌론 유수 직전에 일어난 혁신에 대해 말해 준다. 혁신이 일어났다는 사실은 초기 예언자들의 다양한 성구 속에서도 분명하게 드러난다. 이방인의 신들을 숭배하는 행위가 죄라고 처음으로 가르친 자들이 당대 예언자들이었다. 예언자들은 당시 끊임없이 계속되는 전쟁에서 승리하려면 야훼의 은총이 필요할 뿐만 아니라 다른 신들을 섬기면 야훼가 은총을 거두어들일 것이라고 선언했다. 예레미야와 에제키엘은 특히 유대교를 뺀 모든 종교는 거짓이므로 주님Lord이 우상숭배를 벌한다고 생각했던 듯하다.

예언자들이 무엇을 가르쳤고 이방인의 습속이 유행하는 현상에 맞서 어떻게 항변했는지 보여 주는 인용문을 몇 가지 들어 보겠다. "유대 성읍들에서, 예루살렘 거리거리에서 사람들이 무슨 짓을 하고 있는지 보이지 않느냐? 아들이 땔감을 모아 오면 아비는 불을 지피고 어미는 밀가루를 반죽해 과자를 구워서 하늘의 여왕(이슈타르)에게 바치고, 나 아닌 다른 신에게 제주를 바치니 나의 화를 돋우느니라."[5] 주님은 진노하여 이렇게 말한다. "힌놈Hinnom의 아들 골짜기에 도벳이라는 제단을 쌓고 저희 아들과 딸들을 불에 살랐다. 내가 언제 그런 일을 시켰느냐? 내 마음에 떠올린 적도 없느니라."[6]

예레미야에는 이집트에 붙잡혀 살던 유대인의 우상숭배를 책망하는 아주 흥미로운 구절이 있다. 예레미야는 한동안 그들과 함께 생활하기도 했다. 예언자는 이집트에 망명한 유대인에게 아내가 다른 신에게 분향했으니 야훼가 모두 멸망시킬 것이라고 경고한다. 그러나 유대인은 예레미야의 말

5 예레미야 7장 17~18절.

6 예레미야 7장 31절.

에 귀를 기울이지 않고 이렇게 대꾸한다. "우리는 입으로 말한 대로 하늘의 여왕에게 분향하고 제주를 바쳐야 하겠소. 우리는 조상들과 왕들과 고관들이, 그리고 유대의 성읍과 예루살렘의 거리거리에서 하던 대로 하겠소. 그때 우리는 배불리 먹으며 잘 지냈고 아무런 재앙도 당하지 않았단 말이오." 그러나 예레미야는 야훼가 우상숭배 습속을 알았으며, 그들의 행동 탓으로 불행을 겪게 되었다고 경고했다. "나 야훼의 말을 잘 들어라. 나는 나의 큰 이름을 걸고 맹세한다. 나 야훼는 다짐한다. 이집트 어디에서도 나의 이름을 말하는 유대인이 다시는 없으리라. …… 내가 너희를 똑똑히 지켜보리라. 잘 돌봐 주려는 것이 아니라 재앙을 내리기 위해 지켜보리라. 이집트에 사는 유대인은 모두 칼에 맞아 죽고 굶어 죽어 멸망할 것이다."[7]

에제키엘도 똑같이 유대인들의 우상숭배 습속에 충격을 받아 울분을 감추지 못했다. 주님이 환영으로 나타나 그에게 성전 북문에서 타무즈Tammuz라는 바빌로니아의 신을 위해 울고 있는 여자들을 보여 준다. 또 주님은 남자 스물다섯이 성전 문앞에서 태양을 향해 경배하는 '더욱 가증스러운 행위'도 보여 준다. 주님은 이렇게 선언한다. "그러니 나도 분을 풀어야 하겠다. 내 눈은 자비를 베풀지 않을 것이며 불쌍히 여기지도 않겠다. 그들이 울부짖는 소리가 크게 들려와도 나는 듣지 않을 것이다."[8]

한 종교를 빼면 다른 모든 종교는 사악하며 주님이 우상숭배를 벌한다는 사상은 분명히 유대교 예언자들에게서 나왔다. 예언자들은 대부분 열렬한 민족주의자들로, 주님이 이방인을 완전히 멸망시킬 날을 고대했다.

바빌론 유수는 예언자들의 공공연한 비난이 정당함을 보여 주는 사건으로 생각되었다. 야훼가 전능하고 유대인이 신에게 선택받은 민족이었다면,

7 예레미야 44장 11절~끝.
8 에제키엘 7장 11절~끝.

유대인이 당하는 고통은 그들의 사악함 탓으로 설명할 수밖에 없었을 터다. 이는 부모가 자식을 타이르기 위해 벌을 주는 심리 상태와 유사한 것으로, 유대인은 벌을 받음으로써 정화되어야 한다. 이러한 믿음의 영향으로 유대인은 바빌론 유수 시대를 살면서 독립된 나라에서 사는 동안 보편화되었던 정통 신앙보다 훨씬 엄격하고, 민족주의적 관점에서 훨씬 배타적인 정통 신앙을 발전시켰다. 바빌론으로 이주하지 않고 뒤에 남은 유대인은 그러한 발전을 경험하지 못했다. 에즈라와 느헤미야는 바빌론 유수에서 벗어나 예루살렘에 돌아왔을 때, 일반화된 잡혼 풍습을 보고 크게 충격받아 잡혼은 모두 무효라고 선언했다.[9]

유대 민족을 다른 고대 민족과 구별하는 특징은 유대인이 보여 준 불굴의 민족적 긍지였다. 다른 민족은 모두 정복을 당하면 외면뿐만 아니라 내면으로도 복종하곤 했다. 그러나 유대인은 유독 민족적 탁월성을 계속 믿으며, 자신들이 겪는 불행이 신앙과 종교의식의 순수성을 잃은 탓에 신의 노여움을 샀다고 확신했다. 대부분 바빌론 유수 시대 이후 편찬한 구약성서의 역사서는 독자에게 그릇된 인상을 심어 주는데, 그 까닭은 예언자들이 항변하던 우상숭배 습속이 초기의 엄격한 전통에서 벗어나 타락한 결과인 듯 말하지만 사실상 초기의 엄격한 전통 같은 것은 존재하지 않기 때문이다. 예언자들은 비역사적으로 읽힌 성경에 나타난 것보다 훨씬 대단한 종교 개혁가들이었다.

후대에 유대교의 특징으로 고정된 몇몇 특징은, 일부는 이전부터 있던 전통에서 유래하지만 바빌론 유수 기간 동안 발전했다. 제물을 바칠 성전이 파괴된 탓에 제물을 바치는 의식은 유대교에서 사라질 수밖에 없었다. 이때 유대교회당synagogue이 출현하고 성서에 이미 있던 회당과 관련된 부분을

9 에즈라 9~10장 5절.

선별해 읽기 시작했다. 당시 안식일의 중요성을 처음으로 강조했고, 유대교의 특징인 할례도 강조하기 시작했다. 이미 살펴보았듯 이방인과 혼인을 금지하는 풍습도 바빌론 유수 기간에 생겨났고, 온갖 형태의 배타성이 나타났다. "나 야훼는 너희를 뭇 백성 가운데서 갈라 세운 주 너희 하느님이다."[10] "나 주 너희 하느님이 거룩하니, 너희도 거룩한 사람이 되어라."[11] 율법서 레위기는 바로 바빌론 유수 기간의 산물이다. 그것은 민족적 통합을 보전할 때 발휘된 주요한 힘 가운데 하나였다.

우리가 알고 있는 「이사야서」는 두 예언자가 쓴 작품인데, 한 예언자는 바빌론 유수 이전 사람이고, 다른 예언자는 바빌론 유수 이후 사람이다. 둘째 예언자는 성서 연구자들 사이에서 제2이사야로 불리며, 특히 주목해야 할 인물이다. 그는 주님을 "나 말고 신은 없다"고 말한 존재로 기록한 첫 예언자다. 그는 육체의 부활을 믿는데, 아마 페르시아 종교의 영향을 받았을 터다. 제2이사야의 메시아에 대한 예언은 나중에 예언자들이 그리스도의 도래를 내다보았다는 사실을 보여 주는 주요 출처로 받아들여졌다.

그리스도교도가 이교도와 유대인을 상대로 벌인 논쟁에서 제2이사야의 성서 구절들이 매우 중요한 역할을 했으므로, 가장 유명한 성구를 인용하려 한다. 모든 민족은 결국 그리스도교로 개종하게 되어 있다. "모든 민족은 칼을 쳐서 보습을 만들고 창을 쳐서 낫을 만들리라. 한 민족이 다른 민족에게 칼을 들지 않을 것이며, 민족들이 더는 전술을 익히지도 아니하리라"(이사야서 2장 4절). "보라, 처녀가 잉태하여 아들을 낳고 임마누엘이라 하리라."[12] (이 성서 구절을 두고 유대인과 그리스도교도 사이에 논란이 일었다. 유대교도는 '젊은 여인이 잉태하여'가 정확한 번역이라고 주장했지만, 그리스도교도는 유대교

10 레위기 20장 24절.

11 레위기 19장 2절.

12 이사야서 7장 14절.

도가 거짓말을 한다고 생각했다.) "어둠 속을 헤매는 백성이 큰 빛을 볼 것이다. 캄캄한 땅에 사는 사람들에게 빛이 비쳐 올 것이다. …… 우리를 위해 태어날 한 아기, 우리에게 주시는 아드님, 그 어깨에는 주권이 메이겠고, 그의 이름은 경이로운 자, 상담자, 강대한 신, 영원한 아버지, 평화의 왕이라 불릴 것이다."[13] 이 성구 가운데 메시아의 모습을 가장 분명하게 보여 준 예언은 다음과 같은 친숙한 성서 구절을 포함한 53장이다. "그는 멸시를 당하고 퇴박을 맞았다. 고통을 겪고 병고를 아는 사람…… 정말로 그는 우리가 앓을 병을 앓기 위해 태어나 우리가 받을 고통을 겪어 주었구나. …… 그런데 그는 우리의 악행 때문에 상처를 입었으며 우리의 부정 때문에 멍이 들었다. 그에게 내려진 형벌로 우리에게 평화가 왔고, 그 몸에 채찍을 맞음으로써 우리의 병을 고쳐 주었구나. …… 그는 압제에 시달리면서도 입 한 번 열지 않았다. 도살장으로 끌려가는 양처럼, 양털 깎는 사람 앞에서 잠자코 서 있는 양처럼 결코 입을 열지 않았다." 결국 이방인이 구원을 받게 된다는 점도 명백하다. "이방인이 너의 빛을 보고 모여들며, 제왕이 너의 광채에 이끌려 나오는구나."[14]

에즈라와 느헤미야 이후 유대인은 한동안 역사에서 사라진다. 유대 국가는 제정일치 국가로 존속했으나 영토는 아주 좁아서, 베번[15]에 따르면 예루살렘 구역이 사방 10~15마일에 지나지 않았다. 알렉산드로스 이후 프톨레마이오스 왕조와 셀레우코스 왕조 사이에 이 구역을 둘러싼 영토 분쟁이 일어나기도 했다. 하지만 실제 유대인이 거주한 영토에서 싸움이 벌어지는 일은 드물었기 때문에 유대인은 오랫동안 고유한 종교 활동의 자유를 누렸다.

당대 유대인의 도덕률은 기원전 200년경에 썼을 가능성이 높은 집회서에

13 이사야서 9장 1절, 5절.

14 이사야서 60장 3절.

15 베번, 『대제사장 치하의 예루살렘』, 12쪽.

나와 있다. 이 책은 최근까지도 그리스어 번역본으로만 알려졌다. 이것이 집회서를 외경으로 분류하고 정경에서 배제한 이유이기도 하다. 그러나 최근 발견된 히브리어 필사본에는 외경 판본에 번역되어 있는 그리스어 문서와 몇 가지 다른 점이 있다. 필사본에 나타난 도덕은 대단히 세속적 경향을 나타낸다. 이웃의 평판을 매우 중시한다. 정직이야말로 야훼를 네 편이 되게 하는 데 유리한 덕이므로 정직은 최선의 방책이다. 자선도 권장한다. 그리스의 영향을 보여 주는 유일한 흔적은 의술을 칭찬한 점이다.

노예를 지나칠 정도로 친절하게 대해서는 안 된다. "당나귀에게는 여물과 몽둥이와 짐을 안겨 주고, 종에게는 빵과 벌과 일을 주어라. …… 종에게 어울리는 일을 시켜라. 만일 종이 복종하지 않거든 무거운 족쇄를 채워라(집회서, 33장 25, 29절)." "동시에 너희는 종에게 값을 치렀는데, 그가 달아나면 돈을 잃고 말 것임을 기억하라. 이 때문에 이익을 얻기 위한 가혹한 처사에 한계를 두어야 한다(같은 곳, 30, 31절)." 딸은 근심거리다(집회서, 42장 9~11절). 집회서의 저자가 살던 시대에 딸은 패륜 행위에 물들기 쉬웠던 모양이다. 저자는 여자를 비하하는 말을 하기도 한다. "옷에서 좀이 나듯이 여자에게서는 심술이 나온다(같은 곳, 13절)." 자식과 거리낌 없이 즐겁게 지내는 생활 방식은 잘못이다. 옳은 방침은 "어려서부터 길을 잘 들이는 것(집회서 7장 23, 24절)"이다.

요컨대 집회서의 저자는 로마 시대에 원로원의 의원이었던 카토처럼 일반인의 흥미를 전혀 끌지 못하는 관점에서 유덕한 활동가의 도덕을 묘사한다.

이렇게 안락하고 독선에 빠진 평온한 삶은 셀레우코스 가문의 왕 안티오코스 4세가 지배력이 미친 모든 영토에 그리스 문화를 퍼뜨리기로 결심함으로써 갑자기 중단되었다. 안티오코스 4세는 기원전 175년에 예루살렘에 그리스풍으로 체육관을 건립했고, 젊은이들에게 그리스풍 모자를 씌우고 체육을 가르쳤다. 안티오코스 4세는 이러한 정책을 펼칠 때 그리스 문화에 동화된 야손Jason이라는 이름의 유대인에게 도움을 받고 그를 대제사장으로 임명했다. 사제 귀족 계급은 방종해지고 그리스 문명의 매력에 끌렸다. 그러나 하시딤파(하시딤Hasidim은 '거룩하다'는 뜻)는 그들에게 맞서 격렬히 반대했으며, 시골 사람들 사이에서 세력을 과시했다.[16] 안티오코스가 기원전 170년에 이집트와 전쟁의 소용돌이에 휘말려 들자 유대인이 반란을 일으켰다. 이후 안티오코스는 유대교 성전에서 성스러운 기물을 탈취하고 그 자리에 신의 형상을 만들어 놓았다. 그는 다른 지역에서 결과가 좋았던 관례에 따라서 야훼와 제우스를 동일시하는 정책을 펼쳤다.[17] 또한 유대교를 근절하기로 결정하고, 할례를 금지하며 음식에 관한 유대교의 율법을 지키지 말라고 선언했다. 예루살렘은 모든 조처에 복종했으나 예루살렘 밖의 유대인은 완강히 저항했다.

당대 역사는 마카베오 1서에 기록되어 있다. 1장은 안티오코스가 어떻게 자신의 왕국에 거주하는 모든 사람이 하나의 백성이 되어야 하고, 율법을 따로 가져서는 안 된다는 법령을 공포했는지 말한다. 이방인은 모두 복종했으나, 안티오코스 왕이 안식일을 더럽히고 돼지를 제물로 바치고 아이들에게 할례를 행하지 못하도록 명령했는데도 이스라엘인은 대부분 복종하지 않았다. 불복한 자들은 전부 죽음을 당했는데도 저항하는 이스라엘인이 많았다. "자기 아이들에게 할례를 받게 한 여자들은 법령에 따라 사형에 처했다. 젖먹이들도 목을 매달아 죽이고 집을 약탈했을 뿐만 아니라 할례를 행한 자들도 모두 잡아 죽였다. 그러나 많은 이스라엘인은 이에 굴하지 않고

---

16 아마도 하시딤파로부터 에세네파가 발전했을 것이며, 에세네파의 교리가 초기 그리스도교에 영향을 주었던 듯하다. 외스털리와 로빈슨의 『이스라엘의 역사』, 2권, 323쪽 이하를 보라. 바리새파도 하시딤파의 계통을 이어받았다.

17 알렉산드리아의 몇몇 유대인은 이렇게 동일시하는 관행에 반대하지 않았다. 『아리스테아스의 편지』 15, 16을 보라.

독일 베를린 구박물관에 있는 안티오코스 4세 두상

부정한 것을 먹지 않기로 결심했다. 그들은 부정 탄 고기를 먹어서 몸을 더럽히거나 거룩한 계약을 모독하느니 차라리 죽음을 달게 받기로 결심했고, 실제로 행동에 옮겼다."[18]

바로 이때 유대인들 사이에서 영혼불멸을 믿는 경향이 널리 퍼졌다. 원래 덕은 여기 지상의 삶 속에서 보답을 받을 것이라고 생각했다. 그러나 덕망 있고 고결한 자들이 박해를 당하자, 그러한 생각이 현실과 맞지 않는다는 점이 명백해졌다. 그러므로 신의 정의를 수호하려면, 보상과 처벌이 내세에 이루어진다고 믿을 수밖에 없었다. 영혼불멸은 유대인에게 보편적으로 수용되지는 않았으며, 그리스도 시대에도 사두개파Saddoukaio派 신도는 영혼이 불멸한다는 학설을 거부했다. 그러나 당시에 사두개파는 소수였고, 후대에 모든 유대인은 영혼불멸을 믿어 의심치 않았다.

안티오코스에 맞서 반란을 이끈 유다 마카베오는 유능한 군 지휘관으로서 먼저 예루살렘을 탈환하고 나서도(기원전 164) 공격을 멈추지 않고 진격했다. 때로는 남자들을 모두 붙잡아 죽이고 때로는 강제로 할례를 받게 하기도 했다. 대제사장이 된 유다 마카베오의 동생 요나단은 수비대와 함께 예루살렘에 주둔하며 사마리아의 일부 지역을 정복하고 요파Joppa[19]와 아크라를 차지했다. 그는 로마와 협상을 벌여 완전한 자주권을 얻는 데 성공했다. 헤롯 왕 시대에 이르기 전까지 대제사장은 대대로 마카베오 가문에서 나왔으며, 하스몬 왕조로 알려진다.

이 시기에 유대인은 박해를 견디고 저항하면서, 전혀 중요해 보이지 않는 할례나 돼지고기 식용의 사악함 같은 관습을 옹호하는 데서도 대단히 영웅적인 모습을 보여 주었다.

---

18 마카베오 1서 1장 60~63절.

19 * 고대 가나안의 도시. 성경에서는 욥바로 표기하지만 히브리어 원어 발음과 가까운 발음으로 표기한다.

안티오코스 4세의 박해 시대는 유대 역사에서 결정적 시기였다. 바빌론 유수 이후 유대인 분산 시대의 유대인은 점점 그리스 문화에 동화되어 갔다. 옛 유대의 유대인은 소수였고, 부유하고 권세를 누리는 자들은 그리스에 동화된 혁신을 묵인하는 경향을 나타냈다. 하시딤파의 영웅적 저항이 없었다면 유대교는 쉽게 사라졌을지도 모른다. 유대교가 사라졌다면, 그리스도교든 이슬람교든 현재와 같은 모습으로 존재할 리 없었으리라. 타운센드는 마카베오 4서의 번역판 서문에서 이렇게 말한다.

"유대교가 안티오코스 치하에서 소멸했다면, 그리스도교가 자라날 모판도 만들어지지 않았을 것이라는 지적은 정확한 평가다. 이렇게 마카베오 가문 출신 순교자들이 흘린 피는 유대교를 지켰으며 궁극적으로 교회 성장의 씨앗이 되었다. 그리스도교뿐만 아니라 이슬람교 역시 일신교의 기원을 유대교에서 찾으므로, 마카베오 가문 덕분에 오늘날 전 세계에 걸쳐 동양과 서양의 일신교가 존재하게 되었다 해도 무방하다."[20]

그렇지만 마카베오 가문은 대제사장으로 출세한 후 세속적이고 현세에 치우친 정책을 채택했기 때문에, 후대 유대인의 칭송을 받지 못했고 순교자들만 칭송을 받았다. 아마도 그리스도 시대 무렵에 알렉산드리아에서 썼을 마카베오 4서는 이 부분뿐 아니라 흥미로운 몇 가지 다른 점도 예를 들어 설명한다. 책의 제목과 달리 어디에서도 마카베오 일가에 대해 언급하지 않고, 맨 먼저 한 노인의 놀랍기 그지없는 불굴의 정신에 대한 이야기를 한 다음, 젊은 7형제가 처음 고문을 당한 끝에 안티오코스의 명령으로 화형을 당했으며, 7형제의 어머니도 그 자리에서 자식들에게 굳건히 이겨내라고 독려했다고 이야기할 따름이다. 안티오코스 왕은 처음에 그들의 환심을 사려 돼지고기를 먹는다고만 말하면 총애하고 성공과 출세를 보장해 주겠다고

20 찰스 편저, 『영역판 구약성서 외경과 위경』, 2권, 659쪽.

말했다. 그들이 거절하자 왕은 고문 도구를 보여 주었다. 그러나 그들은 흔들리지 않고 오히려 왕이야말로 죽어서 영원한 고통을 당할 테지만 자신들은 영원한 축복을 누리게 될 것이라고 응수했다. 그들은 서로 지켜보는 가운데, 어머니가 보는 앞에서 한 사람씩 돼지고기를 먹으라는 권유를 거부하고 고문을 당한 끝에 살해당했다. 마침내 왕은 병사들을 돌아보며 용감하게 죽은 그들에게서 배운 점이 있기를 바란다고 말했다. 이러한 설명에 당연히 전설로 미화된 면도 있지만, 가혹한 박해를 영웅적으로 견뎌냈다는 기록은 역사적 사실이다. 쟁점이 되었던 사안이 할례와 돼지고기 식용이라는 것도 사실이다.

마카베오 4서는 다른 점에서도 흥미롭다. 저자는 분명히 정통 유대인이지만, 스토아학파의 표현법을 사용하고 유대인이 스토아학파의 계율을 누구보다 완벽하게 지키며 살았다는 사실을 입증하고자 한다. 이 책은 다음과 같은 문장으로 시작한다.

"나는 아주 수준 높은 철학적 문제, 바로 영감을 받은 이성이 정념을 제어하는 최고 지배자가 될 수 있을지 논의하려고 한다. 나는 여러분에게 이러한 철학적 문제에 진지하게 관심을 기울여 달라고 간청한다."

알렉산드리아의 유대인은 그리스인에게 철학을 배우려는 마음은 분명히 있었지만, 특히 할례와 안식일 준수, 돼지고기를 비롯한 다른 부정한 고기를 먹어서는 안 된다는 규칙을 고수하겠다는 특별한 집념을 버리지 않았다. 느헤미야 시대부터 서기 70년 이후까지 유대인은 율법의 중요성을 꾸준히 강조했다. 그들은 예언자들이 새로운 가르침을 들고 나오면 더는 참으려 하지 않았다. 예언자들과 같은 문체로 글을 써야 한다고 생각한 사람들은 다니엘이나 솔로몬이나 그 밖에 과오가 없는 고대의 존경받을 만한 인물이 저술한 고서를 발견했다고 거짓 주장을 할 수밖에 없었다. 유대인은 고유한 종교 의식을 통해 하나의 민족으로 단결했으나, 율법을 강조함으로써 점차

『도레의 판화 성경』에 수록된 유다 마카베오 삽화, 귀스타브 도레, 1866

독창성을 잃고 지나치게 보수적인 관습에 함몰되었다. 이러한 경직성 탓에 율법의 지배력에 맞선 성 바오로의 반발은 더욱 빛이 났다.

그렇지만 그리스도의 탄생 직전 시대의 유대 문헌에 대해 무지한 사람들이 생각하듯, 신약성서는 완전히 새로운 근원에서 시작되지 않는다. 예언자의 열정은 사라지지 않았으며, 단지 들려줄 기회를 얻기 위해 저자의 이름을 숨기는 방법을 채택했을 따름이다. 여기서 가장 흥미로운 저술은 에녹서로[21] 마카베오 가문 시대 직전 기원전 64년 무렵에 여러 저자가 쓴 합작품이다. 에녹서는 대부분 족장 에녹의 묵시적 환영을 고백하는 형식으로 기록한 이야기다. 이 책은 유대교가 그리스도교로 넘어가는 측면을 보여 주기 때문에 대단히 중요하다. 신약성서의 저자들은 에녹서를 잘 알고 있다. 성 유다는 에녹이 실제로 썼다고 생각한다. 초기 교부, 예컨대 알렉산드리아의 클레멘스와 테르툴리아누스는 에녹서를 정경正經으로 취급했으나, 히에로니무스와 아우구스티누스는 이를 거부했다. 그리하여 에녹서는 세상에서 잊히고 19세기 초 에티오피아어 필사본 세 편이 아비시니아에서 발견되기 전까지 행방이 묘연했다. 이후 에녹서의 일부를 담은 필사본의 그리스어판과 라틴어판도 발견되었다. 이 책은 원래 일부는 히브리어로, 일부는 아람어로 쓰였던 듯하다. 저자들은 하시딤파와 뒤를 이은 바리새파Pharisee派 사람들이었다. 여기서 왕과 군주의 죄상을 들추어내 비난하는데, 비난의 대상은 하스몬 왕조와 사두개파였다. 에녹서는 신약성서의 교리, 특히 메시아, 저승(지옥), 악마 연구와 관련된 가르침에도 영향을 많이 주었다.

에녹서는 주로 '비유parables'로 이루어져 있으며, 신약성서와 달리 광대무변의 영역까지 포괄한다. 천국과 지옥, 최후의 심판을 보여 주는 환영이 기록되어 있다. 어떤 부분은 최고 문학 작품 『실낙원』의 첫 두 권을 떠오르게

21 영역판은 찰스의 『영역판 구약성서 외경과 위경』을 참고할 수 있는 서론도 아주 유익하다.

하며, 이보다 수준이 약간 떨어지는 블레이크의 예언서를 연상시키기도 한다.

창세기 6장 2절과 4절을 확장한 부분은 호기심을 자아내며 프로메테우스의 전설과 유사하다. 인간에게 야금술을 가르쳐 준 천사들이 '영원한 비밀'을 누설했다는 죄목으로 벌을 받았고, 그들은 인육을 먹기도 했다. 죄를 지은 천사들은 이교도의 신이 되고, 그들의 여자들은 사이렌이 되었다. 마침내 그들은 영원한 고통 속에서 살아야 하는 벌을 받았다. 천국과 지옥을 묘사한 부분은 상당한 문학적 가치도 있다. 최후의 심판Last Judgment은 '의로운 인자'이며 영광의 왕좌에 앉은 그리스도가 주관한다. 최후의 심판 날에 이방인들 가운데 몇몇은 회개하고 용서를 받을 것이다. 그러나 대부분의 이방인을 비롯해 그리스 문화에 동화된 유대인은 모두 천벌을 받고 영원한 고통 속에서 살게 될 텐데, 의로운 사람들이 복수를 위해 기도하고 기도는 응답을 받게 되기 때문이다.

천문학에 관한 절에서 우리는 해와 달이 바람으로 움직이는 수레에 타고 하늘을 가로지르고, 1년은 364일이며, 인간이 죄를 지어 천체가 궤도에서 벗어나고, 유덕한 자만이 천문학을 알 수 있음을 배운다. 떨어지는 별들은 타락한 천사들이고 일곱 대천사에게 벌을 받는다.

이어서 신성한 역사가 등장한다. 마카베오 가문이 등장하기 이전 앞부분은 성경에 기록된 과정을 거치고, 뒷부분은 일반적으로 알려진 역사 과정을 거친다. 다음에 저자는 장래에 일어날 일에 대해 쓴다. 바로 새 예루살렘, 나머지 이방인의 개종, 의인의 부활, 메시아에 대해 기록한다.

죄인이 받는 벌과 의인이 받는 보상에 대해 많은 지면을 할애하는데, 의인은 죄인을 용서하는 그리스도교 신자다운 태도를 결코 보여 주지 않는다. "죄인들아, 너희는 어찌하려는가? 의인이 기도하는 소리가 들리는 최후의 심판 날에 어디로 도망치려 하느냐?" "죄를 지상에 보내지 않았으나 인간이 스스로 죄를 창조했구나." 인간이 지은 죄는 천국에 기록되어 있으니, "너희 죄인은 영원히 저주를 받고 평화를 얻지 못할 것이다." 죄인은 일생 동안 행복하게 살고 행복하게 죽을 수도 있겠지만, 영혼은 지옥에 떨어져 '어둠과 사슬과 타오르는 화염'의 고통을 면치 못하리라. 그러나 의인에 대해서 "나와 내 아들은 그들과 영원히 함께하리라"라고 말한다.

에녹서의 마지막 부분에서는 이렇게 말한다. "그분은 충실한 신도에게 신의를 지켜 곧게 뻗은 길을 가게 하리라. 또 그들은 어둠 속에서 태어난 자들이 어둠 속으로 걸어 들어가는 모습을 볼 테지만, 의인은 눈부시게 빛나리라. 그러나 죄인은 통곡하며 의인의 빛나는 모습, 낮과 계절이 정말로 의인을 위해 바뀌는 순간을 지켜보리라."

유대교도는 그리스도교도와 마찬가지로 죄에 대해 많이 생각했으나, **그들 자신**을 죄인이라고 생각한 적은 거의 없었다. 스스로 죄인이라고 생각하는 태도는 주로 그리스도교의 혁신을 통해 나타났으며, 바리새파와 세리의 비유로 도입되어, 율법 학자와 바리새파를 책망한 그리스도의 설교에서 덕으로 가르치기도 했다. 그리스도교도는 그리스도교의 겸손을 실천하려고 노력했으나 유대인은 대체로 겸손을 덕으로 여기지 않았다.

그렇지만 그리스도 시대가 시작되기 바로 전, 정통 유대인들 사이에 예외라고 할 만한 중대한 사건이 발생한다. 기원전 109년과 107년, 하스몬 왕조의 대제사장 요한 히르카누스John Hyrcanus를 칭송한 바리새파 사람이 쓴 『12족장의 유언서』를 예로 들어 보자. 오늘날 우리가 보는 이 책은 그리스도교도 입장에서 가필한 부분도 포함하지만, 모두 교리와 관계가 있다. 가필한 부분을 걷어 내고 남는 윤리적 가르침은 복음서의 내용과 거의 비슷하다. 찰스 박사Robert Henry Charles(1855~1931)는 이렇게 말한다. "산상설교는 몇 가지 점에서 『12족장의 유언서』에 흐르는 정신을 반영하고 있으며, 원문의 구절을 그대로 사용하기도 했다. 복음서의 많은 구절에 흔적이 나타나는데,

성 바오로는 늘 휴대하며 참고했던 듯하다(『영역판 구약성서 외경과 위경』, 291~292쪽).” 우리는 다음과 같은 교훈도 찾아볼 수 있다.

“너희는 서로 진심으로 사랑하여라. 또 누가 너희에게 죄를 짓더라도 화평한 가운데 말할지니 너희 영혼 속에 음험한 구석이 없게 하라. 만일 그자가 죄를 뉘우치고 고백하면 용서하라. 그러나 그자가 죄를 부인해도 분노하지 말지니, 너희에게서 해독을 감지하고 거짓 맹세를 더해 두 배로 죄를 지을까 염려스럽다. …… 만일 그자가 부끄러운 줄 모르고 계속 나쁜 짓을 저질러도 진심으로 용서하고 원수 갚는 일은 하느님께 맡겨라.”

찰스 박사는 그리스도가 이러한 구절을 틀림없이 알고 있었다는 의견을 제시한다. 우리는 다음과 같은 구절도 발견한다.

“하느님을 사랑하고 이웃을 사랑하라.”

“한평생 하느님을 사랑하고 진심으로 서로 사랑하라.”

“나는 하느님을 사랑하듯 내 온 마음을 바쳐 모든 인간을 사랑하리라.”

이러한 구절은 마태오 복음서 22장 37~39절에 나온 말씀과 비교해 볼 필요가 있다. 『12족장의 유언서』에서는 일체의 미움을 배격한다. 예컨대 이렇게 기록되어 있다.

“분노는 눈을 멀게 하여 어느 누구의 얼굴도 있는 그대로 보지 못하게 만든다.”

“그러므로 미움은 악이다. 미움은 늘 거짓말과 짝을 이루는 까닭이다.”

예상대로 이 책의 저자는 유대인뿐 아니라 이방인도 모두 구원을 받게 될 것이라고 주장한다.

그리스도교도는 복음서를 통해 바리새파를 나쁘게 생각하도록 배웠다. 하지만 『12족장의 유언서』의 저자는 바리새파로, 이미 살펴보았듯 우리가 그리스도의 설교에 나타난 가장 두드러진 특징이라고 생각한 윤리 격률을 가르쳤다. 이에 대해 설명하는 일은 어렵지 않다. 첫째, 『12족장의 유언서』

의 저자는 당시 사정에 비추어 보아도 틀림없이 예외적 바리새파에 속했다. 당시 훨씬 더 평범한 교리는 에녹서였을 것이다. 둘째, 우리는 어떤 운동이든 보수화되기 마련이라는 사실을 알고 있다. 누가 '미국혁명여성회'[22]의 근본 방침에서 제퍼슨의 원칙을 추론할 수 있겠는가? 셋째, 우리는 특히 바리새파 신도가 율법을 절대적 최후의 진리로 믿고 헌신하게 되자마자 사고와 감정이 신선한 활기를 잃어버렸다는 사실을 알고 있다. 찰스 박사는 이렇게 말한다.

"바리새파의 율법 준수 사상은 고대로부터 전해진 이상을 망각하고 정치적 이해관계나 정치 운동에 몰두하게 되면서, 점점 율법의 자구 해석에 매달렸고, 곧이어 『12족장의 유언서』에서 선언한 고결한 윤리 체계를 발전시킬 여지도 없어져 버렸다. 그래서 초기 하시딤파와 그들의 가르침을 이어받은 진정한 계승자들은 자연히 유대교를 등지고 초기 그리스도교 안에서 안식처를 찾게 되었다."

대제사장이 지배하던 시기 이후, 마르쿠스 안토니우스는 친구인 헤롯을 유대 왕으로 세웠다. 헤롯은 방탕한 모험가로 종종 파산 직전까지 가곤 했으며, 로마 사회에 익숙해져 유대인다운 경건과 거리가 멀었다. 아내는 대제사장 가문 출신이고, 헤롯은 이두매인이라는 사실만으로도 유대인의 의혹을 사기에 충분했다. 그는 노련한 기회주의자로 옥타비아누스가 패권을 장악하게 되리라는 정황이 명백해지자 재빨리 안토니우스를 저버렸다. 하지만 그는 자신의 통치 아래 유대인이 조화롭도록 하려는 시도를 멈추지 않았다. 그는 그리스 양식으로 코린트식 기둥을 줄지어 세우기는 했지만 유대교 성전도 재건했다. 그러나 성전 대문 위에 커다란 황금 독수리 상을 얹음으로써 둘째 계명을 어겼다. 헤롯이 죽어 간다는 소문이 돌자 바리새파는

22 * 1890년에 결성된 미국의 애국 단체.

황금 독수리 상을 끌어내렸는데, 헤롯은 이에 가담한 많은 사람을 죽임으로써 보복했다. 기원전 4년에 헤롯이 죽자마자, 로마인은 왕정을 철폐하고 총독을 두어 옛 유대를 다스렸다. 서기 26년에 총독으로 취임한 본디오 빌라도Pontius Pilate는 정치적 측면에서 기지가 부족한 인물로 부임한 지 얼마 되지 않아 물러났다. 서기 66년 젤롯파Zealots의 지휘 아래 유대인은 로마에 맞서 반란을 일으켰다. 그들은 졌고 서기 70년 예루살렘은 함락되었으며, 성전은 파괴되고 소수 유대인만 옛 유대에 남았다.

바빌론 유수 이후 분산 시기의 유대인에게 이전 수 세기는 중요한 의미가 있었다. 유대인은 원래 대부분 농민이었으나, 바빌론 유수 기간 동안 바빌로니아인에게서 무역을 배웠다. 많은 유대인이 에즈라와 느헤미야 시대 이후에도 바빌론에 머물렀으며 엄청난 부자들도 있었다. 알렉산드리아가 건설되자 대다수 유대인은 도시에 정착했다. 그들은 특별 구역을 지정해 살았는데, 유대인 강제 거주 지구가 아니라 이방인과 접촉함으로써 유대인의 순수성이 오염되는 위험을 피하려고 만든 구역이었다. 알렉산드리아의 유대인은 옛 유대의 유대인보다 그리스 문화에 훨씬 더 많이 동화되어 히브리어를 잊어버릴 정도였다. 그래서 구약성서의 그리스어 번역본이 필요해졌고, 그러한 필요의 결과물이 70인역 성서Septuaginta다. 모세 5경Pentateuch은 기원전 3세기 중엽에 번역되었고 나머지 부분은 약간 뒤에 번역되었다.

70인역 성서를 둘러싸고 전설이 생겨난 까닭은 이른바 70인 역자들이 공동 번역한 성과물이었기 때문이다. 70인이 각자 맡은 부분을 독자적으로 번역했으나 번역한 부분들을 비교해 보니 모두 신의 영감을 받아 번역한 듯 세세한 부분까지 일치했다고 전한다. 그런데도 후대 학자들은 70인역 성서에 심각한 결함이 있다는 점을 보여 주었다. 유대인은 그리스도교가 발생한 이후 70인역 성서를 거의 보지 않고 히브리어판 구약성서를 읽는 쪽으로 되돌아갔다. 반대로 초기 그리스도교도 가운데 히브리어를 아는 사람이 거의 없었으므로 70인역 성서와 라틴어 번역본에 의존할 수밖에 없었다. 3세기 오리게네스의 노고로 더 나은 성서 번역본이 나왔으나, 라틴어만 아는 사람들은 히에로니무스가 4세기에 불가타 성서Vulgate를 내놓기 전까지 결함이 많은 번역본을 읽어야 했다. 불가타 성서는 처음에 유대인의 도움을 받아 성서 구절을 번역했다고 하여 비판을 심하게 받았을 뿐만 아니라, 유대인들이 고의로 그리스도의 도래를 예언하지 않은 것처럼 예언서를 왜곡했다고 생각하는 그리스도교도가 많았다. 그러나 점차 성 히에로니무스의 저작은 인정받게 되었고, 오늘날까지 가톨릭교회가 공인한 권위 있는 성서로 남아 있다.

필론Philon은 그리스도와 같은 시대에 살았던 철학자로 그리스가 유대인들의 사상에 영향을 주었다는 좋은 본보기다. 그는 정통 종교를 믿었지만 철학의 측면에서는 근본적으로 플라톤학파에 속한 철학자다. 그에게 영향을 준 다른 주요 학파는 스토아학파와 신피타고라스학파다. 필론이 유대인에게 미친 영향은 예루살렘의 함락 이후 퇴조했지만, 그리스도교 교부들은 그가 그리스 철학과 히브리 경전의 수용을 조화시키는 길을 알려 주었다고 생각했다.

고대 주요 도시 어디에나 상당수의 유대인 식민지가 있어, 동양 종교의 대표 주자들과 함께, 회의주의나 그리스와 로마의 공인된 종교에 만족하지 못한 사람들에게 영향을 미쳤다. 로마 제국뿐만 아니라 러시아 남부에서도 유대교로 개종하는 사람들이 많았다. 아마 그리스도교가 처음 호감을 얻어 낸 대상도 유대인과 반半유대인 집단이었을 것이다. 하지만 정통 유대교는 예루살렘의 함락 이후, 이전에 네부카드네자르가 예루살렘을 함락시킨 이후와 마찬가지로 정통성을 더 고집하고 편협해졌다. 1세기 이후 그리스도교 역시 구체적인 종교로 자리 잡으면서 유대교와 그리스도교의 관계는 서로 적대하는 가운데 소원해졌다. 앞으로 살펴보겠지만 그리스도교는 반유대주의anti-Semitism를 자극한 강력한 세력이 되었다. 중세 내내 유대인은 그리스도교 국가들의 문화 형성 과정에서 아무 역할도 하지 못했는데, 박해가 너무 심해 문명에 공헌할 기회가 없었고, 그들이 할 수 있는 일이란 고작해야 성당 건축 사업에 자금을 대는 일이 전부였다. 당시 이슬람교도는 유대인을 인간답게 대접한 유일한 사람들이었으며, 그들의 호의로 유대인은 철학을 추구하고 사색을 펼치며 가르칠 수 있었다.

중세 내내 이슬람교도는 그리스도교도보다 문명을 더욱 발전시켰을 뿐만 아니라 인간다운 면에서도 훨씬 훌륭했다. 그리스도교도는 특히 종교적 흥분 시대에 유대인을 박해했다. 예컨대 십자군 운동은 끔찍한 유대인 학살로 이어졌다. 반대로 유대인은 이슬람교 국가에서 대부분 푸대접을 받지 않았다. 유대인은 특히 무어인이 지배하는 스페인에서 학문 발전에 공헌하기도 했다. 어떤 사람은 코르도바에서 출생한 마이모니데스Maimonides (1135~1204)가 스피노자의 철학에 많은 영향을 미쳤다고 생각하기도 한다. 그리스도교도가 스페인을 다시 정복했을 때, 무어인의 학식을 전해 준 사람도 대부분 유대인이었다. 유식한 유대인은 히브리어와 그리스어, 아랍어를 구사할 뿐만 아니라 아리스토텔레스의 철학도 잘 알고 있었으므로, 학식이 모자란 스콜라 철학자들에게 풍부한 지식을 전해 주었다. 그들은 그다지 바람직하지 못한 지식, 예컨대 연금술과 점성술도 전해 주었다.

중세 이후 유대인은 문명에 여전히 개인으로서 크게 기여했지만, 민족으로서 기여하지 못했다.

2.
초기 4세기 동안의 그리스도교

그리스도교는 처음에 유대교의 개혁을 목표로 유대인이 유대인에게 설교한 가르침이었다. 성 야고보St. James는 그리스도교가 유대교를 개혁하는 수준에 머물기를 바랐고, 성 베드로St. Peter 역시 정도는 덜하지만 그러기를 바랐다. 성 바오로St. Paul가 등장하지 않았다면 바라는 대로 되었을지도 모른다. 성 바오로는 이방인을 포용하기 위해 할례나 모세 율법의 준수를 주장하지 않기로 결심했다. 사도행전은 바오로의 관점에서 두 파벌 사이에 벌어진 논쟁을 기록하고 있다. 성 바오로가 여러 곳에 세운 그리스도교 공동체의 구성원들은 일부는 개종한 유대인이었고, 일부는 신흥 종교를 추구하는 이방인이었다. 유대교의 확실한 믿음은 신앙이 무너져 가는 시대에 사람들의 마음을 끌었지만, 할례는 사람들이 개종을 망설이는 장애 요소였다. 음식에 관한 전례법도 불편했다. 다른 장애가 없었더라도, 두 장애 요소만으로도 히브리 종교의 보편화는 거의 불가능했을 것이다. 그리스도교는 성 바오로 덕분에 이방인이 동화를 꺼리게 만드는 특징을 과감히 버리면서도 유대교 교리의 매력적 요소를 보존하게 되었다.

그렇지만 유대인이 선택받은 민족이라는 견해는 여전히 그리스인의 자부심을 건드리는 불쾌한 요소였다. 그노시스파는 선민사상을 철저히 거부했다. 적어도 몇몇 사람은 감각계를 창조한 존재가 소피아(천상에 속한 지혜의 여신)의 반항아이자 얄다바오트Ialdabaoth라고 불리는 열등한 신이라고 주장했다. 그노시스파는 얄다바오트가 바로 구약성서의 야훼이며, 뱀은 사악하기는커녕 오히려 이브에게 야훼의 속임수에 맞서라고 경고했다고 말한다. 최고신은 오랫동안 얄다바오트가 자유롭게 본분을 다하도록 내버려 두었다. 마침내 최고신이 아들을 보내 인간 예수의 몸에 잠시 머무르도록 하여 모세의 그릇된 가르침으로부터 세상을 해방시켰다. 이러한 견해와 유사한 다른 견해를 주장한 사람들은 일반적으로 플라톤 철학도 함께 받아들였다. 이미 살펴보았듯 플로티노스는 그노시스파의 견해를 거부하기 어렵게 만드는 점을 몇 가지 찾아냈다. 그노시스주의Gnosticism[23]가 철학적 이교사상과 그리스도교 사이에 타협의 여지를 마련해 준 까닭은, 그노시스파가 그리스도를 공경한 반면 유대인을 나쁘게 생각했기 때문이다. 이후 등장한 마니교에 대해서도 같은 주장을 할 수 있는데, 성 아우구스티누스는 마니교를 거쳐 가톨릭 신앙에 귀의했다. 마니교는 그리스도교와 조로아스터교의 요소를 결합함으로써 악은 물질에 구현된 긍정 원리positive principle이고, 선은 정신에 구현된 긍정 원리라고 가르쳤다. 마니교는 육식을 비롯해 성과 연관된 모든 행위, 결혼 관계 안의 성교조차 죄로 여겼다. 이러한 매개 교리 덕분에 그리스어 문화권에 속한 사람들 가운데 개종자가 점점 많아졌다. 그러나 신약성서에서는 참된 신앙인은 마니교에 맞서야 한다고 경고한다. "디모테오, 그대가 맡은 책임을 다하고, 비속하고 헛된 잡담을 삼가며, 이른바 거짓된 지식(영지)에서 나온 반론을 물리치시오. 이러한 반론을 내세우다 신앙의 길을 잃어버린 이들도 더러 있으니 말입니다."[24]

23 * 영지주의라고도 하는데, 영지靈智란 신의 본성을 나누어 가진 영혼의 지혜나 깨달음을 뜻하며, 이를 통해 구원받을 수 있다는 입장이다.

24 디모테오 1서 6장 20~21절.

1945년 이집트 나그함마디에서 발견된 그노시스 복음서 그노시스파 신도와 마니교 신도는 그리스도교가 정치 조직으로 자리 잡기 전까지 계속 세력을 과시했다. 이후 그들은 믿음을 숨겨야 했지만, 여전히 지하 종교로서 비밀스럽게 영향력을 행사했다. 무함마드는 그노시스파에 속한 분파의 교리를 하나 받아들이기도 했다. 그노시스파는 예수도 인간일 따름이며, 세례를 받음으로써 성자Son of God가 그에게 강림했고, 수난 시기에 성자가 예수를 떠났다고 생각했다. 그들은 이러한 견해를 지지하기 위해 다음과 같은 성경 구절에 호소했다. "나의 하느님, 나의 하느님, 어찌하여 저를 버리셨나이까?"[25] 그리스도교도는 언제나 이 성경 구절을 어렵게 생각했다. 그노시스파는 태어나서 유아가 되고, 무엇보다 십자가에 못 박혀 죽은 사건이 성자에게 어울리지 않는다고 생각했다. 이러한 일은 신성한 하느님의 아들이 아니라 인간 예수에게나 일어날 법한 일이라고도 말했다. 예수를 신이 아니라 예언자로 인정한 무함마드는 예언자의 결말이 나빠서는 안 된다는 식의 계급 감정을 강하게 느꼈다. 그래서 가현설假現說, Docetics[26]을 받아들였는데, 이에 따르면 예수가 십자가에 못 박혀 죽은 사건은 그저 환영에 지나지 않는데도 유대인과 로마인이 그러한 환영에 현혹될 만큼 무능하고 무지하여 쓸데없는 보복을 했다는 것이다. 그노시스주의의 일부는 이렇게 이슬람교의 정통 교리에 편입되었다.

그리스도교도는 당대 유대인에게 일찍부터 적대감을 드러냈다. 당시 공인된 견해는 하느님께서 족장들과 예언자들에게 말씀하셨고, 이렇게 경건한 사람들이 그리스도의 도래를 예언했다는 것이다. 그러나 그리스도가 도래하자 유대인은 그분을 알아보지 못했고, 이후 유대인은 사악한 자들로 여겨졌다. 더욱이 그리스도는 모세의 율법을 폐기하고, 하느님을 사랑하고 이

25 마르코 복음서 15장 34절.

26 * 그노시스주의를 표방하는 한 분파의 견해로, 그리스도의 육체는 환영에 지나지 않는다고 본다.

웃을 사랑하라는 두 가지 계명을 가르쳤다. 유대인은 율법을 고집했기 때문에 그리스도의 가르침도 알아보지 못했다. 로마 제국이 그리스도교를 공인하자마자 예상대로 중세식 반유대주의가 그리스도교의 열의를 보여 주는 입장으로 세력을 떨치기 시작했다. 후대 사람들을 격분시켰던 경제적 동기가 그리스도교 제국에 얼마나 큰 영향을 주었는지 확인하는 일은 불가능할 듯하다.

그리스도교가 그리스 문화에 동화되는 정도에 비례하여 그리스도교 신학도 발전했다. 유대교 신학은 언제나 단순했다. 야훼는 부족 신에서 하늘과 땅을 창조한 전능한 유일신으로 발전했다. 하느님의 정의는 지상에서 덕을 갖춘 사람들에게 번영을 보장해 주지 못하자 천국으로 양도되었고, 이것은 영혼불멸에 대한 신앙을 수반했다. 그러나 발전하는 동안 유대교의 신경에 복잡하고 형이상학적 요소는 하나도 추가되지 않았다. 유대교의 신경에는 신비적 요소가 없었기 때문에 유대인이라면 누구나 이해할 수 있었다.

이러한 유대교의 단순성은 대체로 공관 복음서(마태오 복음서, 마르코 복음서, 루가 복음서)의 특징이기도 하지만, 성 요한에 이르면 그렇게 단순한 특징은 이미 사라지고 그리스도를 플라톤학파와 스토아학파에서 말하는 법칙, 바로 로고스Logos와 동일시했다. 제4복음서의 저자는 인간으로 나타난 그리스도보다 신학상의 인물로 나타난 그리스도에게 관심을 더 많이 보인다. 이러한 경향은 교부에게도 나타난다. 여러분은 교부의 저술 속에서 다른 세 복음서를 합한 횟수보다 더 자주 요한복음서를 언급하고 있다는 사실을 알게 될 것이다. 바오로의 편지는 특히 구원에 대한 신학을 적지 않게 포함하고 있다. 또한 바오로는 편지에서 메난드로스Menandros(기원전 342년경~291년경, 그리스의 신희극 작가)의 희극을 인용하거나 모든 크레타인은 거짓말쟁이라고 말한 크레타인 에피메니데스를 언급하면서 그리스 문화에 상당히 조예가 깊은 일면도 보여 준다. 그러면서도 성 바오로[27]는 이렇게 말한다. "누구라도 철학과 헛된 속임수로 여러분을 망치지 못하도록 조심하십시오."

그리스 철학과 히브리 경전의 종합은 오리게네스Origenes(서기 185~254)의 시대에 이르기 전까지 계획성 없이 단편적으로 이루어졌을 따름이다. 오리게네스는 필론과 마찬가지로 알렉산드리아에서 살았는데, 알렉산드리아는 상업의 번성과 대학의 발전으로 건설 초기부터 몰락할 때까지 여러 학문이 혼합된 중심지였다. 오리게네스도 동시대에 살았던 플로티노스처럼, 많은 사람들이 신플라톤학파의 창시자로 생각한 암모니우스 사카스Ammonius Saccas의 제자였다. 오리게네스가 자신의 『원리론*De Pincipiis*』에서 밝힌 교리는 사실 정통 교리보다 플로티노스의 학설과 비슷한 면이 훨씬 더 많다.

오리게네스는 하느님, 바로 성부와 성자, 성령을 제외하면 완전히 비물질적인 것은 없다고 말한다. 별들은 하느님이 이미 실존하던 것에 영혼을 불어넣어 살아 움직이는 이성적 존재들living rational beings이다. 그래서 태양이 죄를 지을 수 있다고 생각한다. 인간이 지닌 각각의 영혼은 플라톤이 가르쳤듯 창조 이래 실존하다가 인간이 태어날 때 다른 곳에서 온다. **정신**Nous과 영혼은 플로티노스처럼 어느 정도 구별한다. 정신이 타락하면 영혼이 되고, 영혼이 덕을 갖추면 **정신**이 된다. 궁극적으로 모든 영혼은 그리스도에게 완전히 복종하면 육체를 벗어버린다. 최후에 악마도 구원을 받을 것이다.

오리게네스는 교부 가운데 한 사람으로 인정받지만, 나중에 다음 네 가지 이단 사상을 주장했다는 이유로 비난받았다.

1. 플라톤이 가르친 영혼 전생설
2. 그리스도의 신성뿐만 아니라 인간성이 육화Incarnation 이전에 실존했다는

27 더 정확히 말하자면 성 바오로가 썼다고 생각되는 서간의 저자. 골로새서 2장 8절.

사상

3. 부활할 때 우리의 육체는 절대적으로 영적 육체로 탈바꿈할 것이라는 사상
4. 모든 인간뿐 아니라 악마조차 최후에 구원을 받을 것이라는 사상

성 히에로니무스는 구약성서의 판본을 확립한 업적 때문에 오리게네스를 다소 경솔하게 칭송했으나, 이후 오리게네스의 신학적 오류를 논박하는 일에 시간을 더 많이 쓰고 열정을 더 많이 쏟아야 한다면서 신중하게 처신했다.

오리게네스의 탈선은 신학에만 그치지 않았다. 그는 젊은 시절 성서 원문을 지나치게 문자 그대로 해석함으로써 돌이킬 수 없는 오류를 저지르기도 했다. "하늘나라를 위해 스스로 고자가 된 자들도 있느니라."[28] 오리게네스가 육신의 유혹을 피하려고 경솔하게 받아들인 방법은 교회의 단죄를 받았다. 더욱이 그는 고자가 됨으로써 성직 부적격자가 되었으며, 달리 생각한 성직자도 몇몇 있었던 것 같지만 아무 교훈도 주지 못한 채 논쟁만 일으켰다.

오리게네스의 장편 저작은 『켈수스 논박*Contra Celsum*』이라는 제목이 붙은 책이다. 켈수스는 그리스도교에 반대하는 책(지금은 소실되어 전하지 않음)의 저자인데, 오리게네스는 켈수스의 논점을 하나하나 짚어 가며 세세하게 응답한다. 켈수스는 우선 그리스도교도가 불법 단체에 소속되어 있기 때문에 반대한다. 오리게네스는 이것을 부정하지 않지만, 그리스도교 단체의 일원이 되는 일은 폭군 살해가 미덕인 것과 마찬가지로 고결한 행동이라고 주장한다. 다음에 켈수스는 그리스도교 혐오의 현실적 기반이 무엇인지 논의한다. 켈수스의 주장에 따르면 그리스도교는 유대인에서 비롯되었는데, 그

28 마태오 복음서 19장 12절.

들은 야만인이었고 그리스인만이 야만인의 가르침에서 의미를 찾아낼 수 있다. 오리게네스는 그리스 철학에서 시작하여 복음Gospel에 이른 사람이라면 누구나 복음이 진리라는 결론을 내릴 뿐더러 그리스의 지성인이 만족할 만한 증명 방법도 제시할 것이라고 응수한다. 그런데 더 나아가 이렇게 말한다. "복음은 그리스인의 변증법으로 확립된 어떤 증명보다 더 신성한 자신의 증명 방법을 지니고 있다. 이렇게 더욱 신성한 방법을 사도는 '성령과 권능의 현시manifestation of the Spirit and power'라고 부른다. '성령'은 예언, 특히 그리스도에 대해 예언한 성경 구절을 읽는 누구에게나 신앙심을 충분히 불러일으키는 예언서로 드러난다. '권능'은 다른 많은 근거뿐만 아니라 복음서의 교훈에 따라 삶을 규제하는 사람들의 마음에 여전히 흔적이 간직되어 있다는 근거에 따라, 틀림없이 이루어졌다고 믿는 기적과 경이로운 현상으로 드러난다."[29]

이러한 구절은 그리스도교 철학의 특징인 믿음을 지지하는 두 가지 논증을 벌써 보여 준 점에서 흥미롭다. 한편 순수 이성은 올바르게 사용하면 그리스도교 신앙의 본질적 요소, 특히 신과 영혼불멸과 자유의지를 충분히 확립할 수 있다. 다른 한편 성서는 단지 이렇게 꼭 필요한 것뿐 아니라 그것 이상을 입증한다. 성서가 신이 내린 영감의 산물이라는 점은 예언자들이 메시아의 도래를 예언한 사실과 기적, 신도의 삶에 믿음이 미친 유익한 결과로 입증된다. 이러한 논증 가운데 몇몇은 이제 시대에 뒤떨어진 논증으로 생각되지만, 윌리엄 제임스는 마지막 논증을 여전히 사용했다. 르네상스 시기까지도 그리스도교 철학자들은 누구나 위에서 말한 오리게네스의 논증을 전부 받아들였다.

오리게네스의 몇몇 논증은 기이해서 호기심을 자아낸다. 그는 마법사들

29 오리게네스, 『켈수스 논박』, 1권 2장.

이 흔히 잘 알지도 못하면서 '아브라함의 하느님'이라는 이름으로 주문을 걸지만, 이러한 주문도 분명히 특별한 효능이 있다고 말한다. 이름은 마법의 핵심 요소다. 그것은 하느님을 유대어로 부르느냐, 이집트어나 바빌로니아어로 부르느냐, 그리스나 브라만어로 부르느냐와 무관하지 않다. 마법의 힘을 지닌 주문은 번역되면 효능을 잃어버린다. 우리는 당대 마법사들이 알려진 모든 종교에서 비롯된 주문을 사용했으며, 오리게네스가 옳다면 히브리 종교에서 유래한 주문의 효능이 가장 뛰어났다고 추측할 수 있다. 오리게네스는 모세가 마법을 금지시켰다고 지적했기 때문에, 이 논증은 더욱 기이하다.[30]

그리스도교도는 국가의 정치에 참여해서는 안 되고 오로지 신성한 나라, 바로 교회의 정치에만 참여해야 한다고 말하기도 한다.[31] 물론 이러한 학설은 콘스탄티누스 황제 시대 이후 조금 완화되지만 일부는 그대로 후대에 전해진다. 성 아우구스티누스의 『신국』에도 오리게네스의 학설이 암시되어 있다. 이로써 성직자들은 서로마 제국이 멸망할 때 세속적 재난을 수동적으로 바라보기만 한 반면, 교회의 규율과 신학 논쟁, 수도원 제도의 전파에는 대단한 재능을 발휘했다. 오리게네스 학설의 흔적은 지금도 남아 있다. 사람들은 대부분 정치를 '세속적' 활동으로 여기기 때문에 정말로 경건한 사람에게는 전혀 어울리지 않는다고 생각한다.

교회 정치 조직은 초기 3세기 동안 느리게 발전했으나 콘스탄티누스 대제의 개종 이후 아주 빠르게 세력을 넓혀 나갔다. 주교들은 일반 투표로 선출되었다. 그들은 점차 각 주교 관구의 그리스도교도에게 꽤 많은 권력을 행사하게 되었지만, 콘스탄티누스 황제가 그리스도교를 공인하기 전까지

30 켈수스 논박 1편 26장.

31 켈수스 논박 8편 75장.

모든 교회를 지배하는 중앙집권적 정치 형태는 거의 나타나지 않았다. 주교의 권한은 여러 대도시에서 자선을 실천함으로써 한층 커졌다. 신도가 바친 헌금은 주교가 관리하기 때문에 주교는 가난한 사람들에게 자선을 베풀지 말지도 결정했다. 그래서 주교의 뜻에 기꺼이 따르는 궁핍한 무리가 생겨났다. 로마 제국이 그리스도교 국가가 되자, 주교들이 사법과 행정 기능을 담당하게 되었다. 또한 최소한 교리 문제에 관한 한 중앙집권적 정치 조직이 생겨났다. 가톨릭교도와 아리우스파 신도 사이에 벌어진 다툼은 콘스탄티누스 대제의 두통거리였다. 그리스도교도와 운명을 같이하기로 결심한 콘스탄티누스는 가톨릭교도와 아리우스파 신도가 통일된 조직으로 거듭나기를 바랐다. 그는 양측의 불화를 해결하기 위해 세계 그리스도교회가 참여하는 니케아 공의회를 소집하여 니케아 신경[32]을 이끌어 냈으며, 아리우스 논쟁과 관련하여 정통 신앙의 영구적 표준을 정했다. 후대에 일어난 다른 논쟁들도 전 그리스도 교회의 공의회ecumenical council를 통해 비슷한 방식으로 해결되었으나, 동쪽과 서쪽이 분리되고 동로마교회가 교황의 권위를 거부함으로써 공의회를 통한 갈등 해결도 불가능해졌다.

교황은 공식적으로 교회를 대표한 가장 중요한 개인이었으나 훨씬 후대에 이르러 비로소 교회 전체를 지배할 권위를 인정받았다. 교황의 권력이 점점 성장한 과정은 매우 흥미로운 주제이므로 다음 장에서 상세히 다룰 것이다.

콘스탄티누스 대제 이전 그리스도교의 성장은 콘스탄티누스가 개종한 동기와 마찬가지로 여러 저자가 여러 방식으로 설명하곤 했다. 기번Gibbon은 그리스도교 성장의 원인을 다섯 가지로 정리했다.[33]

---

32 362년에 결정되어 현대에 전해진 신경과 정확히 일치하지는 않는다.

33 기번, 『로마 제국 쇠망사』, 제15장.

1. 사실 유대교에서 비롯되었으나, 이방인을 초대하기는커녕 모세의 율법을 받아들이지 못하게 막던 편협한 비사회성을 씻어 낸 그리스도교도의 불굴의 정신과, 이렇게 표현해도 좋다면 이단을 관용하지 않는 종교적 열의
2. 강화하고 유효하게 만들 여건이 조성될 때마다 개선한 내세 교리
3. 초기 교회의 특징인 기적의 영향력
4. 그리스도교도의 순수하고 엄격한 도덕
5. 로마 제국의 심장부에서 시작하여 점차 강한 독립국가로 자리 잡은 그리스도교 사회의 통합과 규율

대체로 이러한 분석을 받아들여도 되지만 몇 가지 주석을 달 필요가 있다. 유대인에서 비롯된 첫째 원인, 곧 불굴의 정신과 불관용은 포괄적으로 받아들일 수 있다. 오늘날에도 불관용은 선전에 유리하게 작용한다. 그리스도교도는 대부분 그들만 천국에 가고 이교도는 내세에서 벌을 받을 것이라 믿었다. 3세기에 세인의 지지를 얻기 위해 그리스도교와 경쟁한 다른 종교는 이러한 위협적 특징을 나타내지 않았다. 예컨대 대모신Great Mother의 숭배자들은 세례의식과 유사한 타우로볼리움Taurobolium[34]이라는 의식을 거행하고, 의식을 치르지 않은 사람들은 지옥에 갈 것이라고 가르쳤다. 타우로볼리움은 비용이 많이 드는 의식이었다. 황소 한 마리를 죽여서 피를 개종자들에게 뿌리도록 허용했다고 한다. 이러한 종교 의식은 귀족풍의 배타성을 지녀서 부자와 빈자, 자유민과 노예를 막론하고 대다수 사람들을 끌어안아야 하는 종교의 바탕이 될 수 없다. 이러한 점에서 그리스도교는 적수로 등장한 다른 모든 종교보다 이점이 있었다.

내세 교리는 서쪽에서 오르페우스교도가 처음 가르친 이후, 그리스 철학자들이 받아들였다. 히브리 예언자 몇몇은 육체의 부활을 가르쳤는데, 유대

---

34 * 로마 시대에 160년경부터 지중해 지역의 '대모신'에게 황소를 바치던 의식.

인은 그리스인의 영향으로 영혼의 부활을 믿게 되었던 듯하다.[35] 그리스에서 영혼불멸설은 오르페우스교의 대중적 형태와 플라톤 철학의 학술적 형태가 있었다. 어려운 논증에 근거한 플라톤 철학은 대중의 폭넓은 지지를 얻기에는 너무 난해했다. 하지만 고대 후기 동안 오르페우스교의 형태로 표현된 영혼불멸설은 이교도뿐만 아니라 유대인과 그리스도교도에게 지대한 영향을 미쳤을 개연성이 높다. 신비 종교, 바로 오르페우스교와 아시아 종교의 신비적 요소들이 그리스도교 신학에 대량으로 유입되었다. 이러한 모든 요소의 중심에 놓인 신화는, 죽은 신이 다시 살아난다는 것이다.[36] 그러므로 내 생각에 영혼불멸과 그리스도교 전파의 관련성은 기번이 생각한 정도만큼 밀접하지 않았다.

기적은 확실히 그리스도교를 선전하는 데 중요한 역할을 했다. 그런데 고대 후기에 기적은 모든 종교에 흔하게 나타났으므로 어느 한 종교의 특질이 아니었다. 여러 종교가 경쟁을 벌이는 가운데 유독 그리스도교의 기적이 다른 종파의 기적보다 더욱 널리 퍼진 이유를 알아내기는 쉽지 않다. 나는 기번이 아주 중요한 문제, 바로 성서Sacred Book의 소유 문제를 간과했다고 생각한다. 그리스교도의 호감을 얻은 기적은 태곳적 고대인이 신비스럽게 여겼던 민족을 둘러싸고 시작되었다. 천지창조 이후 이어진 일관된 역사가 존재했으며, 신의 섭리에 따라 언제나 놀라운 기적이 처음 유대인에게 일어나고 다음에 그리스도교도에게 일어났다. 이스라엘 민족의 초기 역사 가운데 중요한 부분이 전설이라는 사실은 현대 역사를 연구하는 사람에게 명백하지만, 고대인은 이를 전설로 생각하지 않았다. 고대인은 트로이 함락을 설명한 호메로스의 기록을 그대로 믿었으며, 로물루스Romulus와 레무스Remus의

35 외스털리와 로빈슨, 『히브리 종교』 참고.

36 앵거스, 『신비 종교와 그리스도교』 참고.

로마 건국 이야기도 믿어 의심치 않았다. 그래서 오리게네스는 이렇게 반문한다. 왜 로마인의 전통은 받아들이면서 유대인의 전통은 거부해야 하는가? 이러한 반문에 논리적으로 대답하기는 어렵다. 그러므로 구약성서의 기적을 받아들이는 것은 자연스러운 일이었으며, 그러자 근래에 일어난 기적도, 특히 예언자들을 해석하는 그리스도교의 관점에 비추어 신뢰하게 되었다.

콘스탄티누스 대제 이전, 그리스도교도의 도덕이 평균 수준 이교도의 도덕보다 월등했던 것은 분명한 사실이다. 그리스도교도는 이따금 박해를 받았기 때문에 이교도와 경쟁을 벌이는 과정에서 거의 언제나 불리했다. 그리스도교도는 덕을 행하면 천국에서 보상을 받을 테지만, 죄를 지으면 지옥에 떨어진다고 굳게 믿었다. 그들은 성욕에 관해 엄격한 윤리를 내세웠는데, 고대에는 보기 드문 일이었다. 플리니우스Plinius는 공무에 따라 그리스도교도를 박해할 수밖에 없었으나 그들의 고결한 도덕성을 증언하고 있다. 콘스탄티누스 대제의 개종 이후, 그리스도교도 가운데 기회주의자들도 생겨났다. 그러나 몇몇 예외가 있지만 저명한 성직자들은 여전히 굽힐 줄 모르는 도덕 원칙을 고수했다. 고결한 그리스도교도의 도덕 수준이 그리스도교 전파에 대단히 중요한 원인이라고 평가한 기번의 판단은 옳았다.

기번은 '그리스도교 사회의 통합과 규율'을 마지막 원인으로 든다. 정치적 관점에서 보자면 마지막 원인은 다섯 가지 원인 가운데 가장 중요하다. 오늘날 우리는 정치 조직에 익숙한 세상에서 살고 있다. 정치가라면 누구나 가톨릭교도의 표를 고려해야 하지만, 조직을 이룬 다른 정치 집단의 표와 비교하여 균형을 맞출 수밖에 없다. 가톨릭교도가 미국의 대통령 후보가 되면 불리한 까닭은 개신교도의 편견 탓이다. 개신교도의 편견이 없다면, 가톨릭교도 후보 역시 다른 어느 후보와 마찬가지로 당선될 가능성이 충분할 것이다. 콘스탄티누스도 이러한 계산을 했던 것으로 보인다. 단일 조직으로 구성된 그리스도교도의 지지를 얻으려면 환심을 사야 했다. 그리스도교도를 조금이라도 혐오하는 일이 발생하면 무질서가 초래되어 정치적 성과를 거두기 어려웠다. 그리스도교도가 로마 군대의 절반 이상을 차지했다는 사실이 콘스탄티누스에게 영향을 가장 많이 미쳤다는 로스토프체프의 판단이 아마 맞을 것이다. 그리스도교도는 소수였으나 오늘날 흔히 볼 수 있는 방식으로 당대에 새로운 조직을 갖추면서 모든 신도에게 정치적 영향력을 행사하는 압력 단체로 성장했으며, 대립할 압력 단체는 따로 없었다. 이것은 그리스도교도가 실제로 종교적 열의를 독점함으로써 나타난 당연한 결과였는데, 유대인에게서 이어받은 성향이었다.

불행하게도 그리스도교도는 정치권력을 획득하자마자 서로 적대하기 위해 종교적 열의를 드러냈다. 콘스탄티누스 대제가 그리스도교를 공인하기 전에 이단이 적지 않게 등장했으나 정통 그리스도교는 처벌할 수단을 전혀 갖추고 있지 않았다. 로마 제국이 그리스도교 국가가 되자, 성직자들에게 권력과 부의 형태로 큰 포상이 주어졌다. 권력을 둘러싸고 다투는 선거전이 벌어졌으며, 신학 논쟁도 세속적 이익을 위한 싸움으로 변모했다. 콘스탄티누스는 신학자들 사이에 벌어진 논쟁에 휘말리지 않고 어느 정도 중립을 지켰으나, 그가 죽자(337) 후계자들은 (배교자 율리아누스 황제를 제외하면) 크든 작든 아리우스파를 지지했고, 이러한 경향은 379년 테오도시우스 황제가 즉위할 때까지 이어졌다.

이때 나타난 영웅이 아타나시우스Athanasius(297년경~373년경)인데, 니케아 공의회에서 결정된 정통 그리스도교 신경을 긴 생애 동안 열렬히 신봉하고 지지한 투사였다.

콘스탄티누스 대제부터 칼케돈 공의회(451)까지 신학의 정치적 중요성을 보여 주기 때문에 색다르다. 그리스도교 세계는 두 가지 문제로 계속 들끓었는데, 하나는 삼위일체의 본성 문제이고, 다른 하나는 육화 교리 문제다.

아타나시우스 시절에는 첫 번째 문제만 세상의 주목을 받았다. 알렉산드리아의 교양 있는 사제 아리우스의 주장에 따르면, 성자는 성부와 동등하지 않으며 성부가 창조한 존재다. 이전 시대에 이러한 견해를 주장했다면 적개심을 품거나 반대하는 사람이 별로 없었겠지만, 4세기 신학자들은 대부분 아리우스의 견해를 거부했다. 마침내 성부와 성자는 동등하며, 같은 실체에 속한다는 견해가 우세해졌다. 하지만 성부와 성자의 위격은 서로 달랐다. 성부와 성자의 위격이 다르지 않고 한 존재의 다른 양상일 뿐이라는 견해는 창시자인 사벨리우스Sabellius의 이름을 따서 사벨리우스 이단이라고 부른다. 따라서 정통 그리스도교는 좁은 길을 아슬아슬하게 걸어가야 했다. 성부와 성자의 구별을 지나치게 강조하면 아리우스주의에 빠질 위험이 있었고, 성부와 성자가 하나라는 점을 지나치게 강조하면 사벨리우스주의에 빠질 위험이 있었기 때문이다.

니케아 공의회(325)는 압도적 다수의 지지로 아리우스의 교리를 이단으로 판결했다. 그러나 여러 신학자가 각양각색으로 변형한 아리우스주의가 등장하여 황제의 지지를 얻어 냈다. 알렉산드리아의 주교였던 아타나시우스는 니케아 공의회의 정통 교리를 지키겠다는 종교적 열의 탓에 328년부터 죽을 때까지 내내 유형 생활을 했다. 아타나시우스는 이집트에서 대중의 인기를 한 몸에 받았으며, 이집트는 논쟁이 벌어지는 내내 흔들리지 않고 아타나시우스를 지지했다. 신학 논쟁이 벌어지는 과정에서 로마의 정복 이후 근절된 것처럼 보였던 민족 감정, 적어도 지역 감정이 부활한 사실은 호기심을 자아낸다. 콘스탄티노플Constantinople[37]과 아시아는 아리우스주의로 기울었으나, 이집트는 아타나시우스에 열광했다. 서로마 제국은 니케아 공의회의 신경을 확고부동하게 고수했다. 아리우스주의 논쟁이 종식

37 * 영어로는 콘스탄티노플이지만, 라틴어로는 콘스탄티노폴리스Constatinopolis다.

된 다음에 어느 정도 비슷한 새로운 논쟁이 일어나면서 이집트는 한 방향의 이단으로 기울었고, 시리아는 또 다른 방향의 이단으로 기울었다. 이단 사상은 정통 그리스도교의 박해를 받는 동안 동로마 제국의 통합을 깨뜨렸고 이슬람교도의 동로마 정복을 촉진했다. 분리주의 운동 자체는 놀랄 일이 아니지만, 미묘하고 난해한 신학 문제와 연관되어 있다는 점이 호기심을 자아낸다.

로마 황제들은 335년부터 378년까지 배교자 율리아누스의 재위 기간(361~363)을 제외하면 용기를 내야만 아리우스의 견해를 지지할 수 있었다. 율리아누스는 이교도로서 그리스도교도 내부에서 벌어진 논쟁에 중립을 지켰다. 379년 마침내 테오도시우스 황제가 가톨릭교를 전폭적으로 지지함으로써 가톨릭교가 로마 제국 전역에 걸쳐 승리를 거두었다. 성 암브로시우스, 성 히에로니무스, 성 아우구스티누스는 가톨릭교가 승리를 거둔 시기에 대부분의 생애를 보낸 인물로 다음 장에서 다룰 것이다. 그러나 서로마 제국은 또 다른 아리우스파, 곧 서로마 제국의 대부분 지역을 정복한 고트족과 반달족이 지배했다. 그들의 권력은 한 세기 동안 유지되다가 말기에 이르러 유스티니아누스 황제, 롬바르드족(랑고바르디족), 프랑크족에게 무너졌는데, 결국 유스티니아누스 황제와 프랑크족을 비롯해 롬바르드족도 정통 그리스도교로 개종했다. 마침내 가톨릭 신앙이 거의 완벽하게 성공을 거두었다.

3.
교회의 세 박사

성 암브로시우스, 성 히에로니무스, 성 아우구스티누스, 그레고리우스 대교황은 서로마 교회의 박사로 불린다. 세 박사는 동시대에 살았으나 나머지 한 박사는 후대에 속한다. 이번 장에서는 앞 시대에 속한 세 박사의 생애와 시대에 대해 어느 정도 설명하고, 세 사람 가운데 제일 중요한 성 아우구스티누스의 학설은 다음 장에서 설명할 것이다.

암브로시우스Ambrosius(339년경~397), 히에로니무스Eusebius Hieronymus(영어 이름은 제롬Jerome, 347년경~420), 아우구스티누스Aurelius Augustinus(354~430)는 모두 가톨릭교회가 로마 제국에서 승리를 거둔 뒤 야만족이 침입하기 전까지 짧은 시기에 활약했다. 세 박사 모두 배교자 율리아누스 황제의 치세 기간에는 젊은 나이였다. 히에로니무스는 알라리크Alaric(370~410)가 이끄는 고트족이 로마를 약탈한 이후 10년을 살았으며, 아우구스티누스는 반달족이 아프리카에 침입할 때까지 살다가 자신이 주교로 있던 히포Hippo를 공격하려 반달족이 포위망을 좁혀 오던 때에 숨을 거두었다. 그들의 시대 직후 이탈리아, 스페인, 아프리카를 지배한 정복자들은 야만인이었을 뿐만 아니라 아리우스파 이단자였다. 문명은 세기를 거듭할수록 쇠퇴하여, 거의 천 년이 흐를 때까지 그리스도교 세계는 학문과 문화의 측면에서 그들과 견줄 만한 인물을 다시 배출하지 못했다. 암흑기와 중세 내내 세 박사의 권위는 존중되었다. 그들은 교회 형성의 기틀을 세우는 데 어느 누구보다 크게 기여했다. 대체로 말하면 성 암브로시우스는 교회와 국가의 관계를 교회의 관점에 맞춰 개념적으로 확립했다. 성 히에로니무스는 성경을 라틴어로 번역했을 뿐만 아니라 수도원제도를 정착시키는 데 아주 중요한 역할을 했다. 성 아우구스티누스는 종교개혁이 일어나기 전까지 공인된 교회 신학을 비롯하여, 종교개혁 이후 루터와 칼뱅이 내세운 교리의 태반을 확립했다. 역사의 진행에 미친 영향의 측면에서 세 박사를 능가할 사람은 거의 찾기 어렵다. 교회가 세속국가와 독립하여 존재한다는 성 암브로시우스의 주장은 새롭고 혁명적인 학설이었으며, 종교개혁이 일어나기 전까지 보편적으로 받아들여졌다. 17세기에 홉스는 교회가 세속국가에 의존하지 않고 독자적으로 존재한다는 교리를 제거하려 노력하는 과정에서 주로 성 암브로시우스에 반대하는 논증을 펼쳤다. 성 아우구스티누스는 16, 17세기 동안 신학 논쟁의 최전선에 있었는데, 개신교도와 얀센파Jansenist는 아우구스티누스의 견해를 지지했고, 정통 가톨릭교도는 반박했다.

4세기 말에 서로마 제국의 수도는 밀라노였고 암브로시우스는 밀라노의 주교였다. 직무상 늘 황제들과 만나야 했던 암브로시우스는 평소에는 황제를 대등한 입장에서 대하고, 때로는 우월한 태도로 대했다. 그가 황제를 알현하며 취한 행동거지는 당시 특징을 나타내는 국가와 교회의 일반적 차이를 대조적으로 보여 준다. 국가는 약하고 무능하며 방종한 이기주의자들이 지배하여 미봉책 이상의 정책은 결코 내놓지 못한 반면, 교회는 강하고 유능하며 교회의 이익을 위해 개인의 모든 것을 희생할 각오가 되어 있는 사람들이 이끌어 멀리 내다보는 정책을 내놓았다. 그래서 뒤이은 1000년 동안 교회는 승리를 거두었다. 사실 교회는 앞서 말한 장점뿐만 아니라 광신과 미신의 요소도 지녔는데, 바로 이러한 부정적 측면이 없었다면 당시의 개혁 운동이 성공했을 리도 없다.

성 암브로시우스는 국가에 봉사하며 성공할 모든 기회를 잡았다. 암브로시우스라는 이름으로 불린 아버지는 고위 관료로서 갈리아 속주의 사령관praefectus, prefect이었다. 암브로시우스 성인은 로마 군단이 게르만족의 침입을 막기 위해 주둔해 있던 변방 수비대 도시 트레베스Treves, Trier에서 태어났을 개연성이 높다. 그는 13세에 로마로 보내졌고 철저한 그리스어 기초 지식을 비롯하여 양질의 교육을 받았다. 장성한 그는 법조계에 진출해서 대단한 명성을 얻은 데 이어, 30세에 리구리아와 아이밀리아의 총독governor으로 부임했다. 4년 후 세속정치를 청산한 그는 대중의 환호 속에 아리우스파 후보를 물리치며 밀라노의 주교가 되었다. 그는 자신의 재물을 모두 가난한 사람들에게 나누어 주고, 때때로 닥치는 생명의 위협 속에서도 자신의 남은 생애를 온전히 교회에 바쳤다. 암브로시우스가 세속적 동기로 이러한 선택을 하지 않은 것은 확실하며, 설령 그렇더라도 현명한 처신이었다고 말할 수 있다. 로마 제국의 황제가 되었더라도, 당시 그가 주교 직무를 수행하면서 보여 준 행정상의 정치적 수완을 발휘하지 못했을 것이다.

암브로시우스가 주교직을 수행한 처음 9년 동안, 서로마 제국의 그라티아누스 황제는 가톨릭교도로서 덕성을 갖춘 사람이었지만 황제의 직무에 무관심했다. 사냥에 빠져 통치를 게을리 하던 그는 결국 암살당했다. 그라티아누스 황제의 뒤를 이어 왕위 찬탈자 막시무스가 서로마 제국을 거의 다 차지했으나, 이탈리아 지역에서는 아직 소년이던 그라티아누스의 어린 동생 발렌티니아누스 2세가 왕위를 계승했다. 처음에 발렌티니아누스 2세의 어머니이자 발렌티니아누스 1세의 미망인 유스티나가 왕권을 행사했다. 하지만 유스티나가 아리우스파를 지지했기 때문에 그녀와 성 암브로시우스의 갈등은 피할 수 없었다.

이번 장에서 다루는 세 성인은 모두 수많은 편지를 썼으며, 편지는 대부분 보존되어 있다. 따라서 우리는 세 성인에 대해 어느 이교도 철학자보다 더 많이 알 수 있을 뿐만 아니라, 몇 사람을 예외로 치면 중세의 성직자 전부에 대해 알려진 양보다 더 많은 정보를 얻을 수 있다. 성 아우구스티누스는 각계각층의 사람에게 편지를 썼는데, 대부분 교리나 교회 규율과 관련된 것이었다. 성 히에로니무스의 편지는 주로 귀족 아가씨 앞으로 보낸 것으로, 처녀성處女性, virginity을 지키기 위해 어떻게 해야 하는지 조언하는 내용이었다. 그러나 암브로시우스의 가장 중요하고 흥미로운 편지는 황제에게 부친 것으로, 황제의 직무를 수행할 때 어떤 점이 부족한지 지적하는 내용이거나 경우에 따라 황제의 직무 수행에 만족하며 축하하는 내용도 담겨 있었다.

암브로시우스가 제일 먼저 처리해야 했던 공적 문제는 로마에 자리 잡은 승리의 여신 제단과 여신상에 관한 것이었다. 이교 신앙은 다른 어느 곳보다 수도 로마의 원로원에 소속된 의원들의 가문에서 오래도록 명맥을 유지했다. 로마 제국의 공인 종교는 귀족 사제의 수중에 있었으며, 세계의 정복자들이라는 제국주의적 긍지와 밀접한 관계가 있었다. 원로원에 세워 놓은 승리의 여신상은 콘스탄티누스 대제의 아들 콘스탄티우스가 제거했으나 배교자 율리아누스가 복원했다. 이후 그라티아누스 황제가 여신상을 다시 제거했기 때문에 로마의 총독 심마쿠스의 주도 아래 원로원 대표단이 여신상의 복원을 다시 한 번 요구했다.

심마쿠스는 아우구스티누스의 삶에 관여하기도 했는데, 명문가의 뛰어난 인물로 부유한 귀족일 뿐만 아니라 교양을 갖춘 이교도였다. 그는 승리의 여신상을 제거한 조치에 반대한 죄목으로 382년에 그라티아누스 황제에 의해 로마에서 추방되었으나, 유형 생활은 길지 않았고 384년에 로마시의 총독이 되었다. 그는 바로 보이티우스의 장인이자 테오도리쿠스 대왕Theodoric the Great(454~526)[38] 치하의 저명 인사였던 심마쿠스의 할아버지였다.

원로원의 그리스도교도 의원들은 여신상 복원에 반대했고, 암브로시우스와 다마수스 교황의 협조를 얻어 황제가 그들의 견해를 받아들이도록 설득했다. 그라티아누스 황제가 죽은 다음, 심마쿠스와 이교도 의원들은 서기 384년에 새로 즉위한 황제 발렌티니아누스 2세에게 청원서를 제출했다. 암브로시우스는 이교도의 재도전에 반박하기 위해 황제에게 편지를 써서, 모든 로마인이 주권자에게 병역의 의무를 다해야 하듯 그(황제)가 전능한 하느님께 의무를 다해야 한다는 주장을 전달했다.[39] 그는 이렇게 썼다. "누구든 폐하의 젊음을 이용하지 못하도록 유의하십시오. 이렇게 청원한 자가 이교도라면 그자가 자신이 믿는 미신의 굴레를 씌워 폐하의 정신을 구속하는 짓을 못하게 하십시오. 오히려 종교적 열성을 다해 참신앙을 구하려 열심히 노력할 방법을 가르치고 권고해야 마땅한 일입니다. 이교도는 진리를 추구하는 데 바쳐야 할 열정을 모두 헛것을 옹호하는 일에 쏟고 있기 때문입니다." 암브로시우스는 우상을 세워 둔 제단 앞에서 그리스도교도에게 맹세를 강요하는 것은 박해라고 말한다. "이교도의 청원이 민사소송에 해당한다면, 답변할 권리는 반대편에도 주어질 것입니다. 그것은 종교에 관한 소송이니, 나는 주교로서 주장합니다. …… 나의 주장과 다른 포고가 내려지면 우리 주교들은 끝내 참을 수 없을 테고 결코 좌시하지 않을 것입니다. 폐하께서 교회에 정말 오시더라도 사제도 없고, 폐하를 거스를 사람도 없을 것입니다."[40]

다음 편지에서 이교도 사원의 재산으로는 결단코 이루지 못할 목적을 교회의 기부금으로 달성했다고 이야기한다. "교회의 재산은 가난한 사람들을 부양하는 데 쓰입니다. 이교도 사원에서 얼마나 많은 포로의 몸값을 지불했는지, 극빈자에게 먹을 것을 얼마나 주었는지, 유배를 당한 사람에게 생계

38 ＊488~526 재위. 동고트 왕국의 초대 국왕이며 이탈리아의 통치자.

39 이 주장은 봉건주의적 사고방식을 미리 보여 주는 듯하다.

40 서간 17편.

수단을 제공했는지 헤아려 보라고 하십시오." 이것은 유효한 논증이며 전적으로 그리스도교도의 실천을 통해 정당화되었다.

성 암브로시우스는 목적을 달성했으나, 발렌티니아누스 2세의 왕위를 찬탈한 유게니우스는 이교도에게 호감을 나타내며 승리의 여신 제단과 여신상을 복원했다. 394년 테오도시우스가 유게니우스를 왕위에서 몰아내고 황제가 된 다음에 비로소 그리스도교를 지지하는 쪽으로 최종 결론이 내려졌다.

암브로시우스 주교는 처음에 황궁과 아주 친하게 지냈고, 이탈리아를 침략했을 수도 있던 왕위 찬탈자 막시무스에게 파견될 외교 사절로 고용되었다. 그러나 오래지 않아 중대한 논쟁이 벌어졌다. 유스티나 황후는 아리우스파였고 밀라노의 한 교회를 아리우스파 신도들에게 양도할 것을 요구했다. 그러나 암브로시우스는 거절했다. 밀라노의 민중은 암브로시우스 편을 들었고, 수많은 군중이 떼를 지어 대성당basilica[41]으로 몰려들었다. 아리우스파에 속한 고트족 군사들이 대성당을 점령하도록 파견되었으나 민중과 충돌하는 상황을 꺼렸다. 암브로시우스는 누이에게 보낸 힘찬 편지에서 이렇게 말한다. "황제의 백작과 호민관들이 몰려와 대성당을 포기하라고 다그치며, 만사가 황제의 권한 아래 놓여 있으니 황제의 권리를 행사하러 왔다고 하더구나. 황제가 내가 소유한 땅과 돈이나 내가 가진 것, 가난한 사람들에게 나누어 주었던 모든 것을 요구했다면 거절하지 않을 테지만, 하느님께 속한 것은 황제의 권한에 귀속될 수 없으니 이렇게 응수했다. '내 재산을 요구한다면 소유권을 넘겨주겠다. 내 몸을 요구하면 곧 내놓겠다. 내 몸을 사슬로 묶기를 원하느냐, 아니면 나를 죽이기를 원하느냐? 그것은 오히려 내

41 * 교회법에 따라 로마 가톨릭교회와 그리스 정교회에서 특정 교회 건물에 붙이는 특별한 명칭으로, 공회당이라고도 한다.

게 기쁜 일이다. 나는 무리 지어 모여든 민중을 이용해 나 자신을 방어하거나 교회 제단에 매달려 목숨을 구걸하지 않을 것이며, 오히려 교회 제단을 지키기 위해 기쁘게 목숨을 던질 것이다.' 사실 무장한 군사들이 대성당을 점령하기 위해 파견되었다는 소식을 들었을 때는 민중이 대성당을 방어하는 동안 학살이 일어나 도시 전체가 무너지게 되지나 않을까 공포에 사로잡혔다. 내가 살아남아 위대한 도시가 파괴되고 이탈리아 전체가 무너지는 모습을 보게 되는 일이 없도록 간절히 기도했다."

이러한 공포가 과장이 아닌 까닭은 고트족 군대가 25년 후 로마를 약탈할 때 보였던 야만성을 드러낼 수도 있었기 때문이다.

암브로시우스가 보여 준 힘의 근원은 민중의 지지였다. 그는 민중을 선동한다는 비난을 듣자 이렇게 응수했다. "민중의 흥분을 가라앉히는 것은 내 권한에 속하지만, 민중을 조용하게 만드는 것은 하느님의 손에 달려 있다." 그는 아리우스파에 속한 어느 누구도 감히 나서지 못한 까닭이 시민들 가운데 아리우스파가 단 한 사람도 없었기 때문이라고 말한다. 그는 대성당을 포기하라는 공식 명령을 받았고, 고트족 군인들은 필요하면 폭력을 사용하라는 명령도 받은 상태였다. 끝내 군인들이 폭력을 사용하지 않았기 때문에 황제가 양보할 수밖에 없었다. 암브로시우스는 교회의 독립을 둘러싼 한바탕 싸움에서 승리를 거두었다. 그는 국가가 교회에 양보해야 할 문제가 있음을 증명함으로써 오늘날까지 중요한 새로운 원칙을 세웠다.

이후 암브로시우스는 테오도시우스 황제Flavius Theodosius[42]와 갈등을 빚었다. 유대교회당 한 채가 불타는 사건이 벌어졌는데, 동로마의 가신은 지역의 주교가 자극해 일어난 일이라고 보고했다. 테오도시우스 황제는 실제 방화범을 처벌하고 범죄를 조장한 주교에게 회당을 다시 지으라고 명령했다.

---

42 * 테오도시우스 1세(379~395)를 가리킨다.

성 암브로시우스는 지역 주교의 연루설에 대해 긍정도 부정도 하지 않은 채, 황제가 그리스도교도에게 등을 돌리고 유대인 편에 선 것으로 보고 분개했다. 주교가 황제의 명령에 복종하지 않으면 어떻게 되겠는가? 황제의 지시에 저항하면 그는 순교자가 될 것이고, 물러서면 배교자가 될 것이다. 황제의 가신이 그리스도교도가 지불한 비용으로 유대교회당을 재건하기로 결정하면 어떻게 되겠는가? 그러면 황제는 배교자를 가신으로 두게 될 테고, 그리스도교도의 돈으로 불신앙을 지지하는 꼴이 되고 만다. "그러면 교회의 재산을 빼앗아 유대인 불신자들을 위한 장소를 마련해 주고, 그리스도의 은총으로 그리스도교도가 얻은 교회 재산을 불신자들의 금고에 옮겨 놓자는 것입니까?" 그는 이어서 이렇게 말한다. "아마 규율을 세우려 명령을 하셨겠지요. 오, 황제 폐하! 그러면 규율을 세우는 것과 종교의 대의를 따르는 것 가운데 어느 쪽이 더 중요합니까? 법적 판단도 종교의 대의에 위배되어서는 안 됩니다. 오, 황제 폐하! 율리아누스 황제가 예루살렘의 성전을 복원하라 명령했을 때, 건물의 잔재를 치우던 일꾼들이 솟아난 불덩어리에 얼마나 혼비백산했는지 듣지 못하셨습니까?"

성 암브로시우스의 분명한 의견은 유대교회당을 파괴한 행위에 대해 어떤 식으로든 처벌해서는 안 된다는 것이다. 이 사건은 교회가 권력을 잡게 되자마자 어떻게 반유대주의를 조장하기 시작했는지 보여 주는 사례라고 할 수 있다.

다음에 일어난 황제와 암브로시우스 성인의 갈등은 암브로시우스의 명예를 더욱 드높였다. 테오도시우스 황제가 밀라노에 머물던 서기 390년, 테살로니카Thessalonica에서 폭동이 일어나 수비대 대장이 살해당하는 사건이 벌어졌다. 소식이 전해지자 테오도시우스는 분노를 자제하지 못하고 끔찍한 보복을 명령했다. 군인들은 원형 경기장에 모여든 군중을 습격해 무려 7천 명을 닥치는 대로 학살하는 만행을 저질렀다. 암브로시우스는 이전에도 황제를 자제시키려 노력했으나 수포로 돌아간 경험이 있었는데도, 학살 사건에 대한 편지를 써서 빛나는 용기를 보여 주었다. 편지에는 신학이나 교회의 권능을 문제 삼는 내용이 단 한 줄도 포함되어 있지 않아 순수하게 도의적 차원에서 쓴 것으로 보인다.

"테살로니카인의 도시에서 내 힘으로는 막을 수 없는 역사상 유례를 찾기 어려운 학살이 벌어졌습니다. 사실 전에도 여러 번 학살에 반대하는 탄원을 올리며 말했듯 정말 극악무도한 짓이었습니다."

다윗 왕은 여러 차례 죄를 지었으나 참회하며 자신의 죄를 고백했다.[43] 테오도시우스는 다윗 왕과 같이 행동할 것인가? 암브로시우스는 깊이 생각한 끝에 이렇게 결심한다. "폐하가 오신다고 해도 저는 감히 산 제물을 바치지 않을 것입니다. 죄 없는 한 사람이 피를 흘린 다음에도 허용되지 않은 일이, 여러 사람이 죄 없이 피를 흘린 다음에 허용될 수 있겠습니까? 결단코 그럴 수 없다고 생각합니다."

테오도시우스 황제는 자줏빛 제의를 벗고 밀라노 성당에서 공개적으로 참회했다. 테오도시우스는 그때부터 죽음을 맞이한 395년까지 암브로시우스와 갈등을 빚은 적이 없었다.

암브로시우스는 정치가로서 출중했으나 다른 점에서 보면 당대에 흔한 전형적 인물이었다. 그는 다른 성직자 출신 저술가들과 마찬가지로 처녀성을 칭찬하는 논문 한 편을 비롯해 과부의 재혼을 비난하는 논문도 썼다. 암브로시우스가 새 성당의 터를 결정할 때 환영 속에서 보았다고 하는 해골 두 구가 현장 근처에서 발견되는 기적이 일어나자 두 순교자의 해골이라고 선언했다. 그가 쓴 편지에는 다른 기적 이야기도 나오는데, 전부 쉽게 믿었

43 사무엘서에서 인용한 이 문구는 성경에 전거를 두고 왕들에게 반대하는 논증을 펼치는 경향의 시초로, 중세 내내 지속적으로 인용되었으며 청교도와 스튜어트 왕조가 갈등을 빚을 때도 등장했다. 예컨대 이 문구는 밀턴의 저작에도 나타난다.

던 당대의 특징을 보여 준다. 암브로시우스는 학자로서 히에로니무스보다 못하며, 철학자로서 아우구스티누스에 미치지 못한다. 하지만 능숙하고 용감하게 교회 권력을 굳건히 세운 일급 정치가였다.

히에로니무스는 오늘날까지 가톨릭교회에서 공인한 성경 판본인 불가타 성서의 번역자로 유명하다. 히에로니무스의 시대 이전 서로마 교회는 구약 성서를 70인역 성서 번역본에 의존했는데, 히브리어 원본과 중요한 점에서 차이가 났다. 이미 살펴보았듯 그리스도교도는 유대인이 그리스도교가 발생한 이래 메시아의 도래를 예언한 히브리 성서 원문을 왜곡했다고 주장하곤 했다. 이러한 견해는 건전한 학문 연구를 통해 지지할 수 없다는 점이 밝혀졌으며, 히에로니무스도 근거 없는 견해라고 단호히 거부했다. 그는 유대인이 두려워 비밀리에 랍비Rabbi[44]의 도움을 받았다. 그리스도교도의 비판에 맞서 자신을 방어하면서 이렇게 말했다. “번역 성서에 조금이라도 이의를 제기하려는 사람은 유대인에게 물어보시오.” 히에로니무스가 번역한 성서는 처음에는 히브리 성서 원문을 유대인이 맞는다고 인정한 그대로 받아들였기 때문에 대체로 적대감을 불러일으켰다. 그러나 그가 번역한 성서는 온갖 장애를 물리치고 인정받게 되는데, 일부는 성 아우구스티누스가 전반적으로 지지했기 때문이다. 불가타 성서는 위대한 업적으로 평가되며, 성서 원문 비판도 상당 부분 포함되어 있다.

히에로니무스는 암브로시우스보다 5년 후 345년에 아퀼레이아Aquileia[45]에서 멀지 않은 스트리돈Stridon에서 태어났는데, 이곳은 377년 고트족의 침입으로 파괴되었다. 그의 가문은 유복했으나 대단한 부자는 아니었다. 363년 히에로니무스는 로마로 가서 수사학을 공부했으며 죄를 많이 짓기도 했

44 * 유대교 율법학자 또는 유대교 지도자.

45 * 옛 로마 제국의 도시이자 로마 가톨릭교회의 총대주교 관구로서 아드리아 해안 근처에 위치한 군사 요충지이자 상업 도시였다.

다. 갈리아 속주를 여행하고 돌아온 히에로니무스는 아퀼레이아에 정착해 수도자가 되었다. 이후 5년 동안 시리아의 황야에서 은수자隱修者, hermit로 살았다. "그는 사막에 머무는 동안 혹독한 고행 속에서 눈물과 비탄의 신음소리와 영혼의 황홀경 사이를 오가며, 잊히지 않는 로마 생활의 기억 때문에 생겨난 유혹을 이겨 내야 했다. 그는 암자 또는 동굴에서 거주하며 그날그날 밥벌이를 하고 베옷을 걸친 채 살았다."[46] 은수 시기 이후 그는 콘스탄티노플로 여행을 떠나 로마에서 3년간 생활하는데, 그곳에서 다마수스 교황의 친구이자 조언자가 되었고, 교황의 권유로 성경을 번역하기 시작했다.

성 히에로니무스는 수많은 논쟁에 휘말렸다. 그는 성 바오로가 갈라티아서 2장에서 말한 성 베드로의 다소 의문스러운 행동을 둘러싸고 성 아우구스티누스와 언쟁을 벌였으며, 오리게네스와 관련된 논쟁 끝에 친구인 루피누스와 절교하기도 했다. 펠라기우스의 견해에 너무 격렬히 반대하다가 자신이 몸담고 있는 수도원이 펠라기우스를 추종하는 군중에게 공격당한 적도 있었다. 다마수스 교황이 죽고 나서, 성 히에로니무스는 새 교황과 언쟁을 벌였던 듯하다. 그는 로마에 거주하며 귀족 가문의 경건한 귀부인과 알고 지냈는데, 몇 사람을 설득해 금욕 생활을 하게 했다. 새 교황은 로마의 다른 시민과 마찬가지로 성 히에로니무스의 이러한 행동을 좋아하지 않았다. 여러 가지 이유가 있었겠지만, 그는 특히 이 사건 때문에 로마를 떠나 베들레헴으로 갔고, 그곳에서 386년부터 420년 죽을 때까지 살았다.

히에로니무스의 설득에 따라 개종한 눈에 띄는 여성 가운데 두 사람이 특히 유명했는데, 과부였던 파울라와 그녀의 딸 유스토키움이다. 두 여성은 베들레헴까지 돌아서 가는 기나긴 순례 여행에 동행했다. 이들은 최고 귀족 가문 출신이었으므로, 우리는 히에로니무스 성인이 귀부인과 귀족 아

---

46 『니케아 공의회와 이후 교부들』, 6권, 17쪽.

「기독교 제부 제단화」, 미하엘 파허, 1483년경

가씨를 대하는 태도에서 속물근성을 엿보지 않을 수 없다. 히에로니무스는 파울라가 죽자 베들레헴에 매장했으며, 그녀의 무덤에 이러한 묘비명을 작성했다.

이 무덤 속에 스키피오의 한 자녀가 누웠으니,
유명한 파울리누스 가문의 딸,
그라쿠스 가문,
걸출한 아가멤논 혈통의 자손이라.
양친과 딸 유스토키움의 사랑을 받은
숙녀 파울라가 여기 잠들다.
그녀는 로마 최고의 귀부인으로
그리스도를 섬기려 고생도 마다하지 않고 베들레헴을 선택했도다.[47]

히에로니무스가 유스토키움에게 보낸 편지 가운데 몇 통은 내용이 기이하다. 그는 유스토키움에게 처녀성을 지키는 일에 대해 상세하고 솔직한 조언을 한다. 그는 구약성서에서 완곡하게 표현한 특정 구절의 의미를 정확하게 분석하며 설명한다. 또 일종의 관능적 신비주의를 적용해 틀에 박힌 생활을 찬미한다. 수녀는 그리스도의 신부이며, 이러한 결혼은 솔로몬의 노래로 축하할 일이라는 것이다. 유스토키움이 수녀원에 들어가기로 결정한 때에 쓴 긴 편지에서, 히에로니무스는 그녀의 어머니에게 놀랄 만한 전갈을 보낸다. “당신의 딸이 군인의 아내가 아닌 왕(그리스도)의 아내가 되기로 작정하니 노여우십니까? 따님은 당신에게 고귀한 특권을 부여해 준 셈이죠. 당신은 이제 하느님의 장모가 되신 겁니다.”[48]

47 『니케아 공의회와 이후 교부들』, 6권, 212쪽.
48 『니케아 공의회와 이후 교부들』, 6권, 30쪽.

그는 같은 편지(22)에서 유스토키움에게 이렇게 말한다.

"언제나 네 방을 은밀하게 지키도록 하라. 언제나 그리스도이신 신랑이 방 안에서 너와 함께할 수 있게 하라. 기도를 드리느냐? 너는 신랑께 말하는 것이다. 성경을 읽느냐? 신랑께서 네게 말씀하시는 것이다. 네가 잠이 든 뒤에 신랑이 와서 문틈으로 손을 밀어 넣으면 너는 설레어 벌떡 일어나 이렇게 말할 것이다. '저는 사랑의 열병을 앓고 있나이다.' 그때 그분은 '나의 누이, 나의 신부는 울타리 친 동산이요, 막힌 샘이요, 봉한 분수로다' 라고 대답하실 것이다."

같은 편지에서 그는 어떻게 자신이 친척이나 친구들과 관계를 끊고, '더 어려운 일이었지만 익숙해진 맛좋은 음식을 끊어버린 후에도' 여전히 장서에 대한 욕심을 버리지 못해 사막까지 가지고 가게 되었는지 이야기한다. "또 나는 나중에 키케로를 읽을 수 있어야 비로소 금식에 들어갈 정도로 한심한 인간이었다." 그는 며칠 밤낮을 자책하고 나서도 다시 유혹에 넘어가 플라우투스를 읽었으리라. 이러한 작품에 탐닉한 다음에 읽은 예언자의 문체는 '조잡해 보이고 혐오감만 일으켰던' 듯하다. 마침내 그는 열병을 앓다가 최후의 심판에 대한 꿈을 꾸었는데, 그리스도가 그에게 누구냐고 묻자 그리스도교도라고 대답했다. 그리스도께서 이렇게 응답하셨다. "너의 말은 거짓이다. 너는 키케로의 신봉자이지 그리스도교도가 아니다." 이 때문에 그는 채찍 형벌을 받았다. 히에로니무스는 꿈속에서 마침내 울부짖으며 이렇게 외쳤다. "주여, 제가 속세의 책을 다시 소유하거나 읽는다면 당신을 부정하는 것입니다." 그는 이러한 경험이 "수면 중의 헛꿈이 아니었다"고 덧붙인다.[49]

이후 몇 년 동안 쓴 편지에서는 고전에서 인용한 문구를 거의 찾아볼 수 없다. 그러나 시간이 흐르면서, 베르길리우스와 호라티우스와 오비디우스의 시구들이 다시 나타나기 시작한다. 하지만 이러한 시구들은 기억 속에서 떠오른 것으로 특히 몇몇 구절은 계속 반복해 등장한다.

히에로니무스의 편지에서는 로마 제국의 멸망으로 생긴 감정을 내가 아는 다른 어느 누구보다 더 생생하게 표현한다. 그는 396년에 이렇게 썼다.[50]

"우리 시대가 겪은 대참사를 생각하면 몸서리가 쳐집니다. 로마인은 20년 이상 콘스탄티노플과 줄리안 알프스 사이에서 날마다 피를 흘렸지요. 스키타이, 트라키아, 마케도니아, 다키아, 테살리아, 아카이아, 에피루스, 달마티아, 판노니아 지역이 각각 고트족, 사르마티아인, 콰디족, 알라니족, 훈족, 반달족, 마르코만니족에게 전부 파괴되고 약탈당했습니다. 로마 세계는 멸망하고 있지요. 그런데도 우리는 그들에게 고개를 숙이지 않고 머리를 높이 쳐들고 있다는 말입니다. 지금 코린트인, 아테네인, 스파르타인, 아르카디아인, 야만인의 지배를 받는 그리스인 가운데 누가 용기가 있다고 생각합니까? 몇몇 도시만 언급했는데, 이 도시들도 한때 뒤떨어지지 않는 도시국가의 수도였지요."

이어서 그는 동양의 훈족이 저지른 참혹한 만행에 대해 이야기한 끝에 이렇게 소견을 밝힌다. "당연히 다루어야 할 이러한 주제를 대할 때면 투키디데스와 살루스티우스라도 말문이 막혀 버릴 것입니다."

이후 17년이 지나고 로마가 약탈당한 지 3년 만에 히에로니무스는 이렇게 쓴다.[51]

"로마 세계는 파멸의 나락으로 떨어지고 있네. 그렇게 되고 말겠지! 그런데 우리는 아직도 죄를 짓고 더 많은 죄를 저지르고 있으니 수치스러울 뿐이라네. 명성을 날리던 도시, 로마 제국의 수도가 무시무시한 화재로 사라

---

49 이교 문헌에 대해 보이는 적대감은 아일랜드를 제외하면 11세기까지 교회 조직 안에서 지속적으로 나타났으며, 아일랜드의 경우에는 올림포스의 신들을 숭배한 적이 한 번도 없었기 때문에 교회도 두려워하지 않았다.

50 편지 60.

51 편지 128.

져 버리고, 로마인이 망명 생활을 하지 않는 땅이 없을 정도가 아닌가. 교회 건물은 한때 신성한 곳이었으나 이제 먼지와 잿더미로 변해 버렸네. 그런데도 우리는 이익을 얻으려는 욕망에 마음을 빼앗기고 있어. 마치 내일 죽을 것처럼 살고 있지. 그러면서도 이승에서 영원히 살기라도 할 것처럼 집을 짓는다네. 벽은 황금빛으로 번쩍이고 천장과 기둥머리도 화려하게 치장을 하지. 그런데 그리스도는 우리 문앞에서 가난한 사람과 함께 헐벗고 굶주린 채 죽어 간다네."

이 구절은 자신의 딸을 정결한 처녀로 영원히 봉헌하기로 결심한 친구에게 쓴 편지 속에 우연히 등장하는데, 편지는 대부분 하느님께 바친 소녀를 교육할 때 지켜야 할 규칙에 관한 내용이다. 히에로니무스가 고대 세계의 멸망에 대해 온갖 통렬한 감정을 드러냈음에도 불구하고, 처녀성 보존을 훈족과 반달족과 고트족에게 승리하는 것보다 중요하게 생각한 점은 예상 밖의 일이다. 그는 단 한 번도 실제 정치에 필요한 가능한 수단을 강구하는 쪽으로 생각을 돌린 적이 없었다. 재정 제도나 야만인들로 구성된 군대에 의존하는 군사정책의 좋지 않은 점도 결코 지적하지 않았다. 암브로시우스와 아우구스티누스에 대해서도 똑같이 말할 수 있다. 암브로시우스는 사실 정치가이기는 했으나 교회를 위해 일하는 정치가였을 따름이다. 최고 수준을 자랑하며 활약한 당대 지성인이 세속적인 문제에 전혀 관심을 두지 않았다는 점을 생각해 보면, 로마 제국의 파멸은 조금도 놀랍지 않다. 한편 로마 제국의 파멸은 불가피했지만, 그리스도교의 사고방식은 사람들에게 불굴의 용기를 심어 주고, 지상의 삶이 헛된 것처럼 보일 때 종교적 소망을 간직하도록 이끄는 데 적합해 감탄이 절로 나올 정도였다. 이러한 관점을 드러낸 『신국』은 성 아우구스티누스의 최고 걸작이다.

나는 이번 장에서 성 아우구스티누스를 한 인간으로서만 다루고, 다음 장에서 신학자이자 철학자로서 고찰하겠다.

성 아우구스티누스는 히에로니무스보다 9년, 암브로시우스보다 14년 늦은 354년에 태어났다. 아프리카에서 태어나 대부분의 생애를 아프리카에서 보냈다. 어머니는 그리스도교도였으나 아버지는 그리스도교도가 아니었다. 아우구스티누스는 한때 마니교도가 되었으나 그리스도교도로 개종하여 밀라노의 주교인 암브로시우스에게 세례를 받았다. 아우구스티누스는 396년경 카르타고에서 멀지 않은 히포의 주교로 부임했다. 그는 430년에 세상을 떠날 때까지 거기서 살았다.

우리는 아우구스티누스의 초기 생애에 대해 대다수 성직자의 경우보다 더 많이 아는데, 그가 『고백록』에서 말했기 때문이다. 『고백록』을 모방한 여러 책 가운데 특히 루소와 톨스토이의 작품이 유명하지만, 아우구스티누스 이전에 비견될 만한 수작이 없었다. 성 아우구스티누스는 어떤 면에서 톨스토이와 비슷한 인물이지만 지성은 톨스토이보다 뛰어났다. 청년기의 아우구스티누스는 덕의 귀감과 동떨어진 그야말로 정열이 넘치는 남자였으나, 진리와 의로움을 추구하려는 내적 충동도 간직한 인물이었다. 그는 톨스토이처럼 나이를 먹은 다음 죄의식에 사로잡힌 나머지 너무 엄격한 인생을 살았으며, 철학도 인간다움과 점점 멀어졌다. 아우구스티누스는 이단 사상에 맞서 격렬한 논쟁을 벌였지만, 그의 견해 가운데 17세기 얀센이 반복해서 주장한 몇몇 견해는 이단으로 단죄를 받았다. 그러나 개신교도가 아우구스티누스의 이단 사상을 채택하기 전까지, 가톨릭교회는 아우구스티누스의 정통성에 대해 한 번도 이의를 제기하지 않았다.

『고백록』에 기록된 아우구스티누스 생애의 초기 사건 가운데 하나는 소년기에 일어났는데, 다른 소년과 차이가 난다고 보기 어려운 대단치 않은 사건이었다. 그는 배고프지도 않고 부모에게 좋은 배나무가 있었는데도, 또래 친구와 이웃집 배나무에서 배를 훔쳤던 모양이다. 그는 일생 동안 어린 시절의 행동을 거의 믿을 수 없을 만큼 사악한 짓이라 여겼다. 배가 고팠거나 배를 손에 넣을 다른 방법이 없었다면, 사악할 정도로 나쁜 짓은 아니었을 것이다. 그런데 사실 배를 훔친 행동은 순전히 장난으로 벌인 나쁜 짓으로, 사악한 것 자체를 즐기려는 욕망에서 비롯된 것이었다. 바로 사악한 면 때문에 그의 행동은 말할 수 없이 악한 짓이었다. 그는 이렇게 신에게 용서를 간청한다.

"제 마음을 보소서, 오 하느님! 주님께서 나락에 떨어진 제 마음을 긍휼히 여겨 주소서. 이제 보살펴 주소서. 제가 악행을 저지르게 만드는 유혹이 없었는데도 악행을 저질렀으니, 까닭 없이 사악한 짓을 하며 무엇을 구하려 했는지를 제 마음이 주님께 아뢰게 하소서. 그 행동은 사악한 짓이었고, 저는 그런 짓을 갈망했나이다. 저는 소멸을 갈구했으며, 저는 무엇을 위해 과오를 저지르지 않고 제가 갈구했던 과오 자체를 즐겼나이다. 사악한 영혼은 하늘에서 떨어져 주님의 면전에서 추방되나이다. 수치스러워 아무것도 구하지 못하고, 그저 수치스러운 마음뿐이옵니다!"[52]

아우구스티누스는 이처럼 일곱 장에 걸쳐 계속 이야기를 이어 가는데, 모두 한 소년이 장난으로 나무에서 배 몇 개를 딴 사건이 빚어낸 내용이다. 현대인에게는 병적 성향으로 보이지만,[53] 당시에는 정상적이고 경건한 생활의 징표였던 듯하다. 그가 살았던 시절에 자만self-importance과 외면적 패배를 조화시키는 방법으로 유대교도가 되었다는 죄의식이 매우 강했다. 야훼는 전능하며 유대인에게 특별한 관심을 쏟았다. 그러면 유대인은 왜 번성하지 못했는가? 그들이 사악한 짓을 일삼았기 때문이다. 그들은 우상을 숭배하고 이방인과 혼인하고 율법을 지키지 않았다. 신의 목적은 유대인을 중심으로 세워졌으나, 의로움은 선한 것 가운데 최선이고 시련을 이겨 내야 비로

52 아우구스티누스, 『고백록』, 2권 4장.

53 마하트마 간디는 이러한 내용과 아주 유사한 구절을 자서전에서 쓰고 있기 때문에 예외로 쳐야 한다.

소 성취되기 때문에, 그들은 우선 벌을 받아야 할 뿐만 아니라 징벌도 하느님 아버지의 사랑을 표현한 것으로 받아들이지 않으면 안 된다.

그리스도교도는 선택받은 민족의 자리에 교회를 놓았지만, 한 가지를 제외하면 죄의식과 거의 차이가 없다. 교회는 유대인과 마찬가지로 시련을 당했다. 교회는 이단 사상에 시달렸으며 개인으로서 그리스도교도는 박해의 압박 속에서 배교의 나락으로 떨어졌다. 하지만 유대인이 이미 대부분 이룩해 놓은 한 가지 중요한 발전은 공동의 죄를 개인의 죄로 대체한 것이다. 애초에 죄를 저지른 것은 유대 민족이었으므로 유대 민족 전체가 공동으로 벌을 받았다. 그러나 나중에 죄는 개인과 더 밀착되어 정치적 특성을 상실했다. 유대 민족을 교회로 대체할 경우 이러한 변화가 더 본질적 요소가 되는데, 교회는 영적 존재로서 죄를 지을 수 없지만 개인으로서 죄를 저지른 사람은 교회와 교섭을 중단할 수 있기 때문이다. 방금 말한 죄는 자만과 관계가 있다. 원래 자만은 유대 민족의 자만이었으나, 이후에 교회는 결코 죄를 범한 적이 없기 때문에 교회가 아니라 신자인 개인의 자만으로 받아들였다. 따라서 그리스도교 신학은 두 분야로 나뉘는데, 하나는 교회에 관한 것이고 다른 하나는 개인의 영혼에 관한 것이다. 후대에 가톨릭교는 교회를 강조하고 개신교는 개인의 영혼을 강조했으나, 양자는 아우구스티누스 사상 속에서 동등하게 나타난다. 구원받을 사람들은 신이 구원하기로 예정해 두었다. 이것은 영혼이 신과 직접적 관계를 맺는다는 말이다. 그러나 아무도 세례를 받지 않으면 구원받지 못하기 때문에 교회의 일원이 될 수밖에 없다. 이것은 교회를 영혼과 신을 잇는 매개자로 만든다.

죄가 영혼과 신이 맺는 직접적 관계에 본질적 요소가 되는 까닭은, 자비로운 신이 어떻게 인간에게 고통을 주는 원인일 수 있는지, 죄를 지은 영혼이 어떻게 창조된 세계의 만물 가운데 가장 중요할 수 있는지를 죄가 설명해 주기 때문이다. 그러므로 종교개혁이 의존한 신학은 당연히 죄의식을 비정상적으로 많이 느끼는 사람에게서 비롯된다는 사실이 전혀 놀랍지 않다.

여기까지가 배를 훔친 사건에 관한 이야기다. 이제 『고백록』에서 말한 다른 주제를 몇 가지 살펴보자.

아우구스티누스는 자신이 어머니 무릎에 앉아 라틴어를 얼마나 쉽게 배웠는지, 교사들이 학교에서 가르치려 애썼던 그리스어는 '가혹한 위협과 체벌로 강요받았기' 때문에 얼마나 싫어했는지 이야기한다. 말년에 이르기까지 그의 그리스어 실력은 일천했다. 어떤 사람은 방금 말한 대조되는 두 가지 교육 방법에서 상냥한 교육 방법의 교훈을 도출하는 쪽으로 나아갔으리라고 추측할지도 모른다. 하지만 그는 이렇게 말한다.

"학습 효과는 자유로운 호기심을 자극하는 것이 겁을 주어 강제하는 방법보다 분명히 더욱 큽니다. 그러나 강제해야 주님의 율법, 오 나의 하느님, 곧 스승의 회초리부터 순교자의 고난에 이르는 주님의 율법으로, 자유에서 생겨나는 마음의 흔들림을 자제할 수 있습니다. 그 까닭은 주님의 율법이 우리에게 유익한 쓴맛을 섞는 효과를 내며, 이렇게 쓴맛은 주님과 우리를 떼어 놓는 해로운 쾌락으로부터 먼 곳에 계신 주님을 떠올리게 하기 때문입니다."

교사의 체벌은 아우구스티누스가 그리스어를 배우지 못하도록 만들기는 했지만, 해로운 쾌락을 좇는 습관에서 벗어나도록 도와주었다는 점에서 바람직한 교육 과정의 일부였다. 이러한 견해는 죄의 문제가 인간에게 가장 중요한 관심사라고 말하는 사람들에게는 논리적으로 보일 것이다. 이어서 그는 거짓말을 하고 음식을 훔쳤던 소년 시절에 죄를 지었을 뿐만 아니라 더 어린 시절에도 죄를 지었다고 고백한다. 사실은 한 장(『고백록』, 1권 7장) 전체를 할애하여 품속의 유아조차 폭식과 질투를 비롯한 끔찍한 악덕으로 가득 차 있다는 것을 보여 준다.

사춘기로 접어든 아우구스티누스는 육체의 욕망에 압도되었다. "내 나이

열여섯 되던 해, 주님의 율법으로 금지되었으나 인간의 악한 본성 때문에 생겨난 육욕의 광기를 통제하지 못해 완전히 몸을 내맡겼던 때 저는 어디에 있었고, 주님의 집을 비추는 빛에서 얼마나 멀리 떨어졌나이까?"[54]

그의 아버지는 육욕으로 인한 악을 막기 위해 아무 조처도 하지 않고, 아우구스티누스의 공부에만 관심을 쏟았다. 반대로 어머니 성 모니카는 그에게 정조를 지키라고 타일렀으나 헛수고였다. 당시에 "전도유망한 아들이 아내라는 방해물 때문에 혼란에 빠지지나 않을까 두려워" 혼인을 제안해 보지도 않았다.

그는 16세에 카르타고에 갔던 경험을 이렇게 서술한다. "주위는 온통 가마솥 속에 있는 듯 무법천지의 사랑으로 들끓었습니다. 사랑을 모르나 사랑을 갈망하던 나는, 뿌리 깊은 욕망으로 인한 사랑을 원하지 않기 때문에 자신을 혐오하기도 했습니다. 나는 사모할 대상을 찾으며, 안전한 길에는 반감을 품었습니다. …… 그때 사랑하는 것도 사랑받는 것도 내게는 달콤했습니다. 내가 사랑하는 사람과 즐겼던 때는 더욱 달콤했습니다. 이리하여 나는 우정의 샘을 불결한 욕정으로 더럽히고, 우정의 빛을 탐욕이란 지옥의 그림자로 가렸습니다."[55] 이는 수년간 충실하게 사랑한 연인과 맺은 관계를 묘사한 구절인데,[56] 아우구스티누스는 연인이 낳은 아들을 사랑했고 개종한 다음 종교 교육에 공을 들였다.

이윽고 아우구스티누스와 어머니 모두 그가 혼인을 고려해야 할 나이가 되었다고 생각하는 때가 왔다. 그는 어머니가 허락한 아가씨와 약혼하게 되었고, 연인에게 헤어져야 한다고 말할 수밖에 없었다. "나의 연인이 내 결혼에 방해가 되어 나를 떠나게 되자, 연인을 그리워하는 내 가슴은 찢어져 상

54 아우구스티누스, 『고백록』, 2권 2장.
55 아우구스티누스, 『고백록』, 3권 1장.
56 아우구스티누스, 『고백록』, 4권 2장.

처가 나고 피를 흘리는 듯 아팠습니다. 그녀는 다른 남자를 만나지 않겠다고 주님께 맹세한 다음, 아들을 내게 맡기고 아프리카로 떠났습니다(이 시기에 아우구스티누스는 밀라노에 머물렀다)."[57] 그러나 약혼녀가 너무 어린 탓에 2년 동안 결혼식이 미뤄지자, 아우구스티누스는 그사이에 또 다른 연인을 사귀었는데 공인이나 승인을 받기가 더 어려운 관계였다. 그는 양심의 가책이 점점 더 심해지자, 이렇게 기도하곤 했다. "제게 정숙과 절제를 허락해 주소서, 다만 아직은 아니옵니다."[58] 결혼식을 올리기 전, 그는 마침내 종교심이 완벽하게 승리하여 남은 생애를 독신으로 지냈다.

아우구스티누스의 생애 초기로 다시 돌아가 보자. 그는 19세에 뛰어난 수사학 실력을 갖추었으며 키케로의 영향으로 철학에 입문했다. 성경을 읽어 보았지만 성경에서 키케로의 철학에 나타난 장중한 문체를 찾아내지 못했다. 이때 아우구스티누스는 마니교도가 되어 어머니의 마음을 아프게 했다. 그의 직업은 수사학 교사였다. 그는 점성술에 열중하기도 했는데, 말년에 이르러 "네가 죄를 지을 수밖에 없는 원인이 하늘에 있다"고 가르친다는 이유로 점성술에 반대했다.[59] 그는 라틴어로 쓰이거나 번역된 철학 서적을 모조리 읽었다. 아리스토텔레스의 『범주론』을 특별히 언급하는데, 교사가 도와주지 않아도 이해했다고 말한다. "그러나 악한 정욕에 시달리는 비참하기 짝이 없는 노예인 내가 혼자 힘으로 이른바 교양서적을 모조리 읽고 내용을 다 이해한들 무슨 이득이 되겠습니까? …… 나는 등에 빛을 받고 얼굴이 빛을 받는 사물로 향해 있어, 내 얼굴은 빛을 보지 못하기 때문입니다."[60] 이 무렵 그는 하느님이 거대하고 빛나는 몸을 가진 존재이며, 자신은 그러

57 아우구스티누스, 『고백록』, 6권 15장.
58 아우구스티누스, 『고백록』, 8권 7장.
59 아우구스티누스, 『고백록』, 4권 3장.
60 아우구스티누스, 『고백록』, 4권 16장.

한 존재의 일부라고 믿었다. 우리는 아우구스티누스가 마니교도의 교리가 단지 틀렸다고 말하지 않고 자세히 설명했기를 바랄 수 있다.

성 아우구스티누스가 마니Mani(216~274년경)[61]의 교리를 거부한 첫째 이유가 과학에 근거하고 있다는 점은 아주 흥미롭다. 성 아우구스티누스는 『고백록』에서 말했듯[62] 자신이 최고 천문학자의 저술들을 읽고 어떻게 천문학을 배우게 되었는지 기억하며 이렇게 말한다. "나는 천문학자의 저술과, 마니가 정신 나간 바보짓으로 천문학적 주제에 관해 썼던 막대한 분량의 진술을 비교해 보았습니다. 마니가 하지와 동지, 춘분과 추분, 일식과 월식에 대해 추리한 내용뿐만 아니라 내가 세속 철학을 통해 천문학에 대해 알게 된 것도 만족스럽지 않았습니다. 나는 그저 믿으라는 명령을 받았지만, 마니의 추리는 계산 결과나 나의 관찰로 얻은 추리와 일치하기는커녕 정반대라는 점이 드러났습니다." 아우구스티누스는 과학적 실수 자체가 신앙의 오류를 나타내지 않으며, 다만 신의 영감을 받아 알려진 것을 권위주의적 태도로 전달할 경우 신앙의 오류로 이어진다고 말한다. 아우구스티누스가 갈릴레오 시대에 살았더라면 어떻게 생각했을지 궁금할 따름이다.

아우구스티누스는 의문을 풀기 위해 마니교에서 가장 학식이 높다고 알려진 주교 파우스투스를 만나 의논한 적이 있었다. 그러나 "첫 대면에서 나는 그가 문법을 제외하면 교양 학문에 무지하며 문법에 대한 지식도 수준 이하에 지나지 않는다는 사실을 알았다. 그러나 그는 키케로 연설집 일부, 세네카의 책 몇 권, 시 몇 편, 자기 종파에서 라틴어와 논리적 순서에 따라 편찬한 경전 몇 권을 읽었을 뿐만 아니라 매일 말하기 연습을 하여 유창하게 이야기했는데, 그의 능변은 뛰어난 식견으로 조절되고 자연의 은총을 받

61 * 페르시아의 종교 지도자이자, 마니교의 창시자이며 '마네스', '마니카이누스'라 부르기도 한다.

62 아우구스티누스, 『고백록』, 5권 3장.

아 터득한 만큼 유쾌하고 눈길을 끌 만했다."[63]

아우구스티누스는 파우스투스가 천문학의 난제를 결코 해결하지 못할 것이라고 알아차렸다. 그는 마니교의 경전이 "하늘, 별, 태양, 달에 관한 긴 우화로 가득하지만", 천문학자들이 발견한 사실과 일치하지 않는다고 말한다. 이에 대해 의문을 제기하자 파우스투스는 솔직하게 자신의 무지를 고백했다. "그래서 그가 더욱 마음에 들었습니다. 거리낌 없는 사람의 겸손이, 바라던 천문학적 지식을 얻는 것보다 훨씬 더 마음을 끌었지요. 그는 더욱 어렵고 미묘한 문제를 다룰 때도 언제나 겸손한 태도를 보였습니다."[64]

이처럼 자유로운 정서에 놀라지 않을 수 없다. 어느 누구도 당시 상황에서 이토록 관대하리라고는 아무도 예상치 못했을 것이다. 이렇게 자유로운 정서는 말년의 아우구스티누스가 이단 사상을 대할 때와 전혀 부합하지 않는다.

이 무렵에 그는 로마에 가기로 결심하는데, 로마의 교사 수입이 카르타고보다 더 높기 때문이 아니라 수업 시간에 학생들이 훨씬 정숙하다는 말을 들었기 때문이라고 말한다. 카르타고에서는 학생들의 나쁜 짓에 따른 무질서가 극에 달해 수업이 거의 불가능할 정도였다. 그러나 로마에서는 무질서 정도는 덜했지만 학생들이 수업료를 지불하지 않으려고 속임수를 썼다.

로마에서 그는 여전히 마니교도와 교제했으나 마니교의 교리가 옳다는 신념은 약해졌다. 그는 인간이 모든 것을 의심할 수밖에 없다는 아카데메이아학파의 주장이 옳다고 생각하기 시작했다.[65] 그렇더라도 여전히 "우리의 참된 자아가 아니라 우리 안의 어떤 다른 본성(나는 그런 본성이 무엇인지 모르겠다)이 죄를 짓게 한다"는 마니교도의 생각에 동의하며, 악이 일종의 실

63 아우구스티누스, 『고백록』, 5권 6장.

64 아우구스티누스, 『고백록』, 2권 7장.

65 아우구스티누스, 『고백록』, 5권 10장.

체라고 믿었다. 이것은 아우구스티누스가 개종 이후와 마찬가지로 개종 이전에도 죄의 문제에 몰두했음을 분명히 드러낸다.

로마에서 약 1년이 지난 어느 날, 로마 총독 심마쿠스는 수사학 교사를 보내달라는 요청을 받고 아우구스티누스를 밀라노로 파견했다. 아우구스티누스는 밀라노에서 전 세계에서 가장 훌륭한 사람으로 알려진 암브로시우스를 만났다. 그는 암브로시우스의 친절에 감동받고 흠모하면서 마니교의 교리보다 가톨릭교의 교리를 더욱 강하게 믿었다. 한동안 그는 아카데메이아학파에게 배운 회의주의에 경도되어 망설이기도 했으나, "철학자들은 그리스도의 이름을 구하지 않기 때문에 나는 내 병든 영혼을 그들에게 돌봐달라고 맡기지 않았습니다"[66]라고 고백한다.

아우구스티누스는 밀라노에서 어머니와 살았는데, 어머니는 그가 개종하기 위해 걸어간 마지막 행로를 단축하는 데 결정적 역할을 했다. 그의 어머니는 아주 열렬한 가톨릭교도였다. 아우구스티누스는 어머니께 늘 공손한 어조로 편지를 쓰곤 했다. 그녀가 이 무렵에 아우구스티누스에게 더욱 중요한 존재였던 까닭은 암브로시우스가 일이 너무 많아 그와 사적 대화를 나눌 여유가 없었기 때문이다.

『고백록』에는 아우구스티누스가 플라톤의 철학과 그리스도교의 교리를 비교한 아주 흥미로운 장[67]이 있다. 아우구스티누스는 이 무렵에 주님이 자신에게 그리스어에서 라틴어로 번역한 플라톤학파의 책 몇 권을 주었다고 말한다. "그리고 나는 플라톤학파의 책 속에서 같은 목적을 위해 각양각색의 이유로 강조되는 다음과 같은 말씀을 읽지 못했습니다. '태초에 말씀이 있었고, 말씀은 하느님과 함께 있으니, 말씀이 곧 하느님이라. 말씀은 태초

66 아우구스티누스, 『고백록』, 5권 4장.
67 아우구스티누스, 『고백록』, 7권 9장.

에 하느님과 함께 있었느니라. 하느님이 만물을 지으셨으니, 하느님이 계시지 않았다면 아무것도 창조되지 않았으리라. 하느님이 지으신 것이 바로 생명이며, 생명은 인간의 빛이니 빛이 어둠을 비추지만, 어둠은 빛을 깨닫지 못하느니라.' 또 인간의 영혼은 '빛의 증인을 품고 있지만', 영혼 자신은 아직 '빛이 아니니라.' 그러나 하느님, 곧 하느님의 말씀은 '세상에 태어난 모든 인간을 비추는 참빛이라.' 그리고 '하느님께서 세상에 거하시어 세상을 지으셨으나 세상은 그분을 알아보지 못하였느니라.' 그러나 '하느님은 그분 자신의 피조물에게 오셨으나, 하느님의 피조물은 그분을 영접하지 않았느니라. 그러나 하느님은 그분을 영접한 사람들에게, 심지어 그분의 이름을 걸고 믿는 사람들에게도 하느님의 자녀가 되는 권한을 주셨느니라.' 나는 이러한 말씀을 플라톤학파의 책에서 읽지 못했습니다." 그는 "말씀이 육신이 되어 우리 가운데 거하셨느니라"라는 문구도 읽지 못했고, "그분은 자기 자신을 낮추어 죽음, 그것도 십자가의 죽음에 이르기까지 순종하셨느니라"라는 문구나 "예수 그리스도의 이름 앞에 모두 무릎을 꿇어야 하느니라"라는 문구도 읽지 못했다고 한다.

대체로 말하면 아우구스티누스는 플라톤학파의 책에서 형이상학적 법칙, 곧 로고스 학설을 찾아냈으나 육화 교리와 그것에 당연히 뒤따르는 인간 구원 교리를 찾아낼 수는 없었다. 앞에서 말한 그리스도교의 교리와 다르지 않은 사상이 오르페우스교와 다른 신비 종교에도 존재했으나, 성 아우구스티누스는 몰랐던 듯하다. 어쨌든 어떤 교리도 그리스도교만큼 비교적 근래의 역사적 사건과 관련되어 있지 않았다.

아우구스티누스는 이원론을 받아들인 마니교도와 반대로, 악이 실체로서 존재하는 것이 아니라 의지의 탈선에서 비롯된다고 믿게 되었다.

그는 성 바오로의 저술에서 특별한 위안을 얻었다.[68]

아우구스티누스는 길고도 열렬한 내적 투쟁 끝에 개종했다(386). 그는 교수직, 연인, 신부를 차례로 포기하고, 짧은 기간 은거하며 명상한 다음 성 암브로시우스에게 세례를 받았다. 어머니가 누구보다 기뻐했으나 아들이 세례를 받은 지 얼마 되지 않아 세상을 떠났다. 388년에 그는 아프리카로 돌아가 남은 생을 주교 직무 수행과 여러 이단, 바로 도나투스파와 마니교, 펠라기우스파에 맞서 논쟁하는 글쓰기에 전념했다.

68 아우구스티누스, 『고백록』, 7권 21장.

4.
아우구스티누스의 철학과 신학

성 아우구스티누스는 방대한 분량의 책을 쓴 저술가이며 주로 신학적 주제로 글을 썼다. 논쟁을 담은 저술 가운데 시사 문제를 다루고 있어 당시 큰 성공을 거두었을 뿐 더는 관심을 끌지 못한 작품도 있지만, 특히 펠라기우스파와 관련된 저술은 오늘날까지 실제로 영향을 미치고 있다. 나는 그의 저작을 전부 다루지 않고, 고유한 측면이든 역사적 측면이든 중요해 보이는 것만 논의하려 한다. 이제 다음 세 가지 주제에 대해 고찰할 것이다.

1. 순수 철학, 특히 시간론
2. 『신국』에 나타난 역사 철학
3. 펠라기우스주의에 반대하여 제안한 구원설

1. 순수 철학

성 아우구스티누스는 순수 철학에 전념한 적이 별로 없지만, 순수 철학에 관여할 때 대단한 재능을 보여 주기도 했다. 그는 순수한 사변적 견해가 성서와 일치되어야 할 필요의 영향을 받은 첫 인물이다. 초기 그리스도교 철학자들, 예컨대 오리게네스에 대해 이렇게 말할 수 없을 것이다. 오리게네스의 경우 그리스도교와 플라톤주의가 나란히 놓여 두 사상이 서로 영향을 주고받지 않는다. 하지만 성 아우구스티누스의 경우 순수 철학에 속한 독창적 사고는 플라톤주의가 어떤 점에서 창세기와 조화되지 않는다는 사실의 자극을 받는다.

성 아우구스티누스의 저술 가운데 순수 철학에 속한 최고의 작품은 『고백록』 11권이다. 『고백록』 보급판은 이어질 장이 지루하다는 이유를 들어 10권으로 끝난다. 지루한 이유는 자서전이 아니라 훌륭한 철학이기 때문이다. 11권은 다음과 같은 문제에 관심을 갖는다. 창조가 창세기 1장에서 주장하고 아우구스티누스가 마니교도에 맞서 주장한 대로 일어났다면, 창조는 가능한 한 빨리 일어났어야 할 것이다. 그래서 그는 반대자와 논쟁을 벌인다고 상상한다.

아우구스티누스의 답변을 이해하려면, 우선 구약성서에서 가르친 무無에서 시작된 창조가 그리스 철학과 섞이기 어려운 이질적 사상이었다는 논점을 파악해야 한다. 플라톤은 창조에 대해 말할 때, 신이 형상form을 준 원시물질primitive matter을 상상한다. 아리스토텔레스도 마찬가지다. 플라톤과 아리스토텔레스의 신은 조물주가 아니라 제작자이거나 설계자다. 그들은 물질이 영원한 것이므로 창조되지 않으며, 형상만 신의 의지에서 비롯된 것이라고 생각한다. 반대로 정통 그리스도교도라면 누구나 그렇듯, 성 아우구스티누스는 세계가 물질에서 창조되지 않고 무에서 창조되었다고 주장한다. 신은 질서와 배열뿐만 아니라 물질도 창조했다. 무에서 창조할 수 없다는 그리스인의 견해는 그리스도교 시대가 지나는 동안 간헐적으로 등장해 범신론으로 이어졌다. 범신론pantheism은 신과 세계가 별개로 있지 않고, 세계 속의 모든 것은 신의 일부라고 주장한다. 이러한 범신론은 스피노자의 철학 속에서 가장 완벽한 형태로 발전하며, 거의 모든 신비주의자들이 매력을 느끼는 견해다. 수 세기에 걸친 그리스도교 시대 내내 신비주의자들이 정통 신앙을 그대로 유지하기 어려웠던 까닭은 세계가 신과 떨어져 존재한다고 믿기 힘들었기 때문이다. 그러나 아우구스티누스는 이러한 논점에 관해 전혀 힘들어 하지 않았다. 「창세기」는 명쾌하며, 그에게는 명쾌한 것으로 충분하다. 이 문제를 바라보는 아우구스티누스의 관점은 시간론에서 본질적 요소로 작용한다.

세계는 왜 더 빨리 창조되지 않았을까? 그 까닭은 '더 빠른' 시간은 존재하지 않기 때문이다. 세계가 창조되는 순간에 시간도 창조되었다. 신은 무시간적 존재라는 의미에서 영원하다. 신 안에 이전과 이후는 없고, 영원한 현재만 있다. 신의 영원성은 시간 관계에 구애받지 않는다. 신에게 모든 시간은 동시에 나타난다. 신이 시간의 창조에 **앞서 존재하지** 못하는 까닭은 시간의 창조에 앞서 존재할 경우 신이 시간 속에 존재한다는 뜻일 텐데, 사실 신은 시간의 흐름 밖에서 영원히 존재하기 때문이다. 이러한 생각은 감탄이 나올 만큼 상대적인 시간론으로 성 아우구스티누스를 이끌었다.

아우구스티누스는 "그러면 시간이란 무엇인가?"라고 묻는다. "아무도 물어보지 않으면 알지만, 묻는 사람에게 설명하려면 모르게 되고 만다." 그는 여러 가지 난점에 부딪혀 당혹스러웠다. 그는 과거도 미래도 현실적으로 있지 않고, 현재만 현실적으로 **있다**고 말한다. 현재는 순간일 뿐이고, 시간은 오로지 지나가는 동안 측정될 따름이다. 그런데도 과거와 미래의 시간은 현실적으로 있다. 여기서 모순에 빠지는 것처럼 보인다. 아우구스티누스가 이러한 모순을 피할 수 있는 유일한 길은 과거와 미래는 현재로 생각될 따름이라고 말하는 것이다. '과거'는 기억과 동일시하고, '미래'는 기대와 동일시할 수밖에 없으며, 기억과 기대는 둘 다 틀림없이 현재에 속한 사실들이다. 그는 세 가지 시간, 곧 '과거에 일어난 일의 현재, 지금 일어나고 있는 일의 현재, 그리고 미래에 일어날 일의 현재'가 있다고 말한다. "과거에 일어난 일의 현재는 기억이고, 지금 일어나고 있는 일의 현재는 눈앞에 펼쳐지는 일이며, 미래에 일어날 일의 현재는 기대다."[69] 세 가지 시간, 곧 과거와 현재, 미래가 있다는 말은 부정확한 어법이다.

아우구스티누스는 이러한 시간론으로 모든 난점을 현실적으로 해결하지 못했음을 깨닫는다. 그는 "내 영혼은 복잡하게 뒤얽힌 시간의 수수께끼를 풀기를 갈망한다"라고 말하고, 시간 문제에 관심을 두게 된 것이 헛된 호기심에서 비롯되지 않았다고 신에게 호소하며 자신을 깨우쳐 달라고 기도한다. "오, 주님! 주님께 고백합니다. 저는 아직도 시간이 무엇인지 모르겠나이다." 그런데 아우구스티누스는 시간이 주관적인 것이라는 골자로 해결책을 암시한다. 시간은 기대하고 고려하고 기억하는 인간의 마음mind 속에 있다는 것이다.[70] 이로부터 창조된 존재가 없다면 시간도 존재할 수 없으며,[71] 창조가 일어나기 전의 시간을 말하는 것은 무의미하다는 결론이 도출된다.

나는 아우구스티누스의 이론에서 시간을 마음과 관련시킨 부분에 동의하지 않는다. 그러나 아우구스티누스의 시간론은 분명히 진지하게 고찰해 볼 만한 뛰어난 이론이다. 더 나아가 아우구스티누스의 이론이 그리스 철학에서 시간을 주제로 다룬 어떤 이론보다 훨씬 앞섰다는 말도 당연히 해야 하겠다. 이러한 시간론은 칸트의 주관적 시간론보다 더 나은 명료한 진술을 포함하며, 칸트 이후 철학자들이 널리 수용했다.

시간이 우리의 사유가 드러낸 양상일 뿐이라는 이론은 이미 살펴보았듯, 프로타고라스와 소크라테스 시대 이후 고대 세계에서 점차 증가했던 가장 극단적 형태의 주관주의다. 이러한 이론의 정서적 측면은 죄라는 강박관념에 사로잡힌 것이며, 지성적 측면보다 나중에 나타났다. 성 아우구스티누스는 두 종류의 주관주의를 드러낸다. 그의 주관주의는 칸트의 시간 이론뿐만

69 아우구스티누스, 『고백록』, 11권 20장.

70 아우구스티누스, 『고백록』, 28장.

71 아우구스티누스, 『고백록』, 30장.

아니라 데카르트의 **나는 생각하므로 존재한다**cogito ergo sum는 주장도 미리 보여 준다. 그는 『독백*Soliloquia*』에서 이렇게 말한다. "알고 싶어 하는 너는 네가 누구인지 아느냐? 나는 네가 누구인지 안다. 너는 어디에서 왔는가? 나는 어디에서 왔는지 모른다. 너는 너 자신을 단 하나라고 느끼는가, 아니면 여럿이라고 느끼는가? 나는 모른다. 너는 네가 생각한다는 사실을 아는가? 당연히 알고 있다." 여기에 데카르트의 **나는 생각하므로 존재한다**는 주장뿐 아니라 가생디Pierre Gassendi(1592~1655)의 **나는 걸으므로 존재한다**ambulo ergo sum는 주장에 대한 답변도 들어 있다. 그러므로 아우구스티누스는 철학자로서 높은 자리를 차지할 자격이 충분하다.

2. 신국

410년에 로마가 고트족에게 함락되자, 이교도의 관점에서 재난의 원인을 고대부터 믿어 온 신들을 포기한 탓으로 돌린 것도 무리는 아니었다. 이교도는 주피터를 숭배한 동안 적어도 로마가 강성했다고 주장한다. 이제 로마 황제들이 주피터를 외면하고 떠나자 주피터가 더는 로마인을 지켜주지 않는다. 이러한 이교도의 논증은 응답을 요구했다. 성 아우구스티누스는 차근차근 단계를 밟아 이교도의 논증에 응답하며 412년부터 427년까지 『신국』을 저술했다. 그러나 『신국』을 쓰는 동안 다루는 범위가 훨씬 넓어져 그리스도교의 과거와 현재, 미래의 역사까지 포괄한 완결된 체계로 확장되었다. 『신국』은 중세 내내 지대한 영향을 미친 책으로, 특히 교회가 세속 군주들과 투쟁할 때 영향력을 과시했다.

다른 몇몇 대단한 책이 그렇듯, 『신국』은 독자의 기억 속에 처음 읽었을 때보다 다시 읽을 때 더 좋은 인상이 남도록 구성되었다. 현대인이 수용하기 어려운 내용도 많이 들어 있으며, 중심 논제는 아우구스티누스가 살던 당대의 쓸데없는 논쟁들과 얽혀 다소 모호해 보이기도 한다. 그러나 속세의 나라와 신의 나라를 대비한 일반적 구상은 많은 사람에게 영감을 주었으며, 지금도 비신학적 용어로 다시 진술될 수 있다. 『신국』의 세부 내용에 대한 설명을 생략하고 주요 사상에 집중하면 지나치게 호의적인 견해를 끌어낼 터다. 다른 한편 세부 내용에 집중하다 보면 아주 중요한 사상을 놓칠 것이다. 나는 먼저 세부 내용을 어느 정도 설명한 다음에 역사적 발전 속에 나타난 일반적 사상으로 넘어감으로써 두 가지 오류를 피하려고 노력하겠다.

『신국』은 로마가 고트족의 점령으로 약탈당하는 동안 발생한 문제점을 고찰하면서 시작되고, 그리스도교가 전파되기 이전 시대에 일어난 훨씬 더 참혹한 사건을 보여 주려고 기획되었다. 성 아우구스티누스는 로마의 약탈이라는 재난을 그리스도교의 탓으로 돌리는 이교도 가운데, 로마가 약탈당하는 동안 고트족이 그리스도교도이기 때문에 경의를 표하고 침범하지 않은 이곳저곳의 교회로 피신한 사람들이 많다고 말한다. 반대로 트로이가 약탈당하는 동안, 유노의 신전은 아무도 보호해 주지 못했으며, 이교도의 신들은 도시의 파괴를 막지도 못했다. 로마인은 정복한 어느 도시든 신전을 그대로 둔 적이 한 번도 없었다. 이러한 점에서 로마의 약탈은 다른 여러 도시에서 일어난 약탈보다 참혹하지 않았으며, 이렇게 약탈의 정도가 완화된 것은 바로 그리스도교의 영향 덕분이었다.

약탈로 고통을 겪은 그리스도교도는 몇 가지 이유로 불평할 권리가 없다. 몇몇 사악한 고트족은 그리스도교도의 희생으로 번성했을지 모르지만 내세에서 고통을 겪을 것이다. 모든 죗값을 지상에서 치른다면, 최후의 심판은 필요치 않을 것이다. 그리스도교가 견디어 낸 고난은, 그들이 덕이 있다면 도리어 덕성을 함양할 텐데, 성인들saints은 속세의 일시적인 것을 잃어도 가치 있는 것은 하나도 잃지 않기 때문이다. 그들의 시신이 매장되지 않은 채 버려지더라도 아무 문제가 되지 않는 까닭은 굶주린 짐승이 육체의 부활을 훼방 놓을 수 없기 때문이다.

다음으로 로마의 약탈 기간에 능욕당한 독실한 처녀들의 문제를 다룬다. 이러한 숙녀들이 아무 잘못 없이 처녀성의 왕관을 잃었다고 주장했던 사람도 분명히 있었다. 아우구스티누스 성인은 아주 지각 있는 태도로 반대 입장을 밝힌다. "쳇, 다른 사람의 육욕이 당신을 더럽힐 수 있단 말인가." 정절chastity은 마음mind의 덕이므로, 능욕으로 잃어버리는 것이 아니라 실행하지 않았더라도 죄를 지으려는 의도로 잃게 된다. 이렇게 말함으로써 아우구스티누스는 희생자들이 성욕의 절제를 지나치게 자랑스러워했기 때문에 하느님이 능욕rape을 허용했다고 암시한다. 능욕을 피하려고 자살하는 행위는 사악하다. 이어서 자살은 언제나 죄를 짓는 일이기 때문에 스스로 목숨을 끊지 말았어야 했던 루크레티아Lucretia[72]에 대해 길게 논의한다.

능욕당한 정숙한 여자들이 죄를 짓지 않았다고 선언할 때 한 가지 단서를 붙인다. 그들은 능욕을 즐겨서는 안 된다. 즐긴다면 죄를 짓는 것이다.

다음으로 아우구스티누스는 이교도의 신들이 지닌 사악함에 대해 논의한다. 예컨대 "너희의 무대 연극, 부정하고 음란한 볼거리, 방종하고 허망한 짓거리는 처음부터 인간이 타락해 로마에 들어온 것이 아니라 너희가 섬기는 신들이 직접 명해 생겨난 것이다."[73] 이교도의 부도덕한 신들을 섬기느니 스키피오처럼 유덕한 인간을 숭배하는 편이 나을 것이다. 그러나 로마의 약탈에 관한 한, '하느님 순례의 나라'에 지성소를 둔 그리스도교도는 괴로워할 필요가 없다. 현세에는 두 가지 나라, 곧 지상의 나라와 하늘나라가 뒤섞여 있다. 그러나 내세에는 신이 예정해 둔 자와 신의 버림을 받은 자로 분리될 것이다. 현세에서 사는 동안 우리는 적처럼 보이는 사람 가운데 누가 최후에 신의 선택을 받을지 알 도리가 없다.

72 * 고대 로마 전설 속의 정숙한 귀부인. 그녀의 능욕 사건과 자살이 로마 왕정을 무너뜨리고 로마 공화정을 수립하는 계기가 되었다고 전한다.

73 아우구스티누스, 『신국』, 1권 31장.

이 저작의 가장 난해한 곳은 철학자들을 논박하는 부분일 텐데, 그리스도교도는 철학자 못지않게 예컨대 영혼불멸과 신의 세계 창조에 대부분 동의한다.[74]

철학자들은 이교도의 신들을 숭배하는 습속을 파기하지 못했으며, 그들의 도덕적 교훈은 이교도의 신들이 사악했기 때문에 설득력이 약했다. 이교도의 신들이 신화 속에나 등장할 뿐이라고 넌지시 말하지 않는다. 성 아우구스티누스는 이교도의 신들이 실제로 존재하지만 악마들이라고 주장한다. 그들이 자신들에 대한 추잡하고 음탕한 이야기를 좋아한 까닭도 인간을 해치고 싶었기 때문이다. 대부분의 이교도에게 주피터의 행위는 플라톤의 학설이나 카토의 의견보다 더 값어치가 있다. "통치가 잘 되는 도시국가에 시인의 거주를 허락하지 않으려 했던 플라톤은 자신의 유일한 가치가 무대 연극으로 명예를 얻으려는 이교도의 신들보다 훨씬 더 선하다는 사실을 보여 주었다."[75]

로마는 사비니 여자들의 겁탈 이후 언제나 사악했다. 아우구스티누스는 『신국』의 여러 장에서 로마 제국주의가 빚어낸 죄악상을 다룬다. 그리스도교 국가가 되기 전에 로마가 고통을 겪지 않았다는 주장은 사실이 아니다. 로마가 갈리아족의 침입과 내란으로 겪은 환란은 고트족에게 당한 약탈보다 오히려 더 심했다.

점성술은 사악할 뿐만 아니라 거짓으로 가득하다. 점성술의 거짓은 같은 별점을 타고난 쌍둥이의 운수가 서로 다르다는 사실로 입증되기도 한다.[76] 점성술과 관련된 스토아학파의 운명 개념이 잘못된 생각인 까닭은 천사와

---

74 아우구스티누스, 『신국』, 1권 35장.

75 아우구스티누스, 『신국』, 2권 14장.

76 이것은 독창적인 논증이 아니라 아카데메이아학파의 회의주의자인 카르네아데스에게서 비롯된 논증이다. 퀴몽의 『로마 이교사상에 나타난 동방 종교』, 166쪽을 참고하라.

인간에게 자유의지가 있기 때문이다. 신은 우리의 죄를 미리 알지만, 우리는 신의 예지 **때문에** 죄를 짓게 되는 것이 아니다. 현세에서도 덕이 불행을 초래한다고 가정하는 것은 잘못된 생각이다. 그리스도교도 황제들은, 덕이 있다면 운수가 사나워도 행복했으며, 콘스탄티누스와 테오도시우스는 운도 좋았다. 다시 말해 유대 왕국은 유대인이 종교의 진리를 충실히 따르는 동안 지속되었다.

아우구스티누스는 플라톤에게 공감을 표하면서 설명하는데, 플라톤을 다른 모든 철학자보다 위에 놓는다. 다른 철학자들은 모두 플라톤에게 자리를 내주어야 마땅하다. "탈레스는 물과 함께, 아낙시메네스는 공기와 함께, 스토아학파는 그들이 말한 불과 함께, 에피쿠로스는 원자들과 함께 떠나게 하자."[77] 여기서 언급한 철학자들은 모두 유물론자들이지만, 플라톤은 유물론자가 아니다. 플라톤은 신이 어떤 신체도 갖지 않은 존재이지만, 만물이 신 때문에 존재함을 알아보았다. 그는 지각이 진리의 원천이 아니라고 말한 점에서도 옳았다. 플라톤학파는 논리학과 윤리학 분야에서 최고 수준을 자랑하며, 그리스도교와 닮은 점이 제일 많다. "근래 살았던 플로티노스는 플라톤이 모든 철학자 가운데 최고의 철인이라고 믿었다고 전한다." 아리스토텔레스는 플라톤보다 못하지만 나머지 다른 철학자보다 훨씬 우수했다. 하지만 두 철학자는 모두 신들이 선하기 때문에 숭배의 대상이 된다고 말했다.

성 아우구스티누스는 모든 정념passions을 비난한 스토아학파에 반대해 그리스도교도의 정념은 덕을 높이는 원인이 될 수도 있다고 주장한다. 분노나 동정심을 **그 자체로** 비난해서는 안 되고, 이러한 감정의 원인을 알아보아야 한다는 것이다.

---

77 아우구스티누스, 『신국』, 8권 5장.

플라톤학파는 신에 관하여 옳고, 신들에 관하여 그르다. 그들은 육화를 인정하지 않은 점에서도 틀렸다.

천사와 악마에 관한 긴 논의는 신플라톤학파와 관련이 깊다. 천사들은 선하기도 하고 악하기도 하지만, 악마들은 언제나 악하다. 천사들에게 일시적인 현세의 사물에 대한 지식은(그러한 지식을 얻는다 해도) 무가치할 따름이다. 성 아우구스티누스는 플라톤처럼 감각계는 영원한 세계보다 열등하다고 주장한다.

아우구스티누스는 『신국』 11권에서 신국의 본성에 대해 설명한다. 신국은 신의 선택을 받은 사람들로 구성된 사회다. 신에 대한 지식은 오로지 그리스도를 통해서 얻는다. 철학자들처럼 지식을 이성으로 발견할 수도 있으나, 더 높은 종교적 지식을 얻으려면 성서에 의존해야 한다. 우리는 세계가 창조되기 전의 시간과 공간을 알려고 해서는 안 된다. 창조 이전에는 시간이 없었고, 세계가 없는 곳에는 장소도 없다.

축복받은 모든 것은 영원하지만, 영원한 모든 것이 축복받는 것은 아니다. 예컨대 지옥과 사탄Satan[78]은 축복받지 못한다. 신은 악마들이 저지를 죄악뿐만 아니라 악마들의 죄가 우주 전체를 개선하는 데 쓸모가 있다는 사실도 예견했는데, 이것은 수사학의 대조법과 유사하다.

오리게네스는 영혼이 육체를 벌로 받았다고 생각한 점에서 오류를 범한다. 오리게네스의 주장대로라면 악한 영혼이 나쁜 육체를 받았어야 할 터다. 그러나 사악하기 이를 데 없는 악마조차 바람처럼 가벼운 육체, 우리 인간의 육체보다 더 좋은 육체를 지니고 있다.

세계가 6일 동안 창조된 까닭은 6이 완전수, 바로 자신과 약수의 합이 같은 수이기 때문이다.

78 * 유대교와 그리스도교에서 악한 영의 왕이자 신의 대적자로 여기는 존재.

선한 천사와 악한 천사들이 있지만, 악한 천사도 신과 반대되는 본질을 지니지 못한다. 신의 적대자들은 본성이 아니라 의지에 따라 신을 적대한다. 악한 의지는 **결과를 낳는** 원인이 아니라 **결핍을 일으키는** 원인일 뿐이다. 다시 말해 악한 의지는 **결과를 산출하는 힘**이 아니라 **결핍**에 지나지 않는다.

세계의 나이는 6천 살밖에 되지 않는다. 역사는 몇몇 철학자가 가정하듯 주기적으로 반복되지 않는다. 예컨대 "그리스도는 우리의 죄를 용서해 주기 위해 단 한 번 죽으셨다."[79]

아담과 이브는 죄를 짓지 않았다면 죽지 않았을 테지만, 그들이 죄를 지었기 때문에 자손들도 모두 죽게 된다. 선악과를 따 먹음으로써 자연에 따른 죽음뿐만 아니라 영원한 죽음, 곧 파멸에 이르고 말았다.

천국의 성인들에게 몸이 없다는 포르피리오스의 주장은 틀렸다. 성인들은 아담이 타락하기 전에 지녔던 몸보다 더 나은 몸을 갖게 마련이다. 성인의 육체는 영적인 특징을 갖지만 영혼은 아니며, 무게도 나가지 않는다. 남자는 남성의 몸을, 여자는 여성의 몸을, 어려서 죽은 아이는 어른의 몸을 갖게 마련이다.

아담의 죄로 인해 온 인류가 영원한 죽음(곧 파멸)에 이르렀겠지만, 신의 은총으로 많은 사람이 영원한 죽음을 면했다. 죄는 육체가 아니라 영혼에서 비롯되었다. 플라톤학파와 마니교도는 모두 죄를 육체의 본성으로 돌리는 잘못을 저질렀지만, 플라톤학파는 마니교도만큼 해롭지 않다. 아담의 죄로 온 인류가 받은 벌은 옳았다. 왜냐하면 인간의 육체가 영적인 특징을 지닐 수도 있었는데, 아담의 죄로 인간의 정신이 육체 속에 갇혀 버렸기 때문이다.[80]

79 로마서 6장 10절; 히브리서 7장 27절.

80 아우구스티누스, 『신국』, 14권 15장.

이어서 아담의 죄 탓에 우리가 받은 벌의 일부로서 우리를 지배하는 성욕sexual lust에 대해 길고 상세하게 논의한다. 성욕에 대한 논의는 금욕주의 asceticism에 이르는 심리 상태를 드러내기 때문에 매우 중요하다. 그러므로 아우구스티누스 성인이 음란한 주제라고 고백하더라도, 우리는 이 주제를 검토하지 않으면 안 된다. 성욕 이론은 다음과 같다.

결혼생활에서 성교가 자손을 낳으려는 것이라면 분명히 인정되어야 한다. 그러나 유덕한 남자는 결혼 관계의 성교도 육체적 갈망lust을 느끼지 않고 해내려 할 것이다. 사생활을 지키려는 욕구가 보여 주듯 결혼생활에서도 사람들이 성교를 수치스럽게 여기는 까닭은 "아담과 이브가 저지른 죄 탓에 자연법칙에 따른 행동에도 수치심을 느끼도록 벌을 받았기" 때문이다. 키니코스학파는 아무 수치심을 느끼지 않아도 된다고 생각했으며, 디오게네스는 무슨 일을 하든지 개처럼 살기를 바라며 조금도 부끄러워하지 않았다. 그러나 디오게네스도 한 번 시도한 다음에는 수치심을 무시하는 극단적 삶의 태도를 사실상 포기했다. 육체적 갈망에 수치스러워하는 것은 그러한 갈망이 의지와 별개로 생기기 때문이다. 아담과 이브는 타락하기 전 육체적 갈망을 느끼지 않고 성교할 수 있었을 테지만, 사실은 그렇지 못했다. 수공업자는 거래하게 될 제품을 갈망하지 않으면서 손을 움직인다. 이처럼 아담도 선악과가 열린 나무를 멀리했다면 성행위와 더불어 생겨나는 감정에 얽매이지 않으면서 성교할 수 있었을 터다. 성과 관련된 육체의 부위도 나머지 부분과 마찬가지로 의지에 복종했을 것이다. 성교에 동반될 수밖에 없는 갈망은 아담의 죄 탓에 받은 벌이니, 성과 쾌락은 분리될 수도 있었을 터다. 『신국』의 역자가 라틴어 원문의 모호한 표현을 아주 적절하게 남겨둔 생리학적 세부 내용을 빼면, 위에서 말한 것이 성 아우구스티누스의 성욕 이론이다.

이러한 이론에서 금욕주의자는 성욕이 의지와 별개로 생기기 때문에 혐오하게 된 사실이 명백하게 드러난다. 덕을 갖추려면 의지의 힘으로 육체의 갈망을 완전히 통제해야 하는데, 이렇게 통제할 경우 성행위는 전혀 이루어질 수 없다. 그러므로 성행위는 완벽하게 덕을 갖춘 삶과 공존하기 어려운 것처럼 보인다.

아담과 이브의 타락 이후 세계는 두 나라로 나뉘어, 한 나라는 신이 맡아 영원히 다스리고, 다른 나라는 사탄에게 맡겨져 영원한 고통을 당하게 되었다. 카인은 사탄이 지배하는 나라에 속한 사람이고, 아벨은 신이 다스리는 나라에 속한 사람이다. 아벨은 은총으로 예정된 운명에 따라 지상의 순례자이자 천국의 시민이었다. 이스라엘의 족장들도 신의 나라에 속한 사람들이었다. 성 아우구스티누스는 므두셀라Methuselah[81]의 죽음에 관한 논의를 계기로 70인역 성서와 불가타 성서를 비교하는 성가신 문제를 다룬다. 70인역 성서에 기록된 자료에 따르면 므두셀라가 대홍수 이후 14년을 더 살았다는 결론이 도출되지만, 그가 노아의 방주에 타지 않았으므로 불가능한 일이었다. 반대로 히브리어 필사본을 번역한 불가타 성서는 대홍수가 나던 해에 죽었다는 결론으로 이끄는 자료를 제공한다. 성 아우구스티누스는 이에 대해 성 히에로니무스와 히브리 필사본의 자료가 정확하다고 주장한다. 유대인이 그리스도교도에게 적의를 품고 고의로 히브리 필사본을 왜곡했다고 주장한 사람들도 있었지만, 그러한 가설은 거부한다. 다른 한편 70인역 성서는 틀림없이 신의 영감을 받아 번역되었을 터다. 여기서 도출될 수 있는 유일한 결론은 프톨레마이오스의 필사가들이 70인역 성서를 베끼는 과정에서 실수를 저질렀다는 것뿐이다. 성 아우구스티누스는 구약성서의 번역에 대해 이렇게 말한다. "교회는 70인역 성서를 마치 다른 번역 성서가 존재하지 않는 양 받아들여, 그리스의 그리스도교도 가운데 오로지 이 번역본만 사용하

81 * 구약성서에 나오는 대홍수 이전의 이스라엘 족장. 969세까지 살았다고 한다.

고 다른 번역본이 있는지 없는지도 모르는 사람들이 많다. 우리의 라틴어 번역본도 70인역 성서를 본보기로 삼은 것이지만, 박식한 사제이자 위대한 언어학자인 성 히에로니무스가 같은 히브리어 성서를 라틴어로 번역했다. 유대인이 히에로니무스의 학구적 노작을 모두 정확하다고 인정할 뿐만 아니라 70인역 성서에서 틀린 곳이 여러 군데 있다고 단언했는데도, 그리스도를 믿는 교회는 대제사장이 선정한 여러 사람이 번역한 성서보다 한 사람의 노고로 탄생한 번역 성서가 훨씬 좋다고 생각하지 않는다." 성 아우구스티누스는 70인 역자가 독자적으로 번역했으나 기적적으로 서로 일치했다는 이야기를 있는 그대로 받아들이며, 이러한 사실을 70인역 성서가 신의 영감을 받아서 쓴 것이라는 증거로 생각한다. 그러나 히브리어 성서도 똑같이 신의 영감을 받아 적은 경전이다. 이러한 결론은 히에로니무스가 번역한 성서의 권위와 관련된 문제를 결정하지 않고 남겨 두는 셈이다. 아마도 두 성인이 성 베드로의 기회주의적 성향을 두고 서로 다투지 않았다면, 성 아우구스티누스는 확고하게 히에로니무스의 편을 들었을지도 모른다.[82]

성 아우구스티누스는 성스러운 역사와 세속의 역사를 연대별로 배열한다. 우리는 아이네아스Aeneas가 이탈리아로 왔던 때, 압돈Abdon[83]은 이스라엘에서 재판관이었으며, 최후의 박해는 적그리스도Antichrist아래서 일어나리라는 사실을 알게 되지만 날짜는 명시하지 않는다.

재판관의 고문에 반대하는 논의를 멋지게 전개한 장에 이어, 성 아우구스티누스는 모든 것이 의심스럽다고 주장한 신新 아카데메이아학파와 투쟁을 벌인다. "그리스도의 교회는 모든 것에 대해 가장 확실한 지식을 파악하기에 이러한 의심을 광기로 보고 혐오한다." 우리는 당연히 성서의 진리를

---

82 갈라티아서 2장 11~14절.

83 우리는 압돈에 대해 그에게 아들 40명과 손자 30명이 있었는데, 70명은 저마다 나귀를 타고 다녔다는 것만 알 뿐이다(판관기, 12장 14절).

「성 아우구스티누스」, 산드로 보티첼리, 1480년경

믿어야 한다. 이어서 참된 종교가 없다면 참된 덕을 성취할 수도 없다는 사실을 설명하기 시작한다. 이교도의 덕은 "음탕하고 추악한 악마들의 영향을 받아 가치가 떨어진다." 그리스도교도의 덕은 이교도에게는 악습이다. "영혼이 덕이라고 생각하여 애착을 보이는 덕도 모두 하느님께 귀착되지 않으면 사실은 덕이 아니라 악습이다." 이 사회(교회)에 소속되지 않은 이교도는 영원히 비참한 고통을 겪을 것이다. "우리가 여기 지상에서 갈등을 겪는 동안, 고통이 승리자가 되고 그리하여 죽음이 비로소 고통의 느낌을 쫓아내거나, 본성이 고통을 정복하여 몰아낸다. 그러나 거기에서 고통은 영원히 괴롭히고 본성은 영원히 시달리며, 둘 다 계속 받는 벌을 견뎌 내야 할 것이다."

부활에는 두 가지, 곧 죽을 때 일어나는 영혼의 부활과 최후 심판의 날에 일어나는 육신의 부활이 있다. 그는 천년왕국에 이어 나타나는 곡Gog과 마곡Magog[84]의 소행에 관한 여러 가지 난점에 대해 논의한 다음에 테살로니카 2서(2장 11~12절)에서 성서 원문을 하나 인용한다. "하느님께서 악한 자들에게 터무니없는 망상을 심어 주어 그들은 거짓을 믿을 수밖에 없으니, 진리를 믿지 않고 불의 속에서 쾌락을 얻는 자들은 모두 지옥에 떨어질지도 모릅니다." 전능한 신이 먼저 그들을 속였는데, 그들이 속았다고 하여 벌을 주는 처사가 옳지 않다고 생각하는 사람도 있겠지만, 이러한 처사가 성 아우구스티누스에게는 아주 적절해 보인 듯하다. "악한 자들은 죄를 지을 수밖에 없는 운명이기에 유혹을 당하고, 유혹을 당하기에 죄를 짓게 된다. 그러나 그들이 받은 유혹은 하느님의 비밀스러운 심판에 따라 일어나는데, 비밀은 의롭고 의로움은 비밀스럽다. 심지어 하느님은 세계를 창조한 이래 끊임없이 심판해 오셨다." 성 아우구스티누스에 따르면 신은 인류를 신의 선택

84 * 사탄에게 미혹되어 하늘나라에 대항하는 두 나라(요한 묵시록 20장 8절).

을 받은 자와 신의 버림을 받은 자로, 사람들의 공로와 과실 때문이 아니라 자신의 뜻대로 나누었다. 모든 사람이 똑같이 지옥에 떨어져야 마땅한 사람들이므로 신의 버림을 받은 자가 불평할 근거는 없다. 앞에서 인용한 성 바오로의 성서 구절에서, 악한 자들은 사악하기 때문에 신의 버림을 받은 것이 아니라 신의 버림을 받았기 때문에 악해진 것이라는 결론이 도출되는 듯하다. 육신이 부활한 다음, 지옥에 떨어진 자들의 육신은 영원히 불타지만 결코 다 타서 소멸하는 일은 없을 것이다. 여기에 이상한 점은 전혀 없다. 에트나 화산에 사는 불도마뱀은 불 속에서도 소멸하지 않는다. 악마는 영체靈體이지만 불에 타기도 한다. 지옥에서 겪는 고통은 정화와 무관하며, 성인들의 대속을 기원하는 기도로도 줄어들지 않으리라. 오리게네스는 지옥의 벌이 영원하지 않다고 생각하는 오류를 범했다. 이단자와 죄를 지은 가톨릭교도는 지옥에 떨어질 것이다.

『신국』은 하늘에 있는 신과 신국의 영원한 복락을 보여 주는 아우구스티누스의 환영을 묘사하며 끝난다.

위에서 요약한 내용으로 『신국』의 중요성을 분명하게 알아내기는 어려울 수도 있다. 후세에 영향을 미친 사상은, 교회와 국가를 분리하고 국가란 신국에 속한 일부에 불과하므로 종교와 관련된 문제라면 모두 교회의 권위에 복종해야 한다는 분명한 가르침이다. 이후 성 아우구스티누스의 사상은 교회의 교리로 굳건히 자리 잡았다. 교황 권력이 점차 커지는 시기뿐만 아니라 교황과 황제가 갈등을 빚은 처음부터 끝까지 중세 내내, 성 아우구스티누스는 서로마 교회의 정책을 정당화하는 이론을 제공했다. 판관기에 나오는 전설의 시대와 바빌론 유수에서 돌아온 후 역사 시대의 유대 국가는 정치와 종교가 일치되어 있었다. 그리스도교 국가는 당연히 유대 국가의 정교일치theocracy를 모방했을 것이다. 황제들과 중세기 서로마 군주들의 세력이 약했기 때문에 교회는 신의 나라라는 이상을 대부분 실현할 수 있었다.

서로마와 같은 발전 과정을 거치지 않은 동로마에서는 황제의 세력이 강했으므로, 교회가 서로마보다 훨씬 더 국가에 종속된 상태에 놓였다.

종교개혁이 일어난 시기에 성 아우구스티누스의 구원설이 되살아나지만, 그의 정교일치 사상보다 에라스투스주의Erastianism[85]로 기운다. 대체로 가톨릭교와 벌인 싸움이 실제로 긴박한 상황으로 치달은 결과였다. 그러나 개신교의 에라스투스주의는 마지못해 선택한 입장이었으며, 더욱이 개신교도 가운데 신앙심이 깊은 사람들은 대부분 여전히 성 아우구스티누스의 영향을 받았다. 재침례교, 제5왕국파, 퀘이커교는 아우구스티누스 사상의 일부를 이어받았으나 교회 조직을 별로 강조하지 않았다. 아우구스티누스는 예정조화뿐만 아니라 구원에 이르려면 세례가 필요하다고 주장했다. 두 교리는 조화를 이루기 어려웠기 때문에 극단적인 개신교도는 후자를 포기했다. 그러나 개신교도의 종말론에 성 아우구스티누스의 자취가 여전히 남아 있다.

『신국』에 독창성이 돋보이는 중요한 사상은 들어 있지 않다. 종말론eschatology은 유대교에 원래 있던 사상이며, 주로 요한 묵시록을 통해 그리스도교로 들어왔다. 예정조화설과 선민사상은 사도 바오로의 가르침이고, 성 아우구스티누스가 바오로의 편지에 나타난 사상을 훨씬 논리적으로 충분히 다듬어 발전시켰을 따름이다. 성스러운 역사와 세속의 역사는 구약성서에서 아주 분명하게 구별된다. 아우구스티누스가 했던 일은 이러한 요소들을 한데 묶어 당대의 역사와 관련시켜 이해한 것이었다. 이렇게 그리스도교는 신앙심을 혹독하게 시험하지 않고서도 서로마의 멸망과 이후 혼란기를 완전히 이해할 수 있었다.

---

85 에라스투스주의는 교회가 국가에 복종해야 한다는 학설이다(16세기 스위스 의사이자 츠빙글리파 신학자인 토마스 에라스투스의 주장에서 유래하는 학설로, 세속적 문제뿐만 아니라 종교적 문제에서도 국가가 교회보다 위에 있어야 한다는 국가 권력 지상주의를 가리킨다-옮긴이).

유대 민족의 과거와 미래 역사는 어느 시대든 억압받는 불행한 사람들의 마음을 강하게 끌어당겼다. 성 아우구스티누스는 유대 민족의 역사 발전 양식을 그리스도교에 맞게 변경했고, 마르크스는 사회주의에 맞게 변경했다. 마르크스의 심리를 이해하려면, 우리는 다음과 같은 용어 사전을 이용해야 할 것이다.

야훼 = 변증법적 유물론
메시아 = 마르크스
선민 = 노동자 계급
교회 = 공산당
그리스도의 재림 = 혁명
지옥 = 자본가 계급의 처벌
천년왕국 = 공산사회

왼편에 나열한 용어는 오른편에 나열한 용어의 정서를 나타내는 내용이며, 이는 그리스도교도나 유대교도로 자란 사람들에게 익숙한 정서이므로 그들은 마르크스의 종말론을 믿게 되었다. 나치의 경우에도 유사한 용어 사전이 만들어지겠지만, 나치 사상은 차라리 구약성서와 더 밀접해서 마르크스의 사상보다 그리스도교와 관련성이 더 낮을 뿐만 아니라 나치의 메시아는 그리스도가 아니라 마카베오 가문과 훨씬 유사하다.

3. 펠라기우스 논쟁

아우구스티누스의 신학에서 영향력이 가장 큰 부분은 펠라기우스에 맞선 논쟁에 관한 것이다. 펠라기우스Pelagius(354년경~418년경)는 웨일스 사람으로 실제 이름은 '뱃사람'을 뜻하는 모건Morgan이고, 그리스어로 펠라기우스라고 부른다. 그는 교양 있고 호감을 주는 정통 그리스도교도로서 많은 동시대인보다 광신에 빠져드는 정도가 훨씬 약했다. 자유의지를 믿고 원죄설에 의문을 제기한 펠라기우스는 인간이 덕을 행한다면 그것은 도덕을 따르려는 인간 자신의 노력 때문이라고 생각했다. 올바르게 행동하는 정통 그리스도교도라면 덕의 보상으로 천국에 갈 것이다. 이러한 펠라기우스의 견해는 오늘날 상식처럼 보일지 몰라도 당대에 대소동을 일으켰으며, 성 아우구스티누스의 노력을 통해 대부분 이단으로 단죄되었다. 그러나 펠라기우스의 이단 사상은 한때 상당한 성공을 거두었다.

성 아우구스티누스는 예루살렘의 총대주교patriarch에게 교활한 이단 사상의 창시자를 경계하라는 취지로 편지를 써야 했는데, 펠라기우스가 많은 동로마 교회의 신학자를 설득해 자신의 견해를 받아들이게 했기 때문이다. 펠라기우스가 단죄를 받은 후에도 유사 펠라기우스파로 불리는 다른 사람들이 약화된 펠라기우스 교리를 지지했다. 오랜 시간이 흐른 뒤에 비로소 성 아우구스티누스의 더욱 순수한 가르침이 완벽한 승리를 거두고, 특히 프랑스에서는 529년 오랑주 공의회에서 유사 펠라기우스 이단을 최후로 단죄했다.

성 아우구스티누스는 타락 이전에 아담은 자유의지를 지니고 있어 죄를 삼갈 줄 알았다고 가르쳤다. 그러나 아담과 이브가 선악과를 먹었기 때문에 타락했고, 죄가 모든 후손에게 전해져 아무도 자기의 힘만으로 죄를 피하지 못하게 되었다. 신의 은총을 받아야만 인간은 유덕한 존재가 된다. 우리는 모두 아담의 죄를 물려받았으므로, 영원한 천벌을 받아 마땅하다. 세례를 받지 않고 죽은 자들은 모두, 유아의 경우에도 지옥에 떨어져 끝없는 고통을 겪게 될 것이다. 우리는 모두 사악한 존재인 탓에 이러한 천벌을 두고 불평할 자격도 없다(『고백록』에서 성 아우구스티누스는 요람에서 지은 죄를 나열한다). 그러나 세례를 받은 사람 가운데 몇몇은 신의 자유로운 은총으로 선택을 받아 천국에 간다. 이들이 바로 신의 선택을 받은 자들이다. 그들은 선량하기 때문에 천국에 가는 것이 아니다. 우리는 모두 완전히 타락한 존재이므로 오로지 신의 선택을 받은 사람들에게 내리는 신의 은총이 아니라면 타락한 상태에서 도저히 벗어날 수 없다. 왜 어떤 사람들은 구원을 받고 나머지 사람들은 지옥에 떨어지게 되는지 물어도 이유가 있을 리 없다. 이것은 신이 이유 없이 선택한 결과이기 때문이다. 천벌은 신의 정의를 보여 주며, 구원은 신의 자비를 보여 준다. 천벌과 구원은 둘 다 똑같이 신의 선함을 드러낸다.

앞에서 말한 잔인한 학설을 지지하는 논증은 칼뱅이 되살려 낸 이후 가톨릭교회에서 주장하지 않게 되었으나, 성 바오로의 저작에서 발견되며 특히 로마인에게 보낸 편지에 나타난다. 아우구스티누스는 마치 법률가가 법을 다루듯 성 바오로의 저작을 다룬다. 아우구스티누스의 해석은 능란하며 원문 하나하나에 담긴 의미를 최대한 살려 낸다. 끝으로 누구든 성 바오로는 아우구스티누스가 추론한 것을 믿지 않았고, 따로 떼어 놓은 어떤 문서들이 아우구스티누스가 그렇다고 말한 것을 함축할 뿐이라고 확신한다. 세례를 받지 않은 유아에게 내리는 천벌을 충격적 교리로 생각하기는커녕 도리어 선한 신 덕분으로 돌리다니 어쩐지 이상해 보인다. 그러나 죄의 자각은 정말로 갓 태어난 아기들을 사탄의 지체라고 믿을 정도로 아우구스티누스를 지배했다. 중세 교회가 저지른 잔인하기 그지없는 행적의 원인은 대부분 아우구스티누스의 음울한 보편적 죄의식까지 거슬러 올라간다.

성 아우구스티누스를 진짜 괴롭힌 지적 난제는 하나뿐이다. 그의 문제는 이루 헤아릴 수 없을 정도로 많은 사람이 영원히 고통을 겪도록 예정되어 있기 때문에 인간을 창조한 일이 유감스러워 보이는 게 아니라, 성 바오로의 가르침대로 원죄가 아담에게서 물려받은 것이라면 죄는 육신이 아니라 영혼에 속한 특징이므로 육체뿐만 아니라 영혼도 조상을 통해 전파되었어야 한다는 것이다. 이러한 교리의 난점을 알지만, 그는 성서에 기록되어 있지 않으므로 정확한 견해를 밝히는 작업이 구원에 필수 요소일 리 없다고 말한다. 그러므로 그는 자신의 난제를 미결로 남겨 둔다.

암흑기 이전 마지막으로 지성계를 대표하는 걸출한 인물들이 문명을 구하거나 야만족을 몰아내거나 행정권의 남용을 개혁하는 일은 제쳐 두고, 처녀성의 가치와 세례를 받지 못한 유아에게 내릴 천벌을 설교하는 데 몰두한 현상은 이상하다고 말할 수밖에 없다. 이것이 교회가 개종한 야만족에게 넘겨준 선입견이었다는 점을 보면, 이어진 시대가 역사에 충분히 기록된 다른 어느 시기보다 잔혹하고 미신에 사로잡혔었다는 것이 조금도 놀랍지 않다.

5.
5세기와 6세기

5세기는 야만족이 침입하고 서로마 제국이 몰락한 시기였다. 430년에 아우구스티누스가 죽고 이후 철학은 거의 없었다. 파괴적 행동이 난무한 세기였으나 대체로 유럽의 발전 방향이 정해진 시기이기도 했다. 잉글랜드인이 브리타니아를 침략해 5세기에 앵글랜드를 세웠다. 프랑크족이 침입하자 갈리아인이 프랑스로 들어가 자리를 잡고, 반달족이 스페인에 침입하여 안달루시아 지역에 이름을 남긴 것도 5세기였다. 성 패트릭Saint Patrick[86]은 5세기 중엽에 아일랜드인을 그리스도교로 개종시켰다. 서양 세계 전역에 걸쳐 난폭한 게르만 왕국들이 로마 제국의 중앙집권제 관료정치를 계승했다. 로마 제국의 역마驛馬는 멈추었고, 로마의 대로는 황폐해졌으며, 전쟁으로 대규모 무역도 중단되어 정치·경제생활은 다시 지방에 국한되었다. 중앙집권제 권력은 오로지 교회 제도를 통해 보존되었는데, 거기에도 어려운 점이 많았다.

5세기 로마 제국에 침입한 게르만족 가운데 고트족이 가장 중요한 역할을 했다. 그들은 훈족이 동쪽에서 공격해 오자 서쪽으로 쫓겨났다. 그들은

86 * 라틴어 이름은 파트리키우스Patricius. 그리스도교 사도이자 아일랜드의 수호 성인이다.

처음에 동로마 제국을 정복하려다 패배하자 이탈리아를 공격했다. 디오클레티아누스 이후 고트족은 로마의 용병으로 고용되었다. 이로써 그들은 용병으로 고용되지 않았다면 알지 못했을 법한 전쟁 기술을 많이 배웠다. 고트족의 왕 알라리크Alaric는 410년에 로마의 약탈을 이끌었으나 같은 해에 죽었다. 동고트족의 왕 오도아케르Odoacer가 476년에 서로마 제국을 멸망시키고 493년까지 군림하다가 다른 동고트족의 배반으로 살해당했는데, 오도아케르를 살해한 자가 바로 526년까지 이탈리아의 왕으로 군림한 테오도리쿠스였다. 테오도리쿠스에 대한 논의는 잠시 후에 더 하겠다. 그는 역사와 전설 두 가지 측면에서 모두 중요한 인물이었다. 그는 『니벨룽겐의 노래』에서 '디트리히 폰 베른(베른은 '베로나'를 가리킴)'으로 등장한다.

반달족이 아프리카에 자리 잡을 때, 서고트족은 프랑스 남부에, 프랑크족은 프랑스 북부에 자리를 잡았다.

게르만족의 침입이 한창일 때 아틸라Attila가 이끄는 훈족이 침략해 왔다. 훈족은 몽골 종족이었으나 자주 고트족과 동맹을 맺었다. 그러나 451년 갈리아 지역에 침입할 결정적 순간이 오자, 훈족은 고트족과 사이가 틀어졌다. 같은 해에 고트족과 로마인은 연합전선을 펴서 샬롱 전투에서 훈족을 물리쳤다. 이후 아틸라는 이탈리아에 악감정을 가지고 로마로 진격할 생각이었으나, 교황 레오가 알라리크도 로마를 약탈한 다음 죽었다고 지적하여 단념시켰다. 그러나 아틸라는 로마 진격을 참은 보람도 없이 이듬해 죽고 말았다. 그가 죽은 다음 훈족 세력도 와해되었다.

이러한 혼란기에 교회는 육화를 둘러싼 복잡한 논쟁으로 소란스러웠다. 논쟁의 주역은 키릴루스Cyrilus of Alexandria(375~444)와 네스토리우스Nestorius(4세기 말경~451년경)라는 두 성직자였는데, 우연하게도 앞사람은 성인으로 추대되었고 뒷사람은 이단 선고를 받았다. 성 키릴루스는 412년경부터 444년 죽을 때까지 알렉산드리아의 총대주교였으며, 네스토리우스는 콘스탄티노플의 총대주교였다. 논란의 쟁점은 그리스도의 신성과 인성의 관계였다. 두 가지 위격Person이 존재한다면 하나는 인격이고 다른 하나는 신격인가? 이 문제는 네스토리우스가 제기했다. 그렇지 않으면 본성이 하나만 존재하는가, 또는 한 위격에 두 가지 본성, 곧 인간의 본성과 신의 본성이 존재하는가? 5세기에는 이러한 문제들이 거의 믿기 어려울 정도로 격정과 격분을 불러일으켰다. "그리스도의 신성과 인성의 혼동을 너무 염려하던 사람들과 양자의 분리를 몹시 두려워하던 사람들 사이에 생겨난 불화는 은밀하게 숨어 있어서 해결할 수도 없었다."[87]

그리스도의 신성과 인성의 통일을 지지한 성 키릴루스는 광신적 열의로 가득 찬 사람이었다. 그는 총대주교의 지위를 이용하여 알렉산드리아의 대규모 유대인 식민지에서 학살을 선동했다. 그가 주로 명성을 얻게 된 계기는 편협한 신앙의 시대에도 신플라톤학파를 신봉하며 수학에 재능이 뛰어난 여성 학자 히파티아Hypatia(370년경~415)에게 사적 형벌을 가한 사건이었다. 그녀는 "마차에서 끌어내려져 벌거벗겨진 채 교회까지 질질 끌려가 낭독자 페트루스와 야만스럽고 무자비한 광신도에게 무참히 죽임을 당했다. 날카로운 굴 껍데기로 살을 뼈에서 도려내고, 바들바들 떨고 있는 사지를 불 속에 던졌다. 정의로운 심문과 형벌의 절차는 재능을 한창 발휘하던 학자 앞에서 중단되었다."[88] 이후 알렉산드리아는 더는 철학자들로 인해 소란을 겪지 않았다.

성 키릴루스는 콘스탄티노플이 그곳의 총대주교 네스토리우스의 가르침 탓에 정도에서 벗어나 있다며 고심했는데, 네스토리우스는 그리스도 안에 두 가지 위격, 곧 인격과 신격이 존재한다고 주장했다. 네스토리우스는

---

87 기번, 『로마 제국 쇠망사』, 47장.

88 기번, 『로마 제국 쇠망사』, 47장.

이를 근거로 성처녀 마리아를 '신의 어머니'로 부르는 새로운 관례에 반대했다. 그는 성처녀 마리아는 인격의 어머니일 뿐이므로 신격에는 어머니가 존재하지 않는다고 말했다. 이를 계기로 교회는 갈라졌다. 대체로 말하면 수에즈 동쪽의 주교들은 네스토리우스의 주장을 지지한 반면, 수에즈 서쪽의 주교들은 성 키릴루스의 주장을 지지했다. 431년에 문제를 해결하기 위해 에페소스 공의회가 소집되었다. 서로마 교회 주교들이 먼저 도착하여 늦게 오는 주교들이 들어오지 못하도록 문을 잠근 채 회의를 진행했고, 의장이던 성 키릴루스를 지지하는 쪽으로 신속한 결정이 내려졌다. "아득히 먼 1300년 전, 주교들 사이에 벌어진 소동은 전체 그리스도교 교회가 참여한다는 제3회 공의회의 유서 깊은 면을 보여 준다."[89]

에페소스 공의회의 결과로 네스토리우스는 이단자로 단죄를 받았다. 그는 자신의 주장을 철회하지 않고 네스토리우스파의 창시자가 되었으며, 시리아와 동로마 전역에 걸쳐 신도를 아주 많이 거느렸다. 몇 세기 후, 네스토리우스파의 교리는 중국에서 영향력이 커져 기성 종교로 확고한 자리를 차지할 듯한 기세였다. 16세기에 스페인과 포르투갈의 선교사들이 전파하여 인도에도 네스토리우스파 신도가 있었다. 콘스탄티노플 가톨릭교 정권이 네스토리우스파를 박해하자 불만 세력이 생겨나 이슬람교도의 시리아 정복을 돕는 결과를 초래했다.

웅변으로 그토록 많은 사람을 유혹했던 네스토리우스의 혀도 구더기들이 먹어 치웠으리라.

에페소스 공의회에서 아르테미스를 성처녀 마리아로 대체했으나, 성 바오로의 시대와 마찬가지로 아르테미스 여신을 숭배하려는 열의는 여전히 무절제하게 나타났다. 성처녀 마리아는 에페소스에 묻혔다고 전한다. 성 키

89 기번, 『로마 제국 쇠망사』, 47장.

릴루스가 죽은 다음 449년, 에페소스 교구회의synod는 더 많은 공적을 남기려다가 네스토리우스파와 정반대 이단에 빠지고 말았다. 이를 단성론 이단Monophysite heresy이라고 부르는데, 그리스도의 본성은 하나라는 주장이다. 성 키릴루스가 그때까지 살았더라면 단성론을 분명히 지지했을 테고, 이단자가 되었을 터다. 당시 황제는 교구회의의 입장을 지지했으나 교황은 거부했다. 아틸라가 로마를 공격하지 않도록 마음을 돌려놓았던 교황 레오는 샬롱 전투가 벌어진 451년에 전 그리스도교가 참여한 칼케돈 공의회를 소집하여 단성론을 단죄한 다음에 마침내 육화를 정통 교리로 결의했다. 에페소스 공의회는 그리스도의 위격은 하나뿐이라고 결의했으나, 칼케돈 공의회는 그리스도에게 두 가지 본성, 곧 인성과 신성이 존재한다고 결의했다.

단성론을 지지한 신도는 네스토리우스파 신도와 마찬가지로 공의회의 결의에 따르지 않았다. 이집트에서는 거의 대부분 단성론 이단을 수용하여 나일강부터 아비시니아까지 퍼져 나갔다. 무솔리니는 아비시니아 사람들의 이단이 그들을 정복해도 좋은 이유 가운데 하나라고 주장하기도 했다. 이집트의 이단은 시리아의 반대 이단과 마찬가지로 아랍 민족을 쉽게 정복할 빌미를 제공했다.

6세기 문화사에 이름을 남긴 중요한 인물 네 사람은 보이티우스, 유스티니아누스, 베네딕투스, 그레고리우스 대교황이었다. 네 사람이 이번 장의 나머지 부분과 다음 장에서 다룰 주된 관심사가 될 것이다.

고트족은 이탈리아를 정복했으나 로마 문명을 파괴하지 못했다. 이탈리아의 왕이자 고트족의 왕인 테오도리쿠스 치하에서도 이탈리아 내부의 행정은 로마의 통치 방법을 그대로 따랐으며, 이탈리아는 거의 첨단에 가까울 정도로 평화와 종교적 관용을 누렸다. 테오도리쿠스 왕은 현명하고 활기가 넘쳤다. 그는 집정관을 임명하고 로마법을 보존했으며 원로원도 그대로 유지했다. 로마에 입성했을 때 그가 처음 방문한 곳도 원로원 의사당이었다.

테오도리쿠스는 아리우스파였으나 마지막 순간까지 교회와 원만한 관계를 유지했다. 그러나 523년 유스티누스 황제가 아리우스파를 탄압하자 테오도리쿠스는 난처했다. 그가 두려워한 까닭은 이탈리아가 가톨릭교 국가이며 신학의 측면에 공감하여 황제의 편에 가담할 것이 뻔했기 때문이다. 그는 옳건 그르건 자신의 정권 내부 인사들과 연루된 음모가 있다고 믿어 버렸다. 이러한 이유로 그는 장관이자 원로원 의원이던 보이티우스를 감옥에 가두어 처형하기에 이르렀고, 보이티우스는 감옥에 머무는 동안 『철학의 위안*De consolatione philosophiae*』을 저술했다.

보이티우스Anicius Manlius Severinus Boethius(480~524 또는 525)는 특이한 인물이다. 그는 중세 내내 감명을 주는 저자로 칭송을 받았으며, 사람들은 언제나 그를 독실한 그리스도교도로 여겨 교부 가운데 한 사람인 양 다루었다. 그러나 그가 524년에 처형을 기다리며 집필한 『철학의 위안』은 순수하게 플라톤의 사상을 계승했다. 물론 이것이 그가 그리스도교도가 아니었다는 증거가 되지는 않지만, 그리스도교 신학보다 이교도 철학의 영향을 더 많이 받았다는 사실을 보여 준다. 보이티우스의 작품으로 알려진 몇 가지 신학, 특히 삼위일체에 관한 저술은 여러 권위자에 따르면 위작으로 밝혀졌다. 그런데 아마 그 저술들 때문에 중세에 보이티우스를 정통 그리스도교도로 여기고 사정이 달랐더라면 의심했을 플라톤 철학을 그에게서 많이 흡수할 수 있었을 것이다.

『철학의 위안』은 운문과 산문이 번갈아 나온다. 보이티우스는 개인적 의견을 산문으로 말하고, 철학은 운문으로 응답한다. 이것은 어느 정도 단테와 유사하며 단테의 『신생*Vita Nuova*』은 분명히 보이티우스의 영향을 받았다.

기번이 '귀중한 서적'이라고 적절하게 부른 『철학의 위안』은 소크라테스, 플라톤, 아리스토텔레스를 진정한 철학자라고 말하며 시작한다. 스토아학파와 에피쿠로스학파를 비롯한 나머지 철학자들은 철학의 이름을 찬탈한 자들로서 세속적 대중이 철학의 친구로 오해한 인물들이라는 것이다. 보이티우스는 신을 따르라는 피타고라스의 명령(그리스도의 계율이 아니라)에 복종했다고 말한다. 축복과 동일한 행복은 쾌락이 아니라 선이다. 우정은 '가장 성스러운 사랑'이다. 스토아학파의 학설과 거의 일치하는 도덕이 더 많이 등장하며, 사실 대부분은 세네카로부터 받아들인 견해다. 『티마이오스』의 도입부를 운문 형식으로 요약한 부분도 있다. 이어서 순수한 플라톤풍의 형이상학을 서술하는 데 여러 지면을 할애한다. 불완전함은 결핍으로서 완전한 원형의 존재를 함축한다고 말한다. 결국 그는 악의 결핍 이론을 채택했다. 다음으로 당연히 그리스도교도의 비위를 건드리겠지만 몇 가지 이유로 충격을 받을 필요가 없는 범신론에 대한 논의로 넘어간다. 축복과 신은 둘 다 최고 선한 존재이므로 동일하다고 말한다. "인간은 신성을 획득함으로써 행복해진다." "신성을 획득한 인간은 신이 된다. 그런 까닭에 행복한 사람은 누구나 신이 되지만 신은 본성에 따라 오직 하나이며, 유일신에 참여함으로써 여러 신이 존재할 수도 있다." "추구하게 되는 모든 것의 정점이자 기원, 원인은 마땅히 선이어야 한다." "유일신의 실체는 선 말고 어떤 것에도 존재하지 않는다." 유일신은 악할 수도 있는가? 아니다. 그러므로 유일신은 무슨 일이든 행할 수 있기에 악은 아무것도 아니다. 유덕한 사람은 언제나 강하지만 악인은 늘 약하다. 왜냐하면 유덕한 사람과 악인은 둘 다 선을 바라지만, 유덕한 사람만 선을 얻기 때문이다. 악인은 벌을 받아 고통을 당하는 경우보다 벌을 피할 경우에 더욱 불행해진다. "지혜로운 사람들에게 미움이 생겨날 여지는 없다."

『철학의 위안』에 흐르는 논조는 플로티노스보다 플라톤의 논조와 훨씬 유사하다. 당대 미신적 요소나 병적인 요소의 흔적은 없으며, 죄의식에 사로잡혀 있지도 않고, 도달하기 어려운 목표를 이루려 지나치게 애쓰지도 않는다. 완벽하게 침착한 태도로 철학을 논하기 때문에 번영의 시기에 썼더라

『철학의 위안』 속 보이티우스가 학생들을 가르치는 모습, 1385

면 거의 공부밖에 모르는 철학자가 쓴 책이라 할 만하다. 그러나 『철학의 위안』은 사형선고를 받고 집행을 기다리며 감옥에서 쓴 책이란 점을 감안하면 플라톤이 소크라테스의 최후 순간을 묘사한 글에 버금가는 감탄을 불러일으킨다.

이와 유사한 사고방식은 뉴턴의 시대 이전까지 거의 나타나지 않는다. 나는 『철학의 위안』에 실린 시 한 편을 생략하지 않고 인용할 텐데, 시에 담긴 철학은 포프의 『인간론』과 같다.

그대 지극히 맑디맑은 정신으로
신의 법칙을 알고 싶다면,
하늘을 우러러보라.
별들은 정해진 궤도로 평화롭게 돌고,
밝은 태양 빛은
달의 수레를 멈추지 않고,
북반구 곰 자리도
대양의 물결 속으로 빛을 숨기려 하지 않는다.
달이 웅크린 별들을 비추며
쉴 새 없이 높은 하늘을 돌아 유유히 나아가지만
대양에 도무지 닿지 않는구나.
저녁 빛에 이어
어김없이
어두운 밤이 오고
날이 밝기 전 샛별은 사라진다.
이렇듯 오고가는 사랑의
노정은 영원하리니,
하늘의 빛나는 천체에서

전쟁과 위험스러운 불화를 초래하는 온갖 원인은 사라졌도다.
오묘한 조화로
원소마다 제각기 본성에 따라
한데 섞여
젖은 것은 마른 것에 밀려나고
차디찬 공기는
불꽃 같은 열기와 합쳐
가벼운 불길은 하늘 높이 치솟고
두터운 땅은 대양 속으로 가라앉는구나.
꽃 피는 철에
봄 향내가 풍기고
타는 듯 뜨거운 여름에 곡식이 여물며
가을에 열매 맺은 과실이 무르익고
내리는 비는 차가운 겨울을 재촉하는구나.
자연법칙이 지상에 사는 모든 생명을
낳아 기르고 건사하지만,
끝내 모든 생명체는 죽고
자연법칙에 따라 소멸한다.
조물주 하느님은 하늘 높은 곳에 앉아
천지만물을 지배하는 고삐를 손에 쥐고 계신다.
그분은 천지만물의 왕이시며
군주다운 위엄으로 다스리신다.
하느님에게서 만물이 생겨나고 번성하고 솟아나니,
그분이 법칙이자 판관으로서 만물에 권리를 부여하신다.
정해진 진로에 따라
재빨리 사라지는 사물도
그분의 힘이 미쳐 종종 거꾸로 되돌리니,

정처 없이 떠도는 사물의 운동도 순식간에 멈춘다.
하느님의 힘으로
난폭하게 움직이는 천지만물을 잠재우지 않고
멀리 퍼져 나가는 만물을
한 원 안에 모으지 않으면,
곧 만물의 아름다움을 돋보이게 하는
확고부동한 섭리가 훼손되고 약해져
사물이 시초에서 멀어지고 말지니.
이렇듯 강력한 사랑을
만물이 공유하기에
선을 갈망하며
최초 근원으로 돌아가는구나.
맨 처음 영적 실체가 부여한 대의大義로
다시 돌아가 사랑하지 않고서는
이 세상 아무것도
영속할 길이 없도다.[90]

보이티우스는 친구로서 테오도리쿠스를 끝까지 지지했다. 그는 아버지처럼 집정관의 지위에 올랐으며, 두 아들도 집정관을 지냈다. 장인 심마쿠스(아마도 승리의 여신상을 두고 암브로시우스와 논쟁을 벌였던 심마쿠스의 손자였을 것이다)는 고트족 왕의 궁정에서 주요 인사로 활동했다. 테오도리쿠스는 보이티우스를 발탁해 화폐제도를 개혁하고 해시계나 물시계 같은 기계장치를 만들어 순박한 야만족 왕들을 깜짝 놀라게 했다. 보이티우스가 미신에 얽매이지 않고 자유로웠다는 사실은 다른 지역과 마찬가지로 로마의

90 * 정의채 역, 『철학의 위안』, 170~173쪽의 시 번역문을 참고해 번역했다.

귀족 가문 출신에게는 특별한 일이 아니었을지도 모른다. 그러나 당시 미신에 얽매이지 않는 자유로운 성향이 위대한 학문을 비롯해 공익을 추구하는 열의로 이어진 경우는 유례를 거의 찾기 어렵다. 그가 살았던 시대 이전 2세기와 이후 10세기 동안, 유럽 어디에서도 보이티우스만큼 미신이나 광신에서 벗어나 자유로운 학자는 없었다. 그의 장점은 미신이나 광신에 반대하는 태도에서만 나타나지 않는다. 멀리 내다보는 식견은 고상하고 사심이 없어 숭고해 보이기까지 한다. 그는 어느 시대에 태어났든 비범한 학자로 주목을 받았을 테지만, 살았던 시대적 분위기를 감안하면 경탄을 자아내는 인물이다.

보이티우스가 중세에 떨친 명성은 아리우스파에 대한 박해 탓에 죽은 순교자로 보는 견해에서 일부 비롯되었지만, 이러한 견해는 그가 죽고 나서 2~300년이 흐른 다음 퍼지기 시작했다. 그는 파비아에서 성인으로 **생각되기는** 했으나 사실 성인으로 인정받지는 못했다. 키릴루스는 성인이었으나 보이티우스는 성인이 아니었다.

보이티우스가 사형당한 후 2년 만에 테오도리쿠스도 죽었다. 이듬해 유스티니아누스가 황제로 즉위했다. 그는 565년까지 통치하는 동안 선정을 베풀기도 했으나 주로 해를 많이 끼쳤다. 무엇보다 『유스티니아누스 법전』으로 잘 알려져 있지만, 법률가의 영역이므로 위험을 무릅쓰면서까지 논의할 필요는 없겠다. 유스티니아누스는 신앙심이 깊은 사람으로, 황제로 즉위한 지 2년 만에 아직 이교 사상이 성행하던 아테네의 철학 학원을 모두 폐쇄함으로써 자신의 깊은 신앙심을 보여 주었다. 학원에서 쫓겨난 철학자들이 페르시아로 가자, 페르시아의 왕은 그들을 친절하게 맞아 주었다. 그러나 기번의 말에 따르면 그들은 철학자가 되는 것 이상으로 페르시아의 일부다처제와 근친결혼에 충격을 받아 다시 고향으로 돌아왔고, 이후 종적이 묘연해졌다. 유스티니아누스는 아테네의 철학 학원들을 폐쇄하는 위업(532)을 세운 지 3년 만에 훨씬 칭찬할 만한 다른 위업, 바로 성 소피아 성당 건축에 착수했다. 나는 성 소피아 성당을 직접 본 적은 없으나, 이탈리아의 라벤나에 보존되어 있는 유스티니아누스와 황후 테오도라의 초상화를 비롯하여 당대에 제작된 아름다운 모자이크 작품들을 본 적은 있다. 테오도라는 원형경기장에서 만난 여인으로, 품행이 단정치 못했으나 두 사람은 모두 신앙심이 깊었다. 테오도라가 그리스도 단성론으로 기울었기 때문에 사태가 더욱 악화된 것이다.

추문은 이것으로 충분하다. 유스티니아누스 황제는 '삼장Three Chapters'[91] 논쟁에서도 과오를 저지르지 않은 정통 그리스도교도였다고 말할 수 있어 기쁘다. 삼장에 관한 문제는 성가신 논쟁거리였다. 칼케돈 공의회는 네스토리우스파로 의심되는 교부 세 사람을 정통 그리스도교도라고 선언했다. 테오도라는 다른 여러 사람과 마찬가지로 공의회의 다른 교령은 모두 받아들였으나, 그것만은 수용할 수 없었다. 서로마 교회는 공의회가 결의한 모든 포고를 대표했으므로, 테오도라 황후는 교황을 박해할 수밖에 없었다. 유스티니아누스는 황후를 무척 사랑했는데, 548년 테오도라가 죽고 나서 유스티니아누스 황제가 황후를 그리던 마음은, 19세기 영국의 빅토리아 여왕이 부군 앨버트 공이 죽었을 때 보여 준 슬픔과 흡사했다. 그는 결국 그리스도의 아프타르토가현설Aphthartodocetism[92]이라고 불리는 이단에 빠지고 말았다. 이에 대해 당대 역사가(에바그리우스)는 이렇게 말한다. "그는 생애 말년 자신이 저지른 악행의 값을 치르려고, 지옥의 심판대에서 받아야 할 응보를 찾아 나섰다."

유스티니아누스는 힘이 닿는 한 서로마 제국을 다시 정복하려는 열망으

91 * 삼장은 네스토리우스파에 기운 테오도루스와 테오도레투스, 이바스의 저술을 가리킨다.

92 * 그리스어로 '부패할 수 없는' 이란 뜻의 'aphthartos'에서 유래한 그리스도교 이단.

로 불탔다. 그는 535년에 이탈리아로 쳐들어가 처음에 고트족과 맞서 신속한 승리를 이끌어 냈다. 가톨릭교도는 그를 환영했으며, 그는 로마를 대표하여 야만족과 맞섰다. 그러나 고트족이 다시 결속해 18년간 전쟁이 이어지는 동안, 로마와 이탈리아 전역은 야만족의 침입을 받던 시기보다 참혹한 고통으로 신음했다.

로마는 다섯 번에 걸쳐 바로 비잔틴인에게 세 번, 고트족에게 두 번 점령당하면서 보잘것없는 도시로 전락했다. 유스티니아누스가 다시 정복하여 되찾은 아프리카에서도 같은 일이 벌어졌다. 그의 군대는 처음에는 환영을 받았다. 그다음 비잔틴의 행정이 부패하면서 세금은 터무니없이 올랐다. 끝내 많은 사람들은 고트족과 반달족이 다시 돌아오기를 바라게 되었다. 그러나 교회는 유스티니아누스가 최후를 맞이하는 순간까지 정통 그리스도교도라는 이유로 흔들리지 않고 유스티니아누스 황제의 편을 들었다. 그는 갈리아 지방을 되찾기 위해 정복에 나서려 하지는 않았는데, 거리가 먼 탓도 있었으나 갈리아 지방의 프랑크족이 정통 그리스도교도였기 때문이다.

유스티니아누스가 죽고 3년이 흐른 568년, 이탈리아는 새로 등장한 흉포한 게르만족, 바로 롬바르드족의 침략을 받았다. 롬바르드족과 비잔틴인 사이에 벌어진 전쟁은 200년 동안, 거의 샤를마뉴 대제 시대까지 간헐적으로 이어졌다. 비잔틴인은 이탈리아를 지키는 일에 점차 소홀해졌다. 그들은 남쪽으로 사라센인과도 대적해야 했다. 로마는 명목상으로는 여전히 비잔틴인이 지배했으며, 교황들은 동로마 황제들에게 경의를 표했다. 그러나 이탈리아의 대부분 지역에서 황제들은 롬바르드족의 침입 이후 권위를 거의 상실하거나 심지어 아무 권위도 없었다. 바로 이 시기에 이탈리아 문명도 종말을 맞이했다. 전설과 반대로 베네치아를 건설한 사람들은 아틸라를 피해 도망 나온 피난민이 아니라 롬바르드족을 피해 이주한 이탈리아 망명자였다.

6.
성 베네딕투스와 그레고리우스 대교황

6세기 이후 수 세기에 걸친 끝없는 전쟁으로 문명이 전반적으로 쇠퇴하던 시기에 무엇보다도 교회는 살아남은 고대 로마 문화를 보존하는 역할을 담당했다. 당시 가장 위대한 성직자들조차 광신과 미신에 물들어 세속 학문을 사악한 것으로 치부했던 탓에, 교회는 로마 문화를 불완전하게 보존했다. 그렇지만 교회 제도는 후대의 학문과 세련된 예술의 부흥이 가능하도록 튼튼한 기초를 닦아 놓았다.

우리가 관심을 갖고 다루는 시기에 나타난 교회의 세 가지 활동에 특별히 주목할 필요가 있다. 첫째는 수도원 운동이다. 둘째는 교황 제도의 영향, 특히 그레고리우스 대교황의 재위 시절에 두드러진 영향이다. 셋째는 선교를 통한 이교도 야만족의 개종이다. 이제 교회의 세 가지 활동을 하나씩 차례대로 논의해 보자.

수도원 운동은 4세기 초에 이집트와 시리아에서 동시에 시작되었다. 운동은 두 가지 형태로 나타났는데 고독한 은수자hermit 생활과 수도원 생활이다. 성 안토니우스St. Antonius는 최초의 은수자로서 250년경에 태어나 270년경에 세상을 등졌다. 그는 15년 동안 자기 집 근처 오두막에서 홀로 살았다. 다음 20년 동안 머나먼 사막에서 고독하게 살았다. 그러나 명성이 널리 퍼져 수많은 사람이 그의 설교를 간절하게 듣고 싶어 했다. 그래서 그는 305년경에 사람들에게 설교하기 위해 세상으로 나와 은수자의 삶을 장려했다. 그는 극단적 금욕을 실천했는데 먹을 것과 마실 것, 잠을 생명 유지에 필요한 최소 수준까지 줄였다. 항상 악마가 나타나 육욕의 환영으로 그를 괴롭혔으나, 그는 담대하게 사탄의 사악한 농간을 이겨 냈다. 성 안토니우스가 생애 말년을 보낸 테바이드Thebaid[93]는 그의 모범과 교훈에 영감을 받은 은수자들로 붐볐다.

몇 년 후 315년이나 320년경에 다른 이집트 사람인 파코미우스Pachomius(290년경~346)가 최초로 수도원을 건립했다. 그곳 수도원의 수도자들은 공동생활을 했기 때문에 사유재산이 없었으며 밥도 함께 먹고 종교 의식도 함께 거행했다. 그리스도교 세계를 압도한 수도 생활은 성 안토니우스의 방식이 아니라 바로 공동생활 방식이었다. 수도자들은 파코미우스에서 유래한 수도원에서 육신의 유혹에 저항하느라 시간을 낭비하지 않고 주로 농사일을 더 많이 했다.

거의 동시에 시리아와 메소포타미아에도 수도원이 생겨났다. 그곳 수도원의 금욕주의적 고행의 정도는 이집트 수도원보다 훨씬 더 심했다. 주상柱上 고행자인 성 시메온St Simeon을 비롯하여 중심인물로 활동한 은수자들은 시리아 태생이었다. 수도원 제도는 주로 성 바실리우스의 덕택으로 동양에서 그리스어를 쓰는 나라로 전해졌다(360년경). 성 바실리우스가 세운 수도원은 금욕주의 성향이 강하지 않았으며, 고아원과 소년을 위한 학교가 딸려 있었다(고아원과 학교는 단지 수도자를 양성하려는 목적으로 설립된 것은 아니었다).

수도원 생활monasticism은 처음에 교회 조직과 거의 상관없이 자발적으로

93 이집트의 옛 수도 테베 근처의 사막 지역.

일어난 운동이었다. 성직자들과 수도원 생활을 연결해 융화를 꾀한 인물은 성 아타나시우스St Athanasius(293년경~373)였다. 일부는 아타나시우스가 영향을 미친 결과로 수도자는 사제가 되어야 한다는 규칙을 세웠다. 339년 로마에 머물면서 서로마에 수도원 운동을 소개한 사람도 역시 아타나시우스였다. 성 히에로니무스는 수도원 운동을 촉진하는 데 더 큰 역할을 했으며, 성 아우구스티누스는 아프리카에 수도원 생활을 도입했다. 투르의 성 마르티누스St Martinus(316년경~397)는 갈리아 지역에 여러 수도원을 열었고, 성 패트릭은 아일랜드에서 수도원을 발족시켰다. 이오나 수도원은 566년에 성 콜룸바St Columba(521년경~597)가 세웠다. 수도자들은 교회 조직에 맞춰 거듭나기 이전 초창기 무렵에 혼란을 초래한 근원이었다. 처음에 진정한 수행자와 궁핍한 나머지 상대적으로 호사스러운 수도원에 찾아온 사람을 구별할 방법이 없었다. 그런데 수도자들이 자기 마음에 드는 주교를 불온하게 지지함으로써 교구회의synod[94]를 비롯해 거의 공의회Council까지도 이단 논쟁에 휩싸이는 난감한 상황도 발생했다. 단성론을 지지하기로 결의한 에페소스 교구회의(공의회가 아니라)는 수도자들의 위협을 받고 있었다. 교황의 저항이 없었다면 단성론의 승리는 영구화되었을지도 모른다. 이후 수도자로 인한 혼란은 더는 일어나지 않았다.

3세기 중엽 수도자들이 생겨나기 전에 수녀들이 있었던 듯하다.

청결은 혐오의 대상이었다. 이lice는 '신의 진주'로 불렸으며 성스러움의 징표로 받아들였다. 성인聖人, Saints은 남녀를 불문하고 강을 건널 때를 제외하고 발에 물을 묻히지 않은 사실을 자랑스럽게 여겼다. 후세에 수도자들은 여러 가지 유용한 목적에 기여했다. 그들은 노련한 농부였을 뿐만 아니라

---

94 * 시노드synod의 어원은 그리스어 'synodus'로 회의란 뜻이다. 주교 관할권 아래 있는 교리, 규율, 전례 문제를 토의하고 결정하는 회의로서 가톨릭교회에서는 '시노드'라고 부르지만, '교구회의'가 가장 적합한 번역어다.

일부는 학문에 활기를 불어넣거나 학문의 부흥에 기여했다. 그러나 초창기에, 특히 은수파eremitic section의 경우 농업에도 학문에도 관심이 없었다. 수도자들은 대부분 노동하지 않았고, 종교에 필요한 규정을 제외한 독서는 전혀 하지 않았으며, 덕을 완전히 부정적으로 해석하여 죄의 회피, 특히 육신의 죄를 피하는 데서 찾았다. 성 히에로니무스는 사실 사막 은신처에 도서실을 두었으나 이것이 죄라는 사실을 깨달았다.

서쪽 지역 수도원 생활의 발전 과정에서 가장 중요한 이름은 성 베네딕투스St Benedictus로 베네딕투스 수도회의 창시자다. 성 베네딕투스는 480년경에 스폴레토 근처의 움브리아 귀족 가문에서 태어났다. 그는 20세가 되던 해에 로마의 사치와 쾌락을 피해 독거할 만한 동굴을 찾아 3년 동안 살았다. 이후 고립된 은수자 생활을 접고 유명한 몬테카시노 수도원을 설립한 데 이어 '베네딕투스 규칙서'를 제정했다. 베네딕투스 규칙서는 서쪽 지역의 풍토에 어울렸고, 이집트와 시리아의 수도자들이 금욕 생활을 위해 흔히 지키던 규칙보다 덜 엄격했다. 무절제하고 비교육적인 고행 방법이 경쟁적으로 나타나면서 가장 가혹한 고행을 하는 자가 가장 성스러운 자로 간주되었다. 성 베네딕투스는 고행의 폐단을 일소하고 규칙서의 범위를 넘어선 금욕 생활은 대수도원장의 허가를 받아야 한다고 선포했다. 막강한 권한을 부여받는 수도원장은 종신직으로 선출되어, 규칙서와 정통 신앙의 한계 안에서 대수도원에 소속된 수도자들 위에 군림하며 전권을 행사했기 때문에 수도자들은 이전처럼 내키는 대로 수도원을 이리저리 옮겨 다니지 못하게 되었다. 베네딕투스 수도회 수도자들은 나중에 학문 분야에서 두각을 나타내지만, 초창기 그들의 독서는 모두 기도와 관련이 있었다.

조직은 창시자의 의도와 독립적으로 자체 생명을 지니게 마련이다. 이러한 사실을 가장 인상적으로 보여 주는 사례가 가톨릭교회이며, 예수뿐만 아니라 바오로조차 놀랄 만하다. 베네딕투스 수도회는 작은 사례에 지나지 않는다. 수도자들은 청빈, 순명, 정결의 서원을 한다. 이에 대해 기번은 이렇게 논평한다. "나는 어디서 한 베네딕투스 수도회 대수도원장의 솔직한 고백을 들었거나 읽었다. '나는 청빈을 서원함으로써 매년 10만 크라운을 받았으며, 순명을 서원함으로써 군주의 반열에 올랐다.' 정결을 서원함으로써 얻은 결과가 무엇이었는지는 기억나지 않는다."[95] 그러나 베네딕투스 수도회 창시자의 의도에서 벗어난 일탈 행동이 모두 유감스러운 결과로 이어진 것은 아니었다. 특히 학문의 경우는 오히려 반대였다. 몬테카시노 도서관은 유명했으며, 세계는 이러저러한 방식으로 후대 베네딕투스 수도회 수도자들이 보여 준 학문적 취향의 혜택을 누렸다.

성 베네딕투스는 수도회 설립 당시부터 543년 세상을 떠날 때까지 몬테카시노에 살았다. 몬테카시노 수도원은 베네딕투스 수도회의 일원인 그레고리우스 대교황이 교황으로 즉위하기 직전 롬바르드족의 침략으로 약탈당하는 수모를 겪었다. 수도자들은 일단 로마로 피신했다가 롬바르드족의 횡포가 줄어들자 몬테카시노로 되돌아왔다.

593년에 쓴 그레고리우스 대교황의 대화편을 읽어 보면, 성 베네딕투스에 대해 많은 정보를 얻을 수 있다. 성 베네딕투스는 인문학을 공부하기 위해 로마로 왔다고 한다. 그러나 학문 탓에 방종하고 음란한 생활에 빠져든 사람을 여럿 보고, 말하자면 세상과 너무 친숙해짐으로써 자신도 신을 믿지 않는 위험한 소용돌이에 휘말릴까 두려운 나머지, 세상에 막 내디뎠던 발길을 돌렸다. 그런 까닭으로 그는 책을 던져 버리고 아버지의 집과 재산도 버린 채, 오로지 신을 섬기겠다는 굳은 마음으로 자신이 간절히 바라는 성스러운 목적을 성취하기에 적합한 장소를 찾았다. 이렇게 길을 떠나, 학식을 갖추고도 무지할 수 있음을 가르쳤으며, 배우지 않고 얻을 수 있는 지혜를

95 기번, 『로마 제국 쇠망사』, 37권, 주석 57.

터득했다.

성 베네딕투스는 곧바로 기적을 행하는 능력을 획득했다. 맨 처음 행한 기적은 파손된 체를 기도의 힘으로 고친 것이었다. 주민들은 기적의 힘으로 고친 체를 교회 문 위에 걸어 놓았는데, “롬바르드족의 침입으로 환란을 겪은 시기까지 수년간 걸려 있었다.” 그는 기적의 체를 버리고 동굴로 들어갔는데, 한 친구를 빼고 아무도 모르는 곳이었고, 친구는 남몰래 밧줄에 음식을 매달아 내려주었으며 밧줄에는 음식이 도착했다는 사실을 알리는 종이 달려 있었다고 한다. 그런데 어느 날 사탄이 밧줄에 돌을 던져 밧줄과 종을 모두 망가뜨렸다. 그러나 인류의 적인 사탄이 성인에게 제공되는 음식을 끊으려던 희망은 좌절되고 말았다.

성 베네딕투스가 신의 목적에 필요한 기간만큼 동굴에서 지내고 나자, 주님께서 부활절 주간에 한 신부에게 나타나 은수자가 머문 곳을 보여 주며 성인과 부활절 축제를 함께 보내라고 명령하셨다. 주님이 현현할 무렵 양을 치는 목자들이 그를 발견했다. “그들은 덤불 속에서 그를 처음 찾아냈을 때 동물 가죽으로 만든 겉옷만 보고 틀림없이 짐승이라고 생각했다. 그러나 하느님의 종을 알아보고 나서 많은 사람이 짐승 같은 생활을 뉘우치고 개종하여 은총과 경건과 헌신의 삶을 살게 되었다.”

베네딕투스는 다른 은수자들과 마찬가지로 육욕의 유혹에 직면해 시련을 겪었다. “그는 어느 날 한 여인을 본 적이 있었는데, 악령이 여인에 대한 기억을 그의 마음속에 떠오르게 했고, 그때 하느님의 종의 영혼은 욕정으로 불타올랐고 점점 강렬해진 끝에 쾌락에 거의 굴복당해 광야를 떠날 생각까지 했다. 그러나 홀연히 내린 신의 은총 덕분으로 그는 정신을 차렸다. 정신을 차리고 주위에 무성하게 자란 찔레꽃과 쐐기풀 덤불을 보자 거기에 몸을 던져 뒹굴었고, 일어났을 때는 온몸이 참혹하게 찢겨 있었다. 그는 이렇게 육체에 상처를 입힘으로써 영혼의 상처를 치유했다.”

성 베네딕투스의 명성은 널리 퍼져, 근래 수도원장이 세상을 떠난 어느 수도원의 수도자들이 찾아와 수도원장직을 맡아 달라고 간청했다. 그가 간청을 받아들이고 나서 덕을 쌓기 위한 수도원 규율을 엄격하게 내세우자, 분노한 수도자들은 독이 든 포도주로 그를 독살하려 했다. 그러나 그가 포도주 잔에 성호를 긋자 잔이 산산이 부서졌다. 이를 계기로 그는 광야로 다시 돌아갔다.

성 베네딕투스가 실질적으로 행한 유용한 기적은 체를 고친 것만이 아니었다. 어느 날 유덕한 고트족 사람이 낫으로 찔레 덤불을 베어내다가 낫의 머리가 자루에서 빠져 연못에 떨어졌다. 성인이 말을 전해 듣고 낫자루를 물에 갖다 대자 낫 머리가 올라와 다시 자루에 붙었다고 한다.

이웃 동네 신부가 거룩한 사람의 명성을 시기하여 독이 든 빵을 보냈다. 그러나 베네딕투스는 기적을 행하는 능력으로 빵에 독이 든 사실을 알았다. 그는 까마귀에게 빵을 주는 습관이 있었는데, 그날도 까마귀가 날아오자 성자는 이렇게 말했다. "우리 주 예수 그리스도의 이름으로 이 빵을 가져다 아무도 보지 못하는 곳에 버려라." 까마귀가 명한 대로 하고 돌아오자 평소대로 먹을 빵을 주었다. 사악한 신부는 베네딕투스의 육체를 죽이지 못하게 되자 그의 영혼을 죽이기로 결심하고 벌거벗은 젊은 여자 일곱을 수도원으로 보냈다. 베네딕투스 성인은 젊은 수도자들의 마음이 흔들려 죄를 짓지 않을까 염려하여, 사악한 신부가 못된 행동을 더는 하지 못하도록 수도원을 스스로 떠났다. 사악한 신부는 자기 방 천장이 무너져 내려 죽었다. 한 수도자가 사악한 신부가 죽었다는 기쁜 소식을 갖고 베네딕투스를 찾아가 수도원으로 다시 돌아와 달라고 청했다. 베네딕투스는 죄인의 죽음을 애도하면서 기뻐하는 수도자에게 도리어 참회하라고 타일렀다.

그레고리우스는 기적에 대해 말할 뿐만 아니라 성 베네딕투스의 이력도 들려준다. 성 베네딕투스는 열두 곳에 수도원을 세우고 나서 마침내 몬테카시노에 오게 되었는데, 그곳에 지방 사람들이 여전히 이교 숭배 의식을 거행하던 아폴로 '신전'이 있었다. "당시까지만 해도 미친 이교도 무리는 사악하기 그지없는 제물을 바쳤다." 베네딕투스는 아폴로 신전의 제단을 파괴하고 대신 교회를 지음으로써 주변의 이교도를 개종시켰다. 그래서 사탄의 분노는 극에 달했다고 한다.

"인류의 오랜 적 사탄은 이를 마땅치 않게 여겨 이제 은밀하게 나타나거나 꿈속에만 나타나지 않고 자기 모습을 거룩한 신부 앞에 드러내고 자신을 모독했다고 불평을 늘어놓으며 고함을 쳐댔다. 수도자들은 사탄의 소리는 들었으나 모습은 보지 못했다. 그러나 가경자可敬者, venerable[96] 신부가 말했듯, 사탄은 무시무시하고 잔혹한 모습으로 나타나 불을 뿜는 입과 이글이글 불타는 눈을 한 채 신부를 갈기갈기 찢어 버릴 듯했다. 수도자들은 모두 악마가 하는 말을 들었다. 사탄이 처음에 베네딕투스의 이름을 불렀으나 그가 응답하지 않자 욕설과 악담을 퍼부었다. 이어 사탄이 '축복받은 베넷이여'라고 고함쳐 불렀는데도 아무 대답이 없자, 곧바로 어조가 돌변해 '저주받은 베넷, 축복받지 못한 자, 네가 나와 무슨 상관이 있단 말이냐! 어찌 네가 나를 괴롭히느냐?'라고 외친다." 이야기는 여기서 끝나지만, 절망에 지친 사탄이 물러났으리라는 짐작은 누구나 하고도 남는다.

내가 그레고리우스 대교황의 대화편을 길게 인용한 까닭은 세 가지 점에서 중요한 의미가 있기 때문이다. 우선 그레고리우스의 대화편은 베네딕투스의 생애를 알려주는 중요한 자료이며, 성 베네딕투스가 세운 수도회 규칙서가 아일랜드인이 건립한 수도원을 제외하면 모든 서로마 수도원의 모범으로 자리 잡았다는 것을 보여 준다. 둘째, 대화편은 6세기 말엽에 생존한

---

96 * 로마 가톨릭교회에서 죽은 사람의 덕행을 증거하여 부르는 존칭 가운데 하나. '성인聖人'자리에 오르기 전에 '가경자'와 '복자福者'를 거친다.

대다수 교양인의 정신적 분위기를 생생하게 묘사한다. 셋째, 대화편은 서로마 교회의 네 번째 박사이자 최후의 박사이며 정치 측면에서 교황 가운데 가장 저명한 그레고리우스 대교황이 직접 쓴 작품이다. 이제 그레고리우스에게 주목하기로 하자.

노샘프턴의 가경자 허튼W.H. Hutton 부주교의 주장에 따르면 그레고리우스는 6세기를 대표하는 가장 위대한 인물이다.[97] 그의 경쟁자로 부를 만한 인물은 유스티니아누스와 베네딕투스뿐이라고 말하기도 한다. 물론 세 사람은 모두 후대에 큰 영향을 미쳤다. 유스티니아누스는 덧없는 정복이 아니라 법전 제정으로, 베네딕투스는 수도회 설립으로, 그레고리우스는 교황 권력을 증대시킴으로써 후대에 영향을 미쳤다. 내가 인용한 대화에서 그레고리우스는 유치하고 경박한 면을 드러내지만, 정치가로서 용의주도하고 지배자다운 뛰어난 기량을 보여 줄 뿐만 아니라 복잡하고 변화무쌍한 세상에 어떻게 대처할지도 아주 잘 알고 있었다. 두 가지 면의 대조는 놀랄 정도다. 그러나 영향력이 뛰어난 활동가들이 지성 측면에서 2급 수준에 머무르는 경우도 자주 있다.

최초로 대교황이라고 불린 그레고리우스는 540년경에 로마의 부유한 귀족 가문에서 태어났다. 그레고리우스의 할아버지는 홀아비가 된 이후 교황이 되었던 듯하다. 그레고리우스는 젊은 나이에 대저택과 어마어마한 재산을 소유했다. 그는 최상의 교육을 받았지만 배우는 과목에서 그리스어가 빠져 있었고, 6년간 콘스탄티노플에 살면서도 그리스어를 결코 익히지 못했다. 573년에 로마시의 장관이 되었다. 그러나 종교의 부름을 받고 관직에서 물러나 재산을 수도원 건립과 자선을 위해 내놓았을 뿐만 아니라 자신이 살던 대저택도 수도자들을 위한 집으로 기증한 다음, 베네딕투스 수도회에 입

97 『케임브리지 중세사』, 2권 8장.

회했다. 입회 이후 그는 명상에 전념하는 엄격한 금욕 생활로 건강을 완전히 해치고 말았다. 그러나 그레고리우스의 정치적 수완을 인정한 교황 펠라기우스 2세는 유스티니아누스 황제 시대 이후 단지 명목상 교황의 지배 아래 놓여 있던 콘스탄티노플의 교황 사절로 그를 파견했다. 그레고리우스는 579년부터 585년까지 콘스탄티노플에 살면서 황제의 궁정 안에서 교황의 이익을 대변하고, 서로마 성직자들보다 언제나 이단으로 쉽게 기울던 동로마 성직자들과 논쟁하는 가운데 교황의 신학을 대변했다. 당시 콘스탄티노플의 총대주교는 우리의 부활한 육체가 무형의 존재가 될 것이라는 잘못된 의견을 주장했으나, 그레고리우스는 황제가 참신앙에서 벗어나 이단에 빠져들지 않도록 구제해 주었다. 그러나 그는 황제가 원정을 떠나 롬바르드족을 치도록 설득하라는 자신의 중요한 임무는 수행하지 못했다.

585년부터 590년까지 5년 동안 그레고리우스는 자신이 설립한 수도원에서 원장으로 일했다. 이후 교황이 죽자 그레고리우스가 교황의 자리를 계승했다. 힘든 시기였으나 극도의 혼란은 유능한 정치가에게 오히려 수많은 기회를 주었다. 롬바르드족이 이탈리아를 약탈했으며, 스페인과 아프리카는 비잔틴인의 나약함, 서고트족의 부패, 그리고 무어인의 약탈로 무정부 상태에 빠져들었다. 프랑스는 북부와 남부 지역으로 나뉘어 전쟁을 벌였다. 로마인의 지배 아래서 그리스도교 지역으로 분류되던 브리튼은 색슨족의 침입 이후 이교도 지역으로 되돌아갔다. 아리우스파 이단이 여전히 남아 있었으며, 삼장의 이단도 근절되지 않았다. 이렇게 격동하는 시대에 주교들조차 악에 물들어 모범적 생활에서 벗어나 타락하는 경우도 흔했다. 성직 매매가 성행했으며, 성직을 매매하는 지독한 악습은 11세기 후반까지 이어졌다.

그레고리우스는 재난의 원천이 된 모든 사건에 정력적이고 기민하게 대처했다. 그가 교황의 지위에 오르기 전, 로마의 주교직은 위계상 최고 지위에 해당되었으나 주교 관구 밖에서는 지배권을 전혀 인정받지 못했다. 예컨대 성 암브로시우스는 당시 교황과 가장 좋은 관계를 유지했지만 자신이 교황의 권위 아래 예속되어 있다는 생각은 조금도 하지 않았다. 일부는 개인적 성품의 결과로, 일부는 무정부 상태가 만연한 탓으로 그레고리우스는 서로마 전체의 성직자들뿐만 아니라 정도는 덜하지만 동로마의 성직자들도 인정한 권위를 세우는 데 성공했다. 그는 주로 편지를 활용해 로마 세계 전역의 주교들과 통치자들에게 권위를 나타냈고, 다른 수단을 동원하기도 했다. 그가 주교들에게 조언한 내용이 포함되어 있는 『사목규칙서』는 중세 초기 내내 큰 영향을 미쳤다. 『사목규칙서』는 주교의 의무를 명시한 지침서로 쓸 예정이었고 지침서로 수용되었다. 그는 라벤나의 주교를 위해 첫 지침서를 썼고 세비야의 주교에게도 보냈다. 샤를마뉴 대제 시대의 주교들은 서품식에서 『사목규칙서』를 받았다. 알프레드 대왕은 이 책을 앵글로색슨어로 번역했으며 동로마에서는 그리스어로 보급되었다. 책에는 뜻밖의 내용이라고 할 수 없는, 예컨대 주교는 사제의 직무를 게을리해서는 안 된다는 조언이 담겨 있다. 통치자들은 비판받을 만한 일을 해서는 안 되며, 그들이 교회의 조언을 따르지 않으면 마땅히 지옥불의 위험에서 살게 될 것이라 말하기도 한다.

그레고리우스의 편지는 유별나게 흥미를 끄는데, 그의 성격을 보여 줄 뿐만 아니라 시대상을 드러내 주기 때문이다. 그는 황제나 비잔틴 궁정의 숙녀에게 편지를 쓸 때를 제외하면 교장 선생님의 어투로, 때로는 격려하고 자주 꾸짖으며 명령할 수 있는 권한을 거침없이 행사했다.

599년에 1년 동안 보낸 편지를 사례로 들어 보자. 우선 사르데냐의 늙고 부도덕한 주교에게 보낸 편지에는 이렇게 적혀 있다. “주일 미사 전례를 치르기 전, 그대가 예물 전달자의 수확물을 거두러 나갔을 뿐만 아니라, 미사 전례를 마친 후에도 두려운 줄 모르고 소유지의 경계표를 뽑아냈다는 말도 들리더군. …… 우리가 아직 그대의 회색 머리카락을 소중히 여기고 있으니, 여보게, 오래 잘 생각해 보고 경거망동하거나 심술궂은 행동은 삼가게." 같은 시기에 그는 사르데냐의 세속 당국에도 같은 문제로 편지를 보냈다. 이후 해당 주교는 장례 미사를 집전해 준 대가를 요구했기 때문에 비난을 받았고, 개종한 유대인이 십자가와 성모상을 유대교회당에 두어도 좋다고 허가했기 때문에 또다시 비난을 받았다. 게다가 해당 주교를 비롯한 사르데냐의 주교들이 대주교의 허락을 받지 않고 여행할 것이라고 알려지자 여행을 중단해야 한다는 편지를 썼다. 이어 쓴 다른 편지 가운데 달마티아의 총독에게 보낸 매우 엄중한 편지에는 이렇게 적혀 있다. "우리는 그대가 구하는 만족이 신을 향해 있는지 인간을 향해 있는지 알 수가 없네." "그대가 우리 마음에 들려고 하는 행동에 대해 말하네만, 자네의 온 가슴과 영혼을 바쳐 눈물로써 이러한 일들에 대해 자네의 예수 그리스도를 만족시켜야 할 것이네." 이 가련한 사람이 어떤 일을 했는지는 모를 일이다.

다음으로 이탈리아의 총독 칼링쿠스에게 보낸 편지에서는 슬라브족에게 거둔 승리를 축하하고, 삼장을 잘못 해석한 이스트라의 이단자들에게 대처할 행동 방침을 전달한다. 그는 이 문제와 관련된 편지를 라벤나의 주교에게도 쓴다. 그레고리우스가 다른 사람의 잘못을 지적하지 않고, 자기 자신을 변호한 예외는 시라쿠사의 주교에게 쓴 편지에서 한 번 발견된다. 쟁점이 되었던 문제는 쉽게 풀기 어려운 문제로, 미사를 드릴 때 어느 지점에서 '알렐루야'를 말해야 하느냐는 것이다. 그레고리우스는 자신의 관례가, 시라쿠사의 주교가 암시한 바와 같이 비잔틴인에게 아첨하려고 차용한 것이 아니라, 성 야고보에게서 축복받은 히에로니무스를 거쳐 물려받은 유산이라고 말한다. 그러므로 자신이 그리스의 관례를 부당하게 따른다고 생각한 사람들은 오류를 범했다는 것이다(이와 유사한 문제가 러시아의 복고신앙파를 분열시킨 원인 가운데 하나였다).

야만족 국왕과 여왕에게 보낸 편지도 많다. 프랑크족의 여왕 브룬힐트

Brunhild는 프랑스의 어느 주교에게 수여된 팔리움pallium[98]을 갖고 싶어 했다. 그레고리우스는 여왕의 요청을 기꺼이 받아들이려고 했다. 그러나 불행히도 여왕이 보낸 특사는 교회분리론자였다. 그는 롬바르드족의 아길룰프Agilulph 왕에게 화친의 성과를 축하하는 편지를 썼다. "화친하지 못하는 불행한 사태가 발생했더라면, 양국에서 비롯된 죄와 위험으로 인해 노동으로 이익을 주면서도 비참하게 사는 농부들이 피를 흘리는 참사 말고 무슨 일이 빚어졌겠습니까?" 그는 동시에 아길룰프의 아내, 테오델린다 여왕에게 편지를 써서 남편이 계속 선한 길을 갈 수 있도록 애써 달라고 말한다. 그가 브룬힐트 여왕에게 쓴 다른 편지에서는 왕국에서 저지른 잘못을 두 가지 지적한다. 평신도가 평범한 사제로서 준비 기간을 거치지 않고 곧바로 주교로 승진하는 관례가 잘못이고, 유대인이 그리스도교도를 노예로 부려도 좋다고 허용한 관례도 잘못이다. 프랑크족의 왕 테오도리히와 테오데베르트에게는 프랑크인이 경건한 생활의 모범을 보여 주어 기쁘기 그지없지만, 왕국에 널리 퍼진 성직 매매 문제를 지적하지 않을 수 없다는 편지를 쓴다. 그는 다시 토리노의 주교가 보여 준 처신이 잘못되었다고 지적하는 편지를 쓴다. 야만족 군주에게 보낸 편지는 칭찬하는 말로 가득하다. 바로 서고트족의 왕 레카레드인데, 그는 아리우스파였으나 587년에 가톨릭교도가 되었다. 교황은 서고트족 왕의 개종에 대한 보답으로 "축복받은 사도 베드로의 성스러운 몸에서 비롯된 작은 열쇠를, 순교 당시 그의 목에 감겼던 사슬의 쇠를 포함하여 모든 죄에서 그대를 풀려나게 하리라는 축복을 전하며" 왕에게 보냈다. 나는 왕이 선물을 기꺼이 받았으리라고 생각한다.

그레고리우스는 안티오크Antioch[99]의 주교에게 이단적 에페소스 교구회

---

98 * 로마 가톨릭교회에서 교황과 대주교(경우에 따라 다른 주교)가 자신의 직무와 권한을 상징하기 위해 제의祭衣 위에 목과 어깨에 두르는 좁은 고리 모양의 양털 띠.

의와 관련된 지시를 내리고, "동로마 교회에서는 어느 누구라도 뇌물을 주지 않으면 고위 성직에 오르지 못한다는 말이 들립니다"라는 통보와 함께 주교의 권한이 미치는 만큼 문제점을 고쳐야 한다는 내용의 편지도 쓴다. 마르세유의 주교에게 보낸 편지에서는 경배의 대상이던 성상을 파괴했다며 책망한다. 요컨대 성상 숭배가 그릇된 관례라고 하더라도 성상은 유용할 뿐만 아니라 존경심을 갖고 다루어야 한다는 것이다. 갈리아의 두 주교는 어떤 숙녀가 수녀가 된 후에도 결혼을 강요당하는 일이 발생했기 때문에 책망을 듣는다. "이러한 일이 사실이라면, …… 그대들은 목자로서 가치 있는 일을 하지 못하고 단지 돈을 목적으로 알선하는 셈이 될 것이오."

위에서 소개한 인용문은 그레고리우스가 한 해 동안 쓴 편지의 일부에 지나지 않는다. 그가 같은 해에 쓴 어느 편지에서 한탄했듯 명상할 시간을 내지 못했다고 해도 놀랄 일은 아니다(편지, 121).

그레고리우스는 세속 학문에 호의를 보이지 않았다. 그는 프랑스 비엔Vienne의 주교 데시데리우스Desiderius에게 다음과 같은 편지를 쓴다.

"그대가 몇몇 사람에게 문법을 상세히 설명하고 가르친다는 말이 들리니 언급하기조차 부끄러운 노릇이오. 우리가 이 사태를 해롭다고 보고 반대 의사를 분명하게 밝힐 만큼 탄식하고 안타까워하는 까닭은 그리스도를 칭송하는 같은 입으로 주피터를 칭송할 여지는 없기 때문이오. …… 사제가 문법을 가르치는 행동은 저주받을 일이니, 사실인지 아닌지 정확한 증거를 찾아내 엄정한 절차를 밟아 확인해야 할 것이오."

이교도 학문에 대한 이러한 적대감은 적어도 4세기 동안 교회 내에 남아서 제르베르(교황 실베스테르 2세) 시대까지 지속되었다. 교회는 11세기 이후

99 * 그리스인이 세웠던 도시로, 당시 그리스도교의 중심 도시 중 하나였다. 오늘날 터키의 안타키아를 가리킨다.

비로소 학문에 호감을 보이기 시작했다.

그레고리우스가 황제를 대하는 태도는 야만족 왕들을 대할 때보다 훨씬 정중했다. 콘스탄티노플의 특사에게 보낸 편지에서 그는 이렇게 말한다. "경건하기 그지없는 황제께서 원하는 일, 하라고 명하는 일은 무엇이든 황제의 권한에 속한다. 그가 결정하는 대로 따르라. 다만 황제가 정통 교회의 주교를 폐위시키는 일에 연루되는 일만은 생기지 않게 하라. 황제의 처신이 어떠하든 교회법에 어긋나지만 않으면 우리는 그를 따를 것이다. 그러나 교회법에 어긋나더라도 우리 자신이 죄를 짓지 않는 한도 내에서 가능한 한 참고 견딜 것이다." 세상에 알려지지 않은 포카스Flavius Phocas Augustus (602~610 재위)[100]라는 백인대장centurion이 주동한 반란으로 황제 마우리키우스Mauricius Flavius Tiberius가 폐위되었을 때, 갑자기 출세한 반란 주동자는 왕위를 차지하고 마우리키우스의 아들 다섯을 황제가 보는 앞에서 학살한 다음 늙은 황제도 처형했다. 물론 죽음을 무릅쓰는 것 말고 대안이 없었던 콘스탄티노플의 총대주교가 포카스의 대관식을 거행했다. 그러나 그레고리우스가 멀리 떨어져 비교적 안전한 로마에 있으면서도, 매스꺼울 정도로 아첨하는 편지를 왕위 찬탈자와 그의 아내에게 썼다는 사실에 놀라지 않을 수 없다. 그는 이렇게 쓴다. "일반 국가의 왕과 공화국 황제의 차이는 일반 국가의 왕은 노예의 주인이지만 공화국의 황제는 자유민의 주인이라는 점입니다. 경건하신 폐하께서 생각하고 행동할 때마다 하느님의 은총이 함께하기를 바랍니다. 정당하게 행한 일이든 온정적 조치에 따른 일이든 폐하의 가슴속에 바로 거하신 성령이 함께 하시기를 바라옵니다." 포카스의 아내, 황후 레온티아Leontia에게도 편지를 쓴다. "황후의 제국이 가져 온 평온으로,

100 * 페르시아인과 싸워 거둔 공훈으로 황제 티베리우스 2세의 눈에 들어 후계자가 된 비잔틴의 유능한 장군.

오랜 기간 목덜미를 짓누르던 가혹한 부담을 덜어 내고 황제 지상권의 가벼운 멍에를 다시 지게 되었으니 이를 어찌 다 말로 표현하고 어찌 정신으로 다 생각할 것이며, 전능하신 하느님께 얼마나 큰 감사를 올려야 할지 모르겠습니다." 이러한 말을 들으면 누구나 마우리키우스가 괴물이 아니었을까 생각할 터다. 사실 그는 선량한 노인이었다. 그리스도교를 변호하는 자들은 그레고리우스가 포카스의 극악무도한 행위를 알지 못했노라고 변론한다. 그러나 그는 분명히 비잔틴의 왕위 찬탈자들이 상습적으로 저지른 행위를 알고 있었는데도, 포카스가 예외적 인물인지 확인할 생각조차 하지 않았다.

이교도의 개종은 교회의 세력이 점차 증가하는 데 중요한 역할을 했다. 고트족은 4세기 말 이전 울필라스 또는 울필라의 노력으로 불행하게도 아리우스주의로 개종했는데, 아리우스주의는 반달족이 받아들인 신경이기도 했다. 그러나 테오도리쿠스가 죽은 다음, 고트족은 점차 가톨릭교도가 되었으며, 이미 살펴보았듯 서고트족 왕은 그레고리우스 시대에 정통 신앙을 받아들였다. 프랑크족은 클로비스 시대부터 가톨릭교도였다. 아일랜드인은 서로마 제국이 멸망하기 전 성 패트릭의 노력으로 개종했는데, 성 패트릭은 서머싯셔 지방의 신사[101]로 432년부터 461년 죽을 때까지 아일랜드인과 살았다. 이후 아일랜드인은 스코틀랜드와 잉글랜드 북부 지역에 복음을 전하는 데 큰 역할을 했다. 복음을 전하는 과업을 수행한 가장 위대한 선교사는 성 콜룸바St. Columba였고, 다른 선교사는 성 콜룸바누스St. Columbanus로 성 그레고리우스에게 부활절 날짜를 비롯하여 다른 중대한 문제에 관한 긴 편지를 쓴 적이 있다. 그레고리우스는 노섬브리아를 제외한 잉글랜드의 개종에 특별한 관심을 보였다. 그가 교황이 되기 전, 로마의 노예 시장에서 머리카락은 금발이고 눈동자가 푸른 소년 둘을 보았을 때 앵글족Angles이라는 소리

101 적어도 베리는 『성 패트릭의 생애』에서 그렇게 말한다.

를 듣고, "아니, 천사들angels이다"라고 말한 일화는 누구나 알고 있다. 그는 교황이 되자 앵글족을 개종시키려 성 아우구스티누스를 켄트 지방으로 파견했다. 그레고리우스가 앵글족 선교 임무에 관해 성 아우구스티누스나 앵글족 왕 애설버트를 비롯한 다른 사람들과 주고받은 수많은 편지가 전해진다. 그레고리우스는 잉글랜드의 이교도 신전을 파괴하지 말고, 우상을 파괴한 다음 신전을 정화하여 교회로 만들라고 명한다. 성 아우구스티누스는 교황에게 사촌끼리 결혼해도 좋은지, 전날 성교한 부부가 교회에 나와도 되는지(그레고리우스는 부부가 몸을 씻었다면 괜찮다고 답장한다) 같은 질문을 자주 한다. 우리가 알고 있듯 잉글랜드 선교 사업은 성공을 거두었고, 그러한 성공이 빛을 발하여 오늘날 영국인은 모두 그리스도교도가 되었다.

우리가 고찰한 시기는, 이 시기를 대표한 위인이 다른 여러 시기의 위인보다 열등하지만 다가올 시대에 어느 누구보다 영향을 크게 미쳤다는 사실로 미루어 보아, 독특한 시대라 말하지 않을 수 없다. 로마법, 수도원 제도, 교황 제도의 길고 깊은 영향력은 주로 유스티니아누스, 베네딕투스, 그레고리우스에게서 비롯된 것이었다. 6세기 사람들은 비록 선대 사람들보다 문명을 발전시키지 못했으나 후대 4세기 동안 살았던 사람들보다는 문명을 훨씬 더 발전시켜, 제도 형성에 성공했으며 궁극적으로 야만족을 길들이는 데도 성공했다. 위에서 다룬 세 인물 가운데 두 사람은 로마의 귀족 출신이지만, 한 사람은 로마의 황제였다는 점도 주목할 만하다. 그레고리우스는 탁월한 현실감을 지닌 최후의 로마인이다. 그레고리우스가 명령을 내릴 때 보여 주는 어조는 직책상 정당해 보이는 말투이기는 하지만, 로마 귀족의 긍지가 본능적으로 바탕에 깔려 있다. 그레고리우스 이후 여러 시대를 거치는 동안, 로마시는 더는 위인을 배출하지 못했다. 그러나 몰락하는 동안에도 로마는 로마시를 정복한 자들의 영혼에 로마의 족쇄를 채우는 데 성공했다. 로마를 정복한 자들이 베드로 사도좌Chair of Peter를 보고 느낀 존경심은 로마 황제들의 왕좌throne of the Caesars를 보고 느낀 경외심이 거둔 성과였다.

동쪽 세계의 역사는 다르게 진행되었다. 무함마드는 그레고리우스가 서른 살 무렵일 때 태어났다.

제2부
스콜라 철학

7.
암흑기의 교황권

교황권敎皇權, papacy은 그레고리우스 대교황부터 실베스테르 2세까지 4세기 동안 눈부실 만큼 영고성쇠榮枯盛衰를 거듭했다. 교황은 때로는 그리스 황제에게 복종하고, 때로는 서로마 제국의 황제에게 복종했으며, 한때 로마의 지방 귀족에게 복종하기도 했다. 그러나 8, 9세기에 의욕이 넘치는 교황들은 절호의 기회를 잡아 교황 권력의 전통을 형성해 나갔다. 서기 600년에서 1000년에 이른 시기는 무척 중요해서 중세 교회와 국가의 관계를 이해하려면 반드시 짚고 넘어가야 한다.

교황들은 자신의 노력이 아니라 롬바르드족 군대의 힘을 빌려 그리스 황제들로부터 독립을 쟁취했지만, 그들에게 감사해하는 마음은 전혀 없었다. 그리스의 교회는 대체로 황제에게 복종했으며, 황제는 신앙 문제를 결정할 자격이 본인에게 있으므로 주교를 비롯한 총대주교까지도 임명하고 폐하고자 했다. 수도자들은 황제의 지배에서 벗어나 독립하려 했고, 그러한 이유로 때로는 교황의 편을 들었다. 그러나 콘스탄티노플의 총대주교는 황제에게 기꺼이 복종한 반면, 교황의 권위에 전혀 복종할 생각이 없었다. 황제는 이따금 이탈리아의 야만족에게 맞서기 위해 도움이 필요하면, 콘스탄티노플의 총대주교보다 교황에게 더욱 우호적인 태도를 보였다. 동로마 교회가 서로마 교회와 궁극적으로 분리될 수밖에 없었던 주된 원인은 동로마 교회가 교황의 지배권에 저항했기 때문이다.

비잔틴인이 롬바르드족과 싸워 패배한 이후, 교황은 억센 야만족에게 정복당할지도 모른다는 두려움에 휩싸였다. 교황은 샤를마뉴의 영도 아래 이탈리아와 독일을 정복한 프랑크 왕국과 동맹을 맺음으로써 위기를 돌파했다. 동맹의 결과로 신성 로마 제국이 출현하고, 신성 로마 제국은 교황과 황제가 조화롭게 지낼 정치 체제를 갖추었다. 그러나 카롤링거 왕조의 세력은 급속히 쇠퇴했다. 처음에 교황은 카롤링거 왕조의 쇠퇴를 이용해 이득을 얻었으며, 9세기 후반 니콜라우스 1세는 지금껏 유례를 찾기 힘들 만큼 교황권을 강력한 수준까지 확립했다. 그렇지만 사회 전반에 걸친 무정부 상태로, 10세기에 로마 귀족 계급이 실질적으로 독립하면서 교황권을 조종하는 비참한 파국에 이르렀다. 교황권과 교회 조직이 일반적으로 대大개혁운동을 통해 봉건 귀족 계급의 예속에서 벗어나는 과정은 이어질 장에서 다룰 주제다.

7세기에도 황제의 군사력은 로마를 여전히 지배하고 있었고, 교황은 복종의 길을 선택하거나 수난의 길을 걸어야 했다. 호노리우스처럼 이단이라고 할 정도로 황제에게 복종한 교황도 있었고, 마르티누스 1세처럼 황제에게 저항하다 감옥에 갇힌 교황도 있었다. 685년부터 752년까지 교황은 대부분 시리아인이거나 그리스인이었다. 그러나 롬바르드족이 이탈리아를 점령함에 따라 비잔틴의 권력은 점차 쇠퇴했다. 이사우리아 왕조의 레오 황제는 726년에 성상 파괴 법령을 포고했는데, 서로마 제국 전역은 물론 동로마 제국의 태반에 이르기까지 이를 이단으로 간주했다. 교황은 성상 파괴 법령에 강력하게 저항해 성공을 거두었다. 마침내 섭정으로 정치에 처음 입문한 이레네 여제가 통치하던 787년, 동로마 제국은 성상 파괴를 명한 이단 법령을 폐기했다. 그사이에 서로마 제국에서 전개된 일련의 사건으로 교황권을 통제하는 비잔틴 제국의 역할은 영원히 종식되었다.

751년경에 롬바르드족은 비잔틴 제국인 이탈리아의 수도 라벤나를 점령했다. 이러한 사건을 계기로 교황은 롬바르드족의 지배를 받을 일촉즉발의 위험에 빠진 반면, 그리스 황제에게 의존하던 종속관계에서 완전히 벗어났다. 교황은 몇 가지 이유로 롬바르드족보다 그리스인을 더 좋아했다. 첫째, 황제의 권위는 합법성에 근거한 반면 야만족 왕은 황제가 인정해 주지 않으면 왕위 찬탈자로 간주되었다. 둘째, 그리스인은 문명을 발전시킨 사람들이었다. 셋째, 롬바르드족은 민족주의 성향을 나타낸 반면 교회는 로마의 세계주의를 존속시켰다. 넷째, 롬바르드족은 아리우스파였을 뿐만 아니라 개종한 다음에도 여전히 그들에 대한 악평이 따라다녔다.

리우트프란트 왕 치하의 롬바르드족은 739년에 로마 정복을 꾀했고, 교황 그레고리우스 3세는 강력히 대항하며 프랑크 왕국에 원조를 요청했다. 클로비스의 뒤를 이은 메로빙거 왕조의 왕들은 프랑크 왕국 내에서 모든 실권을 상실하고, '궁재Mayor of the Palace'가 왕국을 다스리게 되었다. 당시의 궁재는 활력과 능력을 두루 갖춘 뛰어난 사람으로 이름은 카를 마르텔Karl Martell이었는데, 정복자 윌리엄(잉글랜드의 윌리엄 1세)처럼 사생아였다. 그는 732년에 무어인과 결연히 맞선 투르 전투에서 승리를 거둠으로써 프랑크 왕국을 그리스도교국으로 남게 했다. 이로써 카를 마르텔은 교회의 감사를 받아 마땅했으나, 재정적 필요 때문에 교회의 땅을 일부 차지했다는 이유로 공적에 대한 평가는 반감되었다. 741년에 카를 마르텔과 그레고리우스 3세가 둘 다 죽고, 뒤를 이은 후계자 피핀은 교회가 만족스러워할 만한 인물이었다. 교황 스테파누스 3세가 754년에 롬바르드족을 피하려고 알프스를 넘어 피핀을 찾아갔을 때 체결한 협정은 양측 모두에게 대단히 유익했다. 교황은 군사력의 보호가 필요했던 반면, 피핀은 교황만이 수여할 수 있는 것이 필요했다. 피핀은 교황이 메로빙거 왕조 최후의 왕 대신에 자신에게 왕의 칭호를 합법적으로 수여하기를 바랐다. 그는 왕의 칭호를 받은 대가로 교황에게 라벤나와 이탈리아의 이전 총독령을 전부 내주었다. 콘스탄티노플 측에서 이러한 증여를 인정하리라고 기대하기 어려웠기 때문에 정치적 측면에서 동로마 제국과 단절될 수밖에 없었다.

교황이 그리스 황제의 지배를 계속 받았더라면 가톨릭교회의 발전 양상은 아주 다르게 전개되었을 터다. 동로마 교회에서 콘스탄티노플 총대주교는 세속 권력으로부터 독립하지도 못했고, 교황처럼 다른 성직자보다 우월한 지위를 차지하지도 못했다. 처음부터 주교는 모두 동등하다고 생각했으며, 동로마에서도 이러한 견해를 상당히 받아들였다. 더욱이 알렉산드리아, 안티오크, 예루살렘 같은 동쪽에는 다른 총대주교가 있었던 반면, 교황은 서로마의 유일한 총대주교였다. (그러나 이러한 사실은 이슬람교도의 정복 이후 중요한 의미를 상실했다.) 동로마와 서로마의 속인은 대부분 수 세기 동안 읽고 쓸 줄 몰랐기 때문에 서로마 교회는 여러 가지 이점을 누렸다. 로마가 누리는 특권이 동쪽의 여느 도시의 특권을 능가한 까닭은, 제국의 전통을 베드로와 바오로의 순교 전설이나 초대 교황 베드로의 전설과 결합시켰기 때문이다. 황제의 특권은 교황의 특권에 대적할 정도로 충분했을지도 모르지만, 서로마의 군주 가운데 어느 누구도 교황에 견줄 만한 특권을 누리지 못했다. 신성 로마 제국의 황제는 실권이 없는 경우가 흔했다. 더욱이 교황이 왕관을 씌워 주는 즉위식을 거행한 경우에만 황제가 될 수 있었다. 이러한 모든 이유로 교황권이 비잔틴 제국의 지배에서 해방된 것은, 교회가 세속 군주에 대해 독립을 유지하고, 서로마교회의 통치 체제 속에 교황 군주제를 최종적으로 확립시키는 데 아주 중요했다.

이 시기에 '콘스탄티누스의 증여서'와 위조된 교황교서를 비롯한 대단히 중요한 문서가 작성되었다. 위조된 교황교서에 관심 둘 필요는 없으나, 콘스탄티누스의 증여서에 대한 언급은 필요하다. 성직자들은 피핀의 증여에 아주 오래된 합법성을 덧씌우기 위해 문서를 위조했는데, 바로 콘스탄티누스 황제가 선포한 칙령으로 자신이 새로운 로마를 세울 때 옛 로마를 비롯한 서쪽의 모든 영토를 교황에게 증여한다는 것이다. 이러한 증여 문서는 교황에게 세속 권력을 부여하는 바탕이었으며, 이어진 중세 내내 진짜 문서로 받아들여졌다. 르네상스 시대로 접어든 1439년에 로렌초 발라Lorenzo Valla가 처음 이것을 위조문서로 규정했다. 그는 『라틴어의 우아함에 대하여』라는 책을 썼는데, 8세기에 쓰인 문서에 당연히 우아한 문체가 드러나 있지 않았다. 로렌초 발라가 에피쿠로스를 칭송하는 논문을 쓰고 콘스탄티누스의 증여에 이의를 제기하는 책을 낸 이후, 교회의 일보다 라틴어 문법에 관심이 훨씬 많았던 교황 니콜라우스 5세의 비서관이 된 것은 이상한 일이다. 그러나 니콜라우스 5세는 교황령이라는 명칭이 증여를 가정한 데서 비롯되었지만, 교황령을 포기하자고 제안하지 않았다.

번스C. Delisle Burns는 주목할 만한 문서의 내용을 이렇게 요약한다.[102]

> 니케아 신경과 아담의 타락에 이어 그리스도의 탄생에 대해 요약한 다음, 콘스탄티누스는 자신이 나병을 앓을 때 의사를 찾아가도 소용이 없자 '주피터 신전의 사제'를 찾아갔다고 말한다. 사제는 젖먹이 아기를 죽여 피로 몸을 씻어야 한다고 제안했으나, 어머니가 흘리는 눈물 때문에 아기를 돌려보냈다. 그날 밤 베드로와 바오로가 그에게 나타나, 실베스테르 교황이 소라크테Soracte의 동굴에 피신해 있으며 병을 고쳐 줄 사람이라고 알려 주었다. 콘스탄티누스는 소라크테로 갔다. '전 세계의 교황universal Pope'은 콘스탄티누스에게 베드로와 바오로는 신이 아니라 사도라고 말하고, 초상화를 보여 주었다. 콘스탄티누스는 환영 속에서 보았다고 자신의 '총독들satraps' 앞에서 인정했다.

102 아직 출판되지 않은 『초기 유럽*The First Europe*』에서 인용한 내용이다. (이 책은 1947년에 출간되었고, 러셀은 이 책이 나오기 전부터 『러셀 서양철학사』를 집필하기 시작했다-옮긴이).

실베스테르 교황은 즉시 콘스탄티누스에게 거친 옷을 입히고 보속 기간을 거쳐 세례를 베풀었다. 이때 콘스탄티누스는 하늘에서 내려와 자신의 병든 몸을 어루만지는 손을 보았다. 나병이 말끔히 낫자, 콘스탄티누스는 우상을 더는 숭배하지 않았다. 그때 콘스탄티누스는 "모든 총독, 원로원, 귀족, 로마의 만백성과 함께 베드로의 주교 관할구See of Peter에 지상권을 부여하고," 안티오크, 알렉산드리아, 예루살렘, 콘스탄티노플보다 우월한 지위를 누리게 하는 것이 옳다고 생각했다. 그리고 라테란 궁전에 교회를 세웠다. 콘스탄티누스는 교황에게 자신의 왕관과 삼중관, 제왕의 의상을 수여했다. 교황의 머리에 삼중관을 씌우고 교황이 탄 말의 고삐를 잡기도 했다. 그는 "실베스테르 교황과 후계자들에게 로마를 비롯한 모든 속주와 이탈리아의 모든 지방과 도시를 넘겨 주어, 서로마가 영원히 로마교회의 지배를 받게 했다." 이후 콘스탄티누스가 동로마로 간 까닭은 "하늘이 내린 황제가 주교 관구를 확립하고, 그리스도교의 수장을 세운 곳에서 지상의 황제로 권력을 행사하는 것이 정당하지 않기 때문이다."

롬바르드족은 피핀과 교황에게 순순히 복종하지 않았으나, 프랑크 왕국과 전쟁을 반복하면서 상황이 점점 악화되었다. 774년에 피핀의 아들 샤를마뉴는 마침내 이탈리아로 진군하여 롬바르드족을 완전히 물리치고 왕으로 인정받은 다음에 로마를 점령함으로써 피핀의 증여 사실을 확인했다. 당대의 교황, 하드리아누스와 레오 3세는 샤를마뉴의 계획이 어느 면에서 보나 그들에게 이익이 된다는 사실을 깨달았다. 샤를마뉴는 독일의 태반을 정복하고 색슨족을 맹렬히 박해하여 개종시킴으로써 마침내 개인 자격으로 서로마 제국을 부활시켰고, 서기 800년 성탄절에 로마에서 교황이 거행한 대관식을 통해 황제로 즉위했다.

신성 로마 제국의 건국은 이론적으로 중세의 신기원을 이루는 사건이지만, 실천적으로 신기원이 아님은 말할 것도 없다. 중세는 법적 의제法的 擬制,

legal fiction에 유난히 몰두했는데, 신성 로마 제국이 건국된 때까지도 이전 로마 제국의 서쪽 지역에 대한 **법률상**de jure **합법적** 권위의 유일한 원천으로 간주된 콘스탄티노플의 황제가 여전히 지배해야 한다는 의제는 효력을 지녔다. 샤를마뉴는 법적 의제에 정통한 사람으로서, 로마 제국의 왕좌가 비어 있는 까닭은 동로마를 통치하는 군주 이레네(자신을 황후가 아니라 황제라 칭한)가 왕위 찬탈자이며 여자는 황제가 될 수도 없기 때문이라 주장했다. 샤를마뉴는 권리 주장의 합법성을 교황으로부터 이끌어 냈다. 이리하여 애초부터 교황과 황제 사이에 이상한 상호 의존관계가 형성되었다. 누구든 로마 교황의 대관식을 거치지 않고서 황제가 될 수 없었다. 다른 한편 수 세기 동안 강력한 황제는 저마다 교황을 임명하고 폐할 권리를 주장하기도 했다. 합법적 권력을 다룬 중세의 이론은 황제와 교황 둘 다에 의존했다. 그들의 상호 의존관계로 인해 양측 모두 괴로워하면서도 수 세기 동안 괴로운 처지에서 벗어나지 못했다. 황제와 교황은 끊임없이 갈등을 빚었으며, 때로는 황제 편에서 이익을 얻고 때로는 교황 편에서 이익을 얻었다. 13세기에 이르자 양측의 갈등은 화해하기 어려운 수준으로 치달았다. 교황이 승리했으나 곧바로 도덕적 권위를 상실했다. 교황과 신성 로마 제국의 황제는 둘 다 살아남아, 교황은 오늘날까지 존속하고 있으며 황제는 나폴레옹 시대까지 존속했다. 그러나 황제와 교황의 권력을 둘러싸고 형성되었던 중세의 정교한 권력 이론은 15세기에 효력을 잃었다. 중세의 권력 이론에서 주장한 그리스도교계의 통일은 세속 영역에서 프랑스, 스페인, 잉글랜드의 각 군주가 권력을 쟁취하고, 종교 영역에서 종교개혁이 일어남으로써 무너졌다.

젤리거Gerhard Seeliger 박사는 샤를마뉴 대제와 측근의 특징을 이렇게 요약한다.[103]

---

103 『케임브리지 중세사』, 2권, 663쪽.

샤를마뉴 궁정은 활기로 가득했다. 우리는 거기서 장엄한 특징과 천재성을 찾아내지만 부도덕한 면도 알아챈다. 왜냐하면 샤를마뉴는 주변에 끌어들인 사람들에 비해 특별하지 않았기 때문이다. 그는 본보기가 되지 못했으며, 자신이 좋아해서 수족처럼 부렸던 측근의 지나친 방종으로 고통을 겪었다. 그는 '신성 황제'로 불렸으나 삶의 신성한 모양새를 거의 보여 주지 못했다. 앨퀸Alcuin(735~804)[104]은 황제의 아름다운 딸 로트루트Rotrud를 덕성이 뛰어나다고 칭찬하지만, 그녀는 멘의 로르공 백작의 아내가 아니면서 그의 아들을 낳았다고 전한다. 샤를마뉴는 딸들과 떨어지고 싶지도 않고 결혼을 허락할 생각도 없었기 때문에 볼썽사나운 결과를 받아들일 수밖에 없었다. 다른 딸 베르타Bertha도 생리키에St Riguier 수도원의 경건한 수도원장 앙길베르트Angilbert의 아들을 둘이나 낳았다. 사실 샤를마뉴의 궁정은 방종한 생활이 넘쳐나는 중심지였다.

샤를마뉴는 활력이 넘치는 야만인이었고, 정치적 이유로 교회와 동맹을 맺었으나 개인 생활이 경건해야 한다는 부담은 크게 느끼지 않았다. 그는 읽고 쓸 줄 몰랐으나 문예 부흥의 막을 열었다. 방탕한 생활을 하며 딸들을 아끼고 집착이 심했으나, 자신의 권력을 최대한 이용해 백성에게 신성한 생활방식을 장려하기도 했다. 그는 아버지 피핀처럼 독일에서 자신의 영향력을 증대시키려는 목적으로 선교에 대한 열의를 교묘하게 이용했지만, 교황이 자신의 명령에 따랐다는 사실을 알고 있었다. 교황은 로마가 야만스러운 도시로 변해 외부 세력의 보호 없이 교황 개인의 안전을 보장하기 어려웠을 뿐만 아니라 교황 선거도 무질서한 파벌 싸움으로 변질되었기 때문에 샤를마뉴의 명령을 기꺼이 따랐다. 급기야 799년에는 지방의 정적들이 교황을 사로잡아 가두고 눈알을 뽑겠다고 위협하는 사건이 발생했다. 샤를마뉴가

104 * 잉글랜드의 시인이자 성직자.

살아 있는 동안 새로운 질서가 자리를 잡는 듯 보였지만, 그가 죽은 다음 남은 것은 이론밖에 없었다.

교회 조직이 얻은 이익, 특히 교황권으로 훨씬 많이 거둬들인 이익은 서로마 제국이 거둔 이익보다 훨씬 견고했다. 잉글랜드는 그레고리우스 대교황의 명령에 따른 수도원 선교를 통해 개종했으므로, 지역 자치에 익숙한 주교가 사는 지방보다 로마의 지배를 훨씬 더 잘 수용했다. 독일의 개종은 대부분 카를 마르텔과 피핀의 측근이자 교황을 충실히 따랐던 잉글랜드의 선교사 성 보니파키우스St. Bonifacius, St. Boniface(680~754)의 업적이었다. 보니파키우스는 독일에 수도원을 여럿 세웠으며, 그의 친구인 성 골St. Gall은 스위스에 자기 이름을 붙인 수도원을 세웠다. 몇몇 권위자에 따르면 보니파키우스가 「열왕기」에 나오는 의식에 따라 피핀을 왕으로 지명했다고 전한다.

성 보니파키우스는 데번셔Devonshire 출신으로 엑서터Exeter와 윈체스터Winchester에서 교육을 받았다. 그는 716년에 프리지아로 갔으나 곧 되돌아왔고, 717년에 로마로 갔다. 로마 교황 그레고리우스 2세는 성 보니파키우스에게 919년에 게르만족을 개종시키고 아일랜드의 선교사들(부활절 날짜와 삭발 의식에 대해 오류를 범했던 사실로 기억될 인물들)과 맞서 싸우라고 독일로 파견했다. 보니파키우스는 상당한 성공을 거둔 다음 722년에 로마로 돌아왔고, 그레고리우스 2세에 의해 주교로 임명되어 교황에게 순종하겠다고 맹세했다. 교황은 카를 마르텔에게 보내는 편지를 보니파키우스에게 주면서 이교도를 개종시키고 이단 사상을 탄압하라는 임무를 맡기기도 했다. 보니파키우스는 732년에 대주교가 되었고, 738년에 세 번째로 로마를 방문했다. 자카리아스 교황은 741년에 그를 사절로 파견하며 프랑크 교회에 대한 개혁 임무를 맡겼다. 보니파키우스는 풀다에 대수도원을 세우고, 베네딕투스 수도회보다 엄격한 규칙서를 제정했다. 이후 그는 잘츠부르크의 아일랜드인 주교와 논쟁을 벌였는데, 주교의 이름은 베르길리우스다. 그는 우리가 사는 세계 말고 다른 세계가 있다고 주장했으나 교회의 인정을 받지 못했다. 754년에 프리지아로 돌아온 보니파키우스와 동료들은 이교도에게 학살당했다. 보니파키우스 덕분에 독일의 그리스도교는 아일랜드가 아닌 교황령에 속하게 되었다.

이 무렵에 잉글랜드의 수도원, 특히 요크셔의 수도원은 대단히 중요했다. 고대 로마 제국 시대의 영국에 실제로 존재하던 문명은 사라졌고, 베네딕투스 수도회의 대수도원을 중심으로 활동하던 그리스도교 선교사들이 도입한 새로운 문명은 모든 면에서 로마 교황청과 곧바로 연결되어 있었다. 가경자 비드the Venerable Bede는 재로Jarrow의 수도자였다. 그의 제자이자 요크의 초대 대주교 에그버트Ecgbert는 성당 학교를 건립했으며, 바로 이곳에서 앨퀸이 교육받았다.

앨퀸은 당대 문화를 대표하는 중요한 인물이다. 그는 780년에 로마로 갔는데, 여행 중에 파르마에서 샤를마뉴를 만났다. 황제는 그를 고용하여 프랑크족에게 라틴어를 가르치고 왕실 가족의 교육을 담당하게 했다. 그는 꽤 오래 샤를마뉴 궁정에서 지내면서 학교를 세우고 가르치는 일에 종사했다. 말년에 투르의 성 마르탱 수도원의 대수도원장이 되었다. 그는 운문으로 된 요크의 교회사를 비롯하여 수많은 책을 썼다. 황제는 교육을 받지는 못했으나 문화의 가치를 어지간히 믿었기 때문에, 짧은 기간이나마 암흑기의 칠흑과 같은 어둠이 열어지기도 했다. 요크셔의 문화는 한동안 데인족의 침입으로 파괴되었으며, 프랑스의 문화는 노르만족의 침략으로 훼손되었다. 사라센 제국은 이탈리아 남부를 급습하여 시칠리아를 정복하고 846년에는 로마까지 공격했다. 결국 10세기 무렵에 서쪽 그리스도교 세계 전체가 암흑기로 접어들었다. 9세기에는 잉글랜드인 성직자들과 요한네스 스코투스라는 놀라운 인물이 문화를 구제하는데, 요한네스 스코투스는 다음 장에서 논의할 주제다.

샤를마뉴의 죽음과 더불어 카롤링거 왕조가 쇠퇴하고 제국이 분열된 초기 상황은 교황권에 유리하게 작용했다. 교황 니콜라우스 1세(858~867 재위)는 이전 어느 때보다 교황 권력을 더욱 강화했다. 그는 동로마와 서로마의 황제, 바로 프랑스의 대머리왕 샤를 2세와 로렌의 왕 로타르 2세에 맞서 싸웠을 뿐만 아니라 거의 모든 그리스도교 국가의 주교단과도 논쟁을 불러일으켰다. 그는 거의 모든 싸움에서 이겼다. 대부분의 지역에서 성직자는 지방 군주에게 의존하고 있었는데, 니콜라우스 1세는 이러한 사태를 시정하려고 했다. 그가 휘말린 논쟁 가운데 굵직한 것은 로타르 2세의 이혼 문제와 콘스탄티노플의 총대주교인 이그나티우스의 교회법에 어긋난 파면 문제였다. 교회 권력은 중세 내내 왕들의 이혼 문제에 깊이 관여했다. 왕들은 정열을 제멋대로 드러내며 결혼 파기 불가 규정을 백성에게나 적용되는 원칙으로 여겼다. 그러나 교회만이 결혼식을 주관할 수 있었고, 교회가 결혼이 부당하다고 선언하면 왕위 계승을 둘러싼 논쟁이나 왕조 사이에 왕위 쟁탈전이 벌어지게 마련이었다. 그러므로 교회는 왕의 이혼과 규칙에서 벗어난 결혼에 반대하는 입장을 강하게 피력했다. 교회는 헨리 8세 치하의 잉글랜드에서 강경하게 나갈 수 없었으나, 에드워드 8세 치하에서 다시 강경 노선을 회복했다.

로타르 2세가 이혼을 요구하자 왕국 내 성직자들은 동의했다. 그러나 교황 니콜라우스 1세는 왕의 이혼을 묵인한 주교들을 해임하고 왕의 이혼 청원을 단호히 거부했다. 그래서 로타르의 형인 황제 루트비히 2세는 교황을 위협해 압력을 넣을 의도로 로마까지 진군하기도 했다. 그러나 미신에 휩싸인 폭력 행위가 난무하면서 루트비히 2세는 물러났다. 결국 교황의 뜻은 관철되었다.

총대주교 이그나티우스 사건은 교황이 동로마 제국에서 여전히 발언권을 행사했다는 증거가 되기 때문에 흥미롭다. 이그나티우스는 섭정인 바르다스의 미움을 받아 해임되고, 그때까지 평신도에 지나지 않던 포티우스 Photius(820년경~891년경)가 총대주교직에 발탁되었다. 비잔틴 정부는 교황에게 포티우스 임명 절차의 승인을 요구했다. 교황은 이 사건을 조사하도록 두 사람을 특사로 파견했다. 그들은 콘스탄티노플에 도착하자마자 위협 속에서 포티우스의 임명을 승인할 수밖에 없었다. 교황 니콜라우스 1세는 한동안 이 사실을 몰랐으나, 결국 알게 되자 극단적 수단을 동원했다. 그는 문제를 다루기 위해 로마 공의회를 소집했고, 특사 가운데 한 사람을 주교직에서 해임하고 포티우스를 성직에 임명한 시라쿠사의 대주교도 파면했다. 포티우스를 파문하는 동시에 포티우스가 임명한 모든 성직자를 해임하고, 포티우스에게 반대하다가 해임된 성직자를 전부 복직시켰다. 황제 미카일 3세는 격분한 나머지 교황 니콜라우스 1세에게 분노가 담긴 편지를 보냈으나, 니콜라우스는 이렇게 답장을 썼다. "왕과 사제가 협력하고 황제와 교황이 협력하는 시대는 지나가고 그리스도교는 두 기능을 분리했으니, 그리스도교도 황제는 영원한 생명을 얻기 위해 교황이 필요하지만 교황은 세속의 일을 처리할 경우를 제외하면 황제가 필요하지 않습니다." 포티우스와 황제는 공의회 소집으로 되받아쳐 니콜라우스 교황을 파문하면서 서로마 교회를 이단으로 선언했다. 이후 미카일 3세가 암살되고, 뒤를 이은 후계자 바실리우스가 이그나티우스를 복직시킴으로써 이그나티우스 해임 사건에 관한 교황의 지배권을 공공연히 인정했다. 니콜라우스가 죽은 직후 거둔 이러한 승리는 전적으로 궁정 혁명이 초래한 일련의 사건에서 기인한 것이다. 이그나티우스가 죽은 다음 포티우스가 다시 총대주교 자리에 오름으로써 동로마 교회와 서로마 교회의 분열은 더욱 심해졌다. 따라서 길게 보면 이그나티우스 해임 사건에 관한 니콜라우스의 정책이 성공했다고 평가하기도 어렵다.

니콜라우스는 왕보다 주교단을 뜻대로 움직이기가 더 힘들었다. 대주교는 위인으로 자처했기 때문에 교회를 대표하는 군주인 교황에게 순순히 복종하려 들지 않았다. 그러나 니콜라우스는 교황이 있기에 주교도 있다고 주장했으며, 그가 살아 있는 동안 대체로 자신의 입장을 관철시켰다. 이러한 입장이 지배하던 수 세기에 걸쳐 주교를 임명하는 절차에 대한 의혹은 끊이지 않았다. 처음에 주교는 성당이 속한 도시의 신도가 박수로 찬성 의사를 밝힘으로써 추대되었다. 다음에는 인접 지역의 주교들이 모이는 교구회의를 통해 선출되는 경우가 자주 있었다. 이후 때로는 왕이 선출하고 때로는 교황이 선출했다. 주교는 심각하고 중대한 잘못을 저지른 경우 파면되기도 했는데, 교황이 심문해야 하는지 지방 교구회의에서 심문해야 하는지는 논란의 대상이었다. 모든 불확실한 요인 탓에 어떤 직책의 권한은 맡은 자의 정력과 기민한 행동에 따라 강해지기도 하고 약해지기도 했다. 니콜라우스는 교황의 권력을 당대에 가능한 최고 수준까지 확대했으나, 후대에 급격히 쇠퇴했다.

10세기 내내 교황 직위는 로마 지방 귀족의 철저한 통제 아래 있었다. 아직 교황을 선출할 규칙도 없었다. 교황은 때로는 지지를 보내는 대중의 박수로 선출하고, 때로는 황제나 왕이 지지하여 선출하거나 10세기에 그랬듯 로마 도시 지역의 지배권을 장악한 자들이 추대하는 방식으로 선출하기도 했다. 당시 로마는 그레고리우스 대교황의 시대와 마찬가지로 문명이 발달한 도시가 아니었다. 때때로 파벌 싸움이 일어났고, 때로는 부유한 가문이 난폭하고 부정하게 지배권을 장악하기도 했다. 이 시기에 서유럽의 무질서와 취약성이 적나라하게 드러나면서 그리스도교 세계 역시 파멸할 위기에 처한 듯 보였다. 황제와 프랑스의 왕은 무력해서 이름만 가신인 봉건 영주들 탓으로 야기된 무정부 상태를 제어할 능력조차 없었다. 헝가리족은 북부 이탈리아로 쳐들어왔다. 노르만족은 노르망디 지역을 차지하고 그리스도교로 개종한 911년까지 프랑스 해안을 습격하곤 했다. 이탈리아와 프랑스 남부 지역을 가장 크게 위협한 사라센족은 개종하지 않고 교회를 존중할 생각조차 없었다. 사라센족은 9세기 말엽에 시칠리아를 정복하고, 나폴리 근방의 가릴리아노 강변을 본거지로 삼았다. 몬테카시노 수도원을 비롯해 여러 곳의 수도원을 차례로 파괴한 사라센족은 프로방스 해안에 정착한 이후, 이탈리아와 알프스 계곡을 급습하며 로마와 북방 지역의 무역을 방해했다.

동로마 제국은 915년에 가릴리아노의 사라센족을 쫓아냄으로써 사라센족의 이탈리아 정복을 막아냈다. 그러나 동로마 제국은 유스티니아누스의 로마 정복 이후와 마찬가지로 로마를 통치할 만한 힘을 갖추지 못했기 때문에, 교황 직위는 약 100년 동안 로마의 귀족이나 투스쿨룸의 백작이 당연히 누리는 특권이 되었다. 10세기 초에 원로원 의원이던 테오필락투스와 그의 딸 마로치아가 로마인 가운데 세도가로 등장하면서, 교황 직위를 이 가문에서 거의 세습하는 지경에 이르렀다. 마로치아는 여러 남편을 잇달아 맞이했으며, 정부의 숫자도 헤아리기 어려울 정도였다. 마로치아는 정부였던 한 사람을 교황 자리에 앉히고 세르기우스 3세(904~911 재위)라고 칭했다. 세르기우스와 마로치아 사이에 태어난 아들이 교황 요한네스 11세(931~936 재위)였다. 마로치아의 손자인 요한네스 12세(955~964 재위)는 불과 16세의 나이에 교황이 되어 "주색에 빠진 방탕한 생활로 교황 직의 품위를 떨어뜨렸고, 머지않아 라테란궁은 난잡한 주연이 끊이지 않는 무대로 전락시켜 버렸다."[105] 마로치아는 아마 '교황 요한나' 전설의 장본인일 것이다.

이때 교황은 동로마 제국에서 행사하던 전임 교황의 영향력을 당연히 상실했을 뿐만 아니라 니콜라우스 1세가 알프스 북부 지역의 주교들에게 행사하던 권한도 잃고 말았다. 지방 공의회는 교황에게서 완벽하게 독립하고자 했으나, 지방 군주나 봉건 영주로부터 독립하지는 못했다. 주교는 점점

---

105 『케임브리지 중세사』, 3권, 455쪽.

세속의 봉건 귀족과 비슷해졌다. "이처럼 교회 자체도 세속 사회와 똑같이 무정부 상태에 빠져든 희생양처럼 보인다. 모든 사악한 욕망이 억제되지 않고 과거보다 더욱 멀리 퍼져, 조금이라도 종교에 관심이 있거나 사악한 욕망에 현혹된 영혼의 구원에 마음을 쓰는 성직자들은 온 세상의 타락을 한탄하면서 신자들이 세상의 종말이나 최후의 심판에 대한 두려움으로 눈을 돌리게 했다."[106]

하지만 흔히 생각하듯 서기 1000년에 다가올 세상의 종말을 둘러싼 특별한 공포가 널리 퍼졌다고 가정하는 것은 잘못이다. 성 바오로 이후 그리스도교도는 세상의 종말이 임박했다고 믿었으나, 하루하루 맡은 일을 계속하면서 살았다.

서기 1000년은 서유럽 문명이 깊이 가라앉은 쇠퇴기의 끄트머리에 놓인 시기로 보면 맞을지도 모른다. 이 시점부터 일어난 서유럽 문명의 상승 운동은 1914년까지 이어졌다. 처음에는 주로 수도원 개혁으로 진보를 이룩했다. 수도원 바깥의 성직자들은 대부분 난폭하고 부도덕하고 세속적 성향이 강했다. 그들은 경건한 신자들이 기부한 재물을 자신의 부와 권력으로 이용했다. 심지어 수도원에서도 이런 일이 반복적으로 발생했다. 그러나 개혁가들은 도덕성이 추락할 때마다 새로운 열의를 불태우며 다시금 도덕을 일으켜 세웠다.

서기 1000년은 그즈음 이슬람교도와 북부 야만족이 적어도 서유럽에 대한 정복을 중단하면서 전환점이 된 시기이기도 하다. 고트족, 롬바르드족, 헝가리족, 노르만족은 연이어 파도처럼 밀려들었다. 유랑 민족은 제각기 차례로 그리스도교로 개종했으나 문명화된 전통을 약화시켰다. 서로마 제국은 야만족 왕국 여러 개로 분열되어, 왕은 자신의 가신에 대한 권위를 잃었

106 『케임브리지 중세사』, 같은 곳.

다. 결국 서유럽 전체가 무정부 상태에 빠져들어 크고 작은 폭력이 난무했다. 마침내 활력이 넘치는 북부 정복자 종족이 각각 그리스도교로 개종함으로써 안정된 거주지를 마련했다. 마지막으로 서유럽에 들어온 노르만족은 문명을 이어받을 만한 특별한 능력을 입증했다. 노르만족은 사라센족이 정복한 시칠리아를 탈환했고, 이슬람교도의 침입으로부터 이탈리아를 안전하게 지켰다. 그들은 데인족이 로마 세계에서 분리했던 잉글랜드를 다시 로마 세계로 복귀시켰고, 노르망디에 정착해서는 프랑크 왕국을 부활시켜 물질적 발전을 도왔다.

역사에서 600년부터 1000년에 이른 시기를 '암흑기'라 부르는 관행은 서유럽에 집중된 부당한 처사다. 같은 시기에 중국은 시문학이 꽃을 피웠을 뿐만 아니라 여러 방면에서 가장 주목할 만한 당 왕조 시대였다. 인도에서 스페인에 이르는 지역에서는 찬란한 이슬람교 문명이 번성했다. 이때 그리스도교 세계의 손실은 문명의 측면에서 손실이 아니라 오히려 반대였다. 아무도 서유럽이 후대에 권력과 문화를 장악하게 되리라고 상상조차 하지 못했다. 우리는 서유럽 문명이 곧 문명이라고 생각하지만, 이것은 협소한 견해다. 우리의 문명에 속한 문화는 대부분 동부 지중해 연안, 그리스인과 유대인에게서 유래한다. 권력의 측면에서도 서유럽은 포에니 전쟁부터 로마의 몰락까지, 대략 기원전 200년부터 서기 400년까지 6세기 동안 우위를 차지했을 따름이다. 이후 서유럽의 어떤 나라도 권력이라는 측면에서 중국, 일본, 이슬람교 국가를 따라잡지 못했다.

르네상스 이후 서유럽 문명의 우월한 지위는 일부는 과학기술에서 기인하고, 일부는 중세를 거치는 동안 느리게 형성된 정치 제도에서 기인한다. 사물의 본성상 이러한 우월한 지위가 언제까지나 지속되어야 할 이유는 아무 데도 없다. 현재 세계를 휩쓸고 있는 전쟁[107]에서 러시아, 중국, 일본이 군사력 면에서 최대 강국으로 부상했다. 이러한 나라들은 서양의 기술

터키의 비잔틴 건축을 대표하는 아야소피아 성당의 외관(위)과
내부(아래)의 모자이크 벽화

과 동양의 이념, 곧 비잔틴 문화, 유가 사상, 신도 사상을 결합시켰다. 다가올 몇 세기 동안 문명이 존속한다면 르네상스 이후보다 더욱 다양한 양상을 보일 것 같다. 문화제국주의는 권력을 앞세운 제국주의보다 더욱 넘어서기 어려운 장애물이다. 서로마 제국이 몰락하고 오랜 시간이 경과했으나, 실제로 종교개혁 운동이 일어나기 전까지 유럽 문명에는 로마 제국주의의 색조가 구석구석 짙게 드리워져 있었다. 이제 서유럽이 제국주의의 기미를 드러내고 있다. 나는 현재 세계를 휩쓸고 있는 전쟁이 종식된 후 세계가 안정을 찾게 되면, 서유럽 사상이 정치뿐만 아니라 문화의 측면에서도 아시아를 동등한 문화권으로 인정하게 되리라고 기대한다. 이것이 어떤 변화를 가져올지 정확히 알 수 없으나, 변화는 의미심장하고 대단히 중요한 가치를 지닐 것이라고 확신한다.

---

107 * 제2차 세계 대전을 가리킨다. 러셀이 『러셀 서양철학사』를 집필한 때가 1940년대였다.

8.
요한네스 스코투스의 사상

요한네스 스코투스Johannes Scotus; John the Scot(810년경~877년경)는 때로는 에리우게나 또는 에리게나를 덧붙여 부르기도 하며,[108] 9세기에 생존한 인물로서는 경탄을 자아낸다. 그가 5세기나 15세기에 살았더라면 그리 놀라운 인물로 평가받지 않았을 터다. 그는 아일랜드인이고 신플라톤학파에 속하여 그리스어에 조예가 깊었으며, 펠라기우스주의자이자 범신론자였다. 생애의 대부분을 프랑스의 대머리 왕 샤를의 후원 아래서 보냈으며, 분명히 정통 그리스도교와 거리가 먼 인물이었는데도 지금까지 알려진 바로는 박해를 받은 적이 없었다. 그는 신앙 위에 이성을 두고 성직자의 권위에 전혀 개의치 않았으나, 성직자들의 논쟁을 중재하여 해결하기도 했다.

이러한 인물이 나온 경위를 이해하려면, 성 패트릭 이후 아일랜드의 수세기에 걸친 문화에 주목해야 한다. 성 패트릭이 잉글랜드인이었다는 대단히 불쾌한 사실은 별도로 치더라도 이에 못지않게 괴로운 상황이 둘 있었다. 첫째, 성 패트릭이 도착하기 전에도 아일랜드에 그리스도교도가 있었

---

108 이렇게 덧붙여 부르면 장황할 뿐이다. 덧붙여 부르면 그의 이름은 '아일랜드 출신인 아일랜드인 요한네스'가 되기 때문이다. 9세기에 '스코투스'란 '아일랜드인'을 의미한다.

다. 둘째, 성 패트릭이 아일랜드 그리스도교에 대해 어떤 일을 했든 아일랜드의 문화는 그의 행동과 아무 상관도 없었다. 아틸라를 시작으로 고트족, 반달족, 알라리크로 이어진 갈리아 침략 시기(갈리아 관련 저자의 말에 따른다)에 "바다 이편의 학자들은 모두 바다 저편의 나라, 곧 아일랜드를 비롯해 그들을 받아주는 나라라면 어디든 피난을 떠났고, 거주한 지역마다 학문을 크게 발전시켰다."[109] 누구든 잉글랜드에서 피난처를 구하려 했다면, 앵글족이나 색슨족이나 주트족은 틀림없이 그들을 학살해 버렸을 터다. 그러나 아일랜드로 건너간 학자들은 선교 사업과 더불어 대륙에서 사라져 가던 지식과 문명을 상당 부분 이식하는 데 성공했다. 6, 7, 8세기 내내 아일랜드인은 라틴어 고전에 상당히 익숙했을 뿐만 아니라 그리스어도 알고 있었다고 볼 만한 충분한 근거도 있다.[110] 그리스어는 캔터베리의 대주교 테오도루스Theordorus(669~690 재임) 시대부터 잉글랜드에 알려졌으며, 테오도루스는 그리스인으로 아테네에서 교육을 받았다. 그리스어는 아일랜드 선교사들을 통해 북방에 알려졌을지도 모른다. 몬터규 제임스Montague James는 이렇게 말한다. "7세기 후반기에 지식에 대한 갈망이 가장 강한 곳은 아일랜드였고, 교육 사업이 가장 활발했던 곳도 아일랜드였다. 아일랜드에서는 라틴어를 비롯해 정도는 덜하지만 그리스어를 학구적 관점에서 연구했다. …… 아일랜드 학자들은 처음에 선교하려는 열의에 불타서, 다음에 본국의 불안한 여건에 떠밀려 대부분 대륙으로 건너간 뒤, 이미 알고 있던 가치 있는 문학 단편들을 발굴해 보존하는 역할을 수행했다."[111] 876년경에 오세르의 에리크Heiric of Auxerre(841~876)[112]는 아일랜드의 학자들이 들어오는 광경을 이렇게

109 『케임브리지 중세사』, 3권, 501쪽.

110 이 문제는 『케임브리지 중세사』, 3권 19장에서 주의 깊게 논의하고 있는데, 결론은 아일랜드인이 그리스어를 알고 있었다는 것이다.

111 『케임브리지 중세사』, 507~508쪽.

112 * 프랑스의 베네딕투스 수도회 소속 신학자이자 작가.

묘사한다. "바다의 험난한 위험을 무릅쓰고 아일랜드의 철학자들이 거의 떼를 지어 우리나라 해안가로 몰려와, 대다수가 현명한 솔로몬, 곧 대머리 왕 샤를의 초대에 응하기 위해 자발적 망명자의 운명을 선택했다."[113]

학자들은 자주 유목민처럼 어쩔 수 없는 유랑 생활로 내몰리곤 했다. 그리스 철학을 시작한 초기 철학자들은 대부분 페르시아를 떠나온 망명자였다. 그리스 철학 말기, 바로 유스티니아누스 시대에 그들은 페르시아로 되돌아가는 망명자 신세가 되었다. 이미 살펴보았듯, 5세기 무렵에 학자들은 게르만족의 위협을 피해 갈리아 지방을 떠나 서쪽의 섬으로 피난을 떠났다. 9세기로 접어들자, 그들은 다시 스칸디나비아인을 피해 잉글랜드와 아일랜드에서 돌아왔다. 우리 시대에 독일의 철학자들은 동포의 핍박을 피해 훨씬 더 먼 서쪽으로 피난을 떠났다. 예전처럼 다시 귀향길에 오르려면 오랜 시간이 지나야 하지 않을까.

유럽을 대신해 고대의 문화 전통을 보존하려 애쓰던 당대 아일랜드 학자에 대한 정보는 너무 적다. 이러한 학습은 수도원과 연결되어 고해성사처럼 경건한 분위기 속에서 이루어졌으나 신학적 정확성과 관계가 더 깊어 보이지는 않는다. 주교 관구가 아니라 수도원을 중심으로 이루어진 학습은 그레고리우스 대교황 이후 대륙 성직자의 특징이던 행정적 면모도 드러내지 않았다. 그리고 주로 로마와 접촉이 차단되어서, 아일랜드의 학자들은 교황을 여전히 성 암브로시우스 시대의 교황처럼 존경했다. 나중에 존경받게 된 교황이 아니었다. 펠라기우스는 브리튼인일 개연성이 높지만 어떤 이는 아일랜드인이라고 말하기도 한다. 펠라기우스의 이단 사상은 갈리아 지방에서 탄압을 받았으나, 아일랜드에서는 교회 당국이 이단 사상을 억압하지 않았기 때문에 살아남은 듯하다. 이러한 상황은 요한네스 스코투스의 사색이 유

---

113 『케임브리지 중세사』, 524쪽.

달리 자유롭고 참신한 까닭을 설명해 준다.

요한네스 스코투스의 생애가 언제 시작되고 끝났는지는 알려져 있지 않다. 우리는 그가 프랑스의 왕 샤를의 궁정에서 살던 중간 시기에 대해 알 따름이다. 그는 800년경 태어나 877년경에 죽었다고 추정되지만, 두 연대는 모두 추측일 뿐이다. 스코투스는 교황 니콜라우스 1세의 재임 시절 동안 프랑스에서 살았고, 우리는 그의 생애를 통해 교황과 관련된 인물들, 예를 들면 대머리 왕 샤를과 황제 미카일, 니콜라우스 교황을 다시 만난다.

요한네스는 843년경에 프랑스의 대머리 왕 샤를의 초청을 받아 궁정 학교의 교장 자리에 앉았다. 예정과 자유의지를 둘러싼 논쟁은 수도자 고트샬크Gottschalk와 저명한 성직자이자 랭스Rheims의 대주교인 힝크마르Hincmar의 대립으로 발생했다. 수도자는 예정론을 주장했고, 대주교는 자유의지론을 주장했다. 요한네스는 자신의 논문 「신성한 예정론」에서 대주교의 입장을 지지했으나, 사려와 거리가 너무 먼 행보였다. 이 주제는 난해하고 미묘한 논쟁을 불러일으켰다. 아우구스티누스는 펠라기우스의 견해에 반박하는 저술 속에서 자유의지 문제를 다루었는데, 아우구스티누스의 입장에 동의하는 것은 위험한 일이었을 뿐만 아니라 분명하게 반대 의사를 표명하는 것은 더욱 위험했다. 요한네스는 자유의지를 지지하는 입장에 섰기 때문에 검열을 받지 않고 무사히 지낼 수 있었다. 그러나 순수하게 철학적 성격의 논증이 분노를 불러일으켰다. 신학에서 수용한 어떤 견해든 논박하겠다고 선언했기 때문이 아니라, 계시에 의존하지 않은 철학이 신학과 동등한 권위를, 심지어 우월한 권위를 가진다고 주장했다는 점을 문제 삼았다. 그는 이성과 계시가 진리의 두 원천이라고 주장했으므로, 양자는 충돌할 리가 없다. 그러나 언젠가 이성과 계시 사이에 충돌이 일어나는 듯 보인다면, 이성을 우위에 두어야 한다. 그는 참된 종교는 참된 철학이라고 말했다. 반대로 참된 철학은 참된 종교라고 말하기도 한다. 그의 저작은 855년과 859년에 열린 두 공의회에서 단죄를 받았다. 첫 번째 공의회에서는 그의 저작을 '스코투스의 죽 그릇'이라고 평했다.

그런데도 그는 프랑스 왕 샤를의 지지로 형벌을 면했는데, 그만큼 왕과 친밀한 관계였던 것으로 보인다. 맘즈베리 오브 윌리엄William of Malmesbury[114]의 이야기를 믿어도 된다면, 만찬을 하던 중 샤를이 요한네스에게 "스콧Scot과 소트sot를 구별하는 차이는 무엇인가?"라고 묻자,[115] 그는 "만찬 식탁의 차이일 뿐이옵니다"라고 되받아쳤다고 전한다. 샤를 왕은 877년에 죽었고, 이후 요한네스의 행적에 대한 기록은 전무하다. 어떤 이는 같은 해에 스콧도 죽었다고 생각한다. 전설에 따르면 그는 알프레드 대왕의 초청을 받아 잉글랜드로 갔고, 맘즈베리나 에설니Athelney의 대수도원 원장으로 지내다 수도자들에게 살해당했다고도 한다. 그러나 이러한 불행을 당한 사람은 이름이 같은 다른 존(요한네스)이었던 것 같다.

요한네스의 다음 작품은 위僞디오니시오스의 그리스어 저술을 라틴어로 옮긴 번역서였다. 이 책은 중세 초기에 널리 알려진 작품이었다. 성 바오로가 아테네에서 설교할 때 "몇몇 사람이 그를 충심으로 대하며 믿게 되었고, 그들 가운데 아레오파고스의 재판관 디오니시오스도 있더라(사도행전, 17장 34절)"라는 말이 전해진다. 디오니시오스에 대해 더는 알려진 것이 없으나, 중세에 더욱 널리 알려졌다. 디오니시오스는 프랑스를 여행하다 생 드니 대수도원the abbey of St Denis을 설립했다. 적어도 요한네스가 프랑스에 도착하기 직전 수도원장이었던 힐두인Hilduin의 말에 따르면 그러했다. 더욱이 디오니시오스는 신플라톤학파와 그리스도교의 화해를 꾀한 중요한 작품의 저자로 유명했다. 이 작품이 언제 쓰여 세상에 나왔는지 확실한 연대를 알 수 없

114 * 12세기 잉글랜드 윌트셔 출신의 역사가.

115 * Scot은 아일랜드 사람, sot는 술주정뱅이란 뜻.

으나, 분명히 500년 이전 플로티노스 이후 저술되었을 것이다. 이 저작은 동로마에 널리 알려져 찬양받았으나, 그리스 황제 미카일이 827년에 경건 왕 루트비히에게 필사본을 보내면서 서로마에 알려졌고, 필사본이 바로 위에서 언급한 대수도원의 원장 힐두인에게 전해졌다. 힐두인은 성 바오로의 제자이자 수도원의 설립자로 불리는 사람이 그 작품을 저술했다고 믿어 의심치 않았으며, 내용을 알고 싶었을 것이다. 그러나 요한네스가 나타나기 전까지 번역할 수 있는 사람이 없었다. 그는 즐거운 마음으로 기꺼이 번역을 마쳤는데, 자신의 견해가 당대 이후 서로마의 가톨릭 철학에 지대한 영향을 미친 디오니시오스의 견해와 거의 일치했기 때문이다.

요한네스의 번역서는 860년에 교황 니콜라우스에게 전달되었다. 교황은 책을 펴내기 전에 자신의 허락을 받지 않은 사실에 격분한 나머지, 샤를 왕에게 요한네스를 로마로 보내라고 명했으나 명령은 묵살되었다. 그러나 번역서의 내용, 특히 번역서에 나타난 학식의 측면에서 결함을 찾아내지 못했다. 교황에게 번역서에 대한 의견을 의뢰받은 도서관 사서이자 뛰어난 그리스어 학자인 아나스타시우스Anastasius(810~878)는 먼 야만족의 나라에서 온 사람의 그리스어 실력이 출중하다는 사실에 놀라움을 금치 못했다.

요한네스의 가장 위대한 작품은 『자연구분론*On Division of Nature*』(그리스어로 저술)이다. 이 책에서 스콜라 철학 시대라면 '개념 실재론'이라고 부를 만한 견해를 제시했다. 말하자면 플라톤과 마찬가지로 보편자universals는 특수자particulars보다 앞서 존재한다고 주장했다. 그는 '자연' 속에 존재what is뿐만 아니라 비존재what is not도 포함시켰다. 자연 전체를 네 부류로, 바로 (1) 창조하고 창조되지 않는 것 (2) 창조하고 창조되는 것 (3) 창조되지만 창조하지 못하는 것 (4) 창조하지도 않고 창조되지도 않는 것으로 나눈다. 첫째 부류는 분명히 신이다. 둘째 부류는 신 안에 있는 플라톤의 이상들이다. 셋째 부류는 시간과 공간 속의 사물들이다. 놀랍게도 넷째 부류는 다시 신인데, 조물주가 아니라 만물의 종말이자 목적인 신이다. 신에게서 흘러나온 만물은 그에게로 돌아가려 분투한다. 따라서 만물의 종말은 만물의 시작과 동일하다. 일자와 다자를 잇는 다리가 바로 신의 말씀Logos이다.

요한네스는 비존재의 영역에 다양한 사물, 예컨대 물체들과 죄를 포함시킨다. 물체는 지성계에 속하지 않기 때문에, 죄는 신성한 원형을 잃었기 때문에 비존재다. 창조하지만 창조되지 않는 존재는 홀로 본질로 생존하며, 만물의 본질이다. 신은 만물의 시작이자 중간이자 종말이다. 인간은 신의 본질을 알지 못하며, 천사조차 알지 못한다. 어떤 점에서 그분은 그분 자신에게도 알려질 수 없다. "신은 어떤 **무엇**a what이 아니기 때문에 자신이 무엇인지 스스로 알지 못한다. 어떤 점에서 그분은 자신을 비롯해 지성을 가진 어떤 존재도 이해할 수 없는 존재다."[116] 사물의 존재 안에서 신의 존재를, 사물의 질서 안에서 신의 지혜를, 사물의 운동 안에서 신의 생명을 볼 수 있다. 신의 존재는 성부이고, 신의 지혜는 성자이며, 신의 생명은 성령이다. 그러나 디오니시오스가 신은 어떤 이름으로도 참되게 부를 수 없다고 주장한 것은 옳다. 그분이 진리, 선, 본질이라고 말하는 긍정 신학이 존재하지만, 이러한 긍정의 말들은 상징적으로만 참이다. 왜냐하면 이러한 모든 술어에는 대립물이 있으나 신에게는 대립물이 없기 때문이다.

창조하면서 창조되는 사물의 부류에는 제일 원인, 혹은 원형, 혹은 플라톤의 이상이 전부 포함된다. 이러한 제일 원인의 총체가 신의 말씀이다. 이상계는 영원하더라도 창조된다. 성령의 권세 아래서 제일 원인은 개별 사물의 세계, 환각이 아닌 물질성을 만들어 낸다. 신이 '무nothing'로부터 창조했다고 말할 때 '무'는 그분이 모든 지식을 초월한다는 의미에서 신 자신으로

116 모든 인지 활동이 부적절하다는 브래들리의 견해를 참조하라. 그는 어떤 진리도 전적으로 참되지 않지만, 얻을 수 있는 최선의 진리는 지성으로 교정할 수 없다고 주장한다.

이해되어야 한다.

창조는 영원한 과정이다. 유한한 만물의 실체는 신이다. 창조는 신과 별개로 일어나지 않는다. 피조물은 신 안에서 살고, 신은 형언할 수 없는 방식으로 자신을 피조물 속에 현시한다. "성 삼위Holy Trinity는 우리와 자신 안에서 자신을 사랑한다.[117] 성 삼위는 자기 자신을 보면서 자신을 움직인다."

죄의 근원은 자유에 있다. 죄란 인간이 신이 아니라 자신에게 관심을 돌리기 때문에 발생한다. 악의 근거가 신 안에 있지 않은 까닭은 신 안에 악이라는 이상이 없기 때문이다. 악은 비존재이고 근거가 없다. 왜냐하면 악에 근거가 있다면 악도 필연적인 것이 되기 때문이다. 악은 선의 결핍일 뿐이다.

신의 말씀은 다자를 일자로 돌아가게 하고 인간을 신에게 돌아가게 하는 원리다. 따라서 신의 말씀은 곧 세계의 구원자Saviour다. 신과 합일함으로써 합일에 영향을 미친 인간의 일부가 신성해진다.

요한네스는 개별 사물의 실체성을 거부한다는 점에서 아리스토텔레스학파의 견해에 동의하지 않는다. 그는 철학자 가운데 최고는 플라톤이라고 말한다. 그러나 존재의 처음 세 종류는 간접적으로 아리스토텔레스의 움직이고 움직여지지 않는 존재, 움직이고 움직여지는 존재, 움직여지고 움직이지 못하는 존재에서 유래한다. 요한네스의 체계에서 존재의 넷째 종류, 곧 창조하지도 창조되지도 않는 존재는 '만물은 신에게로 돌아간다'는 디오니시오스의 학설에서 유래한다.

요한네스 스코투스의 비정통성은 위에서 요약한 내용에서 명백하게 드러난다. 범신론은 피조물의 실체적 현실성substantial reality을 거부하며, 그리스도 교리와 정반대되는 학설이다. '무'에서 시작된 창조에 대한 해석은 신중하고 분별 있는 신학자라면 누구나 수용해도 좋을 만한 견해가 아니다. 플

117 스피노자를 참조하라.

로티노스의 견해와 흡사한 성 삼위에 대한 견해는 세 위격의 동등한 특성을 지키려 노력했으나 보존하지 못했다. 그의 독립 정신은 이러한 이단 사상을 통해 드러나며, 9세기라는 점을 감안하면 놀라지 않을 수 없다. 신플라톤 학파의 성향을 띠는 그의 사고방식은 아마 4, 5세기에 그리스 교부들 사이에서 나타났던 사고방식과 마찬가지로 아일랜드에서는 일반적으로 나타난 현상이었을지도 모른다. 우리가 5세기부터 9세기까지 아일랜드의 그리스도교에 관해 더 많이 알았더라면 스코투스가 그렇게 놀라운 인물로 보이지 않았을지도 모른다. 다른 한편 그에게 나타난 대부분의 이단 사상은 위디오니시오스의 영향을 받은 것인데, 위디오니시오스는 성 바오로와 친교를 맺었다고 가정된 탓에 정통이라는 잘못된 믿음이 퍼져 있던 인물이었다.

요한네스 스코투스의 무시간적 창조관도 이단으로 기울었으므로, 그는 창세기의 설명이 비유라고 말할 수밖에 없다. 낙원과 타락은 문자 그대로 받아들여서는 안 된다. 그는 다른 모든 범신론자와 마찬가지로 죄에 관한 난점에 봉착한다. 그는 인간이 원래 죄가 없었으며, 죄가 없었을 때 성의 구별도 없었다고 주장한다. 이러한 주장은 물론 "하느님이 인간을 여자와 남자로 창조하셨더라"라는 성경 구절과 모순을 일으킨다. 여자는 남자의 감각적이고 타락한 본성을 구현한다. 결국 성의 구별은 다시 사라질 테고, 우리는 순수하게 영적 육체를 소유하게 될 것이다.[118] 죄는 의지가 방향을 잘못 잡아, 사실은 어떤 것이 선하지 않은데 그것을 선한 것으로 가정하는 잘못을 범하여 짓게 된다. 죄에 대한 벌은 당연하고 자연스러운 일이다. 죄를 부르는 욕망의 헛됨이 드러남으로써 죄에 대한 벌을 받게 된다. 그러나 벌을 영원히 받지는 않는다. 요한네스는 오리게네스와 마찬가지로 악마조차 다른 사람보다 늦기는 해도 최후에 구원받을 것이라고 주장한다.

118 성 아우구스티누스와 대조.

요한네스가 번역한 위디오니시오스의 저술은 중세 사상에 큰 영향을 미쳤으나, 자연의 구분에 관한 **대작**magnu opus은 영향력이 미미했다. 『자연구분론』은 끊임없이 이단 사상이라는 비난에 시달리다 1225년에 결국 교황 호노리우스 3세가 필사본을 모두 불태우라고 명령했다. 다행스럽게도 교황의 명령이 효과적으로 수행되지 않아 필사본이 모두 불타지 않았다.

9.
11세기 교회 개혁

유럽은 서로마 제국이 멸망한 이후 처음으로 11세기에 뒤이어 잃어버리지 않은 급속한 진보를 이룩했다. 카롤링거 르네상스기에 일종의 진보가 있었지만 견고하지 않은 것으로 드러났다. 11세기에 이룩한 개선과 진보는 오래 지속되었으며 다채로웠다. 그것은 수도원 개혁과 더불어 시작되었으며, 교황권과 교회 조직으로 확대되었다. 11세기가 막을 내릴 무렵에 최초로 스콜라 철학자들이 배출되었다. 사라센족은 노르만족에 의해 시칠리아에서 쫓겨났고, 헝가리족은 그리스도교로 개종하면서 남의 나라를 더는 약탈하지 않았으며, 노르만족은 프랑스와 잉글랜드를 정복함으로써 스칸디나비아족의 침략에서 이 나라들을 구해 냈다. 비잔틴 제국의 영향권을 제외하면 야만적 수준에 머물렀던 건축 양식은 순식간에 절정에 달했다. 교육 수준은 성직자 계급에서 많이 높아졌고 세속 귀족 계급에서도 어지간히 올라갔다.

초기 단계의 개혁 운동은 주창자의 정신에 따라 도덕적 동기로만 행동하게 했다. 성직자 계급은 수도회에 속한 성직자든 세속 생활을 하는 성직자든 부패하고 타락했기 때문에 정직한 사람들은 성직자들이 원칙에 더 적합한 생활을 하도록 촉구하는 일에 착수했다. 그러나 이토록 순수한 도덕적 동기의 배후에 처음에는 의식하지 못했으나 점차 명확해진 또 다른 동기가 숨어 있었다. 바로 성직자와 속인을 완전히 분리함으로써 성직자 계급의 힘을 키우는 것이었다. 그러므로 교회 개혁의 승리가 곧바로 황제와 교황의 격렬한 권력 투쟁으로 이어진 것은 당연한 귀결이었다.

사제는 이집트와 바빌로니아, 페르시아에서 분리된 권력 계층을 형성했으나 그리스와 로마에서는 그러지 못했다. 초기 그리스도교 교회에서 성직자와 속인은 서서히 구별되었다. 신약성서에서 '주교'란 말은 현재 우리가 사용하는 것과 동일한 의미를 갖지 않는다. 성직자 계급과 나머지 속인 계급의 분리는 두 가지 측면에서 고찰해 볼 수 있는데, 하나는 교리 측면이고 다른 하나는 정치 측면이다. 정치 측면은 교리 측면에 의존해 있었다. 성직자 계급은 특정한 기적의 권능, 특히 평신도가 거행할 수도 있었던 세례식을 제외한 성사에 관한 권능을 소유했다. 성직자의 도움을 받지 않으면 결혼도 하지 못하고 사면도 받지 못했으며 병자성사[119]도 불가능했다. 중세에는 실체변화설實體變化說, transubstantiation[120]이 훨씬 더 중요했으므로 사제만이 미사의 기적을 행할 수 있었다. 실체변화설 교리는 그리스도교도 전체가 오래도록 믿었으나, 11세기인 1079년에 비로소 신앙의 조목으로 명시되었다.

기적의 권능 덕분으로 사제는 어떤 사람이 천국에서 영생을 누릴지 지옥에서 영원한 벌을 받을지 결정할 수도 있었다. 만일 어떤 사람이 파문을 당한 채 죽었다면, 그 사람은 지옥에 떨어졌을 터다. 만일 그 사람이 어떤 사제가 행한 적합한 성사를 모두 치른 후에 죽었다면, 그 사람은 정식으로 회개하고 고해했다는 것을 조건으로 마침내 천국으로 갔을 터다. 그렇지만 천국에 가기 전 얼마 동안, 아마도 아주 긴 시간 동안 연옥의 고통을 겪어야 했으

---

119 * 로마 가톨릭교에서 신부가 몸이 불편한 신도에게 성유를 바르며 회복을 기원하는 성사이다. 천주교에서는 병자성사病者聖事라 부르고 성공회에서는 조병예식이라 부른다.

120 * 그리스도교에서 성체성사 때 빵과 포도주가 그리스도의 살과 피로 변한다는 교리. 화체설이라 번역하기도 한다.

리라. 사제는 연옥의 영혼을 위해 미사를 봉헌함으로써 연옥의 체류 기간을 단축할 수 있다고 믿었고, 적당한 돈을 받고 기꺼이 미사를 집전했다.

사제와 평신도는 둘 다 위에서 언급한 모든 사실을 진정으로 굳게 믿었다는 점을 분명히 이해해야 한다. 그저 공식적으로 선포된 신경으로서 믿기만 한 것이 아니었다. 성직자의 기적의 권능은 군대의 선두에 선 군주들에게 몇 번이고 승리를 안겨 주었다. 그러나 이러한 성직자의 권력은 두 가지 제한을 받았다. 하나는 분노한 속인의 앞뒤 가리지 않는 무모한 감정의 폭발이고, 다른 하나는 성직자 사이에 생긴 분열이다. 로마 시민들은 그레고리우스 7세 시대 이전까지 교황의 인격에 거의 존경을 표하지 않았다. 그들은 교황을 납치하여 감옥에 가두고 독살했으며, 격렬한 파벌 싸움으로 자극받으면 언제나 교황과 싸움을 벌이곤 했다. 이것은 어떻게 그들의 신앙과 양립할 수 있는가? 의심할 여지없이 일부는 자제력이 부족했던 탓이라고 단순하게 설명된다. 하지만 일부는 누구든 임종의 자리에서 회개할 수 있다는 생각으로 설명된다. 다른 곳보다 로마에서 교황을 덜 존경했던 또 다른 이유는 왕이 자신의 왕국 내에서 뜻대로 주교를 복종시킬 수 있었으므로, 사제가 행사하는 마법의 힘을 통해 자신은 지옥의 형벌에서 영원히 구원받으리라 확신했기 때문이다. 그러므로 교회 규율 세계와 통일된 성직자 조직 체계는 성직자 계급의 권력을 형성하는 데 필수 요소였다. 이는 11세기에 성직자 계급에서 일어난 도덕 개혁의 중요한 목표였다.

성직자 계급 전체의 권력 형성은 성직자 개개인의 적지 않은 희생을 치르고서야 비로소 가능했다. 모든 개혁 성직자가 온 힘을 다해 반대했던 최고 악습은 성직매매와 축첩이었는데, 두 악습을 각각 짚고 넘어가지 않을 수 없다.

교회는 독실한 신자의 자선과 기부로 부를 축적했다. 많은 주교가 막대한 부동산을 소유했으며, 지역 교구의 사제도 일반적으로 당시로서는 안락하고 풍요로운 삶을 영위했다. 주교 임명권은 보통 실제로 왕의 수중에 있었으나, 때로는 왕에게 예속된 봉건 귀족의 손에 넘어가는 경우도 있었다. 왕의 주교 관할구 매매는 관례로 받아들여졌다. 이러한 매매가 사실상 왕의 주요 수입원이었다. 다음에 주교가 자신의 권한에 속한 교회의 직위를 매매했다. 이러한 행위는 비밀도 아니었다. 제르베르(실베스테르 2세)는 주교들을 대표하여 이렇게 말했다. "나는 금을 바치고 주교직에 임명되었다. 하지만 해야 하는 대로 행동하더라도 금을 되찾는 일에 주저하지 않는다. 나는 사제 서품의 대가로 금을 받으며, 부제를 임명하고 은을 한 무더기 받는다. 보라! 내가 지불한 금은 내 지갑 속에서 한 번도 줄어든 적이 없었다."[121] 밀라노의 페트루스 다미아누스Petrus Damianus, Peter Damian[122]는 1059년에 밀라노 시의 모든 성직자가 대주교에서 하위직에 이르기까지 성직매매의 죄를 범한다는 사실을 알고 있었다. 이는 결코 특별한 일이 아니었다.

물론 성직매매Simony는 죄였지만 죄라는 점이 성직매매에 반대하는 유일한 이유는 아니었다. 성직매매는 공로가 아니라 돈의 힘으로 교회의 직위를 차지하게 만든 원인이었다. 말하자면 성직매매는 주교를 임명하는 세속 군주의 권위를 굳건히 받쳐 줌으로써 주교 관구를 세속 통치자의 지배 아래 복속시켰다. 더욱이 교회의 직위를 산 사람은 당연히 자신이 대가로 지불한 돈을 메우기 위해 노심초사한 나머지 영적 수양보다 세속적인 일에 더욱 관심을 갖게 마련이었다. 이러한 이유로 성직매매 반대 운동은 교회 권력을 확보하기 위해 필요한 요소였다.

성직자의 독신생활celibacy도 흡사한 방식으로 고찰해 볼 수 있다. 11세기의 교회 개혁가들은 '결혼'에 대해 말하는 것이 더 정확할 때 흔히 '축첩'에

121 『케임브리지 중세사』, 5권 10장.

122 * 교황 그레고리우스 7세 진영에 속한 개혁가이자 주교.

대해 이야기했다. 수도자들은 정결의 서약을 했으므로 결혼하지 못하게 되었으나, 수도원에 소속되지 않은 교구 성직자 계급은 결혼이 명확하게 금지되지 않았다. 오늘날 동로마 그리스 정교회에서는 교구 사제들의 결혼을 허용하고 있다. 11세기 서로마 교회의 교구 사제들은 대부분 결혼했다. 주교들은 그들을 편들기 위해 성 바오로의 다음과 같은 선언에 호소했다. "그러면 주교는 나무랄 데가 없어야 하고 한 아내의 남편이어야 한다."[123] 거기에 성직매매 문제와 같은 명백한 도덕적 쟁점은 없었으나, 성직자의 독신생활을 주장하는 경우 성직매매에 반대한 운동과 흡사한 정치적 동기는 있었다.[124]

결혼한 사제들은 자연스럽게 교회 재산을 자신의 아들에게 물려주려 했다. 그들은 아들이 사제가 될 경우에 합법적으로 물려줄 수 있었다. 그러므로 개혁파가 권력을 장악했을 때 변화를 위해 밟아야 할 첫 단계는 사제 아들의 성직서임을 금지하는 것이었다.[125] 그러나 혼란한 시대에 사제가 아들을 낳게 되면 교회 소유의 땅 일부를 불법적으로 양도할 수단을 찾게 될 위험이 여전히 있었다. 이러한 경제적 문제 말고 사제가 이웃과 마찬가지로 가족을 거느린 남자라면 둘 사이에 거의 차이가 없어 보인다는 사실도 문제였다. 적어도 5세기 이후 성직자의 독신생활을 찬양하는 경향이 강했기 때문에, 성직자 계급이 권력의 원천인 존경을 얻어 내려면 결혼생활을 하지 않음으로써 다른 사람과 확실하게 구별되는 것이 매우 유리했다. 개혁가들은 당연히 결혼 상태가 현실적으로 죄는 아니더라도 독신생활보다 저급하며 육신의 나약성을 인정하게 될 뿐이라고 진지하게 믿었다. 성 바오

---

123 「디모테오에게 보낸 첫째 편지」, 3장 2절.

124 헨리 리, 『사제 독신생활사』 참조.

125 1046년 성직자의 아들은 주교가 될 수 없다는 포고가 내려졌다. 나중에 성직자 직위에 오를 수 없다는 포고가 내려졌다.

이탈리아의 로마네스크 건축을 대표하는 피사 대성당

로는 “성직자가 욕망을 억누르기 힘들면 결혼하게 두라”[126]라고 말한다. 그러나 정말 신성한 사람은 마땅히 욕망을 ‘억누를’ 수 있어야 한다. 그러므로 성직자의 독신생활은 교회의 도덕적 권위를 유지하는 데 불가결한 핵심 요소였다.

일반적 예비 고찰은 여기서 마치고 11세기 교회 개혁 운동의 역사로 넘어가자.

교회 개혁 운동의 시초는 910년 아키텐의 공작, 바로 경건한 기욤의 클뤼니 대수도원 설립으로 거슬러 올라간다. 클뤼니 대수도원은 처음부터 교황의 권위를 제외한 외부의 어떤 권위에도 의존하지 않는 독립된 단체였다. 더욱이 클뤼니 대수도원의 원장은 여기에 뿌리를 둔 다른 수도원들을 지배할 권한을 부여받았다. 당시의 수도원은 대부분 부유하고 규칙이 엄격하지 않았다. 클뤼니 대수도원은 극단적 금욕생활을 피했지만 성직자로서 품위와 단정한 생활방식을 보존하기 위해 심혈을 기울였다. 제2대 대수도원장인 오도Odo는 이탈리아로 가서 로마의 일부 수도원의 통솔권을 부여받기도 했다. 그는 늘 성공을 거두지는 못했다. “전임 수도원장을 살해하고 서로 경합하는 수도원장 두 사람의 분열로 나뉜 파르파 수도원은 오도가 클뤼니의 수도자들을 들여놓는 처사에 완강히 저항했을 뿐만 아니라 알베리쿠스가 무장한 군대의 힘을 빌려 자리에 앉힌 수도원장을 독살하여 제거했다.”[127] (알베리쿠스는 오도를 초청한 로마의 통치자다.) 12세기 무렵에 클뤼니 수도원의 개혁 열의는 점점 식어 갔다. 성 베르나르두스는 정교하고 예술성이 뛰어난 수도원 건축에 반대했다. 그는 당대의 정직하고 신앙심이 두터운 대다수 사람들과 마찬가지로 화려한 건축물을 교만죄를 범하는 징조로 생각

126 「고린토인에게 첫 편지」, 7장 9절.

127 『케임브리지 중세사』, 5권, 662쪽.

했다.

11세기에 개혁가들은 다양한 수도회를 설립했다. 1012년에 금욕적 은수자 로무알두스는 카말돌리 수도회를 설립했다. 곧이어 다룰 페트루스 다미아누스는 로무알두스의 문하생이었다. 1084년에 쾰른의 브루노가 설립한 카르투지오 수도회의 수도자들은 엄격한 생활을 결코 중단하지 않았다. 1098년에 시토 수도회가 설립되고, 1113년에 성 베르나르두스가 합류했다. 이후 시토 수도회는 베네딕투스 수도회의 규칙서를 엄격하게 고수했다. 스테인드글라스 유리창을 금지했으며, 노동이 필요한 경우에 평신도 형제들 conversi, lay brethren을 고용했다. 평신도 형제들은 서원을 했으나, 읽기나 쓰기를 배울 수는 없었다. 그들은 주로 농사를 짓기 위해 고용되었으나 건축 같은 다른 일을 하기도 했다. 요크셔의 파운틴스 대수도원은 시토 수도회의 역작으로, 아름다운 장식을 전부 악마의 표지로 생각한 사람들의 눈길을 끌 만한 건축물이다.

결코 유별나다고 할 수 없는 파르파 수도원의 사례에서 볼 수 있듯, 수도원 개혁가들에게 대단한 용기와 정력이 필요했다. 그들이 성공을 거둔 곳에서는 세속 권력자들의 지원도 뒤따랐다. 개혁가들과 추종자들은 먼저 교황권의 개혁을 이끌었고, 다음에 교회 전체의 개혁을 선도했다.

하지만 처음에 교황권을 개혁하는 일은 주로 황제에게 부여된 과업이었다. 왕가 출신의 마지막 교황은 베네딕투스 9세로, 1032년에 교황으로 선출되었는데 당시 불과 12세였다고 전한다. 베네딕투스 9세는 투스쿨룸 출신 알베리쿠스의 아들로, 알베리쿠스는 우리가 이미 대수도원장 오도와 관련지어 한번 살펴보았던 인물이다. 그는 나이를 먹을수록 점점 주색에 빠져들어 로마 시민들조차 경악할 지경에 이르렀다. 그의 사악한 성정은 마침내 결혼하기 위해 교황 직위를 사임하는 지경까지 타락했다. 베네딕투스 9세는 교황 직위를 자신의 대부에게 팔았는데, 대부가 바로 그레고리우스 6세였다. 그레고리우스 6세는 성직매매로 교황 직위에 올랐으나, 개혁가였고 힐데브란트(그레고리우스 7세)의 친구였다. 그가 교황 직위에 오른 경위를 둘러싸고 추문은 끊이지 않아 그냥 넘어가지 못할 정도였다. 신성 로마 제국의 젊은 황제 하인리히 3세(1039~1056 재위)는 경건한 개혁가로서 세수입의 많은 부분을 희생하면서도 성직매매를 하지 않았으며, 주교 임명권만 그대로 유지했다. 1046년 이탈리아에 입성한 하인리히 3세는 불과 22세였으나 성직을 매매한 죄를 물어 그레고리우스 6세를 폐위시켰다.

하인리히 3세는 군림하는 동안 교황을 즉위시키거나 폐위할 권한을 보유했으나 개혁을 위해 현명하게 행사했다. 그레고리우스 6세를 폐위시킨 후, 그는 게르만족 주교인 밤베르크의 수이드거를 임명했다. 로마 시민들은 자신들이 요구하고 자주 행사했으나 늘 나쁜 결과를 초래한 교황 선거권을 포기했다. 새로 임명된 교황이 이듬해 죽었고, 황제가 차기 교황으로 지명한 후보도 지명되자마자 독살당했다고 전한다. 그러자 하인리히 3세는 친척인 툴 출신의 브루노를 교황으로 선택했는데, 바로 교황 레오 9세(1049~1054 재위)다. 레오 9세는 성실하고 진지한 개혁가로 여러 지역을 돌아다니며 공의회를 개최했다. 그는 이탈리아 남부에서 노르만족과 싸우기를 바랐으나 뜻을 이루지 못했다. 힐데브란트는 레오 9세의 친구였으며, 거의 제자라고 해도 좋을 것이다. 레오 9세가 죽자, 황제는 아이티슈타트의 겝하르트를 교황으로 한 명 더 임명했고 1055년에 빅토리우스 2세로 즉위했다. 그러나 이듬해에 황제가 죽고, 다음 해에 교황도 죽었다. 이후 황제 측과 교황 측의 우호관계는 점점 약화되었다. 하인리히 3세의 도움으로 도덕적 권위를 획득한 교황은 우선 황제로부터 독립을 선언하고, 다음으로 황제보다 우월한 지위를 주장했다. 이렇게 황제와 교황 사이에 알력이 커지기 시작해 200년 동안 지속되다 황제 측의 패배로 끝났다. 그러므로 길게 보면 하인리히 3세의 교황권 개혁 정책은 선견지명이 없었던 것이 아닐까.

다음 황제 하인리히 4세는 50년(1056~1106) 동안 통치했다. 통치 기간 초기에 나이 어린 하인리히 4세를 대신해 어머니이자 황후인 아그네스가 섭정했다. 스테파누스 9세는 1년간 교황 자리에 머물렀으며, 그가 죽은 다음 추기경들이 교황을 한 사람 추대했지만, 포기했던 권리를 다시 주장하던 로마 시민들이 다른 교황을 세웠다. 황후는 추기경들의 편을 들며 지명된 교황에게 니콜라우스 2세란 칭호를 내렸다. 그의 치세 기간은 겨우 3년에 불과했으나 중대한 시기였다. 그는 노르만족과 화친함으로써 황제에 대한 의존도를 약화시켰다. 니콜라우스 2세의 치세 당시에는 교황의 선출 방식을 교령 포고로 정했다. 교령에 따르면 우선 추기경들이 선택하고, 다음에 나머지 주교들이 선택하며, 마지막으로 로마 성직자들과 로마 시민들이 선택하게 되어 있었다. 로마 성직자들과 로마 시민들의 참여가 요식 행위에 불과했다고 누구나 추측할 수 있다. 교황 선거는 가능하면 로마에서 했으나, 로마의 상황이 선거를 하기 어렵거나 바람직하지 않으면 다른 곳에서 하기도 했다. 선거 과정에서 황제의 역할은 없었다. 이러한 교령은 황제와 교황의 권력 투쟁 끝에 비로소 받아들여졌으며, 교황권이 세속의 통제에서 벗어나 자유로워지기 위해 반드시 거쳐야 할 단계였다.

니콜라우스 2세는 앞으로 성직매매의 죄를 지은 자의 성직서임ordination이 유효하지 않다는 교령을 선포했다. 이 교령은 소급 적용되지 않았는데, 그러면 태반에 달하는 기존 사제들의 성직서임이 효력을 잃게 되었기 때문이다.

니콜라우스 2세가 교황직에 머무는 동안 밀라노에서는 흥미로운 권력 투쟁이 일어났다. 암브로시우스의 전통을 따르는 대주교가 교황에게서 독립하겠다고 선언했다. 대주교와 하위 성직자들은 귀족 계급과 연대하여 개혁을 강력히 반대했다. 다른 한편 상인 계급과 하층 계급은 성직자들이 경건해지기를 소망했다. 성직자의 독신생활을 지지하고 촉구하는 폭동이 곳곳에서 일어났을 뿐만 아니라 대주교와 추종자들의 입장에 맞선, '파타리노 운동Patarine Movement'이라고 부르는 강력한 개혁 운동도 전개되었다. 니콜라우스 교황은 1059년에 개혁 운동을 지원하기 위해 저명한 성 페트루스 다미아누스를 밀라노에 로마 교황 특사로 파견했다. 다미아누스는 『신의 전능*On Devine Omnipotence*』의 저자로 신은 모순율에 어긋나는 일도 할 수 있으며, 과거를 되돌리기도 한다고 주장했다(이러한 견해는 성 토마스 아퀴나스가 거부한 이후 비정통 신앙이 되었다). 그는 변증법에 반대했고 철학이 신학의 하녀라고 말하기도 했다. 우리가 이미 살펴보았듯 그는 은수자 로무알두스의 추종자로서 교황이 명한 일을 마지못해 수행했다. 하지만 다미아누스의 고매한 성품은 교황 직위에 힘을 실어 주는 귀중한 자산으로서 막강한 설득력을 발휘하여 개혁 운동에 유리하게 작용했으며, 더욱이 교황의 진정陳情, representations에 따라 행동했다. 그는 1059년에 밀라노에서 소집된 성직자들을 상대로 성직매매에 반대하는 연설을 했다. 성직자들은 처음에 격분하여 다미아누스의 생명을 위협하기도 했으나, 그의 웅변은 마침내 성직자들의 마음을 움직여 모두 눈물을 흘리며 자신의 죄를 고백하게 했다. 더욱이 그들은 로마 교황청에 복종하겠다는 약속까지 했다. 다음 교황 대에 이르러, 밀라노의 대주교 관할권을 둘러싸고 황제와 교황청 사이에 논쟁이 벌어졌으나 최후에 교황이 파타리노 운동의 도움으로 승리를 거두었다.

1061년에 니콜라우스 2세가 죽자, 이제 나이를 먹은 하인리히 4세와 추기경 사이에 교황 직위의 계승을 둘러싼 갈등이 빚어졌다. 황제는 교황 선출 교령을 수용하지 않고, 자신의 교황 선출권도 포기하지 않을 태세였다. 양측의 갈등은 3년 동안 이어지다가, 추기경의 선택이 대세가 되면서 황제와 교황청의 설득력을 가리는 명확한 재판 절차 없이 종결되었다. 저울이 한쪽으로 기울어진 계기는 추기경 측이 선택한 교황의 두드러진 장점 때문이었는데, 그는 덕과 경험을 두루 갖추었을 뿐만 아니라 란프랑쿠스(후에 캔터베리 대주교가 됨)의 이전 제자이기도 했다. 이렇게 교황직에 오른 알렉산데르 2세가 1073년에 죽은 다음 힐데브란트(그레고리우스 7세)가 교황으로 선출되었다.

그레고리우스 7세(1073~1085 재위)는 가장 저명한 교황 가운데 한 사람이다. 그는 오래 전부터 걸출한 인물로 알려져 교황 정책에 아주 큰 영향을 미쳤다. 교황 알렉산데르 2세가 정복자 윌리엄의 모험적 잉글랜드 정복 사업을 축복하게 만든 장본인도 바로 그였다. 그는 이탈리아에서도 북방에서도 노르만족을 지지했고, 성직매매에 맞서기 위해 교황직을 샀던 그레고리우스 6세의 피보호자protégé였다. 그레고리우스 6세가 폐위되고, 힐데브란트는 2년 동안 유형 생활을 했다. 유형 기간을 제외하면 나머지 생애의 대부분을 로마에서 보낸 힐데브란트는 학자가 아니었으나 성 아우구스티누스에게서 영감을 많이 받았다. 그런데 성 아우구스티누스의 가르침을 자신의 영웅 그레고리우스 대교황을 통해 간접적으로 익혔고, 교황으로 즉위한 다음 성 베드로의 대변자로 자처하며 진심으로 그렇게 믿었다. 이러한 믿음으로 자신감이 넘쳤으나 세속적 이해타산에 비추어 보면 근거 없는 자신감이었다. 그는 황제의 권위도 신성한 기원을 가진다고 인정했다. 우선 교황과 황제를 두 눈으로 비교하고 나중에 황제와 싸움을 벌여야 했을 때는 해와 달로 비유했는데, 해는 교황을 상징했다. 교황은 도덕적 품행의 지존이므로, 황제가 부도덕한 행동을 한다면 황제를 폐위시킬 권리도 있고 교황의 권위에 저항하는 것보다 부도덕한 짓은 있을 수도 없다고 했다. 그레고리우스 7세는 이러한 점을 진정으로 심오하게 믿었다.

그레고리우스 7세는 성직자의 독신생활을 어떤 전임 교황보다 더욱 강화했다. 독일 지역의 성직자들은 이에 반대했고, 이러한 이유뿐만 아니라 다른 이유들도 함께 작용하여 황제 편으로 기울었다. 그러나 평신도는 어느 곳에서나 성직자의 독신생활을 선호했다. 그레고리우스는 평신도들이 사제들과 그들의 부인에 맞서 폭동을 일으키도록 자극했고, 성직자 가족은 종종 가혹한 학대를 당하곤 했다. 그는 평신도에게 독신생활에 반항하는 고집 센 사제가 집전하는 미사에 참석하지 말라고 하기도 했다. 그는 결혼한 성직자의 성사는 무효이며, 결혼한 성직자는 교회에 발을 들여서도 안 된다고 포고했다. 이러한 모든 조처는 성직자의 반발을 샀으나 평신도의 지지를 받았다. 교황이 생명의 위협을 자주 받던 로마에서도 그레고리우스는 대중의 인기를 한 몸에 받았다.

그레고리우스 시대에 '성직임명investiture'을 둘러싼 논쟁이 불거졌다. 임명식에서 주교는 직무의 상징물로 반지와 지팡이를 수여받았다. 황제나 왕(지방의 특색에 따라)이 주교의 상급 봉건 영주로서 상징물을 주교에게 수여했다. 그레고리우스는 교황이 상징물을 수여해야 한다고 주장했다. 이러한 갈등은 봉건 위계질서에서 교회의 직무를 분리해 내는 과업의 일부였다. 갈등은 오래도록 지속되었으나 교황권의 완벽한 승리로 끝났다.

카노사로 이어진 다툼은 밀라노의 대주교 관구를 둘러싸고 시작되었다. 1075년에 황제 하인리히 4세는 부주교들의 동의를 얻어 대주교를 임명했다. 교황은 이것이 교황의 특권을 침해한 행위라고 여겨서 황제를 파문하고 폐위하겠다고 위협했다. 황제는 보름스Worms에서 주교 회의를 소집하여 주교들이 교황의 명에 따른다는 맹세를 철회토록 함으로써 보복했다. 주교들은 교황에게 간음과 위증, (앞선 두 행위보다 더욱 나쁜) 주교들에 대한 핍박 행위를 비난하는 편지를 썼다. 황제도 서한을 통해 무엇보다 지상의 일을 판단할 권리를 주장했다. 황제와 주교들은 그레고리우스의 파문을 선언했다. 그러자 그레고리우스도 황제와 주교들을 파문하고 그들의 폐위를 선언했다. 이리하여 무대는 막을 올렸다.

제1막의 승리는 교황에게 돌아갔다. 이전에 하인리히 4세에 맞서 반란을 일으켰다가 화친을 맺은 색슨족이 다시 반란을 일으켰다. 게르만 지역의 주교들도 그레고리우스 교황과 화친을 원했다. 그리스도교 세계 전체가 교황에게 맞선 황제의 처사에 경악했다. 이에 따라 이듬해(1077)에 하인리히 4세는 교황에게 사면을 청하기로 결심했다. 한겨울에 그는 황후와 어린 아들 그리고 수행원 몇 사람을 거느리고 알프스 몽스니Mont Cenis 고개를 넘어 교황이 머무는 카노사의 성 앞에서 간원했다. 황제는 3일 동안 맨발에 참회 복장으로 교황의 접견을 기다려야 했다. 마침내 교황이 접견을 허락했다. 황제는 참회하고 장래에 게르만족의 적대자들에 관한 문제를 처리할 때 교황의 지시를 따르겠다고 맹세한 후에야, 사면을 받고 돌아와 성체를 받을 수 있었다.

하지만 교황의 승리는 착각이었다. 교황은 자신의 신학 규정, 바로 참회자의 사면을 명하는 규정에 말려들었다. 이상한 이야기이지만 교황은 하인리히가 진심으로 후회하고 있다고 생각했으나 곧 그의 계략을 알고 자신의 실수를 깨달았다. 그는 하인리히의 게르만족 적대자들을 더는 지원할 수 없었고, 그들은 교황이 자신들을 배반했다고 느꼈다. 이 순간부터 사태는 교황에게 불리해지기 시작했다.

하인리히의 게르만족 적대자들은 루돌프라는 경쟁자 황제를 선출했다. 교황은 처음에는 하인리히와 루돌프 가운데 한 사람을 황제로 정할 권리가 자신에게 있다고 주장하면서 정작 결정은 보류했다. 마침내 1080년 하인리히의 참회가 위선에 불과했다는 사실을 경험으로 알게 된 교황은 루돌프를 지지한다고 선언했다. 그러나 하인리히 황제가 벌써 자신의 적대자들을 게르만 지역에서 거의 대부분 축출한 뒤였다. 하인리히 황제는 자신을 지지하는 성직자들이 선출한 대립교황antipope을 세우고, 1084년 그와 함께 로마로 입성했다. 대립교황은 황제에게 정식으로 왕관을 씌워 주는 대관식을 거행했으나, 대립교황과 황제는 모두 그레고리우스를 구하겠다는 명목으로 진격해 온 노르만족에게 쫓겨 재빨리 물러날 수밖에 없었다. 노르만족은 잔인하게 로마를 약탈했으며 그레고리우스도 데려갔다. 그레고리우스

그레고리우스 7세의 지원자였던 마틸다 카노사와 하인리히 4세, 1115

는 사실상 다음해 죽을 때까지 노르만족의 포로로 살았던 셈이다.

이로써 그레고리우스 7세의 정책은 재앙으로 막을 내리는 듯했다. 그러나 사실 후계자들이 조금 완화된 형태로 정책을 추진해 나갔다. 교황권에 우호적인 타협안이 우선 미봉책으로 제시되었으나, 교황권과 황제권의 갈등은 본질적으로 풀기 어려웠다. 갈등의 다음 단계는 뒤에 이어질 장에서 다룰 것이다.

11세기에 나타난 지성의 부활에 대해 아직 할 말이 남아 있다. 10세기에 제르베르(실베스테르 2세, 999~1003 재위)를 제외하면 철학자들이 전혀 배출되지 않았고, 제르베르도 철학자보다는 수학자에 가까웠다. 그러나 11세기가 흘러가는 동안 걸출한 철학자들이 등장하기 시작했는데, 안셀무스와 로스켈리누스가 제일 중요하다. 하지만 다른 몇몇 철학자도 언급할 만하다. 이들은 모두 개혁 운동과 관련이 깊은 수도자들이다.

페트루스 다미아누스는 가장 연장자로 앞에서 언급했다. 투르의 베렝가리우스Berengarius(1088년경 사망)는 일종의 합리주의자로서 흥미를 끈다. 그는 이성이 권위보다 우월하다고 주장했으며, 자신의 주장을 뒷받침하기 위해 요한네스 스코투스의 견해에 호소했는데 스코투스는 사후에 이단으로 단죄를 받았다. 베렝가리우스는 실체변화설을 부정했으며, 자신의 주장을 두 번 철회할 수밖에 없었다. 란프랑쿠스는 자신의 책 『주님의 몸과 피*De Corpore et sanguine Domini*』를 통해 베렝가리우스의 이단 사상을 없애기 위해 분투했다. 그는 파비아 태생으로 볼로냐에서 법률을 공부하고 일류 변론가가 되었다. 그러나 그는 신학을 위해 변증법을 포기하고 노르망디의 베크 수도원에 들어가 학교를 관리했다. 정복자 윌리엄은 1070년에 그를 캔터베리의 대주교로 임명했다.

성 안셀무스는 란프랑쿠스와 마찬가지로 이탈리아 사람으로 베크의 수도자였고, 캔터베리의 대주교(1093~1109 재임)가 되어 그레고리우스 7세의 원칙에 따라 왕과 맞섰다. 그는 주로 신의 실존existence에 대한 '존재론적 증명'의 제창자로 유명했다. 안셀무스가 제시한 논증은 다음과 같다. 우리는 '신'을 생각할 수 있는 가장 큰 대상으로 정의한다. 이제 어떤 사유 대상이 실존하지 않는다면, 그것과 꼭 같으면서 실존하는 다른 사유 대상이 더 큰 대상이 된다. 그러므로 모든 사유 대상 가운데 가장 큰 대상은 실존하지 않으면 안 된다. 그렇지 않으면 더 큰 사유 대상이 여전히 가능할 것이기 때문이다. 그러므로 신은 실존한다.

안셀무스의 논증은 신학자들에게 결코 수용된 적이 없었다. 당시에 오히려 적의에 찬 비판의 대상이었으며, 이후 13세기 후반까지 망각 속에 묻혀 있었다. 토마스 아퀴나스가 안셀무스의 논증을 거부했고, 이후 토마스 아퀴나스의 권위는 신학자들 사이에서 보편적으로 수용되었다. 그러나 안셀무스의 논증은 철학자들 사이에서 운이 좋은 편이었다. 데카르트는 약간 수정된 형태로 안셀무스의 논증을 부활시켰다. 라이프니츠는 신이 가능한 존재임을 입증할 보충 전제를 추가함으로써 안셀무스의 논증을 타당한 논증으로 만들 수 있다고 생각했다. 칸트는 자신이 안셀무스의 논증을 단번에 무너뜨렸다고 생각했다. 그러나 어떤 점에서 안셀무스의 논증은 헤겔과 헤겔의 추종자들이 세운 체계의 기초일 뿐만 아니라, 브래들리의 "존재할 수도 있고 반드시 존재해야 하는 것은 있다What may be and must be, is"라는 원리로 다시 등장한다.

이렇게 눈에 띄는 역사를 지닌 논증은 분명히 타당하든 부당하든 존중하며 다루어야 한다. 진짜 문제는 이러하다. 우리가 단지 어떤 사물에 대해 생각할 수 있다는 것만으로 그 사물이 우리의 사유 밖에 실존한다고 입증되었다고 생각할 수 있는가? 철학자라면 누구나 그렇다고 말하고 싶을 텐데, 철학자의 일은 관찰보다 오히려 사유로 세상 물정을 알아내는 것이기 때문이다. 그렇다고 말하는 것이 옳은 대답이라면, 순수 사유와 사물을 이어 주는 다리가 있어야 하고, 그렇지 않다면 이어 주는 다리도 필요 없을 것이다. 플라톤은 일반적 형태로 이상들의 객관적 현실성을 입증하기 위해 일종의 존재론적 증명을 사용한다. 그러나 안셀무스보다 앞선 어느 누구도 적나라한 논리적 형식으로 존재론적 증명을 명확히 제시하지 못했다. 안셀무스의 논증은 논리적 순수성을 획득함으로써 그럴듯한 면을 잃어버리고 말았다. 그러나 이것도 안셀무스의 공로다.

안셀무스의 다른 철학은 주로 성 아우구스티누스에서 비롯되는데, 그에게서 많은 플라톤적 요소를 습득한다. 안셀무스는 플라톤의 이상들이 존재한다고 믿고, 여기에서 신의 실존을 보여 주는 다른 증명을 도출한다. 신플라톤학파의 논증에 따라 그는 신God의 실존뿐 아니라 삼위일체Trinity도 입증하겠다고 선언한다. (플로티노스의 삼위일체가 기억날 텐데, 그리스도교도라면 아무도 이것을 정통 신앙으로 승인하지 않을 것이다.) 안셀무스는 이성이 신앙에 종속되어야 한다고 생각한다. 그는 "나는 이해하기 위해 믿는다"라고 말한다. 아우구스티누스를 따라서 신앙 없이는 이해도 불가능하다고 주장한다. 그는 신은 **의로운** 존재가 아니라 **의로움 자체**라고 말하기도 한다. 요한네스 스코투스의 비슷한 말이 기억날 터다. 두 철학자의 공통점은 플라톤에 기원을 두고 있다는 것이다.

성 안셀무스St. Anselmus(1033~1109)는 선대 그리스도교 철학자들과 마찬가지로 아리스토텔레스의 전통보다 플라톤의 전통에 속한다. 이러한 이유로 그는 토마스 아퀴나스에서 절정에 달한 '스콜라' 철학의 뚜렷한 특징을 드러내지 않는다. 스콜라 철학은 안셀무스의 동시대 철학자이자 열일곱 살이 어린 로스켈리누스와 함께 시작되었다고 생각할 수도 있다. 로스켈리누스는 새로운 시초의 획을 긋게 되는데, 뒷장에서 고찰할 것이다.

중세 철학이 13세기까지 주로 플라톤의 전통을 따랐다고 말할 경우, 『티마이오스』를 제외하면 플라톤 철학은 오로지 간접적으로 알려졌다는 사실을 기억해야 한다. 예컨대 요한네스 스코투스는 플라톤이 없었다면 자신의 견해를 제대로 펼쳤을 리 없지만, 스코투스의 견해에 포함된 플라톤적 요소는 대부분 위디오니시오스를 거쳐서 알려진 것이다. 위디오니시오스가 언제 태어나고 죽었는지는 불확실하지만, 신플라톤학파에 속한 프로클로스의 제자였던 듯하다. 요한네스 스코투스는 프로클로스에 대해 들어 본 적도 없으며, 플로티노스의 글을 한 줄도 읽어 보지 못했을 것이다. 위디오니시오스를 별도로 치면 중세 플라톤주의의 다른 기원은 보이티우스였다. 이러한 중세의 플라톤주의는 현대의 연구자가 플라톤의 저술에서 도출한 사상과 여러 면에서 달랐다. 중세 플라톤주의는 종교와 명백하게 관련되지 않은 거의 모든 요소를 누락하는 데서 그치지 않고, 종교 철학에서 다른 측면을 훼손하면서 특정한 측면을 확대하거나 강조했다. 플라톤의 개념화와 관련된 이러한 변화는 이미 플로티노스가 영향을 미친 결과였다. 아리스토텔레스에 대해서도 단편적으로 알려졌으나 정반대 방향으로 변화가 일어났다. 12세기까지 아리스토텔레스에 대해 알려진 것은 보이티우스가 번역한 『범주론』과 『명제론』이 전부였다. 따라서 아리스토텔레스는 그저 단순한 변론가로 생각되었던 반면, 플라톤은 종교 철학자이자 이상론의 창시자로 여겨졌다. 중세 후기 동안 이러한 편협한 개념화는 둘 다 서서히 잡혔고, 특히 아리스토텔레스에 대한 개념화는 바로잡혔다. 그러나 플라톤에 관한 편협한 생각은 바로잡히지 않은 채 르네상스 시대까지 이어졌다.

10. 이슬람교 문화와 철학

동로마 제국을 비롯한 아프리카와 스페인에 대한 공격은 북부의 야만족이 서로마를 공격한 경우와 두 가지 점에서 달랐다. 첫째, 1453년까지 동로마 제국은 서로마 제국보다 거의 천년 이상 오래 존속했다. 둘째, 동로마 제국을 공격한 주요 세력은 이슬람교도로, 정복 이후에도 그리스도교로 개종하지 않고 가치 있는 고유한 문명을 발전시켰다.

이슬람교[128]의 기원紀元이 시작된 헤지라Hegira, Hijra[129]는 622년에 일어났으며, 무함마드Muhammad는 10년 후에 죽었다. 그가 죽은 바로 다음부터 아랍인은 정복을 시작하여, 엄청난 속도로 정복 사업을 이어 갔다. 634년에 동방의 시리아를 침략하여 2년 만에 저항 세력을 완전히 진압했다. 637년에 페르시아에 침입하여 650년 정복을 완료했다. 664년에는 인도를 침략했다. 콘스탄티노플은 669년에 포위당하기도 했다(716~717년에 재차 포위당했다). 서쪽으로 뻗어 나간 이동은 급속하지 않았다. 642년에 이집트를 정복했으나 697년까지 카르타고를 정복하지 않은 채 두었다. 스페인도 북서쪽 작

---

128 * 유일신 알라를 섬기는 종교. 예언자 무함마드가 창시했으며, '이슬람'은 '신에 대한 순종'을 뜻한다.

129 무함마드가 메카에서 메디나로 피신한 사건을 가리킨다.

은 변두리 지방을 제외하면 771년부터 772년에 비로소 전체 지역을 손아귀에 넣을 수 있었다. 서쪽으로 뻗어 나간 팽창은 시칠리아와 이탈리아 남부 지역을 제외하면 이슬람교도가 732년 투르 전투에서 패배한 이후 멈추었는데, 바로 예언자 무함마드가 죽은 지 100년 후의 일이었다(오스만 튀르크족이 마침내 콘스탄티노플을 정복한 때는 지금 우리가 다루는 시기보다 늦은 때다).

여러 상황이 이슬람교의 팽창을 촉진했다. 페르시아와 동로마 제국은 긴 전쟁으로 지칠 대로 지쳐 있었다. 시리아인은 대부분 네스토리우스파로 가톨릭교도의 박해에 시달렸던 반면, 이슬람교도는 세금을 낼 경우 답례로 어떤 그리스도교 종파든 관대하게 다루었다. 이집트에서도 대다수 단성론자는 이슬람교도 침략자들을 환영했다. 아프리카에서 아랍인은 로마인이 결코 완전히 굴복시키지 못했던 베르베르족과 동맹을 맺었다. 아랍인과 베르베르족은 함께 스페인을 침략했고, 거기서는 서고트족의 심한 박해에 시달리던 유대인의 도움을 받았다.

예언자 무함마드가 세운 종교는 정교한 삼위일체설이나 육화 신학으로 뒤얽히지 않은 단순한 일신교였다. 예언자 무함마드는 자신을 신이라고 주장하지도 않았고, 신도들이 자기를 신이라 주장하지도 못하게 했다. 그는 조각한 우상의 숭배를 금지하는 유대인의 풍습을 부활시켰으며 포도주 사용도 금지했다. 신자는 이슬람교의 확장을 위해 가능한 한 더 많은 지역을 정복할 의무를 이행해야 했으나, 그리스도교도를 비롯하여 유대교도나 조로아스터교도, 바로 쿠란Koran[130]에서 경전의 가르침을 따르는 자들이라고 부른 '성서의 백성people of the Book'을 박해하지 않았다.

아라비아는 대부분 사막이었기 때문에 늘어나는 인구를 부양하기 힘들어졌다. 약탈을 위한 단순 습격으로 시작된 아랍인의 초기 정복 사업은 전투 경

130 * 이슬람교의 경전.

험을 통해 적의 취약성을 파악한 이후 영구 직업으로 바뀌었다. 약 20년 동안 사막 외곽의 궁핍하고 고단한 생활에 완전히 적응한 사람들은 순식간에 세계에서 부유한 지역 가운데 몇몇 곳의 주인으로 행세하면서, 갖가지 사치를 누리며 고대 문명의 세련되고 정교한 성과물을 손에 넣을 수 있었다. 아랍인은 이렇게 변신하고 싶은 유혹을 대부분의 북부 야만족보다 더 잘 견뎌 냈다. 아랍인이 격렬한 전투를 많이 벌이지 않고 제국을 손에 넣었기 때문에 파괴된 것은 거의 없었으며, 시의 행정 역시 거의 변하지 않고 그대로 유지되었다. 페르시아 제국과 비잔틴 제국의 민간 행정 조직은 높은 수준까지 정비되어 있었다. 아랍 부족장은 처음에 복잡한 행정 조직을 전혀 이해하지 못해, 각 부서에 훈련받은 기존 담당자가 근무하도록 할 수밖에 없었다. 이들은 대부분 새로운 주인 밑에서 근무하는 것을 싫어하지 않았다. 사실 세금 부담이 오히려 상당히 줄었기 때문에 그들의 업무는 이전보다 수월해졌다. 더욱이 주민들의 태반이 세금을 내지 않으려고 그리스도교를 버리고 이슬람교로 개종했다.

아랍 제국은 전제 군주국으로 제국을 통치하는 칼리프caliph[131]는 무함마드의 후계자로서 신성한 성품을 대부분 물려받았다. 칼리프 직위에 오르려면 명목상 선출 절차를 밟아야 했으나 곧 세습제로 바뀌었다. 750년까지 존속한 제1대 우마이야 왕조는 순전히 정치적 이유로 무함마드를 믿었던 사람들이 창건했는데 끊임없이 광신도의 반대에 부딪히곤 했다. 아랍인은 새로운 종교의 이름으로 세계의 대부분 지역을 정복했지만 종교심이 깊은 민족이 아니었다. 아랍인이 정복을 시작한 동기는 종교가 아니라 약탈과 재물이었다. 소수 이슬람 전사들이 큰 어려움 없이 고도로 발전한 문명과 낯선 종

131 * '후계자' 혹은 '상속자'를 뜻하는 아랍어. 무함마드 이후 이슬람 공동체나 이슬람 국가의 지도자 또는 최고 종교 권위자를 부르는 호칭이다.

교를 믿는 다수를 지배할 수 있었던 것도 광신적 열의가 없었던 덕분이었다.

반대로 페르시아인은 아주 일찍부터 종교심과 사색이 깊었다. 개종한 페르시아인은 이슬람교로부터 예언자 무함마드와 동족이 상상했던 것보다 흥미진진하고 더욱 종교적이고 철학적인 전통을 만들어 냈다. 661년 무함마드의 사위 알리가 죽은 뒤 이슬람교도는 두 종파, 수니파와 시아파로 나뉘었다. 수니파가 더 큰 종파이고, 시아파는 알리를 계승하여 우마이야 왕조가 칼리프 직위를 빼앗은 찬탈자라고 생각한다. 페르시아인은 오랫동안 시아파에 속했다. 우마이야 왕조는 대체로 페르시아인의 세력에 밀려 끝내 무너졌고, 페르시아인의 이익을 대변하는 아바스 왕조가 뒤를 이었다. 왕조의 교체는 다마스쿠스에서 바그다드로 수도를 옮김으로써 뚜렷해졌다.

아바스 왕조는 정치적 이유로 우마이야 왕조보다 광신도에게 더 우호적이었다. 그러나 아바스 왕조는 제국 전체를 손에 넣지 못했다. 우마이야 가문의 한 후손이 대학살을 피해 스페인으로 탈출했고, 그곳에서 적법한 통치자로 인정을 받았기 때문이다. 그때부터 스페인은 나머지 이슬람 세계로부터 독립했다.

아바스 왕조 초기에 칼리프 직위는 최고 영예를 누렸다. 초기 칼리프 가운데 가장 유명한 하룬 알 라시드Harun-al-Rasid(763~809)는 샤를마뉴와 이레네 여제와 같은 시대에 살았으며, 『천일야화*Arabian Nights*』를 통해 전설의 형태로 누구나 알고 있는 인물이다. 하룬 알 라시드의 궁정은 호화로웠으며 시와 학문이 찬란하게 꽃핀 중심지였다. 그가 거두어들인 세입은 어마어마했으며, 제국의 영토는 지브롤터 해협에서 인더스강까지 뻗어 나갔다. 칼리프의 뜻은 절대적 힘을 발휘했다. 평소에도 사형 집행관이 수행하며 칼리프의 고갯짓에 따라 즉석에서 사형을 집행할 정도였다. 그러나 영광의 순간은 짧았다. 하룬 알 라시드의 후계자는 병사들을 주로 튀르크인으로 구성하는 실수를 저지른 결과로, 튀르크 군인은 칼리프의 명령에 복종하지 않았을 뿐만 아니라 싫증 날 때마다 칼리프의 눈알을 빼 버리거나 살해함으로써 칼리프 직위를 아무것도 아닌 자리로 추락시켰다. 그런데도 칼리프 직위는 간신히 명맥을 유지했다. 아바스 왕조의 마지막 칼리프는 1256년 몽골족에게 살해되면서 80만 명에 달하는 바그다드 주민도 몰살당했다.

아랍인의 정치·사회 체제는 로마 제국과 유사한 결함과 더불어 다른 몇 가지 결점을 드러냈다. 일부다처제와 결합한 전제 군주제에서 흔히 나타나듯, 통치자가 죽을 때마다 왕자 가운데 한 왕자가 승리하고 나머지 왕자가 모두 죽는 순간까지 계속되는 왕조 전쟁이 일어났다. 대체로 전쟁에서 승리한 결과로 노예의 수가 너무 많아져, 이따금 왕조를 위협하는 노예 반란이 일어났다. 상업이 크게 발달했으며 칼리프의 영토는 동양과 서양의 중심 지역을 차지한 만큼 더욱 발전했다. "엄청난 부를 소유함으로써 중국의 비단이나 북유럽의 모피 같은 값비싼 물품에 대한 수요를 창출했을 뿐만 아니라, 무역은 거대한 이슬람 제국, 세계어로 사용된 아랍어의 보급, 이슬람교의 윤리 체계 안에서 상인들에게 할당된 높은 신분 같은 특수한 여건으로 촉진되었다. 예언자 무함마드는 상인이었으며 메카로 순례 여행을 하는 동안 교역을 권장했다는 점을 기억했기 때문이다."[132] 이러한 상업의 성패는 군사적 결속과 마찬가지로 아랍인이 로마인과 페르시아인에게 물려받은 넓게 뻗은 길에 달려 있었는데, 아랍인은 북부 정복자들과 달리 큰 길이 황폐해지지 않도록 신경 썼다. 그러나 이슬람교도의 제국은 점차 조각나면서 잇따라 스페인, 페르시아, 북아프리카, 이집트로 분열되었고, 이들은 완전히 또는 거의 독립을 쟁취했다.

아랍 경제의 중요한 특징 가운데 하나는 농업이었다. 특히 숙련된 관개기술을 사용했는데, 물이 부족한 곳에서 살았기 때문에 관개기술을 배웠

132 『케임브리지 중세사』, 4권, 286쪽.

다. 오늘날까지도 스페인의 농업은 아랍인이 건설한 관개시설의 덕을 보고 있다.

이슬람 세계의 독특한 문화는 시리아에서 시작되었지만, 곧 동쪽 끝의 페르시아와 서쪽 끝의 스페인에서 번성했다. 정복 당시 시리아인은 아리스토텔레스를 숭배했다. 네스토리우스파도 가톨릭교회가 지지한 플라톤보다 아리스토텔레스를 선호했다. 아랍인은 처음에 시리아인을 통해 그리스 철학에 대한 지식을 얻었으므로, 처음부터 플라톤보다 아리스토텔레스를 더 중시했다. 그렇지만 시리아인이 알던 아리스토텔레스는 신플라톤학파의 옷을 걸치고 있었다. 아랍어로 철학 책을 쓴 최초의 저술가이자 주목할 만한 유일한 철학자 킨디Kindi(801~873년경)는 플로티노스의 『엔네아데스』 일부를 아랍어로 번역하고, 『아리스토텔레스의 신학』이라는 제목으로 세상에 내놓았다. 이로써 아랍인은 아리스토텔레스에 대해 큰 혼란에 빠졌고, 이후 수 세기가 지난 후에야 혼란에서 벗어났다.

그동안 페르시아의 이슬람교도는 인도와 접촉하게 되었다. 이슬람교도는 산스크리트어 저술들을 통해 8세기에 최초로 천문학 관련 지식을 얻었다. 산스크리트어로 쓰인 수학이나 천문학 책을 번역한 무함마드 이븐 무사 알 화리즈미Muhammad ibn Musa al-Khwarizmi는 830년경에 『인도 숫자 계산법』이라는 책을 펴냈는데, 12세기에 라틴어로 번역되었다. 이 책을 통해 서양에 처음 아라비아 숫자가 알려졌으니 인도 숫자라고 불러야 마땅한 일이다. 알 화리즈미는 대수학 책도 썼는데, 서양에서 16세기까지 교과서로 사용했다.

페르시아 문명은 13세기 몽골족의 침략을 받아 심각한 피해를 입었지만, 지적으로나 예술적으로 모두 우수하여 감탄할 만했다. 오마르 하이얌Omar Khayyam은 시인이자 수학자로 알려진 유일한 사람으로, 1079년에 역법曆法, calendar을 개정했다. 기이한 일이지만 하이얌의 아주 친한 벗은 '산속의 노인'이라는 암살 비밀 결사단의 설립자로 명성을 날린 전설적 인물이었다.

페르시아인들은 위대한 시민들이었다. 『샤나메*Shah-nama*』를 읽어 본 사람들은 이 책의 저자 페르도우시Firdousi(941년경)가 호메로스와 견줄 만하다고 전한다. 그들은 다른 이슬람교도와 달리 주목할 만한 신비주의자들이기도 했다. 수피파로 불리는 그들은 지금까지 존속하고 있으며, 정통 교리에 대해 신비적이거나 비유적 해석을 폭넓게 인정했다. 수피파는 신플라톤학파와 얼마간 비슷한 면이 있다.

이슬람 세계는 네스토리우스파를 통해 처음 그리스의 영향을 받았는데, 네스토리우스파의 사고방식은 순수하게 그리스 양식을 따른 것이 아니었다. 네스토리우스파의 에데사 학원은 481년에 제노 황제가 폐쇄했다. 이후 에데사의 학자들은 페르시아로 이주하여 연구를 계속했기 때문에 페르시아의 영향을 받지 않을 수 없었다. 네스토리우스파는 아리스토텔레스의 유산 가운데 논리학만 높이 평가했고, 아랍의 철학자들이 우선 중요하게 생각한 분야도 무엇보다 논리학이었다. 그러나 아랍 철학자들은 나중에 『형이상학』과 『영혼론』도 연구했다. 일반적으로 백과사전적 취미를 가진 아랍 철학자들은, 우리가 철학이라고 불러야 마땅한 것 못지않게 연금술과 점성술, 천문학, 동물학 같은 온갖 분야에 관심을 가졌다. 광신적이고 편협하고 완고한 대중은 그들에게 의심의 눈초리를 보냈다. 그들의 안전(그들이 안전했을 때)은 사상이 비교적 자유로운 군주들의 비호 덕택이었다.

이슬람 철학자 가운데 페르시아 사람인 아비세나와 스페인 사람인 아베로에스는 특별히 주목할 만하다. 아비세나는 이슬람교도 사이에서, 아베로에스는 그리스도교도 사이에서 더 유명하다.

아비세나Avicenna(980~1037, 이븐 시나Ibn Sina)는, 우리가 시 속에 있을 뿐이라고 생각하곤 하는 장소에서 일생을 보냈다. 그는 부하라 지방에서 태어났으며, 24세에 히바—'광야의 적막한 히바'—로 갔다가 다음에는 호라산—'적막한 코라스미아 해변'—으로 갔다. 한동안 에스파한에서 의학과 철학을 가르치다가 이후 테헤란에 정착했다. 그는 철학보다 의술로 훨씬 유명했지만, 갈레노스의 업적에 거의 아무것도 추가하지 못했다. 12세기부터 17세기까지, 아비세나는 유럽에서 언제나 의술의 안내자였다. 그는 성자 같은 인물이 아니라 사실 주색을 탐하는 열정적인 사람이었다. 그는 정통 신자들의 의혹을 사기도 했으나 의술이 뛰어났기 때문에 군주들의 호의를 얻을 수 있었다. 때로는 튀르크 용병들의 적대감 탓으로 곤경에 처하기도 했고, 때로는 몸을 숨기고 때로는 옥살이를 하기도 했다. 백과사전의 저자인 그는 신학자들의 적대감 때문에 동로마 지역에 거의 알려지지 않았으나 라틴어 번역을 통해 서로마 지역에 영향을 미쳤다. 그의 심리학은 경험주의적 성향을 강하게 드러낸다.

아비세나의 철학은 선대 이슬람 철학자보다 아리스토텔레스에 가까워졌고 신플라톤학파와 더 멀어졌다. 나중에 그는 그리스도교 스콜라 철학자들처럼 보편자 문제에 몰두했다. 플라톤은 보편자가 사물에 앞서 존재한다고 주장했다. 아리스토텔레스는 두 가지 견해를 제안했는데, 하나는 스스로 생각해 낸 것이고 다른 하나는 플라톤과 맞서는 과정에서 도출한 견해다. 이로써 그는 주석가들의 구미에 맞는 이상적 자료를 제공했다.

아비세나는 아베로에스와 알베르투스 마그누스가 반복해 사용한 공식을 고안했다. "사유가 형상들의 일반성을 만들어 낸다." 이를 근거로 그는 사유와 분리된 보편자를 믿지 않았다고 생각되기도 했다. 그런데 이것은 지나치게 단순한 견해일 터다. 그는 유類, 바로 보편자가 동시에 사물 앞에도, 사물 안에도, 사물 다음에도 존재한다고 말하며 이렇게 설명한다. 유는 신의 지성 안에서는 사물 **앞에** 존재한다(예컨대 신이 고양이들을 창조하기로 결심한다고 치자. 이러한 결심을 하려면 신에게 '고양이'의 관념이 있어야 하므로, 이러한 점에서 '고양이'의 관념은 개별적 고양이들에 앞서 존재한다). 유는 자연계의 물체 안에서 사물 **안에** 존재한다(고양이들이 창조될 때 고양이의 성질은 고양이 안에 존재한다). 유는 우리의 사유 안에서 사물 **다음에** 존재한다(우리가 고양이 여러 마리를 보았을 때, 우리는 그 고양이들이 서로 유사하다는 점에 주목하고, '고양이'라는 일반 관념에 도달한다). 이것은 분명히 상이한 이론을 화해시키려는 의도로 내놓은 견해다.

아베로에스Averroes(1126~1198, 이븐 루슈드Ibn Rushd)는 아비세나와 정반대 쪽에 있는 이슬람교 세계에서 살았다. 아베로에스는 코르도바에서 태어났으며 아버지와 할아버지는 하급 법관을 지냈다. 그는 아버지와 할아버지처럼 하급 법관이 되어 처음에 세비야에서, 다음에 코르도바에서 일했다. 우선 신학과 법학을 공부하고 나서 의학과 수학, 철학을 공부했다. 아리스토텔레스의 작품을 분석할 수 있는 인재로 천거를 받은 아베로에스는 '칼리프' 아부 야쿠브 유수프Abu Yaqub Yusuf를 만났다(그러나 아베로에스는 그리스어를 할 줄 몰랐던 듯하다). 통치자는 아베로에스를 총애하여 1184년에 시의로 임명했으나 불행히도 병에 걸린 칼리프는 2년 후 죽고 말았다. 유수프의 후계자 야쿠브 알 만수르Yaqub Al-Mansur는 11년 동안 아버지가 하던 대로 계속 후원했다. 이후 정통 신자들이 철학자 아베로에스에 대해 경고하자 알 만수르는 관직을 박탈하고 유형에 처했는데, 우선 코르도바 근처의 작은 지방으로, 다음에 모로코로 추방했다. 아베로에스는 참된 신앙을 희생시키고 고대인의 철학을 연마한다는 죄목으로 기소되었다. 알 만수르는 신앙의 도움 없이 이성으로 진리를 발견할 수 있다고 생각하는 자들에게 신이 지옥불의 벌을 내릴 것이라는 칙령을 선포했다. 논리학과 형이상학에 관한 서적은 모두 불살랐다.[133]

얼마 지나지 않아 스페인에서 무어인이 차지한 영토는 그리스도교도의 정복으로 많이 줄어들었다. 스페인의 이슬람교 철학은 아베로에스에서 끝났다. 나머지 이슬람교 세계에서는 엄격한 정통 신앙이 득세하여 철학적 사

---

133 아베로에스는 죽기 직전에 총애를 다시 받게 되었다고 한다.

색은 종지부를 찍었다.

위버베크는 놀랍게도 비정통 신자라는 비난에 반대하며 아베로에스를 옹호하려 했지만, 이것은 누구나 이슬람교도가 결정할 문제라고 말할 것이다. 위버베크는 신비주의자들의 말을 빌려서 쿠란의 구절마다 해석이 7가지, 70가지, 700가지에 달하며, 문자 그대로 지닌 의미는 무지한 속인에게나 맞을 따름이라고 지적한다. 여기에서 어떤 철학자의 가르침이 쿠란과 상충하게 될 리 없다는 결론이 도출되는 것처럼 보일 것이다. 700가지 해석 가운데 적어도 한 가지 해석은 어떤 철학자의 해석과 일치할 테니 말이다. 그러나 이슬람교 세계에서 무지한 자들은 성스러운 책 쿠란의 지식을 넘어선 학문이라면 무엇이든 다 반대했던 듯하다. 이단 사상은 구체적으로 입증될 수 없더라도 위험했기 때문이다. 무지한 하층 계급은 쿠란을 당연히 문자 그대로 받아들일 테지만, 현명한 사람들은 그럴 필요가 없다는 신비주의자의 견해는 좀처럼 세간에 널리 수용되지 못했던 듯하다.

아베로에스는 신플라톤학파의 영향을 지나치게 받았던 아랍인의 아리스토텔레스 해석을 바로잡는 데 관심을 가졌다. 그는 마치 교주를 대하듯 아리스토텔레스를 존경했는데, 심지어 아비세나가 그랬던 것보다 훨씬 강한 존경심을 표현했다. 아베로에스는 신의 실존을 계시에 의존하지 않고 이성을 통해 증명할 수 있다고 주장했는데, 이것은 토마스 아퀴나스가 주장한 견해이기도 하다. 영혼불멸에 관해서도 아베로에스는 아리스토텔레스를 철저히 따른 것으로 보이며, 영혼은 불멸하지 않지만 지성(이성)은 불멸한다고 주장했다. 그러나 이러한 견해가 **인격**의 영혼불멸을 보장해 주지는 못하는데, 지성은 다른 인격 안에 나타나더라도 같기 때문이다. 그리스도교 철학자들은 당연히 이러한 아베로에스의 견해를 제거하기 위해 분투했다.

아베로에스는 후대 이슬람교 철학자 대부분과 마찬가지로 신자였으나 엄격한 정통 신앙을 고집하지 않았다. 당시 철저한 정통 신학자들로 구성된 종파에서는 모든 철학이 신앙에 해롭다고 선언하며 반대했다. 정통 신학자 가운데 알 가잘리al-Ghazali(1058~1111)는 『철학자들의 파괴*Destruction of the Philosophers*』를 저술하여, 필요한 진리는 모두 쿠란에 들어 있으므로 계시와 독립된 사색은 필요치 않다고 지적했다. 아베로에스는 『파괴의 파괴*Destruction of the Destruction*』라는 책을 집필하여 응수했다. 알 가잘리가 철학자들에게 반대하며 지지했던 교리는 시간 속의 세계가 무로부터 창조되었다는 가르침과 신의 속성들이 갖는 현실성, 육신의 부활이었다. 아베로에스는 종교란 비유 형태로 철학적 진리를 포함한다고 생각했다. 이러한 생각은 특히 창조론에 나타나는데, 그는 자신의 철학적 역량을 발휘하여 아리스토텔레스의 방식으로 해석한다.

아베로에스는 이슬람교 철학보다 그리스도교 철학에서 더욱 중요한 인물이다. 그는 전자에서 발전의 끝을 의미했으나 후자에서 발전의 시작을 의미했다. 아베로에스의 철학 저술은 일찍이 13세기에 마이클 스콧이 라틴어로 번역했다. 아베로에스의 저작이 12세기 후반에 쓰였음을 보면 놀라지 않을 수 없다. 아베로에스는 유럽에서 스콜라 철학자들뿐만 아니라 영혼불멸을 부정하고 아베로에스주의자로 불렸던 비전문적 자유사상가들에게도 영향을 크게 미쳤다. 전문 철학자들로는 처음에 특히 프란체스코 수도회의 수도자들과 파리대학교의 학자들이 아베로에스를 숭배했다. 그러나 이에 대한 논의는 다음 장에서 할 것이다.

아랍 철학은 독창적 사상으로서는 중요하지 않다. 아비세나와 아베로에스는 본래 주석가였다. 일반적으로 말하면 훨씬 과학적인 철학자들의 견해는 논리학이나 형이상학의 경우 아리스토텔레스와 신플라톤학파에서, 의학의 경우 갈레노스에서, 수학과 천문학의 경우 그리스와 인도의 자료에서 유래할 뿐만 아니라 신비주의자의 종교 철학은 예전 페르시아 신앙과 혼합되어 있다. 아랍 세계의 저술가들은 수학과 화학에서 어느 정도 독창성을

아베로에스와 포르피리우스의 가상 토론, 『약초의 서』에 수록된 삽화,
만프레두스 데 몬테 임페리알리, 14세기

보여 주었다. 후자의 경우에 나타난 독창성은 연금술에 대한 연구의 부차적 결과였다. 전성기의 이슬람 문명은 예술과 여러 방면의 기술이 경탄할 만하지만, 이론적 문제에 관해 독자적으로 사색하는 역량을 보여 주지 못했다. 그러나 문명의 전달자로서 갖는 이슬람 문명의 중요한 가치를 과소평가해서는 안 된다. 고대 유럽 문명과 근대 유럽 문명 사이에 암흑기가 자리 잡고 있었다. 이슬람교도와 비잔틴인은 혁신에 필요한 지적 활력이 부족했지만 문명의 장치, 바로 교육 제도와 서적과 학문을 누릴 여유는 유지했다. 두 세력은 서로마 세계가 야만족의 지배에서 벗어났을 때 문명을 자극하는 요소이며, 이슬람교도는 주로 13세기에, 비잔틴인은 주로 15세기에 영향을 주었다. 각 경우에 이러한 자극이 문명의 전달자가 생산한 사상보다 뛰어난 새로운 사상을 낳았는데, 한편으로 스콜라 철학을, 다른 한편으로 르네상스를 자극했다(르네상스의 경우에는 다른 원인도 작용했다).

유대인은 스페인의 무어인과 그리스도교 사이에서 유익한 연결 고리를 만들었다. 스페인에 살던 많은 유대인은 그리스도교도가 스페인을 다시 정복했을 때도 여전히 거기 살고 있었다. 그들은 아랍어를 구사할 줄 알았고 그리스도교도의 언어를 어쩔 수 없이 습득해야 했기 때문에 번역서들을 제공할 수 있었다. 문명 이동의 다른 매개자는 13세기 이슬람교도가 아리스토텔레스 추종자들을 박해한 사건을 통해 생겨났는데, 이 사건을 계기로 무어인 철학자들이 유대인과 함께 특히 프로방스로 피난을 떠났다.

스페인의 유대인 가운데 마이모니데스라는 중요한 철학자가 나타났다. 그는 1135년에 코르도바에서 태어났으나, 서른 살에 이집트로 가서 남은 생을 그곳에서 살았다. 그는 아랍어로 저술했으나 그 저작은 즉시 히브리어로 번역되었다. 그가 죽고 몇 십 년이 지나서 그의 책은 라틴어로 번역되었는데, 아마 황제 프리드리히 2세의 요청에 따른 일이었을 것이다. 그는 신앙을 잃어버린 철학자들에게 부치는 『방랑자를 위한 길잡이*Guide to Wanderers*』라는 책을 저술했다. 이 책을 쓴 목적은 아리스토텔레스와 유대교 철학을 화해시키는 것이었다. 아리스토텔레스는 달 아래 세계에 관한 권위자였고, 계시는 천상 세계에 관한 권위였다. 그런데 철학과 계시는 신에 대한 인식 속에서 하나가 된다. 진리 추구는 종교인의 의무이고 점성술은 거부된다. 모세 5경을 언제나 문자 그대로 받아들일 필요가 없다. 문자적 의미와 이성이 갈등을 빚을 경우 우리는 비유적 해석을 모색할 수밖에 없다. 마이모니데스 Moses Maimonides(1135~1204)는 아리스토텔레스와 반대로 신이 형상뿐만 아니라 질료를 무로부터 창조했다고 주장한다. 그는 어떤 점에서 아리스토텔레스보다 『티마이오스』(아랍어 번역서로 알게 되었다)를 선호하면서 이렇게 요약한다. 신의 본질은 술어로 표현된 완전한 속성들을 전부 초월하기 때문에 인식할 수 없다. 유대인은 마이모니데스의 사상을 이단으로 간주했고, 그리스도교 교회 당국에 반대 입장을 취하라고 호소했다. 마이모니데스가 스피노자에게 영향을 주었다고 생각하는 사람들도 있지만 논란의 여지가 많다.

11.
12세기

특히 우리의 흥미를 끄는 12세기의 네 양상은 다음과 같다.

1. 황제권과 교황권의 계속되는 갈등
2. 롬바르디아 도시들의 발흥
3. 십자군
4. 스콜라 철학의 성장

네 양상은 모두 다음 세기에도 계속 나타난다. 십자군Crusade은 명예롭지 못한 종말을 맞았다. 그러나 다른 세 운동에 관한 한, 13세기는 12세기의 과도기를 거쳐 정점에 달했다. 13세기에 교황은 황제를 누르고 확실한 승리를 쟁취했고, 롬바르디아의 도시들은 확고한 독립을 이룩했으며, 스콜라 철학도 최고 수준에 이르렀다. 그러나 이것은 모두 12세기의 준비 과정이 있었기에 나타난 성과였다.

첫 경우뿐만 아니라 다른 세 경우도 교황과 교회 권력의 증대와 밀접한 관계가 있었다. 교황은 황제와 맞서기 위해 롬바르디아의 여러 도시와 동맹을 맺었다. 교황 우르바누스 2세는 1차 십자군을 발족시켰으며, 후임 교황들은 뒤이은 십자군 결성을 선동한 장본인이었다. 스콜라 철학자들은 모두 성직자였기 때문에 교회 공의회는 그들을 정통 신앙의 한계 내에 머물도록 경계하거나, 그들이 정통 신앙에서 벗어나 길을 잃을 경우 기강을 세우려고 했다. 의심할 여지없이 스콜라 철학자들은 교회의 정치적 승리에 자신들이 한몫했다고 생각했으며, 이는 그들의 지적 독창성을 자극했다.

중세에서 호기심을 자아내는 것 가운데 하나는 독창적이고 창조적이었지만 당대인이 알지 못했다는 점이다. 모든 당파가 제각기 정책을 내놓고 복고주의와 의고주의에 기댄 논증으로 정당화했다. 게르만족 황제는 샤를마뉴 시대의 봉건 제도를 지배한 원칙에 호소했으며, 이탈리아에서는 로마법과 고대 황제들의 권력에 호소했다. 롬바르디아 도시의 경우 로마 공화정 시대의 제도까지 더 거슬러 올라갔다. 교황 측은 자기 쪽 주장을 정당화하기 위해 위문서 '콘스탄티누스의 증여서'를 근거로 제시하기도 하고, 구약성서에서 말하는 사울과 사무엘의 관계를 근거로 제시하기도 했다. 스콜라 철학자들은 성서에 호소하거나 먼저 플라톤의 권위에 호소한 다음, 아리스토텔레스의 권위에 호소했다. 스콜라 철학자들은 독창성이 있더라도 사실을 숨기려고 애썼다. 십자군 전쟁도 사태를 이슬람교의 발흥 이전 상태로 되돌리려는 노력의 산물이었다.

우리는 이러한 문학적 의고주의literary archaism에 속아서는 안 된다. 의고주의는 황제의 경우에만 사실과 부합했다. 봉건 제도는 특히 이탈리아에서 쇠퇴했다. 로마 제국은 한낱 추억에 지나지 않았다. 그에 따라 황제는 패배했다. 북부 이탈리아의 여러 도시는 후대에 발전하면서 고대 그리스의 여러 도시와 비슷한 점이 많아졌으나, 모방이 아니라 비슷한 사회 상황 때문에 그리스의 도시 유형이 되풀이하여 나타난 것이었다. 규모가 작고 부유하며 높은 문명을 자랑한 이탈리아 북부 도시들은 공화제를 채택한 상업 공동체 사회로서 문화 수준이 더 낮은 군주국들에 둘러싸여 있었다. 스콜라 철학자들은 아리스토텔레스를 숭배했을지도 모르지만, 어느 아랍인보다 정말로 플로티노스 이래 어느 누구보다 또는 적어도 아우구스티누스 이래 누구보다 독창성을 더 많이 보여 주었다. 사상뿐 아니라 정치에서도 똑같이 두드러지게 독창적이었다.

1. 황제권과 교황권의 갈등

그레고리우스 7세 시대부터 13세기 중엽까지 유럽의 역사는 교회와 세속 군주가 벌인 권력 투쟁을 중심으로 전개되는데, 일차적으로 황제뿐만 아니라 때로는 프랑스와 잉글랜드의 왕과도 권력 투쟁을 벌였다. 그레고리우스의 교황의 임기는 겉으로 보기에 재앙으로 끝난 듯했으나, 우르바누스 2세(1088~1099 재위)는 다소 완화된 형태로 그레고리우스의 정책을 다시 펼치기 시작하여 세속 군주의 성직 수여에 반대하는 교령을 다시 선포함으로써 성직자와 평신도가 자유롭게 주교를 선출하게 되기를 바랐다(평신도의 역할이 순전히 형식에 불과했음은 의심할 여지가 없다). 그러나 실제로 우르바누스 2세는 주교가 훌륭한 인물이라면 세속 군주에 의한 성직 임명을 두고 왈가왈부하지 않았다.

처음에 우르바누스는 노르만족의 영토 내에서만 안전을 보장받았다. 그러나 1093년 하인리히 4세의 아들 콘라트는 부친에게 맞서 반란을 일으키고 교황과 동맹을 맺어 이탈리아의 북부 지역을 정복했으며, 북부 이탈리아의 롬바르디아 동맹, 바로 밀라노를 수장으로 여러 도시가 맺은 동맹은 교황을 지지한다고 선언했다. 1094년에 우르바누스는 승리의 행진으로 북부 이탈리아와 프랑스를 통과했다. 우르바누스는 프랑스의 왕 필리프를 상대로 승리를 거두었는데, 필리프 왕은 이혼을 원했기 때문에 우르바누스 교황에게 파문당한 끝에 복종했다. 1095년 클레르몽 공의회에서 우르바누스는 1차 십자군 원정을 선포함으로써 교황 권력의 증대뿐만 아니라 잔혹한 유대인 대학살로 이어진 종교적 광신의 물결을 일으켰다. 우르바누스는 교황들이 좀처럼 안전을 보장받지 못하던 로마에서 안전하게 생애의 말년을 보냈다.

다음 교황 파스칼리스 2세는 우르바누스와 마찬가지로 클뤼니 대수도원 출신이었다. 그는 성직임명권을 두고 계속 투쟁을 벌였으며 프랑스와 잉글랜드에서 성공을 거두었다. 그러나 1106년 하인리히 4세가 죽고, 뒤를 이은 황제 하인리히 5세는 더 나은 꾀로 파스칼리스 교황을 이겼는데, 교황은 속세를 떠난 소박한 사람이었을 뿐만 아니라 성자다운 성품이 정치적 감각을 능가하는 인물이었다. 교황은 황제가 성직임명권을 포기하는 대신에 주교와 대수도원장은 세속적 소유권을 포기하도록 하겠다는 제안을 내놓았다. 황제는 동의하는 체했다. 그러나 제안된 타협안이 공개되자 성직자들이 분노하며 교황에게 맞서 반란을 일으켰다. 로마에 머물던 황제에게 교황의 권력을 빼앗을 기회가 왔고, 위협에 굴복한 교황은 성직임명권을 양보하고 하인리히 5세의 대관식을 거행했다. 그러나 11년 후 교황 칼릭스투스 2세는 1122년 보름스 협약에 따라 하인리히 5세에게 성직임명권을 양보하도록 압박을 가했고, 끝내 황제는 부르고뉴와 이탈리아의 주교 선출 권한을 포기했다.

지금까지 교황과 황제가 벌인 투쟁의 최종 결과는 하인리히 3세에게 굴복했던 교황이 황제와 견줄 만한 권력자가 되었다는 것이다. 동시에 교황은 교회 내에서 완전한 주권자가 되어, 교황 특사들을 파견해 지배력을 과시했다. 이처럼 교황 권력이 커짐에 따라 주교의 지위는 점점 낮아졌다. 교황 선출은 이제 세속 군주의 지배에서 자유로워졌고, 성직자들은 대체로 교회 개혁 이전보다 도덕성을 갖추게 되었다.

2. 롬바르디아 도시의 발흥

다음 단계는 붉은 수염 황제 프리드리히Emperor Friedrich Barbarossa(1152~1190 재위)[134]와 관계가 있다. 프리드리히 황제는 유능하고 활력이 넘쳤으며 가능성이 있는 사업은 무엇이든 성공시켰다. 그는 교육받은 사람으로 라틴어 서적을 즐겨 읽었으나 라틴어로 말하기는 어려워했다. 고전에 대한 학식이 상당한 바르바로사는 로마법의 찬미자이기도 했다. 그는 자신을 로마 황제들의 후계자로 생각하며 그들에 버금가는 권력을 획득하기를 소망했다. 그러나 게르만족 출신이어서 이탈리아에서 인기가 없었다. 롬바르디아의 도시들은 바르바로사의 형식적 지배권은 기꺼이 인정하면서도 내정에 간섭할 경우에 대립했다. 밀라노를 두려워하던 도시 가운데 몇몇은 예외적으로 밀라노에 대항하기 위해 바르바로사의 보호를 간절히 바랐다. 밀라노의 파타리노 운동은 계속되어 얼마간 민주주의 경향과 결합했다. 북부 이탈리아의 도시들은 전부는 아니지만 대부분 밀라노에 동조하면서 황제에게 대항하려고 공동 전선을 펼쳤다.

하드리아누스 4세는 노르웨이에서 선교 활동을 했던 정력이 넘치는 인물로, 프리드리히 1세가 황제 직위를 계승하고 2년이 지난 다음 교황이 되었으며, 즉위 초기에 좋은 관계를 유지했다. 그들은 공동의 적에 맞서기 위해 화해했다. 로마시는 교황과 황제에게서 독립하겠다고 주장하면서 투쟁에 필요한 조언자로서 신앙심이 깊고 유덕한 이단자 브레시아의 아르날도 Arnaldo da Brescia(1100~1155)를 초청했다.[135] 아르날도의 이단 사상은 엄숙하고 진지했다. 그는 "부동산을 소유한 성직자, 영지를 보유한 주교, 재산을 소유한 수도자는 구원을 받을 수 없다"고 주장했다. 이러한 견해를 확신한 까

134 * '바르바로사Barbarossa'는 이탈리아어로 '붉은 수염'이라는 뜻인데, 프리드리히 1세의 별명이다.

135 아르날도가 아벨라르의 제자였다는 말도 전하지만 의심스럽다.

닮은 성직자들이 영적인 일에 온 힘을 바쳐야 한다고 생각했기 때문이다. 어느 누구도 아르날도의 진지함과 엄격함에 이의를 제기하지 못했지만, 그는 이단 사상 때문에 사악한 인물로 몰렸다. 성 베르나르두스는 아르날도의 입장을 격렬히 반대하며 "그자는 먹지도 마시지도 않고 악마처럼 영혼의 피에만 굶주려 있다"고 비난했다. 하드리아누스의 전임 교황은 바르바로사에게 서신을 보내, 아르날도가 민중당을 지지하고 있으며 민중당은 원로원 의원 100인과 집정관 2인을 직접 선출한 다음, 마음에 드는 황제를 뽑으려 한다고 불만을 털어 놓았다. 이탈리아로 떠나려던 프리드리히 1세도 당연히 추문을 듣게 되었다. 자치도시의 자유를 실현하려는 로마인의 요구는 아르날도의 격려로 힘을 얻어 폭동으로 이어졌고, 이 과정에서 추기경 한 사람이 살해당했다. 결국 새로 선출된 하드리아누스 교황은 로마 전역에 성무 금지령을 내렸다. 그때가 마침 성주간聖週間, Holy Week이었고, 미신이 로마인들을 압도했다. 그들은 교황의 명령에 굴복하고 아르날도를 추방하겠다고 약속했다. 아르날도는 몸을 숨겼으나 곧 황제의 군대에 체포되었다. 그는 화형을 당했고, 그의 재가 성스러운 유물로 보존될지도 모른다는 공포심 때문에 테베레강에 뿌렸다. 교황이 말에서 내리는 동안 프리드리히가 고삐와 등자를 기꺼이 잡으려 하지 않았기 때문에 지체되기는 했으나, 1155년 교황은 민중의 저항 속에서도 프리드리히 황제를 위한 대관식을 거행했고, 대학살 끝에 민중의 저항은 진압되었다.

정직하고 훌륭한 사람이 제거되자 현실의 정치꾼들은 자유롭게 싸움판을 벌였다.

노르만족과 화친을 맺은 교황은 1157년에 프리드리히 황제와 절연하는 모험을 감행했다. 20년 동안 황제 편과 롬바르디아 여러 도시의 지원을 받는 교황 편은 거의 쉬지 않고 전쟁을 벌였다. 노르만족은 대부분 교황을 지지했다. 프리드리히 황제에게 맞선 전투는 대부분 롬바르디아 동맹의 도시들이 담당했는데, 이들은 '자유'를 대변했으며 강한 민중 정서에 고무되어 결성되었다. 프리드리히 황제는 여러 도시를 포위했으며, 1162년에 밀라노도 점령하여 철저히 파괴하고 밀라노 시민들을 강제 이주시켰다. 그러나 5년 후에 롬바르디아 동맹을 맺은 도시들이 밀라노를 탈환하고 이전의 시민들을 돌아오게 했다. 같은 해에 황제는 때맞추어 대립교황antipope[136]을 지명해서 대군을 이끌고 로마로 진군했다. 교황은 피신했고 기반을 완전히 잃은 듯했으나, 전염병이 돌아 프리드리히 황제의 군대가 무너지면서 황제는 고독한 도망자 신세가 되어 독일로 귀환했다. 이제 시칠리아뿐만 아니라 그리스의 황제들까지 롬바르디아 동맹에 가담하게 되었는데도, 프리드리히 1세는 다시 한 번 로마 입성을 시도했으나 결국 1176년 레냐노 전투의 패배로 끝을 맺었다. 이후 그는 화친을 맺고 롬바르디아 동맹 도시들을 모두 자유도시로 남겨둘 수밖에 없었다. 하지만 황제권과 교황권이 갈등을 빚을 때, 평화 조건이 어느 편도 완전한 승리를 거두지 못하게 했다.

프리드리히 1세의 최후는 품위가 있었다. 1189년 그는 3차 십자군 원정에 나섰고 이듬해에 죽었다.

자유도시의 발흥은 교황과 황제가 벌인 기나긴 투쟁의 가장 중요한 마지막 결과였다. 황제의 권력은 쇠퇴해 가는 봉건 제도와 맞물려 있었다. 교황의 권력은 여전히 성장하고 있었으나 대체로 중세 세계에서 황제의 맞수로서 교황이 필요했다는 사실에 의존했으므로, 황제의 위협이 사라지자 교황의 권력도 쇠퇴했다. 그러나 도시들이 얻은 권력은 새로운 것이었고, 경제 진보의 결과이자 새로운 정치 형태의 근원이 되었다. 이러한 현상은 12세기

136 이 시기에는 대개 대립교황이 존재했다. 교황 하드리아누스 4세가 죽은 다음, 두 교황 후보, 알렉산데르 3세와 빅토르 4세가 교황의 망토를 둘러싸고 쟁탈전을 벌였다. 대립교황이던 빅토르 4세는 교황의 망토를 빼앗지 못하자 미리 준비한 대용 망토를 자기 일파에게서 받아 서두르다가 뒤집어 입었다고 전한다.

에 나타나지 않지만, 머지않아 이탈리아의 여러 도시는 세속 문화를 발전시켜 문학과 예술, 과학에서 최고 수준에 도달했다. 이러한 발전은 모두 이탈리아의 도시가 프리드리히 1세에게 저항하여 승리를 거두었기에 가능했다.

북부 이탈리아의 큰 도시는 모두 무역으로 생계를 유지했으며, 12세기에 무역 여건이 더욱 안정되어 상인의 수가 훨씬 많아지면서 이전보다 번성했다. 베네치아와 제노바, 피사 같은 해상 무역도시는 자유를 얻으려고 투쟁할 필요가 없었기 때문에, 알프스 기슭에 자리 잡고 있어 이탈리아로 가는 통로로서 중요했던 도시보다 황제에 대한 적대감이 적었다. 따라서 밀라노는 당대 이탈리아 도시 가운데 가장 흥미롭고 중요한 자리를 차지한다.

하인리히 3세 시대까지 밀라노 시민은 보통 밀라노의 대주교를 추종하는 데 만족했다. 그러나 앞 장에서 언급한 파타리노 운동이 상황을 바꿔 놓았다. 대주교는 귀족 계급의 편을 들었는데, 대주교와 귀족 계급에 대항하는 강력한 민중 운동이 일어났다. 이러한 민중 운동의 결과로 민주주의의 시초가 될 만한 몇 가지 요소가 생겨났고, 도시의 통치자를 시민이 선출하는 정치 체제도 발생했다. 북부의 여러 도시, 특히 볼로냐에는 속인 법률가로서 로마법에도 조예가 깊은 지식인 계급이 존재했다. 더욱이 12세기 이후 부유한 속인은 알프스 북쪽의 봉건 귀족보다 훨씬 더 좋은 교육을 받았다. 부유한 속인은 황제에게 대항하기 위해 교황의 편을 들기는 했지만, 부유한 상업도시가 교회 편으로 기울 전망은 없었다. 12, 13세기에 부유한 속인은 종교개혁 이후 잉글랜드와 네덜란드의 상인 계급처럼 청교도주의와 흡사한 이단 사상을 채택했다. 나중에 그들은 자유사상가가 되는 경향이 있어, 교회에 말뿐인 신앙을 표현하고 실제로는 전혀 경건하지 않았다. 단테는 구식 유형을 대표한 마지막 주자이며, 보카치오는 신식 유형을 대표한 첫 주자다.

3. 십자군

십자군은 전쟁으로서 관심을 가질 필요는 없지만, 문화와 관련하여 중요한 의미가 있다.

교황이 당연히 십자군 창설의 선두에 섰던 까닭은 목적이 적어도 표면상으로 종교와 관계가 있었기 때문이다. 그리하여 십자군 전쟁의 선동에 자극받아 종교적 열의가 커짐에 따라 교황의 권력도 커졌다. 또한 수많은 유대인이 학살되었다. 학살을 모면한 유대인은 재산을 빼앗기고 강제로 세례를 받았다. 1차 십자군 소집 당시 독일의 수많은 유대인이 살해되었으며, 사자심왕 리처드Richard Coeur de Lion의 즉위와 동시에 소집된 3차 십자군 당시 잉글랜드에서 유대인 학살이 자행되었다. 최초로 그리스도교 황제가 통치한 요크는 유대인에 대한 가장 끔찍한 대규모 잔혹 행위가 벌어진 무대였다. 십자군 이전 유대인은 유럽 전역에서 동양 물품의 무역을 거의 독점했다. 십자군 이후 유대인을 박해한 결과로 이러한 무역은 대부분 그리스도교도가 장악했다.

위에서 언급한 결과와 전혀 다른 십자군의 또 다른 결과는 콘스탄티노플과 문학 교류를 자극했다는 점이다. 12세기와 13세기 초반, 이러한 교류의 성과로서 그리스어 문학 작품을 라틴어로 옮긴 번역서들이 많이 나왔다. 콘스탄티노플과 무역이 빈번했으며 특히 베네치아의 상인들이 무역에 종사했다. 하지만 이탈리아의 상인들은 그리스 고전을 배우려 하지 않았는데, 상하이의 영국 상인이나 미국 상인이 중국 고전을 배우려 하지 않는 것과 마찬가지였다(중국 고전에 대한 유럽인의 지식은 주로 선교사의 노력에서 비롯되었다).

4. 스콜라 철학의 성장

좁은 의미의 스콜라 철학은 일찍이 12세기에 시작된다. 스콜라 철학은 학파로서 명확한 특징을 나타낸다. 첫째, 그것은 글쓴이에게 정통 신앙으로 보인 것의 범위 안에 갇혀 있다. 글쓴이의 견해가 공의회에서 단죄를 받으면 보통 자신의 견해를 기꺼이 철회한다. 이것을 그저 비겁한 행동이라고 치부해서는 안 되며, 판사가 상고 법원의 판결에 복종하는 경우와 유사하다. 둘째, 정통 신앙의 한계 안에서 12세기를 거쳐 13세기에 이르는 동안 점차 충분히 알려진 아리스토텔레스를 최고 권위로 받아들인다. 플라톤은 더는 최고 권위로 군림하지 못하게 되었다는 말이다. 셋째, '변증법辨證法, dialectic'과 삼단논법의 추리에 대한 믿음이 대단히 확고했다. 스콜라 철학자의 일반적 기질은 신비주의로 기울기보다 엄밀하고 논쟁을 좋아했다. 넷째, 보편자 문제는 아리스토텔레스와 플라톤의 견해가 다르다는 사실을 발견함으로써 표면화되었다. 그러나 보편자가 당대에 활동한 철학자의 주된 관심사라고 가정하는 것은 잘못일 터다.

다른 문제와 마찬가지로 보편자 문제에 대해서도, 12세기는 13세기에 명성을 떨친 위대한 인물의 출현을 준비한 시대였다. 그러나 초기에 등장한 인물도 선구자로서 흥미를 끈다. 새로운 지적 확신이 팽배했고, 아리스토텔레스를 존경했지만 교리가 사색을 지나치게 위협하지 않는 곳이라면 어디서나 이성의 활동은 자유로웠고 활력이 넘쳤다. 스콜라 철학의 방법에 내재한 결점은 '변증법'을 강조하는 데서 비롯된 피할 수 없는 결과였다. 스콜라 철학의 결점은 사실과 과학에 대한 무관심, 관찰을 해야 결정할 수 있는 문제에서도 추론에 따라 믿은 것, 언어상의 특징이나 세세한 구별을 지나치게 강조한 것이다. 이러한 결점은 플라톤을 다루면서 언급한 적이 있는데, 스콜라 철학자의 경우 훨씬 극단적 형태로 드러났다.

엄밀한 의미에서 스콜라 철학자로 간주할 만한 첫 번째 철학자는 로스켈리누스Roscellinus다. 그에 관해 알려진 것은 그리 많지 않다. 그는 1050년경에 콩피에뉴Compiègne에서 태어나 브르타뉴의 로슈에서 가르쳤으며, 아벨라르Abélard, Abaelardus는 거기서 가르칠 때 제자였다. 1092년에 랭스 공의회에서 이단으로 고소당했을 때, 로스켈리누스는 난폭한 사적 제재lynching 취미를 가진 성직자들 때문에 돌로 치는 형벌을 받아 죽을까 두려워 자신의 입장을 철회했다. 그는 잉글랜드로 피신했으나 거기서 성 안셀무스를 비방하는 경솔한 짓을 저질렀다. 이번에는 로마로 피신하여 비로소 교회와 화해했다. 그는 1120년경에 역사에서 사라졌으며 그의 사망 연대는 추측일 뿐이다.

로스켈리누스의 글은 아벨라르에게 보낸 삼위일체설에 관한 편지를 제외하면 전해진 것이 없다. 편지에서 로스켈리누스는 아벨라르를 과소평가하면서 거세한 것에 대해 조롱한다. 좀처럼 감정을 드러내지 않는 위버베크조차 로스켈리누스가 아주 점잖은 사람은 아니었다고 평할 정도였다. 로스켈리누스의 견해는 주로 안셀무스와 아벨라르의 논쟁적 저술을 통해 알려진다. 안셀무스에 따르면 로스켈리누스는 보편자普遍者, universal란 **발음**發音, flatus vocis, breath of the voice에 지나지 않는다고 말했다. 말을 문자 그대로 받아들인다면, 보편자는 우리가 낱말을 발음할 때 일어나는 물리적 사건이라는 뜻이다. 그러나 로스켈리누스가 그렇게 어리석은 주장을 했을 리는 없다. 안셀무스는 로스켈리누스에게 **인간**은 단일체unity가 아니라 보통명사common name일 뿐이라고 말한다. 안셀무스는 충실한 플라톤주의자처럼 이러한 견해가 생겨난 원인을 로스켈리누스가 감각할 수 있는 사물에만 현실성을 부여한 탓으로 돌린다. 로스켈리누스는 일반적으로 부분들로 이루어진 어떤 전체a whole는 현실성을 갖지 못하며, 낱말일 뿐이라고 주장했던 것으로 보인다. 현실성은 부분들에 있기 때문이다. 이러한 견해는 그를 극단적 원자론으로 이끌었고, 아마도 그랬을 공산이 크다. 어쨌든 로스켈리누스의 견해는 삼위일체설을 둘러싼 난관에 봉착했다. 로스켈리누스는 세 위격이 별개의 세 실체이며, 용법만이 신이 셋 있다고 말하는 데 걸림돌이 될 따름이라고 생각했다. 대안은 성자뿐만 아니라 성부와 성령도 육화했다고 말하는 것인데, 그는 이러한 대안을 수용하지 않는다. 이러한 사색의 결과가 모두 이단 사상이었고, 그는 1092년에 랭스 공의회에서 이를 철회했다. 그가 보편자에 관해 정확히 어떤 생각을 했는지 알 수는 없으나, 어쨌든 그는 분명히 일종의 유명론자nominalist였다.

로스켈리누스의 제자 아벨라르(아바일라르두스)는 훨씬 더 유능하고 뛰어난 학자였다. 1079년 낭트Nantes 인근에서 태어난 아벨라르는 파리에서 실재론자인 기욤Guillaume de Champeaux(1070~1121)의 제자로 공부하다 파리 대성당 학교의 교사가 되었고, 거기서 기욤의 여러 견해에 맞서 논쟁을 벌이면서 견해를 수정하라고 압박했다. 아벨라르는 한동안 랑의 안셀무스(대주교가 아님) 아래서 신학 연구에 헌신하다, 1113년에 파리로 돌아와 교사로는 보기 드물게 인기를 끌었다. 이때 참사의원이던 풀베르의 조카딸인 엘로이즈Héloïse와 연인 사이가 되었다. 참사의원은 아벨라르의 생식기를 잘라내는 잔혹한 짓을 저질렀고, 아벨라르와 엘로이즈는 세상을 등져야 했다. 아벨라르는 생드니 수도원으로, 엘로이즈는 아르장퇴유 수녀원으로 들어갔다. 독일의 학자 슈마이들러에 따르면 두 사람 사이에 오간 서신은 아벨라르가 혼자서 쓴 문학적 허구다. 내게 이러한 설의 정확성을 판단할 자격은 없으나, 아벨라르의 성격으로 보면 충분히 가능한 일이다. 아벨라르는 언제나 허영심에 차 있었으며 논쟁을 즐기고 남을 무시하곤 했다. 그는 불행한 일을 겪은 다음 화를 잘 냈을 뿐 아니라 굴욕을 당하기도 했다. 엘로이즈가 썼다는 편지를 보면 아벨라르의 편지보다 훨씬 헌신적 애정을 표현하는데, 어떤 이는 아벨라르가 자신의 상처받은 자존심을 달래려고 편지를 썼다고 상상하기도 한다. 은거하는 동안에도 그는 교사로서 대단한 성공을 거두었다. 젊은이들은 그의 빈틈없는 학자적 자질, 변증법을 구사하는 기술, 늙은 교사를 불손하게 대하는 태도를 좋아했다. 늙은이들은 바로 젊은이들이 좋아하는 점 때문에 그를 싫어했고, 그는 1121년에 수아송 공의회에서 삼위일체에 관한 비정통 서적으로 단죄를 받았다. 공의회의 결의에 당연히 복종한 그는 브르타뉴의 생길다스 대수도원의 원장으로 물러났고, 거기서 수도자들이 미개한 촌뜨기라는 사실을 알게 되었다. 4년 동안 고통스러운 유형 생활을 마치고 나서야 비교적 문명에 가까운 생활로 돌아올 수 있었다. 아벨라르가 계속 교사 생활에서 성공했다는 솔즈베리의 증언을 제외하면, 이후 행적은 거의 알려져 있지 않다. 1141년에 성 베르나르두스의 의뢰로 상스 공의회에서 다시 한 번 단죄를 받았다. 그는 클뤼니 대수도원으로 물러나 이듬해에 죽었다.

아벨라르의 가장 유명한 책은 1121~1122년에 쓴 『긍정과 부정』이다. 이 책에서 그는 특정한 결론에 도달하려 하지 않으면서 다양한 논제에 찬성하거나 반대하는 변증법적 논증을 제시한다. 그는 분명히 논쟁 자체를 즐겼으며, 논쟁은 정신을 예리하게 다듬는 데 유용하다고 생각한다. 『긍정과 부정』은 독단의 선잠에 빠져 있던 사람을 깨우는 데 상당한 효과를 발휘했다. 성서를 별도로 치면 변증법이 진리에 이르는 유일한 길이라는 아벨라르의 견해를 경험주의자들은 수용할 리 없겠지만, 당시 대담무쌍한 지성의 사용을 고무하고 수많은 편견을 약화시키는 데는 아주 유익했다. 그는 성서 말고 어떤 것도 무오류성을 갖지 못한다고 말했다. 사도와 사제도 오류를 범한다는 것이다.

현대적 관점에서 보면 아벨라르는 논리학에 지나칠 정도로 가치를 부여했다. 그는 논리학을 뛰어난 그리스도교도의 학문이라고 생각했고, '말씀Logos'에서 파생된 학문이라고 과장하여 말했다. 아벨라르는 요한복음서에서 말한 "태초에 말씀이 있었다"라는 구절이 논리학의 존엄을 증명한다고 생각했다.

아벨라르는 주로 논리학과 지식론 분야에서 중요한 가치가 있다. 그의 철학은 비판적 분석이며 대체로 언어 분석에 해당한다. 보편자universals, 바꿔 말하면 여러 다른 사물의 술어가 될 수 있는 것에 대해 우리는 **사물**에 술어를 부여하지 못하며, **낱말**에 술어를 부여할 뿐이라고 아벨라르는 주장한다. 이러한 점에서 그는 유명론자다. 그러나 로스켈리누스에 반대하여 '발음flatus vocis'은 사물이라고 지적한다. 우리가 술어를 부여하는 것은 물리적으로 발생하는 사건으로서 낱말이 아니라 **의미**로서 낱말이라는 것이다. 여기서 아벨라르는 아리스토텔레스의 견해에 호소한다. 사물은 서로 유사하며, 이러한 유사성에서 보편자가 생긴다고 아벨라르는 말한다. 그러나 유사한 두 사물의 유사점은 그 자신이 사물은 아니다. 유사점을 사물이라고 주장하는 것이 바로 실재론realism의 잘못이다. 그는 실재론에 훨씬 적대적 주장을 하기도 한다. 예컨대 일반 개념이 사물의 본성에 근거하는 것이 아니라 여러 사물의 혼란스러운 심상이라고 말한다. 그런데도 아벨라르는 플라톤의 이상을 위한 자리를 완전히 거부하지 않는다. 플라톤의 이상은 신의 정신 속에 창조의 원형으로 실존한다. 사실 이상은 신의 개념이다.

이러한 모든 견해는 옳든 그르든 확실히 뛰어나다. 보편자 문제를 다룬 가장 현대적 논의도 더 멀리 나아가지 못했다.

성자다움으로 지적인 사람이 되지 못한 성 베르나르두스Bernardus Claravallensis[137]는 아벨라르를 이해하지 못하여 적대하며 부당하게 고발했다. 성 베르나르두스는 아벨라르가 삼위일체설은 아리우스파처럼 다루고, 은총은 펠라기우스파처럼 다루며, 그리스도의 위격은 네스토리우스파처럼 다룬다고 주장했다. 또 아벨라르는 플라톤이 그리스도교도라는 사실을 입증하기 위해 애씀으로써 스스로 이교도라는 것을 보여 준다고 말하기도 했다. 더 나아가 아벨라르가 인간적 이성으로 신을 완전히 이해할 수 있다고

137 "성 베르나르두스의 위대함은 지적 자질이 아니라 인격적 자질에 집중되어 있었다." 『브리태니커 백과사전』.

주장함으로써 그리스도교 신앙의 장점을 파괴한다고 주장했다. 사실 아벨라르는 이런 말을 한 적이 없으며, 성 안셀무스처럼 삼위일체가 계시의 도움 없이 이성적으로 증명될 수도 있다고 주장했지만, 언제나 신앙의 여지를 충분히 남겨 두었다. 한때 성령과 플라톤의 세계영혼을 동일시하는 견해를 내놓은 것은 사실이지만, 이단의 특징이 있다는 평판이 돌자마자 즉시 포기했다. 아벨라르가 이단으로 고발당한 원인은 학설보다 논쟁을 즐기는 그의 태도 때문이었을 개연성이 더 높은데, 당대의 박식한 학자들을 자주 비판한 탓에 유력 인사들의 호감을 전혀 얻지 못했기 때문이다.

당대 학자들은 대부분 아벨라르만큼 변증법에 힘을 많이 쏟지 않았다. 특히 샤르트르학파Ecole de Chartres[138]에서 일어난 인문주의 운동은 고대를 찬미하고 플라톤과 보이티우스를 추종했다. 수학에 대한 관심도 새롭게 생겨났다. 애덜라드Adelard of Bath[139]는 일찍이 12세기에 스페인으로 가서 에우클레이데스(유클리드)의 『기하학원론』을 라틴어로 번역했다.

무미건조한 스콜라 철학 방법과 정반대 성향의 강한 신비주의 운동이 일어났는데, 성 베르나르두스가 지도자였다. 베르나르두스의 아버지는 1차 십자군 원정에서 전사한 기사였다. 성 베르나르두스 자신이 시토 수도회 수도자였고, 1115년 신축한 클레르보 대수도원의 수도원장이 되었다. 그는 교회 정치사에 지대한 영향을 미친 인물로 대립교황에 반대하도록 정세를 뒤집었고, 북부 이탈리아와 남부 프랑스에서 이단을 제거하기 위해 투쟁했으며, 사상의 모험을 즐기는 철학자에게 정통 신앙의 부담을 지도록 압박하면

---

138 * 프랑스의 샤르트르 대성당 부속 학교에서 활약한 베르나르를 중심으로 모인 지식인들이 형성한 학파다. 플라톤주의와 인문주의를 근간으로 12세기 전반의 지적 중심으로 떠올랐다. 논리를 절대시하는 풍조에 대항하여 이성의 겸손을 추구하고, 신이 참된 지혜이며, 신에 대한 사랑이 곧 철학이며, 철학은 가르치는 데서 그쳐서는 안 되고 스스로 생활화해야 한다고 가르쳤다.

139 * 생물연대는 알려지지 않은 영국 출신의 초기 스콜라 철학자이자 아랍의 과학적 지식을 해석한 선구자다.

서 2차 십자군의 소집을 위해 설교하기도 했다. 그는 철학자들을 공격해서 으레 성공을 거두었다. 그러나 2차 십자군이 와해되고 나서 질베르 드 라 포레Gilbert de la Porrée(1085~1154)[140]를 단죄하는 데 실패했다. 질베르는 이단 사냥꾼 성자에게도 옳아 보였을 뿐만 아니라 보이티우스와도 의견이 일치했기 때문이다. 정치가이자 완고한 고집쟁이였던 베르나르두스는 진정으로 종교적 기질을 타고난 덕분에 그가 지은 성가는 아름답기 그지없다.[141] 베르나르두스의 영향을 받은 사람들 사이에 신비주의 운동이 점점 크게 일어나, 조아키노Gioacchino da Fiore(1202 사망)[142]의 이단에 이르렀다. 그러나 이 사람의 영향은 다음 시대에 나타난다. 성 베르나르두스와 추종자들은 종교적 진리를 추리가 아닌 주관적 체험과 명상 속에서 추구했다. 아벨라르와 베르나르두스는 똑같이 한쪽으로 치우친 사람이었다고 봐야 할 것이다.

베르나르두스는 종교적 신비주의자로 교황권이 세속에 빠져드는 경향을 한탄하며 세속 권력을 혐오했다. 그는 십자군 소집을 설교했으나, 전쟁을 하려면 조직화가 필요하며 종교적 열의만으로는 전쟁할 수 없다는 사실을 이해하지 못했던 듯하다. 사람들이 '주님의 율법이 아니라 유스티니아누스의 법'에 주의를 기울일 뿐이라고 그는 불평한다. 교황이 군사력으로 교황령을 방어하자 베르나르두스는 충격에 휩싸인다. 교황의 기능은 영적 영역에서 발휘되며, 교황은 현실 정치에 관여하려 해서는 안 되기 때문이다. 그러나 이러한 견해는 교황에 대한 무제한의 존경과 결합되어서, 그는 교황을 '주교들의 군주이자 사도들의 후계자이고, 아벨의 우선권, 노아의 지배권, 아브라함의 족장 지위, 멜기세덱의 의식, 아론의 존엄한 지위, 모세의 직권

140 * 초기 스콜라 철학자로 논리학과 신학을 연구했다. 보이티우스에 관한 주석서를 남겼다.

141 중세 라틴어 성가는 운을 맞추고 음의 강약을 선율의 기초로 삼고 있어, 때로는 숭고하고 때로는 온화하게 연민을 자아내며 당시 종교적 정서에 나타난 가장 훌륭한 면을 표현한다.

142 * 이탈리아의 신비주의자, 성서 주석가이자 삼위일체를 독창적으로 해석한 그리스도교 역사 철학자다. 한편으로 성인, 다른 한편으로 이단자라고 평가받는다.

을 이어받은 상속자이며, 판관의 직권에서 사무엘이고 권세에서 베드로이며 병자성사에서 그리스도'라고 부른다. 성 베르나르두스의 활동이 초래한 최종 결과는 당연히 세속 업무에서 교황권의 커다란 증가였다.

솔즈베리의 존John of Salisbury(1115/20~1180)[143]은 중요한 사상가는 아니지만 당대에 대한 지식을 얻으려면 살펴볼 만한 인물로, 한담閑談을 글로 옮겼다. 그는 캔터베리 대주교의 서기로 세 사람의 대주교를 모셨는데, 한 사람이 베켓이었다. 하드리아누스 4세의 친구이기도 했으며, 말년에 샤르트르의 주교로 봉직하다 1180년에 죽었다. 그는 신앙 말고 다른 문제에 대해 회의적이었다. 그는 성 아우구스티누스가 사용한 의미의 아카데메이아학파로 자처했다. 왕들에 대한 존경심은 제한을 받았다. "읽고 쓸 줄도 모르는 교양 없는 왕은 왕관을 쓴 당나귀에 불과하다." 존은 성 베르나르두스를 존경했지만, 플라톤과 아리스토텔레스를 조화시키려던 베르나르두스의 시도가 실패할 수밖에 없다는 사실을 잘 알고 있었다. 그는 아벨라르도 숭배했지만 보편자 이론에 대해 코웃음을 쳤고, 로스켈리누스의 보편자 이론도 마찬가지로 비웃었다. 존은 논리학이 학문에 이르는 훌륭한 서론 역할을 하지만, 논리학 자체는 무미건조해서 아무 열매도 맺지 못한다고 생각했다. 그는 아리스토텔레스의 논리학도 개량될 수 있다고 말하는데, 그 까닭은 고대 저자들을 존경하는 마음이 비판적 이성 활동을 방해하지 않기 때문이다. 그에게 플라톤은 여전히 '모든 철학자의 왕'이었다. 존은 당대의 학자들과 대부분 개인적으로 알고 지내며, 스콜라 철학의 여러 논쟁에 호의를 갖고 참여한다. 30년 후 철학 학원 한 곳을 다시 방문했을 때, 동일한 문제를 가지고 여전히 토론을 벌이는 모습에 미소를 짓는다. 그가 자주 출입한 모임은 30년 전 옥스퍼드대학교 휴게실의 분위기와 흡사하다. 그의 생애가 끝날 무

143 * 라틴어 저술가로 교황들과 정치가들의 이야기를 써서 당대의 삶을 생생하게 묘사했다.

렵, 대성당에 속한 여러 학원은 대학으로 지위가 바뀌고, 적어도 잉글랜드의 대학들은 당대부터 오늘날까지 존속되어 이목을 끈다.

12세기에 번역가들이 점차 늘어나면서 서유럽의 학생들이 그리스 서적을 더 많이 손에 넣을 수 있게 되었다. 이러한 번역서를 낸 주요 공급원은 세 곳이었는데, 콘스탄티노플과 팔레르모, 톨레도였다. 톨레도는 가장 중요한 곳이었으나 그리스어를 직접 번역하지 않고 아랍어로 번역된 책을 자주 중역했다. 12세기 중엽에 톨레도의 대주교 레몽은 번역가 양성 대학을 설립했고, 대학의 업적으로 풍성한 열매를 맺었다. 1128년 베네치아의 자코모는 아리스토텔레스의 『분석론』, 『변증법』, 『소피스트의 논박』을 번역했다. 번역서 가운데 『분석론 후서』는 서유럽 철학자들에게 어려운 책으로 알려졌다. 카타니아의 엔리코 아리스티포Enrico Aristippo(1162 사망)는 『파이돈』과 『메논』을 번역했으나 번역서는 곧바로 영향을 미치지 못했다. 12세기에 그리스 철학의 일부만 알려졌기 때문에 학자들이 그리스 철학의 많은 부분을 서유럽에서 발견해야 한다는 점도 의식하고 있어, 고대에 대해 충분한 지식을 획득하려는 열망도 생겨났다. 정통 신앙의 멍에는 이따금 짐작하는 만큼 심각한 장애가 되지는 않았다. 누구나 늘 책을 쓸 수 있었고, 쓴 다음에 필요하면 충분한 공개 토론 후에 이단적인 부분을 철회했다. 당대 철학자들은 대부분 프랑스인이었고, 프랑스는 황제에 대항하며 평형추로서 교회를 위해 중요한 역할을 했다. 학자로 활동하는 성직자들은 신학적으로 이단 사상에 빠졌더라도, 거의 대부분 정치적으로 정통 그리스도교도였다. 그래서 일반 성직자의 규칙을 따르지 않은 예외적 인물, 브레시아의 아르날도에 대한 독특한 악의가 생겨났다. 초기 스콜라 철학 전체는 정치적으로 교회의 권력 투쟁에서 생겨난 부산물로 볼 수도 있다.

12.
13세기

중세는 13세기에 전성기를 맞았다. 로마의 몰락 이후 형성되기 시작한 종합은 도달 가능한 수준만큼 완결되었다. 14세기에 여러 제도와 철학 체계가 해체되고, 15세기에는 우리가 지금도 근대적 특징으로 간주하는 제도와 철학이 나타났다. 13세기의 위대한 인물들은 정말로 위대했다. 인노켄티우스 3세, 성 프란체스코, 프리드리히 2세, 토마스 아퀴나스는 서로 다른 방식으로 최고 권위를 갖는 대표자들이다. 이러한 위대한 인물들과 명확한 관련은 없지만 위대한 업적으로 프랑스의 고딕 대성당이 세워지고, 샤를마뉴와 아서와 니벨룽겐에 대한 낭만문학이 등장했으며, 대헌장과 하원에 근거한 입헌정치가 시작되었다. 여기서 관심을 갖고 다룰 사안은 특히 토마스 아퀴나스가 세운 스콜라 철학이다. 이에 대해서는 다음 장에서 다루고, 우선 13세기의 정신적 분위기를 형성한 결정적 사건의 윤곽을 그려 보려 한다.

13세기 초반의 중심인물은 교황 인노켄티우스 3세(1198~1216 재위)로 빈틈없고 약삭빠른 정치가이자 활력이 넘치는 사람이었다. 그는 교황권과 관련된 극단적 주장조차 믿어 의심치 않았으나, 그리스도교도의 겸손은 보여주지 못했다. 서품식에서 그는 다음과 같은 성경 구절을 인용하며 설교했다. "보라, 나는 오늘 너희를 여러 나라와 여러 왕국 위에 세우니, 끌어내 무너뜨리고 파괴하여 뒤엎은 다음, 기초를 놓고 굳건히 세우려는 것이다.” 그는 자신을 ‘왕 중의 왕, 군주 중의 군주, 멜기세덱의 의식을 언제까지나 거행하는 사제’라고 칭한다. 자신에 대한 견해를 강화할 때는 유리한 상황을 놓치지 않고 이용했다. 노르만 왕가의 상속녀 콘스탄체와 결혼한 황제 하인리히 6세(1197 사망)가 정복한 시칠리아의 새로운 왕 프리드리히는 인노켄티우스 3세가 즉위할 당시 겨우 세 살이었다. 왕국은 혼란에 휩싸였고, 콘스탄체는 교황의 도움이 필요했다. 그녀는 교황을 어린 프리드리히의 후견인으로 세웠고, 교황의 우월한 지위를 인정함으로써 시칠리아에서 아들의 권리를 확실하게 보장받았다. 포르투갈과 아라곤도 마찬가지로 인정했다. 잉글랜드의 국왕 존은 맹렬한 저항 끝에 인노켄티우스에게 왕국을 양도하고 교황의 봉토로서 왕국을 돌려받게 된다.

베네치아 시민은 4차 십자군의 문제로 교황으로부터 얼마간 이익을 얻었다. 십자군 병사들이 베네치아에서 출항해야 했으나 충분한 선박을 확보하기가 어려웠다. 베네치아 사람들을 제외하면 어느 누구도 충분한 선박을 소유하고 있지 않았으므로, 그들은 오직 상업에 유리했기 때문에 예루살렘보다 콘스탄티노플을 정복하는 것이 더 낫다고 주장했다. 어떻든 콘스탄티노플이 유리한 발판은 될 테고, 동로마 제국은 십자군 전사들을 우호적으로 대한 적이 한 번도 없었다. 베네치아에 양보하는 일은 불가피했다. 그래서 콘스탄티노플은 점령당했고 로마 가톨릭교도 황제가 취임했다. 인노켄티우스는 처음에 약이 올라 화도 났으나, 이제 동로마 교회와 서로마 교회를 다시 통일할 수도 있겠다고 생각했다(이것은 헛된 희망으로 드러났다). 앞에서 든 실례를 제외하면, 내가 아는 한 아무도 어느 정도로든 인노켄티우스 3세를 이긴 사례는 없었다. 그는 알비파에 반대하는 대大 십자군의 소집을 명령하여, 남부 프랑스에서 이단 사상을 근절함과 동시에 행복과 번영, 문화도 송두리째 파괴해 버렸다. 그는 십자군 소집에 미온적 태도를 취했다는 트집을 잡아 툴루즈 백작 레몽을 폐위하고, 십자군의 지도자이자 의회의 아버지로 불리는 시몽 드 몽포르Simon de Monfort에게 알비파가 퍼져 있던 구역 대부분을 물려주었다. 그는 오토 황제와 반목하며 게르만족에게 황제의 폐위를 요구했다. 그들은 오토 황제를 폐위하고 교황의 제안에 따라 성년으로 자란 프리드리히 2세를 황제로 선출했다. 교황은 프리드리히를 지원한 대가로 엄청난 약속을 무리하게 요구했지만, 프리드리히는 가능한 한 빨리 약속을 파기하겠다고 결심했다.

인노켄티우스 3세는 신성한 기미가 없는 첫 대교황이었다. 교회 개혁이 교회의 도덕적 특권만큼 성직자 계급 제도를 안정된 것처럼 느끼도록 만들었기 때문에, 교회는 성스러워지기 위한 노력을 더는 할 필요가 없다고 확신했다. 인노켄티우스 이후 권력 동기가 다른 요인을 배제한 채 점점 교황권을 좌우하게 되었기 때문에 당대에 몇몇 종교인의 저항을 불러일으켰다. 그는 로마 교황청의 권력을 증대시키기 위한 교회법전을 편찬하기도 했다. 발터 폰 데어 포겔바이데Walther von der Vogelweide는 이 법전을 '지옥에서 보낸 암흑의 책'이라고 불렀다. 교황권이 여전히 승리의 북소리를 울렸더라도, 뒤이은 교황권이 걸을 쇠퇴의 길은 이미 예견되었을지도 모른다.

인노켄티우스의 피후견인이었던 프리드리히 2세는 1212년에 독일로 가서 교황의 도움으로 오토를 대신할 황제로 선출되었다. 인노켄티우스는 교황권에 반대하는 무시무시한 적대자로 성장한 프리드리히를 보지 못하고 죽었다.

프리드리히 2세는 역사상 대단히 주목받을 만한 통치자 가운데 한 사람으로 청소년기를 역경 속에서 보냈다. 아버지 하인리히 6세(프리드리히 1세의 아들)는 시칠리아의 노르만족을 쳐부수고 노르만 왕국의 상속녀 콘스탄체와 결혼했다. 하인리히 6세는 시칠리아인의 원성을 산 게르만족 수비대를 결성하기도 했다. 그런데 그는 프리드리히가 겨우 두 살이던 1197년에

프랑스의 대표 고딕 양식인 랭스 대성당

죽고 말았다. 그래서 콘스탄체는 게르만족을 적대하는 쪽으로 방향을 틀어 교황의 도움으로 통치하려 했다. 게르만족은 분개했고 오토 황제는 시칠리아를 정복하려고 기회를 엿보았다. 이것이 오토 황제가 교황과 반목하게 된 원인이었다. 프리드리히가 유년 시절을 보낸 팔레르모는 다른 분쟁도 끊이지 않는 곳이었다. 이슬람교도의 반란이 일어났고, 피사인과 제노바인이 서로 싸웠으며, 이 밖에 다른 지역 사람도 시칠리아섬을 차지하려 했다. 시칠리아의 주요 인사들은 변절의 대가를 많이 지불하는 편이라면 어느 쪽이든 지지하는 편을 끊임없이 바꾸었다. 그러나 문화의 측면에서 시칠리아는 매우 유리한 곳이었다. 이곳에서 이슬람과 비잔틴, 이탈리아, 게르만 문명이 만나 섞였는데, 어디에도 이러한 곳은 없었다. 시칠리아에서는 그리스어와 아랍어가 여전히 생활 언어였다. 프리드리히는 여섯 가지 언어를 유창하게 구사할 줄 알았으며 재담을 섞어 말할 수도 있었다. 아랍 철학에 정통했으며, 이슬람교도와 우호 관계를 맺어 신앙심 깊은 그리스도교도에게 치욕을 느끼게 했다. 그는 호엔슈타우펜 왕가의 자손으로 독일에서는 게르만족으로 간주될 수도 있었다. 그러나 문화적으로나 정서적으로 비잔틴인이나 아랍인 티가 나는 이탈리아인이었다. 당대 사람들은 몹시 놀라며 그를 응시하다가 점차 두려움마저 느낄 정도였다. 사람들은 그를 '세계의 불가사의이자 기적의 혁신자'라고 불렀다. 살아 있는 동안에도 그는 여러 신화의 주인공이었다. 그는 『세 기만자*De Tribus Impostoribus*』[144]라는 책의 저자로 알려졌는데, 거기서 말하는 세 기만자는 모세와 그리스도, 무함마드다. 실제로 존재하지 않았던 이 책은 잇따라 교회의 여러 적이 썼다고 알려졌는데, 최후의 저자가 스피노자였다.

'교황파Guelf'와 '황제파Ghibelline'라는 말은 프리드리히와 오토 황제가 경

---

144 * 본문에서 말하는 책의 프랑스어판이 국내에서 『세 명의 사기꾼』이란 제목으로 번역되었다.

쟁하던 시대에 사용되기 시작했다. 이는 서로 싸우던 두 가문의 명칭, '벨프Welf'와 '바이블링겐Waiblingen'에서 와전된 말이다(오토의 조카는 영국 왕실의 조상이었다). 인노켄티우스 3세는 1216년에 죽었고, 프리드리히에게 패한 오토 황제는 1218년에 죽었다. 새 교황 호노리우스 3세는 즉위 초기에 프리드리히와 원만한 관계였으나 곧 곤란한 일이 벌어졌다. 우선 프리드리히는 십자군 원정에 반대했다. 다음에 그는 1226년 이후 25년간 공수攻守 동맹을 맺고 있던 롬바르디아 도시들과 분쟁을 일으켰다. 롬바르디아의 도시들은 게르만족을 혐오했다. 이 도시의 시인 가운데 게르만족에게 반대하는 다음과 같은 신랄한 구절을 남긴 이도 있었다. "게르만족을 사랑하지 마라. 미친 개들을 그대에게서 멀리, 아주 멀리 두라." 이 구절은 당시 롬바르디아인의 일반적 감정을 표현했던 것으로 보인다. 프리드리히는 롬바르디아 도시의 문제를 처리하기 위해 계속 이탈리아에 머물고 싶었으나, 1227년 호노리우스가 죽고 그레고리우스 9세가 뒤를 이었다. 그레고리우스는 성 프란체스코를 사랑했고 그에게 사랑을 받았던 열렬한 금욕주의자였다(그레고리우스는 성 프란체스코가 죽은 지 2년 만에 그를 성인 반열에 올렸다). 그레고리우스는 십자군 원정보다 더 중요한 일은 없다고 생각했기 때문에 이를 수행하지 않으려는 프리드리히를 파문했다. 프리드리히는 예루살렘 왕의 딸이자 상속녀와 결혼했으므로, 가능한 때에 기꺼이 가서 자신을 예루살렘의 왕이라 고 불렀다. 1228년에 파문당한 상태로 그는 예루살렘으로 갔다. 이 사건으로 그레고리우스는 이전에 원정을 떠나지 않았던 때보다 훨씬 더 화가 났는데, 어떻게 교황이 파문한 자가 십자군 군대를 이끌 수 있느냐는 것이다. 팔레스타인에 도착한 프리드리히는 이슬람교도와 화해하고, 예루살렘이 전략적 가치는 거의 없지만 그리스도교도가 예루살렘에 중요한 의미를 부여하는 이유를 설명함으로써 평화롭게 예루살렘을 자신에게 반환하게 했다. 이에 대해 교황은 여전히 진노를 거두지 않았는데, 누구든 이교도와 협상을 해서는 안 되고 싸워야 했기 때문이다. 그러나 프리드리히는 예루살렘에서 정식으로 대관식을 올렸고, 그가 거둔 성공을 누구도 부정하지 못했다. 교황과 황제는 1230년에 평화를 회복했다.

평화로운 몇 해가 이어지는 동안, 프리드리히 황제는 시칠리아 왕국 내정에 전념했다. 그는 총리 피에트로Pietro della Vigna의 도움으로 로마법에서 유래한 새 법전을 공표함으로써 자신이 지배하는 남부 영토의 높은 문명 수준을 보여 주었다. 법전은 그리스어를 쓰는 주민들을 위해 즉시 그리스어로 번역되었다. 그는 나폴리에 중요한 가치가 있는 대학을 설립하기도 했다. '아우구스탈리스augustalis'라는 금화도 주조했는데, 서유럽에 처음 등장한 금화로 수 세기 동안 사용되었다. 그는 더욱 자유로운 무역 거래를 확립했을 뿐만 아니라 왕국 내부의 인습을 모두 철폐했다. 심지어 여러 도시에서 선출된 대표자들을 자신이 주재하는 회의에 소집하기도 했는데, 사실 자문에 그쳤다.

이러한 평화 시기는 1237년 프리드리히가 롬바르디아 동맹과 다시 갈등을 빚으면서 막을 내렸다. 교황은 롬바르디아 동맹과 운명을 같이하며 또다시 프리드리히 황제를 파문했다. 이때부터 프리드리히가 죽은 1250년까지 양 진영의 전쟁은 거의 쉬지 않고 계속되어, 점점 냉혹하고 잔혹해졌으며 배반과 반역으로 얼룩졌다. 운수의 향방은 크게 요동쳤으며, 프리드리히 황제가 죽을 때까지도 끝은 보이지 않았다. 그런데 프리드리히 2세의 후계자들은 이전 황제의 권력을 획득하지 못했고, 패배를 거듭하다 이탈리아를 빼앗기고, 교황 측이 승리를 거두었다.

교황의 죽음은 권력 투쟁에 조금도 영향을 주지 않았다. 새로 즉위한 교황은 전임 교황의 정책을 바꾸지 않고 실천했다. 1241년에 그레고리우스 9세가 죽고, 프리드리히의 지독한 적수가 된 인노켄티우스 4세가 교황으로 선출되었다. 프랑스의 왕 루이 9세는 결점이 없는 정통 그리스도교도였고 그레고리우스와 인노켄티우스의 분노를 누그러뜨리려 노력했는데, 인노켄티우스는 프리드리히 황제의 모든 교섭 제안을 거절하고 황제에게 맞서기 위해 온갖 치사한 편법을 동원하여 모든 노력을 헛되게 만들었다. 인노켄티우스 4세는 프리드리히 황제의 파문을 선언하고, 그에게 대항할 십자군의 결성을 주창하면서 황제를 지지한 자는 모두 파문했다. 탁발 수도사들은 황제에게 반대하는 설교를 했으며, 이슬람교도가 증가했고, 황제의 몇 안 되는 중요한 지지자들은 음모를 꾸몄다. 이러한 일련의 사건으로 프리드리히는 점점 더 잔혹해졌다. 음모자들을 잔혹하게 처벌했으며, 죄수의 오른 눈을 뽑고 오른손을 잘라 내는 형벌을 가했다.

강력한 투쟁의 시기를 겪으면서 프리드리히는 한때 새로운 종교를 세우려는 생각까지 했는데, 자신은 메시아가 되고 총리인 피에트로는 성 베드로의 자리에 앉혔다.[145] 프리드리히는 계획을 공표하지는 않았으나, 피에트로에게 새로운 종교에 대한 편지를 썼다. 그러나 옳든 그르든 프리드리히는 갑자기 피에트로가 자신에게 반대하여 모반을 꾀한다고 확신했다. 프리드리히는 피에트로의 눈알을 빼서 장님으로 만들고, 우리에 가두어 대중의 구경거리로 삼았다. 피에트로는 더 큰 고통을 피하기 위해 자살했다.

능력이 출중했는데도 프리드리히가 정치적으로 성공하지 못한 까닭은, 당시 존재하던 교황 반대 세력이 신앙심이 깊고 민주주의적 성향을 보였던 반면, 프리드리히 목표는 이교도 로마 제국의 재건과 비슷한 것이었기 때문이다. 프리드리히는 문화적으로 계몽된 사람이었으나 정치적으로 퇴행적 특징을 나타냈다. 그의 궁정은 동양을 연상시켰다. 궁에는 환관들이 시중을 드는 후궁harem도 있었다. 그러나 바로 이 궁정에서 이탈리아 시문학이 탄생했으며, 프리드리히는 시인으로서 자질을 보이기도 했다. 그는 교황권과 갈

145 헤르만 칸토로비츠의 『프리드리히 2세의 생애』를 참고.

등을 빚으면서 교회 전제주의의 위험을 알리는 논쟁적 성명서를 공표했는데, 16세기라면 박수갈채를 받았겠지만 당시에는 따분하고 지루하게 생각되었다. 마땅히 동맹자가 되었어야 할 이단자들은 그에게 반역자로 보였을 뿐이고, 교황의 호감을 사기 위해 그들을 박해하기도 했다. 자유도시들은 프리드리히 황제만 없었더라면 교황과 대립했을지도 모른다. 그러나 자유도시는 프리드리히가 복종을 요구하는 한, 교황을 동맹자로서 환영했다. 따라서 프리드리히는 아무리 당대의 미신에서 자유롭고, 문화 측면에서 당대 다른 어떤 통치자보다 앞섰다고 해도, 황제라는 지위로 인해 정치적으로 자유로운 모든 사람과 대립할 수밖에 없었다. 프리드리히 2세는 실패할 수밖에 없었지만, 역사 속에 등장한 모든 실패자 가운데 가장 흥미로운 사람으로 여전히 남아 있다.

인노켄티우스 3세의 십자군 소집을 자극했으며, 프리드리히를 비롯한 모든 통치자에게 박해를 받은 이단자들은 연구할 가치가 있으며 동시에 민중 정서를 어렴풋이나마 들여다볼 수 있다는 점에서도 연구할 만하다. 다른 방법으로는 당시의 저술 속에서 민중 정서의 단서를 거의 찾아보기 어렵기 때문이다.

이단 종파 가운데 가장 흥미로울 뿐만 아니라 가장 규모가 큰 종파는 카타리파the Cathari인데, 프랑스 남부 지역에서는 알비파Albigenses로 더 잘 알려졌다. 카타리파의 교리는 발칸인Balkans을 통해 아시아에서 들어왔다. 카타리파의 교리는 북부 이탈리아에서 널리 수용되었으며, 프랑스 남부 지역에서는 교회 토지를 빼앗기 위한 구실을 찾던 귀족을 비롯한 주민 태반이 그들의 교리를 굳게 믿었다. 이렇게 이단 사상이 널리 확산된 것은 십자군 원정의 실패에 따른 실망감 탓도 있었지만, 주로 성직자 계급의 재산 축적과 사악함에 대한 도덕적 환멸감이 크게 작용했기 때문이다. 후대의 청교도주의puritanism와 비슷하게 개인의 신성을 지지하는 정서도 널리 퍼져 있었다.

이러한 정서는 청빈 예찬과 결합되었다. 교회는 부유했기 때문에 대체로 세속적 성향을 나타냈다. 그래서 대다수 사제는 전반적으로 부도덕할 수밖에 없었다. 탁발 수도자들은 옛 수도회와 교구 사제들을 고발하고 그들이 유혹을 목적으로 고해성사를 남용한다고 주장했다. 그러자 탁발 수도자들의 적들은 맞고소로 응수했다. 이러한 고발이 대체로 정당했다는 사실은 의심할 여지가 없다. 교회가 종교적 근거에 입각해 지상권을 주장할수록 평신도는 교회의 선언과 실행 사이에 드러나는 극명한 대조에 경악할 따름이었다. 마침내 종교개혁Reformation을 이끌었던 것과 똑같은 동인이 13세기에도 작용했다. 주요한 차이점은 세속 통치자들이 이단자들과 운명을 같이할 준비가 되어 있지 않았다는 것이다. 그리고 이는 대체로 기존 철학이 이단 사상과 왕의 지배권 주장을 조화시킬 수 없었기 때문이다.

카타리파의 교리는 우리의 지식이 전적으로 적대자들의 증언에 의존해 있기 때문에 확실히 알 수 없다. 더욱이 이단의 역사에 조예가 깊은 성직자들은 익숙한 명칭을 붙이고, 종종 그다지 밀접하지 않은 유사점을 근거로 이전 종파의 교리를 당대의 종파에 모두 가져다 붙이는 경향이 있었다. 그렇지만 거의 의문을 품을 여지가 없는 정보도 많다. 카타리파는 이원론을 지지했으며, 그노시스파와 마찬가지로 구약성서의 야훼는 악한 데미우르고스이고 참된 신은 오로지 신약성서 속에 드러나 있다고 생각했던 듯하다. 그들은 물질이 본래 악하다고 생각했기 때문에 유덕한 사람에게 육신의 부활은 있을 리가 없다고 믿었다. 그러나 악한 사람은 동물의 몸으로 다시 태어나 윤회의 고통을 겪게 될 것이라고 생각했다. 그래서 채식주의자가 되어 심지어 달걀과 치즈, 우유조차 먹지 않으려고 했다. 그런데 그들이 생선을 먹은 까닭은 물고기는 암수의 교미로 태어나는 것이 아니라고 믿었기 때문이다. 그들에게 성이란 전부 혐오의 대상이었다. 어떤 사람은 결혼생활이 간음보다 훨씬 더 나쁘다고 말하기도 했는데, 결혼생활은 성관계를 지속하여 성적 만족을 느끼게 하기 때문이었다. 다른 한편 그들은 자살에 대해 어떤 이의도 제기하지 않았다. 그들은 정통 신앙에서 신약성서를 수용하는 정도보다 더 문자 그대로 수용했다. 그들은 맹세를 삼갔으며, 누가 한쪽 뺨을 때리면 다른 쪽 뺨도 내주었다. 박해자들은 이단으로 고소당한 한 남자의 사례를 기록으로 남겼는데, 그는 자신이 고기를 먹었고, 거짓말을 했으며, 맹세를 하기도 했다고 말함으로써 자기를 변호했기 때문에 훌륭한 가톨릭 교도였다.

카타리파의 더욱 엄격한 계율은 '완전한 자'라고 일컫는 비범하게 거룩한 신도만 지키도록 되어 있었고, 다른 신도는 고기를 먹거나 결혼할 수도 있었다.

이러한 교리의 계보를 추적하는 일은 흥미롭다. 카타리파의 교리는 불가리아의 보고밀파Bogomil로부터 십자군 전사들을 통해 이탈리아와 프랑스로 들어왔다. 1167년에 카타리파가 툴루즈 근처에서 공의회를 열었을 때 불가리아 대표도 참석했다. 다음으로 보고밀파는 마니교도Manichaeans와 바오로파Paulicians가 융합한 결과로 발생했다. 바오로파는 유아 세례, 연옥, 성인에게 구원을 비는 기도, 삼위일체설을 거부한 아르메니아의 종파였다. 그들은 점차 트라키아를 거쳐 불가리아로 퍼져나갔다. 바오로파는 마르키온Marcion of Sinope(85년경~160년경)을 따른 신도인데, 마르키온은 스스로 성 바오로를 따른다고 생각하며 그리스도교 내부의 유대교적 요소를 거부했고, 그노시스파의 신도가 되지 않았으면서도 그노시스파와 친화력을 가진 인물이었다.

이제 민중의 지지를 얻은 다른 이단으로 유일하게 남은 왈도파의 사상에 대해 살펴보자. 왈도파는 왈도Peter Waldo(1205년경~1218년경)를 따른 신도인데, 1170년에 그리스도의 율법을 준수하기 위해 '십자군'을 일으킨 광신자였다. 그는 자신의 전 재산을 가난한 사람들에게 나눠 주고, '리옹의 가난한 자들'이란 이름의 단체를 결성하여 청빈을 실천하고 엄격하게 덕을 쌓으며 살았다. 그들은 결성 초기에 교황청의 승인을 받았으나 성직자 계급의 부도덕함을 너무 강하게 비난했고, 1184년에 베로나 공의회는 그들을 단죄했다. 이후 그들은 선량한 사람이라면 누구나 설교하고 성서를 해석할 자격이 있다고 결의했다. 그들은 성직자를 스스로 임명함으로써 가톨릭 사제의 전례를 필요 없게 만들었으며, 롬바르디아뿐만 아니라 보헤미아로 퍼져나가, 후스파Hussite를 위한 길을 닦았다. 왈도파에게도 영향을 준 알비파가 박해를 받을 때, 많은 왈도파 신도는 피에몬테 고원으로 피신했다. 밀턴에게 "주여, 복수해 주소서, 살육당한 주의 성도를 위해"란 소네트를 짓게 만든 사건이 바로 당시 왈도파에 대한 피에몬테 고원의 박해였다. 그들은 오늘날까지 살아남았으며 알프스 산간벽지와 미국에 살고 있다.

모든 이단은 교회에 경종을 울렸고 엄청난 압박을 주었다. 인노켄티우스 3세는 이단자들이 그리스도를 배반한 죄를 지었으므로 죽어 마땅하다고 생각했다. 그는 프랑스 왕에게 1209년 알비파에게 대항할 십자군을 소집하라고 요청했다. 십자군은 믿기지 않을 만행을 저질렀는데 카르카손을 점령한 다음에 특히 끔찍한 대학살을 자행했다. 이단 색출은 주교의 일이었다. 그러나 이단을 색출하는 일은 다른 직무도 수행하는 주교들이 담당하기에 부담이 너무 커서, 1233년에 그레고리우스 9세는 종교재판소를 설치해 주교의 직무 가운데 이단 색출 업무를 이곳에 넘겨주었다. 1254년 이후 종교재판소가 기소한 사람들에게 변호인은 허락되지 않았다. 종교재판소의 단죄를 받은 사람들은 재산이 몰수되었는데, 프랑스에서는 왕의 재산으로 귀속되었다. 기소된 사람의 유죄가 밝혀지면, 생명을 구해 달라는 기도와 함께 세속 군대에 죄인을 넘겨주었다. 그런데 세속 당국의 담당 관리들이 죄인을 화형에 처하지 않으면, 그들도 종교재판소에 끌려가기 쉬웠다. 종교재판소는 일상적 의미의 이단을 처리할 뿐만 아니라 요술과 마법도 다루었다. 스페인의 종교재판소는 주로 숨어 사는 유대인에게 초점을 맞추었다. 종교재판소의 일은 주로 도미니코 수도회와 프란체스코 수도회가 수행했다. 종교재판소는 스칸디나비아와 잉글랜드까지 침투하지 못했으나, 잉글랜드인은 잔 다르크Jeanne D'arc(1412년경~1431)[146]에 대항하기 위해 종교재판소를 이용할 준비가 되어 있었다. 전반적으로 종교재판소는 대단한 성공을 거두었다. 처음부터 알비파 이단의 뿌리를 완전히 뽑아버렸다.

13세기 초에 교회는 16세기보다 덜 무섭다고 할 수 없는 반란이 생겨날 위험을 안고 있었다. 과장해서 말하면 탁발 수도회의 발흥이 이러한 위험에서 교회를 구해 냈다. 성 프란체스코와 성 도미니코는 정통 그리스도교를 위해 가장 활력이 넘친 교황들보다도 훨씬 많은 일을 해냈다.

아시시의 성 프란체스코St. Francis of Assisi; Francesco d'Assisi(1181 또는 1182~1226)는 역사에 알려진 사랑받을 만한 인물 가운데 한 사람이다. 그는 유복한 가정에서 태어나 젊은 시절 일상의 환락을 싫어하지도 않았다. 그러나 어느 날 말을 타고 나병 환자 옆을 지나다가 갑자기 연민을 느껴 말에서 내려 그에게 입을 맞추었다. 머지않아 세속의 재화를 모두 버리고 자신의 삶을 설교와 좋은 일을 하는 데 바치기로 결심했다. 사회적 지위가 있는 사업가인 아버지는 화를 내며 반대했으나, 그를 단념시킬 수 없었다. 곧 그를 따르는 신도가 모여 무리를 이루었고 모두 청빈을 철저히 실천하겠다고 서약했다. 처음에 교회는 프란체스코의 청빈 운동을 의혹에 찬 눈으로 지켜보았다. '리옹의 가난한 자들'과 너무 비슷했기 때문이다. 성 프란체스코가 먼 지역으로 파견한 첫 선교사들이 이단으로 몰린 까닭은, 기존 수도자들과 달리 아무도 진지하게 여기지 않는 서약만 하지 않고 청빈을 실천했기 때문이다. 그러나 빈틈

146 * 프랑스의 처녀로 성령의 부름을 받았다고 주장하면서 군대를 이끌고 오를레앙에서 승리를 거둠으로써 프랑스를 정복하려던 잉글랜드의 시도를 좌절시켰다. 출정하고 1년 뒤 이단으로 몰려 화형을 당했으나 이후 프랑스의 영웅으로 추앙받았다.

없고 약삭빠른 인노켄티우스 3세는 청빈 운동을 정통 신앙의 범위 안에 둘 수만 있다면 가치가 충분하다고 보아, 1209년 혹은 1210년에 새로운 수도회로 인정했다. 그레고리우스 9세는 성 프란체스코의 개인적 친구로서 계속 지지하면서도, 그의 광신적이고 무정부주의적 충동에 대해 번거롭고 성가신 규칙을 강요했다. 프란체스코는 청빈 서약을 가능한 한 가장 엄격한 방식으로 해석하기를 바랐다. 그는 자신을 따르는 신자들이 집이나 교회를 소유하는 것에 반대했다. 그들은 문전걸식으로 끼니를 때워야 했을 뿐만 아니라 우연히 환대를 받지 못하면 노숙할 수밖에 없었다. 1219년에 그는 동쪽으로 여행을 떠나 이슬람 왕국의 술탄 앞에서 설교했는데, 술탄은 예의를 갖춰 맞이했으나 그리스도교도로 개종하지 않고 이슬람교도로 남았다. 돌아온 프란체스코는 자신을 따르던 수도자들이 집을 한 채 지었다는 사실을 알게 되었다. 프란체스코는 비탄에 빠졌으나, 그레고리우스는 양보하라고 권유했거나 억지로 양보하게 했다. 프란체스코가 죽은 다음에 그레고리우스는 그를 성인의 반열에 올렸으나, 청빈의 조항에 해당한 규칙은 완화했다.

성인다움에 관해서 프란체스코와 견줄 만한 성인들이 있었다. 그러나 내면에서 우러난 행복, 보편적 사랑, 시인으로서 갖춘 재능은 그를 성인 가운데 유일무이한 존재로 만들었다. 선함은 늘 노력하지 않아도 드러나기 때문에 마치 제거해야 할 불순물이 전혀 없는 듯했다. 그는 살아 있는 모든 것을 그리스도교도나 자비로운 인간으로서 사랑했을 뿐만 아니라 시인으로서 사랑했다. 죽기 직전에 프란체스코가 쓴 「태양을 찬미하는 노래」는 거의 태양 숭배자 이크나톤이 썼을 법한데, 분명치 않지만 그리스도교는 아직 사실을 공개하지 않고 있다. 프란체스코는 자신이 아닌 나병 환자들에 대한 의무감을 느꼈다. 그리스도교의 성인 대부분과 달리 그는 자신의 구원보다 타인의 행복에 관심이 더 많았다. 가장 비천한 사람이나 가장 사악한 사람 앞에서도 그는 우월감을 드러내지 않았다. 토마소 다 첼라노Tommaso da Celano

(1200년경~1265년경)는 프란체스코에 대해 성자들 중의 성자 이상이고, 죄인들 중의 죄인이었다고 말했다.

사탄이 있다면, 성 프란체스코가 세운 수도회의 미래를 보고 더할 나위 없는 최고 희열을 느꼈으리라. 프란체스코 성인의 직속 후계자로 수도회의 수장 자리에 오른 엘리아스 형제는 사치에 빠져 청빈 서약을 완전히 저버렸다. 프란체스코 수도회 설립자가 죽고 몇 해 동안 수도자들의 주요 업무는 교황파와 황제파 사이에 벌어진 참혹하고 피비린내 나는 전쟁에 나갈 병사들을 모집하는 일이었다. 프란체스코가 죽은 지 7년 후에 설립된 종교재판소는 몇 나라의 경우 프란체스코회 수도자들이 주로 이끌며 업무를 처리했다. 영성수련자Spiritual라고 불린 극소수만 프란체스코의 가르침을 진정으로 따랐다. 영성수련자 가운데 여럿이 종교재판에서 이단 선고를 받고 화형을 당했다. 이들은 그리스도와 12사도는 재산을 소유하지 않았으며, 심지어 자신이 걸친 옷조차 소유하지 않았다고 주장했다. 이러한 견해는 1323년 요한네스 22세에 의해 이단으로 단죄되었다. 성 프란체스코의 삶이 빚어낸 최종 결과는 부유하고 부패한 수도회를 하나 더 설립하여 성직자 계급 제도를 강화하고 도덕적 정직함이나 사상의 자유에서 뛰어난 모든 사람에 대한 박해를 쉽게 만들었다는 것이다. 프란체스코의 목표와 성격에 비추어 볼 때, 이보다 씁쓸한 역설적 결과는 상상할 수 없다.

성 도미니코Sanctus Dominicus; St. Dominic(1170~1221)는 성 프란체스코보다 흥미로운 인물은 아니었다. 그는 카스티야 사람으로 로욜라와 마찬가지로 광신에 가까울 정도로 정통 신앙에 헌신했다. 그의 주요 목적은 이단과 싸워 이기는 것이었고, 목적에 이르는 수단으로서 청빈을 채택했다. 그는 알비파에 맞선 전쟁에 내내 참여했지만, 전쟁의 몇몇 극단적 잔혹 행위에 대해 한탄했다고 전한다. 도미니코 수도회는 1215년 인노켄티우스 3세가 설립했으며, 수도회는 급속하게 성장했다. 성 도미니코에 대해 내가 유일하게 알고 있는 인간적 특징은 작센의 요르단Jordan of Saxony(1190년경~1237)에게 늙은 여자보다 젊은 여자와 대화할 때가 더 좋다고 고백했다는 것뿐이다. 1242년에 도미니코 수도회는 요르단이 쓴 도미니코의 전기에서 이 구절을 삭제해야 한다는 교령을 엄숙히 선포했다.

도미니코회 수도자들은 프란체스코회 수도자들보다 종교재판소의 일에 훨씬 능동적으로 참여했다. 그렇더라도 도미니코회 수도자들은 학문에 헌신함으로써 인류에게 가치 있는 공헌을 했다. 학문적 공헌은 성 도미니코가 의도한 것은 아니었다. 그는 탁발 수도자들이 "특면장을 받은 경우가 아니면 세속 학문이나 교양 과목을 배워서는 안 된다"는 교령을 선포했다. 이러한 교령이 포함된 규칙서는 1259년에 폐기되었고, 이후 모든 일은 도미니코회 수도자들이 학구적으로 쉽게 생활할 수 있도록 돌아갔다. 그들의 의무에서 육체 노동은 면제되었고, 연구 시간을 더 늘리려고 기도 시간도 줄였다. 그들은 아리스토텔레스와 그리스도의 조화를 위해 헌신했다. 알베르투스 마그누스와 토마스 아퀴나스는 도미니코회 수도자로서, 이러한 과제를 성취할 수 있는 한도 내에서 더할 나위 없이 훌륭하게 수행했다. 토마스 아퀴나스의 압도적 권위는 오히려 부담으로 작용하여 이후 도미니코회 수도자들은 철학에서 그를 능가한 업적을 남기지 못했다. 프란체스코는 도미니코보다 학문을 더욱 꺼렸지만, 바로 다음 시대의 위대한 인물인 로저 베이컨과 둔스 스코투스, 윌리엄 오브 오컴은 프란체스코회 수도자들이었다. 탁발 수도자들이 철학 분야에서 이룩한 업적은 이어지는 장에서 다룰 주제다.

13.
성 토마스 아퀴나스

토마스 아퀴나스Thomas Aquinas(1225 또는 1226~1274)는 스콜라 철학자 가운데 가장 위대한 인물로 생각된다. 모든 가톨릭 교육 기관에서 토마스 아퀴나스의 체계를 단 하나뿐인 옳은 체계라고 가르쳐야 한다. 이것은 1879년에 레오 13세가 내린 교서rescript 이후 규칙이었다. 그러므로 토마스 아퀴나스는 단지 역사 속 인물로서 관심의 대상일 뿐만 아니라 플라톤과 아리스토텔레스, 칸트, 헤겔과 마찬가지로 현대에도 영향을 미치는 철학자이며, 사실 뒤의 두 철학자보다 영향력이 더 큰 인물이다. 토마스 아퀴나스는 많은 점에서 아리스토텔레스에 가까웠기 때문에 스타게이로스 사람이 가톨릭교도 사이에서 거의 교부의 한 사람으로서 권위를 가질 정도였다. 순수한 철학 문제에서 토마스 아퀴나스를 비판하는 것은 거의 불경죄를 짓는 일로 생각되었다.[147] 그러나 언제나 그렇지는 않았다. 아퀴나스 시대에도 플라톤에 반대하고 아리스토텔레스를 지지하기 위한 싸움은 여전히 일어났다. 아퀴나스의 영향력은 르네상스까지 승리를 보장했다. 르네상스 시대에 플라톤이 중세보다 더 많이 알려지면서 대부분의 철학자들이 내놓은 견해에서 다

147 내가 방송에서 토마스 아퀴나스를 비판했을 때, 가톨릭교도의 항의가 빗발쳤다.

시 최고 권위를 획득했다. 17세기에 이르면 정통 그리스도교도이면서 데카르트주의자가 되는 것도 가능했다. 말브랑슈는 사제였으나 검열을 받은 적이 한 번도 없었다. 그러나 우리가 살고 있는 시대에 이러한 자유는 과거가 되어버렸다. 가톨릭 성직자들은 철학에 종사한다면 성 토마스를 수용하지 않으면 안 되는 처지에 놓여 있다.

성 토마스는 아퀴노 백작Count of Aquino의 아들이었는데, 나폴리 왕국 근처 아퀴노 백작의 성은 '천사 같은 박사'가 교육을 받기 시작한 몬테카시노와 가까운 곳에 있었다. 그는 나폴리의 프리드리히 2세 대학교에서 6년 동안 공부했다. 이후 도미니코 수도회에 입회하여 수도자가 되었고, 당시 철학자 사이에서 아리스토텔레스학파 지도자였던 알베르투스 마그누스Albertus Magnus(1193~1280)[148] 밑에서 공부하려고 쾰른으로 갔다. 쾰른과 파리에서 한동안 공부한 다음, 1259년에 이탈리아로 돌아와 1269년부터 1272년까지 3년을 빼고 여생을 이탈리아에서 보냈다. 아퀴나스는 3년 동안 파리에 머물렀는데, 거기서 도미니코회 수도자들은 아리스토텔레스주의 때문에 대학 당국과 마찰을 빚었고, 대학 내에서 강력한 파벌을 형성한 아베로에스(이븐 루슈드) 추종자들의 이단 사상과 일치한다는 의혹을 샀다. 아베로에스의 추종자들은 아리스토텔레스에 대한 해석을 바탕으로 개별 영혼은 불멸하지 않는다고 주장했다. 개인에 속하지 않고 다른 지적 존재들 안에도 동일하게 있는 지성intellect만 불멸한다는 것이다. 그들은 이러한 학설이 가톨릭 신앙과 정면으로 배치된다는 점에 어쩔 수 없이 주목하게 되었을 때 '이중 진리'라는 구실을 만들어 피신했다. 한 종류의 진리는 이성에 근거하며 철학에 속하고, 다른 종류의 진리는 계시에 근거하고 신학에 속한다. 이러

148 * 독일의 신학자이자 철학자, 자연과학자다. 도미니코 수도회의 중심 인물로 토마스 아퀴나스와 함께 스콜라 철학을 완성시켰다.

한 사상은 모두 아리스토텔레스에 대한 나쁜 평판을 초래했기 때문에, 파리에서 토마스 아퀴나스는 아랍인의 학설을 너무 고집함으로써 생긴 해악을 원상태로 돌리려고 했다. 여기서 그는 남다른 성공을 거두었다.

아퀴나스는 선대 철학자들과 달리 아리스토텔레스에 대한 충분한 지식을 실제로 갖고 있었다. 아퀴나스의 친구인 기욤Guillaume de Moerbeke(1215~1286)은 그리스어를 라틴어로 옮긴 번역서를 그에게 제공했으며, 직접 주석서를 내기도 했다. 아퀴나스의 시대 이전까지 사람들이 아리스토텔레스에 대해 갖고 있던 생각은 신플라톤주의가 덧칠되어 모호했다. 그러나 아퀴나스는 진정한 아리스토텔레스를 추종하고, 플라톤은 심지어 성 아우구스티누스의 사상 속에 등장할 때조차 좋아하지 않았다. 그는 설득을 통해 아리스토텔레스의 체계가 그리스도교 철학의 기초로서 플라톤의 체계보다 오히려 더 나으며, 이슬람교도와 그리스도교도인 아베로에스의 추종자들이 아리스토텔레스에 대해 오해했다는 사실을 교회가 받아들이도록 만드는 데 성공했다. 나로서는 당연히 『영혼론』은 아퀴나스의 견해보다 아베로에스의 견해와 훨씬 더 자연스럽게 통한다고 말할 수밖에 없다. 그러나 교회는 아퀴나스 이후 다르게 생각했다. 더 나아가 나는 당연히 논리학과 철학에 속한 대부분의 문제에 대해 아리스토텔레스가 제시한 견해가 최종적인 것이 아니었으며, 이후 대체로 오류임이 입증되었다고 말해야 한다. 하지만 가톨릭 철학자나 가톨릭 철학 교사가 이러한 의견을 공개적으로 말하는 것은 허용되지 않는다.

성 토마스 아퀴나스의 가장 중요한 저작 『이교도 반박 대전*Summa contra Gentiles*』은 1259년부터 1264년까지 몇 해 동안 저술되었다. 이 저작은 그리스도교도가 아니라고 생각되는 독자에게 논증을 펼치는 형식으로 그리스도교의 진리를 확립하려고 했다. 우리는 저작 속에서 상상된 독자가 으레 아랍 철학에 조예가 깊은 사람이라고 추측한다. 아퀴나스는 『이교도 반박 대전』과 거의 똑같이 중요한 『신학대전*Summa Theologia*』을 썼다. 그러나 흥미를 더 많이 끌지 못한 까닭은 그리스도교의 진리를 미리 가정하지 않으면서 논증을 사용하려는 의도가 덜 드러나기 때문이다.

다음은 『이교도 반박 대전』의 요약이다.

먼저 '지혜'가 무엇을 의미하는지 살펴보자. 어떤 사람은 집짓기 같은 특수 작업에서 지혜로울 수도 있다. 이것은 그 사람이 어떤 특수 목적을 이룰 수단도 안다는 뜻이다. 그런데 모든 특수 목적은 우주의 목적에 종속되어 있으므로, 지혜 **자체**는 우주의 목적과 관계가 있다. 이제 우주의 목적은 지성이 추구하는 선, 바로 **진리**다. 이러한 의미의 지혜를 추구하는 것은 무엇을 추구하는 것 가운데 가장 완벽하고 숭고하며 유익하고 즐거운 일이다. 이러한 모든 것은 '그 철학자', 바로 아리스토텔레스의 권위에 호소함으로써 입증된다.

아퀴나스는 이렇게 말한다. 나의 목적은 가톨릭교회의 신앙이 공언한 진리를 선포하는 것이다. 그런데 여기서 내가 자연 이성natural reason에 의지할 수밖에 없는 까닭은 이교도가 성서의 권위를 수용하지 않기 때문이다. 그러나 자연 이성은 신이 하는 일을 아는 데 부족하여, 신앙의 어떤 부분은 증명할 수 있지만 다른 부분은 증명할 수 없다. 자연 이성은 신의 실존existence of God과 영혼불멸immortality을 증명할 수 있지만, 삼위일체설이나 육화, 최후의 심판을 증명하지 못한다. 증명할 수 있는 것이 무엇이든 증명한 범위 안에서 그리스도교 신앙과 일치하며, 계시revelation에 드러나는 어떤 것도 이성에 **반하지**contrary 않는다. 그러나 신앙에서 이성으로 증명할 수 있는 부분과 증명할 수 없는 부분을 분리하는 일은 중요하다. 따라서 『이교도 반박 대전』은 네 권으로 나뉘며, 처음 세 권은 이성을 통해 도달한 결론이 계시와 일치한다는 점을 보여 주는 것을 빼면 계시에 호소하지 않는다. 계시를 떠나서 알 수 없는 문제는 4권에서만 다룬다.

첫 단계는 신의 실존을 증명하는 것이다. 어떤 이는 첫 단계가 필요 없다고 생각하는데, 그 까닭은 (그들의 말에 따르면) 신의 실존은 자명하기 때문이다. 우리가 신의 본질essence을 안다면, 앞의 견해는 (나중에 증명되는 것처럼) 신 안에서 본질과 실존은 하나이기 때문에 참일 터다. 그러나 우리는 신의 본질을 아주 불완전하게 아는 경우를 제외하면 알지 못한다. 현자는 무지한 자보다 신의 본질을 더 많이 알고, 천사는 현자와 무지한 자보다 더 많이 안다. 그러나 어떤 피조물도 신의 실존을 신의 본질에서 연역할 수 있을 만큼 충분히 신에 대해 알지 못한다. 이러한 근거로 존재론적 증명은 거부된다.

증명할 수 있는 종교적 진리는 신앙faith으로도 알려질 수 있다는 점을 기억하는 것이 중요하다. 증명은 어렵고 유식한 사람만 이해할 수 있다. 그러나 신앙은 무지한 사람, 젊은이, 실생활에 몰두하느라 철학을 배울 여유가 없는 사람에게도 필요하다. 그들에게 계시는 충분하다.

어떤 이는 신은 **오로지** 신앙으로 알 수 있다고 말한다. 그들은 증명 원리가 오감에서 비롯된 경험을 통해 우리에게 알려지면, 『분석론 후서』에서 말하듯 감각을 초월한 것은 무엇이든 증명될 수 없다고 주장한다. 그러나 이것은 거짓이다. 설령 그것이 참이라도 신은 자신의 감각 가능한 결과로부터 알려질 수 있다.

신의 실존은 아리스토텔레스에서 나타나듯 부동의 원동자 논증으로 증명된다.[149] 움직여지기만 하는 사물이 있고, 움직이면서 동시에 움직여지는 다른 사물이 있다. 움직여지는 것은 무엇이든 어떤 것에 의해 움직여지고, 무한 후퇴는 불가능하므로 우리는 어딘가에서 움직여지지 않으면서 다른 사물을 움직이는 어떤 것에 도달할 수밖에 없다. 이러한 부동의 원동자가 신이다. 이러한 논증이 가톨릭교도가 거부한 운동의 영원성을 포함한다고

149 그러나 아리스토텔레스에서 부동의 원동자 논증은 신들의 수가 47 또는 55라는 결론에 이른다.

반론할지도 모른다. 이러한 반론은 오류일 터다. 부동의 원동자 논증은 운동의 영원성 가설에 대해 타당하지만, 반대 가설로만 강화되고, 이 반대 가설은 시초, 그러므로 제1원인을 포함한다.

『신학대전』에 신의 실존을 입증하는 다섯 가지 증명이 제시되어 있다. 첫째, 앞에서 말한 부동의 원동자 논증이다. 둘째, 제1원인 논증은 다시 한 번 무한 후퇴의 불가능성에 의존한다. 셋째, 모든 필연성의 궁극 기원이 있을 수밖에 없다는 논증이다. 이것은 둘째 논증과 거의 같은 논증이다. 넷째, 우리가 세계에서 다양하게 완벽한 것들을 발견하고, 완벽한 것들이 완결적으로 완벽한 어떤 것에 기원할 수밖에 없다는 논증이다. 다섯째, 생물만이 내부에서 생겨나는 목적을 가질 수 있으므로 목적이 외부에 존재할 수밖에 없는 무생물조차 어떤 목적에 이바지한다는 사실을 우리가 발견한다는 논증이다.

신의 실존을 증명하는 『이교도 반박 대전』으로 돌아가서, 우리는 이제 신에 관해 많은 것을 말할 수 있지만, 이러한 것은 모두 어떤 점에서 부정적으로 표현된다. 신의 본성은 오로지 아닌 것을 통해 우리에게 알려진다. 말하자면 신은 움직여지지 않기 때문에 영원하고, 신은 어떤 수동적 잠재성도 포함하지 않기 때문에 불변한다. 다비드 드 디낭David de Dinant(1160년경~1217년경, 13세기 초의 유물론적 범신론자)은 신이 제일 질료와 같다는 '헛소리를 했다.' 그의 말이 불합리한 까닭은 제일 질료는 순수 수동성인데, 신은 순수 능동성이기 때문이다. 신 안에는 합성물이 없으므로 신은 물체가 아니다. 물체는 부분들을 갖는 까닭이다.

신이 자신의 본질인 까닭은 그렇지 않으면 단순하지 않고 본질과 실존으로 합성되었을 것이기 때문이다(이 점은 중요하다). 신 안에서 본질과 실존은 동일하다. 신 안에서 우연은 없다. 신은 어떤 실체적 차이로 상술될 수 없다. 신은 어떤 유genus에도 속하지 않고 정의될 수도 없다는 말이다. 그러나 신에게는 어떤 유의 탁월성도 결여되어 있지 않다. 사물은 어떤 점에서 신을 닮았으나 다른 점에서 닮지 않았다. 신이 사물을 닮았다는 말보다 사물이 신을 닮았다는 말이 더 적합하다.

신은 선하고 자신의 선 자체다. 신은 모든 선한 것의 선이다. 신은 지적이며, 더욱이 신의 지성 활동은 신의 본질이다. 신은 자신의 본질에 의해 이해하고 자신을 완벽하게 이해한다(요한네스 스코투스는 다르게 생각했다는 점이 기억날 터다).

신의 지성 안에 합성물이 없지만, 신은 여러 사물을 이해한다. 이것이 난점으로 보일지도 모르지만, 신이 이해한 사물은 신 자신 안에서 구별되지 않는다. 신이 이해한 사물이 플라톤의 생각처럼 **그 자체로**per se 실존하지 않는 까닭은, 자연 사물의 형상은 질료를 떠나서 이해될 수 없기 때문이다. 그런데도 신은 창조 행위에 앞서 형상을 이해하지 않으면 안 된다. 이러한 난점의 해결책은 다음과 같다. "자신을 이해함에 따라 개념이 곧 자신의 말씀이 되는 신의 지성 개념은 신이 스스로 이해한 것뿐만 아니라 신의 본질을 닮은 만물과도 닮았다. 따라서 여러 사물은 신에 의해, 신의 본질인 지성으로 이해할 수 있는 종種에 의해, 신의 말씀인 이해된 의도에 의해 이해될 수 있다."[150] 어느 형상이나 다 그것이 긍정을 표현하는 무엇이라면 완전한 것이다. 신의 지성은 자신의 본질 안에 각 사물이 신 자신을 닮은 경우와 닮지 않은 경우를 이해함으로써 각 사물에 고유한 본질을 포함하고 있다. 예컨대 식물의 본질은 인식이 아니라 생명이며, 동물의 본질은 지성이 아니라 인식이다. 따라서 식물은 살아 있다는 점에서 신을 닮았지만, 인식하지 못한다는 점에서 신을 닮지 않았다. 동물은 인식한다는 점에서 신을 닮았지만, 지성을 지니지 못했다는 점에서 신을 닮지 않았다. 피조물이 신과 다른 점은

150 성 토마스 아퀴나스, 『이교도 반박 대전』, 1권 53장.

언제나 부정적 방식으로 드러난다.

신은 만물을 동시에 이해한다. 신의 인식은 습관이 아닐 뿐만 아니라 추론적 지식이나 논증적 지식도 아니다. 신은 진리 자체다(이 말은 문자 그대로 이해해야 한다).

이제 우리는 플라톤과 아리스토텔레스라는 두 철학자를 이미 괴롭혔던 문제에 이르렀다. 신은 특수 사물을 인식하기도 하는가, 아니면 보편자와 일반적 진리만 인식하는가? 그리스도교도는 예정설을 믿기 때문에 신이 특수 사물particular things을 안다고 주장할 수밖에 없다. 그런데도 이러한 견해를 논박하는 무시하기 어려운 논증이 있다. 성 토마스는 이러한 논증을 일곱 가지 열거하고 나서 차례로 논박한다. 일곱 가지 논증은 다음과 같다.

1. 단칭성singularity은 질료의 특징이므로, 비물질적인 아무것도 단칭성을 알 수 없다.
2. 단칭체들singulars은 언제까지나 실존하지 못하고, 그것이 실존하지 않을 때 알려질 수 없다. 그러므로 단칭체들은 어떤 불변하는 존재에게 알려질 수 없다.
3. 단칭체들은 우연적이지 필연적이지 않다. 그러므로 단칭체들이 실존할 때를 제외하면 그것들에 대한 확실한 지식은 있을 수 없다.
4. 어떤 단칭체들은 의욕의 대상이며, 개인의 의지 활동에 알려질 따름이다.
5. 단칭체들은 수가 무한하며, 무한 자체는 알려지지 않는다.
6. 단칭체들은 신의 주목을 받기에는 너무 하찮다.
7. 어떤 단칭체들 속에 악이 있다. 그러나 신은 악을 알 수 없다.

아퀴나스는 신이 단칭체들의 원인으로서 단칭체들을 안다고 응수한다. 신은 제작자가 어떤 것을 만들 때 그렇듯 아직 실존하지 않는 사물을 안다는 말이다. 신이 미래에 우연히 발생할 일을 아는 까닭은 시간 속의 각 사물을 마치 현재에 있는 것처럼 보고, 신 자신은 시간 속에 있지 않기 때문이다. 신은 우리의 정신과 비밀스러운 의지 그리고 무한한 사물을 알지만, 우리는 그럴 수 없다. 신이 하찮은 사물이라도 아는 까닭은 아무것도 전적으로wholly 하찮은 것이 아니고, 모든 것이 약간이라도 고귀한 점을 지니기 때문이다. 그렇지 않으면 신은 자신만을 알 터다. 더욱이 우주의 질서는 아주 고귀하고, 이것은 하찮은 부분조차 알지 않고서는 알려질 수 없다. 최종적으로 신은 악한 사물도 아는데, 선한 어떤 것이든 앎은 반대인 악한 것에 대한 앎을 포함하기 때문이다.

신에게 의지Will도 있다. 신의 의지는 곧 자신의 본질이고, 신의 의지가 향하는 주요 대상은 신의 본질이다. 신은 자신이기를 의지할 때 다른 사물도 의지할 것인데, 신이 만물의 목적이기 때문이다. 신은 심지어 아직 존재하지 않는 사물도 의지하고 자신의 존재와 선을 의지한다. 다른 사물을 의지하지만 **필연적으로**necessarily 의지하지 않는다. 신에게는 자유의지가 있다. 신의 의욕에 대해 **이유**reason를 드는 법이지 **원인**cause을 들지 않는다는 말이다. 신은 본래 불가능한 사물을 의지할 수 없다. 예컨대 신은 모순을 참이 되게 할 수 없다. 아퀴나스 성인이 신의 권능조차 넘어선 어떤 것으로 들었던 사례는 전적으로 기뻐할 만한 예는 아니다. 그는 신이 인간을 당나귀로 만들 수 없었다고 말하기 때문이다.

신에게는 환희와 기쁨, 사랑이 있다. 신은 아무것도 미워하지 않고, 관조적이며 능동적인 덕을 소유한다. 신은 행복하고 자신의 행복 자체다.

이제 2권에서 다루는 피조물에 대한 고찰로 넘어가 보자. 피조물에 대한 고찰은 신에게 맞서는 오류를 논박하는 데 쓸모가 있다. 신은 고대인의 견해와 반대로 무에서 세계를 창조했다. 신이 창조할 수 없는 사물이라는 주제가 다시 나온다. 신은 물체일 수 없고, 아니, 자신을 변화시킬 수 없다. 신은 실패할 수 없다. 신은 지루하거나 잊거나 후회하거나 화를 내거나 슬퍼

「성 토마스 아퀴나스」, 카를로 크리벨리, 1476

할 수 없다는 말이다. 신은 영혼이 없는 인간을 만들거나 삼각형의 내각의 합이 180도가 되지 않도록 만들 수도 없다. 신은 과거를 되돌릴 수도 없고, 죄를 저지를 수도 없고, 다른 신을 만들 수도 없고, 자신을 실존하지 못하게 할 수도 없다.

2권은 주로 인간의 영혼에 관한 문제에 몰두한다. 모든 지성적 실체는 비물질적이며 소멸하지 않는다. 천사는 육체가 없지만, 인간의 영혼은 육체와 결합되어 있다. 아리스토텔레스의 경우처럼 영혼은 육체의 형상이다. 인간의 영혼은 셋이 아니라 하나뿐이다. 온전한 영혼은 육체의 부분 어디에나 빠짐없이 존재한다. 동물의 영혼은 인간의 영혼과 달리 불멸하지 않는다. 지성은 인간이 지닌 각 영혼의 일부다. 아베로에스가 주장했듯, 다양한 인간이 참여하는 유일한 지성은 없다. 영혼은 정액과 함께 전달되지 않고, 인간 각자와 함께 새롭게 창조된다. 사실 거기에 난점이 있다. 어떤 인간이 사생아로 태어난 경우, 신을 간음의 공범자로 만드는 것처럼 보이기 때문이다. 그러나 이러한 반론은 외양만 그럴듯한 논증에 지나지 않는다(성 아우구스티누스를 괴롭혔던 심각한 반론은 원죄의 전달에 대한 논증이다. 죄를 짓는 주체는 영혼이고, 영혼이 전달되지 않고 새롭게 창조된다면, 아담의 죄를 어떻게 물려받을 수 있단 말인가. 이 반론에 대한 논의는 하지 않는다).

지성과 관련하여 보편자 문제에 대해 논의한다. 성 토마스의 입장은 바로 아리스토텔레스의 견해다. 보편자universals는 영혼 바깥에 존립하지 못하지만, 지성은 보편자를 이해함으로써 영혼 바깥에 있는 사물을 이해한다.

3권은 대체로 윤리 문제와 관련이 있다. 악은 의도된 것이 아니고 본질이 아니며, 선한 우연적 원인을 가진다. 만물은 만물의 목적인 신을 닮으려는 경향이 있다. 인간은 육체적 쾌락, 명예, 부귀영화, 세속적 권세, 다시 말해 육체에 좋은 것을 얻음으로써 행복에 이르지 못하며, 더욱이 행복은 오감 속에 자리하지 않는다. 인간의 궁극적 행복은 도덕과 관련된 덕을 실천하는

데 놓여 있지 않은데, 도덕과 관련된 덕의 실천은 수단이기 때문이다. 인간의 궁극적 행복은 신에 대한 관조에 있다. 그러나 다수가 소유하는 신에 대한 지식은 궁극의 행복을 위해 충분하지 않다. 증명을 통해 얻은 신에 대한 지식도 충분하지 않으며, 심지어 신앙으로 얻은 지식도 충분하지 않다. 우리는 현세에서 신을 본질 그대로 보지 못하여 궁극적 행복에 이를 수 없지만, 내세에서 신과 대면하게 될 것이다(신은 얼굴이 없기 때문에 문자 그대로 대면하는 것은 아니라고 주의를 준다). 이러한 대면은 우리의 자연적 능력이 아니라 신의 빛에 의해 이루어질 것이다. 그때도 우리는 신의 전부를 보지 못할 터다. 우리는 이러한 환영을 통해 영원한 삶, 바로 시간을 초월한 삶의 참여자가 된다.

신의 섭리는 악, 우연, 자유의지, 우연한 기회나 요행을 배제하지 않는다. 훌륭한 예술가가 나쁜 도구로 작업을 할 때처럼, 악은 제2의 원인이 작용하여 나타난다. 천사는 모두 동등하지 않으며, 천사 사이에 위계가 있다. 각 천사가 종개념의 유일한 표본인데, 천사는 육체가 없어 공간 속의 위치가 아니라 종차를 통해서만 구별될 수 있기 때문이다.

점성술은 평범한 이유로 거부된다. "'숙명' 같은 것은 있는가?"라는 질문에 대답하는 과정에서 아퀴나스는, 섭리로 부여된 질서에 '숙명'이라는 명칭을 붙일지도 **모르지만**, '숙명'은 이교도의 말이므로 그렇게 하지 않는 것이 현명한 처사라고 응수한다. 이것은 섭리가 불변하더라도 기도는 유용하다는 논증으로 이끈다(나는 이 논증을 끝까지 추적하지 않았다). 신은 이따금 기적을 행하지만, 다른 어떤 존재도 기적을 행할 수 없다. 그러나 악령의 도움을 받으면 마법은 가능하다. 그러니까 마법은 본연의 기적이 아니며, 별들의 협력으로 일어나지도 않는다.

신법神法, divine law은 우리에게 신을 사랑하라고 명령한다. 또한 정도는 약하지만 우리의 이웃을 사랑하라고 명령한다. 신법은 간통을 금지하는데, 자식을 기르는 동안 아버지는 어머니와 함께 지내야 하기 때문이다. 산아 제한은 자연에 위배되기 때문에 금지한다. 그러나 자연에 위배된다는 이유로 평생 독신 생활을 금지하지는 않는다. 혼인 관계가 깨져서는 안 되는데, 자식을 교육하려면 어머니보다 더 이성적일 뿐만 아니라 벌을 줄 때 힘이 더 센 아버지가 필요하기 때문이다. 성교는 자연스러운 일이므로, 모두 죄가 되는 것은 아니다. 그러나 결혼 상태가 금욕 생활과 다름없다고 생각하면 요비니아누스Jovinianus[151]의 이단에 빠지고 만다. 엄격한 일부일처제를 유지해야 한다. 일부다처제는 여자에게 불공평하고, 일처다부제는 부계를 불확실하게 만든다. 근친결혼은 가정생활을 복잡하게 만들기 때문에 금지해야 한다. 형제자매의 근친결혼에 반대하는 기이한 논증도 있다. 남편과 아내의 사랑이 형제와 자매의 사랑과 결합되면 서로 끄는 힘이 너무 강해져 지나치게 자주 성교하게 될 것이라고 주장한다.

이러한 성 윤리에 관한 논증은 모두 신의 계명과 금지가 아니라 순수하게 이성적 고찰에 호소한다. 1권부터 3권까지 도처에서 인용하듯, 아퀴나스는 여기서도 기꺼이 한 가지 추론의 끝 부분에서 이성과 성서가 조화를 이루도록 했다는 점을 보여 주는 성서 구절을 인용하지만, 결론을 도출하기 전까지는 권위에 호소하지 않는다.

자발적 청빈에 대한 가장 생생하고 흥미로운 논의는 예상대로 최후에 탁발 수도회의 원칙과 조화를 이루는 결론에 이르지만, 힘과 현실론에 따라 실제로 교구 성직자가 역설했다고 들었던 주장을 답습한 반론을 제기한다.

다음에 죄, 예정설, 신의 선택 문제로 넘어가는데, 아퀴나스의 견해는 대략 아우구스티누스와 유사하다. 인간은 도덕적 죄를 지음으로써 영원무궁

151 * 4세기에 활동한 그리스도교 금욕주의의 반대자. 혼인의 장점을 칭송하는 글을 써서, 393년 로마와 밀라노 교구회의에서 이단으로 단죄를 받았다.

한 세계에 이르려는 최후의 목적을 상실하기 때문에 영원한 벌은 인간이 받을 당연한 응보다. 어느 누구도 은총을 받지 못하면 죄에서 자유로울 수 없지만, 죄인은 회개하지 않으면 마땅히 비난을 받아야 한다. 인간은 선한 목적을 관철하려면 은총이 필요하지만, 신의 조력을 **마땅히 받을 만한** 사람은 아무도 없다. 신은 죄의 원인이 아니고, 그저 죄를 저지르도록 버려두거나 죄에서 건져 낼 따름이다. 예정설에 관해 성 토마스는 성 아우구스티누스처럼 왜 어떤 사람은 신의 선택을 받아 천국에 가고, 다른 사람은 신의 버림을 받아 지옥에 떨어지는지 이유를 댈 수 없다고 주장한 듯하다. 그는 어느 누구라도 세례를 받지 않으면 천국에 들어갈 수 없다고 주장하기도 한다. 이것은 계시의 도움 없이 이성으로 증명할 수 있는 진리 가운데 하나가 아니다. 그것은 요한복음 3장 5절에 계시되어 있다.[152]

『이교도 반박 대전』 4권에서는 삼위일체설, 육화, 교황의 지상권, 성사, 육신의 부활에 관해 논의한다. 4권은 주로 철학자가 아니라 신학자에게 말한 내용이므로 간략하게 다루려 한다.

신을 아는 세 가지 길이 있는데, 이성으로 통하는 길과 계시로 통하는 길, 오직 계시로 미리 알려진 중요한 것을 직관함으로써 통하는 길이다. 그러나 셋째 길에 대해 거의 아무 말도 하지 않는다. 신비주의 경향을 띠는 저술가는 다른 두 가지 길보다 셋째 길에 대해 더 많이 말했을 테지만, 아퀴나스는 신비주의보다 이론을 따지기 좋아하는 철학자다.

그리스 정교회Greek Church는 성령과 교황 지상권의 이중 발현을 부정하기 때문에 비난받는다. 우리는 그리스도가 성령으로 잉태되었더라도 그리스도의 육체와 조화를 이루는 성령의 아들이었다고 가정해서는 안 된다는 경

152 "예수께서 말씀하셨다. 진실로 진실로 내가 너희에게 말하니, 누구든지 물과 성령으로 태어나지 않으면 하느님의 왕국에 들어가지 못하리라."

고를 받는다.

성사聖事, sacraments[153]는 악한 성직자들이 베풀더라도 유효하다. 이것은 교회 교리의 핵심 항목이었다. 대다수 사제들이 도덕적 죄를 지으며 살았기 때문에 신앙심이 깊은 사람은 부도덕한 사제들이 성사를 주재해도 괜찮은지 걱정스러웠다. 이것은 거북하고 다루기 힘든 문제였다. 어느 누구도 혼인을 정말로 했는지, 유효한 사면을 정말로 받았는지 알 도리가 없었을 테니 말이다. 이 문제가 이단과 분열로 이어진 까닭은 청교도적 신자들이 더욱 나무랄 데 없는 덕에 근거한 별개의 사제 제도를 세우려 했기 때문이다. 결국 교회는 사제의 죄가 사제 기능의 수행 자격을 박탈하지 않는다고 강조해야 했다.

마지막으로 논의한 문제는 육체의 부활에 관한 것이다. 아퀴나스는 여기서도 다른 문제를 다룰 때처럼 정통 신앙의 입장에 반대하는 논증을 아주 공정하게 진술한다. 반대 논증들 가운데 하나는 언뜻 보기에도 중대한 난점이 있다. 아퀴나스 성인은 이렇게 묻는다. "부모가 그랬듯 평생 인육 말고 아무것도 먹어본 적이 없던 사람이 있다면 그에게 무슨 일이 생기겠는가? 최후 심판의 날, 그자의 게걸스러운 식욕의 결과로 희생자들이 자신의 육체를 빼앗겼다면, 그것은 희생자들에게 불공평해 보일 것이다. 게다가 그렇지 않다면, 그자의 육체를 구성할 무엇이 남겠는가?" 나는 언뜻 보면 극복하기 어려워 보일 수도 있는 이러한 난점에 의기양양하게 대처한다고 말할 수 있어 기쁘다. 성 토마스는 육체의 동일성이 같은 질료 부분의 지속에 의존하지 않는다고 지적한다. 살아 있는 동안 먹고 소화하는 과정을 통해 육체를 이루는 질료는 끊임없이 변했다. 그러므로 식인종은 죽은 순간의 육체와 같

153 * 가톨릭교회에서 '눈에 보이는 형식을 통해서 눈에 보이지 않는 하느님의 은혜를 전달하는 의식'이다. 세례, 견진, 성체, 고해, 병자, 성품, 혼인 일곱 가지가 있다.

은 질료로 구성되어 있지 않더라도, 같은 육체로 부활할 것이다. 이렇게 위로가 되는 사상과 더불어 『이교도 반박 대전』의 요약을 마치기로 한다.

아퀴나스 철학은 일반적으로 아리스토텔레스의 철학과 일치하기 때문에 독자도 스타게이로스 사람의 철학을 수용하고 거부하는 정도에 따라 수용하거나 거부할 터다. 아퀴나스의 독창성은 변경을 최소화하면서 아리스토텔레스의 철학을 그리스도교 교리에 맞게 개조한 작업에서 나타난다. 그는 당시에도 대담한 혁신가로 생각되었고, 죽고 난 다음에도 많은 학설이 파리대학과 옥스퍼드대학에서 비난의 대상이 되었다. 그는 독창성보다 체계화 능력이 훨씬 뛰어났다. 아퀴나스의 학설이 모조리 오류라고 하더라도 『이교도 반박 대전』은 당당한 지적 구성물로 남게 되리라. 그는 어떤 학설을 논박하고 싶으면 우선 해당 학설에 대해 자주 온 힘을 다해, 대부분 공정하게 진술한다. 이성에서 비롯된 논증과 계시에서 비롯된 논증을 구별하는 예리함과 명료함은 감탄을 자아낸다. 그는 아리스토텔레스를 더할 나위 없이 잘 알 뿐만 아니라 철저하게 이해했는데, 이전 어떤 가톨릭 철학자도 그렇지 못했다.

그렇지만 이러한 장점이 그에 대한 어마어마한 평판을 충분히 정당화하지 못하는 것처럼 보인다. 어떤 점에서 이성에 대한 호소는 도달해야 할 결론을 미리 정해 놓았기 때문에 불성실하다. 혼인의 불가해소성indissolubility을 예로 들어 보자. 혼인의 불가해소성 주장은 아버지가 자식 교육에 유익하다는 근거에서 (a) 아버지는 어머니보다 더 이성적이기 때문에, (b) 아버지가 어머니보다 더 힘이 세서 자식에게 신체적 벌을 줄 때 더 유리하기 때문에 지지를 받는다. 현대의 교육자는 (a)일반적으로 남자가 여자보다 더 이성적이라고 가정할 이유는 없으며, (b) 신체의 힘이 대단히 중요할 만큼의 처벌은 교육에 바람직하지 않다고 맞받아칠지도 모른다. 더 나아가 그 교육자는 현대 세계의 교육에서 아버지는 어떤 역할을 담당할 기회가 좀처럼 없을 것이라고 지적할 수도 있다. 그러나 성 토마스의 어떤 추종자도 그러한 설명에 근거하여 평생 일부일처제에 대한 믿음을 멈추지 않는데, 그러한 믿음의 현실적 근거는 주장된 근거가 아니기 때문이다.

혹은 다시 신의 실존을 증명한다고 선언한 논증을 예로 들어 보자. 이러한 논증은 모두 무생물과 관련된 목적론을 제외하면, 제1항이 없는 수열은 불가능하다는 가정에 의존한다. 수학자라면 누구나 제1항이 없는 수열이 불가능하지 않다는 사실을 안다. -1로 끝나는 음의 정수의 수열이 반례다. 그러나 여기서 다시 한 번 어떤 가톨릭교도라도 성 토마스의 논증이 나쁘다고 확신하게 되더라도 신에 대한 믿음을 포기할 것 같지는 않다. 그는 오히려 다른 논증을 고안하려고 하거나 계시로 도피하려고 할 터다.

신의 본질과 실존이 하나이며 같다거나 신은 자신의 선이자 권능이라는 주장은, 플라톤에서 발견되지만 아리스토텔레스는 특수자의 존재 방식과 보편자의 존재 방식 사이에서 피했다고 가정된 혼동을 암시한다. 신의 본질은 보편자의 본성이 되지만, 신의 실존은 그렇지 않다고 가정해야 한다. 이러한 난점을 만족스럽게 진술하기 어려운데, 더는 수용될 수 없는 논리학 내부에서만 발생하기 때문이다. 그러나 이것은 일종의 구문론적 혼동을 분명하게 짚어 주며, 이러한 혼동이 없다면 신에 관한 논증의 많은 부분이 그럴듯해 보이지 않을 것이다.

아퀴나스의 철학 체계 안에 진정한 철학 정신을 드러내는 부분은 거의 없다. 아퀴나스는 플라톤의 대화 편에 등장하는 소크라테스와 달리 논증이 이끄는 곳이라면 어디든 따라가려는 태도를 보이지 않는다. 그는 결과를 미리 알 수 없는 탐구에 발을 들여놓지 않는다. 철학을 시작하기 전에 벌써 그는 진리를 알고 있다. 진리는 가톨릭 신앙으로 선언된다. 그가 신앙의 어떤 부분을 지지하기 위한 이성적 논증을 분명히 찾을 수 있다면, 훨씬 더 나은 철학일 것이다. 그럴 수 없다면, 그저 계시로 후퇴하는 길밖에 없다. 결론이 미리 주어진 논증의 발견은 철학이 아니라 특별한 변론에 지나지 않는다. 그러므로 나는 아퀴나스가 고대 그리스와 근대라는 두 시대의 최고 철학자들과 어깨를 나란히 견줄 만하다고 생각하지 않는다.

14.
프란체스코 수도회의 스콜라 철학자들

프란체스코 수도회 수도자들은 전반적으로 도미니코 수도회 수도자들보다 덜하지만 나무랄 데 없는 정통 그리스도교 신앙을 지켰다. 두 수도회 사이에 경쟁이 치열하여 프란체스코 수도회 수도자들은 성 토마스의 권위를 받아들이려고 하지 않았다. 프란체스코 수도회 철학자 가운데 로저 베이컨과 둔스 스코투스, 윌리엄 오브 오컴이 가장 중요하다. 성 보나벤투라와 아콰스파르타의 마태오도 주목할 만한 인물이다.

로저 베이컨Roger Bacon(1214년경~1294년경)은 당대에 대단한 칭송을 듣지 못했으나 근대에 이르러 공적에 비해 과분한 칭찬을 받았다. 그는 좁은 의미의 철학자가 아니라 수학과 과학에 대한 열정을 지닌 만물박사였다. 당시 과학은 연금술과 뒤섞였고 암흑 마법과도 관계가 있다고 생각되었다. 베이컨은 이단이나 마법과 관련된 의혹으로 끊임없이 말썽을 빚었다. 1257년에 프란체스코 수도회 총회장 성 보나벤투라는 베이컨을 파리로 보내 감시 아래 두고, 출판도 금지시켰다. 금지 명령이 아직 유효했는데도 잉글랜드의 로마 교황청 특사, 기 드 풀크Guy de Foulques는 교황을 위해 철학책을 쓰라는 정반대 명령을 그에게 내렸다. 이리하여 그는 아주 짧은 기간에 세 권의 책, 『대저작*Opus Majus*』과 『소저작*Opus Minus*』, 『제3저작*Opus Tertium*』을 썼다. 이러한 저작은 호감을 샀던 것으로 보이며, 수도회의 명령에 따라 옥스퍼드를 떠나 파리에서 일종의 연금 상태로 지내던 베이컨이 1268년에 허가를 받아 옥스퍼드로 돌아올 수 있었다. 이러한 경험을 하고도 로저 베이컨은 결코 신중하게 처신하지 않았고, 동시대의 명망 높은 학자를 모두 신랄하게 비판했다. 특히 그리스어와 아랍어 번역가들이 무능하기 짝이 없다고 주장했다. 1271년에 그는 『철학 연구 개설』이라는 책을 저술하여 성직자들의 무지를 맹렬히 비난했다. 이 책은 동료들의 인기를 얻지 못했을 뿐만 아니라 오히려 1278년에 수도회 총회장에게 단죄를 받아 14년이나 감옥살이를 하게 만들었다. 그는 1292년에 풀려났으나 얼마 되지 않아 죽었다.

로저 베이컨은 백과사전적으로 지식을 소유했으나 체계성은 없었다. 당대의 철학자들과 달리 실험의 가치를 높게 평가했으며, 무지개 이론으로 실험의 중요한 가치를 보여 주었다. 그는 지리에 관한 좋은 글을 남겼다. 콜럼버스는 베이컨의 지리 관련 저작을 읽고 영향을 받았다. 베이컨은 훌륭한 수학자로서 에우클레이데스의 『기하학원론』 6권과 9권을 인용하고, 아랍의 자료를 추적하여 원근법도 다루었다. 논리학을 쓸모없는 학문이라고 생각했지만, 연금술의 가치는 충분히 인정하여 관련된 글도 썼다.

로저 베이컨이 다룬 학문의 범위와 방법을 이해하기 위해 『대저작』의 일부를 요약하겠다.

그는 무지의 원인이 네 가지라고 말한다. 첫째, 부정하고 부적합한 권위의 사례다(이 저작은 교황을 위해 쓰였으므로, 그는 조심스럽게 교회 사례는 들어가지 않는다고 말한다). 둘째, 관습의 영향이다. 셋째, 무식한 군중의 의견이다(추측건대 무식한 군중에는 베이컨 자신을 뺀 모든 당대 사람이 들어간다). 넷째, 외견상의 지혜를 과시하며 무지를 은폐하는 짓이다. 네 가지 역병 가운데 네 번째가 가장 치명적이고, 인간이 저지르는 모든 악의 근원이다.

어떤 견해를 지지할 때 조상의 지혜나 관습, 혹은 상식적 믿음에 근거하여 논증을 펼치는 것은 잘못이다. 로저 베이컨은 자신의 견해를 뒷받침하기 위해 세네카, 키케로, 이비세나, 아베로에스, 애덜라드, 성 히에로니무스, 성 크리소스토무스의 견해를 인용한다. 베이컨은 이러한 권위자들이 권위를 존중해서는 안 된다는 사실을 충분히 입증해 준다고 생각한 듯하다.

로저 베이컨은 아리스토텔레스를 대단히 존경하지만, 무한한 존경을 표하지 않는다. "오로지 현자의 판단에 따라서 아리스토텔레스를 그의 추종자들과 함께 철학자라고 불렀다." 그는 당대 거의 대부분의 학자들과 마찬가지로 아리스토텔레스에게도 '그 철학자'라는 호칭을 사용하지만, 그가 말한 스타게이로스 사람조차 인간적 지혜의 극한에 이르지 못했다. 아리스토텔레스 이후 아비세나는 '철학의 군주이자 지도자'였는데도 목적인을 인정하지 않았기 때문에 무지개 현상을 충분히 이해하지 못했는데, 창세기에 따르면 무지개 현상은 수증기가 흩어지는 현상이다(그런데도 베이컨은 무지개 현상에 대해 논할 때면 가슴 벅찬 경탄을 표하며 아비세나의 견해를 인용한다). 베이컨은 자주 교회법과 교회철학에서 설명하듯 완벽한 지혜는 오로지 성서 안에 있을 뿐이라고 정통 신앙의 맛이 느껴지게 말하곤 한다. 그러나 이교도에게 지식을 얻는 것에 반대할 어떤 이유도 없다는 베이컨의 말이 더욱 진지하게 들린다. 그는 아비세나와 아베로에스 말고도 자주 알 파라비al-Farabi(878년경~950년경)[154]를 인용하며, 때때로 알부마자르Albumazar[155]와 다른 학자도 인용한다. 알부마자르는 대홍수 이전 노아와 그의 아들이 수학을 알았다는 사실을 보여 주려고 인용한다. 이것이 바로 이교도에게 지식을 배워도 좋다는 실례가 되지 않을까. 베이컨은 수학이 (계시되지 않은) 확실성의 유일한 원천일 뿐만 아니라 천문학과 점성술에도 필요한 학문이라며 찬사

154 이슬람교도 철학자로 아랍 아리스토텔레스학파의 영향을 받았다.

155 천문학자, 805~885년.

를 아끼지 않는다.

베이컨은 아베로에스를 추종하여 능동지성active intellect이 본질적으로 영혼과 분리된 실체라고 주장한다. 저명한 여러 신학자를 인용하는데, 링컨의 주교 그로스테스테는 성 토마스와 반대로 능동지성과 영혼을 구별한 견해를 뒷받침한다. 겉으로 볼 때 아리스토텔레스의 저작 속에 나타난 반대 구절들은 오역 탓이라고 주장한다. 그는 플라톤의 1차 문헌을 직접 인용하지 않고, 키케로가 번역한 2차 문헌을 간접 인용하거나 포르피리오스에 관해 다룬 아랍인의 3차 문헌을 인용하기도 한다. 베이컨은 보편자에 관한 학설을 '유치하다'고 비웃으며 포르피리오스에 대해 그다지 존경을 표하지도 않는다.

근대에 이르러 로저 베이컨은 지식의 원천으로서 실험을 논증보다 훨씬 더 중시했기 때문에 찬사를 받았다. 분명히 베이컨의 관심 영역이나 주제를 다루는 방식은 전형적 스콜라 철학자들과 아주 달랐다. 베이컨의 백과사전적 취향은 대부분의 다른 그리스도교 철학자보다 아무래도 그에게 더욱 깊은 영향을 주었던 아랍인 저술가와 흡사하다. 아랍인 저술가들은 베이컨과 마찬가지로 과학에 흥미를 느끼고 마법과 점성술을 믿었으나, 그리스도교도는 마법이 사악한 것이고 점성술은 망상이라고 생각했다. 그는 중세의 다른 그리스도교 철학자들과 너무 다르기 때문에 놀라운 인물이지만, 당대에 미친 영향은 미미했을 뿐만 아니라 이따금 생각되는 만큼 과학적인 철학자도 아니었다. 영국인 저술가들은 로저 베이컨이 화약을 발명했다고도 말하곤 하지만, 당연히 사실이 아니다.

성 보나벤투라St. Bonaventura(1221~1274)는 프란체스코 수도회의 총회장으로서 베이컨 저술의 출판을 금지한 적이 있으며, 베이컨과 철저히 다른 사람이었다. 성 안셀무스의 전통에 속한 그는 존재론적 논증을 지지했다. 그는 새로 해석된 아리스토텔레스의 철학에서 그리스도교와 대립하는 요소를 발견했다. 하지만 그는 오로지 신만이 완벽하게 인식하는 플라톤의 이상들을 믿었다. 성 보나벤투라는 아우구스티누스의 글을 끊임없이 인용해 저술하지만, 아랍인의 글은 하나도 인용하지 않으며, 이교도 고대인의 글을 인용하는 경우도 거의 없다.

마태오 디 아콰스파르타Matteo di Aquasparta(1235년경~1302)는 보나벤투라의 추종자였으나 새로운 철학을 더 많이 언급했다. 그는 프란체스코 수도회 수도자로 나중에 추기경의 자리까지 올랐다. 그는 아우구스티누스의 관점에서 성 토마스와 대립했다. 그러나 마태오에게도 아리스토텔레스는 '그 철학자'가 되어 끊임없이 인용된다. 아비세나도 자주 언급한다. 성 안셀무스는 위디오니시오스만큼 존경심을 표하며 인용한다. 그러나 권위자의 으뜸은 역시 성 아우구스티누스다. 마태오는 우리가 플라톤과 아리스토텔레스의 중간 길을 찾아야 한다고 말한다. 플라톤의 이상론은 '완전히 틀렸다.' 이상은 지혜를 세우지만 지식을 세우지 못하기 때문이다. 다른 한편 아리스토텔레스도 틀렸다. 그는 지식을 세우지만 지혜를 세우지 못하기 때문이다. 그래서 우리의 지식은 더 낮은 것과 더 높은 것, 외부 대상과 이상적 이유 둘 다로 야기된다는 결론에 이른다.

둔스 스코투스Duns Scotus(1270년경~1308)는 프란체스코 수도회와 아퀴나스의 논쟁을 계속 이어 갔다. 그는 스코틀랜드 또는 얼스터에서 태어나 옥스퍼드 프란체스코 수도회의 수도자가 되었고, 이후 파리에서 여생을 보냈다. 둔스 스코투스는 성 토마스에 맞서 성모 마리아의 원죄 없는 잉태를 지지했는데, 파리대학이 이에 동의하는 입장을 표했고 마지막으로 가톨릭교회 전체가 동의했다. 그는 아우구스티누스의 추종자였으나, 보나벤투라보다 극단적으로 표현하지 않았을 뿐만 아니라 마태오보다 더 약하게 지지했다. 둔스 스코투스와 성 토마스의 차이는 앞의 두 사람과 마찬가지로 자신의 철학 속에 (아우구스티누스를 거쳐) 플라톤 사상을 더 많이 혼합하는 정도에서 기인

둔스 스코투스

한다.

둔스 스코투스는 예컨대 다음과 같은 질문에 대해 논의한다. “확실하고 순수한 어떤 진리든 신이 비추는 특별한 조명을 받지 않아도 나그네인 인간의 이해력으로 자연스럽게 알려질 수 있는가?” 그럴 수 없다고 대답한다. 서두 논증에서 그는 단지 성 아우구스티누스에서 인용한 구절을 근거로 그럴 수 없다는 견해를 지지한다. 아우구스티누스가 「로마서」 1장 20절에서 발견한 유일한 난점은 다음과 같다. “하느님의 눈으로 볼 수 없는 능력과 신성은 피조물을 통해 이해되도록 드러났으며, 천지창조 때부터 분명하게 알려졌습니다.”

둔스 스코투스는 온건한 실재론자였다. 그는 인간에게 자유의지가 있다고 믿었으며, 펠라기우스 사상에 대한 지식도 가지고 있었다. 그는 **존재**being가 **본질**essence과 다르지 않다고 주장했고, 주로 **증거** 곧 증명 절차를 밟지 않아도 알 수 있는 사물에 흥미를 느꼈다. 이와 같은 사물에는 세 가지 종류, (1) 저절로 알려진 원리 (2) 경험을 통해 알려진 사물 (3) 우리 자신의 행위들이 있다. 그러나 신의 조명이 없다면 우리는 아무것도 알 수 없다.

프란체스코 수도회 수도자는 대부분 아퀴나스보다 둔스 스코투스를 추종했다.

둔스 스코투스는 존재와 본질 사이에 아무 차이도 없기 때문에 ‘개별화의 원리’, 바로 한 사물을 다른 사물과 동일하지 않게 만드는 원리는 질료가 아니라 형상이어야 한다고 주장했다. ‘개별화의 원리principle of individuation’는 스콜라 철학의 가장 중요한 문제였다. 개별화의 원리에 관한 문제는 다양한 형태로 이어져 현대에도 철학적 문제로 남아 있다. 특정한 저자를 언급하지 않더라도, 개별화의 원리 문제는 아마도 다음과 같이 진술해도 좋을 것이다.

개별 사물의 속성 가운데 몇 가지는 본질적 속성이고 다른 몇 가지는 우연적 속성이다. 어떤 사물의 우연적 속성은 네가 인간인데 모자를 쓰고 있는 경우처럼 잃어버려도 사물의 동일성을 잃지 않는 것이다. 이제 다음과 같은 문제가 생긴다. 같은 종에 속한 개체가 둘 있다면 두 개체는 언제나 본질에서 차이가 있는가, 아니면 두 개체 안의 본질이 꼭 같을 수 있는가? 성 토마스는 물질적 실체에 대해 후자의 견해를 받아들이고, 정신적 실체에 대해 전자의 견해를 받아들인다. 둔스 스코투스는 다른 두 개체 사이에 **언제나**always 본질의 차이가 있게 마련이라고 주장한다. 성 토마스의 견해는 순수 질료가 공간 속 위치의 차이로만 구별되는 균등한 부분들로 구성되어 있다는 이론에 의존한다. 따라서 정신과 육체로 이루어진 어떤 사람은 육체의 공간적 위치를 통해서만 다른 사람과 **물리적으로**physically 다르다고 할 수 있다(이러한 일은 이론상 똑같은 쌍둥이에게 일어날지도 모른다). 다른 한편 둔스 스코투스는 사물이 구별된다면 성질의 차이로 구별되어야 한다고 주장한다. 이러한 견해는 분명히 성 토마스보다는 플라톤에 더 가깝다.

개별화의 원리 문제를 현대적 어법으로 진술하려면, 여러 단계를 밟아야 한다. 라이프니츠가 밟은 첫 단계는 본질적 속성과 우연적 속성의 구별을 제거하는 절차인데, 이 구별은 스콜라 철학자들이 아리스토텔레스에게서 이어받은 여러 가지 구별과 마찬가지로 우리가 주의 깊게 진술하려면 곧 비현실적unreal 구별에 지나지 않는다는 점이 드러난다. 따라서 우리는 '본질' 대신 '해당 사물에 대해 참이라고 말할 수 있는 모든 명제'를 사용한다(그러나 일반적으로 시공간상 위치는 여전히 배제하겠다). 라이프니츠는 '구별불가능자의 동일성identity of indiscernibles' 원리 때문에 두 사물이 똑같아지는 일이 불가능하다고 주장한다. 라이프니츠의 원리는 물질 입자 두 개는 시공간상 위치에서만 다를 수 있다고 주장하는 물리학자의 비판을 받았으며, 시공간을 관계로 환원하는 상대성 이론으로 더욱 곤경에 빠졌던 관점이다.

개별화의 원리를 현대의 어법으로 논의하려면 그 이상의 단계가 필요한

데, 바로 '실체' 개념을 제거하는 절차다. 실체 개념을 제거하고 나면 '사물'은 성질의 다발이 될 수밖에 없는데, 순수한 '사물다움'의 핵이 더는 없기 때문이다. '실체'를 제거해 버리면, 우리가 받아들일 관점은 아퀴나스보다 스코투스의 관점과 더욱 가깝다는 결론이 도출되는 것처럼 보일 터다. 그러나 이러한 관점은 시공간과 관련된 더 큰 난점을 포함한다. 이 문제를 내가 알아본 대로 저서 『의미와 진리의 탐구*Inquiry into Meaning and Truth*』에서 '고유명사'라는 제목으로 논의했다.

윌리엄 오브 오컴William of Occam은 성 토마스 이후 가장 중요한 스콜라 철학자다. 오컴의 생애는 전말이 정확히 알려져 있지 않다. 그는 아마 1290년에서 1300년 사이에 태어났던 것 같다. 4월 10일에 죽었으나, 1349년인지 1350년인지 불확실하다(흑사병이 1349년에 창궐했으니, 그해에 죽었을 가능성이 더 높다). 사람들은 대부분 그가 서리의 오컴에서 태어났다고 말하지만, 딜라일 번스는 요크셔의 오컴이 맞는다고 주장한다. 그는 옥스퍼드대학에서 공부했고, 다음에 파리대학으로 가서 처음에 둔스 스코투스의 제자가 되어 공부했으나 나중에 그의 경쟁자로 성장했다. 그는 프란체스코 수도회와 교황 요한네스 22세가 벌인 청빈 논쟁에 연루되었다. 교황은 영성수련자들을 박해했는데, 그들이 프란체스코 수도회의 총회장인 미켈레 디 체세나 Michele di Cesena(1270년경~1342)를 지지했기 때문이다. 그러나 탁발 수도자들에게 남겨진 재산은 교황에게 바치고, 교황은 그들에게 소유권으로 인한 죄를 저지르지 않으면서도 이득을 얻도록 허락하는 협정이 있었다. 이 협정은 요한네스 22세가 탁발 수도자들이 공공연한 소유권을 수용해야 한다고 주장했기 때문에 파기되었다. 교황이 이렇게 주장하자 체세나가 이끄는 수도회의 대다수 수도자들은 반발했다. 실체변화에 관한 이단 문책 때문에 교황이 머물던 아비뇽으로 소환된 오컴은 다른 중요한 인물, 마르실리오와 마찬가지로 체세나 편을 들었다. 1328년에 세 사람은 모두 파문당했으나, 아비뇽에서 탈출해 루트비히 황제와 함께 피신했다. 루트비히 황제는 독일의 지배권을 주장하는 두 황제 가운데 한 사람이었다. 그는 독일 국민의 지지를 받아 즉위했으나 다른 황제는 교황이 대립황제로 세운 인물이었다. 교황은 총 공의회General Council에서 자신에 대항한 루트비히 황제를 파문했다. 이에 맞서 루트비히는 총 공의회에서 교황을 이단으로 고발했다.

황제를 만난 오컴은 이렇게 말했다고 한다. “황제께서 검으로 저를 지켜주신다면, 저는 펜으로 황제를 지켜드리겠습니다.” 어쨌든 오컴과 마르실리오는 루트비히 황제의 보호 아래 뮌헨에 정착했고, 상당히 중요한 정치학 관련 논문을 썼다. 1338년 황제가 죽은 다음, 오컴의 행적은 확실하게 알려져 있지 않다. 어떤 사람은 그가 교회와 화해했다고 말하기도 하지만, 틀린 말인 것 같다.

신성 로마 제국은 호엔슈타우펜 왕조의 영광을 더는 유지하지 못했다. 교황권도 점점 허식과 자만에 빠지면서 종전과 같은 존경을 받지 못했다. 클레멘스 5세가 14세기 초에 교황청을 아비뇽으로 옮김으로써 교황의 정치 활동은 프랑스 왕의 지배 아래 놓였다. 신성 로마 제국은 한층 힘이 약해졌고, 프랑스와 잉글랜드의 세력이 커지면서 이름뿐인 보편적 지배권조차 더는 주장할 수 없었다. 다른 한편 교황은 프랑스 왕에게 복종함으로써 세속적인 일에 개입할 보편적 권리를 약화시켰다. 따라서 교황과 황제의 갈등은 현실적으로 프랑스와 독일의 갈등이었고, 잉글랜드는 에드워드 3세의 치세 아래 프랑스와 전쟁을 벌임으로써 독일과 동맹을 맺었다. 이로써 잉글랜드도 교황 반대파로 돌아섰다. 교황의 적대자들은 교회 내에서 교황보다 우월한 권위를 인정받는 유일한 협의체로 총 공의회 소집을 요구했다.

이때 교황 반대 운동도 변하기 시작했다. 교황 반대 운동은 단지 황제를 지지하는 단계에서 그치지 않고 민주주의적 색채를 띠기 시작했는데, 특히 교회 정치의 문제에서 민주주의적 경향이 두드러졌다. 이러한 특징은 교황 반대 운동에 새로운 힘을 실어 주어, 결과적으로 종교개혁에 이르렀다.

단테Alighieri Dantee(1265~1321)는 시인으로서 위대한 혁신자였으나 사상가로서는 어딘가 시대에 조금 뒤처진 인물이었다. 그가 쓴 『제정론*Monarchia*』은 황제파의 견해를 얼마간 대변하며, 100년 전에나 시기적절했을 법하다. 그는 황제와 교황을 독립된 존재로 보며 둘 다 신이 내린 직위라 생각한다. 『신곡*Devine Comedy*』에서 묘사한 사탄은 입이 세 개이며, 각 입으로 유다와 브루투스와 카시우스를 끊임없이 씹고 있는데, 세 사람은 모두 반역자로 첫 사람은 그리스도를 배반하고, 다른 두 사람은 카이사르를 배반했다. 단테의 사상은 자체로 흥미로울 뿐만 아니라 속인의 사상으로서 더욱 흥미롭다. 그러나 단테의 사상은 위세를 떨치지 못했으며, 역량이 부족해 시대에 뒤처졌다.

반대로 마르실리오Marsilio da Padova(1270~1342)는 새로운 형태의 교황 반대 운동의 막을 열었는데, 이 운동 속에서 황제의 역할은 주로 위엄을 나타내는 장식에 지나지 않았다. 마르실리오는 오컴의 가까운 친구로 정치적 의견 형성에 영향을 끼쳤다. 정치적으로 마르실리오가 오컴보다 더 중요한 인물이다. 그는 입법자는 다수 민중이고 다수 민중에게 군주를 처벌할 권리도 있다고 주장한다. 그는 민중 주권 사상을 교회에도 적용하여 평신도를 민중에 포함시켰다. 평신도를 포함한 민중 지방 공의회를 열고, 평신도에게 총 공의회에 참여할 대표를 선출할 자격도 준다. 총 공의회만 파문과 권위 있는 성서 해석의 권한을 행사한다. 따라서 모든 신자는 교리를 정하는 과정에서 한목소리를 낼 수 있었다. 교회는 어떤 세속 권력도 가져서는 안 되며, 평신도의 동의 없이 파문을 해서도 안 된다. 그래서 교황은 특별한 권한을 갖지 못한다.

오컴은 마르실리오만큼 극단에 치우치지 않았으나, 총 공의회의 대표를 선출할 완벽한 민주적 방법을 생각해 냈다.

공의회 운동은 15세기 초 교회의 대분열Great Schism을 수습해야 했던 시기에 정점에 이르렀다. 그러나 대분열을 수습하고 나자 공의회 운동은 침체기로 접어들었다. 마르실리오에게서 이미 알 수 있듯 공의회 운동의 관점은 훗날 개신교도가 채택한 관점과 이론상 차이가 있었다. 개신교도는 사적 판단private judgment의 권리를 주장하며 총 공의회에 기꺼이 복종하려고 하지 않았다. 그들은 종교적 믿음은 어떤 정치 기구가 결정할 사안이 아니라고 주장했다. 반대로 마르실리오는 여전히 가톨릭 신앙의 통일을 유지하는 데 목표를 두지만, 교황의 절대지상권이 아니라 민주적 방법으로 목표를 이루고 싶어 한다. 실제로 개신교도는 대부분 권력을 쥐었을 때 교황을 왕으로 대체했을 뿐이기 때문에 개인적 판단의 자유도 얻지 못하고 교리와 관련된 문제를 결정할 민주적 방법도 확보하지 못했다. 그러나 그들은 교황에 반대하여 운동을 벌일 때 공의회 운동의 교리에서 지지 기반을 찾았다. 모든 스콜라 철학자 가운데 오컴은 루터가 오히려 좋아한 유일한 철학자였다. 고려할 가치가 있는 중요한 개신교 종파는 개신교 국가인 경우에도 사적 판단의 교리를 고수했다는 말은 꼭 해야 하겠다. 이것은 영국 내란 당시 독립교파 신도와 장로교파 신도의 주요 차이점이었다.

오컴의 정치 관련 저작[156]은 철학적으로 논쟁하는 방식으로 썼고 다양한 논제에 찬성하거나 반대하는 논증들로 구성되어 있고, 때로는 결론에 도달하지 못한 경우도 있다. 우리는 한층 솔직하고 직설적으로 표현되는 정치적 선전에 익숙하지만, 당대에는 오컴이 선택한 형식이 아마 효과가 있었던 모양이다.

몇 가지 실례는 오컴이 선택한 방법과 사고방식을 보여 줄 것이다.

「교황 권력에 관한 여덟 가지 문제」라는 긴 논문을 보자. 첫째, 개인은 교

156 사이크스, 『윌리엄 오브 오컴의 정치학 전집』(맨체스터대학교출판부, 1940)을 참고.

회와 국가 안에서 두 권위보다 우위에 있다고 정당하게 말할 수 있는가? 둘째, 세속 권력은 신으로부터 직접 나오는가, 아닌가? 셋째, 교황은 세속 지배권을 황제와 다른 군주에게 부여할 권리를 가지는가? 넷째, 선거인단의 선출은 독일 왕에게 충분한 권력을 부여하는가? 다섯째와 여섯째, 교회는 왕에게 기름을 부어 축복하는 주교의 권리 행사를 통해 어떤 권리를 획득하는가? 일곱째, 부정한 대주교가 거행했다면, 대관식은 유효한가? 여덟째, 선거인단 선출이 독일 왕에게 황제의 칭호를 부여하는가? 이러한 문제는 모두 당대의 현실 정치와 관련된 뜨거운 감자였다.

다른 논문은 군주가 교황의 허가를 받지 않고 교회의 재산을 가져갈 수 있느냐는 문제에 관한 글이다. 에드워드 3세가 프랑스와 전쟁을 벌이려고 성직자 계급에 세금을 부과한 정책을 정당화하려는 취지로 썼다. 에드워드가 독일의 동맹이었다는 점을 기억할 것이다.

다음 논문은 「결혼 소송 자문」으로 황제가 사촌과 결혼해도 되는지에 관한 문제를 다룬다.

오컴이 황제의 보호를 받을 만한 인물이 되기 위해 최선을 다했다는 점도 알게 되었을 터다.

이제 오컴이 내놓은 순수한 철학 학설로 돌아가 보자. 오컴의 순수 철학을 다룬 대단히 훌륭한 책은 무디Ernest A. Moody의 『오컴의 논리학』이다. 내가 말할 내용은 대부분 무디의 책에 근거하며, 다소 흔치 않은 관점으로 썼지만 맞는다고 생각한다. 철학사를 쓰는 저술가에게 철학자를 후계자에 비추어 해석하려는 경향이 있는데, 이는 대체로 잘못이다. 오컴은 스콜라 철학을 와해시킨 인물, 데카르트의 선구자나 칸트의 선구자, 근대 철학자 가운데 특정한 주석가가 좋아하는 철학자라면 누구든 그 철학자의 선구자로 평가되었다. 무디에 따르면 이러한 평가는 모두 잘못이며 나도 동의한다. 그는 오컴이 주로 아우구스티누스 철학과 아랍 철학의 요소를 제거하고 순수한 아리스토텔레스 철학을 복원하려 했다고 주장한다. 오컴의 관심사는 상당한 정도로 성 토마스의 목표이기도 했다. 그러나 앞서 살펴보았듯 프란체스코 수도회 수도자들은 윌리엄 오브 오컴에 비해 성 토마스보다 성 아우구스티누스를 계속 훨씬 더 열심히 추종했다. 무디에 따르면 근대 역사가가 내놓은 윌리엄 오브 오컴에 대한 해석은 스콜라 철학에서 근대 철학으로 넘어가는 점진적 과도기를 찾아내려는 갈망으로 얼룩졌다. 이러한 이유로 사람들이 사실상 단지 아리스토텔레스를 해석한 오컴을 근대의 학설로 받아들이게 되었다는 것이다.

오컴은 정작 그의 저작에서 발견되지 않지만 '오컴의 면도날'이라는 이름을 얻은 격률로 유명하다. 격률에 따르면 "독립체들entities은 필요 없이 늘려서는 안 된다." 오컴은 이 격률을 말하지 않았지만 똑같은 효과를 내는 말은 했다. "더 작은 수로 할 수 있는 일을 더 큰 수로 하는 짓은 헛수고에 지나지 않는다." 말하자면 어떤 과학 안의 모든 것이 이런저런 가설적 독립체를 가정하지 않고서 해석될 수 있다면, 그것을 가정할 근거가 없다는 것이다. 나는 오컴의 격률이 논리적 분석에서 풍성한 열매를 맺는 원리라는 사실을 알게 되었다.

오컴은 분명히 유명론을 형이상학에서는 지지하지 않았으나 논리학에서는 지지했다. 15세기의 유명론자들[157]은 오컴을 자신들이 속한 학파의 창시자로 우러러보았다. 그는 스코투스의 추종자들이 아리스토텔레스를 오해했으며, 이러한 오해의 일부는 아우구스티누스의 영향에서 기인하고 일부는 아비세나에서 비롯되지만, 일부는 더 이른 시기에 아리스토텔레스의 『범주론』에 관해 포르피리오스가 쓴 논문 탓도 있다고 생각했다. 이 논문에서 포르피리오스는 세 가지 질문을 제기했다. (1) 유類, genus와 종種, species

157 예컨대, 스와인즈헤드Swineshead, 헤이츠베리Heytesbury, 제르송Gerson, 다이d'Ailly가 있다.

은 실체인가? (2) 유와 종은 물질에 속하는가, 속하지 않는가? (3) 유와 종이 물질에 속하지 않는다면 감각할 수 있는 사물인가, 감각할 수 있는 사물에서 분리되는가? 그는 세 가지 문제를 아리스토텔레스의 『범주론』과 관련시켜 제기했기 때문에 중세에 『논리학』을 지나치게 형이상학적 관점에서 해석하도록 이끌었다. 아퀴나스는 이러한 오류를 고쳐 원상태로 되돌리려고 했으나, 둔스 스코투스는 이전의 오류에 다시 빠졌다. 결과적으로 논리학과 인식론은 형이상학과 신학에 의존하게 되었다. 오컴은 이러한 학문들을 다시 분리하는 작업에 착수했다.

오컴에게 논리학은 자연철학을 위한 도구로서 형이상학에서 독립할 수 있는 학문 분야다. 논리학은 추론 과학에 대한 분석인데, 과학은 사물과 관련이 있지만 논리학은 사물과 관련이 없다. 사물은 모두 개체이지만 명사名辭, term 가운데 보편자도 있다. 논리학은 보편자를 다루지만, 과학은 보편자에 대해 논하지 않고 보편개념을 사용한다. 논리학은 명사나 개념에 관심이 있는데, 그것을 물리 상태로서 다루지 않고 의미를 지닌 것으로 다룬다. "인간은 종이다Man is a species"라는 명제가 논리학의 명제가 아닌 까닭은 그 명제가 성립하려면 인간에 대한 지식이 필요하기 때문이다. 논리학은 정신이 자기 내부에서 꾸며 낸 것들, 바로 이성을 통하지 않고서는 존재할 수 없는 것들을 다룬다. 개념은 **자연적** 기호natural sign이며, 낱말은 **관습적** 기호conventional sign다. 우리는 한 사물로서 낱말에 대해 말하는 경우와 의미를 지닌 것으로서 낱말에 대해 말하는 경우를 구별해야 한다. 그러지 않으면 다음과 같은 오류를 범하게 될 수도 있다. "인간은 종이고, 소크라테스는 인간이므로, 소크라테스는 종이다."

사물을 가리키는 명사는 '1차 개념 명사'다. 과학에서 쓰는 명사는 1차 개념에 속하고, 논리학에서 쓰는 명사는 2차 개념에 속한다. 형이상학에서 쓰는 명사는 1차 개념에 속한 낱말이 지시하는 사물과 2차 개념에 속한 낱말이 지시하는 사물을 둘 다 지시한다는 점에서 고유한 특징을 나타낸다. 형이상학과 관련된 명사는 정확히 여섯 가지로 존재, 사물, 어떤 것, 하나, 참, 선이 있다.[158] 이러한 명사는 모두 서로 술어가 될 수 있다는 고유한 특징을 가진다. 그러나 논리학은 형이상학에서 쓰는 명사와 상관없이 독자적으로 연구를 수행할 수 있다.

오성悟性, understanding의 대상은 사물이지 정신이 생산한 형상이 아니다. 형상은 이해되는 **것**what이 아니라, 그것**에 의해** 사물이 이해되는 것이다. 논리학에서 보편자는 여러 다른 명사나 개념의 술어가 될 수 있는 명사나 개념일 따름이다. **보편자, 유, 종**은 2차 개념에 속한 명사이므로, **사물**things을 의미할 수 없다. 그러나 **하나**one와 **존재**being는 환위할 수 있기 때문에 어떤 보편자가 실존한다면, 그것은 하나이자 개별 사물일 터다. 보편자는 단지 여러 사물에 대한 기호일 따름이다. 이에 대해 오컴은 아퀴나스의 견해에 동의하고, 아베로에스, 아비세나, 아우구스티누스의 추종자들이 제시한 견해에 반대한다. 아퀴나스와 오컴은 둘 다 개별 사물, 개별 정신, 이해하는 오성의 활동만 있다고 주장한다. 사실 두 철학자는 모두 **사물에 앞선 보편자**universale ante rem를 인정하지만, 오로지 창조를 설명하기 위해 인정할 뿐이다. 창조할 수 있으려면 창조 이전에 신의 정신 속에 보편자가 존재해야 한다는 것이다. 그러나 이것은 신학에 속한 문제이지, 오로지 **사물 다음의 보편자**universale post rem와 관련된 **인간**의 지식에 대한 설명에 속한 문제가 아니다. 인간의 지식에 대해 설명할 경우, 오컴은 보편자를 결코 **사물**로 인정하지 않는다. 소크라테스는 플라톤과 유사하지만, 유사성이라는 제3의 사물이 효력을 발휘하여 그렇게 된 것이 아니다. 유사성은 2차 개념에 속한 명사로 정신 속에 있다(이것은 모두 좋다).

---

158 나는 여기서 오컴이 이러한 명사를 사용한 용법에 대해 비판할 생각은 없다.

윌리엄 오브 오컴의 『논리학 대전』 필사본 마지막 장에 있는 소묘, 제명은 "오컴 형제"이다. 1331년경

오컴에 따르면 장차 일어날 우연한 사건에 관한 명제는 참도 거짓도 아니다. 그는 이러한 견해를 신의 전지全知와 조화시키려 하지 않는다. 여기서도 다른 곳과 마찬가지로 논리학을 형이상학과 신학에서 떨어뜨려 자유롭게 놓아둔다.

오컴이 논의에 포함시킨 몇 가지 실례는 유용할 수도 있겠다.

그는 이렇게 질문한다. "발생의 우위에 따라 오성이 처음 아는 것은 개체인가?"

반대자: 보편자는 오성이 이해하는 첫 고유한 대상이다.

찬성자: 감각의 대상과 오성의 대상은 같지만, 개체는 감각의 첫 대상이다.

따라서 질문의 의미를 명확히 제시해야 한다(추측건대 두 논증이 모두 강력해 보이기 때문이다).

그는 계속해서 말한다. "기호sign가 아닌 영혼 바깥의 사물은 처음 이러한 지식으로 (다시 말해 개별적 지식으로) 이해되고, 따라서 개체는 영혼 바깥의 모든 것이 개별적이므로 처음 알려진다."

이어서 그는 추상적 인식은 언제나 '직관적(바로 지각에 속한)' 지식을 전제하며, 이것은 개별 사물들로 야기된다고 말한다.

다음으로 그는 제기될 수 있는 네 가지 의문을 열거하고 의문을 해결하는 단계로 넘어간다.

애초에 제기한 질문에 대해 긍정적 대답으로 결론을 내리지만, "보편자는 발생generation의 우위가 아니라 적절성adequation의 우위에 따른 첫 대상이다"라는 진술을 덧붙인다.

관련된 문제는 지각이 지식의 원천인가 아닌가, 지각이 지식의 원천이라면 어느 정도까지 지식의 원천이냐다. 플라톤이 『테아이테토스』에서 지식은 지각이라는 정의를 거부한 사실을 기억할 것이다. 오컴이 『테아이테토스』에 대해 알지 못했던 것은 거의 확실하지만, 알았더라도 지식은 지각이라는 정의에 동의하지 않았을 터다.

"감각혼sensitive soul과 지성혼intellectual soul은 인간 안에서 현실적으로 구별되느냐"는 질문에 오컴은 증명하기 힘들겠지만 구별된다고 대답한다. 그가 제시한 논증은 우리의 오성이 거부한 어떤 것을 우리의 욕망慾望, appetite을 좇아 욕구할 수도 있으므로, 욕망과 오성은 다른 주체에 속한다는 것이다. 다른 논증에 따르면 감각 활동은 감각혼 안에서는 주관적으로 일어나지만, 지성혼 안에서는 주관적으로 일어나지 않는다. 다시 말해 감각혼은 공간을 차지하고 물질적 측면을 갖지만, 지성혼은 공간을 차지하지도 않고 물질적 측면도 갖지 않는다. 네 가지 반론을 고찰하는데 전부 신학적 반론이지만,[159] 답변을 제시한다. 이에 관해 오컴이 밝힌 견해는 아마 예상한 것에서 상당히 벗어날 것이다. 그는 인간의 지성은 각자의 지성이지 비개인적 지성이 아니라고 생각한 점에서 성 토마스와 의견이 일치하지만 아베로에스와 일치하지 않는다.

오컴의 작업은 논리학이나 인간의 지식을 형이상학이나 신학과 관계없이 연구할 수 있다고 주장함으로써 과학적 연구를 촉진했다. 오컴은 아우구스티누스의 추종자들이 우선 이해할 수 없는 사물과 지성이 없는 인간을 가정하고서, 지식이 가능하도록 만드는 무한한 신의 빛을 추가함으로써 오류에 빠졌다고 말했다. 여기서 그는 아퀴나스와 의견이 같지만 강조점에서 차이를 보이는데, 아퀴나스는 근본적으로 신학자였던 반면 오컴은 논리학에 관한 한 세속 철학자였기 때문이다.

---

159 예컨대 성 금요일과 부활절 사이에 그리스도의 영혼은 지옥으로 내려갔지만, 그리스도의 육체는 아리마태아의 요셉 무덤에 남아 있었다. 감각혼이 지성혼과 구별된다면 그리스도의 감각혼은 이 시간을 지옥에서 보냈는가, 요셉의 무덤에서 보냈는가?

학문을 연구하는 오컴의 태도는 개체와 관련된 문제를 다루는 연구자, 예컨대 행성 이론을 탐구했던 직속 후계자 니콜 오렘Nichole Oresme(1382 사망)에게 자신감과 확신을 주었다. 오렘은 어느 정도까지 코페르니쿠스의 선구자였다고 말할 수 있다. 그는 지동설과 천동설을 모두 제안했으며, 각 이론이 당시 알려진 사실을 모두 설명해 줄 것이기 때문에 두 이론 가운데 하나를 선택할 방법은 없다고 말하기도 했다.

윌리엄 오브 오컴 이후 위대한 스콜라 철학자는 더는 없다. 위대한 철학자들을 위한 다음 시대는 르네상스 후기에 막을 열었다.

15.
교황권의 쇠락

13세기에 철학과 신학, 정치, 사회를 아울러서 위대한 종합을 이룩하는데, 이는 여러 요소가 결합되면서 천천히 일어났다. 첫째 요소는 순수한 그리스 철학, 특히 피타고라스, 파르메니데스, 플라톤, 아리스토텔레스의 철학이었다. 다음 요소는 알렉산드로스 대왕의 정복 결과로 대량 유입된 동양의 종교였다.[160] 오르페우스교와 신비종교의 장점을 받아들인 이러한 동양의 종교는 그리스어 문화권 세계의 사고방식을 변형시켰으며, 최후에 라틴어 문화권 세계의 사고방식도 바꾸어 놓았다. 죽었으나 부활한 신, 신의 육체를 의미한 것을 먹는 성찬 의식, 세례식과 유사한 어떤 의식을 통해 새 생명으로 거듭 태어나는 제2의 탄생은 이교도 로마 세계의 대다수 종파에서 신학의 일부로 수용되었다. 이러한 요소는 육체의 속박에서 벗어나려는 해방의 윤리와 결합되었는데, 적어도 이론적으로는 금욕적이었다. 속인과 분리되어 마법의 힘을 많든 적든 소유하고 정치적 영향력을 적지 않게 발휘하는 사제 제도가 시리아, 이집트, 바빌로니아, 페르시아에서 들어왔다. 대체로 사후 삶에 대한 믿음과 연결된 장엄하고 감동을 주는 종교 의식도 같은 곳

160 퀴몽, 『로마 이교사상에 나타난 동양 종교』를 참조.

에서 들어왔다. 특히 세계를 거대한 두 세력의 싸움터로 생각하는 이원론이 페르시아에서 들어왔는데, 한 무리는 선한 세력으로서 아후라 마즈다Ahura Mazda, Ormazd[161]가 이끌고, 다른 무리는 악한 세력으로서 아흐리만Ahriman[162]이 이끌었다. **암흑** 마법은 아흐리만과 영의 세계에 사는 추종자들의 도움으로 생기는 조화였다. 사탄은 아흐리만의 한 발현체다.

이렇게 유입된 야만족의 사상과 관습은 신플라톤학파의 철학 속에서 몇몇 헬레니즘의 요소와 종합되었다. 오르페우스교, 피타고라스주의, 플라톤의 철학 일부에서 그리스인은 동양의 관점과 쉽게 결합되는 관점을 발전시켰는데, 아마 이것이 훨씬 이전 시대에 동양의 영향을 받아 형성되었기 때문일 것이다. 이교도 철학의 발전은 플로티노스와 포르피리오스로 끝난다.

이들의 사상은 심오한 종교 사상이었지만 크게 변형되지 않고서는 승리를 거둔 민중 종교에 영감을 줄 수 없었다. 그들의 철학은 난해하여 일반인이 이해하기 어려웠다. 그들이 제시한 구원의 길은 대중이 따라잡기에는 너무 높은 지적 수준을 요구했다. 그들은 보수적 경향 탓에 그리스의 전통 종교를 지지했지만, 전통 종교의 부도덕한 요소를 완화하고 자신들의 철학적 일신론과 전통 종교를 조화시키기 위해 비유적으로 해석해야 했다. 그리스 종교는 쇠퇴하기 시작해 동양의 종교 의식이나 신학과 경쟁할 수 없는 처지에 놓여 있었다. 신탁이 묵살되는 일이 잦아짐에 따라 사제들도 강력한 힘을 가진 뚜렷한 계층을 형성하지 못했다. 그러므로 그리스 종교를 부활시키려는 시도는 의고주의적archaistic 특징을 나타냈고, 이로써 그리스 종교는 오히려 나약하고 융통성이 없어졌는데, 특히 율리아누스 황제 시대에 두드러졌다. 이미 3세기에 아시아 종교가 로마 세계를 정복하게 되리라는 사실을

161 * 아베스타어로 '지혜로운 주'라는 뜻이며, 조로아스터교 신화에 나오는 선과 빛의 최고신이다.

162 * 앙그라 마이뉴라고도 부른다. 아베스타어로 '파괴의 영'이라는 뜻으로, 조로아스터교의 이원론 교리에 나오는 악령이다.

예견할 수 있었지만, 당대에는 모두 승리의 기회를 가진 듯 보이는 몇몇 경쟁 종교가 공존했다.

그리스도교는 여러 종교에서 힘의 원천이 되는 요소들을 찾아 결합했다. 그리스도교는 유대인에게서 성서와 한 종교를 제외하고 다른 모든 종교는 거짓이며 악하다는 교리를 받아들였다. 그러나 유대인의 극단적 배타성과 모세 율법의 불편은 피했다. 후기 유대교는 이미 사후의 삶에 대한 믿음을 배웠는데, 그리스도교는 천국과 지옥에 대해, 천국에 이르고 지옥을 피하는 길에 대해 명확하게 규정했다. 부활절은 유대교의 유월절과 이교도 신의 부활 축전을 결합한 결과물이었다. 페르시아의 이원론도 흡수하는데, 궁극적으로 전능한 선의 원리를 더 단호히 확신하고 이교도의 신들은 사탄의 추종자들이라는 의견을 덧붙였다. 초기 그리스도교도는 철학이나 종교 의식의 측면에서 적대자와 견줄 만한 무리가 아니었으나, 점차 이러한 결함은 고쳐 나갔다. 처음에 정통 그리스도교의 철학보다 반그리스도교도semi-christian인 그노시스파의 철학이 더 진보했다. 그러나 오리게네스 시대 이후 그리스도교도는 신플라톤학파의 사상을 변경함으로써 적합한 철학을 발전시켰다. 초기 그리스도교도에게 종교 의식은 다소 모호한 주제였으나, 어쨌든 성 암브로시우스 시대에 종교 의식은 대단히 장엄한 전례로 자리 잡았다. 사제직의 권력과 세속과 분리된 특징은 동양에서 유래했으나, 교회 내부의 행정 체계로 점차 강화되었는데, 로마 제국의 관례에서 영향을 더 많이 받았다. 구약성서, 신비종교, 그리스 철학과 로마의 행정 체계가 모두 교회 안에서 혼합됨으로써 교회는 이전의 사회 조직에서 역사상 유례를 찾기 어려운 위력을 겸비하게 되었다.

서로마 교회는 고대 로마와 마찬가지로 더 느리게 발전했지만 공화제에서 군주제로 나아갔다. 우리는 교황권이 성장한 단계를 그레고리우스 대교황부터 니콜라우스 1세, 그레고리우스 7세, 인노켄티우스 3세를 거쳐 황제파와 교황파의 전쟁에서 호엔슈타우펜 왕조가 최후로 패배하는 순간까지 살펴보았다. 동시에 그때까지 아우구스티누스의 철학에 경도되어 대체로 플라톤적 성향이 강했던 그리스도교 철학은, 콘스탄티노플과 이슬람교도와 접촉하면서 비롯된 새로운 요소로 풍성해졌다. 13세기 내내 아리스토텔레스 철학은 꽤 철저하게 인식되었고, 더욱이 알베르투스 마그누스와 성 토마스 아퀴나스의 영향으로 아리스토텔레스는 학자들에게 성서와 교회 다음 가는 최고 권위를 지닌 인물로 인정받았다. 오늘날까지도 아리스토텔레스는 가톨릭 철학자들에게 최고 권위자로서 건재를 과시한다. 나는 플라톤과 성 아우구스티누스를 아리스토텔레스로 대체한 조치가 그리스도교의 관점에서 보면 실수였다고 생각하지 않을 수 없다. 플라톤의 기질은 아리스토텔레스의 기질보다 종교적 성향이 더 강했으므로, 그리스도교 신학은 거의 플라톤에서 유래할 뿐만 아니라 플라톤 사상에 순응하거나 적응했다. 플라톤은 지식이 지각이 아니라 일종의 상기에 의한 통찰reminiscent vision이라고 가르쳤다. 그러나 아리스토텔레스는 경험주의자에 훨씬 더 가까웠다. 성 토마스는 조금도 의도하지 않았지만 플라톤의 몽상으로부터 과학적 관찰로 돌아가는 길을 준비했다.

가톨릭교의 종합은 14세기에 붕괴되기 시작했는데, 철학보다 외부에서 일어난 사건들과 관계가 더 깊었다. 비잔틴 제국은 1204년에 라틴족에게 정복당해 1261년까지 붙잡힌 신세였다. 이때 비잔틴 제국의 국교는 그리스 종교가 아니라 가톨릭교였다. 1261년 이후 콘스탄티노플은 교황의 영향을 받지 않게 되었고, 1438년에 명목상이기는 하지만 교황은 동로마 교회와 페라라에서 연합을 선포했는데도 콘스탄티노플을 수복하지 못했다. 서로마 제국이 교황권과 갈등을 빚다가 당한 패배는 프랑스와 잉글랜드에 민족 군주국들이 출현한 탓에 교회에 아무 이득도 주지 못했다. 14세기 동안 거의 내내 교황은 정치적으로 프랑스 왕의 수중에 붙잡혀 이용당하는 도구에 지나지 않았다. 이러한 원인보다 한층 더 중요한 원인은 부유한 상인 계급의 출현과 속인 계급의 지식 증대였다. 두 가지 현상은 이탈리아에서 일어나기 시작해, 16세기 중엽까지 서유럽의 다른 지역보다 이탈리아에서 더 앞서 나갔다. 14세기에 북부 이탈리아의 도시들은 북유럽 어느 도시보다 더 부유했다. 법학과 의학 분야에서 세속 학자의 수도 점점 늘어갔다. 독립 정신을 품은 도시들은 이제 황제가 더는 위협 요인이 아닌 상황이 되자 교황에게 저항하는 경향을 보였다. 그러나 정도는 덜 하지만 같은 운동이 어느 곳에서나 일어났다. 플랑드르가 번성함으로써 한자 동맹에 속한 여러 도시도 번성했다. 잉글랜드에서는 목재 교역이 부의 원천이었다. 넓은 의미로 민주주의라고 부를 만한 여러 경향이 대단히 강한 시대였고, 민족주의적 경향은 훨씬 더 강해졌다. 한층 세속화된 교황청은 대체로 세금 징수 기관처럼 보였는데, 대부분의 나라가 자기 나라에서 바라던 막대한 세금을 거두어들였다. 교황은 자신에게 권력을 부여한 도덕적 권위를 더는 누리지 못했고, 누릴 만한 자격도 상실했다. 성 프란체스코는 교황 인노켄티우스 3세 및 그레고리우스 9세와 조화롭게 활동할 수 있었지만, 14세기의 정직하고 진지한 사람들은 대부분 교황청과 갈등을 빚을 수밖에 없었다.

하지만 14세기 초반, 교황권의 쇠퇴를 초래한 여러 원인은 아직 분명히 드러나지 않았다. 보니파키우스 8세는 로마 교황의 교서 「단 하나의 거룩한 교회」에서 이전의 어느 교황보다 극단적 주장을 발표했다. 그는 1300년을 희년禧年, Year of Jubilee으로 제정하고, 그해 로마를 방문하여 머물면서 일정한 종교 의식에 참석한 모든 가톨릭교도는 완전한 대사plenary indulgence[163]를 받

163 * 흔히 면죄부로 번역되기도 하는데, 가톨릭계에서는 대사로 번역해야 한다고 주장한다. 고해성사로 죄는 용서받지만, 죄에 해당하는 벌을 면하기 위해 교황이 대사를 베풀면 신자는 기도와 선행을 한다. 그런데 교황이 권위를 과시하고 교황의 직위를 유지하기 위해 대사를 남발하는 과정에서 헌금을 요구하여 불미스러운 일이 생긴 시기도 있었다.

는다고 선포했다. 덕분에 교황청의 금고에 엄청난 돈이 쌓였을 뿐만 아니라 로마 시민들의 호주머니도 두둑해졌다. 100년마다 희년이 돌아오게 되어 있었으나, 50년으로 기간을 단축하고 나서 이익이 커지자 다음에는 25년으로 단축했고, 이것이 오늘날까지 이어져 내려왔다. 첫째 희년인 1300년은 교황이 최고로 성공한 지점이자 교황권이 쇠퇴하기 시작한 연대라고도 볼 수 있겠다.

보니파키우스 8세는 아나니Anagni에서 태어난 이탈리아인이었다. 그는 잉글랜드에 있을 당시 교황을 대신하여 반란을 일으킨 봉신들에 맞서 헨리 3세를 지지하다가 런던탑에 갇힌 적이 있었으나, 에드워드 1세가 되는 왕의 아들이 1267년에 구출했다. 당시 교회 안에는 이미 강력한 프랑스 파벌이 형성되어 있었고, 보니파키우스가 교황으로 선출되자 프랑스계 추기경들이 반대했다. 보니파키우스는 왕이 프랑스 성직자에게 세금을 부과할 권리를 가지는지에 관한 문제를 두고 프랑스 왕 필리프 4세와 첨예한 갈등을 빚었다. 보니파키우스는 친척 등용과 탐욕에 눈이 멀고 말았다. 따라서 그는 가능한 한 많은 세원에 대해 지배권을 유지하고 싶어 했다. 그는 이단으로 고발당했는데, 아마 정의에 따른 조처였을 것이다. 그는 아베로에스의 추종자였기 때문에 영혼불멸을 믿지 않았던 것 같다. 보니파키우스와 프랑스 왕 사이에 일어난 다툼이 격화되면서, 필리프 왕은 총 공의회에서 폐위시킬 목적으로 군대를 보내 교황을 체포하려는 지경에 이르렀다. 교황은 아나니에서 붙잡혔으나 로마로 피신했다가 거기서 죽었다. 이후 오랫동안 감히 프랑스 왕과 대립할 용기를 낸 교황은 한 사람도 없었다.

아주 짧은 과도기 통치 이후, 추기경들은 1305년에 보르도의 대주교를 교황으로 선출하고 클레멘스 5세라고 불렀다. 그는 가스코뉴 사람으로서 교회 내에서 프랑스계 파벌을 시종일관 대변했다. 그는 교황의 직무를 수행하는 동안 한 번도 로마에 가지 않았다. 리옹에서 즉위식을 했고, 1309년 교황청을 아비뇽으로 옮겨서 이후 약 70년 동안 교황은 아비뇽에 머물렀다. 클레멘스 5세는 성당기사단Templar에 맞서 연대 행동을 함으로써 프랑스 왕과 자신의 동맹관계를 과시했다. 교황은 교황대로 편애와 친척 등용에 정신이 팔려 돈이 필요했고, 필리프 왕은 영국 전쟁과 플랑드르인의 반란, 국가 조직을 활력 있게 운영하기 위해 드는 경비 때문에 돈이 필요했다. 필리프 왕은 롬바르디아 내 은행가들의 재산을 탈취하고 유대인을 '당시 상황이 허락하던' 극한까지 박해한 후, 은행가이기도 했던 성당기사단이 프랑스에 광대한 토지 부동산을 소유하고 있으니 교황의 도움을 받아 그것을 전부 차지할 수도 있겠다는 생각이 떠올랐다. 이리하여 교회가 성당기사단의 기사들이 이단에 빠졌다는 사실을 적발하고, 왕과 교황이 전리품을 나누기로 작정하고 1307년 어느 날 프랑스 성당기사단의 손꼽히는 기사들을 일제히 체포했다. 그리고 사전에 준비된 질문으로 그들을 괴롭히고 난처하게 만들었다. 그들은 고문에 시달린 끝에 자신들이 사탄의 노예가 되어 행동했으며, 다른 여러 가지 가증스러운 행위를 저질렀다고 고백했다. 마침내 1313년 교황은 성당기사단의 활동을 금지하고 전 재산을 몰수했다. 이러한 진행 과정을 가장 훌륭하게 설명한 책은 헨리 리의 『종교재판의 역사』인데, 충분한 자료 조사 후에 내린 결론은 성당기사단에 대한 고발과 문책이 사실무근이었다는 것이다.

성당기사단의 경우에는 교황과 왕의 경제적 이해가 일치했다. 그러나 교황과 왕은 그리스도교 세계의 대부분 지역에서 일어난 거의 모든 사건에서 사사건건 갈등을 빚었다. 보니파키우스 8세 재임 당시에 필리프 4세는 교황과 벌인 세금 논쟁 끝에 소유지(교회의 소유지까지도)의 보유를 보장했다. 교황이 정치적으로 프랑스에 복종하게 되자, 프랑스 왕과 적대 관계에 있던 군주는 교황에게도 적대감을 가질 수밖에 없었다. 이러한 상황 탓에 윌리엄 오브 오컴과 마르실리오는 루트비히 황제의 보호를 받는 처지에 이르렀다.

얼마 지나지 않아 위클리프도 존 오브 곤트John of Gaunt(1340~1399)에게 보호를 받았다.

당시 주교들은 대부분 교황에게 완전히 복종했다. 실제로 교황이 임명하는 주교의 비율도 점점 높아졌다. 여러 수도회와 도미니코 수도회의 수도자들은 똑같이 복종했지만, 프란체스코 수도회의 수도자들은 여전히 확고한 독립 정신을 지켰다. 그래서 프란체스코 수도회는 윌리엄 오브 오컴과 관련하여 이미 살펴보았듯 요한네스 22세와 갈등을 빚었다. 양측의 갈등이 계속되는 동안 마르실리오는 루트비히 황제를 설득하여 군대를 이끌고 로마로 진군하게 했는데, 황제는 로마에서 민중의 지지 속에 황제의 왕관을 수여받았을 뿐만 아니라, 민중의 환호 속에 요한네스 22세의 폐위를 선언한 다음, 프란체스코 수도회 인물을 대립교황으로 선출했다. 그러나 이 모든 사건은 교황권의 권위에 대한 존경심을 전반적으로 감소시켰을 뿐이다.

교황의 지배에 맞선 반발은 지역에 따라 갖가지 형태로 나타났다. 반발은 때로는 군주국의 민족주의와 결합되어 일어났고, 때로는 교황 궁정의 타락과 세속화에 대한 청교도적 두려움과 결합되어 나타났다. 로마 내부의 반발은 의고주의 경향의 민주정치와 결합하면서 일어났다. 클레멘스 6세(1342~1352 재위) 때, 로마는 비범한 지도자 콜라 디 리엔치Cola di Rienzi, Nicola di Lorenzo(1313~1354)의 영도 아래 교황이 부재하는 동안 자유를 누렸다. 로마는 교황뿐만 아니라 지방 귀족에게도 시달렸는데, 지방 귀족은 10세기에 동란을 일으켜 교황권의 위상을 떨어뜨린 다음에도 계속 소동을 일으켰다. 사실 교황이 아비뇽으로 피신한 것은 무법을 일삼는 로마 귀족을 피하려는 의도도 일부 있었다. 선술집 주인의 아들이었던 리엔치는 처음에 단지 귀족들에게 맞서 반란을 일으켰을 뿐이므로, 교황의 지지를 받았다. 그는 민중의 열광적 지지를 얻어 귀족들이 피신하는 사태까지 벌어졌다(1347). 리엔치를 찬미한 송시를 남긴 페트라르카Francesco Petrarca(1304~1374)는 그에게 위대하고 고귀한 일을 계속하라고 촉구했다. 리엔치는 호민관의 칭호를 얻고 나서, 신성 로마 제국에 대한 로마 민중의 주권을 선포했다. 그는 민중의 주권 선언을 민주주의로 생각했던 듯한데, 일종의 의회를 구성하기 위해 이탈리아 여러 도시의 대표들을 소집했기 때문이다. 그러나 이러한 성공으로 그는 웅대한 망상에 사로잡혔다. 이때에도 다른 시기와 마찬가지로 신성 로마 제국의 지배권을 주장하는 경쟁자들이 있었다. 리엔치는 지배권을 주장하는 양측을 소환하고, 자기 앞에서 쟁점을 해결할 선거인단도 소집했다. 이 사건의 당연한 결과로 두 황제 후보자는 리엔치의 반대편으로 돌아섰고, 교황도 그 문제에 대해 자신이 판단을 내려야 한다고 생각했기 때문에 반감을 갖게 되었다. 리엔치는 교황에게 체포되어(1352), 클레멘스 6세가 죽을 때까지 2년 동안 구금되었다. 이후 풀려난 리엔치는 로마로 귀환해, 불과 몇 달 만에 다시 권력을 잡았다. 그러나 두 번째 기회에서는 인기를 짧게 누렸을 뿐, 끝내 폭도로 변한 민중에게 살해당했다. 페트라르카와 마찬가지로 바이런도 그를 찬미한 송시를 남겼다.

교황청이 전체 가톨릭교회의 수장 자리를 효과적으로 유지하려면 스스로 프랑스에 예속된 처지에서 벗어나 로마로 귀환해야 한다는 점이 분명해졌다. 더욱이 잉글랜드와 벌인 전쟁에서 참혹하게 패한 프랑스는 불안정한 상태에 놓여 있기도 했다. 이리하여 우르바누스 5세는 1367년에 로마로 갔다. 그러나 그는 너무 복잡한 이탈리아의 정세를 감당하지 못하고, 죽기 직전 다시 아비뇽으로 돌아왔다. 다음 교황 그레고리우스 11세는 전임 교황보다 더 단호하고 의연하게 대처했다. 프랑스의 아비뇽 교황청에 대한 적대감으로 이탈리아의 여러 도시, 특히 피렌체에서 격렬한 교황 반대 운동이 일어났을 때, 그레고리우스 11세는 로마로 돌아가 프랑스계 추기경과 대립함으로써 사태 수습을 위해 교황의 권한 내에서 할 수 있는 모든 일을 했다. 그러나 그레고리우스가 죽고 나자, 추기경단College of Cardinals 내에서 프랑스계 파벌과 로마계 파벌의 갈등이 심해져 화해할 수 없었다. 로마계 파벌의 요구에 따라 이탈리아인 바르톨로메오 프리냐노가 교황으로 선출되었고 우르바누스 6세라 불렀다. 그러나 대다수 추기경들은 그의 선출이 교회법에 어긋난다고 선언하고, 프랑스 파벌에 속한 제네바의 로베르를 교황으로 선출했다. 그는 클레멘스 7세로 아비뇽에 머물렀다.

이로써 교회의 대분열이 시작되었고, 분열은 약 40년 동안 지속되었다. 프랑스는 물론 아비뇽의 교황을 승인했고, 프랑스의 적대국은 로마의 교황을 승인했다. 스코틀랜드는 잉글랜드의 적국이고, 잉글랜드는 프랑스의 적국이었다. 그러므로 스코틀랜드는 아비뇽의 교황을 승인했다. 각 교황은 자기 파벌에 속한 주교 가운데 추기경을 뽑았고, 어느 쪽이든 교황이 죽고 나면 추기경은 신속하게 다른 교황을 선출했다. 따라서 두 교황보다 우월한 어떤 권력을 만들어 내지 않고서 대분열을 수습할 방도는 없었다. 두 교황 가운데 한 교황은 합법적 절차에 따라 선출되었을 것이므로, **합법적** 교황보다 우월한 합법적 권력이 있어야 한다는 점도 명백했다. 유일한 해결책은 총 공의회의 권력에 달려 있었다. 세속 군주는 대분열이 불편을 야기하므로 지원을 아끼지 않았다. 마침내 1409년에 공의회가 피사에서 열렸다. 그러나 피사 공의회는 우스꽝스러운 꼴을 보이며 실패했다. 공의회는 이단과 대분열의 책임을 물어 두 교황의 폐위를 선언하고, 제3의 인물을 교황으로 선출했으나 곧 죽었다. 그런데 추기경은 후계자로 발다사레 코사라는 전 해적을 선출하여 요한네스 23세라 불렀다. 따라서 최종 결과는 두 교황이 아니라 세 교황이 존재하는 꼴이었고, 공의회에서 선출된 교황은 이름난 악당이었다. 상황은 전보다 더 희망이 없어 보였다.

그러나 공의회 운동의 지지자들은 굴복하지 않았다. 그들은 1414년에 콘스탄츠 공의회를 새로 소집하며 의욕적으로 활동을 재개했다. 콘스탄츠 공의회는 교황이 공의회를 해산할 수 없으며 어떤 점에서 공의회에 복종해야 한다고 선포했다. 그래서 장래의 교황이 7년마다 총 공의회를 소집해야 한다고 결의했다. 콘스탄츠 공의회는 요한네스 23세를 폐위하고 로마의 교황이 사임하도록 유도했다. 아비뇽의 교황은 사임을 거부했기 때문에 그가 죽은 다음 아라곤의 왕이 후임 교황을 선출하는 빌미를 제공했다. 그러나 당시 잉글랜드의 처분 아래 놓여 있던 프랑스는 아비뇽의 후임 교황을 승인할 수 없었기 때문에 아비뇽 교황 지지파는 점점 세력이 약해져 하찮은 존재로 전락해 소멸했다. 이리하여 마침내 공의회가 선택한 교황에 대해 반대할 세력은 없었으며, 1417년에 선출된 교황은 마르티누스 5세였다.

이처럼 공의회가 교황 문제를 처리한 절차는 신용할 만했으나, 위클리프의 보헤미아 출신 제자 후스Jan Hus(1372년경~1415)를 다룬 방식은 그렇지 않았다. 그는 신변 보장을 약속받고 콘스탄츠 공의회에 참석했으나, 콘스탄츠에 도착하자 곧 공의회의 단죄를 받았고 화형대에서 고통스러운 죽음을 맞았다. 위클리프는 편안히 죽었으나, 콘스탄츠 공의회는 그의 유골을 파내 불사르라고 명령했다. 공의회 운동의 지지자들은 비정통 그리스도교도라는 의혹을 살까 봐 노심초사했다.

콘스탄츠 공의회는 교회의 대분열을 수습했으나, 더 나아가 교황 군주제를 입헌 군주제로 대체하려는 희망을 품었다. 마르티누스 5세는 교황으로 선출되기 전에 여러 가지 공약을 내세웠다. 어떤 공약은 지켰고 어떤 공약은 지키지 않았다. 그는 공의회를 7년마다 소집해야 한다는 교령에 찬성했을 뿐만 아니라 교령에 복종했다. 콘스탄츠 공의회는 1417년에 해산했고, 중요성을 입증하지 못한 새 공의회를 1424년에 소집했다. 그다음 1431년에 바젤에서 열린 다른 공의회를 소집했다. 이때 바로 마르티누스 5세가 죽었고, 교황의 지위를 계승한 유게니우스 4세는 교황 재임 기간 내내 공의회를 통제하던 개혁가들과 심각한 갈등을 빚었다. 그가 공의회를 해산했으나 개혁가들은 해산을 거부했다. 유게니우스 교황은 1433년에 한동안 양보했으나 1437년에 다시 공의회를 해산했다. 그런데도 공의회는 교황이 완전한 승리를 거두었다는 사실이 모두에게 명백해진 1448년까지 개회 중에 있었다. 1439년에 공의회는 교황의 폐위를 선언하고 대립교황(역사상 최후의 대립교황)을 선출함으로써 호감을 잃었으며, 대립교황은 거의 선출되자마자 사임했다. 유게니우스 4세는 같은 해 페라라에서 자신이 직접 공의회를 개최함으로써 위신을 세웠는데, 페라라 공의회에서 그리스 정교회는 튀르크족에 대한 극도의 공포심 때문에 명목상 로마에 복종하기로 합의했다. 이로써 교황청은 정치적 승리자로 떠올랐으나, 도덕적 존경을 불러일으키는 힘은 현격하게 약화되었다.

위클리프Wycliffe(1320년경~1384)의 삶과 교리는 14세기에 교황권의 권위가 얼마나 약했는지 보여 준다. 그는 초기 스콜라 철학자들과 달리 수도회 소속의 수도자나 탁발 수도자가 아니라 교구 사제였다. 그는 옥스퍼드대학에서 평판이 아주 좋았으며, 1372년에 거기서 신학 박사학위를 받았다. 짧은 기간이지만 그는 옥스퍼드대학의 배일리얼 칼리지 교양학부 학생감을 지내기도 했다. 위클리프는 옥스퍼드 출신의 중요한 스콜라 철학자 가운데 마지막 인물이었다. 철학자로서 그는 진보주의 성향은 아니었다. 그는 실재론자로서 아리스토텔레스보다 플라톤을 추종했다. 그의 주장에 따르면 신의 계율God's decrees은 어떤 이들이 주장했듯 자의적인 것이 아니다. 현실 세계는 가능 세계 가운데 한 세계가 아니라 유일하게 가능한 세계인데, 신이 반드시 최선의 세계를 선택하도록 되어 있기 때문이다. 위클리프가 옥스퍼드를 떠나 시골에서 성직자 생활을 했다는 사실에 비추어 볼 때, 이러한 문제는 위클리프를 흥미로운 인물로 만드는 것도 아니었고, 그의 관심을 가장 많이 끌었던 것도 아니었던 듯하다. 그는 생애 마지막 10년 동안 국왕(에드워드 3세)의 지명에 따라 루터워스 교구 사제로 생활했다. 하지만 그는 계속 옥스퍼드대학에 출강했다.

위클리프는 지적 발전의 속도가 유난히 느린 점이 두드러진다. 1372년에 나이가 쉰 살 또는 조금 더 많았을 무렵에도 여전히 정통 신앙을 지키고 있었다. 그해가 지나서야 비로소 그는 분명하게 이단의 특징을 나타냈다. 그는 전적으로 도덕 감정, 바로 가난한 사람들에 대한 동정심과 세속적이고 부유한 성직자에 대한 혐오감이 강했기 때문에 이단에 빠져들었던 것처럼 보인다. 처음에 그는 교황권에 대해 정치적으로나 도덕적으로 공격했을 뿐이고, 교리는 건드리지 않았다. 그가 광범위한 저항에 몰렸던 과정은 점진적이었다.

정통 신앙에서 멀어지는 위클리프의 이탈은 1376년에 옥스퍼드에서 '시민 지배론On Civil Dominion'이라는 제목의 강의와 함께 시작되었다. 그는 의로움만이 주권과 재산권의 자격을 부여하며, 의롭지 못한 성직자에게 이러한 자격이 없고, 한 성직자가 자신의 재산권을 유지해야 하는지에 대한 결정은 시민 권력이 내려야 한다는 이론을 주창했다. 더 나아가 재산은 죄의 결과라고 가르쳤다. 그리스도와 12사도는 재산을 소유하지 않았으므로, 성직자 계급도 재산을 소유해서는 안 된다. 이러한 교리는 탁발 수도자를 제외한 모든 성직자의 분노를 샀다. 잉글랜드 정부가 위클리프를 지지했던 까닭은, 교황이 잉글랜드에서 막대한 세금을 받아가는 상황에서 교황에게 돈을 바치지 말라는 학설이 정략적으로 유익했기 때문이다. 이것은 교황이 프랑스에 복종하고, 잉글랜드가 프랑스와 전쟁을 벌이던 동안에 특히 유익했다. 리처드 2세가 소수파로 머물던 동안 권력을 잡은 존 오브 곤트John of Gaunt는 가능한 힘을 다해 위클리프를 도왔다. 그러나 그레고리우스 11세는 위클리프의 강의 주제 18가지가 마르실리오에게서 비롯되었다고 주장하며 이단으로 단죄했다. 위클리프는 재판을 받으러 주교 법정에 출두하라는 명령을 받았으나, 여왕과 민중이 그의 보호자로 나섰을 뿐만 아니라 옥스퍼드대학 당국도 교사에 대한 교황의 재판권을 인정하지 않았다(당시에도 잉글랜드의 대학교들은 학문의 자유를 보장해야 한다고 믿었다).

그사이에 위클리프는 1378년부터 1379년까지 학술 논문을 썼는데, 왕은 신의 대리자이므로 주교들은 왕에게 복종해야 한다고 주장했다. 교회의 대분열이 일어나자, 그는 이전보다 더 나아가 교황을 적그리스도로 낙인찍고 콘스탄티누스의 증여를 받아들임으로써 이후 모든 교황은 배교자가 되었다고 주장하기도 했다. 그는 가난한 사제들을 순회 설교자로 발탁했는데, 그들의 사명은 특히 가난한 사람들에게 설교하는 일이었다. 마침내 성직의 권한을 공격하는 과정에서 그는 실체변화설을 부인하며 속임수일 뿐만 아니라 불경스러운 바보짓거리라고 말하기도 했다. 존 오브 곤트는 이 점에 대해 침묵하라고 명했다.

1381년에 와트 타일러Wat Tyler(?~1831)가 이끈 농민 반란은 위클리프의 문제를 더욱 복잡한 방향으로 악화시켰다. 그가 적극적으로 농민 반란을 조장했다는 증거는 없지만, 유사한 상황에서 루터가 보인 처신과 달리 그는 반란에 대한 비난을 자제했다. 농민 반란의 주동자 가운데 존 볼John Ball (?~1831)은 사제직을 버린 사회주의자이자 위클리프의 숭배자로 자처했으므로 난처한 일이 아닐 수 없었다. 그러나 존 볼이 파문당한 1366년까지도 위클리프는 정통 신앙을 지키고 있었으므로, 존 볼은 독자적으로 자신의 견해에 도달했음이 틀림없다. 위클리프의 공산주의적 경향을 띤 여러 의견은 분명히 '가난한 사제들'이 퍼뜨렸겠지만, 그는 라틴어로만 저술했기 때문에 농민들이 그의 의견을 직접 읽고서 이해했을 리 없다.

위클리프가 자신의 소신을 펼치기 위해 보여 준 민주주의적 행보에 비해 더 큰 곤욕을 치르지 않은 것은 놀라운 일이다. 옥스퍼드대학교는 가능한 한 주교들에 맞서 그를 변호했다. 상원에서 위클리프의 순회 설교자들을 규탄하자, 하원은 상원의 판단에 동의하지 않았다. 그가 더 오래 생존했더라면 틀림없이 불편하고 귀찮은 일도 더 많아졌을 텐데, 1384년 죽었을 때 그는 정식으로 단죄를 받은 처지는 아니었다. 루터워스에 묻혀 안식을 찾았으나, 후일 콘스탄츠 공의회는 위클리프를 단죄하고 유골을 파내 불태우게 했다.

잉글랜드의 롤라드파Lollard는 위클리프의 추종자들로 혹독한 박해를 받은 끝에 거의 사라졌다. 그러나 리처드 2세의 왕비가 보헤미아 여인이라는 사실로 인해 위클리프의 교리가 보헤미아에 전파되었는데, 보헤미아의 후스는 위클리프의 추종자이기도 했다. 보헤미아에서는 박해에도 불구하고 위클리프의 교리가 종교개혁이 일어날 때까지 잔존했다. 잉글랜드에서는 그의 교리가 지하로 숨어 들어갈 수밖에 없었으나, 교황권에 대한 반감은 사람들의 정신 속에 살아남아 개신교改新教, Protestantism의 싹이 트는 토양이 되었다.

15세기에 여러 가지 다른 원인이 교황 제도의 쇠퇴에 작용하면서 정치와 문화에서 급격한 변화가 일어났다. 화약은 봉건 귀족을 희생시키고 중앙 정부의 권력을 강화시켰다. 프랑스와 잉글랜드에서는 루이 11세와 에드워드 4세가 부유한 중간 계급과 연합함으로써 귀족 계급으로 야기된 무정부 상태를 평정했다. 이탈리아는 15세기 말까지 사실상 북유럽 군대의 침략을 받지 않아 자유로운 처지였기 때문에 막대한 부를 축적했을 뿐만 아니라 문화 수준도 급속히 높아졌다. 새로운 문화는 본질상 이교도 문화로서 그리스와 로마를 숭상하고 중세를 경시했다. 건축과 문학 양식은 고대의 전범에 순응하며 발전했다. 튀르크인이 최후의 고대 도시 콘스탄티노플을 점령하자, 이탈리아에 피신한 그리스인은 인문주의자들의 환영을 받았다. 바스코 다 가마와 콜럼버스는 지상계를 확장하고, 코페르니쿠스는 천상계를 확장했다. 콘스탄티누스의 증여서는 꾸며 낸 전설로 거부되고, 학문적 조소거리로 전락했다. 비잔틴인 덕분에 플라톤은 신플라톤학파나 아우구스티누스의 해석이 아니라 그리스어 원전을 통해 직접 알려졌다. 이렇게 달 아래 세계는 더는 눈물의 골짜기나 내세로 떠나는 고통스러운 순례의 장소가 아니라 이교도의 기쁨을 위해 명성과 아름다움, 모험을 향해 떠날 기회를 제공하는 장소로 나타났다. 금욕주의가 지배한 기나긴 세월은 다채로운 예술과 시, 쾌락을 추구하는 분방한 활동 속에서 잊혔다. 사실 이탈리아에서도 투쟁을 거치지 않고 중세가 망각된 것은 아니었다. 사보나롤라와 레오나르도는 같은 해에 태어났으나 전혀 다른 삶을 살았다. 그러나 대체로 과거 공포의 대상이 더는 공포를 불러일으키지 못했으며, 정신은 새로 맛본 자유에 도취되었다. 도취는 지속될 수 없었지만, 짧은 순간이나마 공포심을 차단했다. 이렇게 기쁨에 찬 해방의 순간 속에서 근대가 탄생했다.

제3권
근현대 철학

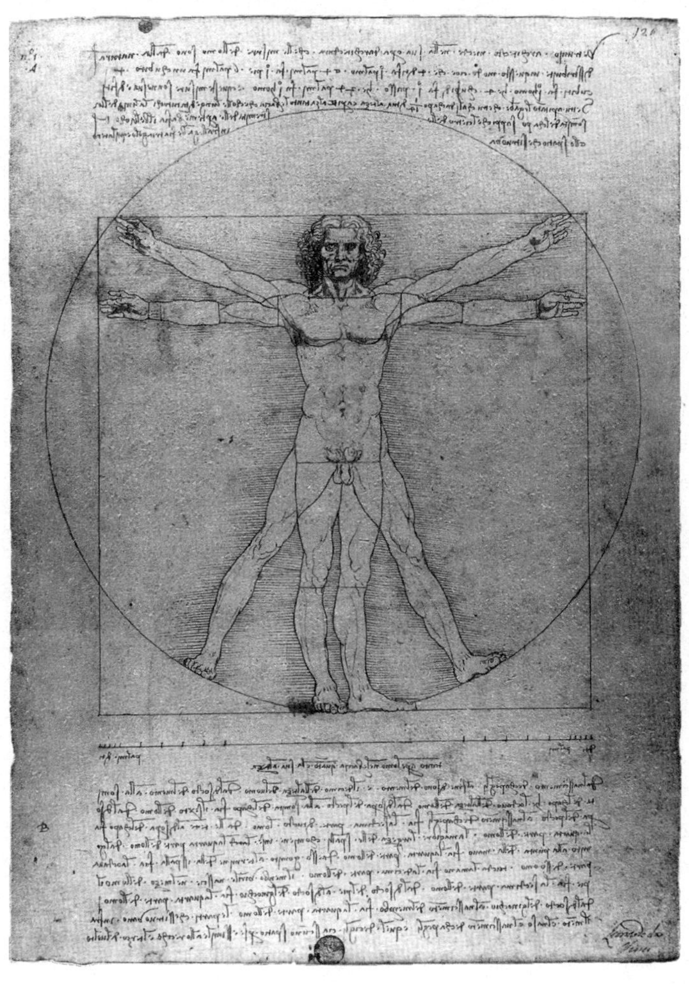

773쪽, 「비트루비우스의 인체 비례」, 레오나르도 다빈치, 1490년경

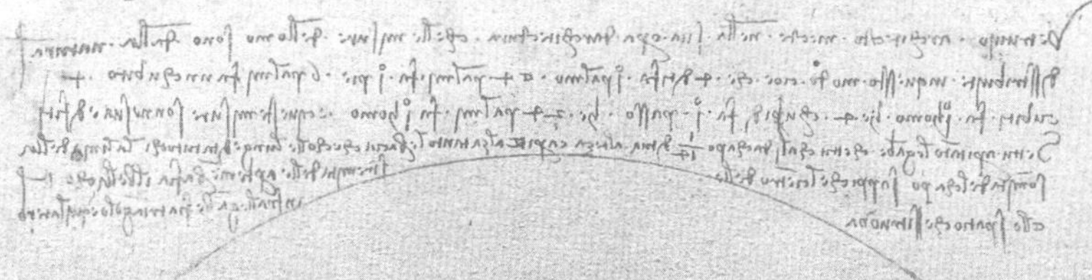

제1부

르네상스에서 흄까지

1.
일반적 특징

서양 철학사에서 일반적으로 '근대'라고 불리는 시기는 여러 가지 점에서 중세와 다른 사고방식을 보여 주었다. 근대적 사고방식의 특징 가운데 둘은 아주 중요하다. 하나는 교회의 권위가 낮아졌다는 점이고, 다른 하나는 과학의 권위가 높아졌다는 점이다. 다른 특징은 앞의 두 특징과 이어진다. 근대 문화는 성직자 계급보다 속인 계급의 삶과 관계가 더 깊다. 국가의 힘이 점점 커지는 가운데 문화를 조정하는 정부 권력 기구가 교회를 대체하는 수준까지 성장했다. 국가 권력은 처음에 주로 왕의 수중에 있다가, 고대 그리스의 경우처럼 왕정이 쇠퇴하고 점차 민주제나 참주제가 등장한다. 민족국가의 권력이나 국가가 수행한 기능은 근대 전체(소규모로 몇 차례 동요가 일어난 시기를 제외하면)에 걸쳐 꾸준히 커진다. 그런데 국가의 힘이 성장하는 동안, 국가는 중세 교회에 비해 철학자들의 견해에 거의 영향을 미치지 않았다. 알프스 북부 지역에서 15세기까지 중앙 정부에 저항하며 명맥을 유지하던 봉건 귀족 정치는 정권을 잃은 다음 경제적 지위마저 잃었다. 봉건 귀족 정치는 부유한 상인 계층과 동맹을 맺은 왕정으로 대체되고 귀족과 상인이 권력을 나누어 가졌는데, 권력 배분의 비율은 나라마다 달랐다. 이러한 과정에서 부유한 상인이 귀족 계급으로 흡수되는 경향도 나타났다.

미국 독립 전쟁과 프랑스혁명 이후 현대적 민주주의가 중요한 정치적 원동력으로 작용한다. 사유재산제에 근거한 민주주의와 대립하는 사회주의는 1917년에 이르러 최초로 정권을 획득한다. 그런데 민주주의 정권이 퍼지면 새로운 문화가 함께 출현하기 마련이다. 우리가 관심을 갖는 문화 형태는 주로 '자유주의적' 문화로 상업과 자연스럽게 연결되어 있다. 여기서 중요하게 다룰 예외적 인물은 독일에서 등장한다. 바로 피히테와 헤겔이다. 이들은 상업과 전혀 상관없는 사고방식을 보여 주며, 근대의 전형에 속하지 않는다.

교회의 권위를 거부하는 경향은 근대를 구별하는 소극적 특징으로, 과학의 권위를 수용하는 적극적 특징보다 앞서 나타난다. 이탈리아 르네상스 운동에서 과학의 역할은 아주 미미했다. 교회에 반발한 사람들은 고대와 연결되는 고리를 마음속으로 찾아낸 데 이어 과거로, 초기 교회나 중세가 아닌 더욱 먼 과거로 시선을 돌렸다. 과학이 최초로 갑작스레 진지하게 등장한 것은 1543년 코페르니쿠스 이론을 담은 서적의 출간이었다. 그러나 코페르니쿠스의 이론은 17세기에 케플러와 갈릴레오가 수용해 발전시키기 전까지 위세를 떨치지 못했다. 이후 과학과 교리를 사이에 두고 긴 투쟁이 벌어졌는데, 교리를 고수하는 전통주의자들은 새로운 지식에 저항해 싸웠으나 언제나 패배했다.

근대 철학자들이 대부분 인정한 과학의 권위는 교회의 권위와 전혀 다른 지적 권위로서 정치적 권위가 아니었다. 과학의 권위를 거부한 사람이 처벌을 받는 것도 아니며, 권위를 수용한 사람에게 신중하고 분별 있는 논증은 아무 영향도 주지 못한다. 과학의 권위는 고유한 이성에 호소함으로써 효력을 가지며 단편적이고 부분적인 권위다. 과학의 권위는 가톨릭 교리 체계와 달리 인간의 도덕과 희망을 비롯해 우주 역사의 과거와 미래를 포괄하는 완결된 체계를 제안하지 않는다. 단지 특정한 시기에 과학적으로 확인된 면만

드러내 선포하는데, 확인된 사항은 무지와 불가지론으로 가득한 망망대해 어딘가에 위치한 작은 섬과 같다.

그 밖에도 차이점이 하나 더 있다. 교회의 권위는 절대적으로 확실하며 영원히 변하지 않는 반면, 과학의 선언은 개연성이나 확률에 근거한 잠정적 주장이어서 수정되기도 한다. 이는 중세 교리 신봉자의 권위와 전혀 다른 정신적 기질을 출현시킨다.

지금까지 말한 **이론**과학theoretical science은 바로 세계를 **이해**하려는 시도다. **실용**과학practical science은 세계를 **변화**시키려는 시도로 처음부터 중요한 비중을 차지했고, 비중이 계속 증가하여 인간의 사고에서 이론과학을 거의 몰아내는 수준까지 이르렀다. 과학의 실용적 중요성은 처음에 전쟁과 연결되면서 인정받았다. 갈릴레오와 레오나르도는 포술과 축성술의 개선을 정부에 요구하면서 일자리를 얻었다. 이후 전쟁에서 과학자들이 맡은 역할의 비중은 꾸준히 높아졌다. 기계 생산이 발전하고 대중이 처음에 증기를, 다음에 전기를 사용하는 것에 익숙해지는 과정 속에서, 과학자의 역할은 더 늦게 나타났고 19세기 말엽까지 중요한 정치적 결과를 초래하지 않았다. 과학의 승리는 주로 실천적 유용성practical utility에서 비롯되었고, 이론에서 이러한 실천적 유용성을 분리하려는 시도와 더불어 과학은 점점 기술technique로 변하여 세계의 본성에 대한 학설로서 지닌 가치는 점점 줄어들었다. 철학자들은 아주 최근에야 이러한 관점을 꿰뚫어 보게 된다.

교회의 권위에서 해방되면서 개인주의가 출현하고, 심지어 무정부주의까지 생겨났다. 규율은 지적이든 도덕적이든 정치적이든 르네상스 인간의 정신 속에서 스콜라 철학과 더불어 교회 정부와 결부되었다. 스콜라 철학자들이 몰두한 아리스토텔레스 논리학은 협소했으나 일종의 정확성을 훈련하는 기회를 제공했다. 이러한 논리학 훈련의 인기가 떨어지면서 논리학을 계승한 학문은, 처음에는 더 나은 논리학이 아니라 고대 학문을 절충한 모방 학문에 지나지 않았다.

17세기까지 철학 분야에서 중요한 일은 별로 없었다. 다만 15세기에 이탈리아의 무정부 상태는 소름끼칠 정도였으며, 이를 배경으로 마키아벨리의 학설이 출현했다. 동시에 정신의 족쇄를 벗어던진 자유로운 분위기에서 예술과 문학의 놀라운 천재들이 등장했다. 하지만 사회는 불안정했다. 종교개혁과 반종교개혁이 일어나고 이탈리아가 스페인에게 정복당하면서 이탈리아 르네상스 운동의 좋은 면과 나쁜 면은 둘 다 종지부를 찍었다. 이로써 이탈리아 르네상스 운동이 알프스 북부 지역으로 퍼져 나갈 무렵 무정부주의적 특징은 사라졌다.

하지만 근대 철학은 대체로 개인주의individualism와 주관주의subjectivism로 기울었다. 이러한 특징이 두드러진 데카르트의 철학을 살펴보자. 그는 자신의 실존에 대한 확실성으로부터 모든 지식을 확립하고, 명석과 판명(둘 다 주관적인 것)을 진리의 기준으로 수용한다. 주관주의적 경향은 스피노자의 경우에 두드러지지 않지만, 라이프니츠의 창 없는 단자들에 다시 등장한다. 철저한 객관적 **기질**의 로크는 내키지 않아 하면서도 지식이 관념들의 일치와 불일치라는 주관주의적 학설로 빠져들 수밖에 없었다. 로크는 주관주의적 견해를 너무 혐오한 나머지 거기에서 벗어나기 위해 정합성을 결여한 주장까지 마다하지 않는다. 버클리는 물질을 없앤 다음 오직 신에게 의지함으로써 완전한 주관주의에서 벗어나지만, 후대 철학자들은 대부분 비논리적 견해라고 평했다. 흄에서 경험주의 철학은 아무도 거부할 수도 없고 수용할 수도 없는 회의주의의 형태로 절정에 이르렀다. 칸트와 피히테는 학설뿐 아니라 기질에서도 주관주의적 특징을 나타냈다. 헤겔은 스피노자의 영향으로 주관주의에서 자신을 구해 냈다. 루소와 낭만주의 운동은 인식론에서 윤리학과 정치학으로 주관성을 확장하여, 논리적 흐름에 따라 바쿠닌Mikhail Aleksandrovich Bakunin(1814~1876)의 사상처럼 완전한 무정부주의에 이르러 종말을 맞았다. 이러한 극단적 주관주의는 일종의 광기로 나타난다.

그러는 사이 기술로 수용된 과학은 실용성을 추구하는 인간의 마음속에 이론 철학자와 전혀 다른 사고방식과 시야를 심어 놓았다. 기술은 힘에 대한 감각을 일깨워 인간이 자기 환경의 처분대로 맡겨지는 일이 이전 시대에 비해 훨씬 줄어들었다. 그러나 기술은 사회에 힘을 제공하지 개인에게 힘을 제공하지 않는다. 17세기에 평균 수준의 개인이 불모의 섬에 난파당한 경우에 지금보다 더 많은 일을 해냈을 수도 있다. 과학기술은 한 방향으로 조직된 다수의 개인이 협동하는 과정을 요구한다. 과학기술은 무정부주의와 맞서며 개인주의와도 대립하는데, 그것이 정연한 사회 구조를 요구하기 때문이다. 종교와 달리 과학기술은 윤리적으로 중립을 유지한다. 과학기술은 사람들이 놀라운 일을 수행하도록 만들지만 수행해야 할 놀라운 일이 무엇인지 말해 주지 않는다. 실천에서 과학기술의 목표는 대부분 우연에 의존한다. 과학기술에 필요한 거대한 사회 조직의 꼭대기에 위치한 사람들이 과학기술의 방향을 원하는 대로 적당하게 이리저리 바꾸게 된다는 말이다. 과학기술의 힘은 우연적 방향에 따라 이전에 결코 미치지 못하던 범위까지 확장된다. **과학기술**의 발전에서 영감을 받은 철학이 바로 힘을 강조하는 철학이다. 여기서 인간이 아닌 모든 존재를 단지 가공되지 않은 재료로 생각하는 경향도 나타난다. 이제 목적은 고려하지 않고, 오로지 숙련 과정에 가치를 부여할 따름이다. 이러한 경향도 일종의 광기요 바보짓이다. 이는 우리 시대에 가장 위험한 철학이다. 건전한 철학은 이에 대항할 해독제를 내놓지 않으면 안 된다.

고대 세계는 로마 제국이 무정부 상태에 빠져들어 종말을 맞았으나, 로마 제국은 이상이 아니라 냉엄한 현실로 존재했다. 가톨릭 세계는 교회를 통해 무정부 상태를 종결시키려 했지만, 교회는 이상으로서 존재할 뿐 현실에서 결코 구현되지 못했다. 고대 로마의 해결 방식도 중세의 해결 방식도 만족스럽지 않았다. 전자는 이상이 되기 어려워 만족스럽지 않고, 후자는 현실이 되기 어려워 만족스럽지 않다. 현대 세계는 요즈음 고대와 비슷한 해결 방식을 향해 나아가는 듯하다. 다시 말해 사회 질서는 힘에 의해 재편되어 흔히 사람들의 희망보다 오히려 강자의 의지를 대변한다. 지속 가능하고 만족스러운 사회 질서를 실현하려면 로마 제국의 실질적 법체계와 성 아우구스티누스가 『신국』에서 제시한 이상주의를 결합해야만 가능할 텐데, 이러한 일을 성취하려면 새로운 철학이 등장해야 할 것이다.

2.
이탈리아 르네상스 운동

중세적 사고방식과 대립하는 근대적 사고방식은 이탈리아 르네상스 운동과 더불어 나타나기 시작했다. 초창기에 소수의 특별한 개인이 근대적 사고방식을 소유했을 뿐인데, 그들 가운데 뛰어난 인물이 페트라르카였다. 15세기에 이르러 근대적 사고방식은 속인이든 성직자이든 교육받은 대다수 이탈리아인에게 퍼졌다. 몇 가지 점에서 르네상스 시기의 이탈리아인은 레오나르도를 비롯한 몇 사람을 제외하면, 17세기 이후 가장 중요한 혁신사상가들과 달리 과학을 존중하는 태도가 나타나지 않았다. 이러한 태도의 결핍으로 이탈리아인은 미미한 수준에서만 미신에서 해방되어, 특히 점성술이 발전하는 결과를 초래한다. 그들은 대부분 중세 철학자들의 권위를 여전히 흠모하면서 교회의 권위를 고대인의 권위로 대체했을 따름이다. 물론 이것은 해방으로 나아가는 첫 단계였다. 고대인은 서로 의견이 일치하지 않았고, 개인의 판단은 어떤 고대인을 따를지 결정하라고 요구받았기 때문이다. 15세기의 이탈리아인 가운데, 어떤 권위도 교회의 가르침이나 고대에서 찾을 수 없다는 견해를 감히 피력한 사람은 거의 없었다.

르네상스를 이해하려면 먼저 이탈리아의 정치 사정을 간략히 검토할 필요가 있다. 1250년 프리드리히 2세가 죽은 다음에 이탈리아는 대체로 외국의 간섭을 받지 않았다. 그런데 1494년 프랑스 왕인 샤를 8세가 이탈리아를 침략했다. 당시 이탈리아에는 유력한 다섯 도시국가가 있었는데, 밀라노와 베네치아, 피렌체, 교황령, 나폴리였다. 다섯 나라 말고 작은 공국이 많았지만, 큰 나라와 동맹을 맺거나 아예 종속되는 등 여러 이유로 공국의 수는 변하기 쉬웠다. 1378년까지 제노바는 상업과 해상 세력이 번성하여 베네치아와 경합을 벌였으나, 이후 세력이 약해지면서 밀라노의 종주국으로 복속되었다.

12세기와 13세기에 걸쳐 봉건제에 맞선 저항을 이끌었던 밀라노는 호엔슈타우펜 가문의 마지막 패전 이후 비스콘티 가문이 지배하게 되는데, 유능한 비스콘티 가문의 권력은 봉건제가 아닌 금권에서 비롯되었다. 비스콘티 가문은 1277년부터 1447년까지 170년간 지배했다. 당시에 3년 동안 공화국 정권이 수복된 후, 비스콘티 가문과 연줄이 닿아 있던 새로운 가문인 스포르차 가문이 통치권을 행사하면서 밀라노 공작이라는 칭호를 받았다. 1494년부터 1535년까지 밀라노는 프랑스 군인과 스페인 군인이 각축을 벌인 전쟁터와 다름없었다. 스포르차 가문은 때로는 프랑스와 연합하고 때로는 스페인과 동맹을 맺었는데, 이 시기 망명길에 오르기도 하고 이름뿐인 통치권을 행사하기도 했다. 결국 밀라노는 1535년에 황제 카를 5세의 치하로 합병되었다.

베네치아 공화국은 이탈리아의 정세와 다소 동떨어져, 특히 초기 몇 세기 동안 전성기를 누렸다. 베네치아는 야만족의 침입을 받은 적이 없었으며, 처음부터 자진해서 동로마 황제에게 예속되었다. 이러한 전통에 따라 주로 동양과 무역을 하면서 로마의 간섭을 받지 않고 독립을 유지했다. 독립은 트리엔트 공의회(1545) 시기까지 지속되었는데, 베네치아 출신 역사가 파올로 사르피Paolo Sarpi(1552~1623)는 교황권에 반대하는 입장에서 공의회의 역사를 기록했다. 우리는 4차 십자군 원정 시기에 베네치아가 어떻게 콘스탄티노플의 정복을 끝까지 주장하게 되었는지 살펴보았다. 베네치아는 콘스탄티노플을 정복한 뒤 무역이 호전되기는 했지만, 1453년에 튀르크인이 일으킨 콘스탄티노플 수복 전쟁으로 곤욕을 치렀다. 베네치아인은 식량 공급을 비롯한 여러 가지 이유로 14, 15세기에 이탈리아 본토에서 더 넓은 영토를 차지해야 한다고 생각했다. 이러한 야욕이 적개심과 대립을 불러일으켰고, 1509년에 결국 캉브레 동맹, 바로 강대국들의 연합 체제가 만들어지면서 베네치아는 패전국으로 전락했다. 베네치아는 불행한 사태를 극복하고 예전의 지위를 회복할 기회를 잡기도 했지만, 바스코 다 가마Vasco da Gama (1460/1469~1524)가 인도로 통하는 희망봉 항로를 발견한 사건(1497~1498)으로 무산되었다. 튀르크인의 세력 증대와 희망봉 항로의 발견으로 베네치아는 황폐해졌는데, 폐허로 변하는 과정은 나폴레옹이 베네치아의 독립을 빼앗는 날까지 지난하게 이어졌다.

베네치아의 정치 체제는 원래 민주주의 정신에 입각하여 확립되었으나, 점차 민주적 특성이 퇴색하여 1297년 이후에는 거의 과두정치에 가깝게 변형되었다. 정치권력의 기반은 시의회였는데, 시의회의 구성원이 될 자격은 한 번 얻으면 세습되었고 유력한 가문에만 주어졌다. 행정권은 10인 의회에 일임되고, 10인을 선출하는 기관이 바로 시의회였다. 공화국의 총독은 의례적 국가수반으로서 종신직으로 선출했다. 총독에게 주어진 명목상 권력은 매우 제한되었으나, 관행적으로 총독은 흔히 결정적 영향력을 행사했다. 베네치아의 외교 활동은 극도의 치밀성을 갖추어 빈틈이 없었으며, 베네치아 외교관의 보고서는 견식이 높은 데다 사태를 꿰뚫는 통찰력이 있었다. 랑케Leopold von Ranke(1795~1886)[1] 이후 베네치아의 외교 보고서는 역사가가 다루는 사건에 대한 자료와 지식을 제공하는 믿을 만한 사료로 활용되었다.

1 * 독일의 역사가로, 처음으로 사료를 근거로 역사를 해석한 학자 중 한 사람이다.

피렌체는 세계에서 문명이 가장 앞선 도시로 르네상스 운동의 중요한 원천이자 본거지였다. 문학사에 자취를 남긴 거의 모든 위대한 이름, 예술사 초창기의 위대한 이름과 후기의 몇몇 이름은 피렌체와 관계가 있다. 그러나 현 시점에서는 문화보다 정치적 측면에 관심을 두고 논의를 진행하려 한다. 13세기 피렌체에는 갈등을 빚은 세 계급, 바로 귀족 계급과 부유한 상인 계급, 평민 계급이 있었다. 귀족 계급은 대체로 황제파Ghibelline였고, 다른 두 계급은 교황파Guelf였다.[2] 1266년에 황제파는 결국 정치적으로 패배했고, 14세기 동안 평민 계급은 부유한 상인 계급보다 나은 정치적 지위를 누렸다. 세 계급 간의 갈등은 안정된 민주주의로 이행되지 않고, 그리스인이 '참주 정치'라 불렀을 만한 정치 형태로 차츰 타락했다. 피렌체 최후의 통치자가 된 메디치 가문은 민주주의 편의 정치적 실권자로서 활동을 시작했다. 코시모 데 메디치Cosimo de Medici(1389~1464)는 메디치 가문에서 발군의 업적을 남긴 첫 인물이었는데도 공직을 얻지 못했다. 코시모의 권력은 교묘하게 선거를 조종하는 기술에 의존했다. 그는 빈틈없는 성격의 소유자로 가능하다면 회유하는 방법을 썼으나, 필요하다면 냉혹하고 무자비한 행동도 서슴지 않았다. 그가 죽고 나서 여러 해 뒤 손자인 위대한 로렌초가 권좌를 계승하여, 1469년부터 1492년 죽을 때까지 권력을 행사했다. 두 사람은 소유한 부를 기반으로 권력을 휘두르며 지위를 유지했는데, 주로 상업으로 부를 획득했으나 광업과 다른 산업을 번창시켜 부를 축적할 수 있었다. 그들은 피렌체를 부유하게 만들 수 있는 방법도 알았기에, 도시는 메디치 가문의 치하에서 번창했다.

로렌초의 아들 피에트로는 아버지의 장점을 갖추지 못하여 1494년에 추

2 * 구엘프와 기벨린은 중세 유럽, 특히 북 이탈리아에서 각각 교황권과 신성 로마 황제의 권력을 지지하는 분파를 말한다. 이들은 교황파(구엘프)와 황제파(기벨린)로 나뉘어 12세기부터 13세기에 걸쳐 투쟁을 벌였는데, 11세기부터 시작된 서임권 분쟁에서 비롯되었다.

「피에타」, 미켈란젤로 부오나로티, 1498~1499

방당했다. 당시 4년 동안 사보나롤라Girolamo Savonarola(1452~1498)[3]의 권세가 이어지면서 일종의 청교도 부흥 운동이 일어났다. 그로 인해 사람들은 환락과 사치를 청산하고 자유사상가를 멀리하며 더욱 간소해져서, 검소한 시대의 특징인 경건한 태도와 신앙심을 갖게 되었다. 하지만 대부분 정치적 이유로 사보나롤라의 정적들이 승리를 거두면서 사보나롤라는 처형당했고, 그의 시신은 불태워졌다(1498). 이렇게 민주 정치를 의도했으나 현실에서 금권 정치를 실행한 공화국은 메디치 가문이 정치 일선에 복귀한 1512년까지 명맥을 유지했다. 14세의 어린 나이에 주교가 된 로렌초의 아들은 1513년에 교황으로 선출되어 레오 10세라는 칭호를 얻었다. 메디치 가문은 토스카나 대공이라는 칭호 아래서 1737년까지 피렌체를 지배했다. 그러나 피렌체는 당대 이탈리아의 다른 지역처럼 빈곤해져 더는 정치적으로 중요한 지위를 누리지 못했다.

교황의 세속 권력은 피핀과 위조된 콘스탄티누스의 증여 문서에서 비롯되었으며, 르네상스 기간 내내 권한이 순조롭게 확대되었다. 그러나 교황이 세속적 목적을 위해 사용한 방법은 교황권에 속한 영적 권위를 잃게 만든 원인이 되었다. 공의회 운동은 바젤 공의회와 교황 에우게니우스 4세(1431~1447 재위) 사이에 빚어진 갈등 속에서 불행한 사태를 맞기는 했으나, 교회 내부에서 일어난 가장 진지한 활동을 대표했다. 공의회 운동이 알프스 북부 지역 성직자의 의견을 대변했다는 점은 아마도 훨씬 더 중요했을 것이다. 교황의 승리는 이탈리아의 승리이고, 얼마간 스페인의 승리를 의미했다. 15세기 후반 이탈리아 문명은 중세의 특징을 여전히 간직한 북부 유럽의 문명과 아주 판이했다. 이탈리아인은 문화를 대단히 진지하고 소중히 여기지만 도덕과 종교에 무관심했다. 심지어 성직자들은 라틴어를 유

3 * 이탈리아 르네상스기의 수도자이자 종교개혁가.

창하게 구사하면 많은 죄가 덮일지도 모른다고 마음속으로 생각하기도 했다. 니콜라우스 5세(1447~1455 재위)는 첫 인문주의자 교황으로, 학식이 풍부한 학자들에게 대가를 일절 바라지 않고 교황청 안에 연구실까지 내주었다. 로렌초 발라Lorenzo Valla(1407~1457)[4]는 에피쿠로스주의자일 뿐만 아니라 콘스탄티누스의 증여 문서가 위조라고 밝힌 인물로서 불가타 성서의 문체를 조롱하고 성 아우구스티누스를 이단으로 고발했는데도 로마 교황의 서기관이 되었다. 이처럼 경건한 신앙심이나 정통 신앙보다 오히려 인문주의 정신을 격려하고 장려하는 정책은 1527년 로마가 점령되어 약탈당하는 날까지 이어졌다.

인문주의를 장려한 정책은 신앙심이 유달리 깊고 진지한 북부 유럽인에게 충격을 주었지만, 우리의 관점에서 보면 일종의 덕행으로 평가할 수도 있다. 그러나 일부 교황들의 호전적 정책과 부도덕한 삶은 적나라한 정치권력의 관점을 제외하면 어쨌든 지지받기 어려웠을 것이다. 알렉산데르 6세(1492~1503 재위)는 교황으로서 살기보다 자신과 가족의 부를 축적하고 지위를 높이는 데 일생을 바쳤다. 그는 간디아 대공과 체사레 보르자라는 두 아들을 두었는데, 간디아 대공을 각별히 아끼고 사랑했다. 하지만 간디아 대공은 살해당하고, 동생인 체사레가 암살을 사주했을 것이라는 추측이 무성했다. 그리하여 알렉산데르 교황의 왕조를 세우려는 야심은 체사레에 집중되었다. 두 사람은 함께 로마냐 지방과 앙코나 지방을 점령했는데, 체사레의 공국principality으로 삼으려는 의도를 드러냈다. 그러나 알렉산데르 교황이 죽을 무렵에 체사레도 병에 걸려 때에 맞추어 일을 추진하지 못했다. 자연스럽게 그들이 정복한 구역은 성 베드로 수도원의 소유지로 편입되었다. 두 사람의 사악한 행동은 곧 전설 속 이야기가 되고, 그들이 저지른 헤아리

---

4 * 이탈리아의 인문주의자이자 언어문헌학 방법의 확립자로 기존 학문을 비판하고 인문주의를 설파했다.

기 어려운 살인에 대해 허위와 진실을 구별하는 일조차 어려워졌다. 하지만 그들이 이전보다 훨씬 잔인한 악행을 저지른 사실만은 의심할 여지가 없다. 알렉산데르 6세의 뒤를 이은 율리우스 2세(1503~1513 재위)는 경건한 신앙심의 측면에서 비범한 인물은 아니었으나, 전임 교황보다 추문은 훨씬 적었다. 율리우스 2세도 계속 교황령을 확장하는 정책을 펼쳤다. 하지만 그는 군인으로서 장점을 가진 반면, 그리스도교 교회의 수장으로서 장점을 갖추지 못했다. 후임으로 즉위한 교황 레오 10세(1513~1521 재위)의 치하에서 시작된 종교개혁은 르네상스기 교황들이 펼친, 가톨릭교도답지 않은 정책이 빚어낸 당연하고도 자연스러운 결과였다.

나폴리 왕국은 이탈리아의 남단을 차지했는데 시칠리아는 오랜 기간 나폴리의 일부로 통합되어 있었다. 나폴리와 시칠리아는 황제 프리드리히 2세에게 속한 개인의 특별한 왕국이었다. 계몽 군주로서 전제적 특징도 지닌 프리드리히 황제는 이슬람교의 지배 모형을 본뜬 절대 군주제를 도입했는데, 봉건 귀족에게는 아무 권한도 주지 않았다. 1250년 프리드리히 황제가 죽은 다음, 나폴리와 시칠리아는 황제의 친아들인 만프레디에게 이양되지만, 만프레디는 교회의 깊은 적대감도 물려받아 1266년에 프랑스의 침입으로 쫓겨났다. 프랑스인은 평판이 나빠졌고, '시칠리아 저녁기도(1282)'의 대학살로 희생되었다. 이후 왕국은 아라곤의 페드로 3세와 후계자의 수중에 들어갔다. 나폴리와 시칠리아의 일시적 분리를 야기한 다양하고 복잡한 사건이 지나간 다음, 두 도시는 1443년에 고결한 왕이자 뛰어난 문학의 후원자인 알폰소의 치하에서 다시 통일되었다. 1495년 이후 내내 프랑스의 세 왕이 나폴리를 정복하려 공을 들였는데, 마침내 아라곤의 페르디난도가 나폴리를 차지했다(1502). 샤를 8세, 루이 12세, 프랑수아 1세 같은 프랑스의 왕들이 모두 법적 근거는 충분하지 않지만 밀라노와 나폴리에 대한 소유권을 주장한 끝에 모두 이탈리아를 침략해 일시적으로 점령했다. 마지막으로 모두 스페인에게 패배했다. 스페인의 승리와 반종교개혁 운동은 이탈리아 르네상스 운동에 종지부를 찍었다. 메디치 가문의 일원이자 프랑스에게 우호적이며 반종교개혁의 장애 요인이었던 교황 클레멘스 7세와 카를 5세는 1527년에 대규모 개신교 군대가 로마를 약탈하게 만든 원인을 제공했다. 이후 교황들은 비로소 종교인답게 행동하게 됨으로써 이탈리아 르네상스 운동도 종말을 맞았다.

이탈리아의 권력 정치 놀이game of power politics는 믿기지 않을 만큼 복잡다단했다. 작은 나라의 왕은 대부분 스스로 전제 군주가 되어, 큰 나라와 번갈아 동맹을 맺었다. 소국의 왕이 권력 정치 놀이에서 현명하지 않게 행동하면, 당장 멸망의 나락으로 떨어졌다. 전쟁이 끊이지 않았으나, 1494년에 프랑스가 쳐들어오기 전까지 거의 무혈 전쟁이었다. 군인들이 용병이어서 직업상 위험을 최대한 줄이고 싶어 했기 때문이다. 이렇게 순수 이탈리아인만의 전쟁은 무역에 지장을 주지도 않았고, 나라의 부를 늘리는 것도 저해하지 않았다. 얄팍한 정치적 수완은 난무했지만, 현명한 정치 능력과 자격을 갖추지 못한 처지였다. 프랑스 군대가 쳐들어왔을 때, 이탈리아는 전쟁을 치르고 방어할 능력이 없었다. 프랑스 군대가 전투 중 실제로actually 사람을 죽이자 이탈리아인은 충격에 휩싸였다. 뒤이어 벌어진 프랑스와 스페인의 위험한 전쟁으로 고통과 피폐와 가난이 전 지역을 휩쓸었다. 그런데도 이탈리아의 국가들은 서로 반목하여 술책을 쓰면서 내부 갈등에 프랑스와 스페인을 끌어들였고, 국가 통일에 개의치 않았다. 끝내 온 나라는 황폐해졌다. 이탈리아가 불가피하게 중요한 지위를 잃게 되었던 계기가 아메리카 대륙의 발견과 동양으로 이어진 희망봉 항로였다는 점은 꼭 말해야 한다. 그래서 이탈리아는 붕괴했지만, 우수한 문명이 비극적으로 파괴되지 않을 수 있었다.

르네상스기는 철학에서 위대한 업적을 남긴 시기가 아니었지만, 위대한

17세기를 미리 준비하는 데 본질적인 일을 몇 가지 했다. 우선 지성을 옥죄는 덮개가 되어버린 엄격한 스콜라 철학의 체계를 무너뜨렸다. 다음으로 플라톤 연구를 부흥시킴으로써 적어도 플라톤과 아리스토텔레스 사이에서 선택할 경우에 필요한 수준만큼 독자적 사유를 가능하게 했다. 이로써 르네상스 운동은 신플라톤학파와 아랍의 주석가가 억지로 갖다 붙인 허황된 해석에 얽매이지 않고, 원전에서 직접 얻는 진정한 지식을 늘렸다. 지적 활동은 예정된 정통 신앙의 보존에 지향을 두면서 수도원에 틀어박힌 채 빠져드는 명상이 아니라, 기쁨에 찬 사회적 모험이라고 생각하는 습관을 장려한 점이 더욱 중요했다.

스콜라 철학이 신뢰한 아리스토텔레스 대신 플라톤의 가치가 비잔틴 학자들과 접촉하면서 더욱 빠르게 부각되었다. 비잔틴인은 동로마 교회와 서로마 교회의 통합을 명목상 이루어 낸 페라라 공의회(1438)에서 아리스토텔레스보다 플라톤이 더 우월하다고 주장하면서 논쟁을 벌인 적이 있었다. 어정쩡한 정통 신앙인이자 열렬한 플라톤 신봉자 게미스투스 플레톤Gemistus Plethon은 이탈리아에서 플라톤 철학을 촉진하고 발전시키는 데 지대한 공헌을 했다. 추기경이 되었던 그리스인 베사리온도 많이 기여했다. 코시모와 로렌초 데 메디치는 플라톤 철학에 매료되었다. 코시모는 주로 플라톤 연구에 전념한 피렌체 아카데미를 창설하고, 로렌초는 학원을 지원하고 유지했다. 코시모는 플라톤의 대화편 중 한 편의 낭송을 들으며 운명했다고 전한다. 하지만 당대의 인문주의자들은 고대 그리스에 대한 지식을 얻는 데 여념이 없어 철학 분야에서 독창적 사상을 내놓지 못했다.

르네상스는 대중의 지지를 얻은 운동이 아니었다. 소수 학자들과 예술가들이 참여한 운동으로 자유로운 후원자들, 특히 메디치가와 인문주의자 교황들이 장려했다. 그런데 이러한 후원자들 때문에 르네상스 운동이 성공을 크게 거두지 못했을지도 모른다. 페트라르카Petrarca(1304~1374)와 보카치오

Boccaccio(1313~1375)는 14세기에 살았으나, 정신적 측면에서 보면 르네상스기에 속한 인물이다. 하지만 그들이 살았던 시대의 다변하는 정세로 보면 당대에 미친 즉각적 영향력은 15세기 인문주의자들에 훨씬 못 미쳤다.

르네상스 학자들이 교회에 보인 태도를 간단하게 묘사하기는 어렵다. 몇몇 학자는 스스로 인정한 공공연한 자유사상가였는데, 이들조차 임종이 다가온다고 느끼는 순간 으레 교회와 화해하려고 병자성사를 받곤 했다. 르네상스의 학자들은 대부분 당대 교황의 사악한 행동에 나쁜 인상을 받았으면서도 교황이 제공한 일자리를 마다하지 않았다. 역사가인 구이차르디니 Guicciardini는 1529년에 다음과 같은 글을 남겼다.

"나는 누구보다 성직자의 야망과 탐욕과 방탕에 메스꺼움과 혐오감을 느낀다. 이러한 악습이 제각기 자체로 혐오스럽기 때문이 아니라, 하나의 악습이든 전체 악습이든 신과 특별한 관계를 맺었다고 선언한 자의 직분에 너무도 어울리지 않기 때문이다. 또한 악습이 서로 맞서기 때문에 아주 기괴하고 희한한 사람에게서만 함께 나타난다. 그런데도 나는 몇몇 교황의 궁정에서 차지한 지위 때문에 순전히 나 개인의 이익을 위해 교황의 힘이 더 강해지기를 바랐다. 이러한 처지에 놓이지 않았더라면, 나는 당연히 마르틴 루터Martin Luther(1483~1546)를 나 자신처럼 사랑했을지도 모른다. 이는 일반인에게 이해되고 설명되는 그리스도교가 부과한 율법에서 나 자신을 자유롭게 하기 위함이 아니라, 악당의 무리가 제자리로 돌아가 악습에 따라 행동하지도 못하고 권력을 행사하지도 못한 채 어쩔 수 없이 사는 꼴을 보기 위함이다."[5]

이러한 고백은 유쾌하고 솔직하며, 인문주의자들이 왜 개혁하지 못했는지 명쾌하게 보여 준다. 더욱이 그들은 대부분 정통 신앙과 자유사상의 중

5 부르크하르트, 『이탈리아의 르네상스 문화』, 4부 2장에서 인용.

간쯤에 해당하는 타협점을 찾지 못했다. 그들이 루터의 입장에 설 수 없었던 까닭은, 신학의 미묘하고 불가사의한 점을 포착하는 중세적 감각을 더는 발휘하지 못했기 때문이다. 마수치오Masuccio는 수사와 수녀, 탁발 수도자의 사악한 행동을 묘사한 다음 이렇게 말한다. "그들에게 적당한 최고의 형벌은 연옥을 없애 버리는 것이다. 그러면 그들은 더는 헌금을 받지 못할 테고 어쩔 수 없이 그들의 원래 직분으로 되돌아갈 것이다."[6] 하지만 루터가 그랬듯 마수치오는 연옥을 부정하지 않고, 오히려 가톨릭 신앙의 대부분을 마음속 깊이 간직했다.

로마의 부에서 교황령으로부터 징수한 세금이 차지한 비율은 얼마 되지 않았다. 로마의 부는 주로 교황들이 천국으로 통하는 열쇠를 지녔다고 주장한 신학 체계를 수단으로 전체 가톨릭 세계에서 거두어들인 조공과 공물로 충당되었다. 이탈리아인이 신학 체계에 효과적으로 의문을 제기한다면 이탈리아를 빈곤하게 만들거나 서양 세계에서 누리던 지위를 위험에 빠뜨리는 셈이었다. 결과적으로 이탈리아 르네상스기에 비정통 신앙은 순수하게 지적 수준에 머물렀고, 교회 분열로 다시 말해 교회를 떠나서 대중 운동으로 이어지지 않았다. 한쪽으로 치우친 사람이었지만 유일한 예외가 사보나롤라인데, 그는 정신적으로 중세에 속한 인물이었다.

인문주의자들은 대부분 고대에서 증거를 찾았던 미신적 신념을 마음에 품었다. 마법과 요술은 사악하지만 불가능하지 않다고 생각했다. 인노켄티우스 8세는 1484년에 마법을 금하는 교서를 내렸고, 독일을 비롯한 여러 나라에서 마녀에 대한 끔찍한 박해로 이어졌다. 자유사상가들에게 점성술이 특히 높게 평가되면서 고대 이래 유례가 없을 정도로 크게 유행했다. 사람들은 교회에서 해방되어 자유로워지자, 이성적으로 생각하기는커녕 고대

6 부르크하르트, 『이탈리아의 르네상스 문화』, 4부 2장에서 인용.

에 속한 온갖 종류의 무의미한 미신을 받아들이려고 마음을 활짝 열었다.

도덕적으로 교회에서 해방되면서 나타난 첫 결과는 똑같이 참담한 모습이었다. 과거의 도덕 규칙이 더는 존중되지 않고, 각국의 통치자는 대부분 배반과 모략으로 지도자의 지위를 차지했을 뿐만 아니라 자리를 지키기 위해 냉혹하고 잔인한 행동도 서슴지 않았다. 주교들이 교황의 즉위식 정찬에 초대받았을 때는 독살의 공포 때문에 각자 자신의 잔과 술을 따르는 시종까지 대동해야 했다.[7] 당시 이탈리아인들 가운데 사보나롤라를 제외하면 아무도 공공의 목적을 위해 일할 각오를 전혀 하지 않았다. 교황과 관련된 부패와 타락은 명백한 악행이었으나 아무 제재도 하지 않았다. 이탈리아 통일이 바람직하다는 명백한 사실에 직면해서도 통치자들이 협력하고 연합하기에는 역부족이었다. 외국의 지배가 코앞에 닥친 일촉즉발의 위협 속에서도 이탈리아의 통치자는 제각기 다른 이탈리아 통치자와 벌인 분쟁을 해결하기 위해 외세의 원조라면 무엇이든, 심지어 튀르크의 원조도 받을 태세였다. 나는 르네상스인이 고대 문서를 파기한 죄를 제외한 어떤 죄이든 자주 범하지 않았다고는 도저히 생각할 수 없다.

도덕의 영역 바깥에서 보면 르네상스 운동은 여러 면에서 탁월한 장점이 있다. 건축과 회화, 시 분야에서 명성을 유지했는데, 레오나르도와 미켈란젤로, 마키아벨리 같은 위대한 인물을 배출했다. 르네상스 운동은 교육받은 지식인을 중세 문화의 편협성에서 해방시켰다. 또한 여전히 고대를 숭배하는 일종의 노예였더라도, 학자들이 다양한 의견을 거의 모든 주제에 관해 평판이 좋은 권위자가 주장했던 것이라고 의식하도록 만들었다. 그리스 세계에 대한 지식의 부흥을 선도한 르네상스 운동은 고대 그리스의 업적과 성취에 맞서 다시 경쟁하는 정신적 분위기를 형성했다. 이러한 분위기 속에서

---

7 부르크하르트, 『이탈리아의 르네상스 문화』, 6부 1장에서 인용.

천재는 제각기 알렉산드로스 대왕 시대 이후 맛보기 어려웠던 자유를 누리면서 재능을 꽃피웠다. 르네상스기의 정세는 개인의 발전을 지지했으나 불안정한 상태였다. 불안정한 정세와 개인주의는 고대 그리스의 경우처럼 밀접한 관계가 있다. 안정된 사회 체계는 필요하지만, 이제까지 발명된 모든 안정된 체계는 비범한 예술가와 지식인의 장점을 살리는 데 오히려 방해가 되곤 했다. 르네상스기에 이룩한 업적에 버금가는 위대한 업적을 이루려면 얼마나 많은 살인과 무정부 상태를 감당해야 할까? 과거에는 필요 이상으로 감당해야 했다. 그러니까 우리 시대에는 덜 감당해도 될 것이다. 사회 조직화의 증대는 그러한 문제를 계속 더욱 중요하게 부각시키고 있지만, 해결책은 아직 발견되지 않았다.

3.
마키아벨리

르네상스기에 중요한 이론 철학자는 한 사람도 나오지 않았지만, **정치**철학 분야에서 최고 명성을 누린 니콜로 마키아벨리Niccolò Machiavelli(1469~1527)가 출현한다. 흔히 마키아벨리의 사상에 충격을 받는데 분명히 충격적 주장을 펼치기도 한다. 그런데 다른 많은 사람들은 피상적인 허튼 평가에서 자유로워져도 똑같이 충격을 받을 것이다. 마키아벨리의 정치철학은 과학적이고 경험적인 학설로 사태를 직시한 자신의 체험에 근거하고, 선악 여부와 상관없이 정해진 목적에 맞는 수단을 찾아내는 데 관심을 두었다. 그가 실현되기를 바란다고 수시로 언급한 목적은 모두 절찬을 받을 만하다. 마키아벨리라는 이름에 늘 따라다니는 비방이나 악평은 대체로 악행을 솔직하게 인정한 태도를 못마땅하게 여긴 위선자들의 분개에서 기인한다. 진정한 의미에서 비판이 필요한 곳이 여러 군데 있지만, 시대적 상황에서 비롯된 한계를 표현할 따름이다. 마키아벨리가 당대의 정치적 부정행위에 대해 보여 준 지적으로 정직한 태도는 그리스를 제외한 다른 어느 시대, 어느 나라에서도 찾아보기 힘들다. 어쩌면 그리스의 경우 소피스트들에게서 이론 교육을 받고, 군소 도시국가들 간의 전쟁에서 실전을 쌓은 덕분에 그러한 정직한 태도가 나타났을지도 모른다. 르네상스의 이탈리아에서 그랬듯 고대 그리스에서도 군소 도시국가들은 개인이 정치적 천재로 등장하는 토양을 제공했다.

마키아벨리는 피렌체 사람이었고 그의 아버지는 법률가로 부유하지도 가난하지도 않았다. 마키아벨리가 20대였을 때, 사보나롤라가 피렌체를 통치했다. 사보나롤라의 비참한 최후는 그에게 깊고 분명한 인상을 남겨서, 마키아벨리는 "무장한 예언자는 정치적 성공을 거두었으나 무장하지 않은 예언자는 정치적으로 패배했다"라는 논평을 하기도 했다. 그는 실패한 부류에 속한 예언자로 사보나롤라를 꼽으며, 다른 부류에 속한 예언자로 모세와 키루스, 테세우스, 로물루스를 꼽았다. 그리스도에 대해 아무 언급도 하지 않는 관례는 르네상스기에 나타난 전형적 특징이다.

마키아벨리는 사보나롤라의 처형 직후 피렌체 정부의 말단 관리직을 맡았다(1498). 그는 이따금 중요한 외교 임무를 수행하기도 하면서 1512년에 메디치 가문이 정치 일선에 복귀할 때까지 계속 근무했다. 그후 메디치 가문과 사사건건 대립하면서 체포되었다가 석방되어 피렌체 근처 지방에 은거해도 좋다는 허가를 받았다. 그는 다른 직업이 필요했고, 저술하는 일을 선택했다. 그리고 가장 유명한 저술인 『군주론*Il Principe*』을 1513년에 로렌초 2세에게 바쳤는데, 메디치 가문의 호의를 얻으려는 희망(헛된 희망으로 드러났다)을 품었기 때문이다. 『군주론』의 논조는 부분적으로 이러한 실용적 목적에서 비롯되었을 것이다. 이보다 분량이 많은 『로마사 논고*Discorsi sopra la prima deca di Tito Livio*』는 같은 시기에 썼지만, 공화주의와 자유주의로 기운 양상이 두드러진다. 그는 『군주론』의 첫머리에서 공화국에 대해 다른 저술에서 다루었으므로 논의하지 않겠다고 말한다. 『군주론』만 읽고 『로마사 논고』를 읽지 않은 사람들은 마키아벨리의 학설에 편견이 있을지도 모른다.

메디치가家의 호의를 얻는 데 실패한 마키아벨리는 저술가로 살 수밖에 없었다. 그는 임종하는 순간까지 은거 생활을 이어 갔는데, 바로 카를 5세의 군대가 로마를 점령하여 약탈하던 때였다. 그해는 이탈리아 르네상스가 종말을 맞이한 때로 보기도 한다.

『군주론』은 공국들이 어떻게 정권을 쟁취하고 유지하며 잃었는지를 역사와 당대에 일어난 사건들에서 찾아내고 있다. 15세기에 이탈리아는 크고 작은 수많은 사례를 제공했다. 정권을 정당하게 잡은 통치자는 거의 없었으며, 심지어 교황들조차 부정하게 선출되는 일이 허다했다. 정치적 성공을 위한 규칙은 시대가 더 안정되었을 무렵의 규칙과 판이했으며, 잔인한 행위와 배반 행위로 충격받는 사람도 드물었다. 누군가 이러한 행위를 18세기나 19세기에 했다면, 그는 부적격자로 판정받았을지도 모른다. 어쩌면 우리 시대에 와서 다시 한 번 마키아벨리를 높이 평가할 텐데, 오늘날 아주 유명한 성공 사례 가운데 몇몇은 바로 르네상스기 이탈리아에서 그랬듯 비열하고 저질스러운 방법으로 성취되었기 때문이다. 마키아벨리는 정치술 분야에서 예술의 경지에 오른 감정가로서, 히틀러의 독일 의회 해산과 1934년에 단행한 당내 숙청, 뮌헨 협정 후의 배신행위를 절찬했을지도 모른다.

교황 알렉산데르 6세의 아들인 체사레 보르자는 칭찬의 대상이 된다. 보르자의 문제는 해결하기 어려웠다. 첫째, 동생의 죽음으로 자신이 다음 왕조를 세우겠다는 아버지의 야심을 채워 줄 유일한 수혜자가 되는 문제다. 둘째, 알렉산데르가 죽은 다음 교황령이 아닌 바로 자신에게 귀속시켜야 할 영토를 교황의 이름으로 무력을 사용해 정복하는 문제다. 셋째, 자신의 측근이 다음 번 교황에 선출되도록 추기경 위원회의 선거를 조작하는 문제다. 체사레는 탁월한 일급 정치술을 구사하여 어려운 목적을 추구하고 달성했다. 권력을 잡으려는 새로운 왕이라면 보르자의 실행에서 교훈을 이끌어내야 한다고 마키아벨리는 주장한다. 사실 체사레는 정치적으로 실패했는데, '보기 드물 정도로 악의에 찬 운명' 탓이었다. 아버지가 세상을 떠날 무렵, 체사레는 우연히 위중한 병에 걸렸다. 그가 건강을 회복했을 때 정적들은 힘을 다시 비축한 상태였고, 그를 아주 증오하던 적수가 교황으로 선출되는 악재가 겹쳤다. 교황이 선출되던 날, 체사레 보르자는 마키아벨리에게 '아버지의 임종 때 스스로 죽음의 고통을 맛보게 되리라고 생각하지 않은 점만 빼고' 모든 일에 철저히 대비했다고 말했다.

마키아벨리는 체사레의 악랄한 행동을 가까이에서 지켜보았는데도 이렇게 요약한다. "지금까지 체사레 공이 정치적으로 행동한 면면을 회고하여 평가해 보면, 탓할 점은 아무것도 없다. 오히려 행운이나 남의 무력에 의존해 갑자기 정권을 잡은 자들이 모두 본받아야 할 모범 사례로 내세워야 한다는 생각마저 든다."

『군주론』의 「교회의 공국들에 대하여」라는 흥미로운 장에서는 『로마사 논고』에서 주장한 사상의 일부를 분명히 숨겨 둔 채 논의를 전개하는데, 그 이유는 『군주론』이 메디치 가문의 환심을 사려는 의도로 쓴 작품이었기 때문이다. 또한 책을 쓰던 당시 메디치 가문의 사람이 바로 교황(레오 10세)이 된 상황이었다. 마키아벨리는 『군주론』에서 교회의 공국들에 관하여 난점은 공국을 차지하는 과정에 있을 뿐이라고 말한다. 왜냐하면 일단 공국을 차지하고 나면 오랜 종교적 관습에 따라 보호를 받는데, 종교적 관습은 공국의 군주가 어떤 행동을 하든지 권좌를 지켜주는 역할을 하기 때문이다. 각 공국의 군주는 '인간의 정신이 감히 도달하기 어려운 높은 대의에 근거해 인정받은 존재이기' 때문에 군대가 필요 없다(그는 그렇게 말한다). 군주의 '권력을 높이고 유지하는 존재는 바로 신'이며, '군주를 두고 왈가왈부하는 논쟁은 주제넘고 어리석은 인간의 헛수고에 불과할 터다.' 그렇지만 마키아벨리는 이어서 알렉산데르 6세가 어떤 수단을 동원해 교황의 지상권을 증대시켰는지 탐구할 수 있다고 말한다.

『로마사 논고』는 교황권에 대해 훨씬 길고 진지하게 논의한다. 여기서 마키아벨리는 저명한 인물들을 윤리적 계층 구조 속에 배치한다. 여러 종교의 창시자들이 최고 자리를 차지하고, 군주국이나 공화국의 창건자들이 다음 자리를 차지하며, 문인들이 그 다음 지위를 차지한다. 이들은 선하지만 종교를 파괴한 자와 공화국이나 왕국을 전복시킨 자, 덕이나 문학과 학문을 적대하는 자들은 악하다. 율리우스 카이사르를 비롯해 참주 정치 체제를 수립한 자들은 사악한 자들이며, 다른 한편 브루투스는 선량한 사람이다. 마키아벨리와 단테에게 대조적으로 나타난 견해의 차이는 고전 문학이 미친 효과의 차이를 보여 준다. 마키아벨리는 종교가 국가 안에서 뚜렷한 자리를 차지해야 한다고 주장하는데, 종교가 곧 진리이기 때문이 아니라 사회 결속과 유대감의 형성에 필요하기 때문이다. 로마인이 점치는 의식을 믿는 것처럼 행동하면서 점치는 의식을 경시한 자들을 처벌한 처사는 옳았다는 말이다. 마키아벨리가 당대 교회를 비판한 핵심은 둘로 압축된다. 하나는 교회가 악행으로 종교적 신앙을 훼손했다는 것이고, 다른 하나는 교황의 지상권이 거기서 비롯된 정책과 맞물려 이탈리아의 통일을 방해한다는 것이다. 마키아벨리는 대단히 박력 있는 문체로 이렇게 비판한다. "이탈리아인이 종교의 꼭대기에 위치한 로마교회에 가까워질수록 종교심은 더 약해진다. …… 로마교회의 타락과 응징의 날이 다가온다. …… 우리 이탈리아인은 로마교회와 성직자들 탓으로 비종교적인 나쁜 사람이 되었다. 그런데 로마교회는 우리에게 아직 더 큰 빚을 지고 있다. 더욱이 로마교회는 이탈리아를 파멸로 몰아넣고, 이탈리아를 분할하고 그 상태를 유지시킨 원인 제공자다."[8]

위에서 인용한 절에 나타난 관점에서 보자면, 체사레 보르자에 대한 마키아벨리의 찬양은 정치술에 국한될 뿐이지 정치적 목적까지 찬양했던 것이 아니라고 가정해야 한다. 정치술과 명성을 가져다줄 과감한 행동에 대한 찬

8 이러한 평가가 1870년까지는 사실에 부합한다.

양은 르네상스 시대의 두드러진 특징이었다. 당연히 이러한 종류의 정서나 분위기는 시대를 가리지 않고 나타난다. 나폴레옹의 여러 적들은 나폴레옹이 군사 전략가로서 지닌 재능을 열렬히 찬양했다. 그러나 마키아벨리가 살던 시대의 이탈리아에서 정치적 수완과 재주를 보며 거의 예술 작품을 평하듯 찬양하는 분위기는 전후의 세기보다 훨씬 두드러졌다. 마키아벨리가 중요하게 생각한 원대한 정치적 목적과 정치술에 대한 찬양을 조화시키려는 시도는 잘못일 터다. 정치술에 대한 사랑과 이탈리아의 통일을 바라는 애국심은 마키아벨리의 정신 속에 나란히 존재했고 전혀 종합되지 않았다. 따라서 그는 체사레 보르자가 정치적으로 명민하기 때문에 칭찬하고 이탈리아의 분열을 조장했기 때문에 비난하기도 한다. 마키아벨리의 의견에 따르면, 누구나 틀림없이 인정하는 완벽한 군주는 정치 수완이 체사레 보르자만큼 명민하고 사악하지만 보르자와 다른 목적을 지향하는 사람일 터다. 『군주론』은 이탈리아를 야만족(바로 프랑스인과 스페인인)의 악취 나는 지배에서 해방시켜 달라고 메디치 가문에 요구하는 웅변적 호소로 끝난다. 그는 이탈리아의 해방과 통일이라는 과업이 사리사욕이 없는 이타적 동기로 완수되리라고 기대하지 않지만, 권력에 대한 갈망과 명성에 대한 더욱 큰 갈망이 동기가 된다면 성취될 것이라고 기대했을지도 모른다.

『군주론』은 통치자의 행동에 대해 기존 도덕을 명백히 거부한다. 통치자가 늘 선하게 행동한다면 비명횡사하고 말 것이다. 그래서 군주는 여우처럼 교활하고 사자처럼 맹위를 떨쳐야 한다. '군주는 어떤 식으로 신앙을 지켜야 하는가?'란 제목이 붙은 장(18장)을 보자. 군주는 자기에게 이득이 되면 신앙을 지키고 그렇지 않으면 신앙을 지켜서는 안 된다. 때때로 군주는 신앙을 버리기까지 해야 한다.

"그러나 이러한 특징을 교묘하게 위장하는 뛰어난 기만자이자 위선자가 되어야 한다. 인간은 너무 단순해서 당장 필요하면 순종하기 마련이다. 그

「니콜로 마키아벨리 초상」, 산티 디 티토, 16세기

래서 남을 속이고 기만하는 자는 늘 속아 넘어가는 사람들을 쉽게 찾아낸다. 나는 그저 최근 일어난 한 가지 사례를 들어보겠다. 알렉산데르 6세는 사람을 속이는 것 말고 아무 일도 하지 않고 다른 어떤 일도 생각하지 않아서, 때에 맞춰 속일 기회도 잘 찾아냈다. 누구보다 보증을 더 잘하고 더 강하게 서약하고 맹세하며 확언했지만, 아무도 보증과 확언을 지키는 것을 본 적이 없었다. 그는 사태를 잘 파악했기 때문에 늘 남을 속이는 데 성공했다. 그러므로 군주는 위에서 말한 자질(관습상의 덕)을 전부 갖출 필요는 없지만, 갖춘 것처럼 보이는 것은 대단히 필요하다."

이어서 그는 무엇보다 군주는 종교를 존중하는 태도를 보여야 한다고 말한다.

『로마사 논고』는 명목상 리비우스Livius에 대한 주석서인데, 논조는 『군주론』과 전혀 다르다. 『로마사 논고』의 모든 장은 대부분 마치 몽테스키외가 쓴 것처럼 보일 정도다. 책의 내용은 대부분 18세기 자유주의자가 읽고 동의할 만한데, 권력의 견제와 균형의 학설을 분명하게 제안한다. 군주와 귀족, 평민은 모두 헌법상 제각기 맡은 역할을 해야 한다. "그러면 세 계급의 세력은 호혜적으로 서로 견제하게 된다." 스파르타의 법은 리쿠르고스가 확립한 최선의 법인데, 가장 완벽한 균형을 구현해 냈기 때문이다. 솔론의 법은 지나치게 민주적인 조항으로 구성되었기 때문에 페이시스트라토스Peisistratos의 참주정치를 초래했다. 로마의 공화정치를 지탱한 법도 훌륭한데, 원로회의와 평민의 갈등 속에서 형성되었기 때문이다.

'자유liberty'라는 단어는 소중한 것을 가리키는 말로 두루 사용되지만, 무엇을 가리키는지는 분명치 않다. 이 말은 당연히 고대에 생겨나 18세기와 19세기로 전해졌다. 토스카나 대공국은 성곽이나 '신사 계급gentleman'[9]이 없었으므로, 자치도시의 특권liberties을 누렸다. 정치적 자유가 시민 측에 일종의 개인적 덕을 요구한다는 점은 인정해야 할 듯하다. 독일에서만은 청렴결

백과 종교가 여전히 조화롭게 일체를 이루고 사회 전반에 퍼졌기 때문에 여러 공화국이 수립되었다. 일반적으로 평민이 군주보다 더 현명하고 신앙심이 굳지만, 리비우스를 비롯한 대부분의 다른 저술가는 정반대로 주장한다. "인민의 소리가 신의 소리다"라는 말이 근거 없는 주장만은 아닐 텐데도 말이다.

공화정이 실행되던 그리스와 로마의 정치사상이 어떻게 15세기에 실현되었는지 고찰해 보는 작업은 매우 흥미롭다. 공화정치는 알렉산드로스 이후 그리스나 아우구스투스 이후 로마에서도 실현된 적이 없었다. 신플라톤주의자, 아랍의 학자, 스콜라 철학자 들은 플라톤과 아리스토텔레스의 형이상학에 흥미를 느껴 열정적으로 연구한 반면, 정치학 관련 저술에 관심을 전혀 갖지 않았다. 도시국가 시대의 정치 체계가 완전히 소멸했기 때문이다. 이탈리아 도시국가의 성장은 학문의 부흥과 동시에 발생하여 인문주의자들이 공화정 시대의 그리스와 로마인의 정치 이론에서 이점을 찾아내도록 이끌었다. '자유'를 향한 갈망 그리고 견제와 균형의 이론은 고대에서 르네상스로 이어지고, 고대에서 직접 전해지기도 했지만 대부분 르네상스기를 거쳐 근대로 전해졌다. 마키아벨리 사상의 이러한 측면은 적어도 『군주론』에 나타난, 더 유명하지만 비도덕적인 학설 못지않게 중요하게 다루어야 한다.

마키아벨리는 정치와 관련된 어떤 논증이든 결코 그리스도교나 성경에 근거하여 풀어 가지 않았다는 점에 주목해야 한다. 중세의 저술가들은 '합법적' 권력이라는 개념을 마음에 품었는데, 합법적 권력은 교황과 황제의 권력이나 거기서 도출된 권력이다. 북부 유럽의 저술가들은 로크 같은 최근

9 * 신사 계급은 귀족이 아니면서 가문家紋을 다는 특전을 가진 사람들을 가리킨다. 이들은 재산이나 유산 같은 수입원이 있어 노동할 필요가 없었다.

에 속한 저술가조차 에덴동산에서 무슨 일이 일어났는지를 두고 논쟁을 벌이는데, 거기서 일어난 일로부터 어떤 종류의 권력이 '합법적'이라는 증명을 도출해도 된다고 생각한 듯하다. 마키아벨리에게는 그러한 생각을 찾기 어렵다. 권력은 자유로운 경쟁 속에서 권력을 잡을 만한 기술에 능통한 자를 위해 존재한다. 마키아벨리는 대중의 인기를 얻는 정부를 선호하는데, 이것은 '권리'의 개념에서 비롯되지 않고 대중의 인기를 얻은 정부가 전제 정부보다 잔인성, 비도덕성, 변덕의 정도가 덜하다는 현실적 관찰에서 나온 결론이다.

마키아벨리는 하지 않았으나, 이제 그의 학설에 나타난 '도덕적' 부분과 '비도덕적' 부분의 종합을 시도해 보자. 다음 몇몇 구절에서 나의 의견이 아니라 암시적이든 명시적이든 마키아벨리의 의견이라고 평가되는 견해를 제시할 것이다.

정치적으로 추구해야 할 선 가운데 특별히 중요한 세 가지는 국가의 독립과 안전, 잘 짜인 헌법이다. 최선의 헌법은 군주와 귀족, 평민의 법적 권리를 현실 속에서 행사하는 권력에 비례하여 배분한 법이다. 그러한 헌법 아래서 혁명이 성공하기 힘들기에 사회 안정이 가능하다. 그런데 사회 안정을 고려한다면 평민에게 권력을 더 많이 주는 편이 현명할 것이다. 지금까지 정치적 목적에 관해서 말했다.

그렇지만 정치학에서 수단의 문제도 있다. 실패할 수밖에 없는 방법으로 정치적 목적을 추구해 봐야 헛일이다. 목적이 선하다면 마땅히 목적 달성에 적합한 수단을 선택해야 한다. 수단의 선택 문제는 목적이 선한지 악한지와 무관하게 순전히 과학적인 방식으로 다룰 수 있다. '성공'은 목적이 무엇이든 목적을 달성했다는 뜻이다. 성공에 대해 다루는 과학이 있다면, 성공의 과학은 선한 자의 성공과 마찬가지로 악한 자의 성공에 대해서도 연구할 것이다. 사실 그렇게 연구하는 편이 더 나은데, 성공한 죄인[10]의 사례가 성공한 성인의 사례보다 훨씬 더 많기 때문이다. 성공의 과학은 일단 만들어지고 나면 죄인과 마찬가지로 성인에게도 유용하다. 성인도 정치에 관심이 생겨 참여한다면, 죄인과 마찬가지로 분명히 성공하기를 바랄 것이다.

문제는 결국 권력이다. 정치적 목적을 달성하려면 어떤 종류이든 권력이 필요하다. 이렇게 분명한 사실은 "정의가 이길 것이다" 혹은 "악의 승리는 오래가지 못한다" 같은 표어로 가려진다. 네가 옳다고 생각한 쪽이 이긴다면, 그것은 힘이 우세하기 때문이다. 사실 권력은 흔히 여론에 좌우되고, 여론은 선동에 좌우된다. 너의 적수보다 정치적 기량과 덕이 더 뛰어난 것처럼 보이는 것이 선동에 유리하며, 탁월한 기량과 덕을 갖춘 것처럼 보이게 만드는 방법은 탁월한 기량과 덕을 갖추는 것이라는 점도 분명하다. 이러한 이유로 때때로 일반 대중이 생각하는 덕을 가장 많이 갖춘 쪽이 승리할 수도 있다. 우리는 마키아벨리의 권력론이 11, 12, 13세기에 걸쳐 교회 권력을 증대시키는 데 중요한 요소로 작용했다는 사실을 인정해야 한다. 16세기에 일어난 종교개혁의 성공에도 마찬가지로 중요한 역할을 했다. 그런데 중요한 한계가 있다. 첫째, 권력을 잡은 자들이 선동을 통해 자기들이 속한 당파가 탁월한 기량과 덕을 갖춘 것처럼 보이게 만들 수 있다. 예컨대 아무도 뉴욕이나 보스턴의 공립학교에서 교황 알렉산데르 6세의 죄악을 낱낱이 말하기 어렵다. 둘째, 명백한 협잡과 부정행위가 빈번하게 성공하는 혼란의 시기가 있다. 마키아벨리가 살았던 시기가 바로 정국이 혼란한 때였다. 혼란한 시대에는 냉소주의가 급속히 번지는 경향이 있고, 냉소주의는 사람들이 이익을 준다면 무엇이든 용서하게 만든다. 마키아벨리가 스스로 말하듯, 이러한 시기에도 무지한 대중 앞에서 탁월한 기량과 덕을 갖춘 외양을 보여주는 태도는 바람직하다.

---

10 * 도덕적으로 결함이 있는 평범한 인간이지만 사회적으로 성공한 사람이다.

이러한 문제는 한 단계 더 나아갈 수 있다. 마키아벨리는 문명인이 비양심적 이기주의자가 되는 것은 거의 확실하다는 의견을 피력한다. 어떤 사람이 오늘날 공화국의 수립을 소망한다면, 그는 대도시에 사는 사람보다 산간벽지에 사는 사람과 협력하여 세우면 더 쉽다는 사실을 알게 될 터다. 대도시에 사는 사람들은 문명인으로서 이미 타락하고 부패했기 때문이다.[11] 어떤 사람이 비양심적 이기주의자라면, 그가 따를 가장 지혜로운 행동 노선은 자신이 조작해야 할 주민의 수에 의존할 것이다. 르네상스기의 교회는 모든 사람에게 충격을 안겨 주었지만, 사람들이 종교개혁을 일으킬 만큼 교회의 타락에 충격을 더 크게 받은 지역은 알프스 북부에 국한된다. 루터가 반발하기 시작한 시기에 교황청의 세입은, 대체로 알렉산데르 6세와 율리우스 2세가 덕과 명망을 더 많이 갖춘 교황이 확보했을 양보다 더 많으면 많았지 적지는 않았다. 이것이 사실이라면, 르네상스기의 이탈리아에 퍼진 냉소주의 탓이다. 여기에서 정치가들은 도덕적 고려에 무관심한 주민보다 덕을 알아보는 주민에게 의존할 때 더 나은 행동을 한다는 결론이 도출된다. 덕을 알아보는 주민들은 정치가들의 통제 아래 엄격하게 검열되는 사회보다 범죄가 발생하면 널리 알려질 수 있는 사회에서 더 낫게 행동할 터다. 물론 언제나 위선적 행위로 어느 정도 성과를 내겠지만, 적합한 제도로 범죄를 훨씬 줄일 수 있다.

마키아벨리의 정치적 사고는 대부분의 고대인과 마찬가지로 한 가지 점에서 조금 피상적이다. 마키아벨리는 리쿠르고스나 솔론처럼 위대한 입법자들에게 열중하는데, 그들은 이전에 일어난 일과 거의 상관없이 한꺼번에 공동체를 창조한 것으로 가정된다. 정치가들이 단지 제한된 범위에서 영향

11 루소를 예견한 이러한 측면을 발견하는 것은 호기심을 불러일으킨다. 마키아벨리를 실망한 낭만주의자로 해석하는 것은 재미나고, 아주 틀린 해석도 아닐 터다.

을 줄 수 있는 유기적 성장 체계라는 공동체 개념은 주로 근대에 속하며, 진화론으로 크게 강화되었다. 이러한 개념은 플라톤과 마찬가지로 마키아벨리에게서도 발견되지 않는다.

하지만 사회 진화론은 과거에 옳았을지 몰라도 이제 더는 적용할 수 없으며, 현재나 미래에 대해 훨씬 기계론적 견해로 대체해야 한다고 주장할 수도 있다. 러시아와 독일의 새로운 사회는 신화 속의 인물인 리쿠르고스가 스파르타의 정치체제polity를 창조했다고 가정된 것과 같은 방식으로 창조되었다. 고대의 입법자는 자비로운 신화였다면 현대의 입법자는 끔찍하고 무서운 현실이다. 세계는 마키아벨리의 세계와 훨씬 흡사해졌으며, 마키아벨리의 철학을 거부하겠다는 희망을 품은 현대인은 19세기보다 더욱 천착해서 사고해야 한다.

4.
에라스뮈스와 토머스 모어

북유럽의 여러 나라에서 르네상스 운동은 이탈리아보다 늦게 시작되었고, 이내 종교개혁과 뒤얽혔다. 그러나 16세기 초반 아주 짧은 기간에 새로운 학문이 신학 논쟁과 무관하게 프랑스와 영국, 독일로 활발하게 퍼져 나갔다. 북유럽의 르네상스는 여러 면에서 이탈리아의 르네상스와 아주 달랐는데, 무정부 상태를 야기하지도 부도덕성을 조장하지도 않았다. 반대로 경건한 신앙심이나 공공의 덕과 결합되었다. 북유럽 르네상스의 선구자들은 학문 연구의 표준을 성서에 적용하거나 불가타 성서의 원본보다 더 정확한 원본을 입수하는 것에 더욱 흥미를 느꼈다. 또한 이탈리아 르네상스의 선구자보다 화려한 면은 부족했으나 기초가 튼튼하고 충실했으며, 개인의 학문적 성과를 내세우기보다 학문을 가능한 한 널리 보급하는 데 전력을 다했다.

에라스뮈스와 토머스 모어 경은 북유럽의 르네상스를 대표하는 인물로 알맞다. 그들은 가까운 친구 사이였으며 공통점도 많았다. 에라스뮈스보다 모어의 학식이 약간 부족했지만 두 사람은 모두 학식이 풍부했으며, 스콜라 철학을 경멸했다. 둘은 교회 내부에서 일어나는 개혁을 목표로 삼았기에 개신교의 종파 분리가 닥쳐왔을 때 개탄하며 비판했다. 또한 둘 다 재치와 해학을 겸비한 고도로 숙련된 저술가였다. 루터의 반란이 일어나기 전에 그들은 사상을 이끌어가는 지도자 역할을 했지만, 이후 세상은 두 가지 면에서 그들과 같은 유형에 속한 사람들에게는 너무 폭력적으로 흘러갔다. 모어는 순교의 고통을 당했으며 에라스뮈스는 무력감에 빠졌다.

에라스뮈스도 모어도 엄밀한 의미에서 철학자는 아니었다. 그런데도 그들은 바로 혁명 시대 이전의 기질을 보여 주는 적절한 사례이기 때문에 언급할 가치가 있다. 혁명 시대 이전에는 온건한 개혁을 요구하는 태도가 널리 퍼졌는데, 극단주의자의 반동에 소심한 개혁가가 겁을 먹지 않아도 되던 시대였다. 그들은 신학이나 철학에서 스콜라 철학을 배경으로 일어난 보수적 반동사상의 특징인 체계성도 전부 혐오했다.

에라스뮈스Desiderius Erasmus(1466~1536)는 로테르담에서 태어났다.[12] 사생아로 태어난 그는 자신의 출생 배경을 둘러싼 낭만적 설명을 거짓으로 꾸며내기도 했다. 사실 아버지는 성직자였고 그리스어 지식을 비롯해 어느 정도 학식을 갖춘 사람이었다. 에라스뮈스가 장성하기 전에 부모는 세상을 떠났으며, 후견인은(분명히 에라스뮈스의 유산을 착복했기 때문에) 그를 부추겨 슈타이어 수도원의 수도사가 되도록 했는데, 그는 당시 생활을 일생 동안 후회했다. 후견인 가운데 한 사람은 교사였지만 에라스뮈스가 학생 신분으로 습득한 수준보다 라틴어 실력이 떨어졌다. 소년 에라스뮈스가 보내온 라틴어 편지를 받은 교사는 이렇게 답장을 썼다고 한다. "앞으로 다시 우아한 문체로 편지를 쓸 생각이라면, 부디 주석을 달아 주기 바란다."

1493년에 에라스뮈스는 황금 양털가죽 기사단의 수장이던 캉브레의 주교가 제의한 비서 자리를 맡았다. 이로써 에라스뮈스는 수도원을 떠나 소망한 대로 이탈리아는 아니었지만 여행할 기회를 얻었다. 그는 그리스어 실력이 부족했으나 고도로 숙달된 라틴어 학자였고, 라틴어의 우아함에 관해 설

12 에라스뮈스의 생애에 관해서는 하위징아가 쓴 탁월한 전기를 주로 참고했다.

명한 책을 쓴 로렌초 발라를 각별히 칭송했다. 라틴어 사용이 참된 종교적 헌신과 더없이 양립할 수 있다고 생각했으며, 아우구스티누스와 히에로니무스를 예로 들었다. 이때 에라스뮈스는 분명히 키케로의 작품을 읽었기 때문에 주님께 꾸중을 들었다는 히에로니무스의 꿈 이야기를 잠시 잊었던 듯하다.

에라스뮈스는 한동안 파리대학교에 머물렀지만, 거기서 자신에게 도움이 될 만한 아무 일도 찾지 못했다. 파리대학교는 스콜라 철학의 시작부터 제르송Jean de Gerson(1363~1429)[13]과 공의회 운동에 이르기까지 좋은 시절을 보냈지만, 이제 구식 논쟁은 빈약한 데다 무미건조해졌다. 고대인이라고 불리던 토마스 아퀴나스 추종자들과 스코투스 추종자들은 근대인이자 유명론자라고 불리던 오컴 추종자들에 반대하여 논쟁을 벌였다. 1482년 드디어 양측이 화해하면서 파리의 대학 사회 바깥에서 몰려드는 인문주의자들에 맞서야 할 공동 목적을 갖게 되었다. 에라스뮈스는 시대에 뒤떨어지고 낡은 생각에 매달린 스콜라 철학자들을 혐오했다. 그는 박사학위를 얻고자 쓴 편지에서 우아한 문체이든 재치 있는 내용이든 아무 주장도 하지 않으려고 애썼다고 전한다. 그는 정말 어떤 철학자이든 다 싫어했는데, 플라톤과 아리스토텔레스도 고대인으로서 존경했지만 그들의 철학을 연구하지 않았다.

에라스뮈스는 1499년에 처음 영국을 방문했는데, 당시의 동성애 풍습에 호감을 느꼈다. 영국에서 콜릿John Colet(1466/67~1519)[14]과 모어와도 친해졌다. 이들은 에라스뮈스에게 문학적 소품보다 진지한 작품을 쓰라고 격려했다. 콜릿은 그리스어를 전혀 모르는 상태로 성서 관련 강의를 했다. 에라스

---

13 * 프랑스의 신학자이자 그리스도교 신비주의자, 로마 교황과 아비뇽 교황 사이에 일어난 대분열을 종결지은 공의회 운동의 지도자다.

14 * 튜더 왕조 시대의 중요한 인문주의자로, 당대 문화 발전에 기여했다. 당대 교회의 악습을 비판한 신학자이기도 했다.

「로테르담의 에라스뮈스 초상」, 한스 홀바인, 1523

뮈스는 성서 관련 연구를 하고 싶었는데, 그리스어 지식이 꼭 필요하다고 생각했다. 1500년 초에 영국을 떠난 후, 너무 가난해서 선생을 둘 여력은 없었지만 그리스어를 배우는 일에 착수했다. 1502년 가을 무렵 마침내 그리스어에 능숙해졌다. 그리고 1506년 이탈리아 현지에 갔을 때, 그는 이탈리아인이 정작 그를 가르치지 못한다는 것을 알았다. 그는 성 히에로니무스의 저술을 편집하고 그리스어 성서를 라틴어로 번역하여 출판하기로 작정했다. 두 가지 목표는 1516년에 성취되었다. 불가타 성서 번역본에서 발견된 부정확한 점들은 뒤이어 일어난 성경 논쟁에서 개신교도에게 유용했다. 그는 히브리어도 배워 보려 했으나 바로 포기했다.

에라스뮈스의 지금도 읽히는 유일한 책은 『우신예찬』이다. 이 책은 1509년에 착상이 떠올랐는데, 그가 이탈리아에서 영국으로 가는 도중 알프스 산맥을 넘어갈 때였다고 한다. 그는 토머스 모어 경의 런던 저택에 머물며 순식간에 글을 써 내려갔다. 라틴어 '모로스moros'가 '바보'를 뜻하기 때문에 어울린다는 농담 섞인 암시를 덧붙이며 이 책을 토머스 모어에게 바쳤다. 책은 바보 여신의 독백으로 구성된다. 바보 여신은 아주 신이 나서 자신을 찬미하며 노래를 부르는데, 노래는 홀바인Hans Holbein(1497~1543)[15]의 삽화들이 덧붙어 더욱 생기를 얻는다. 바보 여신의 힘은 인간 생활의 모든 부분에, 그리고 모든 계급과 직업까지 두루 미친다. 바보 여신을 위해 인간은 모두 죽어가며 차차 소멸한다. 바보 여신이 존재하지 않는다면 누구를 위해 결혼을 하겠는가? 바보 여신은 지혜의 해독제로 아내를 얻으라고 충고한다. "아내라는 피조물은 무해하고 바보 같지만, 인간의 딱딱함과 침울한 성미를 완화하여 유연하게 할 때 유용하고 편리한 존재다." 누가 아첨이나 자기애 없이 행복하겠는가? 그런 행복은 어리석다. 가장 행복한 사람은 야수

15 * 독일의 르네상스기를 대표하는 화가로, 런던에 머물며 헨리 8세의 초상화도 그렸다.

에 가장 가까우며 이성을 벗어던진 사람이다. 최상의 행복은 망상에서 비롯되는데, 힘들여 노력하지 않아도 되기 때문이다. 현실에서 왕이 되는 것보다 왕이라고 상상하는 편이 훨씬 더 쉽다는 말이다. 에라스뮈스는 이어 민족적 긍지와 직업적 자부심을 비웃는다. 각종 기예와 과학에 종사하는 교수들은 거의 다 지독할 정도로 자부심이 강한데, 그들의 행복은 바로 자부심에서 나온다.

바보 여신은 풍자가 독설로 변하는 구절에서 에라스뮈스의 진지하고 심각한 의견을 대신 말하는데, 성직의 남용이나 폐해에 관한 내용이다. 신부들이 영혼이 제각기 연옥에 머물 시간을 계산할 때 기준으로 삼은 대사大赦(이른바 면죄부)와 은사 행위, 성인 숭배와 '맹목적 숭배자들이 성자 앞에다 성모를 두는 방법이라고 생각한' 성모 숭배, 삼위일체설과 육화에 대한 신학 논쟁, 실체변화설에 대한 논쟁, 스콜라 철학의 종파 대립, 교황과 주교와 추기경으로 이어진 성직 위계 등 모든 면을 신랄하게 비웃는다. 특히 수도회를 유달리 맹렬하게 비난한다. 수사들은 '미친 바보의 무리'이며, 신앙심이라고는 전혀 없는 데다가 "자기들을 높이 평가하고 사랑하며, 자기들의 행복을 숭배하는 자들을 좋아한다." 그들은 마치 모든 종교가 엄격하고 세세한 규칙으로 이루어진 것처럼 행동한다. "신발 끈을 묶는 매듭의 수라든지, 각 수도회의 수도복 빛깔을 어떻게 구별하고 어떤 재료를 쓸지, 허리띠의 굵기와 길이는 어느 정도로 할지" 등에 관한 규칙을 중시한다. "최후의 심판 날에 그들이 할 변명을 들어 보면 아주 재미있을 터다. 한 사람은 생선만 먹어서 육욕을 이겨 냈다고 자랑하고, 또 한 사람은 지상에서 성가를 연습하고 부르는 성스러운 활동에 대부분의 시간을 바쳤다고 흥분해서 떠들어 댈 법하다. …… 또 다른 사람은 육십 평생 돈이라고는 한 푼도 만져 본 적이 없으며 돈을 집을 때는 두꺼운 장갑을 꼈다고 너스레를 떨지도 모른다." 그러나 그리스도는 핑계를 중단시키고 이렇게 호통을 치지 않을까.

"너희 서기관과 바리새인에게 화 있을진저. …… 나는 너희에게 단 하나의 계명, 서로 사랑하라는 계명을 남겼는데, 너희 중에서 그 계명을 충실하게 지켰다고 항변하는 소리를 하나도 듣지 못하겠구나." 그런데 이러한 사람들은 지상에서 근심하고 걱정한다. 왜냐하면 그들은 고해성사 중에 신도들의 수많은 비밀을 알게 되는데, 술에 취하면 주책없이 발설하곤 하기 때문이다.

교황이라 해서 관대하게 다루지 않는다. 그들은 자기들이 섬기는 주님을 겸손과 청빈으로 본받아야 한다. "그들의 유일한 무기는 성령이어야 할 텐데, 성령이라는 무기에 대해 무척이나 자유로운 만큼 파문, 성직 정지, 공공연한 비난, 죄를 무겁게 지우는 행위, 크고 작은 계명, 자기들을 탄핵할 자라면 누구든 맞서 싸울 목적으로 발행하는 교서 남발에 대해서도 자유롭다. 이러한 대부분의 교황 성하들은 악마의 교사로 눈앞의 신을 두려워하지 않으며, 흉악하고 사악하게도 성 베드로의 세습권[16]을 약화하고 손상한 자들과 맞서 싸우기 위한 교서는 자주 발행하지 않는다."

위 구절에 비추어 에라스뮈스가 종교개혁을 환영했다고 생각할지도 모르지만, 정반대였다.

『우신예찬』은 참된 종교는 바보 여신의 숭배 같은 형태를 띤다는 진지한 제안으로 끝난다. 책에는 시종일관 두 바보 여신이 등장하는데, 하나는 역설적으로 찬미되는 신이고 다른 하나는 진지하게 찬미되는 신이다. 진지하게 찬미되는 신은 그리스도의 단순성 속에 드러난다. 이러한 찬미는 에라스뮈스가 스콜라 철학과 라틴어 교양을 갖추지 못한 학자들을 혐오한 맥락에서 이해가 된다. 그러나 더 깊은 면에서 보면 내가 아는 한 루소의 『사부아

16 * 베드로 위임설과 관련이 있는데, 그리스도가 천국의 열쇠를 베드로에게 위임했다는 것이다. 이 교리에 근거하여 로마 교황은 수위권을 주장했다.

보좌 신부의 신앙 고백』에 발표된 견해가 문학 작품 속에 등장한 최초의 사례다. 이에 따르면 참된 종교는 머리가 아니라 가슴에서 나오며, 정교하게 다듬어진 신학은 모두 쓸데없는 헛소리에 불과하다. 이러한 논점은 점차 사람들에게 퍼져 나가 상식이 되었으며, 오늘날 대부분의 개신교도 사이에서 대단히 환영받는 입장이다. 핵심을 찔러 말하자면 북부 유럽의 감상주의를 내세워 그리스의 지성주의를 거부한 셈이다.

에라스뮈스는 두 번째로 영국을 방문하여 5년간(1509~1514) 체류했는데, 일부 기간은 런던에서, 일부 기간은 케임브리지에서 머물렀다. 그는 영국의 인문주의를 고무하는 데 적지 않은 영향을 주었다. 영국 공립학교의 교육은 최근에 이르기까지 그가 바라던 방식 그대로, 그리스어와 라틴어를 단지 번역하는 수준에서 시작하여 운문과 산문의 작문까지 가르치는 철저한 기초 교육을 실행했다. 17세기 이후 지적인 면에서 우위를 차지했던 과학은 그때까지 명망 높은 사람이나 신학자의 주목을 끌 만한 가치가 있다고 생각되지 않았다. 플라톤은 마땅히 연구해야 했지만, 플라톤이 연구할 만하다고 생각했던 주제들은 연구하지 않았다. 이러한 경향은 모두 에라스뮈스의 영향과 동일 선상에 자리 잡는다.

당시 르네상스 인문주의자들은 호기심에 불탔다. 하위징아Johan Huizinga (1872~1945)[17]는 이렇게 평했다. "이들의 정신은 결코 충격적 사건, 기이한 세부 묘사, 진귀한 일, 비범한 일에 대해 바라는 만큼 만족한 적이 없었다." 처음에 그들은 기이한 것을 현실의 세상이 아니라 고대 문헌에서 찾으려고 했다. 에라스뮈스는 세상에 관심이 있었지만, 생생한 세상을 그대로 소화할 수 없었을 터다. 그래서 세상을 자기식으로 흡수하여 이해하기 전에 라틴어와 그리스어로 요리해야 했다.

---

17 * 네덜란드의 역사가이자 철학자다.

사람들은 여행자의 이야기는 경시하곤 했지만, 플리니우스Gaius Plinius Secundus[18]의 저술에 나타난 놀랍고 기이한 이야기라면 다 믿은 듯하다. 하지만 호기심이 책에서 현실 세계로 점차 옮아가면서, 고대의 저자들이 묘사한 존재가 아니라 현실 세계real world에서 발견한 야만인과 기이한 동물에 관심을 갖게 되었다. 캘리밴은 몽테뉴에서 나오며, 몽테뉴의 식인종은 여행자에게 들은 이야기에서 나온다. '식인종과 머리가 어깨 아래로 붙은 남자'는 오셀로가 보았던 괴물이지 고대 작품에서 유래한 것은 아니다.

그래서 르네상스기의 특징인 호기심도 문학 작품 속 기이한 대상에서 점차 과학적 대상으로 옮아갔다. 새로운 과학적 사실들이 폭포처럼 밀려들어 사람들을 압도했는데, 그들은 처음에는 그저 조류에 휩쓸려 다닐 수밖에 없었다. 구 체계는 명백히 틀렸다. 아리스토텔레스의 자연학과 프톨레마이오스의 천문학, 갈레노스의 의학은 새로 발견된 사실을 포함하도록 확장될 수 없었다는 말이다. 몽테뉴Michel de Montaigne(1533~1592)[19]와 셰익스피어William Shakespeare(1564~1616)[20]는 혼란스러운 상태에 만족하는데, 발견은 기쁜 일이고 체계는 발견의 적이다. 17세기까지 체계 형성 능력은 새로운 사실의 발견을 따라잡지 못했다. 이러한 모든 일이 콜럼버스보다 고대 그리스 신화 속 아르고호 원정대[21]의 영웅에게 관심이 더 많았던 에라스뮈스의 명성에 흠집을 냈다.

에라스뮈스는 수치를 모르는 구제불능에 가까운 인문주의자였다. 그는 『그리스도교 병사 필독서』라는 책에서 교양 없고 무식한 병사들에게 성경과 플라톤, 암브로시우스, 히에로니무스, 아우구스티누스를 읽으라고 권고

18 * 로마의 학자 겸 작가로서 『박물지』의 저자다.

19 * 프랑스의 사상가이자 수필가로 자유주의와 인간애를 중시했다.

20 * 영국의 극작가이자 시인으로 인생에 대한 통찰이 돋보이는 작품을 남겼다.

21 * 그리스 신화에서 이아손은 왕위를 되찾기 위해 황금 양털가죽을 찾아 영웅들과 함께 아르고호를 타고 떠난다.

한다. 그는 방대한 라틴어 격언집을 냈는데, 재판에서는 그리스 격언도 다수 추가했다. 격언집은 본래 일반인이 라틴어를 라틴어답게 관용적으로 사용하게 하려고 썼다. 그는 일반인에게 공놀이 같은 일상적 주제에 대해 라틴어로 대화하는 방법을 가르치려고 『대화집*Colloquia*』을 썼는데, 유례없는 성공을 거두었다. 책은 지금 생각한 수준보다 더욱 유용했을 것이다. 당시 라틴어는 유일한 국제어였고, 파리대학교는 서유럽의 전 지역에서 몰려든 학생들로 붐볐다. 두 학생이 라틴어로 대화하는 상황이 흔했을 터다.

종교개혁 이후 에라스뮈스는 처음에 루뱅에서 살았는데, 그곳은 가톨릭 정통신앙을 완벽하게 유지했다. 다음에 바젤에서 살았고, 그곳은 개신교도가 많았다. 양측이 각각 에라스뮈스의 지지를 얻으려고 오랫동안 공을 들였으나 헛수고였다. 이미 알아보았듯, 그는 교회의 성직 남용과 교황의 사악한 행동을 강력히 비난했다. 1518년, 바로 루터가 반란을 일으킨 해에 그는 『율리우스의 추방』이란 풍자문학을 발표했는데, 거기서 율리우스 2세가 천국에 가지 못한다고 묘사한다. 그러나 루터의 난폭한 행동으로 비위가 상했는데, 과격한 투쟁을 혐오했기 때문이다. 마침내 그는 가톨릭 쪽으로 급선회했다. 1524년에 그는 루터가 아우구스티누스를 추종하고 과장하면서 거부했던 자유의지free will를 옹호하는 작품을 썼다. 루터가 거칠게 반박하자 에라스뮈스는 더욱 반동적 입장을 고수할 수밖에 없었다. 이후 죽을 때까지 에라스뮈스는 존재 가치가 점점 떨어졌다. 당대는 늘 소심하고 겁이 많았던 그가 살기에 적합하지 않았다. 정직한 사람들에게 유일하게 열려 있는 영광스러운 길은 순교하거나 아니면 싸워서 승리하는 것이었다. 친구인 토머스 모어 경은 순교를 선택할 수밖에 없었는데, 이에 대해 에라스뮈스는 이렇게 논평했다. "모어는 그렇게 위험한 일에 개입하지 말고 신학 문제는 신학자들에게 남겨 두어야 했다." 에라스뮈스는 너무 오래, 새로운 덕행과 악행, 바로 영웅적 행동과 편협한 행동을 강요하는 시대까지 살았으나 어느 쪽도 선택하지 못한 채 어정쩡하게 살았다.

토머스 모어 경Sir Thomas More(1478~1535)은 인간적인 면에서 에라스뮈스보다 훨씬 더 칭송받을 만했으나, 후세에 미친 영향력은 훨씬 미미했다. 모어는 인문주의자였지만 깊고 경건한 신앙심을 지켰다. 그는 옥스퍼드에서 그리스어를 배우기 시작했는데, 당시에는 아주 드문 일이어서 이탈리아의 불신자들과 교감한다는 오해를 받았다. 당국과 아버지의 반대에 부딪쳐 대학까지 떠나야 했다. 곧바로 카르투지오 수도회에 매력을 느껴 엄격한 수련 생활을 거쳐 수도회에 입회할까 신중히 고려하기도 했다. 그러나 입회를 단념했는데, 분명히 그때 처음 만난 에라스뮈스의 영향이 컸을 터다. 모어는 변호사였던 아버지의 직업을 이어받기로 작정했다. 1504년에 그는 의회 의원이 되어 헨리 7세가 제안한 새로운 세금 징수에 반대하는 운동을 이끌었다. 운동은 성공을 거두었으나 왕의 분노는 하늘을 찔렀다. 헨리 7세는 모어의 아버지를 런던탑에 가두었지만, 아버지는 벌금 100파운드를 지불하고 나왔다. 1509년에 헨리 7세가 세상을 떠나자, 모어는 법률 업무로 복귀했고 헨리 8세의 총애를 얻었다. 그는 1514년에 기사작위를 받고 이런저런 사절단 임무를 수행했다. 왕이 궁정으로 계속 초대했지만 모어는 가지 않았다. 마침내 헨리 8세가 첼시에 있는 모어의 집으로 초대도 받지 않고 찾아가 함께 식사를 했다. 모어는 헨리 8세에 대한 환상을 갖지 않았다. 왕의 호의에 경의를 표해야 했을 때, 그는 이렇게 대답했다. "내 머리를 써서 왕에게 프랑스의 성채를 얻어 주어야 한다면, 기꺼이 갈 것입니다."

울지Thomas Wolsey(1471~1475)가 실각하자 왕은 모어를 대법관으로 임명했다. 그는 평소 관례와 반대로 소송 당사자들이 주는 선물을 모두 거절했다. 그가 곧 왕의 총애를 잃었던 까닭은 헨리 8세가 앤 불린과 결혼하기 위해 아라곤의 캐서린과 이혼하기로 결정했고, 모어가 그 이혼을 강경하게 반대했기 때문이다. 그리하여 1532년에 대법관 직에서 물러났다. 재임 기간 중의 청렴결백한 성품은 사임한 후 1년에 단 100파운드를 받았다는 사실만으로도 잘 알 수 있다. 왕은 결혼을 반대한 그를 결혼식에 초대하지만, 모어는 초대에 응하지 않았다. 1534년에 헨리 8세는 수장령Act of Supremacy을 통과시키기 위해 의회를 소집하고 교황이 아니라 자신을 영국교회의 수장으로 선언한다. 법령에 따라 수장령 서약을 강요했지만, 모어는 서약을 거부했다. 이것은 반역죄의 은닉에 해당할 뿐 사형에 이르는 행동은 아니었다. 그렇지만 의회는 매우 의문스러운 증인을 동원하여 모어가 헨리 8세를 교회의 수장으로 인정해서는 안 된다고 말한 사실을 입증했다. 증거에 따라 모어는 대역죄라는 유죄 판결을 받고 참수형을 당했다. 그의 전 재산은 엘리자베스 공주에게 귀속되었으며, 공주가 죽는 날까지 보유했다.

모어는 거의 유일하게 그의 『유토피아*Utopia*』(1518) 때문에 기억된다. 유토피아는 남반구에 있는 섬이고, 거기서 모든 일은 가능한 최선의 방식으로 일어난다. 라파엘 히슬로데이라는 선원이 우연히 그 섬에 들어가게 되었고, 그는 거기서 살다가 섬의 슬기로운 제도를 알리려고 유럽으로 돌아왔다.

플라톤의 국가처럼 유토피아에서 모든 것은 공동으로 소유한다. 사유재산을 인정하면 공공의 선을 증진하기 어려우며 공산주의 없이 평등도 실현되지 않기 때문이다. 모어는 책 속 대화에서 공산주의가 인간을 게으름뱅이로 만들며 고위 관직에 대한 존경심을 파괴하기 때문에 공산주의에 반대한다. 이에 대해 라파엘은 유토피아에서 살아본 사람이라면 아무도 그런 말을 하지 않는다고 대답한다.

유토피아에 세워진 54개 도시는 하나가 수도라는 것만 빼고 모두 같은 계획안에 따라 설계되었다. 모든 도로는 폭이 20피트이고, 모든 개인 주택은 외관이 닮았는데, 문 하나는 도로 쪽으로 다른 문은 정원 쪽으로 나 있다. 문에는 자물쇠를 달지 않으며 누구든 아무 집에나 들어가도 된다. 지붕은 평평하다. 사람들은 10년마다 집을 바꾸는데, 소유권에 대한 의식을 아예 없

「토머스 모어의 초상」, 한스 홀바인, 1527

애려는 것으로 보인다. 시골의 농장마다 남자 노예를 포함해 40명 이상으로 구성되고, 나이가 지긋하고 현명한 남성 지도자 한 사람과 여성 지도자 한 사람의 지도 아래 운영된다. 병아리는 암탉의 품이 아니라 부화기(모어가 살았던 시대에는 아직 존재하지 않았다)에서 부화한다. 모든 사람의 옷차림은 비슷하고, 남자와 여자나 기혼자와 미혼자의 옷만 다르다. 옷의 유행은 없고 여름 복장과 겨울 복장에도 전혀 차이가 없다. 일을 할 때 가죽이나 모피 옷이 닳아도 옷 한 벌로 7년을 입는다. 일을 다 마치면 작업복 위에 모직 망토를 걸친다. 모직 망토도 역시 양모의 자연색을 띠고 있다. 가족 단위로 옷을 만들어 입는다.

남자와 여자 똑같이 누구나 식사 전과 후에 3시간씩 하루에 6시간 일한다. 모두 8시에 취침하고 8시간 동안 잔다. 이른 아침에 강의가 있어 다수가 강의를 들으러 가지만 의무로 강제하지 않는다. 식사 후에 1시간은 놀이에 쓴다. 6시간의 일이 충분한 까닭은 게으름뱅이도 없고, 무용한 일도 없기 때문이다. 우리의 경우 여자들과 성직자들, 부자들, 하인들, 거지들이 대부분 유용한 일을 하지 않고 부자들의 생활 탓에 불필요한 사치품을 생산하려고 많은 노동이 투입된다. 유토피아에서 이러한 것들은 모두 피한다. 때때로 잉여 농산물이 드러나면, 행정장관은 임시로 근무일 단축을 선포한다.

일부 사람을 뽑아 지식인이 되도록 교육하고, 그들이 교육과정을 만족스럽게 이수한다면 다른 일을 면제받는다. 정부 관련 업무를 맡을 사람은 전부 지식인 가운데 선출한다. 정치 체제는 간접 선거 제도에 따른 대의민주제이며, 정부의 수장은 종신제로 선출된 군주이며, 전제정치를 행할 경우에는 쫓겨날 수도 있다.

가족생활은 가장 중심이고, 결혼한 아들은 아버지 집에서 살면서 아버지가 치매에 걸리지 않는 한 통제를 받는다. 어느 가족이든 규모가 너무 커지면 과잉 자녀를 다른 가정으로 보낸다. 도시 역시 너무 커지면 일부 주민을 다른 도시로 이주시킨다. 도시의 규모가 너무 커지면 불모지에 새로운 도시를 건설한다. 모든 불모지가 소진될 때 해야 할 일에 대해 아무것도 지적하지 않는다. 식용을 위한 가축 도살은 전부 남자 노예가 하는데, 자유민은 잔인한 행동을 배워서는 안 되기 때문이다. 병자를 위한 병원 시설과 의료진은 오히려 병자들이 좋아할 정도로 우수한 편이다. 식사는 가정에서 하기도 하지만, 대부분의 주민은 공동 식당에서 밥을 먹는다. 여기서도 '허드렛일'은 노예가 맡지만, 요리는 부녀자들이 하고 시중드는 일은 청소년들이 한다. 한쪽 긴 의자에는 남자들이 앉고, 다른 쪽 긴 의자에는 여자들이 앉는다. 젖을 먹이는 어머니들과 다섯 살 이하 유아들은 따로 마련된 객실에 머문다. 여자들은 모두 자기 아이들을 각자 돌본다. 다섯 살 이하 어린이들이 너무 어려 시중을 들기 어려우면 어른들이 밥을 먹는 동안 '기적에 가까운 침묵 속에 서서 기다린다.' 어린이들에게는 따로 식탁을 마련해 주지 않는데, 어린이는 어른이 식탁에서 먹다 남긴 것으로 만족해야 한다.

결혼에 대해서 말하자면 남녀 모두 결혼할 때 순결하지 않으면 호된 벌을 받는다. 간통이 일어난 가정의 가장은 자기 부주의로 초래된 불명예에 책임을 진다. 결혼을 앞둔 신부와 신랑은 서로 알몸을 보게 하는데, 누구나 안장과 고삐를 벗겨 보고 나서 말을 사듯이 결혼도 마찬가지이기 때문이다. 부부 중에서 어느 쪽이든 간통이나 '참기 어려운 정도의 고집이나 변덕'을 사유로 이혼을 요구해도 되는데, 잘못을 범한 쪽은 재혼하지 못한다. 간혹 부부 양측이 모두 이혼을 바라면 허용되기도 한다. 결혼 생활을 파기한 자는 노예 신분으로 떨어지는 벌을 받는다.

외국과 무역을 하는 목적은 주로 섬에 나지 않는 철을 확보하는 데 있다. 또 무역은 전쟁과 연관된 목적을 위해 이용된다. 유토피아 주민들은 군사적 명예를 아무렇지 않게 생각하지만, 남녀를 막론하고 모두 다 전쟁 기술을 익힌다. 그들은 세 가지 목적으로, 바로 침입당했을 때 자기 영토를 지키고, 침략자에게서 동맹국의 영토를 구해 내고, 억압받는 나라를 전제정치에서 해방시키려고 전쟁을 한다. 그러나 가능하다면 자기들을 대신하여 전쟁에서 싸워 줄 용병을 고용한다. 유토피아 주민들은 다른 나라가 빚을 지도록 유도한 다음, 용병을 공급하여 부채를 서서히 줄여 나가게 한다. 또 전쟁을 위해 금과 은을 저축하면 유용하다고 생각하는데, 외국인 용병의 보수로 지불되기 때문이다. 더욱이 주민들은 단 한 푼도 돈을 소유하지 않으며, 금을 침실 변기나 노예의 사슬로 사용하여 천한 물건이라 가르친다. 진주와 다이아몬드는 유아 장신구로 사용하고 어른이 사용해선 안 된다. 주민들 가운데 전쟁에 나가 적국의 군주를 죽인 사람은 누구나 큰 보상을 받고, 생포한 사람이나 항복한 적국 군주에게는 더 크게 보상한다. 그들은 적들 가운데 평민들을 "그들의 의지에 반해 군주나 대장들의 분노에 찬 광기 때문에 어쩔 수 없이 전쟁에 나왔다고 생각하기에" 불쌍히 여긴다. 전쟁에 나간 여자는 남자만큼 잘 싸우지만, 어느 누구도 전쟁에 나가 싸우라고 강요받지 않는다. "그들은 전쟁에 필요한 장치와 수단을 놀라울 만큼 재치 있게 발명한다." 전쟁에 나간 사람은 영웅적 태도보다 오히려 분별력 있는 태도를 보이지만 필요할 때는 탁월한 용기를 발휘한다.

윤리 문제에서 그들은 지복이 쾌락 속에서 구현된다고 보는 경향이 너무 강했다고 한다. 하지만 이러한 견해가 나쁜 결과에 이르지 않는데, 내세에서 선량한 사람은 보상을 받고 사악한 자는 벌을 받게 된다고 생각하기 때문이다. 그들은 금욕을 권장하지 않고, 금식이나 단식을 바보짓이라 여긴다. 그들에게는 여러 가지 종교가 있는데, 모든 종교에 대해 신앙의 자유를 허용한다. 거의 대부분의 주민이 신과 영혼불멸을 믿는다. 이를 믿지 않는 극소수 주민은 시민으로 인정받지 못해 정치 생활에 참여하지 못하지만, 다른 일에서는 방해를 받거나 곤란을 겪지 않는다. 일부 성직자는 육식하거나 결혼해서는 안 된다. 그들을 성스럽게 생각하지만 현자로 여기지는 않는다.

여자도 나이를 먹은 과부라면 사제가 되기도 하는데, 그 수는 적으며, 명예를 얻어 존경을 받지만 권력을 행사하지는 못한다.

노예는 흉악한 범죄를 저질러 유죄 판결을 받은 사람이거나, 자기 나라에서 사형선고를 받았지만 유토피아 주민이 노예로 받아들이겠다고 허락한 외국인이다.

고통이 심한 불치병을 앓는 환자에게는 자살을 권유하지만, 자살을 거부하면 정성껏 돌봐야 한다.

라파엘 히슬로데이는 자신이 유토피아 주민들에게 가톨릭교회의 교리를 가르쳤는데, 그리스도가 사유재산을 반대했다는 사실을 알게 되자 많은 주민이 개종했다고 말한다. 모어는 공산주의의 중요성을 끊임없이 강조하면서 거의 끝부분에서 이렇게 말한다. 유토피아를 제외한 다른 나라에서 "나는 공공복리라는 미명 아래 부유한 자들이 자신들의 상품을 조달하려고 꾸민 어떤 음모를 보았을 따름이다."

모어의 『유토피아』는 여러 면에서 놀라우리만치 자유주의적 특징을 나타낸다. 나는 공산주의에 대한 설교를 중요하게 생각하지 않는데, 이것은 많은 종교 운동의 전통에 속했다. 오히려 전쟁, 종교와 종교적 관용에 관해 말한 점, 방종한 동물 살해 행위에 반대한 점(사냥에 반대한 가장 웅변적 구절이 있다), 가벼운 형법에 찬성한 점을 중요하게 생각한다(『유토피아』는 절도범죄에 사형을 언도하면 안 된다는 반론으로 시작한다). 하지만 모어의 유토피아에서 생활은 대부분의 다른 유토피아만큼 지루하고 견디기 힘들 것이라고 인정하지 않을 수 없다. 다양성diversity은 행복에 필요한 본질적 요소이지만, 유토피아에는 거의 없다. 이것은 상상이든 현실이든 계획된 모든 사회 체제가 지닌 결점이다.

5.
종교개혁과 반종교개혁

종교개혁과 반反종교개혁은 둘 다 문명의 발전이 더딘 나라들이 지적으로 발전한 이탈리아의 지배에 맞서 일으킨 반란이었다. 종교개혁은 정치적 반항이자 신학적 반항이기도 했다. 말하자면 교황의 권위를 거부했고, 교황이 천국으로 통하는 열쇠의 힘으로 요구하던 조공을 더는 바치지 않았다. 반종교개혁은 이탈리아 르네상스 운동의 지적이고 도덕적인 자유에 맞선 반항일 따름이다. 그래서 교황의 힘이 약해지지 않고 오히려 강해지는 한편, 교황의 권위가 보르자 가문이나 메디치 가문의 안이하고 태평스러운 방종과 어울리지 않는다는 점도 명백해졌다. 대략 종교개혁은 독일을 중심으로 일어났고, 반종교개혁은 스페인을 중심으로 일어났다. 동시에 종교 전쟁은 대부분 스페인과 적대국들 사이에서 스페인의 국력이 최고조에 이른 시기에 벌어졌다.

북유럽 국가들이 이탈리아 르네상스를 어떻게 바라보았는지는 당시 생겨난 영국 속담이 잘 보여 준다.

이탈리아식으로 변한 영국인은
악의 화신이다.

셰익스피어의 작품 속에 등장하는 악당 가운데 이탈리아인이 얼마나 많은지 알아챌 것이다. 이아고는 어쩌면 가장 눈에 띄는 사례일지도 모른다. 그러나 악당의 면모를 더 적나라하게 보여 주는 인물은 『심벨린』에 등장한 이아키모다. 그는 이탈리아를 여행하는 고결한 영국인을 타락시키고 영국에 와서 의심할 줄 모르는 촌사람들에게 사악한 농간을 부린다. 이탈리아인과 부딪치면서 솟아난 도덕적 의분은 대체로 종교개혁과 관계가 있었다. 이러한 도덕적 의분은 이탈리아가 문명의 발전에 기여한 지적 공헌조차 부인하는 불행한 결과를 초래했다.

종교개혁과 반종교개혁을 이끌었던 위인은 루터와 칼뱅Jean Calvin(1509~1564), 로욜라Sanctus Ignatius de Loyola(1491~1556)다. 세 사람은 모두 지적으로 중세 철학에 속하고, 직전에 활동한 이탈리아인이나 에라스뮈스와 모어 같은 사람과 대조를 이룬다. 철학적으로 종교개혁이 시작된 다음 이어진 세기는 불모의 시대다. 루터와 칼뱅은 성 아우구스티누스의 철학으로 되돌아갔는데, 성 아우구스티누스의 가르침 가운데 영혼과 신의 관계를 다룬 부분만 존속시키고 교회에 관한 부분은 배제한다. 이를테면 그들의 신학은 교회 권력을 약화시켰다. 그들은 미사를 올리면 죽은 자의 영혼이 연옥에서 구원받는다는 교리를 철폐했다. 대사大赦 교리도 거부했는데, 대사가 남발되면서 거두어들인 금품이 교황청 수입의 대부분을 차지하는 지경에 이르렀기 때문이다. 운명예정설로 인해 사후 영혼의 운명은 사제의 대사 행위와 아무 관계도 없어진다. 이러한 혁신적 사상은 교황권에 맞선 투쟁을 도운 반면, 가톨릭 국가에서 가톨릭교회가 강하듯 개신교 교회가 개신교 국가에서 강한 세력으로 자리 잡는 데 오히려 방해가 되었다. 개신교 신학자들은 (적어도 처음에) 가톨릭 신학자들만큼 고집불통이었으나, 힘이 더 약했기 때문에 해악을 덜 끼쳤다.

종교개혁이 시작될 무렵부터 개신교도 사이에는 국가가 종교 문제에 미치는 힘을 두고 분열 조짐이 있었다. 루터는 군주가 개신교도인 나라에서 군주를 교회의 수장으로 기꺼이 인정했다. 영국에서 헨리 8세와 엘리자베스 여왕은 이러한 권한을 강력히 주장했으며, 독일과 스칸디나비아, 네덜란드(스페인에 맞서 일어난 반란 이후에)도 그랬다. 이로써 기존 왕권을 강화하던 경향에 가속도가 붙었다.

그런데 종교개혁의 개인주의적 양상을 진지하게 받아들인 개신교도는 교황에게 복종하는 것만큼이나 왕에게 복종하는 것도 꺼렸다. 독일의 재침례교 신도는 진압되었지만, 그들의 교리는 네덜란드와 영국으로 퍼져 나갔다. 크롬웰Oliver Cromwell(1599~1658)[22]과 장기의회의 갈등은 여러 양상을 드러냈는데, 신학적 측면에서 부분적으로 국가가 종교 문제를 결정해야 한다는 견해를 거부한 사람들과 수용한 사람들 사이에서 생겼다. 점차 종교 전쟁에 지치고 염증을 느끼게 되자 종교적 관용을 믿는 세력이 성장했고, 종교적 관용은 18, 19세기에 자유주의를 발전시킨 운동의 원천 가운데 하나다.

개신교는 처음에 놀라우리만치 급속하게 성공을 거두지만, 주로 로욜라Ignacio de Loyola(1491~1556)의 예수회 창설을 계기로 성공가도에서 걸림돌을 만났다. 로욜라는 군인 출신이어서 수도회도 군대식으로 조직했는데, 수도회 총장에게 무조건 복종해야 하고 예수회의 일원은 모두 이교도에 맞선 싸움에 참가할 각오를 해야 했다. 일찍이 트리엔트 공의회에서 예수회 수사들이 영향을 미치기 시작했다. 그들은 수도 생활로 잘 단련되었으며, 유능한 데다 대의에 투신하는 능숙한 선동가들이기도 했다. 그들의 신학은 개신교도의 신학과 정반대였는데, 성 아우구스티누스의 가르침 가운데 개신교도가 강조한 요소를 거부했다. 그들은 자유의지를 확고하게 믿었으며 운명예정설에 반대했다. 구원은 오로지 신앙 하나가 아니라 신앙과 종교적

---

22 * 영국의 정치가이자 군인이다. 청교도혁명을 계기로 군주제를 철폐하고, 영국을 다스렸다.

행위가 합쳐져야 가능한 일이었다. 예수회 수사들은 선교에 대한 열의, 특히 극동 지역에서 수행한 선교를 계기로 신망을 얻었다. 그들은 고해신부로서 평신도에게 인기를 얻었는데, (만약 파스칼의 말을 믿을 수 있다면) 이교도를 예외로 치면 다른 성직자보다 훨씬 너그럽고 관대한 편이었다. 그들은 교육에 전력을 기울여 젊은이의 마음을 사로잡았다. 신학적 문제와 결부되지 않을 때면 언제나 그들은 최고 수준의 교육을 제공했다. 다른 곳에서 배우지 못할 수준 높은 수학을 데카르트에게 가르친 교사들도 바로 예수회 수사들이었다. 그들은 정치적으로 일사불란한 고행 단체의 일원으로서 어떠한 위험이나 역경에도 움츠러들지 않았다. 가톨릭교 군주들에게 냉혹한 박해를 종용하는가 하면, 정복에 나선 스페인 군대를 뒤쫓아 가서 거의 1세기 동안 자유사상이 지배하던 이탈리아에서도 공포의 종교재판소를 다시 설치했다.

종교개혁과 반종교개혁의 결과는 처음에 지성계 전반에 나쁜 영향을 미쳤으나 궁극적으로 유익한 편이었다. 30년 전쟁으로 개신교도나 가톨릭교도 가운데 어느 한쪽이 완벽하게 승리하기 어렵다는 사실을 누구나 알게 되었다. 그래서 교리의 통일을 바라는 중세적 소망도 포기할 수밖에 없었다. 이것은 인간이 스스로 기본 교리를 생각할 자유를 키우는 결과로 이어졌다. 나라마다 신경信經이 달랐기 때문에 다른 나라에 가서 살면서 종교 박해를 피하기도 했다. 신학적 싸움을 혐오하게 되면서 유능한 사람들은 세속 학문, 특히 수학과 과학에 점점 더 관심을 갖기 시작했다. 16세기는 루터의 등장 이후 철학적으로 불모의 시대였으나, 17세기에 위대한 인물들이 나타났으며 그리스 시대 이후 가장 괄목할 만한 진보를 이루었다. 다음 장에서 과학에서 시작된 진보에 대해 다룰 것이다.

6.
과학의 발전

근대와 이전 시대의 차이는 17세기 과학의 눈부신 발전에서 비롯된다. 이탈리아의 르네상스 운동은 중세에 속한다고 보기 어렵지만 근대에 속한다고 보기도 어려우며, 오히려 그리스의 전성기와 닮은 점이 많다. 16세기는 신학에 열중한 면에서 보면 마키아벨리가 살았던 시대보다 더욱 중세적 사고방식을 드러낸다. 정신의 사고방식에 관한 한 근대 세계는 17세기에 시작한다. 르네상스기의 어떤 이탈리아인도 플라톤과 아리스토텔레스의 철학을 이해하는 데 어려움을 느끼지 않았고, 루터가 아퀴나스에게 실망했더라도 그의 사상을 이해하지 못했을 리 없다. 그러나 17세기부터 사정은 달라져서, 플라톤과 아리스토텔레스, 토마스 아퀴나스와 오컴은 뉴턴의 과학을 도무지 이해할 수 없었을 터다.

과학에 도입된 새로운 개념은 근대 철학에 광범위하면서도 깊은 영향을 미쳤다. 근대 철학의 정초자로 평가받는 데카르트는 바로 17세기 과학을 창안한 과학자 가운데 한 사람이었다. 근대 철학이 시작된 당시의 정신적 분위기를 이해하기에 앞서 천문학이나 물리학의 방법과 결과에 대해 몇 가지 중요한 사실을 짚고 넘어가겠다.

위대한 코페르니쿠스와 케플러, 갈릴레오와 뉴턴은 과학의 창조에서 두각을 나타냈다. 코페르니쿠스는 16세기에 속한 사람으로 당대에는 거의 영향을 미치지 못했다.

코페르니쿠스Nicolaus Copernicus(1473~1543)는 폴란드 태생으로 흠잡을 데 없는 정통 가톨릭교도였다. 젊은 시절 이탈리아를 여행하면서 르네상스 운동의 분위기를 몸에 익혔던 그는 1500년에 로마에서 수학 강사직과 교수직을 맡아 활동하다 1503년에 모국으로 돌아와 프라우엔부르크Frauenburg의 대성당 참사회원이 되었다. 그는 생애의 대부분을 독일에 맞선 투쟁과 시대의 흐름에 따른 개혁에 바쳤고, 나머지 시간은 천문학 연구에 몰두했다. 일찍이 코페르니쿠스는 태양이 지구의 중심이며 지구는 두 가지 운동, 바로 하루 한 번 자전하고 1년 주기로 태양 주위를 공전한다고 믿었다. 그는 자신의 견해가 유포되어도 구태여 막지 않았으나, 교회의 검열을 두려워한 나머지 출판하는 일만은 미루었다. 그가 죽은 1543년에 비로소 출판된 주요 저작 『천체의 회전에 관하여』에 친구인 오지안더는 태양 중심설이 가설로서 제창되었을 뿐이라는 서언을 달았다. 코페르니쿠스가 오지안더의 말을 어느 정도 시인했을지 알기 어렵지만 중요한 문제는 아니다. 코페르니쿠스 자신도 책 본문에서 비슷하게 말하기 때문이다.[23] 이 책은 교황에게 바쳐진 덕분에 갈릴레오의 시대가 올 때까지 가톨릭교회의 공공연한 비판을 면할 수 있었다. 코페르니쿠스가 살았던 당시의 교회는 트리엔트 공의회가 개최된 다음이나 예수회 성직자들이 활동하던 때와 종교재판소의 활동이 재개되었던 때보다 더 관대했다.

코페르니쿠스가 펴낸 저작의 분위기는 근대와 거리가 먼데, 오히려 피타고라스학파와 유사하게 묘사되기도 한다. 그는 모든 천체가 원운동을 하며 일정한 궤도로 움직인다는 공리를 받아들였고, 그리스인처럼 심미적 동기

23 로젠 역, 『코페르니쿠스의 논문 세 편』을 참고.

의 영향을 받았다. 그의 천문학 체계에는 여전히 주전원周轉圓, epicycle이 있고, 다만 주전원의 중심이 태양이거나 태양 근처라고 말할 뿐이다. 태양이 정확히 중심에 자리하지 않는다는 사실은 이론의 단순성을 훼손했다. 코페르니쿠스는 피타고라스 학설을 전해 듣기는 했으나, 아리스타르코스Aristarchos(기원전 310~230)의 태양 중심설에 대해 알지 못했던 듯하다. 그런데도 코페르니쿠스가 사색을 통해 추론한 결론 가운데 그리스 천문학자의 머리에 떠오르지 않았던 내용은 하나도 없었다. 코페르니쿠스의 작업은 지구가 기하학적으로 차지한 우월한 지위를 박탈한 점에서 중요하다. 장기적으로 이것은 그리스도교 신학에서 부여한 우주 차원의 중요한 의미를 인간에게 주기 어렵게 만들었으나, 코페르니쿠스는 자신의 이론에서 도출된 결과를 인정하지 않았을 터다. 그가 간직한 정통 신앙은 진지했으며, 자신의 이론이 성경과 모순을 일으킨다는 견해에 완강히 반대했기 때문이다.

코페르니쿠스 이론의 진정한 난점은 다른 데서 나타나는데, 가장 큰 난점은 항성의 시차를 고려하지 않은 점이다. 궤도의 어느 한 지점에 있는 지구가 6개월 후에는 1억 8600만 마일 떨어진 지점에 가게 된다면, 이는 항성들의 겉보기 위치를 변화시킬 수밖에 없다. 해안의 한 지점에서 정 북쪽 위치에 있는 바다 위의 배가 해안의 또 다른 지점에서 정북에 자리를 잡지 못하는 것이나 마찬가지다. 시차는 관측되지 않았으며, 코페르니쿠스는 당연히 항성들은 분명히 태양보다 훨씬 더 멀리 있다고 추론했다. 19세기로 접어들기 전까지 항성의 시차 관측에 알맞은 정확한 측정 기술이 발명되지 않았으며, 그러한 기술력을 이용한 시차 관측도 가장 가까운 몇몇 항성의 경우에만 가능했다.

다른 난점은 낙하 물체와 관련하여 생겨났다. 지구가 서쪽에서 동쪽으로 쉬지 않고 계속 돌고 있다면, 일정한 고도에서 떨어뜨린 물체는 출발 지점 아래로 수직인 지점에 떨어지지 않고 서쪽으로 약간 이동한 지점에 떨어져야 한다. 왜냐하면 지구는 물체가 떨어지는 시간 동안 일정한 거리만큼 지나갔기 때문이다. 이러한 난점을 해결한 답변은 갈릴레오의 관성 법칙에서 발견되었으나, 코페르니쿠스의 시대에는 해결하지 못했다.

버트Edwin Arthur Burtt(1892~1989)는 『근대 물리학의 형이상학적 토대*The Metaphysical Foundations of Modern Physical Science*』(1925)라는 흥미로운 책을 썼는데, 거기서 근대 과학을 정초한 과학자들은 정당성이 의문스러운 여러 가정을 제안했다고 효과적으로 밝혀냈다. 코페르니쿠스가 살았던 시기에 그의 체계를 반드시 채택하도록 강제한 사실은 발견되지 않은 반면, 체계에 반대하도록 영향을 미쳤던 몇 가지 사실이 발견되었다고 정확히 지적하면서 이렇게 말했다. "현대 경험주의자들이 16세기에 살았더라면, 그들은 새로운 우주 철학을 일고의 가치도 없다고 조소할 제1세대가 되었을 터다." 버트의 책은 근대 과학의 발견이 중세에 유행하던 미신만큼 조잡한 미신에서 우연히 생겨난 행운의 산물이었다고 암시함으로써 근대 과학에 대한 불신을 조장하려는 의도를 담고 있었다. 내가 생각하기에 이러한 시도는 과학적 태도에 대해 오해를 불러일으킨다. 과학자를 과학자답게 구별하는 특징은 무엇을 믿느냐가 아니라 어떻게, 왜 그것을 믿느냐에 달려 있다. 과학자의 신념은 잠정적 믿음으로 독단적 믿음이 아닌데, 증거에 근거할 뿐 권위나 직관에 기대지 않기 때문이다. 따라서 코페르니쿠스는 자신의 이론을 가설이라고 말할 권리가 있고, 그에게 반대한 자들은 새로운 가설을 바람직하지 않다고 치부해 버렸기 때문에 오류에 빠졌던 셈이다.

근대 과학의 토대를 마련한 과학자들은 반드시 그렇지는 않아도 두 가지 장점을 지닌다. 하나는 한없는 인내를 요구하는 관찰이고, 다른 하나는 대담하게 가설을 세우는 능력이다. 두 번째 장점은 초기 그리스 철학자들에게 발견되지만, 첫 번째 장점은 고대 후기 천문학자에게 어느 정도 드러났다. 아리스타르코스를 제외하고 어떤 고대인도 두 가지 장점을 다 소유하지 못했고, 아마 중세기에도 그런 사람은 없었을 것이다. 코페르니쿠스는 자신을 계승한 위대한 과학자들처럼 두 장점을 모두 지닌 과학자였다. 그는 천구 위 천체의 겉보기 운동에 관해 알려진 모든 사실을 당시 개발된 도구에 힘입어 모조리 알아냈고, 지구의 하루 주기 자전이 모든 천체의 공전보다 경제적인 가설이라고 생각했다. 모든 운동을 상대적 운동으로 간주한 현대 물리이론에 따르면, 단순성은 코페르니쿠스의 견해에서 얻은 유일한 이점이고, 이것은 코페르니쿠스의 견해도 아니고 과학자들의 견해도 아니다. 지구의 1년 주기 공전에 관한 견해는 단순화되기는 했으나, 하루 주기 자전의 경우만큼 뚜렷하지 않았다. 프톨레마이오스Claudius Ptolemaios[24]의 체계보다 덜하기는 해도 코페르니쿠스의 체계 역시 주전원이 필요했다. 코페르니쿠스의 새로운 천체 이론은 케플러의 법칙이 발견된 다음에야 충분히 단순한 이론으로 발전했다.

우주에 관한 상상에 미친 혁명적 효과와 별개로 새로운 천문학의 뛰어난 장점은 두 가지다. 첫째, 고대 이후의 믿음이 거짓일지도 모른다고 인정했다. 둘째, 인내심을 가지고 사실을 수집하고, 사실을 함께 묶는 법칙을 대담하게 추측함으로써 과학적 진리를 시험한 것이다. 코페르니쿠스는 어떤 장점도 그의 후계자들만큼 충분히 발휘하지 못했지만, 두 장점은 이미 그의 작업에 녹아들었다.

코페르니쿠스가 자신의 이론을 전해 준 사람 가운데 루터파 독일인도 있었는데, 정작 루터는 코페르니쿠스의 이론을 알게 되었을 때 충격에 휩싸여 이렇게 말했다고 한다. "사람들은 하늘이나 창공, 태양과 달이 아닌 지구가 회전한다고 주장하면서 거들먹거리는 점성가의 말에 귀를 기울인다. 총명해 보이고 싶은 사람이면 누구나 새로운 체계, 당연히 최선의 체계를 발명

24 * 기원후 127년부터 145년 사이에 알렉산드리아에서 활동한 그리스의 천문학자.

해 내려고 할 것이다. 이러한 바보는 천문학 전체를 뒤엎으려 노심초사하지만, 성경 기록에 따르면 여호수아는 지구가 아니라 태양에게 멈추어 서라고 명했다." 마찬가지로 칼뱅도 "세상을 흔들리지 않게 반석 위에 세우셨다(시편 93장 1절)"는 성경 구절을 인용하여 코페르니쿠스의 견해를 타파해야 한다면서 이렇게 외쳤다. "누가 감히 코페르니쿠스에게 성령의 권위보다 더한 권위를 주겠는가?" 개신교회 목사들도 가톨릭교회 성직자들만큼 완고하고 편협했다. 그런데도 가톨릭교 국가보다는 개신교 국가에서 사상의 자유를 조금 더 많이 허용한 까닭은, 개신교 국가에서 목사들의 지배력이 더 약했기 때문이다. 개신교의 중요한 양상은 이단이 아니라 종파분열schism이었다. 종파분열이 여러 국교회를 낳았고, 여러 국교회는 세속 정부를 통제할 만큼 충분히 강한 힘을 얻지 못했기 때문이다. 이것은 도리어 잘된 일이었다. 국교회들은 지상의 행복과 지식을 증대할 개혁 조치에 힘이 닿는 한 사사건건 반대만 일삼았기 때문이다.

코페르니쿠스가 천체에 관한 자신의 가설을 지지할 결정적 증거를 제시하지 못했기 때문에, 천문학자들은 오랫동안 그의 가설을 거부했다. 뒤를 이은 중요한 천문학자인 티코 브라헤Tycho Brahe(1546~1601)는 중도적 입장을 취하여, 태양과 달은 지구 주위를 돌지만 다른 행성들은 태양 주위를 돈다고 주장했다. 이 주장은 물론 독창적인 이론은 아니었지만, 달보다 먼 곳에 자리한 천체는 모두 불변한다는 아리스토텔레스의 견해에 반대할 최상의 이유를 두 가지 제시했다. 하나는 1572년에 출현한 새로운 별이 일일 시차視差, parallax가 없는 듯했기 때문에 달보다 더 먼 곳에 있어야 한다는 것이다. 혜성을 관측함으로써 찾아낸 다른 이유는 혜성은 운동하는 데도 달보다 먼 거리에 있다는 사실이다. 독자들은 변화와 소멸은 달 아래 영역에 국한된다는 아리스토텔레스의 학설을 기억할 것이다. 이 학설은 아리스토텔레스가 과학의 여러 주제에 대해 제시한 다른 모든 주장과 마찬가지로 과학의 진보를 가로막은 장애물이었다.

티코 브라헤는 이론가가 아니라 관측가로서 천문학사에 중요한 지위를 차지하는데, 처음에 덴마크 왕의 후원을 받다가 이후 루돌프 2세의 보호 아래 천체 관측에 전념했다. 그는 별의 분류 기록표를 만들어 여러 해에 걸쳐 행성의 위치를 기록했다. 티코 브라헤의 말년에 청년 케플러가 조수로 일했는데, 브라헤의 관측 결과는 케플러에게 매우 귀중한 자료가 되고도 남았다.

케플러Johannes Kepler(1571~1630)는 천부의 재능을 갖춘 천재가 아니면서도 끈질긴 노력 끝에 과학자로 성공한 대표적 모범 사례로 꼽힌다. 그는 코페르니쿠스 이후 최초로 지동설을 채택한 중요한 천문학자였는데, 티코 브라헤의 관측 자료에 비추어 보면 코페르니쿠스의 지동설에 대한 설명이 다소 정확하지 않다는 점을 간파했다. 그는 피타고라스주의의 영향을 받았으며, 태양 숭배에 어느 정도 환상을 가진 선량한 개신교도였다. 그래서 지동설을 지지하는 과정에서 은연중 편견이 작용했음이 틀림없다. 그의 피타고라스주의도 우주적 의미를 다섯 가지 정다면체에 부여해야 한다고 가정하면서 플라톤의 『티마이오스』를 추종하는 쪽으로 기울게 했다. 케플러는 그것들을 이용하여 가설들을 세웠고, 행운으로 가설 가운데 하나가 효력을 발휘했다.

케플러의 위대한 공적은 행성의 운동을 설명하는 세 가지 법칙을 발견한 점이다. 두 법칙은 1609년에, 셋째 법칙은 1619년에 발표했다. 제1법칙에 따르면 행성은 타원 궤도를 그리며 태양이 초점 하나를 차지한다. 제2법칙에 따르면 한 행성과 태양을 연결한 직선은 같은 시간에 같은 면적을 휩쓸고 지나간다. 제3법칙에 따르면 한 행성의 공전 주기의 제곱은 태양과 행성의 평균 거리의 세제곱에 비례한다.

이러한 법칙은 중요한 만큼 설명이 필요하다. 케플러가 살았던 당시 처음

두 법칙은 화성의 경우에만 입증되었다. 다른 행성의 경우에는 관측 결과가 두 법칙과 양립했으나, 확립해 준다고 단정하기 어려웠다. 하지만 오래지 않아 두 법칙을 확증하는 결정적 증거가 발견되었다.

행성이 타원 궤도로 운동한다는 제1법칙은 근대인이라도 쉽게 이해하기 어려워, 전통에서 벗어나 해방되려는 긴 노력 끝에 비로소 발견되었다. 당시 모든 천문학자가 예외 없이 동의하던 한 가지 사실은 모든 천체 운동이 원형이거나 원운동으로 이루어진다는 점이다. 원이 행성의 운동을 설명하는 데 부적합하다고 밝혀진 경우에는 주전원을 사용했다. 주전원이란 다른 원 위로 굴러가는 어떤 원 위의 한 점이 그린 곡선을 말한다. 예컨대 큰 바퀴를 땅 위에 평평하게 고정시켜 놓고 못을 박은 작은 바퀴를 역시 땅 위에 평평하게 놓은 후, 작은 바퀴를 못이 땅에 닿도록 큰 바퀴 주위로 굴릴 때, 못이 땅 위에 그린 곡선이 바로 주전원이다. 태양에 대한 달의 궤도가 대략 이와 비슷하다. 지구는 태양 주위로 원을 그리고, 달은 그동안 지구 주위로 원을 그린다. 그러나 이렇게 측정한 계산은 근사치일 뿐이다. 더욱 정확한 관측이 가능해지면서, 주전원 체계의 어떤 주전원도 사실과 정확히 맞아떨어지지 않음이 밝혀졌다. 케플러는 자신의 가설이 프톨레마이오스나 코페르니쿠스의 가설보다 화성 위치의 기록과 훨씬 가깝게 부합한다는 사실을 발견했다.

원운동을 타원운동으로 대체한 일은 피타고라스 이후 천문학을 지배했던 심미적 편견의 포기를 의미했다. 원은 완전한 모양이고 천체도 완전한 물체로 원래 신성한 존재였고, 플라톤과 아리스토텔레스도 신과 원이 밀접한 관계를 맺는다고 말했다. 그들에게 완전한 물체는 분명히 완전한 모양을 그리면서 운동해야 할 듯했다. 더욱이 천체는 밀리거나 당겨지는 일 없이 자유롭게 운동하므로, 천체 운동은 당연히 자연스러워야 했다. 따라서 원은 자연스럽지만 타원은 부자연스럽다고 가정하기 쉬웠다. 깊이 뿌리박힌 많은 편견이 제거된 후에야 케플러의 제1법칙은 천문학자들에게 수용되었다. 어떤 고대인도 심지어 사모스의 아리스타르코스도 케플러 제1법칙의 가설을 예상하지 못했다.

제2법칙은 궤도의 상이한 지점에 따른 행성의 속도 변화를 다룬다. 만약 S가 태양이고, P_1, P_2, P_3, P_4, P_5가 각각 같은 시간 간격(한 달 간격으로 해 두자)으로 이어진 행성의 위치라면, 케플러의 법칙에 따라 면적 P_1SP_2, P_2SP_3, P_3SP_4, P_4SP_5는 모두 같다. 그러므로 행성이 태양에 가장 가까울 때 가장 빠르게 움직이고, 태양에서 가장 멀어질 때 가장 느리게 움직인다. 이것은 다시 한 번 충격을 주는 사실로서, 행성이 한때는 빠르게 움직이다가 다른 때는 느리게 움직여야 한다는 말이었다.

처음 두 법칙이 행성 몇 개를 따로따로 떼어 다룬 반면, 제3법칙은 다른 행성들 간의 운동을 비교했기 때문에 중요하다. 제3법칙에 따르면 만일 r이 어떤 행성과 태양 사이의 평균 거리이고, T가 그 행성의 1년 시간(공전주기)이라면, r^3을 T^2으로 나눈 값은 다른 모든 행성에서도 같다. 이 법칙은 태양계에 관한 한, 뉴턴의 중력 역제곱 법칙을 입증해 주었다. 이에 대해서는 나중에 말하기로 하겠다.

갈릴레오Galileo Galilei(1564~1642)는 근대 과학을 정초한 과학자 가운데 뉴턴을 제외하고 가장 위대한 인물로 꼽힌다. 그는 미켈란젤로Michelangelo Buonarroti(1475~1564)[25]가 세상을 떠난 날에 태어나서 뉴턴이 태어나던 해에 죽었다. 나는 이렇게 흥미로운 사실을 아직도 윤회 사상을 믿는 사람들에게 기꺼이 말해 주고 싶다. 그는 천문학자로서 중요한 자리를 차지한 인물이지만, 역학의 창시자로서 더 중요하다.

갈릴레오는 역학에서 **가속도**加速度, acceleration의 중요성을 처음 발견했다.

---

25 * 이탈리아 르네상스를 대표하는 화가이자 조각가다.

'가속도'는 속도의 크기나 방향 변화를 의미한다. 원을 따라 일정하게 움직이는 물체는 항상 그 원의 중심을 향한 가속도를 갖는다. 예전 언어 습관에 따라 표현하면 우리는 갈릴레오가 지상에서든 하늘에서든 균일한 직선운동만을 자연스럽게 생각했다고 말할 수도 있다. 당시만 해도 천체에는 원운동이, 지상의 물체에는 직선운동이 '자연스럽다'는 생각이 지배하고 있어, 지상의 움직이는 물체는 그대로 놓아두면 점점 느려지다가 정지한다고 생각했다. 갈릴레오는 이러한 견해에 반대하여 물체를 그대로 놓아두면 일정한 속도로 직선운동을 계속한다고 주장했다. 운동 속도의 변화이든 운동 방향의 변화이든 모두 어떤 '힘'의 작용으로 일어난다고 설명해야 한다는 말이다. 뉴턴은 이 원리를 '운동의 제1법칙'으로 선포했는데, 관성 법칙이라고 부르기도 한다. 요지는 나중에 말하기로 하고, 우선 갈릴레오가 발견한 내용을 좀 더 자세히 알아보자.

갈릴레오는 최초로 낙하 물체의 법칙을 입증했는데, '가속도' 개념을 추가하면 가장 단순한 법칙이 된다. 이 법칙에 따르면 자유 낙하하는 물체의 가속도는 공기의 저항이 있을 경우를 제외하면 항상 일정하고, 가속도는 무겁거나 가볍거나 크거나 작거나 모든 물체에서 같다. 하지만 1654년 무렵에 공기 펌프가 발명되기 전까지 낙하 물체의 법칙을 완벽하게 증명하지 못했다. 이후 거의 진공인 상태에서 떨어지는 물체를 관찰할 수 있었고 깃털이나 납이 둘 다 같은 속도로 떨어진다는 사실이 확인되었다.

갈릴레오는 같은 물질로 이루어진 큰 덩어리와 작은 덩어리의 속도 측정값 사이에 차이가 없다는 사실을 증명했다. 갈릴레오 이전에는 큰 납덩어리가 작은 납덩어리보다 훨씬 빠르게 떨어진다는 견해가 지배했으나, 갈릴레오는 실험을 통해 사실이 아님을 보여 주었다. 당시의 측정법은 이후 발전된 측정법과 달리 정확하지 않았는데도, 그는 한 치 오차도 없는 낙하 물체의 법칙에 도달했다. 한 물체가 진공 상태에서 자유 낙하한다면, 물체의 속도는 일정한 비율로 증가한다. 1초 후에 물체의 속도는 초속 32피트, 2초 후에는 초속 64피트, 3초 후에는 초속 96피트로 증가한다는 말이다. 가속도, 곧 속도가 증가하는 비율은 언제나 같으며 초마다 속도의 증가 폭은 대략 32피트다.

갈릴레오는 자신을 후원한 토스카나 공작의 중대한 관심사였던 탄환 같은 발사체에 관해 연구하기도 했다. 당시에 수평으로 발사된 총알은 한동안 수평으로 날아가다가 갑자기 수직으로 떨어진다는 생각이 지배했다. 갈릴레오는 공기의 저항과 별개로 수평 속도가 관성 법칙에 따라 항상 일정한 반면, 수직 속도는 낙하 물체의 법칙에 따라 커진다는 사실을 밝혀냈다. 탄환이 잠시 날아간 후에 짧은 기간, 1초 동안 어떻게 움직이는지 알아내려면 다음과 같이 따라가 보면 된다. 첫째, 총알이 떨어지지 않는다면, 총알은 발사 직후 1초 동안 이동한 거리만큼 일정한 수평 거리를 날아간 셈이다. 둘째, 총알이 수평으로 이동하지 않고 떨어지기만 한다면, 날아가기 시작한 다음 경과한 시간에 비례하는 속도로 수직 낙하한다. 탄환의 위치 변화는 먼저 탄환이 처음 속도로 1초 동안 수평 이동하고 난 다음, 날아가는 동안의 시간에 비례하는 속도로 1초 동안 수직 낙하한 셈이다. 간단한 계산만으로도 탄환의 이동 과정이 포물선으로 나타난다는 사실을 볼 수 있는데, 공기의 저항이 없다면 관찰을 통해 확인된다.

위에서 제시한 사례는 역학에서 대단히 편리하고 유익한 것으로 증명된 원리를 실증하는 간단한 예다. 몇 가지 힘이 동시에 작용할 경우에 전체 효과는 하나하나의 힘을 차례로 작용시킨 결과와 같다는 원리다. 이것은 평행사변형의 법칙이라고 불리는 더 일반적 원리의 일부다. 예컨대 네가 배의 갑판 위를 가로질러 간다고 가정하자. 이때 너는 걷는 동안에 배도 움직이므로, 배가 바다 위로 가는 방향과 직각인 방향으로 동시에 움직인 셈이다. 네가 바다 위 어디쯤에 도달했는지 알고 싶다면, 먼저 배가 움직이는 동안 너는 가만히 서 있었고, 같은 시간에 네가 배의 갑판 위를 가로질러 걸어가는 동안 배가 가만히 서 있었다고 생각해 보면 된다. 같은 원리를 힘에도 적용한다. 이것은 얼마의 힘이 작용한 총 결과를 산정해 낼 수 있게 만들며, 움직이는 물체에 영향을 미치는 몇몇 힘과 관련된 별개의 법칙들을 발견하면서 물리 현상에 대해 분석하는 일을 실행 가능하게 만든다. 이렇게 결실이 엄청나게 풍부한 방법을 도입한 사람이 갈릴레오였다.

지금까지 나는 가능한 한 17세기 언어에 가까운 용어를 사용해 논의했다. 현대의 과학 용어가 17세기 용어와 다르지만, 17세기에 성취했던 업적이 무엇인지 설명하려면 당시의 표현법을 써야 이해하기 좋다고 생각했기 때문이다.

관성 법칙은 갈릴레오 이전 코페르니쿠스의 체계로 설명하지 못하던 수수께끼를 풀어 줄 열쇠를 제공했다. 앞서 관찰한 것과 같이 여러분이 탑 꼭대기에서 돌 하나를 떨어뜨린다면, 탑의 약간 서쪽이 아니라 바로 탑 아래로 떨어질 것이다. 그런데 만약 지구가 계속 돈다면, 돌이 떨어지는 동안 일정 거리만큼 지나갔어야 한다. 이러한 일이 일어나지 않는 이유는 돌이 지구상의 모든 물체와 마찬가지로 낙하하기 전의 자전 속도를 그대로 지니기 때문이다. 사실 탑이 충분히 높을 경우에 코페르니쿠스에 반대했던 과학자들의 예상과 정반대 결과가 나올 것이다. 탑 꼭대기가 탑 바닥보다 지구 중심에서 더 멀리 떨어져 있어서 더 빠르게 움직일 것이므로 돌이 탑 밑바닥의 약간 동쪽에 떨어진다는 말이다. 하지만 이러한 결과는 너무 미세해서 측정하기 어렵다.

갈릴레오는 태양 중심 체계를 열렬히 지지했고 케플러와 편지 왕래를 통해 케플러가 발견한 연구 성과를 기꺼이 수용했다. 갈릴레오는 네덜란드인이 망원경을 발명했다는 소식을 듣자마자 직접 망원경을 제작하여 재빠르게 중요한 사실을 많이 발견했다. 그는 은하銀河, Milky Way가 따로따로 떨어진 수많은 별의 무리라는 사실을 발견했으며, 코페르니쿠스의 이론에 암시되어 있었으나 육안으로 볼 수는 없었던 금성金星, Venus의 여러 위상을 관측하기도 했다. 그는 목성木星, Jupiter의 위성들을 발견하기도 했는데, 자신의 후원자에게 경의를 표하기 위해 '시데라 메디체아Sidera Medicea'라는 이름을 붙였다. 발견한 위성들이 케플러의 법칙에 따른다는 사실도 밝혀졌다. 하지만 난점이 하나 있었다. 사람들은 항상 다섯 행성과 태양, 달을 합해 천체 일곱 개가 있다고 믿어왔으니, 일곱은 신성한 수다. 안식일도 일곱째 날이 아닌가? 일곱 개로 갈라진 촛대와 아시아의 일곱 교회가 있지 않은가? 그러면 일곱 개의 천체가 있어야 한다는 말은 지당한 말씀이 아니겠는가? 그런데 목성 주변을 도는 네 개의 위성이 추가되면 천체의 수는 11개인데, 11이라는 수는 신비한 속성을 하나도 갖고 있지 않다. 이를 빌미로 전통주의자들은 망원경의 사용을 공공연히 비난하면서 한사코 망원경을 들여다보려 하지 않았으며, 망원경이 망상妄想, delusion을 보여 줄 따름이라고 주장하기도 했다. 갈릴레오는 케플러에게 '어중이떠중이'의 어리석음을 함께 비웃자는 글이 담긴 편지를 썼다. 편지 내용을 보면 '어중이떠중이'는 철학 교수들이 분명한데, 그들은 궤변적 억지 논리로 목성의 위성들이 마치 마법이 만들어 낸 요물인 양 몰아내려 했다.

누구나 알듯 갈릴레오는 종교재판에 회부되어 유죄 판결을 받았고 첫 재판은 1616년에 은밀하게 진행되었다. 다음으로 1633년에 열린 공개 재판에서 갈릴레오는 자신의 견해를 철회한 뒤, 지구가 자전한다거나 공전한다는 주장을 다시는 하지 않겠다고 약속해야 했다. 갈릴레오에 대한 종교재판은 이탈리아 과학 발전의 종언을 의미했으며, 이후 여러 세기 동안 이탈리아에서 과학의 발전을 기대하기는 어려웠다. 그러나 종교재판으로 과학자들이 지동설을 수용한 대세를 막지 못하고, 오히려 어리석은 행각으로 교회의 권위를 실추시켰다. 개신교를 믿는 여러 나라에서 목사들은 과학의 업적을 깎

「갈릴레오 갈릴레이의 초상」, 저스터스 서스테르만, 1636

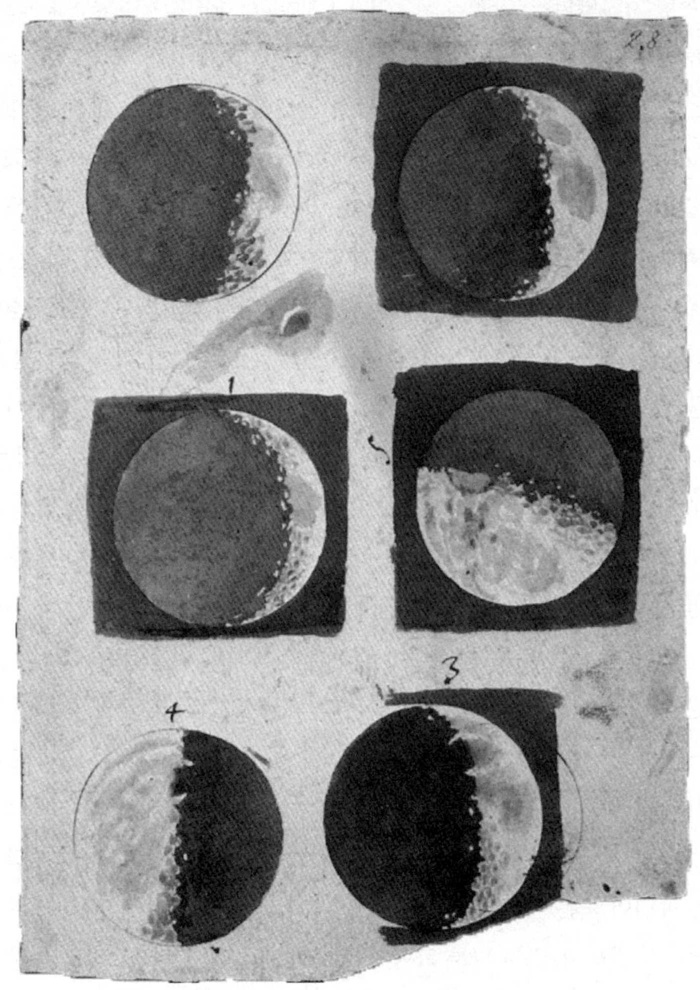

갈릴레오가 그린 달의 변화도, 1616

아내리려고 혈안이었지만, 다행스럽게도 국가 정책을 통제할 만한 힘을 얻지 못한 처지였다.

뉴턴Sir Isaac Newton)(1642~1727)은 코페르니쿠스와 케플러, 갈릴레오가 닦아 놓은 길 위로 걸어가서 그들의 과학적 작업을 완성하고 최후의 승리를 거두었다. 그는 세 가지 운동 법칙을 출발점으로 삼는데, 제1법칙과 제2법칙은 갈릴레오의 업적으로 돌려야 한다. 어쨌든 세 가지 법칙을 근거로 뉴턴은 케플러의 세 법칙이, 각 행성이 매 순간에 태양 쪽을 향한 가속도는 행성과 태양 사이 거리의 제곱에 반비례하여 변한다는 명제와 동일한 주장임을 증명했다. 그는 이 공식을 이용하여 지구와 태양을 향한 가속도로 달의 운동을 설명하고, 지상 위 낙하 물체의 가속도는 다시 역제곱 법칙에 따르는 달의 가속도와 관련이 있다는 점을 보여 주었다. 나아가 '힘'을 운동의 변화, 바로 가속도의 원인으로 규정함에 따라 자신의 만유인력 법칙을 다음과 같이 선포할 수 있었다. "모든 물체는 다른 물체를 질량의 곱에 정비례하고 거리의 제곱에 반비례하는 힘으로 끌어당긴다." 여기서 그는 행성 이론에 들어 있어야 할 모든 내용, 그러니까 행성과 행성의 주위를 도는 위성의 운동, 혜성의 궤도, 밀물과 썰물의 흐름을 연역할 수 있었다. 나중에 행성이 타원 궤도에서 약간 이탈한 현상도 뉴턴의 법칙에서 연역할 수 있음도 밝혀졌다. 뉴턴의 승리는 너무나 완벽하여 그리스의 아리스토텔레스처럼 결국 과학의 진보를 저해하고, 넘어서기 힘든 장애가 될 위험도 안고 있었다. 영국에서는 뉴턴이 죽은 다음 한 세기가 지날 때까지 과학자들이 뉴턴의 권위에서 벗어나지 못하여, 그가 다룬 과학의 주제와 관련해서는 중요하고 독창적인 연구 성과를 내지 못했다.

17세기는 천문학과 역학뿐만 아니라 과학과 연관된 다른 여러 분야에서도 주목할 만한 시대였다.

먼저 과학 기구에 대해 살펴보자.[26] 17세기 직전 1590년경에 복식 현미경이 발명되었다. 망원경은 1608년에 리페르스하이Lippershey(1570~1619)라는 네덜란드인이 발명하지만, 망원경을 과학적 용도로 처음 진지하게 사용한 사람은 바로 갈릴레오였다. 갈릴레오가 온도계를 발명했을 가능성도 비교적 높다. 그의 제자 토리첼리Torricelli)(1608~1647)는 기압계를 발명했고, 게리케Guericke)(1602~1686)는 공기 펌프를 발명했다. 시계는 새로 발명되지 않았지만, 17세기에 대부분 갈릴레오의 작업 덕택으로 성능이 매우 우수해졌다. 이러한 발명에 힘입어 과학적 관찰과 관측은 이전 어느 때보다 더 정확해졌고, 더 넓은 범위를 포괄하게 되어서 괄목할 만한 발전을 이루었다.

다음으로 천문학과 역학 말고 다른 과학 분야에서도 중요한 작업이 이루어졌다. 길버트Gilbert(1540~1603)는 1600년에 자석에 관해 연구한 위대한 책을 출판했다. 하비Harvey(1578~1657)는 혈액의 순환 구조를 발견하여 1628년에 발표했다. 레이우엔훅Leeuwenhoek(1632~1723)은 정자를 발견했고, 다른 과학자인 스티븐 함Stephen Hamm이 몇 달 앞서 정자를 발견했다는 것도 분명하다. 레이우엔훅이 또한 원생동물이나 단세포 동물, 그리고 박테리아를 발견했다. 보일Robert Boyle(1627~1691)은 내가 어렸을 적에 배운 대로 화학의 아버지로, 코크 백작의 아들이다. 오늘날 보일의 법칙으로 인해 중요한 인물로 기억되는데, 이 법칙에 따르면 일정한 온도와 일정한 양의 기체 압력은 부피에 반비례한다.

지금까지 순수 수학의 진보에 대해서 아무 말도 하지 않았다. 사실 수학의 발전도 대단히 놀라웠는데, 순수 수학은 물리학의 작업을 완성하려면 꼭 필요한 분야다. 1614년에 네이피어John Napier(1550~1617)는 자신이 창안한 대수對數, logarithm 이론을 공표했다. 17세기에 두각을 나타낸 몇몇 수학자의 노

26 이 주제에 관한 내용은 A. 울프가 쓴 『16, 17세기 과학·기술·철학의 역사』에서 「과학의 도구」라는 장을 보라.

력 끝에 좌표 기하학도 탄생하는데, 데카르트의 공헌이 가장 두드러졌다. 뉴턴과 라이프니츠가 각각 창안한 미적분학微積分學, differential and integral calculus은 거의 모든 고등 수학에 유용한 도구다. 여기서 언급한 순수 수학 분야의 가장 걸출한 업적뿐만 아니라 그밖에도 헤아리기 힘들 정도로 많은 업적을 남겼다.

이제까지 다룬 과학 분야의 연구 성과로 당시 교양인의 사고방식은 근본부터 바뀌었다. 17세기 초반까지만 해도 토머스 브라운 경Sir Thomas Browne[27] 처럼 교양인에 속한 사람이 마법 관련 공판에 참석하지만, 후반기였다면 일어날 수 없는 일이었다. 셰익스피어의 시대에 혜성은 여전히 경이로운 존재로 여겨졌다. 그러나 1687년 뉴턴의 『자연철학의 수학적 원리*Philosophiae Naturalis Principia Mathematica*』가 출판된 후, 뉴턴과 핼리Edmund Halley(1656~1742)[28]가 몇몇 혜성의 궤도를 계산해 냄으로써 혜성도 행성과 마찬가지로 중력 법칙의 지배를 받는다는 사실이 알려졌다. 중력 법칙이 군림하는 시대가 오면서 중력 법칙은 사람들의 상상력을 지배하여 마법과 요술을 믿을 수 없는 것으로 만들었다. 1600년에 극소수를 제외하면 사람들은 대부분 여전히 중세적 사고방식에 따라 살았지만, 1700년에 교양인들의 사고방식은 완벽한 의미에서 근대적 특성을 나타냈다.

이번 장의 남은 지면에서는 17세기 과학에서 도출된 철학적 믿음과 현대 과학이 어떤 점에서 뉴턴의 과학과 다른지 간략히 논의할 생각이다. 우선 주목해야 할 사실은 물리학의 법칙에서 물활론의 흔적을 거의 전부 제거한 점이다. 드러내 놓고 말하지는 않았어도, 그리스인은 분명히 운동력을 생명의 징후로 생각했다. 상식 수준에서 관찰하면 살아 있는 동물은 스스로 운

27 * 17세기 영국의 의사 겸 저술가.

28 * 영국의 천문학자이자 수학자. 최초로 혜성의 궤도를 계산하고, 혜성에 주기가 있음을 밝혀냈다.

동하지만 생명 없는 질료質料, matter는 외부 힘이 들어와야 움직인다. 아리스토텔레스의 철학 속에서 동물혼動物魂이 하는 다양한 기능 가운데 하나는 바로 동물이 자기 몸을 스스로 움직이는 기능이다. 그리스인의 사고방식 속에서 태양과 행성은 신으로 취급되기 쉬우며 적어도 신의 통제를 받거나 신이 움직이는 사물이다. 아낙사고라스는 다르게 생각했기 때문에 불경죄를 범한 자로 단죄를 받았다. 데모크리토스도 다르게 생각했지만, 에피쿠로스 추종자들을 제외하면 이러한 사실은 플라톤과 아리스토텔레스를 편들기에 급급한 나머지 간과되곤 했다. 아리스토텔레스가 말한 47개나 55개의 부동不動하는 원동자는 신성한 정령이며, 하늘 위 모든 운동의 궁극 원천이다. 생명 없는 물체는 무엇이든 그대로 놓아두면 곧 움직이지 않게 되므로, 운동을 멈추지 않으려면 영혼이 끊임없이 질료에 작용해야 하는 셈이다.

이러한 모든 생각은 운동의 제1법칙으로 바뀌었다. 생명 없는 질료는 한 번 운동하기 시작하면, 외부 원인이 작용하여 정지되지 않는다면 영원히 운동을 계속할 것이다. 더욱이 운동에 변화를 일으키는 외부 원인은 명확하게 식별될 수 있을 때는 언제나 물질적인 것으로 밝혀졌다. 어쨌든 태양계는 자체 능률과 자체 법칙에 따라 계속 움직이므로, 바깥에서 온 간섭을 결코 허용하지 않았다. 그래도 기계적인 작용을 일으키는 신이 필요한 것처럼 보일지도 모른다. 뉴턴에 따르면 행성들은 애초에 신의 손에서 던져졌지만, 신이 중력 법칙에 따르도록 명한 다음에 각 행성은 더는 신이 간섭하지 않아도 자연 법칙에 따라 스스로 운동한다. 지금 영향을 미치는 동일한 힘이 태양으로부터 행성이 생겨나게 된 원인일지도 모른다고 라플라스Laplace(1749~1827)가 제안한 이후, 자연 과정 속에서 신이 하는 역할은 더 뒤로 밀려났다. 신은 조물주로 남더라도, 세계가 시초를 가지는지 불분명했기 때문에 조물주는 존재조차 의문스러워졌다. 과학자들은 대부분 모범적 신앙인이었지만, 그들이 드러낸 사고방식은 정통 신앙을 어지럽혔고, 신학자들이 불만을 느낀 것은 아주 당연했다.

과학의 발전이 초래한 다른 결과는 인간이 우주 안에서 차지하는 지위에 대한 사고방식을 획기적으로 변화시킨 일이다. 중세의 세계관에 따르면 지구는 하늘의 중심이며, 만물은 인간과 관련된 특정한 목적을 가졌다. 뉴턴의 세계관에서 지구는 특별히 눈에 띄지 않는 작은 행성에 불과하며, 천문학적 거리는 너무나 광대해서 지구는 상대적으로 핀의 끝만큼 작아 보였다. 거대한 우주 체계가 전부 핀 끝에 있는 작은 인간을 위해 계획되었다는 생각은 그럴듯해 보이지 않았다. 더욱이 아리스토텔레스 이후 과학의 일부가 되어 버릴 정도로 친숙한 목적 개념은 과학적 탐구 절차에서 제거되었다. 누구든 여전히 하늘이 신의 영광을 드러내기 위해 존재한다고 믿을지도 모르지만, 천문학적 계산을 할 때 종교적 믿음이 끼어들 여지는 없었다. 세계에는 목적이 있을지 모르지만, 과학적 설명에 목적 개념이 더는 들어올 수 없었다.

코페르니쿠스의 이론이 인간의 자존심에 상처를 입혔는데도 사실상 정반대 결과를 낳았던 까닭은, 과학의 승리가 오히려 인간의 자존심과 긍지를 되찾아 주었기 때문이다. 멸망의 기로에 선 고대 세계는 도덕적 죄라는 의미에 사로잡혀 길을 잃었고, 그것을 억압된 형태로 중세에 전해 주었다. 신 앞에서 자신을 낮추는 일이 정당하고 신중한 태도인 까닭은 신이 자만에 빠진 자를 응징하기 때문이다. 흑사병과 홍수, 지진, 튀르크족과 타타르족, 혜성 등이 암울한 세기에 혼란을 가중시켰고, 겸손에 겸손을 더하는 길만이 현실을 위협하는 대재난을 막아 줄 듯했다. 그러나 인간이 마침내 과학의 승리를 쟁취하게 되자 겸손한 태도를 유지하기는 불가능해졌다.

> 자연과 자연의 법칙이 어둠 속에 놓여 있네.
> 신이 "뉴턴아, 있어라"라고 말하자, 모든 것이 밝게 드러났다네.

그리고 지옥의 저주에 대해 말하자면 그토록 광대한 우주를 지은 창조주가 신학상 사소한 잘못 때문에 인간을 지옥으로 보내기보다 더 나은 일을 예비해 두었을 것이다. 가리옷 유다는 지옥에 떨어졌을지 몰라도, 뉴턴은 아리우스파an Arian[29]였지만 지옥에 떨어졌을 리 없다.

이렇게 인간이 자기만족에 도취된 데는 당연히 다른 여러 가지 이유도 작용했다. 타타르족의 침략은 아시아 지역에 국한되었으며 튀르크족의 위협도 점차 약해지는 시기였다. 핼리는 혜성 출현의 신비를 풀어 시시한 현상으로 만들었고, 지진이 여전히 가공할 만한 현상이었지만, 과학자들은 지진을 두려워하고 한탄만 하지 않고 흥미로운 연구 대상으로 받아들였다. 또 서구인들은 급속한 성장을 거듭하면서 부유해져, 온 세상의 주인으로 군림하게 되었다. 그들은 남·북아메리카 대륙을 정복했으며, 아프리카와 인도에서 권력을 주도하는가 하면, 중국에서는 존경을 받고, 일본에서는 두려움의 대상이 되었다. 모든 일에 과학의 승리가 더해지고 나면, 17세기 사람들이 자신들을 주일마다 악행을 고백해야 하는 비참한 죄인이 아니라 멋지고 훌륭한 사람으로 생각했다는 말은 놀랍지도 않다.

현대 이론 물리학과 뉴턴의 이론 체계를 구성하는 개념 사이에 몇 가지 차이점이 있다. 우선 17세기 물리학을 지배했던 '힘'은 필요 없는 개념으로 밝혀졌다. 뉴턴의 물리학 체계 안에서 '힘'은 운동량이나 운동 방향을 변화시키는 원인이다. 원인 개념은 중요한 의미를 가지며, 힘은 밀거나 당길 때 우리가 경험하는 것으로 그려진다. 그래서 원거리 작용은 중력에 대한 반론으로 간주되는데, 뉴턴 자신은 중력을 전달하는 매개체가 있어야 한다는 점에 동의했다. 점차 모든 방정식은 힘을 끌어들이지 않고서 기록할 수 있다

29 * 알렉산드리아의 신학자인 아리우스의 사상을 따르는 사람들이 아리우스파다. 아리우스는 그리스도의 신성을 부정했다.

는 점이 밝혀졌다. 관찰 가능한 대상은 가속도와 상대적 배치 사이의 일정한 관계인데, 이러한 관계가 '힘'을 매개로 성립한다고 보아도 우리의 지식을 전혀 확장시켜 주지 않는다. 관측에 따르면 행성은 언제나 태양을 향한 일정한 가속도를 가지며, 그러한 가속도는 행성과 태양 사이 거리의 제곱에 반비례하여 변한다. 이것이 중력의 '힘' 때문이라는 말은 단지 언어상 표현의 차이일 뿐이고 아편이 수면 효과를 갖기 때문에 사람들을 잠들게 한다는 말과 다르지 않다. 그러므로 현대 물리학자들은 간단하게 가속도를 규정하는 공식들만 제시하고, '힘'이라는 말을 더는 사용하지 않으려고 한다. '힘'은 생기론자들vitalists이 운동의 원인으로 수용한 희미한 유령과 같아서 물리학계에서 점차 쫓겨났다.

양자 역학이 등장하기 전에는 뉴턴이 제안한 운동의 제1법칙과 제2법칙이 의도한 핵심 내용, 바로 역학 법칙을 가속도로 나타내야 한다는 생각에 아무런 수정도 하지 않았다. 이러한 점에서 코페르니쿠스와 케플러도 천체의 궤도를 나타내는 법칙을 구하려 했기 때문에 아직은 고대인으로 분류해야 마땅하다. 뉴턴은 그러한 법칙이 결코 근사치 이상이 되지 못한다고 분명하게 선언했다. 행성은 다른 행성의 인력으로 인한 섭동 현상 때문에 정확한 타원형을 그리며 운동하지 않는다. 한 행성의 궤도 역시 같은 이유로 정확하게 반복되지 않는다. 그러나 가속도를 다룬 중력 법칙은 매우 단순했으며, 뉴턴의 시대 이후 200년간 매우 정확한 법칙으로 인정받았다. 아인슈타인이 수정한 후에도 중력 법칙은 여전히 가속도를 다루는 법칙으로 남았다.

에너지 보존 법칙은 가속도가 아니라 속도를 다루는 법칙이다. 그러나 이러한 법칙을 이용하여 계산할 때 여전히 가속도 개념을 사용해야 한다.

양자 역학이 일으킨 변화에 대해 말하자면, 변화는 의미심장했으나 여전히 어느 정도 논란과 불확실성의 여지가 있는 문제다.

이제 뉴턴의 철학에 일어난, 반드시 언급해야 할 변화가 하나 있는데, 그것은 절대 공간과 절대 시간의 포기다. 독자들은 데모크리토스의 원자론에서 이 문제에 대해 언급한 부분을 기억할 것이다. 뉴턴은 점들로 구성된 공간과 순간들로 구성된 시간을 가정했는데, 공간과 시간은 시공간을 차지한 물체나 사건과 독립하여 존재한다. 그는 공간에 대한 자신의 견해를 지지해 주는 경험적 논증을 제시하면서 물리 현상을 통해 절대 회전을 구별하기도 한다. 양동이 속의 물을 저어 회전시키면, 물은 양동이 벽면을 타고 올라가고 중앙 부분은 움푹 들어간다. 하지만 양동이 속에 물이 없을 때 양동이 속을 저어 봐야 그러한 결과는 나오지 않는다. 뉴턴 시대 이후 푸코의 진자 실험이 고안되었고 지구의 회전을 증명한 것이라고 생각했다. 가장 최근의 견해에 따르더라도 절대 회전의 문제는 여러 난점을 드러낸다. 모든 운동이 상대적이라면, 지구가 자전한다는 가설과 천체들이 공전한다는 가설의 차이는 기껏해야 언어상 표현의 차이일 뿐이다. 그러니까 "존은 제임스의 아버지다"라는 명제와 "제임스는 존의 아들이다"라는 명제의 차이 이상은 아니라는 말이다. 그러나 천체가 공전한다면 별은 빛보다 더 빠르게 운동할 텐데, 이는 불가능한 일로 간주된다. 이러한 난점을 처리하려는 현대 물리학의 답변은 완벽한 수준이라고 말하기는 어려워도 충분히 만족스럽기 때문에, 거의 모든 물리학자가 운동과 시간이 완전히 상대적이라는 견해를 수용했다. 공간과 시간을 시공간으로 통합한 상대성 개념은 갈릴레오나 뉴턴의 연구 결과로 탄생한 근대적 우주관을 송두리째 바꾸어 놓았다. 그러나 여기서 상대성 이론이나 양자 역학에 대한 논의를 더 하지는 않을 것이다.

7.
프랜시스 베이컨

베이컨Francis Bacon(1561~1626)의 철학은 여러 면에서 불만족스럽지만, 베이컨은 근대 귀납법의 창시자이자 과학적 탐구 절차를 논리적으로 체계화하려고 노력한 선구자로서 영원히 기억할 만하다.

베이컨은 국새상서였던 니콜라스 베이컨 경의 아들로 태어났으며, 이모는 윌리엄 세실 경(후에 벌리 경)의 아내였다. 이러한 가정환경으로 베이컨은 국사를 논하는 분위기에서 성장했다. 그는 겨우 스물셋의 나이로 의회에 진출하면서 에식스Robert Devereux2nd earl of Essex(1567~1601)의 고문이 되었는데, 에식스의 충성심에 대한 평판이 나빠지자 에식스 기소 사건을 돕기도 했다. 그래서 호된 비난을 받는데, 예를 들면 리턴 스트레이치Lytton Strachey는 자신의 저서 『엘리자베스와 에식스*Elizabeth and Essex*』에서 베이컨을 변절자이자 배은망덕한 인물로 묘사했다. 이것은 대단히 공정치 못한 처사다. 베이컨은 에식스가 나라에 충성하는 동안 함께 일했고, 에식스에게 계속 충성하는 것이 나라에 대한 반역이 되자 그를 떠났을 뿐이다. 이 점에 대해 당시의 가장 엄격한 도덕주의자조차도 그를 비난하기 어렵다.

베이컨은 에식스와 인연을 끊었는데도, 엘리자베스 여왕Elizabeth I (1533~1603)의 재임 기간 동안 총애를 얻지 못했다. 하지만 제임스가 왕위를 계승한 후 출세가도를 달리게 되는데, 1617년에 자신의 아버지가 맡았던 국새상서 자리를 차지한 데 이어 1618년에는 대법관의 지위에 올랐다. 애석하게도 베이컨은 겨우 2년 만에 대법관 직에서 물러났는데, 소송 관련자에게서 뇌물을 받았다는 이유로 기소되었기 때문이다. 그는 자신이 받은 선물이 판결에 아무 영향도 미치지 않았다는 변론을 덧붙이면서 뇌물 받은 사실을 인정했다. 그의 주장은 사실일지도 모르고 사실이 아닐지도 모른다. 뇌물을 받지 않은 상황에서 어떤 결정을 내렸을지 알 길이 없기 때문이다. 어쨌든 유죄가 인정되어 4만 파운드 벌금형, 왕이 원하는 기간 동안 런던탑 투옥, 법정에서 영구 추방, 공직 진출 자격 상실이라는 선고가 내려졌다. 하지만 선고의 일부만 집행되었을 뿐 벌금을 지불하라는 강요도 없었고, 나흘간만 런던탑에 갇혀 지냈다. 이를 계기로 베이컨은 공직 생활을 접어야 했으나 대신에 남은 생애 동안 주요 작품을 저술했다.

당시 법관의 윤리 의식은 다소 느슨한 편이었는데, 거의 모든 재판관이 관례상 원고와 피고 양측에게서 뇌물을 받았다. 오늘날 판사의 뇌물 수수는 파렴치한 짓으로서 처벌되며, 뇌물을 받은 다음 뇌물 증여자에게 불리한 판결을 내리는 일은 더욱 지탄의 대상이 된다. 그러나 당시에 뇌물 증여는 재판 과정에 으레 따르는 관례로, 재판관은 뇌물의 영향을 받지 않는 판결로써 자신의 덕을 보여 주곤 했다. 베이컨은 다른 동료 법관보다 유독 죄가 무거웠기 때문이 아니라, 정치적 당쟁에 휘말렸기 때문에 유죄 판결을 받았던 셈이다. 그는 선배인 토머스 모어 경처럼 대단히 훌륭한 도덕성을 겸비한 인물은 아니었지만, 유독 사악한 편도 아니었다. 베이컨은 도덕적으로 당대의 다른 법관보다 더 낫지도 더 나쁘지도 않은 평범한 인물이었다.

5년간 은퇴 생활 끝에 그는 닭 속에 눈을 가득 채워 얼리는 실험을 하다 독감에 걸려 세상을 떠났다.

『학문의 진보*Advancement of Learning*』는 베이컨의 가장 중요한 저작인데, 여러 면에서 근대적 특징이 드러나기 때문에 주목을 받는다. "아는 것이 힘이다"라는 격언은 베이컨이 처음 한 말이라고 하지만 이전 세대에 살았던 사람이 말했을 가능성이 높다. 어쨌든 베이컨은 격언에 새로운 의미를 부여했다. 베이컨이 철학을 세운 전반적 기초는 실용적인 것, 바로 과학적 발견과 발명을 수단으로 인류에게 자연에 대한 지배권을 주는 것이다. 그는 철학이 신학과 분리되어야 하며, 특히 스콜라 철학처럼 철학과 신학이 분리되지 않은 상태로 뒤섞여서는 안 된다고 주장했다. 그는 정통 종교를 수용했고, 종교적 문제로 정부와 다툼을 벌일 인물이 아니었다. 하지만 그는 이성이 신의 실존을 보여 줄 수 있다고 생각했던 반면, 신학의 다른 모든 것은 오로지 계시로만 알려진다고 여겼다. 정말로 그는 신앙의 도움을 받지 않은 이성에게 어떤 교리가 가장 불합리해 보일 때 거둔 신앙의 승리가 가장 위대하다고 주장했다. 하지만 철학은 오로지 이성에 의존해야 한다. 따라서 그는 '이중 진리,' 바로 이성의 진리와 계시의 진리를 둘 다 인정한 학설을 지지했다. 이 학설은 13세기 아베로에스(이븐 루슈드)를 지지한 학파에 속한 몇 사람이 설교한 적은 있으나 교회의 단죄를 받았다. '신앙의 승리'는 정통 신앙에도 위험천만한 개념이었다. 17세기 후반 이성의 승리라는 말을 반어적으로 비꼬아서 사용한 벨Pierre Bayle(1647~1706)[30]은 이성이 정통 신자들의 믿음에 반할 수 있는 모든 것을 장황하게 늘어놓고서, '그래도 믿는 신앙의 승리는 한층 더 위대하다'고 결론지었다. 어쨌든 베이컨의 가톨릭교 정통 신앙이 얼마나 진지했는지 알 길은 없다.

베이컨은 과학적 성향을 지닌 철학자들이 만들어 갈 긴 역사를 시작한 첫 인물로 연역법과 대조되는 귀납법의 중요성을 강조했다. 그는 자신의 추종

30 *『역사 비평 사전』을 쓴 17세기 프랑스 철학자. 정통 그리스도교를 교묘하게 비판하여 개신교 측과 가톨릭교 측의 비난을 받았다.

자들이 대부분 그랬듯 '단순 열거'에 의한 귀납법보다 더 나은 귀납법을 발견하려고 애썼다. 단순 열거에 의한 귀납법은 다음과 같은 우화로 예시할 수도 있다. 옛날에 웨일스의 어느 마을에 한 호적계원이 살았는데, 그는 그곳 주민의 이름을 전부 기록해야 했다. 맨 먼저 물어본 사람의 이름은 윌리엄 윌리엄스였고, 둘째 사람도 셋째 사람도 넷째 사람도 다 같은 이름을 댔다. 그렇게 계속 묻다가 그는 혼잣말로 중얼거렸다. '정말 진저리가 나네. 아무래도 이곳 주민은 모두 윌리엄 윌리엄스인가 봐. 다 그렇게 적어 놓고 쉬어야지.' 그러나 그는 틀렸다. 왜냐하면 마을에는 존 존스라는 이름을 가진 주민이 딱 한 명 살고 있었기 때문이다. 이는 단순 열거에 의한 귀납법을 무조건 믿다가는 논리적 오류에 빠질 수 있음을 보여 주는 사례다.

베이컨은 귀납법을 이보다 더 낫게 만들 방법이 있다고 믿었다. 예컨대 그는 열의 본성을 발견해 내고 싶었는데, 열이란 물체를 구성하는 작은 부분들의 빠르고 불규칙한 운동의 결과라고 생각했다. 그가 쓴 방법은 뜨거운 물체와 차가운 물체, 열의 높낮이가 다양한 물체의 목록을 각각 작성하는 것이었다. 이러한 목록을 이용하여 뜨거운 물체에서 항상 발견되지만 차가운 물체에서는 발견되지 않고, 열의 높낮이가 다양한 물체에서 발견되는 어떤 특징을 알아내고자 했다. 이러한 방법으로 첫 사례에서 일반성이 가장 낮은 법칙들을 세우고, 이 법칙들로부터 다음 단계의 일반성을 갖는 법칙에 도달하고, 다음으로 더 높은 일반 법칙에 도달할 것이라고 기대했다. 제안된 법칙은 새로운 상황에 적용해 시험하는데, 상황에 잘 맞으면 확증된다. 몇몇 사례는 이전에 관찰한 결과로 가능한 두 이론 가운데 하나를 선택할 수 있도록 하기 때문에 특히 가치가 있다. 이러한 사례는 '특권을 갖는' 사례라고 부른다.

베이컨은 삼단논법의 가치를 인정하지 않았을 뿐만 아니라 수학의 가치도 실험정신이 불충분하다는 이유로 낮게 평가했다. 그는 아리스토텔레스에게 증오에 찬 적개심을 드러낸 반면, 데모크리토스는 높이 평가했다. 베이컨은 비록 자연의 과정이 신성한 목적을 예시한다는 것을 부정하지 않았지만, 현상에 대해 실제로 탐구할 경우에 목적론적 설명의 개입을 결코 허용하지 않았다. 베이컨은 모든 일이 작용인의 필연적 결과로 설명되어야 한다고 주장했다.

베이컨은 자신의 방법에 대해 과학이 근거해야 할 관찰 자료를 어떻게 배열할지 보여 준다는 점에서 가치가 있다고 생각했다. 베이컨이 말하듯, 우리는 자신의 몸 안에서 실을 뽑아 거미줄을 치는 거미나 그저 모으기만 하는 개미가 아니라 꽃술을 모아 꿀을 만드는 벌과 비슷해져야 한다. 이것은 개미에게는 조금 불공정한 말이지만 베이컨이 말한 의미를 잘 드러낸다.

베이컨의 철학에서 가장 유명한 대목은 우상의 목록표인데, 우상은 사람들이 오류에 빠지도록 만드는 원인인 정신의 나쁜 습관을 의미한다. 그는 네 가지 우상을 제시한다. '종족의 우상'은 인간의 본성에 내재하며, 특히 자연 현상 가운데 실제로 발견되는 질서 이상을 기대하는 습관을 지적한다. '동굴의 우상'은 개별 탐구자의 특징인 개인적 편견이다. '시장의 우상'은 말의 횡포와 관계가 있다. '극장의 우상'은 수용되는 사유 체계와 관계가 있는데, 자연스럽게 아리스토텔레스와 스콜라 철학자의 사유 체계가 가장 주목할 만한 사례를 그에게 제공했다.

과학이 베이컨의 관심사였고 그의 일반적 사고방식도 과학에 바탕을 두었지만, 베이컨은 당시 과학이 이룬 업적의 핵심을 대부분 놓쳤다. 그는 코페르니쿠스의 이론을 거부했는데, 이것은 코페르니쿠스 자신이 확실한 논증을 내놓지 않았기 때문에 변명할 여지가 있었다. 그러나 1609년에 『새로운 천문학*New Astronomy*』을 출간한 케플러의 과학이론에는 수긍했어야 한다. 베이컨은 근대 해부학의 선구자였던 베살리우스Vesalius(1514~1564)의 연구에 대해 알지 못했지만, 자기력magnetism의 연구로 귀납적 방법의 예를 훌륭

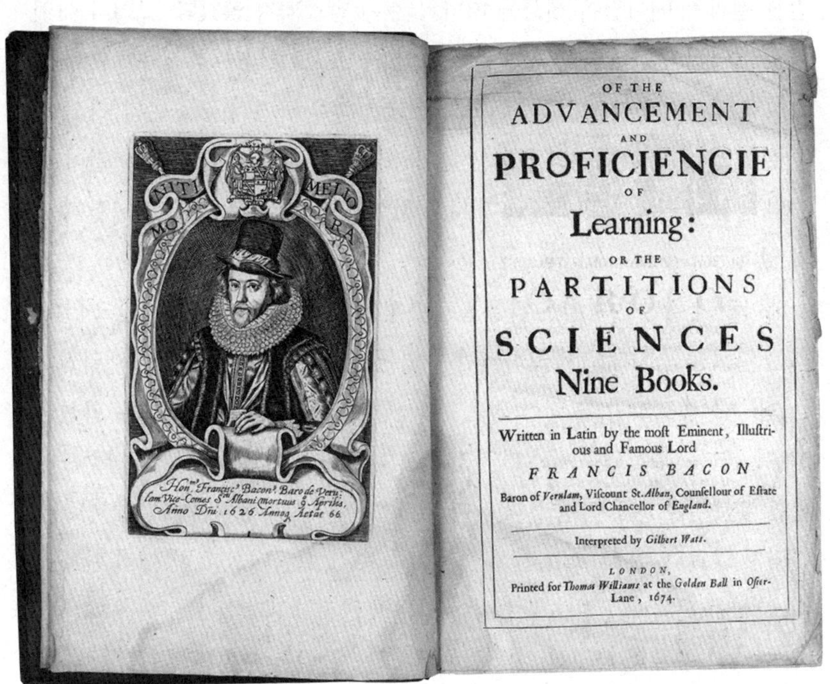

OF THE
ADVANCEMENT
AND
PROFICIENCIE
OF
Learning:
OR THE
PARTITIONS
OF
SCIENCES
Nine Books.

Written in Latin by the most Eminent, Illustrious and Famous Lord
FRANCIS BACON
Baron of *Verulam*, Viscount St. *Alban*, Counsellour of Estate and Lord Chancellor of *England*.

Interpreted by *Gilbert Wats*.

LONDON,
Printed for *Thomas Williams* at the *Golden Ball* in *Ostre-Lane*, 1674.

『학문의 진보』, 프랜시스 베이컨, 1674년판

하게 보여 주었던 길버트Gilbert(1544~1603)의 공로는 기꺼이 칭찬했다. 놀라운 일이 하나 더 있는데, 그는 자신의 주치의였던 하비Harvey(1578~1657)의 연구에 대해서도 전혀 알아채지 못했다. 사실 혈액 순환에 대해 하비가 발견한 결과는 베이컨이 세상을 떠나기 전에 발표되지 않았다. 그러나 어떤 이는 베이컨이 하비의 연구에 관해 알았을지도 모른다고 추측하기도 한다. 하비가 베이컨에 대해 "그는 대법관인 양 철학을 하면서 글을 쓴다"라고 비꼰 논평을 보면, 베이컨의 철학을 높이 평가하지 않은 것 같다. 베이컨이 세속의 성공에 덜 집착했더라면 더 나은 철학을 했으리라는 것은 의심할 여지가 없다.

베이컨의 귀납적 방법은 가설을 충분히 강조하지 못한 결점을 안고 있다. 그는 자료를 순서대로 배열하기만 하면 올바른 가설이 명백하게 세워진다는 희망을 품었지만, 그러한 일은 거의 생기지 않았다. 일반적으로 가설을 세우는 일은 과학 연구에서 가장 어렵고 대단한 능력을 요구하는 필수불가결한 부분이다. 지금까지 규칙에 따라 가설을 세우는 방법은 어디에서도 발견되지 않았다. 흔히 어떤 가설은 사실을 수집하는 데 필요한 예비 단계인데, 사실을 선택하는 일은 관련성이 있는지 결정할 방법을 요구하기 때문이다. 이러한 종류의 가설이 없다면, 주워 모은 잡다한 사실은 혼란을 초래할 뿐이다.

과학에서 연역법의 역할은 베이컨이 가정했던 것보다 더 크다. 종종 어떤 가설이 시험되어야 할 때, 가설로부터 관찰로 시험될 수 있는 어떤 귀결로 이어진 긴 연역 과정이 있다. 흔히 연역법은 수학적 방법인데, 이 점과 관련하여 베이컨은 과학적 탐구에서 수학이 차지하는 비중을 과소평가했다.

단순 열거에 의한 귀납의 문제는 오늘날에도 풀리지 않은 채 남아 있다. 과학적 탐구의 세부 사항에 관심을 둘 경우에 단순 열거를 거부한 베이컨의 핵심 주장은 어느 정도 옳다. 왜냐하면 세부 사항을 다룰 때 우리는 일반 법칙을 가정할 수도 있고, 그러한 법칙이 타당하다고 받아들이는 한에서 설득력이 더하거나 덜한 방법을 만들어 낼 수 있기 때문이다. 나중에 존 스튜어트 밀은 인과율을 가정하는 한, 유용하게 적용되는 귀납적 방법의 네 가지 기본형을 만들었다. 그러나 밀이 고백했듯 인과율 자체는 단순 열거에 의한 귀납법에 근거하여 수용될 수밖에 없다. 과학의 이론 구성으로 성취한 중요한 일은 종속된 모든 귀납 과정을, 아주 포괄적인 소수의 귀납 과정, 어쩌면 단 하나의 귀납 과정으로 모은 것이다. 이러한 포괄적 귀납 과정은 단순 열거에 의한 귀납법을 수용하는 것이 정당하다고 생각되는 수많은 사례로 확증된다. 이러한 상황은 아주 만족스럽지 않지만 베이컨도, 그의 후계자 가운데 아무도 탈출구를 찾지 못했다.

8.
홉스의 리바이어던

홉스Thomas Hobbes(1588~1679)는 경험론이나 합리론 어느 한쪽으로 분류하기 어려운 철학자다. 그는 로크·버클리·흄처럼 경험주의자였지만, 순수수학뿐 아니라 응용수학과 관련된 수학적 방법의 찬미자였다는 점에서 그들과 달랐다. 홉스의 일반적 사고방식은 베이컨보다 갈릴레오에게 영감을 받아 형성되었다. 데카르트에서 칸트까지 대륙철학은 인간 지식의 본성을 밝혀 줄 많은 개념을 수학에서 이끌어 냈는데, 수학적 지식은 경험에 의존하지 않고 얻은 것으로 여겼다. 따라서 대륙 철학은 플라톤주의와 마찬가지로 지각의 역할을 최소화하고 순수 사유의 역할을 지나치게 강조하는 쪽으로 흘러갔다. 다른 한편 영국 경험론은 수학의 영향을 거의 받지 않았으므로 과학의 방법을 잘못 파악하는 쪽으로 흘러갔다.

홉스는 대륙 철학의 결점도 지니지 않고 영국 경험론의 결점도 지니지 않았다. 홉스를 빼면 경험론자이면서 수학을 강조한 철학자는 우리 세대에서나 발견된다. 이러한 면에서 홉스 철학의 장점은 실로 대단하다. 그런데 그에게는 일급 철학자의 지위에 오르기 힘든 심각한 결점이 있었다. 그는 난해하거나 미묘한 문제를 다루게 되면 참을성이 부족해서 고르디우스의 매듭[31]을 끊는 방식으로 과격하게 해결하려는 성향을 보였다. 문제 해결 방식은 논리적이었지만, 다루기 곤란한 사실을 여럿 생략해서 불완전했다. 그는 원기 왕성하지만 세련된 기교가 부족한 학자로서 예리한 쌍날칼이 아니라 무딘 전투용 도끼를 휘두른다. 그렇더라도 홉스의 국가론은 주의 깊게 고찰해 볼 만한데, 이전 어떤 이론보다 심지어 마키아벨리의 이론보다 훨씬 근대적이다.

홉스의 아버지는 정규 교육을 받지 못했고 성미가 까다로운 교구 성직자였는데, 교회 문앞에서 이웃 교구 사제와 다툰 뒤 사제직을 잃었다. 이후 홉스는 숙부의 집으로 가서 고전에 대한 좋은 지식을 습득했고, 열네 살에 에우리피데스의 『메데이아』를 단장격의 라틴어로 번역했다(나중에 그는 고대의 시와 연설문의 인용을 자제하는데, 이는 고대 작품을 잘 몰라서가 아니라고 자랑스럽게 주장했다). 열다섯 살 때 옥스퍼드대학교에 들어가 스콜라 철학의 논리학과 아리스토텔레스의 철학을 배웠지만, 이후 삶에 근거 없는 걱정거리만 만들었다. 그는 대학교에 다니던 몇 해 동안 아무것도 배우지 못했다고 주장하면서, 자신의 저술을 통해 모든 대학 교육에 대해 끊임없이 비판했다. 스물두 살이 되던 1610년, 홉스는 하드윅 경(후에 데번셔 2대 백작)의 가정교사가 되어 그와 함께 일생을 좌우할 중요한 여행을 했다. 그에게 깊은 영향을 준 갈릴레오와 케플러의 연구에 관해 조금씩 알아 가던 시기였다. 하드윅 경은 1628년 세상을 떠날 때까지 홉스의 제자이자 후원자로서 그를 아주 많이 도와주었다. 홉스는 하드윅 경을 통해 벤 존슨, 베이컨, 허버트 경을 비롯한 중요한 인물을 많이 만났다. 데번셔 백작이 어린 아들을 남기고 세상을 떠나자, 홉스는 한동안 파리에서 살며 에우클레이데스(유클리드) 기하학을 공부한 다음, 데번셔 경의 아들을 가르치는 가정교사로 일했다. 홉

31 * 알렉산드로스 대왕이 원정길에 프리지아의 국왕 고르디우스의 전차에 묶인 매듭을 칼로 끊었다는 데서 유래한 말이다.

스는 그와 함께 이탈리아로 긴 여행을 떠나 1636년에 갈릴레오를 방문했으며, 1637년 영국으로 돌아왔다.

홉스는 왕정을 극단적으로 옹호한 『리바이어던』에서 피력한 정치적 견해를 오랫동안 주장했다. 1628년에 영국 의회가 권리 청원을 상정했을 무렵, 그는 민주주의의 악폐를 보여 주려 투키디데스의 책을 번역해 출판했다. 이후 1640년에 장기 의회가 열리면서 로드와 스트래퍼드가 런던탑에 갇히자, 홉스는 공포에 질려 프랑스로 도피했다. 1641년에 저술한 『시민론*De Cive*』은 1647년까지 출간되지 않았는데, 핵심 이론은 『리바이어던*Leviathan*』과 동일했다. 홉스의 정치적 견해를 자극한 원인은 실제 내란이 아니라 내란이 일어날지도 모른다는 전망이었다. 하지만 공포심이 증폭되면서 자연히 신념도 더 확고해졌다.

홉스는 파리에서 유력한 수학자와 과학자들의 환영을 받았다. 그는 데카르트의 『성찰』을 출판되기 전에 읽어 보고 반론을 적어 보낸 인물 가운데 한 사람이고, 데카르트는 홉스의 반론에 답변을 달아 출판한 적도 있었다. 그는 곧장 자신과 뜻이 맞는 영국 왕당파 망명자들로 구성된 대규모 단체를 결성했다. 1646년부터 1648년까지 미래의 찰스 2세에게 수학을 가르치기도 했다. 하지만 1651년에 『리바이어던』을 출간했을 때, 좋아한 사람은 아무도 없었다. 책에 담긴 합리주의적 성향은 망명자들의 감정을 상하게 했고, 가톨릭교회에 대한 신랄한 공격은 프랑스 정부 관리들의 마음을 불편하게 했다. 그러자 홉스는 비밀리에 런던으로 피신하여 크롬웰 치하에서 정치 활동은 일절 하지 않으며 지냈다.

하지만 홉스는 긴 생애 동안 당시에나 다른 시기에나 게으른 학자가 아니었다. 그는 추기경 브램홀과 자유의지에 관한 논쟁을 벌였고, 엄격한 결정론자의 입장을 고수했다. 기하학자로서 능력을 과신한 나머지 원을 정사각형으로 만드는 방법을 찾았다고 상상하기에 이르러 어리석게도 옥스퍼드

대학의 기하학 교수 월리스와 논쟁에 뛰어들었다. 당연히 월리스 교수는 홉스를 바보로 만드는 데 성공했다.

왕정복고 시대에 왕의 측근이 홉스를 환영하지 않았으나 왕은 홉스를 총애하여 벽에 그의 초상화를 걸어 두었을 뿐만 아니라 해마다 연금을 100파운드 하사한다고 약속했다. 그런데 국왕은 연금 지급하는 일을 잊어 버렸다. 대법관 클래런던 경은 무신론자로 의심받는 홉스에게 쏠린 국왕의 총애에 비위가 상했으며, 의회도 같은 반응을 보였다. 흑사병과 대화재 이후 민중 사이에 미신적 공포가 만연하자, 하원은 위원회를 만들어 특히 홉스의 저술을 거론하면서 무신론 서적을 조사하라고 명령했다. 이 시기부터 내내 그는 논쟁을 불러일으킬 만한 주제가 담긴 글을 영국에서 출판하지 못했다. 『비히모스*Behemoth*』라는 장기 의회에 대한 역사서에서 가장 정통에 가까운 학설을 제안했지만, 그것마저 국외에서 출판해야 했다(1668). 홉스의 저작 선집도 1668년 암스테르담에서 출간되었다. 노년기로 접어들면서 그의 명성은 영국보다는 국외에서 더 높았다. 여가 시간을 즐기면서 84세에 라틴어 운문으로 자서전을 썼으며, 87세에는 호메로스의 책을 번역해 출판했다. 84세 이후 눈에 띄는 저술은 발견되지 않는다.

이제 홉스의 명성을 드높인 『리바이어던』에 담긴 학설을 고찰해 보자. 홉스는 책의 첫머리에서 자신의 철저한 유물론을 선포한다. 그가 말하듯 생명은 지체肢體의 운동과 다르지 않기 때문에 자동인형도 인공 생명을 갖는다. 리바이어던이라고 부른 국가는 예술의 창조물로 사실상 인공 인간이다. 이는 유비類比, analogy 이상의 의도를 담은 주장으로 상세한 고찰을 통해 다듬어진다. 통치권은 인공 영혼이다. '리바이어던'이 창조되는 협정과 계약은 "인간을 만들자"라고 말했던 신의 명령을 대신한다.

제1부는 인간을 개인으로 다루며 홉스가 필요하다고 생각한 일반적 철학에 대해 논의한다. 감각은 물체의 압력으로 발생하므로 빛깔이나 소리 따위

는 물체 속에 있지 않다. 우리의 감각에 상응하는 물체의 성질은 운동하는 특징을 나타낸다. 운동의 제1법칙이 진술되고 곧바로 심리학에 적용되는데, 상상력은 쇠퇴하는 감각이며 상상력과 감각은 둘 다 운동한다. 잠들었을 때 일어나는 상상이 꿈이며, 이교도의 종교는 깨어 있는 삶과 꿈을 구별하지 못하여 발생했다(성급한 독자는 동일한 논증을 그리스도교에 적용하기도 하지만, 그러기에는 홉스의 경계심이 너무 강했다).[32] 꿈이 예언하는 힘을 가진다는 믿음은 망상이며, 마력과 유령에 대한 믿음도 망상일 따름이다.

우리 마음속 사유 작용은 임의적으로 진행되지 않고, 때로는 연상 법칙의 지배를 받으며, 때로는 생각의 결과인 목적에 의존한 법칙의 지배를 받는다(이는 결정론을 심리학에 적용했다는 중요한 의미를 갖는다).

예측한 대로 홉스는 철두철미한 유명론자다. 보편자는 없고 이름만 있을 뿐이며, 낱말 없이는 일반적 관념도 생각해 내지 못한다. 언어 없이 진리도 허위도 없는데, '참'과 '거짓'은 언어를 매개로 일어나는 행동의 속성이기 때문이다.

그는 기하학을 이제까지 창조된 유일한 진짜 학문이라고 생각했다. 추리reasoning는 계산과 본성이 같으며 정의定義에서 시작해야 한다. 그러나 정의할 때 자기 모순적 개념을 반드시 피해야 하지만, 이것을 철학에서 흔히 피하지 못한다. 예컨대 '형체 없는 영적 실체'라는 말은 무의미하다. 홉스는 신이 형체 없는 실체라는 견해에 반대하기 위해 두 가지 답변을 제시했다. 첫째로 신은 철학의 대상이 아니다. 둘째로 여러 철학자들이 신은 형체를 지닌 존재라고 생각했다. 홉스는 **일반** 명제에 포함된 오류는 모두 불합리성(바로 자기 모순성)에서 비롯된다고 주장하면서, 불합리한 사례로 자유의지의

32 이 밖에도 그는 이교도의 신들은 인간적 두려움 탓에 창조되었지만, 우리의 신은 제1운동자라고 주장한다.

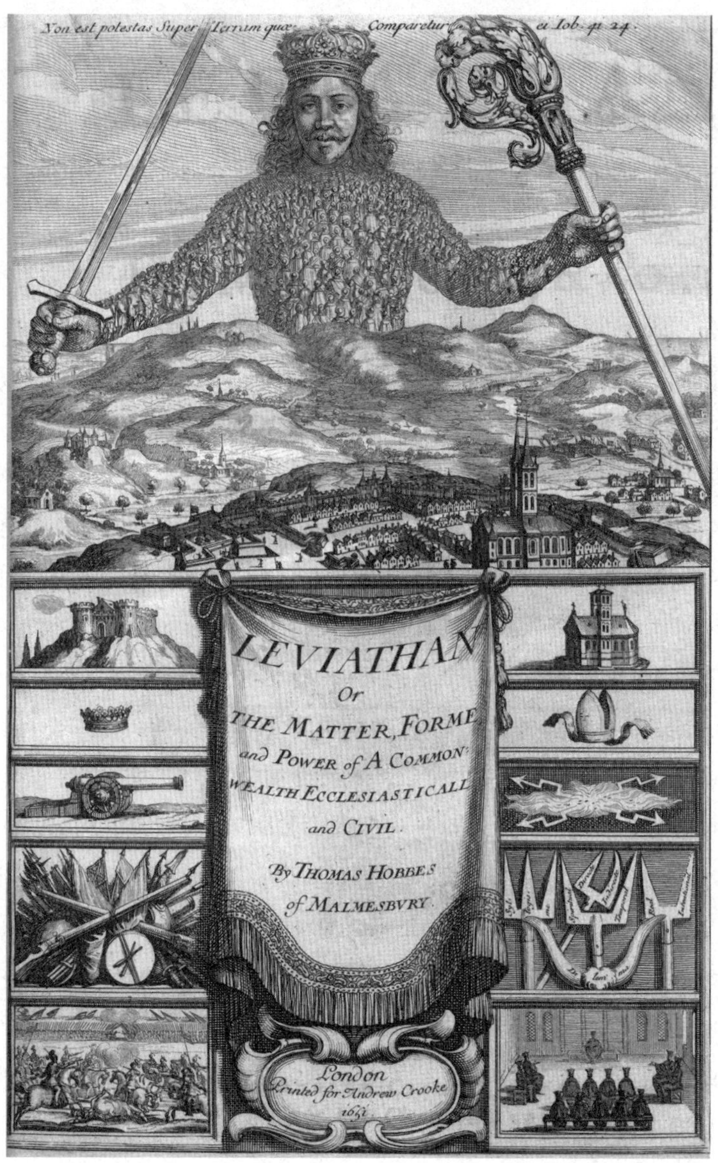

『리바이어던』 표제지, 토머스 홉스, 1651

관념과 빵의 우연적 성질을 갖는 치즈의 관념을 제시한다(우리는 가톨릭교 신앙에 따라 빵의 우연적 성질이 빵이 아닌 실체에 내재**할 수 있음**을 안다).

홉스는 구식 합리주의를 보여 주며 다음과 같이 주장한다. 케플러는 "행성들이 타원 궤도로 태양 주위를 돈다"라는 일반 명제에 도달하지만, 프톨레마이오스의 견해도 논리적으로는 불합리하지 않다. 결국 홉스는 케플러와 갈릴레오의 업적을 격찬하면서도, 그들이 일반 법칙을 세우는 과정에서 사용한 귀납법의 가치를 제대로 평가하지 못했다.

홉스는 플라톤의 철학에 반대하여, 이성은 타고난 능력이 아니며 근면과 경험으로 발전한다고 주장한다. 다음에 정념에 대한 고찰로 넘어간다. '노력'은 작은 운동의 시작으로, 어떤 대상에 다가가면 **욕구**이고 어떤 대상에서 멀어지면 **혐오**다. 사랑은 욕구와 같고 미움은 혐오와 같다. 우리는 어떤 대상이 욕구의 대상일 때 '좋다'고 하고, 혐오의 대상일 때 '나쁘다'고 한다(이러한 정의는 '좋다'와 '나쁘다'에 어떤 객관성도 부여하지 않기 때문에, 사람들 간에 욕구의 차이가 있어도 차이를 조정할 방법을 발견하는 일은 이론적으로 불가능하다). 대부분 경쟁적 인생관에 근거하여 다양한 정념을 정의하는데, 예컨대 웃음은 득의양양한 기운의 갑작스러운 표현이다. 눈에 보이지 않는 권능에 대한 두려움이 공개적으로 허용되면 종교이고, 그렇지 않으면 미신이다. 따라서 무엇이 종교이고 무엇이 미신인지는 입법자가 결정한다. 더할 나위 없는 행복felicity은 끊이지 않는 진보를 포함하며, 번창했다는 것이 아니라 번창하고 있다는 데 있다. 당연히 우리의 이해 범위를 뛰어넘는 천국의 기쁨을 예외로 치면, 고요하고 정지된 행복은 없다는 것이다.

의지will는 숙고에 남은 지속적 기호나 혐오에 지나지 않는다. 말하자면 의지는 욕구나 혐오와 별개로 생기지 않고, 갈등을 빚을 때 가장 강하게 나타난 욕구나 혐오일 뿐이다. 이것은 분명히 자유의지를 부정한 홉스의 입장과 관계가 있다.

홉스는 전제정부despotic government를 옹호한 대부분의 사람들과 달리 만인은 자연적으로 평등하다고 주장한다. 정부가 출현하기 전 자연 상태에서 모든 인간은 자신의 자유를 보존하려는 욕구와 타인에 대해 지배력을 확보하려는 욕구를 갖는데, 이러한 욕구는 자기보존의 명령에 따른다. 다양한 욕구가 갈등을 빚어 만인에 대한 만인의 전쟁이 일어나고, 이것이 삶을 '불결하고 야비하며 짧게' 만든다. 자연 상태에는 재산도 없고 정의나 부정의도 없다. 전쟁만이 있을 뿐이고, "전쟁 상태에서 무력과 기만은 두 가지 기본 덕이다."

제2부는 사람들이 각자 중앙 정부의 권위에 복종하도록 공동체를 이룸으로써 자연 상태의 악에서 벗어날 방법에 대해 말한다. 이것은 사회계약을 맺음으로써 일어난 것으로 묘사한다. 많은 사람이 함께 모여 권력을 행사함으로써 만인 대 만인의 전쟁을 종식시켜 줄 군주나 주권 체제를 선택한다고 가정한다. 나는 '계약(홉스가 흔히 말한 용어)'이 특정 시기에 일어난 역사적 사건이라고 생각하지 않는다. 계약은 그렇게 생각되는 논증과 확실히 무관하다. 그것은 일종의 신화로 인간이 왜 복종하고 복종해야 하는지, 권위에 복종할 때 반드시 뒤따르는 개인의 자유 제한에 대해 설명한다. 사람들이 스스로 자신을 구속한 목적은 우리 자신을 위한 자유와 타인에 대한 지배권을 누리려는 갈망에서 비롯된 보편적 전쟁 상태에서 벗어나 자기를 보존하는 것이다.

홉스는 인간이 왜 개미와 벌처럼 협동할 수 없느냐는 문제도 고찰한다. 홉스에 따르면 같은 벌집에 사는 벌들은 서로 경쟁하지 않는다. 벌들은 명예를 추구하지도 이성을 사용해 정부를 비판하지도 않는다. 벌들의 동의agreement는 자연에 따르지만, 인간의 동의는 계약으로 성립된 인위적 산물이다. 계약은 한 사람이나 한 단체에 권력을 주어야 하는데, 그러지 않으면 계약의 효력이 강화되지 않기 때문이다. "검의 힘이 동반되지 않는 계약이란 공허한 말에 지나지 않는다." 〔불행하게도 윌슨 대통령Thomas Woodrow Willson(1856~1924)[33]은 이 사실을 망각했다.〕 나중에 로크와 루소에서 나타나는 것과 달리 홉스의 계약은 시민이 지배 권력과 맺은 것이 아니라 시민들이 스스로 다수가 선택한 지배 권력에 복종하기 위해 맺은 것이다. 시민들의 선택과 함께 시민의 정치적 힘도 사라진다. 소수도 다수와 마찬가지로 계약의 구속을 받는데, 계약은 다수가 선택한 정부에 복종하려고 맺었기 때문이다. 시민들은 정부를 선택함으로써 정부가 편의상 승인한 권리 말고 모든 권리를 상실한다. 반란을 일으킬 권리도 없는 까닭은 지배자가 어떤 계약이든 구속받지 않는 반면에 피지배자인 국민은 계약의 구속을 받기 때문이다.

그렇게 결합된 군중이 정치 공동체commonwealth라고 불린다. 이러한 '리바이어던'은 이 세상의 인간 신이다.

홉스는 군주제를 선호하지만, 그의 논증은 다른 집단이 소유한 법적 권리에 제한받지 않는 최고 권력자가 꼭대기에 위치한 모든 정치 체제에 동등하게 적용된다. 그는 의회의 존재를 인정하지만 정부 권력을 왕과 의회가 나누어 갖는 정치 체제는 인정하지 않는다. 이 점에서 로크나 몽테스키외의 견해와 정반대다. 홉스는 영국의 내란이 왕과 상·하원 의회가 권력을 나누어 가졌기 때문에 일어났다고 주장한다.

한 사람에게 부여되든 한 단체에 부여되든 최고 권력을 군주라고 부른다. 홉스의 체계 안에서 군주의 권력은 제한이 없어서 군주가 모든 의견 표현에 대한 검열권도 갖는다. 군주의 주된 관심은 영원한 평화의 보존이며, 평화에 반하는 견해가 옳다고 보기 어려우므로, 군주가 진리를 억압할 정도의

33 * 미국의 28대 대통령을 지낸 정치가이자 학자다. 힘의 원리에 대립되는 도덕주의와 이상주의에 입각해 민족자결주의를 제창했다.

검열 권한을 사용하지 않으리라고 추정한다(이는 기묘한 실용적 견해다!). 재산과 관련된 법률은 모두 군주의 승인을 받아야 한다. 왜냐하면 자연 상태에서 재산은 없으며, 재산은 정치 체제의 산물이므로 정부가 하고 싶은 대로 처리해도 되기 때문이다.

군주는 전제정치를 할 수도 있지만 가장 나쁜 전제정치도 무정부 상태보다 낫다고 홉스는 주장한다. 더욱이 많은 점에서 군주의 이익은 피지배자의 이익과 동일하다. 피지배자인 국민이 부유해지면 군주도 부유해지고, 국민이 법을 잘 지키면 군주도 안전을 잘 유지할 수 있다. 반란은 흔히 실패로 끝나며, 성공하더라도 나쁜 선례를 만들어 다른 사람에게 모반을 가르치기 때문에 잘못이다. 참주정치와 군주정치를 구별한 아리스토텔레스의 견해는 거부한다. 홉스에 따르면 '참주정치'는 아리스토텔레스가 우연히 혐오한 군주정치일 따름이다.

군주가 지배하는 정부는 의회 같은 단체가 지배하는 정부보다 다양한 이유로 선호된다. 군주는 흔히 사익과 공익이 갈등을 빚을 때 사익을 좇는데, 의회도 그렇게 할 것이다. 군주에게 총애하는 사람들이 있을지도 모르지만, 의회의 의원 각자에게도 총애하는 사람들이 있을 것이다. 그러므로 총애하는 사람의 전체 수효는 군주제에서 더 적을 법하다. 군주는 모든 사람에게 은밀하게 조언을 들을 수 있지만 의회는 의회 자체에서, 오직 의원들에게 공개적으로 조언을 들을 수 있다. 의회 안에서 일부 의원이 결석하면 반대당이 다수당이 되므로, 정책의 변화를 초래할 수도 있다. 더욱이 의회가 분열된다면 내란이 일어날지도 모른다. 이러한 모든 이유를 들어 홉스는 군주제가 최선의 정치 체제라 결론지었다.

홉스는 『리바이어던』의 처음부터 끝까지 의회의 의원들이 사익을 위해 공익을 희생하는 경향에 재갈을 물릴 수 있는 주기적 선거의 효과를 전혀 고려하지 않았다. 사실 그는 민주적으로 선출된 의회가 아니라, 베네치아의 대의회나 영국의 상원을 생각하고 있었던 듯하다. 또한 민주주의를 시민들이 입법과 행정 분야에 직접 참여하는 고대 그리스의 정치 체제로 생각한다. 적어도 이것이 홉스의 견해인 듯하다.

홉스가 제안한 체제 안에서 국민의 역할은 최초에 군주를 선출함과 동시에 완전히 끝난다. 왕위 계승은 폭동의 개입이 없었던 시기 로마 제국의 관례에 따라 군주가 결정한다. 군주는 흔히 자식 가운데 하나, 혹은 자식이 없다면 가까운 친척을 선택하지만, 다른 방식으로 후계자를 선택해도 막을 방법은 없다.

국민의 자유를 다룬 장은 감탄할 정도로 정확한 정의로 시작한다. 자유는 운동을 방해하는 외적 요인이 없는 상태다. 이러한 의미의 자유는 필연성과 모순을 일으키지 않는다. 예컨대 물은 운동을 방해하는 요인이 없을 때, 그러니까 바로 자유의 정의에 따라 자유로울 때 **필연적으로** 언덕 아래로 흐른다. 인간은 자신의 의지를 자유롭게 발휘하지만 신의 의지에 복종해야 한다. 우리의 모든 의욕은 원인을 가지며 이러한 의미에서 필연적이다. 국민의 자유에 관해 말하면 국민은 법률에 저촉되지 않는 한 자유롭다. 이것은 군주의 주권을 제한하지 않는데, 군주가 달리 정했다면 법률에 저촉되었을 수도 있기 때문이다. 군주가 자진하여 동의한 법률을 제외하면, 국민에게 군주와 맞설 권리는 없다. 다윗이 우리야Uriah[34]를 죽게 했을 때, 우리야는 다윗의 지배를 받는 국민이었기 때문에 아무 상해도 입히지 않은 셈이다. 하지만 다윗은 결국 신을 해친 것이다. 자신이 신의 종이면서 신의 법에 복종하지 않았기 때문이다.

홉스에 따르면 고대 저술가들은 자유를 찬미하면서 사람들이 소요와 폭

34 * 구약성경에 나오는 다윗 왕의 부인이자 솔로몬 왕의 어머니인 밧세바의 전 남편이다. 밧세바와 정을 통한 다윗이 우리야를 위험한 전투에 내보내 죽게 만들었다.

동을 좋아하도록 이끌었다. 그는 고대 저술가들이 찬미한 자유란 주권 국가의 자유, 바로 외세의 지배를 받지 않는 상황에서 누린 자유였다고 주장한다. 홉스는 주권 국가의 내부 저항이 정당해 보일 때도 비난했다. 예컨대 그는 성 암브로시우스에게 테살로니카의 대학살 이후 테오도시우스 황제를 파문할 권리가 없었다고 주장한다. 자카리아스 교황은 피핀을 지지하기 위해 메로빙거 왕조의 마지막 왕을 폐위하는 일에 가담했기 때문에 맹렬히 비난한다.

하지만 홉스는 군주에게 복종할 의무에 한 가지 제한을 두었다. 그는 자기보존의 권리를 절대적 권리로 간주하며, 국민은 군주에게 반대하더라도 자기 방어권을 가진다. 논리적으로 이러한 결론이 도출된 까닭은 자기보존이 정부를 세운 동기라고 보았기 때문이다. 제한적이지만 이를 근거로, 개인은 전쟁터에 나가 싸우라는 정부의 요구를 거절할 권리도 있다고 주장한다. 이것은 근대 정부도 승인하지 않은 권리다. 홉스가 내놓은 이기주의 윤리의 기묘한 결과는 군주에 대한 저항이 자기 방어를 위해서만 정당할 뿐 다른 사람을 방어하기 위한 저항은 언제나 비난받아 마땅하다는 점이다.

논리적으로 도출된 예외 주장이 하나 더 있는데, 개인은 자신을 보호해 줄 만한 권력을 잃은 군주에게 복종할 의무가 없다는 결론이다. 이것은 찰스 2세가 망명 생활을 하는 동안 홉스가 크롬웰에게 복종한 행동을 정당화하는 셈이다.

물론 정당이나 오늘날의 노동조합 같은 단체가 존재해서도 안 된다. 모든 교사는 군주의 대리인으로서 군주가 유용하다고 생각한 지식만 가르쳐야 한다. 재산권은 국민이 서로 맞서 주장할 뿐이고 군주에게 맞서 주장해서는 안 된다. 군주는 외국과 거래하는 무역을 규제할 권리도 가지며, 시민법civil law에 복종하지 않아도 된다. 군주의 처벌할 권리는 정의 개념에서 생겨나는 것이 아니다. 그러한 권리는 어떤 사람이 다른 사람을 해친다는 이유로 비난받지 않아도 되던 자연 상태에서 모든 사람이 지녔던 자유를 군주가 계속 누리기 때문에 생긴다.

정치 공동체의 붕괴를 초래하는 여러 가지 이유(외세의 점령이 아닌)를 제시한 흥미로운 목록이 있다. 군주에게 부여된 지나치게 작은 권력, 국민의 사적 판단 허용, 양심에 반하는 모든 일이 죄라는 이론, 영감에 의존한 믿음, 군주가 국법의 지배를 받는다는 학설, 무조건적 사유 재산 인정, 군주 권력의 분할, 그리스와 로마의 모방, 세속의 권력과 영적 교회 권력의 분리, 군주가 세금을 부과할 힘에 대한 거부, 세력을 형성한 국민의 증가, 군주와 더불어 국사를 논할 자유이다. 이러한 모든 이유에 해당되는 실례는 당시 영국과 프랑스의 근대 역사 속에 아주 많았다.

홉스는 국민이 군주의 권리를 수긍하도록 가르치는 일이 그다지 어렵지 않다고 생각한다. 국민은 그리스도교와 심지어 이성적으로 납득하기 힘든 실체변화설까지 믿도록 가르침을 받지 않았는가? 복종의 의무가 무엇인지 배우려면 따로 정한 시기가 필요하며, 국민 교육은 대학의 올바른 가르침에 달렸다. 그러므로 대학의 교육 과정을 주의 깊게 관리하고 감독해야 한다. 예배는 일률적이어야 하며 종교 관련 규정은 군주가 정한다.

제2부는 어떤 군주가 홉스 자신의 책을 읽고 스스로 절대 군주가 되기를 바란다는 희망을 표현하면서 끝맺는데, 왕이 철학자가 되기를 바란 플라톤의 희망보다 공상에 덜 빠진 바람이다. 군주라면 『리바이어던』이 쉽게 읽히며 매우 흥미로운 내용을 담았다는 점을 납득할 터다.

제3부 「그리스도교 정치 공동체에 대하여」에서 교회는 시민 국가에 의존해야 하기 때문에 보편 교회는 성립하기 어렵다고 주장한다. 나라마다 왕이 교회의 수장이 되어야 하며 교황의 전권과 무오류성은 인정할 수 없다. 예상대로 비非그리스도교 주권국에 속한 국민이 그리스도교도라면 국외 이주를 인정해야 한다고 주장하면서 왜 나아만Naaman[35]이 림몬Rimmon[36]에게 고개를

숙이며 신념에 어긋난 일로 고통을 당해야 하느냐고 반문한다.

제4부 「암흑의 왕국에 대하여」에서는 로마교회를 비판한 내용을 주로 다루는데, 홉스는 영적 권위를 세속 권력 위에 두었다는 이유로 로마교회를 증오했다. 나머지 부분에서는 '헛된 철학'에 공격의 칼날을 세우는데, 흔히 아리스토텔레스의 철학을 가리킨다.

이제 『리바이어던』에 대해 생각할 내용을 정리해 보자. 책에는 장단점이 너무 복잡하게 뒤섞여 있어서 정리하기 쉽지 않다.

정치학 분야에는 두 가지 다른 문제가 있는데, 하나는 최선의 국가 형태에 관한 문제이고 다른 하나는 국가 권력에 관한 문제다. 홉스에 따르면 최선의 국가 형태는 군주제이고, 이것이 홉스의 사회 이론에서 중요한 부분은 아니다. 국가의 **권력**이 절대적이어야 한다는 견해가 중요하다. 이 학설과 비슷한 학설은 르네상스기와 종교개혁기에 서유럽에 등장해 발전했다. 우선 봉건 귀족 계급은 루이 11세와 에드워드 4세, 페르난도와 이사벨, 그들의 후계자들에게 위협을 받았다. 당시 개신교 국가에서 종교개혁은 세속 정부가 교회보다 우월한 권력을 가질 기회를 제공했다. 헨리 8세는 이전에 어떤 영국의 왕도 누리지 못한 권력을 휘둘렀다. 그러나 종교개혁이 처음에 역효과를 낸 프랑스에서는 왕이 기즈 가문과 위그노교도 사이에서 거의 힘을 쓰지 못했다. 앙리 4세와 리슐리외는 홉스가 『리바이어던』을 저술하기 얼마 전 절대 군주제의 기초를 세웠으며, 절대 군주제는 프랑스 혁명 시기가 올 때까지 지속되었다. 스페인에서는 카를 5세가 코르테스보다 우월한 지위를 차지했고, 펠리페 2세는 교회와 관련된 경우를 제외하면 절대 권력을 행사했다. 그렇지만 영국의 청교도는 로마 교황청의 권위에서 독립하려던 헨리

35 * 나아만은 아람 왕 군대의 장수로, 하느님의 사람 엘리사의 도움으로 나병을 고치고 야훼를 섬기게 된 시리아 사람이다. 구약성서, 열왕기 하, 5장 18절.

36 * 림몬은 아람 왕이 숭배하던 신.

8세의 과업을 완수하지 못한 채, 홉스에게 무정부 상태가 통치권에 저항하도록 유도한다는 생각을 심어 주었다.

어느 공동체나 두 가지 위험, 바로 무정부 상태와 전제정치의 위험에 직면한다. 특히 청교도 가운데 독립교회파는 전제정치의 위험을 무엇보다 두려워했다. 반대로 서로 비난하는 광신자들의 갈등을 경험한 홉스는 무정부 상태를 몹시 두려워했다. 왕정복고 후 등장해 1688년 이후 지배권을 장악한 자유주의 철학자들은 무정부 상태와 전제정치라는 두 가지 위험을 모두 경계하며, 스트래퍼드와 재침례교파를 둘 다 혐오했다. 그래서 로크는 권력 분립 이론과 견제와 균형 이론을 확립했다. 영국은 국왕이 영향력을 행사하는 한에서 권력의 현실적 분할이 있었다. 당시에 의회가 최고 권위였고, 마지막으로 내각이 있었다. 미국은 의회와 대법원이 행정부에 저항할 권한을 가진 한에서 여전히 견제와 균형의 원리가 지배했다. 독일과 이탈리아, 러시아, 일본 등의 정부는 홉스가 바람직하게 생각한 수준보다 권력을 더 많이 행사했다. 이로써 국가 권력의 측면에서 보자면, 긴 자유주의 시대를 거친 다음에 세계는 전반적으로 홉스가 소망한 대로 흘러갔다. 자유주의가 지배하던 시기에 정세는 적어도 겉보기에 반대 방향으로 움직이는 듯했다. 오늘날 전쟁이 세계를 휩쓸었는데도 국가의 기능은 계속 커지는 반면 국가에 저항하기는 점점 어려워지는 듯하다.

홉스가 국가를 지지하려고 제시한 이유, 다시 말해 국가가 무정부 상태에서 벗어날 유일한 대안이라는 것은 대체로 타당하다. 하지만 1789년 프랑스 혁명기와 1917년 러시아 혁명기에서 나타났듯, 악정을 일삼는 부패한 국가의 존속보다 차라리 잠정적 무정부 상태가 더 나은 경우도 있다. 더욱이 모든 정부가 전제정치로 흘러가는 경향은 정부가 반란에 대한 공포심을 갖지 않는다면 견제될 수 없다. 국민이 보편적으로 홉스가 말한 복종적 태도를 채택하면 정부는 현재 수준보다 더 나빠질 터다. 정치 영역에서 권력자는 가능하다면 정부를 제거할 수 없는 제도로 만들려고 애쓸 것이다. 경제 분야에서도 권력자는 자신과 측근의 부를 축적하려고 국민을 희생시킬 터다. 지적 영역에서도 자신의 권력을 위협하는 듯 보이면 새로운 발견이나 새로운 학설을 전부 억압할 것이다. 이러한 근거가 무정부 상태의 위험뿐만 아니라, 정부가 전권을 행사할 때 발생할 부정의와 경직화 등의 위험을 신중하게 고려해야 하는 이유다.

홉스의 장점은 이전 정치 이론가들과 대조할 때 아주 분명하게 드러난다. 홉스는 미신적 요소에서 완전히 자유로워서 타락한 시기에 아담과 이브에게 일어난 일에 대해 왈가왈부하지 않는다. 그는 명료하고 논리적인 철학자다. 그의 윤리학은 옳든 그르든 완벽하게 이해되며, 진의가 분명치 않은 모호한 개념을 사용하지 않는다. 훨씬 편협한 마키아벨리를 제외하면, 홉스는 근대 정치 이론을 세운 명실상부한 첫 번째 저술가다. 홉스가 틀린 주장을 했다면 지나친 단순화 탓이지, 사유의 기초가 비현실적이고 공상에 빠진 탓은 아니다. 이러한 이유로 홉스는 여전히 논박할 가치가 있다.

홉스의 형이상학이나 윤리학에 대한 비판은 접어 두더라도, 정치 이론에 반대할 수밖에 없는 두 가지 논점이 있다. 첫째 논점은 언제나 국가 전체의 이익을 고려할 때 모든 시민의 중요한 이해관계는 같다고 암묵적으로 가정한다는 것이다. 홉스는 계급과 계급의 충돌이 중요한 역할을 한다는 사실을 깨닫지 못하는데, 나중에 마르크스는 계급과 계급의 충돌이 사회 변화의 주요 원인이라고 주장한다. 이것은 군주의 이익은 대체로 국민의 이익과 동일하다는 가정과 연결된다. 전쟁이 일어났을 때 이해관계가 통합되며, 특히 전쟁이 격렬할 때 더욱 그렇다. 그러나 평화로운 때에 계급과 계급이 빚는 이해관계의 충돌이 더 커질 수도 있다. 이러한 상황에서 무정부 상태를 피하는 최선의 방법으로 군주에게 절대 권력을 부여하라는 견해는 아무리 생각해도 언제나 옳은 것만은 아니다. 오히려 권력을 분할하는 방식으로 양보하면 내란이 일어나지 않을 수도 있다. 홉스는 이러한 교훈을 근대 영국의 역사에서 분명히 배웠어야 했다.

홉스의 학설이 지나치게 제한된 견해로 보이는 다른 논점은 국가와 국가가 맺는 관계와 연결된다. 『리바이어던』에서 이따금 중간 휴식기를 갖는 전쟁과 정복의 반복을 제외하면 국제 관계에 대해 한마디도 언급하지 않는다. 이러한 결론이 그의 원칙에 따라 국제 정부의 부재에서 귀결되는 까닭은, 국가들의 관계가 여전히 만인 대 만인의 전쟁 상태인 자연 상태에 놓여 있기 때문이다. 국제 관계가 무정부 상태에 있는 한, 개별 국가 내부의 효율성 증대는 전쟁에 의한 파괴와 만행을 증가시키기 때문에 인류에게 결코 이득이 되지 않을 터다. 정부의 존재를 지지하려고 홉스가 제시한 모든 논증은 조금이라도 타당하다면, 국제 정부를 지지할 경우에도 타당하다. 민족 국가들이 존속하고 서로 전쟁을 벌이는 한, 개별 국가가 비효율적으로 운영되어야 인류는 보존될 법하다. 전쟁을 막기 위한 수단을 강구하지 않은 채 개별 국가들의 전쟁 수행 능력만 향상된다면, 모든 국가의 파멸은 불을 보듯 명백한 일이다.

9.
데카르트

르네 데카르트René Descartes(1596~1650)는 흔히 근대 철학의 창시자로 알려졌는데, 내 생각에도 옳은 평가다. 데카르트는 높은 수준의 철학적 능력을 갖춘 근대 최초의 인물로 새로 등장한 물리학과 천문학의 영향을 아주 많이 받았다. 스콜라 철학의 잔재가 어느 정도 보이지만, 데카르트는 선배 철학자들이 닦아 놓은 기초를 그대로 수용하지 않고 완결된 철학 체계를 **새롭게** 구축하려고 노력했다. 새로운 철학 체계 구축은 아리스토텔레스 이후 일어난 적이 없던 일이고 과학의 진보로 생겨난 새로운 자기 확신의 표시다. 데카르트의 철학 저술에는 플라톤 이후 저명한 철학자들에게 찾아보기 힘든 참신한 면이 드러난다. 중간에 등장한 철학자는 모두 전문직에 필요한 능력을 갖춘 우수한 교사였다. 데카르트는 교사가 아니라 찾아낸 진리를 전달하려는 열망을 품은 발견자이자 지적 탐험가로서 글을 썼다. 그의 문체는 쉬우면서 현학자의 티가 나지 않아서, 학생보다 오히려 세계의 지성인에게 말을 건다. 더욱이 문체가 유난히 탁월하다. 근대 철학의 선구자가 격찬을 받아 마땅한 문학적 감각을 소유했으니 대단한 행운이다. 유럽 대륙이나 영국에서 데카르트의 뒤를 이은 후계자들은 칸트에 이르기까지 데카르트의 비非직업적 성격을 이어받고, 몇 사람은 데카르트의 문체에 나타난 장점도 일부 지니고 있다.

데카르트의 아버지는 브르타뉴[37] 의회의 의원으로 적당한 액수의 부동산을 소유하고 있었다. 아버지가 세상을 떠나고, 유산을 상속받은 데카르트는 부동산을 매각하여 번 돈을 투자하여 매년 6~7천 프랑 정도 수입을 얻었다. 그는 1604년부터 1612년까지 라 플레슈의 예수회대학에서 교육을 받았는데, 당시 대부분의 대학보다 수준 높은 근대 수학을 배운 듯하다. 1612년에는 파리로 갔다. 데카르트는 파리에서 사회생활의 번거로움과 지루함을 절실히 느꼈고, 포부르생제르맹의 한적한 휴양지에 은거하며 기하학을 연구했다. 그런데 친구들이 그곳을 알게 되자 더 조용히 지내려고 네덜란드 군대에 입대했다(1617). 네덜란드는 평화로운 시기를 맞았기 때문에, 데카르트는 2년 동안 아무 방해 없이 명상을 즐기며 살았던 듯하다. 그러나 30년 전쟁이 터지자 바이에른 군대로 병적을 옮겼다. 1619년에서 1620년 사이 겨울 동안 『방법서설*Discours de la méthode*』에서 묘사한 경험을 바이에른에서 했다. 그는 날씨가 몹시 추워 아침에 난로[38] 속으로 걸어 들어가 온종일 명상하며 거기에 머물렀다. 데카르트는 난로 밖으로 나올 때 철학의 절반은 완성되었다고 설명한다. 그런데 여기서 인용한 말을 글자 그대로 받아들일 필요는 없다. 소크라테스는 온종일 눈밭에서 명상하곤 했다지만, 데카르트의 정신은 오직 따스한 온기가 느껴져야 활동을 시작한 모양이다.

그는 1621년에 참전을 포기하고 이탈리아를 잠시 방문했다가 1625년에 파리에 정착했다. 그런데 잠자리에서 일어나기 전에(그는 정오 전에 일어난 적이 거의 없었다) 방문객이 자주 찾아오자, 1628년에 위그노 교도의 요새인 라 로셸을 포위 중이던 군대에 들어갔다. 이렇게 산발적 사건을 겪은 다음

---

37 * 프랑스 북서부의 반도.

38 데카르트는 난로poêle라고 말하는데, 대부분의 주석가들은 이는 불가능하다고 생각한다. 그러나 바이에른의 구식 집 구조를 아는 사람들은 그의 말이 믿을 만하다고 장담했다.

에 네덜란드에서 살기로 결정하는데, 아마 사상으로 인한 박해의 위험을 피하려 선택했을 공산이 크다. 데카르트는 소심하고 가톨릭 신앙이 몸에 밴 사람이었지만, 갈릴레오의 이단적 과학 이론에 동조했다. 어떤 이는 데카르트가 1616년에 일어난 갈릴레오의 첫 (비밀) 유죄 판결의 소문을 들었을 것이라고 추측한다. 그럴지도 모르지만, 어쨌든 계약하고 저술한 『우주론』이라는 제목이 붙은 중요한 책을 출판하지 않기로 결정했다. 이 책에 두 가지 이단적 학설, 바로 지구의 자전 운동과 우주의 무한성에 대한 주장이 들어 있다는 이유를 댔다(이 책은 전부 출간된 적이 없고 일부만 데카르트 사후에 출판되었다).

데카르트는 단기간 프랑스를 몇 번 방문하고 영국을 한 번 방문한 일을 제외하면, 20년 동안(1629~1649) 네덜란드에서 살았다. 17세기에 네덜란드가 사상의 자유를 인정한 나라로 중요하다는 점은 아무리 강조해도 지나치지 않다. 홉스는 저술한 책을 네덜란드에서 인쇄해야 했으며, 로크는 1688년 이전 영국에서 반동정치가 행해진 최악의 5년 동안 네덜란드에 피신해 있었다. 또한 벨Pierre Bayle(1647~1706)[39]도 자신이 네덜란드에서 살 수밖에 없다는 사실을 깨닫게 되었으며, 스피노자 역시 네덜란드가 아닌 다른 나라에서 연구 활동을 계속하기는 거의 불가능했을 터다.

데카르트가 소심한 사람이었다고 말했지만, 호의적으로 말하면 방해받지 않고 연구하기 위해 조용하고 평화롭게 살기를 소망했다. 그는 언제나 성직자, 특히 예수회 신부들의 비위를 맞추며 예의 바르게 대했는데, 그들의 세력권 안에서 살 때뿐만 아니라 네덜란드로 이민을 간 후에도 마찬가지였다. 그의 심정을 분명히 알 길은 없지만, 내가 생각하기에 그는 진지한 가톨릭교도로서 자신이나 교회의 이익을 위해, 교회가 근대 과학에 대해 갈릴

39 * 『역사와 비판 사전 *Dictionnaire historique et critique*』의 저자.

레오에게 보인 것 같은 적개심을 품지 않도록 설득하겠다는 소망을 품었다. 데카르트의 정통 신앙을 오로지 정치적 고려 탓으로 돌리는 사람들이 있는데, 그럴 가능성도 있지만 그럴듯한 견해라고 생각하지 않는다.

데카르트는 네덜란드에서도 로마교회가 아닌 편견에 사로잡힌 개신교도로부터 성가신 공격의 화살을 맞았다. 그의 견해가 무신론을 조장한다는 말이 떠돌았는데, 프랑스 대사와 오라녜 공이 개입하여 조정하지 않았다면 기소되었을지도 모른다. 개신교도의 공격이 실패한 후 몇 년이 지나고, 직접적 공격을 받지는 않았으나 레이덴대학교 당국이 데카르트를 비난하는 사건이 발생했다. 이 사건은 우호적이든 비우호적이든 데카르트에 대한 언급을 전면 금지하는 조처로 이어졌다. 다시 한 번 오라녜 공이 개입해 레이덴대학교 당국이 어리석은 짓을 하지 않도록 권고했다. 이 사건은 교회 권력이 국가 권력 아래에 있어 국제적으로 힘을 모으지 못했기 때문에, 교회의 힘이 상대적으로 약한 개신교 국가에서 얻은 이득을 보여 준 좋은 사례다.

불행의 그림자가 드리우면서, 데카르트는 스톡홀름의 프랑스 대사 샤뉘의 소개로 스웨덴의 크리스티나 여왕과 편지를 주고받게 되었다. 여왕은 열정적이면서 학식을 갖춘 여성으로, 자신은 군주이기 때문에 위대한 남성의 시간을 허비하게 할 권리라도 있는 듯 행동했다. 데카르트는 여왕에게 그때까지 다소 게을리 하던 주제인 사랑에 관한 논문을 한 편 보냈다. 영혼의 정념에 관한 저술도 보냈는데, 애초에 선제후 팔레틴의 딸인 엘리자베트 왕녀를 위해 쓴 작품이었다. 이를 계기로 여왕은 데카르트를 스웨덴 궁정으로 초청하고, 마침내 수락하자 군함을 파견해 그를 데려갔다(1649년 9월). 여왕은 매일 가르침을 받고자 했는데, 새벽 5시를 빼고 시간을 내기 어려웠다. 평소 습관에서 완전히 벗어나 이른 아침에, 그것도 스칸디나비아의 추위 속에 일어나는 일이 데카르트처럼 섬세하고 연약한 사람에게는 당연히 좋지 않았다. 설상가상으로 샤뉘 대사가 중병에 걸려 간병을 하게 되었다. 덕분에 대사는 건강을 회복했지만, 데카르트는 병에 걸려 1650년 2월에 애석하게도 세상을 떠나고 말았다.

데카르트는 한 번도 결혼한 적이 없지만, 사생아로 태어난 딸이 하나 있었다. 그는 딸이 다섯 살의 나이에 죽자, 자기 일생에서 가장 슬픈 일이었다고 회고했다. 그는 언제나 말쑥한 복장에 검을 찼다. 근면한 사람은 아니었으므로, 짧은 시간만 연구하고 책은 별로 읽지 않았다. 네덜란드로 떠날 때 가져간 얼마 되지 않은 책 가운데 성경과 토마스 아퀴나스의 책이 들어 있었다. 그의 연구는 짧은 기간에 꽤 집중적으로 진행되었던 듯하다. 그러나 신사 계급 출신의 비직업적 외양을 유지하려는 의도로 사실보다 덜 연구한 것처럼 꾸몄을지도 모른다. 그렇지 않고서야 어떻게 그토록 대단한 업적을 남겼는지 설명할 길이 없지 않은가.

데카르트는 철학자이자 수학자, 과학자이기도 했다. 철학과 수학 분야의 연구는 최고로 중요한 자리를 차지했다. 과학 분야에서 진행한 연구는 신뢰할 만하지만 당대에 활동한 몇몇 과학자들의 연구만큼 뛰어나지 않았다.

기하학 분야에서 이룬 위대한 업적은 최종적으로 완성된 체계와 다소 차이가 나지만 좌표 기하학을 발명해 낸 것이다. 그는 어떤 문제를 풀었다고 가정하고 가정의 논리적 귀결을 검토하는 해석 방법을 사용했다. 또 대수학을 기하학에 응용했다. 수학의 두 분과에는 선행 연구자들이 있는데, 대수학은 고대의 선행 연구자가 있었다. 데카르트가 연구한 수학의 독창성은 좌표를 사용한 점인데, 좌표란 평면 위에서 차지하는 점의 위치를 고정된 두 선에서 떨어진 거리에 따라 결정하는 표다. 데카르트 혼자서 이 방법의 효과를 전부 발견하지는 않았으나, 뒤이은 좌표 기하학의 진보가 더욱 쉬워지도록 하는 데 충분히 기여했다. 이러한 기여는 그가 수학에서 공헌한 유일한 분야는 아니지만 가장 중요하다.

데카르트의 과학 이론이 대부분 진술되어 있는 책은 1644년에 출간한

『철학원리*Principia Philosophiae*』이며 중요한 책이 몇 권 더 있다. 『방법서설』(1637)은 기하학과 광학 문제를 다루며, 『태아발생론*De la formation du foetus*』이라는 제목의 책도 썼다. 그는 하비의 혈액 순환의 발견을 환영했으며, 자신도 의학 분야에서 중요한 발견을 하고 싶다는 희망(결국 헛된 희망이 되었지만)을 항상 품고 살았다. 인간의 육체와 동물을 기계로 생각한 데카르트는 특히 동물은 전적으로 물리법칙의 지배를 받고, 느낌이나 의식이 결여된 자동기계로 간주했다. 인간은 동물과 달리 송과선松果腺 pineal gland에 영혼이 깃들어 있다. 영혼이 송과선에서 '생명혼vital spirits'과 접촉함으로써 영혼과 육체의 상호 작용이 일어난다. 우주 안에서 운동의 총량은 일정불변하므로 영혼도 운동량에 영향을 주지 못하지만, 영혼은 생명혼의 운동 **방향**을 바꾸어 간접적으로 육체의 다른 부분을 이리저리 움직일 수 있다.

데카르트 이론의 일부는 데카르트학파에 속한 네덜란드 출신의 제자인 횔링크스Arnold Geulincx(1624~1669)가 처음 포기하고, 뒤이어 말브랑슈Nicolas Malebranche(1638~1715)와 스피노자도 포기했다. 물리학자들이 발견한 운동량 보존 법칙에 따르면 세계 안에서 운동의 총량은 주어진 **방향**에서도 불변한다. 이것은 데카르트가 상상한 방식으로 정신이 물질에 작용하는 일이 불가능하다는 사실을 입증했다. 데카르트학파에서 아주 일반적으로 가정했듯 모든 물리 작용이 충돌의 자연력으로 일어난다고 가정하면, 역학 법칙만으로 물질의 운동을 충분히 결정하여 정신이 영향을 미칠 여지는 없어진다. 그런데 바로 여기서 어려운 문제가 생겨난다. 내 팔은 내가 움직이겠다는 의지를 가질 때 움직이는데, 내 의지는 정신 현상이고 내 팔의 운동은 물리 현상이다. 정신과 물질이 서로 작용하지 못한다면, 내 몸이 **마치** 내 마음이 조종**하는 것처럼** 어떻게 움직이겠는가? 이 물음에 대해 횔링크스는 '두 시계' 이론이라는 유명한 답변을 발명했다. 아주 정확한 시각을 가리키는 시계가 두 개 있다고 가정하자. 너는 한쪽 시계가 가리키는 시각을 보고 다른 쪽 시

「르네 데카르트의 초상」, 프란스 할스, 1649년경

계가 치는 소리를 들었다면, 한쪽 시계가 다른 쪽 시계가 치도록 **야기했다**고 생각할 터다. 정신과 신체의 관계도 마찬가지다. 마치 두 시계처럼, 신은 정신의 활동과 신체의 작용이 정확히 맞도록 태엽을 감아 놓았다. 그래서 나의 의욕이 생긴 기회에 순수하게 물리적 법칙이 나의 팔을 움직이도록 야기하므로, 나의 의지는 현실적으로really 나의 신체에 작용하지 않을 것이다.

물론 위에서 말한 이론에도 난점이 있다. 첫째로 아주 기이한 이론이고, 둘째로 물리 현상의 진행이 자연 법칙에 따라 어김없이 결정되므로, 그것에 병행하여 일어나는 정신 현상의 진행도 마찬가지로 결정되어야 한다는 것이다. 횔링크스의 이론이 타당하다면 일종의 사전이 만들어져야 한다. 그러한 사전을 이용해 대뇌에서 발생한 각 사건을 상응하여 일어난 정신의 사건으로 번역하는 일이 가능하다. 뛰어난 계산 능력의 소유자라면, 대뇌에서 발생하는 사건을 역학 법칙으로 계산한 다음에 만들어진 '사전'을 참고로 대뇌에서 일어난 사건과 동시에 일어난 정신의 사건을 추론할 법하다. 그러한 사전이 없어도, 뛰어난 계산 능력의 소유자는 말과 행동이 신체와 관련된 운동이므로 물리 법칙에 따라 추론할 수 있다. 이러한 견해는 그리스도교 윤리나 죄에 대한 형벌과 조화되기 어려울 것이다.

하지만 이러한 논리적 귀결이 단번에 명백하게 드러나지는 않았다. 횔링크스의 심신 이론에는 두 가지 장점이 있었다. 첫째, 어떤 의미로 영혼은 한 번도 육체의 영향을 받은 적이 없기 때문에 육체와 완전히 독립된 존재가 되었다. 둘째, "한 실체가 다른 실체에 작용해서는 안 된다"는 일반 원리를 인정했다. 정신과 물질은 전혀 다른 두 실체이므로, 상호 작용을 한다고 생각하는 것은 불가능해 보였다. 횔링크스의 이론은 심신 상호 작용의 **현실**reality을 부정하면서 상호 작용의 **현상**appearance을 설명했다.

데카르트가 역학 영역에서 수용한 운동의 제1법칙에 따르면, 물체는 그대로 놓아두면 일정한 속도로 직선운동을 한다. 그런데 원거리 작용은 일어나지 않으며, 나중에 뉴턴의 중력 이론에서도 원거리 작용은 허용되지 않았다. 진공 같은 것도 없고 원자도 없다. 하지만 모든 상호 작용은 충돌의 자연력으로 일어난다. 우리가 충분히 인식하게 되면 화학과 생물학도 역학으로 환원될 것이다. 한 종자가 동물이나 식물로 성장하여 발전하는 과정은 순전히 역학적 과정이다. 아리스토텔레스의 세 가지 영혼은 필요 없고, 셋 가운데 하나인 이성혼만 인간 속에 유일하게 실존한다.

데카르트는 플라톤 이전 몇몇 자연 철학자와 비슷한 우주론을 전개하면서도, 신학적으로 비난을 모면하려고 당연히 신중한 태도를 보였다. 우리는 세계가 성서의 「창세기」에 나타난 대로 창조되었음을 알지만, 세계가 어떻게 자연적으로 성장**했을 수도** 있는지 알아보는 일이 흥미롭다고 그는 말한다. 그는 와동설渦動說, theory of the formation of vortices을 내놓는다. 태양 주위에 물질로 충만한 거대한 소용돌이가 있고, 소용돌이가 행성들을 돌게 한다는 것이다. 와동설은 독창성이 돋보이지만, 행성이 왜 원형 궤도가 아닌 타원 궤도로 움직이는지 설명하지 못한다. 프랑스의 여러 학자들이 와동설을 수용했지만, 뉴턴의 중력 이론이 등장한 이후로 점차 영향력을 잃었다. 뉴턴이 쓴 『자연철학의 수학적 원리』의 영어 초판을 편집한 코츠Roger Cotes(1682~1716)는 와동설이 무신론으로 이어지는 반면, 뉴턴의 이론은 행성이 태양 쪽을 향하지 않는 방향으로 운동하도록 배열하기 위해 신의 실존을 요구한다고 웅변조로 주장을 펼친다. 이것을 근거로 뉴턴의 이론을 선호했다.

이제 순수 철학의 문제를 다룬 데카르트의 가장 중요한 두 저작에 포함된 내용을 알아보자. 바로 『방법서설』(1637)과 『성찰*Meditationes de Prima Philosophia*』(1642)이다. 두 책의 내용은 대부분 중복되므로 따로 떼어서 다룰 필요는 없다.

데카르트는 흔히 '데카르트적 의심'이라고 불린 방법을 설명하면서 이야기를 풀어 나간다. 그는 철학의 확고한 기초를 세우기 위해, 어떻게 해서든 의심할 수 있는 대상은 전부 의심하기로 결심한다. 의심하는 과정에 다소 시간이 걸릴지 모른다고 예견했기 때문에, 의심을 감행하는 동안 사람들이 공통적으로 수용한 규칙에 따라 자신의 행동을 규제하기로 결심한다. 이러한 결심이 데카르트의 정신이 실생활 속에서 의심의 결과로 방해받는 일을 막아 주었을 것이다.

그는 감각에 대해 회의하기 시작하면서 이렇게 말한다. 나는 내가 여기 실내복을 입은 채 난롯가에 앉아 있는 상태를 의심할 수 있을까? 그렇다. 나는 가끔 사실은 옷을 벗은 채 침대에 누워 자면서 여기 앉아 있는 꿈을 꾸곤 했다. (당시에는 파자마나 잠옷이 아직 발명되지 않았다.) 더구나 미친 사람이 가끔 환각 상태에 빠지듯 나도 비슷한 상태에 빠지기도 하지 않는가!

그렇지만 꿈은 화가처럼 적어도 꿈을 채우는 요소에 관해 실물의 복사물을 우리에게 보여 준다(너는 날개 달린 말에 대한 꿈을 꾸기도 하는데, 이것은 네가 말과 날개를 보았을 때만 가능하다). 그러므로 넓이, 크기, 수 같은 내용을 포함한 물체의 일반적 본성은 특수 사물particular things에 관한 믿음보다 의문을 제기하기 쉽지 않다. 그러므로 특수 사물과 관계가 없는 산수와 기하학은 물리학과 천문학보다 더 확실하다. 산수와 기하학은 꿈속의 대상에도 참되게 적용되고, 꿈속의 대상dream objects은 수와 넓이에 관해서는 실물real objects과 다르지 않다. 하지만 수학과 기하학에 대해서도 의심할 수 있다. 내가 정사각형의 면을 세거나 2 더하기 3을 계산할 때마다 신이 나를 실수하게 만들지도 모르지 않는가! 아마 상상이라도 그렇게 몰인정한 속성을 신에게 부여하면 잘못일 테지만, 전능한 만큼 교활하며 속이기를 일삼고 온 힘을 다해 나를 현혹하는 악령evil demon이 있을지도 모른다. 만일 이러한 악령이 있다면, 내가 본 모든 사물은 쉽게 믿는 성향 탓에 악령이 놓은 덫에 걸려 만들어 낸 환상에 불과할지도 모른다.

그렇더라도 내가 의심할 수 없는 어떤 것이 아직 남아 있다. 악령은 아무리 교활해도 내가 실존하지 않았다면, 나를 기만할 수 없었을 것이다. 여기서 나는 **신체**를 갖지 않을 수도 있는데, 신체는 환상일지도 모르기 때문이다. 그러나 사유는 다르다. "내가 모든 것이 거짓이라고 생각하기를 원했던 동안에도 그렇게 생각했던 나는 필연적으로 있어야 하기 때문이다. **나는 생각한다. 그러므로 존재한다**. 이러한 진리는 너무 강하고 확실하여 회의주의자들이 아무리 허황된 가정으로 뒤집으려 해도 뒤집지 못한다. 따라서 나는 이 명제를 그토록 찾아 헤매던 철학의 제일 원리로서 주저 없이 수용하겠다."[40]

위에서 인용한 구절은 데카르트 인식론의 핵심이고, 그의 철학 체계에서 가장 중요하다. 데카르트 이후 철학자들은 대부분 인식론에 중요한 의미를 부여하는데, 이러한 경향은 대체로 데카르트에서 비롯되었다. "나는 생각한다. 그러므로 존재한다"라는 주장은 물질보다 정신을, 타인의 정신보다 나의 정신을(나에 대해) 더 확실한 존재로 만들었다. 따라서 데카르트에서 파생된 철학에는 주관주의 경향과, 물질은 정신에 알려진 것으로부터 추론을 통해서만 알 수 있다고 여기는 경향이 나타난다. 두 경향은 유럽의 대륙 관념론과 영국 경험론에 영향을 미치는데, 전자의 경우는 의기양양한 형태로 후자의 경우는 유감스러운 형태로 나타난다. 최근에 도구주의로 알려진 철학이 주관주의에서 벗어나려는 지적 탈출을 시도한 적이 있었으나, 지금 논의할 단계는 아니다. 이것을 예외로 두면 대다수 현대 철학자들은 데카르트에서 유래한 문제 구성 방식을 기꺼이 수용한 반면, 데카르트의 해결 방식은 수용하지 않았다.

독자들은 성 아우구스티누스가 **코기토 논증**the cogito과 흡사한 논증을 이미

---

40 "나는 생각한다. 그러므로 존재한다cogito ergo sum"라는 논증은 데카르트의 코기토 논증the cogito으로 알려졌고, 이것에 도달하려고 밟은 과정을 '데카르트적 의심'이라고 부른다.

내놓았던 일을 기억할 것이다. 하지만 아우구스티누스는 논증의 성격을 분명하게 밝히지 않았으며, 논증을 통해 해결하려던 문제도 그의 사상에서 극히 일부분을 차지했을 뿐이다. 그러므로 데카르트의 독창성은 코기토 논증을 처음 발명했다기보다 코기토 논증의 중요성을 포착했다는 점에서 인정해야 한다.

이렇게 확고한 기초를 놓은 다음 데카르트는 지식 체계라는 건축물을 재건하기 시작한다. 실존한다고 입증된 나는, 내가 생각하고, 그러므로 내가 생각하는 동안 그리고 오로지 그럴 때만 실존한다는 사실로부터 추론되었다. 만일 내가 생각하기를 그친다면, 나의 실존을 증명할 증거도 없어질 터다. 나는 생각하는 것, 그러니까 온전한 본성이나 본질이 생각하는 데 있고 실존하기 위해 장소나 물질적인 것이 필요 없는 실체다. 그러므로 영혼은 육체와 전혀 다르고, 육체보다 더 쉽게 알려진다. 육체가 없더라도 영혼은 있을 것이라는 말이다.

다음으로 데카르트는 스스로 묻는다. "**코기토 논증**은 왜 그렇게 자명한 진리인가?" 그는 오로지 명석하고 판명하기 때문이라고 결론짓는다. 그러므로 데카르트는 다음과 같은 원리를 일반 규칙으로 채택한다. **"우리가 아주 명석하고 판명하게 생각한 모든 것은 진리다."** 하지만 그는 어떤 것이 명석하고 판명한 생각인지 인식하기 어려운 때도 있다고 인정한다.

데카르트는 '생각thinking'을 아주 넓은 의미로 사용한다. 생각은 의심하고 이해하고 개념을 적용하고 긍정하거나 부정하고 의지하고 상상하고 느끼는 정신 활동을 가리킨다. 이때 꿈속에 나타난 느낌도 생각을 표현하는 한 형식이다. 사유는 정신의 본질이므로, 정신은 언제나 생각하며 깊은 잠을 잘 때도 생각한다.

이제 데카르트는 물체에 대한 인식 문제를 다시 다룬다. 벌집에서 채취한 밀랍 조각을 예로 든다. 밀랍의 성질은 감각을 통해 분명하게 드러나는데,

밀랍은 꿀맛이 나고 꽃향기를 풍기며 감각 가능한 특정한 빛깔과 크기와 모양을 가진다. 그것은 단단하고 차갑기도 한데, 두드리면 툭 소리를 내기도 한다. 네가 그것을 난롯가에 놓으면, 이러한 성질이 바뀌지만 그것은 여전히 밀랍이다. 그러므로 오감에 드러난 현상은 밀랍 자체가 아니다. 밀랍 자체는 연장(크기와 넓이)·유연성·운동으로 구성되며, 이러한 성질은 상상이 아니라 정신으로 이해된다. 밀랍이라는 **사물**은 자체로 감각할 수 없는데, 그것은 다양한 감각에 나타난 밀랍의 모든 현상과 동등하게 얽혀 있기 때문이다. 밀랍에 대한 지각은 "시각이나 촉각이나 상상이 아니라 정신이 면밀히 살피는 활동이다." 내가 모자나 외투를 볼 때 거리의 사람을 보지 못하듯, 나는 밀랍을 **보지** 못한다. 나는 나의 정신에 깃들인 판단력을 발휘해야만 내가 눈으로 보았다고 생각한 것을 이해한다. 오감으로 얻은 지식은 혼란스럽고, 동물도 공유한다. 그러나 이제 나는 밀랍의 감각 가능한 성질을 모두 벗겨내고 나서, 정신으로 밀랍을 있는 그대로 지각한다. 나의 감각으로 밀랍을 보는 활동으로부터 나 자신의 실존은 확실하게 도출되지만, 밀랍의 실존은 확실하게 도출하지 못한다. 따라서 외부 사물에 대한 지식은 오감이 아니라 정신으로 얻어야 한다.

이것은 다른 종류의 관념에 대한 고찰로 이끈다. 우리가 가장 쉽게 범하는 오류는 나의 관념들이 정신 밖에 있는 사물들과 비슷하다고 생각하는 데서 발생한다고 데카르트는 말한다. (여기서 '관념'은 데카르트가 썼던 대로 감각 지각을 포함하는 말이다.) 관념은 세 종류로 나뉘는 **것처럼 보인다**. (1) 본유 관념 (2) 밖에서 들어온 외래 관념 (3) 내가 꾸며 낸 관념이다. 우리는 자연스럽게 둘째 관념이 바깥의 대상과 비슷하다고 가정한다. 이렇게 가정하는 까닭은 부분적으로 자연이 그렇게 생각하도록 우리를 가르치기 때문이고, 부분적으로 이러한 관념이 의지와 독립적으로(바로 감각 작용을 통해) 생기기 때문이다. 그러므로 외부 사물이 비슷한 것을 나에게 각인시킨다는 가정은 합당해 보인다. 이것은 과연 좋은 이유인가? 여기서 "자연의 가르침을 받는다"라고 말하는 것은, 외래 관념과 외부 사물이 비슷하다고 믿는 경향성을 가진다는 뜻일 뿐 자연의 빛(이성)으로 인식한다는 뜻이 아니다. 자연의 빛으로 본 것은 부정할 수 없지만, 단순한 경향성은 거짓된 것으로 향할 수도 있다. 또 감각의 관념이 비의지적involuntary이라는 점은 논증할 거리가 아니다. 왜냐하면 꿈은 내부에서 생기지만 비의지적이기 때문이다. 그러므로 감각의 관념이 밖에서 비롯된다고 가정한 이유는 결정적인 것이 아니다.

더욱이 동일한 외부 대상에 대해 두 가지 다른 관념이 생기는 경우도 있다. 예컨대 오감에 나타난 태양 관념과 천문학자들이 믿는 태양 관념이다. 이러한 관념들이 둘 다 태양과 비슷할 수 없고, 이성은 두 관념 가운데 경험에서 직접적으로 유래한 관념이 태양과 덜 비슷하다고 분명히 보여 준다. 그러나 이러한 고찰은 외부 세계의 실존에 의문을 던진 회의적 논증을 깔끔하게 처리하지 못했다. 회의적 논증은 먼저 신의 실존을 증명함으로써 처리될 수 있다.

신의 실존을 입증한 데카르트의 증명은 별로 독창적이지 않은데, 주로 스콜라 철학에서 유래하기 때문이다. 신의 실존 증명은 라이프니츠가 훨씬 잘 진술했고, 라이프니츠를 다룰 때까지 보류할 것이다.

신의 실존이 입증되었을 때 나머지는 쉽게 진행된다. 신은 선하기 때문에 데카르트가 의심의 근거로 상상했던 속이는 악령처럼 행동하지 않을 것이다. 이제 신은 나에게 물체들bodies에 관해 믿는 강한 경향성을 주었는데, 어떤 물체도 없다면 신은 나를 속이는 셈이다. 더욱이 신은 나에게 틀림없이 오류를 바로잡는 능력도 주었다. 나는 명석하고 판명한 것이 진리라는 원리를 적용할 때 바로 이러한 능력을 사용한다. 오류를 바로잡는 능력이 내가 수학을 인식할 수 있게 하고, 내가 물체에 관한 진리를 정신과 신체의 협력이 아니라 오로지 정신으로 인식해야 한다는 점을 기억한다면, 물리학도 인식할 수 있게 한다.

데카르트 인식론의 구성적 부분은 초기의 파괴적 부분보다 흥미가 훨씬 떨어진다. 인식론의 구성적 부분은 예컨대 어떤 결과도 그것의 원인보다 더 완벽할 수 없다는 주장 같은 스콜라 철학의 모든 격률을 그대로 사용함으로써 어떻든 초기의 비판적 태도에서 벗어났다. 트럼펫 연주처럼 화려하게 입증한 자신의 실존보다 분명히 자명하지 않은데도, 데카르트는 스콜라 철학의 격률을 수용하면서 아무 근거도 대지 않는다. 『성찰』에서 긍정한 대부분의 주장은 플라톤, 성 아우구스티누스와 성 토마스의 철학에도 포함되어 있다.

비판적 의심 방법은 데카르트가 건성으로 절반에만 적용했지만 철학적으로 대단히 중요하다. 회의주의가 어디에서 멈추어야만 긍정적 결과를 낳을 수 있다는 것은 논리의 문제로 분명하다. 논리적 지식과 경험적 지식이 둘 다 있다면, 두 종류의 정지점이 분명히 있어야 한다. 바로 의심 불가능한 사실과 의심 불가능한 추론 원리다. 데카르트가 말한 의심 불가능한 사실은 자신의 사유thoughts인데, 그는 '사유'라는 말을 가능한 한 가장 넓은 의미로 사용한다. "나는 생각한다"라는 명제는 데카르트의 궁극적 전제다. 여기서 '나'라는 말은 논리적 차원에서 보면 잘못 사용된 예다. 그러니까 그는 "나는 생각한다"가 아니라 "생각들이 있다"라는 형식으로 자신의 궁극적 전제를 진술해야 했다. '나'라는 말은 문법적으로 편리하게 쓰지만, 이미 알려지거나 주어진 것을 기술하지 않는다. 그는 "나는 생각하는 **어떤 사물**a thing이다"로 넘어갈 때, 이미 스콜라 철학에서 물려받은 범주 체계를 무비판적으로 사용한다. 그는 어디에서도 사유들이 생각하는 자a thinker를 필요로 한다는 점을 입증하지 않으며, 이러한 예외를 문법적 의미로 믿을 이유도 없다. 하지만 외부 대상보다 사유가 경험적으로 확실한 일차 대상이라는 결정은 대단히 중요했고, 이후 모든 철학에 엄청난 영향을 끼쳤다.

데카르트 철학은 두 가지 다른 점에서도 중요했다. 첫째, 플라톤에서 시작되어 대체로 종교적 이유로 그리스도교 철학이 발전시켰던 정신과 물질의 이원론을 완성했거나 거의 완성했다. 데카르트의 후계자들도 포기했던 송과선에서 일어나는 기묘한 심신 상호작용을 논외로 치면, 데카르트의 철학 체계는 병행하지만 독립된 두 세계, 바로 정신계와 물질계가 있고, 각 세계는 다른 세계를 참조하지 않고 연구할 수 있다. 정신이 신체를 움직이지 못한다는 것은 명시적으로는 횔링크스 덕분에 드러나지만, 암시적으로는 데카르트 덕분에 드러난 새로운 생각이었다. 그러한 생각은 신체가 정신을 움직이지 못한다고 말할 수 있게 만드는 이점을 지녔다. 『성찰』은 신체가 목이 마를 때 왜 정신이 슬픔을 느끼는지 논의하는 데 꽤 많은 부분을 할애한다. 데카르트의 정확한 대답은 신체와 정신이 두 시계처럼 신체가 '목이 마름'을 가리킬 때 정신은 '슬픔'을 가리키도록 맞추어져 있다는 것이었다. 하지만 종교의 관점에서 심상치 않은 결함이 발견되었고, 이것이 위에서 넌지시 말했던 데카르트주의의 둘째 특징으로 이끈다.

데카르트의 철학은 물질계 전반에 걸친 이론의 측면에서 엄격한 결정론 체계다. 동물도 생명 없는 물질과 마찬가지로 물리 법칙의 지배를 받기 때문에, 아리스토텔레스의 철학에서 가정한 것과 달리 유기체의 성장과 동물의 운동을 설명하기 위해 현실태entelechy나 영혼을 더는 필요로 하지 않았다. 데카르트는 작은 예외를 인정했는데, 인간의 영혼은 의욕volition으로 생명혼의 운동량을 변경시키지 못하지만 방향을 바꿀 수 있었다. 하지만 이러한 예외는 결정론 체계를 받아들인 정신에서 벗어났으며, 역학 법칙에도 맞지 않음이 밝혀져 버려졌다. 귀결은 물질의 운동이 모두 물리 법칙으로 결정되어 있다는 것이었고, 병행론 때문에 정신의 사건들은 동등하게 결정되어 있을 수밖에 없다. 따라서 데카르트주의자들은 자유의지에 관한 난점에 부딪친다. 데카르트의 인식론보다 데카르트의 과학에 더 많이 주목했던 사람들에게 동물이 자동 기계라는 이론을 확장하는 일은 별로 어렵지 않았다. 왜 인간에 대해 똑같이 말하지 않고, 결정론 체계를 일관된 유물론으로 단순하게 만들지 않는가? 이러한 확장은 18세기에 실제로 일어났다.

데카르트의 철학에는 당대 과학에서 배운 내용과 라 플레슈에서 배운 스콜라 철학의 이원적 대립이 있다. 이것이 데카르트를 비일관성으로 이끌었지만, 완전히 논리적인 철학자보다 풍성한 사상을 형성하도록 자극했다. 데카르트가 일관성consistency을 유지했다면 단지 새로운 스콜라 철학의 창시자가 되었겠지만, 비일관성inconsistency 덕분에 데카르트의 철학은 두 갈래로 뻗어 나간 중요한 철학 학파의 원천이 되었다.

10.
스피노자

스피노자Baruch Spinoza(1632~1677)는 위대한 철학자로 고결하고 사랑받을 만한 인물이다. 지적으로 스피노자를 능가한 철학자는 몇 사람 있었지만, 그는 누구보다 윤리적으로 최고 수준에 도달했다. 스피노자는 생전뿐 아니라 사후 100년 동안 무시무시하게 사악한 인물로 여겨졌는데, 그의 철학에서 비롯된 당연한 결과였다. 그는 유대교도로 태어났지만 유대교도에게 파문당했고, 그리스도교도 역시 똑같이 그를 증오했다. 신神 관념이 스피노자의 철학 전체를 지배하는데도, 정통 그리스도교도는 그를 무신론자로 몰았다. 라이프니츠는 스피노자에게 신세를 진 사실을 숨기고 칭찬도 조심스럽게 삼갔으며, 스피노자가 이단으로 몰리자 개인적 친분 관계를 숨기려고 거짓말까지 했다.

스피노자의 생애는 아주 단순했다. 스피노자의 가족은 종교 재판을 피해 스페인 또는 포르투갈에서 네덜란드로 건너갔다. 그는 유대교 학습법에 따라 교육받았으나 정통 유대교도로 살기 어렵다는 사실을 깨달았다. 스피노자가 이단 혐의를 숨겨 주는 대가로 매년 1,000플로린을 내라는 제안을 거절하자 그를 암살하려는 시도도 있었다. 암살 시도는 실패했고, 스피노자는 신명기의 모든 저주와 아이들이 암곰에게 갈기갈기 찢기라는 엘리사의 저주를 받았다.[41] 그러나 암곰은 스피노자를 공격하지 않았다. 그는 조용히 살았다. 먼저 암스테르담에서 살다가 헤이그로 옮겨가서 렌즈를 갈아 번 돈으로 생계를 유지했다. 생활필수품은 조금밖에 없는 데다 간소했으며, 평생 동안 돈에 거의 무관심했다. 스피노자와 알고 지낸 몇 사람은 그의 철학 원리를 인정하지 않으면서도 그를 사랑하고 존경했다. 한때 오라녜가家에 맞선 드 위트 형제De Witts[42]의 편을 들었기 때문에 스피노자의 정치적 평판이 나빴는데도, 자유주의를 표방한 네덜란드 정부는 신학 문제와 관련된 그의 견해를 관대하게 봐주었다. 그는 43세라는 이른 나이에 폐결핵으로 세상을 떠났다.

스피노자의 주요 저작 『윤리학*Ethica*』은 사후에 출판되었다. 『윤리학』을 살펴보기 전에 다른 두 저작, 『신학정치론』과 『정치론』에 관해 몇 마디 해야겠다. 『신학정치론』은 성서 비판과 정치 이론이 결합되어 호기심을 끄는 반면, 『정치론』은 정치 이론만 다룬다. 스피노자의 성서 비판은 부분적으로 현대의 성서 해석과 일치하는 내용을 미리 보여 주는데, 특히 구약성서의 각 편에 전통적 관례보다 훨씬 늦은 날짜를 붙인다는 점에서 그렇다. 그는 시종일관 자유 신학과 양립하는 성서 해석의 가능성을 보여 주려고 노력했다.

스피노자의 정치 이론은 주로 홉스에서 비롯되지만, 둘 사이에 엄청난 기질적 차이가 있다. 스피노자가 자연 상태에서 옳은 행동도 그른 행동도 없

---

41 * 구약성서에 포함된 신명기는 이스라엘 민족이 약속의 땅 가나안으로 들어가기 전 모세가 말하는 형식으로 서술되는데, 야훼의 율법에 복종하면 축복을 받고, 무시하면 저주를 받을 것이라고 강조한다. 엘리사Elisha는 고대 이스라엘의 예언자이고, 엘리사와 곰 이야기는 열왕기하 2장 23절부터 25절에 기록되어 있다. 아이들이 대머리라고 놀려 대자 엘리사는 야훼의 이름으로 저주했다. 그러자 암곰 두 마리가 숲에서 나와 아이 마흔두 명을 찢어 죽였다.

42 * 17세기 네덜란드의 총리를 지낸 공화파 정치가인 요한 드 위트Johan de Witt(1625~1672)와 그의 형을 가리킨다.

다고 주장하는 까닭은, 행동은 법률에 복종하지 않을 때 그르게 되기 때문이다. 그는 군주가 그른 행동을 할 리 없다고 주장하고, 교회는 전적으로 국가의 권력 아래 종속되어야 한다는 홉스의 견해에 동의한다. 모든 반란을 적대시한 스피노자는 나쁜 정부에 맞선 반란도 반대하면서, 권위에 도전한 무력 저항이 초래한 해악을 보여 준 사례로 영국의 소요 사태를 들었다. 하지만 그는 '가장 자연스러운' 정부 형태가 민주주의라고 생각한 점에서 홉스와 의견이 달랐다. 국민이 군주를 위해 **모든** 권리를 희생해서는 안 된다고 주장한 점에서도 달랐다. 특히 언론의 자유가 중요하다고 주장한다. 이러한 주장이 종교적 문제를 국가가 결정해야 한다는 다른 주장과 어떻게 조화되는지는 분명치 않다. 언론의 자유가 중요하다고 주장할 때 스피노자는 종교적 문제를 교회보다 국가가 결정해야 한다는 뜻으로 말한 듯하다. 네덜란드에서는 국가가 교회보다 훨씬 관대하게 종교 문제를 처리했기 때문이다.

스피노자의 『윤리학』은 세 가지 다른 문제를 다룬다. 형이상학에서 시작하여 정념과 의지의 심리학으로 넘어가고, 마지막으로 앞서 논의한 형이상학과 심리학에 근거한 윤리학을 내놓는다. 형이상학은 데카르트의 생각을 변형한 사상이고, 심리학은 홉스를 떠올리게 하지만, 윤리학은 독창성이 드러나서 제일 가치가 있다. 여러 가지 점에서 스피노자와 데카르트의 관계는 플로티노스와 플라톤의 관계와 유사하다. 데카르트는 다방면에서 재능이 뛰어났을 뿐만 아니라 지적 호기심이 넘치는 인물이었으나, 도덕적으로 진지하게 부담을 떠안지 않았다. 그는 정통 신앙을 지지하려는 의도로 '증명'을 발명했지만, 카르네아데스가 플라톤을 이용했듯 회의주의자들에게 이용당했을 수 있다. 스피노자는 과학에 전혀 흥미가 없지는 않아서 무지개에 관한 논문을 쓰기도 했지만, 주로 종교나 덕과 관련된 문제에 관심을 가졌다. 그는 데카르트와 당대 과학자들로부터 유물론과 결정론에 근거한 물리학을 수용하는데, 이러한 체계 안에서 경외심과 선the Good에 헌신하는 삶의 여지를 찾으려고 모색했다. 스피노자의 시도는 장엄해서 성공할 것이라고 생각하지 않는 사람조차 감탄한다.

스피노자의 형이상학 체계는 파르메니데스가 개시한 유형에 속한다. 하나의 실체 바로 '신이자 자연'이 있을 뿐이고, 유한한 아무것도 스스로 존립하지 못한다. 데카르트는 세 가지 실체, 곧 신과 정신, 물질을 인정했지만 어떤 의미로 신은 정신과 물질보다 근원적 실체다. 왜냐하면 신은 정신과 물질을 창조했고, 그렇게 하기로 선택했다면 정신과 물질을 무화시킬 권능도 가진 존재이기 때문이다. 그러나 무한하고 전능한 신의 권능과 맺는 관계를 예외로 치면, 정신과 물질은 독립된 두 실체로서 정신은 사유思惟, thought라는 속성을 갖고 물질은 연장延長, extension이라는 속성을 가진 존재로 정의한다. 스피노자는 실체에 대한 데카르트의 견해를 수용하지 않았다. 스피노자가 보기에 사유와 연장은 신에게 속한 두 속성이다. 신은 모든 점에서 무한한 존재이기 때문에 무한히 많은 다른 속성도 갖지만, 다른 속성은 인간에게 알려지지 않는다. 스피노자의 형이상학 체계에서 개별 영혼과 분리된 물질의 조각은 부속물로 **사물**things이 아니라 신성한 존재의 양상aspects일 뿐이다. 가톨릭교도가 믿어 의심치 않은 인격적 영혼의 불멸은 가능하지 않고, 다만 점점 신과 하나가 되어 갈 때 성립하는 비非인격적 영혼의 불멸은 가능하다. 유한한 사물은 물리적이거나 논리적 한계, 다시 말해 자신이 **아닌** 것에 의해 정의된다. 그래서 "모든 규정은 부정이다." 모든 면에서 긍정적인 유일한 존재는 절대적으로 무한한 존재다. 따라서 스피노자는 완전하고 희석되지 않은 범신론pantheism에 이른다.

스피노자에 따르면 모든 것은 절대적이고 논리적인 필연의 지배를 받는다. 정신 영역의 자유의지나 물질계의 우연 같은 것은 없다. 일어나는 모든 사건은 신의 헤아릴 수 없는 본성을 나타내고, 사건이 다르게 일어나는 일은 논리적으로 불가능하다. 이것은 죄에 관한 말썽 많은 난점을 초래하는

데, 비평가들은 재빨리 난점을 지적했다. 어떤 비평가는 모든 것이 신의 절대 명령에 따르기 때문에 선하다는 스피노자의 주장에 분개하며 이렇게 묻는다. 네로 황제가 어머니를 살해한 행동도 선한 일인가? 아담이 선악과를 먹은 행동도 선한 일이란 말인가? 스피노자는 이렇게 대답한다. "이러한 행동에서 긍정적인 면은 선하고 부정적인 면만 악한데, 부정적인 면은 유한한 피조물의 관점에서만 악하게 보일 따름이다. 홀로 완전하게 현실적으로 있는 신 안에 부정적인 면은 없다. 그러므로 우리에게 죄로 보이는 행동의 악한 면은 전체의 일부로 바라볼 때는 실존하는 것이 아니다." 이러한 학설은 수많은 신비주의자들이 다양한 형태로 주장했지만, 분명히 정통 가톨릭교가 수용한 죄와 지옥 벌의 교리와 잘 들어맞지 않는다. 이것은 스피노자가 자유의지를 철저히 거부한 입장과 밀접한 관계가 있다. 스피노자는 결코 논쟁을 즐기는 편이 아니었지만, 너무 정직해서 당대 사람들이 충격을 받을 만한 자신의 견해를 숨기지 못했다. 그러므로 스피노자가 가르치는 일을 혐오한 것은 전혀 놀랍지 않다.

『윤리학』은 에우클레이데스의 기하학적 방법에 따라 정의와 공리, 정리로 진술되어 있다. 먼저 공리를 제시한 다음에 모든 내용은 연역적으로 엄밀하게 증명된다. 이러한 서술 방식 탓에 『윤리학』을 읽기는 매우 어렵다. 요즘 학생은 스피노자가 확립하겠다고 공언한 주장에 엄밀한 '증명'이 뒤따른다고 가정하지 않을 경우, 증명 절차의 자세한 부분을 읽다가 지칠 수밖에 없다. 사실 자세한 부분은 통달할 가치가 있는 것도 아니다. 체계적으로 진술된 명제를 읽고 나서 주석을 공부하면 충분한데, 주석에 『윤리학』의 좋은 내용이 많이 들어 있다. 하지만 기하학적 방법 때문에 스피노자를 비난하는 것은 이해력이 부족함을 보여 줄 따름이다. 형이상학과 마찬가지로 윤리학에서도 모든 것이 증명**되었을 수** 있으므로 증명 절차를 만들어 내는 일이 불가결했다는 주장은 스피노자의 체계를 구성한 본질이었다. 우리는

「바뤼흐 스피노자의 초상」, 작자 미상, 1655년경

스피노자의 기하학적 방법을 받아들일 수 없는데, 그것은 스피노자의 형이상학을 받아들이기 어렵기 때문이다. **우리는** 우주를 이룬 부분들의 상호연결interconnections이 **논리적** 관계라고 믿을 수 없다. 왜냐하면 우리는 과학적 법칙이 추리만으로 발견되지 않고 관찰로 발견되어야 한다고 주장하기 때문이다. 그러나 스피노자에게 기하학적 방법은 필요했고, 그의 학설에서 가장 본질적 부분과 엮여 있었다.

이제 스피노자의 감정emotions 이론으로 넘어가자. 감정 이론은 정신의 본성과 기원을 다룬 형이상학적 논의 뒤에 이어지는데, "인간의 정신은 신의 영원하고 무한한 본질에 대해 적절한 지식adequate knowledge을 가진다"라는 놀라운 명제에 이른다. 그런데 『윤리학』 3권에서 다룬 정념에 대한 논의는 우리를 혼란에 빠뜨리고, 전체 체계를 지성의 관점에서 이해하려는 시각을 흐리게 만든다. "모든 것은 본래 자신의 존재를 보존하려고 노력한다"라고 말한다. 여기에서 사랑과 미움, 다툼이 생긴다. 3권에 나오는 심리학의 내용은 전부 이기주의와 관계가 깊다. "미움의 대상이 파멸한다고 생각한 사람은 쾌락을 느낄 것이다." "만일 우리가 누구든 한 사람만 소유할 수 있는 어떤 것을 가져서 기쁨을 맛본다고 생각하면, 우리는 바로 그 사람이 유일한 대상을 차지하지 못하도록 훼방을 놓으려고 노력할 것이다." 3권에도 스피노자가 수학적 방법으로 증명된 냉소주의cynicism의 외양을 벗어버린 순간이 나타나는데, 이렇게 말할 때다. "미움은 보복함으로써 커지지만, 다른 한편 사랑의 힘으로 없어질 수 있다." 스피노자에 따르면 자기보존self-preservation은 정념이 생기는 근본 동기다. 그러나 자기보존은 우리가 우리 자신 안에 현실적으로 있는 긍정적인 것을 우리 전체와 하나 되게 하고, 성격은 분리된 채 있지 않음을 깨달을 때 바뀐다.

『윤리학』의 마지막 4권과 5권은 각각 '인간의 예속 또는 감정의 위력에 대하여Of human bondage, or the strength of the emotions'와 '오성 또는 인간의 자유의 힘에 대하여Of the power of the understanding, or of human freedom'라는 제목이 붙었는데, 매우 흥미로운 내용이 담겨 있다. 우리는 우리에게 일어난 사건이 외부 원인으로 규정되거나 결정되는 정도에 비례하여 예속되며, 스스로 규정하거나 결정한 정도에 비례하여 자유롭다. 스피노자는 소크라테스나 플라톤처럼 그른 행위는 모두 지적 오류intellectual error에서 비롯된다고 믿는다. 그러니까 자신이 놓인 상황이나 처지를 적절하게adequately 이해한 사람은 지혜롭게 행동할 테고, 다른 사람들이 불행으로 여길 만한 일에 맞닥뜨려도 행복할 것이다. 스피노자는 이타심에 호소하지 않으며, 어떤 의미로 자기 이익 추구, 특히 자기보존이라는 본능이 인간의 모든 행동을 지배한다고 주장한다. "어떤 덕도 자신의 존재를 보존하려는 노력努力, endeavour[43]보다 앞선 것으로 생각될 수 없다." 그러나 지혜로운 사람이 자기 이익 추구의 목표로 무엇을 선택할지에 대한 스피노자의 개념은 평범한 이기주의자의 생각과 다른데, "정신이 추구할 최고선highest good은 신에 대한 지식이고, 정신이 갖추어야 할 최고 덕highest virtue은 신을 아는 것이다." 감정은 부적절한 관념에서 비롯될 때 정념passions이라고 부른다. 각기 다른 사람의 정념은 갈등을 일으킬 수도 있지만, 이성에 복종하며 사는 사람들은 화합할 것이다. 쾌락 자체는 선하지만, 희망과 공포는 악하며 겸손과 후회도 악하다. 그러니까 "자신의 행동을 후회하는 사람은 이중으로 비참하거나 허약하다." 스피노자는 시간이 현실적으로 존재하지 않는다고 생각하므로, 과거나 미래 같은 사건과 본질적으로 관련된 모든 감정은 이성에 어긋난다. "정신mind은 이성의 명령에 따라 사물을 생각하고 판단하는 한, 어떤 사물에 대한 관념이 현재에 속하든 과거에 속하든 미래에 속하든 똑같이 영향을 받는다."

---

43 * 스피노자의 '코나투스conatus'에 해당하는 'endeavour'를 '노력'으로 옮겼다. '노력'은 어떤 목적을 이루기 위해 힘을 다해 애쓰는 활동이라는 점에서 스피노자가 말한 뜻과 거의 일치한다.

이것은 어려운 말이지만, 스피노자가 세운 체계의 본질을 이루는 핵심이므로, 잠시 자세히 설명하는 것이 좋겠다. 대중의 평가에 따르면 "끝이 좋으면 다 좋다." 그러니까 만일 우주가 점점 나아지고 있다면, 우리는 우주가 점점 나아지는 것을 우주가 점점 나빠지는 것보다 더 좋게 생각한다. 두 경우에 선과 악의 총량이 같더라도 말이다. 우리는 칭기즈칸이 유럽을 휩쓴 시대보다 우리가 사는 시대의 재난에 관심이 더 많다. 스피노자에 따르면 이것은 불합리하다. 일어나는 사건은 무엇이든 신의 관점에서는 영원하고 무시간적 세계의 일부이므로, 신은 날짜에 구애받지 않는 존재다. 인간의 유한성을 인정한 현자는 세계를 신의 관점인 **영원의 상 아래에서**sub specie aeternitatis, 곧 영원성의 측면에서 보려고 노력한다. 하지만 이렇게 되받아칠 수도 있다. 우리는 확실히 아무것도 할 수 없는 과거의 참사보다, 어쩌면 피할 수도 있는 미래의 불행에 관심을 더 많이 갖는 것이 옳다. 스피노자의 결정론은 이러한 논증에 대해 해답을 내놓는다. 우리는 무지 탓에 미래가 변경될지도 모른다고 생각한다. 그러나 일어날 일은 일어날 테고, 미래는 과거와 마찬가지로 변경되지 않도록 고정되기 마련이다. 바로 그것이 희망과 공포가 비난받는 이유다. 희망과 공포는 둘 다 미래가 불확실하다는 견해에 의존하며, 지혜가 없어서 생겨난다.

우리가 되도록 신이 가진 것과 유사한 세계상을 얻을 때, 우리는 모든 것을 전체의 일부이자 전체의 선을 위해 필요한 부분으로 바라볼 것이다. 그러므로 "악에 대한 지식은 부적절한 지식이다." 신이 악에 대한 지식을 갖지 않는 까닭은, 인식되어야 할 어떤 악도 없기 때문이다. 악의 현상은 그저 우주를 이룬 부분에 지나지 않는 사물을 마치 스스로 존립하는 양 여기는 데서 생긴다는 말이다.

스피노자의 사고방식은 공포의 전횡에서 인간을 해방시키려는 의도를 담고 있다. "자유로운 인간은 죽음을 아무렇지 않게 생각하며, 죽음이 아니라 삶에 대한 명상을 통해 지혜를 얻는다." 스피노자는 이러한 지침을 삶 속에서 그대로 실천했다. 그는 죽음을 맞는 날에도 끝까지 마음의 평정을 유지하고 『파이돈』의 소크라테스와 마찬가지로 흥분하지 않았으며, 여느 날처럼 흥미로운 문제에 골몰하며 대화를 나누었다.

여느 철학자들과 달리 그는 자신의 학설을 믿었을 뿐만 아니라 실천했다. 내가 아는 한 그는 아주 격분했을 때조차 윤리학에서 비난하던 흥분과 분노에 휘둘린 적이 단 한 번도 없었다. 논쟁할 때에도 점잖고 합리적으로 참여했으며 상대방을 비난하지 않고 설득하기 위해 정성을 쏟았다.

우리에게 일어난 사건은 우리 자신에서 비롯되는 한에서 선하고, 외부에서 비롯된 사건만 우리에게 악하다. "어떤 인간이 작용인으로 영향을 미쳐 일어난 모든 사건은 필연적으로 선하기 때문에, 외부 원인으로 일어난 경우를 제외하면 인간에게 악이란 생기지 않는다." 따라서 분명히 우주 전체는 외부 원인들의 영향을 받지 않으므로 전체로서 우주에 악한 사건은 아무것도 일어날 수 없다. "우리는 우주적 자연의 일부이고, 우주적 자연의 질서에 따르게 마련이다. 우리가 이것을 명석하고 판명하게 이해하면, 지성intelligence으로 정의되는 타고난 본성의 일부, 달리 말해 우리 자신의 더 나은 부분은 우리에게 닥친 일을 자신만만하게 묵묵히 따를 테고, 묵묵히 따르는 가운데 지속하려고 노력할 것이다." 어떤 인간이 훨씬 큰 전체에 마지못해 따르는 일부라면 그는 예속되어 있다. 하지만 그가 지성으로 이해함으로써 유일한 현실 전체the sole reality of the whole를 파악했다면 그는 자유롭다. 이러한 학설의 함축은 『윤리학』의 마지막 권에서 밝혀진다.

스피노자는 스토아학파 철학자들처럼 **모든** 감정에 반대하지 않고, 외부의 힘이 우리를 장악해서 수동적으로 생긴 '정념들'만 마땅치 않게 여긴다. "정념에 사로잡힌 감정은 우리가 바로 그러한 정념을 명석하고 판명하게 이해하자마자 정념이기를 멈춘다." 만물이 필연적이라는 이해는 정신이 감정에 대한 통제력을 얻는 데 도움이 된다. "자신과 자신의 감정을 명석하고 판명하게 이해한 사람은 신을 사랑하며, 자신과 자신의 감정을 이해한 정도에 비례하여 그만큼 더 신을 사랑한다." 이러한 명제는 '신에 대한 지적 사랑intellectual love of God'으로 이끌고 거기에서 지혜를 얻는다. 신에 대한 지적 사랑은 사유와 감정이 통일된 상태로 진리를 파악할 때 느낀 기쁨과 결합된 참된 사유라고 할 만하다. 참된 사유 속에서 느낀 기쁨이 모두 신에 대한 지적 사랑의 일부다. 왜냐하면 이러한 기쁨은 부정적 측면을 전혀 포함하지 않아서 전체의 참된 일부이고, 조각조각 흩어진 사물이 사유 속에서 분리되어 악하게 보이듯 겉으로만 전체의 일부가 아니기 때문이다.

조금 전에 신에 대한 지적 사랑이 기쁨을 포함한다고 말했지만, 어쩌면 잘못 생각했을지도 모른다. 왜냐하면 스피노자는 신이 쾌락이나 고통 같은 어떤 감정의 영향도 받지 않으며, "신을 향한 정신의 지적 사랑은 신이 자신을 사랑하는 무한한 사랑의 일부"라고 말하기 때문이다. 그런데도 '지적 **사랑**'에는 단순한 지성에 없는 어떤 것이 깃들어 있는데, 아마도 참된 사유와 지적 사랑에 포함된 기쁨을 쾌락보다 우월하다고 여긴 것이 아닐까 싶다.

"신을 향한 사랑은 정신의 영역에서 최고 중요한 자리를 차지해야 한다"라고 스피노자는 말한다. 나는 스피노자의 증명 과정을 생략함으로써 스피노자의 사유에 대한 불완전한 그림을 제공했다. 방금 말한 명제에 대한 증명은 짤막하기 때문에 전문을 인용하겠다. 그러면 독자들은 상상력을 발휘해 다른 명제에 대한 증명도 해낼 수 있다. 앞 명제의 증명은 다음과 같다.

"왜냐하면 신에 대한 지적 사랑은 물체의 양상 전부와 결합되며(5권, 명제 14), 양상 전부로 인해 커지고 자라기 때문이다(5권, 명제 15). 그러므로 신에 대한 지적 사랑은 정신 영역에서 최고로 중요한 자리를 틀림없이 차지한다.(5권, 명제 11). 증명 끝."

위에서 인용한 증명에서 언급한 명제 가운데 5권의 명제 14는 이렇게 진술한다. "정신은 사물이 물체로서 드러난 모든 변용modifications이나 모상images을 신의 관념에 속한 것으로 돌릴 수 있다." 5권 명제 15는 이렇게 진술한다. "자신과 자신의 감정을 명석하고 판명하게 이해한 사람은 신을 사랑하며, 자신과 자신의 감정을 이해한 정도에 비례하여 그만큼 더 신을 사랑한다." 5권 명제 11은 이렇게 진술한다. "어떤 심상a mental image은 더 많은 대상들과 관련되어서 더욱 빈번하게, 훨씬 자주 생생하게 나타날수록 정신을 더 많이 차지한다."

위에서 인용한 '증명'은 다음과 같이 표현될 수도 있다. 사건들을 신의 관념에 속한 것으로 돌릴 때 우리에게 일어난 일을 더 많이 이해하게 되는데, 진실을 말하자면 모든 것은 신의 일부이기 때문이다. 이렇게 모든 것을 신의 일부로 이해하는 것이 신에 대한 사랑이다. **모든** 대상을 신에 속한 것으로 돌릴 때, 신의 관념이 정신을 가득 채울 것이다.

요컨대 "신에 대한 사랑이 정신에서 최고 중요한 자리를 차지해야 한다"라는 진술은 일차적으로 도덕적 훈계가 아니라, 우리가 이해하듯 불가피하게 일어나는 일에 대한 설명이다.

아무도 신을 미워할 수 없지만, 다른 한편으로 "신을 사랑하는 사람은 신이 자신에게 사랑을 되돌려 주도록 노력할 수 없다"라고 말한다. 스피노자를 전혀 이해하지 못한 채 숭배한 괴테Johann Wolfgang von Goethe(1749~1832)[44]는 스피노자의 명제를 몰아沒我, self-abnegation의 사례로 여겼다. 앞에서 인용한 명제는 몰아 같은 것이 아니라 스피노자의 형이상학에서 논리적으로 귀결된 주장이다. 그는 인간이 신의 사랑을 바라서는 **안 된다**고 하지 않고, 신을 사랑하는 사람은 신의 사랑을 **바랄 수 없다**고 말한다. 이것은 다음과 같은

44 * 서정시, 동화, 희곡에 이르기까지 다양한 작품을 남긴 독일의 대문호다. 근대문학의 걸작 가운데 하나인 『파우스트 *Faust*』는 세계적으로 읽힌다.

증명으로 분명해진다. "왜냐하면 어떤 사람이 신의 사랑을 받으려고 노력해야 한다면, 그는 자신이 사랑하는 신이, 신이어서는 안 된다고 바라는 셈이고(5권, 명제 17, 논리적 결론), 따라서 신이 고통을 느끼기를 바라는 것인데(3권, 명제 19), 그것은 불합리하기 때문이다(3권, 명제 28)." 5권 명제 17은 이미 언급한 명제로 신이 정념이나 쾌락 또는 고통을 느끼지 않는다고 말한다. 이로부터 신이 아무도 사랑하거나 미워하지 않는다는 사실을 연역적으로 이끌어 낸다. 여기서 다시 문제는 윤리적 차원의 교훈이 아니라 논리적 필연성이다. 그러니까 신을 사랑했고 신의 사랑을 소망했던 사람이 신이 고통받기를 바라는 셈인데, '이것은 불합리하다'는 말이다.

신은 아무도 사랑할 수 없다는 말이 신이 무한한 지적 사랑으로 자신을 사랑한다는 말과 모순을 일으킨다고 생각해서는 안 된다. 신은 자신을 사랑할 수도 있는데, 그것은 거짓 믿음이 되지 않으면서 가능한 일이기 때문이다. 어쨌든 지적 사랑은 매우 특별한 사랑이다.

여기서 스피노자는 이제 '감정에 대비한 모든 치료법'을 제공했다고 말한다. 대단한 치료법은 감정의 본성과 감정이 외부 원인과 맺는 관계를 명석하고 판명하게 이해하는 방법이다. 인간에 대한 사랑과 대비되는 신에 대한 사랑에는 한층 유익한 점이 있다. "정신의 불건전함과 불행은 대체로 변하기 쉬운 대상을 지나치게 사랑하는 데서 생긴다." 그러나 명석하고 판명한 지식은 변하지 않는 영원한 존재에 대한 사랑을 샘솟게 하는데, 이러한 사랑에는 일시적으로 변하는 대상을 사랑할 때 뒤따르는 걱정과 가슴의 설렘이 끼어들 여지가 없다.

죽은 다음에 인격의 생존이 가능하다는 주장이 환상이더라도, 인간의 정신 속에는 영원한 무엇이 깃들어 있다. 정신은 육체가 지탱하는 동안 상상하거나 기억하지만, 신에게는 모든 인간의 육체에 깃들인 본질을 영원한 형태로 표현한 관념이 있다. 바로 이러한 관념이 정신의 영원한 부분이다. 어떤 인간은 신에 대한 지적 사랑을 경험할 때, 정신의 영원한 부분과 관계를 맺는다. 결국 신에 대한 사랑으로 이루어진 축복은 덕에 따른 보상이 아니라 덕 자체다. 그러니까 우리는 정욕을 통제하기 때문에 신적 사랑 안에서 기쁨을 누리는 것이 아니라, 신성한 사랑 안에서 기쁨을 맛보기 때문에 정욕을 통제한다는 말이다.

『윤리학』은 다음과 같은 말로 끝난다. "현자는 지혜로운 한에서 정신이 흐트러지는 일이 좀처럼 없으며, 자신을 비롯해 신과 사물을 결코 멸하지 않는 영원하고 필연적인 존재로 의식하며, 언제나 자신의 정신을 진심으로 묵묵히 유지한다. 내가 이러한 결과로 이끈다고 지적한 방법은 엄청나게 어려워 보이지만 발견될 수도 있다. 그것은 거의 찾기 어렵기 때문에 불가능해 보이기도 한다. 구원이 바로 수중에 들어오고 별다른 노력 없이 얻게 된다면, 그토록 많은 사람들이 어떻게 구원 문제에 소홀할 수 있겠는가? 탁월한 일은 드물고 어려운 법이다."

스피노자가 철학자로서 얼마나 중요한 자리를 차지하는지 비판적으로 평가할 때, 윤리학과 형이상학을 구별한 다음 형이상학을 거부하고도 윤리학의 내용이 얼마나 많이 살아남을지 살펴볼 필요가 있다.

스피노자의 형이상학은 '논리적 일원론logical monism'이라고 부를 수 있는 가장 좋은 사례다. 전체로서 세계는 단일한 실체이므로, 전체를 이루는 어떤 부분도 논리적으로 홀로 실존할 수 없다고 주장하는 학설이다. 이러한 견해를 지지해 주는 최종적 근거는 모든 명제가 각각 단일한 주어와 단일한 술어를 가진다는 믿음인데, 이것은 관계와 다수는 환상일 수밖에 없다는 결론으로 이끈다. 스피노자는 세계와 인생의 본성이 자명한 공리들에서 논리적으로 연역된다고 생각했다. 우리는 2 더하기 2는 4라는 사실과 마찬가지로 세계 안에서 일어나는 사건들에도 복종해야 하는데, 사건들도 수학적 사실과 똑같이 논리적 필연성logical necessity에 따른 결과로 발생하기 때문이다.

이러한 전체 형이상학 체계를 수용하는 것은 불가능하며, 현대 논리학과 과학적 방법과도 양립할 수 없다. **사실**facts을 발견하려면 추리reasoning가 아니라 관찰observation이 필요하다. 우리는 미래를 성공적으로 추론할 때, 논리적 필연성이 아니라 경험 자료를 바탕으로 제안된 원리를 수단으로 삼는다. 더욱이 스피노자의 형이상학에서 전제한 실체는 오늘날 과학도 철학도 더는 수용할 수 없는 개념이다.

하지만 스피노자의 윤리학으로 넘어가면 우리는 적어도 나는 형이상학적 토대가 무너져도 전부는 아니지만, 수용할 만한 부분이 있다는 느낌을 받는다. 대체로 말하면 스피노자는 우리가 인간의 능력에 한계가 있음을 인정할 때조차 고결하게 살 수 있는 방법을 보여 주려고 한다. 그는 자신이 세운 필연의 학설로 인간의 능력에 따른 한계의 폭을 있는 것보다 훨씬 좁힌다. 그러나 의심할 여지없이 인간의 능력에 한계가 있다면 스피노자의 준칙은 아마도 삶을 위해 가능한 최선의 규칙일 것이다. 가령 죽음에 대해 생각해 보자. 인간은 아무리 해도 죽음을 모면하지 못할 텐데, 죽게 된다는 사실을 두려워하고 한탄한들 소용없는 짓이다. 죽음의 공포에 사로잡히면 노예 같은 삶을 살게 되므로, "자유로운 인간은 죽음을 아무렇지 않게 생각한다"라는 스피노자의 격언은 지당한 말이다. 하지만 이러한 경우에도 일반적 의미의 죽음만을 아무렇지 않게 취급할 뿐이고, 질병이 초래하는 죽음은 의료적 보살핌을 통해 마땅히 피해야 한다. 이때 불안과 공포는 단호히 물리쳐야 한다. 말하자면 고요하고 침착하게 필요한 조치를 강구하면서 되도록 우리의 관심을 다른 데로 돌려야 한다. 이러한 고려는 순전히 개인적인 다른 불행에도 모두 적용된다.

하지만 네가 사랑하는 사람에게 닥친 불행에 관해서는 어떠한가? 우리 시대의 유럽이나 중국에 거주하는 사람들에게 일어날 법한 몇 가지 일에 대해 생각해 보자. 네가 유대인이고 가족이 학살당했다고 가정하자. 네가 나치에 저항하는 지하 공작원인데, 네가 붙잡히지 않아서 너의 아내가 총살당했다고 가정하자. 너의 남편이 터무니없는 죄목으로 강제 노동수용소로 끌려가 학대와 굶주림으로 죽었다고 가정하자. 너의 딸이 적군에게 강간을 당한 다음 살해되었다고 가정하자. 너는 이러한 상황에서도 철학적 의미의 평정을 유지해야 하는가?

그리스도의 가르침을 따른다면, 너는 "아버지, 저들을 용서하소서, 저들은 자신이 하는 일을 모르나이다"라고 말할 것이다. 나는 진심에서 우러나서 이렇게 말할 줄 아는 퀘이커교도를 아는데, 그러한 행동에 탄복했다. 하지만 탄복하기에 앞서, 우리는 그러한 불행이 마땅히 그래야 하듯 깊게 느껴진다는 점을 확실히 알아야 한다. "나의 가족이 고통을 당하든 말든 나와 무슨 상관이란 말인가? 그래도 나는 고결할 수 있다"고 말한 몇몇 스토아 철학자의 태도는 수용하기 어렵다. "네 원수를 사랑하라!"는 그리스도교의 원리는 선하지만, "네 친구에게 무관심해라!"라는 스토아학파의 원리는 악하다. 그리스도교의 원리는 마음의 평정을 주입하지 않으며, 가장 흉악한 인간에게도 따뜻한 사랑을 베풀라고 가르친다. 우리는 대부분 진심으로 실천하기 어렵다는 한계를 제외하면 그리스도교의 원리에 반대할 이유가 없다.

앞서 언급한 재앙에 대한 원시적 반응은 복수다. 맥더프Macduff[45]는 자신의 아내와 아이들이 맥베스Macbeth[46]에게 살해되었다는 사실을 알고, 폭군을 죽여 버리겠다고 결심한다. 대다수 사람들은 상해의 정도가 심각할 때, 예컨대 이해관계가 없는 사람에게 혐오감을 불러일으킬 경우 맥더프의 반응을 칭찬한다. 복수라는 반응을 전적으로 비난하기 어려운 까닭은, 그것이

---

45 * 맥베스에 반대한 스코틀랜드 파이프의 영주다. 잉글랜드에 피신한 맬컴 왕자를 앞세운 잉글랜드 군대와 함께 쳐들어가 맥베스를 죽이고 맬컴이 스코틀랜드의 왕이 되도록 도왔다.

46 * 1040년에 사촌인 덩컨 1세를 죽이고 스코틀랜드의 왕이 된 인물이다. 셰익스피어는 『맥베스』에서 저지른 악행과 권력욕으로 괴로워하는 맥베스의 심리를 뛰어나게 묘사했다.

처벌을 만들어 내는 힘 가운데 하나이고, 처벌은 때때로 필요하기 때문이다. 정신 건강의 관점에서도 복수 충동은 너무 강해서 발산시킬 길이 막히면 어떤 사람의 인생관 전체가 비뚤어지고 정신이상을 일으킬 가능성도 있다. 이것은 모든 경우에 들어맞지 않더라도, 대부분의 경우에 사실로 드러난다.

다른 한편 복수가 위험한 동기라는 말도 해야겠다. 사회가 복수를 허용한다면 사람들이 각자 자신의 경우에 대해 재판관의 위치에 서게 되는 셈인데, 이것은 바로 법률이 금하려는 내용이다. 더욱이 복수는 지나친 동기를 부여해 필요 이상으로 심한 처벌을 하도록 자극한다. 예컨대 고문한 자를 고문 형벌로 다스려서는 안 되지만, 복수심에 불타는 사람은 증오하던 대상의 고통 없는 죽음조차 자비롭다고 생각한다. 더욱이 스피노자가 옳게 지적했듯, 단 하나의 정념에 지배당하는 삶은 온갖 지혜와 거리가 먼 편협한 삶이다. 그러므로 복수 자체는 해치는 행동에 대한 최선의 반응이 아니다.

스피노자는 가톨릭교도의 말을 대변하지만 그 이상을 말하려고 했을 것이다. 스피노자는 모든 죄는 무지에서 비롯되므로, "저들이 한 일을 모르기 때문에 저들을 용서할 것이다"라고 말한다. 스피노자는 너에게 죄의 원천으로 보이는 제한된 시야에서 벗어나라고, 아무리 큰 불행이 닥쳐도 슬픔의 세계에 갇혀 지내지 말라고 권고했을 것이다. 다시 말해 그는 불행의 원인을 밝히고 불행한 사건을 전체 자연 질서의 일부로 보도록 너를 이해시키려고 했을 터다. 이미 보았듯 스피노자는 사랑으로 증오를 극복할 수 있다고 믿으며 이렇게 말한다. "증오심은 보복하면 더 커지지만, 사랑의 힘으로 없앨 수 있다. 사랑의 힘으로 극복된 증오심은 사랑의 감정으로 옮아가는데, 이러한 사랑은 증오심을 먼저 경험하지 않았을 경우의 사랑보다 더욱 위대하다." 나도 스피노자의 말을 믿고 싶지만, 증오의 감정에 휩싸인 사람이 미움을 미움으로 되갚지 않는 사람의 능력에 완전히 굴복한 아주 드문 사례를 제외하면 믿기 어렵다. 아주 드문 경우에 미움을 받지 않는다는 사실에 놀란 상대가 마음을 고쳐먹을지도 모른다. 그러나 사악한 자가 권력을 쥐고 있는 한, 네가 사악한 자를 증오하지 않는다고 확신해 보았자 아무 소용도 없다. 사악한 자는 너의 말에 나쁜 동기가 감추어져 있다고 말할 테고, 너는 무저항의 방법으로 그들의 권력을 빼앗지도 못할 테니 말이다.

이러한 문제는 우주의 궁극적 선을 믿지 않는 사람보다 스피노자가 더 쉽게 해결한다. 스피노자는 네가 자신에게 닥친 불운을 현실reality의 일부, 바로 태초부터 종말까지 이어진 인과 체계의 일부로 바라보면, 너의 불운이 너에게만 불운일 뿐이며 우주적 차원에서 불운이 아니고 너에게 닥친 불운은 궁극적 조화를 이루기 위한 일시적 부조화일 따름임을 알아볼 것이라고 생각한다. 나는 이러한 생각을 수용할 수 없다. 왜냐하면 특수 사건은 각각 그대로 존재하는 것이고, 전체 속으로 흡수됨으로써 달라지지 않기 때문이다. 잔인한 행동은 각각 영원히 우주의 일부이며, 나중에 일어난 어떤 일도 잔인한 행동을 악이 아니라 선으로 만들거나 잔인한 행동을 일부로 포함한 전체에 완벽성을 부여할 수 없기 때문이다.

그런데도 인간이 일상적으로 감당하는 것보다 더 나쁜(혹은 너에게 더 나쁜 것처럼 보이는) 역경을 견디어 내는 것이 네가 감당할 몫일 때, 전체에 관해 생각하거나 자신의 비통함보다 큰 문제에 관해 생각하라는 스피노자의 원리는 쓸모가 있다. 인생이 악과 괴로움을 포함하면서도 우주적 차원의 생명에 속한 아주 작은 일부라고 반성하면, 위안을 받을 때가 있다. 이러한 반성은 하나의 종교를 구성하기에는 불충분할지 몰라도, 고통스러운 세상에서 제정신을 차리는 데 힘을 보태며, 깊은 절망 속에서 맞닥뜨린 마비 상태에서 벗어날 해독제다.

11.
라이프니츠

라이프니츠Gottfried Wilhelm Leibniz(1646~1716)는 역사상 최고라고 평가받는 지식인이었지만, 인간적으로는 탄복할 만하지 않았다. 사실 그는 유망한 피고용인의 특징이 될 만한 덕을 고루 갖춘 사람이었다. 부지런하고 검소했으며 절제 있고 재정적으로 깔끔했다. 그러나 전체적으로 보면 라이프니츠는 스피노자의 삶에서 두드러진 고상한 철학자의 덕은 갖추지 못했다. 라이프니츠의 최고 사상은 인기를 얻을 만한 내용이 아니어서, 그는 관련 기록물을 출판하지 않고 책상 서랍 속에 넣어 두었다. 그는 군주와 여왕의 승인을 받을 만한 저술만 출판했다. 결과적으로 라이프니츠를 대표하는 두 가지 철학 체계가 등장한다. 하나는 공개한 체계로 낙관론과 정통 신앙을 옹호하며 환상적이고 피상적이다. 다른 하나는 최근 들어 편집자들이 숨겨진 원고에서 서서히 발굴한 체계로 심오하면서 정합적이고, 대체로 스피노자의 범신론에 가깝고 놀라울 정도로 논리적이다. 이 세계는 모든 가능한 세계 가운데 최선의 세계라는 학설을 발명한 철학자가 대중에게 알려진 라이프니츠였다. 이러한 학설에 대해 브래들리Francis Herbert Bradley(1846~1924)[47]는 "이 세계 안에서 모든 것은 필연적 악이다"라는 조롱 섞인 주석을 덧붙였다. 볼테르가 팡글로스 박사로 풍자한 사람도 대중에게 알려진 라이프니츠였다. 이러한 측면을 무시한 해석은 역사적 사실에 어긋나겠지만, 또 다른 라이프니츠 사상이 철학적으로 훨씬 중요하다.

라이프니츠는 30년 전쟁이 끝나기 2년 전에 라이프치히에서 태어났으며, 아버지는 라이프치히대학에서 도덕 철학을 가르친 교수였다. 라이프치히대학에서 법학을 공부한 그는 1666년에 알트도르프대학에서 박사학위를 취득했다. 뒤이어 같은 대학의 교수로 임명되었으나 대학 측과 '사상이 맞지 않는다'는 이유로 거절했다. 이듬해인 1667년에 마인츠의 대주교 보좌관이 되었는데, 대주교는 독일 서부의 다른 군주들처럼 프랑스의 루이 14세를 두려워한 나머지 엄청난 정신적 압박을 받았다. 라이프니츠는 주교의 승인을 얻어 루이 14세가 독일이 아니라 이집트를 침략하도록 설득했으나, 성 루이 시대 이후 이교도에 대한 성전聖戰은 시류에 맞지 않는다는 정중한 조언을 들었을 뿐이다. 라이프니츠의 이러한 계획은 일반 대중에게 알려지지 않다가 나폴레옹이 이집트 원정에 실패하고 4년 후인 1803년에 하노버를 점령했을 때 비로소 알려졌다. 1672년에 라이프니츠는 그러한 계획과 연루되어 파리로 가서 4년간 훨씬 중요한 시기를 보냈다. 그는 파리에서 만난 사람들과 교류하면서 중요한 지적 발전을 이룩했다. 이때 파리는 철학과 수학 두 분야에서 세계를 주도했다. 그는 1675년부터 1676년 사이에 파리에서 미적분을 발명했는데, 같은 주제를 먼저 연구했으나 미처 발표하지 않은 뉴턴의 저술에 대해서 알지 못했다. 라이프니츠의 저술이 1684년에 먼저, 뉴턴의 저술이 1687년 나중에 출간되었다. 이후 누가 먼저 미적분을 발명했는지를 둘러싼 논쟁은 양측 모두에게 불행하고 망신스러운 일이었다.

---

47 * 헤겔의 절대적 관념론을 계승한 영국 관념론의 대표자로 세계를 이루는 근본 범주는 물질이 아니라 정신이라고 주장했다. 『현상과 현실 : 형이상학 소론 *Appearance and Reality: A Metaphysical Essay*』(1893)에서 현실은 정신적인 것이지만, 증명하는 것은 인간의 한계를 넘어서는 일이며, 관념을 매개로 현실을 온전히 파악할 수 없으므로, 느낌으로 현실의 조화로운 본질을 파악할 수 있다고 제안했다.

라이프니츠는 금전 문제에서 약간 인색한 편이었다. 젊은 새신부가 하노버 법정에서 결혼식을 올릴 때, 이른바 '결혼 선물'을 주곤 했다. 선물 안에는 결혼 생활에 유익한 격언이 담겨 있었는데, 남편을 얻었으니 이제 씻고 빨래하는 일을 멈추지 말라는 조언으로 끝났다. 결혼하는 신부가 고맙게 여겼는지에 대해 역사는 아무 기록도 남기지 않았다.

독일에 거주할 당시 라이프니츠는 신스콜라 철학의 관점으로 해석한 아리스토텔레스 철학을 가르쳤고, 이때 가르친 사상의 일부는 생애 후반까지 간직했다. 그런데 파리에 머무는 동안 알게 된 데카르트 철학과 가상디 Pierre Gassendi(1592~1655)의 유물론이 라이프니츠에게 영향을 미쳤다. 파리에 체류할 당시 그는 스콜라 철학을 가리켜 '시시한 학파'라 부르며 포기했다고 말하기도 했다. 파리에서 말브랑슈와 얀센주의자인 아르노Antoine Arnauld (1612~1694)[48]도 알게 되었다. 마지막으로 스피노자의 철학이 라이프니츠의 철학에 크게 영향을 미치는데, 라이프니츠는 1676년에 스피노자의 집으로 찾아갔다. 라이프니츠는 한 달 동안 머물면서 자주 토론하고 『윤리학』의 원고를 일부 받아보기도 했다. 수년 후 라이프니츠는 스피노자를 비난하는 측에 가담하게 되자, 교류한 사실을 축소하려고 한 번 만나 정치와 관련된 좋은 일화를 몇 가지 들었을 뿐이라고 말했다.

라이프니츠는 하노버 가문과 1673년에 인연을 맺어, 생애 내내 하노버 가문을 위해 일했다. 1680년부터 볼펜뷔텔에 위치한 도서관의 사서로 일했으며, 브라운슈바이크Braunschweig[49]의 역사를 쓰도록 정식으로 고용되기도 했다. 라이프니츠는 브라운슈바이크의 역사를 1009년까지 기록하고 세상을

48 * 얀센주의를 계승한 프랑스의 신학자다. 얀센주의는 네덜란드 신학자인 얀센Cornelius Jansen (1585~ 1638)의 이름에서 유래한 가톨릭 개혁 운동을 가리킨다. 얀센은 아우구스티누스의 원죄설과 은총에 의한 구원을 지지하면서 예수회의 세속적 경향을 비판했다.

49 * 독일 북부 니더작센주에 속한 도시로 오커강 연안에 있다. 861년경에 작센 루돌프 공작의 아들 브라운이 세웠다고 전해지며, 12세기에 작센 군주였던 하인리히에 의해 자치도시로 인가를 받아 발전했다.

떠났고, 1843년에 출판되었다. 당대에 몇몇 사람이 교회의 재통합reunion[50]을 추진했으나 실패로 끝났다. 이때 라이프니츠는 브라운슈바이크 공과 에스테 가문의 관계를 밝혀 줄 증거를 수집하러 이탈리아로 여행을 떠났다. 라이프니치가 이렇게 봉사했는데도 조지 1세는 영국 왕으로 즉위하자 그를 하노버에 남겨 둔 채 떠났는데, 미적분을 누가 먼저 발명했는지를 두고 벌어진 라이프니츠와 뉴턴 논쟁으로 영국인들이 라이프니츠에게 우호적이지 않다는 이유를 들었다. 하지만 라이프니츠가 편지에서 말했듯, 웨일스 공주는 뉴턴에 맞서 라이프니츠의 편을 들어주기도 했다. 공주의 총애를 받았지만, 라이프니츠는 죽는 날까지 요직에 발탁되지 못했다.

라이프니츠의 대중적 철학은 『단자론*Monadology*』과 『자연과 은총의 원리*Principles of Nature and Grace*』에서 찾아낼 수 있고, 둘 가운데 한 권을(어느 책인지 확실치 않지만) 말버러의 동료인 사부아의 외젠 공을 위해 저술했다고 한다. 라이프니츠는 신학적 낙관론의 기초를 『신정론*Théodicée*』[51]에서 제시하며 프로이센의 샤를로테 여왕을 위해 저술했다. 나는 방금 말한 세 저술에 제시된 철학과 더불어 논의를 시작하고, 다음에 출간되지 않은 훨씬 충실한 작품으로 넘어가겠다.

라이프니츠는 데카르트와 스피노자처럼 실체 개념에 기초하여 자신의 철학을 세웠지만, 정신과 물질의 관계나 실체의 수에 관해서 그들과 근본적으로 달랐다. 데카르트는 신·정신·물질이라는 세 가지 실체를 허용했고, 스피노자는 신만 실체로 승인했다. 데카르트의 철학에서 연장延長, extension은 물질의 본질인 반면, 스피노자의 철학에서 연장과 사유는 둘 다 신의 속

50 * 가톨릭교회와 개신교회의 통합을 의미한다.

51 * Théodicée는 그리스어로 신을 뜻하는 'theos'와 정의를 뜻하는 'diké'의 합성어다. 신정론은 신의 선함과 올바름을 현세의 악과 고통처럼 관찰 가능한 사실과 조화시키려는 이론이다. 변신론으로 옮기기도 한다.

성이다. 라이프니츠에 따르면 연장은 실체의 속성이 되지 못한다. 왜냐하면 연장은 나뉠 수 있는 복합물의 특징이어서 실체들로 구성된 복합물에만 속하고, 단일 실체는 연장이라는 속성을 갖지 않기 때문이다. 결국 그는 '단자單子, monad'라고 불리는 실체의 수가 무한하다고 믿었다. 단자는 제각기 물리적 점의 몇 가지 속성을 지닐 테지만, 추상적으로 바라볼 때만 그렇다. 사실 각 단자는 하나의 영혼이다. 이것은 연장이 실체의 속성이 아니라는 데서 자연스럽게 뒤따라 나온다. 다시 말해 유일하게 남은 가능한 본질적 속성은 사유인 것처럼 보였다. 따라서 라이프니츠는 물질의 현실성reality을 부인하고 물질을 영혼들의 무한 집합으로 대체했다.

실체들이 상호작용할 수 없다는 학설은 데카르트의 추종자들이 발전시켰고, 라이프니츠가 이어받아 아주 이상한 결과를 낳았다. 라이프니츠는 두 단자가 서로 아무런 인과관계도 맺을 수 없고, 인과관계를 맺는 것처럼 보일 때 현상에 속는 것이라고 주장했다. 그가 표현했듯 단자들은 '창이 없다.' 이러한 학설은 두 가지 난점에 부딪친다. 하나는 역학에 관한 난점으로 물체들이 특히 충돌할 때 서로 영향을 주는 것처럼 보인다는 점이다. 다른 하나는 지각과 관련된 난점으로 지각되는 대상이 지각하는 사람에게 영향을 미치는 것처럼 보인다는 점이다. 지금은 역학에 관한 난점은 접어 두고, 지각 문제만 다루려 한다. 라이프니츠는 모든 단자는 저마다 우주를 비춘다고 주장했는데, 우주가 단자에 영향을 주기 때문이 아니라 신이 이러한 결과를 자발적으로 만들어 내는 본성을 단자에 심어 놓았기 때문이다. 한 단자에서 일어난 변화와 다른 단자에서 일어난 변화는 '예정조화豫定調和, pre-established harmony'에 의해 서로 영향을 주고받는 것처럼 보인다. 이것은 분명히 시간이 정확히 맞아 같은 시각에 울리는 두 시계의 비유를 확장하여 적용한 경우에 해당한다. 라이프니츠에 따르면 무한 수의 시계가 있으며 창조주가 모든 시계를 같은 순간에 울리도록 예정해 놓았다. 모든 시계가 같은 시각에 울리는 까닭은 서로 영향을 주고받기 때문이 아니라 제각기 정확히 맞는 정밀한 기계 장치이기 때문이다. 라이프니츠는 예정조화에 이상한 점이 있다고 생각한 사람들에게 예정조화가 신의 실존을 보여 주는 얼마나 경탄할 만한 증거를 제공하느냐고 응수했다.

단자들은 위계를 형성하고 우주를 비추는 명석함과 판명함의 정도에 따라 어떤 단자는 다른 단자보다 더 우월한 지위를 차지한다. 모든 단자에 지각과 관련된 어느 정도 혼동이 있지만, 혼동의 정도는 관련된 단자의 품격dignity에 따라 다양하다. 인체a human body는 오로지 단자들로 구성되며, 각각의 단자는 영혼이고 불멸한다. 그런데 특정한 인간의 영혼이라고 불리는 지배적 단자가 하나 있고 그것이 육체의 일부를 이룬다. 이러한 단자는 다른 단자들보다 더 명석하게 지각한다는 의미뿐만 아니라 다른 의미로도 지배적이다. 일상 상황에서 어떤 인체의 변화는 지배적 단자 때문에 일어난다. 나의 팔이 움직일 때 동작에 맞는 목적은 나의 팔을 구성한 단자들이 아니라 지배적 단자, 바로 나의 정신 안에 있다는 말이다. 이것이 상식적으로 나의 의지가 나의 팔을 조종한 것처럼 보이는 현상의 진실이다.

공간은 오감에 나타나고 물리학에서 가정되는 것과 달리 현실적으로 존재하지 않지만, 현실적 대응물을 가진다. 말하자면 세계를 비추는 관점에 따라 3차원 질서로 배열된 단자들이 공간에 대응하여 있다. 각각의 단자는 자신에게 고유한 특정한 관점에 따라 세계를 본다. 이러한 의미에서 우리는 단자가 조금 느슨하게 공간적 위치를 차지한다고 말할 수 있다.

이렇게 말하도록 허용하면 빈 공간vacuum 같은 것은 없다고 말할 수 있다. 모든 가능한 관점은 하나의 실제 단자one actual monad로 오직 하나의 단자로만 채워지기 때문이다. 어떤 두 개의 단자도 정확하게 서로 같지 않다. 이것이 라이프니츠가 말한 '구별불가능자의 동일성identity of indiscernibles' 원리다.

라이프니츠는 스피노자와 대조하면서 자신의 체계에 받아들인 자유의지를 중요하게 생각했다. 그는 '충족이유율principle of sufficient reason'을 세웠는데, 이 원리에 따르면 어떤 일도 이유 없이 일어나지 않는다. 그러나 우리가 자유로운 행위자들에게 관심을 가질 때, 그들이 하는 행위의 이유는 필연성이 아니라 마음이 쏠리는 경향이다. 인간의 행위에는 언제나 동기가 있게 마련이지만, 행위의 충분한 이유가 될 정도로 논리적 필연성을 갖지는 않는다. 라이프니츠는 대중을 위해 글을 쓸 때는 적어도 그렇게 말한다. 하지만 앞으로 보겠지만, 라이프니츠에게는 아르노로부터 충격을 불러일으킬 수도 있다는 조언을 들은 이후 혼자서만 간직한 또 다른 학설이 있었다.

신의 행위들은 같은 종류의 자유를 누린다. 신은 언제나 최선을 위해 행동하지만 논리적으로 강요받지 않는다. 라이프니츠는 신이라도 논리 법칙에 반하여 행동하지 못한다는 토마스 아퀴나스의 의견에 동조하지만, 신은 논리적으로 가능한 무엇이든 명령하여 규정할 수 있으므로 광범위한 선택의 자유를 누린다.

라이프니츠는 신의 실존에 대한 형이상학적 증명의 최종 형식을 만들어냈다. 신의 실존에 대한 형이상학적 증명의 긴 역사는 아리스토텔레스와 함께 시작되거나 플라톤과 함께 시작하기도 한다. 스콜라 철학자들이 일정한 형식을 갖춘 증명 방식을 정리했고, 하나는 성 안셀무스가 발명한 존재론적 논증이다. 성 토마스는 존재론적 논증을 거부했으나 데카르트는 그것을 되살려 냈다. 논리적 기량이 출중한 라이프니츠는 신의 실존에 대한 형이상학적 논증을 이전보다 훨씬 낫게 진술했다. 그것이 내가 라이프니츠와 관련시켜 신의 실존에 대한 형이상학적 증명을 검토하는 이유다.

신의 실존에 대한 형이상학적 증명에 대해 자세히 검토하기 전에, 근대 이후 신학자들이 신의 실존에 대한 형이상학적 증명에 더는 의존하지 않는다는 점도 깨달아야 한다. 중세 신학은 그리스 지성의 파생물이다. 구약성서의 신은 권능의 신이고 신약성서의 신은 사랑의 신이지만, 신학자들의 신은 아리스토텔레스에서 칼뱅에 이르기까지 지성에 호소한 신이다. 신의 실존은 우주에 대한 이해를 표현하는 논증에서 발생한 특정한 수수께끼를 해결해 준다는 말이다. 기하학에서 명제를 증명하는 것처럼 추리의 끝에 나타나는 신은 루소를 만족시키지 못했고, 루소는 복음서의 신과 더 비슷한 신 개념으로 되돌아갔다. 이러한 맥락 속에서 근현대의 주요 신학자들은, 특히 개신교도는 루소를 추종했다. 철학자들은 훨씬 보수적이었다. 칸트가 신의 실존에 대한 형이상학적 증명을 단번에 폐기했다고 선언했는데도 헤겔과 로체Rudolf Hermann Lotze(1817~1881)[52], 브래들리의 철학에 형이상학적 논증은 여전히 등장한다.

신의 실존을 지지하는 라이프니츠의 논증은 네 가지인데, (1) 존재론적 논증, (2) 우주론적 논증, (3) 영원한 진리로부터 논증, (4) 예정조화로부터 논증이다. 이러한 논증은 칸트의 용어를 빌리자면 설계로부터 논증이나 자연신학적 논증으로 일반화할 수도 있다. 이제 앞에서 말한 논증을 차례로 고찰해 보자.

존재론적 논증은 실존existence과 본질essence의 구별에 의존한다. 일상적으로 어떤 사람이나 사물이든 한편으로 실존하고, 다른 한편으로 '본질'을 구성하는 일정한 성질을 가진다. 햄릿은 실존하지 않지만 일정한 본질을 가진다. 가령 그는 우울하고 우유부단하며 익살스러운 특징을 가진다. 우리는 어떤 사람이 현실에 존재하느냐 상상의 인물이냐는 문제를 미결로 둔 채 그 사람에 대해 자세히 기술할 수도 있다. 스콜라 철학의 언어로 표현하면, 유한한 실체는 어떤 경우이든 본질이 실존을 함축하지 못한다. 하지만 데카르트가 나중에 이어받은 성 안셀무스는 최고 완전한 존재로 정의된 신의 경우

52 * 독일의 철학자이자 논리학자로 이신론적 관념론을 세웠다. 사실의 세계는 도덕적 가치와 미적 가치라는 더 높은 기준이 법칙을 매개로 실현되는 장이며, 이것은 인격신이라는 관념을 통해서만 이해할 수 있다고 주장했다.

에는 본질이 실존을 함축한다고 주장한다. 이러한 주장에 대해 다른 완전한 모든 것을 소유한 존재는 실존하지 않는 것보다 실존하는 것이 더 낫다는 근거를 제시한다. 이로부터 만일 그러한 존재가 실존하지 않으면 최선의 가능한 존재가 아니라는 결론이 뒤따라 나온다.

라이프니츠는 존재론적 논증을 전적으로 수용하지도 않고 전적으로 거부하지도 않는다. 존재론적으로 정의된 신이 가능하다는 것은 증명에 의해 보충할 필요가 있다는 말이다. 그는 신에 대한 이러한 관념이 가능하다고 증명하는 글을 썼는데, 헤이그에서 스피노자를 만났을 때 보여 주었다. 라이프니츠의 증명은 신을 가장 완전한 존재, 바로 완전한 성질을 전부 소유한 주체로 정의하며, 완전성은 "긍정적이고 절대적이며, 드러낸 것이 무엇이든 아무 한계 없이 드러나는 단순 성질"로 정의한다. 라이프니츠는 위에서 정의된 두 개의 완전한 것은 양립할 수 없다고 쉽게 입증한다. 그는 이렇게 결론을 내린다. "그러므로 모든 완벽한 성질을 가진 주체, 곧 가장 완벽한 존재는 있거나 개념적으로 생각될 수 있다. 이로부터 그러한 많은 완벽한 성질에 실존이 포함되므로, 가장 완벽한 존재는 실존한다는 결론이 도출된다."

칸트는 라이프니츠의 존재론적 논증에 대해 '실존'은 술어가 아니라고 맞섰다. 다른 유형의 논박은 내가 제안한 기술記述 이론에서 비롯된다.[53] 존재론적 논증은 현대인에게 설득력이 없어 보인다. 그런데 어딘가에 오류가 있다고 느끼기는 쉬워도 정확히 어떤 부분이 오류인지 밝혀내기는 어렵다.

우주론적 논증은 존재론적 논증보다 그럴듯해 보이는데, 아리스토텔레스의 부동의 원동자 논증에서 파생된 제일 원인 논증으로 단순하다. 유한한

---

53 * 러셀은 '실존'을 존재 양화사 '∃(x)'로 해석했다. '∃(x)Fx'는 F라는 속성을 가진 x가 적어도 하나 있다는 뜻을 가진 명제 함수다. 여기서 F를 '직립보행'이라고 가정하자. 이때 직립보행이라는 속성을 가진 대상을 실제로 찾아서 x에 채워 넣은 명제는 참이다.

모든 것은 원인을 가지며, 원인은 또 다른 원인을 가진다는 식으로 계속 후퇴한다고 지적한다. 이전에 앞선 원인의 계열은 무한할 수 없고, 계열의 첫 항 자체에는 원인이 없어야 한다. 그렇지 않으면 첫 항이 되지 못하기 때문이다. 그러므로 모든 것의 원인 없는 원인이 있으며, 이것은 분명히 신이다.

라이프니츠의 철학에서 우주론적 논증은 조금 다른 형식으로 진술된다. 그는 세계의 모든 특수 사물은 '우연적contingent'이라고, 다시 말해 실존하지 않는 것이 논리적으로 가능하다고 주장한다. 이러한 주장은 특수 사물뿐만 아니라 우주 전체에도 정확히 들어맞는다. 설령 우리가 우주는 언제나 실존했다고 가정하더라도 우주 안에 우주가 실존하는지 보여 주는 어떤 이유는 없다. 하지만 라이프니츠의 철학에 따르면 모든 것에는 충분한 이유가 반드시 있다. 그러므로 우주 전체에도 충분한 이유가 있어야 하는데, 그러한 이유는 우주 밖에 있음이 틀림없다. 이러한 충족 이유가 신이다.

라이프니츠의 우주론적 논증은 간단한 제일 원인 논증보다 훨씬 뛰어난 논증으로 쉽게 논박할 수 없다. 제일 원인 논증은 각 계열마다 첫 항이 있어야 한다는 가정에 의존하지만, 바로 이러한 가정이 거짓이다. 예컨대 진분수의 계열에는 첫 항이 없다. 그런데 라이프니츠의 논증은 우주에 시초가 있어야 한다는 견해에 의존하지 않는다. 라이프니츠의 논증은 충족 이유율을 당연하게 받아들인다면 타당하지만, 충족 이유율을 받아들이지 않으면 타당성을 잃는다. 라이프니츠의 충족 이유율이 정확히 무엇을 의미하는지는 논쟁을 불러일으키는 문제다. 쿠튀라Louis Couturat(1868~1914)[54]는 충족 이유율이, 모든 참 명제는 분석 명제, 바로 반대 명제가 자기모순에 빠지는 명제임을 의미한다고 주장한다. 라이프니츠가 출간되지 않은 저술에서 지지

54 * 프랑스의 철학자이자 논리학자로, 인위적으로 만든 국제어 사용을 지지했으며, 기호논리 체계를 만들어 철학사와 수리철학을 연구했다. 에스페란토Esperanto와 이도Ido를 국제어로 사용하도록 촉구하기 위해 국제철학회의를 열기도 했다.

했던 이러한 해석은 참이더라도 비밀스럽게 전해진 심오한 견해다. 라이프니츠가 출간된 저술에서 주장한 내용을 보면 필연적 명제와 우연적 명제 사이에 차이가 있으며 필연적 명제만 논리 법칙에서 도출되고, 신의 실존을 유일한 예외로 치면 실존을 주장하는 모든 명제는 우연적 명제다. 신은 필연적으로 실존하지만 세계를 창조하도록 논리적으로 강요받지 않았다. 반대로 신이 세계를 창조한 행위는 필연이 아니라 신의 선함이 동기가 되어 일어난 자유로운 선택이었다.

이러한 논증이 존재론적 논증에 의존한다는 칸트의 주장은 분명히 옳다. 만일 세계의 실존이 오직 필연적 존재의 실존으로 설명될 수 있다면, 본질이 실존을 포함하는 존재가 반드시 있어야 한다. 그런데 만일 본질이 실존을 포함하는 존재가 가능하다면, 경험에 의존하지 않고 이성만으로 이러한 존재를 정의해야 한다. 그것의 실존은 존재론적 논증에서 도출될 것이다. 왜냐하면 오로지 본질과 관계를 맺는 모든 것은 경험과 독립적으로 알려질 수 있기 때문이다. 적어도 라이프니츠의 견해는 이러하다. 그러므로 외견상 우주론적 논증이 존재론적 논증과 대조적으로 더 그럴듯해 보인다는 것은 속임수다.

영원한 진리로부터 논증을 정확히 진술하기는 조금 어렵다. 논증은 대략 다음과 같다. "비가 온다"라는 진술은 때로는 참이고 때로는 거짓인 데 반해, "2 더하기 2는 4이다"라는 진술은 언제나 참이다. 실존과 관련이 없고 오직 본질과 관련된 모든 진술은 언제나 참이거나 결코 참이 아니다. 언제나 참인 진술을 '영원한 진리'라고 한다. 논증의 골자는 진리란 각자의 정신에 포함된 내용의 일부이며, 영원한 진리는 영원한 정신에 포함된 내용의 일부임이 틀림없다는 것이다. 플라톤의 철학에 별로 다르지 않은 논증이 이미 있는데, 플라톤은 이상의 영원성으로부터 영혼의 불멸성을 연역한다. 그러나 영원한 진리로부터 논증은 라이프니츠의 철학에서 더 발전된 형태로 나타난다. 그는 우연적 진리의 궁극적 이유를 필연적 진리에서 찾을 수밖에 없다고 주장한다. 여기에서 영원한 진리로부터 논증은 우주론적 논증과 같아진다. 우연적 세계 전체에도 이유가 있어야 하는데, 그러한 이유 자체는 우연적일 수 없고 영원한 진리 가운데서 찾을 수밖에 없다는 말이다. 그러므로 영원한 진리는 어떤 점에서 실존해야 하며, 오직 신의 정신 안에 깃들인 사유 내용으로서 실존할 수 있을 따름이다. 이러한 논증은 현실적으로 또 다른 형태의 우주론적 논증일 뿐이다. 하지만 어떤 진리가 그것을 파악한 정신 속에 '실존한다'고는 도저히 말할 수 없다는 추가 반론이 있다.

라이프니츠가 말하듯, 예정조화로부터 논증은 모두 제각기 우주를 비추는 창이 없는 단자들을 받아들인 사람들에게만 타당할 뿐이다. 예정조화로부터 논증은 모든 시계가 인과적 상호작용을 하지 않는데도 서로 시각이 정확하게 맞도록 되어 있어서, 모든 시계를 맞추어 놓은 단 하나의 외부 원인이 틀림없이 있다는 것이다. 물론 이것은 단자론 전체를 괴롭히는 난점이다. 단자들 사이에 상호작용이 전혀 일어나지 않는다면, 한 단자가 다른 단자들이 있다는 것을 어떻게 아는가? 우주를 비추는 것처럼 보이는 것은 꿈에 지나지 않을지도 모른다. 사실 라이프니츠의 논증이 옳다면 단자는 꿈을 꾸는 것뿐인데, 라이프니츠는 어떻든 모든 단자가 동시에 비슷한 꿈을 꾼다고 확인했다. 이것은 당연히 공상에 빠진 견해여서, 이전 데카르트학파의 역사를 편들기 위한 것이 아니라면 결코 믿을 만해 보이지 않았을 것이다.

하지만 라이프니츠의 논증은 고유한 형이상학에 의존하지 않고 계획으로부터 논증으로 변형될 수 있다. 계획으로부터 논증은 알려진 세계에 대한 조사에 근거하여 우리가 사물을 맹목적 자연력의 산물이라고 도저히 설명할 수 없지만, 자비로운 목적을 드러내는 증거라고 생각하면 훨씬 합리적이라고 주장한다.

계획으로부터 논증에 형식상 논리적 결함은 없다. 전제들은 경험에 의존하며, 결론도 흔히 경험적 추론을 할 때 지키는 규칙에 따라 도출되었다고 공언한다. 그러므로 계획으로부터 논증을 수용할지에 관한 문제도 일반적인 형이상학적 문제가 아니라 비교적 상세한 고찰에 비추어 결정된다. 계획으로부터 논증과 그 밖에 다른 논증을 구별하는 중요한 차이는, 계획으로부터 논증(만약 타당하다면)이 증명한 신은 흔히 형이상학에서 말하는 신의 속성을 전부 다 지닐 필요가 없다는 점이다. 신은 전능하거나 전지할 필요가 없고, 다만 우리 인간보다 훨씬 현명하고 능력이 더 뛰어나기만 하면 된다. 세상의 악은 신의 제한된 능력 탓일지도 모른다. 근대의 몇몇 신학자는 이러한 가능성을 이용하여 신 개념을 만들어 냈다. 그러나 이러한 사변은 이제 다시 다루어야 할 라이프니츠의 철학과 거리가 멀다.

라이프니츠 철학의 두드러진 특징 하나는 여러 가능 세계many possible worlds에 대한 학설이다. 어떤 세계는 논리 법칙과 모순되지 않으면 '가능하다.' 무한 수의 가능 세계가 있고 신은 실제 세계actual world를 창조하기 전에 모든 가능 세계에 대해 미리 응시하며 숙고했다. 그런 다음 선한 존재인 신은 가능 세계 가운데 최선의 세계를 창조하기로 결정하고, 선이 악을 능가하여 최대로 초과한 세계를 최선의 세계라고 생각했다. 신은 악이 전혀 없는 세계를 창조할 수 있었지만, 악이 없는 세계는 실제 세계만큼 선하지 않았을 것이다. 왜냐하면 몇몇 위대한 선은 일정한 악과 엮여 있기 때문이다. 사소한 예를 들면 무더운 날 네가 너무 목이 말라서 들이켠 물 한 모금은 목마른 상태가 고통스러웠지만 견딜 만한 가치가 있었다고 생각할 정도로 큰 쾌락을 줄 수도 있다. 목마름의 고통이 없었다면 물을 마신 다음 누리게 될 기쁨이 그렇게 크지 않았을 테니 말이다. 신학에서 중요한 것은 이러한 사례가 아니라 죄와 자유의지의 관계다. 자유의지는 위대한 선인데, 신이 자유의지를 부여하는 동시에 죄를 저지르지 않도록 명령하기는 논리적으로 불가능했다. 그러므로 신은 아담이 선악과를 따 먹게 되리라고 예견했고, 죄에는 벌이 따르게 마련이지만 인간을 자유인으로 창조하기로 결정했다. 창조의 결과로 생겨난 세계는 악을 포함하지만, 다른 가능 세계보다 악에 비해 선이 더 많은 세계다. 그러므로 창조된 세계는 모든 가능 세계 가운데 최선의 세계이며, 세계가 포함한 악은 신의 선함에 반대하는 어떤 논증도 제공하지 못한다.

이러한 논증은 겉보기에 프로이센의 여왕을 만족시켰다. 여왕은 농노들이 악으로 고통당하는데도 계속 선을 즐겼는데, 위대한 철학자가 그러한 상황이 바르고 옳다고 보증해 주자 위안으로 삼았다.

악의 문제를 푸는 라이프니츠의 해결책은 대부분의 다른 대중적 학설과 마찬가지로 논리적으로 가능하지만 설득력이 전혀 없다. 어떤 마니교도는 이 세계가 모든 가능 세계 가운데 최악의 세계라고 항변할 수도 있는데, 여기에서 실제로 존재하는 좋은 것들은 악을 배가시킬 따름이다. 세계는 사악한 데미우르고스가 창조했으며, 악한 죄를 확인하기 위해 선한 자유의지를 허용하고 악이 자유의지의 선함을 능가하게 했다고 말할지도 모른다. 이어서 그는 데미우르고스가 유덕한 몇 사람을 창조하는데, 이것은 그들이 사악한 자에게 고통을 당하도록 하기 위한 것이라고 말할 수도 있다. 유덕한 자에게 내려진 벌은 악을 더욱 대단해 보이게 만들어 선한 사람이 한 사람도 없는 경우보다 세계를 더 나쁘게 만든다고 말할지도 모른다. 나는 이러한 견해를 지지하지 않으며 공상에 빠진 견해라고 생각한다. 마니교도의 견해도 라이프니츠의 이론만큼 공상에 빠져 있다는 말이다. 사람들은 우주가 선하기를 간절히 바라는 나머지 우주가 선하다고 입증하는 나쁜 논증에 대해서도 너그러워진다. 반면에 우주가 악으로 가득하다는 사실을 입증하는 논증은 면밀히 검토한다. 사실 세계는 부분적으로 선하고 부분적으로 악하다. 이러한 명백한 사실을 부정하게 되어서 '악의 문제'가 발생한다.

이제 라이프니츠의 심오한 철학을 논의할 차례다. 여기서 대중에게 알려진 견해의 임의적이거나 공상에 빠진 부분을 지지한 근거를 찾아내고, 일반적으로 알려졌다면 수용되기 어려웠을 학설에 대해서도 해석해 보자. 라이프니츠가 후대 철학 연구자를 속여 넘겼다는 사실은 주목할 만한데, 분량이 엄청난 원고를 선별하여 출판한 편집자들은 대부분 라이프니츠의 체계에 대한 표준 해석을 지지하는 저술에 주목했기 때문에, 라이프니츠가 기대한 이상으로 심오한 사상가임을 입증하는 논문들은 대수롭지 않게 누락시켰다. 심오한 학설을 이해하기 위해 기대야 할 대부분의 문서는 1901년이나 1903년에 처음 루이 쿠튀라가 두 권으로 출간했다. 라이프니츠는 한 권에 "여기서 나는 엄청난 사상의 진보를 이루었다"라는 논평을 덧붙이기도 했다. 하지만 어떤 편집자도 라이프니츠의 저술이 출판할 가치가 있다고 생각하지 못했기 때문에, 심오한 철학은 2세기 동안 묻혀 있었다. 라이프니츠가 아르노에게 보낸 편지에 라이프니츠의 심오한 철학이 일부 포함되어 있으며, 이것은 19세기에 출간되었다. 그러나 거기에 포함된 중요한 의미에 최초로 주목한 사람은 바로 나, 러셀이다. 라이프니츠의 편지를 받은 아르노는 실망스러워하며 이렇게 편지를 써 보냈다. "편지에 담긴 생각 가운데 놀라운 내용이 많은데, 내 판단이 틀리지 않다면 거의 모든 사람이 충격을 받을 것이네. 온 세상이 거부할 것이 분명한 글이 무슨 쓸모가 있을지 모르겠군." 의심할 여지없이 이러한 적대적 견해를 마주한 때부터 라이프니츠는 철학적 주제를 다룬 자신의 진짜 사상을 비밀에 부치기로 결심했다.

실체는 데카르트와 스피노자, 라이프니츠의 철학을 관통한 기본 개념이고, 주어와 술어라는 논리적 범주에서 갈라져 나온 개념이다. 어떤 낱말은 주어가 될 수도 있고, 술어가 될 수도 있다. 예를 들면 "하늘은 파랗다"라고 말할 수도 있고, "파랗다는 빛깔이다"라고 말할 수도 있다. 고유명사를 가장 분명한 사례로 들 수 있는 다른 낱말은 결코 술어 자리에 올 수 없고, 오로지 주어 자리에 오거나 어떤 관계의 항을 차지할 수 있다. 이러한 낱말은

실체를 지시한다. 실체들은 이러한 논리적 특징에 더하여, 전능한 신이 파괴하기 전까지 시간을 거쳐 지속한다(추측건대 그런 일은 결코 일어나지 않을 것이다). 모든 참 명제는 일반 명제이거나 특칭 명제다. "모든 사람은 죽는다"와 같은 일반 명제에서 한 술어는 다른 술어를 함축하고, "소크라테스는 죽는다" 같은 특칭 명제에서 술어는 주어 속에 포함되어서 술어로 지시되는 성질이 주어로 지시되는 실체 개념의 일부가 된다. 소크라테스에게 일어난 일은 무엇이든 '소크라테스'가 주어이고, 일어난 일을 기술하는 낱말들이 술어인 문장으로 주장될 수 있다. 이렇게 모인 술어들이 소크라테스의 '개념notion'을 구성한다. 이러한 의미에서 모든 술어는 필연적으로 소크라테스에 속하며, 그러한 술어들이 참되게 주장될 수 없는 실체는 소크라테스가 아닌 다른 어떤 사람일 것이다.

라이프니츠는 논리학 분야뿐 아니라 형이상학의 기초로서 논리학이 중요하다고 굳게 믿었다. 그는 수리논리학을 열심히 연구했고 발표했더라면 굉장한 업적으로 평가받았을지도 모른다. 그렇게 했더라면 수리논리학의 창시자가 되었을 테고, 수리논리학은 한 세기 반 앞서 세상에 알려졌을 것이다. 라이프니츠가 발표를 포기한 까닭은 아리스토텔레스의 삼단논법 학설에서 몇 가지 사항이 틀리다는 증거를 계속 찾았기 때문인데, 아리스토텔레스에 대한 존경심이 지나쳐서 오히려 자신이 오류를 범했다고 생각하는 실수를 저질렀다. 그렇더라도 그는 일생 동안 자신이 **보편 언어**Characteristica Universalis라고 부른 일종의 보편 수학을 발견하리라는 희망을 간직했고, 보편 수학이 확립되면 사고를 일종의 계산으로 대체할 수 있으리라고 생각했다. 그는 이렇게 말한다. "만일 우리가 보편 수학을 갖게 되면, 형이상학과 도덕에서도 기하학과 분석에서 하는 것과 같은 방식으로 추리하게 될 것이다. 논의가 필요한 문제가 발생해도, 논쟁이 두 계리사[55] 간에 필요하지 않듯 두 철학자 간에도 더는 필요치 않을 것이다. 두 사람이 연필을 손에 들고 석판 앞에 앉은 다음(그들이 좋다면 친구를 증인으로 옆에 앉혀도 됨), 서로 이렇게 말하면 될 테니까 말이다. 우리 계산해 봅시다."

라이프니츠는 자신의 철학을 논리학의 두 전제, 곧 모순율과 충족이유율 위에 세웠다. 두 법칙은 모두 '분석' 명제라는 개념에 의존하는데, 분석 명제는 주어 개념 속에 술어 개념이 포함된 명제다. 예컨대 "모든 백인 남자는 남자다"라는 명제가 분석 명제다. 모순율은 모든 분석 명제가 참이라고 진술한다. 충족이유율(심오한 체계에서만)은 모든 참 명제가 분석적이라고 진술한다. 이것은 우리가 사실에 관한 경험적 진술로 여기는 명제에도 적용된다. 만일 내가 여행을 한다면 여행이라는 개념이 나의 개념 속에 영원히 포함되어야 하며, 여행이란 개념은 나를 기술하는 술어가 된다. "우리는 어떤 개별 실체an individual substance 또는 어떤 완성된 존재a complete being의 본성이 충분히 포괄할 정도로 완전한 개념을 갖추어서, 이러한 개념이 귀속되는 주어의 모든 술어를 바로 그 개념에서 연역할 수도 있다. 따라서 알렉산드로스 대왕에게 속한 왕이라는 성질은 주어에서 떼어낼 경우에 어떤 개체를 충분히 규정하지 못하고, 같은 주어의 다른 성질들을 포함하지도 못하고, 이러한 왕의 개념이 담고 있는 모든 성질을 포함하지도 못한다. 반면에 신은 알렉산드로스라는 개체가 지닌 개념 또는 개성 원리haecceity를 볼 때 동시에 알렉산드로스에게 참되게 귀속될 수 있는 모든 술어의 토대와 이유를 알아본다. 예컨대 신은 알렉산드로스가 다리우스와 포루스를 정복할지 알아본다. 심지어 신은 알렉산드로스가 자연사로 죽었는지 독살을 당했는지도 **선험적으로**(경험하지 않고) 알지만, 우리는 역사를 배워야만 알 수 있다."

라이프니츠의 형이상학이 근거한 기초에 대한 가장 명확한 진술은 아르노에게 보낸 편지에 등장한다. "내가 모든 참 명제에 대해 가진 개념을 참고

55 * 오늘날의 회계사.

할 때, 나는 모든 술어, 필연이나 우연, 과거나 현재, 미래는 주어 개념 속에 포함되어 있음을 발견하고, 더는 묻지 않습니다. …… 이 명제는 대단히 중요하므로 잘 확립할 만한 가치가 있습니다. 왜냐하면 그것에서 모든 영혼이 저마다 하나의 세계로서 분리되어, 신을 제외한 다른 모든 것과 독립적으로 존재한다는 결론이 도출되기 때문입니다. 모든 영혼이 저마다 불멸하고, 이를테면 고통을 당하거나 해를 입지 않을뿐더러 그것의 실체 안에 자신에게 일어날 모든 일의 흔적을 간직한다는 말입니다."

라이프니츠는 이어서 실체들이 서로 영향을 주고받지 않지만, 모두 각자의 관점에서 우주를 비춤으로써 일치한다고 설명한다. 상호작용이 일어날 수 있는 까닭은 각 주체에게 일어나는 모든 일이 자신의 개념에 포함된 일부이며, 그러한 실체가 실존하면 영원히 결정되기 때문이다.

이러한 체계는 분명히 스피노자의 체계만큼 결정론적이다. 아르노는 라이프니츠가 말한 다음과 같은 진술에 대해 공포심을 드러낸다. "각 사람에 대한 개별 개념은 그 사람에게 일어날 모든 것을 한꺼번에 포함한다." 이러한 견해는 분명히 죄와 자유의지에 관한 그리스도교의 교리와 양립하기 힘들다. 라이프니츠는 아르노가 자신의 견해를 나쁘게 생각한다는 사실을 알고서 조심스럽게 공개하지 않았다.

인간의 경우에는 논리로 아는 진리와 경험으로 아는 진리 사이에 차이가 있게 마련이다. 이러한 차이는 두 가지 방식으로 생긴다. 우선 아담에게 일어날 모든 일이 아담의 개념에서 도출되더라도, **그가 실존하면** 우리는 그의 실존을 경험으로만 확인할 수 있다. 둘째로 어떤 개별 실체이든 실체에 대한 개념은 무한할 정도로 복잡하며, 그것의 술어들을 연역하기 위해 요구되는 분석은 신에게만 가능한 일이다. 그렇지만 이러한 차이는 우리의 무지와 지적 한계에서 기인할 뿐 신에게는 아무런 차이도 없다. 신은 아담의 개념에 포함된 무한히 복잡한 모든 내용을 파악하므로, 아담에 대해 참인 모든 명제를 분석적으로 이해한다. 신은 아담이 실존하는지 **선험적으로** 확인할 수도 있다. 왜냐하면 신은 자신이 가능한 최선의 세계를 창조하리라는 사실이 도출되는 자신의 선한 본성을 알고, 아담이 이 세계의 일부가 될지도 알기 때문이다. 그러므로 우리의 무지한 상태를 끝내고 결정론에서 벗어날 길은 현실적으로 없다.

하지만 아주 기이한 논점이 더 있다. 대부분의 경우 라이프니츠는 창조를 신의 자유로운 행위로 묘사하여 신이 의지를 발휘해야 한다고 요구한다. 이러한 학설에 따르면 실제 세계에 실존하는 것이 무엇이냐는 결정은 관찰한 결과가 아니라 신의 선한 본성에 따라 정해질 수밖에 없다. 최선의 가능한 세계를 창조하도록 이끈 신의 선한 본성을 제외하면, 어떤 사물이 다른 사물보다 실존해야 할 선험적 이유는 없다.

그런데 때때로 누구에게도 보여 주지 않은 논문에 왜 어떤 사물은 실존하고, 다른 사물은 동등하게 가능하지만 실존하지 않는지에 대한 전혀 다른 이론이 등장한다. 이러한 견해에 따르면 실존하지 않는 모든 것은 실존하기 위해 투쟁하고 모든 가능한 사물은 전부 실존할 수 없다. 왜냐하면 모든 가능한 사물은 모두 '함께 가능한' 것이 아니기 때문이다. A가 실존해야 하는 것이 가능할 수도 있고, B가 실존해야 하는 것이 가능할 수도 있지만, A와 B가 둘 다 실존해야 하는 것은 가능하지 않을 수 있다. 그러한 경우에 A와 B는 '함께 가능한compossible' 것이 아니다. 둘이나 둘 이상의 사물은 모두 실존하는 것이 가능할 때만 '함께 가능'하다. 라이프니츠는 본질들이 모두 실존하려고 애쓰면서 머무는 림보Limbo[56]에서 일어나는 일종의 전쟁을 상상했던 듯하다. 이 전쟁에서 함께 가능한 사물들은 무리를 지어서 함께

56 * 가톨릭 신학에서 지옥 벌은 모면했으나 영원히 천국에 가지 못하는 영혼들이 머무는 일종의 저승을 가리키는 말이다.

가능한 것들의 가장 큰 무리가, 정치적 경쟁에서 가장 큰 압력 집단처럼 승리를 거둔다. 라이프니츠는 실존을 **정의하는** 방식으로 이러한 개념을 사용하기도 한다. 그는 이렇게 말한다. "실존하는 사물은 자신과 양립할 수 없는 것이 아니라 더 많은 사물과 양립할 수 있는 것으로 정의될 수도 있다." 말하자면 A는 B와 양립할 수 없을 때, A는 C, D, E와 양립할 수 있지만, B는 F, G와 양립할 뿐이라면 **정의**definition에 의해 A는 실존하고 B는 실존하지 못한다. 라이프니츠에 따르면 "실존하는 사물은 가장 많은 사물과 양립할 수 있는 존재다."

이러한 라이프니츠의 설명에서 신은 전혀 등장하지 않으며 겉으로 드러난 창조 행위도 없다. 무엇이 실존하는지 결정하기 위해 순수 논리학 말고 아무것도 필요하지 않다. 라이프니츠에게 A와 B가 함께 가능하냐는 논리적인 문제다. 말하자면 A와 B가 둘 다 실존하는 것은 모순을 포함하는가? 이론적으로 논리학이 함께 가능한 사물이 모인 무리 가운데 어떤 것이 가장 큰지 결정할 수 있고, 이렇게 결정된 가장 큰 무리가 실존할 것이라는 결론이 도출된다.

그렇지만 어쩌면 라이프니츠는 위에서 말한 것이 정말로 실존의 **정의**라고 생각했던 것은 아니었을지도 모른다. 실존의 정의가 하나의 기준이었을 뿐이라면, 그것은 라이프니츠가 '형이상학적 완벽성metaphysical perfection'이라고 부른 것의 도움으로 대중적 견해와 조화될 수 있다. 그가 사용한 형이상학적 완벽성은 실존의 양을 의미하는 것처럼 보인다. 라이프니츠의 주장에 따르면 형이상학적 완벽성은 "엄밀하게 이해된 긍정적 현실의 크기일 뿐이다." 그는 언제나 신은 가능한 만큼 많이 창조했다고 주장하는데, 이것이 빈 공간을 거부하는 이유 가운데 하나다. 실존하지 않는 것보다 실존하는 것이 더 낫다는 일반적 믿음(내가 도저히 납득하기 힘든)이 있다. 이것을 근거로 아이들은 부모에게 감사해야 한다는 훈계를 듣는다. 라이프니츠도 분명히 이러한 견해를 주장했으며, 우주를 가능한 만큼 가득 채워서 창조하는 것이 신의 선한 본성에 속한 일부라고 생각했다. 이로부터 실제 세계actual world는 함께 가능한 사물들이 모인 가장 큰 무리라는 결론이 도출될 것이다. 아주 유능한 논리학자가 있다면, 논리학만으로 주어진 가능한 실체가 실존할지 실존하지 못할지도 결정할 수 있다는 것도 참일 터다.

공개되지 않은 생각에 비추어 볼 때 라이프니츠는 논리학을 형이상학의 문을 여는 열쇠로 사용한 가장 좋은 본보기다. 이러한 유형의 철학은 파르메니데스와 함께 시작되어, 플라톤의 이상론에서 논리학의 영역 밖에 있는 다양한 명제들을 입증하는 이론으로 확장된다. 스피노자의 철학도 같은 유형에 속하며 헤겔의 철학도 마찬가지다. 그러나 아무도 라이프니츠만큼 명확하게 구문syntax에서 현실 세계real world를 추론하지 않는다. 이러한 종류의 논증은 경험론의 발전으로 평판이 나빠졌다. 언어에서 시작하여 언어 바깥의 사실로 나아가는 타당한 추론이 가능하냐는 내가 독단적으로 주장하고 싶지 않은 문제다. 그러나 라이프니츠를 비롯한 다른 **선험** 철학자들에게 발견되는 추론은 분명히 타당하지 않은데, 전부 결함이 있는 논리학에서 생겨나기 때문이다. 과거 선험 철학자들이 가정한 주어-술어 논리학은 관계를 아예 무시하거나 관계가 비현실적임을 입증하기 위해 오류 논증을 만들어 낸다. 라이프니츠가 주어-술어 논리학을 다원론과 결합할 때 특별한 비일관성을 드러낸 까닭은, "수많은 단자들이 있다There are many monads"라는 명제가 주어-술어 형식에 속하지 않기 때문이다. 일관성을 유지하려면, 모든 명제가 주어-술어 형식에 속한다고 믿는 철학자는 스피노자처럼 일원론자가 되어야 한다. 라이프니츠는 대체로 역학에 대한 관심과, 연장延長, extension은 반복적으로 나뉘어서 단일 실체의 속성일 수 없기 때문에 일원론을 거부했다.

라이프니츠는 따분한 작가이고 그의 영향으로 독일 철학은 현학적이고 무미건조해졌다. 그의 제자인 볼프Christian Wolff(1679~1754)는 칸트의 『순수 이성 비판』이 출판되기 전까지 독일의 강단 철학을 지배하는데, 라이프니츠의 철학에서 가장 흥미로운 부분을 버려둔 채 무미건조한 직업적 사고방식만 고수했다. 라이프니츠의 철학은 독일 밖의 다른 나라에 아무 영향도 미치지 못했다. 당대 철학자인 로크는 영국 철학계를 장악했으며, 프랑스에서는 데카르트가 계속 군림하다가 볼테르가 등장한 후 상황이 바뀌어 영국 경험론이 유행하게 되었다.

그렇더라도 라이프니츠는 여전히 위대한 철학자이며, 그의 위대함은 이전 시대보다 지금 더욱 두드러진다. 수학자나 미적분학의 발명자로서 누리는 명성과 별개로, 그는 수리논리학의 개척자로서 아무도 알아채지 못했던 중요한 의미를 통찰했다. 라이프니츠가 세운 철학적 가설들은 공상적이지만 아주 명료하고 정확하게 표현될 수 있다. 그가 가정한 단자들도 창이 없다고 보기는 어려워도 지각을 바라보는 가능한 방식을 암시하여 여전히 유용할 수 있다. 내가 라이프니츠의 단자론에서 최고로 생각한 것은 두 종류의 공간이다. 하나는 주관적 공간으로 각 단자의 지각들과 관계가 있으며, 다른 하나는 객관적 공간으로 다양한 단자들의 관점이 모여서 이루어진다. 나는 라이프니츠의 공간론이 지각과 물리학을 연결할 때 여전히 유용하다고 생각한다.

12.
철학적 자유주의

정치학과 철학 분야에서 자유주의의 발전은 일반적으로 제기되는 아주 중요한 문제에 대해 연구할 소재를 제공한다. 정치·사회 상황은 저명하고 독창적인 사상가들에게 어떤 영향을 미쳤는가? 반대로 저명하고 독창적인 사상가들은 후대 정치·사회의 발전에 어떤 영향을 미쳤는가?

흔히 발생하는 상반된 두 가지 오류를 경계해야 한다. 한편으로 일어난 사태보다 책과 친숙한 학자들이 철학자의 영향을 과대평가하기 쉽다. 그들은 어떤 정당에서 이러저러한 철학자의 가르침을 신봉한다고 선언하면, 정당 활동이 전부 이러저러한 철학자와 관련이 있다고 생각한다. 그런데 사실상 해당 정당은 어떤 경우에 어떻게 행동할지를 권고하기 때문에 특정한 철학자에게 갈채를 보내고 환호할 뿐이다. 최근까지도 저술가들은 거의 대부분 같은 분야에서 두각을 나타낸 사상적 선배들이 사회에 미친 영향을 과장하기도 했다. 이러한 낡은 접근에 맞선 반동으로 새로운 오류가 발생하는데, 이론가들을 거의 환경의 수동적 산물로 간주한 나머지 사건이 일어난 과정에 전혀 영향을 미치지 못한다고 생각하는 데서 비롯된다. 이러한 견해에 따르면 사상은 깊은 해류 표면의 물거품이며, 깊은 해류는 물질적이고 기술적인 원인이 결정한다. 구경꾼에게 방향만 드러낼 뿐인 물거품이 해류의 흐름을 일으키지 못하듯 사상이 사회에 변화를 일으키지 못한다는 말이다. 나는 두 극단 사이에 진실이 놓여 있다고 믿는다. 여느 경우처럼 사상과 실생활은 대등한 수준으로 서로 영향을 주고받는다. 어느 쪽이 원인이고 어느 쪽이 결과냐는 달걀이 먼저냐 닭이 먼저냐 만큼이나 어리석고 쓸데없는 질문이다. 나는 이러한 문제를 추상적으로 논의하며 시간을 낭비하지 않고, 일반적으로 제기되는 중요한 문제, 바로 자유주의의 발전과 17세기 말부터 현재까지 이어진 자유주의 분파의 역사를 고찰하겠다.

초기 자유주의는 영국과 네덜란드의 역사와 사회 상황의 산물이었고, 눈에 띄는 몇 가지 특징을 나타냈다. 초기 자유주의는 종교적 관용을 지지했는데, 광신에 빠진 개신교가 아닌 광교회파廣教會派, latitudinarian[57] 개신교에 가까운 입장으로 종교 전쟁을 우둔하고 지각없는 짓으로 여겼다. 상공업의 가치를 인정하고, 군주제와 귀족 정치가 아니라 떠오르는 중산 계급middle class을 지지했다. 그래서 재산권, 특히 개인이 노동을 통해 축적한 재산에 대한 권리를 중시했다. 상속 원리를 거부하지는 않았으나 종전의 견해보다 상속 범위를 훨씬 제한했다. 특히 왕권신수설을 거부하고, 각 사회는 어쨌든 처음에 정치 체제에 대한 선택권을 보유한다는 견해를 지지했다. 이것은 초기 자유주의가 재산권에 의해 조율되는 민주주의로 나아가는 경향을 암시한다. 애초부터 명시된 견해는 아니었으나, 모든 인간은 동등하게 태어나며 이후에 초래된 불평등은 환경의 산물이라는 신념도 퍼져 나갔다. 이러한 신념은 타고난 특성과 반대로 교육을 두드러지게 강조하는 경향으로 이끌었다. 당시 정부는 어디에서나 거의 왕이나 귀족의 손아귀에 들어가 상인들의 요구 사항이 무엇인지 이해하려 들지 않았을 뿐만 아니라 존중하지도 않아

57 * 17세기 영국국교회 성직자들 가운데 그리스도교 교리의 도덕적 확실성의 근거를 정통 신앙보다 이성에서 찾으려 했던 신도를 가리킨다. 기본 교리를 제외하고 신앙의 자유를 허용했던 교파다.

서, 상인들에게 반정부적 편견이 생겼다. 그러나 이러한 편견은 필요한 이해와 존중을 얻으리라는 희망으로 견제를 받았다.

초기 자유주의는 낙관적이고 활력이 넘치는 철학 사상으로 점점 성장하는 신흥 세력을 대표하면서 별 어려움 없이 승리를 거두고 인류에게 큰 이득을 가져다줄 것처럼 보였다. 초기 자유주의가 정치학과 철학 분야에서 중세적 사상에 반대한 까닭은, 중세를 대변한 이론들이 종교적 박해를 정당화하고 과학의 발전을 차단하기 위해 교권이나 왕권의 승인을 받으려 했기 때문이다. 초기 자유주의는 당시 칼뱅파와 재침례교파에 만연한 근대의 광신 행위에도 반대했다. 자유주의자들은 정치 투쟁이나 신학상의 다툼을 그만두고, 동인도 회사나 영국 은행을 포함한 상업뿐만 아니라 중력 이론이나 혈액 순환의 발견을 이끈 과학처럼 흥미진진한 사업에 모든 힘을 집중하고자 했다. 당시 서구 세계 구석구석까지 계몽정신이 퍼져 나가, 편협한 신앙심을 물리쳤으며 스페인의 권력에 대한 공포도 사라졌다. 가장 냉철하게 판단해도 사회의 모든 계급이 점차 번영의 길로 접어들고, 최상의 자유주의적 소망은 이루어질 것처럼 보였다. 초기 자유주의자들의 소망은 100년 동안 약해지지 않으면서 마침내 프랑스혁명으로 이어져 나폴레옹을 등장시켰고, 이후 신성 동맹까지 이끌어 냈다. 이러한 사건이 이어진 다음, 자유주의는 제2의 바람을 일으켜 19세기의 새로운 낙관주의를 주도할 수 있었다.

상세한 내용을 다루기 전에 17세기부터 19세기까지 출현한 자유주의의 일반적 유형을 살펴보면 좋을 것이다. 이 시기에 자유주의는 처음에 단순했으나 점점 복잡해졌다. 자유주의 운동 전반에 걸친 독특한 점이라면 넓은 의미의 개인주의인데, 개인주의라는 용어 자체가 모호하기 때문에 더 상세한 정의가 필요하다. 그리스 철학자들은 아리스토텔레스에 이르기까지 내가 말하고 싶은 의미의 개인주의자들이 아니었다. 그들은 본질적으로 인간을 공동체의 일원으로 생각했다. 예컨대 플라톤은 『국가』에서 선한 개인이 아니라 선한 공동체를 정의하는 문제에 관심을 갖는다. 알렉산드로스 시대 이후 정치적 자유를 잃게 되면서 자유주의는 꾸준히 성장했는데, 키니코스학파와 스토아학파가 자유주의를 대표했다. 스토아학파의 철학에 따르면 인간은 사회 환경이 어떻든 상관없이 선한 삶을 살 수 있다. 이것은 특히 국가에 대한 통제력을 손에 넣기 전 그리스도교의 견해이기도 했다. 중세에 신비주의자들이 등장하면서 그리스도교 윤리 안에도 독창성이 돋보이는 개인주의적 경향이 살아남았다. 그러나 교리와 법, 관습은 확고부동하게 통합되어 철학자를 비롯해 당대 사람들의 견해를 대부분 지배했다. 이렇게 통합되면서 하나의 사회 제도, 바로 가톨릭교회가 사람들의 이론적 믿음과 실천적 도덕을 통제했다. 진리와 선을 분별하기 위해 개인이 단독으로 사유하지 않고, 공의회를 거친 집단적 지혜가 필요했으며 훨씬 중요했다는 말이다.

가톨릭교회 조직 안에서 최초로 사회적 반향을 일으킨 불화는 공의회가 오류를 범할지도 모른다고 주장했던 개신교의 등장으로 발생했다. 따라서 진리를 결정하는 일은 더는 사회의 과업이 아니라 개인의 일이 되었다. 그런데 개인마다 다른 결론에 도달했기 때문에 투쟁이 일어나기 시작했다. 신학적 문제를 해결하기 위한 주교회의assemblies of bishops는 더는 소집되지 않고 전쟁터와 같은 논쟁의 마당에서 결정이 내려졌다. 어느 편도 다른 편의 입장을 근절하기 힘들었으므로, 지성에 호소한 윤리적 개인주의와 질서정연한 사회생활을 화해시킬 방도를 찾아야 한다는 사실이 명백해졌다. 이것이 초기 자유주의가 해결해야 할 주요 문제 가운데 하나였다.

그사이 개인주의는 철학 속으로 스며들었다. 데카르트의 근본적 확신, 바로 "나는 생각한다. 그러므로 존재한다"라는 주장이 사람에 따라 다른 지식의 기초를 놓은 까닭은, 각자를 위한 출발점은 자신의 존재이지 다른 개인이나 공동체가 아니었기 때문이다. 명석하고 판명한 관념을 신뢰하며 강조한 데카르트의 관점도 같은 방향으로 나아갔는데, 우리는 바로 내성을 통해 관념이 명석하고 판명한지 알아낸다고 생각하기 때문이다. 데카르트 이후 철학은 대부분 정도가 크든 작든 이렇게 지성적으로 개인주의적 양상을 드러냈다.

그런데 이러한 일반적 입장에 다양한 형태가 있고, 형태의 차이는 실천적으로 아주 다른 결과를 낳았다. 전형적인 과학의 발견자가 지닌 사고방식은 어쩌면 개인주의적 요소를 가장 적게 포함할 것이다. 과학의 발견자는 어떤 새로운 이론을 세울 때 이론이 옳다고 여기기 때문에 수용한다. 그는 어떤 권위에도 고개를 숙이지 않는데, 이전 과학자들의 이론을 답습하고 싶어 하지 않기 때문이다. 동시에 그는 일반적으로 인정된 진리의 기준에 호소하면서 자기에게 의존한 권위만이 아니라 다른 사람들에게 확신을 주는 논증으로 설득하고 싶어 한다. 과학 분야에서 개인과 사회의 충돌은 어떤 경우든 본질적으로 일시적 현상이다. 왜냐하면 대체로 과학자들은 모두 동일한 지적 기준을 받아들이면서 논쟁하고 탐구를 거듭한 끝에 일치된 견해에 도달하기 때문이다. 근대에 비로소 이러한 발전을 이룩했다. 갈릴레오가 살던 시대에 사람들은 여전히 아리스토텔레스와 교회의 권위가 적어도 감각의 증거만큼 설득력을 발휘한다고 생각했다. 이것은 과학적 방법에 내재된 개인주의적 요소가 두드러지지 않지만 어찌하여 핵심이 되는지 보여 준다.

초기 자유주의는 지적 문제에 관해 개인주의 성향을 드러냈고 경제 문제에 대해서도 그러했지만, 감정과 윤리 문제에 관해 특별한 주장을 하지 않았다. 이러한 형태의 자유주의가 18세기 영국과 미국의 헌법 기초자와 프랑스의 백과전서학파에 크게 영향을 미쳤다. 프랑스 혁명기에 지롱드 당을 포함한 온건파 정당들이 초기 자유주의를 대표했으나, 그들이 축출됨에 따라 자유주의는 한 세대 동안 프랑스 정계에서 자취를 감추었다. 나폴레옹 전쟁 이후 자유주의는 벤담주의자들과 맨체스터학파와 더불어 다시 영국에서 영향력을 행사하게 되었다. 자유주의는 어느 나라보다 미국에서 획기적 성공을 거두었는데, 당시 미국은 봉건제나 국교회의 훼방을 받지 않는 곳이었다. 그래서 자유주의는 1776년부터 오늘날까지, 적어도 1933년까지 미국 사회를 지배했다.

자유주의에 반대되는 입장을 점차 발전시켜 나간 새로운 운동은 루소와 함께 시작되어 낭만주의 운동과 민족국가 원리의 유행으로 설득력을 얻는다. 이러한 운동이 일어나는 가운데 개인주의는 지적 차원을 넘어 열정을 바치는 차원으로 확대되었으며, 개인주의에 내포된 무정부주의적 양상이 드러났다. 칼라일T. Carlyle(1795~1881)[58]과 니체F. Nietzsche(1844~1900)에서 드러난 영웅 예찬은 이러한 철학의 전형을 보여 준다. 거기에는 다양한 요소들이 결합되어 있었다. 초기 산업사회에 대한 혐오감과 산업사회가 초래한 추악성에 대한 증오, 잔악상에 대한 극도의 불쾌감을 표현했다. 근대 세계를 혐오하면서 이상향으로 그려진 중세에 대한 향수도 드러났다. 이전의 영화를 잃고 약해지는 교회와 귀족 계급의 특권을 변호하기 위해, 제조업자들의 폭압에 저항한 임금 노동자들의 권리를 옹호하는 경향도 나타났다. 민족주의 또는 국가주의nationalism라는 이름을 앞세운 반란의 권리와 '자유'를 방어하기 위한 전쟁의 당당한 광채를 열렬히 지지하기도 했다. 시인으로서 바이런이, 철학자로서 피히테와 칼라일과 니체가 이 운동에 참여했다.

그런데 우리가 모두 영웅적 지도자가 되기는 어려우며 개인의 의지를 다 관철하기도 힘든 노릇이기에, 위에서 말한 철학이 채택되면 다른 모든 무정부주의와 마찬가지로 어쩔 수 없이 가장 성공한 '영웅'이 지배하는 전제 정권으로 나아가게 된다. 일단 영웅이 전제 정권을 수립하고 나면, 그는 권력을 만들어 낸 자신의 윤리를 내세워 다른 사람들을 억압할 것이다. 그러므로 이러한 삶의 이론은 실천에 옮기면 전혀 다른 결과, 바로 개인을 심하게

---

58 * 영국의 평론가, 사상가, 역사가.

억압하는 독재 국가로 나아간다는 의미에서 자신을 논박하는 견해다.

대체로 자유주의의 한 지류로 생각되는 철학이 하나 더 있는데, 바로 마르크스의 철학이다. 마르크스는 나중에 다루기로 하고 당장은 마음에만 담아 두기로 한다.

자유주의 철학을 처음 포괄적으로 종합한 로크John Locke(1632~1704)는 근대 철학자 가운데 가장 심오한 철학자는 아니지만, 후대에 가장 큰 영향을 미쳤다. 영국에서 로크의 견해는 당시 일반 지식인의 입장과 완벽하게 조화되어서, 이론 철학을 제외하면 그들과 얼마나 영향을 주고받았는지 추적하기 어렵다. 다른 한편 프랑스에서 실천적으로 기존 정치 체제에, 이론적으로 당시 유행하던 데카르트주의에 저항하도록 이끌었으며, 분명히 파란 많은 사건들이 발생하는 데 적지 않은 역할을 담당했다. 이러한 현상은 다음과 같은 일반 원리의 본보기에 해당한다. 정치·경제적으로 진보한 나라에서 발전한 어떤 철학이 발생지에서는 우세한 여론을 분명하고 체계적으로 표현하는 역할 이상을 하지 못하는 반면, 다른 나라에서는 혁명을 향한 열정과 궁극적으로 실제 혁명actual revolution의 원천이 되기도 한다. 진보한 나라에서 정책을 규제하는 격률은 주로 덜 진보한 나라의 이론가를 통해 알려졌다. 진보한 나라에서는 실천practice이 이론theory에 영감을 불어넣지만, 덜 진보한 나라에서는 이론이 실천에 영감을 불어넣는다. 이러한 차이가 이식된 사상은 본토에서만큼 성공을 거두기 어려운 이유다.

로크의 철학을 고찰하기 전에 그의 견해가 형성되는 데 영향을 미쳤던 17세기 영국의 몇몇 상황을 검토해 보자.

영국인은 내란 중에 찰스 1세와 의회가 빚은 갈등을 경험하면서 타협과 온건한 태도를 사랑하고, 어떤 이론이든 논리적 결론을 끝까지 고수하는 것을 두려워하게 되었는데, 이러한 풍조는 현대에 이르기까지 영국인을 지배했다. 장기 의회 기간(1640~1660)에 의원들이 주장한 여러 원칙은 처음에 다수의 지지를 얻었다. 그들은 왕의 무역독점권을 철폐하고 세금 부과와 관련된 의회의 배타적 권리를 인정받으려 했다. 그들은 영국국교회(성공회) 내에서 의사 표현과 행동의 자유를 바랐으나 대주교 로드William Laud(1573~1645)의 탄압을 받았다. 의회는 일정한 간격을 두고 정기적으로 열어야 하며, 왕이 의회의 협조가 반드시 필요하다고 생각한 드문 경우가 아니라면 의회를 소집해서는 안 된다고도 주장했다. 더 나아가 그들은 전제적 임의 구속뿐만 아니라 재판관들이 왕의 요청에 무조건 따르는 관행에도 반대했다. 그러나 대다수 의원은 정치적 목적을 이루기 위해 선동할 준비는 되었지만, 왕에게 맞서 내란을 일으킬 군대를 징집하려고 하지는 않았다. 군대 징집은 그들에게 반역이나 불경죄로 보였다. 실제 내란이 일어나자 양측 군대의 힘은 거의 대등했다.

내란의 발생부터 크롬웰O. Cromwell(1599~1658)이 호국경Lord Protector으로 취임한 때까지 펼쳐진 정치적 발전은 오늘날의 안목으로 보면 익숙하지만 당시에는 전례가 없던 일이었다. 의회는 두 당파, 바로 장로교회파와 독립교회파로 갈라져 있었다. 장로교회파는 영국국교회를 그대로 보존하고 다만 주교직의 철폐만을 바랐던 반면, 독립교회파는 주교직 철폐 법안에 동의하면서 각 교회의 신도단이 중앙집권적 교회 정부 기구의 간섭 없이 각자의 신학적 입장을 자유롭게 선택하게 해야 한다고 주장했다. 장로교회파 의원들은 주로 독립교회파 의원들보다 상류층에 속했기에 그들의 정치적 견해 역시 더 온건했다. 그래서 그들은 국왕이 패배를 인정하고 회유하려는 태도를 보인다면 기꺼이 국왕과 협정을 맺을 태세였다.

하지만 그들의 정책은 두 가지 상황이 영향을 미쳐서 실행되지 못했다. 첫째로 국왕이 주교직에 대해 순교자에 가까운 완고한 태도를 보였으며, 둘째로 국왕의 패배 인정이 어려워진 만큼 바로 독립교회파 사람들로 구성된 크롬웰의 신규 모범 군대Cromwell's New Model Army가 패배를 인정하도록 국왕을 압박했다. 국왕은 군대를 앞세워 저항하지 못하게 되자 아무 협상도 이끌어 낼 수 없었으며, 장로교회파는 의회 군대 내에서 군사력을 잃었다. 이제 민주주의를 지켜야 할 권력은 소수 정치 집단의 손으로 넘어가고, 소수 집단은 민주주의나 의회 정치와 상관없이 권력을 남용하는 지경에 이르렀다. 찰스 1세가 의원 다섯 사람을 체포하려고 하자, 강력한 항의가 빗발쳤으며 왕의 실패는 비웃음거리가 되었다. 그러나 크롬웰은 곤경에 빠지지 않았다. 프라이드의 숙청 사건Pride's Purge[59]을 계기로 약 100인의 장로교회파 의원들을 해임했고, 한동안 아첨하는 다수 의원을 자신의 세력권 아래 두기도 했다. 마침내 크롬웰이 의회 전체를 해산하기로 결정했을 때 "개 한 마리도 짖지 않았다." 내란은 군사력만 중요해 보이게 했으며 입헌 정치 체제를 경멸하도록 유도했다. 크롬웰이 살아 있는 동안 영국은 군사 독재 체제를 유지했고, 영국의 대다수 국민은 점차 독재 체제를 증오했지만 크롬웰 일파가 무장하고 있는 한 무너뜨리기 어려웠다.

찰스 2세는 오크 나무숲에 몸을 숨겼다가 네덜란드에서 망명 생활을 하고 나서 복위했을 때, 다시는 망명길에 오르지 않겠다고 결심했다. 이로써 찰스 2세는 온건한 태도를 취하게 되고, 더는 의회 승인을 받지 않는 세금 부과 권한을 요구하지 않았다. 그는 인신보호법[60]도 승인했는데, 법률로 국왕의 전제적 임의 체포 권한은 박탈되었다. 그런데도 찰스 2세는 수시로 프랑스의 루이 14세에게서 원조금을 받아 의회의 부족한 재정 능력을 업신여겼지만, 대체로 입헌 군주에 가까웠다. 원래 찰스 1세에 맞선 정적들이 바라던 왕권의 제한은 대부분 왕정복고기에 승인되었으며, 왕도 신하의 수중에 붙잡혀 고통당할 수도 있다는 사실이 여실히 드러났기 때문에 찰스 2세는

59 * 영국 의회와 국왕 간의 내란 기간 중에 의회 군인인 토머스 프라이드 경Sir Thomas Pride이 주축이 되어 일으킨 숙청 사건.

60 * 1679년에 영국 의회가 찰스 2세의 왕권에 맞서기 위해 제정한 법률.

왕권의 제한을 받아들였다.

제임스 2세는 형과 달리 치밀하지도 않고 정치수완도 없었다. 그는 완고한 가톨릭 신앙 때문에 의회의 저항 속에서 비국교도에게 관용을 베풀어 달래 보려고 했는데도 국교도와 비국교도가 그에게 반대해 단결하게 했다. 외교 정책도 한몫을 했다. 스튜어트 왕가는 의회에 의존하게 만들, 전쟁 중에 필요한 과세를 피하려고 처음에 스페인에, 다음으로 프랑스에 굴종 정책을 밀고 나갔다. 프랑스의 세력이 점차 커지면서 주도적 대륙 국가에 대한 영국인의 적대감도 커져서, 낭트 칙령 철회Revocation of the Edict of Nantes는 개신교도가 루이 14세에게 증오심을 느껴 반대하는 입장에 서도록 만들었다. 마침내 영국의 거의 모든 국민이 제임스의 폐위를 소망했지만, 내란이나 크롬웰의 독재로 되돌아가기를 원치도 않았다. 입헌제의 테두리 안에서 제임스를 폐위할 방법이 없었기 때문에 혁명을 일으켰지만, 분열 세력에게 기회를 주지 않으려면 신속히 마무리해야 했다. 의회의 권한은 단번에 확보해야 한다. 현재 국왕은 몰아내야 하지만 군주제는 보존되어야 한다. 하지만 신성한 왕권에 의한 군주제가 아니라 합법적 승인과 의회에 의존하는 군주제여야 한다. 귀족 계급과 재벌의 연합으로 모든 일은 한 번에 총성 한 방 울리지 않고 이루어졌다. 온갖 비타협적 태도가 드러나며 실패를 맛본 후, 타협과 온건한 정책이 성공을 거두었다.

네덜란드 출신인 새 왕은 상업과 신학에서 지혜를 갖추어 네덜란드가 주목을 받았다. 영국 은행이 만들어지고, 국채는 안전한 사업에 투자했으며, 군주의 변덕으로 지불을 더는 거절할 수 없었다. 종교 관용령Act of Toleration (1689)은 가톨릭교도와 비국교도가 여러 제한 조치를 받도록 남겨 두었지만, 종교박해는 사실상 종식되었다. 외교 정책은 단호히 반프랑스anti-France로 기울었고, 짧은 기간에 중단되기는 했지만 나폴레옹의 패배까지 이어졌다.

13.
로크의 인식론

존 로크John Locke(1632~1704)는 역사상 혁명 가운데 가장 온건했으며 전무후무한 성공을 거둔 1688년 명예혁명의 주창자다. 명예혁명이 겨냥한 목표는 아주 온건했지만 대부분 착오 없이 성취되었기 때문에, 이후 영국에서 더는 혁명이 일어나지 않았다. 로크는 명예혁명의 정신을 충실하게 구현한 사상가로서 대부분의 저술 역시 1688년부터 시작해서 몇 년 내에 출판되었다. 이론철학 분야의 주저인 『인간 오성론*Essay Concerning Human Understanding*』은 1687년에 탈고했으나 1690년에 출간되었다. 『관용에 관한 첫 편지*First Letter on Toleration*』는 1689년 최초로 네덜란드에서 라틴어로 나왔는데, 1683년까지만 해도 출간을 신중히 보류했다. 관용에 관한 다른 편지 둘은 1690년과 1692년에 각각 출간되었다. 『통치론*Two Treatises on Government*』은 1689년에 허가를 받은 직후 출간되었고, 『교육에 관한 몇 가지 사유*Some Thoughts Concerning Education*』는 1693년에 펴냈다. 후대에 영향을 미친 로크의 저술은 모두 1687년부터 1693년 사이 몇 년 동안에 국한되어 나왔다. 성공한 혁명은 혁명을 믿은 사람을 고무시키는 법이다.

로크의 아버지는 청교도였으며 의회 편에 서서 싸웠다. 크롬웰의 공포정치 시대, 그러니까 로크가 옥스퍼드대학에서 공부할 무렵 여전히 스콜라 철학이 지배했다. 그런데 로크는 스콜라 철학과 독립교회파의 광신 성향을 모두 혐오했다. 그는 데카르트의 영향을 많이 받았다. 그는 의사가 되었으며, 샤프츠버리 경, 바로 드라이든의 '아키토펠Achitophel'[61]이 그를 후원했다. 1683년에 샤프츠버리가 실각하자, 로크는 그와 함께 네덜란드로 피신하여 명예혁명이 일어날 때까지 머물렀다. 명예 혁명 이후 상무부에 고용되어 일했던 몇 년을 제외하면, 그는 저술하거나 출간한 책들이 촉발한 수많은 논쟁에 가담하면서 일생을 보냈다.

1688년 명예혁명이 일어나기 전 몇 해 동안, 로크는 심각한 신변의 위험을 무릅쓰지 않고서 이론을 통해서든 실천을 통해서든 영국 정치 상황에 관여할 형편이 아니었다. 그사이 『인간 오성론』을 집필했다. 이것은 로크의 가장 중요한 저술이며, 바로 이 책으로 그의 명성은 확고해졌다. 그러나 이에 못지않게 정치철학에 미친 영향도 커서 후대에 이어졌기 때문에, 로크는 마땅히 경험주의 인식론자뿐만 아니라 철학적 자유주의자로도 다루어야 한다.

로크는 철학자 가운데 최고 행운아라고 말해도 좋다. 이론철학 분야에서 작업을 완성한 시기에 그와 정치적 견해를 공유하던 정치인들이 영국의 정계를 장악했다. 로크가 이론적으로나 실천적으로 주장한 견해는 이후 여러 해 동안 정치 활동이 활발한 유력한 정치가들과 철학자들의 지지를 얻었다. 로크의 정치 학설은 몽테스키외Charles-Louis Montesquieu(1689~1755)가 발전시킨 정치적 견해와 함께 미국 헌법에 구현되며, 대통령과 의회가 심각한 갈등을 빚을 때마다 쓸모 있는 역할을 했다. 영국 헌법은 대략 50년 전까지만 해도 로크의 학설에 기반을 두었으며, 프랑스가 1871년에 채택한 헌법 역시 마

61 * 드라이든John Dryden(1631~1700)의 시 「압살롬과 아키토펠Absalom and Achitophel」에 등장하는 '아키토펠'은 샤프츠버리 경을 문학적으로 표현한 인물로 평가된다.

찬가지였다.

로크가 18세기 프랑스 사회에 미친 영향은 컸으며 중심에 볼테르Voltaire(1694~1778)가 있었다. 볼테르는 젊은 시절 한동안 영국에서 지내면서 『철학 편지*Lettres philosophiques*』로 동포에게 영국 사상을 전해 주었다. **계몽철학자들**Philosophes과 온건한 개혁가들은 로크를 추종하고, 극단적 혁명가들은 루소를 추종했다. 프랑스의 로크 추종자들은 옳든 그르든 로크의 인식론과 정치학설이 밀접한 관계가 있다고 믿어 의심치 않았다.

영국에서 이러한 관계는 분명치 않다. 로크를 지지한 저명한 두 추종자 가운데 버클리는 정치학의 관점에서 보면 전혀 중요한 인물이 아니지만, 흄은 왕당파의 일원으로서 『영국사*History of England*』에서 반동적 견해를 피력했다. 칸트가 활동한 시기 이후 독일 관념론이 영국의 사상에 영향을 미치기 시작하면서 철학과 정치학은 다시 관계를 맺었다. 주로 독일 관념론을 추종한 철학자들이 보수파였던 반면 급진파인 벤담주의자들은 로크의 사상을 따랐다. 하지만 철학과 정치의 상호 관계는 불변하는 것이 아니었다. 예컨대 그린Thomas Hill Green(1836~1882)은 자유당원이면서 관념론자였다.

로크의 견해는 타당한 면은 물론이고 잘못된 면까지도 실천에서 유용했다. 일차 성질과 이차 성질의 학설을 예로 들어 보자. 일차 성질primary qualities은 물체와 분리될 수 없는 성질로 정의되고, 견고성과 연장, 모양, 운동, 정지, 수 따위가 포함된다. 이차 성질secondary qualities은 나머지 성질 전부를 가리키며, 빛깔, 소리, 냄새 따위를 포함한다. 그는 일차 성질은 물체 속에 실제로 있는 반면 이차 성질은 지각하는 사람 안에 있을 뿐이라고 주장한다. 눈이 없다면 빛깔도 없으며, 귀가 없다면 소리도 없을 테고, 다른 이차 성질도 그에 상응하는 감각 기관이 없다면 존재하지 않을 것이다. 로크의 이차 성질에 대한 견해를 지지하는 좋은 근거는 황달에 걸린 경우와 파란 안경을 쓴 경우 따위다. 그러나 버클리는 똑같은 논증이 일차 성질에도 적용된다고 지적했다. 버클리 이후 성질에 관한 로크의 이원론은 철학적으로 시대에 뒤진 낡은 학설이 되었다. 그렇지만 로크의 이원론은 우리 시대에 양자 이론이 출현할 때까지 실용 물리학을 지배했다. 물리학자들은 명시적이든 암묵적이든 로크의 이원론을 가정했을 뿐만 아니라, 그의 이론은 아주 중요한 여러 발견의 원천으로서 효과가 있었다. 물리계가 운동하는 물질로만 구성되어 있다는 이론은 일반적으로 수용되는 소리, 열, 빛, 전기 이론이 근거한 바탕이었다. 로크의 이원론은 이론적으로 잘못이 있었을지 모르지만 실천적으로 유용했다. 이것이 로크학설의 전형적인 면이다.

『인간 오성론』에 드러난 로크의 철학은 여기저기 장점과 단점이 있지만, 둘은 비슷하게 유용했다. 단점은 **이론적** 관점에서만 나타난다. 로크는 언제나 분별력이 있고 역설에 빠지기보다 기꺼이 논리를 희생시킨다. 독자들이 틀림없이 알아차릴 수 있듯, 그는 이상한 결론으로 이끄는 일반 원리를 선언한다. 그러나 이상한 결론이 나타날 것처럼 보일 때마다 침착하게 결론 도출을 삼간다. 이러한 태도는 논리를 지지하는 편에 선 학자에게는 거슬리겠지만 사실을 지지하는 편에 선 사람이 보기에는 건전한 판단력이 살아 있다는 증거다. 세계는 있는 그대로 존재하므로, 건전한 원리에 따른 타당한 추리가 오류로 이끌 수 없다는 것은 분명하다. 그런데 어떤 원리는 이론적으로 존중받을 가치가 있을 만큼 거의 참이지만, 실천적으로 우리가 불합리하다고 느끼는 결론으로 이끌 수도 있다. 그러므로 철학 안에 상식을 지지하는 정당화가 있지만, 이론적 원리에서 도출한 결론이 우리가 도저히 거스를 수 없다고 느낀 상식에 따라 비난받는 한에서 이론적 원리가 완전히 올바를 수 없음을 보여 줄 때만 그렇다. 이론을 중시하는 철학자들은 논리와 마찬가지로 상식도 오류에 빠진다고 반박할지도 모른다. 그러나 이러한 반박은 버클리와 흄이 구성했지만, 로크의 지적 기질에는 맞지 않아 아주 낯설었을 터다.

로크 사상의 특징은 독단의 흔적을 찾기 어렵다는 점인데, 이러한 경향은 그에게서 시작되어 자유주의 운동 전체로 전파되었다. 그가 선배 철학자들에게서 물려받은 몇 안 되는 확실한 것은 우리 자신의 실존, 신의 실존, 수학의 진리다. 그러나 로크의 학설이 선구자들과 다른 점은 진리란 식별하기 어려우며, 이성적 인간은 자신의 의견을 어느 정도 의심하면서 주장할 것이라는 취지로 드러난다. 이러한 정신적 기질은 분명히 종교적 관용, 의회 민주주의의 성공, **자유방임주의**, 자유주의 준칙들liberal maxims의 체계와 연결된다. 그는 신앙심이 깊은 종교인이자 계시revelation를 지식의 원천으로 받아들인 독실한 그리스도교도이지만, 공언된 계시에 이성의 보호막을 둘러친다. 그는 어떤 경우에 "계시를 있는 그대로 드러낸 증언이 최고 확실하다"라고 말하는가 하면, 다른 경우에 "계시는 이성의 심리와 판결을 받아야 한다"라고 말하기도 한다. 결국 이성이 최고의 자리를 차지한다.

『인간 오성론』의 「광신에 대하여Of Enthusiasm」는 앞서 말한 교훈이 숨겨진 장이다. 당시 '광신'이라는 말은 오늘날에 쓰이는 의미와 같지 않으며, 어떤 종교 지도자나 추종자들에게 개인적으로 계시가 주어졌다는 믿음을 의미했다. 이것은 찰스 2세가 즉위한 왕정복고 시기에 정치적으로 패배한 독립교회파의 특징이기도 했다. 개인적으로 계시를 받았다고 믿는 사람들이 많아지고 그들 사이에 모순이 발생하고 갈등이 빚어질 때, 진리나 승인은 개인의 차원으로 떨어져 사회적 특징을 잃는다.

로크가 핵심으로 보았던 진리에 대한 사랑은 단지 진리라고 선언된 특정한 학설에 대한 사랑과 다른 문제다. 그는 진리를 사랑하는 확실한 표시는 '어떤 명제이든 근거한 증거가 보증한 수준 이상으로 확신하거나 받아들이지 않는 태도'라고 말한다. 명령하는 주제넘은 태도는 진리를 사랑하지 않음을 보여 준다. "광신은 이성을 버려둠으로써 이성 없이 계시를 받았다고 할 텐데, 결과적으로 이성도 계시도 떠나가고 그곳에 인간 자신의 머리로

「존 로크의 초상」, 고트프리트 넬러, 1697

상상해 낸 근거 없는 공상이 자리 잡는다."[62] 우울증이나 자만심으로 고통을 겪는 사람들은 '신성과 직접 교제한다는 확신'을 가질 수도 있다. 따라서 기이하고 괴상한 행동거지나 의견이 신성하다는 승인을 얻어 내지만, 이것은 인간의 나태와 무지와 허영심에 아첨하는 거짓일 뿐이다. 그는 이미 인용했던, "계시는 이성의 심리와 판결을 받아야 한다"라는 준칙으로 장을 마무리한다.

로크가 사용한 '이성'의 의미는 저술 전체를 훑어보며 찾아낼 수밖에 없다. 사실 「이성에 대하여Of Reason」라는 장이 있지만, 이성이 하는 일은 주로 삼단논법 추리에 국한되지 않음을 입증하려고 하면서 다음과 같이 요약한다. "신은 인간을 단지 두 발 달린 동물로 창조하지 않았으며, 아리스토텔레스에게 인간을 이성적 존재로 만들도록 일임하지도 않았다." 로크가 사용한 이성의 역할은 두 가지다. 하나는 우리가 확실하게 아는 것이 무엇인지에 대한 탐구다. 다른 하나는 개연성만 지닐 뿐이고 확실하게 지지할 수 없지만 실천적으로 받아들이는 것이 현명하다고 판단되는 명제들에 대한 탐구다. "개연성의 근거는 두 가지인데, 하나는 우리 자신의 경험과 일치하는 것이고 다른 하나는 타인의 경험에서 나온 증언testimony이다"라고 말한다. 예컨대 시암(태국의 옛 명칭)의 왕은 유럽인이 얼음에 대해 말했어도 믿으려고 하지 않았을 터다.

「찬성의 정도에 대하여Of Degrees of Assent」라는 장에서 로크는 어떤 명제이든 찬성의 정도는 지지해 주는 개연적 근거에 의존해야 한다고 말한다. 그는 우리가 종종 확실성에 미치지 못하는 개연성에 의지하여 행동할 수밖에 없다고 지적한 다음, 이러한 고려에 따른 올바른 습관은 '서로 자비와 인내로 대하는 것'이라고 말한다.[63] 왜냐하면 전부는 아니더라도 대다수 사람들

62 로크, 『인간 오성론』, 4권 19장 3절.

은 자신이 진리라고 생각한 것에 대해 확실하고 의심이 불가능한 증거를 대지 못하면서 각자 자신의 의견을 가질 수밖에 없기 때문이다. 당장 답변하기도 어렵고 미흡한 점을 집어내기도 까다로운 논증에 의지하여, 옛날부터 전해진 신조들을 이제 와서 단념하고 포기하다가는 무지하다거나 경솔하다거나 우매하다는 오명을 쓸 공산이 크다. 내가 생각하기에 사람들은 모두 다양한 의견을 자유롭게 제시하면서도 평화와 인간애, 친목이라는 공통 임무를 완수해 나갈 수 있을 것이다. 왜냐하면 우리는 이성적으로 어느 누구든 자신의 의견을 단념하고, 인간의 오성 또는 이해력이 인정하지 않는 권위에 따라 맹목적으로 체념한 채 고분고분 우리의 의견을 받아들일 것이라고 기대할 수 없기 때문이다. 인간의 오성은 종종 실수를 저지르기도 하지만, 이성 말고 다른 어떤 안내자도 인정할 수도 없고, 다른 사람의 의지와 명령에 맹목적으로 복종할 수도 없다. 너의 의견을 받아들이도록 만들고 싶은 사람이 있다고 치자. 상대가 찬성한다고 의사를 표하기 전에 먼저 검토하는 습관을 지닌 자라면, 너는 당연히 여유를 주어 검토하도록 배려해야 한다. 그러면 상대는 너의 의견을 재차 따져보고 자신의 생각과 다른 면을 떠올리며 상세한 내용을 검토하고 나서, 어느 편이 유리한지 살펴볼 테니 말이다. 설령 상대가 큰 고통을 감내하면서 참여해야 마땅한 중요한 논증에 관심을 두지 않더라도 어쩌겠는가. 비슷한 상황에 놓이면 우리도 그렇게 행동하지 않는가. 남들이 어떤 과제를 정해 둔 다음 연구해 보라고 요구하면 당연히 언짢은 생각이 들게 마련이다. 더욱이 자기 의견을 남들이 전폭적으로 지지해 주기를 간절히 원하는 사람의 경우라면 어떻겠는가! 이때 어떻게 시대와 관습을 좇아 마음속에 고정된 참이라고 스스로 믿는 견해를 기꺼이 포기하기를 바라겠는가. 그는 자신의 의견을 자명한 진리로 여기며 의문 없이

63 로크, 『인간 오성론』, 4권 16장.

확실하다고 생각하거나, 자신의 의견이 신이나 신이 보낸 예언자의 영향으로 생겨났다고 여길 터다. 이러한 생각에 사로잡힌 사람은 이방인이나 적대자의 논증이나 권위와 마주할 때 자신의 견해를 포기하기는커녕 오히려 확실하다고 고집을 부릴 것이다. 특히 냉대를 받는 자리에 있을 때처럼 이해관계나 속셈의 의혹을 느끼는 상황이라면 더욱 고집스러운 태도를 드러낼 터다. 우리는 당연히 상대의 무지를 가엾게 여기며 너그럽고 공정하게 정보를 교환함으로써 무지를 없애려고 애써야 한다. 다른 사람들이 의견을 포기하고 우리의 의견을 수용하지 않더라도, 완고한 고집불통에 괴팍한 별종이라고 곧바로 몰아붙여서도 안 된다. 우리는 다른 사람들의 의견을 포용하지 않아서 그들과 마찬가지로 완고한 고집쟁이가 될 개연성이 높을 경우, 상대에게 우리의 의견을 강요하는 셈이니 말이다. 모든 참된 주장의 진리, 모든 거짓 주장의 허위에 대해 과연 논란의 여지가 없는 증거를 전부 가진 사람이자 자신과 다른 의견을 모두 철저하게 검토했다고 말해도 좋을 만한 사람이 있을까? 대단히 취약한 근거에 의존할 뿐만 아니라 우리의 덧없고 무분별한 행동이 난무하는 현실 속에서 안다기보다 믿을 수밖에 없는 삶의 모습을 감안하면, 남의 자유를 빼앗고 자신의 의견을 강요하지 말고 부지런히 자신을 알고 분별하는 데 주의를 기울여야 마땅하다. …… 사람이 더 나은 교육을 받으면 남에게 자신의 의견을 덜 강요할 것이라고 생각하는 데는 이유가 있다.[64]

지금까지 로크가 인간 지식의 본성과 한계에 대해 이론적으로 탐구한 초기 견해에서 교훈을 이끌어 낸 『인간 오성론』의 마지막 몇 장만 다루었다. 이제 순수한 철학적 주제에 대해 다룬 로크의 견해를 검토할 차례다.

로크는 일반적으로 형이상학을 경멸한다. 그는 라이프니츠의 사변 형이

64 로크, 『인간 오성론』, 4권 16장 4절.

상학에 대한 인상을 친구에게 이렇게 말했다. "자네와 나는 이렇게 실없는 지적 놀음에 대해 충분히 알고 있네." 그는 당시 형이상학을 지배하던 실체 개념이 모호하고 막연하여 쓸모가 없다고 생각하지만, 실체 개념을 송두리째 거부할 정도로 모험을 감행하지 않는다. 그는 신의 실존을 입증하는 형이상학적 논증의 타당성은 받아들이지만, 긴 말을 늘어놓지 않으며 다소 불편하게 느꼈던 듯하다. 그는 전통을 단지 반복하기만 하지 않고 새로운 사상을 표현할 때면 언제나 대략적이고 추상적인 언어가 아닌 구체적이고 상세한 언어로 표현한다. 그의 철학은 과학의 연구처럼 하나씩 쌓아가는 단편적 작업이고, 17세기 유럽대륙의 철학 체계와 달리 거대한 통일성을 추구하지 않는다.

경험론이 모든 지식(논리학과 수학은 예외지만)은 경험에서 유래한다는 학설이라면, 로크는 경험론의 창시자로 여겨질 수도 있다. 따라서 『인간 오성론』 1권은 플라톤, 데카르트, 스콜라 철학자의 사상에 반대하면서 단지 이성에서 유래한 본유本有 관념이나 원칙은 없다는 논증을 펼치는 데 관심을 기울인다. 2권에서는 어떻게 경험을 통해 다양한 관념이 생기는지를 상세하게 보여 주는 일에 착수한다. 그는 본유 관념을 거부하면서 이렇게 말한다.

"그러면 이미 말했듯 정신을 아무 특성도 관념도 없는 하얀 종이라고 가정해 보자. 하얀 종이 위에 어떻게 글씨가 씌어지는가? 인간의 분주하고 복잡하며, 경계에 구애받지 않는 상상력으로 거의 끝없이 다양한 방식으로 그려 넣은 방대한 기억은 어디에서 오는가? 어디에서 이성과 지식의 재료를 얻는가? 이 질문에 나는 경험에서 온다고 한마디로 답변한다. 우리의 모든 지식은 경험에 기초하며 궁극적으로 경험에서 모든 지식이 도출되기 마련이다."(『인간 오성론』, 2권 1장 2절.)

관념은 두 가지 원천에서 유래한다. (a) 감각과 (b) 우리 자신의 정신 작용에 대한 지각인데, '내감internal sense'이라고 부르기도 한다. 우리는 오로지 관념을 수단으로 생각할 수 있고 모든 관념은 경험에서 유래하기 때문에, 우리의 지식 가운데 아무것도 경험에 앞설 수 없다는 사실은 분명하다.

지각은 '지식에 이르는 첫 단계이자 지식을 얻기 위해 필요한 모든 재료가 모이는 입구'라고 로크는 말한다. 이것은 현대인에게 거의 자명한 진리truism처럼 보일 수도 있는데, 적어도 영어권 나라의 교육 내용에 포함된 상식의 일부가 되었기 때문이다. 하지만 로크가 살았던 당시 정신은 모든 종류의 사물을 **선험적으로**a priori 알 수 있는 능력이라고 여겼기 때문에, 지식이 지각에 전적으로 의존한다는 선언은 새로운 혁명적 학설이었다. 플라톤은 『테아이테토스』에서 지식과 지각의 동일성 논제를 논박하는 일에 착수했고, 플라톤 이후 데카르트와 라이프니츠를 포함한 거의 모든 철학자는 가장 가치 있는 지식은 대부분 경험에서 유래하지 않는다고 가르쳤다. 그러므로 로크의 철두철미한 경험론은 대담한 혁신적 견해였다.

『인간 오성론』의 3권은 낱말에 대해 다루면서 주로 형이상학자들이 세계에 관한 지식으로 제공한 것이 순전히 언어와 관련될 뿐임을 보여 주려고 한다. 「3장 일반 명사에 대하여」에서는 보편자universals에 대해 극단적 유명론자의 입장을 받아들인다. 실존하는 만물은 특수자particulars이지만, 우리는 '인간' 같은 일반 관념을 만들어 여러 특수자에게 적용할 수 있고, 이러한 일반 관념에 이름을 붙일 수 있다. 일반 관념의 일반성은 오로지 다양한 특수 사물에 적용된다거나 적용될 수 있다는 사실과 함께 생긴다. 일반 관념은 우리 정신 안에 있는 관념으로서 실존하는 다른 모든 것과 마찬가지로 특수한 것이다.

3권의 「4장 실체의 이름에 대하여」는 스콜라 철학의 본질주의를 논박하는 데 관심을 둔다. 사물은 물리적 구성에 따라 만들어지는 현실적 본질real essence을 지닐 **수도 있지만** 대체로 우리에게 알려지지 않으며, 스콜라 철학자들이 말한 '본질essence'이 아니다. 우리가 알 수 있는 본질은 순전히 언어적인 것이고 일반 명사의 정의 속에 있다. 예컨대 물체의 본질이 연장인지, 연장에 견고함을 더한 것인지에 대해 논증하려면 낱말과 관련된 논증이 필요하다. 그러니까 우리는 '물체'라는 낱말을 앞의 두 경우 가운데 어느 쪽으로 정의해도 괜찮은데, 우리가 선택한 정의를 고수하는 한에서 해로운 결과가 나올 수 없다. 구별되는 종들distinct species은 자연에 속한 사실이 아니라 언어에 속한 사실이고, '구별되는 이름들이 붙은 구별되는 복합 관념들'이다. 자연 속의 사물들이 차이를 보인다는 사실은 분명하지만, 차이는 계속되는 단계를 밟아 생겨난다. "인간이 분류한 종의 경계는 인간이 만든다." 그는 괴물의 사례로 넘어가고, 괴물이 인간인지 아닌지 의문을 품었다. 이러한 관점은 다윈이 점진적 변화에 따른 진화론을 채택하도록 설득하기 전까지 일반적으로 수용되지 않았다. 스콜라 철학자들의 시달림을 자청하여 당해 본 사람만이 다윈의 진화론이 얼마나 많은 형이상학적 잡동사니를 쓸어버리게 될지 깨달을 것이다.

경험론과 관념론은 비슷하게 이제까지 철학이 만족스러운 해결책을 찾지 못한 문제에 직면한다. 우리가 어떻게 우리 자신과 우리의 정신 작용 말고 다른 사물에 대해 인식하는지 보여 주는 문제다. 로크는 이러한 문제에 대해 고찰하지만 그가 주장한 견해는 대단히 불만족스럽다. 그는 한 곳[65]에서 이렇게 말한다. "정신은 사유하고 추리하는 모든 활동을 할 때 자신만이 응시하고 응시할 수 있는 자신의 관념 말고 다른 어떤 직접적 대상도 갖지 못하므로, 우리의 지식이 관념과 관계할 뿐이라는 것은 분명하다." 이렇게 말하기도 한다. "지식이란 두 관념의 일치와 불일치에 대한 지각이다." 여기에서 우리는 다른 사람이나 물리계의 실존을 알 수 없다는 결론이 직접적으로 도출되는 것처럼 보일 것이다. 왜냐하면 다른 사람과 물리계는, 실존

---

65 로크, 『인간 오성론』, 4권 1장.

한다면 단지 나의 정신 속에만 있는 관념이 아니기 때문이다. 따라서 우리는 인식에 관한 한, 각자 자신 속에 틀어박혀 외부 세계와 모든 접촉이 차단되어 있음이 분명하다.

이것은 역설이지만, 로크는 역설에 상관하지 않으려고 한다. 따라서 그는 다른 장에서 이전 학설과 전혀 일관되지 않는 다른 이론을 내놓는다. 우리는 현실적 실존real existence에 대해 세 종류의 지식을 가진다고 로크는 말한다. 우리 자신의 실존에 대한 우리의 지식은 직관으로, 신의 실존에 대한 우리의 지식은 증명으로, 감각에 주어진 사물에 대한 지식은 감성으로 얻는다(『인간 오성론』, 4권 3장).

다음 장에서 로크는 비일관성inconsistency을 조금이나마 알아챘다. 그는 이렇게 말하는 사람이 있을지도 모른다고 제안한다. "지식이 관념들의 일치라면, 광신자와 멀쩡한 사람이 같은 수준에 있다." 로크는 이렇게 답변한다. "관념과 사물이 일치하는 곳에서는 그렇지 않다." 그는 이어서 모든 **단순** 관념들은 사물들과 일치해야 한다고 주장한다. 왜냐하면 "이미 보여 주었듯 정신은 자신의 힘만으로는 어떤 관념도 결코 만들지 못하며, 단순 관념은 전부 사물이 자연의 방식에 따라 정신에 작용하여 만들어지기" 때문이다. 그리고 실체라는 복합 관념에 대해 이렇게 말한다. "실체라는 우리의 복합 관념은 모두 자연 안에도 함께 실존하는 것으로 밝혀진 단순 관념들로 구성된 것으로서, 오로지 그러한 것으로서 있음이 분명하다." 게다가 우리는 (1) 직관 (2) 두 관념의 일치와 불일치를 판단하는 이성, (3) 특수 사물들의 실존에 대해 지각하는 감각을 통하지 않고 어떤 지식도 가질 수 없다(4권 3장 2절).

앞의 모든 견해에 비추어 볼 때 로크는 감각이라고 부르는 일정한 정신 활동이 바깥에 원인을 가지며, 이러한 원인이 그것의 결과인 감각과 적어도 일정한 점에서 유사한 것으로 알려졌다고 가정한다. 그러나 경험론의 원리를 일관되게 지킨다면 이러한 사실은 어떻게 알려지는가? 우리는 감각을 경험하지만, 감각의 원인을 경험하지 못한다. 우리의 경험은 감각이 자연발생적으로 일어난다면 감각과 정확히 같다고 말할 따름이다. 감각에 원인이 있다는 믿음, 더욱이 감각 내용이 감각의 원인과 유사하다는 믿음을 주장하더라도 경험과 완전히 독립된 근거에 입각하여 주장할 수밖에 없다. "지식은 두 관념의 일치 또는 불일치에 대한 지각"이라는 견해는 로크가 말할 권리는 있지만, 여기에 포함된 역설로부터 벗어나려는 시도는 일관성의 결여로 생긴 결과다. 비일관성은 상식을 고수하겠다는 그의 결심이 너무 굳건하여 알아채지 못할 정도로 심각했다. 이러한 난점은 오늘날까지 경험주의를 괴롭혀 왔다. 흄은 감각에 외부 원인이 있다는 가정을 버림으로써 난점을 제거했으나, 오히려 자신의 원리를 잊을 때마다 그러한 가정에 의존하는 일이 잦았다. 로크에게서 물려받은 "선행한 인상들 없이 어떤 관념도 생길 수 없다"는 흄의 근본 원리는 우리가 인상에 대해 외부 원인이 있다고 생각하는 한에서만 그럴듯한데, 바로 '인상'이라는 말은 불가항력적 방식으로 외부 원인을 암시한다. 흄은 어느 정도 일관성을 성취한 순간에 무턱대고 역설에 빠져들었다.

아직까지 아무도 신뢰성credibility과 일관성consistency을 동시에 갖춘 철학을 세우는 데 성공하지 못했다. 로크는 신뢰성을 자기 철학의 목표로 삼았으며, 목표에 이르려고 일관성을 포기했다. 위대한 철학자들은 대부분 로크와 반대로 일관성을 위해 신뢰성을 포기했다. 그러나 일관성 없는 철학은 논리적인 면에서 완벽하게 참될 수 없을 뿐이지만, 일관성을 갖춘 철학은 신뢰성의 측면에서 보면 완전히 헛것이 될지도 모른다. 가장 풍성한 결실을 본 철학 체계는 하나같이 눈에 거슬리는 비일관성을 분명히 포함하기 때문에 어떤 점에서 참된 내용을 담기도 한다. 모순을 포함하지 않는 일관된 체계가 로크의 체계처럼 다소 일관성이 없어 보이는 체계보다 더 많은 진리를 포함한다고 가정할 근거는 없다.

로크의 윤리 학설은 학설 자체로서 중요하기도 하고 벤담의 철학을 예상하는 것으로서 흥미롭기도 하다. 윤리 학설에 대해 말할 때 나는 실천가로서 드러난 도덕적 성향이 아니라 인간이 어떻게 행동하며, 어떻게 행동해야 마땅한지에 대한 일반론을 염두에 두고 있다. 로크는 벤담처럼 인정 많고 상냥한 정서로 충만한 사람이었는데도, 인간이라면 누구나(자신을 포함하여) 자신의 행복이나 쾌락만을 위한 욕망에 따라 움직이고 행동할 수밖에 없다고 주장한다. 인용문을 몇 가지 보면 분명해질 것이다.

> "사물은 쾌락이나 고통과 관련될 때에만 선하거나 악하다. '선한' 사물은 우리 안에 쾌락을 야기하고 증가시키거나 고통을 감소시키는 경향이 있다."
> "무엇이 욕망을 좌우하는가? 나는 행복이라고, 행복뿐이라고 대답한다. 최고 수준에 이른 행복은 우리에게 가능한 가장 큰 쾌락이다."
> "진정한 행복을 추구할 수밖에 없는 불가피성이 모든 자유liberty의 토대다."
> "덕보다 악습을 선호하는 것은 명백히 틀린 판단이다."
> "정념을 제어하면 자유가 올바르게 증대한다."[66]

인용문 가운데 마지막 진술은 내세에서 갈릴 상벌에 대한 학설에 의존한 것처럼 보일 것이다. 신은 확실한 도덕 규칙을 정해 놓았으며, 도덕 규칙을 따르는 자는 천국에 가고 어기는 자는 지옥에 갈 위험을 무릅쓴다. 그러므로 신중하게 쾌락을 추구하는 자도 덕을 선호할 것이다. 도덕적 죄를 지으면 지옥으로 끌려간다는 믿음이 쇠퇴하면서, 전적으로 자기애에 호소하여 유덕한 삶을 지지하는 논증을 펼치기는 점점 더 어려워졌다. 자유사상가 벤담은 신의 자리에 인간 입법자를 대신 세운다. 말하자면 공익과 사익의 조화는 법률과 사회 제도의 관심사이므로, 개인은 각자 자신의 행복을 추구할

66 이 인용문들의 출처는 『인간 오성론』 2권 20장이다.

때 마땅히 일반의 행복에도 기여해야 한다. 그러나 이것은 천국과 지옥에 의한 효과로 공익과 사익을 조정한 경우보다 만족도가 떨어진다. 입법자들이 항상 현명한 판단과 유덕한 판단을 하기 어려울 뿐만 아니라, 인간이 세운 정부가 모든 면을 다 헤아린 후 일을 처리하지도 못하기 때문이다.

로크는 사람들이 늘 합리적 계산에 근거하여 그들에게 쾌락을 최대로 보장할 개연성이 높은 방식으로 행동하는 것은 아니라는 명백한 사실을 인정해야 한다. 우리는 미래의 쾌락보다 현재의 쾌락에, 먼 미래의 쾌락보다 가까운 미래의 쾌락에 더 큰 가치를 부여한다. 로크가 한 말은 아니지만, 이율이란 미래의 쾌락을 일반적으로 도외시한 것에 대한 양을 수치로 나타낸 것이라고 말할 수도 있다. 1년 후에 1천 달러를 쓸 것에 대한 전망이 오늘 당장 그 돈을 쓴다는 생각만큼 즐겁다면, 나는 쾌락을 연기하는 것에 대해 보상받을 필요가 없다. 로크는 독실한 신자들이 그들의 신경에 따르면 지옥에 떨어질 위험에 빠지는 죄를 자주 짓는다고 인정한다. 우리는 모두 합리적으로 쾌락을 추구한다면 당연히 치과에 가야 할 테지만 치과 방문을 차일피일 미루는 사람들을 알고 있다. 따라서 설령 쾌락 추구나 고통 회피가 우리의 동기라고 해도, 얼마나 먼 미래이냐에 따라 쾌락은 매력을 잃고 고통은 공포가 줄어든다고 덧붙여야 한다.

로크에 따르면 자기 이익과 전체 이익은 긴 안목으로 보아야 일치되므로, 가능하면 장기적 이익을 고려하며 행동해야 한다는 점이 중요하다. 다시 말해 사람들은 사려해야 한다. 사려prudence가 계속 훈계해야 할 덕인 까닭은 덕에서 벗어난 타락이 모두 제대로 사려하지 못하여 발생하기 때문이다. 사려의 강조는 자유주의의 특징이다. 사려가 자본주의의 발전과 관련된 까닭은, 사려를 잘 하는 자가 부유해지는 반면 사려하지 못하는 자는 가난해지거나 여전히 가난한 상태로 머물기 때문이다. 사려는 개신교의 경건을 표현한 몇몇 양식과도 관계가 있다. 말하자면 천국을 목표로 삼는 덕은 심리적 차원에서 보면 투자를 목표로 한 절약과 적지 않은 유사성을 갖는다.

사익과 공익이 조화를 이룬다는 신념은 자유주의의 특징으로 로크의 철학에 내재하던 신학적 기초가 무너진 후에도 오래 살아남았다.

로크는 자유가 참된 행복을 추구할 수밖에 없는 필연성과 정념 통제에 좌우된다고 말한다. 그는 이러한 견해를, 사익과 공익이 단기적으로 보면 반드시 일치하지 않지만 장기적으로 보면 일치한다는 자신의 학설에서 도출한다. 이러한 학설에서 다음과 같은 결론이 도출된다. 한 사회의 시민들이 전부 경건하고 사려할 줄 안다면, 그들은 모두 자유가 주어져도 일반적 선을 증진하는 방식으로 행동할 것이다. 모든 시민이 사려할 줄 아는 사회에서 시민을 구속하는 인간의 법이 더는 필요치 않은 까닭은 신법divine law으로 충분하기 때문이다. 지금까지 고결했던 사람이 유혹에 넘어가 노상강도가 될 위기에 처한다면 그는 이렇게 혼잣말을 할 법하다. '내가 인간 판사의 눈을 피할지 몰라도 신의 심판Divine Magistrate으로 받게 될 벌을 피하지는 못할 테지.' 따라서 그는 흉악한 계획을 포기하고 마치 경찰에 붙잡힐 것을 확신한 듯 유덕하게 살 것이다. 그러므로 법이 허용하는 자유는 사려와 경건한 태도가 보편적으로 퍼진 곳에서만 완벽하게 가능하다. 그렇지 않은 곳에서 형법에 따른 구속은 불가피하다.

로크는 도덕성이 증명될 수 있다고 거듭 말하지만 바라던 만큼 충분하게 확장시키지 못한다. 가장 중요한 구절은 다음과 같다.

"**도덕성은 증명할 수 있다**. 권능과 선함, 지혜가 무한하고 우리를 창조하고 우리가 의존한 최고 존재인 신에 대한 관념, 그리고 오성을 갖춘 이성적 존재인 우리 자신에 대한 관념을 우리는 명석하게 이해한다. 우리가 이러한 관념을 적절한 절차에 따라 고찰하고 계속 탐구하면, 두 관념은 우리의 의무와 행위 규칙에 기초를 제공함으로써 도덕을 증명 가능한 과학 가운데 하나로 만들 것이라고 생각한다. 나는 그 점을 의심하지 않는다. 그런데 자명한 명제들로부터 수학의 필연적 결론만큼 논쟁할 여지없이 도출한 옳고 그름의 척도는, 증명 가능한 과학만큼 도덕도 사심 없이 주의 깊게 탐구하고 누구나 이해할 수 있다. 수와 연장의 양상뿐 아니라 도덕과 관련된 양상의 관계도 확실히 지각될 수 있다. 도덕과 관련된 양상들의 일치와 불일치도 올바른 방법으로 검토하거나 연구하면 증명하지 못할 이유가 없다고 생각한다. '재산권이 없는 곳에 부정의도 없다'는 명제는 에우클레이데스의 어느 증명만큼이나 확실하다. 재산권이라는 관념은 어떤 것을 소유하고 처분할 권리를 의미하고, '부정의'라고 이름붙인 관념은 재산권의 침해나 침범을 의미하는데, 이러한 관념의 의미가 확립되어 이름이 붙여진 것은 분명하므로, 나는 이 명제가 삼각형의 세 각의 합이 두 직각의 합과 같다는 명제만큼이나 참이라고 확실하게 알 수 있다. 다른 예를 들어 보자. '어떤 정부도 절대적 자유를 허용하지 않는다.' 여기서 정부라는 관념은 특정한 규칙이나 법률에 근거하여 확립된 사회를 의미하고 그러한 규칙이나 법률에 따르라고 요구한다. 절대적 자유라는 관념은 누구든 하고 싶은 것을 마음대로 할 수 있음을 의미한다. 그래서 나는 이 명제가 수학의 어느 명제만큼이나 참이라고 확신할 수 있다."[67]

위의 구절을 읽으면 어리둥절해지는 까닭은, 처음에는 도덕률이 신의 계율God's decrees에 의존하는 것처럼 보이지만 제시한 사례를 보면 도덕률은 분석적이라고 암시하기 때문이다. 사실 로크는 윤리적 명제의 일부는 분석적이고 일부는 신의 계율에 의존한다고 생각했을 것이다. 그리고 한 가지 수수께끼는 주어진 사례들이 전혀 윤리적 명제처럼 보이지 않는다는 점이다.

누구나 고찰해 볼 만한 난점이 하나 더 있다. 신학자들은 일반적으로 신의 계율이 자의적이지 않고 신의 선함과 지혜에서 생긴다고 주장했다. 이

67 로크, 『인간 오성론』, 4권 3장 18절.

것은 신의 계율에 앞서, 신이 다른 계율이 아니라 바로 그러한 계율을 만들도록 이끈 어떤 선함이라는 개념some concept of goodness이 당연히 있어야 한다는 말이다. 로크의 체계에서 선함이라는 개념이 무엇을 의미하는지 찾아내는 일은 불가능하다. 로크는 사려할 줄 아는 사람은 이런저런 식으로 행동할 텐데, 그렇게 행동하지 않으면 신이 그에게 벌을 내리기 때문이라고 말할 뿐이다. 그러나 왜 어떤 행동은 벌을 받고 반대되는 행동은 벌을 받지 않는지에 대해 아무것도 말하지 않는다.

로크의 윤리학설은 당연히 옹호할 수 없다. 사려를 유일한 덕으로 간주한 체계에 반감이 느껴진다는 사실과 별도로, 그의 이론에 대해 감정에 덜 치우친 다른 반론도 있다.

우선 인간이 오로지 쾌락을 욕구한다는 주장은 말 앞에 마차를 두는 격이다. 내가 무엇을 욕구하든 나는 그것을 얻는 데서 쾌락을 느낄 것이다. 그런데 대개 쾌락이 욕구에서 기인하지 욕구가 쾌락에서 기인하지 않는다. 피학성 변태 성욕자처럼 고통을 욕구할 수 있다. 그러한 경우에도 욕구의 충족에서 오는 쾌락이 있지만, 이러한 쾌락은 고통과 섞여 있다. 로크의 학설에서도 욕구되는 것은 쾌락 자체가 아니다. 왜냐하면 아주 가까운 쾌락을 아주 먼 쾌락보다 더 많이 욕구하기 때문이다. 로크와 제자들이 시도하듯 도덕을 욕구의 심리에서 연역하면, 먼 미래의 쾌락을 도외시한다고 비난할 이유도, 사려를 도덕 의무로 권고할 이유도 있을 수 없다. 로크의 논증을 요약하면 이렇다. "우리는 오로지 쾌락을 욕구한다. 그런데 사실 많은 사람이 쾌락 자체가 아니라 가까운 현재의 쾌락을 욕구한다. 이것은 사람들이 쾌락 자체를 욕구하므로 사악하다는 우리의 학설과 모순된다." 거의 모든 철학자는 윤리 체계에서 먼저 어떤 거짓 학설을 세우고 나서, 사악함이란 그 학설이 거짓임을 입증하는 방식으로 행동하는 데 있고, 이는 그 학설이 참이라면 불가능할 것이라고 논증한다. 로크는 이러한 유형의 본보기를 제공한다.

14.
로크의 정치철학

A. 상속 원리

로크는 1688년 명예혁명 직후인 1689년과 1690년에 『통치론*Treatise on Government*』을 두 권 저술했는데, 정치사상사의 맥락에서 보면 두 번째 저술이 특히 중요하다.

두 권 가운데 첫 책에는 상속권의 학설을 비판한 내용이 포함되어 있다. 그것은 1680년에 출간된 로버트 필머 경Sir Robert Filmer(1588~1653)의 『가부장제: 국왕의 자연적 권력*Patriarcha, or The Natural Power of Kings*』에 대한 답변서다. 찰스 1세의 치하에서 집필한 필머 경은 왕권신수설의 열렬한 지지자로, 1653년까지 불행한 삶을 살면서 찰스 1세의 처형과 크롬웰의 정치적 승리로 인해 모진 고초를 겪었다. 『가부장제』를 집필한 때는 내란 이후 앞서 언급한 비통한 사건이 발생하기 전이어서, 자연스럽게 전복을 주장한 학설을 의식하면서 저술했다. 필머가 지적했듯 이러한 학설은 1640년 이후 새로운 주장도 아니었다. 사실 개신교 성직자와 가톨릭교 성직자 양측은 모두 가톨릭교도 군주나 개신교도 군주와 각각 경쟁하면서 폭군에 저항할 국민subjects의 권리를 강력히 지지했다. 양측 성직자의 저술은 로버트 경에게 논쟁에 유용하고 넘칠 만큼 풍부한 자료를 제공했다.

로버트 필머 경은 찰스 1세에게 작위를 받는 영광을 누렸으나, 이후 저택이 열 번에 걸쳐 의회민주주의자들의 습격을 받는 수난을 당했다고 전해진다. 그는 노아가 지중해를 거슬러 항해했으며, 아프리카, 아시아, 유럽을 각각 함과 셈과 야벳에게 분배했을 가능성을 그대로 인정한다. 그는 영국 헌법에 따라 상원은 단지 왕의 자문기관에 그치며 하원은 이보다 적은 권한을 갖는 기관이라는 주장도 서슴지 않았다. 국왕만이 유일하게 법률을 제정하며 법률은 왕의 의지에서만 생긴다는 말이다. 필머에 따르면 왕은 모든 인간적 통제에서 벗어나 완벽하게 자유로우며 선왕들의 행동거지, 심지어 자신의 행동에도 구속받지 않는데, '한 인간이 자기 자신에게 법률을 부여하는 일은 본성상 불가능하기' 때문이다.

이러한 견해에서 보듯 필머는 왕권신수설을 지지하는 당파 중에서 가장 극단에 치우친 분파에 속했다.

『가부장제』는 다음과 같은 '일반적 견해'를 제거하기 위해 분투하는 내용으로 시작한다. "인류는 모든 종속에서 벗어날 자유를 자연적으로 부여받았으며, 어떤 정부 형태를 선택할 자유와 타인을 지배할 권력은 처음부터 대중의 재량에 따라 다른 결과를 가져온다." 그는 "이러한 학설은 스콜라학파 안에서 처음 부화했다"라고 말한다. 필머에 따르면 진실은 전혀 다르다. 신은 왕의 권력을 아담에게 주었고, 이후 상속자들에게 전해지다가 드디어 근대의 여러 군주에게 이르렀다. 이제 "왕은 국민 전체를 처음으로 자연에 따라 낳은 최초의 부모를 이어받은, 다음 세대의 상속자라고 일컬어지고 그래야 마땅하다"는 확신을 심어 주려고 한다. 인류 최초의 부모인 아담과 이브는 전 인류의 군주에게 주어진 특권을 감사한 마음으로 적절하게 누릴 줄 몰랐던 듯한데, '자유의 욕망은 아담을 타락하게 만든 최초 원인이었기' 때문이다. 자유의 욕망은 로버트 필머 경이 불경하다고 낙인을 찍은 정서였다.

찰스 1세와 측근의 요구는 이전 시대의 왕들에게 허용된 범위를 초과했다. 필머는 영국 예수회의 수사인 파슨스Robert Parsons(1546~1610)와 스코틀랜드 칼뱅파인 뷰캐넌George Buchanan(1506~1582)의 견해가 대부분 일치하지 않지만, 두 사람은 모두 군주가 악정을 행하면 백성들이 폐위해도 좋다고 주장한 점을 지적한다. 물론 파슨스는 개신교도인 엘리자베스 여왕을 염두에 두고, 뷰캐넌은 가톨릭교도인 스코틀랜드의 메리 여왕을 염두에 두었다. 뷰캐넌의 학설은 성공을 거두고 인정을 받았으나 파슨스의 학설은 동료 수사인 캠피언Saint Edmund Campion(1540~1581)이 처형되는 악재가 겹쳐 승인받지 못했다.

종교개혁 이전에도 신학자들은 왕권에 제한을 두어야 한다고 믿는 경향을 보였다. 이것은 교회와 국가가 벌인 싸움의 일면으로 투쟁은 중세기 대부분에 걸쳐 유럽 전역을 휩쓸었다. 국가는 무장 군대에, 교회는 영리한 술수와 신성함에 기대어 투쟁을 벌였다. 교회가 두 장점을 다 가질 때는 승리를 거두었던 반면, 영리한 술수에만 치중했을 때는 패배했다. 그런데 뛰어난 성직자들이 왕권을 견제하기 위해 했던 일들이 기록으로 남았다. 설령 교황 측의 이익을 대변하려는 의도라고 해도, 그들은 국민이 자치정부를 수립할 권리를 지지했을 것이다. 필머는 이렇게 말하기도 한다. "교활한 스콜라 철학자들은 왕을 교황 밑에 굴복시키기 위해 국민을 왕보다 높은 지위로 격상시키는 편이 가장 안전하다고 생각했다. 그 결과 교황권이 왕권의 자리를 대체할 수 있었으리라." 그는 신학자인 벨라르미노Roberto Francesco Romolo Bellarmino(1542~1621)의 말을 인용하여 이렇게 말한다. 세속 권력은 신이 아닌 국민이 준 것이며, "그들이 왕에게 주지 않는 한에서 국민에게 있다." 필머에 따르면 벨라르미노는 "신을 민주주의의 기틀을 잡은 직접적 창시자로 만든다." 이것은 신이 볼셰비키주의의 직접적 창시자라는 말이 오늘날 재벌에게 충격을 주는 것만큼이나 필머에게 충격을 안기는 소리다.

필머는 정치권력의 기원을 계약이나 공익을 고려하는 데 두지 않고, 오로지 자녀에 대한 아버지의 권위에서 찾으려고 한다. 그의 견해에 따르면 왕의 권위는 자녀가 부모에게 복종하는 데서 생겨나고, 창세기에 기록된 족장은 군주였으며, 왕은 아담의 후예이거나 적어도 그러한 자로 간주되어야 마땅하고, 왕의 자연권은 아버지의 자연권과 동일하며, 자연 법칙에 의해 아들은 성인이 되고 부모가 노망이 들어도 부권에서 결코 벗어나지 못한다.

앞에서 논의한 이론의 전모는 현대인에게는 너무 공상에 빠진 소리로 들려 진지하게 주장되었다고 믿기지 않는다. 우리는 정치적 권리의 기원을 아담과 이브의 이야기에서 찾는 관점에 익숙하지 않다. 우리는 자녀가 20세가 되면 친권을 완전히 잃는 현실을 당연하게 생각하며, 일찍이 친권은 국가에 의해, 그리고 청소년이 점차 획득한 독립적 삶을 주도할 권리에 의해 아주 엄격하게 제한을 받을 수밖에 없었다. 우리는 어머니가 적어도 아버지와 동등한 권리를 가진다는 사실도 인정한다. 그러나 이러한 모든 고찰과 별개로 오늘날 일본을 제외하고 어떤 현대인도 정치권력이 어쨌든 부모가 자녀들에게 군림하는 경우와 유사하다고 생각하지 않을 것이다. 일본에서는 필머의 이론에 근접한 유사한 이론을 주장하는데, 대학의 모든 교수와 학교의 모든 교사가 가르쳐야 한다. 일왕은 천조대신의 직계 혈통으로 그의 후계자다. 일왕 말고 다른 일본인도 천조대신의 혈통이지만 분가되어 나온 자손이다. 그러므로 일왕은 신성한 존재이며 그에 대한 저항은 모두 불경한 짓이다. 이러한 이론은 주로 1868년에 발명되었지만, 오늘날 일본에서는 태초부터 전통에 의해 계승되었다고 강변한다.

필머가 『가부장제』에서 시도한 것과 유사한 이론을 유럽에 적용하려던 시도는 실패로 끝났다. 왜 그렇게 되었을까? 그러한 이론의 수용은 결코 인간의 본성에 어긋나지 않는다. 예컨대 일본은 별도로 치더라도, 고대 이집트인을 비롯하여 스페인이 정복하기 전의 멕시코인과 페루인에게도 비슷한 이론의 흔적을 찾을 수 있다. 이것은 인간이 발전해 가는 특정한 단계에서 나타나는 자연스러운 과정이다. 영국은 스튜어트 왕가가 지배하는 동안 이 단계를 통과했으나, 일본은 현대로 접어든 지금도 여전히 거기에 머물러 있다.

영국에서 왕권신수설이 타파된 주된 원인은 두 가지다. 하나는 종교의 다원화이고, 다른 하나는 군주와 귀족 계급, 상류 자본가 계급의 권력 투쟁이다. 종교에 대해 말하면 헨리 8세의 치세 이후 국왕은 영국국교회의 수장이었고, 이것은 로마교회나 대부분의 개신교 교파와 대립하는 구도를 조성했다. 영국국교회는 어떤 타협을 이루어 냈다는 점을 자랑스러워했는데, 공인된 영역 성경판본의 서언에 이렇게 적혀 있다. “영국국교회가 지혜롭게 처신했기 때문에 공중용 기도서를 최초로 편찬한 이후 양 극단의 종교 사이에서 중용을 지킬 수 있었다.” 대체로 이러한 타협은 대부분의 영국인에게도 잘 맞았다. 메리 여왕과 제임스 2세는 영국을 로마교회 쪽으로 이끌려고 했으며, 내란에서 승리를 거둔 이들은 제네바[68] 쪽으로 이끌려고 했다. 하지만 양측의 시도는 실패했고, 1688년 명예혁명 이후 영국국교회의 권력은 더는 도전받지 않았다. 그런데도 반대자들은 여전히 있었다. 특히 비국교도는 혈기왕성한 사람들로 부유한 상인과 은행가들의 수가 많았고, 그들의 세력은 계속 커졌다.

왕의 신학적 입장이 다소 독특했던 까닭은 그가 영국국교회의 수장이었을 뿐 아니라 스코틀랜드 교회의 수장이기도 했기 때문이다. 영국 내에서 왕은 주교의 조언을 믿고 칼뱅주의를 거부해야 했으나, 스코틀랜드에서는 주교의 조언을 거부하고 칼뱅주의를 믿어야 했다. 스튜어트 왕가는 순수한 종교적 신념을 내세웠으며, 애매한 태도를 허용하지 않아 영국보다 스코틀

---

68 * 칼뱅이 종교개혁 운동을 시작한 곳.

랜드 내에서 더 큰 난관에 봉착했다. 그러나 1688년 명예혁명 후, 정치적 편의와 왕의 묵인 아래 두 종교를 한꺼번에 공인했다. 어중간한 태도는 독실한 신도의 반감을 샀으며, 왕을 더는 신성한 사람으로 여기지 않게 만든 계기가 되었다. 가톨릭교도이든 비국교도이든 군주를 지지하는 종교적 주장을 묵인하기 어려웠을 것이다.

왕, 귀족 계급, 부유한 중산 계급을 각각 대변한 세 당파는 시대 변화에 따라 상이한 결합 양상을 보였다. 에드워드 4세와 루이 11세 치하에서는 왕과 중산 계급이 귀족 계급에 맞서기 위해 결속을 다졌다. 루이 14세 치하에선 왕과 귀족 계급이 중산 계급에 맞서 연합했다. 1688년 명예혁명 당시 영국에서는 귀족 계급과 중산 계급이 왕과 맞서기 위해 연합했다. 왕이 다른 당파 가운데 하나라도 자기편으로 끌어들여 연합했을 때 왕의 세력은 강했으나, 다른 당파들이 왕에게 맞서 연합하면 왕의 세력은 약화되었다.

다른 이유도 있겠지만 앞서 말한 이유로 로크는 필머의 논증을 어렵지 않게 뒤집었다.

당연히 로크는 추리와 관련된 문제를 쉽게 처리한다. 그는 아버지의 권한이 관심사로 대두될 경우, 어머니의 권한도 부권과 동등하게 존중되어야 한다고 지적한다. 그는 장자 상속권의 부당성을 입증하는 데도 역점을 두었는데, 군주제의 기초가 세습이라면 장자 상속권은 불가피한 일이기 때문이다. 로크는 실제 군주가 어떤 현실적 의미로든 아담을 계승한 상속자라고 가정하는 것은 불합리하다고 맹렬히 비난한다. 아담을 계승한 상속자가 단 한 사람뿐이라는 주장이 사실이라도, 그가 누구인지는 아무도 모른다. 로크는 이렇게 묻는다. 진정한 상속자를 찾아내면 현존하는 모든 군주가 왕관을 벗어 진정한 상속자의 발아래 내려놓아야 한다고 필머는 주장할 것인가? 필머가 군주제를 지지하기 위해 내세운 논거를 수용한다면, 고작 한 사람을 제외한 모든 왕은 왕위 찬탈자로 그들의 지배를 받는 **사실상의**de facto 국민에게 복종을 요구할 아무런 권리도 갖지 못할 것이다. 더욱이 부권paternal power은 일시적 권한이고 생명이나 재산에 대한 권한으로 확대되지 않는다고 로크는 말한다.

더 중요한 근거와 별개로 이러한 이유만 보아도 상속은 합법적 정권의 기초가 될 수 없다고 로크는 주장한다. 그래서 그는 자신의 두 번째 『통치론』에서 좀 더 지지받을 만한 기초를 탐구한다.

오늘날 상속 원리는 정치 영역에서 거의 자취를 감추었다. 내가 사는 동안 브라질, 중국, 러시아, 독일, 오스트리아의 황제들이 권좌에서 쫓겨났고 독재자들이 등장했다. 다행스럽게도 이들은 세습 왕조를 세우려고 하지는 않았다. 영국을 제외한 유럽 전역의 귀족 계급은 신분상의 특권을 상실했으며, 심지어 영국에서도 귀족이 누리는 특권이란 과거의 역사에 따르는 형식적 예우 이상은 아니었다. 최근 대부분의 나라에서 이러한 일이 일어났는데, 독재 체제의 출현과 관계가 꽤 깊다. 왜냐하면 전통적 권력 기반은 무너졌지만 민주주의의 성공적 실천에 필요한 기질이 성숙할 시간 여유가 없었기 때문이다. 세습적 요소가 전혀 없는 유일한 거대 제도는 가톨릭교회다. 독재정권이 잔존할 경우 교회와 유사한 정부 형태로 발전하리라는 기대가 생길지도 모른다. 이러한 일은 이미 미국의 대규모 주식회사들이 연합하면서 일어났는데, 주식회사들은 진주만이 공격을 당하기 전까지 거의 정부에 준하는 권력을 행사했다.

정치 분야에서 상속 원리가 폐기되었는데도 민주 정권이 들어선 나라들의 경제 분야에 거의 아무런 영향도 주지 못했던 사실은 기이한 일이다(전제 국가의 경우에 경제권은 정치권력에 흡수되었다). 우리는 지금도 개인이 재산을 자손에게 물려주어야 한다는 생각을 자연스럽게 받아들인다. 말하자면 상속 원리를 정치권력에 관해서는 거부하지만 경제 권력에 관해서는 수용한다. 정치 분야의 왕조 지배는 사라졌지만, 경제 분야의 이름난 가문은 살

아닌다. 지금 여기서 두 가지 권력 형태를 이렇게 달리 다루는 태도가 옳은지 그른지 따지려는 의도는 없다. 다만 사실이 그러한데도 대부분의 사람들이 의식하지 못하는 실정을 지적할 뿐이다. 막대한 부로 타인의 삶을 지배하게 된 경제 권력이 상속되어야 한다는 사실을 우리가 얼마나 당연하게 여기는지 생각해 보면, 로버트 필머와 비슷한 사람들이 어떻게 왕의 권력에 대해 똑같은 견해를 받아들이게 되었는지, 로크의 생각에 동조한 사람들이 주창한 혁신 사상이 얼마나 중요한지 더 잘 이해하게 될 것이다.

필머의 이론이 어느 정도 믿을 만하고, 로크의 반대 이론이 어느 정도 혁명적 사상으로 비치는지 이해하려면, 당시 왕국이 오늘날 토지 부동산으로 생각되었다는 점을 숙고해 보기만 하면 된다. 토지 소유주는 여러 가지 중대한 법적 권리들을 가지는데, 으뜸 권리는 토지의 상속자를 선택할 권한이다. 소유권은 상속에 의해 이전될 수 있으며, 부동산의 상속자에게 법률이 허용한 모든 특권을 누릴 정당한 자격이 있다는 느낌을 받는다. 그런데 사실 상속자의 입장은 군주의 입장과 다를 것이 없으며, 필머 경은 바로 이렇게 군주의 주장을 옹호한다. 오늘날 미국 캘리포니아주에 남은 거대 부동산의 소유권은 스페인의 왕이 실제로 양도했거나 양도했다고 주장되었던 데서 유래한다. 스페인의 왕이 그렇게 양도할 위치에 선 데는 두 가지 이유가 있다. 하나는 스페인이 필머와 유사한 견해를 수용한 문화권에 속했다는 사실이고, 다른 하나는 스페인 군대가 아메리카 원주민과 벌인 전쟁에서 승리할 수 있었다는 사실이다. 그런데도 우리는 스페인 왕이 양도한 부동산의 상속자들이 정당한 소유권을 가진다고 생각한다. 아마 미래의 어느 시기에 이르면 이러한 신념은 오늘날의 관점에서 공상적으로 보이는 필머의 견해만큼이나 허황된 소리로 들릴 것이다.

B. 자연 상태와 자연법

로크는 『통치론』 서두에서 정부의 권위는 아버지의 권위에서 도출될 수 없다는 사실을 보여 주었기에, 이제 정부의 참된 기원이라고 생각한 내용을 제안할 것이라고 말한다.

그는 인간이 세운 모든 정부에 선행한 '자연 상태'를 가정하면서 시작한다. 자연 상태에 '자연법'이 있고, 자연법은 신성한 계명들로 구성되며 인간 입법자가 제정하지 않는다. 로크에게 자연 상태가 어느 정도 설명을 위한 단순한 가설인지, 어느 정도 역사적으로 실존한 상태로 가정한 것인지 분명치 않다. 내가 보기에 로크는 유감스럽게도 자연 상태가 실제로 발생했던 단계라고 생각하는 경향이 있다. 인간은 시민 정부를 세우겠다는 사회계약을 맺음으로써 자연 상태에서 벗어났다. 로크는 이것도 얼마간 역사적 사실로 간주했다. 그러나 당장 우리의 관심을 끄는 문제는 자연 상태다.

로크가 자연 상태와 자연법에 관해 말한 내용은 대부분 독창적 학설이 아니라 중세 스콜라 철학에 들어 있는 학설을 되풀이한 것이다. 토마스 아퀴나스의 글을 인용하면 다음과 같다.

"인간이 만든 각 법률은 바로 자연법에서 파생되었기에 법의 특성을 갖게 된다. 그런데 인간이 만든 법률이 어떤 점이든 자연법에 배치된다면, 한꺼번에 법의 기능을 잃는다. 그러한 법은 단지 자연법을 왜곡할 뿐이다."[69]

중세 내내 '고리대금업', 바로 이자를 받고 돈을 빌려주는 행위는 자연법에 따라 비난을 받았다. 당시 교회 재산은 대부분 토지였는데, 지주들은 돈을 빌려주는 편보다는 오히려 빌리는 편에 속했다. 그러나 개신교가 발생했을 때 지지층, 특히 칼뱅주의를 지지한 층은 주로 부유한 중산 계급으로 돈을 빌리는 편이 아니라 빌려주는 편에 속했다. 이리하여 우선 칼뱅이, 다음

69 토니, 『종교와 자본주의의 발전』에서 인용.

에는 다른 개신교도가, 마지막으로 가톨릭교회가 '고리대금업'을 승인했다. 따라서 자연법은 때에 따라 달리 해석되기는 했어도, 자연법을 의심하는 사람은 아무도 없었다.

자연법에 대한 신념보다 오래 살아남은 학설의 기원도 따지고 보면 자연법이다. 예컨대 **자유방임주의**와 인권 사상이 그렇다. 이 학설들은 연관성을 갖는데, 둘 다 청교도주의에서 기원을 찾을 수 있다. 토니Richard Henry Tawney(1880~1962)가 서술한 두 인용문이 이것을 잘 보여 준다. 1604년에 영국 하원의 한 분과위원회는 다음과 같은 성명을 발표했다.

"모든 자유민은 그들의 토지를 상속할 수 있으며, 제조기술도 상속하여 제조업계에서 활용함으로써 생계를 이어갈 수 있다."

1656년에 조지프 리Joseph Lee는 이러한 기록을 남긴다.

"누구나 자연과 이성의 빛에 따라 자신에게 가장 큰 이득이 되도록 행동할 것이라는 처세훈을 부정할 수는 없다. …… 사적 개인의 진보는 공공 차원에서도 이득이 될 것이다."

이것은 '자연과 이성의 빛'이라는 말을 제외하면 19세기에 썼을 법한 이야기다.

다시 말하지만 로크의 『통치론』 속에서 독창적 내용은 거의 찾을 수 없다. 로크는 여기에서 이미 명성을 얻은 사람들이 제안한 대부분의 사상을 모방한다. 일반적으로 새로운 사상을 처음 발명한 사람은 시대를 너무 앞서간 나머지 당대의 모든 사람에게 바보 취급을 받게 마련이다. 그러다가 그의 존재는 매장되어 곧 잊히고 만다. 이후 세상이 점차 새로운 사상을 수용할 만한 단계로 성숙하고, 그러한 사상을 선포한 사람이 모든 사람의 신임을 얻는 행운의 순간이 찾아온다. 예컨대 다윈이 그러한 인물에 속한 반면, 불행한 몬보도 경Lord Monboddo(1714~1799)[70]은 웃음거리밖에 되지 못했다.

자연 상태에 관해 로크는 홉스보다 독창성이 떨어진다. 홉스는 자연 상태를 만인 대 만인의 전쟁 상태, 곧 인생이 험악하고 잔인하며 짧게 끝나버리는 상태로 보았다. 그런데 홉스는 무신론자라는 평판을 듣게 된다. 로크가 선대 사상가들로부터 계승한 자연 상태와 자연법 이론은 신학적 기반을 벗어날 수 없다. 신학적 기반을 떠난 자연 상태와 자연법 이론은 현대 자유주의 사상에서 보듯 명백한 논리적 토대를 결여한 불완전한 이론에 머물게 된다.

먼 옛날의 행복한 '자연 상태'에 대한 믿음은, 일부는 구약성서에 나타난 가부장 시대에 대한 서술에서, 일부는 고대 문화에 속한 황금시대의 신화에서 비롯되었다. 먼 옛날은 나쁜 상태에 있었다는 믿음은 진화론이 등장함에 따라 나타났다.

로크의 저술에서 찾을 수 있는 자연 상태의 정의에 가장 근접한 대목은 다음과 같다.

"사람들이 이성의 명령에 따라 더불어 살며 그들 사이에 재판을 담당할 권위를 가진 공동의 우월한 자가 없는 상태가 바로 자연 상태다."

이것은 야만적 삶의 모습을 묘사하지 않고 유덕한 무정부주의자들로 구성된 사회의 모습을 상상한 내용이다. 이러한 사회에서 무정부주의자들이 경찰도 법정도 필요하지 않은 까닭은, 그들이 언제나 자연법과 동일하고 신의 계명에서 비롯된 행동 규칙들로 이루어진 '이성의 명령'에 따라 살기 때문이다(예컨대 "살인하지 말라"는 자연법의 일부이지만 교통 법규는 그렇지 않다).

몇 가지 인용을 덧붙여 로크의 견해에 담긴 의미를 조금 더 분명하게 밝혀 보자.

"정치권력을 올바르게 이해하고 기원을 밝혀내려면, 인간이 자연적으로 어떤 상태에 놓여 있는지 곰곰이 생각해 보아야 한다. 다시 말해 이성에 따

---

70 * 다윈의 진화 원리를 예견했던 18세기 스코틀랜드 법률가이자 인류학의 선구자.

라 행동하고, 자연법의 한계 안에서 소신대로 재산과 사람을 처분하며, 다른 어떤 사람의 허락을 구하거나 의향에 구애받지 않고 완벽한 자유를 누리는 상태에 대해 고찰할 필요가 있다."

"모든 권력과 사법권이 상호 존중되는 평등한 상태에서 어느 누구도 다른 누구보다 더 큰 권력을 소유하지 않는다. 같은 종과 같은 계급에 속한 피조물은 모두 자연적으로 차별 없이 같은 장점을 지니고 같은 능력을 발휘하도록 타고나므로, 동등한 사람으로서 종속되거나 복종할 필요가 없다는 것보다 더 자명한 사실은 없다. 다만 그들 모두의 주인이며 지도자인 사람이 자신의 의지로 명백하게 선언함으로써 다른 사람들을 지배하고, 확고부동한 법령에 따라 통치권과 최고 권력에 대해 의심할 여지없는 권리를 자신에게 부여한 경우는 예외다."

"이러한 자연 상태는 자유를 누리는 상태이지만 방종 상태가 아니다. 자연 상태의 인간은 자신의 인격과 소유물을 마음대로 처리할 무제한의 자유를 누리지만, 자신이나 어떤 소유물이든 함부로 파괴할 정도까지 자유를 누리지 못한다. 하지만 단순히 보존하는 것 이상으로 더 고귀한 용도로 쓰일 소유물은 예외다. 자연 상태를 지배하는 원리는 자연법이며, 모든 사람은 자연법에 따를 수밖에 없다. 이성의 명령이 곧 자연법으로 전 인류를 계도한다. 사람들은 오직 자연법을 따르게 될 것이며 모두 평등하고 독립된 존재로서 아무도 남의 생명, 건강, 자유, 소유물을 해쳐서는 안 된다."[71] (왜냐하면 우리는 모두 신의 소유물이기 때문이다.)[72]

그렇지만 얼마 지나지 않아 대부분의 사람이 자연 상태에 있으나 자연법에 따라 살지 않는 몇몇 사람이 나타날 수도 있는데, 이때 자연법은 그러한

---

71 「독립 선언문」을 참고.

72 "인간은 모두 신의 소유물인데, 신은 다른 누구도 아닌 자신의 즐거움을 지속하기 위해 솜씨를 발휘하여 인간을 창조했다."

범죄자를 저지할 행동 지침을 어느 정도 제공한다. 자연 상태에서 누구나 자신과 자기 소유물을 지킬 수 있다. "남의 피를 흘리게 한 자는 당연히 자신도 피를 흘리게 될 것이다." 이러한 행동 지침은 자연법의 일부다. 심지어 나는 나의 재산을 훔친 도둑을 죽여도 되는데, 이러한 권리는 정부 수립 이후에도 인정된다. 그렇더라도 정부가 엄연히 존재할 경우, 도둑이 달아나더라도 사적 보복을 그만두고 법에 호소하여 해결해야 한다.

자연 상태에 이의를 제기한 가장 큰 반론은 다음과 같다. 자연 상태가 지속되는 동안 사람들이 각자 자기 소송 사건의 재판관이 된다는 점인데, 각자 자기 권리를 스스로 찾아 지켜야 하기 때문이다. 이렇게 악한 면을 고치는 구제책이 바로 정부이지만, **자연스러운** 구제책은 아니다. 로크에 따르면 정부를 세우겠다는 계약으로 자연 상태에서 벗어났다. 어떤 계약을 하든 자연 상태에서 완전히 벗어나지 못하며, 하나의 정치 체제를 구성할 뿐이다. 오늘날 독립된 각국 정부는 상대에 대해 자연 상태에 놓여 있다.

홉스의 견해에 반대하려고 쓴 것으로 추측되는 구절을 보면, 자연 상태는 전쟁 상태가 아니라 정반대에 가깝다고 말한다. 로크는 도둑이 나에게 전쟁을 걸어왔다고 생각할 수 있으므로 도둑을 죽일 권리가 있다고 설명한 후 이렇게 말한다.

"여기서 우리는 '자연 상태와 전쟁 상태의 차이'를 분명하게 알지만, 이러한 차이를 혼동한 사람도 더러 있었다. 자연 상태와 전쟁 상태의 차이는 평화, 선의, 상호부조, 생명 보존이 적대감, 악의, 폭행, 상호파괴와 거리가 먼 것만큼이나 크다."

어쩌면 자연의 **법**은 자연의 **상태**보다 적용 범위가 넓은 개념이라고 여겼을 것이다. 전자는 도둑과 살인자의 처리 문제를 포함한 반면, 후자에는 이렇게 악한 요인이 전혀 없기 때문이다. 이것은 최소한 로크의 사상에 내재한 것처럼 보인 비일관성을 피해 가는 탈출구를 암시한다. 로크는 때로는 자연 상태를 모든 사람이 덕을 갖추고 고결하게 사는 상태로 기술하지만, 때로는 사악한 인간의 공격 행동을 저지하기 위해 자연 상태에서 할 수 있는 정당한 행동이 어떤 것인지에 대해 논의한다.

로크의 자연법에 속한 몇몇 사례는 놀라울 따름이다. 예컨대 그는 나라와 나라 사이에 벌어진 정당한 전쟁에서 붙잡힌 포로도 자연법에 따라 노예가 된다고 말한다. 또한 자연법에 의해 모든 사람은 자신과 자기 재산을 침해한 자를 처벌할 권리를 가지며, 심지어 죽일 수도 있다고 말한다. 이에 관해 아무 제한도 두지 않으므로, 내가 좀도둑을 잡게 될 경우 자연법에 따라 쏘아 죽여도 괜찮다.

로크의 정치철학에서 재산은 매우 중요한 요소이고 시민 정부를 세운 가장 중요한 이유이기도 하다.

"사람들이 정치 공동체commonwealth를 결성하고 스스로 정부의 지배 아래 들어가기를 자청한 최고 목적은 재산을 보존하는 것이다. 자연 상태에는 부족한 것이 많은 탓이다."

자연 상태와 자연법에 관한 이론 전체는 일리가 있으나 어떤 점은 이해하기 어렵다. 로크가 어떤 생각을 했는지는 분명하지만, 어떤 경로로 그렇게 생각했는지는 분명치 않다. 이미 보았듯 로크의 윤리학은 공리주의적 색채를 띠는 반면, '권리'에 대해 고찰할 때는 공리주의적으로 접근하지 않는다. 이러한 태도는 법률가들의 조언을 받아 구성한 법철학 전반에도 나타난다. 로크의 법철학에서 **법적** 권리는 다음과 같이 정의할 수 있다. "대체로 말하면 개인은 상해를 피하고 자신을 안전하게 지키려고 법에 호소할 경우 법적 권리를 가진다. 일반적으로 개인은 자기 재산에 대한 법적 권리를 갖지만, 불법적 무면허 코카인 상점을 운영하고 있을 경우 코카인을 훔친 자의 처벌을 요구할 법적 권리는 없다. 그런데 입법자는 어떤 법적 권리를 만들지를 결정해야 하며 자연스럽게 자연권의 개념에 의지할 수밖에 없는데, 법률이란 바로 자연권을 보호하기 위한 방편이다."

나는 가능하면 신학 용어를 쓰지 않으면서 가급적 있는 그대로 로크의 이론을 설명하겠다. 윤리학이, 그러니까 옳은 행동과 그른 행동을 분류하는 문제가 현행 실정법보다 논리적으로 앞선다면, 신화적 역사에 의존하지 않는 용어로 고쳐 말하는 것도 가능해진다. 자연법을 제대로 파악하기 위해 이렇게 질문해 볼 수 있을 것이다. 법도 정부도 존재하지 않는 경우 A가 B에게 한 어떤 행동이 B가 A에게 한 보복 행동을 정당하게 만들며, 어떤 종류의 보복이 다른 경우에도 정당할 수 있는가? 어느 누구도 살해하려고 공격한 자에게 대항하여 자기 자신을 방어했다고 하여 비난받지 않는다. 심지어 급박한 경우에 살해하려고 한 자를 죽이더라도 마찬가지다. 동시에 개인은 자기 아내와 자녀나 일반 대중에 속한 어느 누구든 그들을 위해 방어 행동을 할 수 있다. 흔히 일어나는 일로 습격을 당한 사람이 경찰의 도움을 받기 전에 죽게 될 경우에 살인자 처벌법은 있으나마나한 것이다. 이러한 경우 '자연적' 권리에 의지할 수밖에 없다. 또한 개인은 재산을 방어할 권리도 가지는데, 개인이 도둑에게 정당하게 가할 수 있는 상해의 정도를 두고 의견이 구구하다.

로크가 지적했듯 국가와 국가의 관계는 자연법이 지배한다. 어떤 상황에서 일어난 전쟁이 정당한 것인가? 국제 정부가 존재하지 않는 한 이러한 질문에 대한 답변은 순전히 윤리와 관련되고 법과 상관없는 문제다. 개인이 무정부 상태에서 자기 자신을 위해 행동하게 될 방식과 동일하게 답변할 수밖에 없다는 말이다.

로크의 법 이론은 개인의 '권리'가 국가에 의해 보호받아야 한다는 견해에 기초한다. 다시 말해 자연법의 원리에 따른 보복 행동을 정당화할 만한 상해를 개인이 당했을 경우, 국가가 대신 보복을 하도록 규정한 실정법이 제정되어야 한다는 것이다. 네가 형제를 살해하려는 자를 보게 되었다고 치

자. 너는 형제를 구할 다른 방도가 없을 경우 살해하려는 자를 죽일 권리가 있다. 로크의 주장에 따르면 자연 상태에서 너는 어떤 자가 끝내 너의 형제를 죽였을 경우에 적어도 살인자를 죽일 권리가 있다. 그러나 법이 제정되었을 경우 너는 그러한 권리를 상실하며 국가에 너의 권리를 양도하게 된다. 또한 정당방위나 다른 사람을 지키려고 살인을 한 경우에도, 너는 법정에서 살인의 이유를 밝혀 자신의 행동이 정당함을 입증해야 한다.

그러면 우리는 '자연법'을 실정법의 법률 조항에서 독립된 도덕규범과 동일한 것으로 생각할 수도 있다. 선한 법과 악한 법을 구별할 수밖에 없다면, 그러한 구별의 기준인 도덕규범도 있어야 한다. 로크에게 이러한 문제는 간단히 해결되는데, 도덕규범은 신이 주며 성경에 기록되어 있기 때문이다. 이러한 신학적 기반을 제거하면 문제는 좀 더 복잡하고 어려워진다. 그래도 옳은 행동과 그른 행동을 구별할 윤리적 기준이 있다고 주장할 때는 이렇게 말할 수 있다. 자연법은 정부 형태를 갖추지 않은 사회에서 어떤 행동이 윤리적으로 옳고 그른지를 결정하며, 실정법은 가능하면 자연법의 안내와 지시를 받아야 한다.

순수한 형식면에서 볼 때 개인이 양도할 수 없는 확실한 권리를 가진다는 학설은 공리주의, 바로 옳은 행동은 일반적 행복을 증진하기 위해 최선을 다하는 것이라는 학설과 양립할 수 없다. 하지만 어떤 학설이 법의 제정을 위한 적합한 기초로서 기능하기 위해, 가능한 모든 경우에 다 들어맞을 필요는 없으며 압도적 다수의 경우에 유효하면 그것으로 충분하다. 우리는 모두 살인이 정당한 행동이 되는 때를 상상할 수는 있는데, 이러한 일은 매우 드물게 발생하며 살인의 불법성에 반하는 논증을 제공하지도 못한다. 비슷하게 공리주의적 관점에서 각 개인에게 일정 부분 사적 자유를 보유하도록 하는 편이 바람직할지도 모른다(나는 그렇다고 주장하지 않는다). 그러면 인권 학설은 어울리는 법률을 제정하기 위한 적합한 기초가 되겠지만, 인권은 예외적 상황에 부딪히기 쉬운 면이 있다. 공리주의자는 법률의 기초로 간주된 인권 학설을 실천적 결과practical effects라는 관점에서 검토해야 할 것이다. 그는 인권 학설을 처음부터ab initio 자신의 윤리와 반대되는 것이라고 선언할 수 없다는 말이다.

C. 사회계약

17세기 정치와 관련된 사변 속에서 정부의 기원에 대한 두 유형의 주요 이론이 등장했다. 첫째 유형의 사례는 로버트 필머 경의 이론에서 발견된다. 첫째 유형은 신이 특정인에게 권력을 부여했고, 권력을 부여받은 자들이나 후계자들이 합법적 정부를 구성하며, 저항은 반역 행위일 뿐만 아니라 불경한 짓이라고 주장했다. 이러한 견해는 먼 옛날 고대에 대한 감상적 태도로 인해 구속력을 갖게 되었다. 대부분의 초기 문명사회에서 왕은 신성한 사람으로 묘사된다. 왕은 당연히 이러한 이론에 찬사를 아끼지 않았다. 다른 한편 귀족 계급은 이러한 이론을 지지할 동기를 갖고 있었지만 반대할 동기도 갖고 있었다. 지지한 동기는 그러한 이론이 상속 원리를 강조하고 신흥 상인 계급에 맞서 당당하게 저항할 토대를 마련해 주었다는 데서 찾을 수 있다. 귀족 계급이 왕보다 중산 계급에 속한 상인들을 더 두려워하고 증오할 때는 이러한 동기가 지배적이었다. 반대의 경우, 특히 귀족 계급이 최고 권력 자체를 차지할 기회를 잡았을 때는 왕과 대립하면서 왕권신수설을 거부하는 경향을 나타냈다.

로크를 대표 이론가로 꼽을 수 있는 다른 유형의 이론은 사회계약론이다. 사회계약론에 따르면 시민 정부는 계약으로 형성되고, 세상에 순수하게 속한 사안으로서 신성한 권위로 확립되지 않는다. 어떤 이는 사회계약을 역사적 사실로 간주하고 어떤 이는 법적 의제로 간주했지만, 이들이 모두 중요하게 생각한 문제는 정부 권위의 기원을 지상에서 찾은 점이었다. 사실 그들은 계약을 가정하는 것 말고 왕권신수설에 맞설 다른 대안을 생각할 수 없었을 것이다. 반역자들을 제외하면 누구나 정부에 복종할 만한 어떤 이유가 있어야 한다고 느꼈는데, 대부분의 사람들에게 정부의 권위가 편리하다는 말을 만족스럽게 받아들이지 않았다. 어떤 의미에서 정부는 엄격한 복종을 요구할 **권리**를 가져야 하고, 계약에 의해 부여된 권리는 신의 계명을 대신할 유일한 대안으로 보였다. 결과적으로 정부가 계약으로 수립되었다는 학설은 왕권신수설에 맞선 거의 모든 반대자에게 실용적으로 인기가 있었다. 토마스 아퀴나스의 철학에 이러한 이론이 암시된 적은 있으나, 진지하게 발전시킨 최초의 인물은 그로티우스Hugo Grotius(1583~1645)다.

사회계약론은 전제정치를 정당화하는 형태로 나타날 수 있었다. 예컨대 홉스는 시민이 선택된 군주에게 모든 권한을 양도하는 계약을 맺었으나, 군주는 계약에 참여하지 않은 필연적 결과로 무제한의 권위를 획득했다고 주장했다. 이러한 이론은 우선 크롬웰이 세운 전체주의 국가의 정당성을 확보해 주었을지도 모른다. 왕정복고 후에도 찰스 2세의 권위가 정당함을 입증해 주었다. 하지만 로크가 제안한 사회계약론에서 정부는 계약에 참여한 당사자로서, 계약 내용의 일부를 이행하지 못한다면 당연히 저항에 직면할 수 있다. 로크의 이론은 본질적으로 어느 정도 민주주의 색채를 띠고 있으나, 재산이 없는 사람을 시민으로 치지 않는다는 견해(표현되지 않고 암시된)로 제한을 받는다.

이제 이러한 주제에 관해 로크가 정확히 어떤 주장을 하는지 알아보자.

우선 정치권력political power에 대한 정의가 있다. "정치권력이 사형을 비롯한 재산의 규제와 보호를 위한 벌에 관한 법률을 제정하고, 법률을 집행할 때나 외국의 침입에서 국가를 방위할 때 공동체가 가진 힘을 사용할 권리라고 생각한다. 이러한 모든 일은 오직 공공선public good을 위한 것이다."

정부는 모든 사람이 자신의 소송 사건에서 스스로 재판관이 될 수밖에 없는 자연 상태에서 비롯된 불편 사항을 고치기 위한 구제책이다. 그러나 군주가 논쟁의 대상이 되면 구제책이 될 수 없는데, 군주가 재판관이자 원고의 입장에 있기 때문이다. 이러한 고찰의 결과로 정부는 절대 권력을 가져서는 안 되며, 사법권은 행정권에서 독립해야 한다는 견해를 이끌어 낸다. 이러한 논증은 미래에 영국과 미국에게 중대한 영향을 주었지만 당분간 이에 대한 논의는 접어 둘 것이다.

로크의 주장에 따르면 누구나 자신과 자기 재산을 공격한 자를 처벌할 권리를 자연적으로 가지며 심지어 죽일 권리도 있다. 그런데 사람들이 이러한 권리를 사회 공동체나 법률에 양도한 곳에서만 정치 사회가 만들어진다.

절대 군주제는 시민 정부 형태가 아니다. 왜냐하면 군주와 국민 사이에 일어나는 분쟁을 해결할 권위 있는 중립 기관이 없고, 사실상 군주와 국민의 관계는 여전히 자연 상태에 놓여 있기 때문이다. 본래 난폭하게 태어난 자가 왕이 된다고 하여 덕을 갖출 것이라고 희망을 품어 보았자 소용없는 일이다.

“아메리카의 깊은 숲 속에서 살던 오만방자하고 사람을 해치던 자가 왕좌에 올랐다고 하여 도덕적으로 더 나은 사람이 되지는 않을 터다. 아마도 국민에게 행할 모든 일을 정당화하려 지식이나 종교를 동원하고, 이윽고 검을 써서 감히 이의를 제기한 모든 국민의 입을 다물게 할 것이다.”

절대 군주제는 마치 인간이 산고양이와 여우에 맞서 자신을 지켜냈다고 ‘만족해 하다가 안전하기는커녕 결국 사자에게 잡아먹히는 꼴’과 같다. 시민 사회는 더 많은 수가 필요하다고 동의할 경우가 아니라면, 다수결 원칙에 따라 의사를 결정한다. (예컨대 미국에서 헌법을 고치거나 협정 비준을 변경할 때 그렇게 한다.) 이것은 민주적 견해로 들리지만, 로크가 여성과 빈곤층에게 시민으로서 가질 권리를 인정하지 않은 점을 반드시 기억해야 한다.

“정치 사회의 시작은 개인들이 합류하여 하나의 사회를 만들겠다고 합의

한 것에 의존한다." 다소 내키지 않는 태도로 역사상 어떤 시기에 합의consent를 실제로 했음이 분명하다고 주장하기도 했다. 반면에 유대인을 빼고 모든 곳에서 정부의 기원은 역사가 기록되기 이전이라는 점을 인정한다.

정부를 세운 시민의 계약은 계약에 참여한 사람들에게만 구속력을 가진다. 아들은 아버지가 맺은 계약에 새로 동의하거나 합의해야 한다는 말이다(로크의 원리에서 어떻게 이러한 결론이 도출되는지 분명해 보이지만, 현실적 견해인 것 같지 않다. 21세가 된 미국의 젊은이는 "미국을 발족시킨 계약에 구속되지 않겠다"라고 선언할 때 곤경에 빠졌다고 느낄 것이다).

계약으로 수립된 정부의 권력은 결코 공동선common good을 벗어나 확대되지 않는다. 나는 앞서 "이러한 모든 일은 공공선을 위한 것이다"로 끝나는 정부의 권력에 대한 글을 인용했다. 그런데 로크는 누가 공동선을 결정할 판관이 되어야 하는지 의문을 제기하지 않았던 듯하다. 정부가 공동선을 결정할 판관이라면 정부는 언제나 자신에게 유리한 결정을 내릴 것이다. 추측하건대 로크는 다수의 시민이 공동선을 결정할 판관이 되어야 한다고 주장했을 법하다. 그러나 긴급하게 결정해야 하기 때문에 선거인단의 의견을 일일이 확인할 수 없는 문제가 흔히 발생한다. 아마도 평화와 전쟁에 관한 문제가 가장 중대한 사안일 것이다. 이때 유일한 구제책은 여론이나 여론을 대표하는 자들에게 대중의 이익에 위배된 행동을 한 행정 관료를 처벌할 권한(탄핵권과 같은)을 부여하는 것이다.

여기서 앞서 인용했던 문구를 다시 한 번 인용하지 않을 수 없다. "인간이 정치 공동체를 만들고 스스로 정부의 지배 아래 들어가기를 자청한 최고 목적은 재산을 보존하는 것이다."

로크는 이러한 학설과 일관되게 선언한다. "최고 권력은 누구의 재산이든 동의가 없다면 하나도 가져갈 수 없다."

군대의 지휘관은 부하 대원들에 대해 생사여탈권을 갖지만 돈을 빼앗을 권한은 없다는 주장에 이르면 더욱 놀라지 않을 수 없다. (군대에서 경미한 규율 위반을 벌금형에 처하는 것은 잘못이지만, 태형과 같은 신체 상해로 처벌하는 것은 허용된다는 결론이 도출된다. 이것은 로크의 재산 숭배 의식에서 비롯된 부조리한 면을 보여 준다.)

과세 문제는 로크에게 까다로운 골칫거리라고 생각할지도 모르지만, 정작 로크는 아무 문제도 의식하지 못한다. 그의 주장에 따르면 정부의 유지 비용은 시민들이 부담해야 하지만 시민들의 합의, 바로 다수의 동의를 얻어야 한다. 그러나 왜 다수의 동의로 충분한가? 정부가 개인이 소유한 재산을 조금이라도 가져갈 때는 정당성을 입증하기 위해 개개인의 합의가 필요하다. 다수의 결정에 따른 과세에 대한 개인의 암묵적 합의는 시민권에 포함된 것으로 추정되는데, 시민권도 개인의 자발적 선택에 근거한다. 당연히 이러한 견해는 때때로 사실과 반대된다. 대부분의 사람에게 국가를 효과적으로 선택할 자유는 없다. 오늘날 어떤 국가에서도 소속되지 않을 자유까지 가진 사람은 없다. 예컨대 네가 평화주의자로서 전쟁에 찬성하지 않는다고 가정하자. 네가 어디에 살든 정부는 전쟁 같은 목적을 이루기 위해 너의 재산 가운데 일부를 가져갈 것이다. 어떤 종류의 정의正義로 너는 정부의 결정에 복종하라는 강요를 수용할 수 있는가? 여러 종류의 답변이 떠오르겠지만, 어떤 답변도 로크가 세운 원리와 일치하지 않는다. 로크는 깊이 생각하지 않고서 다수결 원칙을 신뢰하면서, 자신의 개인주의적 전제에서 다수결 원칙으로 이행한 이유로서 신화와 비슷한 사회계약을 제시할 따름이다.

사회계약은 필요하다는 점에서 이전 어떤 시기에 문제의 정부를 세운 계약이 실제로 있었을 때조차 신화에 속한다. 미국은 딱 들어맞는 사례다. 미국의 경우가 논점을 분명하게 보여 준 좋은 사례다. 미국 헌법이 채택되었던 당시에 사람들은 선택의 자유를 가지고 있었다. 심지어 당시 많은 사람은 헌법에 반대 표를 던짐으로써 계약에 참여하지 않았다. 반대 측에 투표한 사람들은 당연히 미국을 떠날 수도 있었을 테지만, 그대로 남아 스스로 합의하지 않은 계약에 매여 구속받게 되었다. 그러나 자기가 살던 나라를 떠나는 일은 실행에 옮기기 어려운 법이다. 헌법이 채택된 이후에 태어난 사람들에게 합의는 더욱 희미한 이름에 지나지 않는다.

정부와 대립한 개인의 권리라는 문제는 대단히 어려운 주제다. 민주주의자는 정부가 다수를 대표할 경우 소수에게 강제력을 행사할 권리도 가진다고 너무 쉽게 가정한다. 어느 정도까지 맞는 말인 까닭은, 강제력은 정부의 핵심 기능에 속하기 때문이다. 그러나 다수의 신성한 권리를 지나치게 강조하다 보면 거의 왕권신수설에 버금가는 전제정치를 초래할지도 모를 일이다. 로크는 『통치론』에서 이러한 주제에 관해 거의 언급하지 않았으나, 『관용에 관한 편지』에서는 어느 정도 숙고한 흔적이 보인다. 거기에서 신앙인이 자신의 종교적 견해 때문에 벌을 받아서는 안 된다고 주장한다.

정부가 계약으로 세워졌다는 이론은 당연히 진화론이 보편화되기 이전 사상이다. 정부는 홍역이나 백일해처럼 점차로 성장하여 퍼져 나갔음이 분명하지만, 남해 군도와 같은 새로운 지역에 갑자기 출현했을 수도 있다. 인간은 인류학을 연구하기 전에 정부의 시초에 얽힌 심리 기제, 혹은 나중에 유용하다고 입증될 제도와 관습을 채택하도록 이끈 기발한 이유에 대해 생각하지 못했다. 그런데 사회계약론은 정부의 **정당성을 보여 줄** 법적 의제legal fiction로서 진실을 가늠할 **어떤** 척도가 된다.

D. 재산

재산에 관해 지금까지 말한 견해로 미루어, 마치 로크가 사회적으로 우월한 자들과 열등한 자들에 맞서 위대한 자본가들을 옹호한 대변자로 보였을 지도 모른다. 이것은 진리의 절반만 드러낼 뿐이다. 우리는 로크의 사상 속에서 나란히 놓여 화해되지 않는 두 가지 학설을 발견한다. 하나는 발전한 자본주의를 예견한 학설이고, 다른 하나는 사회주의에 조금 더 가까운 사고방식을 보여 준 학설이다. 다른 주제도 마찬가지이지만, 재산 문제와 관련하여 한 가지 학설만 인용하면 로크의 철학을 부정확하게 기술하기 쉽다.

이제 재산 문제에 관한 로크의 주요 의견을 저서에 나타난 순서에 따라 써 내려갈 것이다.

우선 누구나 자기 노동의 결과로 얻은 사유재산은 갖거나 마땅히 가져야 한다. 산업혁명 이전 시대에 제안된 이러한 준칙은 이후에 그랬던 만큼 비현실적이지 않았다. 도시에서는 주로 수공업자들이 생산을 맡았고, 이들은 도구를 손수 만들어 썼으며 생산품을 내다 팔았다. 로크가 속한 학파에서는 농업 생산에 대해 소규모 자작농 제도가 최선이라고 주장했다. 어떤 사람은 자기가 경작할 수 있는 농지만 소유할 수 있고 그 이상을 소유해서는 안 된다고 말한다. 로크는 이러한 계획이 피비린내 나는 혁명을 거치지 않고서는 유럽의 어떤 나라에서도 실현될 수 없다는 점을 미처 의식하지 못한 것 같다. 모든 곳에서 귀족은 대규모 농지를 소유했으며, 농민에게서 고정된 비율의 생산물(종종 절반에 해당)이나 시기별로 변동이 가능한 소작료를 강제로 거두었다. 전자의 방식은 프랑스와 이탈리아에, 후자의 방식은 영국에 보급되었다. 먼 동부 유럽에 속한 러시아와 프로이센의 노동자는 지주를 위해 일할 뿐 사실상 아무 권리도 없는 농노였다. 프랑스혁명을 계기로 이러한 낡은 제도는 프랑스에서 최후를 맞이했고, 북부 이탈리아와 서부 독일에서는 프랑스의 혁명군대에게 정복당함으로써 사라졌다. 프로이센에선 나폴레옹의 군대에 패한 결과로, 러시아에선 크림 전쟁에서 패하면서 농노제가 폐지되었다. 하지만 두 나라의 귀족은 부동산 소유권을 그대로 보유했다. 동프로이센의 경우 농노제는 나치당의 철저한 통제를 받기는 했으나 오늘날[73]까지

73 * 러셀이 이 책을 썼던 1940년대를 뜻한다.

살아남았다. 러시아와 지금의 리투아니아, 라트비아, 에스토니아에서는 러시아혁명으로 귀족 계급의 부동산 소유권이 박탈되었다. 헝가리와 폴란드에선 귀족 계급이 잔존했고, 동폴란드의 귀족 계급은 1940년 소련 정부[74]에 의해 비로소 청산되었다. 하지만 소련 정부는 러시아 전역의 소작농 제도를 집단농장 제도로 대체하려고 온 힘을 쏟았다.

이러한 발전 과정은 영국에서 훨씬 복잡한 양상을 보였다. 로크의 시대에 농민의 처지는 공유지가 있어 완화되었다. 공유지에 대해 중요한 권리를 가진 농민은 식량의 상당 부분을 스스로 재배할 수 있었다. 이 제도는 중세의 유물로서, 근대정신으로 무장한 사람들은 이것을 승인하지 않고 생산의 관점에서 보면 낭비라고 끊임없이 지적했다. 따라서 공유지에 울타리를 치는 운동이 일어났고 헨리 8세 치하에서 시작되어 크롬웰의 공포정치 시대까지 이어졌다. 그러나 1750년까지만 해도 과격하거나 난폭한 양상을 띠지 않았다. 이후로 약 90년간 공유지에 하나둘씩 울타리가 쳐지면서 지주의 영지로 흡수되었다. 사유지로 병합하기 위해 공유지에 울타리를 만들려면 국회의 법령이 필요했다. 그런데 국회의 상원과 하원을 모두 장악한 귀족은 입법권을 남용하여 부를 쌓았다. 한편 농업 노동자들은 기아 상태로 내몰렸다. 산업이 발전함에 따라 농민의 처지도 점차 개선되었는데, 그렇지 않았다면 도시로 이주해야 했을 것이다. 현재 로이드 조지David Lloyd George(1863~1945)가 제출한 세법을 실시하여 귀족들은 강제로 시골의 재산을 대부분 내놓아야 했다. 그러나 도시의 재산이나 산업 분야의 재산을 소유한 사람들은 부동산을 소유할 수 있었다. 급격한 혁명은 일어나지 않았으나 점진적 변화는 아직도 진행 중이다. 현재 여전히 부유한 귀족의 부는 도시나 산업 분야의 재산에서 기인한다.

---

74 * 소련은 20세기 말에 해체되어 러시아를 비롯한 여러 나라로 분리되었다.

이러한 긴 발전은 러시아의 경우를 제외하면 로크의 원리와 부합한다고 여길 수도 있다. 이상한 점은 로크가 혁명을 요구하는 학설을 발표했는데도, 당시 제도가 불공정하다고 생각했다거나 자신이 지지한 제도와 당시 제도의 차이를 의식한 기미가 전혀 나타나지 않는다는 것이다.

어떤 이는 노동가치설, 바로 생산물의 가치는 생산물에 들인 노동에 달려 있다는 학설에 대한 공을 마르크스에게 돌리고, 다른 사람은 리카도David Ricardo(1772~1823)에게 돌린다. 하지만 노동가치설은 로크에게도 나타나는데, 로크는 아퀴나스까지 거슬러 올라간 선대 사상가들에게 암시를 받았다. R. H. 토니의 말에 따라 스콜라 철학의 학설을 요약하면 다음과 같다.

"논증의 핵심은 상품을 생산한 직공이나 상품을 운송한 상인이 적절한 보수를 당연히 요구할 수 있다는 점이다. 왜냐하면 직공과 상인은 둘 다 각자의 직업에 종사함으로써 사회에 공통으로 필요한 것을 제공하기 때문이다. 공공의 필수품을 착취하여 사리사욕을 채우는 투기꾼이나 중간상인의 죄는 용서할 수 없는 죄악이다. 아퀴나스 학설의 백미는 노동가치설이며, 최후의 스콜라 철학자가 바로 카를 마르크스였다."

노동가치설은 윤리 측면과 경제 측면이 있다. 다시 말해 생산물의 가치는 생산물에 들인 노동에 비례**해야 한다**는 주장과 **사실상** 노동이 가격을 규제한다는 주장이다. 로크가 인정하듯 나중 학설은 다만 사실에 근접한 주장일 따름이다. 로크는 가치의 10분의 9가 노동에서 기인한다고 말하지만, 나머지 10분의 1에 대해 아무 말도 하지 않는다. 무엇이든 가치의 차이를 만드는 것은 노동이라고 말하면서, 아메리카 원주민이 차지했던 미국의 토지를 예로 든다. 그때 미국의 토지는 아메리카 원주민이 토지를 경작하지 않은 탓에 아무 가치도 없다는 말이다. 그는 토지의 가치란 사람들이 실제로 토지를 경작하기 전에도 일할 의사를 갖기만 하면 획득된다는 점을 미처 깨닫지 못한 듯하다. 가령 네가 사막에 한 뙈기 토지를 소유하고 있고, 누가 그 땅에서 유전을 발견했다고 치자. 그러면 너는 토지에서 아무 일을 하지 않았어도 비싼 가격에 팔 수 있을 것이다. 로크가 살았던 시대에는 당연한 일이었겠지만, 로크도 그러한 경우를 생각하지 못하고 농업과 연결시켜 생각할 수밖에 없었다. 그가 선호한 소자작농 제도는 값비싼 시설과 많은 노동자가 필요한 대규모 광업 같은 업종에는 적용될 수 없다.

사람이 제각기 노동의 산물에 대한 권리를 가진다는 원리는 산업이 발달한 문명사회에서는 무용지물이다. 가령 네가 포드 자동차 공장의 한 작업장에 고용되었다고 치자. 이때 전체 생산량에서 네가 들인 노동의 결과가 차지하는 비율이 얼마인지 어떤 방식으로 평가하겠는가? 혹은 네가 상품을 수송하는 철도 회사에 고용되었다고 치자. 이때 상품 생산량 중 네 몫이 얼마인지를 누가 결정할 수 있겠는가? 이러한 문제를 고찰하면서 노동 착취를 막으려던 사람들은 자신이 생산한 물건은 자기 소유라는 원리를 포기하고 생산과 분배를 더 잘 조직할 사회주의적 방법을 지지하게 되었다.

노동가치설은 흔히 이익에 눈이 먼 약탈자로 비친 계급에 대한 적개심 때문에 지지를 얻었다. 스콜라 철학자들은 대부분이 유대인이었던 고리대금업자들에 대적하기 위해 노동가치설을 주장했다. 리카도는 지주 계급에 대적하기 위해, 마르크스는 자본가 계급에 대적하기 위해 노동가치설을 주장했다. 하지만 로크는 어떤 계급에 대한 적대감도 없이 공허하게 노동가치설을 주장했던 것처럼 보인다. 그가 유일하게 적대감을 보였던 대상은 군주인데, 이것은 가치에 대한 견해와 아무 관계도 없다.

로크의 몇몇 견해는 너무 이상해서 도무지 이해할 수가 없다. 그는 어떤 사람이 자신과 가족이 먹기 전에 썩을 정도로 자두를 많이 가져서는 안 된다고 말한 적이 있다. 그러나 합법적으로 얻을 수 있다면 얼마든지 많은 금과 다이아몬드를 가져도 된다고 하는데, 금과 다이아몬드는 썩지 않기 때문이다. 로크는 자두를 가진 사람이 썩기 전에 팔 수 있다는 데까지 생각이 미치지 못한다.

로크는 귀금속에 비교적 불변하는 특징을 부여하고, 귀금속이 돈의 기원이며 불평등한 부의 원천이라고 말한다. 그는 추상적이고 학문적인 관점에서 경제적 불평등에 유감을 표현한 듯하지만, 그러한 불평등을 해소하기 위한 방법을 찾는 일은 현명하지 않다고 생각한 것도 분명한 사실이다. 의심할 여지 없이 그는 당대의 모든 사람과 마찬가지로 문명의 이로운 점에 깊은 인상을 받았고, 이것은 거의 대부분 예술과 문학의 후원자로 자처한 부자의 공로였다. 이러한 태도는 현대 미국 사회에서 두드러지게 나타난다. 미국의 과학과 예술은 바로 부자들의 기부금에 주로 의존한다. 문명이란 어느 정도 사회적 부정의를 발판으로 발전한다. 이러한 사실은 보수주의 입장이 가장 존중받을 만하다는 견해의 기반이다.

E. 견제와 균형

정부의 입법·행정·사법 기능이 분리되어야 한다는 학설은 자유주의의 특징이다. 이러한 학설은 영국에서 스튜어트 왕가에 항거하는 과정에서 생겨나, 적어도 입법과 행정에 관해서는 로크가 분명한 형식으로 표현했다. 로크는 권력 남용을 막기 위해 입법과 행정은 분리되어야 한다고 주장한다. 물론 로크가 말한 입법부는 영국 의회를 의미하고, 행정부는 국왕을 의미한다. 그가 논리적으로 의미한 것이 무엇이었든 적어도 정서적으로 이러한 구별이 가능하다. 그는 입법부는 고결한 일을 하는 반면 행정부는 사악한 일을 한다고 생각한다.

로크의 주장에 따르면 입법부는 공동체community의 요구로 해산될 경우를 제외하면 최고 권위를 가져야 한다. 이것은 영국 하원의 경우처럼 입법부의 의원들을 시기별로 국민투표로 선출해야 한다는 뜻이다. 입법부가 국민에 의해 해산될 수 있다는 조건은 진지하게 받아들이면, 로크가 살았던 당대의 영국 헌법이 국왕과 귀족에게 허용한 입법권의 일부를 부정한다.

로크는 구성이 잘된 정부는 입법부와 행정부의 권력이 분리되어 있다고 말한다. 여기서 입법부와 행정부가 갈등을 빚을 경우 어떻게 처리하느냐는 문제가 발생한다. 행정부의 수반인 국왕이 적절한 시기에 입법부를 소집하지 않으면, 행정부는 국민과 맞서 전쟁을 선포한 셈이며 국민의 힘으로 제거될 수도 있다. 이것은 명백히 찰스 1세의 치하에서 일어났던 사건을 암시한 견해다. 1628부터 1640년 사이에 찰스 1세는 의회를 소집하지 않은 채 나라를 다스리려고 했다. 로크의 생각으로 이러한 일은 필요하다면 내전을 일으켜서라도 막아야 한다.

"무력은 부정의하고 불법적인 것이 아니라면 어떤 것과도 반대되지 않는다"라고 로크는 말한다. 이러한 원칙은 무력이 언제나 '부정의하고 불법적인지' 선언할 법적 권리를 가진 단체가 없다면 실천적으로 쓸모가 없다. 찰스 1세가 의회의 승인을 받지 않고 선박세를 징수하려고 했을 때 반대자들은 '정의롭지 못한 불법적' 힘을 행사했다고 선언한 반면, 찰스 1세 자신은 정의롭고 합법적인 처사라고 선언했다. 찰스 1세와 의회가 맞선 내란(1642~1649)으로 빚어진 군사적 충돌이 찰스 1세의 헌법 해석이 그릇된 것임을 입증했을 뿐이다.

유사한 사건이 미국의 남북전쟁 당시에도 일어났다. 각 주정부는 연방정부에서 탈퇴할 권리가 있는가? 아무도 모를 일이었다. 다만 북군의 승리가 법적 문제를 판가름할 수 있었을 뿐이다. 로크와 당대 대부분의 저술가들은 정직한 사람이라면 누구나 정의와 합법성이 무엇인지 알 수 있다고 믿었다. 이것은 양측이 갖는 당파적 편견의 위력을 참작하지 않고, 다시 말해 겉으로든 인간의 내면에 깃든 양심에 따르든 말썽 많은 문제에 부딪쳤을 때 권위에 의거하여 옳고 그름을 판결할 심판의 자리를 마련하기 어렵다는 점을 전혀 고려하지 않은 믿음이다. 실생활 속에서 이렇듯 곤란한 문제가 반드시 해결해야 할 중요한 사안이라면, 정의와 법이 아니라 힘으로 간단히 해결되기 마련이다.

분명치 않은 언어로 암시되지만, 로크 자신도 이러한 사실을 어느 정도 인정한다. 그는 입법부와 행정부 사이에 논쟁이 벌어질 경우 때로는 논쟁을 마무리할 재판관이 하늘 아래에 없다고 말한다. 하늘은 분명한 의견을 내놓지 않으므로, 결국 투쟁을 통해서만 문제를 해결할 수 있다는 뜻이다. 하늘은 더 나은 원인을 제공한 편이 승리하도록 이끌 터다. 이러한 견해는 정부 권력의 분할을 주장한 학설에 필요하다. 권력 분할의 학설이 헌법에 수록된 경우, 우발적 내란을 피하려면 타협하고 상식에 따르는 길밖에 없다. 하지만 타협과 상식은 마음이 따르는 습관일 뿐 성문화된 헌법에 수록되기 어렵다.

놀랍게도 로크는 당대의 긴급한 문제였던 사법부에 관해 침묵으로 일관한다. 명예혁명 전까지 국왕은 언제든 법관들을 해임할 수 있었다. 이에 따라 법관은 국왕의 적에게 유죄를 판결하고 국왕의 측근에게 무죄를 선고했다. 명예혁명 이후, 의회의 상하 양원이 청원한 경우를 제외하면 재판관을 해임할 수 없게 되었다. 그리하여 재판관이 법에 따라 판결하는 계기를 마련한 것으로 생각되었으나, 사실상 당파심에 얽매일 경우 국왕의 편견을 재판관의 편견으로 대체한 꼴이었다. 그렇더라도 견제와 균형의 원리가 보급된 모든 나라에서 사법부는 입법부, 행정부와 더불어 제3의 독립된 정부 기관으로 자리를 잡았다. 가장 주목할 만한 사례가 미국의 대법원이다.

견제와 균형의 학설이 이어진 역사는 흥미롭다. 이 학설의 발생지인 영국에서는 명예혁명 이전에 행정부를 완전히 통제하던 왕의 권한을 제한하려는 의도로 이용되었다. 하지만 점차 행정부가 의회에 의존하게 되는 까닭은, 하원에서 다수의 승인을 얻지 않은 채 행정부의 장관이 업무를 수행할 수 없기 때문이다. 결과적으로 행정부는 형식상이 아니라 사실상 의회가 선임한 위원회로 전락하면서 입법권과 행정권의 분리는 점차 약화되었다. 거의 50년 동안 수상에게 의회 해산권을 부여하고 정당 규율을 엄격하게 개정함으로써 훨씬 약해졌다. 오늘날 의회 안에서 다수를 차지한 정당이 권력을 잡는다. 그러나 의회는 정당의 권력을 결정하는 것 말고 실제 정치 마당에서 아무 결정권도 가질 수 없다. 제출된 법안은 정부가 입안한 것이 아닐 경우 통과된 적이 거의 없다. 따라서 정부는 입법과 행정의 권한을 겸하게 되어 이따금 행하는 총선거의 필요에 따른 제한을 받을 뿐이다. 당연히 이러한 제도는 로크의 정치 원리와 완전히 배치된다.

몽테스키외는 견제와 균형의 학설을 프랑스에 전파하려고 무진 애를 썼다. 프랑스혁명 당시에 온건파가 이 학설을 주장했으나 자코뱅 당이 승리하면서 한동안 잊혔다. 견제와 균형의 학설은 나폴레옹에게 당연히 쓸모가 없었지만, 왕정복고 시기에 소생했다가 나폴레옹 3세의 등장과 함께 다시 사라졌다. 그러다가 1871년 소생하여, 대통령이 권한을 아주 적게 가지고 정부가 의회를 해산할 수 없다고 규정한 헌법을 채택하도록 이끌었다. 그 결과로 하원은 정부와 유권자에 비해 큰 권력을 행사하게 되었다. 프랑스는 근대 영국보다 권력 분립이 잘 이루어졌으나 로크의 원리에 근거한 분립에는 미치지 못하는데, 입법부가 행정부의 권한을 무색하게 만들기 때문이다. 현재의 전쟁[75] 이후 프랑스 헌법이 어떠할 것인지 예견하는 일은 불가능하다.

로크의 권력 분립 원리를 가장 완벽하게 적용한 나라는 미국으로 대통령과 의회는 서로 완전히 독립되어 있으며, 대법원은 대통령과 의회로부터 독립하여 존재한다. 부주의하게도 미국의 헌법은 대법원을 입법부의 한 지부로 만들었다. 왜냐하면 대법원이 법률이 아니라고 말하면 어떤 법률도 법률로서 효력을 갖지 못하기 때문이다. 대법원의 권한이 단지 명목상 법

75 * 제2차 세계 대전을 가리킨다.

률을 해석하는 것뿐이라는 사실이 실제로는 권한을 늘리는 계기가 된다. 왜냐하면 바로 그러한 사실이 순수하게 법적 결정을 내려야 할 사안일 경우 비판을 어렵게 만들기 때문이다. 이러한 헌법 아래서 단 한 번 군사적 충돌을 겪었다는 사실은 미국인들이 정치적으로 매우 슬기롭고 기민하게 대처했음을 말해 준다.

로크의 정치철학은 산업혁명 때까지 전반적으로 적절하고 유용했으나, 이후 점점 중요한 문제에 대처할 수 없게 되었다. 거대 주식회사에 통합된 재산의 힘은 로크가 상상조차 할 수 없는 수준으로 커졌다. 국가의 필수 기능은 예를 들어 교육 분야에서 엄청나게 증가했다. 민족주의를 앞세운 동맹이 맺어지고, 때로는 경제력과 정치력으로 합병되면서, 전쟁이 경쟁에서 이기는 주요 수단이 되었다. 분리된 각 시민은 로크가 생각했던 권력도 독립성도 더는 갖고 있지 않다. 우리 시대는 조직이 지배하며, 시대적 갈등은 단독으로 존재하는 분리된 개인이 아니라 조직 사이에 벌어진다. 로크가 말한 대로 자연 상태는 국가와 국가 사이에 여전히 존재한다. 우리는 정부가 약속한 이점을 누리려면, 먼저 국가들이 새로운 사회계약을 맺어야 한다. 일단 국제 정부가 수립되면 로크의 정치철학의 많은 부분을 다시 적용할 수 있겠지만, 사유재산과 관련된 문제를 처리하지는 못할 것이다.

15.
로크의 영향

로크가 살았던 시대부터 현대까지 유럽에는 두 가지 중요한 철학이 전해진다. 하나는 학설과 방법의 측면에서 둘 다 로크로부터 나온 반면, 다른 하나는 처음에 데카르트, 다음에 칸트의 영향을 받아 발전한다. 칸트는 스스로 데카르트에서 파생된 철학과 로크에서 파생된 철학의 종합을 이루어 냈다고 생각했다. 그러나 적어도 역사적 관점에서 볼 때 용납하기 어려운 까닭은 칸트의 후계자들이 로크의 전통이 아니라 데카르트의 전통을 따랐기 때문이다. 로크의 후계자들은 첫째로 버클리와 흄이고, 둘째로 루소학파에 속하지 않았던 프랑스의 **계몽철학자들**이고, 셋째로 벤담을 비롯한 철학적 급진주의자들이고, 넷째로 대륙 철학에 중요한 사상을 추가한 마르크스와 그 제자들이 꼽힌다. 그런데 마르크스의 체계는 두 전통을 절충한 견해이기 때문에, 단순한 진술은 오류에 빠지기 쉽다. 그러므로 마르크스는 남겨두었다가 나중에 상세히 다룰 것이다.

로크가 살았던 당시에 주요한 철학적 반대자들은 데카르트 추종자들과 라이프니츠였다. 영국과 프랑스에서 거둔 로크 철학의 승리는 대체로 뉴턴의 명성 덕분이었는데, 거기에 비논리적이고 불합리한 면도 끼어든다. 데카르트가 당대에 철학자로서 누렸던 권위는 수학과 자연철학 분야의 연구 업적 덕분에 높아졌다. 그런데 데카르트가 제안한 우주 물질의 와동설은 분명히 태양계를 설명한 측면에서 뉴턴의 중력 법칙보다 뒤처진 이론이었다. 뉴턴의 우주 발생론이 승리를 거두면서 데카르트에 대한 사람들의 존경심은 감소한 반면에 영국에 대한 관심은 증폭되었다. 두 요인으로 사람들은 로크를 지지하는 쪽으로 기울었다. 18세기 프랑스의 지식인들은 낡아빠지고 부패하여 쇠퇴할 대로 쇠퇴한 전제정치에 항거하면서 영국을 자유의 고향으로서 그리워했으며 로크의 정치 학설로 인해 그의 철학에도 호의를 보였다. 프랑스 혁명이 일어나기 직전, 프랑스에서 로크의 영향력은 흄의 영향으로 더욱 강해졌다. 흄은 한동안 프랑스에 살면서 지도층을 형성한 여러 **석학들** savants과 개인적으로 교류하며 지냈다.

영국의 사상을 프랑스에 전한 주요 인물은 볼테르Voltaire(1694~1778)다. 프랑스혁명 이전, 영국의 로크 추종자들은 정치 학설에 전혀 흥미를 느끼지 않았다. 버클리는 주교였던 만큼 정치학에 관심이 없었으며, 흄은 볼링브로크Henry Saint John Bolingbroke(1678~1751)의 지도를 받던 토리당의 당원이었다. 그들이 살았던 당대의 영국은 정치적으로 정체된 시기에 놓여 있었기 때문에 철학자도 세계정세에 대한 근심걱정 없이 이론을 세우는 데서 만족했을지도 모른다. 프랑스혁명이 이러한 태도에 변화를 불러일으켜 최고 지식인들에게 **현 상태**status quo와 반대되는 입장에 서지 않을 수 없게 만들었다. 그런데도 순수 철학의 전통은 깨지지 않고 남아 있었다. 셸리Percy Bysshe Shelley(1792~1822)는 『무신론의 필연성*Necessity of Atheism*』을 썼다는 이유로 옥스퍼드 대학에서 쫓겨났는데, 로크의 영향을 받은 흔적으로 가득하다.[76]

1781년에 칸트의 『순수이성 비판』이 출판될 때까지 데카르트, 스피노

76 예컨대 셸리의 다음 의견을 보자. "어떤 명제가 정신에 제공될 때, 정신은 명제를 구성한 관념들의 일치와 불일치를 지각한다."

자, 라이프니츠를 포함한 낡은 철학 전통이 새로운 경험적 방법으로 확실하게 극복된 것처럼 보였을지도 모른다. 그렇더라도 새로운 방법이 독일의 대학들에서 유행한 적은 한 번도 없었으며, 1792년 이후에는 프랑스혁명의 공포를 몰고 온 원인으로 지목되기도 했다. 콜리지Samuel Taylor Coleridge(1772~1834) 같은 혁명 반대자들은 프랑스 무신론에 반대하기 위한 근거를 칸트의 철학에서 찾아냈다. 프랑스에 저항하던 독일인도 정신적 지주로서 독일 철학을 자랑스러워했다. 심지어 프랑스인도 나폴레옹이 몰락한 이후 자코뱅주의를 쳐부술 무기라면 무엇이든 반길 처지였다. 이러한 모든 요인이 칸트 철학에 대한 호의를 조장했다.

칸트도 다윈과 마찬가지로 자신은 혐오했을 법한 운동을 일으켰다. 칸트는 자유주의자이자 민주주의자, 평화주의자였으나, 그의 철학을 발전시켰다고 공언한 어떤 사상가도 그렇지 않았다. 설령 여전히 자유주의자로 자처했더라도 그들은 새로운 자유주의자였다. 루소와 칸트 이후 두 가지 자유주의 학파가 형성되었는데, 굳센 자유주의와 여린 자유주의로 구별할 수도 있다. 굳센 자유주의는 논리적 단계를 밟아 벤담, 리카도, 마르크스를 거쳐 스탈린으로 이어졌고, 여린 자유주의는 다른 논리적 단계를 밟아 피히테, 바이런, 칼라일, 니체를 거쳐 히틀러로 전개되었다. 이것은 당연히 지나치게 도식적 진술이므로 꼭 맞는 것은 아니지만, 길을 찾는 데 유용한 지도처럼 분류하고 기억하는 데 쓸모가 있을 것이다. 사상의 발전 단계는 거의 헤겔이 말한 변증법적 특성을 나타낸다. 학설들은 각각 자연스러운 단계를 밟아 반대 학설로 발전했다. 하지만 발전은 단지 사상 자체의 고유한 운동에서 비롯된 것만은 아니었다. 사상의 발전은 철두철미하게 외부 환경과 외부 환경이 인간의 정서에 미친 결과에 지배받았다. 이것은 눈에 띄는 한 가지 사실로 명백하게 파악된다. 자유주의 사상은 미국에서 앞서 말한 발전 단계를 거치지 않았으며, 오늘날도 로크의 시대에 속한 비슷한 특징을 그대로 간직한다.

정치학 분야는 제쳐 두고 철학의 두 학파에 드러난 차이점을 검토하기로 하자. 두 학파는 넓은 의미로 대륙 철학과 영국 철학으로 구별해도 좋다.

우선 방법의 차이가 있다. 영국 철학은 대륙 철학보다 더욱 상세하고 부분에 치중하는 경향이 짙다. 어떤 일반 원리를 인정할 때 귀납법에 따라 일반 원리가 적용되는 다양한 사례를 검토함으로써 증명하는 일부터 시작한다. 이에 따라 흄은 선행하는 인상이 없으면 어떤 관념도 없다고 선언한 다음 곧바로 다음과 같은 반론을 고찰하는 단계로 나아간다. 네가 비슷하지만 같지 않은 두 가지 빛깔을 보고 있는데, 너는 두 빛깔의 중간을 결코 본 적이 없다고 가정하자. 이때 그러한 빛깔을 상상할 수 있을까? 흄은 이러한 문제를 해결하지 않고, 자신의 일반 원리에 어긋난 해결이 치명적 해를 입히지 않을 것이라고 생각한다. 왜냐하면 흄의 원리는 논리적 원리가 아니라 경험적 원리이기 때문이다. 이와 대조적으로 라이프니츠가 단자론을 세우려 할 때, 그는 엉성한 논증을 이렇게 제시했다. 복합물은 무엇이든 단순한 부분들로 구성되어야 한다. 단순한 사물은 연장을 가질 수 없다. 그러므로 모든 사물은 연장이 없는 부분들로 구성되어 있다. 그런데 연장이 없는 사물은 물질이 아니다. 따라서 사물을 이루는 궁극의 구성 요소들은 물질적 사물이 아니다. 물질적 사물이 아니라면 정신적 사물이다. 그 결과 한 탁자는 현실적으로 영혼들의 집합체다.

여기서 방법의 차이는 다음과 같은 특징으로 묘사될 수도 있다. 로크와 흄의 철학에서는 여러 사실을 광범위하게 조사하고 살펴본 다음에 비교적 온건한 결론이 도출된다. 반면에 라이프니츠의 철학에서는 정확한 논리적 원리를 거점으로 거꾸로 선 피라미드형의 거대 건축물을 쌓아 올리듯 연역 체계를 세운다. 라이프니츠의 철학 속에서 연역 체계의 거점이 된 원리가 완벽하게 옳으며 연역의 절차들이 전적으로 타당하다면, 모든 것이 좋다.

하지만 라이프니츠의 체계는 불안정한 구조로 어느 한 부분에 사소한 결함이라도 생기면 곧 무너져버릴 것이다. 반대로 로크와 흄의 철학에서 피라미드의 기초는 관찰된 사실이라는 견고한 지반 위에 놓여 있으며, 아래로 점점 좁아지지 않고 위로 점점 좁아지는 피라미드 구조물이 건축된다. 그렇기 때문에 건축물의 균형이 잘 잡혀 결점이 발견되더라도 건축물 전체가 무너지는 재난을 피해 교정할 수 있다. 이러한 철학 방법의 차이는 경험주의 철학의 일부를 통합하려던 칸트의 철학적 시도 이후에도 존속한다. 한 방법은 데카르트에서 칸트까지, 다른 방법은 로크에서 밀까지 변하지 않고 계승된다.

철학 방법의 차이는 여러 다른 차이와 연결되지만 우선 형이상학을 살펴보기로 하자.

데카르트는 신의 실존에 대한 형이상학적 증명을 제시했고, 가장 중요한 증명은 11세기에 캔터베리의 대주교 성 안셀무스가 처음 발명했다. 스피노자의 철학에 범신론적 신이 등장하는데, 정통 유대교도의 눈에는 도무지 신으로 비치지 않았다. 그렇더라도 스피노자의 신 존재 증명은 본질적으로 형이상학적 증명에 속하며, 모든 명제는 반드시 주어와 술어로 구성된다는 학설로 귀결된다. 하지만 스피노자는 이러한 점을 미처 깨닫지 못했을 것이다. 라이프니츠의 형이상학이 비롯된 기원도 동일했다.

로크는 자신이 막을 연 철학의 방향을 충분하게 발전시키지 못한다. 신의 실존을 증명한 데카르트 논증의 타당성을 그대로 수용한 탓이다. 버클리는 완전히 새로운 논증을 발명했다. 하지만 흄에 이르러 새로운 철학이 완성되는데, 그는 형이상학을 전면 거부하면서 형이상학이 관심을 둔 주제에 관해 추리로 아무것도 발견할 수 없다고 주장했다. 이러한 견해는 경험주의 학파가 끊임없이 주장했다. 정반대되는 견해는 약간 수정된 형태로 칸트와 제자들의 철학으로 면면히 이어졌다.

윤리학에서도 두 학파를 비슷하게 구별할 수 있다.

앞서 보았듯 로크는 쾌락이 선이라는 믿음을 갖고 있었고, 이것은 18, 19세기까지 경험주의자들을 지배한 견해였다. 이와 달리 이들의 반대자들은 쾌락을 경멸하고 멸시하면서 훨씬 고상해 보이는 다양한 윤리 체계들을 선보였다. 홉스는 힘에 가치를 부여했으며, 스피노자는 어느 정도까지 홉스의 견해에 동의했다. 스피노자의 윤리학에는 조화되지 않는 두 가지 견해가 있는데, 하나는 홉스의 견해이고 다른 하나는 선이 신과 교감하는 신비스러운 합일 속에 있다는 견해다. 라이프니츠는 윤리학 분야에 중요한 공헌을 하지 못했다. 그러나 칸트는 윤리학을 최고 학문으로 끌어 올리면서 윤리적 전제들로부터 자신의 형이상학을 도출했다. 칸트의 윤리학은 철학사에서 중요한데, 반反 공리주의에 속한 **선험** 윤리이자 이른바 '고상한' 윤리로 평가받기 때문이다.

칸트는 이렇게 말한다. 네가 형제를 좋아하기 때문에 친절하게 대한다면 도덕적으로 아무 가치도 없다. 어떤 행동은 도덕법칙의 명령에 따라 행한 경우에만 도덕적 가치를 갖는다. 그래서 칸트는 주장한다. 쾌락이 곧 선은 아니지만 유덕하고 고결한 사람들이 고통을 당한다면 정의롭지 못한 일이다. 세상에서 유덕한 사람들이 고통을 당하는 일이 흔하기 때문에 이들이 죽고 난 후에 덕에 상응한 보상을 받는 다른 세계가 있어야 한다. 또한 내세의 삶에서 정의로운 심판을 보증해 줄 신도 반드시 있어야 한다. 그는 신과 영혼 불멸에 대한 낡은 형이상학적 논증을 전부 거부했지만, 자신의 새로운 윤리적 논증은 반박되지 않을 것이라고 생각했다.

칸트는 실생활에서 친절하고 인간미 넘치는 사람이었다. 하지만 행복이 선이라는 주장을 거부한 사람들이 대부분 그렇다고 말할 수는 없다. '고상한' 윤리는 세상을 개선하려는 시도와 거리가 멀다. 오히려 인간을 더 행복하게 만들어야 한다는 세속적인 견해가 세상을 더 살기 좋게 만든다. 이것은 새삼 놀랄 일도 아니다. 자신의 행복이 아니라 다른 사람의 행복이 문제될 경우 더 쉽게 행복을 경멸하곤 한다. 그러한 경멸적 태도와 더불어 흔히 영웅주의가 어떤 형태로든 행복의 자리를 차지한다. 이것은 권력욕의 무의식적 분출구를 제공하며 잔인한 행위를 조장할 구실을 만든다. 다른 한편 강렬한 감정에 가치를 부여할 수도 있는데, 낭만주의자들이 바로 그러한 입장에 섰다. 그래서 증오심이나 복수심과 같은 위험한 정념을 묵인하기에 이른다. 바이런의 영웅이 전형적인 인물인데, 결단코 모범적으로 행동한 사람은 아니다. 인간의 행복을 늘리려고 전력을 다한 사람들은, 누구나 짐작할 수 있듯 행복을 소중히 생각했던 사람들이었다. 더욱이 '숭고한' 것과 비교하면서 행복을 경멸하거나 멸시하며 천하게 여겼던 사람들이 아니었다. 어떤 사람의 윤리학은 흔히 그 사람의 성격을 반영하며, 자비심이 일반 대중의 행복을 바라도록 이끈다. 따라서 행복을 인생의 목적으로 생각했던 사람들이 더욱 자비로운 경향을 나타낸 반면, 다른 목적을 내세웠던 사람들은 잔인성이나 권력욕에 무의식적으로 압도당하곤 했다.

늘 그렇지는 않지만 윤리적 차이는 흔히 정치적 견해의 차이로 이어지게 마련이다. 이미 살펴보았듯 로크는 자신의 믿음을 잠정적인 것으로 받아들이고 권위주의를 배격하면서 모든 문제의 해결을 기꺼이 자유로운 토론에 맡긴다. 그 결과 로크와 추종자들은 모두 개혁에 대한 신념을 가졌지만, 그것은 점진적 개혁이었다. 그들의 사상 체계는 점진적으로 형성되고 여러 상이한 문제를 분리하여 탐구한 결과물이기 때문에, 정치적 견해도 자연히 비슷한 특징을 나타냈다. 그들은 한꺼번에 모든 문제를 해결하려는 원대한 계획을 탐탁지 않게 생각하고, 오히려 문제를 개별적으로 다루면서 가치와 장점을 추려 내는 일을 좋아했다. 철학과 마찬가지로 정치학에서도 그들은 신념에 대해 잠정적이고 실험적인 태도를 견지했다. 다른 한편 '사물 전체에 대한 형편없는 체계'를 파악할 수 있다고 생각한 반대자들은 더 나아가 '체계를 산산조각 낸 다음 가슴의 열망에 더 가깝게 개조하려는' 의도를 기꺼이 드러냈다. 그들은 혁명가들이나 기존 권력의 권한을 확장하려는 자들로 의도를 실행에 옮겼다. 어느 경우에나 그들은 원대한 목표를 추구하는 과정에서 폭력을 일삼았으며, 평화에 대한 사랑을 불명예스러운 일로 비난했다.

현대인의 안목으로 보자면 로크와 제자들이 제시한 정치적 견해는 재산을 지나치게 숭배했다는 큰 결점이 있다. 그런데 이러한 근거로 그들을 비난했던 자들은 대부분 자본가보다 더 해로운 군주, 귀족, 군국주의자와 같은 계급의 이익을 대변했다. 귀족 계급에 속한 지주는 아무 노력 없이 먼 옛날의 관습에 따른 수입을 보장받으면서도 자신을 수전노로 생각하지 않는다. 아름다운 그림의 표면 배후에 어떤 실상이 숨어 있는지 보지 못하는 사람들 역시 그렇다. 반대로 사업가는 부를 추구하는 일에 의식적으로 참여한다. 부를 축적하는 사업가의 활동은 다소 색다른 일이었기에, 신사다운 지주의 강제 징수에 대해 느끼지 않던 원한 감정을 불러일으켰다. 다시 말해 이것은 중산 계급에 속한 저술가의 글을 읽는 사람들의 문제였다. 그것은 프랑스혁명과 러시아혁명에서 주역으로 등장했던 농민과 무관한 일이었다. 농민은 생각이나 감정을 분명하게 발언할 처지가 아니었다.

로크학파의 반대자는 대부분 전쟁을 숭배했기 때문에 영웅을 치켜세우고 편안과 안락 추구를 경멸했다. 반대로 공리주의 윤리를 이어받은 추종자는 대부분 전쟁을 바보짓으로 간주하려는 경향이 있었다. 이것 때문에 적어도 19세기에 공리주의자들은 장사에 방해되기 때문에 전쟁을 싫어했던 자본가들과 협력했다. 당연히 자본가의 동기는 순전히 자기이익을 추구하는 것이었으나 군국주의자와 군국주의를 지지한 저술가의 이익보다 일반 대중의 이익과 훨씬 일치하는 견해를 이끌어 냈다. 사실 전쟁을 바라보는 자본가의 태도는 오락가락했다. 미국의 독립 전쟁을 제외하면 18세기 영국이 일으킨 전쟁은 전체적으로 사업가에게 이득을 가져왔으므로 자본가들도 지지했다. 반면에 19세기를 거쳐 마지막 몇 년까지는 평화를 선호했다. 그리고 현대에 와서 대기업은 모든 곳에서 국가와 긴밀한 관계를 맺기 때문에 상황이 많이 변했다. 그러나 오늘날에도 영국과 미국의 대기업은 전쟁을 원치 않는다.

당연히 계몽된 자기 이익을 추구하는 것은 가장 고상한 동기가 아니다. 그러나 그것을 헐뜯고 비난한 자들은 종종 우연이든 계획적이든 증오심, 선망, 권력욕 같은 훨씬 나쁜 동기를 앞세운다. 대체로 로크의 사상으로부터 계몽된 자기 이익을 추구하라고 가르친 학파는, 영웅주의와 자기희생의 이름으로 인간의 행복을 경시했던 학파보다 인간의 행복을 증진시키고 비참한 고통을 경감시켰다. 나는 초기 산업사회의 공포를 잊지 않을 것이다. 그러나 결국 참상의 정도는 산업사회 체계 안에서 차츰 줄어들었다. 반대편에 러시아 농노제, 전쟁의 사악함과 전쟁의 여파로 생긴 공포와 증오, 이미 생명력을 잃은 구식 체계를 존속시키려는 자들이 어쩔 수 없이 선택한 반계몽주의obscurantism가 버티고 있다.

16.
버클리

버클리George Berkeley(1685~1753)는 철학사에서 물질의 실존을 부정했다고 알려진 중요한 인물로 재치 있고 교묘한 논증으로 그것을 지지했다. 그의 주장에 따르면 물체material objects는 오로지 지각됨으로써 실존한다. 그러면 가령 나무 한 그루는 아무도 보고 있지 않으면 실존하지 않는 셈이 아니냐는 반론이 제기된다. 이에 대해 버클리는 신이 언제나 모든 것을 지각하고 있다고 답변했다. 신이 없다면, 우리가 물체로 간주한 것은 우리가 바라볼 때 갑자기 존재하게 되는 변덕스러운 생명을 가질 것이다. 그러나 신이 지각하기 때문에 나무와 바위, 돌은 상식이 가정한 만큼 지속적으로 실존한다. 버클리의 의견에 따르면 이것은 신의 실존을 지지하는 아주 중요한 논증이다. 로널드 녹스Ronald Arbuthnott Knox(1888~1957)의 오행시는 답시와 함께 버클리의 물체 이론에 대해 설명해 주는데, 내용은 다음과 같다.

한 젊은이가 말했다네,
"안뜰에 아무도 없을 때
이 나무가
계속 존재하면

신은 분명 굉장히 이상하게 생각하시겠지."

| 답시 |
친애하는 선생,
그대가 놀란 것이 이상하군.
나는 언제나 안뜰에 있었지.
나무가 계속 존재하는 이유는 지켜보았다는 것,
그대의 충실한 신이.

버클리는 아일랜드 출신으로 22세가 되던 해에 더블린 트리니티대학 특별 연구원이 되었다. 그는 스위프트Jonathan Swift(1667~1745)의 소개로 궁중 배알을 했으며, 스위프트의 바네사Swift's Vanessa[77]는 그에게 자신의 재산 절반을 남겼다. 그는 버뮤다에 대학을 설립할 계획을 세운 다음, 목표를 이루기 위해 미국으로 건너갔다. 그러나 로드아일랜드에서 3년간(1728~1731) 지낸 후 계획을 포기하고 고향으로 돌아왔다. 그는 다음과 같은 유명한 말을 한 바 있다.

제국의 행로는 서쪽으로 나아간다.

이렇게 말하여 캘리포니아의 한 도시에 버클리라는 이름이 붙었다. 1734년 그는 클로인의 주교로 임명되었다. 그는 만년에 타르수水 때문에 철학을 포기하는데, 타르수에 병을 고치는 오묘한 속성이 있다고 믿었다. 그가 쓴 타르수에 관한 글은 이렇다. "한 잔 마시면 원기를 북돋아 주지만 취하지 않는다." 나중에 쿠퍼William Cowper(1666~1709)가 차茶에 적용하여 더 친숙해진

---

77 *『걸리버 여행기』의 저자 스위프트와 친구이자 연인으로 알려진 여성이다.

정취다.

그의 최고 작품은 모두 젊은 시절에 나왔는데, 『신 시각 이론*New Theory of Vision*』은 1709년에, 『인간 지식의 원리*The Principles of Human Knowledge*』는 1710년에, 『하일라스와 필로누스의 대화*The Dialogues of Hylas and Philonous*』는 1713년에 각각 출판되었다.[78] 반면 28세 이후의 저술은 그다지 중요하지 않다. 어쨌든 그는 매력 넘치는 저술가로 누가 봐도 홀딱 빠질 만한 문체를 선보였다.

물질에 반대한 그의 논증은 『하일라스와 필로누스의 대화』에서 가장 설득력 있게 제시된다. 나는 이 책 속의 대화 가운데 첫째 대화와 둘째 대화의 서두만 고찰할 텐데, 이후 주장은 그리 중요해 보이지 않기 때문이다. 내가 고찰하려는 곳에서 버클리는 중요한 결론에 유리해 보이는 타당한 논증을 내놓지만, 그가 증명한다고 생각한 결론에 그다지 유리하지 않다. 그는 모든 현실이 정신적이라는 것을 입증한다고 생각한다. 그가 증명한 것은 우리가 사물이 아니라 성질을 지각하며, 성질은 지각하는 사람에 따라 상대적이라는 것이다.

그러면 먼저 『하일라스와 필로누스의 대화』에서 중요한 내용을 비판 없이 설명하는 데서 시작하겠다. 다음으로 비판에 착수하고, 마지막으로 관련된 문제점을 내가 알아본 대로 명확하게 제시할 것이다.

대화에 등장한 인물은 두 사람으로 하일라스는 과학 교육을 받은 상식의 대변자이고, 필로누스는 버클리 자신이다.

두 사람이 정다운 말을 몇 마디 주고받은 후, 하일라스는 필로누스가 물질적 실체를 믿지 않는다는 취지의 의견을 가지고 있다는 이상한 소문을 들었다고 말한다. "**물질** 같은 것은 존재하지 않는다고 믿다니, 이보다 더 공

78 * '하일라스'는 '질료나 물질'을 의미하는 그리스어 '힐레hyle'에서 유래한 이름으로 유물론자를 대변하고, '필로누스'는 '정신이나 이성을 사랑한다'를 의미하는 그리스어 '필로누스philonous'에서 유래한 이름으로 버클리 같은 관념론자를 대변한다.

「조지 버클리의 초상」, 존 스미버트, 1730

상적이고, 상식에 어긋나며, 명백한 회의주의가 또 있습니까?"라고 그는 목청을 높였다. 필로누스는 감각 가능한 사물, 곧 오감으로 직접 지각되는 것의 현실성을 부정하지 않는다고 대답한다. 그런데 우리는 빛깔의 원인을 보는 것이 아니며, 소리의 원인을 듣는 것도 아니다. 두 사람은 오감이 어떤 추론도 하지 못한다는 점에 동의한다. 필로누스는 다음과 같이 지적한다. 시각을 통해 오직 빛, 빛깔, 모양만 지각하고, 청각을 통해 오직 소리만 지각한다. 후각으로 오직 냄새를 지각하고, 미각으로 오직 맛을 지각하며, 촉각으로 오직 질감을 지각한다. 따라서 감각 가능한 성질을 제외하면 감각 가능한 것은 아무것도 없으며, 감각 가능한 사물은 감각 가능한 성질이거나 감각 성질의 조합에 지나지 않는다.

이제 필로누스는 "**실존하는** 것과 **지각되는** 것은 별개다"라는 하일라스의 의견에 반대하여 "감각 가능한 사물의 **현실성**은 지각됨에 있다"라는 점을 입증하기 시작한다. 필로누스는 다양한 감각들에 대한 상세한 검토를 거쳐, 감각자료sense-data는 정신적인 것이라는 논제를 지지한다. 그는 뜨거움과 차가움에서 시작한다. 그는 이렇게 말한다. 극심한 뜨거움은 고통을 일으키니 고통은 틀림없이 정신 안에 있다. 그러므로 뜨거움은 정신적인 것이다. 비슷한 논증을 차가움에도 적용한다. 이것은 미지근한 물에 관한 논증으로 강화된다. 너의 한 손은 뜨겁고 다른 손은 차가울 때 양손을 미지근한 물에 담가 보면, 한 손은 차갑게 느끼고 다른 손은 뜨겁게 느낀다. 그런데 물은 동시에 뜨거우면서 차가울 수 없다. 그러자 하일라스는 말문이 막혀 "뜨거움과 차가움은 우리의 정신 안에 존재하는 감각일 뿐입니다"라고 인정한다. 그러나 하일라스는 희망을 버리지 않고 다른 감각 성질이 남아 있다고 말한다. 필로누스는 이어서 맛을 예로 든다. 그는 단맛은 쾌락을 일으키고 쓴맛은 고통을 일으키는데, 쾌락과 고통은 정신적인 것이라고 지적한다. 같은 논증이 냄새에도 적용되는데, 냄새는 쾌감이나 불쾌감을 일으키기 때문이다.

하일라스는 소리만은 정신적인 것이 아니라고 설득하기 위해 무진 애를 쓰며 말한다. 진공 속에서는 아무 소리도 나지 않는다는 사실에서 알 수 있듯 소리는 공기 중에 일어나는 운동이다. 그래서 우리는 "지각된 소리와 소리 자체를, 우리가 직접 지각한 소리와 우리가 지각하지 않아도 존재하는 소리를 구별해야 한다"라고 말한다. 필로누스는 하일라스가 '현실적real' 소리라고 말한 운동을 어떻게든 보거나 느낄 수 있으나 분명히 들을 수는 없다고 지적한다. 그러므로 이러한 운동은 우리가 지각을 통해 알게 되는 소리가 아니다. 이에 대해 하일라스는 "소리도 정신이 없으면 현실적으로 존재하지 않는다"고 인정한다.

이제 그들은 빛깔로 넘어가는데, 여기서 하일라스는 자신만만하게 이렇게 논의를 시작한다. "실례지만, 빛깔은 전혀 다릅니다. 우리가 대상의 빛깔을 본다는 것보다 명백한 일이 있을까요?" 그는 정신이 없어도 실존하는 실체들이 빛깔을 띤다고 주장한다. 그러나 필로누스는 별 어려움 없이 하일라스의 견해를 처리한다. 해질녘 구름이 붉은 황금빛깔을 띠고 있으나 가까이 가서 보면 구름에 그러한 빛깔이 없다는 사실을 지적한다. 이어 망원경으로 봐서 생긴 차이와 황달에 걸린 사람에게 모든 것이 노랗게 보인다는 문제로 넘어간다. 또 아주 작은 곤충은 틀림없이 우리가 볼 수 있는 것보다 훨씬 작은 물체를 볼 수 있다고 말하기도 한다. 이에 대해 하일라스는 빛깔은 물체가 아니라 빛 속에 있으며, 빛은 엷은 유동성 물질이라고 말을 바꾼다. 필로누스는 소리의 경우와 마찬가지로, 하일라스에 따르면 '현실적' 빛깔은 우리가 보는 빨강이나 파랑과 달라져 쓸모없다고 지적한다.

하일라스는 곧바로 이차 성질에 관한 논의를 양보하고 이어서 일차 성질, 그 가운데 모양과 운동은 외부의 생각하지 않는 실체에 내재한다고 주장한다. 이에 대해 필로누스는 사물이 가까운 데서 보면 커 보이고 먼 데서 보면 작아 보이며, 어떤 사람에게는 빠르게 보일 수도 있는 운동이 다른 사람에게는 느리게 보일 수도 있다고 응수한다.

여기서 하일라스는 발전된 새로운 견해를 내놓는다. 그는 자신이 **대상**과 **감각**을 구별하지 못한 과오를 저질렀다고 말한다. 지각 행위가 정신적이라는 점은 인정하지만 지각되는 것은 정신적인 것이 아니다. 예컨대 빛깔은 '사고하지 않는 어떤 실체 속에, 정신이 없어도 현실적으로 존재한다.' 이에 대한 필로누스의 답변은 단호하다. "오감의 직접적 대상, 다시 말해 어떤 관념이든 관념들의 조합이든 사고하지 않는 실체 속에, 혹은 모든 정신의 외부에 실존해야 한다는 주장은 자체로 분명한 모순이라네." 여기서 논증은 논리적 차원으로 넘어가며 더는 경험적 문제가 아님을 알아챌 것이다. 몇 쪽 뒤에서 필로누스는 반문한다. "무엇이든 직접적으로 지각되는 것은 관념인데, 어떤 관념이든 정신 밖에 실존할 수 있는가?"

실체에 대한 형이상학적 논의를 마치고, 하일라스는 자신이 조금 떨어져서 사물을 본다는 논거를 들면서 시각visual sensations의 문제로 화제를 돌린다. 이에 대해 필로누스는 그것은 꿈속에서 본 사물의 경우에도 마찬가지인데, 누구나 꿈을 정신적 현상으로 인정한다고 응수한다. 그 밖에도 거리는 시각으로 지각되는 것이 아니라 경험의 결과로 판단되며, 타고난 맹인이 처음 볼 수 있게 된 경우 시각의 대상은 그에게 거리를 두고 떨어져 있는 것처럼 보이지 않는다고 지적한다.

둘째 대화의 초두에서 하일라스가 두뇌에 남겨진 일정한 흔적이 감각의 원인이라고 역설하자, 필로누스는 "감각 가능한 두뇌는 오로지 정신 안에 있다"고 맞받아친다.

나머지 대화에는 흥미를 끌 만한 내용이 없으므로 논의할 필요가 없다.

이제 버클리의 주장을 비판적으로 분석해 보자. 버클리의 논증은 두 부분으로 구성된다. 그는 우리가 한편으로 물체가 아니라 빛깔과 소리를 지각하며, 빛깔이나 소리는 '정신적인' 것이거나 '정신 안에' 있다고 주장한다. 추리의 첫 부분은 완벽한 설득력을 갖지만 둘째 부분은 '정신적'이라는 말에 대한 정의를 제시하지 않기 때문에 논증의 질이 떨어진다. 사실 그는 만물은 물질 아니면 정신일 수밖에 없으며, 어떤 것도 물질이면서 정신인 경우가 없다는 기존의 일반적 견해에 의존하여 논증을 펼친다. 그는 '사물'이나 '물질적 실체'가 아니라 성질을 지각하며, 공통감각에 의해 한 '사물'에 속한 것으로 생각된 상이한 성질들이 각 성질이나 성질 전부와 별개로 존재하는 실체 속에 있다고 가정할 이유가 전혀 없다고 말한다. 그러면 그의 추리는 수용될지도 모른다. 그러나 그는 계속 일차 성질을 포함한 감각 성질은 '정신적인' 것이라고 말한다. 이때 논증은 전혀 다른 종류의 논증이 되어서 전혀 다른 정도의 타당성을 가지게 된다. 어떤 부분에서는 논리적 필연성을 입증한 반면 다른 부분에서는 훨씬 경험적 특징을 드러낸다. 우선 전자에 대해 논의해 보자.

필로누스는 이렇게 말한다. "무엇이든 직접 지각되는 것은 관념이라네. 그런데 관념이 마음 밖에 실존할 수 있는가?" 이러한 주장을 입증하려면 '관념'이라는 말을 둘러싼 긴 논의가 필요할 것이다. 만일 사유와 지각이 주체와 객체의 관계로 이루어지면, 정신은 주체와 동일한 것이며 정신 '안에' 아무것도 없고 정신 '앞에' 객체만 있다고 주장할 수 있을 것이다. 버클리는 지각활동과 지각된 대상을 구별해야 하며, 전자는 정신에 속한 반면 후자는 그렇지 않다는 견해에 대해 논의한다. 이러한 견해에 반대하여 제시한 그의 논증은 모호하며 그럴 수밖에 없다. 버클리와 마찬가지로 정신적 실체를 믿는 사람에게 그것을 거부할 타당한 수단이 없기 때문이다. 그는 이렇게 말한다. "감각의 직접적 대상이 어떤 사고하지 않는 실체 속에, 아니면 **모든** 정신 밖에 존재해야 한다는 것은 자체로 명백한 모순이다." 이것은 오류 추론에 해당하고, 다음과 같은 논증과 유사하다. "삼촌이 없다면 조카가 있다는 것은 불가능하다. A는 조카다. 그러므로 A에게 삼촌이 있다는 것은 논리적으로 필연적이다." 이것은 물론 A가 조카라고 가정하면 논리적으로 필연적이지만, A를 분석함으로써 발견한 어떤 것 때문에 필연적이게 되지 않는다. 그렇다면 어떤 것이 감각의 대상이라면 정신과 관계가 있을 것이다. 그러나 이로부터 그것이 감각의 대상이 되지 않으면 존재할 수 없다는 결론이 도출되는 것은 아니다.

개념적 상상에 관한 유사한 오류도 발견된다. 하일라스는 아무도 지각하지 못하지만, 누구의 정신 안에도 없는 집을 개념적으로 상상할 수 있다고 주장한다. 필로누스는 하일라스가 개념적으로 상상한 것은 모두 그의 마음속에 있는 것이므로, 결국 상상된 집은 정신적인 것이라고 맞받아친다. 하일라스는 이렇게 대답해야 했다. "어떤 집과 닮은 모습을 마음속에 가진다는 의미가 아닙니다. 내가 현실적으로 의미한 것은, 내가 '아무도 지각하지 않는 집이 한 채 있다'는 명제나 '아무도 지각하거나 개념적으로 상상하지 않은 집이 한 채 있다'는 명제를 이해할 수 있다는 것입니다." 이러한 명제는 지적 능력이 있다면 누구나 이해할 수 있는 낱말로 구성되어 있으며, 낱말은 문법에 맞게 구성되어 있다. 앞에서 말한 명제가 참인지 거짓인지 알 수 없으나, 분명 자기모순적 내용을 포함하지 않는다. 아주 비슷한 명제가 몇 가지 있다. 예컨대 두 정수로 이루어진 곱셈의 가능한 수는 무한하다. 그러므로 한 번도 생각된 적 없는 두 정수의 곱셈이 있다. 버클리의 논증이 타당하다면, 이것이 논리적으로 불가능하다고 증명하는 셈이다.

이러한 오류는 매우 흔하다. 우리는 경험에서 이끌어 낸 개념을 가지고 집합에 대한 진술을 구성하는데, 집합의 원소 가운데 일부나 모든 원소는 경험되지 않는다. 더할 나위 없이 평범한 개념으로 '자갈'을 생각해 보자. '자갈'은 지각을 거쳐 형성된 경험적 개념이다. 그러나 우리는 '자갈'의 정의 속에 지각된다는 사실을 포함시키지 않는 한, 모든 자갈이 지각된다는 결론을 도출하지 못한다. 우리가 이렇게 하지 않는 한, '지각되지 않은 자갈'

이라는 개념은 그것의 사례에 대한 지각이 논리적으로 불가능하다는 것이 사실인데도 논리적으로 흠잡을 데 없이 이해할 수 있다.

버클리의 논증을 도식으로 나타내면 다음과 같다. "감각 가능한 대상은 반드시 감각될 수 있어야 한다. A는 감각 가능한 대상이다. 그러므로 A는 반드시 감각될 수 있어야 한다." 그런데 '반드시 해야 한다must'는 말이 논리적 필연성을 가리킨다면, 앞에서 말한 이 논증은 A가 **반드시** 감각 가능한 대상**이어야**만 타당하다. 그 논증은 A의 감각될 수 있음이 아닌 다른 속성들로부터 A가 감각 가능하다는 것이 연역될 수 있음을 증명하지 못한다. 예컨대 이러한 논증은 우리가 보는 빛깔과 본래 구별할 수 없는 빛깔이 보이지 않는 상태로 실존하지 않을 수도 있음을 증명하지 못한다. 생리학적 근거로 이러한 일이 생기지 않는다고 믿을 수도 있는데, 그러한 근거는 경험적인 것이다. 논리적 관점에서 보면 눈이나 뇌가 없다고 하여 빛깔이 없으란 법은 없다.

이제 버클리가 제시한 경험적 논증을 살펴보자. 우선 경험적 논증과 논리적 논증을 결합하려는 시도 자체가 약점을 드러낸다. 왜냐하면 논리적 논증이 타당하면, 경험적 논증은 불필요하기 때문이다.[79] 내가 사각형은 둥글지 않다는 주장을 할 경우, 유명한 도시의 사각형 광장이 둥글지 않다는 사실에 호소하지 않을 것이다. 하지만 이미 논리적 논증을 거부했기 때문에 경험적 논증의 장점을 고찰하지 않을 수 없게 되었다.

첫째 경험적 논증은 기이하다. 뜨거움은 물체나 대상 속에 있을 수 없다. 왜냐하면 극심한 뜨거움은 극도의 고통을 일으키는데, 지각하지 않는 것이 쾌락과 고통을 느낄 수 있다고 가정할 수 없기 때문이다. '고통'이라는 말에

79 예를 들면 이러한 논증이다. "나는 지난 밤 취하지 않았다. 나는 겨우 두 잔을 마셨을 뿐이다. 게다가 내가 절대 금주가라는 것은 누구나 안다."

는 애매한 구석이 있는데 버클리는 그것을 이용한다. 고통은 어떤 감각의 고통스러운 성질을 의미하거나 고통스러운 성질을 가진 감각을 의미할 수도 있다. 우리는 부러진 다리가 아프다고 말하지만, 다리가 마음속에 있다는 뜻은 아니다. 비슷하게 뜨거움은 고통을 **야기하며**cause, 이것은 뜨거움이 고통이라고 말할 때 의미해야 하는 전부일지도 모른다. 그러므로 버클리의 첫째 논증은 빈약하다.

엄밀히 말해 미지근한 물속에 뜨거운 손과 차가운 손을 담근 실험에 관한 논증은 우리가 뜨겁고 차가운 것이 아니라 더 뜨겁고 더 차가운 것을 지각한다는 사실을 입증할 뿐이다. 이러한 성질이 주관에 속한다고 입증할 만한 내용은 전혀 없다.

맛에 대해서도 쾌락과 고통으로부터 끌어 낸 논증이 반복된다. 단맛은 쾌락을 일으키고 쓴맛은 고통을 일으킨다. 그러므로 둘 다 정신적인 것이다. 또한 내가 건강할 때는 달게 느껴지는 것이 아플 때는 쓰게 느껴질 수도 있다고 역설한다. 냄새에 대해서도 아주 비슷한 논증을 제시한다. 냄새는 쾌감이거나 불쾌감이므로, "지각하는 실체 혹은 정신 말고 어떤 것 안에도 실존할 수 없다." 버클리는 이 논증과 여기저기 다른 논증에서 물질 속에 있지 않은 것은 정신적 실체 속에 있어야 하며, 아무것도 정신적인 것이면서 물질적인 것일 수 없다고 가정한다.

소리에 관한 논증은 **인신공격**이다. 하일라스는 소리가 '현실적으로really' 공기 중의 운동이라고 말한다. 이에 필로누스는 운동을 보거나 느낄 수 있지만 들을 수 없으므로 '현실적real' 소리를 들을 수 없다고 반박한다. 이것은 공정한 논증이 아니다. 버클리에 따르면 운동이라는 지각표상percepts도 다른 지각표상만큼 주관적이기 때문이다. 하일라스가 요구한 운동은 지각되지 않고 지각될 수 없어야 할 것이다. 그렇더라도 필로누스의 논증은 물리학이 소리의 원인으로 여긴 공기의 운동과 들리는 소리가 동일한 것일 수 없음을 지적한 점에서 타당하다.

하일라스는 이차 성질은 포기했지만 **일차** 성질, 바로 연장과 모양, 견고함, 중력, 운동, 정지는 아직 포기하지 않는다. 논증은 자연스레 연장과 운동에 집중된다. 필로누스는 말한다. 만일 사물이 현실적 크기를 가진다면 같은 물건이 동시에 다른 크기를 가질 수 없을 텐데, 같은 물건이 멀리 있을 때보다 가까이 있을 때 더 크게 보인다. 운동이 현실적으로 대상 속에 있다면, 어떻게 같은 운동이 어떤 사람에게 빠르고 다른 사람에게 느리게 보일 수 있겠는가? 내 생각에 지각 공간의 주관성을 입증하려면 이러한 논증이 허용될 수밖에 없다. 그러나 이러한 주관성은 물리적 토대를 가진다. 그것은 카메라의 경우에 딱 들어맞으며, 따라서 모양이 '정신 안에 있다'는 것을 입증하지 못한다. 둘째 대화에서 필로누스는 지나간 논의를 이렇게 요약한다. "정신 말고 우리가 인식하거나 생각한 것은 모두 우리 자신의 관념일세." 필로누스는 당연히 정신을 예외로 두면 안 된다. 물체를 인식할 수 없는 것과 마찬가지로 정신을 인식하는 것은 불가능하기 때문이다. 사실 필로누스의 논증은 물체의 경우에나 정신의 경우에나 둘 다 거의 동일하다.

이제 버클리가 개시한 논증으로 이끌어 낼 수 있는 긍정적 결론이 무엇인지 말해 보자.

우리가 인식한 사물은 감각 가능한 성질들의 다발이다. 예컨대 탁자는 그것의 모양, 견고함, 두드렸을 때 나는 소리, 냄새(만일 냄새가 난다면)로 구성된다. 이러한 상이한 성질들이 경험 속에서 연속관계로 나타나고, 공통감각에 의해 연속관계가 한 사물에 속한 것으로 파악된다. 그런데 '사물'이나 '실체'라는 개념은 지각된 성질들에 아무것도 더하지 못하므로 필요 없다. 지금까지 우리는 확고한 지반 위에 있다.

그러나 이제 우리는 스스로 '지각하기perceiving'의 의미가 무엇인지 물어보아야 한다. 필로누스는 감각 가능한 사물의 현실성은 그것들이 지각됨에 있다고 주장한다. 그러나 우리에게 지각이 무엇을 의미하는지 말해 주지 않는다. 버클리는 지각이 주체와 지각표상이 맺는 관계라는 이론을 거부한다. 그는 자아ego가 실체substance라고 믿었기에 관계 이론을 당연히 채택했을 수도 있었지만, 반대 입장을 취하기로 결심했다. 실체적 자아를 거부한 사람에게 관계 이론은 불가능한 입장이다. 그렇다면 어떤 것을 '지각표상percept'이라고 부를 때 의미하는 것은 무엇인가? 어떤 것이 우리에게 나타난다는 것 이상을 의미하는가? 우리는 버클리의 준칙을 돌려서 현실성이 지각되는 데서 성립한다고 말하는 대신 지각됨이 현실적인 것 속에서 가능하다고 말할 수 있을까? 그럴지도 모르지만 버클리는 지각되지 않는 사물이 마땅히 있어야 하는 것이 논리적으로 가능하다고 주장한다. 그는 어떤 현실적 사물, 바로 정신적 실체는 지각되지 않는다고 주장하기 때문이다. 또 우리가 어떤 사건event이 지각된다고 말할 때 분명 그러한 사건이 발생하는 것보다 많은 어떤 것을 의미하는 것처럼 보인다.

여기서 말하는 많은 것은 무엇인가? 지각된 사건과 지각되지 않은 사건의 명백한 차이는, 전자를 기억할 수 있으나 후자는 기억할 수 없다는 점이다. 그 밖에 다른 차이가 있는가?

상기recollection는 우리가 자연스럽게 '정신적'이라고 부르는 현상에 어느 정도 고유한 결과 가운데 하나다. 이러한 결과는 습관과 관계가 있다. 불에 데어 본 아이는 불을 두려워하지만 불에 달구어진 부지깽이가 불을 두려워하는 일은 결코 일어나지 않는다. 그런데도 생리학자는 습관이나 유사한 사건을 신경조직의 특징으로 다루며, 물리학적 해석에서 벗어날 필요가 없다. 물리학의 언어로 말하자면 발생한 어떤 사건이 일정한 종류의 결과를 낳는다면 그러한 사건은 '지각되었다'고 말할 수 있다. 이러한 의미로 비가 내려 물길이 깊어질 때 비를 '지각하고,' 강가의 계곡은 전에 내린 억수 같은 비에 대한 '기억'이라고 말할지도 모른다. 물리학의 용어로 기술된 습관과 기억은 죽은 물질에도 아예 없는 것이 아니다. 이러한 점에서 생물과 무생물은 정도의 차이가 있을 뿐이다.

이러한 견해에 비추어 볼 때 어떤 사건이 '지각되었다'는 말은 일정한 종류의 결과를 낳았다는 말인데, 논리적으로나 경험적으로나 **모든** 사건이 이러한 종류의 결과를 낳는다고 가정할 이유는 없다.

인식론은 다른 관점을 암시한다. 여기서 우리는 완성된 과학이 아니라 과학에 대한 우리의 믿음을 떠받칠 근거가 되는 지식에서 시작한다. 이것이 바로 버클리가 하는 작업이다. 여기서 '지각표상'을 미리 정의할 필요가 없다. 그러한 방법의 개요는 다음과 같다. 우리는 추론을 거치지 않고 안다고 느끼는 명제를 수집하고, 수집한 명제가 대부분 날짜가 명기된 개별 사건과 관계가 있음을 발견한다. 이러한 사건을 '지각표상'이라고 정의한다. 그러므로 지각표상은 추론을 거치지 않고 아는 사건이다. 적어도 기억이 난다면 이러한 사건은 어느 때의 지각표상이다. 그렇다면 다음과 같은 질문과 마주한다. 우리는 자신의 지각 대상으로부터 다른 어떤 사건이든 추론할 수 있는가? 이러한 질문에 대해 네 가지 입장이 가능한데, 첫째부터 셋째까지 입장은 관념론에 속한다.

(1) 나의 현재 지각표상과 기억에서 다른 사건을 도출한 모든 추론의 타당성을 전면 거부할 수 있다. 추론을 연역으로 제한한 사람이라면 누구나 이러한 견해를 받아들일 수밖에 없다. 어떤 사건이든, 그리고 어떤 사건들의 무리이든 논리적으로 홀로 설 수 있다. 그러므로 어떤 사건군도 다른 사건의 실존에 대해 **증명적** 입증 방법을 제시하지 못한다. 그러므로 추론을 연역으로 제한하면, 인식된 세계는 우리가 지각하거나, 기억이 난다면 우리가 지각했던 우리 자신의 일대기 속에 일어난 사건들로 제한된다.

(2) 둘째 입장은 일상적으로 이해된 유아론인데 나의 지각 대상들로부터 어떤 추론을 허용하지만, 바로 나 자신의 일대기에 속한 다른 사건만 추론

한다. 가령 걸어다니는 삶의 매순간 우리가 주목하지 않은 감각 가능한 대상이 있다는 견해를 보자. 우리는 많은 사물을 보면서도 스스로 그것을 본다고 말하지 않는다. 적어도 그렇게 보인다. 아무것도 움직이지 않는 주위에 눈을 고정한 채 우리는 다양한 사물을 연속적으로 주의를 기울여 알아챌 수 있고, 우리가 주의를 기울여 알아채기 전에도 다양한 사물을 볼 수 있었다는 확신이 든다. 그러나 우리가 주의를 기울여 알아채기 전의 사물은 인식론을 위한 자료가 아니었다. 누구나 경험의 한계 너머로 우리의 지식을 과도하게 확장하지 않으려는 사람조차 무심결에, 우리가 관찰한 것에 근거하여 이렇게 추론한다.

(3) 셋째 입장은 예컨대 에딩턴Sir Arthur Stanley Eddington(1882~1944)이 주장할 듯한데, 우리 자신이 경험한 사건과 유사한 다른 사건을 추론할 수 있도록 허용한다. 그러므로 우리는 예컨대 우리가 보지 못했으나 다른 사람이 본 빛깔, 다른 사람이 느낀 치통, 다른 사람이 즐긴 쾌락과 다른 사람이 참은 고통이 있다고 믿을 권리가 있다. 그러나 아무도 경험하지 않고, 어떤 '정신'의 일부도 형성하지 않은 사건을 추론할 권리는 없다. 이러한 견해는 나의 관찰 범위 밖에 놓인 사건들로 이끈 모든 추론이 유비에 따른 것이고, 아무도 경험하지 않은 사건이 유비 추론을 보증할 나의 자료와 충분히 유사하지 않다는 근거로 옹호될 수도 있다.

(4) 넷째 논증은 상식과 전통 물리학의 입장을 대변하는데, 나 자신의 경험과 다른 사람의 경험에 더하여 아무도 경험하지 않은 사건이 있다는 것이다. 예컨대 내가 잠든 캄캄한 밤중에도 내 침실의 가구는 존재한다. 무어George Edward Moore(1873~1958)는 한때 승객들이 기차 안에 머무는 동안 기차 바퀴를 볼 수 없다는 근거로 기차가 역에 있는 동안에만 기차에 바퀴가 있다고 주장한 관념론자를 맹렬히 비난했다. 상식을 따르는 사람들은 바퀴가 우리가 볼 때마다 갑자기 존재하다가 아무도 살피지 않을 때 실존하지 않는

다는 점을 믿으려고 하지 않는다. 이러한 관점이 과학적 입장일 때, 지각되지 않은 사건을 추론하는 것은 인과 법칙에 근거한다.

나는 당장 네 가지 관점 가운데 하나를 결정하라고 제안하지 않는다. 가능하더라도 비증명적 추론과 확률이론에 대한 정교한 탐구를 거쳐야만 결정할 수 있다. 나의 제안은 이러한 문제에 대해 논의했던 사람들이 저지른 논리적 오류를 지적하는 것이다.

앞에서 보았듯 버클리는 오직 정신(마음)과 정신적 사건만 실존할 수 있다고 증명하는 논리적 이유가 있다고 생각한다. 헤겔과 그의 추종자들도 버클리가 제시한 것과 다른 근거를 제시하면서 비슷하게 주장한다. 나는 이러한 주장이 완전히 오류라고 믿는다. "지구라는 행성에 생명이 실존하기 전에 시간이 있었다"와 같은 진술은 참이든 거짓이든 "아무도 풀어본 적 없는 곱셈 계산식이 있다"라는 진술과 마찬가지로 논리적 근거로 매도할 수 없다. 관찰된다는 것, 혹은 지각표상이 있다는 것은 그저 정신 속에 일정한 종류의 결과를 낳는다는 말이고, 모든 사건이 이러한 종류의 결과를 낳을 논리적 이유는 없다.

하지만 다른 종류의 논증이 있는데, 관념론을 형이상학으로 내세우지 않는 반면 관념론이 타당하다면 실천 방침으로 확립하는 입장이다. 검증할 수 없는 명제는 의미를 갖지 않으며 검증은 지각표상들에 의존하므로, 현실적이거나 가능한 감각의 대상을 제외한 어떤 것에 관한 명제도 무의미하다고 말한다. 엄밀히 해석해 보면 이러한 견해는 앞에서 논의한 네 가지 이론 가운데 첫째 이론으로 귀결되며, 우리가 스스로 분명하게 주목했던 것 말고 어떤 것에 대해서도 말하지 못하도록 만들 것이다. 그렇다면 아무도 실천적으로 주장할 수 없는 견해가 되는데, 이것은 실천적 근거로 지지를 얻었던 이론의 치명적 결점이다. 검증에 관한 전반적 문제, 검증과 지식의 관계는 어렵고 복잡하다. 따라서 당장은 이 문제를 다루지 않을 것이다.

앞에서 논의한 넷째 이론은 아무도 지각하지 않은 사건을 인정하고, 부당한 논증으로 옹호되기도 한다. 인과성이 **선험적으로** 인식되고, 지각되지 않은 사건이 없다면 인과 법칙도 불가능하다고 주장할 수도 있다. 이러한 논증과 반대로 인과성은 **선험적으로** 인식되지 않으며, 관찰될 수 있는 규칙성이 무엇이든 지각표상과 관계를 맺어야 한다고 주장될 수도 있다. 물리 법칙을 믿을 이유가 무엇이든 지각표상들로 진술될 수 있음이 분명하다는 것이다. 이렇게 명확한 진술은 오히려 이상할뿐더러 복잡할 수 있으며, 최근까지도 물리 법칙에 기대했던 연속성이라는 특징은 없을지도 모른다. 그러나 도저히 불가능한 일은 아닌 것 같다.

나는 우리가 논의한 네 가지 이론 가운데 어느 하나에 대해서도 **선험적** 반론을 제시할 수 없다고 결론짓는다. 하지만 모든 진리는 실용적이고, 네 가지 이론에 실용적 차이는 없다고 주장할 수 있다. 이러한 주장이 참이라면 우리는 어떤 이론이든 마음 내키는 대로 채택할 수 있고, 그것의 차이는 언어적 차이에 지나지 않을 것이다. 나는 이러한 견해를 용납할 수 없다. 그러나 이러한 견해는 나중에 논의할 문제로 남겨 둔다.

아직 '정신'이라는 말과 '물질'이라는 말에 어떤 의미를 부여할 수 있을지에 대한 문제가 남아 있다. 누구나 알고 있듯 관념론자는 '정신' 말고 아무것도 없다고 생각하며, 유물론자는 '물질' 말고 아무것도 없다고 생각한다. 나는 독자들이 관념론자는 덕을 중시하지만 유물론자는 사악하다는 사실도 인식하기를 바란다. 아마도 이것에 대해 할 말이 더 있을지도 모르겠다.

내가 '물질'에 내린 정의도 만족스러워 보이지 않을 수 있다. 나는 '물질'을 물리학의 방정식을 만족시키는 것으로 정의할 것이다. 물리학의 방정식을 만족시킬 만한 것이 없을 수도 있는데, 그러한 경우 물리학도 '물질' 개념도 잘못된 것이다. 만일 우리가 실체를 거부한다면, '물질'은 논리적 구성물logical construction이어야 할 것이다. 물질이 부분적으로 추론될 수도 있는 사건들로 이루어진 구성물일 수 있느냐는 어려운 문제이지만, 해결할 수 없는 문제는 아니다.

'정신'에 대해 논의할 경우 실체가 거부될 때 정신은 사건들의 무리나 조직이 될 수밖에 없다. 무리는 우리가 '정신적'이라고 부르고 싶은 종류에 속한 현상들의 특징인 어떤 관계가 영향을 미쳐 생겨날 것임이 분명하다. 우리는 기억을 정신 현상의 전형적 사례로 들 수도 있다. 마땅치 않을 정도로 단순해 보일 수는 있겠지만, 우리는 '정신적' 사건을 기억하거나 기억된 사건으로 정의해도 좋을 것이다. 그러면 주어진 정신적 사건이 속한 '정신'은 주어진 사건이 기억 사슬에 의해 앞뒤로 연결된 사건의 무리가 된다.

위에서 말한 정의에 따르면 어떤 정신과 어떤 물질 조각은 각각 무리 지은 사건으로 보일 것이다. 어느 사건이나 한 종류의 무리나 다른 종류의 무리에 속해야 할 이유도 없고, 어떤 사건이 두 종류의 무리에 속하면 안 될 이유도 없다. 그러므로 어떤 사건은 정신적인 것도 물질적인 것도 아닐 수 있으며, 다른 사건은 정신적인 것이면서 물질적인 것일 수도 있다. 이러한 문제는 자세하게 경험적으로 고찰해야만 어떤 결정이든 내릴 수 있다.

17.
흄

흄David Hume(1711~1776)은 철학자 가운데 매우 중요한 사람으로 꼽힌다. 그는 로크와 버클리로 이어진 경험주의 철학에서 논리적 결론을 이끌어 내고, 경험주의 철학을 일관성 있게 표현함으로써 신뢰성을 포기한 철학으로 만들었다. 어떤 의미에서 경험주의는 막다른 골목에 도달했기 때문에 흄이 제시한 방향으로 나가기는 불가능하다. 흄의 저술이 발표된 이후 형이상학자들은 심심풀이 삼아 흄의 견해를 논박하는 일에 몰두했다. 나는 형이상학자들의 이러한 반박 논증 가운데 납득할 만한 논증을 단 한 건도 발견하지 못했다. 그렇지만 나는 흄의 체계보다 덜 회의적인 이론이 나오길 기대한다.

흄은 중요한 철학 저술인 『인간 본성론*Treatise of Human Nature*』을 프랑스에 머물던 1734년부터 1737년 사이에 썼다. 1권과 2권은 1739년에, 3권은 1740년에 출판했는데, 당시 서른이 채 되지 않은 젊은 학자였다. 학계에 그다지 알려진 인물은 아니었지만, 『인간 본성론』에서 내린 철학적 결론은 당대의 거의 모든 학파가 달가워하지 않았을 것이었다. 흄은 격렬한 공격을 기대하면서 멋지게 맞받아칠 심산이었을 터다. 그런데 아무도 흄의 저술에 주목하지 않았다. 스스로 말하듯 "그 책은 인쇄되면서부터 사장되었다." "그러나 명랑하고 쾌활한 기질을 타고난 덕에 나는 곧 정신적 충격에서 벗어나 스스로 자신감을 회복했다"는 말도 덧붙인다. 이후 흄은 논문을 쓰는 일에 열중하여 1741년에 첫 논문집을 출판했다. 1744년에 에든버러에서 교수직을 얻으려고 노력했으나 실패하고, 한번은 어떤 광인의 개인 교사로, 다음에 어느 장군의 비서로 일했다. 산전수전을 다 겪으며 정신적으로 무장한 흄은 다시 한 번 철학적 모험을 감행했다. 그는 『인간 본성론』에 숨겨진 중요한 부분과 자신의 철학적 결론을 지지해 줄 대부분의 근거를 간추려 『인간 오성에 대한 탐구*Inquiry into Human Understanding*』를 출간했다. 이 작품은 오랫동안 『인간 본성론』보다 훨씬 더 유명세를 탔다. 칸트를 '독단의 선잠'에서 깨어나게 한 것도 바로 이 책이었는데, 당시 칸트는 『인간 본성론』에 대해 몰랐던 듯하다.

흄은 『자연 종교에 관한 대화*Dialogue Concerning Natural Religion*』도 썼으나, 생전에 미발표로 보관되었다가 1779년에 유작으로 출판되었다. 「기적에 관하여 Essay on Miracle」라는 논문이 유명해졌는데, 기적의 사건들을 증명할 만한 역사상의 증거는 결코 찾을 수 없다는 주장이 들어 있다.

흄의 『영국사*History of England*』는 1755년과 이듬해에 출판되었고, 여기서 휘그당[80]에 비해 토리당[81]이, 스코틀랜드인보다 잉글랜드인이 우월하다는 점을 입증하는 데 몰두했다. 그런데 그는 역사를 철학의 초연함이나 공평함에 알맞은 분야로 생각하지 않았다. 1763년에 파리를 방문했을 때 당대 **계몽철학자들**은 그를 환대했다. 운수가 나빴는지 루소와 우정을 맺으면서 유명한 언쟁에 휘말렸다. 흄은 존경스러울 정도로 자제력을 발휘하며 처신했으나 피해망상에 사로잡힌 루소는 격분하여 절교를 선언했다.

흄은 직접 쓴 사망 기사, 정확히 말해 '장례식사'에서 자신을 이렇게 묘사

80 * 왕당파에 대립한 민권당. 19세기에 자유당으로 변천했다.

81 * 1688년 명예혁명 당시 제임스 2세를 지지한 왕당파.

「데이비드 흄의 초상」, 앨런 램지, 1754

했다. "나는 온순한 사람으로 기분을 조절할 줄 알며 솔직하고 사교적이며 쾌활하고 해학諧謔이 넘치며 누구나 친근감을 느낄 만큼 정감이 풍부하다. 적대감을 견디기 힘들어하지만 모든 정념을 기막히게 조절할 줄 아는 온건한 성품을 갖추었다. 심지어 나를 지배하던 문학적 명성을 향한 갈망조차 실망하는 일이 잦았는데도 온화한 기질을 까다로운 성격으로 바꾸지는 못했다." 이러한 묘사는 그에 대해 알려진 모든 일에 비추어 볼 때 사실 같다.

흄의 『인간 본성론』은 세 권으로 나눠 각각 오성, 정념, 도덕에 관해 논한다. 그의 학설 가운데 새롭고 중요한 내용은 1권에 실려 있으므로, 여기에 한정하여 논의를 풀어 가려 한다.

그는 '인상'과 '관념'을 구별하면서 시작한다. 인상과 관념은 지각의 두 가지 종류이고 **인상**impression은 강하고 격렬한 지각이다. "관념idea은 사고 활동과 추론 활동 속에 나타난 인상에 대한 희미한 심상이다." 적어도 단순 관념은 인상과 비슷하지만 인상보다 더 희미하다. "단순 관념에는 제각기 닮은 단순 인상이 있으며 단순 인상에는 제각기 한 관념이 상응한다." "모든 단순 관념은 처음 나타날 때 단순 인상에서 비롯된다. 단순 인상은 단순 관념과 상응하며 정확하게 단순 관념을 표상한다." 반면에 복합 관념은 인상과 닮을 필요가 없다. 우리는 한 번도 본 적이 없지만 날개 달린 말을 상상한다. 그런데 이 복합 관념의 **구성 요소**constituent는 전부 인상에서 비롯된다. 인상이 먼저 생긴다는 사실을 증명하는 기원은 경험이다. 예컨대 장님으로 태어난 사람은 빛깔의 관념을 갖지 못한다. 관념 가운데 원래의 인상이 가진 매우 생생한 관념은 **기억**memory의 산물이고, 다른 관념은 **상상**imagination의 산물이다.

「추상 관념에 대하여」란 절(『인간 본성론』, 1권 1부 7절)은 버클리의 학설에 동조한다고 강조한 구절로 시작한다. "모든 일반 관념은 어떤 용어에 부가된 특수 관념들일 뿐이고, 이 용어는 특수 관념들에 더 넓은 의미를 주어서 유사한 다른 개별자들을 수시로 떠올리게 만든다." 그는 우리가 한 인간에 대해 어떤 관념을 가질 때, 그 관념은 한 인간에 대한 인상이 갖는 모든 특수성을 가진다고 주장한다. "마음은 제각기 정도에 대한 정확한 개념을 형성하지 않고서 어떤 양이나 질의 개념도 형성할 수 없다." "추상 관념들은 그 자체로 개별적이지만, 그것들의 표상에서는 일반적인 것이 될 수도 있다." 이러한 이론은 근대 유명론의 한 형태로 두 가지 결함이 있다. 하나는 논리적 문제이고 다른 하나는 심리적 문제다. 우선 논리적 반론을 보자. 흄은 "우리가 몇몇 대상의 유사성을 찾아냈을 경우에 대상 전부에 같은 이름을 적용한다"라고 말한다. 유명론자라면 누구나 이 말에 동의할 것이다. 그런데 사실상 '고양이' 같은 보통명사common name는 보편자 **고양이**만큼 현실성이 없다. 따라서 보편자 문제를 해결하려는 유명론자의 방식은 유명론의 원리를 거칠고 불충분하게 적용함으로써 실패의 길로 접어든다. 요컨대 유명론자는 유명론의 원리를 '사물'에만 적용하고 낱말에는 적용하지 않는 실수를 저질렀다.

심리적 반론은 적어도 흄에게 더 심각하다. 흄이 제안한 관념이 인상의 모사라는 이론은 **모호성**vagueness을 간과했기 때문에 타격을 입는다. 예컨대 내가 어떤 빛깔의 꽃을 보고 나중에 꽃에 대한 심상을 떠올릴 때, 심상은 정확성을 결여한다. 이러한 의미에서 흄의 용어로 표현하자면 한 가지 심상, 바로 '관념'이 될 수도 있는 매우 유사한 색조가 몇몇 있을 것이다. 그러면 "마음은 제각기 정도에 대한 정확한 개념을 형성하지 않고서 어떠한 양이나 질의 개념도 만들어 낼 수 없다"는 주장은 참이 아니다. 네가 키가 6피트 1인치인 한 남자를 보았다고 하자. 너는 남자에 대한 어떤 심상을 간직하지만, 너의 심상이 반 인치 더 크거나 더 작은 사람과 일치할 개연성을 배제할 수 없다. 모호성은 일반성과 다른 별개의 개념이지만 몇 가지 특징 때문에 비슷하다. 이러한 점에 유의하지 않은 채 흄은 겪을 필요 없는 곤경 속으로 빠져든다. 예컨대 너는 한 번도 본 적 없지만, 네가 본 아주 유사한 두 가지 색조의 중간색에 해당하는 어떤 색조를 상상할 가능성에 관한 난점을 들 수 있다. 만일 두 색조가 상당히 유사하다면, 네가 형성한 어떤 심상이든 두 색조와 중간 색조에 동등하게 적용할 수 있을 것이다. 흄이 관념은 인상에서 비롯되며 인상을 **정확히** 표상한다고 말할 경우, 그는 심리적 사실의 범위를 넘어 너무 멀리 가버린 셈이다.

버클리가 물리학에서 실체 개념을 추방했듯 흄은 심리학에서 **실체** 개념을 몰아냈다. 그는 『인간 본성론』 1권 4부 6절에서 자아에 대한 **인상**이 하나도 없으므로 자아의 관념도 없다고 말한다. "나로서는 내가 가장 친밀하게 **나 자신**이라고 부르는 것 속으로 들어갈 때, 나는 언제나 이러저러한 개별 지각, 바로 뜨거움이나 차가움, 밝음이나 어두움, 사랑이나 미움, 아픔이나 기쁨과 마주친다. 나는 어느 때든 지각하지 않고서는 **나 자신**을 결코 붙잡을 수 없으며, 지각 말고 어떤 것도 결코 관찰할 수 없다." 역설적이게도 흄은 자기를 지각할 수 있는 철학자들도 있다는 데 동의한다. "이러한 부류의 몇몇 형이상학자를 제쳐 두고, 나는 감히 인류에 속한 나머지 사람들이 다양한 지각의 다발이나 집합체에 불과하다고 주장할 수 있다. 그리고 다양한 지각은 믿을 수 없을 만큼 빠른 속도로 서로 잇달아 일어나고, 영속하는 흐름과 운동 속에 있다."

이렇게 자기Self라는 관념을 부인하는 것은 대단히 중요하다. 그것이 무엇을 주장하며 어느 정도 타당한지 정확히 알아보자. 우선 자기에서 시작하는데, 만일 자기가 있더라도 결코 지각되지 않으므로, 이것에 대한 관념은 결코 가질 수 없다. 설령 이러한 논증을 수용하더라도, 주의 깊고 분명하게 말해야 한다. 아무도 자신의 두뇌를 지각하지 못하지만, 중요한 의미를 갖는 두뇌에 대한 어떤 '관념'을 가지고 있다. 지각에서 추론한 '관념'은 논리적으로 기본 관념에 속하지 않고 복합적이며 기술적이다. 만일 흄이 제안한 모든 단순 관념이 인상에서 비롯된다는 원리가 옳다면, 이것은 사실일 수밖에 없다. 그러나 만일 흄의 원리가 거부된다면, 우리는 어쩔 수 없이 '본유' 관념으로 되돌아가야 한다. 현대의 용어법을 사용한다면 이렇게 말할 수 있겠다. 지각되지 않는 사물이나 사건에 대한 관념은 언제나 지각되는 사물이나 사건으로 정의될 수 있으므로, 정의되는 항을 정의로 대체함으로써 우리는 언제나 지각되지 않는 어떤 사물이나 사건이든 끌어들이지 않고서도 경험적으로 안다고 말할 수 있다. 우리의 당면 문제에 관한 모든 심리적 지식은 '자기'를 도입하지 않고서 얼마든지 말할 수 있다. 더 나아가 정의되는 '자기'는 지각의 다발에 불과할 뿐이고 새로 등장한 단순한 '것'이 아니다. 내 생각엔 철두철미한 경험론자라면 누구나 흄의 철학적 결론에 동의할 수밖에 없을 것이다.

그렇더라도 단순한 자기는 없다는 결론이 도출되지는 않는다. 단지 자기가 있는지 알 수 없으며, 지각의 '다발'을 제외한 '자기'가 지식의 일부가 될 수 없다는 결론이 도출될 따름이다. 이러한 흄의 결론은 마지막으로 잔존한 '실체'라는 용어의 쓰임을 형이상학에서 제거했다는 점에서 중요한 의미가 있다. 이것은 신학에서도 중요한 의의가 있고 '영혼'에 대해 가정된 모든 지식을 철폐하는 결과를 초래했다. 또한 흄의 결론이 지식을 분석하는 과정에서도 중요한 역할을 하는 까닭은 주체와 객체의 범주가 근본 범주가 아니라고 보기 때문이다. 이러한 자아ego에 관한 문제에서 흄은 버클리에 비해 중요한 진보를 이루었다.

『인간 본성론』에서 가장 중요한 부분은 「지식과 개연성에 대하여」라는 절이다. 흄의 '개연성probability'은 수학의 확률 이론에서 말하는 주사위를 두 개 던져서 둘 다 6이 나올 확률이 36분의 1이라는 것과 같은 종류의 지식을 의미하지 않는다. 이러한 지식은 특별한 의미의 개연적 지식이 아니라 확실한 지식이다. 흄의 관심사는 증명적 추론에 속하지 않는 경험 자료에서 획득한 불확실한 지식이다. 이것은 미래에 대한 지식, 그리고 관찰되지 않은 과거와 현재에 대한 지식을 모두 포함한다. 사실 그것은 한편으로 직접적 관찰과, 다른 한편으로 논리학과 수학을 제외한 모든 분야의 지식을 포함할 것이다. 흄은 '개연적' 지식에 대한 분석으로 반박하기도 수용하기도 어려운 회의적 결론에 이르렀다. 그러한 결과는 철학자들에게 하나의 도전이었고, 내 생각에 아직 아무도 적절하게 대처하지 못했다.

흄은 철학적으로 구별할 수 있는 일곱 가지 관계, 바로 유사성, 동일성, 시간과 장소의 관계, 양의 비율이나 수, 질의 정도, 반대(불일치), 인과관계에서 시작한다. 이러한 관계는 두 종류로 나뉘는데, 오직 관념에 의존한 관계와 관념의 변화 없이 바뀌는 관계다. 첫째 종류에 유사성, 질의 정도, 양의 비율이나 수가 속한다. 그러나 시공時空 관계와 인과관계는 둘째 종류에 속한다. 첫째 종류의 관계만 우리에게 **확실한** 지식을 제공하며, 다른 종류의 관계에 관한 지식은 **개연적** 지식일 뿐이다. 대수학과 산수는 확실성을 잃지 않으면서 긴 연쇄 추론을 수행할 수 있는 유일한 과학이다. 기하학은 대수학이나 산수만큼 확실한 학문이 아닌데, 우리가 기하학에 속한 공리의 진리를 확신할 수 없기 때문이다. 많은 철학자가 그랬듯 수학의 관념은 "순수한 지성의 관점에서 파악될 수밖에 없으며, 그러한 관점은 뛰어난 능력을 갖춘 영혼만이 소유할 수 있다"라고 가정하는 것은 잘못이다. 흄에 따르면 이러한 견해의 허위는 "우리의 모든 관념이 인상의 모사라는 것"을 기억하자마자 명백해진다.

단지 관념에만 의존하지 않는 세 가지 관계는 동일성, 시공 관계, 인과관계다. 첫째와 둘째 관계에서 마음은 감각에 직접적으로 주어진 것을 넘어서 나아간다(흄은 시공 관계는 지각될 수 있으며, 인상의 일부를 형성할 수 있다고 주장한다). 인과관계를 통해서만 어떤 사물이나 사건을 다른 사물이나 사건에서 추론할 수 있다. "**인과성**만이 우리가 확신을 갖고 한 대상의 실존이나 작용이 다른 대상의 실존이나 작용에 뒤따르거나 앞선다고 말할 수 있게 만든다.”

인과관계에 대한 **인상** 같은 것은 없다는 흄의 주장에서 난점이 하나 발생한다. 우리가 A와 B를 단순히 관찰만 할 경우, A가 B 위에 있다거나 B의 오른쪽에 있다는 것을 지각하지만 A가 B의 원인이라는 것은 지각하지 못한다. 과거에 인과관계는 논리학에서 인정한 근거와 결론의 관계와 얼마간 비슷한 것으로 여겨졌다. 그러나 흄이 올바르게 파악했듯이 이는 실수였다. 스콜라 철학과 마찬가지로 데카르트학파의 철학에서 원인과 결과의 관계는 논리적 관계의 필연성만큼이나 필연적인 것으로 생각되었다. 이러한 견해에 대한 첫 번째 진지한 도전은 흄에서 시작되었는데, 그와 더불어 인과관계를 둘러싼 현대 철학이 시작된다. 이후 베르그송을 포함한 거의 모든 철학자와 공통으로 그는 A와 B가 사건들의 집합인 경우에 “A가 B의 원인이다”라는 형식의 명제가 있다고 진술하는 법칙을 가정한다. 충분히 발전한 어떤 과학에도 그러한 법칙이 나타나지 않는다는 점이 철학자들에게는 인식되지 않은 것으로 보인다. 하지만 철학자들이 말한 내용 가운데 많은 부분은 현상으로 드러난 인과 법칙에 적용할 수 있도록 번역될 수 있다. 그러므로 우리는 당분간 이 논점을 무시하기로 한다.

흄은 한 대상이 다른 대상을 일으키는 힘이 두 대상에 대한 관념들에서 발견될 수 없고, 따라서 우리는 추리나 반성이 아니라 오로지 경험으로 원인과 결과를 알 수 있다는 점에 주목하면서 시작한다. ‘시작한 것은 반드시 어떤 원인을 가져야 한다’라는 진술은 논리학의 진술처럼 직관적 확실성을 갖는 것이 아니다. 그는 일어난 것에 반드시 원인이 있게 마련이라는 진술이 논리학의 진술처럼 직관적 확실성을 갖는 진술이 아니라고 주장한다. 흄이 말했듯 “우리가 이러한 대상을 그 자체로 고찰하고 그것에 대해 형성한 관념을 넘어서 결코 보지 못한다면, 어떤 대상도 다른 대상의 실존을 함축하지 못한다." 흄은 이로부터 원인과 결과에 대한 지식은 경험에 의존하지만, 인과관계를 맺는 두 사건 A와 B에 대한 단순한 경험일 수 없다고 주장한다. 인과적 지식을 준 것이 경험일 수밖에 없는 까닭은 인과관계가 논리적 관계가 아니기 때문이다. 그리고 그것이 단지 특수 사건, A와 B에 대한 경험일 수 없는 까닭은 우리가 A 자체 안에서 B를 반드시 생산하도록 이끌 만한 것을 전혀 발견할 수 없기 때문이다. 그는 필요한 경험이 A종류의 사건과 B종류의 사건의 연접 관계에 대한 경험이라고 주장한다. 또한 경험 속에서 두 대상이 항상 연접하여 나타날 경우 **사실상** 한 대상을 다른 대상으로부터 추론한다고 지적한다("추론한다"라고 말할 때, 흄은 한 대상의 지각이 다른 대상을 기대하도록 만든다는 뜻으로 사용하며, 형식적이거나 명시적인 추론을 의미하지 않는다). "어쩌면 원인과 결과의 필연적 관계는 그러한 추론에 의존할지도 모르지만", 반대는 성립하지 않는다. 말하자면 A를 본 경험이 B를 기대하도록 만든 원인이며, 그래서 우리는 A와 B 사이에 필연적 관계가 있다고 믿게 된다. 이러한 추론은 이성으로 결정되지 않는다. 그것은 자연의 균일성uniformity을 가정하도록 요구하고, 균일성 자체가 필연적인 것이 아니라 단지 경험에서 추론된 것일 뿐이기 때문이다.

따라서 흄은 우리가 "A가 B의 원인이다"라고 말할 때, 우리는 A와 B가 항상 연접하여 나타난다는 것만 의미할 뿐이고 둘 사이에 어떤 필연적 관계가 있다는 것을 의미하지 않는다는 견해로 이끌린다. "우리는 원인과 결과에 대한 다른 어떤 관념도 가지고 있지 않으며, **항상 연접하여** 나타났던 일정한 대상에 대한 관념을 가지고 있을 뿐이다. …… 우리는 연접 관계의 근거까지 꿰뚫어 볼 수 없다."

그는 자신의 이론을 '믿음'에 대한 정의로 지지하고, 믿음이란 '현재의 인상과 관계를 맺거나 인상으로 연상된 생생한 관념'이다. 연상 작용을 통해 만일 A와 B가 과거의 경험 속에서 항상 연접하여 나타났다면, A에 대한 인상이 B에 대한 믿음을 구성할 정도로 B에 대한 생생한 관념을 생산한다. 이것은 우리가 왜 A와 B가 관계를 맺고 있다고 믿는지를 설명해 준다. A에 대한 지각 표상은 B에 대한 관념과 연결되어 **있고** 그래서 우리는 A가 B와 연결되어 있다고 생각하게 되지만, 이러한 견해는 현실적으로 근거가 없다. "대상들은 함께 관찰할 수 있는 어떤 관계도 맺지 않는다. 우리가 하나의 대상이 나타날 때 다른 대상에 대한 경험을 추리할 수 있음은 다른 어떤 원리도 아닌 상상력에 작용하는 습관에서 기인한다." 그는 우리에게 **대상들**의 필연적 관계로 나타난 것이 현실적으로는 대상들에 대한 관념들의 관계일 뿐이라고 거듭 주장한다. 다시 말해 정신은 습관으로 결정되고, '나에게 필연성이라는 관념을 제공한 것은 이러한 인상, 또는 습관에 따른 **결정**determination'이다. A는 B의 원인이라는 믿음을 형성하도록 이끈 사례가 반복적으로 나타나도 대상 속에 새로운 아무것도 덧붙지 않는다. 그러나 마음속에서 관념들이 연합한다. 따라서 "필연성은 대상이 아닌 마음속에 존재한다."

이제 우리 스스로 흄의 학설에 대해 무엇을 더 생각해야 할지 물어보자. 흄의 학설은 객관적 부분과 주관적 부분으로 나뉜다. 객관적 부분에서 이렇게 주장한다. 우리가 A가 B의 원인이라고 판단할 때, A와 B에 대해 사실상 일어난 것은 A와 B가 빈번하게frequently 연합된 것으로 관찰되었다는 것, A가 일어난 다음에 바로 아주 빨리 B가 일어났다는 것이다. 우리는 A 다음에 B가 **반드시 일어나야** 한다거나 미래에 일어날 것이라고 주장할 권리가 없다. 자주 A 다음에 B가 일어나지만, 이러한 계기를 넘어선 어떤 관계가 성립한다고 가정할 근거도 없다. 사실 인과관계는 계기에 의해 정의할 수 있으므로 계기를 떠나 독립적 의미를 갖는 개념이 아니다.

흄의 학설은 주관적 부분에서 이렇게 주장한다. 빈번하게 관찰된 A와 B의 연접 관계가 A에 대한 인상이 B에 대한 관념을 야기하도록 만든 원인이다. 그런데 우리가 만일 '원인'을 흄 학설의 객관적 부분에서 제안된 것으로 정의하면, 위에서 말한 주장은 바뀌어야 한다. '원인'의 정의를 대체하면 그러한 주장은 이렇게 바꾸어 말할 수 있다. "두 대상 A와 B의 연접 관계가 빈번하게 관찰된 다음에 A의 인상에 B의 관념이 뒤따른 경우가 또한 빈번하게 일어나는 일이 자주 목격되었다."

우리는 이러한 진술이 참이라고 인정할 수도 있지만, 그것을 흄이 자기 학설의 주관적 부분에 돌릴 여지는 거의 없다. 그는 A와 B의 빈번한 연접 관계가 미래에도 나타날 것이라고 기대할 **이유**를 주지 않고, 그저 이렇게 기대하도록 만든 **원인**일 뿐이라고 거듭 주장한다. 말하자면 빈번한 연접 관계의 경험은 어떤 연상의 습관과 자주 결합된다는 것이다. 그러나 흄이 내놓은 학설의 객관적 부분이 수용되면, 과거에 그러한 상황에서 연상이 빈번하게 일어났다는 사실은 연상이 계속 일어나거나 혹은 새로운 연상이 비슷한 상황에서 일어날 것이라고 가정할 이유가 되지 않는다. 그러한 사실은 심리와 관련된 곳에서, 흄이 일반적으로 매도한 인과성을 어떤 점에서 스스로 믿도록 허용한다. 사례를 하나 들어보자. 나는 사과 한 개를 보고 나서, 만일 내가 그것을 먹는다면 특정한 맛을 경험할 것이라고 기대한다. 흄에 따르면 내가 반드시 이러한 종류의 맛을 경험해야 할 이유는 없다. 왜냐하면 습관의 법칙은 내가 기대한다는 사실을 설명해 주지만 기대가 옳다는 것을 보장하지 못하기 때문이다. 그런데 습관의 법칙 자체가 인과 법칙의 한 사례다. 그러므로 흄의 견해를 진지하게 받아들인다면, 이렇게 말해야 한다. 과거에 어떤 사과를 본 경험이 특정한 종류의 맛에 대한 기대와 연합되었더라도, 계속 연합되어야 할 이유는 없다. 아마 다음번에 나는 사과를 보고 나서 구운 쇠고기 맛 같은 것을 기대할지도 모른다. 바로 지금 너는 이러한 견해가 그럴듯하지 않다고 생각할 수도 있다. 하지만 이제부터 5분 후에 그것을 그럴듯하지 않다고 생각할 것이라고 기대할 이유는 없다. 만일 흄의 객관적 학설이 옳다면, 물리학의 영역과 마찬가지로 심리학의 영역에서도 우리의 기대가 옳음을 보장할 더 나은 이유를 찾을 수 없다. 흄의 이론을 다음과 같이 풍자적으로 표현할 수도 있다. "A가 B의 원인이다"라는 명제는 "A에 대한 인상이 B에 대한 관념의 원인이다"라는 것을 의미한다. 이것은 정의로서 적절한 성과물이 아니다.

그렇다면 우리는 흄의 객관적인 학설을 좀 더 면밀히 검토해 보지 않을 수 없다. 이 학설은 두 부분으로 구성된다. (1) "A가 B의 원인이다"라고 말할 때, 우리는 과거의 경험에 비추어 A와 B가 빈번하게 함께 나타나거나 빠르게 연속하여 나타났다는 사실과 A 다음에 B가 뒤따라 일어나지 않거나 동반되지 않은 사례가 관찰된 적은 없다고 말할 **권리**가 있다. (2) 우리가 A와 B의 연접 관계의 사례를 아무리 많이 관찰해도, 그것이 미래에도 연접하여 일어나리라고 기대할 **이유**가 되지 않는다. 그것은 이렇게 기대하도록 만든 하나의 원인이며, 그러한 기대와 연합된 것으로 빈번하게 관찰되었다는 것을 말해 줄 따름이다. 이 학설의 두 부분은 다음과 같이 표현할 수도 있다. (1) 인과성에 연접 관계나 계기를 제외하고 정의하기 힘든 어떤 관계도 없다. (2) 단순 열거에 의한 귀납은 타당한 논증 형식이 아니다. 경험주의자들은 일반적으로 앞의 논제 가운데 첫째 것은 수용하고 둘째 것은 거부했다. 경험주의자들이 둘째 논제를 거부했다는 말은, 그들이 연접 관계의 사례를 충분하게 많이 축적하고 나면 다음 사례에서 그러한 연접 관계가 발견될 가능성이 절반을 초과할 것이라고 믿었다는 의미다. 그들이 정확히 이러한 주장을 하지 않았더라도, 유사한 귀결에 이른 학설을 주장했을 것이다.

나는 지금 당장 광범위하며 다루기 어려운 귀납의 문제를 논의하고 싶지 않다. 우선 흄이 제안한 학설의 절반을 인정하면, 귀납법을 거부함으로써 미래에 대한 모든 기대를, 심지어 기대감을 계속 가질 것이라는 기대조차 비합리적이게 된다고 말하는 것으로 만족한다. 여기서 나는 단지 우리의 기대가 **오류일 수도 있다**는 것만을 의미하지 않는다. 어쨌든 기대란 것은 인정될 수밖에 없다. 내가 말한 의미는 내일 태양이 떠오르리라는 것과 같은 가장 확고한 기대도 그렇지 않은 기대보다 더 검증될 가능성이 높다고 가정할 이유는 없다는 것이다. 이것을 조건으로 이제 '원인'의 의미를 밝히는 문제로 돌아가려 한다.

흄의 견해에 동의하지 않는 사람들은 '원인'이 특수 관계specific relation이고, 이것은 변함없는 계기를 함의하지만 변함없는 계기에 의해 함의되지 않는다고 주장한다. 데카르트학파의 시계로 되돌아가 보자. 시간이 정확하게 맞는 두 시계는 종을 변함없이 한 시계가 친 다음에 다른 시계가 치는데, 어느 시계도 다른 시계가 종을 치는 원인이 아닐 수 있다. 일반적으로 이러한 견해를 받아들이는 사람들은, 대부분의 경우 우리가 어쩔 수 없이 항상 연접으로부터 다소 위태롭게 인과관계를 추론하지만, 우리는 때때로 인과관계를 **지각**할 수 있다고 주장한다. 이 논점에 대해 흄에게 찬성하고 반대하는 어떤 논증이 있는지 보자.

흄은 자신의 논증을 다음과 같이 요약한다. "내가 아는 한 내가 마주했거나 앞으로 이 논고의 진행 과정에서 논의할 역설 가운데 현재 직면한 역설이 가장 억지스럽다. 나는 이것을 확실한 근거에 입각한 증명과 추리에 따라 승인할 뿐이므로, 인류의 뿌리 깊은 편견을 극복하리라는 희망을 가질 수 있다. 이러한 학설에 만족하기 전에 우리는 얼마나 자주 두 대상이나 두 행동이나 두 작용을 단순히 바라보기만 해서는 우리에게 결코 힘 또는 관계에 대해 어떤 관념도 제공할 수 없다는 **것**, 이러한 관념은 대상들의 연합에서 비롯된다는 **것**, 반복은 대상들 속에서 무엇을 발견하지도 이야기하지도 못하며 오직 습관의 이행으로 형성된 마음에 영향을 줄 뿐이라는 **것**, 그러므로 이러한 습관의 이행이 힘이나 필연성과 같고, 결과적으로 영혼의 느낌이지 물체 속에 있는 무엇으로서 외적으로 지각되지 않는다는 **것**을 얼마나 자주 되풀이하여 말했던가!"

흄은 흔히 지나치게 원자론적 관점에서 지각을 설명했다고 비난받았지만, 어떤 관계는 지각될 수 있다고 인정한다. 그의 주장에 따르면 "우리는 **동일성**, **시간**과 **장소**의 관계에 대한 관찰을 추리로 생각해서는 안 된다. 왜냐하면 그러한 어떤 관계에 대해서도 마음은 감각에 직접 주어진 것을 넘어 한 발짝도 나아갈 수 없기 때문이다." 그는 인과성이란 우리의 감각에 주어진 인상을 넘어 지각되지 않는 존재에 대한 정보를 준다는 점에서 색다르며 독특하다고 말하기도 한다. 논증으로 보면 이것은 부당한 것처럼 보인다. 우리는 지각할 수 없는 많은 시간·공간 관계를 믿는다. 시간은 전후로, 공간은 우리 방의 벽을 지나서 연장되어 있다고 생각한다. 흄의 실제 논증은 이렇게 표현된다. 우리는 때때로 시간과 공간의 관계를 지각하지만, 인과관계는 결코 지각하지 못한다. 그러므로 인과관계가 인정된다면 지각할 수 있는 관계들로부터 추론할 수밖에 없다. 따라서 논의는 경험적 사실의 문제로 정리된다. 우리는 때때로 인과적인 것이라고 부를 수 있는 어떤 관계를 지각하는가, 아니면 지각하지 못하는가? 흄은 지각하지 못한다고 대답하고, 반대자들은 지각한다고 대답한다. 그런데 어느 측에서든 증거를 찾아 보여 주기는 쉽지 않다.

어쩌면 흄 측의 가장 강력한 논증이 물리학의 인과 법칙이 갖는 특성에서 도출될 것이라고 나는 생각한다. 초기 단계의 조악한 제안을 제외하면, "A는 B의 원인이다"라는 형식의 단순 규칙이 과학의 영역에서 승인된 적은 한 번도 없었던 듯하다. 세련된 형태로 발전한 과학에서 단순한 규칙은 인과 법칙으로 대체되는데, 인과 법칙은 너무 복잡한 나머지 아무도 지각 속에 주어진 것으로 생각할 수 없다. 인과 법칙은 분명히 관찰된 자연 과정에서 정교하게 추론된 결과다. 이러한 결론을 강화해 줄 현대 양자 이론에 대한 설명은 생략하겠다. 물리학에 관한 한 흄은 **전적으로** 옳다. "A는 B의 원인이다"와 같은 명제는 결코 수용되지 않을 것이며, 그러한 명제를 수용하려는 경향은 습관과 연상의 법칙으로 설명해야 마땅하다. 이러한 법칙 자체를 정확한 형식으로 나타내려면 신경 조직, 바로 일차적으로 생리학의 표현, 다음으로 화학의 표현, 궁극적으로 물리학의 정교한 표현을 써야 할 것이다.

그렇지만 흄의 반대자는 물리학에 관해 방금 말했던 모든 내용을 인정하더라도 결정적 패배를 인정하지 않을 수도 있다. 그는 우리가 심리학 분야에서 지각될 수 있는 인과관계의 사례를 얻는다고 말할지도 모른다. 심리학의 원인 개념은 아마 의욕에서 도출될 것이고, 의욕과 의욕의 결과로 나타난 행동의 관계, 바로 변함없는 계기 이상의 관계를 지각할 수 있다고 말하기도 한다. 갑작스러운 고통과 울음의 관계도 비슷하게 말할 수 있다. 이러한 견해를 생리학의 언어로 표현하기는 무척 어려운 일이다. 나의 팔을 움직이려는 의지와 의지의 결과로 나타난 움직임 사이에는 신경과 근육에서 일어난 과정들로 이루어진 긴 인과 연쇄가 있다. 우리는 이 과정의 말단, 바로 의욕과 동작만 지각할 뿐이다. 의욕과 동작의 직접적 인과관계를 알아챘다는 생각은 오해에서 비롯된 잘못이다. 이러한 논증은 일반적인 문제를 다룰 경우 결정적 역할을 못하지만, 우리가 생각한 인과관계를 지각한다고 가정하는 일이 분별없고 경솔한 짓임을 보여 준다. 그러므로 흄의 견해를 지지하기 위한 균형 감각을 잃지 않은 입장은 **원인** 속에는 변치 않는 계기 말고 아무것도 없다는 것이다. 그러나 이에 대한 증거는 흄이 가정했던 것보다 그렇게 결정적인 것은 아니다.

흄은 인과관계에 대한 증거를 빈번한 연접 관계에 대한 경험으로 환원하는 것에 만족하지 않고, 더 나아가 빈번한 연접 관계의 경험이 미래에 일어날 유사한 연접 관계를 기대하는 판단의 정당성을 입증하지 못한다고 주장한다. 예컨대 앞서 든 사례를 다시 사용하면, 내가 사과 한 개를 볼 때 과거의 경험은 그 사과가 사과 맛을 내지 불고기 맛을 내지는 않으리라고 기대하도록 만든다. 그러나 이러한 기대를 합리적으로 정당화할 방법은 없다.

설령 정당화할 방법이 있어도, "우리가 경험해 보지 못했던 사례들이 우리가 경험했던 사례들과 유사하다"는 원리를 출발점으로 삼아서 나아가야 할 것이다. 이 원리가 논리적 의미에서 필연적 원리가 아닌 까닭은 우리가 적어도 자연 과정의 변화를 생각할 수 있기 때문이다. 그러므로 이것은 어떤 개연성의 원리가 되어야 한다. 하지만 모든 개연적 논증은 이런 원리를 가정하므로, 개연성의 원리 자체는 어떤 개연적 논증으로도 입증될 수 없거나, 또는 그런 어떤 논증으로도 개연적인 것으로 만들어질 수 없다. "**미래는 과거를 닮는다**는 가정은 어떤 종류이든 논증에 근거하지 않고 전적으로 습관에서 유래한다."[82] 결론은 다음과 같은 완벽한 의미의 회의주의다.

"모든 개연적 추리는 일종의 감각일 따름이다. 우리가 취미와 느낌이나 감정에 따라야 하는 현실은 시와 음악뿐만 아니라 철학에서도 마찬가지다. 나에게 더욱 강하게 떠오르는 대상은 관념뿐이라는 원리를 확신할 때, 혹은 다른 논증보다 어떤 논증을 더 낫다고 판단할 때, 나는 논증이 미치는 영향의 우열에 대한 나의 느낌에 근거하여 결정할 따름이다. 대상들이 서로 연결되어 있다는 증거는 발견할 수 없다. 다른 어떤 원리도 아닌 상상력에 작용하는 습관에 따라 어떤 대상의 현상에서 다른 대상의 실존을 추론할 따름이다."[83]

지식을 얻는 과정을 탐구하면서 흄이 거둔 궁극적 성과는 그가 바란 것이라고 단정 지을 수 없다. 『인간 본성론』의 부제는 '실험적 추리 방법을 도덕의 주제에 채용하려는 시도'다. 그가 과학적 방법이야말로 진리, 건전한 진리, 유일한 진리를 생산한다고 믿으면서 시작했다는 점은 명백하다. 하지만 우리는 아무것도 인식하지 못하기 때문에 믿음이란 결코 합리적이지 않다

82 흄, 『인간 본성론』, 1권 3부 4절.
83 흄, 『인간 본성론』, 1권 3부 8절.

는 확신으로 끝을 맺었다. 그는 회의주의 논증을 제시한 다음(『인간 본성론』, 1권 4부 1절) 회의주의 논증을 논박하지 않고 계속하여 자연적이고 경솔한 믿음에 의지한다.

"자연은 완전무결하며 제어 불가능한 필연성으로 우리가 숨을 쉬거나 느낌을 가지듯 판단하도록 결정해 놓았다. 우리는 강하고 밝기가 충분한 빛 속에서 어떤 대상을 바라볼 수밖에 없는데, 그 대상과 현재의 인상을 연합하는 습관이 이미 형성되어 있기 때문이다. 마찬가지로 우리는 깨어 있을 때 사유하지 않을 수 없으며, 선명한 햇빛 아래서 시선을 돌릴 때 주변의 물체를 보지 않을 수 없다. 이렇게 **총체적** 회의주의를 논박하기 위해 고통을 감내했던 사람이라면 누구나 정말로 한 사람도 적으로 만들지 않으면서 논쟁에 참여하고, 자연이 미리 인간의 마음 안에 심어 놓아 불가피하게 굳은 능력을 논증의 방법으로 입증하려고 했다. 이러한 공상에 빠진 학파의 논증을 주의 깊게 파헤치려는 의도는 다만 독자들이 다음과 같은 가설이 진리라는 점을 이해하도록 만들려는 것뿐이다. **원인과 결과에 관한 추리는 모두 습관에서 유래할 따름이며, 믿음은 우리 본성의 인지적 부분이 아니라 오히려 정확히 말하면 감각적 부분의 활동이다.**"

그는 이어서 이렇게 말한다.[84] 회의주의자는 설령 이성으로 그의 이성을 옹호할 수 없다고 주장하더라도, 여전히 추리하고 믿는 일을 계속한다. 그리고 회의주의자는 물체의 실존에 관한 원리의 진실성을 철학의 어떤 논증으로도 주장하는 척할 수 없지만, 같은 규칙에 따라 그러한 원리에 찬성할 수밖에 없다. …… 당연히 **우리가 물체의 실존을 믿도록 야기한 원인은 무엇인가**라고 물을 수 있다. 그러나 **물체가 실존하는지 여부**를 묻는 것은 헛된 일이다. 어떤 추리를 행하든 바로 이 점을 인정하지 않을 수 없다."

84 흄, 『인간 본성론』, 1권 4부 2절.

위의 내용은 「감각에 관한 회의주의에 대하여」라는 절의 초두에서 인용한 것이다. 긴 논의를 거친 후 다음과 같은 결론으로 끝난다.

“이성과 감각 둘 다에 관한 이러한 회의주의적 의심은 결코 뿌리를 뽑아 치료할 수 없는 만성 질병이다. 그렇지만 우리가 아무리 의심을 몰아낼 수 있고 이따금 의심에서 벗어나 완벽하게 자유로워진 듯이 보이더라도 순간 순간 의심할 수밖에 없다. …… 부주의와 방심만이 우리를 구제할 수 있다. 이러한 이유로 나는 부주의와 방심을 기꺼이 선택하며, 이 순간 독자의 의견이 어떻든 한 시간이 지나고 나면 독자 역시 외부 세계와 내부 세계가 둘 다 존재한다는 확신으로 돌아설 것이라고 생각한다.”

흄이 주장하듯 특정한 기질의 사람이 기분 좋게 시간을 보내는 방식이라는 점을 제외하면 철학을 공부할 이유는 없다. “인생에서 겪는 모든 사건과 관련하여 우리는 여전히 회의주의적 입장을 고수해야 한다. 우리가 불은 따뜻하고 물은 시원하다고 믿는 유일한 이유는 그렇지 않다고 생각하면 너무 큰 고통이 뒤따르기 때문이다. 아니, 우리가 철학자라면 그것은 우리가 마땅히 회의주의적 원리에 따라야 한다는 말일 뿐이다. 또한 우리가 스스로 회의주의적 방법을 사용하고 있다고 느끼는 경향을 타고났다는 말이기도 하다.” 만일 철학자가 사변을 포기한다면, “나는 당연히 지적 쾌락을 잃어버린다는 느낌이 드는데, 사변이 내 철학의 기원이기 때문이다.”

흄의 철학은 참이든 거짓이든 18세기의 합리성에 대해 파산 선고를 내렸다. 그는 로크와 마찬가지로 감각될 수 있는 것과 경험적인 것 말고 아무것도 신뢰하지 않겠다는 의도로 경험과 관찰에서 얻을 수 있는 교훈이라면 무엇이든 찾아내려 한다. 그러나 흄은 로크보다 뛰어난 지성 능력과 예리한 분석력을 가진 반면 모순을 편안하게 수용하는 면에서 덜 관대했는데, 경험과 관찰에서 어떤 지식도 얻을 수 없다는 비참한 결론에 도달한다. 합리적인 믿음 같은 것은 없다. “우리가 불은 따뜻하고 물은 시원하다고 믿는 유일한 이유는 그렇지 않다고 생각하면 너무 큰 고통이 뒤따르기 때문이다." 우리는 믿지 않을 수 없다. 그러나 어떤 믿음도 이성에 근거한 것이 아니다. 어떤 행동도 다른 행동보다 더 합리적일 수도 없다. 왜냐하면 행동은 전부 비합리적 확신에 기반을 두고 있기 때문이다. 그런데 흄은 이렇게 최종 결론을 내렸던 것 같지 않다. 그는 『인간 본성론』 1권의 결론을 요약하면서 가장 회의적인 주장을 담고 있는 장에서 이렇게 말한다. "일반적으로 종교에서 오류는 위험하지만, 철학에서 오류는 재미있을 뿐이다." 흄이 이렇게 말할 권리는 없다. '위험하다'라는 말은 원인과 결과를 포함하는 낱말이므로, 인과관계에 대한 회의주의자는 어떤 것이 '위험하다'는 것도 알 수 없다.

사실 흄은 『인간 본성론』의 후반부에서 자신의 근본적 의심을 까맣게 잊어버린 채, 당대의 계몽적 도덕주의자들이 취했을 법한 입장에서 글을 쓴다. 그는 자신의 의심에서 벗어날 치료제로서 '부주의와 방심'을 권고한다. 어떤 의미에서 그의 회의주의는 진지한 것도 심각한 것도 아닌데, 실생활에서 회의주의를 주장하지 않기 때문이다. 흄의 회의주의는 어떤 행동이 다른 행동보다 낫다는 사실을 입증하려는 모든 노력을 마비시키는 어색하고 난처한 입장으로 귀결된다.

이렇게 이성 자신에 의해 합리성이 논박된 다음에 비합리적인 신앙의 분출은 불가피한 일이었다. 흄과 루소의 언쟁이 이를 상징적으로 보여 준다. 루소는 정신이상자처럼 보였으나 후세에 영향을 미쳤고, 흄은 제정신이었으나 추종자가 없었다. 이후 영국 경험주의자들은 흄의 회의주의를 거부했지만 논박하지 못했다. 루소와 추종자들은 어떤 믿음도 이성에 기초하지 않는다는 흄의 견해에 동의했다. 그러나 그들은 심정heart이 이성보다 우월하다고 생각했으며, 심정에 이끌리면서 실생활에서 흄이 유지하려던 것과 전혀 다른 확신을 갖게 되었다. 칸트에서 헤겔에 이르는 독일 철학자들은 흄의 논증을 흡수하지 않았다. 많은 철학자가 칸트의 『순수이성 비판』이 흄의 문제에 대한 답변이라고 믿지만, 나는 신중하게 주장하지 않을 수 없다. 사실 이러한 철학자, 적어도 칸트와 헤겔은 흄 이전 합리주의를 대표하므로, 흄의 논증으로 논박할 수 있다. 이러한 논박이 불가능한 철학자들은 합리주의를 내세우지 않은 루소, 쇼펜하우어, 니체 같은 철학자뿐이다. 19세기 내내 그리고 20세기로 접어든 시기까지 이어진 비이성의 성장은 흄이 경험주의를 파괴함으로써 생긴 자연스러운 결과다.

그러므로 완전히 경험적이거나 대부분의 경우에 경험적인 철학의 테두리 안에서 흄의 문제에 답을 찾아보는 일은 중요하다. 만일 답이 없다면 제정신과 정신 이상의 지적 차이는 없다. 자신을 삶은 달걀이라고 믿는 정신 이상자는 단지 그가 소수에 속한다는 근거로, 또는 우리가 민주주의를 가정할 필요는 없기에 정부가 그에게 동의하지 않는다는 근거로 비난받을 것이다. 이것은 절망적 관점이고, 벗어날 어떤 길이 있다는 희망을 품을 수밖에 없다.

흄의 회의주의는 전적으로 귀납 원리를 거부하는 데 달려 있다. 인과관계에 적용된 귀납 원리에 담긴 주장은 다음과 같다. 만일 A에 B가 동반되거나 뒤따라 일어난다는 것을 알게 되었고, A에 B가 동반되지 않거나 뒤따라 일어나지 않는 사례가 전혀 알려져 있지 않다면, 다음에 A가 관찰되는 경우 B가 동반되거나 뒤따라 일어날 개연성이 있다는 말이다. 만일 귀납 원리가 현실적 원리라면, 충분한 사례에 따른 개연성은 확실성과 다름없어질 것이다. 이러한 귀납 원리나 귀납 원리가 연역되는 다른 원리가 참이라면, 흄이 거부한 인과 추론은 타당하다. 그러나 확실성을 제공하지는 못하고 실용적 목적을 위해 충분한 정도의 개연성만 제공한다. 만일 이 귀납 원리가 참이 아니라면, 특수한 관찰로부터 과학의 일반 법칙에 도달하려는 모든 시도는 오류에 빠지고, 경험론자는 흄의 회의주의를 피하지 못한다. 물론 귀납 원리 자체는 순환에 빠지지 않고서 관찰된 균일한 사태observed uniformities로부터 추론될 수 없다. 왜냐하면 그러한 추론의 정당성을 입증하기 위해 귀납 원리가 요구되기 때문이다. 그러므로 귀납 원리는 경험에 근거하지 않는 독립적 원리이거나 이로부터 연역되어야 한다. 이렇게 흄은 순수한 경험론이 과학을 위한 충분한 기초가 아님을 증명했다. 그런데 만일 이런 한 가지 원리가 승인된다면, 다른 모든 일은 우리의 모든 지식이 경험에 근거한다는 이론에 따라 진행될 수 있다. 이것이 순수한 경험론의 진지한 출발이고, 경험론자가 아닌 사람들이 왜 한 가지 출발은 허용하고 다른 출발은 금지되어야 하느냐고 물을 수도 있다는 점은 반드시 인정해야 한다. 하지만 이는 흄의 논증으로 직접 제기되는 문제가 아니다. 이러한 논증은 귀납induction이 독립된 논리적 원리이고, 경험에서 추론될 수도 없고 다른 논리적 원리에서 추론될 수도 없으며, 이 원리가 없으면 과학이 불가능함을 증명한다. 나는 이러한 증명이 논박될 수 있다고 생각하지 않는다.

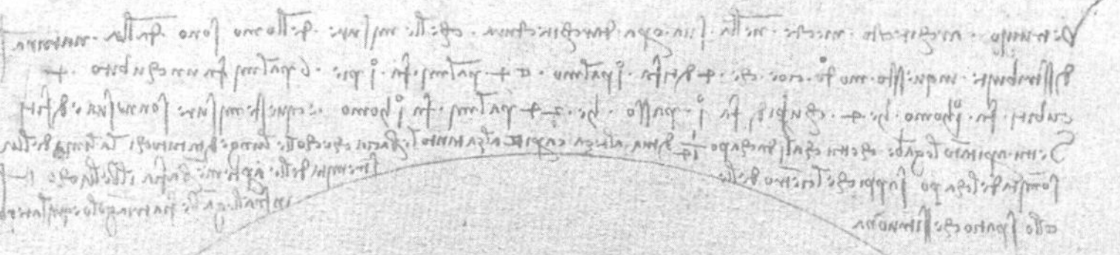

제2부

루소에서 현대까지

18.
낭만주의 운동

18세기 후반부터 현재까지 긍정적이든 부정적이든 예술, 문학, 철학, 심지어 정치학도 넓은 의미의 낭만주의 운동의 특징인 느낌feeling의 영향을 받았다. 느낌을 혐오했던 사람들도 낭만주의 운동을 설명하려고 했는데, 많은 경우 그들이 의식한 것보다 큰 덕을 입었다. 나는 이번 장에서 주로 철학과 명확하게 관련되지 않은 문제에 관여한 낭만적 사고방식을 간략히 기술할 작정이다. 왜냐하면 이것이 지금 우리가 관심을 두는 시기의 가장 철학적인 사상의 문화 배경이기 때문이다.

초기 낭만주의 운동은 철학과 아무 관계도 없었으나 오래지 않아 철학과 연결되었다. 또한 루소에 의해 처음부터 정치학과 닿아 있었다. 이렇게 낭만주의 운동이 정치와 철학에 미친 영향을 이해하기 전에, 기존 윤리 기준과 미적 기준에 맞선 반항의 성격이 짙으므로 본질적 형태의 낭만주의를 먼저 고찰하지 않을 수 없다.

낭만주의 운동을 최초로 이끈 위대한 인물은 루소이지만, 그는 이미 있던 낭만주의 경향을 일정한 한계 내에서 표현했을 뿐이다. 18세기에 프랑스의 교양인은 **감수성**la sensibilité을 높이 찬양했는데, 감수성은 감정emotion을 예민하게 느끼고 표현하고, 특히 공감의 정서를 잘 느끼는 경향이다. 철저히 만족하려면 감정은 직접적이며 격렬한 동시에 사고의 영향에서 완전히 벗어나야 한다. 감수성이 풍부한 사람은 빈곤 상태로 버려진 농부 가족을 보고 눈물을 쏟지만, 농민 계급 전체의 삶을 개선하기 위해 심사숙고한 끝에 마련한 계획에 대해 냉담하기 일쑤일 것이다. 가난한 자가 부자보다 많은 덕을 소유할 것이며, 현자란 궁중의 온갖 부정부패를 등지고 물러나 아무 야심 없이 전원생활의 기쁨을 평화로이 즐기는 사람으로 생각되었다. 기분으로 스쳐가는 이러한 태도는 거의 모든 시대의 시 작품 속에서 찾아볼 수 있다. 「뜻대로 하세요」에서 추방당한 공작이 이러한 태도를 드러낸다. 그는 곧 공작의 지위를 회복하는데, 우울해질 때만 숲 속 전원생활을 진지하게 그리워한다. 낭만주의 운동이 반항할 완벽한 본보기가 되었을 법한 교황조차 이렇게 말한다.

소망과 걱정이
부모에게 물려받은 몇 마지기 땅에 한정되고,
자기 소유지에서 향긋한 공기를 마시며
만족을 느끼는 자는 행복하다.

교양 있고 세련된 감수성을 가진 자들의 상상 속에서 가난한 사람은 언제나 몇 뙈기 안 되는 땅을 부모에게서 물려받아 본인 노동으로 스스로 생산하기 때문에 외부와 교역할 필요가 없었다. 실제로 가난한 사람들은 늘 형편없는 상황 속에서 몇 뙈기 땅마저 잃고 마는데, 늙은 아버지는 이미 일할 기력이 없어지고 사랑스러운 딸마저 폐병에 걸렸으며, 고약한 저당권자는 그의 땅을 노리고 사악한 영주는 딸의 정조를 빼앗으려 했기 때문이다. 낭만주의자의 눈에 가난한 사람은 도시와 전혀 상관이 없었으며 산업 노동과도 무관했다. 무산계급proletariate은 19세기에 등장한 개념이고 빈곤층과 마찬

「뤼겐의 암벽」, 카스파어 다비트 프리드리히, 1818년경

가지로 낭만적으로 표현되지만, 둘은 전혀 다르다.

루소는 기존 감수성 예찬에 호소력을 더하며 낭만의 폭과 범위를 넓혀 놓았는데, 그가 아니었다면 결코 이룩하지 못했을 일이었다. 그는 이론과 취향 면에서 민주주의자였고, 긴 생애 동안 기껏해야 자신보다 덜 곤궁할 뿐인 지인의 호의에 의존하여 가난한 유랑자로 살았다. 자주 그들의 호의를 저버리고 배은망덕한 행동을 하기도 했으나, 감정에 따른 그러한 반응이야말로 감수성의 열렬한 신봉자에게 바랄만 한 것이었다. 방랑자의 취미를 가졌던 그는 파리 사회의 구속을 지루하고 지겹게 여겼다. 낭만주의자들은 루소에게서 우선 의복이나 예절에 담긴 인습과 미뉴에트나 영웅을 그린 2행 서사시의 관례에 따른 구속을 경멸할 뿐만 아니라 예술과 사랑에 담긴 관습을 경멸하고, 마침내 전통적 도덕 전체를 경멸하는 태도를 배웠다.

낭만주의자들에게 도덕이 없지는 않았다. 오히려 그들의 도덕 판단은 예리하면서 열렬했다. 그러나 낭만주의자들의 도덕 판단은 선대 사상가들이 좋게 여겼던 원리와 퍽 거리감이 느껴지는 원리에 근거한다. 1660년부터 루소에 이르는 시기, 사람들은 종교 전쟁과 프랑스, 영국, 독일의 내란을 여전히 생생하게 기억했다. 그들은 혼란의 위험, 강한 열정의 소유자에게 나타나는 무정부주의적 경향, 안전의 가치와 의미, 안전을 성취하기 위해 필요한 희생에 대해 너무도 잘 알았다. 사려prudence는 최고 덕으로 간주되고, 지성은 파괴적인 동시에 타락한 광신에 반대하는 가장 효과적인 무기로 평가되었으며, 세련된 예절과 태도는 야만주의에 맞서는 방책으로 칭송되었다. 뉴턴의 질서정연한 우주, 행성들이 법칙에 따라 정해진 궤도로 태양을 변함없이 회전하는 우주는 상상 속 좋은 정부의 상징이 되었다. 정념을 억제하는 능력은 교육의 주된 목표였으며 고상함의 확실한 기준이었다. 낭만주의 이전 귀족들은 프랑스 혁명기에 조용히 사라져 갔다. 롤랑 부인과 당통 같은 낭만주의자들은 수사학적 의미로 최후를 맞이했다.

루소 시대에 많은 사람이 안전과 평안에 점점 염증을 느끼면서 흥분을 갈망하기 시작했다. 프랑스혁명과 나폴레옹은 그들의 갈망을 충족시켜 준 셈이었다. 1815년에 정계가 평온을 되찾았을 때, 평온은 죽은 듯이 경직되어 활기찬 삶을 억압했고 공포심에 사로잡힌 보수주의자들만이 견디어 낼 수 있었다. 이로써 프랑스혁명이 일어나기 전까지 태양 왕 루이 14세 치하의 프랑스와 영국에서 주류가 되었던 맹종, 바로 지식인이 **현 상황**status quo을 그대로 묵인하는 일은 더는 용납될 수 없었다. 19세기 신성 동맹 체제에 맞선 반항은 두 가지 형태로 일어났다. 한편에선 산업계의 유산계급bourgeoisie과 무산계급proletariate이 군주제와 귀족정치에 반항했는데, 이것은 낭만주의와 아무 관계도 없으며, 여러 가지 면에서 18세기적 상황으로 되돌아간 것이나 마찬가지였다. 철학적 급진파, 자유무역 운동, 마르크스의 사회주의가 이러한 운동을 대표한다. 이와 상당히 다른 운동이 낭만주의적 반항인데, 일부는 반동적이고 일부는 혁명적이었다. 낭만주의자들은 평화와 고요가 아니라 활기차고 정열적인 개인적 삶을 간절히 원했다. 그들이 산업주의에 결코 공감을 표현할 수 없었던 까닭은 산업주의가 추악한 면모를 드러냈으며, 돈벌이는 영생할 영혼에게 아무 가치도 없는 행동으로 여겨졌고, 근대 경제 조직체의 성장은 개인의 자유를 신장시키기는커녕 오히려 저해했기 때문이다. 혁명 이후 낭만주의자들은 점차 민족주의를 통해 정치 분야로 휘말려 들어갔다. 민족은 제각기 공동 혼을 가진 실체로 생각되었고, 민족혼은 국가의 경계가 민족혼의 경계와 상이하게 그어져 있는 한 자유로워지기 어려웠다. 19세기 전반기에 민족주의는 가장 활기찬 혁명의 원칙으로 자리 잡았는데, 대부분의 낭만주의자들은 민족주의를 열렬히 지지했다.

낭만주의 운동의 특징은 한마디로 공리적 기준을 미적 기준으로 대체한 것이다. 지렁이는 유용하지만 아름답지 않고, 호랑이는 아름답지만 유용하지 않다. 다윈(낭만적이지 않았던)은 지렁이를 보며 감탄했으나, 블레이크 William Blake(1757~1827)[85]는 호랑이를 찬미했다. 낭만주의자의 도덕은 일차적으로 미적 동기를 포함한다. 그러나 낭만주의자의 특성을 구별하려면 미적 동기의 가치와 의미뿐만 아니라 그들의 미적 감각을 선대 낭만주의자의 감각과 다르게 만든 취미의 변화를 설명해야 한다. 이에 대한 명백한 사례 가운데 하나는 고딕 건축의 선호다. 다른 사례는 풍경을 좋아하는 취미다. 존슨 박사Dr. Samuel Johnson(1709~1784)는 농촌 풍경보다 런던의 플리트 거리를 좋아했는데, 런던에서 피곤하다고 느끼는 사람은 틀림없이 삶에 지친 사람이라고 주장하기도 했다. 루소의 선배들은 풍족한 목장이 있고 암소가 음매 하며 평화로이 우는 풍요로운 시골 풍경을 찬미했다. 스위스 출신인 루소는 자연스레 알프스를 찬미했다. 루소의 제자들이 펼쳐낸 소설과 이야기 속에서 우리는 야생의 급류, 아찔한 절벽, 전인미답의 숲, 뇌우, 바다의 폭풍우처럼 일반적으로 유용하지 않지만 파괴적이며 격렬한 것을 만난다. 이러한 취미의 변화는 크든 작든 영속적인 것처럼 보인다. 오늘날에도 많은 사람이 향기 그윽한 푸른 초원이나 오곡이 무르익은 들판보다 나이아가라 폭포나 그랜드 캐니언 골짜기를 더 좋아한다. 관광 호텔이 이를 보여 주는 통계 자료가 된다.

낭만주의자들의 독특한 기질은 허구 세계를 그린 소설 속에 가장 잘 드러난다. 그들은 기이한 것, 예컨대 유령이나 퇴락한 고성, 한때 번성했던 가문의 우울한 후손, 숙련된 최면술사, 신비학, 몰락한 폭군, 레반트Levan[86]의 해적을 좋아했다. 필딩Henry Fielding(1707~1754)과 스몰릿Tobias Smollet(1721~1771)은 충분히 일어날 법한 상황 속에 있는 평범한 사람들의 이야기를 즐겨 썼

85 * 영국의 낭만주의 시인.

86 * 동부 지중해 연안 지역.

는데, 낭만주의에 대한 반동으로 등장한 사실주의자들도 마찬가지였다. 그러나 이러한 평범한 주제는 낭만주의자들에겐 너무 단조로웠다. 그들은 오직 장엄한 것, 멀고 먼 곳, 공포를 자아내는 것에서만 감동을 느끼고 거기서 영감을 얻었다. 어느 정도 의심의 눈총을 받던 과학도 깜짝 놀랄 만한 소재를 이끌어 낸다면 멋진 것이 될 수 있었다. 그러나 낭만주의자들은 주로 중세와 현재에 속한 중세적인 것에 마음을 빼앗겼다. 그들은 너무 자주 과거나 현재를 모두 현실과 동떨어진 것으로 유리시켰다. 「늙은 선원의 노래」는 이러한 면을 보여 주는 전형에 속하며, 콜리지의 '쿠빌라이 칸'을 마르코 폴로Marco Polo(1254경~1324)의 이야기 속에 등장한 역사 속의 군주로 생각한 사람은 거의 없다. 낭만주의자의 지리적 관심은 더욱 흥미로운데, 제너두에서 적막한 코라스미아 해변에 이르는 장소는 머나 먼 아시아나 고대에 있다.

낭만주의 운동은 기원의 측면에서 루소의 덕을 입었지만 초창기에 주로 독일을 중심으로 일어났다. 18세기 말엽 독일의 낭만주의자들은 기운찬 젊은 청년들이었는데, 젊음에 잘 어울리는 특징적 견해와 사고방식을 표현했다. 젊어서 죽는 행운을 누리지 못했던 낭만주의자들은 결국 가톨릭교회의 획일성으로 인해 자신들만의 개성을 잃어버리고 말았다(낭만주의자는 개신교도로 태어났다면 가톨릭교도가 되었을 테지만, 아니라면 가톨릭교도가 될 가능성은 거의 없었을 텐데, 가톨릭 신앙과 반항심을 결합해야 했을 것이기 때문이다). 독일 낭만주의자들은 콜리지와 셸리에게 영향을 주었으나, 독일의 이러한 영향과 별도로 19세기 초 유사한 낭만주의적 경향이 영국에 전파되었다. 프랑스의 경우 약한 형태이지만 왕정복고 후 낭만주의 사상이 번성하여 빅토르 위고Victor Hugo(1802~1885)까지 이어졌다. 미국의 낭만주의 사상은 멜빌H. Melville(1819~1891), 소로H.D. Thoreau(1817~1862), 브룩 농장Brook Farm[87] 속에 거

87 * 19세기 공동체적 삶의 이상을 실현하기 위해 미국에 설립된 실험 농장이다.

의 순수한 형태로 나타나며, 에머슨R.W. Emerson(1803~1882)과 호손N. Hawthorne(1804~1864)에서 다소 유연한 모습으로 등장한다. 낭만주의자들이 가톨릭 신앙으로 기울었던 점을 부정할 수 없으나, 낭만주의의 바탕인 개인주의는 개신교도의 뿌리 깊은 특징이었다. 또한 낭만주의자들이 관습, 사상, 제도의 형성에 지속적으로 영향을 미쳐 성공을 거둔 곳도 거의 모두 개신교 국가들에 국한되었다.

영국에서 낭만주의의 시작은 풍자 작가의 작품 속에서 찾을 수 있다. 셰리든R.B. Sheridan(1751~1816)의 『사랑의 경쟁자』(1775)에서 여주인공은 자신의 후견인과 양친을 한껏 만족시킬 부유한 남자를 뿌리치고, 사랑을 위해 어느 가난한 남자와 결혼하기로 결심한다. 사실 선택을 받은 남자는 부자였는데, 가명을 쓰고 가난한 척하면서 구애한 끝에 그녀의 사랑을 차지한다. 제인 오스틴Jane Austen(1775~1817)은 『노생거 사원』과 『이성과 감성』(1797~1798)에서 낭만주의자들을 조소한다. 『노생거 사원』에는 1794년에 출간된 래드클리프Ann Radcliff(1764~1823) 여사의 대단히 낭만적인 작품 『우돌포의 신비』를 읽고 방황하는 여주인공이 등장한다. 스베덴보리Swedenborg(1688~1772)를 신봉한 고독한 시인이자 어떤 '운동'에도 가담하지 않았던 블레이크를 예외로 치면, 영국에서 출간된 가장 훌륭한 낭만주의 계열의 작품은 콜리지의 『늙은 선원의 노래』로 1799년에 출판되었다. 콜리지는 이듬해 영국의 도자기 제조업자 웨지우드의 기금을 지원받아 독일의 괴팅겐으로 건너가서 칸트 사상에 심취하게 되었다. 불행하게도 이것은 더 좋은 시를 쓰는 데 전혀 도움이 되지 않았다.

콜리지 이후 워즈워스William Wordsworth(1770~1850)와 사우디Robert-Southey(1774~1843)는 프랑스혁명과 나폴레옹에 대한 증오를 표현한 반동 사상가로 등장했는데, 한동안 영국 낭만주의의 발전을 저해한 요인으로 작용했다. 그러나 바이런, 셸리, 키츠John Keats(1795~1821)의 등장으로 영국의 낭만주의는 다시 활기를 찾아 얼마간 빅토리아 시대 전체를 압도했다.

『프랑켄슈타인』은 메리 셸리가 알프스산맥의 낭만적인 풍광 속에서 바이런과 나누었던 대화에서 영감을 얻어 쓴 책인데, 낭만주의의 발전을 거의 다 보여 줄 만큼 비유적인 예언의 역사로 간주될 내용을 담고 있다. 프랑켄슈타인이 만든 괴물은 유명한 속담에 나오는 단순한 괴물이 아니다. 이 괴물은 처음에 인간의 애정을 갈구하는 상냥하고 온순한 성품을 지닌 자였으나, 그토록 사랑받기를 바라던 사람들에게 자신의 흉한 몰골이 공포심을 불러일으키자 어쩔 수 없는 증오심으로 난폭해지고 만다. 그는 눈에 띄지 않게 숨어서 가난하지만 소박하고 고결해 보이는 오두막의 가족을 지켜보다가 남모르게 그 가족의 일을 도와주게 된다. 마침내 그는 자신의 정체를 그들에게 드러내기로 결심한다.

"그들을 보면 볼수록 그들의 보호와 친절을 바라는 욕망도 점점 더 커지고, 나의 두근거리는 심장은 마음씨 고운 사람들에게 나를 드러내고 사랑을 받고픈 열망에 사로잡힌다. 나에게 애정 어린 시선을 보내는 그들의 상냥하고 매혹적인 모습을 보는 것이 가장 큰 소망이자 갈망이란 말이야. 설마 그들이 나를 보았을 때 경멸감과 공포심으로 일그러져 돌아서지는 않겠지."

그러나 안타깝게도 그들은 그랬다. 그래서 그는 자신을 창조한 프랑켄슈타인에게 자신과 비슷한 여자를 만들어 달라고 요구하지만 거절당한다. 그러자 괴물은 프랑켄슈타인이 사랑한 모든 사람을 차례로 죽이기로 결심하고 실행에 옮겼다. 괴물의 마음은 그들을 모두 죽였을 때조차 그리고 프랑켄슈타인의 시신을 응시하는 동안에도 고상한 감정으로 충만하다.

"나도 희생자야! 그를 죽였기에 나의 범죄 행각도 끝이 났군. 저주받아 마땅한 내 존재의 비참한 재주도 종말에 이른 거지! 오 프랑켄슈타인이여! 너그럽고 헌신적인 존재여! 이제 그대에게 용서를 청한들 무슨 소용이 있을까? 그대가 사랑하던 모든 사람을 파멸시키고 그대마저 죽여 돌이킬 수 없게 만든 나. 아아! 그대는 차가운 시신으로 변해 나에게 아무런 대답도 할 수 없네. …… 섬뜩한 죄의 목록을 훑어보니, 내가 한때는 고귀한 초월적 아름다움을 통찰하고 선善으로 충만한 생각을 하던 피조물이라고는 도저히 믿기지 않는구나. 그러나 바로 그러한 존재가 나인 것을 어쩔 것인가. 타락한 천사는 악의에 찬 불길한 악마로 변했다. 신과 인간의 적敵인 악마조차 광야에서 자기 친구와 공범자를 만나 어울리는데, 나는 홀로 처량하구나."

낭만주의적 틀을 벗겨 내고 나면, 인용문에 나타난 심리에 비현실적인 것은 하나도 없다. 유사한 심리 상태를 찾아내려고 해적이나 반달족 왕을 탐색할 필요도 없다. 전 독일 황제ex-Kaiser는 도른에서 어떤 영국인 방문객을 접견했을 때, 영국인이 자신을 더는 사랑하지 않는다고 한탄했다. 버트Sir Cyril Lodowic Burt(1883~1971)[88] 박사는 청소년 범죄를 다룬 자신의 책에서 리전트 운하에 한 소년을 빠뜨려 죽인 어떤 소년에 대한 이야기를 전한다. 소년은 가족과 친지로부터 어떤 애정도 받지 못해서 범죄를 저질렀는데, 버트 박사가 그 소년에게 친절을 베풀어 소년을 존경받는 시민으로 성장시켰다. 그러나 어떤 버트 박사도 프랑켄슈타인의 괴물을 개선하려고 시도하지 않았다.

결점은 낭만주의자들의 심리에 있지 않다. 오히려 그들의 가치 기준이 문제다. 그들은 어떤 종류이든, 사회 문제가 얼마나 심각하게 빚어지든 상관하지 않고 강한 정념이라면 모두 숭배했다. 낭만적 사랑은 특히 불행한 경우에 낭만주의자들에게 더 큰 지지를 얻었다. 그런데 강렬한 정념은 대부분, 예컨대 증오와 원한, 그리고 질투, 자책과 절망, 교만과 부당한 억압에 대한 분노, 군사적 열정과 노예나 비겁자들에 대한 경멸은 파괴적 결과를

88 * 심리검사의 요인분석법을 개발하고 유전이 지능과 행동에 미치는 영향을 연구했다. 1913년 영국 정부가 임명하는 최초의 교육심리학자가 되었고, 처음으로 아동상담소를 열었다.

낳는다. 따라서 낭만주의의 영향으로 고무된, 특히 바이런풍의 인간은 폭력성과 반사회성을 드러내며, 무정부주의적 반항아가 되거나 정복을 일삼는 폭군이 된다.

이러한 사고방식은 인간의 본성과 환경의 아주 깊숙한 곳에 있으므로 호소력을 갖는다. 인간은 자기 이익을 위해 집단을 형성했지만 대부분은 본능적으로 고독한 존재로 남아 있었다. 따라서 자기 이익을 높이기 위한 종교와 도덕이 필요해졌다. 그러나 미래 이익을 위해 현재의 만족을 포기하는 습관은 고리타분하고 싫증나는 일이다. 열정이 강할 때 사회적 행동에 대한 사려 깊은 제약은 참기 어려워진다. 이러한 시대에 사회적 제약 요소를 벗어던진 사람들은 내적 갈등의 휴식기에서 새로운 기운과 권력 감각을 얻는다. 그러다 결국 재앙을 맞아 파멸에 이르지만, 그사이에 신적 도취감을 즐긴다. 신적 도취감은 위대한 신비주의자나 체험하는 경지로서, 평범한 덕의 소유자는 결코 경험할 수 없다. 그들의 고독한 본성은 거듭 자신의 존재를 내세운다. 그런데 만일 지성이 살아남으면, 고독한 본성은 스스로 신비의 옷을 입어야 한다. 신비주의자는 신과 하나가 되며, 무한자에 대한 명상 속에서 스스로 이웃에 대한 의무를 면제받았다고 느낀다. 무정부주의적 반항아는 한 단계 더 나아간다. 그는 자신이 신과 하나가 된 것이 아니라 자신이 바로 신이라고 느낀다. 문제나 상황에 대한 복종을 나타내는 진리와 이웃에 대한 의무는 스스로 신이 되어버린 자에게 더는 존재 의미가 없다. 진리란 그가 다른 사람들을 위해 가정한 것이고, 의무란 그들을 위해 명령한 것일 뿐이다. 우리가 모두 고립된 존재로서 노동하지 않으며 살 수 있다면, 우리는 모두 그러한 독립의 환희를 즐길 수 있을 것이다. 요컨대 우리는 저마다 그렇게 할 수 없는 노릇이므로, 미친 사람이나 독재자만 그러한 독립의 기쁨을 누릴 수 있다.

사회의 구속에 반하는 고립 추구 본능에서 비롯된 반항은 흔히 낭만주의 운동이라 불릴 뿐만 아니라 현대까지 이어져 내려온 낭만주의의 결과를 특징짓는 철학, 정치학, 정서를 이해하는 열쇠다. 독일 관념론의 영향으로 철학은 유아론적 체계가 되었으며, 자기 발전이 윤리의 근본 원리로 선언되었다. 정서에 관해서는 고립 추구와 열정 및 경제라는 필요 사이에 달갑지 않은 타협안이 있어야 한다. 로런스D. H. Lawrence(1885~1930)의 소설 『섬을 사랑한 남자』의 주인공은 점차 증가하는 그러한 타협을 경멸하다가 마침내 굶주림과 추위 속에서 완벽한 고독을 즐기면서 죽음을 맞이했다. 하지만 이러한 일관성은 고독을 찬미한 작가조차 성취하지 못했다. 은둔자는 문명사회의 안락함을 편안히 누릴 수 없고, 책을 쓰거나 예술작품을 만들어 내려는 소망을 품은 사람은 작품 활동을 하는 동안 생존하려면 다른 사람들의 원조를 받지 않을 수 없다. 그는 고독한 느낌을 계속 유지하기 위해 자신에게 봉사한 사람들이 그의 자아에 영향을 주지 못하도록 막을 수 있어야 한다. 봉사자들이 노예인 경우에는 아무 영향도 받지 않고 고독을 유지할 수 있을 것이다. 하지만 열정적 사랑은 더욱 어려운 문제다. 열정에 사로잡힌 연인들이 사회의 구속에 반항하면 감탄을 자아낸다. 그러나 실생활 속에서 사랑의 관계 자체가 너무 빠르게 사회적 구속이 되어버리고 사랑의 상대는 증오의 대상으로 변해서, 사랑이 그러한 속박을 벗어던질 수 없을 정도로 강하면 더욱 격렬한 증오심을 갖게 된다. 따라서 사랑을 투쟁으로 생각하기에 이르러 각자는 상대 자아ego의 장벽을 뚫고 들어가서 서로 파괴하려고 한다. 이러한 관점은 스트린드베리August Strindberg(1849~1912)[89]의 작품을 통해 잘 알려졌으며 로런스의 작품을 통해 더욱 친숙해졌다.

열정적 사랑뿐만 아니라 타인과 맺는 모든 우호 관계도 오직 타인이 자기

---

89 * 스웨덴의 극작가이자 소설가로 심리학과 자연주의를 결합시킨 새로운 현대극을 썼고, 후에 환상적인 표현주의 희곡을 발전시켰다.

「민중을 이끄는 자유의 여신」, 외젠 들라크루아, 1830년경

Self의 투사로서 생각될 때에만 이러한 느낌으로 맺어질 수 있다. 이것은 타인이 혈연관계에 있다면 가능한 일이며, 관계가 가까울수록 더 쉽게 맺어질 수 있다. 따라서 종족에 대한 강조는 이집트 프톨레마이오스 왕조처럼 동족 결혼으로 이끌린다. 이것이 바이런에게 얼마나 영향을 주었을지 짐작하고도 남는다. 바그너Richard Wagner(1813~1883)는 지크문트와 지클린데의 사랑에서 유사한 정서를 보여 준다. 나는 니체를 비방하려는 의도는 전혀 없지만, 니체도 누이를 다른 어떤 여자보다 더 친밀하게 느꼈으며, 그녀에게 다음과 같은 글을 썼다. "네가 하는 모든 말과 행동 속에서 우리가 같은 혈통에 속한다는 사실을 얼마나 강하게 느끼는지 모른다. 너는 나를 다른 누구보다 잘 이해한다. 우리는 같은 부모에게서 태어났으니까. 이것은 나의 '철학'과도 아주 잘 들어맞는다."

민족성 원리도 같은 '철학'의 연장인데 바이런이 주창자였다. 민족은 공통의 조상을 가진 후손으로 어떤 종류의 '혈통 의식'을 공유한 종족이라고 가정한다. 영국이 바이런을 제대로 평가하지 못한 잘못을 끊임없이 지적했던 마치니Giuseppe Mazzini(1805~1872)는 민족이 신비한 개체성을 지닌다고 생각했으며, 다른 낭만주의자들이 영웅에게서 찾아낸 일종의 무정부주의적 위대성을 민족에게 부여했다. 마치니뿐만 아니라 상대적으로 온건하며 냉정을 잃지 않은 정치가들도 민족의 자유를 절대적인 것으로 생각하게 되었다. 이러한 민족성 원리는 실천적으로 국가 사이에 협조를 불가능하게 만들었다.

혈통과 종족에 대한 믿음은 당대의 반유대주의와 자연스럽게 연결되었다. 동시에 낭만주의는 한편으로 귀족주의를 옹호하고, 한편으로 이해타산보다 정열을 선호했기 때문에 상업주의와 재정 문제를 몹시 경멸하고 멸시했다. 따라서 낭만주의는 자본주의에 반대한다고 선언했으나 무산계급의 이익을 대변한 사회주의자들이 자본주의에 반대한 입장과 매우 달랐다. 왜냐하면 자본주의에 대한 낭만주의적 반대는 경제적 선점과 열중에 대한 혐오에 근거하며, 자본가의 세계를 유대인들이 지배하고 있다는 암시로 더욱 격화되었기 때문이다. 바이런은 경제력처럼 속된 것에 눈을 돌릴 정도로 타락한, 드문 경우에 다음과 같은 관점을 드러냈다.

> 누가 세계의 저울대를 쥐고 있는가? 누가 정복자들을
> 지배하는가, 왕당파인가 아니면 자유주의자인가?
> 누가 셔츠도 입지 않은 스페인의 애국자들을 떨쳐 일어나게 했는가?
> (시대에 뒤진 유럽 잡지들은 이를 화제에 올려 끝없이 지껄여 댄다.)
> 누가 구세계와 신세계의 고통이나 쾌락을 좌우하는가?
> 누가 정치를 허튼 수작으로 만드는가?
> 보나파르트의 고결한 모험적 기상인가?
> 유대인 로스차일드와 그의 동지인 가톨릭교 신자 베어링이다.

이 운문은 어쩌면 전혀 음악적이지 않을지 몰라도 정서는 우리 시대와 꼭 맞으며 바이런의 추종자들에게 반향을 불러일으켜 왔다.

낭만주의 운동의 본질은 인간의 성격을 사회적 규약과 도덕의 족쇄에서 자유롭게 하려는 목표에 있다. 부분적으로 이러한 족쇄는 바람직한 욕구의 대상이 될 만한 활동을 훼방하는 한낱 쓸모없는 방해물이었다. 왜냐하면 고대의 모든 공동체는 행동 규칙을 발전시켰고, 규칙이 전통에 속한다는 이유를 들며 사회 구성원들을 규제했기 때문이다. 그러나 자기 본위에 사로잡힌 정념은 한번 풀어 놓으면 다시 사회의 필요에 복종하도록 이끌기 어려워진다. 그리스도교는 어느 정도 자기 본위의 자아를 길들이는 데 성공했다. 그러나 경제, 정치, 지성에서 비롯된 원인이 제도권 교회에 맞서 반항을 자극하면서 낭만주의 운동은 도덕 영역에 대한 반항으로 변모했다. 낭만주의 운

동은 무법적인 새로운 자아를 자극하고 고무함으로써 사회적 협조를 불가능하게 만들었으며, 그 후예들은 무정부주의나 전제정치 가운데 하나를 대안으로 택하지 않을 수 없었다. 이기주의egoism는 우선 타인에게 부모의 부드러운 애정을 기대하도록 만들었다. 그러나 타인 역시 자신의 자아를 가지고 있다는 사실을 발견하자 분개했으며, 부드러운 애정에 대한 좌절된 욕망은 증오와 폭력으로 변해 버렸다. 인간은 고립된 고독한 동물이 아니며, 사회생활을 존속하는 한 자기실현self-realization은 윤리의 최고 원리일 수 없다.

19.
루소

루소Jean Jacques Rousseau(1712~1778)는 18세기 프랑스어의 의미에 따르면 **계몽철학자**philosophe[90]였지만, 오늘날 말하는 의미의 '철학자'는 아니었다. 그런데도 그는 문학, 취미, 예법, 정치뿐만 아니라 철학에도 영향을 강하게 미쳤다. 루소가 사상가로서 지닌 장점에 대해 어떤 의견을 갖든, 그가 사회적 영향력을 행사한 중요한 인물이라는 점은 안정해야 한다. 이것은 주로 루소가 심정과 가슴, 당시의 용어로는 '감수성'에 호소한 데서 기인했다. 그는 낭만주의 운동의 시조이자 인간의 감정에서 비인간적 사실을 추론한 사상 체계의 창시자이며, 전통적 절대 군주제에 반대되는 유사 민주주의적 독재정치를 옹호한 정치철학을 발명한 사상가였다. 루소 이후 개혁가로 자처한 사람들은 크게 루소를 추종하는 부류와 로크를 추종하는 부류로 나뉜다. 때에 따라 그들은 협조 관계를 유지했으므로 많은 사람이 두 부류 사이에 양립할 수 없는 점을 발견하지 못했다. 그러나 점차 양립할 수 없는 점이 분명히 나타나기 시작했다. 현대에 와서 히틀러는 루소의 후예로, 루스벨트와 처칠은 로크의 후예로 평가된다.

90 * 주로 '계몽사상가'로 번역하지만 여기서는 문맥상 '계몽철학자'로 번역한다.

루소의 전기는 『고백록*Confessions*』에 아주 상세하게, 그것도 비굴하게 사실을 왜곡하지 않고 솔직하게 서술되어 있다. 그는 자신을 대大 죄인으로 비하하는 일을 즐겼으며 때로는 과장하기도 했다. 루소가 일상적 덕을 전혀 갖추지 못했다는 외적 증거는 아주 많다. 물론 이것이 그를 괴롭히지 않았는데, 그는 언제나 자신에게 따뜻한 가슴이 있다고 생각했기 때문에 좋은 친구들에게 아무렇지도 않은 듯 비열하게 행동했다. 이제 그의 사상과 영향을 이해하기 위해 필요한 만큼만 생애에 대해 알아보자.

루소는 제네바에서 태어나 정통 칼뱅교도로 교육을 받았다. 아버지는 가난했으며 시계 제작자와 무용 교사를 겸하고 있었다. 어머니는 루소가 어렸을 적에 세상을 떠났고, 이후 친척 아주머니가 그를 양육했다. 열두 살에 학교를 그만두고, 소매상을 전전하며 수습생으로 일했다. 그러다가 모든 일에 염증을 느끼고 열여섯 살 때 제네바에서 사부아로 건너갔다. 살길이 막막해지자 가톨릭교회의 사제를 찾아가 개종하겠다고 말했다. 격식에 따른 개종 절차는 토리노에 있는 세례 지원자 학원에서 거행되었는데, 무려 9일이 걸렸다. 그는 오로지 먹고살기가 힘들어서 개종했다고 말한다. "나는 내가 받은 세례가 사실은 도적 행위였음을 자신에게 숨기기 힘들었다." 그러나 이것은 개신교로 되돌아간 후에 쓴 것이므로, 그가 몇 년간 진지하게 가톨릭 신앙생활을 했다고 생각할 근거는 남아 있다. 1742년에 그는 주교의 기도 덕분에 자신이 1730년에 살았던 집이 기적적으로 화재를 모면했다고 증언한 적도 있다.

그는 주머니에 단돈 20프랑만 지닌 채 토리노의 세례 학원에서 쫓겨나 오갈 데 없는 처지가 되자, 베르첼리 부인의 하인이 되었지만 부인은 석 달 후에 죽었다. 그녀가 죽었을 때, 그는 베르첼리 부인의 리본을 가지고 있었는데 사실은 훔친 것이었다. 그는 자기가 좋아했던 어떤 소녀가 주었다고 주장했으며, 어이없게도 그의 주장을 사람들이 사실로 믿게 되면서 소녀는 벌을 받았다. 변명을 들어보면 상식 밖의 이상야릇한 궤변이다. "이렇게 잔인한 순간에 저지른 것보다 사악한 짓을 한 적은 한 번도 없었다. 가련한 소녀를 고발한 것은 모순된 행동이지만 그녀에 대한 애정으로 그렇게 행동한 것도 사실이다. 그녀는 내 마음속에 떠올라 사라지지 않았다. 그리하여 나는 처음에 죄책감을 벗어던졌다." 이는 루소의 윤리에서 '감수성'이 일상의 모든 덕을 대신하는 좋은 사례다.

이 사건 이후 그는 바랑 부인의 친구가 되었고, 그녀는 루소처럼 개신교도였으나 개종하여 가톨릭교에 헌신함으로써 사부아 왕에게 연금을 받은 매력적인 부인이었다. 그는 9년이나 10년 동안 대부분의 시간을 그녀의 집에서 지냈다. 심지어 그녀와 연인이 된 후에도 그녀를 '마마'라고 불렀다. 그는 한동안 하인과 함께 그녀를 섬기며, 모두 화기애애한 분위기 속에서 잘 살았다. 하인이 죽자 루소는 무척 슬퍼했지만, '글쎄, 어쨌든 내가 그의 옷을 얻게 될 테지'라는 생각으로 자신을 위로했다.

청소년기에 루소는 방랑자로서 다양한 삶을 살았고, 도보 여행을 하거나 할 수 있는 한 최선을 다해 남에게 의지하여 생계를 이어 갔다. 그러던 중에 함께 여행하던 친구가 리옹 거리에서 간질 발작을 일으키자, 그 친구를 내버려 둔 채 모여든 군중이 던져 준 동전을 가로채기도 했다. 한번은 거룩한 무덤 성당Holy Sepulchre[91]으로 가는 그리스 정교회의 대수도원장으로 자처한 남자의 비서가 되었다. 더딩이라는 이름의 제임스 2세 지지파 스코틀랜드인으로 가장하여 어떤 부유한 부인과 사랑에 빠지기도 했다.

1743년 한 귀부인의 도움으로 베네치아 주재 프랑스 대사의 비서가 되었는데, 그는 몽테귀란 이름의 술고래였다. 그는 루소에게 자기 일을 전부 맡겼으나 봉급을 제대로 주지 않았다. 루소가 일을 매우 잘했으므로 불가피하

91 * 예수가 십자가에 처형당해 묻혔다고 전해지는 장소에 세운 교회

게 벌어진 분쟁이 루소의 탓은 아니었다. 그는 정의의 심판으로 사태를 처리하기 위해 파리로 갔다. 모든 사람이 그가 옳다고 인정했으나 오랫동안 아무 일도 하지 못했다. 루소는 봉급이 체불되자 원통한 마음이 생겼고, 그것은 루소가 당시 프랑스 정부 형태에 반대하는 계기가 되었다. 끝내 그는 봉급의 잔액을 모두 받아냈다.

그가 파리에 있는 호텔의 하녀인 테레즈 르 바쇠르에게 열중했던 것도 이 시기로 1745년경이었다. 그는 남은 생애를 그녀와 함께 살았다. 물론 다른 여자와 맺은 애정 관계를 청산하지 않았다. 그는 그녀와 살면서 다섯 아이를 두었으나 모두 고아 양육원으로 보냈다. 그가 그녀의 어떤 매력에 끌렸는지 이해하는 사람은 아무도 없었다. 그녀는 흉한 외모를 가진 데다 무식하기까지 했다. 그녀는 읽지도 쓰지도 못했다. 루소가 그녀에게 쓰기를 가르쳤지만 그녀는 읽기조차 깨우치지 못했다. 심지어 달수도 모르고 돈을 셀 줄도 몰랐다. 그녀의 어머니는 무엇이든 움켜잡으면 놓치지 않는 탐욕스러운 성격의 소유자였으며, 두 여자는 루소와 그의 친구들을 수입원으로 이용했다. 참말인지 거짓말인지 알 수 없으나 루소는 테레즈에 대해 사랑의 충동을 한 번도 느껴 본 적이 없다고 말한다. 그래서 테레즈는 말년에 술주정뱅이가 되어 마부들의 뒤를 쫓아다녔을지도 모른다. 아마도 루소는 재정적으로나 지적으로나 그녀보다 우월하다는 확신과 그녀가 자신에게 완전히 의존한다는 느낌을 즐겼을 터다. 그는 언제나 고상한 사람과 교제할 때는 불편해했고, 순박한 민중을 진심으로 좋아했다. 이 점에 관한 한 그의 민주적 감정은 정말 진지했다. 루소는 테레즈와 결혼하지 않았으나 그녀를 거의 아내와 다름없이 대했기 때문에, 그에게 호의를 베풀었던 귀부인은 모두 그녀의 존재를 참아줄 수밖에 없었다.

루소가 거둔 최초의 문학적 성공은 말년에 이르러 찾아온다. 디종 아카데미는 "예술과 과학은 인류에게 이익을 주었는가?"라는 문제에 관한 논문

중에서 가장 우수한 논문을 골라 상을 수여했다. 루소는 부정적 주장을 펼쳐서 최우수 논문상을 받았다(1750). 그는 과학과 문학, 예술은 도덕의 가장 큰 적이며 탐욕을 조장하는 노예근성의 원천이라고 주장했다. 어떻게 미국의 야만인처럼 벌거벗고 돌아다니는 자에게 속박을 강요할 수 있겠는가? 예상한 대로 그는 스파르타를 찬미하고 아테네에 반대한다. 그는 일곱 살 때 플루타르코스의 『영웅전』을 읽고 깊은 감명을 받았는데, 특히 리쿠르고스의 생애를 좋아했다. 루소는 스파르타인처럼 전쟁에서 거둔 승리를 우수성과 가치의 시금석으로 생각했지만 정교한 기술로 무장한 유럽인이 전쟁을 통해 패배시킨 '고결한 야만인'을 찬미했다. 그는 과학과 덕은 양립할 수 없으며, 모든 과학은 천한 기원을 가진다고 주장했다. 천문학은 점성술이란 미신에서, 기하학은 탐욕에서, 웅변술은 정치적 야심에서, 물리학은 헛된 호기심에서 나왔다. 심지어 윤리학의 기원도 인간의 자만심이다. 교육과 인쇄술의 개발은 개탄할 만한 일이고, 문명인과 교육받지 못한 야만인을 구별하는 모든 차별은 악이다.

이 논문으로 디종 아카데미상을 받고 갑작스러운 명성을 얻자, 루소는 자기 논문의 원칙에 따라 살기로 마음을 먹었다. 그는 단순하고 소박한 삶의 방식을 택하고 앞으로는 시간을 알 필요가 없을 것이라며 자신의 시계를 팔아 버렸다.

그의 첫 번째 논문에서 선보인 사상은 두 번째 논문 『인간 불평등 기원론 *Discours sur l'origine et les fondements de l'inégalité parmi les hommes*』(1754)에서 정교하게 다듬어졌으나 수상에는 실패했다. 그는 "인간은 본성적으로 선하며, 제도로 인해 악해질 뿐이다"라고 주장했다. 원죄설과 교회를 통한 구원설과 정반대되는 주장이다. 당시 대부분의 정치 이론가들과 마찬가지로 루소도 자연 상태에 대해 언급했다. 이것은 어느 정도 가설의 형태로 표현되지만, 현재 실존하지 않을 뿐 아니라 과거에 실존한 적이 없었으며 미래에도 실존하지 않겠지만 우리의 현재 상태를 바르게 판단하기 위해, 이에 대한 올바른 관념을 가질 필요가 있다고 말했다. 자연법은 자연 상태에서 연역되어야 하는데, 우리가 자연인에 대해 전혀 알지 못하면 그를 위해 최초로 정해진, 말하자면 가장 적합한 법을 정할 수 없다. 우리가 알 수 있는 사실은 자연법의 지배를 받는 사람의 의지가 그러한 복종을 분명하게 의식하는 만큼 자연의 목소리에서 틀림없이 직접 도출된다는 점이다. 루소는 연령, 건강, 지능 등의 자연적 불평등에 반대하지 않으며, 다만 관습이나 관례에 따른 특권의 결과로 생긴 불평등에 반대할 따름이다.

문명사회와 거기에서 귀결된 사회적 불평등의 기원은 사유재산제에서 찾아야 한다. "한 뙈기 땅에 울타리를 치고 스스로 '이 땅은 내 소유다'라는 말을 생각해냈으며, 사람들이 그의 말을 믿을 정도로 충분히 순진하다는 것을 알아챈 최초의 인간이 바로 문명사회의 실제 창시자다." 그는 계속하여 말한다. 통탄할 혁명으로 인해 야금술과 농업이 발전했으며, 곡물은 우리 인간의 불행을 드러낸 상징이다. 유럽이 불행한 대륙인 까닭은 곡물과 철을 가장 많이 보유하고 있기 때문이다. 이러한 악을 원상태로 되돌리기 위해 필요한 것은 문명을 포기하는 길밖에 없다. 왜냐하면 인간은 자연적으로 선하며, 야만인은 **배불리 먹었을 때** 자연에 속한 모든 것과 평화롭게 어울리며 동료들과도 친하게 지내기 때문이다.

루소가 볼테르에게 논문을 보냈을 때 볼테르는 다음과 같은 답장을 보냈다(1755). "인간 종족에 적대적인 당신의 책을 받았으며, 감사드립니다. 우리 인간을 전부 바보로 만들려는 계획에 그토록 총명한 기지가 발휘된 적은 한 번도 없었습니다. 당신의 책을 읽은 어떤 독자는 네 발로 기어 다니기를 간절히 바랄 것입니다. 그러나 60년 이상을 살면서 그런 습관을 잃어버린 나로서는 불행하게도 네 발로 기어 다닐 수 없을 듯합니다. 또한 캐나다의 야만인을 찾아다니는 일에도 종사할 수 없습니다. 왜냐하면 내가 짊어진 만성적 질병에는 유럽인 의사가 필요하기 때문입니다. 그 지역에는 전쟁이 끊이지 않고 우리의 행동을 보고 배운 야만인이 거의 우리만큼 악에 물들었을 것이기 때문이기도 합니다."

루소와 볼테르가 결국 언쟁에 휘말렸다는 사실은 놀랍지 않다. 오히려 그들이 일찌감치 싸움을 벌이지 않았다는 점이 더 놀랍다.

1754년에 루소가 유명해지자 고향 주민들이 그를 기억하고 초청했다. 그는 이를 수락했고, 오직 칼뱅주의자만 제네바의 시민이 될 수 있었기 때문에 스스로 원래의 신앙을 찾아 개종했다. 그는 이미 제네바의 청교도이자 공화주의자라고 말하는 관행을 받아들였고, 다시 개종한 다음 제네바에서 살려고 생각했다. 그는 자신의 『인간 불평등 기원론』을 제네바시의 유력한 지도자들에게 바쳤으나, 정작 그들은 달가워하지 않았다. 그들은 평범한 시민들과 동등해지는 것을 결코 바라지 않았다. 그들과 반목한 것이 제네바에서 살아가는 데 유일한 결점은 아니었다. 더 심각한 반목은 볼테르가 제네바에 살게 되면서 발생했다. 볼테르는 극작가로서 열렬한 연극 애호가였으나, 제네바시는 청교도의 본거지로서 연극 상연을 전면 금지했다. 볼테르가 연극 금지를 해제하기 위해 고군분투할 때, 루소는 청교도의 편에서 감시 대상자의 목록을 작성했다. 야만인이 연극을 하는 일은 결코 없다. 플라톤도 연극을 용납하지 않으며, 가톨릭교회는 연극인의 결혼식이나 장례식을 거절한다. 보쉬에Jacques-Bénigne Bossuet(1627~1704)는 희곡을 '욕정의 학교'라고 부른다. 루소는 볼테르를 공격할 절호의 기회를 놓치지 않고, 금욕적인 덕을 옹호하는 투사를 자처했다.

이 사건은 두 저명인사가 대립한 첫 번째 사건이 아니었다. 첫 갈등은 1755년 리스본에 지진이 일어났을 때 드러났다. 그 무렵 볼테르는 신의 섭리에 따른 세계 지배에 의문을 던진 시를 지었다. 이것에 격분한 루소는 다음과 같은 논평을 발표했다. "언제나 신을 믿는 것처럼 보이는 볼테르는 사실 악 말고 아무것도 믿지 않았다. 왜냐하면 거짓으로 꾸며진 볼테르의 신은 장난으로 재해를 일으키면서 쾌락을 느끼는 사악한 존재이기 때문이다. 이 학설은 모순이 가득한 어리석음의 극치를 보여 준다. 온갖 종류의 선한 것들로 치장한 사람이 행복으로 가득한 채, 자기와 관계없는 심각한 대재난의 잔인하고 끔찍한 모습을 드러내어 동포가 절망하도록 만들기 때문에 특히 비위가 뒤틀린다."

루소 측에서는 리스본 지진을 둘러싼 소란에 말려들 이유가 없었다. 일정 수의 사람들이 간혹 죽어야 한다는 것은 아주 좋은 일이다. 리스본의 주민들은 7층 건물에서 살았기 때문에 더 큰 피해를 입고 고통을 겪었다. 사람들이 있어야 하는 상태로 숲에 흩어져 살았다면 상처를 입지도 않고 피해도 줄일 수 있었을 것이다.

지진에 대한 신학적 의문과 무대 연극에 대한 도덕 문제를 둘러싼 볼테르와 루소의 적대감은 매우 심각해졌으며, 모든 **계몽철학자**가 두 편으로 갈리는 계기가 되었다. 볼테르는 루소를 장난스러우며 해만 끼치는 부인으로 취급했고, 루소는 볼테르를 '불경스러운 나팔, 얍삽한 천재, 야비한 영혼'이라고 평했다. 루소는 볼테르에게 보내는 편지에 미묘한 감정을 쓰지 않을 수 없었다(1760). "사실 나는 당신이 밉습니다. 당신이 그렇게 만들려고 했기 때문입니다. 당신이 원했다면 나는 기꺼이 당신을 사랑했을 것입니다. 당신을 향한 내 마음에 가득 찬 모든 감정 가운데 거부하지 못해 남아 있는 것은 당신의 뛰어난 재주에 대한 탄복과 당신의 저술에 대한 애착뿐입니다. 당신의 재주 말고 내가 존경할 수 있는 것이 아무것도 없더라도, 그것은 나의 잘못이 아닙니다."

우리는 이제 루소의 생애에서 그가 가장 왕성하게 작품을 썼던 시기에 이르렀다. 그의 『신 엘로이즈*La nouvelle Héloïse*』는 1760년에, 『에밀*Émile*』과 『사회계약론*Du Contrat Social ou Principes du droit politique*』은 1762년에 출판되었다. '자연의'

원리에 따른 교육론에 해당하는 『에밀』은 「사부아 보좌신부의 신앙고백」을 포함하지 않았다면 당국이 무해한 저술로 간주했을지도 모른다. 이 부분에서 루소는 자신이 이해한 자연 종교 원리를 제시했는데, 가톨릭교와 개신교 정통파 양측의 비위를 상하게 만들었다. 『사회계약론』은 심지어 더 위험한 사상을 담고 있었는데, 민주주의를 지지하고 왕권신수설을 부인했다. 두 권의 책은 루소의 명성을 한층 높여준 반면, 그를 향한 공식적 비난과 규탄의 폭풍을 일으켰다. 그는 프랑스에서 도망쳐야 했다. 제네바시는 루소와 연루된 어떤 것도 용납하지 않으려 했다.[92] 베른시도 그의 망명을 거절했다. 마침내 프리드리히 대왕이 그를 측은하게 여겨 철인왕령의 일부인 뇌샤텔 근처의 모티에에 살도록 허락했다. 그는 그곳에서 3년 동안 살았는데, 마지막 해인 1765년에 목사의 사주를 받은 모티에의 주민들이 루소가 독을 풀었다는 이유로 고발하여 살해하려 했다. 그는 영국으로 도망쳤고, 1762년에 그곳에서 만난 흄이 그를 돌봐 주었다.

처음 얼마 동안은 영국 생활이 순조로웠다. 그는 사회적으로 대성공을 거두었으며, 조지 3세는 그에게 장려금을 하사하기도 했다. 그는 거의 매일 버크Edmund Burke(1729~1797)를 만났으나, 그들의 우정은 버크가 다음과 같은 말을 한 시점에서 냉랭해지고 말았다. "그는 허영으로 가득한 자만심 말고 자신의 가슴에 영향을 미치거나 자신의 오성으로 이해할 수 없는 어떤 원리도 기꺼이 수용하려고 하지 않았다." 흄은 루소를 가장 오래 아낀다고 말하면서 친분을 유지한 덕분에 루소의 생애 내내 우정을 돈독히 하고 존경하며 지낼 수 있었다. 그런데 이 무렵에 루소는 박해 망상에 사로잡혔는데 그럴만도 했다. 미칠 지경에 이른 루소는 흄이 자기 목숨을 노리는 음모의 대행

---

92 제네바 종교회의는 두 책을 불사르도록 명령하고 루소가 제네바에 오면 체포하라고 지침을 내렸다. 프랑스 정부도 체포를 명했다. 소르본대학과 파리 고등법원은 『에밀』에 유죄 판결을 내렸다.

자라고 의심하게 되었다. 순간순간 그는 자신의 의심이 당치 않게 어리석음을 깨닫게 되면 흄을 끌어안고 "아니, 말도 안 돼. 흄 자네가 배신자일 리 없지"라고 외치곤 했다. 이에 대해 흄은 "**그래, 내 소중한 친구!**"(틀림없이 힘껏 끌어안으며)라고 대답하곤 했다. 그러나 마침내 망상으로 인해 도망치는 날이 오고야 말았다. 루소는 말년에 파리에서 극도로 곤궁한 생활을 했는데, 그가 죽자 자살일지도 모른다는 소문이 떠돌았다.

루소가 절교를 선언하고 떠나자 흄은 이렇게 말했다고 한다. "그는 일생 동안 오로지 감정에만 충실했다. 이 점에 관해 이전의 어떤 사례도 능가할 정도로 고양되어 있다. 그런데 감수성은 그에게 쾌락보다 오히려 더 큰 고통을 안겨준다. 그는 자신의 옷뿐만 아니라 피부까지도 벗어버린 채, 사납게 휘몰아치는 폭풍우와 맞서 싸우는 상황에 내몰린 사람 같다."

위의 진술은 어느 정도 진실에 가깝고 루소의 성격에 대해 가장 친절하게 내린 평가다.

루소의 작품에는 어떤 점에서 중요하지만 철학 사상사와 관계 없는 내용이 많다. 이제 루소 사상 중에서 신학과 정치 이론만 자세하게 고찰해 보자.

루소는 신학 분야에서 혁신을 이루었고, 지금까지 대다수 개신교 신학자들이 루소의 사상을 수용했다. 루소 이전과 플라톤 이후에 철학자는 저마다 신을 믿는 경우에 자신의 믿음을 지지하기 위해 지적이고 합리적인 논증을 제공했다.[93] 이러한 논증은 전혀 설득력이 없는 것처럼 보일지도 모른다. 혹은 결론의 진실성을 확신하지 못하는 어느 누구도 납득시키지 못했으리라고 추측할 수도 있다. 그러나 신의 실존을 증명하는 논증을 제시한 철학자는 이러한 논증이 논리적으로 타당하다고 확신했으며, 그러한 논증은 당연

93 파스칼은 예외다. "심정에는 이성이 전혀 알 수 없는 양식과 분별이 있다"는 그의 말은 루소의 표현법과 흡사하다.

히 어떠한 편견의 영향도 받지 않을 만큼 충분한 철학적 능력을 가진 사람이라면 신의 실존을 확신하도록 만들었을 것이다. 우리에게 신을 믿으라고 열성을 다해 권유하는 현대의 개신교도는 대부분 예전의 '신 존재 증명'을 무시하고 신앙의 기초를 인간 본성의 어떤 양상, 예컨대 경외감이나 신비감, 옳고 그름과 염원의 느낌에 둔다. 이렇게 종교적 믿음을 옹호하는 방식은 루소가 발명했다. 이는 오늘날 너무 익숙해서, 현대 독자들은 루소를 데카르트나 라이프니츠와 비교해 보는 수고를 하지 않는 한, 루소가 보여 준 독창성의 진가를 수월하게 파악하지 못할 것이다.

루소는 한 귀족 부인에게 이러한 글을 썼다. "오, 부인! 때때로 혼자 연구에 몰두해 있거나 양손으로 눈을 꼭 누르거나 한밤중 캄캄한 어둠 속에 있을 때, 저는 아무 데도 신이 없다고 생각합니다. 하지만 저쪽에 떠오르는 태양을 보세요! 태양이 땅을 뒤덮은 안개를 걷어내고 빛으로 반짝이는 멋진 자연 풍광을 드러내 보일 때, 동시에 제 마음에 드리운 의심의 구름도 전부 흩어져 사라집니다. 저는 다시 저의 신앙, 저의 신, 그분에 대한 저의 믿음을 되찾습니다. 저는 신을 찬양하고 숭배하며 신의 면전에 꿇어 엎드립니다."

그는 이렇게 말하기도 한다. "나는 다른 어떤 진리를 믿는 것만큼 강하게 신을 믿는데, 믿느냐 안 믿느냐는 세상에 마지막 남은 나에게 달려 있는 일이기 때문이다." 이러한 형식의 논증은 사적 논증의 결점을 드러낸다. 루소가 어떤 것을 믿지 않을 수 없다는 사실은 다른 사람이 같은 것을 믿어야 할 어떤 근거도 제공하지 못한다는 말이다.

루소는 자신의 유신론적 입장을 무척이나 강조했다. 한번은 생 랑베르(손님 중 한 명이었다)가 신의 실존을 의심하는 말을 하자 만찬회장을 떠나라고 위협한 적이 있었다. 그때 루소는 몹시 화를 내며 "여보게, 나는 신을 믿네"라고 외쳤다. 모든 면에서 루소의 충실한 제자였던 로베스피에르Maximilien François Marie Isidore de Robespierre(1758~1794)도 이 점에 관한 한 그를 추종했다.

'최고 존재의 제전La fête de l'Être suprême'[94]은 루소의 진심 어린 인정을 받았을 법하다.

『에밀』 4권 중간에 나오는 「사부아 보좌신부의 신앙고백」은 루소의 신조를 가장 명백한 형식으로 진술한다. 그것은 어떤 미혼 여성을 유혹하고 전적으로 '자연적' 잘못을 저지른 이유로 치욕을 경험한 유덕한 신부에게 자연의 목소리가 선포한 것이라고 말하지만, 독자들은 자연의 목소리가 말하기 시작할 때 아리스토텔레스, 성 아우구스티누스, 데카르트에서 도출된 논증을 뒤죽박죽 말한다는 것에 놀란다. 뒤죽박죽 얽힌 논증은 정확성과 논리적 형식을 빼앗긴다. 이로써 그러한 논증을 봐주고, 훌륭한 보좌신부가 철학자들의 지혜에 대해 아무것도 걱정하지 않는다고 말하도록 허용한다.

「사부아 보좌신부의 신앙고백」의 후반부는 전반부보다 이전 사상가들을 회상시키는 암시가 줄어든다. 신이 있다는 사실에 스스로 만족한 보좌신부는 이어서 행동 규칙에 대해 생각하면서 말한다. "나는 이러한 규칙을 고상한 철학에서 도출하지 않고 자연이 지울 수 없는 특징으로 기록한 내 심정 깊은 곳에서 찾아냅니다." 그는 어떤 처지에 있든 바로 양심이 올바른 행동의 거짓 없는 안내자라는 견해를 전개해 나간다. 그는 이곳의 논증에서 이렇게 결론을 내린다. "하늘에 감사를 드리십시오. 그러면 우리는 철학의 모든 끔찍한 장치에서 자유로워집니다. 우리는 어렵게 배우지 않아도 인간일 수 있지요. 일생 도덕을 연구하느라 시간을 낭비하지 않아도 되며, 적은 비용을 들이고도 복잡하게 뒤얽힌 어마어마한 의견에서 더 확실한 안내를 받습니다." 그의 주장에 따르면 우리의 자연스러운 감정은 공동의 이익에 봉사하도록 이끌지만, 이성은 이기심을 부추긴다. 그러므로 우리는 덕을 갖춘

---

94 * 로베스피에르가 1794년 6월 8일에 프랑스 튈르리 궁전에서 벌인 종교제전이다. 이것을 기반으로 로베스피에르가 발명한 일종의 이신론인 최고 존재의 숭배Culte de l'Être suprême를 프랑스 제1공화국의 국교로 삼으려고 했다.

사람이 되기 위해 이성이 아닌 오로지 감정을 따라야 한다.

보좌신부가 자신의 학설이라 주장한 자연 종교는 유일한 계시를 요구하지 않는다. 만일 신이 심정에 대고 말한 것에 사람들이 귀를 기울였다면, 세상에는 오로지 한 가지 종교만 존재했을 것이다. 만일 신이 특정인들에게 특별하게 자신을 계시했다면, 계시의 내용은 오직 계시를 받은 사람의 증언으로만 알려질 수 있는데 이것은 틀릴 수 있다. 자연 종교는 각 개인에게 직접적으로 계시된다는 장점을 가진다.

그런데 지옥에 관한 이상한 구절이 있다. 보좌신부는 사악한 인간이 영원한 형벌을 받게 되는지 알 수 없지만, 사악한 인간의 운명에는 그다지 흥미를 느끼지 않는다고 다소 거만한 태도로 말한다. 그런데 여러 가지 점을 고려할 때 그는 지옥의 고통이 영원토록 계속되지는 않을 것이라는 견해로 기운다. 그는 구원이 어느 교회의 신도에게만 국한되지 않는다고 확신한다.

이것은 계시와 지옥을 거부한다고 추정할 수 있었으므로, 프랑스 정부와 제네바 의회에 충격을 주었다.

내 생각에 심정을 지지하기 위해 이성을 거부하는 선택은 진보가 아니다. 사실 이성이 종교적 믿음의 편을 드는 것처럼 보이는 한, 아무도 심정에 기운 방책을 발명해 내지 않았을 것이다. 볼테르가 표현했듯 루소가 놓인 환경에서 이성은 종교와 배치되었으므로 이성을 멀리 쫓아버렸다. 더욱이 이성은 심오하고 난해하다. 그렇기에 야만인은 문명사회의 정찬을 맛본 후에도 존재론적 논증을 이해할 수 없을 것이다. 하지만 야만성은 모든 지혜의 보고다. 루소에게서 야만인은 인류학자에게 알려진 야만인이 아니라 훌륭한 남편이자 자애로운 아버지이고, 탐욕이라곤 찾아볼 수 없으며 자연의 호의를 믿는 종교인이었다. 야만인은 간소하고 편리하게 사는 사람으로, 설령 훌륭한 보좌신부가 신을 믿은 이유를 따를 수 있었더라도 순진무구한 소박성과 단순성을 기대하기는 어려우며, 복잡한 철학을 알면 불편했을 것이다.

루소의 '자연인'에 포함된 허구적 특성과 별도로, 객관적 사실에 대한 믿음을 가슴에서 우러난 감정에 근거한 것으로 보려는 시도에 제기된 반론은 두 가지가 있다. 하나는 감정에 근거한 믿음이 참이 되리라고 가정할 이유가 없다는 점이다. 다른 하나는 감정에 근거한 믿음은 사적인 것에 불과하여 심정에 따른다면 사람들은 저마다 달리 말하게 된다는 점이다. 어떤 야만인은 '자연의 빛'에 비추어 인육을 먹는 행동이 의무라고 확신하며, 볼테르가 소개한 야만인이 이성의 목소리에 따라 예수회 수도자의 인육만 먹어야 한다고 주장했다고 하여 전부 다 속죄를 하게 되지는 않는다. 자연의 빛은 불교도에게 신의 실존을 계시하지 않지만, 육식은 옳지 않다고 선언하게 만든다. 그런데 설령 심정으로 모든 사람이 같은 말을 하더라도, 그것은 우리 자신의 감정 말고 어떤 것이든 실존한다는 증거를 전혀 제공하지 못한다. 나와 온 인류가 어떤 것을 열렬히 원하고, 그것이 인류의 행복을 위해 필요하다고 해도, 그것이 실존한다고 가정할 근거는 아무 데도 없다. 인류가 행복해야 한다는 점을 보증해 줄 자연 법칙은 없다. 우리는 모두 이것이 지구상의 여기 우리의 삶에 대해서 사실이지만, 이승에서 겪는 우리의 고통에서 저승의 더 나은 삶을 위한 논증이 기묘한 왜곡으로 생겨났다는 것을 안다. 우리는 다른 어떤 것과 관련시켜 그러한 논증을 사용해서는 안 된다. 만일 네가 한 남자에게 달걀을 열 꾸러미 샀는데 첫 꾸러미의 달걀이 전부 썩어 있었다면, 너는 나머지 아홉 꾸러미 속 달걀의 신선도가 뛰어날 것이라고 추론하지 않을 것이다. 그런데 이것은 '심정'이 이승에서 겪는 우리의 고통에 위안을 주고 격려하기 위해 제시하는 것과 같은 종류의 추리에 속한다.

나로서는 루소에서 시작된 감정에 치우친 비합리성보다 존재론적 논증이나 우주론적 논증을 비롯한 예전의 상투적 논증을 선호한다. 예전의 논증에는 적어도 정직성과 성실성이 있다. 만일 그러한 논증이 타당하다면 논점을 입증하지만, 부당하다면 어떤 비판자의 비판이든 받을 여지가 있었다. 그러나 새로 등장한 심정신학은 논증을 결여한다. 그것은 논점을 입증한다고 선언하지 않기 때문에 반박할 수도 없다. 사실 심정신학을 수용하도록 만드는 유일한 이유는 우리를 달콤한 꿈에 빠져들게 한다는 것이다. 이것은 아무 가치 없는 이유이며, 만약 토마스 아퀴나스와 루소 가운데 한 사람을 선택해야 한다면 나는 서슴지 않고 성 토마스를 선택할 것이다.

루소의 정치 이론은 1762년에 출간된 『사회계약론』에서 제시된다. 이 책은 그의 저술 대부분과 아주 다른 특징을 나타낸다. 『사회계약론』은 감상적인 면은 거의 드러내지 않고 지적 추리에 훨씬 근접한 내용을 포함한다. 민주주의에 대해 말로만 호의를 표현한 것에 지나지 않지만, 여기에 등장한 학설은 전체주의 국가의 정당성을 입증하는 데 이바지한다. 루소는 제네바와 고대로 기운 취향으로 인해 프랑스나 영국과 같은 대제국보다 도시국가를 선호하게 되었다. 이 책의 속표지에 자신을 '제네바의 시민'이라 밝히면서 이렇게 소개한다. "나는 자유 국가의 시민이자 군주 국가의 일원으로 태어났기 때문에, 공적인 일에 미치는 내 목소리의 영향이 미약하더라도 투표권이 있기에 공적인 일을 연구하는 것이 나의 의무에 속한다."

또한 플루타르코스의 『영웅전』에서 리쿠르고스의 생애 편에 나타난 스파르타를 찬미하는 발언을 자주 했다. 루소에 따르면 민주정치는 작은 국가에 가장 적합하고, 귀족정치는 중간 정도 규모의 국가에 가장 적합하며, 군주정치는 큰 국가에 최선인 정치 체제라고 말했다. 그런데 그의 견해에 따르면 작은 국가가 더욱 바람직한 까닭은 규모가 작은 국가에서 민주주의를 수월하게 실천할 수 있기 때문이다. 그가 말한 민주주의는 그리스인이 의미하던 각 시민이 직접 참여하는 정치이며, 그는 대의정치를 '선거 귀족정치'라고 부른다. 이는 대규모 국가에서는 실행 불가능하므로, 민주정치에 대한 루소의 칭송은 언제나 도시국가에 대한 찬양을 의미했다. 도시국가에 대한 애정과 찬양은 루소의 정치철학을 설명하는 대부분의 연구에서 충분히 강조되지 않았다고 생각한다.

『사회계약론』은 루소가 펴낸 대부분의 저술에 나타난 것보다 수사학적 요소를 훨씬 덜 포함하지만, 첫 장은 매우 강한 수사적 표현으로 시작한다. "인간은 자유롭게 태어나지만, 도처에 그를 구속하는 사슬이 놓여 있다. 어떤 사람은 자신을 다른 사람들의 주인이라 생각하지만 정작 그들보다 더 자유롭지 못한 노예일 뿐이다." 자유는 루소 사상의 명목상 목표였고, 사실 그가 진심으로 높이 평가하며 자유를 희생시켜서라도 지키려 한 가치는 평등이다.

루소의 사회계약이라는 개념은 처음엔 로크의 개념과 유사해 보이지만, 곧 홉스의 사회계약과 더 흡사하다는 사실이 드러난다. 자연 상태로부터 발전하는 과정에서 개인이 더는 원초적 독립성을 주장할 수 없는 때가 도래한다. 바로 그때 개인은 자기보존을 위해 사회를 형성해야 할 필요를 절감한다. 그러나 어떻게 나는 나의 이익을 해치지 않으면서 나의 자유를 서약하고 보증할 수 있을까? "문제는 전체 공동의 힘으로 각 구성원의 인격과 재산을 지키고 보호하며, 각 개인이 스스로 전체의 일원이 되지만 여전히 자신의 명령에 따라서만 움직이고 이전처럼 자유로울 수 있는 사회 형태를 찾는 것이다."

계약은 "사회 구성원이 각자 자신의 모든 권리를 공동체에 전부 양도하는" 데서 성립하며, "각자 무조건 권리를 스스로 양도한 처음부터 모든 사람이 같은 조건 아래서 계약을 맺는 셈이다. 그러한 상태에서 타인에게 부담을 주게 된다면 아무도 이득을 얻지 못한다." 양도는 조건 없이 해야 한다. "만일 개인이 어떤 권리를 보유하고 있다면, 개인의 이익과 공공의 이익 사이에서 결정해야 할 때 공동의 우월한 권위가 없어지므로, 각자 자신의 입장에서 판단하여 이익을 추구하게 될 것이다. 그러므로 자연 상태는 계속

「장 자크 루소의 초상」, 모리스 캉탱 드 라투르, 1753

이어져, 사회는 필연적으로 무용지물이 되거나 전제 군주의 통치를 받게 될 것이다.”

이것은 자유의 폐기이며 인권 학설을 전면 거부한 것을 의미한다. 『사회계약론』 후반부에서 이러한 이론이 약간 완화된 것은 사실이다. 거기에서 사회계약으로 정치 조직이 구성원에 대한 절대 권력을 부여받았는데도 인간은 인간으로서 자연권을 가지고 있다고 말한다. “군주는 국민에게 공동체에 유용하지 않은 어떤 구속도 강요할 수 없으며, 심지어 그것을 바랄 수도 없다.” 그러나 군주는 무엇이 공동체에 유용하거나 무용한지를 판단하는 유일한 심판자다. 따라서 집단적 전제정치에 대립할 저항 요소는 대단히 미약할 뿐이라는 점은 분명하다.

루소의 철학 체계에서 ‘군주’는 왕이나 정부가 아닌 집단의 기능과 입법의 능력을 갖춘 공동체를 의미한다.

사회계약은 다음과 같이 진술될 수 있다. “개인은 각자 자신의 인격과 모든 힘을 공동으로 일반의지의 최고 지도 아래 둔다. 그리고 우리는 법인 자격으로 각 구성원을 분리할 수 없는 전체의 일부로 받아들인다.” 사회 조직을 만드는 이러한 행동으로 도덕적이고 집단적인 법인체가 형성되고, 이것을 수동적 측면에서 ‘국가’라 부르고 능동적 측면에서 ‘군주’라 부르며, 자신과 비슷한 다른 법인체와 맺는 관계 속에서 ‘권력’이라고 부른다.

위에서 말한 사회계약에 나타난 ‘일반의지’ 개념은 루소의 사상 체계에서 정말 중요한 역할을 한다. 이에 관해 짤막하게 좀 더 논의할 것이다.

주권 국가는 바로 주권국을 구성한 개인들로 형성되므로, 개인에 반하는 어떤 이익도 취할 수 없다. 따라서 군주는 국민에게 어떤 보증도 할 필요가 없다는 논증을 제시한다. “군주는 그저 지금의 존재에 힘입어 언제나 있어야 할 존재다.” 이 학설은 루소가 다소 독특하게 사용한 용어에 주의를 기울이지 않은 독자들에게 오해를 불러일으킨다. 군주는 전제정치를 할 수도 있는 공인된 정부가 아니다. 군주는 어느 정도 형이상학적 존재로서 실제 국가 기관 가운데 어느 기관에도 충분하게 구현되지 않는다. 그러므로 과오를 범할 수 없다는 군주의 특성은 수용되더라도 가정되는 만큼 실천적 결과를 낳지 않는다.

언제나 정당한 군주의 의지가 바로 '일반의지'다. 시민은 저마다 시민으로서 일반의지에 참여하지만, 또한 개인으로서 일반의지에 반하는 개별 의지를 가질 수도 있다. 사회계약은 일반의지에 복종하기를 거부한 사람은 누구든 복종하도록 강요받게 된다는 것을 포함한다. "이것은 순전히 그가 자유롭도록 강요받게 된다는 것을 의미한다."

'자유롭도록 강요받게 된다'라는 개념은 매우 형이상학적이고 추상적이며 난해하다. 갈릴레오 시대의 일반의지는 코페르니쿠스의 사상에 반대하는 것이었다. 그런데 갈릴레오는 종교 재판에서 자신의 견해를 취소하도록 강요당했을 때 '자유롭도록 강요되었던' 것일까? 심지어 감옥에 갇힌 악인도 '자유롭도록 강요받은' 것인가? 바이런의 「해적」에 대해 생각해 보자.

깊고 푸른 바다의 찬란한 물결 위로,
우리의 생각은 한없이 치달려 마음이 자유롭나니.

이 사람은 지하 감옥에 갇혀서도 자유로울 수 있을까? 이상한 점은 바이런의 고상하고 당당한 해적이 루소의 사상을 직접 이어받은 결과로 등장한다는 것이다. 그런데도 루소는 자신의 낭만주의적 경향을 까맣게 잊고 견강부회를 일삼는 경찰처럼 말한다. 루소의 영향을 크게 받은 헤겔은 루소가 오용한 '자유'란 말을 그대로 받아들여 자유를 경찰에 복종할 권리, 또는 이것과 별반 다르지 않게 정의 내렸다.

루소는 로크와 그의 제자들에게 나타난 특징인 사유재산에 깊은 관심을 표하지 않았다. "국가는 구성원과 맺은 관계에서 전 재산에 대한 지배권을 가진다." 또한 루소는 로크와 몽테스키외가 설파한 권력 분립 사상도 믿지 않는다. 그렇지만 다른 점에서 그렇듯 여기서도 루소 후기에 나타난 상세한 논의는 그 초기 원리와 전부 일치하지 않는다. 3권 1장에서 그는 군주의 역할이 입법에 한정되며, 행정부나 정부는 국민과 군주의 상호 의사소통을 보장하기 위해 세워진 매개체라고 말한다. 이어서 다음과 같이 말하기도 한다. "만일 군주가 통치를 원하거나 행정 장관이 법에 복종시키려 하는데 국민이 복종을 거부한다면, 규칙과 질서 대신에 혼란이 생겨날 것이다. 그러면 국가는 전제정치나 무정부 상태에 빠지고 만다." 이 문장에서 어휘의 차이를 인정하더라도, 그는 몽테스키외의 사상에 동의하는 것처럼 보인다.

이제 중요하지만 동시에 모호한 일반의지의 학설에 이르렀다. 일반의지는 다수의 의지, 또는 모든 시민의 의지와 동일하지 않다. 그것은 정치 조직 자체에 속한 의지로 생각된 것처럼 보인다. 만일 우리가 시민 사회가 일종의 인격체라는 홉스의 견해를 받아들인다면, 시민 사회에 의지까지 포함한 인격의 속성이 부여되어 있다고 가정해야 한다. 그러면 이러한 의지를 드러낸 발현체가 무엇인지 결정해야 하는 난점에 부딪히는데, 여기서 루소는 우리를 어둠 속에 버려둔 채 침묵한다. 일반의지는 언제나 옳으며, 항상 공공 이익에 이바지한다고 말한다. 그러나 사람들이 숙고한 대안들이 동등하게 바르다는 결론이 도출되지는 않는다. 모든 사람의 의지와 일반의지 사이에는 종종 큰 차이가 있기 때문이다. 그러면 일반의지가 무엇인지 우리는 어떻게 아는가? 루소는 『사회계약론』의 같은 장에서 답변으로 볼 수 있는 견해를 제시한다.

"적합한 정보를 제공받은 사람들이 각자 숙고한 것을 주장할 때 시민 사이에 서로 소통이 되지 않을지라도, 주장의 작은 차이를 아우른 종합은 언제나 일반의지를 나타내고, 일반의지는 항상 선한 결정을 내릴 것이다."

루소는 마음속으로 이렇게 생각한 듯하다. 모든 사람의 정치적 견해는 자기 이익의 지배를 받으며, 자기 이익은 두 부분으로 나뉜다. 하나는 개인에게 고유한 이익이고, 다른 하나는 공동체의 모든 구성원에게 공통된 이익이다. 만일 시민들이 서로서로 계약을 체결할 기회를 얻지 못한다면, 저마다 갈라져 발산된 개인의 이익은 상쇄되어 공통의 이익을 대변하는 결과만 남을 것이다. 이러한 결과가 바로 일반의지다. 아마 루소의 생각은 지구 인력의 사례로 설명될 수 있을지도 모른다. 지구상의 모든 미립자는 우주 안의 다른 미립자를 자기 쪽으로 끌어당긴다. 우리 위에 공기는 우리 위쪽으로 끌어당기는 반면, 우리 밑의 땅은 우리 아래쪽으로 끌어당긴다. 그러나 이러한 '자기 본위'의 모든 인력이 발산되면서 서로 상쇄된 결과로 지구의 중심을 향한 인력만 남는다. 이것은 풍부한 상상력에 힘입어 한 공동체로 간주된 지구의 활동이며, 일반의지의 표현으로 생각될지도 모를 일이다.

일반의지가 언제나 옳다고 말하는 것은 일반의지가 시민의 다양한 자기 이익 가운데 공통된 이익을 대표하기 때문에, 공동체에 가능한 자기 이익 가운데 가장 큰 만족을 대변한다고 말하는 것일 뿐이다. 루소의 의미를 이렇게 해석하는 것이 내가 생각할 수 있었던 어느 해석보다 루소의 말과 일치하는 것 같다.[95]

루소의 견해에서 일반의지의 표현에 실제로 방해가 된 요인은 국가에 종속된 사회단체들이 존재한다는 점이다. 이 단체들은 저마다 자신의 일반의지를 갖게 될 텐데, 이것은 공동체 전체의 일반의지와 갈등을 빚을 수도 있다. "그러면 더는 사람 수만큼 투표권이 있는 것이 아니라 단지 단체의 수

95 예로 다음과 같은 말을 소개한다. "모든 사람의 의지와 일반의지 사이에는 종종 많은 차이가 있다. 후자는 단지 공동의 이익을 고려하는 것이고, 전자는 사적인 이익에 기우는 것으로서 특수 의지의 총합일 뿐이다. 그러나 이러한 의지에서 멀어지면 멀어질수록 서로 파괴하는 일은 더욱 줄어, 결국 특수 의지의 차이의 총합으로서 일반의지가 남는다."

만큼만 투표권이 있다고 말할 수도 있다." 이것은 중대한 귀결로 이어진다. "그러므로 일반의지가 자신을 표현할 수 있으려면, 국가 안에 종속된 사회단체가 존재해서는 안 되며, 시민 각자가 오직 자신의 소신에 따라 생각할 수 있어야 한다. 사실 이것이 바로 리쿠르고스가 확립한 유일무이한 최고의 정치 체제였다." 한 각주에서 루소는 마키아벨리의 권위에 의지하여 그의 견해를 지지한다.

그러한 체제가 실제로 수반하게 될 내용을 고찰해 보자. 국가는 국교를 제외한 교회, 정치 단체, 노동조합, 유사한 경제적 이권을 가진 사람들로 구성된 다른 모든 조직을 금지해야 할 것이다. 그 결과로 도시자치 국가나 전체주의 국가가 출현하고, 그 안에서 시민 개개인은 무력하다. 루소도 모든 단체를 금지하기 어려워질 수 있다는 점을 깨달은 것 같다. 따라서 국가에 종속된 단체들이 있을 수밖에 없다면, 단체들이 서로 무력해질 만큼 수가 많을수록 더욱 좋다는 말을 추가한다.

『사회계약론』의 후반부에서 정부에 대해 고찰할 때, 루소는 행정부가 불가피하게 공동체 전체 이익이나 일반의지와 쉽게 갈등을 일으킬 수 있으며, 자신만의 이익과 자신만의 일반의지를 가진 사회조직이라는 점을 깨닫는다. 그는 큰 국가의 정부는 작은 국가의 정부보다 강력한 권한을 가져야 하지만, 군주의 제한을 더 많이 받을 필요가 있다고 말한다. 정부의 관료는 세 가지 의지, 바로 개인 의지, 정부 의지, 일반의지를 가진다. 세 가지 의지는 점점 세지는 형태로 배열되어야 하지만, 사실은 점점 약해지는 형태로 배열되는 것이 일반적이다. 다시 말하면 "모든 일은 다른 사람에 대한 권한을 양도받은 사람에게서 정의와 이성의 의미를 빼앗아 가는 쪽으로 일어난다."

따라서 언제나 변함없이 일정하고 순수한 일반의지가 오류불가능한데도, 전제정치를 벗어날 방법에 관련된 오래된 문제는 그대로 남아 있다. 이 문제에 대해 루소는 몽테스키외의 주장을 은밀히 반복하거나 민주적인 형태라도 군주라고 부른 것과 동일한 입법부의 최고 권위를 주장한다. 그가 출발점으로 삼은 대담한 일반 원리는 마치 정치적 문제를 한꺼번에 해결할 수 있을 것처럼 제시된다. 그러나 세부적인 정치 문제를 다룰 때는 아무 해결책도 제시하지 못한다.

현대 독자들은 당시 반동주의자들이 루소의 『사회계약론』을 비난하고 규탄한 점을 보고 이 책에서 수준 이상으로 철저한 혁명적 학설을 발견할 수 있을 것이라고 기대한다. 우리는 민주주의에 대한 말을 사례로 제시할 수 있을 것이다. 루소가 민주주의라는 말을 사용할 때는, 이미 알아보았듯 고대 도시국가의 직접 민주주의를 의미한다. 루소도 지적하듯 직접 민주주의가 결코 완전하게 실현할 수 없는 제도인 까닭은, 국민을 항상 소집하기 어려우며 그들이 언제나 공적인 일에 전념할 수도 없기 때문이다. “신들의 종족이 존재한다면, 그들의 정부는 민주주의를 실현할 터다. 그렇게 완벽한 정부는 인간을 위한 제도가 아니다.”

루소는 우리가 말하는 민주주의를 선거 귀족정치라고 부른다. 이러한 제도는 모든 정부 형태 가운데 최선의 형태이지만 모든 나라에 적합하지는 않다. 기후란 너무 더워도 너무 추워도 안 된다. 생산도 필요한 양을 훨씬 초과해서는 안 되며, 생산량이 초과될 경우에 사치의 악폐가 분명히 생길 것이므로 인구 전체에 퍼지기 전에 군주와 어전 회의를 통해 제한해야 마땅하다. 이러한 제한의 효력으로 광범위한 영역이 전제정부의 통제를 받는다. 하지만 앞서 말한 제한에도 민주주의를 지지한 루소의 사상은 분명히 프랑스 정부가 그의 책에 대해 무자비한 적대감을 갖게 만든 요인 가운데 하나였다. 다른 요인은 왕권신수설의 거부로 추측되는데, 이 사상은 사회계약이 정부의 기원이라는 학설에 암시되어 있다.

『사회계약론』은 프랑스혁명을 이끈 대부분의 지도자가 떠받든 성경이 되었으나, 성경의 운명이 그렇듯 이 책 역시 주의 깊게 읽는 독자들이 드물었으며, 더욱이 제자들 가운데 책의 내용을 이해하지 못한 자도 많았다. 『사회계약론』은 민주주의 이론가들에게 형이상학적 추상에 빠지는 습관을 다시 소개했으며, 일반의지의 학설로 지도자와 국민의 신비한 일체화를 가능하게 만들었다. 이것은 투표함과 같은 세속적 장치로 비준을 받을 필요도 없다. 헤겔[96]은 이 책에 기술된 철학의 대부분을 프로이센의 전제 군주국autocracy을 지지하는 데 이용했다. 루소의 철학이 실천적으로 거둔 첫 결실은 로베스피에르의 공포정치였다. 러시아와 독일(특히 독일)의 독재 정치는 부분적으로 루소의 가르침에서 비롯된 성과로 볼 수 있다. 나는 루소의 망령이 미래에 또 다른 사건을 초래할지 예측하는 위험까지 감수할 마음은 없다.

96 헤겔은 일반의지와 모든 사람의 의지를 구별한 것에 대해 특별히 칭찬하는 말을 남겼다. 그는 이렇게 말한다. "이 구별에 늘 주의를 기울였더라면, 루소는 국가론의 형성에 더 큰 기여를 했을 것이다."(『논리학』, 163절)

20.
칸트

A. 독일 관념론 개관

18세기 철학은 로크, 버클리, 흄이 대표한 영국 경험론이 지배했다. 이들은 정신적 기질과 이론적 학설의 경향에서 갈등이 있었으나 의식하지 못한 것처럼 보인다. 그들은 정신적 기질에서 사회에 관심이 많은 시민으로 결코 자기주장만 일삼지 않고 권력에 대해서도 지나치게 걱정하지 않는다. 또한 형법을 위배하지 않는 범위 안에서 모든 사람이 하고 싶은 일을 마음대로 하고 관용하는 세상을 지지했다. 그들은 마음씨 곱고 온화한 세계인으로서 도시풍의 세련미를 갖춘 친절한 사람들이다.

그런데 그들의 기질은 사회적이었지만, 그들의 이론철학은 주관주의로 흘렀다. 이것은 새로운 경향이 아니었다. 이미 고대 말에도 있었고, 성 아우구스티누스의 사상에서 강조되었다가 근대에 이르러 데카르트의 **코기토** cogito 명제로 다시 살아나서, 라이프니츠의 창 없는 단자에 이른 순간 정점에 도달했다. 라이프니츠는 세계의 나머지 전부가 전멸하더라도 자신의 경험에 속한 내용은 하나도 변하지 않으리라고 믿었다. 그런데도 그는 가톨릭 교회와 개신교의 재통합을 위해 헌신했다. 이러한 일관되지 않은 측면은 로크, 버클리, 흄에게도 나타난다.

로크 이론에는 일관되지 않은 면이 있다. 앞에서 말했듯 로크는 한편으로 이렇게 주장한다. "정신은 사유하고 추리하는 모든 활동을 할 때 자신만이 응시하고 응시할 수 있는 자신의 관념 말고 다른 어떤 직접적 대상도 갖지 못하므로, 우리의 지식이 관념과 관계할 뿐이라는 점은 명백하다." 하지만 그는 우리가 현실적 존재에 대한 세 가지 지식, 바로 우리 자신에 대한 직관적 지식, 신에 대한 논증적 지식, 오감에 주어진 대상에 대한 감각적 지식을 가진다고 주장한다. 그의 주장에 따르면 **단순 관념**은 '사물이 정신에 자연적으로 작용한 영향의 산물'이다. 그는 이것을 어떻게 아는지 아무 설명도 하지 않는데, 설명하려면 분명히 '관념의 일치와 불일치'를 넘어서야 할 것이다.

버클리는 로크의 일관되지 않은 면의 끝장을 보여 준 중요한 단계를 밟아 나갔다. 그에게는 정신과 관념만 존재하므로 **물리적** 외부 세계는 철폐된다. 그런데도 로크에게서 물려받은 인식론적 원리의 귀결을 **전부** 파악하는 데 실패했다. 만일 버클리가 완전히 일관된 사람이었다면, 자신의 정신 말고 신이나 타인의 마음에 대한 지식을 부정했어야 한다. 성직자이자 사회적 존재로서 가진 느낌 때문에 버클리는 그러한 지식을 부정하기를 주저하거나 자제했다.

흄은 이론의 일관성을 추구하는 과정에서 조금도 물러서지 않고 끝까지 밀고 나갔던 반면, 실생활을 이론과 일치시키려는 충동은 전혀 느끼지 않았다. 흄은 자기Self를 부정하고 귀납법과 인과성에 의문을 던졌다. 물질을 철폐한 버클리의 견해를 수용했으나, 버클리가 신의 관념이라는 형태로 제공한 대체 방안을 받아들이지 않았다. 로크와 마찬가지로 흄은 선행된 인상이 없는 단순 관념을 인정하지 않았으며, 의심할 여지 없이 '인상'을 마음 밖에 있는 것이 직접적으로 야기한 마음의 상태로 **상상했다**. 그러나 그는 '원인' 개념에 의문을 제기했기 때문에, 앞서 말한 것을 '인상'에 대한 **정의**로 승인할 수 없을 것이다. 흄이나 제자들이 인상에 대한 문제를 분명하게 의식했는지는 분명치 않다. 분명한 사실은 흄의 견해에 비추어 볼 때, '인상'은 '관념'과 구별되는 어떤 고유한 특징으로 규정해야 했을 것이다. 왜냐하면 인상은 인과적으로 규정할 수 없었기 때문이다. 그러므로 그는 인상이 우리 자신 밖에 있는 사물들에 대한 지식을 제공한다고 주장할 수 없었다. 이것은 로크가 이미 처리했고 버클리도 변형된 방식으로 처리했다. 따라서 흄은 스스로 유아론적 세계에 갇힌 채 자기 마음의 상태와 그 상태가 맺는 관계 말고 아무것도 모른다고 믿을 수밖에 없었다.

흄은 일관성을 유지하면서 경험론이 논리적 결론에 이르게 되면 아무도 스스로 과학 전체 영역에서 합리적 믿음과 경솔한 믿음을 구별하기 어렵다는 점을 보여 주었으며, 양자의 구별을 무의미하게 만들어 버렸다. 로크는 이러한 위험을 예견했으며, 가상의 비판자를 동원하여 다음과 같은 논증을 제시한다. "만일 지식이 관념과 관념의 일치에서 성립한다면, 광신에 빠진 사람과 분별력 있는 사람을 동일한 수준에 두게 되어 분간할 수 없다." 로크는 사람들이 '광신'에 점점 지쳐가던 시기에 살면서 앞서 말한 비판에 맞서 자신의 답변을 제시하고 타당성을 설득하는 데 전혀 어려움을 겪지 않았다. 시대는 변하여 사람들이 이성에 점점 염증을 느끼는 순간이 오자, 루소가 나타나 '광신'을 되살려 냈다. 그는 이성의 파산을 인정하고, 가슴(심정)으로 하여금 머리(이성)가 의심스러운 것으로 남겨 둔 문제를 해결하도록 했다. 1750년부터 1794년까지 가슴은 점점 더 큰 목소리를 냈다. 마침내 테르미도르Thermidor 시기[97]에 이르러 적어도 프랑스 내에서 한동안 가슴의 맹렬한 부르짖음은 종지부를 찍었다. 나폴레옹의 치하에서 가슴과 머리는 침묵해야 했다.

97 * 프랑스 혁명력의 제11월. 1794년 테르미도르 반동이 일어난 시기

독일에서 흄의 불가지론에 맞서 일어난 반동은 루소의 저항보다 훨씬 의미심장하고 치밀한 형태로 나타났다. 칸트, 피히테, 헤겔은 새로운 철학을 발전시켰고, 18세기 후반의 사회 전복을 꾀한 파괴적 학설에서 지식과 덕을 안전하게 지키려고 했다. 칸트의 철학에서, 그리고 피히테에서 더욱더 데카르트와 함께 시작된 주관주의적 경향이 극단적인 새로운 형태로 나타났다. 주관주의에 대한 반동은 헤겔과 더불어 시작되었고, 그는 자신의 논리학을 통해 개인이 세계로 탈출할 새로운 길을 찾으려고 했다.

독일 관념론은 전반적으로 낭만주의 운동과 밀접한 관계를 맺으며 발전했다. 이러한 친화력은 피히테의 경우 명백하게 드러나고 셸링의 경우에 더욱 두드러진다. 헤겔의 경우 친화력이 가장 약하다.

칸트는 독일 관념론의 창시자로서 정치적으로 중요한 사람이 아니라고 자평했지만, 정치에 관한 주제를 다룬 몇 가지 흥미로운 논문을 썼다. 다른 한편 피히테와 헤겔은 둘 다 정치 학설을 발표했고, 역사의 진행 과정에 깊은 영향을 주었으며 지금도 영향을 미치고 있다. 두 철학자는 칸트에 대해 먼저 연구하지 않고 이해하는 것은 불가능하므로, 이번 장에서 칸트의 철학을 살펴보기로 한다.

독일 관념론자들에게는 몇 가지 중요한 공통점이 있다. 세부 논의로 들어가기 전에 간단히 언급하는 것이 좋을 듯하다.

지식에 대한 비판은 철학적 결론에 도달하기 위한 수단으로 칸트가 강조했으며, 칸트의 추종자들이 계승했다. 물질에 대립한 것으로 정신을 강조하는데, 결국 오직 정신만이 실존한다는 주장으로 이끌었다. 추상적인 철학적 논증으로 증명된 철학 체계를 지지하기 때문에 공리주의 윤리학을 격렬하게 거부한다. 이전 프랑스와 영국의 철학자들에게는 없는 스콜라 철학적 논조를 드러내기도 한다. 칸트, 피히테, 헤겔은 학구적인 청중에게 강연하는 대학 교수이지 비전문가들에게 강연하는 한가한 신사 계급이 아니었다. 그들의 영향은 일부 혁명적 측면이 있었지만, 그들은 의도적으로 체제 전복을 꾀하지 않았다. 피히테와 헤겔이 국가의 변호에 관심을 가졌던 것은 확실하다. 그들은 모두 전형적 교수로서 학구적으로 살았는데, 도덕적 문제에 대한 그들의 견해는 엄격한 의미에서 전통적이고 보수적이었다. 그들은 신학 분야에서 혁신을 일으켰고, 종교를 위해 그러한 혁신을 주도했다.

예비적 비평은 이것으로 마치고 칸트에 대한 고찰로 넘어가자.

B. 칸트 철학의 개요

일반적으로 칸트Immanuel Kant(1724~1804)를 가장 위대한 근대 철학자로 존경한다. 나는 이러한 평가에 동의하지 않지만, 칸트가 대단히 중요하다고 인정하지 않는 것도 어리석은 짓일 터다. 칸트는 일생 동안 동프로이센에 자리한 쾨니히스베르크 근처에서 살았다. 바깥 생활은 대학 교수의 삶이 전부였고, 7년 전쟁(러시아가 동프로이센을 점령했던 시기), 프랑스혁명, 초기 나폴레옹의 시기를 거쳐 살았지만, 전반적으로 별다른 사건 없이 조용히 살았다. 그는 볼프가 해석한 라이프니츠의 철학을 배웠으나, 루소와 흄의 영향으로 그것을 포기했다. 칸트는 적어도 자신의 말에 따르면, 흄의 인과성에 대한 비판으로 독단의 선잠에서 깨어났다. 그러나 선잠에서 깨어난 것도 잠시일 뿐 곧 자신을 다시 잠에 빠뜨릴 최면제를 발명했다. 칸트에게 흄은 논박해야 할 적이었던 반면, 루소의 영향은 더욱 깊고 의미심장한 것이었다. 칸트는 아주 규칙적으로 살았고, 동네 사람들은 그가 산책하면서 문 앞을 지나갈 때 시간을 맞출 정도였다. 그런데 언젠가 7일 동안 그가 시간표를 지키지 않은 적이 있었다. 바로 『에밀』을 읽고 있던 때였다. 그는 루소의 책을 몇 번 되풀이하여 읽어야 했다고 말했다. 왜냐하면 처음 읽을 때 문제가 무엇인지를 미처 파악하지 못할 정도로 루소의 문체가 수려했기 때문이다. 칸트는 경건주의자로 교육받으며 자랐지만, 정치적으로나 신학적으로 자유주의자였다. 그는 공포정치 시대가 오기 전까지 프랑스혁명의 정신에 공감했으며 민주주의를 지지했다. 이제 살펴보겠지만 그의 철학은 이론 이성의 냉철한 명령에 반하여 심정에 호소하는 것도 허용했다. 이것은 조금 과장해서 말하면 루소의 『에밀』에 등장한 사부아 보좌신부가 고백한 현학적 주장의 재판이라고 할 수도 있다. 모든 인간이 자체 목적으로 간주되어야 한다는 칸트의 원리는 인권을 주장한 학설 가운데 하나다. 또한 자유를 사랑하고 열망한 그의 심정은 어른뿐 아니라 아이에 관해서도 "한 인간의 행동이 다른 사람의 의지에 복종해야만 하는 경우보다 더 끔찍하고 두려운 일은 없다"라고 말한 것에서 잘 드러난다.

칸트의 초기 저작은 철학보다 과학에 관한 글이 더 많다. 리스본에서 지진이 일어났다는 소식을 들은 후, 지진에 대한 글을 쓰기도 했다. 바람에 관한 논문과 유럽에 부는 서풍이 대서양을 건너오기 때문에 습한지에 대해 다룬 짤막한 논문을 남겼다. 자연지리학은 그가 대단히 흥미를 느낀 주제였다.

그가 쓴 가장 중요한 과학 저술은 『일반 자연사와 천체 이론』(1755)인데, 거기서 라플라스Pierre-Simon Laplace(1749~1827)의 성운설을 미리 보여 주었으며 태양계를 가능하게 만든 기원을 제시했다. 이 저술은 밀턴풍의 숭고한 면을 보여 주며, 효과적이고 풍성한 가설을 세웠다는 장점도 지녔다. 그러나 라플라스처럼 진지한 논증을 제시하여 가설을 입증하지는 못했다. 일부 내용은 순전한 공상에 지나지 않는데, 모든 행성에 거주민이 있으며 가장 먼 행성에 가장 우수한 거주민이 살고 있다는 학설이 한 예다. 이러한 견해는 지구 생명체인 인간의 겸손을 표현했다는 점에서 칭찬받을 만하지만 과학적 근거는 전혀 없는 허무맹랑한 것이었다.

일찍 일어나고 늦게 잠드는 것보다 회의주의자의 논증 탓에 고통을 더 많이 겪던 시기에, 칸트는 『형이상학의 꿈에 예시된 유령을 보는 자의 꿈』

(1766)이라는 기묘한 제목의 책을 썼다. '유령을 보는 자'는 스베덴보리 Emanuel Swedenborg(1688~1772)[98]로 신비주의 체계를 담은 저술을 세상에 내놓았지만 네 권밖에 팔리지 않았다. 세 권을 산 사람은 알려지지 않았지만 한 권은 칸트가 구입했다. 칸트는 농담 반 진담 반으로 '공상적인' 스베덴보리의 체계가 정통 형이상학과 별반 다르지 않다고 암시한다. 그렇지만 스베덴보리의 모든 면을 낮추어 본 것은 아니다. 칸트의 저술에서 많지는 않지만 신비주의 색채가 드러나는데, 이것은 그가 '대단히 숭고한' 사람이라고 평한 스베덴보리에 대한 감탄을 표현한 것이었다.

당시 다른 모든 사람과 마찬가지로 칸트는 숭고와 미에 관한 논문을 썼다. 밤은 숭고하고 낮은 아름다우며, 바다는 숭고하고 땅은 아름다우며, 남자는 숭고하고 여자는 아름답다는 등의 내용이다.

『브리태니커 백과사전』의 칸트에 대한 논평에 따르면, "그는 결혼한 적이 없었기 때문에 젊은 시절의 학문적 연구 습관을 노년기까지 유지하며 살았다." 이 글의 저자가 총각이었는지 기혼자였는지 궁금증을 불러일으키는 대목이다.

칸트의 가장 중요한 저작은 『순수이성 비판*Kritik der reinen Vernunft*』(1판, 1781; 2판, 1787)이다. 이 책의 목적은 우리의 지식이 경험을 초월할 수 없지만 일부는 선험적이어서 경험에서 도출되지 않음을 입증하는 것이다. 그의 견해에 따르면 우리 지식의 선험적인 부분은 논리뿐만 아니라 논리의 한계 내의 귀납법으로 도출되거나 논리적으로 연역될 수 없는 것도 많이 포함한다. 그는 라이프니츠가 혼동한 두 가지 구별을 명확하게 제시한다. 하나는 '분석' 명제와 '종합' 명제의 구별이고, 다른 하나는 '선험' 명제와 '경험' 명제의 구

98 * 스웨덴의 종교적 신비주의자다. 젊은 시절 과학과 철학에 몰두했고, 이후에 성서를 해석하고 자신의 경험을 영적 세계와 관련짓는 일에 헌신했다. 지상과 천국 사이에 유령들이 존재하는 영역을 스베덴보리 영역이라고 부른다.

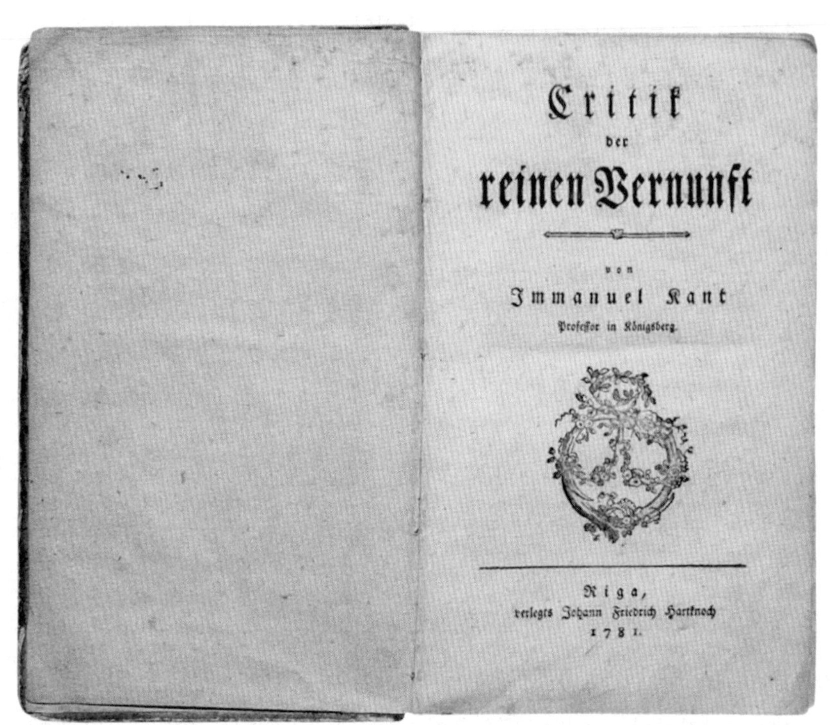

『순수이성 비판』, 이마누엘 칸트, 1781

별이다. 이러한 구별에 대해 각각 설명이 필요하다.

'분석' 명제는 술어가 주어의 일부인 명제로 가령 "키 큰 어떤 남자는 남자다"나 "이등변 삼각형은 삼각형이다" 같은 명제를 예로 들 수 있다. 이러한 명제는 모순율에서 도출된다. 키 큰 어떤 남자는 남자가 아니라는 주장은 자기 모순적 주장이기 때문이다. '종합' 명제는 분석적이지 않은 명제다. 오직 경험을 통해 알려진 명제는 전부 종합 명제다. 우리는 개념을 분석하는 작업만으로 "화요일은 습도가 높은 날이었다", "나폴레옹은 위대한 장군이었다"와 같은 참 명제를 발견하지 못한다. 그러나 칸트는 라이프니츠나 이전 다른 철학자들과 달리 모든 종합 명제가 오직 경험을 통해 알려진다는 반대 명제를 인정하려고 하지 않는다. 이것은 위에서 말한 구별 가운데 둘째 구별로 이끈다.

'경험' 명제는 감각 지각의 도움을 받지 않으면 알 수 없는 명제이고, 우리 자신의 감각 지각이나 다른 사람의 감각 지각에 따른 증거를 바탕으로 수용한다. 역사와 지리학에 속한 사실이 여기에 속한다. 참과 거짓에 대한 우리의 지식이 언제나 관찰된 자료에 의존하는 자연 법칙도 마찬가지다. 다른 한편 '선험' 명제는 경험으로 도출될 수도 있지만, 인식될 때는 경험과 다른 기초를 가진다고 알려진 명제다. 어린아이는 산수를 배울 때, 구슬 두 개와 다른 구슬 두 개를 경험하고 나서 합하면 구슬이 네 개가 된다는 사실을 경험함으로써 도움을 받을 수 있다. 그러나 아이가 "2 더하기 2는 4이다"라는 일반 명제를 파악했을 때 더는 사례에 의한 확증은 필요 없어진다. 이러한 수학 명제는 귀납법이 결코 일반 법칙에 부여할 수 없는 확실성을 가진다. 이러한 의미에서 순수 수학의 모든 명제는 **선험적**이다.

흄은 인과 법칙이 분석 명제의 특징을 갖지 않는다고 입증했으며, 우리가 인과 법칙의 참을 확신할 수 없다는 것도 추론했다. 칸트는 인과 법칙이 종합 명제의 특징을 가진다는 견해를 수용했는데도 **선험적으로**a priori 인식된다고 주장했다. 따라서 그는 자신의 철학적 문제를 다음과 같이 분명하게 표현했다.

선험적 종합 명제는 어떻게 가능한가? 이 질문에 대한 답변과 귀결이 『순수이성 비판』의 주제를 구성한다. 칸트는 이 문제를 해결할 수 있다고 확신했다. 그는 해결책을 찾느라 12년 동안 연구에 몰두했지만, 정작 자기 이론을 구체적으로 생각한 다음에는 불과 몇 개월만에 방대한 양을 탈고했다. 그는 1판의 「서문」에서 이렇게 말한다. "나는 해결하지 못했거나 해결을 위한 열쇠가 제공되지 않은 형이상학적 문제는 하나도 없다고 감히 주장한다." 2판의 「서문」에서는 자신을 코페르니쿠스와 비교하면서 철학 분야에서 코페르니쿠스적 혁명을 일으켰다고 말한다.

칸트에 따르면 외부 세계는 단지 감각의 재료를 제공하는 원인일 뿐이다. 그러나 우리 자신의 정신 능력은 이러한 재료를 시간과 공간 속에 질서정연하게 배열하며, 우리가 경험을 이해하는 데 필요한 개념을 제공한다. 우리의 감각을 일으키는 원인인 사물 자체는 알 수 없다. 왜냐하면 사물 자체는 시간이나 공간 속에 존재하지 않아서 실체가 아니고, 칸트가 '범주'라고 부른 일반 개념으로도 기술할 수 없기 때문이다. 시간과 공간은 주관적이며 우리의 지각 능력의 일부다. 그러나 바로 이것 때문에 우리가 경험한 것은 무엇이든 기하학과 시간 과학으로 다룰 수 있는 특징을 드러낼 것이다. 만일 네가 언제나 파란색 안경을 끼고 있다면, 너는 모든 것이 파랗게 보인다고 확신할 수 있다(이것은 칸트가 든 사례는 아니다). 마찬가지로 너의 정신이 늘 공간적 안경을 쓰고 있다면 너는 항상 모든 대상을 공간 속에 있는 현상으로 보게 된다. 따라서 기하학은 경험된 모든 대상에 유효하다는 의미에서 선험적 학문이다. 그러나 우리가 경험하지 못하는 사물 자체에도 기하학과 유사한 특징이 유효하게 적용된다고 가정할 근거는 전혀 없다.

칸트에 따르면 공간과 시간은 개념이 아니라 '직관' 형식이다(독일어로

'Anschauung'은 영어의 'looking at'이나 'view'를 의미한다. 'intuition'이라는 번역어가 수용되었으나 모든 면에서 만족스러운 용어는 아니다). 그런데 선험적 개념도 있다. 칸트는 12개 범주를 삼단논법의 형식에서 도출한다. 12개 범주는 3종류로 구성된 4개 집합으로 나누어지는데 다음과 같다. (1) 양: 단일성, 다수성, 전체성, (2) 질: 현실성, 부정성, 제한성, (3) 관계: 실체성과 우연적 속성, 원인과 결과, 상호성, (4) 양상: 가능성, 실존성, 필연성. 이러한 범주는 공간과 시간이 주관적이라는 것과 같은 의미로 주관적이다. 말하자면 우리의 정신 구조가 경험한 것이라면 무엇이든 범주를 적용할 수밖에 없도록 만들어져 있는 셈이다. 그러나 사물 자체에 범주를 적용할 수 있다고 가정할 어떤 근거도 없다. 그렇더라도 원인의 범주에 대해서는 일관되지 않은 면이 있다. 왜냐하면 칸트는 사물 자체를 감각의 원인으로 간주하며, 자유로운 의욕이 공간과 시간 속에서 발생하는 사건의 원인이라고 주장하기 때문이다. 이러한 비일관성은 우연한 착오가 아니라 체계에 포함된 핵심적인 부분이다.

『순수이성 비판』의 대부분은 공간과 시간, 또는 범주를 경험되지 않는 사물 자체에 적용함으로써 발생한 오류가 무엇인지 보여 준다. 시간과 공간 형식이나 범주를 사물 자체에 적용하면, '이율배반'이 발생하여 지적 혼란에 빠지게 된다고 칸트는 주장한다. 겉으로 입증할 수 있을 것 같아 보이는 상호 모순된 명제와 마주하게 된다는 말이다. 칸트는 네 가지 이율배반을 제시하며, 각각 정립 명제와 반정립 명제로 구성된다.

첫째 이율배반에서 정립은 다음과 같다. "세계에는 시간상 시초가 있으며, 또한 공간상 한계가 있다." 반정립은 다음과 같다. "세계에는 시간상 시초가 없으며, 공간상 한계가 없다. 다시 말해 세계는 시간과 공간에 관해 무한하다."

둘째 이율배반에서는 어느 합성 실체나 단순한 부분들로 구성되어 있으며, 동시에 단순한 부분들로 구성되지 않는다고 주장한다.

셋째 이율배반의 정립은 두 종류의 인과성이 있으며, 하나는 자연의 법칙에 따르고 다른 하나는 자유의 법칙에 따른다고 주장한다.

넷째 이율배반은 절대적으로 필연적인 존재가 있다고 주장하면서 그러한 존재가 없다고 주장한다.

『순수이성 비판』의 이 부분은 헤겔에게 영향을 크게 주었는데, 그의 변증법은 전적으로 이율배반에 따라 진행된다.

칸트는 유명한 구절에서 신의 실존에 대한 순수하게 지적인 증명을 파괴하는 일에 착수한다. 그는 신을 믿을 다른 이유가 있다는 점을 분명하게 밝혔는데, 나중에 『실천이성 비판*Kritik der praktischen Vernunft*』(1786)에서 진술하고 설명할 예정이었다. 한동안 그의 목적은 소극적으로만 드러난다.

그는 순수이성에 의한 신의 실존 증명은 세 가지뿐이라고 말한다. 바로 존재론적 증명, 우주론적 증명, 자연신학적 증명이다.

그가 진술하듯 존재론적 증명은 신을 가장 **현실적인 존재**ens realissimum, 바로 절대적으로 존재에 속한 모든 술어의 주어로 정의한다. 존재론적 증명을 믿는 사람들은 '실존'도 술어이기 때문에 이러한 주어에 해당하는 것도 술어인 '실존'을 가져야 한다고, 다시 말해 실존해야 한다고 주장한다. 칸트는 실존이 술어가 아니라는 반대 입장을 내세운다. 실존을 술어로 본다면 단지 상상될 뿐인 100탈러Taler[99]는 현실적 100탈러와 동일한 술어를 전부 가질 수도 있다고 말한다.

우주론적 증명은 다음과 같다. 만일 어떤 것이든 실존하면, 절대적으로 필연적인 어떤 존재가 반드시 실존해야 한다. 지금 나는 내가 실존한다는 것을 안다. 그러므로 어떤 절대적으로 필연적인 존재가 실존해야 하고, 이

---

99 * 독일의 옛 화폐 단위. 1탈러는 1마르크의 세 배에 해당한다.

러한 존재는 가장 **현실적인 존재**임이 분명하다. 칸트는 이 논증의 마지막 단계가 존재론적 증명을 다시 한 번 반복한 것이라고 주장한다. 그러므로 이미 말했던 것으로 논박된다.

자연신학적 증명은 익숙한 설계로부터 논증이지만, 형이상학의 옷을 입고 있다. 이 증명은 우주가 목적의 증거인 질서를 보여 준다고 주장한다. 칸트는 자연신학적 증명을 중시하여 다루지만, 기껏해야 조물주가 아닌 설계자만 입증하므로 신에 대한 적절한 개념을 제공할 수 없다고 지적한다. 그는 "가능한 유리한 이성신학은 도덕 법칙에 근거하거나 도덕 법칙의 지도를 받는 것"이라는 결론을 도출한다.

신, 자유, 영혼불멸은 '이성의 세 이념'이라고 그는 주장한다. 그런데 순수이성이 이러한 이념을 **형성하도록** 이끌었지만, 순수이성은 이러한 이념의 현실성을 스스로 입증할 수 없다. 이념의 중요성은 실천적인 것, 바로 도덕과 관계가 있다. 이성을 순수하게 지적으로 사용하면 오류 추론에 이른다. 이성을 옳게 사용하는 유일한 길은 도덕적 목적으로 방향을 돌리는 것이다.

이성의 실천적 사용은 『순수이성 비판』의 끝부분에 짤막하게 진술되어 있고, 『실천이성 비판』에서 자세하게 논의한다. 여기서 도덕 법칙은 정의, 바로 덕에 비례하는 행복을 요구한다는 주장이 등장한다. 섭리만이 이러한 주장을 보증해 줄 수 있을 텐데, 명백한 사실은 현세의 삶에서 덕에 비례하는 행복을 보장받지 못한다는 것이다. 그러므로 신과 내세의 삶이 있고 자유가 반드시 있어야 한다. 그렇지 않으면 덕 같은 것은 없을 테니 말이다.

『도덕 형이상학*Die Metaphysik der Sitten*』(1785)에 진술된 칸트의 윤리 체계는 역사적으로 상당히 중요한 가치가 있다. 이 책은 '정언명령'을 포함하는데, 적어도 한 구절은 전문적인 철학자 사회의 밖에서도 익숙하다. 예상한 대로 칸트는 공리주의나, 혹은 도덕 밖으로부터 도덕성에 목적을 제시한 어떤 이론과도 관계를 맺으려고 하지 않을 것이다. 그는 '어떠한 신학과도 혼합되지 않고, 자연학이나 초자연학도 섞이지 않은 완전히 분리된 도덕 형이상학'을 원한다고 말한다. 이어서 모든 도덕 개념이 완전히 선험적인 이성 속에 자리와 기원을 두고 있다고 말한다. 도덕적 가치는 인간이 의무감으로 행동할 경우에만 실제로 있다. 도덕적 행동은 의무가 규정**했을 수도 있는** 행동이어야 한다는 것만으로 불충분하다. 자기 이익을 위해 정직하게 행동한 상인이나 자비 감정으로 친절을 베푼 사람에게 덕이 있다고 하지 않는다. 도덕성의 본질은 법칙 개념에서 도출되어야 한다. 왜냐하면 자연 속의 모든 일이 법칙에 따라 움직이지만 오로지 이성적 존재만 법칙의 이념에 따라, 바로 의지에 따라 행동할 힘을 갖기 때문이다. 의지를 강제하는 한에서 객관적 원칙의 이념을 이성의 명령이라고 부르며, 명령의 형식을 **명법**imperative이라고 부른다.

명령에는 가언명령과 정언명령이 있다. **가언**명령은 "네가 이러한 목적을 성취하고 싶다면, 그렇게 행동해야 한다"라고 말한다. **정언**명령은 어떤 행위가 목적과 상관없이 객관적으로 필연적인 것이라고 말한다. 정언명령은 종합적이면서 선험적인 특징을 가진다. 칸트는 이러한 특징을 법칙 개념에서 연역해 낸다.

"만일 내가 정언명령에 대해 생각하면, 나는 즉시 그것에 포함된 내용을 알게 된다. 왜냐하면 정언 명령이 법칙 외에 오로지 준칙이 이런 법칙과 일치해야 할 필연성만을 포함하지만, 법칙이 제한되는 어떤 조건도 포함하지 않을 때, 어떤 법칙의 일반성을 제외한 아무것도 일반적으로 남지 않고, 행위의 준칙이 법칙에 따를 수 있어야 하며 이런 따름이 단독으로 정언 명령을 필연적인 것으로 나타내기 때문이다. 그러므로 정언명령은 단 하나뿐이며 사실상 다음과 같은 말이다. **너는 오직 네 의지의 격률이 동시에 일반 법칙이 될 수 있도록 행동하라.**" 혹은 "**네 행위의 격률이 네 의지를 통해 마치 일반적 자연법칙이 되어야 하는 것처럼 행동하라.**"

칸트는 정언명령의 기능을 보여 주는 다음과 같은 사례를 제시한다. 돈을 빌리는 것은 그른 행동이다. 왜냐하면 우리가 모두 돈을 빌리려고 한다면 빌릴 돈이 한 푼도 남지 않을 것이기 때문이다. 누구나 유사한 방식으로 도둑질과 살인이 정언명령에 의해 비난받게 된다는 점을 보여 줄 수 있다. 그런데 명백하게 그른 행동이지만 칸트의 도덕 원칙에 따라 그른 행동임을 보여 줄 수 없는 행동이 있다. 예컨대 자살 같은 행동이 있다. 어떤 우울증 환자가 모든 사람이 자살하기를 바라는 일은 얼마든지 가능하다. 사실 칸트의 격률은 덕을 판단할 기준의 필요조건을 제공하지만 충분조건까지 제시하지는 못한다. **충분**조건을 얻으려면, 우리는 칸트의 순수한 형식적 관점을 포기하고 행위의 결과를 고려해야 한다. 그렇지만 칸트는 덕이란 어떤 행위의 의도된 결과에 의존하지 않고, 오직 행위 자체를 결과로서 있게 만든 도덕 원리에 의존한다고 강조한다. 또한 이러한 입장을 인정한다면, 그의 격률보다 더 구체적인 것은 아무것도 있을 수 없다. 칸트의 도덕 원리가 반드시 이러한 결과로 이어질 것 같지 않지만, 그는 우리가 한 사람 한 사람을 목적 자체로서 대해야 한다고 주장한다. 이것은 인권 학설을 추상적으로 표현한 입장으로 여길 수도 있지만, 인권의 학설과 똑같은 반대에 부딪힌다. 만일 도덕 원리를 진지하게 받아들인다면, 이 원리는 두 사람의 이익이 갈등을 일으킬 때마다 아무런 결정도 내리지 못하도록 만들 것이다. 난점은 특히 정치철학 분야에서 두드러진다. 정치철학은 필요한 경우에 소수의 이익이 다수의 이익을 위해 희생될 수 있고, 다수의 이익이 우선한다는 것과 같은 원리를 요구한다. 만일 정부의 윤리가 있어야 한다면, 정부가 이루어야 할 목적은 하나여야 하며 정의와 양립할 수 있는 유일한 목적은 공동체의 선이다. 그런데 칸트의 도덕 원리는 개개인이 절대적 목적이라는 것이 아니라 다수에게 영향을 끼치는 행동을 결정할 때 모든 사람이 동등하게 취급된다는 의미로 해석될 수 있다. 이러한 해석이 가능하다면, 칸트의 도덕 원리는 민주주의의 기틀을 마련한 것으로 볼 수도 있다. 그렇다면 앞에서 말한 난점은 해소될 것이다.

노년기에도 칸트의 정신이 원기왕성하고 참신한 사상의 원천이었음을 보여 주는 저작이 『영구 평화론*Zum ewigen Frieden: Ein philosophischer Entwurf*』(1795)이다. 이 책에서 그는 전쟁 금지 조약을 맺은 자유 국가들의 연방정부 결성을 주창한다. 이성의 편에서 전쟁의 참상을 고발하고 전쟁을 단호히 반대하며, 이를 막을 수 있는 유일한 대안은 국제 정부를 만드는 것이라고 주장한다. 구성 국가의 시민 정치 체제는 '공화제'여야 하지만, 그는 공화제라는 말을 행정부와 입법부가 분리되어 있다는 의미로 사용한다. 그는 왕이 존재해선 안 된다는 함축은 배제하는데, 사실 군주제 아래에서 가장 쉽게 완벽한 정부를 실현할 수 있다고 말하기도 한다. 공포정치 시대로 인한 충격이 가시지 않은 상태에서 글을 쓴 칸트는 민주주의에 대해 회의를 품을 수밖에 없었다. 그는 민주주의가 행정권을 수립하기 때문에 필연적으로 전제정치로 변모될 수밖에 없다고 주장한다. "정부의 조치를 추진하는 이른바 '전 국민'이란 현실적으로 모든 국민이 아니라 다수일 뿐이다. 그리하여 여기서 보편의지는 자체 안에 모순을 포함하며 자유의 원칙과도 배치된다." 이 구절은 루소의 영향을 보여 주지만, 평화를 보장하기 위한 방편으로서 연방정부가 필요하다는 중요한 사상은 루소에게서 파생된 것이 아니다. 1933년 이후 칸트는 『영구 평화론』으로 인해 자기 나라에서 인기를 잃었다.

C. 칸트의 공간·시간 이론

『순수이성 비판』의 가장 중요한 부분은 공간과 시간에 관한 학설이다. 이제 칸트의 공간·시간 이론에 대해 비판적으로 검토해 보려 한다.

칸트의 공간·시간 이론을 분명하게 설명하는 일이 쉽지 않은 까닭은 그의 이론 자체가 분명치 않기 때문이다. 이 이론은 『순수이성 비판』과 『모든 미래의 형이상학을 위한 서설*Zu einer jeden künftigen Metaphysik, die als Wissenschaft wird auftreten können*』에 진술되어 있으며, 후자의 책에서 설명한 내용이 쉽지만 완성도 측면에서 『순수이성 비판』보다 떨어진다. 우선 할 수 있는 만큼 이해할 수 있게 풀이하면서 칸트의 이론을 설명할 것이다. 설명을 마친 다음 비판적으로 검토하겠다.

칸트는 지각의 직접적 대상이 일부는 외부 사물에서 기인하고 일부는 우리 자신의 지각 능력에서 비롯된다고 주장한다. 로크는 빛깔, 소리, 맛 같은 이차 성질이 주관적이며, 있는 그대로 물체에 속하지 않는다는 사상에 사람들이 익숙해지도록 만들었다. 버클리나 흄과 마찬가지로 칸트는 어느 정도 같은 방식으로 앞서 나가, 일차 성질도 주관적인 것이라고 주장했다. 칸트는 대부분 감각에 원인이 있다는 점에 의문을 제기하지 않고, 그 원인을 가리켜 '사물 자체'나 '**본체계**noumena'라고 부른다. 우리의 지각에 나타난 사물을 '현상phenomenon'이라고 부르며 두 부분으로 구성된다. 한 부분은 '감각'이라고 부른 대상에서 비롯되며, 다른 부분은 다양성manifold을 일정한 관계 속에 배열하는 우리의 주관적 능력에서 비롯된다. 후자를 현상의 **형식**이라고 부른다. 현상의 형식은 자체로 감각이 아니므로, 환경의 우연성에 의존하지 않는다. 이러한 형식이 언제나 동일한 까닭은 우리가 언제나 갖는 능력이기 때문이다. 또한 경험에 의존하지 않는다는 의미에서 선험적 능력이기도 하다. 감성의 순수 형식을 '순수 직관Anschauung'이라고 하며 여기에는 두 가지 형식, 바로 공간과 시간이 있다. 하나는 외적 감각의 형식이고 다른 하나는 내적 감각의 형식이다.

공간과 시간이 **선험적** 형식이라는 것을 입증하려고 형이상학적 논증과 인식론적 논증을 제시하며, 후자를 초월적 논증이라 부른다. 형이상학적 논증은 공간과 시간의 본성에서 간접적으로 도출되고, 초월적 논증은 순수 수학의 가능성에서 직접적으로 도출한다. 공간에 관한 논증이 시간에 관한 것보다 상세한 까닭은 시간에 관한 논증은 본질적으로 공간에 관한 논증과 같은 것이라고 생각했기 때문이다.

공간에 대한 형이상학적 논증은 네 가지다.

(1) 공간은 외적 경험에서 추상된 경험적 개념이 아니다. 왜냐하면 공간은 감각을 **외적인** 어떤 것으로 나타낼 때 선제되어 있으며, 외적 경험은 오직 시간 표상을 통해서만 가능한 것이기 때문이다.

(2) 공간은 모든 외적 지각의 바탕에 놓인 선험적이고 필연적인 표상이다. 왜냐하면 우리는 공간 속에 아무것도 없는 경우를 상상할 수 있지만, 공간이 없는 경우를 상상할 수는 없을 것이기 때문이다.

(3) 공간은 사물 일반의 관계에 대한 추론적 또는 일반적 개념이 아니다. 왜냐하면 오직 하나의 공간이 있을 뿐이고, 우리가 '공간들'이라고 부르는 것은 하나뿐인 공간의 부분이지 공간의 사례는 아니기 때문이다.

(4) 공간은 무한하게 **주어진** 양으로서 나타나는데, 그 안에 공간의 부분이 전부 들어 있다. 이러한 관계는 어떤 개념과 사례의 관계와 다른 것이므로, 공간은 개념이 아니라 **직관**Anschauung이다.

공간에 관한 초월적 논증은 기하학에서 도출된다. 칸트는 에우클레이데스의 기하학이 종합적이어서 오로지 논리학으로부터 연역될 수 없지만, **선험적으로** 알려진다고 주장한다. 그는 기하학적 증명이 도형에 의존하는지 고찰한다. 예컨대 우리는 서로 직각으로 교차하는 두 직선이 주어지면, 두 직선이 교차점을 지나고 두 직선에 수직인 직선을 오직 한 개만 그릴 수 있음을 **볼** 수 있다. 이러한 지식이 경험에서 도출되지 않는다고 그는 생각한다. 그런데 나의 직관이 대상 속에서 무엇이 발견될 것인지 예견할 수 있는 유일한 방식은, 대상이 나의 주관 속에서 실제 인상을 전부 앞서 추정하는 감성 형식만 포함하는 것이다. 감각 대상은 반드시 기하학에 따라야 한다. 왜냐하면 기하학은 우리가 지각하는 방식과 관계가 있고, 따라서 우리는 다른 방식으로 지각할 수 없기 때문이다. 이것은 기하학이 왜 종합적이지만 **선험적이고** 필연적인 지식인지 설명해 준다.

시간에 관한 논증은 수를 헤아리는 데 시간이 걸린다는 주장과 함께 기하학을 산수로 대체하는 것만 빼면 공간에 관한 논증과 본질적으로 같다.

이제 논증을 하나씩 검토해 보자.

공간에 관한 첫째 형이상학적 논증은 다음과 같다. "공간은 외적 경험에서 추상된 경험적 개념이 아니다. 왜냐하면 일정한 감각이 내 밖에 있는 어떤 것[바로 내가 나 자신을 발견하는 것과 다른 공간 속 위치에 있는 어떤 것]을 가리키기 위해, 더 나아가 감각들을 밖에 나란히 있는 것, 따라서 단지 다를 뿐만 아니라 다른 장소에 있는 것으로 지각할 수 있으려면, 공간 표상이 이미 토대로 반드시 주어져야 하기 때문이다." 그러므로 외적 경험은 오직 공간 표상을 통해서 가능하다.

'내 밖에(바로 내가 나 자신을 발견하는 것과 다른 장소에)'라는 어구는 꽤 난해한 말이다. 사물 자체로서 보면 나는 아무 데도 없고, 공간적으로 내 밖에 아무것도 있지 않다. 여기서 의미를 지닐 수 있는 것은 오직 현상으로 나타난 나의 몸뿐이다. 따라서 현실적으로 관련된 모든 것은 위에서 인용한 둘째 문장, 바로 내가 다른 대상을 다른 장소에 있는 것으로서 지각한다는 문장으로 귀착된다. 어떤 사람의 마음속에서 일어나는 것과 비슷한 그림은, 다른 외투를 각각 다른 옷걸이 못에 거는 외투 보관소 직원의 모습이다. 옷걸이 못은 반드시 이미 실제로 있어야 하지만, 외투를 정돈하여 배열하는 일은 직원의 주관적 능력에 달렸다.

여기에 난점이 하나 생기고, 이것은 칸트가 제안한 주관적 공간·시간 이론을 관통하지만 칸트는 생각조차 못했던 것 같다. 무엇이 나에게 다른 방식이 아니라 내가 하는 대로 지각표상을 배열하도록 이끄는가? 가령 왜 나는 언제나 사람들의 눈이 입 아래가 아니라 입 위에 있는 것으로 보는가?

칸트에 따르면 눈과 입은 사물 자체로서 실제로 있으며 나의 분리된 지각 대상들이 생긴 원인이지만, 사물 자체에 속한 어떤 것도 나의 지각 속에 실제로 있는 공간적 배열에 상응하지 않는다. 이것을 물리학의 빛깔 이론과 대조해 보자. 우리는 우리가 마주한 지각표상들에 빛깔이 있다는 의미로 물질 속에 빛깔이 있다고 가정하지 않지만, 상이한 빛깔이 상이한 파장에 상응한다고 생각한다. 그런데 파장은 공간과 시간을 포함하므로, 칸트의 경우 파장은 우리가 마주한 지각표상이 생긴 원인일 수 없다. 한편으로 우리가 마주한 지각표상들로 이루어진 공간과 시간이 물리학이 가정한 것처럼 물질계에 대응물을 가진다면, 기하학은 이러한 대응물에도 적용될 수 있다. 그러면 칸트의 논증은 실패로 돌아간다. 칸트는 정신이 감각적으로 처리되지 않은 재료를 정돈하고 배열한다고 주장하지만, 왜 정신이 다른 방식이 아니라 지금 이대로 정돈하고 배열하는지에 대한 논의가 필요하다고 한 번도 생각하지 않는다.

시간에 관해서 이러한 난점은 인과성이 끼어들기 때문에 더욱 심각해진다. 나는 천둥소리를 지각하기 전에 번갯불을 지각한다. 그러니까 어떤 사물 자체 A가 번갯불에 대한 나의 지각의 원인이었고, 다른 사물 자체 B는 천둥소리에 대한 나의 지각의 원인이었는데, 시간은 오직 지각표상들의 관계 속에만 존재하기 때문에 A는 B보다 먼저 일어난 것이 아니었다. 그러면 왜 시간과 무관한 두 사물 A와 B가 다른 시간에 결과를 일으키는가? 칸트의 견해가 옳다면, 이것은 전적으로 임의적 사항이 될 테고, A로 인해 생긴 지각표상이 B로 인해 생긴 지각표상보다 먼저 발생했다는 사실에 상응하는 A와 B의 관계는 없을 것이다.

둘째 형이상학적 논증은 공간 안에 아무것도 없음을 상상할 수 있으나 공간 자체가 없다는 상상은 불가능하다고 주장한다. 내 생각에 아무리 진지한 논증도 우리가 상상할 수 있거나 상상할 수 없는 것에 근거하여 주장할 수

「이마누엘 칸트의 초상」, 고블 리브 데 블러, 1791

는 없을 듯하다. 그런데 나는 안에 아무것도 없는 공간을 상상할 수 있다는 주장을 단호히 부정할 수밖에 없다. 너는 구름 낀 어두운 밤하늘을 올려다보는 것을 상상할 수 있고, 이때 너는 자신이 공간 속에 있다고 상상할 수 있다. 또한 너는 네가 볼 수 없는 구름을 상상할 수 있다. 파이잉거Hans Vaihinger(1852~1933)가 지적했듯, 칸트의 공간은 뉴턴의 공간 같은 절대 공간이지 단지 관계들로 얽힌 체계에 불과한 것은 아니다. 그러나 나는 텅 빈 절대 공간absolute empty space을 어떤 식으로 상상할 수 있는지도 잘 모르겠다.

셋째 형이상학적 논증은 다음과 같다. "공간은 사물 일반에 대한 추론적이거나 일반적인 개념이 아니라 순수 직관이다. 우선 우리는 오직 단 하나의 공간만 상상할 수 있기 때문이고, 우리가 '공간들'에 대해 말하더라도 단지 하나의 동일하며 유일한 공간의 부분을 의미하기 때문이다. 또한 부분은 전체보다 우선할 수 없지만 …… 전체 안에 있는 것으로 생각될 수 있다. 공간은 본질적으로 유일한 것이며, 공간 안의 다양성manifold은 오로지 제한성에 달려 있다. 이로부터 공간은 **선험적** 직관이라는 결론이 도출된다.

이러한 논증의 골자는 공간 자체의 다수성을 부정하는 것이다. 우리가 '공간들'이라고 부르는 것은 '공간'이라는 일반 개념의 사례도 아니고 어떤 집합체의 부분도 아니다. 나는 칸트의 견해를 따를 경우 공간의 논리적 지위가 무엇인지 잘 모르겠지만, 어떤 식으로든 그것들은 공간에 논리적으로 뒤따른다. 모든 현대인이 실천적으로practically 받아들이듯, 공간이 상대적이라는 견해를 받아들인 사람은 이러한 논증을 펼칠 수 없다. 왜냐하면 '공간'도 '공간들'도 실체가 있는 것으로 살아남을 수 없기 때문이다.

넷째 형이상학적 논증은 주로 공간이 개념이 아니라 직관이라고 입증한다. 전제는 "공간이 무한하게 **주어진** 양으로서 상상된다(나타나거나 **표상된다**)"라는 것이다. 이것은 쾨니히스베르크 같은 따분하고 지루한 지방에서 사는 사람이나 주장할 법한 견해다. 알프스 계곡에 사는 주민이 이러한 견해를 받아들일지 의문이다. 어떻게 무한한 어떤 것이 '주어질' 수 있는지 상상하기는 어렵다. 나로서는 주어진 공간의 일부가 지각표상으로 채워지는 것이며, 다른 부분에 대해 단지 운동의 가능성에 대한 느낌만 가질 뿐이라고 생각할 수밖에 없다. 너무도 진부한 논증을 하나 끌어들이면, 현대 천문학자들은 공간이 사실은 무한한 것이 아니라 지구 표면과 마찬가지로 돌고 도는 것이라고 말한다.

초월적(혹은 인식론적) 논증은 『모든 미래의 형이상학을 위한 서설』에 가장 잘 진술되어 있고, 형이상학적 논증보다 훨씬 명확하여 확실하게 논박할 수 있다. 우리가 현재 알고 있는 '기하학'은 두 가지 상이한 연구를 포함한 이름이다. 한편에 순수 기하학은 공리가 '참'인지 여부를 탐구하지 않은 채 공리에서 연역적으로 귀결을 도출한다. 순수 기하학은 논리적으로 도출되지 않는 어떤 것도 포함하지 않기 때문에 종합적 학문이 아니고, 기하학 교과서에서 사용한 것과 같은 도형이 하나도 필요 없다. 다른 한편에 물리학의 분과로서 기하학, 예컨대 일반 상대성 이론에 나타난 것과 같은 기하학이 있다. 이 분과의 물리학은 경험과학으로, 여기서 공리는 측정된 것에서 추론되기 때문에 에우클레이데스의 공리와 다르다. 따라서 두 종류의 기하학 가운데 하나는 **선험적**이지만 종합적이지 않고, 다른 하나는 종합적이지만 **선험적**인 것이 아니다. 이것이 초월적 논증의 결말이다.

이제 칸트가 공간에 관해 제기한 질문을 좀 더 일반적인 방식으로 고찰해 보자. 우리가 물리학에서 당연하게 받아들인 견해, 바로 우리의 지각표상이 어떤 의미에서 물질적 외부 원인을 가진다는 견해를 채택한다고 치자. 그러면 지각표상 속의 실제 성질은 모두 그것의 지각되지 않는 원인 속의 실제 성질과 다르지만, 지각표상의 체계와 지각표상의 원인의 체계 사이에 구조적 유사성이 있다는 결론이 도출된다. 예컨대 지각된 빛깔과 물리학자들이 추론한 파장에 상관관계가 있다는 것이다. 마찬가지로 지각표상 속의 한 요소인 공간과, 지각표상의 지각되지 않는 원인의 체계 속의 한 요소인 공간에도 상관관계가 있다. 이것은 전부 "같은 원인에 같은 결과가 뒤따른다" 또는 이것을 뒤집어 말한 "다른 결과에 다른 원인이 있게 마련이다"라는 원리에 의존한다. 따라서 가령 시각적 지각표상 A가 시각적 지각표상 B의 왼쪽에 나타날 때 우리는 A의 원인과 B의 원인 사이에도 어떤 상응 관계가 있다고 가정할 것이다.

이러한 견해에 근거하면 우리는 주관적 공간과 객관적 공간이라는 두 가지 공간을 가지며, 하나는 경험 속에서 인식되고 다른 하나는 추론될 뿐이다. 그런데 여기서 공간과 빛깔이나 소리와 같은 지각의 다른 양상aspects 사이에 아무 차이도 없다. 모든 것은 차별 없이 주관적 형식에 따라 경험적으로 인식된다. 그리고 모든 것은 마찬가지로 객관적 형식에 따라 인과율에 따라 추론된다. 공간에 대한 지식을 어떤 식으로든 빛깔과 소리, 냄새에 대한 지식과 다른 것으로 간주할 어떤 이유도 없다.

시간에 관한 문제는 다르게 나타난다. 왜냐하면 우리가 지각표상의 지각되지 않는 원인에 대한 믿음을 고집하면, 객관적 시간이 주관적 시간과 동일해야 하기 때문이다. 그렇지 않으면 번갯불과 천둥소리에 관해 이미 고찰한 난점에 부딪칠 것이다. 다음의 경우를 생각해 보자. 네가 어떤 사람이 하는 말을 듣고 나서 대답을 하면, 그 사람은 너의 말을 듣는다. 그 사람이 말하는 것과 너의 대답을 듣는 것은 둘 다 너에 관한 한, 지각되지 않는 세계에 있다. 또한 그러한 세계에서는 전자가 후자보다 먼저 일어난다. 더욱이 객관적인 물리계에서 그가 말하는 것이 네가 듣는 것보다 먼저 일어난다. 주관적 지각표상의 세계에서 네가 듣는 것이 너의 대답보다 먼저 발생하고, 객관적 물리계에서는 너의 대답이 그가 듣는 것보다 먼저 일어난다. '먼저 일어난다precede'라는 관계가 앞에서 말한 모든 명제에서 동일해야 한다는 것은 분명하다. 그러므로 지각적 공간이 주관적이라는 데는 중요한 의미가 있는 반면, 지각적 시간이 주관적이라는 데는 아무 의미도 없다.

위에서 말한 논증은 칸트가 그랬듯 지각표상들이 '사물 자체' 혹은 우리가 말한 물리계 안의 사건들로 야기된다고 가정한다. 그렇지만 이러한 가정은 결코 논리적으로 필연적이지 않다. 이러한 가정을 버린다면, 지각표상들은 어떤 중요한 의미에서 더는 '주관적인' 것이 아니다. 왜냐하면 지각표상들과 대조할 것이 아무것도 없기 때문이다.

'사물 자체'는 칸트 철학에 포함된 거북하고 다루기 어려운 요소였고, 칸트의 직속 후계자들은 이것을 포기함으로써 유아론과 흡사한 체계로 빠져들었다. 칸트의 비일관성은 불가피하게 영향받은 철학자들이 경험주의 방향이나 절대주의 방향으로 빠르게 나아가도록 만들었다. 사실 독일 철학은 헤겔이 죽은 다음까지도 후자의 방향으로 움직였다.

칸트의 직속 후계자인 피히테Johann Gottlieb Fichte(1762~1814)는 '사물 자체'를 버리고, 주관주의를 거의 정신이상으로 볼 수밖에 없는 극단까지 밀고 나갔다. 그는 자아Ego가 궁극적인 유일한 현실reality이며, 자신을 정립하기 때문에 실존한다고 주장한다. 종속된 현실성을 갖는 비아non-Ego는 오로지 자아가 그것을 정립하기 때문에 실존한다. 피히테는 순수한 철학자로서 중요한 자리를 차지하지 않지만, 독일 국가주의의 창시자로서 중요한 인물이다. 그의 『독일 국민에게 고함』(1807~1808)은 예나 전투 후 독일 국민을 일깨워 나폴레옹에게 저항하도록 하려는 의도로 썼다. 자아는 형이상학적 개념으로서 경험 세계 안의 피히테 자신과 쉽게 혼동되었다. 자아는 독일인의 자아였기 때문에 독일인이 다른 모든 나라의 국민보다 우월하다는 결론이 도출되었다. 피히테는 "덕성을 갖는 것과 독일인이 되는 것은 분명히 같은 의미다"라고 말한 적이 있다. 그는 이러한 기초 위에 국가주의적 전체주의 철학 체계를 완벽하게 세웠으며, 독일 사회에 크게 영향을 미쳤다. 그의 직접적 후계자인 셸링Friedrich Wilhelm Joseph von Schelling(1775~1854)은 한결 온화한 성격이었으나 주관적 성향이 덜하지 않았다. 그는 독일의 낭만주의자들과 밀접한 관계를 유지했다. 그는 당시 유명인사였지만 철학적으로 중요한 인물은 아니었다. 칸트 철학에서 비롯한 중요한 발전은 헤겔이 이룬다.

21.
19세기 사상의 흐름

19세기 지식인의 삶은 이전 어느 시대보다 복잡했는데, 다음과 같은 몇 가지 원인에서 비롯한다. 첫째, 관계를 주고받는 구역이 전보다 넓어져 미국과 러시아가 주도권을 쥐게 되었으며, 유럽인은 고대나 현대의 인도 철학에 대해 이전보다 잘 알게 되었다. 둘째, 17세기 이후 새로운 경험의 주요 원천이었던 과학은 특히 지리학과 생물학, 유기 화학 분야에서 새로운 업적을 남겼다. 셋째, 기계 생산은 사회 구조를 근본적으로 바꾸어 놓으면서 물리적 환경에 관계하는 새로운 힘의 개념을 제시했다. 넷째, 사상과 정치학, 경제학 분야의 전통 체계에 반대하면서 철학과 정치 방면에서 일어난 중요한 반항이 그때까지 난공불락으로 여겨지던 여러 가지 믿음과 제도에 대한 공격을 이끌었다. 이러한 반항은 아주 다른 두 가지 형태로 등장했다. 하나는 낭만주의적 반항이고 다른 하나는 합리주의적 반항이다(나는 이 단어들을 넓은 의미로 사용하고 있다). 낭만주의적 반항은 바이런, 쇼펜하우어와 니체를 거쳐 무솔리니와 히틀러까지 이어진다. 합리주의적 반항은 프랑스 혁명기의 프랑스 계몽철학자들과 더불어 시작되어 얼마간 완화된 형태로 영국의 철학적 급진파에게 전해지고, 다음에 마르크스의 사상 속에서 심화된 뒤에 소련에 퍼졌다.

독일이 보여 준 탁월한 지적 역량은 칸트와 더불어 시작된 새로운 요인이다. 라이프니츠는 독일인이었으나 거의 대부분 라틴어나 프랑스어로 글을 썼으며, 철학 속에서 독일의 영향은 거의 찾을 수 없다. 반대로 칸트 이후 독일 관념론은 이후 독일 철학과 마찬가지로 독일의 역사에서 깊은 영향을 받았다. 독일인의 철학적 사변에 드러난 이상해 보이는 많은 점은, 자연스럽게 할당된 권력을 역사적 우연으로 빼앗긴 원기 왕성한 국민의 정신 상태를 반영한다. 독일은 신성 로마 제국의 덕택으로 국제적 지위를 유지하고 있었지만, 황제는 점차 이름뿐이었고 국민에 대한 통제력조차 상실했다. 최후의 강력한 황제는 카를 5세였고, 그의 권력은 스페인과 베네룩스 지역에 있는 영지와 재산 덕분에 유지할 수 있었다. 종교개혁과 30년 전쟁은 독일의 통일을 위해 남아 있던 것을 모조리 파괴하고, 프랑스의 자비에 맡겨진 수많은 소공국만 남겨 놓았다. 18세기에는 유일하게 독일의 프로이센만 용케 프랑스에 맞선 저항을 거듭했다. 이러한 이유로 프리드리히는 대왕이라는 칭호를 얻었다. 그러나 프로이센도 예나 전투에서 무참히 패배하면서 나폴레옹에게 계속 맞서지 못했다. 비스마르크Otto von Bismarck(1815~1898)[100] 치하에서 이룩한 프로이센의 부흥은 알라리크, 샤를마뉴(독일인에게 샤를마뉴는 프랑스인이 아니라 독일인이었다), 바르바로사의 영웅적 역사의 부활을 의미했다. 비스마르크는 "우리는 카노사로 가지 않을 것이다"[101]라는 말로써 자신의 역사 인식을 잘 보여 주었다.

프로이센은 정치적으로 우세했지만, 문화적으로 독일의 서부 지역만큼 진보하지 못했다. 이것은 괴테를 비롯한 많은 저명한 독일인이 예나에서 나

100 * 프로이센의 정치가, 독일 제국의 건국자, 초대 총리였다.

101 * 신성 로마 제국의 황제 하인리히 4세가 교황 그레고리우스 7세가 머물던 이탈리아 북부 카노사성으로 가서 무릎을 꿇었던 사건을 빗대어 한 말이다. 말하자면 교회 권력에 굴복하지 않는 세속 권력을 구축하겠다는 의지의 표현이다.

폴레옹이 거둔 승리를 유감으로 생각하지 않은 이유를 설명해 준다. 19세기 초반에 독일은 놀라울 정도로 문화와 경제 측면의 다양성을 드러냈다. 동프로이센에는 농노제가 계속 남아 있었다. 시골의 귀족은 대부분 목가적 무지에 젖어 있었으며, 노동자는 기초 교육조차 받지 못하는 처지였다. 다른 한편 서부 독일은 고대에 일부가 로마의 속령이 되었으며, 17세기 이후에는 프랑스의 영향권 아래 있었다. 프랑스 혁명군에게 점령되면서 프랑스에 버금가는 자유주의 제도를 도입했다. 몇몇 군주는 지성을 겸비한 총명한 인물로 르네상스기의 군주가 궁정에서 한 일을 모방하며 예술과 과학의 후원자가 되기도 했다. 가장 유명한 예로 바이마르의 대공은 괴테의 후원자였다. 군주들은 대부분 당연히 그들의 독립을 파괴할 우려 때문에 독일의 통일에 반대했다. 그러므로 그들은 반애국주의적 성향을 나타냈고, 그들의 후원을 받았던 저명인사 가운데 나폴레옹을 독일보다 한층 높은 문화의 전파자로 생각한 자들도 많았다.

19세기에 개신교 국가인 독일의 문화는 점차 프로이센 중심으로 흘러갔다. 프리드리히 대왕은 자유사상가이자 프랑스 철학의 숭배자로서 베를린을 문화의 중심지로 만들려고 고군분투했다. 베를린대학교는 저명한 프랑스인 모페르튀이Pierre Louis Moreau de Maupertuis(1698~1759)[102]를 종신 총장으로 선출했지만, 불행히도 볼테르의 치명적 조롱의 희생양이 되고 말았다. 당시 다른 계몽 전제 군주의 노력과 마찬가지로 프리드리히 대왕의 노력도 경제 개혁이나 정치 개혁을 동반하지 못했다. 그리하여 실제로 성취한 것은 고용된 지식인들의 박수갈채가 전부였다. 프리드리히 대왕이 죽은 다음, 서부 독일은 다시 문화 형성을 주도한 대부분의 교양인이 등장한 중심

102 * 최소작용원리를 처음으로 발명하고 뉴턴의 중력 이론을 프랑스에 도입했으나, 자신의 원리로 우주 법칙을 통일시키려고 신의 실존에 대한 증명과 결합시킴으로써 당시 지식인들에게 조롱을 받았다. 볼테르는 '지구를 평평하게 한 사람'이라고 심하게 조롱했다.

지가 되었다.

독일 철학은 독일 문학과 예술보다 프로이센과 관계가 더 깊었다. 칸트는 프리드리히 대왕의 신하였으며, 피히테와 헤겔은 베를린대학교의 교수였다. 칸트는 프로이센의 영향을 거의 받지 않았고, 사실 자유주의적 신학으로 프로이센 정부와 마찰을 빚기까지 했다. 그러나 피히테와 헤겔은 둘 다 프로이센의 철학적 대변자였으며, 후일 독일의 애국주의와 프로이센 숭배를 동일시한 경향에 지대한 영향을 끼쳤다. 이것에 관한 피히테와 헤겔의 과업은 독일의 위대한 역사가, 특히 몸젠Theodor Mommsen(1817~1903)과 트라이치케Heinrich von Treitschke(1834~1896)에게 계승되었다. 마침내 비스마르크는 독일 국민이 프로이센 치하의 통일을 수용하도록 설득했고, 그리하여 독일 문화 속에서 국제적으로 편협한 요소가 승리를 거두었다.

헤겔 사후 내내 학구적 강단 철학은 전통의 이름으로 명맥을 유지했으나 중요한 가치는 없다. 영국 경험주의 철학은 19세기 말엽까지 영국을 지배했으며, 프랑스는 좀 더 이른 시기에 경험주의의 지배에서 벗어났다. 다음에 전문적 철학 교사들만 고려한다면, 차츰 칸트와 헤겔 철학이 프랑스와 영국의 여러 대학을 풍미했다. 하지만 일반 교육계는 이러한 운동에 조금도 영향을 받지 않았으며, 과학자 가운데 이러한 운동에 동참한 사람은 거의 없었다. 학구적 철학 전통을 이어받은 경험주의 진영에 속한 존 스튜어트 밀John Stuart Mill(1806~1873)과 독일 관념론 진영에 속한 로체Rudolf Hermann Lotze(1817~1881), 시지윅Henry Sidgwick(1838~1900), 브래들리, 보즌켓Bernard Bosanquet(1848~1923) 같은 저술가 가운데 누구도 완벽하게 선두 자리를 차지하지 못했다. 달리 말해 그들이 전반적으로 채택한 체계의 창시자들과 동등한 지위에 오르지 못했다. 이전에 강단 철학은 당대 가장 활기찬 사상과 교섭하지 않은 채 동떨어져 있던 적이 자주 있었다. 예컨대 주로 스콜라 철학의 지배가 여전하던 16세기와 17세기의 경우가 그러했다. 이러한 일이 발생할 때마다 철학사를 연구하는 사람들은 철학 교수보다 비전문적 이단 사상가들에게 더 특별한 관심을 기울인다.

프랑스 혁명기의 철학자들은 대부분 루소에 대한 믿음을 과학과 결합시켰다. 엘베시우스와 콩도르세는 합리주의와 광신적 경향을 결합한 전형적 사상가로 간주된다.

엘베시우스Claude Adrien Helvétius(1715~1771)는 『정신론*De l'esprit*』(1758)을 저술하여 명성을 얻지만, 이 책은 소르본대학 측의 유죄 판결을 받아 소각되었다. 벤담은 1769년에 엘베시우스의 저서를 읽고 나서, 즉시 입법 원리를 지키기 위해 일생을 바치기로 결심하고 이렇게 말했다. "베이컨이 물리학의 세계에 행한 일을 엘베시우스는 도덕의 세계에서 이루었다. 그러므로 도덕 세계의 베이컨이 등장했으나, 도덕 세계의 뉴턴은 앞으로 나타나야 할 것이다." 제임스 밀James Mill(1773~1836)은 엘베시우스를 아들인 존 스튜어트 밀을 교육할 안내자로 선택했다.

마음이 **흰 종이**tabula rasa라는 로크의 학설을 추종한 엘베시우스는 개인적 차이는 전적으로 교육에서 비롯된다고 생각했다. 개인의 재능과 덕은 바로 교육의 결과다. 그는 천재란 종종 우연한 기회로 탄생한다고 주장한다. 예컨대 셰익스피어가 밀렵하다가 붙잡히지 않았더라면, 그는 고작해야 양털 상인이 되었을 것이다. 입법에 대한 관심은 청년기에 교사들에게 받은 가르침에 따라 정부의 형태를 결정하고 당연한 귀결로 예의범절과 관례를 몸에 익히게 된다는 학설에서 기인한다. 인간은 바보로 태어난 것이 아니라 무지한 상태로 태어나며, 단지 교육에 의해 바보로 양육될 뿐이다.

윤리적으로 엘베시우스는 공리주의자였고 쾌락이 선이라고 생각했다. 종교적으로 이신론자deist[103]였고 성직자가 권력을 가지는 것에 격렬히 반대했다. 인식론의 측면에서 로크의 이론을 단순하게 해석했다. "우리는 로크에게 계몽되어 우리의 관념이, 따라서 우리의 정신이 감각기관sense-organs에 신세지고 있다는 사실을 알게 되었다." 그는 신체적 감성이 우리의 행동과 사유, 정념, 사회성을 만드는 유일한 원인이라고 말한다. 지식의 가치에 대한 루소의 주장에 강력히 반대하고 오히려 지식의 가치를 높이 평가한다.

엘베시우스의 학설이 낙관론인 까닭은 인간을 완벽하게 만들기 위해 필요한 것이 완벽한 교육뿐이라고 보기 때문이다. 목사들이 훼방을 놓지 않고 물러나 있으면 더 쉽게 완벽한 교육 방법을 찾아낼 수 있을 것이라고 제안하기도 했다.

콩도르세Marquis de Condorcet(1743~1794)는 엘베시우스와 유사한 의견을 내놓았지만, 루소의 영향을 더 많이 받았다. 콩도르세의 주장에 따르면 인권rights of man은 인간이 추론하고 도덕관념을 획득할 수 있는 감성적 존재sensitive being라는 하나의 진리에서 전부 연역되며, 이로부터 인간이 더는 지배자와 피지배자, 속이는 자와 속는 자로 나누어질 수 없다는 결론이 도출된다. "관대한 시드니Algernon Sidney(1622~1683)[104]가 생명을 바쳤고, 로크가 자기 이름의 권위를 걸고 애착을 보였던 이러한 원리는 루소가 꼼꼼하고 정밀하게 발전시켰다." 로크는 최초로 인간 지식의 한계를 보여 주었고, 그의 '방법은 곧 모든 철학자의 방법이 되었으며 도덕과 정치학, 경제학에 응용함으로써 이러한 학문이 자연과학만큼 거의 확실한 길을 찾는 데 성공을 거두었다'고 콩도르세는 말한다.

콩도르세는 미국의 독립전쟁을 누구보다 찬양했다. "단순한 상식이 대서양 반대편에서 태어난 사람들이 그리니치 자오선 부근에서 난 사람들과 정확히 같은 권리를 가진다는 사실을 영국의 식민지 주민들에게 가르쳤다."

---

103 * 이신론을 지지하는 사람을 가리킨다. 이신론deism은 자연종교와 비슷한 말이다. 자연종교는 계시나 교회의 가르침이 아니라 모든 사람이 타고난 이성으로 얻을 수 있는 종교적 지식 체계라고 할 수 있다.

104 * 시드니는 영국의 정치가로 찰스 2세 정부를 타도하려는 음모를 꾸민 혐의로 처형되었다. 유죄 혐의는 끝내 입증되지 않았고, 휘그당은 그를 위대한 공화파 순교자로 여겼다.

그의 주장에 따르면 미국 헌법은 자연권에 근거해 있으며, 미국의 독립 전쟁은 유럽 전역에, 네바강에서 과달퀴비르강에 이르기까지 인권이 무엇인지 알게 했다. 하지만 프랑스혁명 원리는 미국인을 이끌었던 원리보다 "더 순수하고 명확하고 심오하다." 콩도르세는 로베스피에르를 피해 숨어 있는 동안 이러한 글을 썼는데, 얼마 지나지 않아 투옥되었다. 그가 옥중에서 사망한 것은 분명하지만 어떻게 죽었는지 알려지지 않았다.

콩도르세는 여성 평등의 신봉자였다. 맬서스T. R. Malthus(1766~1834)의 인구론을 고안한 장본인이기도 했다. 콩도르세가 맬서스에게 문제가 되었던 침울하고 암담한 결론에 이르지 않았던 까닭은 인구론을 산아제한의 필요성과 결부시켜 생각했기 때문이다. 맬서스의 아버지가 콩도르세의 제자였으므로 맬서스는 인구론에 대해 알게 되었다.

콩도르세는 엘베시우스보다 훨씬 열광적이고 낙관주의 성향이 더 강했다. 그는 프랑스혁명의 원리를 널리 전파함으로써 모든 사회적 질병이 일시에 사라질 것이라고 믿었다. 어쩌면 그는 1794년이 지난 시기까지 살아 있지 않아서 운이 좋았을지도 모른다.

프랑스혁명 철학자들의 학설은 열광적인 경향이 줄어든 반면 훨씬 명확한 형태로 변모하면서 철학적 급진파에 의해 영국에 전해졌고, 급진파 가운데 인정받은 주요 인물이 벤담이었다. 벤담Jeremy Bentham(1748~1832)은 처음에 거의 법률에만 관심을 가졌다가, 나이가 들면서 점차 관심 영역이 넓어져 기존 사회 제도에 대해 파괴적 성향이 더 강한 견해를 내놓았다. 1808년 이후 벤담은 공화주의자이자 여성 평등의 신봉자였으며, 제국주의의 적대자이자 비타협적 민주주의자였다. 그가 제시한 몇몇 견해는 제임스 밀의 영향으로 형성되었다. 두 철학자는 교육의 무한한 힘을 믿어 의심치 않았다. 벤담이 채택한 '최대 다수의 최대 행복' 원리는 분명히 민주주의적 감각에서 비롯되었으나 인권 학설에 반대되는 점도 포함하는데, 둔하게도 인권 학설을 '무의미한' 이론으로 단정했다.

철학적 급진파는 여러 면에서 엘베시우스나 콩도르세 같은 사상가들과 다른 점이 있다. 그들은 기질 면에서 인내심이 강했으며 이론을 실천적 세부 사항에 이르기까지 검토한 끝에 완성하려고 했다. 그들은 경제학이 대단히 중요하다고 생각했고, 경제학을 하나의 과학으로 발전시켰다고 믿었다. 벤담과 존 스튜어트 밀에게 있지만 맬서스나 제임스 밀에게서 찾아볼 수 없는 열광주의 경향은 경제학이라는 '과학'으로, 특히 인구론에 대한 맬서스의 침울한 해석으로 엄정하게 견제를 받았다. 이에 따르면 대부분의 임금 노동자들은 역병이 창궐한 직후를 제외하면 늘 자신과 가족의 생계를 유지할 최소한도의 생활비만을 벌 수 밖에 없다. 벤담주의자들Benthamites과 프랑스의 선배 사상가들의 두드러진 차이점은, 공업국인 영국에서 고용주와 임금 노동자가 서로 격렬한 갈등을 빚은 결과로 노동조합운동trade unionism과 사회주의socialism가 등장했다는 데서 생긴다. 이러한 투쟁 속에서 벤담주의자들은 대체로 노동자 계급에게 등을 돌리고 고용주의 편을 들었다. 하지만 그들의 마지막 대표자라고 할 수 있는 존 스튜어트 밀은 점차 아버지의 완고한 학설과 입장에 대한 집착을 버리게 된다. 나이를 먹음에 따라 사회주의에 대한 적대감도 줄어들고 고전 경제학이 영원한 진리라는 확신도 점점 약화되었다. 그의 자서전에 따르면 이러한 완화 과정은 낭만주의 시를 읽으면서 시작되었다.

벤담주의자들은 처음에 온건한 방식으로 혁명을 지지했으나 점차 이러한 특징이 없어졌다. 일부는 그들이 제안한 몇 가지 견해에 따라 영국의 정부를 변화시키는 데 성공했기 때문이고, 일부는 점점 강해지는 사회주의와 노동조합운동에 반대했기 때문이다. 이미 언급했듯 전통에 반항한 사람들은 합리주의적 경향과 낭만주의적 경향으로 분류되지만, 콩도르세 같은 인물에게 두 경향은 결합되어 나타났다. 벤담주의자들은 거의 대부분 합리주의적 경향을 나타냈고, 사회주의자도 마찬가지였다. 사회주의자들은 기존 경제 질서에 맞서 반항했을 뿐만 아니라 벤담주의자의 견해에도 반대했다. 이러한 사회주의 운동은 마르크스가 등장하기 전까지 완벽한 철학의 체계를 갖추지 못했다. 마르크스에 대한 논의는 다음 장에서 할 것이다.

낭만주의적 반항은 합리주의적 반항과 적지 않은 차이점을 드러내지만, 둘 다 프랑스혁명과 혁명 직전 철학자들에서 유래한다. 낭만주의적 반항은 바이런에서 비철학적인 옷을 차려입고 등장했으나, 쇼펜하우어와 니체에서 철학의 언어를 몸에 익혔다. 낭만주의적 반항은 지성을 희생한 대가로 의지를 강조하고 추론의 연쇄를 참지 못하며 특정한 종류의 폭력을 찬미하는 경향이 있었다. 실제 정치와 관련하여 국가주의의 동맹자로서 중요한 가치를 지닌다. 사실 언제나 그렇다고 말할 수는 없더라도, 흔히 이성에 분명한 적대감을 표현하고, 반과학적 경향도 드러난다. 가장 극단적 형태의 몇몇 반항은 러시아 무정부주의자들에게서 찾을 수 있지만, 러시아에서 최종적으로 우세를 보인 경향은 합리주의적 반항이었다. 독일은 다른 어떤 나라보다 낭만주의의 영향을 쉽게 받아들이면서 반이성적인 벌거벗은 의지의 철학을 위한 정치적 출구를 제공했다.

우리가 지금까지 살펴본 철학들은 고전과 문학, 정치에서 영감을 받았다. 그런데 철학적 견해를 등장시킨 다른 두 원천이 있다. 바로 과학과 기계 생산이다. 둘째 원천은 마르크스와 더불어 이론을 형성하는 데 영향을 미치기 시작했고 이후 점점 더 중요해졌다. 첫째 원천은 17세기 이래 중요했지만 19세기에 새로운 외형을 갖추었다.

다윈Charles Darwin(1809~1882)은 갈릴레오와 뉴턴이 했던 일을 19세기에 이루어 냈다. 다윈의 이론은 두 부분으로 나뉜다. 한 부분은 진화 학설doctrine of evolution로 여러 형태의 생물이 공통의 조상으로부터 점진적으로 발전했다는 것이다. 오늘날 일반인도 아는 진화론은 새로운 견해가 아니었다. 그것은 고대 아낙시만드로스를 굳이 언급하지 않더라도, 라마르크Jean Baptiste Lamarck(1744~1829)와 다윈의 할아버지인 에라스뮈스Erasmus Darwin(1731~1802)가 이미 주장한 적이 있었다. 다윈은 진화 학설을 지지하기 위해 어마어마한 증거를 제시했으며, 둘째 부분의 이론에서 스스로 진화의 원인을 발견했다고 믿었다. 따라서 다윈이 진화론에 일찍이 얻지 못했던 인기와 과학적 힘을 부여한 것은 맞지만, 진화론의 창시자는 아니었다.

다윈의 이론에서 둘째 부분은 생존경쟁struggle of existence과 적자생존survival of the fittest이다. 모든 동물과 식물은 자연이 그들에게 제공한 것보다 빨리 번식한다. 그러므로 각 세대의 많은 개체가 스스로 번식할 나이에 이르기 전에 소멸하게 된다. 생존을 결정하는 요인은 무엇인가? 두말할 나위 없이 어느 정도 순전히 운에 달렸지만 중요한 다른 원인이 있다. 동물과 식물은 일반적으로 이전 세대와 정확하게 같지 않으며, 측정할 수 있는 특징마다 약간씩 초과하거나 부족한 차이를 드러낸다. 주어진 환경에서 같은 종에 속한 개체들은 경쟁하고, 환경에 가장 잘 적응한 개체가 가장 좋은 기회를 얻는다. 그러므로 우연한 변이가 일어나는 가운데 유리한 개체가 각 세대의 성체 가운데 우월한 자리를 차지할 것이다. 따라서 세대를 거듭하면서 사슴은 더욱 빨리 달리고, 고양이는 먹이를 사냥하기 위해 더욱 조용히 다가서고, 기린의 목은 더 길어졌다. 충분한 시간이 주어진다면, 이러한 진화의 기계적 과정은 다윈이 주장한 것처럼 원생동물에서 **현생 인류**homo sapiens에 이르는 긴 진화의 전체 과정을 설명할 수 있을 것이다.

다윈의 이론에서 둘째 부분은 많은 논란을 불러일으켰으며, 대부분의 생물학자는 여러 가지 중요한 수정이 필요하다고 생각했다. 하지만 그것은 19세기 사상을 연구한 역사가의 주요 관심 대상이 아니었다. 역사적 관점에서 흥미로운 점은 다윈이 철학적 급진파의 특징이던 경제학을 생명체 전반에 걸쳐 확장한 것이다. 그에 따르면 진화의 동기를 부여한 힘은 자유로운 경쟁의 세계를 지배하는 일종의 생물학적 경제학이다. 다윈에게 생존경쟁과 적자생존을 진화의 원천으로 시사했던 이론은 동물과 식물의 세계로 확장된 맬서스의 인구론이었다.

다윈은 자유주의자였으나 그의 이론은 어느 정도 전통적 자유주의에 적대적인 결과를 낳는다. 모든 인간이 동등하게 태어나며 성인에게 보이는 차이는 전적으로 교육에서 비롯된다는 자유주의적 학설은 같은 종에 속한 개체들의 타고난 차이congenital differences를 강조하는 다윈의 입장과 양립할 수 없다. 라마르크가 주장하고 다윈 자신이 기꺼이 인정했듯, 획득 형질이 유전되었다면 엘베시우스가 주장한 견해에 반대하는 입장은 다소 누그러졌을 것이다. 그러나 별로 중요하지 않은 예외를 빼고는, 오직 타고난 형질만 유전된다는 것이 사실로 드러났다. 따라서 인간의 선천적 차이가 근본적으로 중요해졌다.

다윈이 제안했던 특수한 기계적 과정particular mechanism과 독립적으로 진화론에서 나온 결과가 하나 더 있다. 만일 인간과 동물이 공통 조상을 가지고 우리가 인간으로 분류할지 알지 못하는 생물들이 있었던 느린 단계를 밟으며 인간이 발전했다면, 다음과 같은 질문이 제기된다. 인간이나 반인간 조상들semi-human ancestors은 진화의 어느 단계에서 모두 동등해지기 시작하는가? **직립원인**Pithecanthropus erectus이 적당한 교육을 받았더라면 뉴턴만큼 훌륭한 업적을 남겼을까? 필트다운인Piltdown Man[105] 가운데 누가 밀렵으로 유죄 판결을 받았더라면 셰익스피어의 시를 쓸 수 있었을까? 이러한 질문에 긍정적으로 대답하는 단호한 평등주의자는 영장류를 인간과 동등한 존재로 간주할 수밖에 없을 것이다. 어찌 영장류뿐이겠는가? 그가 조개들을 위

105 * 1912년 영국의 필트다운에서 발견되었다고 보고된 두개골에서 유래한 이름이다. 이 화석에 대한 연구와 재조사로 현대인의 두개골과 오랑우탄의 턱뼈를 정교하게 조작한 유골임이 밝혀졌다.

한 투표를 지지하는 논증에 어떻게 반대할지 상상이 되지 않는다. 진화론의 지지자는 모든 인간이 평등하다는 학설뿐만 아니라 인권의 학설도 비생물학적 이론으로 비난받아 마땅하다고 주장할 텐데, 이러한 학설은 인간과 다른 동물의 구별을 너무 강조하기 때문이다.

하지만 자유주의에 진화론으로 크게 강화된 다른 양상이 있다. 바로 진보에 대한 믿음이다. 세계의 상태가 낙관주의를 허용하는 한 자유주의자들은 진화론을 환영했다. 왜냐하면 진화론은 진보에 대한 믿음을 보여 주는 동시에 정통 신학에 맞설 수 있는 새로운 논증을 제공했기 때문이다. 마르크스는 자신의 학설이 어떤 점에서 다윈 이전에 속한 것인데도 자기 책을 다윈에게 바치고 싶어 했다.

생물학이 위세를 떨치게 되자 과학의 영향을 받은 사상가들은 기계적 범주보다 오히려 생물학적 범주를 세계에 적용하려고 했다. 만물이 진화한다고 가정했기 때문에 진화가 우주에 내재한 목표를 상상하기는 쉬웠다. 다윈도 모르게 많은 사람이 진화가 우주에 목적이 있다는 믿음의 정당성을 보여 준다고 생각했다. 유기체라는 개념이 자연 법칙을 과학적으로 설명하는 동시에 철학적으로 설명하는 열쇠라고 생각하게 되었고, 18세기의 원자론적 사고방식은 시대에 뒤처진 유물로 간주되었다. 이러한 관점은 마침내 이론 물리학에도 영향을 주었다. 정치학에서 자연스럽게 개인과 대립한 공동체에 강조점을 두는 경향이 나타났다. 이러한 경향은 점차 증대하는 국가 권력과 조화를 이루었고, 민족주의나 국가주의와도 잘 어울렸다. 민족주의나 국가주의는 개인이 아니라 민족이나 국가에 적용된 다윈의 적자생존 학설에 호소할 수 있다. 그런데 여기서 우리는 과학의 학설을 불충분하게 이해한 상태로 일반 대중에게 내놓는 비과학적 견해들이 난무하는 영역으로 넘어간다.

생물학이 기계론적 세계관에 맞서 싸우는 동안, 근대 경제 기술은 반대 결과를 낳았다. 18세기 말엽까지 과학이론에 대립한 것으로서 과학기술은 여론 형성에 중요한 영향을 주지 못했다. 산업사회가 출현하면서 비로소 기술이 인간의 사유에 영향을 주기 시작했다. 그래도 기술의 영향은 오랫동안 간접적 수준에 머물렀다. 철학 이론을 만들어 내는 사상가들은 일반적으로 기계와 접촉하는 일이 아주 드물었다. 낭만주의자들은 이제까지 아름다웠던 장소에 대신 자리 잡은 산업사회의 추한 형체와 '장사'로 돈을 번 사람들의 속된 모습(그들이 생각한)에 주목하고 증오했다. 이로써 낭만주의자들은 때때로 자신들을 무산계급proletariat의 투사들과 연합하도록 만든 중산계급과 대립했다. 엥겔스는 칼라일을 찬미했지만, 칼라일이 원한 것은 임금 노동자들의 해방이 아니라 중세에 있었을 법한 주인에 대한 복종이라는 사실을 알아채지 못했다. 사회주의자들은 산업사회를 환영했지만, 동시에 산업 노동자들이 고용주들의 권력에 복종할 수밖에 없는 상태에서 해방되기를 바랐다. 그들은 자신들이 살폈던 문제들과 관련하여 산업사회의 영향을 받았으나, 문제를 해결하려고 적용한 사상의 측면에서는 별로 영향을 받지 않았다.

기계 생산이 상상된 세계상에 미친 가장 중요한 영향은 인간이 지닌 권력감을 한없이 증가시켰다는 것이다. 이것은 역사의 동이 트기 전에 시작되어 인간이 무기를 발명함으로써 야생동물에 대한 공포를 줄이고, 농업기술을 발명함으로써 기아의 공포에서 벗어난 과정에 속도를 낸 결과일 따름이다. 그런데 가속이 너무 빠른 나머지, 근대 기술로 새롭게 형성된 힘을 행사하는 사람들은 이전과 근본적으로 다른 새로운 사고방식을 갖게 되었다. 예전에 산과 폭포는 자연 현상으로만 보였다. 오늘날에는 불편한 산은 허물어버릴 수 있고, 편리한 폭포라면 새로 만들 수도 있다. 예전에 황무지와 기름진 땅의 구별이 명확했다. 오늘날에는 사람들이 가치 있다고 생각하기만 한다면, 황무지도 장미꽃처럼 피어나게 만들 수 있는 반면, 과학적 지식이 부족한 낙관주의자는 기름진 땅을 황무지로 변하게 만들 수도 있다. 예전에 농부들은 부모와 조부모가 살았던 모습 그대로 살고 믿던 그대로 믿었다. 교회의 힘으로도 이교도의 의식을 근절하지 못했는데, 이교도의 의식은 지방의 성인聖人과 연결됨으로써 그리스도교의 옷을 입게 되었다. 오늘날 정부 당국은 농부의 아이들도 학교 교육을 받도록 할 수 있으며, 한 세대 안에 농민의 정신 상태를 개조할 수도 있다. 우리는 러시아에서 이러한 일이 있었으리라고 추측한다.

이리하여 사태를 조종하는 지배자나 지배자와 접촉한 사람들 사이에 힘이나 권력을 둘러싼 새로운 믿음이 생겨난다. 우선 자연과 투쟁 관계에 놓여 있는 인간의 힘에 대한 믿음이 생겨나고, 다음에 인간의 믿음과 포부, 염원을 과학적 선전으로 특히 교육에 의해 조종하려는 지배 권력에 대한 신뢰가 자라난다. 결과적으로 고정된 것은 줄어들고, 어떤 변화도 불가능해 보이지 않는다. 자연은 가공되지 않은 재료이며, 인류의 일원이라도 정부의 일에 효과적으로 참여하지 못할 때 가공되지 않은 재료로 취급된다. 인류의 힘에 한계가 있다는 믿음을 나타낸 낡은 개념 가운데 중요한 두 가지가 신과 진리다(두 개념이 **논리적으로** 연결되어 있다는 의미는 아니다). 이러한 개념은 서서히 사라지고 있다. 설령 명백히 부정되지 않더라도, 중요한 가치를 잃어 피상적으로 명맥을 유지할 뿐이다. 이러한 전반적 사고방식은 새로운 것이고, 어떻게 인류가 그러한 사고방식에 적응해 나갈지 정확히 예측하는 일은 불가능하다. 새로운 사고방식은 이미 사회·정치적으로 대변동을 일으켰으며, 틀림없이 미래에 다른 변화를 가져올 것이다. 거의 무제한으로 힘을 발휘할 수 있다는 기대에 도취된 사람들과 힘이 없는 것에 냉담해지는 경향에 대처할 철학을 세우는 것이 우리 시대에 가장 절박한 과제다.

많은 사람이 여전히 인류의 평등과 이론적 민주주의를 진지하게 믿지만, 19세기에 산업 조직으로 제안된 사회 양식은 현대인의 상상력에 깊이 영향을 미친다. 한편에 산업계의 거물들이 있고, 다른 편에 노동자 대중이 있다. 민주 국가의 일반 시민들은 민주주의 체제 내부에서 생겨난 이러한 분열을 미처 깨닫지 못한 상태다. 그러나 민주 사회의 분열은 헤겔 이후 철학자들이 대부분 열중할 수밖에 없는 문제였으며, 다수의 이익과 소수의 이익 사이에 나타난 첨예한 대립은 실제로 파시즘Fascism[106]으로 표출되었다. 철학자 가운데 니체는 서슴지 않고 소수의 편에 섰고, 마르크스는 전력을 다해 다수의 편을 들었다. 아마 벤담은 상반된 이익 관계에서 비롯된 갈등을 조정하려고 애쓴 유일하게 중요한 인물이었을 것이다. 그래서 벤담은 양측 모두에게 반감을 샀다.

인간관계에 적합하고 만족스러운 현대 윤리학을 세우려면, 인간이 자신을 둘러싼 환경에 미치는 힘의 필연적 한계를 인정하고, 서로에게 행사하는 힘에 바람직한 한계를 긋는 일이 가장 중요할 것이다.

106 * 국가주의적 전체주의나 전체주의 정부를 가리키는 말이다. 이탈리아어 파쇼fascio에서 유래했다. 파시즘의 가장 중요한 특징은 국가가 절대적으로 권위를 가지며, 국민은 국가를 상징하는 지도자에게 절대 복종한다는 것이다. 군사적 가치관을 찬양하고, 자유 민주주의적 가치관을 무시한다.

22.
헤겔

헤겔Georg Wilhelm Friedrich Hegel(1770~1831)은 칸트에서 시작된 독일 철학 운동의 정점에 도달했다. 헤겔은 종종 칸트를 비판했지만, 칸트가 없었다면 자신의 철학 체계를 결코 세울 수 없었을 터다. 지금은 권위를 잃었지만, 헤겔의 영향력은 독일에만 국한되지 않았으나 주로 독일 내에서 아주 컸다. 19세기 말, 미국과 영국의 학계를 선도한 철학자들은 대부분 헤겔 추종자들이었다. 순수 철학 영역 밖에서는 개신교 신학자들이 헤겔의 학설을 많이 채택했으며, 헤겔의 역사 철학이 정치 이론에 미친 영향은 엄청났다. 누구나 알듯 마르크스는 청년기에 헤겔의 제자였으며, 완성된 체계 속에 헤겔 철학의 중요한 몇 가지 특징을 보유했다. 내가 생각하기에 헤겔의 학설이 거의 대부분 거짓이더라도, 그는 역사적으로 중요할뿐더러 다른 면에서 덜 정합적이고 덜 포괄적인 철학 체계를 세운 대표자로도 중요하다.

헤겔은 일생 동안 중요한 사건에 휘말린 적이 거의 없었다. 젊은 시절 신비주의에 매혹되었고, 이후에 내놓은 견해는 처음에 신비적 통찰로 떠올랐던 내용을 지적으로 분석하고 설명한 내용이라고 보아도 괜찮을 듯하다. 그는 예나에서 대학 강사로서 처음 철학을 가르쳤는데, 바로 거기서 예나 전투가 일어나기 전날 『정신 현상학*Phänomenologie des Geistes*』을 탈고했다고 한다. 이후 뉘른베르크에서, 다음에 하이델베르크에서 교수 생활을 했고(1816~1818), 마지막으로 베를린에서 1818년부터 임종 때까지 철학을 강의했다. 생애 후반기로 접어든 헤겔은 애국심이 강한 프로이센의 국민이자 국가에 충성하는 사람으로, 이미 인정받은 자신의 철학적 성공을 편안히 즐겼다. 그러나 젊은 시절에 헤겔은 프랑스가 예나 전투에서 승리한 사건을 기뻐할 정도로 프로이센을 경멸하고 나폴레옹을 찬미했다.

헤겔 철학은 아주 어렵다. 위대한 철학자 가운데 가장 이해하기 어렵다고 말해야 한다. 세부 사항으로 들어가기 전에 우선 일반적 특징을 알아두면 도움이 될 것이다.

헤겔은 일찍이 신비주의에 관심을 두어서 분리된 상태가 비현실적인 것이라는 믿음을 품었다. 세계는 원자이든 영혼이든 각각 완전히 자립하는 단단한 단위들이 모여 이루어진 집합체가 아니었다. 유한한 사물의 겉으로 드러난 자립성self-subsistence은 헤겔에게 환상illusion인 것처럼 보였다. 그는 전체를 제외한 아무것도 궁극적으로 완전히 현실적이지 않다고 주장했다. 그러나 전체를 단순한 실체가 아니라 복잡한 체계로 생각한 점에서 파르메니데스나 스피노자와 다르다. 우리는 전체를 복잡한 체계로서 유기체라고 불러야 할 것이다. 세계를 구성하는 것처럼 보이는 분리된 사물은 그냥 환상이 아니다. 각 사물은 현실성reality의 정도가 더 크거나 더 작고, 전체의 양상으로 함께 있으며, 전체는 참되고 정확하게 바라볼 때 존재한다고 여겨지는 현실이다. 이러한 견해에서 시간과 공간의 현실성에 대한 불신이 자연스럽게 뒤따르는데, 시간과 공간은 완전히 현실적인 것으로 간주되면 분리와 다수를 포함하기 때문이다. 이러한 모든 생각은 처음에 신비적 '통찰'로 그에게 떠올랐음이 분명하고, 이후 자신의 저작 속에서 지적으로 정교하게 다듬어 나갔다.

헤겔은 현실적인 것은 이성적이고 이성적인 것은 현실적이라고 주장한다. 그러나 이렇게 주장할 때 '현실'의 의미는 경험주의자가 뜻하는 내용과 다르다. 그는 경험주의자들에게 사실로 나타난 존재는 비이성적이며, 비이성적일 수밖에 없다고 인정하고 심지어 역설한다. 사실은 겉으로 드러난 특성을 전체의 양상으로 판단하여 변형시킨 다음에 비로소 이성적인 것이 된다. 그런데도 현실과 이성이 동일하다는 주장은 불가피하게 "존재하는 것은 무엇이든 정당하다"는 믿음과 떼어낼 수 없는 일종의 자기만족 상태에 이른다.

헤겔은 전체, 바로 복잡한 존재 전부를 총괄하여 '절대자'라고 부르는데, 절대자는 정신적 존재다. 그래서 절대자가 사유라는 속성뿐만 아니라 연장이라는 속성도 가진다는 스피노자의 견해를 거부한다.

유사한 형이상학적 사고방식을 드러내는 다른 사상가들과 헤겔이 구별되는 점은 두 가지다. 하나는 논리학을 강조했다는 점이다. 헤겔은 현실의 본성을 현실은 자기모순에 빠져서는 안 된다는 단 하나의 원리를 참고하여 연역할 수 있다고 생각했다. 다른 특징은 첫째 특징과 밀접한 '변증법'이라는 3단계 운동이다. 헤겔의 가장 중요한 저술은 『논리학*Logik*』 두 권이고, 다른 여러 주제에 대한 견해를 지지하기 위해 제시한 근거가 정당하게 파악되어야 한다면 반드시 이해해야 할 저술이다.

헤겔이 이해한 논리학은 형이상학과 동일한 학문으로 흔히 말하는 논리학과 아주 다르다. 그의 견해에 따르면 일상 언어에서 사용하는 어떤 술어든 현실 전체를 수식한다고 생각한다면, 자기모순에 빠진다. 조잡한 사례로 일자the One는 유일하게 현실적인 구형이라는 파르메니데스의 이론을 생각해 보자. 한계를 갖지 않는다면 어떤 존재도 구형일 수 없으며, 어떤 것(최소한 빈 공간)이 존재하지 않는다면 한계를 가질 수도 없다. 그러므로 우주를 구형의 전체라고 가정하면 자기모순에 빠진다. (이 논증은 비非에우클레이데스 기하학에 이르면 의문시될 수도 있지만 사례로서 유용하다.) 아니면 더 조잡해서 헤겔이 사용했다고 보기에는 훨씬 부족한 다른 사례를 들 수 있다. 너는 분명히 모순에 빠지지 않으면서 A가 삼촌이라고 말할 수 있다. 그러나 만일 네가 우주는 삼촌이라고 말한다면, 스스로 어려운 상황에 놓일 것이다. 삼촌은 조카를 둔 남자이며, 조카는 삼촌과 분리된 사람이다. 그러므로 삼촌은 현실 전체일 수 없다.

이러한 예시는 정正, thesis, 반反, antithesis, 합合, synthesis으로 이루어진 변증법을 설명하기 위해 사용해도 된다. 우선 우리는 "현실은 삼촌이다"라고 말한다. 이것은 정립이다. 그런데 삼촌의 존재는 조카의 존재를 함축한다. 절대자 말고 아무것도 현실적으로 실존하지 않고, 이제 우리는 조카가 실존한다고 주장해야 하므로, "절대자는 조카다"라는 결론에 이를 수밖에 없다. 이것이 반정립이다. 그런데 이것에 대해 절대자는 삼촌이라는 견해와 동일한 반론이 제기된다. 그러므로 우리는 절대자란 삼촌과 조카로 이루어진 전체라는 견해로 나아가지 않을 수 없다. 이것이 합이다. 그러나 이러한 합의 단계도 아직 만족스러운 상태가 아니다. 한 남자는 조카의 부모인 형이나 누나가 있어야만 삼촌이 되기 때문이다. 그래서 우리는 형이나 누나, 그의 아내나 그녀의 남편을 포함하도록 우주를 확장할 수밖에 없다. 그러면 이렇게 주장해도 된다. 우리는 단지 논리의 힘으로 절대자에 대해 말하는 어떤 술어이든 그것에서 변증법의 최종 결론인 '절대이념'까지 밀고 나갈 수 있다. 전체 과정에 걸쳐 있는 근본 가정은 전체로서 현실과 관계를 맺지 않고서는 아무것도 진짜 현실적으로 참일 수 없다는 것이다.

이러한 근본 가정은 모든 명제가 주어와 술어의 구조를 가진다고 가정한 전통 논리에 근거한다. 이러한 견해에 따르면 모든 사실은 어떤 사물이 어떤 속성을 가진다는 데서 성립한다. 여기에서 관계는 하나가 아닌 **두** 사물을 포함하기 때문에 현실적으로 존재하지 않는다는 결론이 도출된다. '삼촌'은 관계를 나타내며, 어떤 남자는 그러한 관계를 알지 못하면서도 삼촌이 될 수도 있다. 이러한 경우 경험적 관점에서 보면 남자는 삼촌이 됨으로써 아무 영향도 받지 않는다. 이제 '성질'을 타인이나 사물과 맺은 관계를 제외하고, 자신 안에 있는 것을 기술하는 데 필요한 것으로 이해하기로 하자. 그러면 그 남자는 이전에 자신이 갖지 않았던 성질을 새로 갖게 되지 않는다. 주어-술어 논리가 이러한 난점을 피할 수 있는 유일한 길은 이렇게 말하는 것뿐이다. 진리는 삼촌 단독의 속성이거나 조카 단독의 속성이 아니라 삼촌과 조카로 이루어진 전체의 속성이다. 전체를 제외한 모든 사물은 외부의 사물과 관계를 맺기 때문에, 분리된 사물에 대해서 절대로 진리를 말할 수 없으며 사실상 전체만 현실적으로 존재한다는 결론이 도출된다. 이러한 결론은 다음과 같은 사실에서 직접 도출된다. "A와 B는 둘이다"라는 문장은 주어와 술어로 구성된 명제가 아니므로, 전통 논리학에 근거하면 성립할 수 없는 명제다. 그러므로 세계 안에 두 사물처럼 다수의 사물은 존재할 수 없으며, 통일체로 생각된 전체만 홀로 현실적으로 존재한다.

위에서 말한 논증은 헤겔의 철학 체계 속에 명시적으로 제시되지 않고, 다른 많은 형이상학자의 경우와 마찬가지로 암시될 뿐이다.

헤겔이 변증법을 설명하려고 제시한 몇 가지 사례는 변증법을 잘 이해하는 데 도움이 될지도 모른다. 그는 『논리학』의 논증을 "절대자는 순수 존재다"라는 가정과 더불어 시작한다. 우리는 절대자에게 아무런 성질도 부여하지 않고 단지 존재한다고 가정한다. 그런데 아무 성질도 갖지 않는 존재는 무無다. 그러므로 우리는 반정립, 바로 "절대자는 무다"라는 단계에 이른다. 앞에서 말한 정립과 반정립에서 합, 바로 존재와 비존재의 통일은 생성이라는 단계로 나아가고, "절대자는 생성이다"라고 말한다. 당연히 이것도 충분하지 않은 까닭은 거기에 생성하는 어떤 사물이 존재해야 하기 때문이다. 이러한 방식으로 현실에 대한 우리의 견해는 이전에 범한 오류를 계속 고쳐가면서 발전한다. 오류는 모두 유한하거나 제한적인 사물을 마치 전체인 양 생각하는 부당하거나 과도한 추상에서 발생한다. "유한자의 한계는 단지 외부에서 유래하는 것만은 아니다. 유한자의 본성은 자기 폐기의 원인이며, 자신의 작용에 의해 대립물로 변화된다."

헤겔에 따르면 과정은 결과를 이해하는 데 본질적 요소다. 변증법에서 이후 각 단계는 녹아들듯이 이전 모든 단계를 포함한다. 이전 단계들은 어느 하나라도 **전체적으로** 필요하며, 전체 과정 속의 한 계기로서 고유한 자리를 차지한다. 그러므로 변증법의 모든 단계를 밟아나가는 길을 빼면 진리에 이르는 것은 불가능하다.

지식은 전체로서 3단계 운동을 거쳐야 획득할 수 있다. 전체로서 지식은 감각지각sense-perception과 더불어 시작되며, 감각지각 속에서 객체를 의식하기만 할 뿐이다. 다음 단계에서 감각에 대한 회의적 비판을 거쳐 순수하게 주관적 의식이 된다. 마침내 지식은 전체로서 자기인식self-knowledge의 단계에 이르러 주체와 객체가 더는 구별되지 않는다. 따라서 자기의식self-consciousness은 지식의 최고 형식이 된다. 이것이 헤겔 체계 내에서 분명하고 당연한 사실인 까닭은 최고 지식은 절대자가 소유해야 하고, 절대자가 전체라면 자신 말고 알아야 할 것이라고는 없기 때문이다.

헤겔에 따르면 최선의 사고 안에서 사유 내용은 움직이며 스며들어 혼합된다. 진리와 허위는 흔히 가정하듯 예리하고 분명하게 정의된 반대 개념이 아니다. 무는 완전히 거짓이 아니고 우리가 알 수 있는 어떤 것도 완벽하게 참은 아니다. "우리는 거짓된 방식으로 알기도 한다." "이러한 일은 우리가 따로 떼어 낸 정보의 일부를 절대적 진리라고 할 때 발생한다." 이를테면 "카이사르는 언제 태어났는가?"라는 질문에 간단히 대답할 수 있는데, 대답은 어떤 의미로 참이지만 철학적 의미로는 참이 아니다. 철학에서 진리는 전체이며 부분은 결코 **완전한** 참이 되지 못한다.

"이성은 전체 현실이 있음을 확실하게 의식함이다"라고 헤겔은 말한다.

이것은 분리된 사람이 전체 현실임을 의미하지 않는다. 분리된 상태에서 사람은 전혀 현실적이지 않고, 그 사람에게 현실적인 것은 전체 현실에 참여하는 데서 비롯한다. 우리가 더 이성적인 존재가 되는 정도에 비례하여 이러한 참여는 증가한다.

『논리학』은 절대이념absolute idea으로 끝나는데, 절대이념은 아리스토텔레스의 신과 비슷한 존재다. 절대이념은 자신에 관해 생각하는 사유다. 분명히 절대자는 자신 말고 다른 어떤 것에 관해서도 생각할 수 없다. 왜냐하면 현실을 파악하는 우리의 단편적이고 오류에 빠지는 방식을 제외한 다른 아무것도 없기 때문이다. 정신이 유일한 현실이고, 그것의 사유는 자기의식에 의해 자신 속에 반영된다. 절대이념을 정의하기 위해 사용한 실제 낱말은 의미가 아주 모호하다. 월리스William Wallace(1844~1897)는 이렇게 번역한다.

"**절대이념**. 주관적 관념과 객관적 관념의 통일로서 객체(대상)가 이념 자체이고, 객관적인 것(객체)이 이념이 되는 개념, 바로 그러한 통일 속에 모든 특성을 포괄하는 객체로 생각된 개념이다."

독일어 원문은 한층 더 어렵다.[107] 하지만 문제의 핵심은 헤겔이 그렇게 보이도록 만든 것보다 덜 복잡하다. 절대이념은 순수 사유에 관해 사고하는 순수한 사유다. 이것은 신, 사실은 한 교수[108]의 신이 모든 시대를 통틀어 사고하는 전부를 가리킨다. 헤겔은 이어서 다음과 같이 말한다. "이 통일은 논리적 결과로서 절대자이자 진리 전체이며, 스스로 생각하는 이념이다."

나는 이제 헤겔의 철학이 플라톤이나 플로티노스, 스피노자의 철학과 구별되는 유별난 특징에 이르렀다. 궁극 현실은 무시간적이다. 시간은 단지 전체를 통찰하지 못하는 우리의 무능으로 생긴 환상일 뿐이라도, 시간 과

107 독일어 정의는 다음과 같다. "Der Begriff der Idee, dem die Idee als solche der Gegenstand, dem das Objekt sie ist."

108 * 물론 헤겔을 가리킨다.

정은 변증법의 순수한 논리 과정과 밀접한 관계를 맺는다. 사실상 세계 역사는 중국의 순수 존재(헤겔은 이에 대해 그것이 존재했다는 사실 말고 아무것도 알지 못했다)의 범주에서 절대이념의 범주로 진보했다. 절대이념은 완전하지 않더라도 프로이센 국가에 이르러 거의 실현되었다. 나는 헤겔 자신의 형이상학에 기초하여 세계의 역사가 변증법적 이행을 반복한다는 견해에 대해 정당한 근거를 찾지 못했다. 그렇지만 바로 이것이 헤겔이 『역사철학*Geschichtsphilosophie*』에서 전개한 논제로서 충분히 흥미를 끌 만하며 인류 역사를 통해 일어난 혁명적 사건들에 통일성과 의미를 부여한다. 헤겔의 역사 이론도 다른 역사 이론처럼 타당해 보이는 견해로 만들려면 사실을 약간 왜곡하고, 꽤 많은 부분에 대해 무시할 수밖에 없었다. 헤겔 역시 뒤를 이은 마르크스나 슈펭글러Oswald Spengler(1880~1936)[109]처럼 앞서 말한 두 가지 제한에서 자유롭지 못했다. 우주 차원으로 나타나는 과정이 전부 우리의 행성에서, 그리고 대부분의 일이 지중해 연안에서 일어나야 한다는 것은 기이한 일이 아닐 수 없다. 또한 현실이 무시간적 존재라면, 왜 우주 과정의 나중 단계가 이전 단계보다 더 높은 범주를 구현하게 되는지에 대해 어떤 근거도 제시하지 않는다. 누구든 우주가 헤겔의 철학을 점점 배워 간다는 신성모독의 불경스러운 가정을 채택하지 않는 한, 근거를 찾는 일은 불가능하다.

헤겔에 따르면 시간은 덜 완벽한 단계에서 더 완벽한 단계로 흘러가는데, 윤리적 의미로나 논리적 의미로나 다 그렇다. 헤겔에게 두 의미는 현실적으로 구별될 수 없다. 왜냐하면 논리적 완벽성이란 빈틈없이 잘 짜인 전체가 존재하는 데서 성립하기 때문이다. 이러한 전체는 누덕누덕한 가장자리도 없고 독립된 부분도 없지만, 인간의 신체와 유사하거나 이성적인 정신과 훨씬 유사하게 하나의 유기체로 통일되어, 부분들이 서로 의존하며 모두 단

109 * 독일의 문화철학자로, 『서구의 몰락*Der Untergang des Abendlandes*』을 쓴 저자로 유명하다.

「게오르크 빌헬름 프리드리히 헤겔의 초상」, 휴고 부르크너, 19세기

하나의 목적을 향해 함께 움직인다. 전체는 윤리적 완벽성도 이룬다. 헤겔의 이론을 설명하는 몇 구절을 인용하면 이렇다.

"이념은 영혼의 인도자 머큐리 신처럼 참으로 민족과 세계의 지도자다. 그리고 정신, 저런 인도자의 이성적이고 필연적인 의지가 세계 역사의 사건을 이끌어 왔다. 이렇게 지도하는 임무를 수행하는 정신에 익숙해지는 것이 우리가 현재 떠맡은 일의 목표다."

"철학이 역사를 응시하도록 이끈 유일한 사유는 이성의 단순한 개념 활동이다. 이성이 세계의 지배자이므로 세계 역사는 우리에게 이성적 과정으로 나타난다. 이러한 확신과 직관은 역사의 영역에서는 가설이다. 철학의 영역에서는 가설이 아니다. 거기서 이성은 **무한한 힘**일 뿐만 아니라 **실체**라는 것이 사변적 인식으로 증명되고, 여기서 이성이라는 용어는 우주가 신성한 존재와 유지하는 관계를 탐구하지 않으면서 우리를 만족시킬 수도 있다. 이성 자신의 무한한 질료는 이성에서 유래한 모든 자연적 생명과 정신적 생명의 바탕에 놓여 있으며, 이성은 또한 질료를 운동하게 만드는 무한한 형상이기도 하다. 이성은 우주의 **실체**다."

"'이념'이자 '이성'은 진리이며 영원한 존재이고, 절대적 힘을 가진 본질이다. 이성은 세계 속에 자신을 드러내며, 세계에 이성과 이성의 명예와 영광 말고 아무것도 드러나지 않는다는 점은 우리가 말했듯 철학에서 입증되었으며, 여기서 증명되었다고 생각된 논제다."

"지성과 의식적 의욕의 세계는 우연에 맡겨지지 않고 자기인식의 관념에 비추어 자신을 보여 주어야 한다."

이것이 "전체 영역을 가로질러왔기 때문에 나에게 인식되어 일어난 결과다."

앞에서 말한 인용문은 전부 『역사 철학』 서문에서 발췌했다.

"정신과 정신의 발전 과정이 역사철학의 실체적 대상substantial object이다.

정신의 본성은 정신의 대립물인 물질과 대조해 봄으로써 이해할 수 있다. 물질의 본질은 중력이며 정신의 본질은 자유다. 물질은 자신을 외부로 드러내지만, 정신은 자신의 내부에 중심이 있다. 정신은 자기 충족적 존재다." 이것이 분명치 않다면, 다음과 같은 정의가 더 밝게 비춰줄 수도 있다.

"그런데 정신Spirit이란 무엇인가? 정신은 하나의 불변하고 동질적인 무한자, 바로 순수 동일성이다. 이러한 무한자가 둘째 단계에서 자신으로부터 자신을 분리하고 둘째 단계를 자신과 정반대인 것, 바로 보편자와 대조되는 대자존재이자 즉자존재로 만든다."

정신이 역사를 통해 발전하는 과정은 주로 세 단계를 밟는다. 세 단계는 동양 문명과 그리스·로마 문명, 독일 문명이다. "세계사는 억제 되지 않은 자연의 의지가 보편적 원리에 복종하도록 함으로써 의지에 주체적 자유를 부여하는 훈련장이다. 동양에서는 **한 사람**만이 자유로웠으며, 현재[110]도 마찬가지다. 그리스인과 로마인의 세계에서는 **몇 사람**이 자유로웠으며, 독일인의 세계에 이르러 비로소 **모든 사람**이 자유로워진다." 어떤 이는 민주주의 체제가 모든 사람이 자유를 보장받을 수 있는 적합한 정부 형태라고 생각할지 모르지만 그렇지 않다. 민주정치나 귀족정치나 몇 사람만 자유로운 역사적 단계에 속하기는 매한가지다. 반면에 전제정치는 한 사람이 자유로운 단계에 속하며, **군주정치**monarchy는 모든 사람이 자유로운 단계에 속한다. 이러한 견해는 헤겔이 '자유freedom'라는 말을 이상한 의미로 사용한 것과 관계가 있다. 헤겔의 경우 법이 없으면 자유도 없다. 여기까지 동의할 수도 있다. 그러나 그는 이것을 변경하여 법이 존재하는 곳이라면 어디든 자유가 존재한다고 주장하려고 한다. 그래서 헤겔에게 '자유'는 법에 따라 행동할 권리와

---

110 * 헤겔이 살았던 19세기에 독일인의 관점에서 본 현재를 가리킨다. 아마도 일본의 일왕 체제를 빗대어 말한 듯하다.

거의 같은 의미로 사용된다.

예상한 대로 그는 정신이 현세에 자신을 발전시키는 과정에서 독일 국민의 역할을 가장 높게 할당한다. "독일 정신은 새로운 세계 정신이다. 독일 정신의 목표는 자유를 무제한으로 스스로 결정해 나가는 절대 진리의 실현이며, 자신의 절대 형식 자체를 목적으로서 갖는 자유다."

이것은 최고급 상표가 붙은 자유다. 자유는 네가 정치범 포로수용소에 갇히지 않을 수 있다는 것을 의미하지 않는다. 또 헤겔이 경멸조로 거부한 민주주의나 언론·출판의 자유[111]나 흔히 눈에 띄는 자유주의자의 표어 가운데 하나를 의미하지도 않는다. 정신이 자신에게 법칙을 부여할 때는 자유롭게 부여한다. 세속적 시각에서 보면 법칙을 부여하는 정신은 군주에게 구현되고 법칙을 부여받는 정신은 국민subject에게 구현된다. 그러나 절대자의 관점에서 보면 군주와 국민의 구별은 다른 모든 구별과 마찬가지로 착각에 지나지 않고, 군주가 자유정신을 소유한 국민을 투옥시킬 경우에도 정신은 여전히 자유롭게 스스로 결정한다. 헤겔은 일반의지와 모든 사람의 의지를 구별한 루소에 대해 칭찬을 아끼지 않는다. 군주가 일반의지를 구현하는 반면에 의회의 다수는 모든 사람의 의지를 구현한다고 생각한다. 참으로 편리한 학설이 아닐 수 없다.

독일 역사는 헤겔에 의해 세 시기로 나뉜다. 제1기는 샤를마뉴 대제까지, 제2기는 샤를마뉴 대제부터 종교개혁까지, 제3기는 종교개혁 이후 시대다. 세 시기는 각각 성부, 성자, 성령의 왕국으로 구별된다. 성령의 왕국이 농민전쟁을 진압하기 위해 자행된 피비린내 나고 지극히 혐오스럽고 잔혹한 행위와 함께 시작했다는 것은 다소 기묘해 보이지만, 헤겔은 당연히 하찮게

111 헤겔에 따르면 언론·출판의 자유는 누구나 원하는 것을 쓰도록 허용하는 데서 성립하는 것이 아니다. 이러한 견해는 조잡하고 피상적인 것에 불과하다. 예컨대 언론계와 출판계에서 정부나 경찰에 대해 한심하다거나 비열하다고 표현하도록 허용해서는 안 된다.

여겨 간단한 언급조차 하지 않는다. 대신에 예상한 대로 마키아벨리에 대해 찬양하는 말을 쏟아낸다.

로마 제국의 몰락 이후 전개된 역사를 해석한 헤겔의 입장은 부분적으로 독일 학교에서 세계사를 가르치는 결과로 이어지며 부분적으로 그렇게 만든 원인이기도 하다. 이탈리아와 프랑스에서 타키투스와 마키아벨리와 같은 소수 지식인이 낭만적 견지에서 독일 민족을 숭배했지만, 독일 민족은 일반적으로 '야만스러운' 침략의 장본인으로 처음에 위대한 황제 치하에 있던 교회의 적으로, 나중에 종교개혁의 선도자로 간주되었다. 19세기에 이르기까지 라틴계 민족은 독일 민족을 문명의 측면에서 열등한 나라로 보았다. 독일 내의 개신교도는 당연히 다른 견해를 들고 나왔다. 그들은 후기 로마인을 쇠퇴한 민족으로 취급하고 독일이 서로마 제국을 정복한 사건은 오히려 서로마 제국의 소생을 위해 반드시 필요한 단계라고 생각했다. 중세에 나타난 황제의 절대 지배권과 교황권의 갈등 속에서 그들은 황제파의 견해를 받아들였는데, 이때까지 독일의 학생들은 샤를마뉴와 바르바로사를 한없이 숭배하도록 교육받았다. 종교개혁 이후 독일의 정치적 취약성과 분열 양상은 개탄할 만한 상황이었기 때문에 프로이센의 점진적 번영과 진보는, 가톨릭교회나 다소 약화된 오스트리아가 아니라 개신교의 지도 아래서 독일을 더욱 강하게 만들 것이라는 기대로 환영받았다. 헤겔은 역사철학을 전개하면서 테오도리쿠스, 샤를마뉴, 바르바로사, 루터, 프리드리히 대왕 같은 인물을 염두에 둔다. 헤겔의 역사철학은 이들의 업적과 독일이 나폴레옹에게 굴욕 당한 당시 상황에 비추어 해석해야 한다.

독일은 어떤 이가 독일을 절대이념의 최종 구현체로 여기고 발전이 더는 불가능하리라고 기대했을 수도 있을 만큼 미화된다. 그러나 이것은 헤겔의 견해가 아니다. 반대로 그는 미국이 바로 미래의 땅이라고, '우리 앞에 펼쳐질 시대에 세계사가 짊어져야 할 무거운 짐이 아마도 북아메리카와 남아메리카가 경쟁하는 가운데(그가 특징으로 추가) 스스로 드러나게 될 곳'이라고 말한다. 그는 중요한 일이 전쟁의 형식을 밟는다고 생각한 듯하다. 만일 그가 미국이 극단적 가난을 경험하지 않은 사회를 발전시킴으로써 세계사에 기여할지도 모른다는 암시를 받았다면, 그는 전혀 흥미를 느끼지 않았을 터다. 반대로 그는 미국 내에 아직까지 진정한 실제 국가가 존재하지 않는 까닭이 진정한 국가는 부자 계급과 빈자 계급 간에 계급 구별이 생기면서 형성되기 때문이라고 말한다.

헤겔에서 국가[112]는 마르크스에서 계급이 하는 역할을 담당한다. 역사 발전의 원리는 민족정신이다. 시대마다 이미 도달한 변증법의 단계를 거쳐 세계를 이끌어갈 사명을 부여받은 어떤 국가가 존재하기 마련이다. 당연히 우리 시대에 그러한 사명을 짊어진 국가는 독일이다. 그러나 우리는 국가 말고도 역사적 개인에 대해 설명해야 한다. 역사적 개인들은 그들의 시대에 일어나기로 예정된 변증법의 이행 단계를 구현하려는 목표를 가진 사람들이다. 이들은 영웅으로서 당당히 일상의 도덕 규칙을 위반할 수도 있다. 알렉산드로스, 카이사르, 나폴레옹을 영웅의 사례로 든다. 헤겔의 견해에서 한 인간이 군사력을 앞세운 정복자가 되지 않으면서 과연 영웅이 될 수 있는지 의혹을 품지 않을 수 없다.

헤겔이 자신의 특이한 '자유' 개념과 더불어 국가의 역할을 강조했다는 점은 정치철학에서 매우 중요한 양상인 국가에 대한 미화를 설명해 준다. 이제 여기에 주목할 차례다. 헤겔의 국가철학은 『역사철학』과 『법철학』이라는 두 저술 속에서 펼쳐진다. 국가철학은 주요한 부분에서 일반 형이상학과 양립할 수 있지만, 그것에서 필연적으로 도출되지는 않는다. 어떤 점에서 예컨대 국가들의 관계에 대해, 헤겔이 민족국가를 찬양한 부분은 대

112 * 'nation'은 민족이나 국가로, 'state'는 국가로 옮긴다.

체로 부분보다 전체를 선호한 경향과 모순을 일으킨다는 점을 인정하면 이해된다.

국가에 대한 미화는 근대 시기에 종교개혁과 더불어 시작된다. 로마 제국에서는 황제를 신처럼 섬김으로써 국가는 신성불가침이라는 특성을 획득했다. 그러나 중세 철학자들은 거의 예외 없이 교회를 국가 위에 두었다. 개신교 영주 가운데 지지자를 찾아낸 루터는 가톨릭교에 반대하는 활동을 시작했고, 루터파 교회는 대부분 에라스투스Thomas Erastus(1524~1583)[113]를 신봉했다. 정략적 이유로 개신교 입장에 섰던 홉스는 국가 지상권을 지지한 학설을 내놓았으며, 스피노자는 대체로 그의 견해에 동의했다. 이미 보았듯 루소는 국가가 다른 정치 조직을 관용해서는 안 된다고 생각했다. 헤겔은 루터교파에 속한 열렬한 개신교도였으며, 프로이센 국가는 에라스투스를 신봉한 절대군주 체제였다. 앞에서 제시한 근거를 보면 헤겔이 국가의 가치를 높이 평가한 사실을 누구나 알 수 있을 텐데, 그는 놀라울 정도까지 밀고 나간다.

『역사철학』에서 헤겔은 '국가는 현실적으로 존재하는 실현된 도덕 생명체'이고, 어떤 인간이 소유한 모든 정신적 현실성은 오로지 국가를 통해서 소유한다고 말한다. "왜냐하면 인간의 정신적 현실성은 자신의 본질, 바로 이성이 객관적으로 주어져 있다는 것, 이성이 객관적이고 직접적으로 존재한다는 데서 성립하기 때문이다. …… 진리는 보편적 의지와 주관적 의지의 통일이고, 보편의지는 국가 안에서, 국가의 법률 안에서, 국가의 보편적이고 합리적인 제도 안에서 찾아야 하기 때문이다." 다시 말해 "국가는 이성의 자유를 구현한 제도이며, 객관적 형식 안에서 자신을 스스로 실현하

113 * 스위스의 의사 겸 신학자. 종교적이든 시민적이든 모든 위법 행위를 처벌할 권리와 의무가 국가에 있다고 주장했다.

고 인정한다. …… 국가는 인간의 의지와 자유를 외부로 현시한 정신의 이념이다.”

『법철학』의 국가에 관한 절에서 방금 말한 것과 같은 학설을 조금 더 충분히 발전시킨다. “국가는 도덕 이념의 현실성, 바로 눈으로 확인할 수 있는 실체적 의지로서 자명한 도덕 정신이다. 도덕 정신은 스스로 생각하고 인식하여, 자신이 아는 한도에서 인식한 것을 실행에 옮긴다.” 국가는 그것 자체로 자신을 위한 이성적 존재다. 만일 국가가 오로지 개인이 추구하는 이익을 위해(자유주의자가 주장하듯) 실존하면, 개인은 국가의 일원이어도 좋고 아니어도 좋을 것이다. 하지만 국가는 개인과 전혀 다른 관계를 맺는다. 국가가 바로 객관적 정신이므로, 개인은 오로지 참된 내용과 목적이 통일 자체인 국가의 일원이 되어야 객관성과 진리, 도덕성을 지닌다. 나쁜 국가가 있을 수 있지만, 그러한 국가는 실존할 뿐 참된 현실성을 갖지 못한다. 반면에 이성적 국가는 그것 자체로 무한한 존재다.

헤겔이 국가를 지지하려고 제안한 주장은 성 아우구스티누스와 가톨릭교회 후계자들이 교회를 지지하며 주장했던 입장과 흡사하다. 하지만 가톨릭교회의 주장이 헤겔의 주장보다 더 합리적이고 사리에 맞는다고 볼 만한 점이 두 가지 있다. 첫째로 교회는 우연한 지리적 이유로 결합된 조직이 아니라 공통 신경信經에 따라 통일을 이룬 조직체이고, 조직체의 구성원은 신경이 최고로 중요하다고 믿는다. 따라서 교회는 본질적으로 헤겔이 ‘이념’이라고 부른 것을 구현한다. 둘째로 가톨릭교회는 오직 하나지만, 국가의 수는 여럿이다. 각 국가가 헤겔이 만들어 놓은 만큼 절대적 관계를 국민과 맺을 경우, 다른 여러 국가의 관계를 규제할 철학적 원리를 찾기 어렵다. 사실 이러한 논점과 마주한 헤겔은 철학적 논의를 포기하고, 자연 상태와 홉스가 주창한 만인 대 만인의 투쟁으로 물러나 안주한다.

국가가 마치 하나만 존재하는 것처럼 말하는 선례는 세계국가가 존재하지 않는 한, 오해와 혼란을 부추긴다. 헤겔에게 의무는 오직 개인이 자신의 국가와 맺는 관계일 뿐이고 국가들의 관계를 도덕적으로 개선할 원리는 아무 데도 없다. 헤겔도 이러한 점을 인식한다. 그의 주장에 따르면 국가들이 외부와 관계를 맺을 경우에 국가는 개체이며 각 국가는 다른 국가에 맞서 독립된 위치에 있다. "현실적 정신의 대자존재the being-for-self는 이렇게 국가의 독립이 유지되는 경우에 존속하기 때문에, 독립은 한 민족의 으뜸가는 자유 조건이자 최고의 명예다." 그는 이어서 분리된 국가의 독립을 제한할지도 모를 국가들의 연맹에 대해 어떤 종류이든 반대하는 논증을 펼친다. 시민의 의무는 (자신이 속한 국가가 다른 국가와 맺는 외적 관계에 관한 한) 전적으로 자기가 속한 국가의 실체적 개체성과 독립, 주권을 지키는 것에 국한된다. 이로부터 전쟁은 완전히 악하거나 없애야 할 것이 아니라는 결론이 도출된다. 국가의 목적은 시민의 생명과 재산을 지키는 것만이 아니며, 이러한 사실은 전쟁에 도덕적 정당성을 부여한다. 전쟁은 절대 악이나 우연적인 것, 혹은 일어나서는 안 될 것으로 생각되지 않는다.

헤겔은 어떤 상황에서 국가가 전쟁을 피할 수 없다는 점만 의미하지 않고 그것 이상을 의미한다. 그는 전쟁이 일어나는 상황을 막을 세계정부 같은 제도를 설립하는 것에 반대한다. 왜냐하면 그는 때때로 전쟁이 일어나야 좋다고 생각하기 때문이다. 전쟁은 일시적 선과 사물이 덧없음을 진지하게 받아들이는 조건이다. (이러한 견해는 전쟁이란 모두 경제적 원인에서 발생한다는 이론과 대조를 이룬다.) 전쟁은 긍정적인 도덕적 가치를 지닌다. "전쟁은 더 높은 의의를 지니며, 그것을 통해 국민의 도덕적 건강이 무관심 속에서도 유한한 결정들을 안정시키는 방향으로 보전된다." 평화는 경직화ossification다. 따라서 신성 동맹과 칸트의 평화 연맹이 잘못된 선택인 까닭은 국가의 무리는 적이 필요하기 때문이다. 국가와 국가의 충돌은 오로지 전쟁을 통해서만 해결할 수 있다. 국가와 국가는 서로 자연 상태에 있으므로 국가와 국가의 관계는 합법성이나 도덕과 거리가 멀다. 국가의 권리는 분리된 국가의 의지 안에서 현실성을 가지며, 각 국가의 이익이 최고 법이다. 도덕과 정치를 대조할 필요가 없는 까닭은 국가가 일상의 도덕 법칙에 지배받지 않기 때문이다.

이것이 헤겔의 국가론이다. 그의 학설을 수용한다면, 상상할 수 있는 내부의 모든 전제정치와 외부의 모든 침략 행위의 정당성도 인정할 수밖에 없을 것이다. 이러한 편견의 실상은 헤겔이 제안한 국가론의 내용이 대부분 형이상학과 일관되지 않아서 잔혹한 행위나 국제적 약탈 행위의 정당성을 주장하는 경향이 있다는 점에서 선명하게 드러난다. 만일 어떤 사람이 논리의 강요를 받아서 어쩔 수 없이 유감스러운 결론에 이른다면 용서할 수 있을지 모른다. 그러나 부도덕한 범죄행위를 변호할 자유를 얻기 위해 자신의 논리에서 벗어나는 행동까지 용서할 수는 없다. 헤겔은 자신의 논리학을 통해 부분보다 전체가 더 큰 현실성과 우월성(헤겔에게 두 낱말은 동의어다)을 가진다고 믿었다. 또한 전체는 더 조직적으로 구성될수록 현실성과 우월성이 증가한다고 믿었다. 이것을 근거로 정부 없이 개인들로 이루어진 공동체보다 국가를 선호한 자신의 견해가 정당함을 보여 주었다. 그런데 그는 같은 근거로 국가들의 무정부적 상태보다 세계정부를 선호했어야 한다. 국가의 내부 문제를 다룰 경우에 당연히 헤겔의 일반적인 철학은 생각했던 것보다 개인을 더욱 존중한다고 느끼도록 만들었다. 왜냐하면 그의 논리학에서 다룬 전체는 파르메니데스의 일자나 스피노자의 신과 같지 않기 때문이다. 헤겔이 말한 전체 속에서 개인은 사라지지 않으며, 개인은 오히려 커다란 유기체와 조화로운 관계를 맺음으로써 충분한 현실성을 획득한다. 개인을 무시한 국가는 헤겔의 절대자를 소규모로 구현한 모형이 아니다.

헤겔의 형이상학에는 다른 사회 조직에 비해 국가를 배타적으로 강조할 어떤 좋은 이유도 제시되어 있지 않다. 그가 교회보다 국가를 선호한 데는 단지 개신교도의 편견이 작용했을 뿐이다. 더욱이 헤겔이 믿었듯 사회가 되도록 조직 체계를 갖추어야 좋다면, 국가와 교회 말고도 많은 사회 조직이 필요하다. 헤겔의 원리에서 다음과 같은 결론을 도출해야 마땅하다. 공동체에 해가 되지 않으며 협동하여 증진시킬 수 있는 모든 이익에 적합한 조직이 있게 마련이고, 그러한 조직은 모두 제한이 있더라도 독립을 유지해야 한다. 궁극적 권위는 어딘가에 귀속되어야 하고, 국가가 아닌 다른 어디에도 귀속될 수 없다는 반론이 나올지도 모른다. 그렇더라도 이러한 궁극적 권위는 어떤 한계를 넘어선 압제에 저항조차 할 수 없을 만큼 커지지 않아야 바람직할 것이다.

우리가 헤겔의 철학 전체를 평가하려 할 때 여기서 근본적 질문을 제기할 수 있다. 전체는 부분보다 현실성이 더 크고, 가치가 더 높은가? 헤겔은 두 질문에 긍정적으로 대답한다. 현실성에 대한 문제는 형이상학에 속하며, 가치의 문제는 윤리학에 속한다. 흔히 두 문제를 마치 구별되지 않는 것처럼 다루지만, 따로 떼어서 다루는 일은 매우 중요하다. 우선 형이상학적 질문을 살펴보자.

헤겔을 비롯한 많은 철학자의 견해에 따르면, 우주에 속한 어느 부분의 특성이든 다른 부분이나 전체와 맺는 관계의 영향을 받는다. 또한 어느 부분에 관해서든 전체 안에서 부분이 차지하는 자리를 지정하지 않고서 참된 주장을 할 수 없다. 부분이 전체 안에서 차지하는 자리는 다른 모든 부분에 의존하므로, 전체 안에서 부분이 차지하는 자리에 관한 참된 진술은 동시에 다른 부분이 저마다 전체 안에서 차지한 자리를 지정하게 된다. 따라서 오로지 한 가지 진술만 참일 수 있다. 전체적 진리 말고 진리란 있을 수 없다. 마찬가지로 전체 말고 어떤 사물도 완전한 의미로 현실적이지 않다. 어떤 부분이든 분리되었을 경우 분리됨으로써 특성이 변하여, 진정으로 존재하는 사물을 완전하게 드러내지 못하기 때문이다. 다른 한편으로 부분을 마땅히 존재해야 할 전체와 맺는 관계 속에서 바라볼 경우, 부분은 스스로 존재하지 않으며 오직 진정으로 현실적 전체의 부분이 되는 길 말고 존재할 수 없다. 이것이 형이상학과 관련된 학설이다.

윤리와 관련된 학설은 가치가 부분이 아니라 전체에 귀속된다고 주장한다. 여기서 형이상학적 학설이 참이라면 윤리적 학설은 참일 수밖에 없지만, 형이상학적 학설이 거짓이라도 윤리적 학설은 거짓일 필요가 없다. 더욱이 윤리적 학설은 어떤 전체에 대해서 참이고, 다른 전체에 대해서 참이 아닐 수도 있다. 어떤 의미에서 헤겔의 윤리적 학설이 생명체에 대해 참이라는 점은 명백하다. 눈은 신체에서 분리되면 고유한 가치를 잃고 만다. **신체의 조각들**disjecta membra을 모아놓더라도, 한때 분리되기 전의 신체에 속했던 가치를 그대로 보존하지 못한다. 헤겔은 시민과 국가의 윤리적 관계를 눈과 신체의 관계에 유비하여 이해한다. 시민의 자리는 더 가치 있는 전체의 일부이지만, 분리되면 떼어 낸 눈만큼이나 쓸모없어진다. 그렇지만 유비는 의심할 여지가 있다. 몇몇 전체의 중요성에서 모든 전체가 중요하다는 결론은 따라나오지 않는다.

이러한 윤리 문제에 대한 진술은 한 가지 중요한 점, 바로 목적과 수단의 구별을 고려하지 않은 점에서 결함이 있다. 눈은 살아 있는 신체의 일부일 때 **유용하다**. 말하자면 눈은 수단으로서 가치가 있다. 그러나 눈은 신체에서 떼어 내면 고유한 **본래적** 가치를 갖지 못한다. 사물은 그 밖에 어떤 사물의 수단이 아니라 그 자체로 높은 평가를 받을 경우에 본래적 가치를 지닌다. 우리는 눈을 보기 위한 수단으로 평가하며, 보는 활동은 수단일 수도 목적일 수도 있다. 보는 활동이 우리에게 음식이나 적을 드러내 보여 줄 경우에 수단이며, 우리가 아름답다고 여기는 대상을 우리에게 드러낼 경우에 목적이다. 국가는 분명히 수단으로서 가치가 있다. 그러니까 국가는 도둑과 살인자에게서 우리를 보호해 주며, 도로 시설과 학교 제도를 제공한다. 당연히 국가는 동시에 나쁜 결과를 초래하는 수단이 되기도 한다. 예컨대 정의롭지 못한 전쟁을 일으킬 수 있다. 헤겔과 관련하여 제기해야 할 현실적 문제는 이것보다 국가가 목적으로서 자체로 선한지 여부다. 시민이 국가를 위해 존재하는가, 국가가 시민을 위해 존재하는가? 헤겔은 전자의 견해를 주장한다. 하지만 로크에서 유래한 자유주의 철학은 후자의 견해를 주장한다. 명백한 사실은 우리가 국가를 자신의 생명을 소유한 존재, 어떤 의미의 인격으로서 생각할 경우에만 국가에 본래적 가치를 부여하게 된다는 점이다. 이러한 논점에서 헤겔의 형이상학은 가치 문제와 관련된다. 인격은 단일한 생명을 가진 복잡한 전체다. 그러면 신체가 기관으로 구성되듯 인격으로 구성되면서도 그것을 구성하는 인격이 품은 생명의 총합이 아닌 단일한 생명을 가진 초인격super-person이 존재할 수 있을까? 헤겔의 생각대로 초인격이 존재할 수 있다고 가정하자. 그러면 국가가 바로 그러한 존재일 테고, 국가는 신체 전체가 눈보다 우월하듯 우리 자신보다 우월할지도 모른다. 그러나 우리가 초인격체인 국가를 형이상학적 괴물로 간단히 생각해 버린다면, 이렇게 말하게 될 것이다. 어떤 공동체의 본래적 가치는 공동체를 구성한 일원의 본래적 가치에서 유래하며, 국가는 목적이 아닌 수단일 따름이다. 그래서 우리는 윤리 문제에서 형이상학 문제로 되돌아왔다. 앞으로 밝혀지겠지만 형이상학의 문제는 현실적으로 논리학의 문제다.

쟁점은 헤겔의 철학이 진실이냐 허위냐는 문제보다 훨씬 넓은 범위에 걸쳐 나타난다. 왜냐하면 이러한 문제가 분석적 방법에 우호적인 사람과 적대적인 사람을 나누기 때문이다. 내가 "존은 제임스의 아버지다"라고 말한다고 가정하자. 헤겔과 스뫼츠Jan Smuts(1870~1950) 원수가 '전체론holism'이라고 칭한 견해를 믿는 사람은 모두 이렇게 말할 터다. "이 진술을 이해할 수 있으려면 존과 제임스가 누구인지 먼저 알아야 한다. 이제 존이 누구인지 안다는 말은 그의 특징을 전부 안다는 뜻이다. 왜냐하면 그의 특징을 제외하면 그는 다른 어느 누구와도 구별될 수 없기 때문이다. 그런데 그가 가진 모든 특징은 다른 사람이나 다른 사물과 밀접한 관계가 있다. 그는 자기 부모, 아내, 자식과 맺는 관계에 의해, 선량한 시민이냐 불량 시민이냐에 의해, 그가 속한 나라에 의해 자신의 특징을 갖게 된다. 네가 '존'이라는 낱말이 누구를 가리키는지 안다고 말하려면, 너는 이러한 모든 것을 알아야 한다. '존'이란 낱말이 무엇을 의미하는지 말하려고 한 걸음 한 걸음 애쓰는 가운데, 너는 결국 온 우주를 고려해야 하는 지경에 이른다. 따라서 네가 말한 애초의 진술은 분리된 두 사람인 존과 제임스가 아닌 우주에 관해 말하고 있다는 점이 드러난다."

이제 이러한 문제는 상관없지만, 처음부터 반론을 면하기 어렵다. 위에서 펼친 논증이 건전하다면 도대체 지식이 성립할 수 있을까? 나는 "A는 B의 아버지다"라는 형식의 수많은 명제를 알지만 온 우주에 대해 알지 못한다. 만일 모든 지식이 우주 전체에 대한 지식을 전제한다면, 지식은 아무 곳에도 존재하지 않을 것이다. 이것만으로도 어딘가 오류가 있지 않은지 의심을 품기에 충분하다.

사실은 이렇다. '존'이라는 낱말을 지적인 방식으로 바르게 사용하기 위해 내가 존에 관한 **모든 사실**을 알 필요는 없으며, 그를 알아보면 충분하다. 당연히 존은 우주 안의 모든 사물과 가깝거나 먼 관계를 맺는다. 하지만 우주와 맺는 관계 자체가 직접적 화젯거리인 경우를 제외하면, 우주와 맺는 관계를 고려하지 않아도 존에 대해 참된 진술을 할 수 있다. 그는 제임스의 아버지일 뿐만 아니라 제미마의 아버지일 수도 있지만, 그가 제임스의 아버지라는 사실을 알기 위해 그것까지 알 필요는 없다. 헤겔이 옳다면, 우리는 "존은 제임스의 아버지다"라는 진술의 의미를 제미마에 대해 언급하지 않고서 충분히 나타낼 수 없을 것이다. 우리는 "제미마의 아버지인 존은 제임스의 아버지다"라고 말해야 한다. 이것으로도 아직 충분하지 않은데, 우리는 더 나아가 그의 부모와 조부모를 비롯해 누구의 누구라는 전체 관계를 모두 언급해야 하기 때문이다. 그러면 우리는 부조리한 상황에 빠진다. 헤겔의 입장을 이렇게 말할 수도 있다. "'존'이라는 낱말은 존에 대해 참이 되는 모든 사항을 의미한다." 그러나 이 문장이 정의로서 순환적인 까닭은 '존'이라는 낱말이 정의하는 어구 속에 나타나기 때문이다. 사실상 헤겔이 옳다면 누구도 의미를 전혀 파악하지 못한다. 헤겔의 이론에 따르면 '존'이라는 낱말의 의미에 해당하고 낱말이 가리키는 것의 모든 속성을 진술하기 위해 다른 모든 낱말의 의미를 이미 알고 있어야 하기 때문이다.

문제를 추상적으로 살펴보면 이렇다. 우리는 다른 종류의 속성을 구별해야 한다. 어떤 사물은 다른 사물을 포함하지 않고서 속성을 가질 수도 있고, 이러한 종류의 속성을 **성질**quality이라 부른다. 혹은 어떤 사물은 다른 하나의 사물을 포함하는 속성을 가질 수도 있는데, 결혼함 같은 속성이다. 또는 어떤 사물은 다른 두 사물을 포함하는 하나의 속성을 가질 수도 있는데, 처남이나 매형임 같은 것이다. 만일 어떤 사물이 성질들의 어떤 더미를 가지고, 다른 어떤 것도 바로 이러한 성질들의 더미를 갖지 않는다면, 그것은 '이러저러한 성질을 가진 사물'로 정의될 수 있다. 순수한 논리로 어떤 사물이 이러저러한 속성을 가짐에서 그것의 관계적 속성에 대해 아무것도 연역할 수 없다. 어떤 사물에 관해 다른 모든 사물과 구별할 만큼 충분히 알면, 그것의 모든 속성을 논리로 추론할 수 있다고 헤겔은 생각했다. 이것은 명백한 오류이고, 이러한 오류에서 헤겔 체계의 당당해 보이는 전체 구조가 생겨났다. 이것은 중요한 진리, 다시 말해 논리가 형편없을수록 거기서 생겨난 귀결은 더욱 흥미롭다는 점을 보여 준다.

23.
바이런

19세기는 오늘날보다 이성에 근거한 진보를 믿으면서 만족을 추구한 것처럼 보인다. 그런데 자유주의적 낙관론이 지배한 19세기에 속한 비범한 인물 가운데, 우리 시대에 속하지만 정반대되는 성질을 가진 사람도 많았다. 인간을 예술가나 발견자도 아니고 우리 자신의 취미에 공감하거나 반감을 드러낸 자도 아닌 힘으로서, 사회 구조와 가치 판단, 지식인의 사고방식에 변화를 일으킨 원인으로서 살펴보자. 그러면 우리는 최근 일어난 사건의 추이에 따라 19세기의 비범한 인물들을 재평가할 필요가 있다. 어떤 사람은 이전보다 덜 중요한 자리를, 다른 사람은 더 중요한 자리를 차지하게 될 것이다. 생각보다 더 중요하다고 평가받을 인물 가운데 바이런George Gordon Byron (1788~1824)이 단연 높은 자리를 차지할 만하다. 유럽 대륙에서라면 이러한 견해에 새삼스레 놀라지 않겠지만, 영어권 세계에서는 이상하게 생각할지 모르겠다. 바이런은 대륙에 큰 영향을 미쳤으나, 정작 정신적 후계자를 찾아야 할 영국에서는 영향력이 전무하다. 대부분의 영국인은 바이런의 시를 조잡하고 하찮게 여길 뿐만 아니라 예술적 감수성조차 천하게 취급하곤 한다. 그러나 바이런의 감수성과 인생관은 외국에 전해져 발전하고 변형되면서 널리 퍼져 나가, 마침내 중요한 대사건을 일으킨 요인으로 작용했다.

당대에 바이런으로 대표되는 귀족주의적 반항아는 농민이나 무산계급의 반란을 주도한 지도자들과 전혀 다른 유형에 속한다. 배고픈 사람들에게 불만을 자극하거나 변명할 정교한 철학이 필요 없을뿐더러, 그들에게 철학은 기껏해야 게으른 부자들의 놀음으로 비칠 뿐이다. 그들은 다른 사람이 가진 것을 원할 뿐이고, 만질 수 없는 한낱 공상에 불과한 형이상학적 선을 원하지 않는다. 그들은 중세 공산주의로 기운 반역도처럼 그리스도의 사랑을 설교할 수도 있지만, 사랑을 말하는 현실적 이유는 지극히 단순하다. 부유한 권력자들은 그리스도의 사랑을 모르기 때문에 가난한 사람들을 고통 속으로 몰아넣었으며, 반역을 위해 모인 동지들에게 그리스도의 사랑이 성공을 거두기 위한 필수 요소라고 생각할 따름이다. 그러나 투쟁 경험은 사랑의 힘에 절망하도록 이끌었고, 적나라한 증오심을 추진력으로 남겨 두었다. 이러한 유형의 반항아가 마르크스처럼 어떤 철학을 발명하면, 가치에 관한 철학이 아니라 오로지 그가 속한 당파의 최종 승리를 증명하기 위해 설계된 철학에 그칠 것이다. 이러한 반항아가 추구하는 가치는 원색적이다. 바로 선이란 충분히 먹는 것이고 나머지는 쓸데없고 공허한 말에 지나지 않는다. 배고픈 사람이라면 아무도 달리 생각할 수 없을 것 같다.

귀족주의적 반항아는 충분히 먹으며 살아왔기 때문에 불만의 원인을 다른 데서 찾아낸다. 나는 요즘 정치판에서 단지 권력만 좇는 당파의 지도자를 반항아의 범주에 넣지 않을 것이며, 오로지 자신의 철학을 매개로 개인적 성공보다 더 큰 변화를 가져온 이들만 반항아라고 부른다. 그들이 품은 불만의 숨겨진 원천은 권력욕일지 몰라도, 그들이 의식한 사상에는 세계 지배에 대한 비판이 포함되어 있다. 세계 지배는 세력이 막강해짐에 따라 거대한 우주적 자기주장의 형태로 나타나고, 미신을 믿는 자들에게는 악마 숭배의 형태로 등장한다. 두 형태는 모두 바이런의 사상 속에 깃들어 있다. 세계 지배의 두 형태는 대개 그의 영향을 받은 인물을 통해, 전혀 귀족적이지 않은 다수가 속한 사회 계층에 흔히 나타나는 현상이 되었다. 귀족주의적 반항의 철학은 성장하고 발전하고 변화를 거듭한 끝에 마침내 성숙한 모습을 갖추었고, 나폴레옹이 몰락한 이후 일어난 카르보나리당Carbonari[114]의 운동부터 1933년 히틀러의 쿠데타에 이르는 긴 혁명적 움직임에 영감을 불어넣었다. 각 단계에 상응하여 지식인과 예술가의 사유 방식, 감정 표현 방식에 영감을 불어넣었다는 말이다.

귀족으로 태어난 사람은 기질이나 환경이 어떤 식으로든 독특하지 않다면 분명히 반항아가 되지 않는다. 바이런의 환경은 대단히 독특했다. 어린 시절의 기억은 부모의 다툼으로 채워져 있었다. 그는 어머니의 잔인성을 두려워한 동시에 그녀의 통속적이고 야비한 면을 경멸했다. 유모는 엄격한 칼뱅파 신학을 믿는 심술궂은 성격의 소유자였다. 그는 절뚝거리는 다리 때문에 수줍음을 타서 학교의 또래 친구들과 어울리지 못했다. 바이런은 빈곤하게 살다가 열 살이 되던 어느 날 갑자기 귀족이자 뉴스테드의 주인이 되었다. 유산을 상속해 준 종조부는 '사악한 귀족'으로 33년 전 결투에서 어떤 남자를 죽여 이웃에게 배척을 받았다. 바이런 가문에는 불법적인 일들이 끊임없이 이어졌으며, 외가 쪽 조상인 고든 가문은 더 심했다. 에버딘 뒷골목의 지저분한 생활에서 마침내 벗어난 소년 바이런은 당연히 자신의 귀족 칭호와 대저택의 호사를 기뻐했고, 조상의 소유지를 상속받은 것에 감사하며 그들의 신분도 기꺼이 물려받았다. 최근 호전성으로 곤경에 빠졌지만, 바로 호전성이 이전 세기에 그들에게 명성을 가져다주었다는 점도 알아챘다. 초창기에 쓴 시들 중 「뉴스테드 저택을 떠나며」는 그때의 정서를 고스란히 표현하고 있는데, 십자군으로 출정하고 크레시와 마스턴 무어에서 싸운 자기

114 * 19세기 이탈리아의 급진 공화주의 결사. 프리메이슨의 주장에 동조한 자유주의와 통일 이탈리아를 부르짖은 정치 조직.

조상을 찬양한다. 그는 경건하고 결의에 찬 언어로 시를 끝맺는다.

> 그는 당신들과 같이 살다 당신들과 같이 죽으리라.
> 그는 썩었을 때 흙이 되어 당신들과 섞이리.

시에서 반항적 분위기는 전혀 찾을 수 없지만, 중세의 지방 귀족을 모방한 근대의 귀족인 '차일드' 해럴드'Childe' Harold가 떠오른다. 대학생으로서 난생 처음 소득이 생겼을 때, 그는 아무에게도 의존하지 않는 독립된 존재로서 느낀 감상을 이렇게 적었다. "자신의 현금을 주조하게 만드는 독일의 왕이나 한 푼도 주조할 수 없지만 더 귀중한 자유를 향유하는 체로키 인디언 추장처럼 독립된 존재라고 느낀다. 상냥한 엄마가 폭군처럼 굴었기에, 나는 기쁨에 넘쳐 자유의 여신을 이야기한다." 인생의 후반기에 자유를 찬미하며 더욱 귀족적인 시를 썼지만, 그가 찬미한 자유란 독일 왕이나 체로키 인디언 추장의 자유이지 평범한 사람이 생각하거나 향유할 수 있는 열등한 자유가 아니었다는 것을 반드시 알아야 한다.

바이런이 혈통과 귀족 칭호를 얻었는데도 귀족 친척들이 그를 싫어하거나 피했기 때문에, 그는 귀족 사회의 일원이 될 수 없다는 느낌에 시달렸다. 바이런은 어머니를 몹시 싫어했고 어머니 또한 의심의 눈길로 그를 바라보았다. 그는 어머니가 천박하고 야비하다는 것을 알고 자신에게 비슷한 결점이 있지나 않을까 남몰래 두려워했다. 이로부터 속물근성과 반항 정신이 독특하게 혼합된 바이런의 성격이 탄생했다. 바이런은 현대풍의 신사gentleman가 되지 못한다면, 십자군 출정에 나섰던 조상들 풍의 용감한 귀족, 어쩌면 더욱 잔인하고 훨씬 낭만적인 황제파의 우두머리가 되려고 했을 것이다. 황제파는 실각의 길로 접어들었을 때 난폭하게 행동하여 신과 인간의 저주를 받았다. 중세의 기사 이야기와 역사서는 그가 따른 예법과 전례를 가르쳐 주었고, 그는 호엔슈타우펜인 양 죄를 짓고 십자군의 기사인 양 이슬람교도와 싸우다 죽었다.

바이런은 수줍어하는 성격에 더하여 친구가 없다는 외로움에 지쳐 애정 행각에서 위안을 찾았다. 그런데 무의식적으로 연인이 아닌 어머니를 찾고 있었기 때문에 오거스타를 뺀 모든 여자는 그에게 실망만 안겨주었다. 그는 칼뱅파 신앙을 결코 버린 적이 없다. 1816년에 셸리에게 자신을 감리교도이자 칼뱅주의자이며 아우구스티누스 추종자로 소개했다. 그래서 자신의 생활 방식이 부도덕하고 부정하다는 느낌에 사로잡혔다. 그는 자신의 부도덕성이 자기 혈통에 유전된 저주이며 전능한 신에 의해 예정된 사악한 운명이라고 고백했다. 그것이 정말로 사실이라면, 그는 비범**해져야 하기** 때문에 한 사람의 죄인으로서 비범해져야 했을 테고, 자신이 경멸해 마지않던 당대를 풍미한 자유사상가들의 용기를 뛰어넘는 죄를 감히 저질렀을 것이다. 그가 오거스타를 진심으로 사랑했던 까닭은 그녀가 자신의 혈족, 바로 바이런 가문에 속한 이스마엘의 자손Ismaelite[115]이었기 때문이다. 더욱이 오거스타가 일상생활을 책임지면서 누나처럼 친절히 돌봐 주었다. 그러나 이것이 그녀가 준 전부는 아니었다. 그녀는 단정하고 의무를 충실히 이행하는 착한 성품의 소유자로 그에게 도취적 자기만족을 위한 자책의 수단을 제공했다. 이로써 바이런은 자신을 만프레드[116]나 카인, 거의 악마 자체와 대등한 크나큰 죄인과 같다고 느낄 수 있었다. 칼뱅주의와 귀족주의, 반항은 모두 동등하게 충족되었다. 그리고 낭만적인 연인은 더 부드러운 연민과 사랑의 감정을 여전히 일깨울 수 있었던 지상의 유일한 존재를 잃자 가

115 * 이스마엘의 자손Ishimaelite은 구약성서에 등장하는 부족인데, 여기서는 낭만적 반항을 상징하는 용어로 사용되었다.

116 * 신성 로마 제국의 프리드리히 2세 황제의 사생아로, 시칠리아 왕국의 마지막 호엔슈타우펜 출신의 군주였다. 바이런이 쓴 시극의 주인공 이름이기도 하다.

슴이 찢어졌다.

바이런은 자신을 사탄 같은 자라고 생각했어도 자신을 신의 위치에 놓는 모험을 감행하지 않았다. 긍지의 성장을 보여 주고 다음 단계를 밟은 자는 니체이며 이렇게 말한다. "신들이 있다면 내가 신이 아니라는 것을 어떻게 견딜 수 있을까! **그러므로** 신들은 없다." 이러한 추리의 숨은 전제에 주목하라. "나의 긍지를 낮추는 것은 무엇이든 거짓으로 판단해야 한다." 니체는 바이런과 마찬가지로 심지어 더 경건한 분위기 속에서 양육되었으나 더 우수한 지성의 소유자였기에 악마숭배주의보다 나은 탈출구를 찾아냈다. 하지만 니체는 바이런에게 언제나 공감을 표현했다. 그는 이렇게 말한다.

"비극은 우리가 가슴과 머릿속에 엄밀한 진리 추구 방법을 가지고 있다면 종교적 교리와 형이상학의 독단을 믿을 수 없고, 다른 한편 우리는 인간성을 발전시킴으로써 너무 유연하고 예민하게 고통을 느껴서 구원과 위안을 얻을 아주 고상한 종류의 수단이 필요하다는 데 있다. 여기에서 인간이 스스로 인정한 진리 때문에 피를 흘리고 죽을 수도 있는 위험이 생겨난다." 바이런은 불멸의 시구로 이것을 표현한다.

슬픔은 지식에서 비롯되지.
가장 많이 아는 자 치명적 진리를 넘어 가장 깊은 슬픔으로 비통해하네.
지식의 나무는 생명의 나무가 아니라네.

이따금 드물지만 바이런은 니체의 관점에 가까워진다. 그러나 대체로 그의 윤리 이론은 실천과 반대로 엄밀히 말해 관습을 따르는 수준에 머문다.

니체에게 위대한 인간은 신과 흡사한 존재이고 바이런에게는 흔히 자신과 싸우는 티탄Titan[117]이다. 하지만 때로 차라투스트라와 다르지 않은 현자,

바로 해적의 초상을 그리기도 한다. 현명한 해적은 부하를 이렇게 지휘한다.

> 세속적인 마음을 고요하게 현혹하고 이끌어 공포에 떨게 하는
> 지휘의 기교로써 그들의 영혼을 뒤흔든다.

그리고 이러한 영웅은 '가책을 너무 많이 느끼는 인간을 증오했다.' 어느 주석에서 해적이 반달족 왕인 가세리크와 황제파의 독재자인 에첼리노, 어떤 루이지애나의 해적과 비슷한 특징을 보이므로 인간의 본성에 충실하다고 장담한다.

바이런은 영웅의 행적을 탐색할 때 자신을 억지로 지중해 연안의 레반트와 중세에 가두지 않았다. 나폴레옹에게 낭만주의의 외투를 입히는 것이 쉬웠기 때문이다. 나폴레옹이 19세기 유럽인의 상상력에 미친 영향은 대단히 컸다. 그는 클라우제비츠Carl von Clausewitz(1780~1831)[118], 스탕달Stendhal(1783~1842)[119], 하이네Heinrich Heine(1797~1856)[120]에게 영감을 주었으며, 피히테와 니체 사상의 촉매제 역할을 하는 동시에 이탈리아 애국주의자들의 활동을 자극했다. 나폴레옹의 환영幻影은 19세기 내내 활개를 쳤으며, 평화주의와 소매업을 비웃고 산업주의와 상업에 저항하여 세력을 키울 유일한 힘으로 작용한다. 톨스토이Lev Tolstoy(1828~1910)는 『전쟁과 평화』를 통해 나폴레옹의 환영을 쫓아내려 했으나 헛수고였다. 나폴레옹의 유령이 당시보다

---

117 * 그리스 신화에서 우라노스(하늘)와 가이아(땅)의 자식인 거인족의 이름이다. 여기서는 바이런의 반항적인 삶을 상징하는 용어로 사용되었다.

118 * 프로이센의 군인으로 『전쟁론*Vom Kriege*』에서 적의 모든 영토, 재산, 주민을 공격 대상으로 삼는 전면전 개념을 주창했다.

119 * 프랑스의 소설가로 인습에 얽매이지 않고, 감각과 본능이 이끄는 대로 사는 인물이 세상에 반항하면서 겪는 삶을 묘사했다.

120 * 독일의 시인이자 평론가로 독일 낭만주의를 대표한다. 서정시뿐 아니라 정치 풍자와 혁명적 사상을 담은 시들도 썼다.

위력을 크게 떨친 적은 없었다.

나폴레옹의 백일천하 기간에 바이런은 나폴레옹의 승리를 기원한다는 소망을 공표했으며, 워털루 전투 소식을 듣고 나서 "내가 저주를 받아 이러한 슬픔을 겪는다"라고 말하기도 했다. 그는 딱 한 번 잠시 자신의 영웅에게서 돌아선 적이 있었다. 나폴레옹이 퇴위하여 수모를 감내하느니 자살하는 편이 낫다고 생각했던 1814년의 일이다. 이때 그는 워싱턴George Washington (1732~1799)의 덕을 기리며 위안을 찾으려 했으나, 나폴레옹이 엘바섬에서 돌아오자 그러한 노력을 더는 할 필요가 없어졌다. 바이런이 죽자 프랑스에서는 금세기의 두 위인, 나폴레옹과 바이런이 거의 동시에 세상을 떠났다고 대서특필했다.[121] 당시 바이런을 '유럽 최고 귀족 정신'으로 간주하며 그의 죽음을 '형제를 잃은' 것처럼 느낀 칼라일은 나중에 괴테를 더 좋아했지만 여전히 바이런과 나폴레옹을 묶어 생각했다.

"고결한 정신의 소유자들이 이처럼 몇몇 예술 작품을 어느 지방의 말로든 발표하는 일은 당연한 결과다. 그것은 당당히 악마와 맞서 싸우기 전에 악마와 더불어 치열한 논쟁을 벌이려는 것이 아니고 무엇 때문이겠는가? 바이런은 **조지 경의 슬픔**을 운문과 산문, 그 밖에도 다채로운 방식으로 발표한다. 보나파르트는 **나폴레옹의 슬픔**이라는 가극을 너무도 엄청난 표현 양식으로 연출한다. 음악은 대포의 일제사격 소리이자 천지를 뒤흔드는 살인의 비명소리다. 무대 조명은 대화염이며, 각운脚韻과 서창敍唱은 전열을 이룬 군대의 발자국 소리이자 도시가 함락당하는 소리다."[122]

3개 장을 더 읽고 나면 "그대의 바이런을 덮고 괴테를 펼쳐라"라고 강조하는데, 거의 명령조로 느껴진다. 그러나 바이런은 핏줄 속에 스며든 반면

---

121 모루아, 『바이런의 생애』.

122 칼라일, 『의상 철학』, 2권 6장.

괴테는 영감을 준 존재로 남는다.

칼라일에게 괴테와 바이런이 정반대 인물로 비쳤던 반면, 알프레드 드 뮈세Alfred de Musset(1810~1857)에게 두 인물은 유쾌한 프랑스인의 영혼 속에 우울의 독약을 투입한 공범자들이다. 당시 프랑스의 젊은이들은 대부분 오로지 『젊은 베르테르의 슬픔』을 통해 괴테를 알았던 듯하며, 올림포스의 신처럼 당당한 괴테를 결코 알지 못했다. 뮈세는 바이런이 아드리아해와 구이치올리 백작부인에게서 위안을 얻지 못했다고 비난했다. 바이런이 백작부인을 알게 된 후 『만프레드*Manfred*』를 더 쓰지 않은 일은 잘못이라는 말이다. 그런데 『돈 후안*Don Juan*』은 괴테의 더욱 유쾌한 시만큼이나 프랑스에서 거의 읽은 사람이 없었다. 뮈세가 비판했는데도 프랑스의 시인들은 이후 바이런의 불행을 시적 영감을 주는 가장 좋은 재료로 삼았다.

뮈세의 판단에 따르면 바이런과 괴테가 당대 최고 천재라도 나폴레옹 다음가는 천재일 뿐이다. 1810년에 태어난 뮈세는 스스로 제국의 흥망을 둘러싼 시적인 서사문에서 "두 전투 사이에서 생각하고 판단한다"라고 묘사한 세대에 속한 사람이었다. 독일에서 나폴레옹에 대한 감정은 더욱 분열되어 나타났다. 하이네Heinrich Heine(1797~1856)처럼 나폴레옹을 자유주의의 강력한 전파자이자 봉건제의 파괴자, 적출자의 적, 유산 상속자인 소공자들을 두려움에 떨게 만든 자로 보는 사람들이 있었다. 다른 한편에 나폴레옹을 적그리스도이자 고결한 독일 민족을 장차 파괴할 자, 튜턴족의 덕은 오직 프랑스에 대한 억누를 길 없는 증오심으로 보존되어야 함을 한꺼번에 입증하는 부도덕한 자로 생각한 사람들이 있었다. 비스마르크는 양측을 종합한 의견을 내놓았다. 나폴레옹은 여전히 적그리스도이지만, 단지 혐오할 대상이 아닌 모방해야 하는 인물이었다. 이러한 절충안을 수용한 니체는 전형적인 전쟁의 시대가 다가온다는 것에 악마 같은 기쁨을 표현했고, 이러한 기쁨을 프랑스혁명이 아니라 나폴레옹에게서 얻는다. 이러한 길을 따라서 국가주의, 악마숭배주의, 영웅 숭배, 바이런의 유산이 복잡한 독일 정신의 일부로 자리 잡았다.

바이런은 온화하기보다 폭풍처럼 난폭했다. 그가 루소에 대해 한 말은 바로 바이런 자신에게 적용할 수도 있다. 그는 루소에 대해 이렇게 말한다.

정열 위로 황홀함의 옷을 걸친 자,
비통함 속에서 대중을 압도하는 웅변을 토해 내는 자……
그런데도 그는 알았네,
광기를 미화할 방법을,
부정한 행동과 부정한 생각 위에
천국의 색상을 입히는 방법을.

그러나 루소와 바이런 사이에 아주 큰 차이가 있다. 루소는 연민의 정을 불러일으키는 감상적 인물인 반면, 바이런은 격렬한 감정의 소유자였다. 루소의 비겁한 성격은 명백하게 드러나지만, 바이런의 비겁한 성격은 숨어 있다. 루소는 단순한 덕을 찬양한 반면, 바이런은 삶을 이루는 요소라면 죄도 찬양한다. 이러한 차이는 비사교적 본능에 따른 반항의 두 단계 사이에 나타날 뿐이지만 중요하고, 낭만주의 운동이 발전하고 있는 방향을 보여 준다.

바이런의 낭만주의는 단지 절반만 진지했다는 점을 인정해야 한다. 당시 그는 교황의 시가 자기 시보다 더 낫다고 말했을 텐데, 그러한 판단도 당시 특별한 분위기 속에서 형성된 판단에 지나지 않을 공산이 크다. 세상은 바이런을 단순한 존재라고 우기며 우주적 절망에 빠진 정신 상태와 인류에 대해 드러낸 공공연한 경멸적 태도를 생략하곤 한다. 저명한 다른 여러 인물처럼 현실에 살았던 사람이 아니라 신화적 존재로서 더 중요한 위치를 차지하는 그는 특히 유럽 대륙에서 대단히 중요했다.

24.
쇼펜하우어

쇼펜하우어Arthur Schopenhauer(1788~1860)는 철학자 가운데 어느 모로 보나 특이한 인물이다. 그는 비관주의자의 길을 택했지만 다른 철학자들은 대부분 어떤 의미로든 낙관주의자의 길을 걸었다. 그는 칸트나 헤겔과 달리 철저한 학구파가 아니었으나 대학의 학술 전통 밖으로 완전히 벗어나지도 못했으며, 그리스도교를 싫어한 반면 인도의 힌두교와 불교를 좋아했다. 광범위하게 문화를 흡수한 쇼펜하우어는 윤리뿐만 아니라 예술에도 관심이 많았다. 유독 민족주의나 국가주의에서 자유로웠던 만큼 자기 나라 독일의 작가들뿐만 아니라 영국과 프랑스 저술가들의 사상에도 정통했다. 늘 전문적인 철학자보다 자신이 믿는 철학을 탐구한 예술가와 문인들에게 호소했다. 쇼펜하우어는 19, 20세기에 유행한 철학의 큰 특징인 의지Will를 강조하고 철학적으로 부각시켰다. 그에게 의지는 형이상학적으로 근본이지만 윤리적으로는 악이다. 이것은 비관주의자가 할 수 있는 유일한 반항이다. 쇼펜하우어는 자신의 철학을 형성한 세 원천이 칸트, 플라톤, 우파니샤드Upanishad(고대 인도의 철학서)라고 말하지만, 그가 생각한 만큼 플라톤의 사상에서 영향을 많이 받았다고 생각하지 않는다. 쇼펜하우어의 사상은 몇 가지 특별한 점에서 헬레니즘 시대의 사고방식과 기질이 유사하다. 세상에 대해 염증을 느낀 허약 체질의 쇼펜하우어는 걱정으로 가득 차서 승리보다 평화에, 개혁 시도보다 정적주의quietism에 더 가치를 부여한다. 그는 개혁이란 아무래도 헛수고로 끝날 수밖에 없다고 생각한다.

부모는 둘 다 단치히의 유명한 상인 가문 출신이었고, 쇼펜하우어도 단치히에서 태어났다. 쇼펜하우어의 아버지는 볼테르 추종자여서 영국을 자유와 지성의 나라로 동경했다. 단치히의 대다수 지도층 서민들과 마찬가지로 그는 자유도시의 독립을 침해하는 프로이센에 극도로 반감을 품었다. 1793년 단치히가 프로이센과 합병했을 때 분개한 나머지 적지 않은 금전 손실을 감수하면서 함부르크로 이사까지 했다. 그곳에서 쇼펜하우어는 아버지와 1793년부터 1797년까지 살았다. 그 후 파리에서 2년간 지냈는데, 체류 기간 말미에 아버지는 아들이 독일어를 거의 잊어버린 사실을 알고 기뻐했다. 1803년에 영국의 기숙학교에 들어갔고, 그곳에서 쓰는 말투와 위선을 혐오했다. 2년 후 아버지를 기쁘게 하려고 함부르크의 상점에 서기로 취직했으나, 사업 경력을 쌓는 일에 염증을 느끼고 문학과 학문에 종사하는 삶을 갈망했다. 자살이었을 개연성이 높은 아버지의 죽음으로 그는 바라던 생활을 하게 되었다. 어머니는 그가 고등학교와 대학에서 공부하기 위해 직장을 그만두겠다고 하자 개의치 않았다. 이러한 사실만 보고 쇼펜하우어가 아버지보다 어머니를 더 좋아했겠다고 추측할지도 모른다. 그러나 정반대였다. 오히려 어머니를 몹시 싫어하고, 아버지에 대해 애정 어린 추억을 간직했다.

쇼펜하우어의 어머니는 문학적 열망과 포부를 가진 야심찬 여성이었는데, 예나 전투가 시작되기 전에는 2주간 바이마르에 방을 얻어 살았다. 그곳에서 문학 살롱을 열고 책을 쓰면서 교양 있는 사람들과 우정을 나누며 즐거운 시간을 보냈다. 정작 아들에게 거의 애정을 쏟지 않고 결점을 예리하게 지적했다. 그녀는 아들의 허풍과 공허한 열정을 경고했고, 쇼펜하우어는 어머니의 애정 행각을 혐오했다. 성년이 된 쇼펜하우어는 많지는 않아도 재산을 상속받았다. 그 후 어머니와 사이가 점점 벌어져 서로 참을 수 없는 지경에 이르렀다. 여성을 비하하는 그의 견해가 적어도 일부는 어머니와 다툰 경험에서 비롯되었다는 것은 의심할 여지가 없다.

쇼펜하우어는 함부르크에서 낭만주의자, 특히 티크L. Tieck(1773~1853)[123], 노발리스Novalis(1772~1801),[124] 호프만E. T. A. Hoffmann(1776~1822)[125]에게 영향을 받아 그리스 전통을 찬양하고 그리스도교의 히브리 문화적 요소를 나쁘게 평가하는 지적 성향을 몸에 익혔다. 다른 낭만주의자인 프리드리히 슐레겔F. Schlegel(1772~1829)[126]의 영향으로 인도 철학을 찬양하는 태도에 확신을 갖게 되었다. 성년이 되던 해(1809)에 괴팅겐대학교에 입학해 배우면서 칸트를 숭배했다. 2년 후에 베를린대학교로 가서 주로 과학을 연구했으며, 피히테의 강의를 수강했으나 피히테 사상에 경멸감만 가졌다. 그는 독일해방전쟁[127]으로 고조된 흥분과 동요 속에서도 줄곧 아무 관심도 없다는 듯 지냈다. 1819년에 베를린대학의 **사강사**Privatdozent가 되자, 헤겔과 같은 시간대에 강좌를 개설하겠다는 기발한 착상을 실행에 옮겼다. 그러나 헤겔의 수강생들을 끌어들이는 데 실패하여 강의를 곧 그만두었다. 결국 쇼펜하우어는 프랑크푸르트에 정착하여 독특한 노총각의 삶을 이어 갔다. 그는 아트만Aatman(세계영혼)이라는 이름을 붙인 애완견 푸들과 함께 매일 2시간씩 산책을 했으며, 긴 파이프 담배를 피웠고, 『런던 타임스』를 구독했으며, 자신의 명성을 조사하기 위해 통신원을 고용하기도 했다. 민주주의에 반대한 그는 1848년의 혁명을 증오했으며 심령술과 마법을 믿었다. 그의 연구실에는 칸트의 흉상과 부처의 청동상이 있었고, 일상생활에서 아침 일찍 일어

---

123 * 독일의 낭만주의 시인이자 소설가.

124 * 독일의 낭만주의 시인이자 이론가. 후대 낭만주의 사상에 지대한 영향을 끼쳤다.

125 * 초기 낭만주의를 이끈 독일의 작가.

126 * 독일의 낭만주의 시인이자 비평가, 학자.

127 * 1813~1814년에 독일이 나폴레옹의 지배에 대항해 벌인 전쟁.

나는 습관을 제외하면 칸트를 철저하게 모방하려고 했다.

쇼펜하우어는 1818년 말에 주요 작품인 『의지와 표상으로서의 세계*Die Welt als Wille und Vorstellung*』를 출판했다. 이 책은 대단히 중요한 가치를 지닌 저술이라 믿어 의심치 않았고, 몇몇 구절은 성령의 계시를 받아 적었다고 말하기도 했다. 그러나 결과는 그에게 참담한 치욕을 안겨줄 정도로 완전한 실패였다. 1844년에 그는 출판사를 설득하여 재출간했으나, 이후 수년이 지날 때까지도 인정받을 기미는 보이지 않았다.

쇼펜하우어의 체계는 칸트의 체계를 각색한 것이지만, 피히테나 헤겔이 강조했던 것과 아주 다른, 『순수이성 비판』의 양상을 강조한다. 그들은 사물 자체를 제거함에 따라 인식을 형이상학의 차원에서 근본적인 것으로 만들었다. 쇼펜하우어는 사물 자체를 존속시키면서 사물 자체를 의지와 동일시했다. 그는 나의 몸으로서 지각에 나타난 것이 현실적으로 의지라고 주장했다. 칸트의 사상을 발전시킨 이러한 견해에 대해 칸트주의자들이 대부분 기꺼이 인정하려던 수준보다 논의할 사항이 더 많았다. 칸트는 도덕 법칙에 대한 연구가 우리를 현상의 배후로 이끌며 감각지각이 주지 못하는 지식을 우리에게 제공한다고 주장했다. 도덕 법칙이란 본질적으로 의지와 관계한다고도 주장했다. 칸트의 도덕철학에서 선한 인간과 악한 인간의 차이는 사물 자체의 세계에서 생긴 차이일 뿐만 아니라 의욕의 세계에서 생긴 차이다. 여기에서 칸트의 실천 철학에 나오는 의욕은 현상계가 아닌 현실 세계real world에 속한다는 결론이 도출된다. 의욕에 상응하는 현상은 신체 운동이다. 쇼펜하우어에 따르면 그러한 이유로 신체는 현상이고 의지는 현실이다.

그러나 현상의 배후에 놓인 의지는 갖가지 다른 수많은 의욕으로 구성될 수 없다. 칸트에 따르면 시간과 공간은 둘 다 현상의 일부일 뿐이고, 이러한 점에서 쇼펜하우어는 칸트의 의견에 동의한다. 그러나 사물 자체는 시간과 공간 속에 있지 않다. 그러므로 나의 의지는 그것이 현실적인 것이라는 의미에서 시작과 끝을 정할 수도 없고 의지의 분리된 행동으로 구성될 수도 없다. 왜냐하면 바로 공간과 시간은 다수성의 근원이고, 쇼펜하우어가 선호한 현학적 어구로 표현하면 '개별화의 원리principle of individuation'이기 때문이다. 따라서 나의 의지는 하나이고 무시간적이다. 크게 보면 나의 의지는 전 우주의 의지와 동일한 것이다. 나의 분리된 상태separateness는 시·공간적 지각이라는 나의 주관적인 기관에서 생겨난 환상이다. 현실은 하나의 거대한 의지이고, 생물이든 무생물이든 비슷하게 자연의 전체 과정으로 나타난다.

지금까지 논의를 살펴보면 쇼펜하우어가 우주적 의지를 신과 동일시하고 스피노자의 범신론과 다르지 않은 범신론적 학설을 내놓았다고 추측할지도 모른다. 스피노자의 범신론 속에서 덕은 성스러운 의지와 일치할 때 성취된다. 그런데 여기서 쇼펜하우어의 비관주의는 전혀 다른 방향으로 나아간다. 우주적 의지는 사악하다. 의지는 전체적으로 사악하거나 적어도 우리가 겪는 끝없는 고통의 근원이다. 고통은 모든 생명에 도사린 본질적 요소이며 지식이 더해질 때마다 고통의 양도 증가한다. 의지에는 성취되면 흡족과 만족을 주는 고정된 목적이 없다. 끝내 죽음이 승리를 거두겠지만, "갑자기 터져 버린다는 사실을 잘 알면서도 힘껏 크게 비누 거품을 불 듯" 우리는 헛된 목표를 추구한다. 이루지 못한 소망은 고통을 낳고 욕망을 성취해 봐야 싫증만 날 뿐이기에 행복 같은 것은 없다. 본능이 인간에게 생식을 부추기지만, 이는 고통과 죽음의 새로운 계기를 만들 뿐이다. 이것이 바로 성행위와 수치심이 결합되어 있는 이유다. 자살도 소용없다. 왜냐하면 윤회설이 문자 그대로 사실은 아니더라도 신화의 형태로 진실을 전해 주기 때문이다.

이는 모두 아주 슬픈 일인데, 탈출구가 있으며 인도에서 발견되었다.

신화 가운데 최고는 열반의 신화이고, 쇼펜하우어는 욕망으로 생긴 집착을 끊어 버린다는 의미로 해석한다. 쇼펜하우어는 열반의 신화가 그리스도교 교리와 정반대라는 점에 동의하며, "인류의 고대 지혜는 갈릴리에서 일어난 우연한 사건으로 대체되지 않을 것이다." 고통은 의지가 강하고 격렬한 탓에 생기고, 의지를 덜 발휘할수록 우리는 고통을 덜 받게 된다. 그리고 여기서 지식은 어떤 종류의 지식이라면 결국 유용한 것으로 드러난다. 한 인간과 다른 인간의 구별은 현상계의 일부이고 세계를 진리의 관점에서 볼 때 사라진다. 선한 인간에게 마야maya[128](환영illusion)의 장막은 훤히 들여다보인다. 그는 모든 사물이 하나이며, 자신과 다른 사람의 구별이 겉으로만 나타난 것임을 알아본다. 그는 사랑으로 이러한 통찰에 이르고 사랑이란 언제나 공감이므로, 타인의 고통을 함께 느껴야 한다. 환영의 장막이 걷힐 때 인간은 온 세상의 고통을 떠안으며, 선한 인간이 전체를 인식함에 따라 모든 의욕은 잠잠해진다. 그의 의지는 삶에서 얼굴을 돌려 자신의 본성을 부정하기에 이른다. "그의 내부에 현상으로 나타난 자신의 존재를 표현하는 본성, 비참한 고통으로 가득한 세계의 중심에 자리한 내적 본성에 대한 공포가 생겨난다."

여기서 쇼펜하우어는 적어도 실천에 관해 금욕적 신비주의와 완벽하게 일치하는 견해로 이끌린다. 에크하르트Johannes Eckhart(1260~1328)[129]와 안겔루스 질레지우스Angelus Silesius(1624~1677)[130]의 신비주의는 신약성서보다 더 나은 입장이다. 정통 그리스도교에도 선한 면이 몇 가지 있는데, '통속적 펠라기우스주의'[131]에 대항하여 성 아우구스티누스와 루터가 설교한 원죄설에 선한 면이 두드러진다. 그러나 복음서는 애석하게도 형이상학적 결점이 있다. 쇼펜하우어는 불교가 최고 종교이고, 자신의 윤리 학설이 '이슬람교

128 * 힌두교에서 현상 세계를 움직이는 원동력.

129 * 마이스터Meister 에크하르트로 널리 알려진 독일의 가톨릭 신학자, 철학자이자 신비주의자.

130 * 독일의 가톨릭 신비주의 시인. 본명은 셰플러.

131 * 로마에서 배운 영국의 수도자이자 신학자인 펠라기우스에게서 유래한 사상. 원죄를 부정하고 인간의 자유의지를 믿는 입장으로, 이단시되었다.

아르투어 쇼펜하우어, 요한 셰페르, 1859

의 혐오스러운 교리'를 빼고 아시아 전역에서 정통이라고 말한다.

선한 인간은 완전한 정결과 자발적 가난, 금식과 자기 고행을 실천하려고 한다. 그는 이러한 덕목을 전부 실행함으로써 자신의 개별 의지를 파괴할 것이다. 그러나 서양의 신비주의자들처럼 신과 조화를 이루는 방향으로 나아가기 위해 덕목을 실천하지 않는다. 이러한 긍정적 선은 결코 찾을 수 없다. 찾을 수 있는 선은 전적으로 온전히 부정적negative이다.

우리가 모든 덕과 성스러움의 배후에서 최종 목표를 식별하고, 어린아이가 어둠을 무서워하듯 우리가 두려워하는 허무nothingness에 대한 인상을 떨쳐 버려야 한다. 우리는 인도인처럼 브라만Brahman[132]의 품에 다시 흡수되거나 불교도가 열반에 이른다고 말한 신화나 무의미한 말로 허무를 회피해서는 안 된다. 오히려 의지를 완전히 철폐한 다음에 남은 것이 여전히 의지로 가득한 모든 사람에게 확실히 무nothing이고, 반대로 의지가 방향을 바꾸어 의지 자체를 부정한 사람들에게 태양과 은하수가 펼쳐진 이토록 현실적인 우리의 세계가 무nothing라는 것을 우리는 자유롭게 인정한다."

여기에 성인이 다른 인간이 보지 못하는 긍정적인 어떤 것을 본다는 모호한 제언이 있지만, 이것이 무엇인지에 대한 귀띔은 어디에도 없다. 나는 그 제언이 수사적 기교일 뿐이라고 생각한다. 세계와 그것의 모든 현상은 의지가 객관적으로 드러난 것일 뿐이고, 의지를 포기하면서 쇼펜하우어는 이렇게 말한다.

> "저러한 모든 현상도 폐지된다. 세계가 존재하고 구성되는 객관성의 모든 등급에서 목적도 없고 휴식도 없이 항상 이어지는 저 긴장과 노력, 서로 단계적 변화에 성공한 다채로운 형태, 의지의 온전한 현시, 끝으로 이러한 현시의 보

132 * 힌두교 최고의 신.

편적 형태, 시간과 공간도 그것의 마지막 보편적 형태, 주체와 객체도 모두 폐지된다. 의지도 없고 관념도 없고 세계도 없다. 우리 앞에 오로지 허무만 확실하게 있다.”

우리는 이러한 말을 성인saint의 목적이 비실존non-existence에 가능하면 더 가까워지는 데 있다는 의미로밖에 해석할 수 없다. 결코 설명되지 않은 어떤 이유로 성인은 자살로 비실존을 성취할 수 없다. 성인이 늘 술에 취해 사는 사람보다 더 나은 이유를 찾기는 대단히 어렵다. 어쩌면 쇼펜하우어는 술에 취하지 않고, 정신이 맑은 순간이 한탄할 정도로 자주 반복된다고 생각했을지도 모른다.

쇼펜하우어가 전한 체념의 복음은 언행이 일치되고, 치밀한 일관성을 갖춘 입장이 아니며 진지하지도 않다. 그의 마음에 든 신비주의자들은 명상 속에서 믿음을 얻었다. 지복직관至福直觀[133] 속에서 가장 심오한 지식을 얻어야 하며, 이러한 지식이 바로 최고선이었다. 파르메니데스 이래 기만적 현상지現象知는 종류가 완전히 다른 어떤 것이 아니라 지식의 다른 종류와 대비되었다. 그리스도교는 신에 대한 **지식** 속에 우리의 영원한 생명이 있다고 가르친다. 그러나 쇼펜하우어는 그러한 지식에 대해 아무것도 배우려고 하지 않는다. 흔한 지식은 환영의 영역에 속하고, 우리가 환영의 장막을 꿰뚫어 볼 때 신이 아니라 사탄Satan, 바로 그칠 사이 없이 자신의 피조물을 고문하기 위해 고통의 거미줄을 치느라 바쁜 사악하고 전능한 의지를 주시한다는 점에 쇼펜하우어는 동의한다. 악마의 환영에 공포를 느낀 현자sage는 “물러가라!”라고 외치며 존재하지 않는 무에서 피난처를 찾는다. 신비주의자들이 이러한 신화의 신봉자라고 주장하면 그들은 당연히 모욕감을 느낄 것

133 * 사람이 세상에 살면서 모든 덕과 행복의 원천인 하느님을 믿지만, 천국에서는 하느님을 직접 마주보고 인식한다는 뜻.

이다. 성인이 완전한 비실존 상태에 이르지 않고도 가치 있게 살 수도 있다는 제언은 쇼펜하우어의 비관주의 사상과 조화를 이루기 어려웠다. 성인은 실존하는 한에서 악한 의지를 보유하기 때문에 실존한다. 그는 자신의 의지를 약화함으로써 악의 양을 줄일지도 모르지만, 어떤 긍정적 선positive good도 얻을 수 없다.

쇼펜하우어의 인생으로 판단하건대 그의 학설은 결코 진지하지 않다. 그는 평소 좋은 식당에 가서 정찬을 즐겼으며, 관능적 만족을 구했으나 열정이 없는 시시한 애정 행각을 여러 번 벌였고, 지나치게 논쟁을 일삼았으며, 유별나게 탐욕스러웠다. 한번은 방문 밖에서 나이 든 여자 재봉사가 아는 사람과 이야기를 나누는 소리에 성가시고 화가 나서 그녀를 아래층으로 떠밀어 회복 불가능한 상해를 입혔다. 그녀는 살아 있는 동안 해마다 네 차례 걸쳐 일정한 금액(15탈러)을 쇼펜하우어가 지불해야 한다는 법원 명령을 받아냈다. 20년 후 마침내 그녀가 죽었을 때, 그는 자신의 회계 장부에 이렇게 적어 놓았다. "할멈이 죽었으니 짐도 벗었다." 그의 삶에서 동물에게 친절한 면을 빼면 덕을 행동으로 보여 준 증거는 찾기 어렵다. 그는 과학적 호기심과 과학의 이득을 위한 동물 생체 해부에 반대하기까지 했다. 다른 면에서는 철저하게 자기 본위로 제멋대로 행동하는 사람이었다. 금욕과 체념의 덕을 깊이 확신했던 사람이 스스로 확신한 덕을 실천에 옮기려고 전혀 애쓰지 않았다는 사실이 정말 믿기지 않는다.

역사적으로 평가할 때 쇼펜하우어에 관해 중요한 점은 둘이다. 하나는 비관주의이고 다른 하나는 의지가 지식보다 우월하다는 학설이다. 그의 비관주의 사상은 모든 악이 설명되어 사라질 수 있다고 자신을 설득하지 않고도 인간이 철학에 몰두할 수 있는 길을 열어 놓았다. 이것은 비관주의가 해독제로 유용하다는 뜻이다. 과학의 관점에서 낙관주의와 비관주의는 둘 다 반론할 여지가 있다. 우주는 낙관주의 관점에서 우리를 기쁘고 행복하게 만들기 위해 실존한다고 가정하고 입증하려 하지만, 비관주의 관점에서 우리를 불쾌하고 불행하게 만들기 위해 실존한다. 과학의 관점에서 낙관주의이든 비관주의이든 우리와 관계가 있다는 증거는 아무 데도 없다. 비관주의자가 되느냐, 낙관주의자가 되느냐는 기질의 문제이지 이성의 문제가 아니다. 서양 철학자 가운데 낙관적 기질을 가진 자들이 훨씬 많았다. 따라서 반대편에 있는 비관적 기질의 대표자를 언급하면 자칫 간과하기 쉬운 중요한 면을 부각시키는 데 유리할 것이다.

의지가 우월하다는 학설은 비관주의보다 더욱 중요하다. 의지의 학설이 비관주의와 필연적으로 논리적 관계를 맺지 않는다는 점은 명백하고, 쇼펜하우어 이후에 비관주의를 주장한 사상가들은 비관주의 안에서 낙관주의의 기초를 찾아냈다. 의지가 최고 권위를 지닌다는 학설은 여러 현대 철학자들이 주장했는데, 니체와 베르그송, 제임스와 듀이가 두각을 나타냈다. 의지의 학설은 전문 철학자 사회 밖에서 더 유행했다. 의지의 규모가 커지는 정도에 비례하여 지식의 지위는 더 낮아졌다. 나는 이것이 우리 시대의 철학적 기질에 나타난 가장 특출한 변화라고 생각한다. 이러한 변화는 루소와 칸트가 준비하기 시작했으나, 쇼펜하우어가 최초로 의지의 학설을 순수한 형태로 공표했다. 이로써 일관성의 결여와 피상성이라는 한계에도 불구하고, 쇼펜하우어의 철학은 역사 발전의 한 단계로서 중요한 가치를 지닌다.

25.
니체

니체Friedrich Nietzsche(1844~1900)는 자신을 쇼펜하우어의 후계자로 여기지만, 여러 면에서 특히 학설의 일관성과 정합성의 측면에서 쇼펜하우어보다 뛰어났다. 쇼펜하우어가 수용한 동양적 체념의 윤리는 의지의 전능을 주장한 형이상학과 조화되지 않는 것처럼 보인다. 니체는 대학 교수였으나 전통에 얽매여 학문에만 몰두한 철학자가 아니라 문학적 성향이 강했다. 안타깝게도 그는 존재론이나 인식론 분야에서 전문성을 보여 준 새로운 이론을 세우지 못했다. 그러나 우선 윤리적으로 중요한 인물이며, 다음으로 예리한 역사 비평가로서 중요한 자리를 차지한다. 나는 거의 그의 윤리학과 종교 비판에 국한하여 논의하겠다. 왜냐하면 그를 영향력 있는 사람으로 만들었던 것이 이 방면의 저술이었기 때문이다.

니체의 생애는 단순하다. 그는 개신교 목사인 아버지의 영향으로 대단히 경건한 분위기 속에서 자라며 배웠다. 대학에 다닐 때 이미 뛰어난 고전 연구자이자 문헌학 연구자로서 두각을 나타냈다. 학위를 받기 전 1869년에 바젤대학의 문헌학 교수직을 제의받고 수락했다. 하지만 건강은 좋지 않은 편이었다. 그는 병이 호전되기를 기대하며 휴가를 떠나기도 했지만 1879년에 끝내 은퇴했다. 이후 스위스와 이탈리아에서 요양하며 살다가 1888년에는 정신이상 증세를 보여 세상을 떠날 때까지 낫지 않았다. 그는 바그너의 음악에 매료되어 열렬히 찬양했으나 바그너와 말다툼을 벌였다. 명목상으로는 「파르지팔Parsifal」이 지나치게 그리스도교 성향을 드러내며 체념적 요소로 가득하다고 생각했기 때문이다. 다툼 이후 니체는 바그너를 맹렬히 비난하다 못해 유대인이라고 고발하기까지 했다. 그런데도 니체의 사상은 「니벨룽겐의 반지」에 나타난 바그너의 견해와 흡사했다. 니체의 초인은 그리스어를 안다는 사실을 빼면 바그너의 지크프리트와 유사하다. 이것이 이상해 보일 수도 있지만 그것은 내 잘못이 아니다.

니체는 자신을 낭만주의자로 의식하지 않았을 뿐만 아니라 사실은 낭만주의자를 격하게 비판하기도 했다. 의식적으로 니체의 사고방식은 그리스의 헬레니즘 전통에 속했지만, 오르페우스교의 신비적 요소는 포함하지 않는다. 그는 피타고라스를 빼고 대체로 소크라테스 이전 철학자들을 칭송했는데, 헤라클레이토스에게 더욱 친근감을 표현했다. 아리스토텔레스의 대범한magnanimous 인간은 니체의 '귀족 인간'과 흡사하지만, 니체는 주로 소크라테스와 이후 그리스 철학자를 이전 철학자보다 열등하게 여겼다. 그는 소크라테스의 비천한 태생을 관대하게 보아 넘기지 않았고, 소크라테스를 서민이라 칭하면서 민주주의와 도덕이라는 편견으로 아테네의 귀족층 젊은이들을 타락시켰다고 비난한다. 특히 플라톤에 대해 덕성 함양과 교화의 취향을 가졌다고 비난을 퍼붓는다. 그래도 니체는 플라톤을 비난하기만 하지는 않고, 그를 변론하기 위해 교화 사상은 진지하지 않으며 단지 하위 계층의 질서 유지를 목적으로 덕을 가르친 데 지나지 않는다고 암시한다. 그는 한때 아리스토텔레스를 '대 사기꾼 칼리오스트로Alessandro di Cagliostro (1743~1795)'[134]라고 말하기도 했다. 니체는 데모크리토스와 에피쿠로스에

134 * 18세기 이탈리아의 악명 높은 사기꾼.

게는 호의적인데, 에피쿠로스에 대한 애정은 현실적으로 루크레티우스에 대한 숭배로 해석하지 않으면 다소 비논리적인 면이 있다.

예상대로 니체는 칸트를 낮추어 평가하며 '루소의 작품에 등장하는 도덕적 광신자'라고 비웃는다.

니체는 낭만주의자들을 비판하지만 그의 사상은 어느 정도 낭만주의자들의 사상에서 비롯된다. 귀족적 무정부주의는 바이런의 사상과 유사하며, 니체가 바이런을 숭배한 사실을 알게 되더라도 놀라운 일은 아니다. 니체는 쉽게 조화되기 어려운 두 가지 가치를 결합하려고 한다. 한편으로 냉혹함과 전쟁, 귀족적 자부심을 원하지만, 다른 한편으로 철학과 문학, 예술, 특히 음악을 갈망한다. 역사를 살펴보면 이러한 가치는 르네상스 시대에 공존했다. 볼로냐를 위해 싸우고 미켈란젤로를 고용한 교황 율리우스 2세는 니체가 정부의 통제 임무를 맡길 만한 인물이라고 생각할 수도 있을 터다.

니체와 마키아벨리는 중요한 차이점이 있지만, 두 사람을 비교하는 작업은 자연스럽다. 우선 그들의 차이점을 살펴보자. 마키아벨리는 실무가였고, 그의 견해는 공적인 일과 긴밀하게 접촉하면서 형성되어 당시 상황과 잘 맞아떨어졌다. 그는 현학적이거나 체계적이지 않고, 그의 정치철학은 거의 전체적으로 정합하지 않는다. 반대로 니체는 교수이자 본질적으로 책을 좋아하는 사람이었고, 당대를 지배한 정치·윤리적 경향에 의식적으로 반대한 철학자였다. 하지만 둘의 유사점은 더 깊이 들어간다. 니체의 정치철학은 공들여 완성하여 더 넓은 영역까지 적용하는데, 『군주론』(『로마사 논고』가 아니다)에 제시된 학설과 유사하다. 니체와 마키아벨리는 둘 다 권력을 지향하고 계획적으로 그리스도교와 반대되는 윤리를 세우지만, 니체가 더 솔직한 편이다. 마키아벨리와 체사레 보르자의 관계는 니체와 나폴레옹의 관계와 같다. 위대한 자는 열등한 적대자들에게 패배를 당한다는 점에서 그렇다.

니체가 종교와 철학에 퍼부은 비판은 전적으로 윤리적 동기에 좌우되었다. 그는 소수 귀족적인 사람에게나 가능할 뿐이라고 (아마도 정당하게) 믿은 특별한 성품을 찬미한다. 니체에 따르면 다수는 단지 소수의 탁월한 능력을 돋보이게 하는 수단이 되어야 하므로, 독자적으로 행복이나 복지를 주장하는 존재로 여겨서는 안 된다. 그는 여기저기서 평범한 인간을 '섣부른 자the bungled and botched'라고 말하며, 위대한 인간의 탄생에 필요하다면 평범한 인간이 고통을 당해도 반대하지 않는다. 따라서 1789년부터 1815년까지가 온전히 중요한 것은 나폴레옹과 관련하여 요약할 수 있다. "프랑스혁명이 나폴레옹의 출현을 가능하게 했으며, 그것이 혁명의 정당성을 입증한다. 혁명이라는 응보가 결말이었다면 우리의 문명이 송두리째 붕괴되어 무정부 상태에 머물기를 바라는 수밖에 없다. 나폴레옹이 국가주의의 출현을 가능하게 했으며, 그것이 국가주의가 생긴 이유다." 니체는 금세기(19세기)에 등장한 고귀한 희망이 거의 대부분 나폴레옹에서 비롯한다고 말한다.

니체는 자신의 생각을 역설적으로 표현하거나 틀에 박힌 독자들에게 충격을 주는 견해로 표현하기를 좋아한다. 그는 자신의 표현 방식을 일상적으로 쓰는 '선'과 '악'이라는 낱말에 적용하여, 오히려 '악'이 '선'보다 낫다고 말한다. 니체의 『선악의 저편』은 실천적으로 독자들의 선과 악에 대한 의견을 바꾸려고 하지만 아주 드문 경우를 제외하면 '악'을 찬미하고 '선'을 비난해야 한다고 선언한다. 예컨대 그는 선의 승리와 악의 소멸을 목표로 삼는 일을 의무라고 보는 것은 잘못이라고 주장한다. 이러한 견해는 영국인의 것이고, '얼간이 존 스튜어트 밀'에게 전형적으로 나타나고, 니체는 특히 악의에 차서 밀을 경멸한다. 니체는 밀에 대해 이렇게 말한다.

"밀이 '한 사람에게 정당한 일은 다른 사람에게도 정당하다'거나 '다른 사람들이 너에게 하기를 바라지 않는 행동은 그들에게 행하지 말라'[135]라고 말할 때, 인간의 저속함에 혐오감을 느낀다. 이러한 원칙은 사람들의 교류를 전부 **상호 봉사**mutual services에 근거하여 확립할 것이므로 모든 행위는 우리에게 했던 어떤 일에 대해 지불할 현찰로 보이게 될 것이다. 이러한 가설이 지극히 비천한 까닭은 **나의 행동과 너의 행동의 가치가 같다**고 당연하게 받아들이기 때문이다.[136]

관습적 덕과 대조되는 참된 덕은 모두를 위한 것이 아니라 귀족적인 소수의 특성으로 남아야 한다. 참된 덕은 유익하거나 타산적이지 않고, 덕을 소유한 사람과 소유하지 못한 사람을 구별해 주며, 질서에 적대감을 표현하고 열등한 사람에게 해를 입힌다. 고결한 사람이 대중과 맞서 싸우고 민주주의로 흘러가는 시대 조류에 저항해야 하는 까닭은 평범한 사람들이 주인 행세를 하려고 사방팔방으로 손을 맞잡기 때문이다. "'민중'이나 '여자'를 애지중지하고 나약하게 만들고 전면에 세우는 모든 일이 보통 선거권universal suffrage, 바로 '열등한' 인간의 지배에 유리하게 작용한다." 이러한 방향으로 이끈 유혹자는 여성을 흥미로운 존재로 만든 루소이고, 이어 해리엇 비처 스토Harriet Beecher Stowe(1811~1896)[137]와 노예근성을 가진 자가 유혹자로 나타나고, 다음에 노동자와 가난한 자의 투사로 자처한 사회주의자가 등장한다. 고귀한 자는 이러한 유혹자들과 싸워야 한다.

니체의 윤리는 일상적 의미에서 방종의 윤리가 아니다. 그는 스파르타식 훈련과 중요한 목적을 위해 고통을 짊어질 뿐만 아니라 인내력이 필요하다고 생각한다. 무엇보다 의지의 힘을 찬양하며 이렇게 말한다. "나는 의지의 저항 능력과 의지가 고통과 고뇌를 견디며 자신에게 유리하게 전환할 줄 아는 정도에 따라서 **의지의 힘**을 가늠한다. 나는 지금 존재하는 악과 고통을 손

135 어떤 사람이 이 금언에서 밀을 예견했는지 기억날 것 같다.

136 니체에게서 인용한 문장의 이탤릭체(여기서는 고딕체-옮긴이)는 원문에 있는 대로 표시했다.

137 * 미국의 노예 해방론자이자 사실주의 작가다. 노예 제도에 반대한 소설인 『톰 아저씨의 오두막』으로 유명하다.

가락질하며 비난하지 않고, 차라리 언젠가 이전 삶보다 삶이 더 악해지고 고통스러워질지도 모른다는 희망을 기꺼이 받아들인다." 그는 동정심을 맞서 싸워야 할 나약함으로 여긴다. "목표는 **위대해지는 데 필요한** 엄청난 **기운**을 얻는 것이다. 그것은 훈련하고 수백만 설부른 자들을 제압함으로써 미래의 인간을 만들어 낼 수 있고, 이전에 결코 본 적 없었던 고통을 보고서도 파멸을 피할 수 있게 한다." 그는 일종의 환희를 느끼며 대大전쟁 시대를 예언했다. 그러나 그가 살아서 자신이 예언한 전쟁을 겪었더라도 행복했을지 의문이다.

그렇지만 그는 국가 숭배자가 아니며 국가 숭배와 아무 관계도 없다. 그는 열정적 개인주의자요, 영웅 신봉자다. 그는 민족 전체가 겪는 고난이 위대한 개인의 고통보다 더 중요하지 않다고 말한다. "작은 민족이 모두 당하는 불행을 다 합쳐도 의지가 **강한** 인간mighty men이 느끼는 불행의 총량에 미치지 못한다."

니체는 국가주의자가 아니기 때문에 독일을 지나치게 숭배하지 않는다. 그는 지상의 지배자가 되어야 할 국제적 지배 인종이 출현하기를 바란다. "거대한 신귀족정치는 아주 혹독한 자기 훈련에 기초를 두었고, 그러한 자기 훈련 속에서 힘을 지지한 철학자들과 예술가·폭군들[138]의 의지는 수천 년 동안 짓밟혔다."

그는 분명한 반유대주의 입장에 서지 않지만 독일에 동화되어 사는 유대인이 많기 때문에 더는 들어오지 못하게 해야 한다고 생각한다. 그는 신약성서를 싫어했지만 구약성서는 좋아해서 최고의 찬사를 아끼지 않는다. 니체를 정당하게 평하려면 그의 일반적 윤리관과 어느 정도 관계가 있는 현대의 발전이 그가 명확하게 제시한 견해와 반대로 흘러갔다는 점을 강조해야

138 * 초인超人, Übermensch을 가리키는 다른 이름이다.

한다.

니체의 윤리가 응용된 두 경우는 주목할 만한데, 하나는 여성에 대한 경멸이고 다른 하나는 그리스도교에 대한 지독한 비판이다.

그는 지치지 않고 여성을 향해 독설을 퍼붓는다. 그는 유사 예언서인 『차라투스트라는 이렇게 말했다*Also sprach Zarathustra*』에서 지금까지 여자들과 우정을 나누기 힘들며, 여자들은 아직도 고양이나 새나 잘해야 암소와 같은 존재들이라고 말한다. "남자는 전쟁을 위해, 여자는 전사의 기분 전환을 위해 훈련받게 마련이다. 다른 훈련은 다 어리석은 짓이다." 이러한 주제에 관해 제일 강조한 "그대, 여자에게 가려는가? 채찍을 잊지 말라"는 경구를 믿어도 좋다면, 전사의 기분 전환은 특이한 종류에 속한다.

그는 여자에 대해 언제나 맹렬하게 비난하지는 않았지만 늘 경멸조로 말한다. 『힘에의 의지*Wille zur Macht*』에서 이렇게 말한다. "우리는 혹시라도 예쁘장하고 가냘프고 묘한 매력을 풍기는 여자를 보면 좋아한다. 춤을 추며 의미 없는 말을 재잘거리고 화려한 옷만 생각하는 여자들을 만나면 얼마나 즐거운가! 여자는 언제나 남자의 깊은 영혼의 긴장을 풀어 즐겁게 한다." 하지만 여자의 우아한 모습조차 남자다운 남성의 명령에 따르는 한에서만 나타날 뿐이다. 여자는 독립심을 갖게 되자마자 견디기 어려워진다. "여자는 부끄러워해야 할 이유가 있는 존재일 따름이다. 여자에게는 단지 아는 체나 할 뿐 천박한 학교 선생과 같은 태도, 좀스럽게 가장하거나 방자한 행동, 경솔한 언동이 감추어져 있을 따름이다. …… 사실 남자에 대한 **두려움**이 이제까지 여자를 효과적으로 억누르고 지배했다." 그는 동양인처럼 여자를 재산으로 생각해야 한다고 덧붙인 『선악의 저편』에서 그렇게 말한다. 니체가 여자를 향해 퍼부은 독설은 전부 자명한 진리인 양 제시되지만, 역사나 자신의 경험에서 얻은 증거로 지지되지 않고, 여자에 관한 경험은 거의 누이동생에게 국한되었다.

니체는 그리스도교가 '노예 도덕'을 수용하도록 조장하기 때문에 반대한다. 그의 논증과 프랑스혁명에 앞장선 **계몽철학자들**의 논증을 대조해 보면 아주 흥미롭다. 계몽철학자들은 그리스도교의 교리가 참이 아니고, 그리스도교가 신의 의지에 복종하라고 가르치는 반면 자신을 존중하는 인간은 더 높은 권능 앞에 고개를 숙여서는 안 된다고 주장했다. 또 그리스도 교회는 전제 군주와 동맹을 맺어서 민주주의의 적을 도와 자유를 부정하고 이어서 가난한 자의 고혈을 짜낸다고 주장하기도 했다. 그리스도교든 다른 어떤 종교든 형이상학적 진리에 관심이 없으므로 사실상 종교는 모두 거짓이라고 확신한 니체는 모든 종교를 전적으로 사회에 미치는 효과로 판단한다. 니체는 가정된 신의 의지에 복종해서는 안 된다는 **계몽철학자들**의 의견에 동의하지만, 신의 의지를 지상의 '예술가·폭군들'의 의지로 대체하려고 했다. 이러한 초인들을 제외하면 복종은 옳지만, 그리스도교의 신에 대한 복종은 옳지 않다. 그는 그리스도교가 민주주의의 적인 전제군주와 동맹을 맺은 사실이 바로 진리가 전도된 현상을 보여 준다고 말한다. 프랑스혁명과 사회주의의 핵심 내용은 그리스도교 정신과 동일하다. 같은 이유로 이러한 사상에 반대한 니체는 어떤 점에서든 인간을 조금이라도 동등하게 취급하려고 하지 않는다.

불교와 그리스도교는 한 사람과 다른 사람의 근본적 가치의 차이를 부정한다는 의미에서 '허무적' 종교이지만, 불교가 반대할 만한 점이 훨씬 적다고 니체는 주장한다. 그리스도교는 타락하여 부정부패로 가득하며, 그리스도교의 추진력은 바로 섣부른 자들의 반란이다. 섣부른 자들의 반란은 유대인에게서 시작되어, 정직하지 않았던 성 바오로 같은 '성스러운 간질 환자들'이 그리스도교를 만들어 냈다. "신약성서는 비천한 인간들의 복음이다." 그리스도교는 이제까지 존재한 가장 치명적이고 유혹적인 거짓말이다. 주목받는 어떤 사람도 그리스도교의 이상을 닮으려 한 적이 없었다. 가령 플루타르코스의 『영웅전』에 나오는 영웅들을 보라. 그리스도교는 '자긍심, 차이를 향한 열정, 위대한 책임, 열의에 찬 정신, 당당한 야수성, 전쟁과 정복 본능, 열정 숭상, 복수심, 분노, 관능, 모험, 지식'을 부정하기 때문에 비난받아 마땅하다. 이러한 것들은 모두 선하지만 그리스도교는 악하다고 말한다고 니체는 주장한다.

니체는 그리스도교가 인간의 심정을 길들이려고 하지만 이것이 잘못이라고 주장한다. 야수는 야생에서 광채를 내지만 길들면 빛을 잃는다. 도스토옙스키가 교제한 죄수들이 도스토옙스키 자신보다 우월한 까닭은 그들이 자신을 훨씬 존중했기 때문이다. 니체는 **정신착란 주기**라고 부른 회개와 속죄를 혐오한다. 우리가 인간의 행동에 관한 이러한 사고방식에서 스스로 자유로워지기는 어렵다. "우리는 2000년 동안 양심 가책과 스스로 십자가를 짊어지는 전통의 상속자들이다." 파스칼Blaise Pascal(1623~1662)에 관해 말한 대단한 웅변조의 구절은 니체가 그리스도교에 제기한 반론을 가장 잘 보여 주기 때문에 인용할 가치가 있다.

"우리는 그리스도교 안의 무엇과 싸우는가? 그리스도교는 강자의 정신을 약하게 만들고 권태롭고 허약해진 순간을 이용하여, 자랑스러운 확신을 불안과 양심의 가책으로 바꿈으로써 파괴하려 한다. 고귀한 본능을 약화시켜 본능의 힘, 곧 힘을 얻으려는 의지가 본래의 성질과 달리 내부로 향할 때까지, 강자가 과도한 자기비하와 자기희생으로 소멸할 때까지 병들게 하는 방법을 안다. 섬뜩한 소멸의 길을 보여 주는 유명한 사례는 파스칼이다."

니체는 그리스도교의 성인의 자리에 자신이 말한 '귀족' 인간을 세우려고 한다. 귀족 인간은 결코 보편적 유형의 인간이 아니라 지배 귀족과 같은 부류다. '귀족' 인간은 잔인하게 행동할 줄 알고 때에 따라 세속적인 면에서 범죄로 간주되는 행동도 할 것이다. 왜냐하면 그는 동등한 자들에 대한 의무만 인정하기 때문이다. 그는 예술가와 시인을 비롯해 기술을 익혀 장인이 된 모든 이를 보호하려고 하지만, 그저 일을 할 줄 아는 사람이 아니라 더 높은 계급에 속한 구성원으로서 그렇게 할 따름이다. 그는 전사들의 사례에서 싸움의 이해관계를 죽음과 연결하는 법을 배우려 한다. 다수를 희생시키고, 병사들이 목숨을 아끼지 않을 만한 대의를 충분히 진지하게 세우며, 냉혹하게 훈련하고, 전쟁터에서 일어나는 폭력과 교활한 속임수를 인정할 것이다. 그가 귀족적이고 탁월한 품성에서 잔혹성의 역할을 기꺼이 인정한 까닭은 "'고급 문화'라고 부르는 거의 모든 것이 잔혹함을 정신적으로 해석하고 강화하기 때문이다." '귀족' 인간은 본질적으로 힘에의 의지를 구현한 화신이다.

우리는 니체의 학설을 어떻게 생각해야 하는가? 어디까지 참인가? 어느 정도 유용한가? 객관성이 있는가 아니면 한 병약자가 힘을 둘러싸고 만들어 낸 공상에 불과한가?

니체가 전문 철학자들뿐만 아니라 문학과 예술에 종사한 사람들에게도 영향을 크게 미쳤다는 점을 부정하기 어렵다. 또한 미래를 내다본 니체의 예언이 지금까지 자유주의자나 사회주의자의 예언보다 정확히 들어맞았다는 점도 인정해야 한다. 니체가 질병의 징후일 뿐이라도 그의 질병은 현대 세계에 널리 퍼져 있음이 분명하다.

그렇지만 니체 사상에는 과대망상증 환자의 말로 일축할 만한 부분도 많다. 그는 스피노자에 대해 이렇게 말한다. "병약한 은둔자의 이러한 겉치레는 성격의 소심함과 취약성을 얼마나 많이 드러내는가!" 니체가 스피노자에 대해 주저 없이 그런 말을 했기에 덜 꺼림칙하게 니체에 대해 똑같이 말할 수도 있다. 니체는 자신의 몽상 속에서 교수가 아니라 전사이며, 그가 숭배한 모든 인간은 군인답다. 니체의 여성관은 여느 남성의 의견과 마찬가지로 여자에 대한 자신의 감정, 훤히 드러나는 두려움의 감정을 객관화한 결과다. "채찍을 잊지 말라." 그러나 여자는 십중팔구 그에게서 채찍을 빼앗을 것이며, 니체도 그러한 사실을 알았기에 여자들을 멀리하며 상처받은 허영심을 고약한 말로 달랬다.

니체가 그리스도교의 사랑을 비난한 까닭은 두려움에서 비롯된 사랑이라고 생각하기 때문이다. 나는 이웃이 내게 상처를 줄까 봐 두려워서 이웃에게 사랑한다는 확신을 준다. 내가 더 강하고 용감하면, 나는 내가 이웃에 대해 느낀 경멸감을 거리낌 없이 드러내야 한다. 니체에게 사람이 진심으로 보편적 사랑을 느낄지도 모른다는 생각은 떠오르지 않는다. 왜냐하면 그는 분명히 보편적 증오와 보편적 두려움 속에서 산다고 느끼면서도 귀족다운 오만한 무관심으로 가장하고 숨겼기 때문이다. 공상에 빠진 '귀족' 인간은 공감sympathy 능력이 전혀 없고 냉정하며 교활하고 잔혹하며 오직 자신의 힘을 키우는 데만 관심이 있다. 리어 왕은 거의 미쳐서 이렇게 읊조린다.

> 나는 하게 되리라,
> 내가 아직 알지 못하는 일을. 그리하여
> 이 땅에 공포를 불러오리라.

위 문장은 니체의 철학을 간결하게 요약한 것이다.

초인에게 부여한 힘을 향한 갈망 자체가 두려움의 산물이라는 생각이 니체에게는 결코 떠오르지 않았다. 이웃을 두려워하지 않는 사람은 이웃을 지배할 필요를 상상하지도 않는다. 두려움을 정복한 인간은 니체의 '예술가·폭군' 네로처럼 미친 짓을 하지 않는다. 예술가·폭군 네로 같은 자들은 음악과 대학살을 즐기지만, 그들의 심정은 불가피한 궁정 혁명에 대한 두려움으로 가득하다. 나는 부분적으로 니체의 가르침 탓에 현실 세계가 그의 악몽과 흡사해졌음을 부정하지 않을 테지만, 그것이 현실 세계를 덜 공포스럽게 만드는 것은 아니다.

「프리드리히 니체의 초상」, 에드바르 뭉크, 1906

니체의 혹평이 정당하게 적용되는 특정한 유형의 그리스도교 윤리가 있다는 점은 인정해야 한다. 파스칼과 도스토옙스키, 도스토옙스키의 성향을 드러낸 소설 속 인물들은 덕의 측면에서 모두 비굴한 점이 있다. 파스칼은 자신의 위대한 수학적 지성 능력을 신에게 제물로 바침으로써, 병적인 마음의 고통을 우주로 확장한 야만성의 공을 신에게 돌렸다. 도스토옙스키는 '본연의 자긍심'과 아무 관계도 맺으려고 하지 않으며, 후회하기 위해 죄를 짓고 나서 고백하는 호사를 누리려고 했다. 나는 파스칼과 도스토옙스키의 변형된 그리스도교 윤리가 그리스도교에 반한다는 비난이 어느 정도 정당한지 논증하지 않겠지만, 도스토옙스키의 굴종이 경멸받을 만하다는 니체의 의견에 동의한다. 어떤 정직성과 자긍심, 심지어 어떤 종류의 자기주장도 최선의 인간이 되려면 필요한 요소이며, 두려움에 뿌리를 둔 덕은 별로 칭찬할 만하지 않다는 의견에도 동의하겠다.

두 부류의 성인聖人이 존재한다. 하나는 본성에서 비롯된 성인이고 다른 하나는 두려움에서 비롯된 성인이다. 본성에서 비롯된 성인은 인류에 대한 사랑이 자발적으로 솟아나며, 그가 선을 행하는 까닭은 선한 행동으로 행복해지기 때문이다. 다른 한편 두려움에서 비롯된 성인은 단지 경찰이 두려워서 도둑질을 하지 않는 사람처럼, 지옥불이나 이웃의 복수에 대한 두려움으로 제한을 받지 않으면 사악해질 것이다. 니체는 둘째 부류의 성인만 상상할 줄 안다. 두려움과 증오로 가득한 니체에게 인류에 대한 자발적 사랑이 불가능해 보인다. 두려움 없는 초인의 강인한 자긍심을 지녔지만 바라지 않기 때문에 고통을 주지 않는 인간의 모습을 니체는 한 번도 생각한 적이 없었다. 누가 링컨이 지옥에 떨어질까 두려웠기 때문에 행동했다고 생각하겠는가? 그런데도 니체의 시각에서 보면 링컨은 비굴하고 나폴레옹은 위대하다.

이제 니체가 제기한 주된 윤리 문제를 고찰하지 않으면 안 된다. 말하자면 우리의 윤리는 귀족 윤리여야 하는가, 아니면 어떤 의미에서 모든 인간을 동등하게 대우해야 하는가? 내가 방금 진술한 질문의 의미는 전혀 분명치 않기 때문에, 분명히 밟아야 할 첫 단계는 쟁점을 한정하는 일이다.

우선 귀족 **윤리**와 귀족주의 **정치 이론**을 구별해야 한다. 벤담의 최대 다수의 최대 행복의 원리를 믿는 신봉자는 민주주의 윤리를 지지하지만, 사회 일반의 행복은 귀족정치 아래서 세워진 정부가 최대로 증진한다고 생각할 수도 있다. 니체는 평범한 민중의 행복이 선 **자체**의 일부가 아니라고 주장한다. 자체로 선하거나 악한 일은 모두 우월한 소수에게 존재할 뿐이며, 나머지 열등한 다수에게 일어나는 일은 무시한다.

다음 질문은 이렇다. 우월한 소수는 어떻게 정의되는가? 관행적으로 우월한 소수는 으레 정복자 종족이거나 세습 귀족 계급이고, 귀족 계급은 적어도 이론적으로 정복자 종족의 후손들이었다. 나는 니체가 이러한 정의를 수용하리라고 생각한다. 그는 우리에게 "어떤 도덕이든 좋은 가문 출신이 아니고서는 가능하지 않다"고 말한다. 또 귀족 신분 제도는 언제나 처음에는 야만스럽지만, 인간성의 향상은 전부 귀족 사회에서 기인한다고 말한다.

니체가 귀족의 우월성을 타고난 특징으로 여기는지, 교육과 환경에서 기인한 특징으로 여기는지는 분명치 않다. 귀족의 우월성이 교육과 환경에서 기인한다면, **가설에 의해** 귀족 윤리의 이득을 취할 자격을 동등하게 지닐 다른 계급을 배제하는 입장도 방어하기 어려워진다. 그러므로 니체는 인간이 가축보다 우월한 것과 마찬가지로 정복자 귀족 계급과 후손들이 피지배 계급보다 생물학적으로 우월하게 생각한다고 가정할 것이다. '생물학적으로 우월하다'는 말은 무슨 뜻인가? 니체의 사상을 해석할 경우, 우월한 종족에 속한 귀족과 후손이 니체가 말한 의미에서 '고귀하다'는 말에 알맞다는 뜻이다. 귀족은 의지가 더 강하며, 더 용감하고, 힘을 얻으려는 충동을 더 강하게 느끼며, 동정하거나 두려워하는 일이 거의 없고, 상냥하지도 않을 것이다.

이제 니체의 윤리학에 관해 진술해도 좋겠다. 나는 다음에 분석한 내용이 공정하다고 생각한다.

전쟁에서 승리한 자와 후손은 으레 정복당한 자들보다 생물학적으로 우월하다. 그러므로 정복자들이 당연히 권력을 전부 쥐고 자기들만의 이익을 얻기 위해 정세를 처리하는 입장이 바람직하다.

여기서 '바람직하다'라는 말도 살펴보아야 한다. 니체의 철학에서 '바람직하다'는 말은 무슨 뜻인가? 제3자의 관점에서 보면 니체가 '바람직하다'고 평가한 내용은 그가 바라는 것이다. 이렇게 해석할 경우에 니체의 학설은 더 간단하고 솔직하게 다음 한 문장으로 진술될 수도 있다. "페리클레스가 통치한 아테네나 메디치 가문이 지배한 피렌체에서 살았더라면 좋았을 것이다." 그러나 이것은 철학적 명제가 아니라 어떤 인물에 관한 전기에나 나올 법한 사실이다. '바람직하다'라는 말은 '내가 바란다'라는 말과 동의어가 아니라, 흐릿하더라도 보편적으로 규제할 어떤 권리를 포함한다. 어떤 유신론자는 바람직한 것이란 신이 바라는 것이라고 말할지도 모르지만, 니체는 이렇게 말해서는 안 된다. 니체는 윤리적 직관을 통해 선이 무엇인지 안다고 말해도 좋지만, 그가 이렇게 말하지 않는 까닭은 지나치게 칸트의 주장처럼 들리기 때문이다. 그는 '바람직하다'는 말의 의미를 확대하여 다음과 같이 말할지도 모른다. "사람들이 나의 저술을 읽게 되면, 일정 비율의 독자들은 사회 조직에 대한 나의 바람을 공유하게 될 것이다. 내 철학이 주게 될 정력과 결단력에 고무된 그들은 귀족이나 (나처럼) 귀족정치의 추종자들로 귀족정치를 보존하여 재건할지도 모른다. 이렇게 그들은 하층계급의 노예보다 당당하고 충만한 삶을 살려고 할 것이다."

니체 윤리의 다른 요소는 '결연한 개인주의자들rugged individualists'이 노동조합에 맞서 역설한 반론과 매우 비슷하다. 만인 대 만인의 투쟁에서 승리한 자는 니체가 찬양하는 용기, 비상한 재능, 의지의 힘과 같은 소질을 지닐 듯하다. 그런데 만일 귀족의 소질을 지니지 못한 사람들(거대한 다수 집단)이 함께 단결하면, 개개인은 열등하지만 승리할지도 모른다. 집단을 이룬 **하층 계급**canaille이 귀족과 맞설 때, 그리스도교는 프랑스혁명이 전선이었듯 이념적 전선이 될 수 있다. 그러므로 개별적으로 약한 자들이 모여 이루는 단결이라면 모두 반대한다. 왜냐하면 약자의 결집력이 개별적으로 강한 자들의 결집력을 능가하지 않을까 두렵기 때문이다. 다른 한편 강자 집단에 속한 강인하고 강건한 자들 사이에 단결을 촉구해야 한다. 강자들이 단결하는 첫 단계는 니체의 철학을 설교하는 일이다. 그러면 윤리학과 정치학의 구별을 유지하기가 쉽지 않다는 사실을 알게 될 것이다.

우리가 니체의 윤리학과 정치학에 반대 논증을 펼치기를 바란다고(나는 분명히 바라지만) 가정해 보자. 그러면 우리는 어떤 논증을 찾게 될까?

수긍할 만한 실천적 논증practical argument이 있고 니체의 목적을 보증하려는 시도가 실천적으로 전혀 다르게 나타난다는 점을 보여 준다. 오늘날 문벌 귀족은 평판이 나쁘기 때문에, 실행 가능한 귀족정치는 파시스트당이나 나치당과 같은 조직 형태로 나타날 뿐이다. 이러한 조직은 저항을 불러일으켜 전쟁에서 패배할 개연성이 높다. 패배하지 않더라도 머지않아 경찰국가가 될 수밖에 없으며, 경찰국가에서 지배자들은 암살의 공포 속에서 살고 여기서 저항하는 영웅은 정치범 수용소에 갇히고 만다. 그러한 사회에서 신의와 명예는 신고로 인해 활력을 잃어버리고, 자칭 초인으로 이루어진 귀족 계급은 두려움 속에서 벌벌 떠는 겁쟁이들의 파벌로 전락하고 만다.

그렇지만 앞에서 제시한 논증은 우리 시대에 적합한 논증으로 귀족정치에 이의를 제기하지 않던 과거 시대에는 유효하지 않았을 것이다. 이집트의 정치 체제는 수천 년 동안 니체의 원리에 따라 유지되었다. 미국 독립전쟁과 프랑스혁명이 일어나기 전까지, 큰 나라의 정치 체제는 거의 대부분 귀족정치 체제였다. 그러므로 우리는 이렇게 오랜 기간 성공적으로 유지된 역사를 지닌 귀족정치 체제보다 민주정치를 채택할 더 좋은 이유가 있는지, 아니면 우리의 관심은 정치학이 아닌 철학이기 때문에 니체가 귀족정치를 지지하기 위해 제안한 윤리를 거부할 객관적 근거가 있는지 물어야 한다.

정치 문제와 대조되는 윤리 문제는 **공감**sympathy에 대한 것이다. 남이 당하는 고통을 보고 마음이 아파진다는 의미의 공감은 어느 정도까지 인간에게 자연스럽게 드러난다. 어린이는 다른 아이가 우는 소리를 들으면 불안해진다. 그러나 이러한 느낌이 발전하는 정도는 사람마다 아주 다르다. 어떤 사람은 고문할 때 쾌락을 느끼기도 하고, 다른 사람은 부처처럼 한 생명체라도 고통스럽다면 완전히 행복해질 수 없다고 느끼기도 한다. 사람들은 대부분 일어나는 감정에 따라서 인간을 친구와 적으로 나누고, 친구에게 공감하지만 적에게 공감하지 않는다. 그리스도교나 불교 같은 윤리는 보편적 공감이라는 감정에 기초하지만, 니체의 윤리에 공감이 들어설 자리는 전혀 없다. (그는 자주 공감에 반대하는 설교를 하고, 여기서 자신의 계율을 지키기는 어렵다고 생각한다.) 이렇게 질문해 보자. 부처와 니체가 만난다면, 어느 쪽이 공명정대한 청자에게 호소력을 갖는 논증을 펼칠 수 있을까? 나는 정치적 논증을 생각하지는 않는다. 그들이 구약성서 욥기 1장에서처럼 하느님 면전에서 하느님이 창조해야 할 세계에 대해 조언을 한다고 상상해도 좋다. 어느 쪽이 어떤 말을 했을까?

부처는 나병 환자가 쫓겨나 비참하게 살고, 가난한 사람은 아픈 팔과 다리로 수고해도 영양 상태가 나빠 가까스로 살아가며, 전쟁터의 부상자가 처절한 고통 속에서 느릿느릿 죽어 가고, 고아가 잔혹한 보호자에게 학대를 당하며, 성공한 자조차 실패와 죽음에 대한 생각이 머릿속에서 떠나지 않는다고 말하면서 논증을 시작할 터다. 그는 이러한 모든 슬픔의 무거운 짐에서 벗어날 구원의 길을 찾아야 하며, 구원은 사랑을 통해서만 가능하다고 말할 것이다.

전능한 신만이 방해하지 못하게 제지할 수 있었던 니체라면 갑자기 이렇게 소리칠 것이다. "저런, 이보시오, 그대는 더 강인한 근성을 길러야 하겠습니다. 왜 시시한 사람이 고통스러워한다고 하여 훌쩍이고 슬픈 체하며 돌아다닙니까? 아니면 위대한 사람이 고통스러워하기 때문입니까? 시시한 사람들은 시시하게 고통스러워하고, 위대한 사람들은 위대하게 고통을 감내하며 위대한 수난에 대해 후회하지 않습니다. 위대한 사람들은 고귀한 존재이기 때문입니다. 그대의 이상은 순전히 부정적 이상으로서 고통의 부재인데, 실존하지 않으면 완벽하게 보장될지도 모릅니다. 반면에 나는 긍정적 이상을 제시합니다. 나는 알키비아데스, 프리드리히 2세, 나폴레옹을 찬양합니다. 이러한 영웅들에게 어떤 고난이든 가치 있는 법입니다. 창조하는 예술가 가운데 가장 위대한 자, 주님에게 호소합니다. 가련한 정신병자가 두려움에 싸인 나머지 타락하여 두서없이 중얼거린 말 때문에 그대의 예술적 충동에 재갈을 물리는 일은 없어야 합니다."

죽은 다음 천국의 궁정에서 이후 역사를 모두 배우고, 기쁨에 차서 사람들이 사용하는 용도로 지식과 슬픔에 관한 학문을 배워 숙달한 부처는 차분하고 세련된 태도로 이렇게 응수한다. "니체 선생, 나의 이상을 순전히 부정적 이상이라고 생각하다니 그건 잘못입니다. 맞습니다. 부정적 요소, 바로 고통의 부재를 포함하지만, 거기에 그대의 학설에서 발견되는 긍정적 요소도 들어 있습니다. 나는 알키비아데스와 나폴레옹을 특별히 칭송하지 않지만, 내게도 영웅들이 있습니다. 예수가 나의 계승자입니다. 그가 사람들에게 원수를 사랑하라고 가르쳤기 때문이죠. 또 자연의 힘을 정복하여 적은 노동으로 식량을 확보할 방법을 발견했던 과학자, 질병을 줄이는 방법을 찾아냈던 의사, 신성한 지복을 일별한 시인과 미술가와 음악가 들이 나를 계승한 자들입니다. 사랑과 지식과 아름다운 사물에서 얻는 기쁨은 부정적 요소가 아닙니다. 이러한 요소는 지금까지 살았던 위대한 사람들의 삶을 충분히 만족시킬 만합니다.”

니체는 이렇게 답변한다. “줄곧 그대의 세상은 무미건조하고 활력도 없었을 것입니다. 헤라클레이토스의 작품 전집이 천상의 도서관에 소장되어 있으니 그의 사상을 공부해 보시죠. 그대의 사랑은 고통에서 비롯된 동정심입니다. 정직하게 말하면 그대의 진리는 불쾌하고 고통을 통해 인식될 뿐입니다. 아름다운 사물에 대해 말하면 어떤 존재가 사나운 위용을 자랑하는 사자보다 더 아름다울까요? 아니, 주님이 그대의 세계를 창조하기로 결정하면, 우리 모두 권태로 죽지 않을까 두려울 뿐입니다.”

부처는 다시 이렇게 대답한다. “고통을 사랑하고 삶에 대한 사랑을 부끄럽게 여기는 그대는 그럴 테지요. 그러나 아무도 있는 그대로 세상에서 행복할 수 없을 테지만, 정말로 삶을 사랑하는 사람들은 행복해질 겁니다.”

나로서는 내가 상상했던 부처의 의견에 동의한다. 그러나 수학이나 과학의 문제를 해결하기 위해 사용되는 논증 방법을 써서 부처의 주장이 옳다는 사실을 입증할 방법은 알지 못한다. 내가 니체를 좋아하지 않는 까닭은 그가 고통에 대해 숙고하기를 좋아하고, 기만을 의무로 세우며, 그가 찬양한 사람들은 대부분 정복자들로서 평범한 사람들을 죽음으로 몰아넣은 영리함을 명예로 삼기 때문이다. 그러나 내 생각에 니체의 철학에 반대한 최종 논증은, 불쾌하지만 내부적으로 자기일관성을 갖춘 어떤 윤리에든 반대한 것으로서, 사실이 아니라 감정에 호소한다. 니체는 보편적 사랑을 경멸하지만, 나는 보편적 사랑이야말로 세계에 대해 바라는 모든 일을 추진하는 힘이라고 생각한다. 니체의 추종자들이 전성기를 누리는 상황이지만, 우리는 이런 상황이 빨리 끝나기를 희망할 수도 있으리라.

26.
공리주의[139]

영국의 전문 철학자들은 칸트에서 니체에 이르는 시기 내내 당대 독일 철학자들의 영향을 거의 받지 않았다. 윌리엄 해밀턴 경William Hamilton (1805~1865)[140]이 유일한 예외로 영향을 받지만 미미한 수준이었다. 시인 콜리지와 역사가 칼라일이 칸트와 피히테, 독일 낭만주의자들의 영향을 많이 받은 것은 사실이지만, 낭만주의자들은 전문 철학자들이 아니었다. 언젠가 제임스 밀James Mil(1773~1836)[141]에게 칸트에 관해 언급한 사람이 있었던 모양이다. 밀은 피상적 질문을 몇 가지 해본 후에 "칸트가 얼마나 보잘것없는 철학자인지 충분히 알겠군"이라고 평했다고 한다. 그러나 이 정도로 언급한 것도 이례적 현상으로 일반적으로 독일 철학자들에 대해 완전히 침묵했다. 벤담과 벤담학파는 자신들의 철학을 주로 로크와 하틀리David Hartley (1705~1757)[142], 엘베시우스에게서 도출했다. 그들은 철학적 측면보다 정치

139 공리주의와 마르크스에 대한 충분한 논의는 나의 저술『자유와 조직』2부에서 볼 수 있다.

140 * 스코틀랜드의 철학자이자 교육자. 스코틀랜드의 상식 철학과 칸트의 철학을 결합하려 했다.

141 * 영국의 계몽주의자, 공리주의자, 정치경제학자, 역사학자. 벤담의 사상을 수용하여 근본적 사회 개혁을 이끌었던 철학적 급진주의의 실질적 지도자였다.

142 * 영국의 의사이자 철학자로 연상이론에 근거한 심리학을 발전시켰다. 연상이론은 사유 과정이 어떻게 일어나는지를 설명하려는 시도로 수정을 거쳐 현대 심리학에 수용되었다.

적 측면에서 영국 급진주의의 지도자이자 의도치 않게 사회주의 학설의 등장을 준비한 철학자로서 중요한 가치가 있다.

당시 '철학적 급진주의자들'의 지도자로 누구나 인정한 제러미 벤담Jeremy Bentham(1748~1832)은 사람들이 급진주의 운동의 수장으로 기대할 전형적 인물이 아니었다. 그는 1748년에 태어났고 1808년까지 급진주의자가 아니었다. 부끄럼을 너무 많이 타서 덜덜 떨지 않고서 낯선 방문객을 맞이하지 못할 정도였다. 책을 여러 권 저술했으나 일부러 출판하려고 하지 않았고, 그의 이름으로 출판된 책은 친구들이 호의로 모두 사들이곤 했다. 벤담의 주요 관심사는 법률 이론이었고, 엘베시우스와 베카리아Cesare Beccaria(1738~1794)[143]를 제일 중요한 선배로 인정했다. 그는 법률 이론을 통해 윤리와 정치에도 흥미를 갖게 된다.

벤담의 철학은 두 가지 원리에 근거한다. 하나는 '연합 원리'이고 다른 하나는 '최대 행복 원리'다. 1749년에 하틀리는 관념 연합 원리를 역설했다. 하틀리 이전에도 관념들이 연합한다는 점이 인정되었지만, 로크는 관념들의 연합을 사소한 오류의 원천으로 여겼을 따름이다. 벤담은 하틀리를 추종하여 관념 연합 원리를 심리학의 기본 원리로 삼았다. 그는 관념과 언어의 연합을 인정할 뿐만 아니라 관념과 관념의 연합도 인정한다. 이러한 원리를 수단으로 그는 정신에서 발생하는 사건들에 대해 결정론적으로 설명하려고 한다. 요컨대 벤담의 학설은 더 현대적인 파블로프의 실험에 근거한 '조건반사' 이론 같은 주장이다. 한 가지 중요한 차이는 파블로프Ivan Petrovich Pavlov(1849~1936)의 조건반사가 생리적으로 일어나는 반면, 관념들의 연합은 순수하게 심리적으로 일어난다는 점이다. 따라서 파블로프의 실험 결과

143 * 이탈리아의 법률가이자 작가로 『범죄와 형벌』이라는 형사법 개혁에 관한 탁월한 저술을 남겨 근대 범죄학과 형사정책의 발전에 기여했다.

는 행동주의자의 경우처럼 유물론적 설명이 가능하지만, 관념들의 연합은 오히려 심리학이 생리학과 어느 정도 독립적으로 발전하는 쪽으로 이끌었다. 과학의 측면에서 조건반사 원리가 낡은 원리보다 진일보한 점은 의심할 수 없다. 파블로프의 원리는 이러하다. B라는 자극이 C라는 반응을 산출하는 조건이 주어지고, 어떤 동물이 B라는 자극과 동시에 A라는 자극을 빈번하게 경험했다면, 자주 B라는 자극이 없어도 A라는 자극이 때맞추어 C라는 반응을 산출할 것이다. 이러한 일이 발생하는 조건의 결정은 실험의 문제다. 분명히 말해 우리가 A, B, C에 각각 관념을 대체하면 파블로프의 원리는 관념 연합의 원리가 된다.

조건반사 원리와 관념 연합 원리가 어떤 분야에서 타당하다는 점은 의심할 여지가 없고, 분야의 범위가 논쟁거리일 뿐이다. 벤담과 추종자들은 몇몇 행동주의자가 파블로프의 원리를 적용하는 경우에 그렇듯, 하틀리의 원리가 적용될 가능한 분야를 과장했다.

벤담에게 심리학 분야의 결정론이 중요한 까닭은, 그가 민법을 제정하고 일반적 차원에서 사회 제도를 구축함으로써 사람들이 저절로 덕을 갖추게 되기를 바랐기 때문이다. 바로 여기에서 '덕'이 무엇인지 정의하기 위해 벤담의 둘째 원리인 최대 행복의 원리가 필요하다.

벤담은 선이란 쾌락이거나 행복이고 악은 고통이라고 주장했고, 쾌락과 행복을 동의어로 사용했다. 따라서 만일 어떤 사태가 고통보다 쾌락의 양을 더 많이 포함하거나 쾌락보다 고통의 양을 더 적게 포함하면, 그 사태는 다른 사태보다 더 선하다. 모든 가능한 사태 가운데 최선은 쾌락을 가장 많이 포함한 사태다.

'공리주의utilitarianism'라고 불리는 이러한 학설에 새로운 점은 아무것도 없다. 공리주의는 일찍이 1725년에 허치슨Francis Hutcheson(1694~1746)이 주창한 학설이다. 벤담은 공리주의가 프리스틀리Joseph Priestley(1733~1804)의 학설이라고 하지만, 정작 프리스틀리는 공리주의를 특별히 주장하지 않았다. 사실 공리주의는 로크의 사상에 들어 있다. 벤담의 장점은 공리주의 학설이 아니라 다양한 실천 문제practical problem에 왕성하게 적용한 데 있다.

선은 일반적 행복일 뿐만 아니라 개인이 각자 언제나 자신이 행복이라고 믿는 것을 추구한다고 벤담은 주장한다. 그러므로 입법자는 공익과 사익의 조화를 위해 일한다. 내가 도둑질을 하지 않으면 공익에 부합하지만 유효한 형법이 제정되지 않은 곳에서 이러한 행동은 나의 이익에 부합하지 않는다. 따라서 형법은 개인의 이익을 공동체의 이익과 공존하게 만드는 방법이고, 그것이 법의 정당성을 보여 주는 이유다.

우리는 범죄자를 미워하기 때문이 아니라 범죄를 예방하기 위해 형법에 따라 처벌한다. 가혹한 처벌보다 확실한 처벌이 중요하다. 벤담이 살던 시대에 영국은 경미한 범죄에도 사형 선고를 쉽게 내렸기 때문에 배심원단에서 사형 선고가 과하다고 생각하여 유죄 평결을 거부하는 일도 흔히 발생했다. 벤담은 흉악 범죄를 제외한 모든 범죄에 대한 사형 철폐를 주창했는데, 그가 죽기 전에 사형 선고가 줄어드는 쪽으로 형법이 개선되었다.

벤담은 민법이 네 가지 목표를 가져야 한다고 말한다. 생존·풍족·안전·평등이다. 그가 자유를 언급하지 않은 사실에 주목하려고 한다. 사실 그는 자유에 거의 마음을 쓰지 않았다. 그는 프랑스혁명 이전에 통치하던 자비로운 전제군주, 예카테리나 여제[144]와 프란츠 황제[145]를 동경했다. 반면에 인권을 지지하는 학설을 몹시 경멸했다. 그는 인권이란 명백한 헛소리라고 말했다. 불가침 인권이란 죽마 위에서 말 타는 흉내를 내듯 어리석은 생각이다. 프랑스혁명당원들이 '인권선언문'을 작성했을 때, 벤담은 '형이상학적

144 * 독일 태생 러시아 황제(1762~1796 재위)로서 러시아를 유럽 정치 무대와 문화에 편입시켰다.

145 * 신성 로마 황제이자 토스카나 대공으로 프란츠 1세를 가리킨다.

작품이자 형이상학의 **극치**'라고 평했다. 그의 말에 따르면 인권선언문의 조항은 (1) 이해하기 어려운 조항 (2) 거짓 조항 (3) 이해하기 어렵고 거짓인 조항으로 나뉜다.

벤담의 이상은 에피쿠로스와 마찬가지로 자유가 아니라 안전이었다. "전쟁과 폭풍은 읽어 내는 것이 최선이지만, 평화와 고요는 견디기에 더 좋다."

벤담이 점차 급진주의로 진화한 원천은 두 가지다. 하나는 쾌락과 고통의 계산에서 연역적으로 추론되는 평등의 신념이고, 다른 하나는 모든 일을 그가 이해한 이성의 중재에 맡기려는 불굴의 결심이다. 평등을 찬미하는 벤담은 일찍이 재산을 자손에게 평등하게 분배해야 한다는 입장을 지지하고, 유언의 자유에 따른 재산 분할에 반대했다. 나중에 군주제와 세습귀족정치에 반대하고, 여성의 투표권까지 인정하는 완전한 민주주의를 주창했다. 이성적 근거가 없다면 믿지 않겠다는 입장으로 신에 대한 믿음을 포함한 종교 자체를 거부했다. 또 유서 깊은 역사적 기원을 가진 법의 부조리한 조항과 변칙 조항을 찾아내 신랄하게 비판했다. 그는 무엇이든 전통에 따른다는 근거로는 받아들이려고 하지 않았다. 일찍이 청년 시절부터 영국이 미국에서 영토를 확장하든 다른 나라가 영토를 확장하든 제국주의에 반대하면서 식민지 건설을 바보짓으로 여겼다.

벤담은 제임스 밀의 영향으로 실용 정치practical politics에 가담했다. 벤담보다 스물다섯 살 아래인 제임스 밀은 그의 학설을 열렬히 지지한 학도였을 뿐만 아니라 행동하는 급진주의자였다. 벤담은 밀에게 살 집(밀턴 소유의 집)을 제공하고, 밀이 『인도사』를 집필하는 동안 재정적으로 도와주었다. 『인도사』(1816)를 저술하자마자 동인도회사는 제임스 밀을 관리로 임명했고, 나중에 세포이 반란[146]의 결과로 철폐되기 전까지 그의 아들인 존 스튜어트 밀에게도 관리직을 제공했다. 제임스 밀은 콩도르세와 엘베시우스를 유달리 숭배했다. 그는 당시 급진주의자들이 모두 그랬듯 교육의 무한한 힘을 믿었다. 자신의 이론을 아들인 존 스튜어트 밀에게 적용했다. 결과의 일부는 좋았지만 일부는 나빴다. 아주 나쁜 결과는 스튜어트가 아버지의 사고방식이 협소하다는 사실을 알아챘을 때조차 영향권에서 벗어나지 못했다는 점이다.

제임스 밀은 벤담처럼 쾌락이 유일한 선이고 고통은 유일한 악이라고 보았다. 하지만 그는 에피쿠로스처럼 온건한 쾌락에 가장 큰 가치를 부여하고, 지적 즐거움이 최선의 덕이며 절제는 주요한 덕이라고 생각했다. "**격앙된 사람**은 아버지에게 조소 섞인 비난을 받을 만한 전형이었다"라고 말한 스튜어트 밀은, 아버지가 감정을 강조하는 현대의 경향에 반대하고 어떤 형태이든 낭만주의에 완전히 반대하는 입장에 섰다고 덧붙인다. 정치는 이성으로 제어하고, 사람들의 의견은 증거의 양에 따라 결정해야 한다고 제임스 밀은 생각했다. 논쟁을 하면서 대립하는 양측이 같은 기량을 나타낸다면, 지지하는 수가 더 많은 측이 옳다고 판단해야 도덕적으로 확실하다. 제임스 밀이 제시한 사고방식은 천성적으로 정서가 부족했기 때문에 창조력이 결여된 반면에 근면과 공평함, 합리성 같은 장점을 드러내기도 했다.

제임스 밀의 아들인 존 스튜어트 밀은 1806년에 태어났으며, 1873년 죽을 때까지 벤담주의 학설의 과격한 면을 완화하는 데 기여했다.

19세기 중반 내내 벤담주의자들이 영국의 법 제정과 정책에 미친 영향력은 정서적인 면에 전혀 호소하지 않은 점을 감안하면 놀라울 정도로 두드러졌다.

벤담은 일반적 행복이 행복이 **최고선**summum bonum이라는 견해를 지지하는 다양한 논증을 내놓았다. 몇몇 논증을 통해 다른 윤리 이론을 예리하게 비

---

146 * 인도 용병(세포이)들이 동인도 회사의 횡포에 맞서 일으킨 반란(1857~1858). 이를 계기로 동인도 회사가 철폐되고 영국 정부가 인도를 통치하기 시작했다.

판하기도 했다. 그는 마르크스를 예견하듯 정치적 궤변에 관한 논문에서 감상적이고 금욕적인 도덕규범은 지배 계급의 이익에 기여하며 귀족정치 체제의 구시대적 산물이라고 주장한다. 그는 이어서 희생의 도덕을 가르치는 자는 오류에 빠진 희생자이며, 다른 사람이 자신을 위해 희생하기를 바란다고 말한다. 도덕 질서란 다양한 이익들이 평형을 이룰 때 생겨난다고 말하기도 한다. 지배자 집단은 지배 계급의 이익과 피지배 계급의 이익이 이미 일치한 것처럼 가장하지만, 개혁가들은 두 계급 간의 이익이 아직 일치되지 않았음을 분명하게 드러내고 일치시키려고 노력한다. 벤담은 공리 원리principle of utility만이 도덕과 입법의 기준을 제공하고 사회과학의 기초를 놓을 수 있다고 주장한다. 벤담이 자신의 공리 원리를 지지한 중요한 실증적 논증positive argument은 겉보기에 다른 윤리 체계도 실용적으로 함축한다. 그런데 이것은 벤담의 개관survey을 심각하게 제한할 경우에만 그럴듯하다.

벤담의 체계에는 명백한 결함이 하나 있다. 사람들이 언제나 제각기 자신의 쾌락을 추구한다면, 입법자가 모든 인간의 쾌락을 추구한다는 것을 어떻게 보장할 수 있는가? 벤담은 본능적 자비심(자신의 심리 이론으로 인해 이것을 알아채지 못했다) 때문에 이 문제를 드러내지 못했다. 입법자가 외국의 어떤 나라를 위해 성문법을 제정하도록 고용되었다면, 그는 자신의 이익이나 자기가 속한 계급의 이익을 (의식적으로) 증진하지 않고 공익에 기여한다고 생각한 조항으로 법안을 구성했을 터다. 하지만 이 점을 인정하더라도, 그는 자신의 심리 학설을 수정해야 했다. 벤담은 적절한 감시와 결합한 민주정치를 통해, 입법자들이 일반 대중에게 유용한 사익만 증진하도록 조종할 수 있다고 생각했던 듯하다. 당시 민주 제도의 운영과 효력을 판단할 자료가 많지 않았기 때문에 벤담의 낙관론을 못 본 척 넘겨버릴 수도 있겠지만, 착각에서 벗어난 우리 시대에서 보면 다소 소박해 보인다.

존 스튜어트 밀이 『공리주의』에서 제시한 논증은 오류를 포함하여 그가 어떻게 타당하다고 생각할 수 있는지 이해하기 힘들 정도다. 그는 이렇게 주장한다. 쾌락은 욕구되는 유일한 대상이므로, 쾌락은 유일하게 바람직한 대상이다. 밀은 단지 볼 수 있는 것만 보이고, 단지 들을 수 있는 것만 들리며, 비슷하게 단지 바람직한 것만 욕구된다고 주장한다. 그는 어떤 것이 보**일 수 있다**can면 그것은 '볼 수 있는' 것이지만, 그것이 욕구**되어야만**ought '바람직한' 것이라는 점을 알아채지 못한다. 따라서 '바람직하다'는 말은 윤리 이론을 선제한다. 다시 말해 우리는 욕구의 대상으로부터 바람직한 것을 추론하지 못한다.

그는 다시 이렇게 주장한다. 만일 사람들이 각자 사실상 불가피하게 자신의 쾌락을 추구한다면, 그가 달리 행동**해야 한다**고 말해 보았자 아무 소용없는 일이다. 칸트는 "너는 해야 한다"가 "너는 할 수 있다"를 포함한다고 역설했다. 반대로 만일 네가 할 수 없다면, 너는 해야 한다고 말해 보았자 쓸데없는 일이다. **만일** 인간이 언제나 제각기 자신의 쾌락을 추구한다면, 윤리학은 사려로 환원된다. 말하자면 너는 다른 사람들이 다음에 너의 이익을 증진해 주리라는 희망으로 다른 사람들의 이익을 증진한다고 해도 괜찮다. 마찬가지로 정치 분야에서 일어나는 협력도 모두 서로 돕기의 일종이다. 이 밖의 다른 결론은 공리주의자의 전제들에서 타당하게 연역되지 않는다.

이것과 구별되는 질문이 두 가지가 얽혀 있다. 첫째, 인간은 제각기 자기 자신의 행복을 추구하는가? 둘째, 일반적 행복은 인간 행동의 옳은 목적인가?

인간이 제각기 자신의 행복을 욕구한다는 진술은 두 가지를 의미할 수 있는데, 하나는 자명하고 다른 하나는 거짓이다. 내가 무엇을 바라든지 소원을 성취하고 나면 쾌락을 얻게 마련이다. 이러한 의미로 내가 욕구하는 대상이 무엇이든 **하나의** 쾌락이며, 좀 느슨하게 보면 내가 욕구하는 것은 쾌락이라고 말할지도 모른다. 이것이 자명한 주장이라는 말의 의미다.

그러나 만일 내가 무엇이든 욕구할 때 그것이 내게 줄 쾌락 때문에 욕구한다는 의미라면, 해당 진술은 당연히 참이 아니다. 내가 배고프면 나는 음식을 욕구하고, 계속 배고픈 동안에 음식이 내게 쾌락을 줄 것이다. 그러나 배고픔이라는 욕구가 먼저 생기며 욕구의 귀결이 쾌락이다. 나는 쾌락을 직접적으로 욕구하는 경우가 있다는 사실을 부인하지 않는다. 만일 네가 한가한 저녁 시간에 연극을 관람하기로 마음먹었다면, 너는 가장 큰 쾌락을 주리라고 예상되는 연극을 선택할 것이다. 그러나 이렇게 쾌락을 얻으려는 직접적 욕구에 따라 결정된 행위는 이례적인 경우이고 중요하지도 않다. 인간의 주요 활동은 전부 쾌락과 고통을 계산하기 이전에 생긴 욕구로 결정된다.

아무거나 욕구의 대상이 될 수도 있다. 피학성 변태성욕자는 자신의 고통을 욕구할지도 모른다. 피학성 변태성욕자는 틀림없이 자신이 욕구했던 고통에서 쾌락을 얻어 내지만, 쾌락은 욕구 때문에 생기며 **반대 경우**는 성립하지 않는다. 어떤 사람은 자기가 욕구한다는 점만 빼면 자신에게 아무 영향도 주지 않는 어떤 것, 예컨대 자기 나라가 중립을 선언한 전쟁에서 한쪽의 승리를 바랄 수도 있다. 그는 일반적 행복이 증가하거나 일반적 고통이 감소하기를 바랄지도 모른다. 아니면 그는 칼라일처럼 정반대를 바랄지도 모른다. 욕구가 변하면 쾌락도 따라서 변한다.

윤리학은 인간의 다양한 욕구가 서로 충돌하기 때문에 필요하다. 갈등의 첫째 원인은 이기주의egoism이다. 사람들은 대부분 타인의 복지보다 자신의 복지에 더욱 큰 관심을 가진다. 그런데 갈등은 이기주의적 요소가 없어도 똑같이 발생한다. 어떤 사람은 모든 사람이 가톨릭교도이기를 소망할지도 모르지만, 다른 사람은 모든 사람이 칼뱅교도이기를 소망할지도 모른다. 이러한 비非이기주의적 욕구가 사회 갈등으로 비화되는 일은 흔히 발생한다. 윤리학은 두 가지 목적을 가진다. 첫째, 선한 욕구와 악한 욕구를 구별하는 기준을 찾는 것이다. 둘째, 칭찬과 비난을 통해 선한 욕구를 증진하고 악한 욕구를 단념하도록 이끄는 것이다.

심리적 부분과 논리적으로 독립된 공리주의 학설의 윤리적인 부분은 이렇게 표현된다. 사실상 일반적 행복을 증진하려는 욕구와 행위는 선하다. 그런데 일반적 행복 증진은 행위의 **의도**일 필요가 없으며 행위의 **결과**일 뿐이다. 이러한 공리주의 윤리 학설에 찬성하거나 반대하는 어떤 타당한 논증이 있을까? 우리는 니체 사상을 다루면서 유사한 질문과 마주했었다. 니체의 윤리가 공리주의 윤리와 다른 까닭은 인간 종족 가운데 소수만 가치를 지니며 나머지 인간의 행복이나 불행은 무시해야 한다고 주장하기 때문이다. 나는 니체의 윤리와 공리주의 윤리의 차이를 과학의 문제를 해결할 때 사용하는 이론적 논증을 통해 다룰 수 있다고 생각하지 않는다. 분명히 니체의 귀족 윤리에서 배제된 사람들은 반대 입장을 취할 테니, 쟁점은 이론이 아닌 정치적 문제가 된다. 공리주의 윤리는 민주주의를 지지하며 반낭만주의 경향을 나타낸다. 민주주의자들은 공리주의 윤리를 수용할 것 같지만, 내 생각에 바이런풍의 세계관을 더 좋아하는 사람들은 욕구와 반대되는 것으로서 사실에만 호소한 고찰이 아니라 실천적으로만 논박당할 수 있다.

철학적 급진주의자들은 과도기 학파로서 역할을 다했다. 그들의 철학 체계는 한층 중요한 학설, 다시 말해 진화론과 사회주의가 출현하도록 자극한 원인이었다. 다윈의 진화론은 벤담주의자들의 정치학과 경제학에 없어서는 안 될 부분인 맬서스의 인구론을 동물과 식물계 전체에 적용한 결과물로, 지구 전체의 자유 경쟁 속에서 승리는 성공한 자본가를 가장 많이 닮은 동물에게 돌아갔다. 다윈은 자신이 맬서스의 영향을 받았기 때문에 철학적 급진주의자의 견해에 대체로 공감했다. 그렇지만 고전 경제학자들이 감탄하며 받아들인 경쟁과 다윈이 진화의 원동력이라고 선언했던 생존 경쟁에는 큰 차이가 있었다. 고전 경제학에서 '자유 경쟁'은 법적 제한의 구속을 받는 대단히 인위적인 개념이다. 너는 경쟁자보다 싸게 팔 수도 있지만 경쟁자를 죽여서는 안 되며, 외국 제조업체를 이기기 위해 네 나라 군대의 힘을 빌려도 안 된다. 자본을 소유할 만큼 행운을 타고나지 못한 사람들이 혁명을 일으켜 자기 몫을 늘리려고 해서도 안 된다. 벤담주의자들이 이해한 대로라면 '자유 경쟁'은 사실 전혀 자유롭지 않았다.

다윈의 생존 경쟁은 이렇게 제한된 경쟁이 아니므로 권투 경기에서 허리 아래를 때리는 행위를 금지하는 규칙조차 없다. 법 체제는 동물들에게 없으며, 전쟁도 경쟁에서 이기는 방법으로서 배제되지 않는다. 경쟁에서 승리를 보장하기 위해 국가를 이용하는 방법은 벤담주의자들이 세운 규칙에 위배되지만, 다윈식 경쟁에서는 배제되지 않아도 되었다. 사실상 다윈은 자유주의자로 자처했고 니체도 경멸할 경우를 제외하면 결코 언급하지 않았지만, 다윈의 '적자생존'은 철저하게 이해할 경우에 벤담의 철학보다 니체의 철학과 흡사한 철학으로 이행한다. 하지만 이러한 발전 과정이 나중에 나타났던 까닭은 다윈의 『종의 기원』이 1859년에 출판되었고, 이 책에 포함된 정치적 의미를 처음에 알아채지 못했기 때문이다.

반대로 사회주의는 벤담의 공리주의의 전성기에 고전 경제학의 직접적 결과로 시작되었다. 벤담과 맬서스, 제임스 밀과 친밀히 교제하던 리카도 David Ricardo(1772~1823)는 상품의 교환 가치는 상품을 생산하는 데 들인 노동에서 전적으로 기인한다고 가르쳤다. 그는 이러한 이론을 담은 『정치경제학과 조세 원리*On the Principles of Political Economy and Taxation*』를 1817년에 출판했고, 8년 후에 전 해군 장교인 토머스 호지스킨Thomas Hodgskin(1787~1869)은 첫 번째 사회주의 답변서 『자본의 권리 주장에 반대하는 노동 옹호론*Labour Defended Against the Claims of Capital*』을 출판했다. 호지스킨은 리카도가 가르쳤듯 모든 가치가 노동에 의해 부여된다면, 보상은 모두 노동자에게 돌아가야 한다고 주장했다. 현재 지주와 자본가가 나누어 가진 몫은 강탈한 것임이 틀림없다. 한편 제조업자로서 실무 경험을 많이 쌓은 로버트 오언Robert Owen (1771~1858)은 머지않아 사회주의로 불리는 학설을 확신하게 되었다('사회주의자'라는 말은 1827년 처음 사용되는데, 오언의 추종자들에게 붙인 이름이다). 그는 기계가 노동을 대체했으며, **자유방임주의** 정책은 노동자 계급에게 기계의 힘에 맞서 싸울 수단을 제공하지 않았다고 주장했다. 자유방임주의의 악을 처리하기 위해 오언이 제안한 방법이 현대 사회주의의 최초 형태였다.

오언은 벤담과 친구였고 벤담이 오언의 사업에 적지 않은 돈을 투자했지만, 철학적 급진파는 오언의 새로운 학설을 달가워하지 않았다. 사실 사회주의의 출현은 그들의 급진주의적 성향을 약화하고, 철학적 경향도 약화하는 결과를 초래했다. 런던에 호지스킨의 추종 세력이 형성되자, 제임스 밀은 공포에 질려 다음과 같은 편지를 썼다. "호지스킨 추종자들의 재산 개념은 추악해 보입니다. …… 그들은 재산이 아예 없어져야 한다고 생각하는 것처럼 보이는데, 재산이 있다는 것 자체가 그들에게는 악이지요. 그들 사이에서 틀림없이 부랑자들이 일하고 있을 것입니다. …… 바보들이 광적으로 바라는 것이 그들에게도 큰 재앙이 될 테고 자기들 말고 아무도 성장을 도와주지 않을 텐데 말이죠." 1831년에 쓴 편지는 자본주의와 사회주의 사이에 벌어진 긴 싸움의 시작으로 여길 수도 있다. 나중에 쓴 편지에서 제임스 밀은 사회주의를 호지스킨의 '허무맹랑한 헛소리' 탓으로 돌리고 이렇게 덧붙였다. "만일 허무맹랑한 견해가 퍼져 나간다면, 문명사회를 전복하여 훈족과 타르타르족이 불가항력적으로 쇄도했을 때보다 더 나쁜 상황이 닥쳐오겠지요."

사회주의는 단지 정치나 경제와 관련되면 철학사의 범위에 포함되지 않지만, 카를 마르크스의 손에서 철학의 지위를 확보했다. 마르크스의 철학은 다음 장에서 살펴볼 주제다.

27.
카를 마르크스

카를 마르크스Karl Marx(1818~1883)는 흔히 사회주의를 과학으로 체계화해야 한다고 주장하고, 누구보다도 강력한 운동을 이끌어낸 사람으로 생각된다. 그가 이끌어 낸 강력한 운동은 끌어당기기도 하고 밀쳐 내기도 하면서 최근 유럽의 역사를 지배했다. 그의 경제학이나 정치학에 대한 논의는 몇 가지 일반적 측면을 제외하면 지금 쓰는 철학사의 범위에 포함되지 않는다. 나는 마르크스를 한 사람의 철학자로서, 그가 다른 철학자들에게 미친 영향만 다루려고 한다. 이러한 점에서도 그는 분류하기 어렵다. 마르크스는 어떤 면에서 호지스킨처럼 철학적 급진주의자들의 영향으로 성장한 철학자로 그들의 합리주의와 반낭만주의 성향을 이어받는다. 다른 면에서 그는 유물론을 부활시켜 새롭게 해석하고 인류의 역사와 새로운 방식으로 연결한다. 한편 마르크스는 위대한 체계를 구성한 마지막 철학자이자 헤겔의 후계자로 헤겔처럼 인간성의 진화를 종합하는 이성의 정칙定則, formula이 있다고 믿었다. 앞서 언급한 다양한 측면 가운데 한 가지를 강조하고 다른 면을 희생시킨다면, 그의 철학을 왜곡하여 그릇된 견해가 생겨난다.

마르크스의 일생 동안 일어난 사건들이 철학자로서 그의 복잡한 면을 어느 정도 설명해 준다. 그는 1818년에 성 암브로시우스의 출생지인 트리어에서 태어났다. 트리어는 프랑스 혁명기와 나폴레옹 시대에 프랑스의 영향을 많이 받아 독일 어느 지역보다 세계시민주의적 사고방식이 지배했다. 그의 조상은 대대로 랍비였지만, 마르크스가 어렸을 때 부모는 그리스도교로 개종했다. 마르크스는 유대인이 아닌 이방인 귀족의 딸과 결혼하여 일생 서로 헌신하며 살았다. 대학에서는 그때까지 유행하던 헤겔 철학의 영향을 받았으며, 헤겔의 관념론에 반발한 포이어바흐Ludwig Feuerbach(1804~1872)가 제시한 유물론의 영향도 받았다. 신문 기고가로서 활동했으나 그가 편집에 참여한 『라인 신문』은 논조가 과격하다는 이유로 당국에 의해 발행이 금지되었다. 이후 1843년에 사회주의를 공부하기 위해 프랑스로 갔고, 맨체스터의 면방직 공장 지배인이던 엥겔스Friedrich Engels(1820~1895)를 만났다. 엥겔스를 통해 마르크스는 영국의 노동 사정과 경제 상황을 알게 되면서, 1848년 프랑스 2월혁명과 독일혁명이 일어나기 전에 평범한 사람과 달리 국제적 교양을 갖추었다. 그는 서유럽에 대해 민족적 편견을 보이지 않았다. 그러나 동유럽에 대해 편견이 없었다고 말하기는 어려운데, 슬라브족에 대해 늘 경멸조로 말했기 때문이다.

마르크스는 1848년 프랑스혁명과 독일혁명에 가담했으나, 혁명이 실패하면서 1849년에 영국으로 망명했다. 그는 몇 번 짧게 다녀온 휴가를 제외하면 런던에서 남은 생애를 보냈다. 가난과 병, 자녀의 죽음으로 고통을 받으면서도 지치지 않고 저술에 몰두하며 지식을 쌓았다. 살아 있는 동안에 가능하지 않다면, 머지않은 미래에 사회주의 혁명이 일어나리라는 희망이 언제나 마르크스의 연구를 고무했다.

마르크스는 벤담이나 제임스 밀과 마찬가지로 낭만주의와 전혀 관계가 없으며, 언제나 과학적으로 연구하겠다는 의향을 분명히 나타낸다. 그의 경제학은 원동력만 변화시킨 영국 고전 경제학의 산물이다. 의식하든 의식하지 않든 고전 경제학자들은 지주와 임금 노동자 양측과 대립한 자본가 계급의 복리를 목적으로 삼았다. 반대로 마르크스는 임금 노동자의 이익을 대변하는 일에 착수했다. 그는 청년기인 1848년에 쓴 『공산당 선언*Manifest der Kommunistischen Partei*』에서 밀턴이 살았던 17세기에 자유주의가 그랬듯, 신혁명 운동에 적합한 불 같은 열정을 드러냈다. 그는 언제나 열심히 증거를 찾았기 때문에 과학의 범위 밖에 속한 직관에 의지하는 법이 없었다.

마르크스는 자칭 유물론자였지만 18세기 프랑스의 기계적 유물론을 지지하지 않았다. 헤겔 철학의 영향으로 형성된 마르크스의 '변증법적' 유물론은 한 가지 중요한 점에서 전통적 유물론과 달랐으며, 오늘날 도구주의라 불리는 사상에 더 가까웠다. 그는 구식 유물론이 감각을 수동적 작용으로 여기는 실수를 저질렀기 때문에, 활동을 일차적으로 물체에 귀속시켰다고 주장했다. 마르크스의 견해에 따르면 감각이나 지각은 주체와 객체가 상호 작용한 결과로서, 지각자의 활동을 제외한 맨 객체bare object는 단지 재료일 뿐이므로 인식 과정에서 변형되기 마련이다. 수동적 관조라는 낡은 의미의 인식은 비현실적 추상unreal abstraction에 지나지 않고, 현실적으로 일어나는 인식 과정은 물건을 **다루는** 과정과 같다. "인간이 사고를 통해 객관적 진리를 파악하느냐 파악하지 못하느냐는 이론의 문제가 아닌 실천의 문제다"라고 그는 말한다. "진리, 곧 사유의 현실성이자 힘은 실천을 통해 증명되어야 한다. 사유의 현실성과 비현실성을 둘러싸고 벌어진 실천과 유리된 논쟁은 단순히 현학적인 문제에 지나지 않는다. …… 철학자들은 단지 여러 방식으로 세계를 **해석**해왔을 뿐이다. 그러나 현실적 과제는 세계를 **변혁**하는 일이다."[147]

내 생각에 우리는 마르크스가 다음과 같이 의미한 것으로 해석할 수도 있다. 철학자들이 지식 추구라고 불렀던 과정은 생각되었던 대로, 모든 적응

147 카를 마르크스, 『포이어바흐에 관한 열한 가지 논제』(1845).

이 인식하는 자의 편에서 일어나는 반면 객체는 항상 그대로 있는 것이 아니다. 반대로 주체와 객체, 인식하는 자와 인식되는 사물은 양측이 상호 적응하는 과정 속에 있다. 그가 이것을 '변증법적' 과정이라 부른 까닭은 과정이 결코 완결되지 않기 때문이다. 이런 이론의 핵심은 영국 경험론자들이 생각했던 '감각'의 현실성을 부정하는 것이다. 그들이 '감각'으로 의미한 것에 가장 가까울 때, 일어나는 일은 '주목하기noticing'라고 부르는 편이 더 나을 텐데, 이것은 활동을 함축한다. 사실상 마르크스도 주장할 테지만, 우리는 사물과 관련된 행동 과정의 일부로서 사물에 주목할 뿐이고, 행동을 버려둔 어떤 이론이든 오도하는 추상이다.

내가 아는 한 마르크스는 실천적 관점에서 '진리' 개념을 비판한 첫 번째 철학자다. 마르크스가 자신의 체계 안에서 이러한 비판을 크게 강조하지 않았기 때문에 여기서 더 논의하지 않고, 이론적 검토는 뒤에 이어질 장으로 넘기겠다.

마르크스의 역사철학은 헤겔과 영국 고전 경제학이 뒤섞여 형성된다. 그는 헤겔처럼 세계는 변증법적 정칙에 따라 발전한다고 생각하지만, 발전의 원동력에 대한 견해는 헤겔과 완전히 다르다. 헤겔은 '정신Spirit'이라는 신비스러운 독립체entity가 『논리학』에 제시된 변증법의 여러 단계에 따라 인간의 역사가 발전하도록 이끈다고 믿었다. 정신이 왜 그러한 단계를 밟아야 하는지는 분명치 않다. 어떤 이는 정신이 헤겔을 이해하려 한다고 상상하며 각 단계에서 읽은 헤겔의 주장을 성급하게 객관화한다. 마르크스의 변증법은 법칙의 불가피성을 제외하면 앞서 말한 헤겔 변증법의 특성을 전혀 나타내지 않는다. 마르크스에 따르면 정신이 아니라 물질이 추진력이다. 그러나 물질은 인간적 요소가 완전히 없어진 원자론자들의 물질이 아니라 우리가 고찰한 독특한 의미를 갖는 물질이다. 이것은 마르크스에게 추진력은 현실적으로 인간이 물질과 맺는 관계이며, 그러한 관계의 가장 중요한 부분이 생산 양식이라는 뜻이다. 이렇게 마르크스의 유물론은 실천적으로 경제학이 된다.

마르크스에 따르면 인류 역사의 어느 시기에 속하든 정치, 종교, 철학, 예술은 당대의 생산 방식과 비중이 조금 낮지만 분배 방식의 산물이다. 나는 그가 이러한 입장이 문화의 세세한 면에 전부 적용된다고 주장하지 않고, 대체적 윤곽에 적용될 뿐이라고 주장했으리라 생각한다. 이러한 학설을 '역사에 대한 유물론적 개념'이라고 부른다. 이것은 매우 중요한 논제로 특히 철학사와 관계가 있다. 나는 역사에 대한 유물론적 논제를 있는 그대로 수용하지 않지만 아주 중요한 진리를 일부 포함한다고 생각하며, 현재 작업에 제시된 철학적 발전에 대한 나의 견해에 영향을 미쳤음도 의식한다. 먼저 마르크스의 학설과 연결하여 철학사를 고찰해 보자.

모든 철학자는 다 주관적으로 '진리'라고 부를 수 있는 어떤 것을 추구하는 것으로 보인다. 철학자들은 '진리'를 어떻게 정의할지에 관해 의견이 다를지 몰라도, 어쨌든 진리는 어떤 점에서 누구나 받아들여야 할 어떤 것, 바로 객관적 목적이다. **모든** 철학이 이성이 결여된 편견의 표현일 **뿐**이라고 생각했다면 어느 누구도 철학 연구에 관여하지 않았을 법하다. 그러나 어느 철학자나 편견으로 철학을 하게 되었으며, 철학적 견해에 대해 흔히 의식하지 못한 채 전혀 이성적이지 않은 근거를 제시하기도 했다는 점에 기꺼이 동의한다. 마르크스는 다른 철학자들처럼 자신의 학설이 진리라고 믿는다. 그는 자기 학설을 19세기 중기 반항적 중산 계급에 속한 유대계 독일인이 지닌 반감의 표현이라고 생각하지 않는다는 말이다. 이렇게 표출되는 철학의 주관적 관점과 객관적 관점의 갈등에 대해 어떻게 말해야 할까?

대체로 아리스토텔레스에 이르기까지 그리스 철학은 도시국가에 적합한 사고방식을 표현했다고 말해도 좋다. 스토아 철학은 세계적 전제정치에 알맞고, 스콜라 철학은 교회 조직의 지배를 지성의 힘으로 표현한 산물이며, 데카르트 이후나 적어도 로크 이후 철학은 상업에 종사하는 중산 계급의 편견을 구체적으로 드러내는 경향이 짙었다. 마르크스주의와 파시즘은 현대 산업국가에 적합한 철학인 셈이다. 내 생각에 이것은 사실이고 중요한 논점이다. 하지만 두 가지 점에서 마르크스의 판단은 틀렸다. 첫째, 설명되어야 할 사회 상황은 경제뿐만 아니라 정치와 얽혀 있다. 사회 상황은 권력에 좌우되며 부는 권력의 한 형태일 뿐이다. 둘째, 사회적 인과관계는 대개 세부적이거나 전문적인 문제에 이르게 되면 효력을 상실한다. 첫째 반론은 나의 책 『권력: 새로운 분석*Power: A New Social Analysis*』에서 이미 제시했으므로 더 논의하지 않겠다. 둘째 반론은 철학사와 밀접하게 관련되므로 반론이 될 수 있는 몇 가지 사례를 제시하려고 한다.

우선 보편자 문제를 들어 보자. 보편자 문제는 플라톤이 최초로 논의한 이후 아리스토텔레스, 스콜라 철학자, 영국 경험주의자, 현대 논리학자들이 대부분 다루었다. 철학자들이 이 문제에 관한 철학자들의 의견에 편견이 작용했다는 사실을 부정하면 모양새가 우스워질 것이다. 플라톤은 파르메니데스와 오르페우스교의 영향을 받았다. 그는 영원한 세계가 존재하기를 바랐기 때문에 일시적 흐름의 세계가 궁극적 현실이라고 믿을 수 없었다. 아리스토텔레스는 경험적 성향이 훨씬 강해서 일상적 세계를 싫어하지 않았다. 근대에 속한 철저한 경험주의자들은 플라톤과 정반대의 편견에 사로잡혔다. 그들은 초감각적 세계에 대한 사유를 불쾌하게 여기며, 초감각적 세계에 대한 믿음을 피하기 위해 무슨 짓이든 기꺼이 한다. 이렇게 반대되는 부류의 편견은 끊이지 않고 나타나기 때문에 사회 제도와 다소 동떨어진 관계를 맺을 따름이다. 영원한 존재에 대한 사랑은 다른 사람들의 노동에 의존해 살아가는 유한계급leisure class의 특징이라고 말한다. 이것이 참인지 의심스럽다. 에픽테토스나 스피노자는 여유가 있는 신사 계급이 아니었다. 반대로 천국 개념이란 아무 일도 일어나지 않는 장소로서 휴식 말고 아무것도 바라지 않는 피로에 지친 노동자들의 개념이라고 역설할지도 모른다. 이러

카를 마르크스, 존 자베즈 에드윈 마얄, 1875

한 논증은 무한정 펼칠 수 있지만 아무 성과도 내지 못한다.

다른 한편 보편자를 둘러싼 논쟁의 세부 문제에 이르면, 제각기 상대측이 타당하다고 인정할 논증을 발명할 수 있음도 알게 된다. 아리스토텔레스가 보편자 문제와 관련해서 플라톤을 비판한 몇 가지 논증은 거의 모든 철학자가 받아들인다. 최근에 이르러 보편자 문제가 해결되지는 않았어도, 새로운 전문 기술이 발전하여 부수적인 여러 문제가 해결되었다. 머지않아 논리학자들이 보편자 문제에 관해 명확한 의견 일치에 도달하게 되리라는 희망이 불합리해 보이지 않는다.

둘째 사례로 존재론적 논증을 들어보자. 이미 알아보았듯 안셀무스가 발명한 존재론적 논증을 토마스 아퀴나스가 거부하고, 데카르트는 수용하지만 칸트가 거부하고, 이후 헤겔이 다시 수용했다. 나는 현대 논리학이 '실존 existence' 개념을 분석한 결과로 존재론적 논증의 부당성을 입증했다고 말해도 좋다고 생각한다. 이러한 논의 과정은 기질이나 사회 제도의 문제가 아니라 완전히 기술적인 문제이다. 존재론적 논증을 반박하더라도 당연히 존재론적 논증의 결론, 다시 말해 신이 실존한다는 주장이 참이 아니라고 가정할 근거는 아무 데도 없다. 그렇다면 토마스 아퀴나스가 존재론적 논증을 거부했으리라고 가정해서도 안 된다.

이제 유물론의 문제를 사례로 들어 보자. 유물론은 여러 의미를 지닐 수 있는 말이다. 우리는 마르크스가 유물론의 의미를 근본적으로 바꾸었다는 점을 알아보았다. 유물론의 진위에 대한 열띤 논쟁은 지속된 활기 탓에 정의하는 일을 회피하는 것에 달렸다. 용어가 정의되면 가능한 몇 가지 정의에 따라서 유물론이 거짓이라고 입증될 것이다. 다른 몇몇 정의에 따라서 그렇게 생각할 긍정적인 이유가 없더라도 유물론은 참이라고 입증될지도 모른다. 반면에 아직 남은 다른 정의에 따라서 유물론을 지지할 근거가 결정적인 것은 아니더라도 몇 가지 있다. 이러한 논의는 모두 기술적이고 전문적인 고찰에 의존하며 사회 제도와 아무 관계도 없다.

문제의 진리는 현실적으로 아주 단순하다. 관습적으로 '철학'이라고 부르는 것은 아주 다른 두 가지 요소로 구성된다. 한편에 과학적 문제나 논리적 문제가 있고, 이러한 문제들은 사람이 대부분 동의하는 방법에 따라 해결된다. 다른 한편에 많은 사람이 열정적으로 관심을 표명하지만 어떻든 확실한 증거를 대기 어려운 문제가 있다. 후자에 속한 문제 가운데 무관심할 수만은 없는 실천적 문제들이 포함된다. 전쟁이 일어난다면 나는 조국을 지지해야 하는데, 그러지 않으면 친지들이나 당국과 갈등을 빚게 되어 고통을 감수해야 한다. 수많은 시대를 돌아보면 공인된 종교를 지지하는 입장과 반대하는 입장 사이에 중도는 없었다. 어떤 이유로든 우리는 모두 순수이성이 침묵하는 여러 쟁점에 대해 회의적이고 초연한 태도로 일관할 수 없음을 안다. 일상적 의미로 '철학'은 이렇게 이성의 범위 밖에서 일어나는 결정 사항들이 유기적으로 모인 전체를 가리킨다. 이러한 의미의 '철학'에 대해서는 마르크스의 주장이 대체로 맞는다. 그러나 일상적 의미에서도 철학은 경제적 원인뿐만 아니라 다른 사회적 요인으로 결정된다. 특히 전쟁은 역사가 진행되는 인과 과정에 관여하며, 전쟁에서 거둔 승리는 언제나 경제 자산이 가장 풍부한 편으로 돌아가지 않는다.

마르크스는 자신의 역사철학을 헤겔의 변증법에 제시된 틀에 맞추었지만, 사실상 그는 한 종류의 삼자 관계에만 관심을 가졌다. 지주가 대표하는 봉건제, 산업사회의 고용주가 대표하는 자본제, 임금 노동자가 대표하는 사회주의 체제의 관계였다. 헤겔은 국가를 변증법적 운동의 매개체라고 생각했지만, 마르크스는 그것을 계급으로 대체했다. 그는 언제나 사회주의 체제를 선호하거나 임금 노동자의 편을 들기 위해, 윤리적이거나 인도주의적 근거를 모두 부인했다. 그는 사회주의 체제와 임금 노동자 편에 서는 일이 윤리적으로 더 낫다고 주장하지 않고, 완전히 결정된 변증법적 운동 속에서 그 편에 서도록 정해졌다고 주장한다. 그는 사회주의를 지지했던 것이 아니라 사회주의를 예언했다고 말해야 할지도 모른다. 하지만 이러한 마르크스의 주장이 전부 다 사실은 아니었을 것이다. 그는 틀림없이 변증법의 각 단계가 인간과 무관한 의미에서 진보한다고 생각했으며, 사회주의 체제가 한번 세워지고 나면 봉건제나 자본제보다 인간의 행복에 기여할 것이라고 확실하게 주장했다. 앞서 말한 신념들이 마르크스의 삶을 지배했어야 하지만 대체로 그의 저술에서 배경으로만 남았다. 그렇지만 이따금 그는 차분한 예언을 포기하고 저항하라고 강력히 권고하기도 하며, 과학적 예측에 숨은 감정적 편견은 그의 모든 저술에 분명하게 드러나지 않는다.

순수하게 철학자로서 고찰하면 마르크스에게는 심각한 결점이 있다. 그는 지나치게 실천에 치우치고 당대 문제에 너무 열중한 나머지 휘둘리고 말았다. 그의 시야는 지구라는 행성에, 그것도 지구 안의 인간에게 국한되었다. 코페르니쿠스 이후 인간은 이전에 스스로 부당하게 부여했던 중요한 자리를 우주 안에서 더는 차지하지 못한다는 사실이 자명해졌다. 이렇게 명백한 과학적 사실을 소화해서 이해하지 못한 어떤 사람도 자신의 철학을 '과학적인' 철학이라 부를 권리가 없다.

이렇게 지상에서 일어나는 정세에 한정됨으로써 진보가 보편적 법칙이라고 기꺼이 믿으려는 성향이 출현한다. 진보를 기꺼이 믿으려는 성향은 19세기의 특징이었기 때문에 당대 사람들과 마찬가지로 마르크스에게도 나타났다. 마르크스가 윤리적 고찰을 하지 않아도 진보는 가능하다고 생각했던 까닭은 진보의 불가피성을 믿었기 때문이다. 만일 사회주의 체제가 도래한다면, 그것은 개선일 수밖에 없다. 그는 사회주의 체제의 도래가 지주나 자본가들에게는 개선으로 보이지 않으리라는 점을 기꺼이 인정했을 테지만, 그것은 그들이 사회주의가 도래할 시대의 변증법적 운동과 조화를 이루지 못했음을 보여 주었을 따름이다. 마르크스는 스스로 무신론자라고 공언했지만, 유신론만이 정당하다고 주장할 만한 보편적 낙관주의 입장을 고수했다.

대체로 말하면 마르크스 철학 가운데 헤겔에게서 유래한 모든 요소가 참이라고 가정할 근거가 전혀 없다는 의미에서 모두 비과학적인 면을 여실히 드러낸다.

어쩌면 마르크스가 자신의 사회주의를 철학적으로 단장한 측면은 실천적으로 자신의 견해에 제시한 근거와 별 관계가 없었을지도 모른다. 그가 말해야 할 가장 중요한 주장은 변증법을 전혀 언급하지 않고서도 쉽게 바꿔 말할 수 있다. 그는 약 100년 전 영국에 존재했던 산업 체제에 대해 엥겔스와 왕립위원회의 보고서를 통해 철저히 알게 되자 끔찍하고 잔혹하다는 인상을 받았다. 그는 산업 체계가 자유 경쟁 체제에서 독과점 체제로 전개될 듯하며, 거기서 발생한 불의injustice로 무산계급proletariat의 저항 운동이 일어날 수밖에 없음을 예견했다. 또 철저한 산업사회에서 사유 자본제를 대체할 대안은 토지와 자본의 국유화뿐이라고 주장하기도 했다. 앞선 제안 가운데 어느 하나도 철학의 문제가 아니므로 나는 진위를 따지지 않겠다. 핵심은 마르크스의 제안이 맞는다면, 그의 체계 안에서 실천과 연관된 중요한 면을 충분히 확립해 준다는 점이다. 그러므로 헤겔식 함정은 유리한 쪽으로 삭제될지도 모른다.

마르크스가 명성을 얻게 된 내력은 독특했다. 그의 조국에서 사회민주당의 정강이 마르크스 학설에서 영감을 얻어 작성되고, 사회민주당은 꾸준히 성장하여 1912년 보통 선거에서 총 득표의 3분의 1을 확보했다. 제1차 세계대전 직후 사회민주당이 한동안 집권했으며, 바이마르 공화국의 초대 대통령 에베르트는 사회민주당의 유력한 지도자였다. 그러나 이때 사회민주당은 이미 마르크스의 정통 신조를 고집하지 않았다. 그사이에 러시아에서는 마르크스의 열렬한 추종자들이 정권을 잡았다. 서유럽에서 일어난 대규모 노동자 계급의 운동은 마르크스의 신조를 따르지 않았다. 영국 노동당은 때때로 마르크스 진영으로 기우는 듯했어도 경험주의 색채를 띤 사회주의를 고수했다. 그렇지만 마르크스가 영국과 미국의 수많은 지식인에게 끼친 영향은 아주 컸다. 독일에서 마르크스의 학설을 지지한 세력은 강제로 진압되었지만, 나치 정권이 전복되고 나면 부활할지도 모른다.[148]

이렇게 하여 현대 유럽과 미국은 정치와 이념 측면에서 세 진영으로 분열되었다. 하나는 자유주의 진영으로서, 가능하다면 여전히 로크와 벤담을 추종하지만 산업사회 조직의 필요에 따라 다양하게 적응했다. 러시아에서 정권을 장악한 마르크스주의 진영은 다른 나라로 점차 영향력을 확장해 나갈 듯하다. 두 당파의 견해는 철학적으로 차이가 아주 크지 않아, 둘 다 합리주의적 성향을 띠고 과학과 경험을 중시한다. 그런데 실제 정치의 관점에서 양측의 분열 양상은 심각하다. 이는 앞 장에서 인용한 제임스 밀의 편지에서 "그들의 재산 개념은 추악해 보입니다"라는 말로 이미 드러났다.

그렇지만 마르크스의 합리주의가 몇 가지 점에서 한계를 지닐 수밖에 없다는 점은 인정해야 한다. 그는 발전의 추세에 대한 해석이 사실이며 일어날 사건들이 확증해 줄 것이라고 주장하지만, 자신의 주장은 계급 이익이 일치하는 사람들에게만 호소력을 가진다고 생각한다. 또 설득하려 하지 않고 계급투쟁에 모든 희망을 건다. 따라서 그는 실천을 위해 권력 정치에, 또 지배 종족을 지지한 학설은 아니지만 지배 계급을 지지하는 학설에 전념한다. 사회주의 혁명의 결과로 계급의 구분이 궁극적으로 사라지고 정치와 경제가 완벽하게 조화를 이루는 사회로 바뀔 것이라고도 기대한다. 그러나 마르크스의 기대는 그리스도의 재림처럼 머나먼 이상이며, 그동안 전쟁이 일어나고 독재정권이 들어서고 정치 이념상 정통 신조가 강요되는 상황이 벌

148 나는 이 글을 1943년에 쓰고 있다.

어질 것이다.

현대 정치적 견해에 속한 셋째 진영은 나치당과 파시스트당이 대표로 꼽히고, 철학적으로 다른 두 진영과 세 진영이 서로 다른 것보다 훨씬 더 다르다. 셋째 진영은 합리주의에 반대하고 과학에도 반대하는 성향을 드러낸다. 철학의 편에서 이들을 출현시킨 원조는 루소, 피히테, 니체다. 여기서 의지, 특히 힘에의 의지를 강조한다. 힘에의 의지 또는 권력 의지는 특정한 종족과 개인에게 주로 집중되기 때문에 지배할 권리도 갖는다고 생각한다.

루소 이전까지 철학의 세계는 합리성의 측면에서 보면 통일되어 있었다. 철학의 통일은 한동안 무너진 상태지만 아마 오래 계속되지는 않을 것이다. 인류의 정신이 다시 노력하여 합리성을 쟁취하면 회복될 가능성이 있지만, 다른 어떤 방식으로도 불가능한 까닭은 지배할 권리의 주장은 투쟁만을 야기할 뿐이기 때문이다.

28.
베르그송

앙리 베르그송Henri Bergson(1859~1941)은 금세기를 선도한 프랑스 철학자다. 그는 윌리엄 제임스와 화이트헤드Alfred North Whitehead(1861~1947)에게 영향을 주었으며, 프랑스 사상계에 적지 않은 영향을 미쳤다. 노동조합 지상주의syndicalism의 열렬한 옹호자이자 『폭력론』의 저자인 소렐Georges Sorel(1847~1922)은 명확한 목적이 정해지지 않은 혁명적 노동 운동의 정당성을 주장하기 위해 베르그송의 비합리주의irrationalism를 이용했다. 하지만 소렐은 결국 노동조합 지상주의를 포기하고 왕정주의자가 되어 군주제 복고 운동을 펼쳤다. 베르그송 철학의 주된 효과는 보수주의 운동으로 나타나서, 비시Vichy[149]에서 정점에 달한 운동과도 쉽게 어울렸다. 그런데 베르그송의 비합리주의는 정치와 무관한 영역, 예컨대 버나드 쇼George Bernard Shaw(1856~1950)에게서 더 큰 호감을 얻었으며, 그의 『므두셀라에게 돌아가라』[150]는 순수하게 베르그송의 창조적 진화 사상을 구현한 작품이다. 이제

149 * 제2차 세계 대전 당시 1940년에 프랑스가 나치 독일에 패한 뒤 필리프 페탱 원수 통치하의 보수주의 정권이 있던 프랑스의 도시.

150 * 버나드 쇼가 쓴 다섯 편의 연작 희곡. 에덴동산부터 1920년대까지 진행된 극적 우화를 통해 창조적 진화라는 자신의 철학을 설명했다. '므두셀라'는 창세기에 등장하는 구약 시대 족장의 이름이다.

정치에 미친 영향은 접어 두고 철학적 측면에서 베르그송의 비합리주의를 고찰해야 한다. 나는 베르그송의 비합리주의가 이성에 맞선 반항을 보여 준 좋은 사례이며, 루소에서 시작되어 현 세계의 삶과 사상에 점점 더 많은 영향을 미쳤던 만큼 어느 정도 자세하게 논의하려 한다.

철학은 대체로 방법이나 성과에 따라 분류한다. '경험' 철학과 '선험' 철학은 방법에 따른 분류이고, '실재론' 철학과 '관념론' 철학은 성과에 따른 분류다. 이러한 분류 방식 가운데 하나로 베르그송의 철학을 분류하려는 시도가 성공하기는 힘든데, 그의 철학이 공인된 모든 구별을 넘어서기 때문이다.

그런데 정확성은 다소 떨어져도 철학을 전공하지 않은 사람들에게 훨씬 유용할 철학 분류법이 하나 더 있다. 구별 원칙은 철학자가 철학하도록 이끌었던 두드러진 욕망에 따른다. 여기서 철학은 행복에 대한 사랑에서 영감을 받은 감정철학, 지식에 대한 사랑에서 영감을 받은 이론철학, 행동에 대한 사랑에서 영감을 받은 실천철학으로 분류된다.

우선 낙관적 철학이나 비관적 철학, 구원의 계획을 제시하는 철학이나 구원은 불가능하다고 입증하는 철학을 모두 감정철학으로 간주하며, 이 부류에는 대부분의 종교철학이 포함된다. 위대한 체계를 갖춘 대부분의 철학은 이론철학으로 간주한다. 그 까닭은 지식욕은 희박해도 최고 수준에 이른 대부분의 철학을 형성한 원천이었기 때문이다. 다른 한편 실천철학에는 행동을 최고선으로서 중시하고, 행복은 결과이며 지식을 성공적 실천의 단순한 도구로 여기는 철학들이 포함된다. 철학자가 평균적 인간이었다면, 이러한 유형의 철학은 서유럽인 가운데 흔하게 등장했을 것이다. 실천철학은 최근까지 드물었으며, 사실상 중요한 대표 철학자들은 실용주의자들과 베르그송이다. 이러한 유형의 철학이 발전한 상황 속에서 우리는 베르그송이 스스로 반항하듯 그리스 사상의 권위에, 특히 플라톤의 권위에 맞서 반항적으로 행동하는 현대인의 모습을 보게 될지도 모른다. 혹은 우리는 실러 박사 Ferdinand Canning Scott Schiller(1864~1937)[151]가 분명히 그랬을 법한 방식으로, 현대인의 반항을 제국주의와 자동차의 기능과 연결할 수도 있다. 현대 세계는 반항하는 실천철학을 요구한다. 따라서 실천철학이 이루어 낸 성공은 놀랄 일도 아니다.

베르그송의 철학은 대부분의 이전 철학과 달리 이원론 체계에 속한다. 그에게 세계는 공통점이 없는 두 부분으로 나뉘며, 한편에 생명이 있고 다른 한편에 물질, 아니 지성이 바라보는 대상으로서 스스로 운동하지 못하는 사물이 있다. 전 우주는 두 가지 반대되는 운동의 충돌과 갈등으로 채워지고, 생명은 상승 운동을 하고 물질은 하강 운동을 한다. 생명은 하나의 위대한 힘, 하나의 거대하고 힘찬 충동으로서 태초에 한꺼번에 주어졌으며, 물질의 저항에 부딪혀 물질을 뚫고 나가려 분투하다가 점차 물질을 이용하는 법을 습득하여 생명체를 만들어 낸다. 생명은 장애물을 만나 분할되면 길목에 다다른 바람처럼 생명의 흐름을 양쪽으로 나누어 저항한다. 생명력의 일부는 물질이 강요한 힘에 적응하는 과정에서 약화되지만, 언제나 자유로운 활동 능력을 유지하면서 늘 생명의 새로운 출구를 찾아 분투하고, 늘 마주선 물질의 장벽들 사이로 더 자유롭게 운동하려 한다.

진화는 근본적으로 환경에 적응하는 과정으로 해명되지 않는다. 적응은 언덕이 많은 시골 마을을 지나 도시로 향하는 구불구불한 도로처럼 진화의 굴곡과 전환점을 설명해 줄 뿐이다. 그런데 이러한 비유가 완전히 적합하다고 보기 어려운 까닭은 진화가 일어나는 길의 끝에는 도시 같은 정해진 목적이 없기 때문이다. 기계론mechanism과 목적론teleology은 같은 결점을 드러내

151 * 독일계 미국 철학자이며, 윌리엄 제임스의 실용주의와 비슷한 철학을 주장하면서 '인간주의 humanism'라고 불렀다.

는데, 둘 다 세계 안에 본질적으로 새로운 일이란 없다고 가정한다. 기계론은 미래가 과거에 포함되어 있다고 보고, 목적론은 성취되어야 할 목적이 미리 알려지기도 한다고 믿기 때문에, 본질적으로 새로운 일이 결과 속에 포함된다는 점을 부정한다.

기계론보다 목적론에 더 공감하지만 두 견해에 대하여 베르그송은, 진화는 예술가의 작품 활동처럼 진정으로 **창조적** 과정이라고 주장한다. 활동하려는 충동, 막연한 욕구는 미리 존재하지만 욕구가 충족되기 전까지 욕구를 충족시킬 대상의 본성을 알 수 없다. 예컨대 시력이 아직 없는 동물이 물체와 접촉하기 전에 무엇인지 알고 싶은 막연한 욕구를 가졌다고 가정해 보자. 이 막연한 욕구가 마침내 눈이 창조되는 결과로 이어질 노력을 이끌었다. 시력은 막연한 욕구를 충족시켰지만 미리 상상할 수 없었다. 이러한 이유로 진화evolution는 예측할 수 없으며 결정론은 자유의지의 옹호자들을 논박할 수도 없다.

위에서 언급한 대강의 윤곽은 지구 위 생명체의 실제 발전actual development에 대한 설명으로 채워진다. 진화의 흐름에서 최초로 식물과 동물의 분화가 일어난다. 식물은 저장소에 힘을 비축하려 했고, 동물은 급속한 운동을 위해 힘을 사용하려 했다. 그런데 다음 단계에서 동물 가운데 새로운 분기점이 등장하여 **본능**instinct과 **지성**intellect이 어느 정도 분리되었다. 본능과 지성은 다른 하나가 없이는 결코 완전하게 존재하지 못하지만, 대체로 지성은 인간에게 재난을 초래하는 불운인 반면 본능은 개미나 벌이나 베르그송에게나 최선의 상태를 보여 준다. 지성과 본능의 구별은 베르그송 철학의 근본인데, 많은 부분이 일종의 샌드퍼드와 머턴[152]의 이야기와 비슷하게 본능은

152 * 토머스 데이Thomas Day(1748~1789)가 루소의 『에밀』의 영향을 받아 쓴 아동 소설 『샌드퍼드와 머턴의 내력*The History of Sandford and Merton*』에 등장하는 두 소년. 농부의 아들인 샌드퍼드는 신사 계급의 아들인 머턴이 노동의 의미와 게으른 부자의 사악함을 깨닫게 한다.

착한 놈이고 지성은 나쁜 놈이라는 식이다.

최고 상태에 이른 본능을 **직관**intuition이라고 부른다. 그는 이렇게 말한다. "**직관**은 사심 없이 자기를 의식하고 대상을 반성하면서 무한히 확장할 수 있는 본능을 의미한다." 지성의 활동에 대한 베르그송의 설명을 이해하기는 언제나 쉽지 않지만, 그의 철학을 이해하려면 최선을 다해야 한다.

지능 또는 지성은 "자연의 지배에서 벗어나자마자 비유기적 고체solid body를 주요 대상으로 삼아서" 비연속적이고 활동력이 없는 대상이라는 명석한 관념을 형성할 따름이다. 지성의 개념은 공간 속의 대상처럼 서로 관계가 없으며 똑같이 확고부동한 의미를 지닌다. 또 지성은 공간을 분할하고 시간을 고정하기 때문에 진화는 생각하지 못하고 **생성**becomin을 일련의 상태로 표상한다. "지성의 특징은 생명을 자연스럽게 이해할 수 없다는 것이다." 지성이 전형적으로 생산한 기하학과 논리학은 엄밀한 의미에서 고체에 적용 가능한데, 그 밖의 추리는 베르그송이 정확히 지적하듯이 전혀 다른 영역에 속한 상식에 따라 점검할 수밖에 없다. 고체란 장기를 두기 위해 장기판을 만들어 냈듯 지성이 사용하기 위해 만들어 낸 대상이다. 지성의 발생과 물체의 발생은 상호 의존한다고 말한다. 그러니까 양자는 상호 적응함으로써 발전했다. "동일한 하나의 과정이 물질과 지성을 포함한 재료stuff에서 양자를 동시에 떼어 놓았음이 틀림없다."

물질matter과 지성intellect이 동시에 발생한다는 개념은 독창성이 돋보이며 보충해서 이해할 만한 가치가 있다. 내 생각에 베르그송이 의미한 바는 대체로 다음과 같다. 지성은 한 사물을 다른 사물과 분리하여 보는 능력이고, 물질은 다른 사물들로 분리되는 기능을 가진다. 현실 속에 분리된 고체들은 없고 끝없는 생성의 흐름만 있으며, 아무것도 생성하지 않고 생성하지 않는 아무것도 없다. 그런데 생성은 상승 운동을 하기도 하고, 하강 운동을 하기도 한다. 상승 운동이 일어날 때 생성을 생명이라 부르고, 하강 운동이 일어날 때 생성을 지성이 잘못 파악하여 물질이라고 부른다. 추측하건대 우주의 모양은 절대자가 정점에 위치한 원뿔과 유사하다. 상승 운동이 사물들을 모여들게 하고 하강 운동은 사물을 흩어지게 하거나 적어도 그렇게 하는 것처럼 보이기 때문이다. 정신의 상승 운동을 통해 떨어지는 물체들이 비 오듯 쏟아지는 하강 운동을 헤치고 나아갈 수 있으려면, 사이에 통로를 낼 수 있어야 한다. 그래서 지성이 형성되자마자 윤곽과 통로가 나타났고, 원초적 흐름은 별개의 물체들로 분할되었다. 지성은 고기를 써는 사람에 비유해도 좋을 텐데, 언제나 닭을 부위별로 자른 고깃덩어리로 상상한다.

지성이 공간과 관계하듯 본능이나 직관은 시간과 관계한다. 베르그송 철학의 두드러진 특색 가운데 하나는 대부분의 저술가들과 달리 시간과 공간을 전혀 다르게 본다는 점이다. 공간, 곧 물질의 특징은 흐름의 분할에서 유래하며, 현실적으로 환상에 지나지 않고, 어떤 지점까지 실천적으로 유용하지만 이론적으로 완전히 잘못된 길로 이끈다. 반대로 시간은 생명이나 정신의 본질을 드러내는 특징이다. 그는 이렇게 말한다. "생명체가 존재하는 어디에나 어딘가에서 작동되기 시작한 생명의 시간을 기록하는 자동 기록기가 있게 마련이다." 그런데 여기에서 말하는 시간은 수학적 시간, 서로 무관한 순간의 동차 집합이 아니다. 베르그송에 따르면 수학적 시간은 현실적으로 공간 형식으로 표현된 시간이고, 생명의 본질에 속하는 시간은 **지속** duration이다. 베르그송의 철학에서 지속은 근본 개념으로서, 초기 저작 『시간과 자유의지』에 이미 등장하며 그의 철학 체계를 파악하려면 반드시 이해하고 넘어가야 한다. 하지만 난해한 개념이어서 이해하기는 어렵다. 나 자신도 완전히 이해하지 못한 상태이므로, 틀림없이 가치를 지닌 명료성이 있는데도 그것을 명확하게 설명해 낼 도리는 없다. 어쨌든 그의 설명을 따라가면서 이해하려 애써 보자.

"순수 지속은 자아가 스스로 **살게** 놓아두고 현재 상태를 이전 상태에서 분리하지 않을 때, 우리의 의식 상태가 가정한 형식이다." 그것은 과거와 현재를 유기적으로 통합된 하나의 전체로 만들며, 통합된 전체 안에서 과거와 미래가 구별되지 않은 채 서로 침투하며 연속하여 일어난다. "자아 안에 상호 외적 관계가 아닌 연속이 존재하고, 자아 밖의 순수 공간 속에 연속하지 않는 상호 외적 관계가 있다."

"주체와 객체의 구별과 통일에 관한 문제는 공간이 아니라 시간 면에서 제기되어야 한다." 우리가 **스스로 활동하는 과정을 보는** 지속 안에 분열된 요소들이 있다. 그러나 우리가 **활동하는** 지속 안에서 우리의 상태들은 서로 녹아들어 결합한다. 순수 지속은 외적 관계에서 아주 쉽게 제거되고 외적 관계로 파악하기 어려우며, 지속 안에서 과거는 절대적으로 새로운 현재로서 중요하다. 그때 우리의 의지는 극도로 긴장하여 어느덧 지나가는 과거를 끌어모아서 나뉘지 않게 전체를 이루도록 현재 속으로 밀어 넣어야 한다. 이러한 순간에 우리는 진정한 의미에서 자기 자신을 의식하지만, 이러한 순간은 극히 드물다. 지속은 바로 현실의 재료stuff이며 영원한 생성으로서 결코 만들어지는 어떤 것이 아니다.

무엇보다 지속은 기억 속에 드러난다. 기억 속에서 과거가 현재로 살아나기 때문이다. 그래서 기억 이론은 베르그송 철학에서 매우 중요하다. 『물질과 기억』은 정신과 물질의 관계를 보여 주며, 둘은 '바로 정신과 물질의 교차점'인 기억의 분석을 통해 현실적인 것으로 긍정된다.

베르그송은 흔히 **기억**에 극단적으로 다른 두 가지 종류가 있다고 말하며, 두 활동의 구별을 강조한다. 그는 이렇게 말한다. "과거는 두 가지 별개의 형태, 첫째는 자동 기계 작용motor mechanism의 형태로, 둘째는 독자적 상기의 형태로 살아남는다." 예컨대 어떤 사람이 어떤 시를 암송한다면, 다시 말해 이전에 시 낭송을 반복하는 일정한 습관이나 기계적 절차를 습득했다면 시를 기억한다고 말한다. 그런데 그는 적어도 이론적으로 시를 낭송했던 이전 경우를 전혀 상기하지 않고서 시를 암송할 수도 있다. 따라서 이러한 종류의 기억에서 관련된 과거 사건을 전혀 의식하지 못한다. 현실적으로 유일하게 기억이라고 불러도 좋을 만한 둘째 종류의 기억은 시를 낭송하던, 제각기 독특한 특징과 날짜가 있는 분리된 사건들을 상기할 때 드러난다. 베르그송이 여기에서 **습관**habit의 문제가 생기지 않는다고 생각한 까닭은 사건이 제각기 단 한 번 발생한 즉시 인상을 만들었기 때문이다. 우리에게 일어났던 모든 일은 어떻게든 기억되지만, 대체로 유용한 사건만 의식에 떠오른다. 외견상 기억 실패는 현실적으로 정신의 기억 부분에 일어난 실패가 아니라 기억을 행동으로 이끄는 자동 기계 작용의 실패라고 주장한다. 이러한 견해는 두뇌 생리학과 건망증에 대한 논의로 지지를 받으며, 이로부터 진짜 기억은 두뇌의 기능이 아니라는 결과가 나온다고 주장한다. 과거는 물질에 의해 **작용하고** 정신에 의해 **상상되지** 않으면 안 된다. 기억은 물질에서 생겨나지 않으며, 사실 물질이 언제나 일정하게 지속하는 구체적 지각 속에서 파악된 것을 의미한다면, 반대로 물질이 기억에서 생겨난다는 주장이 진실에 더 가깝다.

"기억은 원리적으로 물질과 완전히 독립된 힘이라고 해야 한다. 그때 정신이 어떤 현실reality이라면, 그것은 여기 기억 현상에 있고, 기억 속에서 우리는 실험적으로 정신과 접촉할 수도 있다."

베르그송은 순수 기억의 정반대극에 순수 지각을 놓으며, 이에 대해 초현실주의자ultra-realist의 입장을 채택했다. 그는 이렇게 말한다. "순수 지각 속에서 우리는 실제로actually 우리 자신 밖에 놓이고 직접적 직관으로 대상의 현실성과 접촉한다." 그래서 그는 지각과 지각의 대상을 완전히 동일시하고, 지각이 정신적인 것이라고 말하기를 한사코 거부한다. 이렇게 말하기도 한다. "가장 낮은 정도의 정신인 순수 지각은 기억이 없는 정신이고, 현실적으로 우리가 이해한 물질의 일부다." 순수 지각은 나타나기 시작한 활동으로 구성되고, 그것의 현실성actuality은 그것의 활동성activity에 놓여 있다. 이러한 방식으로 두뇌가 지각과 관련되는 까닭은 두뇌가 작동하는 기계만은 아니기 때문이다. 두뇌는 우리 정신의 생명을 실천적으로 유용한 사물에 한정하는 기능을 한다. 누구나 추측하듯 만물은 두뇌로 지각될 테지만, 사실 우리는 우리의 관심을 끄는 사물만 지각할 따름이다. "언제나 행동으로 향하는 신체는 본질적으로 행동을 목적으로 정신의 생명을 한정하는 기능을 한다." 사실 신체는 선택하는 기계다.

방금 말한 개요에서 나는 주로 베르그송의 견해를 그대로 진술하려고만 노력했다. 베르그송이 자신의 견해가 진리라고 주장하면서 들었던 이유는 대지 않았다. 대부분의 철학자들이 그렇듯 이러한 방식의 서술이 더 쉽다. 왜냐하면 베르그송이 자신의 견해에 근거를 대지 않고 타고난 매력이나 수려한 문체의 마력에 의존하여 진술하기 때문이다. 그는 광고제작자처럼 그림 같은 다채로운 진술과 더불어 여러 모호한 사실들에 대한 외관상 설명같아 보이는 것에 의지한다. 특히 유비와 직유는 독자들에게 그의 견해를 추천하는 전 과정의 대부분을 차지한다. 베르그송의 저술에 등장하는 생명에 대한 직유의 수는 내가 아는 어떤 시에 포함된 수보다 더 많다. 그는 생명이란 포탄이 터지면서 파편이 다시 포탄이 되어 파열되는 모양과 비슷하다고 말한다. 그것은 어떤 다발과 비슷하다. 처음에 생명은 '특히 식물의 엽록소처럼 저장소에 축적하는 경향'이었다. 그런데 저장소는 증기가 뿜어져 나오는 비등수로 가득 채워져 있어 분출물이 그치지 않고 뿜어져 나올 수밖에 없으며, 분출물은 제각기 물방울이 되어 떨어지면서 하나의 세계를 이룬다. 게다가 "생명은 전체 모습이 거대한 파문으로 나타나며, 중심에서 시작하여 바깥쪽으로 퍼져 나가 경계선 전체에 거의 다다라 멈추면 진동한다. 장애물을 극복하고 헤쳐 나가는 한 지점에서 충동impulsion이 일어나 자유롭게 통과하게 된다." 그러면 생명은 기병대의 돌격에 비유되는 위대한 정점에 이른다. “모든 유기적 존재는 하찮은 존재에서 고등한 존재에 이르기까지, 생명이 시작된 첫 기원부터 현재에 이르기까지 모든 시간뿐만 아니라 모든 장소에서 한 번의 충동, 바로 물질 운동에 역행하는 본질적으로 분할할 수 없는 힘을 보여 줄 뿐이다. 생명체는 모두 일치단결하여 엄청난 동일 압력에 굴복한다. 동물은 식물 위에 자리를 잡고, 인간은 동물성 위에 걸터앉게 됨으로써 인간성 전체는 공간과 시간 속에서 압도적인 돌격과 더불어 사방팔방으로 질주하는 대규모 기마대처럼 모든 저항을 굴복시키고 여러 장애, 심지어 죽음조차 극복할 수 있다.”

하지만 자신을 단순한 구경꾼, 아마도 전혀 공감하지 못하는 구경꾼으로 여긴 냉정한 비판가는 인간성이 동물성 위에 오르려는 돌격에 대해 검토한 다음, 차분하고 주의 깊은 사유는 앞서 말한 형태의 활동과 좀처럼 양립할 수 없다고 생각하고 싶을 수도 있다. 냉정한 비판가는 사유가 단지 행동을 위한 수단이요 전쟁터에서 장애물을 피하려는 단순한 충동이라는 말을 듣게 되면, 그것은 기병대 장교가 가질 만한 견해이지 사유를 업으로 삼는 철학자의 견해는 아니라고 생각할지도 모른다. 그는 격렬한 활동의 격정과 소란 속에 이성의 섬세한 음악을 연주할 여지도 없고, 휘몰아치는 격정이 아니라 반영된 우주의 위대함을 추구하는 사심 없는 명상을 즐길 여유도 없다고 생각할 수도 있다. 이러한 경우에 그는 세계에 대한 이렇게 불안정한 견해를 수용할 이유가 있는지 묻고 싶어질지도 모른다. 그렇게 물을 경우, 내가 실수하는 것이 아니라면 우주에 대해서나 베르그송의 저술에서나 앞에서 말한 불안정한 견해를 수용해야 할 어떤 이유도 없다는 점도 알게 될 것이다.

베르그송 같은 반지성주의 철학이 초래한 나쁜 결과 가운데 하나는 지성에 대한 잘못된 생각과 혼동이 무성하게 자라난다는 점이다. 그래서 좋은 사고방식보다 나쁜 사고방식을 선호하고, 순간에 직면한 어떤 난점이든 해결 불가능하다고 선언하며, 어리석은 어떤 실수이든 지성의 파산과 직관의 승리를 드러낸다고 여기도록 이끈다. 베르그송의 저술에는 수학과 과학에 대해 언급하는 곳이 여러 군데 있으며, 이러한 언급이 부주의한 독자들에게는 베르그송의 철학을 크게 강화해 주는 것처럼 보일지도 모른다. 과학 특히 생물학과 생리학에 관한 그의 해석을 두고 비판할 자격은 내게 없다. 그러나 수학에 관해서 말하면 그는 고의로 최근 80년 동안 수학자들에게 보편화된 현대적 견해보다 오히려 전통적 해석의 오류로 입증된 견해를 받아들였다. 이러한 문제에 대해 베르그송은 대부분의 철학자들의 예를 따랐다. 18세기와 19세기 초반 미적분학은 방법으로서 잘 발달했지만, 토대의 측면에서 여러 오류와 혼란에 빠진 사고로 지지되었다. 헤겔과 추종자들은 이러한 오류와 혼란에 빠진 사고를 붙잡고, 수학 전체가 자기모순을 범한다고 입증하려는 과정에서 실수를 저지른다. 이후 이러한 문제에 대한 헤겔의 설명은 현대 철학자들의 사유까지 이어져, 수학자들이 과거 철학자들이 의존한 난점을 모두 제거한 후에도 오랫동안 여전히 남아 있었다. 철학자들의 주요 목적이 인내와 세밀한 사고로 아무것도 배울 수 없음을 보여 주는 데 있다면, 우리는 오히려 무지한 자의 편견을, 헤겔의 경우라면 '이성'의 이름 아래 혹은 베르그송의 경우라면 '직관'의 이름 아래 숭배해야 하고, 철학자들은 아주 오랫동안 헤겔이 이익을 얻었던 오류를 수학자들이 이미 제거했다는 사실을 모른 채 살게 될 것이다.

이미 고찰한 수의 문제를 제외하고 베르그송이 수학에 대해 언급한 주요 논점은 세계에 대한 '영화적' 표상cinematographic representation의 거부다. 수학에서 변화는 연속적 변화조차 일련의 상태들로 구성된다고 생각한다. 반대로 베르그송은 일련의 상태들이 연속을 표상하지 못하며 변하는 사물은 결코 어떤 상태로 있지 않다고 주장한다. 그는 변화가 일련의 변하는 상태들로 구성된다는 견해를 가리켜 영화적 표상에 근거한다고 말한다. 그의 주장에 따르면 앞에서 말한 견해는 지성에게 자연스럽지만 근본적으로 잘못되었다. 진정한 변화는 진정한 지속에 근거해야만 설명될 수 있고, 정지된 상태들의 수학적 연속succession이 아니라 과거와 현재에 대한 해석을 포함한다. 이러한 견해는 '정적' 세계관이 아니라 '동적' 세계관으로 불린다. 이 부분은 중요한 문제이므로 어렵더라도 그냥 지나쳐서는 안 된다.

베르그송의 지속 이론은 기억 이론과 밀접한 관계가 있다. 지속 이론에 따르면 기억된 사물은 기억 속에 살아남기 때문에 현재 사물과 상호 침투한다. 그러니까 과거와 현재는 서로 상대의 외부에 있지 않고, 의식의 통일 속에 혼합된다. 그의 주장에 따르면 행동이 존재를 구성하지만, 수학적 시간은 단지 수동적 대상으로서 아무 일도 하지 않기 때문에 무nothing다. 또 과거는 더는 활동하지 않는 존재이고, 현재는 활동하는 존재다. 그런데 사실 지속에 대해 설명하는 여기저기서 나타나듯, 베르그송은 이러한 진술에서 무의식적으로 일상의 수학적 시간을 가정한다. 수학적 시간을 가정하지 않는다면 베르그송의 진술들은 무의미하다. '과거는 본질적으로 **더는 활동하지 않는 존재**(고딕체는 베르그송이 강조한 부분)'라는 말은 과거라는 활동이 과거에 속하게 만드는 존재라는 말을 제외하면 무엇을 의미하는가? '더는 아니다 no longer'라는 말은 과거를 표현하는 말이다. 이러한 말은 현재의 범위를 벗어난 어떤 것으로서 일상적 과거 개념이 없는 사람에게 아무 의미도 지니지 못할 터다. 따라서 베르그송의 정의는 순환에 빠진다. 그가 말한 것은 결과적으로 "과거는 그 활동이 과거에 있는 것이다." 이것은 정의로서 만족스러운 성과물로 여겨지지 않는다. 같은 이야기를 현재에도 응용한다. 우리가 들은 바에 따르면 현재는 '**활동하고 있는 것**(고딕체는 베르그송이 강조한 부분)'이다. 그런데 여기서 '있다is'라는 말은 바로 정의되어야 했던 현재라는 관념을 도입한다. 현재는 활동**했**거나 활동**하고 있을** 것과 반대로 활동**하고 있는** 것이다. 말하자면 현재는 바로 그러한 활동이 과거나 미래에 속하지 않고 현재에 속하는 것이다. 다시 한 번 정의는 순환에 빠진다. 같은 쪽의 앞 구절은 더 심각한 오류의 사례를 보여 준다. "우리의 순수 지각을 구성하는 것은 나타나기 시작한 행동이고 …… 따라서 순수 지각의 **현실성**은 지각의 **활동성**에, 지각을 연장하는 운동 속에 놓여 있지 지각의 더 큰 강도에 놓여 있지 않다. 그러니까 과거는 관념일 뿐이며, 현재는 관념 발동기ideo-motor다." 이 구절은 베르그송이 과거에 대해 말할 때, 과거를 의미하지 않고 과거에 대한 우리의 현재 기억을 의미한다는 점을 아주 분명하게 보여 준다. 존재했던 과거는 현재가 지금 활동하는 만큼 활동적이었다. 만일 베르그송의 설명이 맞는다면 현재 순간은 어떤 활동이든 포함하는 전체 세계의 역사 속에서 유일한 순간이어야 한다. 이전에 존재했던 다른 지각들은 발생한 날에는 현재 지각들과 꼭 마찬가지로 활동적이고 현실적이었다. 과거는 발생한 그 날에는 결코 단지 관념이 아니었고, 현재가 지금 그대로 있듯 그것의 특성을 본래 지녔다. 하지만 베르그송은 현실적 과거를 단순히 잊어버린다. 그가 말하는 과거는 과거에 대한 현재의 관념이다. 현실적 과거가 현재와 섞이지 않는 까닭은 과거는 현재의 일부가 아니기 때문이다. 그런데 그것은 아주 어려운 문제다.

베르그송의 지속과 시간 이론은 처음부터 끝까지 상기라는 현재의 사건과 상기되는 과거의 사건을 혼동하는 초보적 실수를 저질러서 오락가락한다. 그러나 시간이 우리에게 너무나 익숙하다는 사실 때문에, 더는 활동하지 않는 과거를 연역하려는 베르그송의 시도에 포함된 악순환이 당장 명백해질 것이다. 말하자면 베르그송은 둘 다 현재의 사실로 보이는 지각과 상기의 차이에 대해 설명하고, 자신은 현재와 과거의 차이에 대해 설명했다고 믿는다. 이러한 혼동을 분명하게 파악하자마자, 베르그송의 시간 이론은 시간을 완전히 생략해 버린 이론이 된다.

물론 베르그송의 철학은 대부분 아마도 대중적 인기를 얻은 부분은 논증에 의존하지 않기 때문에 논증으로 뒤집히지도 않을 것이다. 상상력이 넘치는 베르그송의 세계관은 시적 역작으로 평가되며, 대체로 증명될 가능성도 반증될 가능성도 없다. 생명을 셰익스피어는 걸어 다니는 그림자일 뿐이라고 말하고, 셸리는 형형색색의 유리로 꾸민 둥근 천장과 같다고 말하며, 베르그송은 포탄이 터지면서 파편이 다시 포탄이 되어 파열되는 모양에 비유한다. 따라서 누구든 베르그송이 펼쳐 보인 영상을 더 좋아하면 그것으로 적법하다.

베르그송이 세계에 실현되기를 소망한 선은 활동을 위한 활동action다. 그는 모든 순수한 관조를 '꿈꾸기'라고 부르고 모욕적 별칭을 연이어 붙이면서 비난한다. 정적이고 플라톤적이며 수학적이고 논리적이며 지성에 치우쳤다는 것이다. 활동으로 성취해야 할 목적에 대한 예견을 욕구하는 사람들은 예견된 목적이, 욕구가 기억처럼 그것의 대상과 동일시되기 때문에 새로운 것이 전혀 아니라고 말한다. 따라서 우리는 활동 속에서 맹목적인 본능의 노예라는 비난을 받는다. 생명력은 뒤에서 쉬지도 멈추지도 않은 채 우리를 밀어붙인다. 이러한 철학에는 우리가 동물적 삶에 굴하지 않고 인간을 야수의 삶에서 구원할 훨씬 큰 목적을 의식할 때 관조하고 통찰할 여지가 없다. 목적 없는 활동이 충분히 선해 보이는 사람들은 베르그송의 저술에서 유쾌한 우주관을 발견할 것이다. 그러나 활동이 어떤 가치든 지녀야 한다면, 우리의 일상적 삶보다 고통이 덜하고 불의가 적고 투쟁도 덜 일어나는 세계에 대한 통찰이나 상상으로 고무될 수밖에 없는 사람들, 한마디로 관조함으로써 활동하는 사람들은 그러한 철학에서 아무것도 찾아내지 못할 테고, 그것이 참이라고 생각할 어떤 이유도 없다는 점을 유감스러워하지도 않을 것이다.

29.
윌리엄 제임스

윌리엄 제임스William James(1842~1910)는 본래 심리학자였으나 두 가지 점에서 철학자로도 중요했다. 그는 '근본적 경험주의radical empiricism'를 발명했고, '실용주의pragmatism' 또는 '도구주의instrumentalism'를 주창한 세 주역 가운데 한 사람이다. 생애 후기에 그는 미국 철학계의 지도자로 인정받았고, 그럴 만한 자격이 충분했다. 그는 의학을 연구하다 심리학에 관해 고찰하게 되었으며, 1890년에 출간한 대작 『심리학 원리*Principles of Psychology*』는 가장 높은 수준의 탁월성을 보여 주었다. 하지만 철학이 아니라 심리학에 공헌한 저술이므로 여기서 다루지 않겠다.

윌리엄 제임스는 두 측면에서 철학적 관심을 드러냈는데, 하나는 과학이고 다른 하나는 종교다. 과학적 측면에서 의학 연구는 그의 사상을 유물론적 경향으로 기울게 했지만, 종교적 정서가 그것을 막았다. 그의 종교적 감정은 개신교로 많이 기울었고 민주적이었으며 인간적 친절에서 우러난 따뜻함이 넘쳤다. 그는 동생 헨리Henry James(1843~1916)[153]의 까다롭고 신사인

153 * 영미 문학을 대표하는 소설가로, 인간의 심리를 철저히 탐구한 작품과 소설 비평으로 유명하다. 전기의 대표작으로 『여인의 초상』을, 후기의 대표작으로 『나사의 회전』을 꼽는다.

척하는 태도를 한사코 거부하면서 이렇게 말했다. "마왕은 우리가 들은 대로 신사일 수도 있지만, 지상과 천상의 신은 결코 신사일 수 없다." 이것은 아주 전형적 선언이다.

윌리엄 제임스는 따뜻한 마음씨와 밝은 기질을 지녀서 만나는 사람마다 거의 모두 그를 사랑했다. 내가 아는 한 그에게 애정을 품지 않았던 유일한 사람은 산타야나George Santayana(1863~1952)[154]이다. 제임스는 그의 박사학위 논문을 '근거 불충분의 극치'를 보여 준다고 평했다. 두 사람 사이에 무슨 수를 써도 극복하기 힘든 기질적 차이가 있었다. 산타야나도 종교를 좋아했지만 제임스와 아주 달랐다. 산타야나는 도덕적 삶을 도와주는 차원이 아니라 심미적 차원과 역사적 차원에서 종교를 좋아했다. 당연히 개신교보다 가톨릭교를 훨씬 좋아했다. 그는 지적으로 그리스도교 교리를 전혀 수용하지 않았지만, 다른 사람들이 교리를 믿어야 한다는 사실에 만족감을 표현했으며, 그리스도교의 신화적 측면을 높이 평가했다. 제임스에게 산타야나의 태도는 비도덕적으로 비치지 않을 수 없었다. 제임스는 청교도 조상에게서 선한 행동이 가장 중요하다는 뿌리 깊은 신념을 물려받았고, 그의 민주적 감정이 철학자를 위한 진리와 평범한 사람을 위한 진리가 별개라는 생각을 묵인할 수 없게 만들었다. 개신교와 가톨릭교회의 기질적 대립은 비정통 신자들 사이에서 살아남는다. 산타야나가 가톨릭 자유사상가였다면 윌리엄 제임스는 개신교 자유사상가였고, 둘 다 이단적 특징을 지녔다.

제임스의 근본적 경험론은 1904년에 「'의식'은 실존하는가?」라는 논문으로 처음 발간되었다. 이 논문의 주요 목적은 주체와 객체의 관계가 기본적이라는 사실을 부정하는 데 있었다. 그때까지 철학자들은 '인식knowing'이라는 일종의 사건이 발생하고, 거기서 하나의 존재인 인식하는 주체가 다른

154 * 스페인 태생으로, 미국에 정착한 철학자다. 미학, 사변 철학, 문학 비평에 뛰어난 업적을 남겼다.

존재인 인식되는 객체를 의식한다고 당연하게 받아들였다. 인식하는 주체는 정신이나 영혼으로 여기고, 인식되는 객체는 물체, 영원한 본질, 타인의 정신일 수도 있고, 자기의식에서는 인식하는 것과 인식되는 것이 동일하다. 승인된 철학에서 거의 모든 것은 주체와 객체의 이원론에 얽매여 있었다. 정신과 물질의 구별, 관조적 이상, 전통적 '진리' 개념은 모두 주체와 객체의 구별이 기본적인 것이 아니라면 근본적으로 재고할 필요가 있었다.

나는 제임스가 위에서 말한 문제에 관해 부분적으로 옳았고, 이러한 근거만으로도 그가 철학자들 사이에서 높은 지위를 차지할 만하다고 확신한다. 나는 제임스와 그에게 동조했던 사람들이 제임스의 학설이 진리라고 나를 설득하기 전까지 달리 생각했다.

의식은 '비非독립체nonentity에 붙인 이름이며, 제일 원리 가운데 하나라고 주장할 권리가 없다'고 제임스는 말한다. "의식에 여전히 집착하는 사람들은 단순한 메아리, 철학의 대기 중에서 사라져가는 '영혼'이 뒤에 남긴 희미한 풍설에 집착하는 셈이다." 이어서 이렇게 말한다. "물체들이 만들어진 것과 대조적으로 우리의 사유가 만들어지는 원래부터 있던 재료나 존재의 성질은 없다." 그러면서 우리의 사유가 인식하는 기능을 수행하며 이러한 기능을 '의식 있음being conscious'이라 부르기도 한다는 점을 부정하지 않는다고 설명한다. 제임스가 부정한 것은 투박하게 의식이 '사물'이라는 견해라고 표현할 수도 있다. 그는 세계의 모든 것을 구성하는 오직 하나의 근본 재료가 있다고 주장한다. 이러한 근본 재료를 '순수 경험pure experience'이라 부르며, 인식knowing은 순수 경험의 두 부분 사이에 나타난 특별한 관계라고 주장한다. 주체와 객체의 관계는 파생적 관계다. 내 생각에 '경험은 이러한 내적 이중 관계를 맺지 않는다.' 주어진 경험의 나뉘지 않는 부분이 한 맥락에서 인식하는 주체이고 다른 맥락에서 인식되는 객체일 수 있다.

그는 '순수 경험'을 '나중에 반성할 재료를 제공하는 생명의 직접적 흐름'

이라고 정의한다.

정신과 물질의 구별을 제임스가 재료stuff라고 부른 두 가지 다른 종류의 구별로 여기면, 이러한 학설은 정신과 물질의 구별을 철폐한 시도로 보일 것이다. 따라서 이 문제에 관해 제임스의 의견에 동의하는 사람들은 '중성적 일원론neutral monism'을 옹호한다. 이 관점에 따르면 세계를 구성하는 재료는 정신도 물질도 아니고 둘 다 앞선 어떤 것이다. 제임스는 자신의 이론에서 이러한 함축을 드러내 보여 주지 않았다. 반대로 그는 '순수 경험'이라는 어구를 사용함으로써 아마도 무의식적으로 버클리의 관념론을 암시한 것처럼 보인다. 철학자들은 '경험'이라는 말을 자주 사용하지만 정의하는 일은 거의 없다. 이제 경험의 의미를 잠시 살펴보자.

상식에 따르면 벌어진 많은 일은 '경험되지' 않는다. 예컨대 달의 볼 수 없는 뒷면에서 일어난 사건은 경험되지 않는다. 버클리와 헤겔은 둘 다 다른 이유로 이러한 사실을 부정하면서 경험되지 않는 사물이 무nothing라고 주장했다. 이제 철학자들은 대부분 그러한 논증이 부당하다고 주장하며, 나도 정당한 비판이라고 동의한다. 만일 우리가 세계를 구성하는 '재료'가 '경험'이라는 견해를 고수하려면, 달의 볼 수 없는 뒷면과 같은 것이 무엇을 의미하는지에 대해 그럴듯해 보이는 데 그치지 않는 정교한 설명이 필요하다. 또 우리가 경험된 사물에서 경험되지 않는 사물을 추론할 수 없다면, 우리 자신을 제외한 어떤 것이든 실존한다고 믿기 위한 근거를 찾을 때 곤경에 빠질 것이다. 사실 제임스는 이것을 부정하지만, 제시한 근거는 전혀 설득력이 없다.

'경험'은 무엇을 의미하는가? 답을 찾는 가장 좋은 방법은 이렇게 물어보는 것이다. 경험된 사건과 경험되지 않는 사건의 차이는 무엇인가? 내리는 비를 보거나 느끼면 비는 경험되지만, 생명체가 살지 않는 사막에 내리는 비는 경험되지 않는다. 이렇게 우리는 생명이 없는 곳에 경험도 없다는 첫째 논점에 이른다. 그런데 경험은 생명과 외연이 같지 않다. 내가 알아채지 못한 많은 일이 일어나며, 그러한 일이 경험된다고 도저히 말할 수 없다. 분명히 나는 기억나는 것을 경험하지만, 뚜렷이 기억하지 못하는 어떤 일이 내가 지금도 가진 **습관**을 형성했을지도 모른다. 불에 덴 아이는 불에 데었던 때를 기억해 내지 못해도 불을 무서워한다. 내 생각에 어떤 사건이 습관을 형성하면 경험된 것이라고 말할 수도 있다(기억은 습관의 일종이다). 대체로 말하면 습관은 살아 있는 유기체에게만 형성된다. 불에 달구어진 부지깽이는 불을 무서워하지 않지만, 불에 달구어지면 새빨갛게 변한다. 그러므로 상식에 근거하여 우리는 '경험'은 세계의 '재료'와 외연이 같지 않다고 말할 것이다. 나는 여기서 상식에서 벗어날 어떤 타당한 근거도 없다고 생각한다.

'경험'과 관련된 문제를 제외하면 나는 제임스의 근본적 경험주의에 동의한다.

다른 점에서 보면 근본적 경험주의는 제임스의 실용주의뿐만 아니라 '믿으려는 의지'와도 조화를 이룬다. 특히 내가 보기에 후자는 특정한 종교의 교리에 대한 눈가림에 지나지 않지만 세련된 변호, 더욱이 온 마음을 바친 신앙인이라면 아무도 수용하고 싶지 않은 변호를 위해 계획된 것처럼 보인다.

『믿으려는 의지*Will to Believe*』는 1896년에, 『실용주의, 오래된 몇몇 사고방식에 대한 새로운 이름*Pragmatism, a New Name of for Some Old Ways of Thinking*』은 1907년에 출간되었다. 후자의 학설은 전자의 학설을 확장한 것이다.

제임스는 『믿으려는 의지』에서 이렇게 주장한다. 우리가 적절한 이론적 근거가 없을 경우에도 실천상 자주 결정을 내릴 수밖에 없는 까닭은 아무것도 하지 않는 것조차 결정이기 때문이다. 이러한 항목에 종교 문제가 들어간다. 우리는 "우리의 논리적일 따름인 지성이 강제하지 않았을 수도 있지만" 믿음의 태도를 채택할 권리가 있다. 이것은 루소의 『에밀』에 등장한 사부아 보좌신부의 태도와 본질적으로 같지만, 제임스의 전개 방식은 새롭다.

진리를 말해야 할 도덕적 의무는 동등한 두 교훈으로 구성된다. 하나는 "진리를 믿어라"이고, 다른 하나는 "오류를 피하라"이다. 회의주의자는 둘째 교훈에만 주의를 기울여서 덜 조심하는 인간이 믿을 다양한 진리를 믿는 데 실패한다. 만일 진리를 믿고 오류를 피하는 것이 동등하게 중요하다면, 나는 대안이 주어졌을 때 가능성 가운데 하나를 의지에 따라 믿을 수도 있다. 왜냐하면 그때 나는 진리를 믿을 절반의 기회를 얻지만 판단을 유보하면 아무것도 얻지 못하기 때문이다.

앞서 말한 학설을 진지하게 받아들인 결과로 형성된 윤리는 아주 이상하다. 내가 기차에서 낯선 사람을 만나고, "그의 이름이 에비니저 윌크스 스미스Ebenezer Wilkes Smith일까?"라고 자문한다고 가정하자. 내가 모른다고 인정하면, 나는 확실히 그의 이름에 관해 참되게 믿고 있지 않다. 반면에 에비니저 윌크스 스미스가 그의 이름이라고 믿기로 결정하면 내가 참되게 믿을 수도 있는 기회가 있다. 회의주의자는 속을지도 모른다는 두려움이 지나쳐서 중요한 진리를 잃어버릴 수 있다고 제임스는 주장한다. 그는 이렇게 덧붙인다. "희망을 통한 속임이 두려움을 통한 속임보다 더 나쁘다는 사실을 보여 주는 어떤 증명이 있는가?" 내가 몇 년 동안 에비니저 윌크스 스미스라는 사람과 만나기를 바랐다면, 부정적 진리와 반대되는 긍정적 진리는 반대할 만한 결정적 증거를 획득하기 전까지 내가 만나는 모든 낯선 이름이 에비니저 윌크스 스미스라고 믿도록 고무해야 한다는 결론이 도출될 듯하다.

여러분은 이렇게 말하려고 할 것이다. "그러나 예시가 불합리하다. 왜냐하면 너는 낯선 사람의 이름을 알지 못하지만 인류의 극소수가 에비니저 윌크스 스미스로 불린다는 점을 알기 때문이다. 그러므로 너는 너의 선택의 자유에 선제된 완전한 무지의 상태에 있지 않다.” 그런데 이상하게도 제임스는 그의 논문에서 처음부터 끝까지 개연성을 한 번도 언급하지 않는다. 그렇더라도 어떤 문제에 대해서든 거의 언제나 개연성에 대한 고려를 조금이라도 찾아낼 수 있다. 세계의 종교 가운데 어느 종교이든 찬성하거나 반대할 증거가 없다는 점(정통 신자는 인정하지 않겠지만)을 인정해 보자. 너는 중국인이고 유교, 불교, 그리스도교를 알게 되었다고 가정해 보라. 너는 논리학의 법칙에 따라 세 가지 종교가 각각 다 참이라고 가정하지 못한다. 불교와 그리스도교가 각각 동등한 기회를 갖는다고 가정하고, 둘 다 참된 종교일 수 없다면, 둘 가운데 하나가 참된 종교여야 하고 따라서 유교는 거짓된 종교임이 틀림없다. 이렇게 제임스의 원리는 개연성을 도입하여 고려하자마자 무너진다.

제임스는 저명한 심리학자였는데도 이상하게 앞서 말한 논점에 관해 보기 드물게 미숙한 면을 드러냈다. 그는 마치 완전한 믿음이나 완전한 불신이 유일한 대안인 양 의심의 정도에 차이가 있다는 점을 무시했다. 예컨대 내가 책장에서 책을 한 권 찾는다고 가정해 보자. 나는 ‘이 책꽂이에 **있을지도 모르지**’라고 생각하고 찾아보지만, 찾던 책을 발견하기 전까지 ‘이 책꽂이에 있다.’라고 생각하지 않는다. 우리는 습관적으로 가설에 근거하여 행동하지만, 확실하다고 생각한 것에 의거한 만큼 한 치의 착오도 없이 행동하지 않는다. 왜냐하면 우리가 가설에 근거하여 행동할 때 새로운 증거를 찾으려고 눈을 부릅뜨고 경계하기 때문이다.

내가 보기에 진리를 말하기에 대한 교훈은 제임스가 생각한 내용과 다른 것처럼 보인다. 나로서는 그러한 교훈을 이렇게 말하고 싶다. “네가 고려할 만한 가치를 지닌 어떤 가설이든 증거가 보증하는 정도만큼 신용하라.” 또 가설이 충분히 고려해야 할 정도로 중요하다면 증거를 더 찾아야 한다는 의무를 추가한다. 이것은 평범한 상식에 해당하고 법정에서 진행되는 절차와도 조화를 이루지만, 제임스가 권고한 절차와 아주 다르다.

믿으려는 의지를 따로 떼어 고찰하면 제임스에게 공평한 처사가 아닐 것이다. 믿으려는 의지는 과도기에 나온 학설로 자연스럽게 실용주의로 발전하기 때문이다. 실용주의는 제임스에서 나타나듯 우선 '진리'의 새로운 정의를 제시한다. 실용주의를 주창한 다른 두 주역은 실러와 존 듀이 박사다. 듀이 박사의 사상은 다음 장에서 다루겠지만 실러는 다른 두 주역보다 중요도가 낮아 다루지 않는다. 제임스와 듀이 박사 사이에 강조해야 할 차이점이 하나 있다. 듀이 박사의 사고방식은 과학적 성향을 띠며 논증이 주로 과학적 방법의 검토에서 도출되지만, 제임스는 주로 종교와 도덕에 관심이 있다. 대체로 제임스는 사람들을 유덕하고 행복하게 만드는 데 이바지하는 학설이라면 무엇이든 지지할 각오가 되어 있다. 어떤 학설이 사람들을 유덕하고 행복하게 한다면, 제임스가 사용하는 의미로 '참된' 학설이다.

제임스에 따르면 실용주의 원리는 퍼스Charles Sanders Peirce(1839~1914)가 처음 선언했고, 퍼스는 어떤 대상에 대한 사유를 명료하게 표현하려면 대상이 실천적으로practically 생각할 수 있는 결과를 포함하게 될지 고려하기만 하면 된다고 주장했다. 제임스는 퍼스의 원리를 이렇게 해명한다. 철학의 기능은 이런저런 세계 설명 공식World-formula이 참이라면 너나 나에게 어떤 차이가 생기는지 찾아내는 것이다. 따라서 이론은 수수께끼를 푸는 열쇠가 아니라 도구가 된다.

제임스에 따르면 관념은 우리 경험의 다른 부분과 만족스러운 관계를 맺도록 도와주는 한에서 참이 된다. "관념은 그것을 믿는 것이 우리의 삶에 유익하기만 하면 '참'이다." 진리는 선善(좋음)의 한 종류이지 독립적 범주에 해당되지 않는다. 진리는 관념에서 생기며 사건들에 의해 참으로 **만들어진다**. 주지주의자들에게 참된 관념은 현실과 일치해야 하지만, '일치agreeing'가 '복사copying'를 의미하지 않는다고 말하는 것이 올바르다. "가장 넓은 뜻의 현실과 '일치한다'는 것은 현실이나 현실의 주변으로 곧장 이끌거나 또는 현실이나 현실과 연결된 어떤 것을 우리가 현실과 불일치했던 것보다 더 잘 다루도록 현실과 효과적으로 접촉한다는 것을 의미할 따름이다." "진리는 긴 안목과 전체 과정에서 볼 때 사고방식의 방편일 뿐"이라고 그는 덧붙인다. 달리 말해 "진리를 추구해야 할 우리의 책무obligation는 값을 치러야 할 우리의 일반적 책무의 일부다."

그는 실용주의와 종교에 대해 다룬 장에서 수확물을 거두어들인다. "우리는 삶에 유용한 결과가 흘러나오는 가설이라면 무엇이든 거부해서는 안 된다." "신에 대한 가설은 신이라는 말이 쓰이는 가장 넓은 뜻의 만족스러운 결과를 낸다면 참이다." "우리는 종교 경험이 제공한 증거에 입각하여 신이 실존하고 우리 자신의 방침과 유사한 이상적인 방향으로 세상을 구하는 결과를 낸다고 믿어도 될 것이다."

나는 앞서 말한 학설에서 커다란 지적 난점을 발견한다. 제임스의 학설은 믿음은 결과가 좋을 때 '참'이라고 가정한다. 이러한 정의가 유용하고, 실용주의자의 시험을 받을 처지에 놓이지 않으면 우리는 (a) 선이 무엇인지, (b) 이런저런 믿음의 결과가 무엇인지 반드시 알아야 한다. 어떤 것이든 '참'이라는 것을 알기 전에 (a)와 (b)를 알아야 하는데, 믿음의 결과가 선하다고 결정한 후에 비로소 '참'이라고 말할 권리를 가지기 때문이다. 이러한 결론은 믿기지 않을 정도로 복잡하다. 네가 콜럼버스가 1492년에 대서양을 횡단했는지 알고 싶다고 가정하자. 너는 다른 사람이 하듯 책에서 찾아보아서는 안 된다. 너는 먼저 콜럼버스가 1492년에 대서양을 횡단했다는 믿음의 결과가 무엇이며, 그러한 결과는 콜럼버스가 1491년이나 1493년에 항해했다는 믿음의 결과와 어떻게 다른지 탐구해야 한다. 이 문제도 어렵지만, 윤리적 관점에서 결과의 경중을 가리기는 더욱 어렵다. 시험에서 더 높은 점수를 받을 수 있기 때문에 너는 분명히 1492년이 최선의 결과를 낸다고 말할지도 모른다. 그러나 너는 1491년이나 1493년이라고 답을 썼다면 너보다 더 높은 점수를 받았을 경쟁자들은, 네가 더 높은 점수를 받은 사실을 윤리적 관점에서 유감스럽게 생각할지도 모른다. 시험은 별도로 치더라도, 역사가의 입장이 아니라면 콜럼버스가 1492년에 대서양을 횡단했다는 믿음의 실천적 결과practical effect를 생각할 수 없다.

그런데 수고는 여기서 끝나지 않는다. 믿음의 결과에 대한 너의 평가가 윤리적 관점과 사실적 관점에서 둘 다 참이라고 주장해야 한다. 왜냐하면 그러한 평가가 거짓이라면 너의 믿음이 참이라는 너의 논증은 오류가 되기 때문이다. 제임스에 따르면 결과에 대한 너의 믿음이 참이라는 말은 믿음이 좋은 결과를 낸다는 말이고, 다음으로 **그것이** 좋은 결과를 낼 때만 참이라는 따위로 **무한히** 계속된다. 분명히 이러면 안 된다.

다른 난점도 있다. 내가 콜럼버스 같은 사람이 있었다고 말하고 누구나 내가 한 말이 참이라고 동의한다고 가정해 보자. 그런데 그것은 왜 참이 되는가? 450년 전에 살았던 육신을 가진 어떤 남자, 요컨대 내 믿음의 원인 때문이지 믿음의 결과 때문이 아니다. 제임스의 정의 때문에 "A가 실존한다"라는 문장은 사실상 A가 실존하지 않더라도 참이 되는 일이 벌어질지도 모른다. 나는 언제나 산타클로스에 대한 가설이 '가장 넓은 뜻의 만족스러운 결과를 낸다'는 사실도 확인했다. 그러므로 산타클로스가 실존하지 않더라도 "산타클로스가 실존한다"라는 문장은 참이다. 제임스는 이렇게 말한다(나는 되풀이하여 말한다). "만일 신이 실존한다는 가설이 가장 넓은 뜻의 만족스러운 결과를 낸다면, 그것은 참이다." 이는 신이 현실적으로really 천국에 있느냐는 문제를 중요하지 않다고 간단히 생략하는 것이다. 신이 실존한다는 가설이 유용하면, 그것으로 충분하다. 우주를 창조한 조물주인 신은 잊히고, 기억되는 것은 신에 대한 믿음과 그러한 믿음이 우리의 보잘것없는 행성에 거주하는 피조물에게 미친 결과뿐이다. 교황이 종교에 대한 실용주의적 옹호를 비난했다는 것이 조금도 이상하지 않다.

우리는 여기서 제임스의 종교적 사고방식과 과거 종교인들의 사고방식에 나타난 기본적 차이점에 이르렀다. 제임스는 인간적 현상으로서 종교에 관심을 갖지만, 종교에서 묵상하는 대상에 대해 거의 관심을 보이지 않는다. 그는 사람들이 행복해지기를 바라고, 신에 대한 믿음이 사람들을 행복하게 한다면 신을 믿게 놓아둔다. 여기까지는 자비심의 표현이지 철학은 아니다. 신에 대한 믿음이 사람들을 행복하게 한다면, 그러한 믿음은 '참'이라고 주장할 때 철학이 된다. 이것은 숭배의 대상을 욕구하는 사람에게 불만족스럽다. 그는 "만일 내가 신을 믿는다면 마땅히 행복해야 한다"라고 말하는 것에 관심이 없다. 오히려 "나는 신을 믿고, 그러므로 행복하다"라고 말하는 것에 관심이 있다. 또 그는 루스벨트나 처칠이나 히틀러의 실존을 믿듯 신을 믿는다. 그에게 신은 실제 존재actual Being이지 좋은 결과를 내는 한낱 인간적 관념이 아니다. 좋은 결과를 내는 것은 이러한 진정한 믿음이지 제임스가 제안한 알맹이가 빠진 대체 믿음이 아니다. 내가 "히틀러가 실존한다"라고 말한다면, "히틀러가 실존한다는 믿음의 결과가 좋다"는 뜻이 아니라는 점은 명백하다. 그리고 진정한 신자에게는 신도 마찬가지다.

제임스의 학설은 회의주의라는 토대 위에 믿음의 상부 구조를 세우려는 시도이며, 이러한 모든 시도가 그렇듯 오류에 의존한다. 제임스의 경우 오류는 인간을 넘어선 모든 사실을 무시하려는 시도에서 솟아난다. 회의주의와 결합된 버클리식의 관념론이 그가 신을 신에 대한 믿음으로 대체하고, 마찬가지로 이것이 정당한 것인 양 가장하도록 이끌었다. 그러나 이것은 대부분의 근대 철학의 특징인 주관주의적 광기를 보여 준 한 형태일 뿐이다.

30.
존 듀이

존 듀이John Dewey(1859~1952)는 1859년에 태어났으며, 일반적으로 미국을 이끄는 살아 있는 철학자로 인정받는다.[155] 나는 이러한 평가에 두말없이 동의한다. 그는 철학자뿐만 아니라 교육, 미학, 정치 이론을 다루는 연구자들에게도 영향을 크게 미쳤다. 고매한 인격자로 견해는 자유롭고 대인 관계에서 관대하고 친절하며 지치지 않고 연구하는 인물이다. 나는 그가 제시한 많은 견해에 거의 완전히 동의하는 편이다. 듀이의 친절을 몸소 경험했을 뿐만 아니라 그를 존경하고 경애하기 때문에 완전히 동의하기를 바라야 하겠지만, 유감스럽게도 그의 가장 독특한 철학적 학설, 바로 논리학과 인식론의 기본 개념fundamental concept인 '진리'를 '탐구'로 대체한 학설에 이의를 제기할 수밖에 없다.

듀이는 윌리엄 제임스처럼 뉴잉글랜드[156] 사람으로, 100년 전 위대한 뉴잉글랜드인의 후손 가운데 몇 사람이 포기했던 뉴잉글랜드의 자유주의 전통을 이어받는다. 그는 '단순한' 철학자로 불러도 되는 인물이 결코 아니다.

155 * 존 듀이는 러셀이 이 책을 저술할 당시에 살아 있었으나, 1952년에 세상을 떠났다.

156 * 미국 북동부 지역. 17세기 영국의 청교도들이 이곳에 이주한 후 19세기 중반까지 미국 문화와 경제의 중심지 역할을 했다.

특히 교육은 듀이가 관심을 둔 가장 중요한 분야였고, 그가 미국의 교육에 끼친 영향도 매우 컸다. 나도 미력하나마 듀이와 마찬가지로 교육에 영향을 미치려고 애썼다. 아마 그도 나처럼 자신의 가르침을 따른다고 공언했던 사람들이 실행한 결과에 늘 만족하지 않았을 테지만, 어떤 새로운 학설이든 실천할 때 약간 과장되고 월권을 범하기 마련이다. 하지만 이러한 현상이 생각보다 문제가 되지 않는 까닭은 새로운 학설의 결점이 전통적 학설의 결점보다 더 쉽게 알려지기 때문이다.

듀이가 1894년 시카고대학의 교수가 되었을 때 맡은 학과 가운데 교육학과가 포함되었다. 그는 진보적인 학교를 세웠으며, 교육에 관한 글을 많이 썼다. 이때 쓴 글을 요약한 『학교와 사회*The School and Society*』(1899)는 그의 저술 가운데 가장 영향력이 있는 저작으로 꼽힌다. 그는 일생 동안 거의 철학에 관한 글만큼이나 교육에 관한 글도 계속 썼다.

사회와 정치에 관한 문제도 듀이의 사상에서 큰 몫을 차지했다. 나처럼 듀이도 러시아와 중국을 방문하고 영향을 많이 받았는데, 러시아 방문은 부정적이고 중국 방문은 긍정적이었다. 그는 마지못해 제1차 세계 대전을 지지했다. 또 근거 없이 주장된 트로츠키의 유죄를 조사하는 데 중요한 역할을 하면서 혐의가 없다고 확신했지만, 스탈린 대신 트로츠키가 레닌의 후계자가 되었더라도 소비에트 체제가 만족스러운 방향으로 나아갔으리라 생각하지 않았다. 마침내 그는 독재 정권에 이르고 마는 폭력 혁명은 좋은 사회로 가는 길이 아니라고 확신했다. 경제와 관련된 온갖 문제에 대해 아주 자유롭게 견해를 피력했지만, 한 번도 마르크스주의자의 입장을 취한 적이 없었다. 언젠가 그는 전통적인 정통 신학에서 힘겹게 해방되었기 때문에 또 다른 전통적 학설에 속박되지 않겠다고 말한 적이 있다. 이러한 모든 점에서 그의 관점은 나의 관점과 거의 같다.

엄밀한 철학적 관점에서 듀이의 연구가 지닌 최고 중요한 가치는 전통적

'진리' 개념을 비판한 데 있으며, 자신이 '도구주의'라 부른 이론 속에서 구체적으로 표현했다. 대부분의 전문 철학자들의 생각에 따르면, 진리는 정적이고 궁극적이며 완벽하고 영원하다. 종교의 용어를 빌려 말하면 진리는 신의 사유, 이성적 존재로서 인간이 신과 공유하는 사유와 동일시될 수도 있다. 진리의 완벽한 모형은 곱셈표로 정확하고 확실하며 시간적 불순물이 전혀 섞여 있지 않다. 피타고라스와 플라톤 이후에 수학이 신학과 더 많이 연결되면서 대부분의 전문 철학자들의 인식론에 지대한 영향을 미쳤다. 듀이의 관심은 수학이 아니라 생물학이기 때문에, 사유를 진화의 한 과정으로 이해한다. 당연히 전통적 견해도 인간이 점차 더 많이 알게 된다는 점을 인정할 테지만, 지식의 각 부분은 성취되었을 때 궁극적인 어떤 것으로 간주된다. 사실 헤겔은 인간의 지식을 이렇게 생각하지 않는다. 그는 인간의 지식이란 유기적 전체로서, 모든 부분을 거쳐 점차 성장하지만 완전한 전체에 이를 때까지 어떤 부분도 완벽하지 않다고 생각한다. 그런데 헤겔풍의 철학은 청년기의 듀이에게 영향을 미쳤더라도, 여전히 일시적 과정보다 더 현실적인 절대자와 영원한 세계를 포함한다. 이는 전체 현실all reality이 일시적이고 과정은 진화하더라도 헤겔에서 그러하듯 영원한 이념을 펼쳐내는 것이 아니라는 듀이의 사상 속에서 어떤 자리도 차지할 수 없다.

여기까지는 나도 듀이의 의견에 동의한다. 그리고 내가 동의한 의견이 이것으로 끝나지는 않는다. 내가 의견을 달리하는 논점을 다루기 전에 나의 '진리'관에 대해 몇 마디 하려고 한다.

첫째 질문은 이렇다. 어떤 종류의 것이 '참'이거나 '거짓'인가? 제일 간단한 대답은 문장일 것이다. "콜럼버스가 1492년에 대서양을 횡단했다"라는 문장은 참이고, "콜럼버스가 1776년에 대서양을 횡단했다"라는 문장은 거짓이다. 이러한 대답은 맞지만 불완전하다. 문장들은 경우에 따라 참이거나 거짓이다. 왜냐하면 문장들은 '유의미하고' 유의미성은 사용되는 언어에 의존하기 때문이다. 만일 네가 콜럼버스에 대한 설명을 아랍어로 번역한다면, '1492년'을 무하마드 기원에 상응하는 연도로 바꾸어야 할 것이다. 다른 언어로 쓰인 문장이 같은 의미를 가질 수도 있으므로 콜럼버스에 대해 기술한 문장이 '참'인지 '거짓'인지 결정하는 것은 낱말이 아니라 유의미성significance이다. 문장을 주장할 때 '믿음'을 표현하며, 믿음은 다른 언어로도 똑같이 표현될 것이다. '믿음'은 무엇이든 '참'이거나 '거짓'이거나 '더 참이거나 덜 참'이다. 따라서 우리는 '믿음'에 대해 탐구할 수밖에 없다.

이제 믿음은 아주 충분히 단순한 경우라면 낱말로 표현되지 않고도 생길 수 있다. 낱말을 사용하지 않고서 원주율은 대략 3.14159라고 믿거나 카이사르가 루비콘강을 건너기로 작정했을 때 로마 공화정의 운명이 정해졌다고 믿기는 어려울 터다. 그러나 단순한 경우에 언어로 표현되지 않는 믿음은 흔하게 생긴다. 예컨대 계단을 내려가는데 바닥에 닿는 순간 실수한다고 가정해 보자. 너는 바닥 높이에 맞추어 걸음을 내딛는데, 쿵 소리를 내며 발을 헛디뎌서 화들짝 놀란다. 너는 당연히 "바닥에 닿은 줄 알았는데"라고 말할 테지만, 사실 너는 계단에 대해 생각하지 않았다. 그랬다면 발을 헛디디지 않았을 테니 말이다. 너의 다리 근육은 사실 바닥에 아직 닿지 않았을 때 이미 바닥에 적합하게 조정되었다. 너의 마음이 아니라 몸이 발을 헛딛는 실수를 했고, 적어도 그것이 일어난 사건을 자연스럽게 표현하는 방식일 것이다. 그런데 사실 마음과 몸의 구별 자체가 의심스럽기 때문에 마음과 몸의 활동을 분류하는 문제는 미결로 두고 '유기체'에 대해 말하는 편이 나을 법하다. 그러면 누구든 이렇게 말하게 될 것이다. 너라는 유기체는 바닥에 닿았더라면 적합했을 방식으로 조정되었지만 사실 적합하게 조정되지 않았다. 이러한 조정의 실패가 오류를 낳아서, 너는 거짓 믿음을 형성했다고 말할 수도 있다.

위에서 든 예시에서 **시험**이나 오류의 징표는 **놀라는 사건**이다. 이것은 시험

될 수 있는 믿음에 대해 일반적으로 들어맞는다. **거짓** 믿음은 적합한 상황에서 믿는 사람을 놀라게 하겠지만, **참** 믿음은 아닐 것이다. 그러나 놀라는 사건은 적용될 수 있는 경우에 좋은 판단 기준이더라도 '참'과 '거짓'이라는 말에 **의미**meaning를 주지 못하며, 언제나 적용 가능하지도 않다. 네가 뇌우 속을 걸으면서 "번개를 맞을 리가 없어"라고 혼잣말을 한다고 가정하자. 다음 순간에 너는 번개를 맞지만, 죽기 때문에 놀라는 사건을 경험하지 못한다. 만일 제임스 진스 경Sir James Jeans(1877~1946)이 예상하듯 어느 날 지구가 폭발하면, 우리는 모두 한순간에 소멸하기 때문에 놀랄 겨를도 없을 것이다. 그런데 우리가 그러한 대재앙을 예상하지 못한다면 모두 오류를 범한 셈이다. 이러한 예시는 진리와 허위의 객관성objectivity을 암시한다. 참이나 거짓이 되는 믿음은 유기체의 상태이지만, 그것은 일반적으로 유기체 밖에서 일어나는 사건들에 의해 참이거나 거짓이 된다. 실험 절차에 따른 시험들이 때로는 진리와 허위를 결정하기도 하지만, 때로는 그러한 결정이 불가능하기도 하다. 이렇게 진리와 허위를 결정하는 일이 때로는 불가능하더라도 그러한 대안은 여전히 살아남을 의미 있는 방법이다.

진리와 허위에 대한 나의 견해를 더 논의하지 않고, 듀이의 학설로 넘어가 검토하려고 한다.

듀이는 절대적으로 '참'이 될 판단을 목표로 삼지도 않고 그러한 판단의 모순 판단을 절대적으로 '거짓'이라고 선언하지도 않는다. 그의 견해에 따르면 '탐구'라고 불리는 과정은 유기체와 환경 사이에 상호 조정이 일어나는 어떤 형식이다. 나의 관점에서 가능한 한 듀이의 견해와 일치되는 방향으로 나가려면, '의미'를 분석하는 일부터 시작해야 한다. 예컨대 네가 동물원에서 확성기를 통해 "방금 사자가 탈출했다"는 말을 들었다고 가정해 보자. 그때 너는 탈출한 사자를 보았을 때 했을 만한 행동을 할 텐데, 가능한 한 재빨리 달아날 것이다. "사자가 탈출했다"라는 문장은, 네가 탈출한 사

존 듀이 사진, 에바 왓슨 슈체, 1902

자를 보았다면 일어날 사건과 같은 행동을 촉진한다는 뜻의 특정한 사건을 **의미한다.** 대체로 말해 만일 문장 S가 사건 E가 촉진했을 행동을 촉진한다면, 문장 S는 사건 E를 **의미한다.** 사실 이러한 사건이 일어나지 않았다면, 해당 문장은 거짓이다. 말로 표현되지 않은 믿음에도 적용된다. 누구든 이렇게 말해도 될 것이다. 믿음은 특정한 사건이 감각에 주어지면 하게 될 행동을 촉진하는 유기체의 상태다. 이러한 행동을 촉진하는 사건이 믿음의 '의미'다. 방금 말한 진술은 지나치게 단순하지만 내가 지지하는 이론을 나타내는 데 알맞을 수도 있다. 여기까지는 듀이와 나의 견해 차이가 아주 크다고 생각하지 않는다. 그러나 듀이가 더 밀고 나간 견해에서 명확하게 일치하지 않는 점을 발견한다.

듀이는 **탐구**inquiry를 진리나 지식이 아니라 논리의 핵심으로 삼는다. 그는 탐구를 이렇게 정의한다. "탐구는 결정되지 않은 어떤 상황을 원래 구성된 요소들이 통일된 전체a unified whole가 되도록, 그러한 상황을 이룬 구별과 관계 속에서 결정된 상황으로 바꾸려고 통제하거나 지시하는 활동이다." "탐구는 객관적 주제objective subject-matter의 객관적 변형objective transformation에 관심을 갖는다"라고도 덧붙인다. 이러한 탐구의 정의는 확실히 불충분하다. 교관이 많은 신병을 훈련시키거나 벽돌공이 벽돌 더미를 쌓는 경우를 예로 들어 보자. 이러한 활동은 탐구에 대한 듀이의 정의를 정확하게 만족시킨다. 이것을 분명하게 포함시키지 않았기 때문에 탐구의 개념 속에 탐구의 정의에서 잊어버리고 언급하지 않은 요소가 하나 있음이 분명하다. 이러한 요소가 무엇인지 곧 알아볼 예정이고, 먼저 듀이의 정의를 그대로 받아들이면 어떤 문제가 생기는지 고찰해 보자.

듀이가 개념적으로 생각한 '탐구'가 세계를 유기적으로 통합하려는 일반적 과정의 일부라는 점은 분명하다. '통일된 전체'는 탐구의 성과여야 한다. 듀이의 유기적인 것에 대한 사랑은, 일부는 생물학에서 기인하고 일부는 헤겔의 어정쩡한 영향에서 비롯된다. 무의식적으로나마 헤겔의 형이상학에 근거하지 않고서 탐구의 결과로 왜 '통일된 전체'를 예상하는지 도무지 이해할 수 없다. 내가 뒤죽박죽 섞인 카드 한 벌을 탐구하여 순서대로 맞추라는 요청을 받았다고 하자. 듀이의 규정을 따른다면 나는 먼저 카드를 순서대로 배열하고 나서 그것이 탐구의 결과로 생긴 순서였다고 말해야 한다. 사실 내가 카드를 배열하는 동안에 '객관적 주제의 객관적 변형'이 일어날 텐데, 탐구의 정의가 바로 이것을 허용한다. 끝내 "우리는 너에게 카드를 주었을 때 카드 순서를 알고 싶었지, 재배열한 다음의 순서를 말한 것이 아니야"라는 말을 듣게 되었다고 가정하자. 내가 듀이의 제자라면 이렇게 답변할 것이다. "너의 생각은 전체적으로 너무 정적인 쪽으로 치우쳤어. 나는 역동적인 사람이어서 어떤 대상이든 탐구할 때 먼저 쉽게 탐구할 수 있도록 바꾸거든." 이러한 절차가 적법하다는 생각은 현상과 현실을 구별한 헤겔의 입장을 수용해야만 정당화될 수 있다. 현상은 혼란스럽게 흩어진 조각들로 구성되지만 현실은 언제나 질서정연한 유기적 통일체다. 그러므로 카드들을 배열할 때 나는 그것의 영원한 참된 본성을 드러내고 있을 따름이다. 그러나 듀이가 제안한 학설에서 이러한 부분은 명백하게 드러나지 않는다. 유기체 형이상학은 듀이가 세운 이론의 근간이지만, 그가 이러한 사실을 얼마나 의식하는지는 나도 잘 모른다.

이제 탐구를 교관이나 벽돌공의 작업 같은 다른 조직 활동과 구별하기 위해 요구되는, 듀이의 정의에 보충할 요소를 찾아보자. 이전에 탐구는 어떤 진리를 확정하려는 목적으로 구별된다고 말했다. 그러나 듀이에 따르면 '진리'는 '탐구'로 정의되지만, 반대는 성립하지 않는다. 그는 퍼스의 진리에 대한 정의를 승인하면서 인용한다. "'진리'는 탐구하는 모든 사람이 궁극적으로 동의하는 의견이다." 이러한 정의는 탐구자들이 무엇을 하고 있는지에 대해 전혀 모르는 상황 속에 우리를 남겨 둔다. 왜냐하면 우리는 순환에 빠지지 않고서 탐구자들이 진리를 가려내려고 노력하고 있다고 말할 수 없기 때문이다.

나는 듀이 박사의 이론을 이렇게 진술할 수도 있다고 생각한다. 유기체가 환경과 맺는 관계들은 때로는 유기체에게 만족스럽고 때로는 만족스럽지 않다. 유기체가 환경과 맺는 관계가 만족스럽지 않으면, 불만족스러운 상황은 상호 조정으로 개선될 수도 있다. 불만족스러운 상황이 개선되도록 바꾸는 변경이 주로 유기체 쪽에서 일어나면 그러한 과정을 '탐구'라고 부르지만, 변경은 결코 양쪽에서 **전체적으로**wholly 일어나지 않는다. 예컨대 전투 중에 너는 주로 환경, 바로 적군을 제거하기를 바라지만, 전투에 앞선 정찰 중에는 주로 너의 부대가 적군의 작전 계획에 적응해서 융통성 있게 행동하기를 바란다. 전투에 앞선 정찰 시기가 '탐구'가 일어나는 단계다.

내 생각에 이러한 이론의 난점은 믿음과 사실의 관계를 끊는 데 있다. 흔히 믿음을 '검증하는verify' 것이 사실이나 사실들이라고 말한다. 계속 전투 계획을 짜는 장군의 사례를 고찰해 보자. 정찰 비행기가 적군의 특정한 전투태세를 보고하면, 검토한 다음 장군은 특정한 대항 전투태세를 명령한다. 상식적으로 장군이 행동을 하게 만든 보고는 사실 적군이 보고에 따라 이동했다면 '참'이고, 그러한 보고는 장군이 명령의 결과로 전투에서 패하더라도 여전히 참이라고 말해도 된다. 듀이 박사는 이러한 견해를 거부한다. 그는 믿음을 '참' 믿음과 '거짓' 믿음으로 나누지 않지만, 그에게 여전히 두 종류의 믿음, 장군이 승리하면 '만족스러운' 믿음과 패배하면 '불만족스러운' 믿음이 있다. 전투가 벌어지기 전까지 그는 정찰병의 보고에 대해 어떤 생각을 하는지 말할 수 없다.

일반적으로 우리는 듀이 박사가 다른 모든 사람처럼 믿음을 두 집합, 좋은 믿음과 나쁜 믿음으로 나눈다고 말할 수도 있다. 하지만 그는 어떤 믿음이 한때 좋은 믿음일 수도 있고 다른 때에 나쁜 믿음일 수도 있다고 주장한다. 이러한 일은 앞선 것보다 더 좋지만, 뒤에 온 것보다 더 나쁜 불완전한 이론에서 생긴다. 믿음이 좋은 믿음이냐 나쁜 믿음이냐는, 믿음을 받아들인 유기체 안에 일으킨 활동이 유기체에게 만족스러운 결과를 가져오는지 불만족스러운 결과를 가져오는지에 의존한다. 따라서 과거에 일어났던 어떤 사건에 대한 믿음은 사건이 정말 일어났느냐가 아니라 믿음이 미래에 일으킬 결과에 따라 '좋은' 믿음이나 '나쁜' 믿음으로 분류해야 한다. 결과는 기묘하다. 누군가 내게 이렇게 말한다고 가정해 보자. "오늘 아침 식사 때 커피 마셨나?" 평범한 사람이라면 기억해 내려 할 것이다. 그러나 듀이 박사의 제자라면 이렇게 말해야 한다. "잠시 기다려 봐. 말하기 전에 두 가지 실험을 해 보아야 하지." 나는 먼저 자신에게 커피를 마셨다고 믿게 하고서, 어떤 결과가 생기는지 관찰해야 한다. 다음에 나는 커피를 마시지 않았다고 믿게 하고서, 어떤 결과가 생기는지 다시 한 번 관찰해야 한다. 그런 다음에 두 가지 결과를 비교해서 더 만족스러운 결과를 알아내야 한다. 한쪽 결과가 우세하면 그쪽으로 대답하기로 결정하고, 그렇지 않으면 질문에 대답할 수 없다고 고백해야 한다.

그런데 수고는 여기서 끝나지 않는다. 나는 어떻게 아침 식사 때 커피를 마셨다는 믿음의 결과를 아는가? 만일 내가 '결과가 이러하다'고 말한다면, 이것은 다시 내가 말했던 진술이 '좋은' 진술이었는지 '나쁜' 진술이었는지 알기 전에 그러한 진술의 결과로 시험되어야 할 것이다. 또 이러한 난점을 극복하더라도 어떤 결과가 더 만족스러운지에 대해 나는 어떻게 판단해야 하는가? 내가 커피를 마셨는지에 대해 내린 하나의 결정은 나를 만족감으로 충만하게 할 수 있고, 다른 결정은 전투력을 증진하려는 결의로 충만하게 할지도 모른다. 이러한 결정은 제각기 좋은 결정으로 생각될지도 모르지만, 내가 더 낫다고 결정하기 전까지 나는 아침 식사 때 커피를 마셨는지에 대해 어떤 대답도 할 수 없다.

듀이가 지금까지 상식으로 여겼던 것에서 벗어난 것은 다루기 힘들고 조작할 수 없는 '사실들'을 그의 형이상학에 들여놓기를 거부한 데서 기인한다. 이에 관해 상식이 바뀌고 있고, 그의 견해가 상식이 되어 가고 있는 것에 반대하는 것처럼 보이지 않을 수도 있다.

듀이와 나의 주된 차이는 이렇다. 듀이는 어떤 믿음을 그것의 결과로 판단하는 반면, 나는 어떤 믿음을 과거 사건이 관련된 곳에 있었던 그것의 원인으로 판단한다는 점이다. 나는 믿음이 믿음의 원인과 어떤 종류의(때로는 아주 복잡한) 관계를 맺는다면, 이러한 믿음은 '참', 다시 말해 우리가 믿음을 형성할 수 있는 만큼 거의 '참'이라고 생각했다. 듀이 박사는 믿음이 어떤 종류의 결과를 낸다면 '보장된 주장 가능성'을 지닌다고 주장하며, '진리'를 '보장된 주장 가능성warranted assertability'으로 대체한다. 이러한 벗어남은 세계를 바라보는 사고방식의 차이와 관계가 있다. 과거는 현재 우리의 행동에 영향을 받지 않고, 그러므로 진리가 일어났던 사건으로 결정되어 있다면 진리는 현재나 미래의 의욕과 독립적으로 존재한다. 진리는 논리적으로 인간 능력의 한계를 나타낸다. 그러나 만일 진리가, 정확히 말해 '보장된 주장 가능성'이 미래에 달려 있다면, 우리가 미래를 바꿀 능력이 있는 한 우리는 주장되어야 하는 것을 바꿀 능력이 있다. 이것은 인간의 능력과 자유를 확장시킨다. 카이사르는 루비콘강을 건넜는가? 나는 긍정적 대답이 과거에 일어난 사건으로 변경 불가능하게 필연적으로 정해졌다고 여기지 않을 수 없다. 듀이 박사는 그렇다고 말하든 아니라고 말하든 미래에 일어날 사건들을 평가하여 결정해야 하기 때문에, 이러한 사건들은 인간의 능력에 따라 부정적 대답이 더 만족스러워지도록 배열되지 못할 이유가 없다고 본다. 만일 내가 카이사르가 루비콘강을 건넜다는 믿음을 매우 불쾌하게 생각한다면, 우둔하게 절망에 빠져 앉아 있을 필요가 없다. 충분한 기술과 능력을 지녔다면, 나는 사회 환경을 카이사르가 루비콘강을 건너지 않았다는 진술이

'보장된 주장 가능성'을 갖도록 재배열할 수 있다.

지금 내가 쓰고 있는 철학사를 통해 가능한 한 여러 철학 체계를 철학자들이 관계를 맺은 사회 환경과 연결시키려 애썼다. 내가 보기에 인간의 능력에 대한 믿음과 '엄연한 사실들stubborn facts'을 인정하지 않으려는 태도는, 기계 생산으로 생겨난 희망과 인간이 물리 환경을 과학의 힘으로 조작할 수 있다는 기대와 관계가 있는 것처럼 보인다. 듀이 박사의 지지자 가운데 여러 사람이 이러한 견해를 공유한다. 그래서 조지 레이먼드 가이거George Raymond Geiger(1903~1998)는 듀이를 찬미한 논문에서 이렇게 말한다. 듀이 박사의 방법은 "한 세기 전에 일어났던 산업혁명과 꼭 마찬가지로 중산 계급에 어울리며, 평범하지만 굉장한 사고의 혁명을 의미한다." 내가 보기에 다음과 같은 글을 내가 썼을 때 같은 말을 하고 있었던 듯하다. "듀이 박사는 산업주의와 공동 기업의 시대와 조화를 이룬 독특한 사고방식을 표현한다. 듀이의 사고방식은 당연히 미국인에게 가장 강한 호소력을 지니며, 중국과 멕시코 같은 나라의 진보주의 집단에게서도 거의 비슷하게 높이 평가받아 마땅하다."

유감스럽고 놀랍게도, 내가 전혀 악의 없이 추측했던 앞의 진술이 듀이 박사를 성가시게 했는지 그는 이렇게 응수했다. "러셀 선생이 실용주의 인식론을 미국 산업주의의 불쾌한 측면과 연관시키는 굳어 버린 습관은 …… 마치 내가 그의 철학을 영국의 토지 소유 귀족의 이해관계와 연결시키는 경향과 흡사하다."

나로서는 나의 여러 의견을 영국 귀족사회와 맺은 관계 탓으로 돌려 설명하는 경우(특히 공산주의자의 경우)에 익숙하며, 나의 여러 견해가 다른 사람의 견해처럼 사회 환경의 영향을 받는다는 가정을 기꺼이 인정한다. 만일 내가 듀이 박사와 관련된 사회의 영향에 대해 실수를 했다면 유감스럽게 생각한다. 그런데 나 혼자만 그렇게 평한 것은 아니다. 예컨대 산타야나는 이렇게 말한다. “듀이의 철학은 현재 유행하는 과학과 윤리학처럼 개인을 사회적 기능으로 분해할 뿐만 아니라 실체와 현실에 해당되는 모든 것을 상대적이고 과도기에 있는 것으로 분해한다.”

내가 보기에 듀이 박사의 세계는 인간이 상상력을 발휘하여 만든 것인 듯하다. 천문학의 우주는 실존한다고 당연히 인정했지만 대부분의 경우에 무시된다. 듀이의 철학은 니체처럼 개인의 힘을 강조한 철학이 아니지만, 힘의 철학이다. 가치가 있다고 여긴 것은 공동체의 힘이다. 내가 보기에 여전히 지배당할 수밖에 없는 한계보다 자연력natural force을 통제하는 인간의 지배력에 더 깊은 인상을 받은 사람들에게, 도구주의 철학을 매력적인 것으로 보이게 만든 요소도 이러한 사회의 힘social power이다.

비非인간 환경에 대해 인간이 보이는 태도는 시대마다 아주 달랐다. 그리스인은 오만을 두려워하고 제우스보다도 위에 자리한 필연과 숙명을 믿었기 때문에 우주에 맞선 거만한 태도로 보일 만한 행동을 신중하게 피했다. 중세에는 복종하는 태도가 더욱 확대되어, 신에 대한 겸손이 그리스도교도의 첫째 의무였다. 이러한 태도가 주도권을 잡아서 위대한 독창성은 좀처럼 보여 줄 수 없었다. 르네상스는 인간의 자긍심을 회복했지만, 무정부 상태와 재앙에 가까운 지점까지 나아가고 말았다. 르네상스의 성과는 종교개혁과 반종교개혁으로 대부분 파괴되었다. 근대의 전문 기술은 르네상스기의 당당한 개인에게 전부 유리하게 작용하지 않지만, 인간 공동체가 갖는 집단적 힘의 의미를 부활시켰다. 이전에 지나치게 겸손하던 인간은 자신을 거의 신처럼 생각하기 시작한다. 이탈리아의 실용주의자인 파피니 Giovanni Papini (1881~1956)는 ‘그리스도의 모방’을 ‘신의 모방’으로 대체하자고 촉구한다.

이러한 모든 점에서 나는 심상치 않은 위험, 우주적 불경이라고 부를 수도 있는 위험을 느낀다. 대체로 인간의 통제 밖에 있는 사실들에 의존한 것으로 생각된 ‘진리’ 개념은 지금까지 철학에 필요한 요소인 겸손을 가르쳤다. 자부심에 대한 견제가 사라지면 일종의 광기가 이끄는 길로 접어든다. 이러한 광기는 힘에 도취된 권력 중독으로 피히테와 더불어 철학 속으로 침투한 후부터 철학자이든 아니든 현대인이 쉽게 빠져드는 경향이다. 나는 이러한 도취가 우리 시대에 가장 큰 위험이며, 의도하지 않더라도 권력 중독을 조장한 철학은 모두 사회적 재앙의 위험을 끔찍하게 높인다고 확신한다.

31.
논리분석철학

피타고라스 시대 이후 철학사에는 주로 수학에서 영감을 받아 사유를 펼친 철학자와 경험 과학에서 영향을 더 많이 받은 철학자가 있었다. 플라톤과 토마스 아퀴나스, 스피노자와 칸트는 수학에서 영감을 받은 수학파에 속하고, 데모크리토스와 아리스토텔레스, 로크부터 현대까지 이어진 경험주의자들은 수학 반대파에 속한다. 우리 시대에 수학의 원리에서 피타고라스주의를 제거하고, 인간 지식의 연역적 부분에 대한 관심과 경험주의를 결합시키는 일에 착수한 철학 학파가 등장했다. 이러한 학파가 설정한 목표는 과거 철학자들이 대부분 추구한 목표보다 거창하지 않지만, 성취한 몇몇 목표는 과학자들이 이룬 업적만큼 확실하고 믿을 만하다.

이러한 철학의 기원은 자신들이 다루는 주제에서 오류와 느슨한 추리를 깨끗이 없애려는 일에 착수한 수학자들의 성취에서 비롯한다. 17세기에 활동한 위대한 수학자들은 낙관적 태도로 빠른 결과를 내고 싶어 했다. 결과적으로 그들은 해석 기하학과 미적분학의 토대를 불확실한 상태로 남겨 두었다. 라이프니츠는 실제 무한소actual infinitesimals가 있다고 믿었는데, 이러한 믿음은 그의 형이상학에 적합했지만 수학의 관점에서 보면 논리적 근거가 없었다. 바이어슈트라스Karl Weierstrass(1815~1897)는 19세기 중엽에 무한

소 없이 미적분학을 확립할 수 있는 방법을 찾아 냄으로써 마침내 미적분학에 확실한 논리적 근거를 마련했다. 다음에 게오르크 칸토어Georg Cantor(1845~1918)가 등장하여 연속과 무한수의 이론을 발전시켰다. 그가 정의 내리기 전까지 '연속continuity'은 모호한 낱말로 형이상학의 지리멸렬한 면을 수학에 들여오고 싶어 했던 헤겔 같은 철학자에게 편리하게 이용되기도 했다. 칸토어는 '연속'이라는 말에 정확한 의미를 줌으로써 자신이 정의한 연속이 수학자나 물리학자에게 필요한 개념이라는 점을 보여 주었다. 이로써 베르그송이 내놓은 것과 같은 수많은 신비주의는 시대에 뒤떨어진 폐물이 되었다.

칸토어도 무한수infinite number에 관한 아주 오래된 논리적 수수께끼를 풀었다. 1부터 나아가는 정수의 수열을 생각해 보자. 얼마나 많은 정수가 있는가? 분명히 정수는 유한하지 않다. 수가 1000까지 1000개 있고, 100만까지 100만 개 있다. 네가 어떤 수를 말하든 더 큰 수가 있을 것임은 자명하다. 왜냐하면 1부터 해당 수까지 바로 그만큼 수들이 있고, 그러면 더 큰 다른 수들이 있을 것이기 때문이다. 그러므로 유한한 정수의 수는 무한수임이 분명하다. 바로 여기서 짝수의 수가 모든 정수의 수와 같을 수밖에 없다는 기이한 사실이 생겨난다. 다음과 같은 두 줄을 살펴보라.

1, 2, 3, 4, 5, 6, ……
2, 4, 6, 8, 10, 12, ……

윗줄의 각 수에 대해 아랫줄에 수가 하나씩 등장한다. 그러므로 아랫줄이 윗줄 항들의 꼭 절반인데도 두 줄을 구성하는 항들의 수는 같아야 한다. 이것을 알아챈 라이프니츠는 윗줄이 모순이라고 생각하고, 무한집합은 있지만 무한수는 없다고 결론을 내렸다. 반대로 칸토어는 대담하게 그것이 모순이라는 주장을 부정했다. 그는 옳았으며, 그것은 모순이 아니라 이상한 것일 뿐이다.

칸토어는 '무한' 집합이란 전체 집합이 포함한 것만큼 많은 항을 포함한 부분들을 갖는 집합이라고 정의했다. 이것을 기초로 그는 무한수에 대한 가장 흥미로운 수학 이론을 세울 수 있었고, 이로써 이전에 신비주의와 혼란에 빠져 있던 정수 영역을 정확한 논리 영역에 들여놓았다.

다음으로 다룰 중요한 인물은 프레게Gottlob Frege(1848~1925)[157]인데, 첫 저작 『개념표기법*Begriffsschrift*』을 1879년에, '수'의 정의를 다룬 『산수의 기초*Die Grundlagen der Arithmetik*』를 1884년에 출판했다. 그런데 프레게의 발견이 신기원을 이룰 만한 특징을 지녔음에도, 1903년 내가 그에게 주목하기 전까지 전혀 인정받지 못했다. 주목해야 할 사실은 프레게 이전에 제안된 수에 대한 정의는 모두 초보적 수준의 논리적 실수를 저질렀다는 점이다. 그것은 '수number'와 '복수plurality'를 동일시하는 관례였다. 그런데 '수'의 사례는 특수한 수, 말하자면 3이고, 3의 사례는 특수한 세 수triad다. 세 수는 복수인데, 프레게가 수 3과 동일시했던 모든 세 수들의 집합은 복수들의 복수이고, 3이 사례가 되는 수 일반은 복수에 대한 복수의 복수다. 이러한 복잡한 복수를 주어진 세 수의 단순한 복수로 혼동한 초보적인 문법상 실수가 프레게 이전의 수리 철학 전체를 '무의미'라는 용어가 지닌 가장 엄밀한 의미로 무의미한 말들의 잔치로 만들었다.

프레게의 작업에서 산수와 순수수학은 일반적으로 연역 논리의 연장일 뿐이라는 결론이 도출된다. 이러한 결론은 산수 명제가 '종합 판단'이고 시간에 대한 언급을 포함한다는 칸트의 이론을 반증한다. 논리학에서 순수

157 * 현대 수리철학과 현대 논리학의 발전에 기여한 기초 개념을 알아냈다. 페아노와 러셀이 프레게의 사상을 세상에 알렸다.

수학이 발전한 과정은 화이트헤드와 내가 공동 저술한 『수학 원리*Principia Mathematica*』에서 상세히 설명했다.

철학의 작업은 대부분 지금까지 사용된 관례보다 다소 넓은 의미로 사용해야 하지만, '구문론syntax'이라고 불러도 좋은 체계로 환원될 수 있다는 사실이 점차 분명해졌다. 몇몇 철학자, 특히 카르납Rudolf Carnap(1891~1970)은 철학의 모든 문제는 실제로 구문론과 관련된 문제여서 구문에서 오류를 범하지 않으면 철학의 문제들은 해결되거나 해결 불가능한 것으로 입증된다는 이론을 세웠다. 카르납도 이제 동의하는 것처럼 앞선 주장은 지나치게 단순하게 표현되었지만, 철학의 전통적 문제와 관련하여 철학적 구문론이 지닌 효용성은 매우 크다고 생각한다.

나는 기술 이론theory of descriptions에 대해 간단히 설명함으로써 철학적 구문론이 유용함을 보여 주려고 한다. '기술'은 '미국의 현재 대통령the present President of the united states' 같은 구를 의미하며, 이 기술구 안에서 어떤 사람이나 사물은 이름name이 아니라 그 사람이나 그 사물에 고유한 것으로 가정되거나 알려진 어떤 속성으로 지시된다. 이러한 부류의 구는 다루기 곤란한 문제점을 많이 포함한다. 내가 "황금산은 실존하지 않는다"라고 말하고, 네가 "실존하지 않는 것이 무엇인데?"라고 묻는다고 가정해 보자. 내가 "그것은 황금 산이야"라고 말할 경우, 나는 황금산이라는 구에 일종의 실존existence을 돌리고 있다. 분명히 나는 "둥근 사각형은 실존하지 않는다"와 같은 진술을 하고 있지 않다. 이것은 황금산과 둥근 사각형이 어느 쪽도 실존하지 않지만 별개의 사물임을 함축하는 것처럼 보이게 했다. 기술 이론은 이러한 난점뿐 아니라 다른 난점에도 대처하려고 계획되었다.

기술 이론에 따르면 '그러한 것the so-and-so'이라는 형식의 구를 포함한 진술은 올바르게 분석될 때, '그러한 것'이라는 구가 사라진다. "스콧은 『웨이벌리』의 저자였다Scott was the author of *Waverly*"라는 진술을 예로 들어보자. 기술

이론은 이러한 진술을 "한 사람이, 그리고 오로지 한 사람이 『웨이벌리』를 저술했으며, 그 사람은 스콧이었다"라고 말한 것으로 해석한다. 또는 더 충분히 진술하면 다음과 같다.

"x가 c라면 'x는 『웨이벌리』를 썼다'는 진술이 참이 되고 그렇지 않으면 거짓이 되는 c라는 독립체entity가 있고, 더욱이 c는 스콧이다."

'더욱이'라는 낱말 앞에 첫 부분은 "『웨이벌리』의 저자는 실존한다(혹은 실존했거나 실존할 것이다)"라는 진술의 의미를 정의한다. 따라서 "황금산은 실존하지 않는다"라는 다음과 같은 진술을 의미한다.

"x가 c라면 'x는 황금이고 산이다'라는 진술이 참이 되고, 그렇지 않으면 거짓이 되는 c라는 독립체는 없다."

이러한 정의에 따라 "황금산은 실존하지 않는다"라고 말할 때 그 의미를 둘러싼 수수께끼는 사라진다.

기술 이론에 따르면 '실존'은 기술구로만 주장될 수 있다. 우리는 "『웨이벌리』의 저자는 실존한다"라고 말할 수 있지만, "스콧이 실존한다"라는 진술은 틀린 어법, 아니 틀린 구문이다. 이로써 플라톤의 『테아이테토스』에서 시작되어 '실존existence'을 둘러싸고 2000년 동안 지속된 지리멸렬한 수수께끼가 풀린다.

이러한 고찰은 피타고라스와 플라톤 이후 수학이 차지했던 고상한 지위를 빼앗고, 수학에서 도출되었으나 경험주의에 반대되는 가정을 논파한 점에서 큰 성과다. 사실 수학적 지식은 경험에서 유래한 귀납법을 통해 획득되지 않는다. 우리가 2 더하기 2는 4라고 믿는 이유는 한 쌍과 또 다른 쌍이 합쳐서 넷이 된다는 사실을 자주 관찰했기 때문이 아니다. 이러한 뜻의 수학적 지식은 여전히 경험적이지 않다. 그런데 수학은 세계에 대한 **선험적** 지식도 아니다. 사실상 수학은 언어와 관련된 지식일 뿐이다. '3'은 '2 + 1'을 의미하고 '4'는 '3 + 1'을 의미한다. 따라서 '4'는 '2 + 2'를 의미한다는 결론

(증명은 길지만)이 도출된다. 따라서 수학적 지식은 신비한 것이 아니다. 수학적 지식은 모두 1야드yard는 3피트feet라는 '대단한 진리great truth'와 같은 본성을 지닌다.

물리학은 순수수학과 마찬가지로 논리분석철학에 재료를 제공했다. 이러한 일은 특히 상대성 이론과 양자 역학을 통해 발생했다.

상대성 이론과 관련하여 철학자에게 중요한 논점은 시간과 공간을 시공간으로 대체한 것이다. 상식은 물리 세계가 일정한 시기에 걸쳐 지속하고 공간 속에서 이동하는 '사물'로 구성되어 있다고 생각한다. 철학과 물리학은 '사물'이라는 개념을 '물질적 실체'라는 개념으로 발전시켜서 물질적 실체는 제각기 미세하고 모든 시간에 걸쳐 지속하는 입자로 구성된다고 생각했다. 아인슈타인Albert Einstein(1879~1955)[158]은 입자를 사건으로 대체했다. 사건은 제각기 다른 각 사건과 '간격interval'이라는 관계를 맺으며, 간격은 다양한 방식으로 시간 요소와 공간 요소로 분석될 수 있었다. 다양한 방식 가운데 어느 방식을 선택하느냐는 임의적인 문제였기 때문에, 어느 한 방식도 다른 방식에 비해 이론적 차원에서 선호될 만하지 않았다. 다른 지역에 두 가지 사건 A와 B가 주어지면 어떤 관습convention에 따르면 두 사건은 동시에 발생했지만, 다른 관습에 따르면 사건 A가 사건 B보다 먼저 발생했고, 또 다른 관습에 따르면 사건 B가 사건 A보다 먼저 발생했다. 어떤 물리적 사실도 이렇게 상이한 관습에 대응하지 않는다.

앞서 말한 사실로부터 입자가 아닌 사건이 바로 물리학이 다루는 '재료'가 되어야 한다는 결론이 도출되는 것처럼 보인다. 입자로 생각되던 사물은 일련의 사건으로 생각해야 할 것이다. 입자를 대체한 일련의 사건은 어떤

---

158 * 뉴턴의 물리학을 넘어선 현대 물리학을 세웠다. 질량과 에너지의 등가 공식을 세우고, 공간과 시간, 중력에 관한 상대성 이론을 내놓음으로써 현대 과학적 탐구와 철학적 탐구에 새바람을 일으켰다.

중요한 물리적 속성을 가지기 때문에 주목해야 한다. 그런데 입자를 대체한 일련의 사건은 우리가 임의로 선택할 수도 있었던, 어떤 다른 일련의 사건보다 실체성substantiality을 더 많이 갖지 않는다. 따라서 '물질matter'은 세계를 이루는 궁극적 재료의 일부가 아니라 사건들을 다발로 묶는 편리한 방식일 뿐이다.

양자 역학이 이러한 결론을 강화하지만, 철학과 관련하여 양자 역학이 특히 중요한 점은 물리 현상이 불연속적일 수 있다고 여긴 것이다. 양자 역학은 어떤 원자(위에서 해석된 일련의 사건)에서 특정한 사태가 일정한 시간 동안 지속되다가 한정된 다른 사태로 갑자기 바뀐다고 암시한다. 늘 가정되던 운동의 연속성은 그저 편견에 지나지 않았던 듯하다. 하지만 양자 역학에 어울리는 철학은 아직 충분히 발전하지 않았다. 양자 역학은 아마 상대성 이론이 요구한 수준보다 더 근본적 차원에서 전통적 시간과 공간 학설에서 벗어나도록 요구할 것이라고 생각한다.

물리학이 물질을 덜 물질적인 대상으로 만드는 사이에 심리학은 정신을 덜 정신적인 대상으로 만들었다. 앞 장에서 관념 연합을 조건반사와 비교할 기회가 있었다. 관념연합을 대체한 조건반사는 분명히 생리학에 훨씬 가깝다. (이것은 단지 예증일 뿐이고 나는 조건반사의 적용 범위를 지나치게 확대하고 싶지 않다.) 요컨대 양쪽 끝에서 물리학과 심리학은 서로 접근하면서 윌리엄 제임스가 '의식'을 비판한 끝에 도달한 '중성적 일원론neutral monism'의 학설을 세울 수 있게 했다. 정신과 물질의 구별은 종교로부터 철학에 들어왔는데, 오랫동안 타당한 근거를 가진 것처럼 여겨졌다. 나는 정신과 물질은 둘 다 사건들을 무리지어 분류하는 편리한 방식일 뿐이라고 생각한다. 나로서는 어떤 단일 사건들은 물질 집단에 소속될 뿐이고, 다른 단일 사건들은 양쪽 집단에 모두 소속되어 정신적 사건이면서 동시에 물질적 사건이라는 점을 인정하고 싶다. 이러한 학설은 우리가 세계의 구조를 묘사할 때 무척 단순화하는 효과를 낸다.

현대 물리학과 생리학은 옛날부터 이어진 지각의 문제에 새로운 빛을 던져 주었다. 만일 '지각perception'이라 부를 수 있는 어떤 것이 있다면, 지각은 어느 정도 지각된 대상이 낳은 결과임이 분명하고, 지각이 지각된 대상에 대한 지식의 근원이라면 대상과 많든 적든 유사할 수밖에 없다. 첫째 필요조건은 범위가 크든 작든 세계의 나머지 부분과 독립된 인과 계열들이 있어야만 충족될 수 있다. 물리학에 따르면 이것은 사실로 드러난다. 광파는 태양에서 지구로 이동할 때 자체의 법칙에 따른다. 이것은 대략적으로만 참이다. 아인슈타인은 광선이 중력의 영향을 받는다는 사실을 입증했다. 광선이 지구 대기권에 도달하여 굴절되면 어떤 광선은 다른 광선보다 더 많이 산란된다. 광선이 인간의 눈에 도달할 때 다른 곳에서는 일어나지 않았을 온갖 일이 벌어지고, 우리가 '태양을 봄'이라고 부르는 말로 끝이 난다. 그런데 우리의 시각 경험에 속한 태양이 천문학자가 경험한 태양과 많이 다르더라도, 전자가 여전히 후자에 속한 지식의 원천이다. 왜냐하면 '태양을 봄'은 '달을 봄'과 다르고, 천문학자가 경험하는 태양과 천문학자가 경험하는 달의 차이와 인과적으로 관계하는 식으로 차이가 생기기 때문이다. 하지만 이러한 방식으로 우리가 물체에 대해 알 수 있는 내용은 일정한 구조의 추상적 속성일 따름이다. 우리가 본 대상이 둥글다는 의미는 결코 아니더라도 우리는 어떤 의미에서 태양이 둥글다는 사실을 알 수 있다. 그러나 우리가 태양이 밝거나 따뜻하다고 가정할 근거는 없는데, 물리학에서 그렇게 가정하지 않고서도 태양의 외양이나 현상을 설명할 수 있기 때문이다. 그러므로 우리는 물리적 세계에 대해 추상적이고 수학적인 지식만 얻을 뿐이다.

내가 윤곽을 제시했던 현대 분석적 경험주의는 수학을 체화하고 강력한 논리적 방법을 발전시킨 점에서 로크, 버클리, 흄의 경험주의와 다르다. 따라서 현대 분석적 경험주의는 어떤 문제에 대해 철학이 아니라 과학의 특질인 명확한 답변을 할 수 있다. 이러한 경험주의 철학은 체계를 구축하는 사람의 철학에 비해 우주 전체에 대한 이론을 단숨에 발명하지 않고 한 번에 하나씩 문제를 다루는 이점이 있다. 이러한 점에서 현대 분석적 경험주의의 방법은 과학의 방법과 유사하다. 나는 철학적 지식이 가능하다면 분석적 방법으로 추구해야 한다고 확신한다. 또한 분석적 방법을 통해 옛날부터 이어진 많은 문제를 말끔히 해결할 수 있을 것이라고 확신한다.

하지만 전통적으로 철학에 포함되지만, 과학적 방법으로 다루기에 부적절한 방대한 분야가 남아 있다. 이러한 분야는 가치에 대한 궁극적 문제를 포함한다. 예컨대 과학만으로 잔혹 행위를 즐기는 일이 나쁘다는 점을 입증하지 못한다. 알 수 있는 것은 무엇이든 과학으로 알려질 수 있지만, 감정의 문제로 합당하게 다루어야 할 것은 과학의 영역 밖에 놓여 있다.

철학의 역사가 시작된 이래 철학은 조화를 이루지 못한 채 뒤섞인 두 부분으로 구성되었다. 하나는 세계의 본성에 대한 이론이고, 다른 하나는 최선의 삶의 방식에 대한 윤리 혹은 정치 학설이다. 두 부분을 충분히 명료하게 분리하지 못한 것이 혼란스러운 사고의 원천이었다. 플라톤부터 윌리엄 제임스에 이르기까지 철학자들은 교화edification에 대한 갈망 속에서 우주의 구조에 대한 의견을 제시했다. 그들은 인간을 유덕하게 만드는 믿음이 어떤 것인지 안다고 가정하면서, 이러한 믿음의 진실성을 입증하는 논증을 대단히 정교한 형식으로 자주 발명했다. 나로서는 이러한 종류의 편견을 도덕적 근거와 지적 근거 둘 다에 입각하여 거부한다. 도덕적으로 사심 없는 진리 탐구 말고 다른 일에 자신의 전문 능력을 사용한 철학자는 일종의 변절 행위를 한 것이다. 또 그가 탐구에 앞서서 참이든 거짓이든 어떤 믿음이 예컨대 선한 행동을 증진한다고 가정하면, 철학적 사색의 범위를 제한하여 철학은 진부해지고 만다. 진정한 철학자는 **모든** 선입견을 검토할 마음의 준비가 되어 있다. 의식하든 의식하지 못하든 진리 추구에 어떤 제한을 받게 되면,

철학은 공포심으로 마비되어 '위험 사상'을 퍼뜨리는 자들을 처벌하기 위한 정부 차원의 검열을 준비하게 된다. 사실 진리 추구에 제한을 둔 철학자는 이미 자신의 탐구 활동에 검열 장치를 마련해 두었다.

지성적으로 철학은 도덕적 고찰의 잘못된 결과로 비범한 정도까지 진보하지 못했다. 나 자신은 철학이 종교적 교리가 진리인지 입증하거나 반증할 수 있다고 생각하지 않지만, 플라톤 이후 대부분의 철학자들은 영혼불멸과 신의 실존을 입증하는 '증명들'을 제시하는 일이 자기가 맡은 직무의 일부라고 생각했다. 그들은 선배 철학자들의 증명에서 결점을 발견했기 때문에, 성 토마스는 성 안셀무스의 증명을 거부하고 칸트는 데카르트의 증명을 거부하고 새로운 증명을 제안했다. 그들은 증명이 타당해 보이도록 논리를 날조하고 수학을 신비주의로 물들이고 고질적 편견을 천부적 직관인 양 꾸며야 했다.

논리적 분석을 철학의 주된 직무로 삼은 철학자들은 위에서 말한 모든 증명을 거부했다. 그들은 솔직하게 인간 지성이 인류에게 중요한 가치가 있는 많은 문제에 대해 결정적 해답을 찾을 수 없다고 고백하지만, 과학과 지성에 드러나지 않는 숨겨진 진리를 발견할 고상한 인식 방법이 있다고 믿지도 않는다. 이러한 단념에 대해 그들은 이전에 형이상학의 안개로 가려졌던 많은 문제에 정확하게, 그리고 이해하려는 욕구를 제외한 철학자의 어떤 기질도 끌어들이지 않는 객관적인 방법으로 대답할 수 있음을 발견함으로써 보상을 받았다. 다음과 같은 질문을 예로 들어보자. 수란 무엇인가? 공간과 시간은 무엇인가? 정신은 무엇이고, 물질은 무엇인가? 나는 우리가 여기서 지금 고대부터 내려온 이러한 모든 질문에 명확한 답을 할 수 있다고 말하지 않고, 과학에서 그렇듯이 진리에 점점 가까워질 수 있고, 새로운 단계마다 이전 단계에 대한 거부가 아닌 개선으로 이어지는 방법을 발견했다고 말한다.

광신 행위가 뒤죽박죽 뒤엉켜 갈등을 빚는 혼란스러운 상태에서 통일을 이루어 내는 몇 안 되는 힘 가운데 하나는 과학적 진실성이고, 이것은 우리의 믿음을 가능한 한 지역적이고 기질적인 편견에서 벗어난 객관적 관찰과 추론에 바탕을 두는 습관을 의미한다. 이러한 덕을 철학에 도입해야 한다는 주장과 철학이 열매를 맺을 수 있는 강력한 방법의 발명은 내가 속한 분석철학 학파의 최고 장점이다. 이러한 철학 방법을 실천하며 몸에 밴, 주의 깊게 진실을 말하는 습관은 인간이 활동하는 전체 영역으로 확장될 수 있고, 그러한 습관을 들인 어느 곳에서나 광신은 줄어들고 공감할 수 있는 역량과 상호 이해는 늘어날 것이다. 철학이 독단적 주장을 일부 포기한다고 하여, 삶의 방식을 제안하고 영감을 불어넣는 일까지 멈추는 것은 아니다.

1950년대의 버트런드 러셀

해제

러셀, 사랑하고 따지며 꾸밈없이 따뜻한 마음가짐으로 살다

서상복

철학자, 수학자, 사회운동가, 교육자이자 노벨 문학상 수상자 버트런드 러셀 Bertrand Russell(1872~1970)은 1872년에 영국 웨일스에서 존과 케이트 부부의 아들로 태어났다. 자유주의자로서 공리주의적 사회 개혁을 옹호한 존과 케이트는 갑작스럽게 병에 걸려 차례로 세상을 떠났다. 그래서 어린 러셀은 형과 함께 조부모가 사는 펨브로크 로지 저택에서 살게 되었다. 할아버지 존 러셀 경은 1832년 선거법 개정 투쟁을 이끈 자유주의 성향의 정치가로 영국 수상을 두 차례 지냈으며, 할머니는 스코틀랜드 장로교파의 독실한 신자였다. 1878년에 할아버지가 돌아가시고, 러셀은 할머니의 보호 아래 경건하고 엄격한 분위기 속에서 유년 시절을 보냈다. 러셀은 후에 자서전에서 유년 시절은 대체로 행복했으며, 열한 살이 되었을 무렵에 형과 함께 에우클레이데스 기하학을 공부하면서 지적 활동을 즐기기 시작했다고 회고했다.

청년기로 접어든 러셀은 1890년에 케임브리지대학 트리니티 칼리지에 입학하여 수학과 철학을 공부했다. 화이트헤드와 함께 페아노와 프레게의 수리 논리학을 발전시켜 주저인 『수학 원리』 1권을 1910년에, 2권과 3권을 각각 1912년과 1913년에 출간하여 세계적 명성을 얻었으며, 논리적 분석 방법의 토대를 세웠다. 1911년에 자신의 논리분석철학의 계보를 잇는 비트겐슈타인을 만났으며, 그가 『논리철학논고』를 출간하고 학문 세계를 형성하도록 도왔다.

1918년 2월에는 제1차 세계 대전과 징병에 반대한 글을 썼다는 이유로 트리니티 칼리지 강사직에서 해임되었고, 6개월 징역형을 선고받고 복역하기도 했다. 1920년에 소련을 방문하여 레닌과 트로츠키를 만난 후 공산주의에 실망했다. 같은 해에 중국으로 갔고, 1년 동안 베이징대학에서 초빙교수로 철학을 강의한 경험을 바탕으로 『중국의 문제』를 펴냈다. 1927년에 둘째 아내 도라 블랙과 함께 진보적 대안 학교, 비콘 힐 학교를 세웠다. 1938년부터 수년간 미국의 여러 대학에서 강연했고, 이 시기에 『러셀 서양철학사』를 완성했다. 1950년에 『러셀 서양철학사』, 『인간 지식』, 『결혼과 도덕』 등으로 노벨 문학상을 수상했다. 1955년에는 핵무기의 위험을 알리고 평화와 안전을 촉구한 '러셀 아인슈타인 성명'을 발표하고, 각국의 과학자가 참가하여 군축 평화 문제를 논의하는 '퍼그워시 회의'를 창설했다. 이후 88세의 나이에도 '100인 위원회'를 결성하여 대중적 시민 불복종 운동을 펼쳤고, 1963년에 '러셀 평화 재단'을 설립했다. 핵무기 폐기 운동뿐 아니라 베트남 전쟁, 케네디 암살 조사, 인도·중국 국경 분쟁, 쿠바 미사일 위기 등 당대 많은 현안에도 적극적으로 참여했다.

논리주의자, 실재론자, 자유주의자, 인도주의자, 시민운동가로 불리는 러셀은 20세기 영미 분석철학의 문을 연 선구자로서 논리학, 인식론, 존재론, 윤리학, 사회철학을 비롯한 철학 전반에 걸쳐 분석적 방법을 적용한 독창적 견해를 연이어 발표했다. 학문적인 면에서 수리논리와 관계논리를 포함한 현대 기호논리학을 확립했고, 비트겐슈타인, 라일, 카르납, 콰인, 셀라스, 크립키 등으로 이어진 현대 분석철학의 기초를 놓았다. 사회적인 면에서 과학의 힘을 믿는 무신론자이자 개혁적 자유주의자로서 인권과 시민권을 옹호하기 위해 권력과 맞서 싸웠다.

러셀은 생을 마감하기 3년 전부터 『러셀 자서전』을 3권으로 나눠 출간했는데, 그 책에서 한 순간도 허투루 보내지 않은 자신의 일생을 흥미진진하게 묘사했다. 자신과 다른 사람, 자신이 태어나 살고 있는 우주를 언제나 사랑했던 러셀은, 사랑과 지식은 한정된 범위 안에서 자신을 천국으로 이끌었지만, 고통당하는 사람들에 대한 연민이 늘 자신을 지상으로 되돌아오게 했다고 말한다. 러셀은 세상의 아름다움에 취해 미운 것을 아름답다고 강변하지 않았고, 자신의 행복에 도취되어 타인의 불행을 외면하지도 않았다. 누구의 인생이든 아름답고 즐겁고 좋아지기를 바랐던 러셀은, 매번 성공한 것은 아니지만 대체로 자신과 다른 사람의 삶을 아름답고 즐겁고 좋게 만들었다.

“단순하지만 누를 길 없이 강렬한 세 가지 열정이 내 인생을 지배했으니, 사랑에 대한 갈망, 지식에 대한 탐구욕, 인류의 고통에 대한 견디기 힘든 연민이 바로 그것이다. 이러한 열정이 마치 거센 바람처럼 나를 이리저리 제멋대로 몰고 다니며 깊은 고뇌의 대양 위로, 절망의 벼랑 끝으로 떠돌게 했다. …… 고통이 덜어지기를 갈망하지만 그렇게 하지 못해 나도 고통스럽다. 이것이 내 삶이었다. 하지만 나는 인생이 살 만한 가치가 있다는 것을 알았으므로, 기회가 또 주어진다면 기꺼이 다시 살아볼 것이다(『러셀 자서전*Autobiography*』의 「서문」 중에서).”

러셀, 학문적 진리와 삶의 진실을 동시에 추구한 불멸의 철학자

러셀은 수학과 논리학을 공부하면서 전문 철학자의 길로 들어섰는데, 20대 초반에 짧은 시기 동안 헤겔의 관념론을 추종한 영국 관념론에 심취했다. 그러나 무어의 영향으로 실재론을 지지하는 쪽으로 방향을 틀었다. 하지만 무어의 상식적 실재론에 동의하지 않고, 수리논리와 관계논리를 망라한 현대 기호논리학을 확립함으로써 새로운 철학 방법, 바로 논리학에 근거한 분석적 방법을 개발했다. 그리하여 형이상학, 인식론, 윤리학, 미학에 관한 모든 철학적 주제를 분석적 방법으로 논의할 수 있는 기틀을 마련했다. 철학하는 사람의 기질에 따라 어떤 이는 주관적 진리를 추구하고, 다른 이는 객관적 진리를 추구한다. 그러나 어떤 진리든 논증으로 표현되어 비판을 이겨내기 전까지 진리로 승인하지 않는 것이 철학의 비판 정신이다. 러셀의 분석적 방법은 바로 철학자들이 각각 내놓은 논증이 타당한지, 설득력이 있는지 객관적으로 비판하는 기술이다.

이제 러셀을 철학자로서 평가해 보자. 30대부터 50대까지 러셀은 전문적 이론 철학자로서 왕성하게 논문을 발표하고, 당대에 출간된 중요한 저작에 대해 서평을 썼으며, 자신의 주요 저작을 연이어 출간했다.

러셀은 『수학의 원리들』(1903)에서 『수학 원리』(화이트헤드 공저, 1910~1913)까지 이르는 동안 존재란 무엇이고 존재를 어떻게 이해할 수 있을지 사색했다. 『수학의 원리들』을 쓸 무렵까지 러셀은 플라톤주의의 영향에서 완전히 벗어나지 못했다. 우리는 문장을 사용할 때 그 문장에 나오는 어구가 무엇을 지칭함으로써 의미를 갖는다고 생각한다. 예컨대 숫자가 나오는 문장을 말할 때도 각 숫자가 가리키는 추상적 수가 플라톤의 이상계에 있고, 그것을 가리킴으로써 의미를 갖는다는 말이다. 러셀은 점차 이러한 사고방식에 존재의 수를 너무 늘리는 문제가 있음을 알아챘다.

그는 『수학 원리』에서 수학을 논리학으로 환원하여 설명하려고 했다. 다시 말해 수를 집합 개념으로 설명함으로써 플라톤주의나 마이농Alexius Meinong(1853~1920)의 존재론에서 벗어났다. 또한 집합 개념 자체를 존재를 설명하기 위해 필요한 논리적 허구로 바라보기 시작하면서, 전통 형이상학과 전통적 철학 방법에서 벗어나 새로운 방식으로 존재에 대해 분석했다. 그는 '수', '자유', '둥근 사각형' 같은 말에 대응하는 대상이 실제로 존재한다고 가정하지 않고, 이러한 말을 유의미하게 사용할 수 있음을 보여 주기 위해 유명한 기술 이론을 내놓았다. 기술 이론의 골자는 문법적 주어의 자리에 오는 거의 모든 표현이 사실은 아무것도 지칭하지 않는 기술구에 지나지 않는다는 것이다. 실제로 개체를 지칭하는 말은 고유명사뿐이고, 주어 자리에 오는 '인간'이나 '동물' 같은 일반명사나 '자유'나 '정의' 같은 추상명사, '대한민국의 현재 왕' 같은 확정 기술구는 실제로 존재하는 어떤 개체를 가리키지 않는다는 말이다.

전통 형이상학은 문법적 주어의 자리에 오는 낱말이 의미를 가지려면 지칭하는 대상이 있어야 한다고 가정했으나, 러셀은 논리적 분석을 통해 문법적 주어가 반드시 논리적 주어가 아님을 보여 주었다. 예컨대 "모든 인간은 죽는다"라는 문장은 『수학 원리』에서 제안한 기호논리를 사용하면 "모든 x에 대하여 x는 인간이라면, x는 죽는다"라고 옮길 수 있다. 실제로 존재하는 것은 x라는 변항에 들어갈 수 있는 개체뿐이고, '인간'이나 '죽음' 같은 일반명사는 개체를 분류하기 위해 우리가 만든 언어적 표현이고, 언어적 표현의 의미는 언어 사용자가 어떻게 사용하느냐에 달렸다. 따라서 러셀은 모든 전통 형이상학은 일상 언어의 문법에 현혹되어 생겨난 잘못된 존재론을 가정하고 있다고 비판한다.

러셀은 「지시에 대하여On Denoting」라는 유명한 논문에서 기술 이론을 구체적으로 제안하고 옹호했다. 기술 이론은 러셀이 관념론의 영향에서 완전히 벗어났고, 그가 발전시킨 새로운 기호 논리학의 방법을 일상적·철학적 문제에 적용하여 해결하고자 했다는 점을 분명하게 드러낸다. 바로 이러한 분석적 방법이 이후 논리분석철학 또는 언어분석철학의 발전에 지대한 영향을 미쳤다. 기호를 사용하는 논리 언어는 일상 언어의 모호함과 애매함을 대체할 완전한 이상 언어의 지위를 확보했고, 이후 분석적 전통을 규정한 모범으로 수용되었다. 러셀은 기호논리학에 근거한 분석적 방법으로 형이상학, 인식론, 윤리학, 사회·정치철학에 관한 철학적 문제를 차례로 해결했다.

50대 이후 러셀은 철학적 주제로 글을 여전히 썼지만, 주로 현실 속에서 진리를 추구하고 활동한 실천 철학자였다. 인생과 세계에 대한 깊은 애정을 품은 러셀은 이론철학의 문제에만 매달릴 수 없었다. 결혼도 네 번이나 한 것으로 유명한데, 마지막으로 결혼했을 때 나이가 80세였다. 현실 정치와 사회 문제에 유독 관심이 많았던 러셀은 꾸준히 대중과 편지를 주고받으며 성의껏 답장을 했고, 당대 현안에 대해 논평하며 인생과 세계에 대한 애정을 과시했다. 특히 러셀은 제1차 세계 대전과 제2차 세계 대전을 겪으면서 반전·반핵·평화 운동가로서 열정적으로 살았다.

러셀은 1950년대에 실제로 세계 정부라는 착상을 대중에게 발표했을 뿐만 아니라 아이젠하워와 흐루시초프 등 미국과 소련의 지도자에게 보내는 공개서한을 언론에 기고했으며, 각국의 과학자들과 연대하여 핵무기 폐기 운동을 주도했다. 영국이 핵실험을 통해 미국과 소련에 이어 세 번째 핵무기 보유국이 되자 러셀은 적극적으로 반대 운동을 펼쳤다. 1958년에 핵무기 반대 운동을 주도했고, 이어 '100인 위원회'의 회장으로 반핵을 위한 비폭력 시민불복종 운동을 벌이다 체포되어 잠시 투옥되기도 했다. 비록 일주일만에 감옥에서 풀려났지만, 러셀이 긴 생애 동안 평화주의자이자 인도주의적 자유주의자로서 일관되게 살았다는 것을 분명하게 보여 준 사건이었다.

예나 지금이나 러셀의 철학에 대한 평가는 양면적인 것 같다. 전문 철학자 가운데 러셀의 철학을 높게 평가하는 사람도 있지만, 러셀의 이론 철학뿐 아니라 실천 철학까지 낮게 평가하는 사람도 드물지 않다. 누구든 러셀을 평가할 자유는 있지만, 러셀이 현대 분석철학의 전통을 세운 걸출한 이론 철학자라는 데 이의를 제기할 수는 없을 것이다. 반면에 일반 독자는 러셀의 이론 철학에 대해 깊이 알지 못하지만, 러셀 같은 지성인이 현실 문제에 뛰어들어 평범한 사람과 소통하며 내놓은 명쾌하고 진솔한 글을 읽으며 위안과 용기를 얻는다. 러셀은 현실에 발을 딛고 진리를 추구하면서 자신과 인류의 행복을 위해 투쟁한 진정한 철학자였다.

『러셀 서양철학사』, 전에도 없었고 앞으로도 없을 서양 철학사

『러셀 서양철학사*A History of Western Philosophy*』는 미국에서 강연하고 연구하던 제2차 세계 대전 시기에 완성하여, 1945년과 1946년에 각각 미국과 영국에서 출간되었다. 1961년에 새로운 판이 나왔으나 새로 추가된 내용은 없고, 현재까지 그대로 세계적으로 잘 팔리는 책이다.

러셀은 2500년 동안 발전해 온 서양 철학의 역사를 꿰뚫고, 그 변화 속에서도 면면히 이어진 통일된 철학적 주제를 하나하나 찾아내 흥미진진하게 논의했다. 철학자는 다른 모든 사람과 마찬가지로 어떤 일의 결과이자 원인이고, 각자 놓인 사회 상황과 시대의 정치와 제도의 결과물이다. 또한 운이 좋다면 후대 정치와 제도의 근간이 될 신념 체계의 형성에 기여하기도 한다. 러셀은 환경 속에 놓인 철학자의 삶과 철학적 주제를 생동감 넘치게 기술한다. 무엇보다 러셀은 철학적 주제에 대해 논의할 때 어떤 철학자도 숭배하지 않고 자신이 개발한 분석적 방법을 적용하여 어김없이 비판한다. 비판은 거침없고 신랄하며, 어떤 부분에서는 자신도 충분히 이해하지 못한다고 솔직하게 시인한다. 그러나 처음부터 끝까지 명료하지 않은 부분은 없다. 명료성이 바로 이 책의 미덕이다.

『러셀 서양철학사』가 다른 철학사 책보다 뛰어난 점은 많지만, 여기서 딱 두 가지를 언급하고 싶다. 하나는 저자의 고유한 철학적 관점과 참신한 분석적 방법으로 수많은 철학자의 사상을 일관되게 해석하고 비판한다는 점이다. 다른 하나는 철학과 사회·정치 환경이 어떻게 영향을 주고받으며 발전했는지 보여 준다는 점이다. 고대와 중세와 근현대를 지배한 철학적 주제를 각각 찾아내 자유자재로 다루며 쏟아놓은 논평 속에는 철학적 통찰력과 예리한 분석력이 번뜩인다. 러셀은 각 시대의 철학을 종교, 수학, 과학 같은 다른 분야의 발전이나 사회·정치 상황과 연결하여 서술한다. 따라서 러셀의 철학사는 그 자체로 훌륭한 비판서이자 흥미진진한 철학 이야기다.

러셀은 처음부터 끝까지 분석적 방법을 일관되게 적용하여 비판적으로 서술한다. 그에게 철학은 진리 추구의 열정을 품고 기존의 모든 지식을 비판하는 활동이었으며, 분석적 방법을 통해 명료하고 확실한 지식을 얻고자 노력하는 여정이었다. 논란의 여지가 있는 문제를 명료하게 만드는 방법은 부지불식간에 사용된 전제들을 세밀히 조사하고 기초 원리를 끈질기게 검토해 보는 것이다. 옳은 근거가 없다면 어떤 전제도 받아들여서는 안 된다는 말이다. 이것이 바로 러셀이 말하는 분석적 방법의 핵심이다. 러셀은 분석적 방법을 끝까지 고수하며 진리 탐구의 여정을 이어 갔다. 그 여정 속에서 거의 모든 철학적 주제에 대해 관심을 갖고 열정적으로 탐구하고 논의했기 때문에, 오늘날 중요한 철학적 주제는 대부분 특정한 시기에 쓴 러셀의 여러 저작에서 검토되었다고 해도 과언이 아니다. 『러셀 서양철학사』는 이러한 진리 탐구의 여정을 압축해 보여 주는 좋은 본보기다. 러셀은 바로 분석적 방법을 통해 고대, 중세, 근현대의 대가들을 차례차례 명료한 언어로 비판한다.

다른 한편 러셀은 철학이 소수 지식인이 벌인 논쟁을 문제 삼는 데 그치지 않고 공동체의 삶을 통합하거나 해체하는 역할을 했다는 입장에서 철학사를 서술해 나간다. 이러한 점에서 보면 철학은 철학자가 몸담고 있는 사회·정치 상황과 밀접한 관계를 맺으면서 발전한다. 소크라테스의 철학은 아테네 민주주의를 염두에 두어야 이해할 수 있고, 플라톤의 이상국가론은 아테네 민주주의에 대한 환멸과 스파르타에 대한 동경, 오르페우스교를 염두에 두어야 제대로 이해할 수 있다. 마찬가지로 로마 시대에 독창적이고 체계적인 철학이 생겨나지 않고 일종의 처세 철학이 등장한 배경은 로마 행정의 지배력이 강하고 일상의 삶이 투쟁으로 점철되었던 탓이다. 러셀은 자신이 선별한 철학자를 전부 사회·정치 환경 속에서 살고 사색한 인간으로서 다룬다.

이제 『러셀 서양철학사』의 주요 내용을 간단히 정리해 보자.

「제1권 고대 철학」은 소크라테스 이전과 이후의 각각 그리스 철학자들에 대해 다루고, 고대 그리스 철학자들이 찾아낸 중요한 주제의 일부가 어떻게 중세 가톨릭 철학에 편입되고, 근현대까지 살아남아 근현대 철학자들에게 어떤 영향을 주었는지 분명하게 보여 준다. 러셀에 따르면 철학은 그리스 문명 속에서 처음 과학과 분리되지 않은 형태로 탄생했고 두 가지 경향이 그리스 문화를 지배했다. 하나는 정념을 중시하고 종교에 몰입하며 신비를 표방하고 내세를 믿는 경향이고, 다른 하나는 경험을 중시하고 합리주의를 내세우며 다양한 사실에 대한 지식을 획득하려는 경향이다. 전자의 경향은 오르페우스교에서 두드러지게 나타나며, 피타고라스와 플라톤과 플로티노스를 거쳐 헤브라이즘과 함께 그리스도교의 한 축으로 편입된다. 후자에는 헤로도토스와 초기 이오니아 자연철학자들을 비롯해 어느 정도까지는 아리스토텔레스도 포함된다.

고대 그리스 철학에서 경험을 중시하고 합리주의를 내세우는 경향은 중세에 수면 아래로 가라앉았다가 르네상스를 거쳐 근대 철학에서 되살아난다. 말하자면 그리스 문명은 철학을 처음 탄생시켰고 중세 그리스도교 문명의 출현에도 일조했으며, 중세 말 르네상스 운동의 원동력이 되었을 뿐만 아니라 근대 철학의 사상적 원류다. 다만 러셀은 그리스 문명이 근대 철학의 원류라는 해석에 대해, 그리스인의 기여는 수학과 연역 기술을 발명했다는 점에 국한한다. 특히 기하학은 그리스인의 독창적 발명품인데, 기하학이 없었다면 근대 과학은 성립할 수 없었다고 한다. 그러나 특정한 사실에 대한 관찰에서 시작하여 귀납적으로 추론하는 과학적 방법은 근대의 고유한 특징이라고 단서를 붙인다. 근대에 이르러서야 과학적 지식은 사실을 관찰하고 가설을 수립하며, 수립된 가설을 시험하는 과정을 거쳐 형성된다는 점이 분명하게 드러났다.

「제2권 가톨릭 철학」은 가톨릭 철학이 중세를 어떻게 지배했는지 보여 준다. 러셀의 통찰력이 돋보이는 구별에 따르면 가톨릭교회는 세 가지 근원에서 유래한다. 성스러운 역사는 유대교에서, 신학은 그리스 사상에서, 지배 방식과 교회법은 최소한 간접적으로라도 로마법제에서 생겨난다. 종교개혁은 로마적 요소를 거부하고 그리스적 요소를 완화했으며 유대교적 요소를 강화했다.

플라톤과 아리스토텔레스의 철학은 역사적 한계를 뛰어넘어 각각 중세 교부 철학자들과 스콜라 철학자들에 의해 다시 수용되어 독특한 신학 체계로 발전했다. 중세 가톨릭 제도는 세속 국가와 대립하는 일종의 정치권력으로서 힘을 발휘했는데, 가톨릭 철학은 신학의 기초를 제공할 뿐만 아니라 정치철학의 기초도 제공했다. 당시 가톨릭 철학은 유럽 사회를 통합하는 역할을 했으며, 가톨릭교회 내부에서 일어난 정통 신앙과 이단 사상의 충돌은 가톨릭 제도 개혁의 계기인 동시에 개신교 성장의 계기를 만든 종교개혁의 발단이 되었다.

러셀은 초기 교부들이 어떻게 플라톤의 철학을 가톨릭 교리에 맞춰 편입시켰는지 설명한다. 또한 교회가 천국으로 인도할 수 있다고 굳게 믿은 세속 군주와 평신도는 교황권을 강화시켰고, 중세 교회 제도가 안정되면서 아리스토텔레스의 철학이 어떻게 교회가 공인한 철학 속에 편입되었는지 명쾌하게 풀어낸다. 무엇보다 가톨릭교회가 외경으로 분류한 자료도 광범위하게 다루며, 공의회 운동이 토마스 아퀴나스의 철학을 가톨릭 철학으로 공인한 배경이 되었다는 점도 증명했다. 따라서 중세 교회는 순수한 종교 체계가 아니라 일종의 권력 기구로서 당대의 사회·정치·문화를 지배했다. 가톨릭 철학은 바로 중세를 지배한 사고방식이자 지배 이념이었다는 말이다.

중세 가톨릭 철학은 일정한 시기 동안 사회 통합에 기여했으나 사회·정치 환경이 바뀌면서 영향력이 약해졌다. 그리스 철학이 로마 시대에 적합하지 않아 버려졌듯 가톨릭 철학도 유사한 운명을 맞이했다. 어느 시대든 사회를 통합하는 요소와 해체하는 요소를 둘 다 내포하고 있다. 플라톤과 아리스토텔레스의 정치철학은 로마 시대에 더는 효력이 없어져 쇠퇴했고, 로마의 행정 제도를 모방한 중세 가톨릭 제도의 출현과 더불어 가톨릭 철학이 발전했으며, 상업 도시와 속인의 세력이 강해지고 가톨릭교회가 쇠퇴하면서 르네상스 운동과 종교개혁이 일어나고, 곧이어 근대 자연과학과 근대 철학이 발전했다.

「제3권 근현대 철학」은 근대 철학의 주요 흐름을 명확하게 짚어내고, 현대 철학의 흐름을 미리 보여 준다. 근대 철학은 종교의 권위를 거부하고 과학의 권위를 받아들이면서 시작되었다. 교회의 권위에서 해방되면서 개인주의가 성장했을 뿐만 아니라 무정부주의도 등장했다. 르네상스 시대의 인간은 스콜라 철학을 지적으로든 도덕적으로든 정치적으로든 구속으로 느꼈다. 15세기 이탈리아 르네상스 시대에 사회·정치적 상황은 무정부 상태와 다름이 없었으며, 이를 배경으로 마키아벨리의 정치 학설이 출현했다. 사회는 불안정했으나 예술과 문학 분야에서 천재들의 활동이 왕성한 시대였다. 17세기에 이르러 데카르트를 시작으로 개인주의와 주관주의 경향이 뚜렷한 근대 철학이 등장했다. 이후 근대 철학은 주관주의를 극단까지 밀고 나가거나 주관주의에서 벗어나려는 노력의 결과물이다.

근대 철학의 문을 연 데카르트는 자기 자신과 자신의 사유가 존재한다는 근본적 확신에 입각하여 외부 세계를 추론했다. 이것은 버클리와 칸트를 지나 피히테로 발전해 나가는 첫 단계일 뿐이며, 피히테에 이르면 모든 존재가 단지 자아에서 유출될 따름이다. 이러한 주관주의 경향은 분명히 불건전해 보이며, 이후 철학은 이러한 극단적 입장에서 벗어나 상식적 일상 세계로 탈출하려는 시도로 점철된다.

철학에서 근대 합리주의와 경험주의는 중세의 신중심주의에서 탈출하여 인간중심주의의 길을 열었다. 신중심주의는 인간 밖에 실존하는 절대 존재인 신이 모든 것을 결정하고 인간에게 계시를 내리고, 인간이 그것을 객관적 기준으로 수용해야 한다고 믿는 견해다. 반면에 인간중심주의는 모든 것의 기준이 바로 인간 자신의 주체성이라고 주장한다. 데카르트와 스피노자, 라이프니츠의 합리주의는 객관주의를 완전히 포기하지 않았으나, 결국 인간의 이성이 신의 자리를 대체하는 방향으로 흘러갔다. 베이컨과 로크, 버클리, 흄으로 이어진 경험주의 철학의 끝은 이성으로도, 경험으로도 현실을 객관적으로 알 수 없다는 회의주의이자 완벽한 주관주의로 귀결되었다. 회의주의를 극복하고 이성으로 객관적 지식이 가능함을 보여 주려고 했던 마지막 근대 철학자가 바로 칸트였다. 그러나 이성에 대한 불신은 19세기 이후 점점 깊어졌다.

물론 프랑스에서 합리주의를 여전히 지지한 프랑스 계몽철학자들과 실증주의자가 있었고, 영국에도 여전히 경험과 이성을 신뢰한 공리주의자들이 사회적으로 영향력을 행사했다. 그러나 프랑스의 루소 같은 계몽철학자는 이성보다 심정에 따른 감정의 언어를 통해 세상을 바꾸고자 했다. 독일 철학의 합리주의 경향은 관념론으로 발전했고, 비합리주의 경향은 감수성과 의지의 힘을 예찬한 낭만주의로 발전했다. 18세기에 감성을 앞세운 루소는 낭만주의의 선구자였으며, 의지를 형이상학적 근원으로 보았던 쇼펜하우어와 권력의지로 새로운 세상을 구축하려는 니체는 주의주의主意主義를 대표한다. 19세기 말에 낭만주의와 주의주의에 맞서 합리주의를 재건하려는 경향이 나타났다. 현대 합리주의자들은 수학과 논리에 근거한 객관적 방법으로 주관주의를 극복하고자 했다. 러셀은 이러한 흐름을 명쾌하고 흥미진진하게 서술한다.

러셀에 따르면 19세기를 지나 20세기로 접어들면서 과학기술은 실용성을 추구하는 현대인의 마음속에 새로운 사고방식을 심어 놓는다. 기술 발전은 힘에 대한 감각을 일깨웠는데, 인간이 자기 환경의 처분에 맡겨져 있지 않고 오히려 환경을 적극적으로 바꾸어 나갈 수 있다는 믿음을 형성했다. 과학기술의 발전에서 영감을 받은 철학이 바로 힘을 강조하는 철학이며, 인간이 아닌 모든 존재를 단지 가공되지 않은 재료로 생각하는 경향도 나타난다. 러셀은 이러한 경향이 일종의 광기요 바보짓이라 단언하고, 건전한 철학이라면 이에 대한 해독제를 내놓아야 한다고 주장한다. 러셀이 제시한 해독제는 합리적 회의주의자의 태도로 사태를 직시하고, 자유주의적 관점에서 사회를 다듬고 재편해 나가자는 것이다.

『러셀 서양철학사』는 철학의 역사를 있는 그대로 기술한 단순한 역사서가 아니다. 러셀은 서양 철학의 역사를 기술하면서 동시에 역사 속에서 찾아낸 철학적 주제를 분석적 방법을 적용하여 비판적으로 검토한다. 또한 철학 전공자뿐 아니라 일반 독자가 스스로 철학적으로 사고할 수 있도록 흥미롭고 명쾌하게 글을 썼다. 철학에 관심을 가진 사람이라면 누구나 『러셀 서양철학사』를 쉽고 재미나게 읽으며 철학의 의미를 스스로 터득할 수 있을 것이다.

> "철학은 대체로 방법이나 성과에 따라 분류한다. '경험' 철학과 '선험' 철학은 방법에 따른 법에 따른 분류이고, '실재론' 철학과 '관념론' 철학은 성과에 따른 분류다. …… 그런데 정확성은 다소 떨어져도 철학을 전공하지 않은 사람들에게 훨씬 유용한 철학 분류법이 하나 더 있다. 구별 원칙은 철학자가 철학하도록 이끌었던 두드러진 욕망에 따른다. 여기서 철학은 행복에 대한 사랑에서 영감을 받은 감정철학, 지식에 대한 사랑에서 영감을 받은 이론철학, 행동에 대한 사랑에서 영감을 받은 실천철학으로 분류된다.
> 우선 낙관적 철학이나 비관적 철학, 구원의 계획을 제시하는 철학이나 구원은 불가능하다고 입증하는 철학을 모두 감정철학으로 간주하며, 이 부류에는 대부분의 종교철학이 포함된다. 위대한 체계를 갖춘 대부분의 철학은 이론철학으로 간주한다. 그 까닭은 지식욕은 희박해도 최고 수준에 이른 대부분의 철학을 형성한 원천이었기 때문이다. 다른 한편 실천철학에는 행동을 최고선으로서 중시하고, 행복은 결과이며 지식을 성공적 실천의 단순한 도구로 여기는 철학이 포함된다. …… 현대 세계는 반항하는 실천철학을 요구한다. 따라서 실천철학이 이루어 낸 성공은 놀랄 일도 아니다(『러셀 서양철학사』, 1217~1218쪽)."

『러셀 서양철학사』에 대한 반응과 러셀의 응답

『러셀 서양철학사』는 출간과 동시에 인문학에 관심 있는 독자들에게 널리 인기를 끌었고, 꾸준히 잘 팔렸다. 1950년에 러셀이 노벨 문학상을 수상했을 때 선정 이유로 인용된 책이기도 하니, 이 책에 대한 호평은 의심할 여지가 없다. 20세기 물리학의 대가 아인슈타인과 슈뢰딩거도 칭찬을 아끼지 않았다.

그런데 대중의 선택과 달리 학자들의 반응은 엇갈렸다. 특히 몇몇 혹평이 눈에 띈다. 어떤 서평은 러셀이 철학사를 쓰고 있는지 논쟁의 역사를 쓰고 있는지 마음을 정하지 못했고, 역사를 오해했다고 비판한다. 다른 서평은 러셀이 능란하고 재치가 넘치는 저술가이지만 러셀의 저작 가운데 최악이라고 혹평하면서, 근현대 철학은 비교적 공정하게 논의했으나 고대와 중세 철학에 대한 논의는 무가치하다고 덧붙였다.

방대한 철학사를 써 낸 프레더릭 코플스톤Frederick Copleston(1907~1994)은 『러셀 서양철학사』에 대해 "드물게 활기차고 재미가 있지만, 중요한 많은 철학자에 대한 러셀의 논의는 부적절하고 오해로 가득하다"라고 평했다. 예컨대 라이프니츠 철학의 논리적 측면에 주목한 점은 신뢰할 수 있지만, 라이프니츠 철학을 대중적 학설과 난해한 학설로 엄격하게 나눈 것에 의문을 제기했다. 비평가 조지 슈타이너George Steiner는 하이데거를 다루지 않은 것은 야비하다고 비난했다. 스티븐 하울게이트Stephen Houlgate는 헤겔의 국가론이 독재 정치를 정당화한다는 러셀의 주장은 무지에서 비롯된 것이라고 비판했다. 간략한 근대 철학사를 쓴 로저 스크루턴Roger Scruton은 우아하고 재치가 넘치지만 데카르트 이전 철학에 집중한 점에 잘못이 있고, 칸트에 대한 이해가 부족하고, 지나친 단순화와 생략한 부분이 많은 점이 흠이라고 평했다. 앤서니 그레일링Anthony Clifford Grayling은 "이 유명한 저작의 일부는 대략적으로 묘사하는 수준에 그치지만, 다른 여러 가지 점에서 놀라우리만치 잘 읽히고, 서양 사상을 샅샅이 훑어 역사적 맥락 속에서 다룬다"라고 평했다.

러셀은 『러셀 서양철학사』에 대한 여러 비판에 대해 『러셀 자서전』에서 이렇게 답한다. "나는 초기 서양 철학사를 문화사의 일부로 여겼으나, 과학이 중요해진 근대 이후 서양 철학사를 이러한 틀에 맞추기는 아주 힘들었다. 최선을 다 했지만 내가 성공했는지는 확실치 않다. 나의 책이 진정한 철학사가 아니라 자의적으로 선택한 사건에다 편견을 덧씌워 설명한 것에 지나지 않는다는 서평이 가끔 눈에 띈다. 내 생각에 편견 없는 사람이 정말로 있더라도, 그런 사람은 흥미로운 철학사를 쓸 수 없다."

러셀이 혹평한 몇몇 사람들에게 응수했듯, 우리는 무엇을 하든 편견에서 완벽히 벗어날 수 없을 것이다. 다만 편견을 드러내 편견이 더는 우리를 오류에 빠지지 않도록 만드는 것이 철학적 명료화 작업이 아닐까 생각한다. 러셀은 어떤 점에서 자신이 해석한 내용에 오류가 있고, 자신이 개발한 논리적 분석 방법을 잘못 적용할 가능성도 인정한다. 그러나 러셀의 책을 전부 읽든 일부를 읽든 명료하지 않은 데는 하나도 없으며, 객관적으로 인정할 만한 내용이 압도적으로 많다.

우리는 철학적으로 사유하면서 사물을 새롭게 이해할 때 지적 희열을 느낀다. 철학의 독창성과 고유한 기쁨은 기존과 다른 새로운 사고방식으로 사물을 통찰하는 데서 나온다. 러셀은 철학사 전체를 꿰뚫으면서 각 철학적 주제를 새로운 방식으로 해석하고 비판함으로써 독창적인 철학의 모범을 보여 준다. 독자들은 다방면에 걸친 러셀의 해박한 지식과 자유로운 해석, 명료한 비판을 곱씹으면서 철학하는 즐거움을 만끽할 수 있을 것이다.

참고 문헌

*** 버트런드 러셀이 본문에서 언급한 인용 및 참고 자료를 정리하였다.**

기번Gibbon, Edward,『로마 제국 쇠망사*The History of the Decline and Fall of the Roman Empire*』, 1776~1788

닐슨Nilsson, Martin P.,『미노아·미케네 종교와 그리스 종교 속의 문화 잔여*The Minoan-Mycenaean Religion and Its Survival in Greek Religion*』, 1927

러셀Bertrand Russell,『자유와 조직*Freedom and Organization 1814-1914*』, 1934

로스토프체프Rostovzeff, Michael Ivanovitch,『고대 세계사*A History of the Ancient World*』, 1925

로스토프체프Rostovzeff, Michael Ivanovitch,『로마 제국의 사회경제사*The Social and Economic History of the Roman Empire*』, 1927

로젠Rosen, Edward,『코페르니쿠스의 논문 세 편*Three Copernican Treatise*』, 시카고, 1939

로즈Rose, H. J.,『그리스 초기 문화*Primitive Culture in Greece*』, 1925

리Lea, Henry Charles,『사제 독신생활사*History of Sacerdotal Celibacy*』, 1907

머리Murray, Gilbert,『스토아 철학*The Stoic Philosophy*』, 1915

머리Murray, Gilbert,『그리스 종교의 다섯 단계*Five Stages of Greek Religion*』, 1925

모루아Maurois, André,『바이런의 생애*Life of Byron*』, 1930

미요Milhaud, Gaston,『그리스의 기하학 철학*Les Philosophies Géomètres de la Grèce*』, 1900

바르트Barth, Paul,『스토아 학파*Die Stoa*』4판, 슈투트가르트, 1922

버넷Burnet, John,『초기 그리스 철학자*Early Greek philosophy*』, 1920

버넷Burnet, John,『탈레스에서 플라톤까지*Early Greek philosophy: Thales to Plato*』, 1914

베리Bury, John Bagnell,『그리스의 역사A *History of Greece*』, 1937

베리Bury, John Bagnell,『헬레니즘 시대*The Hellenistic Age*』, 케임브리지판, 1923

베번Bevan, Edwyn Robert,『셀레우코스 왕가*House of Seleucos*』, 1902

베번Bevan, Edwyn Robert, 『스토아학파와 회의주의학파*Stoics and Sceptics*』, 옥스퍼드, 1913
베번Bevan, Edwyn Robert, 『후기 그리스 종교*Later Greek Religion*』, 1927
베번Bevan, Edwyn Robert, 『대제사장 치하의 예루살렘*Jerusalem under the High Priests*』, 1930
베일리Bailey, Cyril, 『그리스 원자론자들과 에피쿠로스*The Greek Atomists and Epicurus*』, 옥스퍼드, 1928
벤Benn, Alfred William, 『그리스 철학자들*The Greek Philosophers*』, 1882
벨로흐Beloch, Karl Julius, 『그리스 역사*Griechische Geschichte*』, 1893
부르크하르트Burckhardt, Jacob Christopher, 『이탈리아의 르네상스 문화*Die Kultur der Renaissance in Italien*』, 1860
사이크스Sikes, J. G., 『윌리엄 오브 오컴의 정치학 전집*Guillelmi de Ockham Opera Politica*』, 맨체스터, 1940
앵거스Angus, Samuel, 『신비 종교와 그리스도교*The Mystery Religions and Christianity*』, 1925
오츠Oates, Whitney J., 『스토아학파와 에피쿠로스학파의 철학자들*The Stoic and Epicurean Philosophers*』, 1940
외스털리Oesterley, William Oscar Emil, 로빈슨Robinson, Theodore Henry, 『히브리 종교*Hebrew religion*』, 1930
외스털리Oesterley, William Oscar Emil, 로빈슨Robinson, Theodore Henry, 『이스라엘의 역사*A History of Israel*』, 1932
울프Wolf, A., 『16, 17세기 과학·기술·철학의 역사*A History of Science, Technology, and Philosophy*』, 1935
유Ure, P. N., 『참주정치의 기원*The Origin of Tyranny*』, 1922
칼라일Carlyle, Thomas, 『의상 철학*Sartor Resartus*』, 1833~1834
콘퍼드Cornford, F. M., 『종교에서 철학으로*From Religion to philosophy*』, 1912
콘퍼드Cornford, F. M., 『플라톤의 우주론*Plato's Cosmology*』, 1937
퀴몽Cumont, Franz, 『로마 이교사상에 나타난 동양종교*The Oriental Religions in Roman Paganism*』, 1906
탄W. T. Tarn, 「기원전 3세기의 사회 문제The Social Question in the Third Century」, 1923
토니Tawney, R. H., 『종교와 자본주의의 발전*Religion and the Rise of Capitalism*』, 1926
트리벨리언R. C. Trevelyan, 『사물의 본성에 관하여*Lucretius. De Rerum Natura*』, 1937
해리슨Harrison, J. E., 『그리스 종교 연구 서설*Prologomena to the Study of Greek Religion*』, 1903
홉킨스Hopkins, Arthur John, 『연금술, 그리스 철학의 소산*Alchemy, Child of Greek Philosophy*』, 컬럼비아, 1934
히스Heath, Thomas, 『그리스 수학의 역사*A history of Greek mathematics*』, 1921

히스Heath, Thomas, 『사모스의 아리스타르코스, 고대의 코페르니쿠스*Aristarchos of Samos, the Ancient Copernicus*』, 옥스퍼드, 1913

『케임브리지 고대사*The Cambridge Ancient History*』, Cambridge University Press, 1924~1939
『케임브리지 중세사*The Cambridge Medieval History*』, Cambridge University Press, Macmillan, 1911~1936

버트런드 러셀 연보

1872 5월 18일, 웨일스에서 진보적 자유주의자인 존과 케이트 부부의 아들로 태어남. 부모는 러셀의 후견인으로 존 스튜어트 밀 지명.

1878 1874년 어머니가 디프테리아로, 1876년 아버지가 기관지염으로 사망. 조부모와 펨브로크 로지에서 살던 중 할아버지 존 러셀 경이 세상을 떠남.

1890 케임브리지대학 트리니티 칼리지에서 응용 수학과 수리 물리학 공부 시작.

1893 성년이 되어 2만 파운드를 상속받음. 7월부터 윤리학, 형이상학, 17세기 철학을 집중적으로 연구.

1894 6월 케임브리지대학 졸업 후 비유클리드 기하학 철학에 관한 주제로 연구비 지원받음. 12월 앨리스 퍼셀 스미스와 결혼.

1895 1월부터 베를린대학에서 경제학 강좌 청강. 10월 트리니티 칼리지로부터 5년 연구비를 지원받고, 기하학에 관해 연구하면서 독일 사회민주주의도 공부.

1896 1월 「기하학의 논리The Logic of Geometry」 발표. 3월 칸토의 집합론 연구. 10월 미국 방문. 12월 『독일 사회민주주의*German Social Democracy*』 출간.

1897 1월 쿠튀라Louis Couturat(1868～1914)가 칸토의 집합론에 관해 쓴 책에 대한 서평 발표. 5월 로체Rudolf Hermann Lotze(1817～1881)의 형이상학을 읽음. 연구비를 지원받아 쓴 『기하학의 기초론*An Essay on the Foundations of Geometry*』 발표.

1898 1월 할머니 사망. 1월과 2월에 맥타가트John McTaggart(1866～1925)의 로체 강좌 청강. 무어George Edward Moore(1873~1958)와 자주 토론하면서 관념론에서 실재론으로 전향.

1899 트리니티 칼리지에서 라이프니츠 강의. 마이농Alexius Meinong(1853~1920)의 대상론에 관한 서평 발표. 『기하학의 기초론』에 대한 푸앵카레Henri Poincaré(1854~1912)의 서평에 응답. 다시 칸토의 집합론 연구.

1900 쿠튀라의 초청으로 파리 국제 철학회에 참석하여 토론. 국제수학자회의에서 페아노Giuseppe Peano(1858~1932)와 만나 대화. 10월 『라이프니츠의 철학에 대한 비판적 해설*A Critical Exposition of the Philosophy of Leibniz*』 출간. 프레게Gottlob Frege(1848~1925)의 『산수의 기본 법칙*Grundgesetze der Arithmetik*』(1893) 1권 읽음. 12월에 가장 큰 기수의 역설을 발견함으로써 집합의 역설을 처음으로 공식화. 화이트헤드를 빼고 아무에게도 말하지 않음.

1901 6월 「유한 기수와 무한 기수Finite and Infinite Cardinal Numbers」에 관해 화이트헤드와 공동 연구 시작. 이 논문은 관계 논리 안에서 기수를 다룸으로써 『수학 원리*Principia Mathematica*』(1910~1913) 예견. 논문 「관계 논리Logic of Relations」 7월과 11월에 발표.

1902 5월에 마이농의 『가정에 대하여*Über Annahmen*』(1902) 읽기 시작. 6월 프레게의 『개념표기법*Begriffscript*』(1879)과 『산수의 기본 법칙』 다시 읽고 중요 의미 포착. 몇 달 후에 지금은 '러셀의 역설'로 불리는 역설을 찾아내고 프레게와 페아노에게 편지로 알림. 며칠 만에 프레게로부터 수신. 9월 쿠튀라에게도 역설 알림.

1903 5월 『수학의 원리들』 출간. 여기서 독립체entity를 유형으로 구별함으로써 모순을 막으려고 처음 시도. 6~12월 의미와 지시에 대한 문제 골몰.

1905 7월 「명제의 존재 함축The Existential Import of Propositions」 발표. 10월 「지시에 대하여On Denoting」, 11월 「수학과 기호 논리학의 관계에 대하여On the Relation of Mathematics to Symbolic Logic」 발표.

1907 5월 여성 참정권을 위해 공직에 출마했으나 낙선. 이후 「진리의 본성에 대하여On the Nature of Truth」 발표. 여기서 훨씬 복잡한 유형 이론 수용.

1908 5월, 1년 전에 쓴 「유형 이론에 기초한 수리 논리학Mathematical Logic as based on the Theory of Types」 발표. 왕립학회 회원 선출. 1905년에 쓴 「결정론과 도덕Determinism and Morality」 10월 발표. 이 논문은 나중에 『철학적 수필*Philosophical Essays*』(1910)에 「윤리학의 요소들Elements of Ethics」의 4절로 재수록.

1909 4월 듀이와 윌리엄 제임스, 실러에 대해 논평한 「실용주의Pragmatism」 발표. 『철학적 수필』에 재수록.

1910 5월 논리적 유형 이론 발표. 트리니티 칼리지에서 5년 동안 강사직 보장받음. 11월 『철학적 수필』 출간. 12월 화이트헤드와 공저로 『수학 원리』 1권 출간. 스피노자의 『윤리학*Ethica*』 재음미.

1911 3월 「분석적 실재론Analytic Realism」 발표. 「직접지와 기술지Knowledge by acquaintance and Knowledge by Description」를 아리스토텔레스학회에서 낭독하고, 같은 해에 발표. 10월 아리스토텔레스학회에서 「보편자와 특수자의 관계에 대하여On Relations of Universals and Particulars」를 낭독하고, 비트겐슈타인과 함께 연구.

1912 1월 『철학의 문제들*Problems of Philosophy*』 출간. 4월 『수학 원리』 2권 출간. 「베르그송의 철학The Philosophy of Bergson」 발표. 10월 「논리학이란 무엇인가」 집필. 12월 물질의 본성에 관해 연구.

1913 4월 『수학 원리』 3권 출간. 5월 인식론에 대한 집필 시작. 6월에 비트겐슈타인의 반론에 부딪쳐 포기. 7월 「원인 개념에 대하여On the Notion of Cause」 발표. 9월 위너Norbert Winner(1894~1964)의 학위논문 읽음. 같은 달에 비트겐슈타인의 「논리학에 대한 주석」을 위해 구술시험 주선.

1914 4~5월 하버드대학에서 논리학과 인식론 강의. 여기서 강의한 로웰Abbott Lawrence Lowell(1856~1943) 강좌를 묶어 10월에 『외부 세계에 대한 우리의 지식*Our Knowledge of the External World*』 출간. 1차 세계 대전 발발. 반전과 평화 운동에 몸을 던짐. 11월 옥스퍼드대학에서 「철학의 과학적 방법에 대하여On Scientific Methode in Philosophy」로 허버트 스팬서 기념 강연.

1915 1월 「전쟁의 윤리Ethics of War」 발표. 2월 로런스David Herbert Lawrence(1885~1930) 만남. 5월 트리니티 칼리지 강사직 5년 연장 계약. 7월 「물질을 구성하는 궁극 요소The Ultimate Constituents of Matter」 발표. 11월 「전쟁 기간의 정의Justice in War-Time」 발표. 도덕 주관주의에 찬성하는 입장 발표.

1916 7월 반전 운동 이유로 트리니티 칼리지 강사직에서 쫓겨남. 11월 『사회 재건의 원칙*Principles of Social Reconstruction*』 출간. 이 책은 미국에서 『우리는 왜 싸우는가*Why Men Fight*』로 출간.

1917 전쟁에 관한 글을 꾸준히 발표. 10~12월 런던에서 수리논리 강연. 1919년에 『수리철학 입문*Introduction to Mathematical Philosophy*』 출간.

1918 1~3월 런던에서 논리적 원자론 8회 강연. 처음 두 강연 내용은 10월 『모니스트*Monist*』에 발표. 2월 징집에 반대하는 글을 썼다는 이유로 6개월 징역형 선고, 5월에 투옥되었고 9월에 풀려남. 감옥에 있는 동안 『정신의 분석*Analysis of Mind*』(1921) 집필 시작. 중성적 일원론 지지. 주요 철학 논문을 모은 『신비주의와 논리학, 다른 논문들*Mysticism and Logic and Other Essays*』 출간.

1919 1월, 4월, 7월 나머지 논리적 원자론 강연 및 『모니스트』에 발표. 2월 「명제에 대하여: 명제는 무엇이고 무엇을 의미하는가On Propositions: What They Are and How They Mean」 집필. 5~6월 정신 분석 강연. 11월 아인슈타인의 일반 상대성 이론이 실험으로 확증됨. 12월 헤이그에서 전쟁 포로가 되었다가 풀려난 비트겐슈인과 만남. 같은 달에 트리니티 칼리지는 러셀에게 1920년에 시작할 5년 강사직 제안.

1920 트리니티 칼리지에서 1년 휴직 승인. 4~6월 러시아 여행. 레닌Vladimir Lenin(1870~1924) 대담. 9월 도라 블랙과 중국으로 출발하여 10월 도착. 같은 달에 『마인드*Mind*』에 「'의미'의 의미The Meaning of 'Meaning'」 발표. 10월 말 트리니티 강사직 사임. 11월 『볼셰비즘의 실천과 이론*The Practice and Theory of Bolshevism*』 출간.

1921 3월 중국에서 폐렴 걸림. 10월 영국 귀국. 11월 앨리스와 이혼하고 도라와 재혼. 11월 아들 존 태어남. 12월 러셀의 서론이 포함된 비트겐슈타인의 『논리철학논고*Tractatus Logico-Philosophicus*』가 독일어로 출간.

1922 8월 「상대성 이론The Theory of Relativity」 발표. 9월 『중국의 문제*The Problems of China*』 출간. 11월 첼시의 노동당 후보로 출마했다가 낙선. 비트겐슈타인의 『논리철학논고』 영어 출간.

1923 3월 도라와 『산업 문명의 전망*The Prospects of Industrial Civilization*』 탈고. 6월 「모호성Vagueness」 발표. 9월 『원자의 기초*The ABC of Atoms*』 출간. 12월 딸 캐서린 제인 태어남. 램지와 비트겐슈타인이 제안한 생각을 반영하기 위해 『수학 원리』의 서론 다시 집필.

1924 1월 「논리적 원자론Logical Atomism」 발표. 2월 『이카루스, 또는 과학의 미래*Icarus, or the Future of Science*』 출간. 2월 『수학 원리』의 새로운 서론 완성. 수학과 물리학에 관한 논문 다수 발표.

1925 3월 『수학 원리』 2판 1권 출간. 같은 달에 『내가 믿는 것*What I Believe*』 출간. 10월 『상대성의 기초*The ABC of Relativity*』 출간.

1926 1월 「지각Perception」 발표. 2월 『교육론*On Education, Especially Early Childhood*』 출간. 4월 「심리학과 정치학Psychology and Politics」, 5월 「상대성과 종교Relativity and Religion」, 8월 오그던Charles Kay Ogden(1889~1957)과 리처드Ivor Armstrong Richards(1893~1979)의 『의미의 의미*The Meaning of Meaning*』에 대한 서평, 12월 「행동주의와 가치Behaviorism and Values」 각각 발표.

1927 4월 『나는 왜 기독교인이 아닌가*Why I Am Not a Christian*』, 7월 『물질의 분석*The Analysis of Matter*』, 11월 『철학 개요*An Outline of Philosophy*』 출간. 9월 도라와 함께 대안 학교 '비콘 힐 학교' 설립. 학교 운영 자금을 위해 뉴욕 강연.

1928 1~3월 물리학의 철학에 대해 강연. 비콘 힐 학교 운영. 2월 「램지와 논리적 역설Mr F. P. Ramsey and Logical Paradoxes」 발표. 9월 『회의적 논문*Sceptical Essays*』 출간.

1929 2월 에딩턴Arthur Stanley Eddington(1882~1944)의 『물리계의 본성*The Nature of Physical World*』에 대한 서평 작성. 6월 박사학위를 주기 위해 화이트헤드와 함께 비트겐슈타인의 철학을 검토. 10월 『결혼과 도덕*Marriage and Morals*』 출간.

1930 8월 「개연성과 사실Probability and Fact」 발표. 10월 『행복의 정복*The Conquest of Happiness*』 출간. 진스James Jeans(1877~1946)의 『신비로운 우주*Mysterious Universe*』 서평 작성.

1931 3월 형의 죽음으로 3대 러셀 백작이 됨. 7월 주간 신문 특별 기고가로 글을 씀. 9월 『과학적 사고방식*Scientific Outlook*』 출간. 10~12월 비콘 힐 학교 운영 자금을 위해 뉴욕 거주.

1932 1월 BBC 「과학이 사회를 변화시켰나?Has Science Changed Society?」 제작 참여. 9월 『교육과 사회 질서*Education and the Social Order*』 출간. 12월 아내 도라와 별거.

1933 4월 에딩턴의 『팽창 우주*Expanding Universe*』 서평 작성. 7월 자녀의 전 가정교사였던 퍼트리샤 스팬서와 동거

1934 10월 『자유와 조직 1814~1914*Freedom and Organizatio 1814~1914*』 출간. 페이비언 협회에서 「이성에 맞선 반란The Revolt against Reason」 강연. 『게으름에 대한 찬양*In Praise of Idleness*』에 「파시즘의 계보The Ancestry of Fascism」 재수록.

1935 7월 도라와 이혼. 비콘 힐 학교 떠남. 10월 『게으름에 대한 찬양』과 『과학과 종교』 출간. 11월 케임브리지대학 도덕 과학 모임에서 「경험주의의 한계The Limits of Empiricism」 낭독.

1936 1월 퍼트리샤 스팬서와 결혼. 3월 에이어의 『언어, 진리, 논리*Language, Truth, and Logic*』 서평 작성. 5월 「시간 질서에 대하여On Order in Time」, 7월 「경험주의의 한계」, 10월 「어느 쪽이 평화로 가는 길인가?Which Way to Peace?」 발표.

1937 2월 상원에서 첫 연설. 3월 퍼트리샤가 편집한 『엠벌리 문서: 버트런드 러셀의 부모가 남긴 편지와 일기』 출간. 아들 콘래드가 태어남.

1938 7월 「검증에 대하여On Verification」 발표. 9월 시카고대학 1년 임기 교수로 임명. 『권력: 새로운 분석*Power: A New Social Analysis*』 출간. 시카고에 머물며 카르납Rudolf Carnap(1891~1970)과 의미와 지식의 본성에 관해 토론.

1939 3월 캘리포니아대학 3년 임기 교수로 임명. 3~5월 강연에서 곧 다가올 전쟁의 위험 경고. 9월 2차 세계 대전 발발.

1940 2월 뉴욕시립대학 교수(1941년 임기 시작함)로 지명. 캘리포니아대학 교수직 사퇴. 4월 뉴욕시립대학에서 도덕·종교적 이유로 교수직 지명 철회. 10~12월 하버드대학에서 윌리엄 제임스 강좌 강연. 6월 독일 대항전 지지 공식 선언. 8월 펜실베이니아의 반스 재단에서 5년 임기 교수 임명. 12월 『의미와 진리 탐구*An Inquiry into Meaning and Truth*』 출간.

1941 1월 반스 재단에서 서양 철학사 강의. 이는 『러셀 서양철학사*History of Western Philosophy*』의 바탕이 됨.

1943 11월 반스 재단에 계약 파기 소송을 제기하여 승소 및 배상금 2만 달러 받음. 10~12월까지 브리모우어대학, 웰즐리대학, 프린스턴대학에서 「과학적 추론의 공준Postulates of Scientific Inference」 강연. 아인슈타인과 정기적으로 토론.

1944 1월 트리니티 칼리지 강사직 임명. 영국으로 돌아와 비증명 추론을 주제로 강의 시작. 1949년까지 같은 주제로 매년 강의. 「나의 정신적 발전My Mental Development」과 「비판에 대한 응답Reply to Criticism」에 관한 내용을 『버트런드 러셀의 철학*The Philosophy of Bertrand Russell*』으로 출간.

1945 BBC 라디오에서 강연. 10월 『러셀 서양철학사』 미국 출간 및 「논리적 실증주의Logical Positivism」 발표.

1946 6월 영국 의회를 대표하여 스위스에서 권력에 대해 강연. 11월 『러셀 서양철학사』 영국 출간.

1948 1월 BBC에서 신의 실존에 대해 코플스턴Frederick Copleston(1907~1994)과 논쟁. 10월 『인간 지식: 범위와 한계*Human Knowledge: Its Scope and Limits*』 출간. 12월 존 리스John Reith(1889~1971)를 기념하는 여섯 강좌의 첫 강연 진행.

1949 1월 BBC 라디오에서 존 리스 강좌의 두 번째 강연을 하고, 그 내용을 5월 『권위와 개인*Authority and Individuals*』으로 출간. 6월 공로훈장 수상. 9월 트리니티 칼리지 종신 연구원 선출.

1950 9월 『인기 없는 논문*Unpopular Essays*』 출간. 같은 달에 미국인 이디스 핀치Edith Finch와 우정 교류. 11월 콜럼비아대학에서 머셋 강좌 진행. 나중에 『과학이 사회에 미친 영향*The Impact of Science on Society*』 출간. 12월 노벨 문학상 수상.

1951 4월 비트겐슈타인 사망. 9월 『세상을 바꿀 새로운 희망*New Hopes for a Changing World*』 출간.

1952 6월 퍼트리샤와 이혼. 7월 영국 정부의 비밀 기관인 정보연구부의 기금을 받아 『자유란 무엇인가?*What is Freedom?*』 출간. 나중에 『민주주의란 무엇인가?*What is Democracy?*』도 같은 기관의 기금을 받아 출간. 12월 이디스 핀치와 결혼.

1953 2월 일상 언어철학학파를 비판한 「흔한 용법 숭배The Cult of Common Usage」 발표. 짧은 이야기를 모은 『교외에 숨은 사탄*Satan in the Suburbs*』 출간. 9~10월 BBC 라디오에서 다양한 주제로 대담.

1954 5월 단편집 『유명한 사람들의 악몽*Nightmares of Eminent Persons*』 출간. 7월 『인간 사회의 윤리와 정치*Human Society in Ethics and Politics*』 출간. 에이어의 『철학 논문집』 서평 작성. 12월 BBC 「수소 폭탄으로 인간이 겪을 위험Man's Peril from the Hydrogen Bomb」 강연. 이를 계기로 다음 해에 「러셀과 아인슈타인 성명」 발표.

1955 1월 영국 학술원에서 존 스튜어트 밀에 대해 강연. 4월 아인슈타인이 핵전쟁의 위험을 경고한 문서에 미리 서명한 뒤에 세상 떠남. 7월 「러셀과 아인슈타인 성명」 발표. 과학자들이 평화와 전쟁의 문제를 다루는 '1차 퍼그워시 회의' 이끎.

1956 프랑스·영국·이스라엘 군대의 이집트 공격 비판. 9월 『기억으로부터 초상*Portraits from Memory*』, 10월 『논리와 지식*Logic and Knowledge*』 출간. 이후 핵전쟁의 위협을 경고한 글을 계속 발표.

1957 4월 「논리와 존재론Logic and Ontology」 발표. 7월 스트로슨이 1950년에 쓴 「지칭에 대하여On Referring」에 대한 응답으로 「스트로슨의 지칭에 대하여」 발표.

1958 1월 라일Gilbert Ryle(1900~1971)의 『마음의 개념*The Concept of Mind*』 서평 작성. 반핵 운동 단체 창설. 10월 『타임스*The Times*』에 무어 사망 기사 기고.

1959 1월 『상식과 핵전쟁*Common Sense and Nuclear War*』 출간. 5월 『나의 철학적 발전*My Philosophical Development*』 출간.

1960 '100인 위원회' 결성. 성명서 「행동이냐 멸망이냐Act or Perish」 발표 및 비폭력 저항 운동 동참 촉구.

1961 9월 반핵 운동이 평화를 해치도록 조장한다는 혐의로 2개월 징역형 선고받음. 감형으로 1주일간 감옥 병원에서 지냄. 10월 『사실과 허구*Fact and Fiction*』 출간.

1962 8월 영국 주재 쿠바 대사가 러셀에게 미국의 쿠바 침공 우려 알림. 10월 당시 미국 케네디 대통령이 쿠바에 러시아의 미사일이 있다는 증거 발견. 러셀이 흐루시초프Nikita Khrushchev와 케네디에게 화해를 촉구하는 공개서한 기고. 흐루시초프가 러셀에게 공식 답변. 쿠바 사태는 무력 충돌 없이 해결.

1963 1월 '100인 위원회' 사직. 4월 쿠바 미사일 위기에 대해 설명한 무기를 『비무장의 승리*Unarmed Victory*』 출간. 같은 달에 베트남 전쟁에서 미군의 잔혹 행위에 저항. 9월 '러셀 평화 재단' 창설

1964 「이 시대 철학자의 의무The Duty of a Philosopher in This Age」 작성. 8월 베트남 전쟁과 냉전에 반대하는 글을 여러 편 씀.

1966 베트남에서 미군의 군사 행동에 대해 수사할 '국제 전쟁 범죄 재판소' 설립.

1967 1월 『베트남의 전쟁 범죄*War Crimes in Vietnam*』 출간. 3월 『러셀 자서전』 1권 출간.

1968 3월 『러셀 자서전』 2권 출간. 국제 전쟁 범죄 재판소 운영 자금을 위해 자신의 논문을 맥매스터대학에 판매.

1969 5월 『러셀 자서전』 3권 출간. 9월 1950~1968년 대중과 주고받은 편지를 모아 『친애하는 버트런드 러셀』 출간.

1970 웨일스 집에서 97세로 사망.

도판 출처

49쪽 © AishaAbdel / wikimedia commons.

133쪽 © Jebulon / wikimedia commons.

215쪽 © Jebulon / wikimedia commons.

1094쪽 © Foto H.-P. Haack / wikimedia commons.

* 일부 저작권자가 불분명하거나 연락이 닿지 않는 경우에는
확인되는 대로 별도의 허락을 받도록 하겠습니다.

찾아보기

ㅂ

ㅅ

ㅊ

ㅋ

ㅌ

ㅍ